2025 최신개정판

이패스
합격예감
물류관리사

(이론+핵심문제+기출3개년)

박창환, 김동엽 저

요약 핵심체크집 제공
기초 무역강의 무료

무역강의할인 50%쿠폰 수록

머리말

물류관리란, 원재료의 조달과 제품의 생산, 소비에 이르기까지 수반되는 물류의 제반 업무를 종합적이고 체계적으로 관리함으로써 물류비용도 절감하고 재화의 시간적 공간적 효용가치를 통해 시장 능력을 강화하는 것입니다.

물류관리의 목표는 물류비를 절감함으로써 제품의 공급비용을 절감하는 것입니다. 제품의 원가에는 물류비가 포함되기에 물류비를 절감하여 최적의 가격으로 최고 품질의 상품을 공급할 수 있고, 이는 기업이 추구하는 이익 극대화를 실현하게 해줍니다.

최근 기업 내 물류관리가 많은 주목을 받고 있는데, 이는 크게 아래 3가지에서 그 원인을 찾을 수 있습니다.

첫째, 물가 상승에 따른 판매량 감소
둘째, 유가상승에 따른 운송비 상승
셋째, 인건비 상승에 따른 제조원가 상승

이러한 요소는 기업의 궁극적인 목표인 매출에 영향을 미치므로, 많은 기업에서 상품 원가 절감의 극대화를 위하여 물류관리에 힘을 쏟고 있습니다.

기업의 규모가 커질수록 외부 물류가 아닌 자사 물류를 운영하고자 하는 욕구가 커지고, 이는 비단 자체 물류관리를 넘어서 보다 효율적이고 혁신적인 물류관리로 나아갈 수 있는 방향성을 제시하였습니다. 이러한 욕구와 함께 기술(특히, IT)의 발전으로 물류환경이 변화되어 물류의 보관, 운송, 하역 등에 인력보다 자동화 기술이 적용되기 시작하였고, 지금 우리는 그 변화의 중심에 서있습니다. 향후 고객의 요구는 점점 다양화, 전문화, 고도화되므로 자동화된 물류는 반드시 필요한 변화로 볼 수 있습니다.

또한, 타 기업과의 경쟁에 있어서 경쟁우위를 차지하기 위해서는 선진화된 물류 시스템의 도입이 필수적입니다.

본서는 전통적인 방식의 물류 시스템과 선진화된 물류 시스템에 대한 내용을 모두 포함하여 수험에 효율적으로 대비할 수 있도록 하였습니다. 본서를 통하여 깊이 있는 물류관리에 대한 이해와 물류관리사로서 반드시 갖추어야 할 소양을 획득할 수 있을 것입니다.

김동엽, 박창환 편저

시험안내

■ 물류관리사(Certified Professional Logistician) 소개
물류의 표준화, 규격화, 정보화에 대하여 계획, 진단, 평가, 자문하고 물류전략을 수립하는 등 유통의 합리화와 원활화를 위한 업무를 담당하여 시장 창조와 경영합리화에 공헌하고 기업 성장을 가속화시키면서 고객이 더 낮은 비용으로 더 높은 서비스를 받을 수 있도록 할 뿐만 아니라 나아가 국제경쟁력을 강화시키는데 중요한 역할을 해야 할 전문 인력을 말한다.

■ 응시원서 접수방법
국가자격시험 물류관리사 홈페이지(www.Q-Net.or.kr/site/CPL)에서 인터넷 온라인접수
응시자격 : 제한없음

■ 2025년 시험일정

	시험일	접수일	합격자 발표
제29회	2025년 7월 26일(토)	6월 16일(월) ~ 6월 20일(금)	8월 27일(수)

※ 1년에 1번 시험 진행(국토교통부 장관이 물류관리사의 수급상 필요하다고 인정하는 경우 2회 실시)

■ 시험과목별 문항 수 및 제한시간

교시	시험과목	출제형태	입실시간	시험기간	합격결정기준
1교시	물류관리론 화물운송론 국제물류론	과목당 40문항 (5지 선다형)	09:00까지	09:30 ~ 11:30 (120분)	매 과목 100점을 만점으로 하여 매 과목 40점 이상, 전 과목 평균 60점 이상 득점한자
휴식	-	-	-	11:30 ~ 11:50 (20분)	
2교시	보관하역론 물류관련법규	과목당 40문항 (5지 선다형)	11:50까지	12:00 ~ 13:20 (80분)	

■ 응시자 수 및 합격률

구분	2020년(24회)	2021년(25회)	2022년(26회)	2023년(27회)	2024년(28회)
응시자	5,879	6,401	6,053	6,816	7,186
합격자	2,382	3,284	2,474	3,304	3,448
합격률	40.5%	51.3%	40.9%	48.5%	48.0%

출제경향분석

2025 이패스 물류관리사 합격예감

▶ 제1과목 : 물류관리론

출제 유형	출제 포인트
■ 물류관리론 총칙:30 약25% ■ 물류마케팅과 물류서비스:13 약11% ■ 물류조직과 물류시스템:8 약7% ■ 유통과 물류:6 약5% ■ 물류회계:11 약10% ■ 물류합리화와물류표준화:17 약14% ■ 물류정보와 물류정보시스템:8 약7% ■ 바코드와 RFID:8 약7% ■ 물류혁신기법:17 약14%	총 40문항이 출제되고, 4과목 중 가장 기초가 되는 과목입니다. 물류에 대한 전반적 이해가 필요하며, 최근 출제경향을 파악하여 빈출되는 이론을 정확하게 이해해야 합니다. 다른 과목과 겹치는 내용도 다소 있으므로, 기초를 다지는 과정에서 꼼꼼하게 학습한다면 다른 과목의 점수 향상에도 도움이 될 것입니다. 최근에는 특히 물류의 전반적인 이해 부분에서 출제가 많이 되고 있습니다.

▶ 제2과목 : 화물운송론

출제 유형	출제 포인트
■ 화물운송의 기초:17 약22% ■ 화물자동차 운송:33 약4% ■ 철도운송:10 약13% ■ 항공운송:9 약12% ■ 해상운송:16 약21% ■ 국제복합운송:5 약6% ■ 단위적재운송시스템:2 약3% ■ 수·배송시스템:15 약19%	총 40문항이 출제되고, 화물자동차, 철도, 해상, 항공, 복합 운송이 골고루 출제되고 있습니다. 전체적인 화물 운송에 대해 이해하고, 각 운송수단별 특징과 장단점이 자주 출제되므로 철저한 암기가 필요한 과목입니다. 최근에는 수배송시스템 관련 문제도 빈출되는 경향이 있습니다.

▶ 제3과목 : 국제물류론

출제 유형	출제 포인트
■ 국제물류론 총론:16 약14% ■ 무역실무 총론:8 약7% ■ 무역실무 주요협약:15 약13% ■ 해상운송:35 약29% ■ 항공운송:16 약13% ■ 컨테이너운송:8 약7% ■ 복합운송:11 약9% ■ 해상보험 및 기타보험:6 약5% ■ 관세법 및 통관실무:4 약3%	총 40문항이 출제되고, 무역실무와 관련된 문항이 많이 출제됩니다. 특히 국제 협약과 관련된 영문 문제가 출제되고 있으며, 각종 운송(해상, 항공, 복합)을 기준으로 이론적인 내용에 대해 심화된 내용이 출제되고 있으므로 철저한 이해와 암기가 필요한 과목입니다. 특히 최근에는 국제협약의 개정에 따라 출제빈도가 높아지고 있습니다.

출제경향분석

▶ 제4과목 : 보관하역론

출제 유형	출제 포인트
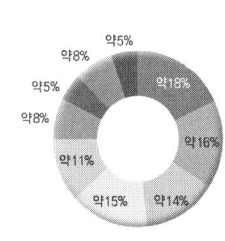 ■ 물류센터 설계 및 운영 18.2% ■ 발주 및 재고관리 16.1% ■ 보관 및 하역 개요 14.3% ■ 보관 및 하역 기기 15.0% ■ 보관 및 하역합리화 11.4% ■ 재자동화창고관리(WMS) 7.5% ■ 일자재관리 5.0% ■ 유닛로드 시스템(ULS) 7.5% ■ 물류포장 5.0%	제4과목에서 가장 중요한 부분은 보관, 재고, 하역 부분입니다. 특히 타 과목과 비교하여 가장 기출문제 의존도가 높은 과목이라고 할 수 있습니다. 다양한 용어 및 계산 문제가 출제되므로, 이론서 및 기출문제를 통해 철저한 대비가 필요합니다.

▶ 제5과목 : 물류관련법규

출제 유형	출제 포인트
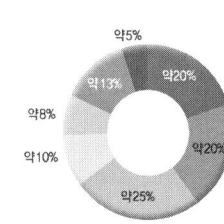 ■ 물류정책기본법 20.0% ■ 물류시설의 개발 및 운영에 관한 법률 20.0% ■ 화물자동차 운수사업법 25% ■ 철도사업법 9.6% ■ 항만운송사업법 7.5% ■ 유통산업발전법 12.9% ■ 농수산물 유통 및 가격안정에 관한 법률 5.0%	제5과목은 총 7개의 법령으로 구성되어 있으며, 타 과목에 비하여 기출문제 의존도가 낮은 편입니다. 그러나 우리 시험 특성상 여전히 기출문제는 중요한 부분이고, '법' 내용은 용어 정의를 중심으로 반복적인 학습이 필요합니다. 제5과목은 장기전의 전략을 세워야 합니다.

좀 더 자세한 내용 및 수험정보 등은 당사 홈페이지(www.epasskorea.com) 참조

합격까지 한 걸음, 학습전략

▶ 1과목 물류관리론

세부 출제기준	물류관리론내의 화물운송론, 보관하역론 및 국제물류론은 제외
합격전략	물류관리론은 물류관리사 전체 과목 중 기초가 되는 과목입니다. 물류관리사 전체 과목에서 학습이 필요한 물류 관련 용어들을 익히고, 물류관리에 대한 전체적인 개념을 잡는 과목입니다. 따라서 다른 과목과 일부 겹치는 학습내용도 있으며, 기초적인 개념 위주로 학습해 나가다 보면 좋은 점수를 획득할 수 있을 것입니다.

▶ 2과목 화물운송론

세부 출제기준	자동차 운송, 철도운송, 물류표준화와 공동화, ULS, 소화물 일관운송
합격전략	화물운송론은 화물자동차, 철도, 해상, 항공 등 각종 운송수단을 기준으로 각각의 특징과 장단점 위주로 학습해야합니다. 다른 과목에 비해 전문적인 용어들이 다소 출현하기에 어려움을 느낄 수 있으나, 운송수단별 특징을 잘 파악한다면 충분히 극복이 가능한 과목입니다. 또한 5개 시험과목 중에서 가장 광범위한 내용으로 구성되어 수험생들 상당수가 어려움을 느끼는 과목이며, 물류관련 월간잡지를 시험 직전 6개월 전부터 읽어두어 시사성 문제 대비하면 도움이 될 것입니다.

▶ 3과목 국제물류론

세부 출제기준	부정기선, 항공운송, 국제복합운송, 복합운송서류, 컨테이너운송, 선화증권, 무역조건
합격전략	국제물류론은 무역실무와 관련된 내용이 많이 출현하는 과목입니다. 기존에 무역실무를 학습한 경험이 있다면 유사하게 학습이 가능한 과목으로, 각종 협약 등이 시험에 자주 출제되고 있으므로 무역실무에서 학습하는 3대 협약을 면밀히 학습하는 것이 필요합니다.

▶ 4과목 보관하역론

세부 출제기준	물류센터 설계 및 운영, 재고관리, 보관 및 하역, 보관 및 하역 기기, 보관 및 하역 합리화, 자동화창고관리, 자재관리, 유닛로드 시스템, 물류포장
합격전략	4과목 보관하역론에서는 물류센터 설계 및 운영, 재고관리, 보관 및 하역, 보관 및 하역 기기 부분(이하 '빅4')의 출제비중이 높습니다. 빅4 부분의 출제비율이 매해 60%에 육박하는 만큼 이 부분에 대해 집중한다면, 높은 점수를 획득할 수 있습니다. 특히 보관하역론에는 '창고'에 대한 개념을 이해하는 것이 무엇보다 중요하다고 할 수 있습니다.

▶ 5과목 물류관련법규

세부 출제기준	물류정책기본법, 물류시설의 개발 및 운영에 관한 법률, 화물자동차 운수사업법, 철도사업법, 항만사업법, 유통산업발전법, 농수산물 유통 및 가격 안정에 관한 법률
합격전략	5과목 물류 관련 법류에서는 물류정책기본법, 물류시설의 개발 및 운영에 관한 법률, 화물자동차 운수사업법 부분(이하 '빅3')의 출제비중이 높습니다. 빅3 부분의 출제비율이 매해 60%를 넘어가기 때문에 최우선적으로 학습할 필요가 있습니다. 특히 5과목은 '법'에 관련된 내용이기 때문에 이해를 기반으로한 반복적인 학습이 무엇보다 중요하다고 할 수 있습니다.

좀 더 자세한 내용 및 수험정보 등은 당사 홈페이지(www.epasskorea.com) 참조

합격예감이 현실이 되는 플랜

1일 ☐	2일 ☐	3일 ☐	4일 ☐	5일 ☐
[물류관리론] 물류관리의 기초	[물류관리론] 물류마케팅과 물류서비스	[물류관리론] 물류조직과 물류시스템	[물류관리론] 유통과 물류	[물류관리론] 물류회계
6일 ☐	7일 ☐	8일 ☐	9일 ☐	10일 ☐
[물류관리론] 물류합리화와 물류표준화	[물류관리론] 물류정보와 물류정보시스템	[물류관리론] 바코드와 RFID	[물류관리론] 물류혁신기법	[물류관리론] 3개년 기출문제 분석
11일 ☐	12일 ☐	13일 ☐	14일 ☐	15일 ☐
[화물운송론] 화물운송의 기초	[화물운송론] 화물자동차 운송	[화물운송론] 철도운송	[화물운송론] 항공운송	[화물운송론] 해상운송
16일 ☐	17일 ☐	18일 ☐	19일 ☐	20일 ☐
[화물운송론] 국제복합운송	[화물운송론] 단위적재운송시스템 (ULS)	[화물운송론] 수·배송시스템	[화물운송론] 3개년 기출문제 분석	[국제물류론] 국제물류론 총론
21일 ☐	22일 ☐	23일 ☐	24일 ☐	25일 ☐
[국제물류론] 무역실무 총론	[국제물류론] 무역실무 주요협약	[국제물류론] 해상운송	[국제물류론] 항공운송	[국제물류론] 컨테이너운송
26일 ☐	27일 ☐	28일 ☐	29일 ☐	30일 ☐
[국제물류론] 복합운송	[국제물류론] 해상보험 및 기타보험	[국제물류론] 관세법 및 통관실무	[국제물류론] 3개년 기출문제 분석	1교시 총복습
31일 ☐	32일 ☐	33일 ☐	34일 ☐	35일 ☐
[보관하역론] 보관의 개념, 물류센터의 설계, OPS	[보관하역론] 재고·자재 관리, 자재관리 시스템, 하역론, 파렛트	[보관하역론] 운반·보관·하역기기, 하역작업, 포장물류론	[보관하역론] 3개년 기출문제 분석	[물류관련법규] 물류정책기본법 물류선진화, 물류시설의 개발
36일 ☐	37일 ☐	38일 ☐	39일 ☐	40일 ☐
[물류관련법규] 물류단지 등의 개발, 화물자동차 운수사업법 I	[물류관련법규] 화물자동차 운수사업법 II	[물류관련법규] 철도사업법, 항만운송사업법, 유통산업발전법	[물류관련법규] 농수산물 유통 및 가격안정에 관한 법률	[물류관련법규] 3개년 기출문제 분석
41일 ☐	42일 ☐	43일 ☐	44일 ☐	
기출문제 I	기출문제 II	기출문제 III	2교시 총복습	

- 학습플랜은 물류관리사를 처음 공부하는 학습자를 위한 수료과정 플랜입니다.
- 상기 학습 플랜은 하루 4시간 학습자를 기준으로 선정한 플랜입니다.
- 4과목은 다른 과목과의 연계성을 확인합니다. ⇨ 특히 1과목 물류관리론과 연결됩니다.
- 각 파트를 학습 후, 적중예상문제를 풀어보며 각 과목별 출제 유형 및 학습 방향성 확인합니다.
  ⇨ 각 파트를 학습하고 나면, 반드시 문제를 통해 방향성을 확인하여야 합니다.
- 매일의 학습 플랜을 달성하면, 그 다음날의 학습 플랜에는 그 전날 학습 플랜을 복습하는 내용이 추가됩니다.

이패스코리아 물류관리사의 특별함

▶ 강의력 + 실무를 겸비한 관세사 저자 직강

본 교재의 저자이며 온라인강의를 진행하는 김동엽, 박창환 강사는 현직 관세업무를 하는 무역 전문 관세사입니다. 또한 이패스코리아에서 관세사[1, 2차] 등 무역과정을 전문으로 하고 있습니다. 2025년 현재 관세사무소와 실무 사례를 바탕으로 강의가 진행되기 때문에 훨씬 유익합니다.

▶ 장별 핵심문제를 통한 합격 자신감UP

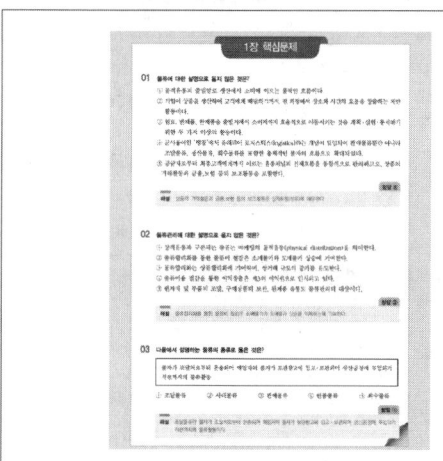

출제포인트를 잡고 녹여낸 핵심문제로, 실전감각을 익히고 충분히 연습할 수 있도록 구성하였으며 무엇보다 자세한 해설이 함께합니다.
기본서 없이도 이패스코리아 온라인강의와 문제집 1권이면 바로 합격 가능합니다!

▶ 궁금한건 언제든지 대답해주는 365일 운영 서비스

이패스코리아 고객센터는 365일 운영됩니다. 주중보다 주말에 공부할 경우가 많은데 온라인 수강에 불편함이 생기면 당황하시죠? 이패스코리아는 365일 고객센터 운영으로 학습불편함을 제로!로 만들어 드립니다. 공부하면서 궁금한점 언제든지 질의 남겨주세요. 강사가 최대한 빠른 시간내로 답변드립니다!

차례

제1과목 물류관리론

제1장 물류관리의 기초 — 23
- I 물류와 유통 — 23
- II 물류관리 — 24
- III 녹색물류(Green Logistics) — 33
- IV 물류산업의 동향 — 37

제2장 물류마케팅과 물류서비스 — 44
- I 물류마케팅 — 44
- II 수요예측 — 46
- III 물류서비스 — 49
- IV 고객서비스 주문주기시간(Order Cycle Time) — 50
- V 제품수명주기 — 51
- VI 물류 아웃소싱(3자물류와 4자물류) — 52

제3장 물류조직과 물류시스템 — 59
- I 물류조직 — 59
- II 물류자회사 — 62
- III 물류시스템 — 64

제4장 유통경로와 유통형태 — 68
- I 유통경로 — 68
- II 소매업 및 도매업 — 70
- III 유통경로 조직 — 73

제5장 물류회계 — 76
- I 물류비의 개요 — 76
- II 물류비의 분류 — 78
- III 물류비의 계산 — 81
- IV 물류비 예산관리 — 83

차례

제6장 물류합리화와 물류표준화 … 87
- I 물류합리화 … 87
- II 물류표준화 … 88
- III 물류모듈화 … 90
- IV 유닛로드시스템(Unit Load System) … 91
- V 일관파렛트화(Through Transit Palletization) … 92
- VI 파렛트 풀 시스템(Pallet Pool System) … 92
- VII 물류공동화 … 94

제7장 물류정보와 물류정보시스템 … 100
- I 물류정보 … 100
- II 물류정보시스템 … 101
- III 물류정보화 기술 … 103
- IV 물류정보시스템의 종류 … 105
- V 물류정보시스템의 활용기술 … 106
- VI 판매시점정보관리시스템(POS, Point Of Sales) … 109
- VII 통신망(Network) … 111

제8장 바코드와 RFID … 115
- I 바코드의 개요 … 115
- II 바코드의 종류 … 116
- III 소스 마킹과 인스토어 마킹 … 120
- IV 무선주파수 식별(RFID, Radio Frequency Identification) … 121

제9장 물류혁신기법 … 128
- I 공급사슬관리(SCM, Supply Chain Management)의 개요 … 128
- II 공급사슬관리(SCM, Supply Chain Management)의 추진 유형 … 131
- III e-SCM(Electronic-SCM) … 136
- IV 구매관리(Purchasing management) … 137
- V 고객관계관리(CRM, Customer Relationship Management)기법 … 139
- VI 자재소요계획시스템(MRP, Material Requirement Planning) … 140

제2과목 화물운송론

제1장 화물운송의 기초 · 147
- I 화물운송의 개요 · 147
- II 화물운송의 원칙 · 149
- III 운송의 구분 · 151
- IV 운송수단의 종류 · 152
- V 운송수단의 선택 · 156
- VI 운송시장의 환경변화 및 화물운송 합리화 방안 · 158
- VII 물류단지, 물류터미널, 물류센터의 이해 · 159

제2장 화물자동차 운송 · 163
- I 화물자동차운송의 개요 · 163
- II 화물자동차의 제원 · 164
- III 화물자동차의 종류와 분류 · 166
- IV 화물자동차 운송의 분류 · 173
- V 화물자동차 운영관리 · 174
- VI 화물자동차 운송원가와 운임 · 179
- VII 화물자동차 운송관리시스템 · 184
- VIII 화물자동차운송의 문제점 및 효율화 방안 · 186
- IX 택배운송 · 187

제3장 철도운송 · 203
- I 철도운송의 개요 · 203
- II 철도차량의 종류 · 204
- III 철도운송의 종류와 형태 · 205
- IV 철도 컨테이너운송 · 208
- V 철도운송의 운임 · 210
- VI 우리나라 철도운송의 현황 · 211

차례

제4장	**항공운송**	215
I	항공운송의 개요	215
II	항공기와 단위탑재용기(ULD), 적재방식 등	217
III	항공화물운송장	219
IV	항공운임	221
V	항공운송 관련 사업	223
VI	항공운송과 보험	225
VII	항공관련 국제조약 및 기구	226
제5장	**해상운송**	231
I	해상운송의 개요	231
II	해상운송의 방식	232
III	해상운송계약	234
IV	해상운임	236
V	연안운송과 카페리 운송 등	239
VI	선박	241
VII	해상위험	247
VIII	해상운송 관련 국제조약	249
제6장	**국제복합운송**	253
I	국제복합운송의 개요	253
II	복합운송인(Multimodal Transport Operator)	255
III	국제복합운송경로	256
IV	복합운송증권(Multimodal Transport Document)	257
V	국제복합운송관련 국제규칙	258
제7장	**단위적재운송시스템(ULS)**	261
I	단위적재운송시스템의 개요	261
II	일관파렛트 운송시스템	262
III	파렛트 풀 시스템(Pallet Pool System)	263
IV	일관컨테이너화 운송시스템	265
V	컨테이너화물 관련 주요 국제협약	273

제8장	수·배송시스템		277
	I	수·배송시스템의 개요	277
	II	수·배송시스템의 설계	278
	III	공동 수·배송시스템	280
	IV	JIT 수·배송시스템	281
	V	수·배송시스템의 합리화	282
	VI	수·배송 네트워크 모형	284
	VII	수·배송 최적화 방법	286

제3과목 국제물류론

제1장	국제물류론 총론		293
	I	국제물류론 총론	293
	II	국제물류환경	296
	III	국제물류시스템	297
	IV	제3자물류와 제4자물류	299
	V	물류전략	301

제2장	무역실무 총론		306
	I	국제무역의 의의	306
	II	국제무역의 유형	307
	III	국제무역의 흐름 및 무역계약의 체결	312
	IV	무역계약의 조건	315
	V	무역클레임	327

제3장	무역실무 주요협약		333
	I	신용장 통일규칙(UCP 600)	333
	II	정형거래조건(INCOTERMS)	339
	III	비엔나협약(CISG)	353

제4장 해상운송 — 358

- I 해상운송의 개요 — 358
- II 선박의 개요 — 360
- III 항만 — 365
- IV 해상운송의 형태 — 366
- V 해상운임(Freight) — 370
- VI 선하증권 — 373
- VII 해운동맹과 해상운송 관련 국제기구 — 381
- VIII 해상운송 관련 국제규칙 — 384

제5장 항공운송 — 389

- I 항공운송의 개요 — 389
- II 항공화물 운송사업과 항공화물 운송인 — 391
- III 항공기와 항공운송장비 — 392
- IV 항공화물운송절차 — 394
- V 항공운임 — 395
- VI 항공화물운송장 — 398
- VII 항공화물운송 클레임 — 400
- VIII 항공운송 관련 국제규칙 — 401

제6장 컨테이너운송 — 405

- I 컨테이너운송의 개요 — 405
- II 컨테이너의 분류 — 407
- III 컨테이너선의 종류 — 409
- IV 컨테이너화물의 운송형태 — 409
- V 컨테이너터미널 — 411
- VI 내륙컨테이너기지(ICD : Inland Container Depot) — 414
- VII 컨테이너화물운송 관련 국제법규 — 414

제7장 복합운송   419
- I   복합운송의 개요   419
- II   복합운송 주요경로   420
- III   복합운송인   422
- IV   복합운송인의 책임체계   424
- V   복합운송증권   425
- VI   복합운송관련 국제법규   426
- VII   국제택배운송   429

제8장 해상보험 및 기타보험   431
- I   해상보험의 기초   431
- II   해상보험계약   435
- III   피보험이익   439
- IV   해상보험증권   441
- V   해상보험약관   445
- VI   해상위험   453
- VII   해상손해   454
- VIII   기타보험   461

제9장 관세 및 통관실무   468
- I   관세법상 주요내용   468
- II   보세제도와 통관실무   470

제4과목 보관하역론

제1장 보관의 개념과 창고의 분류 ... 479
- I 보관의 개요 ... 479
- II 창고의 개요 ... 481

제2장 물류센터의 설계, 운영 ... 488
- I 물류단지와 물류시설 ... 488

제3장 오더 피킹 시스템의 이해 ... 512
- I 오더 피킹 시스템의 개념과 방법 ... 512
- II DPS와 DAS의 비교 ... 514

제4장 구매, 재고관리, 수요예측 시스템 ... 519
- I 구매관리 및 재고관리 ... 519
- II 경제적 발주량 및 생산량의 결정 ... 524

제5장 재고, 자재관리시스템 ... 532
- I JIT, MRP, VMI시스템 이해 ... 532

제6장 일반하역론 ... 540
- I 하역의 개념과 직업요소, 합리화원칙 ... 540

제7장 파렛트와 유닛로드 시스템 ... 546
- I 일관파렛트와 파렛트 풀 시스템 ... 546
- II 유닛로드 시스템(ULS) ... 553

제8장 운반·보관·하역기기 ... 561
- I 운반·보관·하역기기의 종류 및 특징 ... 561

| 제9장 | 물류장소별 하역작업 | 572 |
| Ⅰ | 철도, 항만, 항공하역 | 572 |

| 제10장 | 포장물류론 | 581 |
| Ⅰ | 물류포장의 핵심 | 581 |

제5과목 물류관련법규

제1장	물류정책기본법	591
Ⅰ	물류정책기본법의 총칙	591
Ⅱ	물류의 효율화 및 선진화	592
Ⅲ	기타	613

제2장	물류시설의 개발 및 운영에 관한 법률	620
Ⅰ	물류시설의 개발 및 운영에 관한 법률의 총칙	620
Ⅱ	물류시설 및 물류단지 등의 개발	623
Ⅲ	기타	651

제3장	화물자동차 운수사업법	656
Ⅰ	화물자동차 운수사업법의 총칙	656
Ⅱ	화물자동차 사업의 운영	658
Ⅲ	기타	693

제4장	철도사업법	700
Ⅰ	철도사업법의 총칙	700
Ⅱ	철도사업의 운영	700
Ⅲ	기타	712

제5장	항만운송사업법	716
I	항만운송사업법의 총칙	716
II	항만운송사업의 운영	718
III	기타	724

제6장	유통산업발전법	730
I	유통산업발전법의 총칙	730
II	유통산업의 운영	733
III	기타	749

제7장	농수산물 유통 및 가격안정에 관한 법률	754
I	농수산물 유통 및 가격안정에 관한 법률의 총칙	754
II	농수산물의 유통 및 가격안정 정책	755

부록 3개년 기출문제

2024년 제28회 기출문제	770
2023년 제27회 기출문제	820
2022년 제26회 기출문제	874
2024년 제28회 정답 및 해설	926
2023년 제27회 정답 및 해설	938
2022년 제26회 정답 및 해설	950

1 과목

물류관리론

제1장   물류관리의 기초
제2장   물류마케팅과 물류서비스
제3장   물류조직과 물류시스템
제4장   유통경로와 유통형태
제5장   물류회계
제6장   물류합리화와 물류표준화
제7장   물류정보와 물류정보시스템
제8장   바코드와 RFID
제9장   물류혁신기법

학습전략

포인트 ① 제1장 물류관리의 기초는 물류관리에 대한 전반적인 흐름과 이해를 묻는 주제이며, 최근 물류관리 흐름을 볼 때 제6장 물류합리화와 제9장 물류혁신기법의 비중이 점점 높아지는 추세입니다. 변화하는 물류흐름을 파악하는 것이 중요합니다.

포인트 ② 물류관리론은 물류관리사 다른 과목의 기초가 되는 과목이므로 용어에 대한 철저한 학습이 필요합니다. 기초적인 물류 용어를 확실하게 이해하고 암기하면 물류관리론 뿐만 아니라 다른 과목에서도 점수 향상을 기대할 수 있습니다.

제1과목 물류관리론

단원	주제	빈출포인트	학습중요도	출제비율
1장	물류관리의 기초	물류산업의 동향	⊙⊙⊙⊙	25%
2장	물류마케팅과 물류서비스	물류서비스, 물류관리전략, 3자물류, 4자물류	⊙⊙⊙	11%
3장	물류조직과 물류시스템	물류조직의 형태	⊙⊙	7%
4장	유통경로와 유통형태	유통형태	⊙	5%
5장	물류회계	물류비의 형태, 물류비의 계산	⊙⊙⊙	10%
6장	물류합리화와 물류표준화	합리화 기법, 표준화, 물류공동화	⊙⊙⊙⊙	14%
7장	물류정보와 물류정보시스템	개요, 종류, 활용기술	⊙⊙	7%
8장	바코드와 RFID	바코드의 종류, RFID	⊙⊙	7%
9장	물류혁신기법	공급사슬관리 개요, 응용기법	⊙⊙⊙⊙	14%

⊙ 높지 않음　⊙⊙ 보통　⊙⊙⊙ 중요　⊙⊙⊙⊙ 매우 중요

제1장 물류관리의 기초

I. 물류와 유통

▶ 2020년, 2017년, 2016년 등 기출

1. 물류(Logistics)의 정의

(1) 정의

물류정책기본법 제2조에 따르면, "물류(物流)"란 재화가 공급자로부터 조달·생산되어 수요자에게 전달되거나 소비자로부터 회수되어 폐기될 때까지 이루어지는 운송·보관·하역(荷役) 등과 이에 부가되어 가치를 창출하는 가공·조립·분류·수리·포장·상표부착·판매·정보통신 등을 말한다.

즉, 물류란 물리적인 물(物)의 흐름에 관한 경제활동으로서 시간과 공간 등의 변경을 통한 효용창출이 주업무이고 생산된 재화를 수요자에게 이동시키는 과정과 관련되는 운송, 보관, 하역, 포장 및 이들 활동을 지원하는 정보 등의 모든 활동이라 할 수 있다.

(2) 중요성

각 기업에서 만드는 제품의 품질이나 가격에서 큰 차이점을 찾기 어려워진다면 물류서비스에서 차별점을 만들고자 하고, 신속하게 물류서비스에 대응하지 못하면 기업은 도태될 수 있다. 따라서 기업은 물류비를 낮추고 이익을 극대화하여 판매경쟁력을 확보하고자 한다. 다만 물류비용과 물류서비스 사이에는 상충관계(Trade off)가 있기 때문에 합리적인 서비스 수준과 비용을 설정하여야 한다.

2. 유통(Distribution)의 정의

(1) 정의

유통은 생산자가 소비자에게 상품 등을 판매하는 것으로서 재화·화폐·정보 등의 흐름을 말한다. 기업측면에서는 생산된 제품에 시간, 장소 및 소유의 효용을 더해 줌으로써 부가가치를 창출하는 기능을 한다.

(2) 종류

① 상적 유통(상류, Commercial Distribution)
상류란 상거래를 통하여 상품의 소유권을 이전하는 경제활동이다. 이는 유통경로 내에서 판매자와 구매자의 관계에 초점이 있다.

▶ 빈출문장
① 물적유통의 줄임말로 생산에서 소비에 이르는 물적인 흐름이다. (재화의 흐름)
② 기업이 상품을 생산하여 고객에게 배달하기까지, 전 과정에서 장소와 시간의 효용을 창출하는 제반 활동이다.
③ 원료, 반제품, 완제품을 출발지에서 소비지까지 효율적으로 이동시키는 것을 계획·실현·통제하기 위한 두 가지 이상의 활동이다.
④ 군사용어인 '병참'에서 유래되어 로지스틱스(logistics)라는 개념이 도입되어 판매물류뿐만 아니라 조달물류, 생산물류, 회수물류를 포함한 총체적인 물자의 흐름으로 확대되었다. (구매, 생산, 판매가 통합된 물류개념을 로지스틱스라고도 한다.)
⑤ 공급자로부터 최종고객에게까지 이르는 유통채널의 전체흐름을 통합적으로 관리하는 것이다. 즉 포장, 운송, 보관, 하역 등의 활동을 종합적으로 계획·통제하는 것이다.
⑥ 물리적, 사회적인 물(物)의 흐름에 관한 경제활동으로 물자유통과 정보유통이 포함된다.

▶ 물류의 기원
'logistics'를 '물류'라고 명명한 것은 일본에서 도입된 말이며, 미국에서는 '병참'이라는 군사용어로 시작되었음을 상기해 볼 때 무기나 식량 등을 제대로 조달 및 공급하는 것이 승패의 관건이 되었던 것으로 이해할 수 있다.

▶ 용어설명
• 상충관계(Trade off)
두 개의 목표 가운데 하나를 달성하면 다른 목표 하나는 희생되는 경우를 뜻한다.

② 물적 유통(물류, Physical Distribution)
물류란 상품자체 이동으로 시간적, 공간적 효용가치를 창출하는 경제활동이다. 이는 화물의 정보의 전달 및 활용을 포함한다. 즉 상품의 거래활동과 금융, 보험 등의 보조활동은 상적유통(상류)에 해당하고, 화물정보의 전달 및 활용, 보관, 판매를 위한 상품의 포장은 물적유통(물류)에 해당한다.

(3) 상물분리

상물분리는 물류합리화 관점에서 상류경로와 물류경로를 분리하여 운영하는 것을 말한다. 유통활동에서 판매력을 확대하기 위하여 거래범위를 넓히면 매출액이 증가하는 효과가 있지만, 반면에 물류 측면에서는 수송거리의 연장, 보관설비, 재고 등의 증가를 가져온다.

매출액의 증가로 인해 단위당 물류비가 증가하는 결과로 오히려 총이익이 감소하는 결과를 초래하게 되는 것이다. 따라서 일반적으로 상권이 확대되거나 무게나 부피가 큰 제품일수록 상류와 물류의 분리 필요성이 높아진다.

즉, 상물분리를 함으로써 기업 전체의 효율성을 제고시키는 것이므로 각 영업소의 물류기능을 통합하여 물류는 물류부서에서 전담하고 상류는 영업부서에서 담당하게 된다.

〈상물분리의 경제적 효과〉
① 재고의 편재 또는 과부족을 해소하여 효율적 재고관리가 가능하다.
② 물류거점(물류센터 등)에서 하역의 기계화, 창고자동화 추진이 가능하므로 물류 효율성이 증가한다.
③ 지점과 영업소의 수주 통합으로 배송차량의 적재율이 향상되는 등 효율적 물류관리가 이루어진다.
④ 물류거점을 통한 수·배송으로 수송경로가 단축되고 대형차량의 이용이 가능하므로 수송비가 감소한다.

▶ 빈출문장
① 상적유통과 구분되는 물류는 마케팅의 물적유통(physical distribution)을 의미한다.
② 물류합리화를 통한 물류비 절감은 소매물가와 도매물가 상승을 억제하는데 기여한다.
③ 물류합리화는 상류합리화에 기여하며, 상거래 규모의 증가를 유도한다.
④ 물류비용 절감을 통한 이익창출은 제3의 이익원으로 인식되고 있다.
⑤ 원자재 및 부품의 조달, 구매상품의 보관, 완제품 유통도 물류관리의 대상이다.

II. 물류관리

▶ 2023년, 2022년, 2021년, 2020년, 2019년 등 기출

1. 물류관리의 의의

(1) 개념

물류관리란 소비자에게 고도의 물류서비스를 제공하기 위해 운송, 보관, 하역, 포장, 정보, 유통가공 등의 활동을 유기적으로 조정하여 하나의 시스템으로 관리하는 것이다.

(2) 물류관리의 변천

① 물적유통단계(1단계)
   기업들이 완제품 생산 후 수송, 보관, 하역, 재고관리 등을 통해 소비자에게 직접 제품을 전달하는 일과 관련된 일련의 기능을 통합하는 단계이다.
② 기업내부 물류의 통합단계(2단계)
   기업들이 완제품을 효과적으로 유통시키는 단계에서 더 발전한 것으로 기업내부의 관련활동인 조달, 생산, 물적유통 활동을 통합관리하는 단계이다.
③ 기업외부 물류의 통합단계(3단계)
   기업외부의 공급업체, 고객, 외부 물류업체 등과 효율적인 업무 협조관계를 형성하여 물류의 영역을 확장해 나가는 단계이다.

(3) 물류관리의 원칙

① 신뢰성원칙 : 생산, 유통, 소비에 필요한 물량을 원하는 시기와 장소에 공급하여 사용할 수 있도록 보장하는 원칙이다.
② 적시성원칙 : 생산, 유통, 소비분야에 물자를 공급함에 있어 필요한 수량만큼 필요한 시기에 공급하여 고객의 만족도를 향상시키고 재고비용을 최소화하는 원칙이다.
③ 경제성원칙 : 최소한의 자원으로 최대한의 물자공급 효과를 추구하여 물류관리비용을 최소화하는 원칙이다.
④ 균형성원칙 : 생산, 유통, 소비분야의 필요한 물자의 수요와 공급의 균형성을 유지함은 물론 조달과 분배의 상호 간에도 균형을 유지해야 한다는 원칙이다.
⑤ 집중지원원칙 : 생산, 유통, 소비분야에서 물자가 요구되는 상황에 따라 물량, 장소, 시기 등의 우선순위별로 집중하여 제공하는 원칙이다.
⑥ 보호원칙 : 생산, 유통, 소비분야의 물자 저장시설을 보호하고, 물자수송 또는 운반과정에서도 도난, 망실, 화재, 파손으로부터 보호되어야 하는 원칙이다.
⑦ 간편성원칙 : 물류조직, 물류계획, 물류수급 체계 및 절차 등은 가장 간단명료하고 단순화해야만 능률적이고 체계적이므로 불필요한 중간 유통과정을 제거하여 물자지원체제를 단순화 하는 원칙이다.
⑧ 추진지원원칙 : 생산, 유통, 소비분야 현장에서는 본연의 임무에만 전념하도록 중앙에서 지방으로, 후방현장에서는 일선현장으로 지원해야 하는 원칙이다.
⑨ 권한의 원칙 : 물자의 중앙공급지에서 지역 수요자에게 물자를 효과적으로 공급하도록 통제 권한이 부여되고, 또한 위임되어야 한다는 원칙이다.

(4) 물류관리의 목표

물류관리의 목표는 고객서비스 수준의 향상, 물류의 생산성 제고, 물류이익의 추구라는 측면을 고려해야한다. 즉 물류관리 활동은 고객서비스를 향상시키고 물류비용을 감소시키는 목표를 추구한다. 일반적으로 물류비의 감소와 고객서비스의 <u>수준의 향상간에는 상충관계(Trade-off)가 있기 때문에 물류관리의 목표는 비용절감과 서비스 향상 중에서 어느 쪽에 더 중점을 두느냐에 달려있다.</u>

(5) 물류관리의 기능

물류관리를 통해 유통효율의 향상을 통하여 기업의 체질을 강화하고 물류 생산성 향상 및 비용절감을 통해서 물가상승을 억제시킬 수 있다. 또한 식품의 선도 유지 등 각종 상품의 물류 서비스수준을 높여 소비자에게 질적으로 향상된 서비스를 제공할 수 있다.

물류 합리화를 통해 유통구조 선진화 및 사회간접자본 투자에 기여하며, 도시교통의 체증완화를 통하여 생활환경을 개선할 수 있으며, 물품의 원활한 유통을 통하여 지역 간의 균형발전을 도모할 수 있다.

(6) 물류관리의 필요성

제품의 수명주기가 단축되고 차별화된 제품생산의 요구 증대로 물류비용 절감의 필요성이 강조되었다. 물류관리의 진화된 기법으로서 참여기업 간 조정과 협업을 강조하는 공급사슬관리의 중요성이 증가하고 있으며, 국제적인 경제환경이 변화하면서 물류관리에 대한 중요성이 증대되었다.

또한, 최근 생산혁신 및 마케팅을 통한 이익 실현이 한계에 달했으며, 고객 요구가 다양화, 전문화, 고도화되어 적절한 대응이 필요해졌다. 글로벌화로 인해 국제물류의 범위가 확대되고 물류비용 절감과 서비스 향상이 기업경쟁력의 핵심요소로 대두되어 물류관리의 중요성이 더욱 커졌다.

2. 물류활동의 원칙

(1) 3S 1L 원칙

기업에서 소비자에게 필요한 물품을 신속하게(Speedy), 안전하게(Safety), 확실(정확)하게(Surely), 저렴하게(Low) 소비자에게 공급하는 원칙이다.

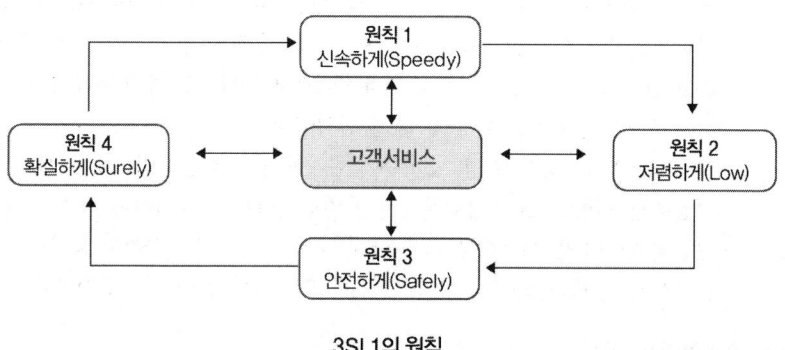

3SL1의 원칙

(2) 7R 원칙

미국 미시간대 스마이키(E.W. Smykey) 교수가 제시하는 7R 원칙은 고객에 대한 서비스의 기본으로 간주되며, 적정하다는 것은 바로 고객이 요구하는 서비스의 수준을 뜻한다.

7R 원칙이란 고객이 요구하는 적절한 상품(Right Commodity)을 적절한 품질(Right Quality)로 유지하며, 적절한 수량(Right Quantity)을 고객이 요구하는 적절한 시기(Right Time)에 적절한 장소(Right Place)에 고객에게 좋은 인상(Right Impression)의 상품 상태로 가격결정기구에 의해 적정한 가격(Right Price)으로 고객에게 전달하는 것을 말한다.

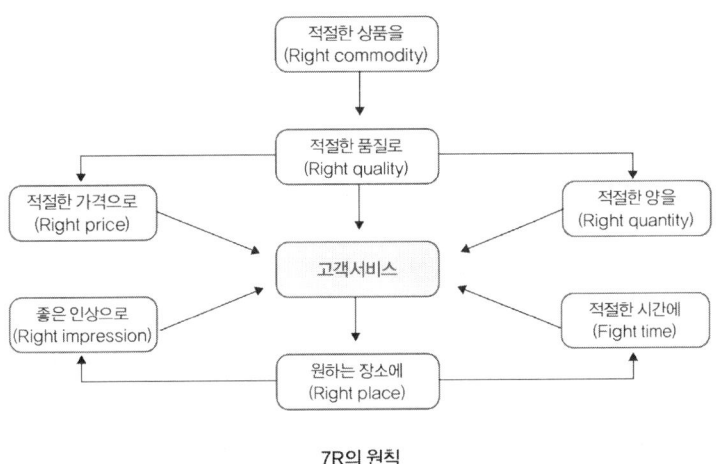

7R의 원칙

3. 물류의 영역별 분류

(1) 조달물류

조달물류란 물자가 조달처로부터 운송되어 매입자의 물자가 보관창고에 입고·보관되어 생산공정에 투입되기 직전까지의 물류활동이다. 조달물류는 제조업자가 원재료와 기계, 자재를 조달하기 위한 물류활동이고, 여기에는 도소매업자가 재판매를 위하여 상품을 구입하는 것도 포함된다. 물자는 원재료 및 부품(반제품 포함), 제품을 포함한다. 과거에는 조달물류 기능이 주로 기업의 생산 보조 수단으로 활용되었다 조달물류의 중요성이 높아짐에 따라 구매(Purchasing) → 조달(Procurement) → 공급망(Supply chain)의 개념으로 진화되어 왔다.

(2) 사내물류(생산물류)

사내물류란 매입 물자의 보관창고에서 완제품 등의 판매를 위한 장소까지의 물류활동을 말한다. 사내물류는 포장, 운송, 하역, 분류, 보관, 재고 등 사내에서 발생한 물류활동으로 사내의 조직 단위별(공장별, 지점별 등), 물류경로별(수·배송의 경로, 직송 경로 등), 보관 장소나 위치, 보관 방식별(창고보관, 배송센터 보관 등) 등과 같이 물류흐름을 보다 구체적으로 도표를 이용하여 나타내면 범위가 명확해진다.

(3) 판매물류

판매물류란 제품이 소비자에게 전달되는 과정과 관련된 활동으로 완제품의 판매를 위하여 출고할 때부터 고객에게 인도될 때까지의 물류를 말한다. 이는 공장 또는 물류센터에서 출고되어 고객에게 인도될 때까지의 물류활동을 말한다. 생산된 완제품 또는 매입한 상품을 창고에 보관하는 활동부터 고객에게 인도될 때까지의 물류활동이란 사내물류활동이 종료되는 완제품의 보관에서부터 그 이후의 모든 판매 관련 활동이므로 소비자에게 해당 제품이나 상품을 판매하는 과정에서 발생하는 물류활동을 말한다.

(4) 역물류

판매 물류 이후에 발생하는 반품, 폐기, 회수 과정에서 발생하는 모든 물류 관련 활동을 말한다.

① **반품물류** : 반품물류란 고객에게 판매된 제품이 제품상의 하자 등의 이유로 교환되거나 공장으로 되돌아올 때까지의 물류활동을 말한다. 이는 소비자에게 판매된 제품이나 상품 자체의 문제점 발생으로 상품의 교환이나 반품을 위해 판매자에게 되돌아오는 물류활동이다.

최근 전자상거래의 확산과 더불어 판매된 제품이 주문과 상이하거나 제품 하자에 따른 교환 등이 증가하고 있는 추세이기 때문에 기업의 관련 서비스 및 비용절감 측면에서 그 중요성이 날로 증대되고 있는 물류영역이다. 또한 판매된 제품이 상이하거나 문제점이 발생하면 교환 등으로 기업의 서비스나 비용절감 측면에서 그 중요성이 높아지고 있다.

② **회수물류** : 제품이나 상품의 판매 물류에 부수적으로 발생하는 파렛트, 컨테이너 등과 같은 빈 물류 용기와 판매와 관련하여 발생되는 빈 판매 용기의 회수 및 재사용, 재활용을 위한 물류활동을 말한다.

환경물류, 녹색물류 등으로 불리기도 하며 폐기물을 줄여서 환경을 보호하는 데 대한 관심이 커지면서 새로운 물류의 분야로서 중요한 역할을 하고 있다. 회수 물류의 대상품목은 음료용 알루미늄 캔, 화물용 파렛트, 주류용 빈병, 운송용 컨테이너 등이 있다. 따라서 청량음료나 주류 등과 같은 업종의 경우 중요시되고 있다.

③ **폐기물류** : 폐기물류란 원자재와 제품의 포장재 및 수·배송 용기 등의 폐기물을 처분하기 위한 물류활동이다. 제품의 파손 또는 진부화 재고 등을 폐기하는 과정에서 발생된다. 파손 또는 진부화된 제품, 포장 용기 등이 기능을 수행할 수 없는 상황이거나 기능을 수행한 후 소멸되어야 할 상황일 때 제품 및 포장 용기 등을 폐기하는 물류활동이다.

(5) 순물류와 역물류

① **순물류** : 순물류란 원산지부터 소비지까지 원자재, 재공품, 완성품 및 관련 정보의 흐름이 효율적이고 비용면에서 효과적으로 계획·실행·관리하는 과정이다.

② **역물류** : 역물류란 물류활동을 통해 소비자에게 전달된 제품이 고객이 더 이상 필요로 하지 않는 상황이 발생했을 때 그 제품을 회수하여 상태에 따라 최적의 처리를 수행하는 과정이다. 역물류는 반품, 회수, 폐기의 세 가지로 분류한다. 고객서비스가 강조될수록 불량품 또는 팔고 남은 것 등의 반품처리

를 위한 독자적인 물류 시스템이다. 역물류는 리사이클(Recycle)이나 재사용(Reuse)의 결과로 시스템이나 역물류에 의해 새로운 수송이 발생하고, 상대적으로 공해가 많이 배출된다.

[순물류와 역물류의 차이점 비교]

구 분	순물류	역물류
품질측면	제품 품질이 일정함	제품 품질이 상이함
가격측면	제품 가격이 일정함	제품 가격이 상이함
제품수명주기	제품수명주기의 관리가 용이함	제품수명주기의 관리가 어려움
회계측면	물류비용 파악이 용이함	물류비용 파악이 어려움
구성원 측면	공급망 구성원 간의 거래조건이 단순함	공급망 구성원 간의 거래조건이 복잡함

4. 물류의 기능

(1) 물류의 5대 기능

물류의 5대 기능은 일반적으로 운송, 보관, 하역, 포장(유통가공), 정보처리의 5가지로 나누어진다. 각각에 존재하는 물류의 기능들을 수행함에 있어서 성공하기 위해서는 각 기능별로 물류의 목적인 물류 비용의 절감과 물류서비스의 향상이 적용되어야 한다.

① 운송기능

제품의 공간적 효용을 창출하고 생산지역과 소비지역의 공간적 상이함을 해결해주는 기능이다. 운송은 일반적으로 수송과 배송으로 나누어지며, 수송은 공장에서 물류센터로 운반해주는 장거리운송의 개념이며 배송은 물류센터에서 각 점포로 제품을 운송하는 것을 말한다.

수송활동은 물자를 효용가치가 낮은 장소에서 높은 장소로 이동시켜 물자의 효용가치를 증대시키기 위한 물류활동으로 물품을 공간적으로 이동시키는 것이다. 이는 수송에 의해서 생산지와 수요지의 공간적거리가 극복되어 상품의 장소적 효용 창출한다.

〈운송 = 수송 + 배송〉

생산공장 → 물류센터 → 점포
   수송   배송
(장거리대량운송) (단거리 소량운송)

② 보관기능

생산시점과 소비시점의 상이함을 해결해주는 시간적 효용을 창출해주는 기능이다. 즉, 물품의 저장을 통하여 생산과 소비의 시간적인 간격을 해소한다. 물류센터에 제품을 보관하여 재고 관리하는 일련의 활동을 말하는 것으로 물류에서 시간적 효용을 창출한다. 보관의 활동으로는 입출고, 로케이션관리, 재고이동, 재고조사 등이 있다.

③ 하역기능

물류센터 내에서 일어나는 활동 중에서 보관, 포장, 유통가공을 제외한 나머지 인력에 의해서 제품군을 취급하는 모든 활동을 말한다. 하역활동은 운송과 보관에 수반하여 발생하는 부수작업으로 물품을 취급하거나 상하차 하는 행위 등을 총칭한다. 즉 수송과 보관의 양단에 걸친 물품의 취급으로 물자를 상하좌우로 이동시키는 활동이다. 일반적으로 피킹(출고할 상품을 물류창고의 보관장소에서 꺼내는 일), 분배, 분류, 상하차 등의 제품을 취급하는 모든 활동을 말한다.

▶ 용어설명
• 피킹(picking)
출고할 상품을 물류 창고의 보관 장소에서 꺼내는 일

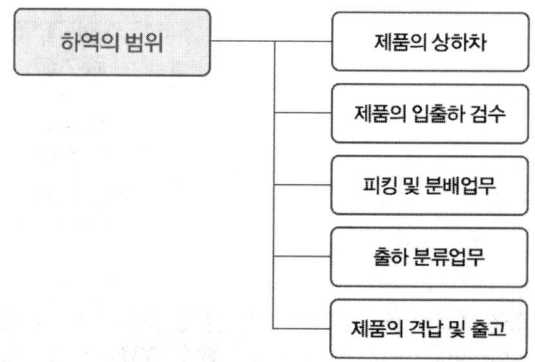

④ 포장(유통가공)기능

물류센터에서 일어나는 포장활동으로 주로 주문오더에 의해서 피킹이 발생된 뒤 배송하기 위해서 포장하는 작업을 말한다. 이는 주문오더에 의해 피킹이 발생한 뒤 배송하기 위해 포장하는 작업을 의미한다. 포장활동은 물자의 물품의 수배송, 보관, 하역 등에 있어서 가치 및 상태를 유지하기 위해 적절한 재료, 용기 등을 이용해서 포장하여 보호하고자 하는 모든 활동을 말하며 생산의 종착점으로서 표준화, 모듈화의 대상이다.

⑤ 정보처리기능

정보처리 활동은 물류센터와 거래처 간에 발생하는 수·발주 활동이 주된 업무이며, 그 외에도 운송, 보관, 하역, 포장 등의 모든 활동을 진행하면서 발생되는 각종 데이터의 정보처리활동을 포함한다. 정보활동은 물류활동과 관련된 물류정보를 수집·가공·제공하여 운송·보관·하역·포장·유통가공 등의 기능을 컴퓨터 등의 전자적 수단으로 연결하여 줌으로써 물류 관리의 효율화를 기할 수 있도록 하는 활동이다.

(2) 물류의 기본적 기능
① 장소적 기능 : 재화의 유통을 원활하게 하여 생산과 소비의 장소적 거리를 조정한다.
② 시간적 기능 : 재화를 적기에 제공하여 생산과 소비의 시간적 거리를 조정한다.
③ 수량적 기능 : 재화의 수량을 집하·중계·배송 등을 통해 생산과 소비의 수량적 거리를 조정한다.
④ 품질적 기능 : 재화의 가공·조립·포장 등으로 생산자와 소비자의 재화의 품질적 거리를 조정한다.
⑤ 인격적 기능 : 대고객서비스 향상을 통해 생산자와 소비자 사이의 인간적인 유대를 강화시켜 인격적 거리를 조정한다.

5. 물류의 역할

(1) 국민 경제적 관점
① 물류비용을 절감하여 기업의 체질을 개선하고 소비자 및 도매 물가의 상승을 억제한다.
② 물류합리화는 자재와 자원의 낭비를 방지하여 자원의 효율적인 이용을 촉진한다.
③ 효율적인 물류체계가 구축되면 지역의 경제가 발전하여 지역간의 균형 있는 발전 촉진 및 인구의 편중 방지한다.
④ 사회간접자본 및 물류시설에 대한 투자의 증대로 인하여 경제성장 촉진한다.

(2) 개별 기업 관점
① 생산과 소비 사이에 존재하는 시간적·공간적 간격을 극복하는 물류의 기능으로 인한 판매의 촉진이 가능하다.
② 신속한 주문처리, 정확하고 규칙적인 배송 등의 물류관리를 통한 재고량 감축이 가능하다.
③ 물류비용의 절감으로 기업의 실질적인 이윤 증대가 가능하다.
④ 고객의 요구에 부응하는 물류서비스 제공으로 판매에 있어서 경쟁우위 확보할 수 있다.

6. 물류관리전략

(1) 물류관리전략의 개념
<u>고객의 요구를 충족시키기 위해 제품, 서비스, 정보를 효과적으로 계획·통제하는 활동을 수행하는 것을 의미한다.</u> 물류관리전략을 설정할 때 우선적으로 고려해야 할 사항은 고객의 니즈(Needs)를 파악하는 것이다. 즉, 효과적인 물류관리전략은 유연성을 보유하면서 고객의 다양한 요구를 저렴한 비용으로 충족시킬 수 있도록 하는 것이다.

(2) 물류관리전략 수립단계
① 1단계 물류환경의 분석 : 관련 산업·업계·경쟁사·자사 물류환경, 하드웨어, 소프트웨어, 기술 및 법규 등을 분석한다.
② 2단계 물류목표의 설정 : 소비자의 니즈(Needs), 필요 수량·시기, 요구하는 제품 디자인·품질·가격 등을 분석하고 예측한다.
③ 3단계 물류전략의 수립 : 제품설계 및 개발, 원자재 및 부품조달, 생산 및 조립, 일정계획, 재고관리, 운송 등 소비자에게 제품이 인도될 때까지의 활동을 계획하고 필요한 여러 자원을 검토한다.
④ 4단계 물류운영 및 성과 반영 : 물류관리전략에 따른 물류시스템의 운영과 성과측정을 통하여 이를 기업의 경영전략에 다시 반영하도록 한다.

(3) 물류관리전략 추진단계
① 구조적 단계 : 원·부자재의 공급에서 생산과정을 거쳐 완제품의 유통과정까지의 흐름을 최적화하기 위해 유통경로 및 물류네트워크를 설계하는 단계이다.
② 전략적 단계 : 고객이 원하는 것이 무엇인지를 파악하는 동시에 회사이익 목표를 달성할 수 있는 최적의 서비스 수준을 정하는 단계이다.
③ 기능적 단계 : 물류거점 설계 및 운영, 운송관리, 자재 및 재고관리를 하는 단계이다.
④ 실행단계 : 정보화 구축에 관련된 정책 및 절차 수립, 정보화 설비와 장비를 도입·조작·변화관리를 하는 단계이다.

(4) 물류관리전략의 효과
① B2B 거래에서 고객이 원하는 장소로 직접배달, 고객에 대한 교육훈련 등의 서비스 활동은 경쟁우위를 창출할 수 있는 방안이다.
② 고객주문에 대한 제품가용성, 주문처리의 정확성 등의 물류서비스를 제공함으로써 경쟁우위를 확보할 수 있다.
③ 고객의 다양한 요구를 저렴한 비용으로 충족시킬 수 있는 물류시스템을 보유한 경우 보다 넓은 고객층을 확보할 수 있다.
④ 효율적인 물류활동을 통하여 기업은 원가를 절감할 수 있고 이를 바탕으로 저가격전략에 의한 시장 점유율 제고 및 수익률 증대를 추구할 수 있다.

(5) 통합물류관리

통합물류관리 개념의 요소에는 생산계획, 고객서비스, 주문처리, 재고관리 등이 있다. 물류관리를 효율화하기 위한 수단으로 각 물류활동 분야의 관리지표를 설정하되 종합적인 효과를 고려하면서 지속적으로 점검·관리한다.

원자재의 조달에서 상품판매 이후의 단계까지 각 기능의 상관관계를 고려하여 물류 기능의 통합적 관점에서 물류관리를 수행한다. 물류관리의 수행에서 기업 간 경쟁을 회피하고, 협력관계로 공동 노력한다는 인식을 갖고 전략적 제휴를 추진한다.

물류관리의 효율화를 추구하기 위하여 거시적 관점으로 기업 간, 산업 간 물류의 표준화·공동화·통합화를 추구한다. 기업의 통합물류운영관점에서 재고거점 수가 증가할 경우에는 배송비가 감소하고, 고객서비스 수준이 향상되지만, 시설투자 비용과 재고유지 비용이 증가한다.

(6) 물류계획

물류의사결정은 전략·전술·운영의 3단계 계획으로 구성된다. 물류계획 수립 시에는 구체적인 계획실행순서의 결정, 물류관련 투자의 자금계획, 물류담당자의 채용·훈련계획이 포함되며, 단기·중기·장기수준에서 이루어진다.

① 운영적 계획(주 단위, 일 단위의 단기계획) : 일상 운영에서 실행하는 구체적인 계획으로 주문처리, 주문품발송 등이 포함된다.
② 전술적 계획(1년 이내의 중기계획) : 전략을 조직의 각 부문에서 실행할 수 있도록 구체화하는 단계로 마케팅전략, 고객서비스 요구사항 등이 포함된다.
③ 전략적 계획(1년 이상의 장기계획) : CEO와 같은 가장 높은 차원에서 실시하는 계획으로 창고입지 결정, 수송수단 선택 등이 포함된다.

III 녹색물류(Green Logistics)

1. 녹색물류의 정의

<u>녹색물류란 조달·생산, 판매, 반품·회수·폐기 등 물류 전 과정에서 발생하는 환경오염을 감소시키기 위한 모든 물류활동을 말한다.</u> 물류활동을 통하여 발생되는 제품 및 포장재의 감량과 폐기물의 발생을 최소화하는 방법으로, 녹색물류 활동을 통해 비용절감이 가능하며 기업의 사회적 이미지가 제고된다. 환경보전을 위한 포장에는 감량화(Reduce), 재사용(Reuse), 재활용(Recycle)이 중요시되고 있다.

2. 녹색물류 관련활동

(1) 지속가능 경영을 위한 기업의 녹색물류 활동

① 제품의 설계단계에서부터 포장표준화, 포장재료의 재활용을 고려한다.
② 수송포장의 합리화를 위해서 화주와 물류기업 간의 협력을 강화한다.

③ 과도한 단납기 및 소량납품의 물류조건을 개선한다.
④ 트럭수송 위주에서 철도 등의 대량 화물수송수단의 활용도를 높인다.

(2) 물류기업의 녹색물류활동
① 지구온난화로 인하여 물류기업들은 녹색물류활동을 강화하고 있다.
② 온실가스는 이산화탄소(CO2), 메탄(CH4), 아산화질소(N2O), 수소불화탄소(HFCs), 과불화 탄소(PFCs), 육불화황(SF6) 6가지 가스로 구성된다.
③ 우수녹색물류실천기업은 미세먼지 저감, 온실가스 감축을 위해 모범적인 활동을 하는 물류·화주기업을 인증하는 제도로 2012년 도입되었으며, 물류기업은 물론 화주기업도 인증대상이 된다.
④ 차량 급출발, 공회전, 급브레이크 밟기 등을 줄이는 것도 녹색물류활동의 하나이다.
⑤ 물류에너지 목표관리제 협약 대상은 화물차 50대 이상 운행하는 물류기업과 연간 에너지 사용량이 1,200석유환산톤(TOE : Ton of Oil Equivalent) 이상인 화주 기업이다.
⑥ 우리나라는 2020년 국가온실가스감축목표를 온실가스배출전망치(BAU : Business As Usual) 대비 30% 감축키로 하였고, '제1차 기후변화대응 기본계획 및 2030 국가온실가스 감축 기본로드맵'에서는 2030년 목표로 BAU 대비 37% 감축키로 하였다.
⑦ 우리 정부가 온실가스 감축효과가 큰 사업들을 평가하여 수립한 '2020 물류분야 온실가스 감축 이행계획'에서 수정 감축목표치의 순위는 철도, 연안해운 전환수송(modal shift), 3PL 및 공동물류 활성화, Green Port와 녹색물류 전환사업 등이다.

(3) 온실가스 저감대책
① 물류공동화 확대
② 물류거점의 집약화를 통한 대형화
③ 배출권 거래제도 도입
④ 특별대책지역의 통행접근금지

3. 국제환경협약
① 몬트리올의정서 : CFC(염화불화탄소) 등 오존층 파괴물질의 생산 및 사용을 규제하고 있다.
② RoHS(Restriction of Hazardous Substances ; 유해물질 사용 제한지침) : 납, 크롬, 카드뮴, 수은 등 6개 물질에 대한 규제 조항을 담고 있다.
③ WEEE : 생산자의 전기·전자제품 폐기에 관한 처리지침을 담고 있다.
④ 교토의정서 : 에너지 사용과 관련된 협약으로 지구온난화 물질에 대한 규제를 담고 있다.
⑤ 바젤협약 : 유해 폐기물의 국가 간 이동을 금지하고 있다.

4. 물류분야에서 환경대응이 강조되는 이유
① 지구온난화 문제 등 환경문제가 이슈로 대두되고 있고, 화주기업은 환경을 고려한 물류시스템 구축을 요청받고 있다.
② 물류기업은 저공해차 도입, 에코드라이브 등의 대응을 추진 중에 있으며, 선진국에서는 제3자 물류기업의 환경문제 대응이 물류사업자 선정기준이 되고 있다. 또한 생산관련 부문의 환경문제 대응이 한계에 가까워지면서 물류면에서도 대응을 검토하여야 한다.
③ LCA(전과정 평가, Life Cycle Assesment) 및 생산자 책임재활용제도(EPR, Extened Producer Responsibility)가 도입되었다.

5. 물류활동이 환경에 미치는 영향 및 대응방향

(1) 영향
① 다품종 소량의 제품을 다빈도로 정시에 신속한 운송으로 트럭의존도가 심화되고 있다. 또한, 물류에서 환경목표를 충족시키기 위한 가장 큰 항목은 차량 관련 항목이다.
② 자원절약이나 공해문제를 별개의 문제가 아니라 전체적인 관점에서 종합적으로 파악하여야 한다.
③ 자원고갈을 방지하는 예로서 에너지 소비량을 줄이고, 공해의 원천을 감축하여야 한다.
④ 공급체인관리에서 환경에 미치는 대표적인 부정적인 항목은 재고를 줄이기 위하여 실시하는 적시공급(JIT) / QR (즉시대응) / ECR(효율적 공급관리) / VMI(공급업체 재고관리)와 같은 혁신기법과 제조 규모의 경제, 광범위한 지역에서 자원의 조달, 법 규제 등은 수송활동의 증가를 발생시킨다.

(2) 대응방향
① 운송수단에서는 효율성 및 환경부하면에서 트럭이 가장 저평가되므로 트럭의 존도를 낮추거나 신기술 및 신연료에 의해 효율을 높여 환경부하를 낮춰야 한다.
② 물류활동으로 유발되는 소음, 자원고갈, 대기오염, 오존층의 파괴, 교통체증, 폐기물처리 등의 항목에 대하여 이를 근원적으로 감축(Reduction)하고, 재사용(Reuse)·재활용(Recycle)·정보화(Information)하는 접근방법과 추진대책이 필요하다.
③ 재무적 비용과 환경비용이 조화를 유지하는 방법으로 제3자 물류창고와 수송의 일괄서비스를 이용하여 여러 거래선 제품을 종합, 공동 수·배송 등을 실시하여야 한다.
④ 비용이 최소화되는 재고수준 및 배송빈도를 설정한다.
⑤ 고도화된 물류종합정보망시스템이 필요하다.

6. 녹색물류 관련제도

기후변화와 환경오염에 대응하는 녹색물류체계와 관련 있는 제도로는 저탄소녹색성장기본법, 온실가스·에너지목표관리제, 탄소배출권거래제도, 생산자책임재활용제도 등이 있다.

(1) 저탄소녹색성장기본법

경제와 환경의 조화로운 발전을 위하여 저탄소 녹색성장에 필요한 기반을 조성하고 녹색기술과 녹색산업을 새로운 성장 동력으로 활용함으로써 국민경제의 발전을 도모하며 저탄소 사회 구현을 통하여 국민의 삶의 질을 높이고 국제사회에서 책임을 다하는 성숙한 선진 일류국가로 도약하는 데 이바지하는 것을 목적으로 하고 있다.

(2) 온실가스·에너지목표관리제

저탄소녹색성장기본법 에 따른 국가 온실가스 감축 목표(2030년의 국가 온실가스 총배출량을 2017년의 온실가스 총배출량의 1000분의 244만큼 감축)를 달성할 수 있도록 일정 수준 이상의 온실가스를 배출하고 에너지를 소비하는 업체 및 사업장을 관리업체로 지정하여 온실가스 감축목표, 에너지 절약목표를 설정하고 관리하기 위한 제도이다.

(3) 탄소배출권거래제도

기업들이 이산화탄소 등 온실가스를 배출할 권리를 사고 팔 수 있도록 한 제도로, 국가가 기업별로 탄소배출량을 미리 나눠준 뒤 할당량보다 배출량이 많으면 탄소배출권 거래소에서 배출권을 사야한다. 반대로 남은 배출권을 거래소에서 팔 수도 있다.

(4) 생산자책임재활용제도

자원 절약과 재활용을 촉진하도록 재활용이 가능한 폐기물의 일정량 이상을 재활용하도록 생산자에게 의무를 부여하는 제도로, 해당 연도 출고·수입량에 비례해 재활용 의무가 부여된다.

7. 물류활동별 환경목표

① 차량의 브레이크 방음장치 설치(소음공해의 저하)
② 데포 및 창고에 차량냉각용 플러그식의 동력장치(소음공해와 자원고갈의 감소)
③ 디젤연료를 사용하는 경우, 저유황분으로 고도의 세탄만을 사용(대기오염의 감소)
④ 배출 저감연료 첨가물의 사용(대기오염의 감소)
⑤ 냉각 및 냉방시스템의 탈누검사(대기오염의 감소)
⑥ CFCs(프레온가스) 대체물질의 사용(대기오염의 감소)
⑦ 불필요한 CFCs를 적절하게 억제하는 냉각장치 및 처리(오존층 파괴의 감소)

IV. 물류산업의 동향

▶ 2023년, 2022년, 2021년, 2020년 등 기출

1. 국내 물류환경의 변화

(1) 물류분야 현황

① 고객 요구가 고도화·다양화됨에 따라 일반 소화물의 다빈도 정시운송은 물론 서비스 영역도 'door to door' 단계를 지나 'desk to desk' 단계에 이르기까지 점점 확대되어 가고 있어 이러한 소비자니즈에 신속하게 대응하기 위하여 물류시스템을 재구축하고 있다. 또한 당일배송 서비스 확대 등 물류의 스피드 경쟁이 가속화되고 있다.

② 기업 간의 전략적 제휴 및 파트너쉽을 통한 전국적인 네트워크를 구축할 뿐만 아니라 최근 기업들의 글로벌 네트워크 구축으로 인하여 전자상거래 확대, 특히 B2C의 확대는 물류의 중요성을 더욱 부각시키고 있다.

③ 기업의 경쟁력을 강화하기 위하여 기업 내에서 전담하던 물류기능의 일부 또는 전부를 물류전문업체에게 아웃소싱하는 형태가 확산되고 있다.

④ 최종 사용자 중심의 부가가치개념을 중시하여 e-Logistics, e-SCM, 물류 e-Marketplace 등이 등장하고 있다.

⑤ CRM(Customer Relationship Management), SCM(Supply Chain Management) 등의 정보기술(IT)을 활용한 다양한 물류관리체계 합리화 기법들이 도입되고 있다.

⑥ 유통채널 파워가 제조기업에서 유통기업으로 이동하게 되어 공급사슬의 복잡화가 가중되고 있다.

⑦ 경제발전과 FTA 등에 따라 국내·국제 물동량이 지속적으로 증가하는 경향이다.

⑧ 스마트팩토리(Smart factory)의 고객맞춤형 생산은 물류의 소량, 다빈도, 다품목화를 촉진하고 있고, 고객맞춤형 기능 제공 등 고부가가치 물류서비스가 확산되고 있다.

⑨ 에너지 절감, 친환경 물류, 안전·보안을 강화한 물류의 필요성이 증가하고 있다.

⑩ 종합물류기업 인증제 도입 등 물류산업 육성을 위한 정책적 지원이 강화되고 있다.

(2) 기업경영상 물류에 대한 관심이 높아지는 요인

① 생산과 판매의 국제화로 물류관리의 복잡성 증대
② 수발주 단위의 소량·다빈도화에 대한 대응의 필요성 증가
③ 운송보안에 대한 서류 및 절차 강화로 추가비용 발생
④ 시장환경 변화에 유연하게 대응할 수 있는 재고관리의 필요성 증대

2. 글로벌 물류환경의 변화
   ① 경제발전과 무역자유화 추이 등에 따라 국내·국제 물동량이 지속적으로 증가함에 따라 제3의 이윤창출수단과 비용절감의 보고 측면에서 물류에 대한 인식전환이 되고 있다.
   ② 세계 경제는 빠른 국제화 추세를 보이고 있고, 이에 따라 국내물류와 국제물류의 구분이 더욱 모호해지고 있으며 세계화 및 시장개방의 가속화로 국제시장에서 다국적기업의 대두와 경제블록화 등을 함께 고려하는 새로운 물류시스템이 요구되고 있다.
   ③ 기업들은 핵심역량의 경쟁력 강화 집중에 따라 화주기업의 치열한 경쟁으로 물류 아웃소싱이 지속적으로 확대되고 있다.
   ④ UN 기후변화협약 '발리로드맵' 채택에 따른 친환경 물류활동이 증가하고 있다.
   ⑤ 9·11 테러 이후 글로벌 공급체인 전반에서 물류보안에 대한 중요성이 증가되고 있다.
   ⑥ 인터넷, 모바일, RFID 등 IT 기술의 급격한 발전을 이루고 있다.
   ⑦ 유통시장의 개방 및 유통업체의 대형화로 유통채널의 주도권이 제조업체에서 유통업체로 이전되고 있다.
   ⑧ 제조업 중심의 생산자 물류에서 고객 중심의 소비자 물류로 전환되고 있어, 다품종 소량생산이 중요시되고 있고, 환경문제, 교통정체 등으로 인해 기업의 물류비 절감과 매출 증대의 중요성이 강조되고 있다.

3. 전자상거래 시대의 물류
   ① IT의 발전으로 전자상거래 시장이 확대되면서 홈쇼핑, 온라인 시장이 매년 큰 폭으로 성장하고 있다.
   ② 전자상거래 확산과 홈쇼핑의 성장으로 인해 온라인 구매 비중이 높아져 택배시장이 확대되어 배송물류비가 증가하고 있다.
   ③ 전자상거래를 지원하는 물류는 온라인 추적시스템 구축, 글로벌 배송시스템 구축, 주문시스템과의 연동 등이 중요하다.
   ④ 소비자의 다양한 니즈를 충족시킬 수 있는 신속하고 효율적인 물류시스템 구축이 필요하다.
   ⑤ 소비자의 개인정보 유출 가능성이 커지고 있으므로 물류시스템 구축 시 보안기능 강화가 필요하다.

4. 국가물류정책 방향
(1) 녹색물류 추진
   ① 모달시프트(Modal shift) 추진
      2020년까지 수송 분담률을 철도 7.5% → 20%, 연안해운 19.4% → 25%로 전환추진 계획이다. 철도 등 저탄소 녹색교통 확대를 위해 전환교통협약, 보조금 지급을 추진하고, 철도의 경우 물동량 적극 유치·시설투자의 확대로 비용절감을 유도하며 연안해운의 경우, 운송비용 절감·안정적인 이용시설 확보·보조금

지원 등이 있다.
② 녹색물류 전환체계 구축
㉠ 에너지 목표관리제 실시계획
2010년 대형 물류·화주기업(11개)을 대상으로 에너지 사용량의 자발적 감축을 위한 에너지 목표관리제 시범사업을 실시
㉡ 녹색물류협의체 구성
녹색물류사업 실적이 우수한 기업을 인증하고 보조금 등 인센티브 지원을 위해 녹색물류협의체 구성

(2) 물류산업 경쟁력 강화
물류산업 경쟁력 강화 방법으로는 화주기업의 전문물류기업 이용 유도, 물류기업의 대형화·글로벌화, 화물운송시장 선진화 등이 있다.

(3) 해운산업 및 항만물류산업 활성화
① 해운산업
정책금융 강화, 민간금융 활성화 등 선진 선박금융시스템 구축, 해외 서비스망 확충, 대량화물 장기 수송계약 확대 등 화물운송의 글로벌 경쟁력 확보, 선박관리업 선진화, 해양 플랜트 운영사업 진출 등 고부가가치 관련산업 육성 등이 있다.
② 항만물류산업
항만인프라 확충 및 항만 활성화, 해외항만 협력사업을 적극 추진하여 국제경쟁력 제고 등이 있다.

(4) 철도·항공물류 개선
철도화물 유치를 위한 철도공사-화주 간 제휴전략 추진, 셔틀차량 확대 등으로 수송체계 개선(항만·산업단지에 철도 인입선 6개 노선 추가 건설, 셔틀차량 확대, 고속화물열차 운행 확대 등), 이용료 인하, 편의 제고로 철도물류 활성화 지원 등이 있다.

(5) 항공물류서비스 개선
공항배후단지 활성화 : 인천공항 물류 허브(Hub)화, 절차의 간소화 및 정보시스템 활용을 통해 물류흐름 효율화, 인천공항 등 토지·건물임대료 감면으로 물류기업 지원 강화 등이 있다.

5. 물류보안제도

(1) 수출입 안전관리우수공인 업체 (AEO, Authorized Economic Operator)
수출입 안전관리우수공인 업체(AEO)란 세관에서 물류기업이 일정 수준 이상의 기준을 충족하면 통관절차 등을 간소화 시켜주는 제도이다. 세계관세기구(WCO)가 무역의 안전 및 원활화를 조화시키는 표준협력 제도로서 도입한 것으로 AEO의 화물에 대해서는 입항에서 통관까지 세관절차가 하나로 통합된다. 상호인정협약

(Mutual Recognition Arrangement)을 통해 자국뿐만 아니라 상대방 국가에서도 통관상의 혜택을 받을 수 있다.

(2) 컨테이너 안전 협정(CSI, Container Security Initiative)

컨테이너 안전 협정(CSI)이란 9.11테러 이후 반테러 프로그램의 일환으로 미국 관세국경보호청(CBP, Customs and Border Protection)이 도입한 제도이다. 외국항만에 미국 세관원을 파견하여 미국으로 수출할 컨테이너화물에 대한 위험도를 사전에 평가하는 컨테이너 보안협정이다.

(3) 대테러 세관 무역업자간 파트너십(C-TPAT, Customs Trade Partnership Against Terrorism)

대테러 세관 무역업자간 파트너십(C-TPAT)이란 세관·국경보호국(CBP, Customs and Border Protection)이 도입한 반테러 민·관 파트너십 제도로서 이 나라의 수입업자, 선사, 항공사, 터미널 운영사, 포워더, 통관중개인 등을 적용대상으로 하는 제도이다.

9.11 테러 이후 테러수단의 국내유입을 차단하기 위한 민관협력 제도로, 미국에 드나드는 수입화물에 대한 통관 시스템을 개선하여 보안을 강화하고자 하였다. 물류의 보안관리 시스템의 일정부분을 정부에서 통제하는 것이 아니라 민간업체의 자율시스템에 맡기는 개념으로 기획된 것으로 미국 세관이 제시하는 보안기준 충족 시 통관절차 간소화 등의 혜택이 주어진다.

(4) 수입자 화물 내역서(ISF, Importer Security Filing)

수입자 화물 내역서(ISF)란 화물의 밀수 방지 및 보안 유지를 위해서 자국으로 반입되는 컨테이너 화물에 대해 선적지에서 출항 24시간 전, 미국 세관에 온라인으로 신고를 하도록 한 제도이다. '수출자로부터 10가지 정보 + 운송사(선사)가 신고할 2가지 정보' 총 12가지 정보를 작성해야 하기 때문에 10 + 2 Rule이라고도 한다.

(5) 국제선박 및 항만시설 보안규칙(ISPS Code, International Ship and Port Facility Security)

국제선박 및 항만시설 보안규칙(ISPS Code)란 국제해사기구(IMO)가 채택한 규칙으로 해상에서의 테러를 예방하기 위해 각국 정부와 항만관리당국 및 선사들이 갖춰야 할 보안 관련 조건들을 명시하고 보안사고 예방에 대한 가이드라인을 제시하였다. 선박의 안전 확보, 항만시설의 보안 유지, 선사 및 정부에서 해야 할 사항 등의 내용으로 구분되어 발효되었다.

(6) 수입 위험물컨테이너 점검(CIP, Container Inspection Program)

수입 위험물컨테이너 점검(CIP)이란 컨테이너에 적재된 해상운송 위험물에 대하여 국제해상위험물규칙(IMDG Code)의 준수여부를 점검하고 위반사항에 대하여는 시정조치 하도록 계도하여 선박 및 항만의 안전 확보 및 해양환경을 보호하기 위한 제도이다. 1990년대 말 위험물 컨테이너에 의한 해상사고가 빈발하자 국제해사기구(IMO)에서는 각국에 CIP 제도 시행을 강력히 촉구하였고 이를 계기로 유럽과 북미 등의 선진국을 시작으로 시행되었다.

1장 핵심문제

01 물류에 대한 설명으로 옳지 않은 것은?

① 물적유통의 줄임말로 생산에서 소비에 이르는 물적인 흐름이다.
② 기업이 상품을 생산하여 고객에게 배달하기까지, 전 과정에서 장소와 시간의 효용을 창출하는 제반 활동이다.
③ 원료, 반제품, 완제품을 출발지에서 소비지까지 효율적으로 이동시키는 것을 계획·실현·통제하기 위한 두 가지 이상의 활동이다.
④ 군사용어인 '병참'에서 유래되어 로지스틱스(logistics)라는 개념이 도입되어 판매물류뿐만 아니라 조달물류, 생산물류, 회수물류를 포함한 총체적인 물자의 흐름으로 확대되었다.
⑤ 공급자로부터 최종고객에게까지 이르는 유통채널의 전체흐름을 통합적으로 관리하므로, 상품의 거래활동과 금융,보험 등의 보조활동을 포함한다.

> **정답 ⑤**
>
> **해설** 상품의 거래활동과 금융,보험 등의 보조활동은 상적유통(상류)에 해당한다.

02 물류관리에 대한 설명으로 옳지 않은 것은?

① 상적유통과 구분되는 물류는 마케팅의 물적유통(physical distribution)을 의미한다.
② 물류합리화를 통한 물류비 절감은 소매물가와 도매물가 상승에 기여한다.
③ 물류합리화는 상류합리화에 기여하며, 상거래 규모의 증가를 유도한다.
④ 물류비용 절감을 통한 이익창출은 제3의 이익원으로 인식되고 있다.
⑤ 원자재 및 부품의 조달, 구매상품의 보관, 완제품 유통도 물류관리의 대상이다.

> **정답 ②**
>
> **해설** 물류합리화를 통한 물류비 절감은 소매물가와 도매물가 상승을 억제하는데 기여한다.

03 다음에서 설명하는 물류의 종류로 옳은 것은?

> 물자가 조달처로부터 운송되어 매입자의 물자가 보관창고에 입고·보관되어 생산공정에 투입되기 직전까지의 물류활동

① 조달물류 ② 사내물류 ③ 판매물류 ④ 반품물류 ⑤ 회수물류

> **정답 ①**
>
> **해설** 조달물류란 물자가 조달처로부터 운송되어 매입자의 물자가 보관창고에 입고·보관되어 생산공정에 투입되기 직전까지의 물류활동이다.

04 물류활동별 환경목표에 대한 설명으로 옳지 않은 것은?
① 소음공해의 저하하기 위해 차량의 브레이크 방음장치 설치한다.
② 소음공해와 자원고갈의 감소를 위해 데포 및 창고에 차량냉각용 플러그식의 동력장치를 설치한다.
③ 대기오염의 감소를 위해 디젤연료를 사용하는 경우, 고유황분으로 고도의 세탄만을 사용한다.
④ 대기오염의 감소를 위해 배출 저감연료 첨가물의 사용한다.
⑤ 대기오염의 감소를 위해 냉각 및 냉방시스템의 탈누검사한다.

정답 ③

해설 대기오염의 감소를 위해 디젤연료를 사용하는 경우, 저유황분으로 고도의 세탄만을 사용한다.

05 다음에서 설명하는 물류보안제도는?

> 세관에서 물류기업이 일정 수준 이상의 기준을 충족하면 통관절차 등을 간소화 시켜주는 제도이다. 세계관세기구(WCO)가 무역의 안전 및 원활화를 조화시키는 표준협력 제도로서 도입한 것으로 입항에서 통관까지 세관절차가 하나로 통합된다. 상호인정협약(Mutual Recognition Arrangement)을 통해 자국뿐만 아니라 상대방 국가에서도 통관상의 혜택을 받을 수 있다.

① 컨테이너 안전 협정(CSI)
② 대테러 세관 무역업자간 파트너십(C-TPAT)
③ 수입자 화물 내역서(ISF)
④ 수출입 안전관리우수공인 업체(AEO)
⑤ 수입 위험물컨테이너 점검(CIP)

정답 ④

해설 수출입 안전관리우수공인 업체(AEO)란 세관에서 물류기업이 일정 수준 이상의 기준을 충족하면 통관절차 등을 간소화 시켜주는 제도이다. 세계관세기구(WCO)가 무역의 안전 및 원활화를 조화시키는 표준협력 제도로서 도입한 것으로 AEO의 화물에 대해서는 입항에서 통관까지 세관절차가 하나로 통합된다. 상호인정협약(Mutual Recognition Arrangement)을 통해 자국뿐만 아니라 상대방 국가에서도 통관상의 혜택을 받을 수 있다.

제2장 물류마케팅과 물류서비스

I. 물류마케팅

▶ 2018년, 2013년 등 기출

1. 마케팅의 개념

마케팅이란 생산자로부터 소비자 또는 사용자에게로 제품 및 서비스의 흐름을 관리하는 제반 기업활동을 수행하는 것이다. 전통적 개념의 마케팅은 상품과 서비스를 생산자로부터 소비자에게 원활히 이전하기 위한 경영활동으로 소비자가 상품과 서비스를 요구하면 생산자가 능률적으로 공급하는 것이다.

필립 코틀러(P. Kotler)의 확장된 마케팅 영역에서는 마케팅이란 교환과정을 통해 인간의 욕구를 충족시켜 주는 모든 활동이라고 정의하며, 마케팅을 기업만이 아닌 학교·병원·종교단체와 같은 비영리 조직체를 포함한 모든 조직체의 활동으로 파악한다.

2. 마케팅믹스와 4P

(1) 마케팅믹스(Marketing Mix)

마케팅 믹스란 마케팅 관리자가 특정의 마케팅 목표에 따라 일정한 환경적 조건과 일정한 시점 내에서 여러 가지 형태의 마케팅 수단들을 이용하여 마케팅 효과가 최대화되도록 적절하게 결합 내지 조합해서 사용하는 전략이다.

마케팅믹스는 제품을 시장에 내놓으면서 마케팅 목표를 최대한 효과적으로 달성하기 위해 분야별 방법들을 균형 있게 디자인하는 것으로 보통 4P를 기본으로 기획한다.

(2) 4P

4P란 제품(Product), 가격(Price), 유통(Place), 촉진(Promotion)을 말한다.

① 제품(Product) : "제품의 구색, 이미지, 상표, 포장 등에 관한 의사결정"
  소비자의 욕구를 충족시키는 효용을 가지고 있는 상업적 재화로서 유형의 제품뿐만 아니라 무형의 서비스, 아이디어 등 교환가치가 있는 것이라면 모두 마케팅의 대상이 될 수 있다는 것을 의미한다.
   어떤 상품을 거래할 것인지, 포장과 상표는 어떻게 할 것인지에 대한 결정

② 가격(Price) : "상품가격의 수준 및 범위, 가격결정기법, 판매조건 등에 관한 의사결정"
  제품을 얻기 위해 지불하는 것으로서 재화나 서비스에 대한 가치 평가를 의미한다.

예 물류센터 설비투자비용이나 운송비 등
③ 촉진(Promotion) : "광고, 인적판매, PR, 판매촉진 등을 고객에게 전달하는 의사결정"
광고매체 등을 이용하여 소비자에게 제품을 알리고 권유하여 구매를 자극하는 행동이다.
예 어디에 광고를 게재하고 어떤 브랜드로 차량홍보를 할 것인지에 대한 결정
④ 유통(Place) : "유통경로의 설계, 물류 및 재고관리, 도·소매상 관리를 위한 계획의 수립 등에 관한 의사결정"
제품이나 서비스를 생산자로부터 최종 소비자에게 이동시키는 과정에 참여하는 소매점, 도매점 등의 유통경로의 집합으로 물류와 가장 큰 관계를 가지고 있다.
예 백화점, 할인점, 전철역 매점 등 어디에서 팔 것인지에 대한 결정

3. 물류와 마케팅의 관계

① 물류는 마케팅의 4P 중 유통(Place)과 가장 밀접한 관련이 있다.
② 물류는 포괄적인 마케팅에 포함되면서 물류 자체의 마케팅활동을 실천해야 한다.
③ 마케팅전략은 물류를 포함하여 상호 의존성 있는 마케팅믹스를 유기적으로 결합하여 경영전략의 일환으로 추진되고 있다.
④ 물류역량이 강한 기업일수록 본래 마케팅의 기능이었던 수요의 창출 및 조절에 유리하다.
⑤ 기술혁신으로 품질과 가격 면에서 평준화가 이루어진 상태에서는 고객서비스가 마케팅과 물류에서 중요한 비중을 치지한다.
⑥ 생산과 물류의 상호작용에 포함되는 요소로는 공장입지, 구매계획, 제품생산계획 등이 있다.
⑦ 최근의 물류는 마케팅뿐만 아니라 산업공학적 측면, 무역학적 측면 등 광범위하게 확대되고 있다.
⑧ 마케팅과 물류 관계의 공통적인 영역은 관련 부서간의 이해관계가 얽혀 있기 때문에 어느 한 부서가 독자적으로는 효율적으로 수행할 수 없는 활동이다.

4. 마케팅의 유형

(1) 전통적 마케팅

① 소비자의 욕구는 관계없이 기업의 입장에서 강압적·고압적으로 판매하는 형태이다.
② 판매자 중심의 시장(Seller's market)이다.
③ 기업과 소비자와의 관계가 피드백 과정이 없는 선형마케팅이다.
④ 기업의 내재적인 관점에서 생산된 제품을 시장에 내미는 방식이다.
⑤ 판매활동이나 촉진활동 등의 후행적 마케팅에 초점을 둔다.

(2) 현대적 마케팅
① 소비자의 욕구 만족의 극대화를 추구하는 소비자 지향성이 있다.
② 구매자 중심의 시장(Buyer's market) 형태로서 저압적(Low pressure) 마케팅이다.
③ 피드백(Feed-back)이 있는 순환적 마케팅(Circular marketing)이다.
④ 마케팅 조사활동 등의 선행적(先行的) 마케팅에 초점을 둔다.
⑤ 경제적·문화적·윤리적 사회적 책임(CSR)을 다하는 사회적 책임지향성이다.
⑥ 통합적 또는 전사적 마케팅의 입장에서 수행한다.

II 수요예측

▶ 2018년, 2016년 등 기출

1. 수요예측의 의의

(1) 수요예측의 의의
① 기업활동에 관한 여러 가지 장·단기 계획을 수립하는 데 필요한 기초자료를 제공한다.
② 물류시설계획, 생산계획, 그리고 재고관리 등 물류운용계획에 관한 거의 모든 의사결정에는 미래 수요예측이 필수적이다.
③ 계획생산 형태를 취하는 기업의 경우에는 생산계획과 재고관리에 관한 모든 활동을 수요예측을 토대로 계획하여 시행한다.
④ 완전 주문생산의 경우라도 장기적 수요예측 없이는 생산능력, 원자재 확보 등 각종 경영전략을 사전 계획 없이는 불가능하다.

(2) 수요에 영향을 미치는 요인
수요는 회복기, 호황기, 후퇴기, 불황기의 경기변동 국면에 영향을 준다. 또한 제품 수명주기 중 어느 단계에 와 있느냐에 따라 수요가 영향을 받는다. 주로 경쟁업체의 출현 및 거의 모든 사람이 구입해 버린 시점에 도달되는 시점에 수요 변화가 발생되기도 하며 기타 광고, 판매활동, 품질, 신용정책, 경쟁업체의 가격, 고객의 신뢰와 태도 등이 수요에 영향을 미치는 것으로 알려져 있다.

2. 수요예측기법
수요예측기법은 여러 가지로 분류할 수 있으나 일반적으로 정성적 혹은 질적 기법(Qualitative method)과 정량적 혹은 계량적 기법(Quantitative method)으로 크게 나눈다.

(1) 정성적 수요예측기법
정성적 수요예측기법은 주관적인 의견이나 판단을 중시하므로 주로 중·장기적인 예측에 활용된다.

① 델파이법

전문가들을 한자리에 모으지 않고 일련의 질의서를 통해 각자의 의견을 취합하여 중기 또는 장기 수요의 종합적인 예측결과를 도출해 내는 기법이다. 전문가들을 한자리에 모으지 않는 것은 다수의견이나 유력자의 발언 등에 의한 영향력을 배제하기 위함이다. 예측에 불확실성이 크거나 과거의 자료가 없는 경우에 유용한 기법이지만, 시간과 비용이 많이 드는 단점이 있다. 이 방법은 지극히 불확실한 미래의 현상을 예측하는 도구로 많이 사용되어 왔다.

② 판매원이용법

자사의 소속된 판매원들로 하여금 각 담당지역의 판매예측을 산출하게 한 다음 이를 모두 합산하여 회사 전체의 판매 예측액을 산출하는 방법이다.

③ 시장조사법

제품과 서비스에 대하여 고객의 심리, 선호도, 구매동기 등을 조사하는 기법으로 정성적 수요예측기법 중에서는 가장 계량적이고 객관적인 방법이다.

④ 패널동의법(전문가 의견법)

소비자, 판촉사원, 경영자 등으로 패널을 구성하여 자유롭게 의견을 제시하게 함으로써 예측치를 구하는 방법이다.

⑤ 역사적 유추법

신제품과 같이 과거자료가 없는 경우에 이와 비슷한 기존 제품이 과거에 시장에서 어떻게 도입기, 성장기, 성숙기를 거치면서 수요가 변화해 왔는지에 입각하여 예측하는 방법이다. 즉 과거에 있었던 유사 사례를 통해 현안의 문제를 연구해서 예측하는 방법이다.

⑥ 수명주기 유추법

신제품과 비슷한 기존제품의 제품수명주기의 도입기, 성장기, 성숙기, 쇠퇴기의 단계에서 수요변화에 관한 과거의 자료를 이용하여 수요의 변화를 유추해 보는 방법이다. 이 방법은 신제품과 비슷한 기존제품을 어떻게 선정하는가에 따라 예측결과에 큰 차이가 발생된다. 장점으로는 중기나 장기의 수요예측에 적합하고 비용이 적게 든다는 점이 있다.

(2) 정량적 수요예측기법

정량적 수요예측기법은 객관적인 데이터를 중시하므로 주로 단기적인 예측에 활용된다. 이는 수치화된 데이터를 가지고 수요예측을 하는 것으로 수요량이나 매출액과 같은 과거의 자료를 가지고 통계적으로 수요에 대한 예측을 하는 것이다.

① 시계열 예측법

시계열 예측법은 일정한 시간, 간격에 나타나는 관측치를 가지고 분석하는 방법이다. 즉 예측하고자 하는 상품의 수요량이 과거의 일정한 기간 동안 어떤 수요의 형태나 패턴으로 이루어졌는지를 분석하여, 미래에도 비슷한 추세로 수요가 이루어질 것이라는 가정하에 이를 적용하여 예측하려는 기법이다. 시계열(Time series)의 구성요소는 다음과 같다.

- 장기추세 변동 : 시간의 경과에 따라 발생하는 시계열의 일반적 추세 또는 경향
- 순환적 변동 : 추세선상의 장기적인 변동
- 계절적 변동 : 1년을 주기로 하여 작년과 같은 시기에 나타나는 변동
- 불규칙 변동 : 천재지변, 폐업, 선거 등의 중대한 우연적인 사건의 결과로 발생

㉠ 이동평균법

이동평균법은 단순이동평균법과 가중이동평균법으로 구분된다.

- 단순이동평균법 : 최근 몇 기간 동안의 시계열 관측치의 평균을 내어 이 평균치를 다음 기간의 예측치로 사용하는 방법이다.
- 가중이동평균법 : 각 관측치에 동일한 가중치를 주는 단순이동평균법과는 달리 오래된 값 보다 최근의 값에 가중치를 좀 더 주어 그 값을 예측치로 사용하는 방법이다.

㉡ 지수평활법

과거 수요에 입각하여 미래 수요를 예측하는 방법으로 시간에 따라 변화하는 현상을 일정한 간격으로 관찰할 때 얻어지는 관측치를 사용한다. 수많은 복잡한 예측 모형에 비해 수식이 단순하여 계산량이 적으며, 예측 능력이 크게 떨어지지 않기 때문에 많은 종류의 수요를 일별, 주별 등 매우 빈번하게 예측해야만 하는 모델을 관리하기에 적합한 예측방법이다. 지수적으로 감소하는 가중치를 이용하여 최근 자료일수록 더 큰 비중, 오래된 자료일수록 더 작은 비중을 두어 미래수요를 예측한다.

② 인과형 예측법

인과형 예측법은 수요를 종속변수(결과변수)로, 수요에 영향을 미치는 요인들을 독립변수(원인변수)로 하여 양자의 관계를 파악하는 수요예측기법이다. 즉 과거의 자료에서 수요와 밀접하게 관련되어 있는 변수들을 찾아낸 다음 수요와 이들 간의 인과관계를 분석하여 미래수요를 예측한다.

㉠ 회귀분석모형

인과형 예측기법의 대표적인 기법으로 종속변수의 예측에 관련된 독립변수를 파악하여 종속변수와 독립변수의 관계 방정식이다. 과거의 수요자료가 어떤 변수와 선형의 관계가 있다고 가정하고 그 관계를 찾음으로써 미래의 수요를 예측하려는 방법이다.

㉡ 계량경제모형

각 경제변수에 수치를 주어 정량화하고 변수 간에 관계를 설정한 후 경기예측모형을 만들어 경기를 예측하는 방법이다.

㉢ 투입/산출모형 : 산업부문 간의 상호의존관계를 파악하여 투입변수와 산출변수 간의 관계를 분석하는 방법이다.

III. 물류서비스

▶ 2020년, 2019년, 2018년 등 기출

1. 고객서비스의 개념
고객 주문의 접수, 처리, 배송, 대금 청구, 후처리 업무에 필요한 모든 활동으로, 고객의 요구를 만족시키는 활동을 의미한다.

2. 고객서비스 요소의 분류

(1) 거래 전 요소
고객서비스에 관한 기업의 정책과 연관되어 있으며 기업에 대한 고객인식과 고객의 총체적인 만족에 상당한 영향을 미칠 수 있다.
- 예) 명시된 회사 정책, 회사에 대한 고객의 평가, 회사조직, 시스템의 유연성, 기술적인 서비스

(2) 거래 중 요소
고객에게 제품을 인도하는 데 직접 관련된 서비스 요소로 제품 및 배달의 신뢰도 등을 말한다.
- 예) 재고품절수준, 주문정보, 주문주기의 일관성, 주문의 편리성, 배달의 신뢰성, 제품 대체성

(3) 거래 후 요소
일반적으로 제품보증, 부품 및 수리 서비스, 고객의 불만에 대한 처리절차 및 제품의 교환 등을 말한다.
- 예) 제품추적, 고객클레임 및 불만, 설치 및 보증 등

3. 물류서비스의 특성
① 물류서비스는 물품을 이동시키는 마지막 단계로서 부가상품(Augmented Product)의 역할을 한다.
② 물류서비스와 물류비용 사이에는 상충관계(Trade-Off)가 존재한다.
③ 전자상거래의 확산으로 유통배송단계가 점점 줄어들고, 고객맞춤형 물류서비스가 강조되고 있다.
④ 물류관리자는 이익 창출을 위해 비용 절감과 물류서비스의 향상에 주력한다.
⑤ 고객서비스 수준이 결정되어 있지 않다면 수익과 비용을 동시에 고려하여 최적의 서비스 수준을 결정하는 과정이 선행되어야 한다.
⑥ 기업들이 최대의 부가가치를 창출하려면 비용을 줄이면서 고객이 만족하는 서비스 수준에 도달할 수 있는 물류시스템 구축이 필요하다.
⑦ 운송서비스는 서비스 프로세스 매트릭스에서 서비스공장(service factory)으로 분류된다.
⑧ 물류서비스 향상을 효율적으로 실행하기 위해서는 3S1L원칙과 7R원칙을 고려해야 한다.

4. 물류서비스의 신뢰성을 높이기 위한 방안
① 신속 정확한 수주정보 처리
② 조달 리드타임(Lead time) 단축
③ 제품 가용성(Availability) 정보 제공
④ 재고관리의 정확도 향상

5. 물류서비스 수준의 결정요인
① 일반적으로 물류비용의 책정은 공헌이익이 최대가 되는 시점에서 결정되어야 한다.
② 물류서비스 수준과 물류비용 사이에는 상충관계가 있다.
③ 물류서비스 수준의 향상은 고객과의 장기적인 관계 형성에 도움이 된다.
④ 물류서비스 수준을 결정하기 위해서는 시장 환경이나 경쟁 환경 등을 고려해야 한다.

6. 물류서비스의 품질측정 구성요소
물류서비스 품질은 고객의 기대수준과 인지수준의 차이로 정의되며, 고객과 서비스 제공자 간의 상호작용에 의해서 결정된다.
① 유형성 : 화주기업에게 차량, 장비 등 물류서비스를 원활히 제공해 줄 수 있는 능력
② 확신성 : 화주기업에게 전반적인 업무수행에 대해 확신을 주는 능력
③ 반응성(신속성) : 화주기업에게 신속하게 물류서비스를 제공할 수 있는 능력
④ 커뮤니케이션 : 화주기업과의 원활한 의사소통 능력
⑤ 신뢰성 : 화주기업과의 약속된 서비스를 정확하게 수행하는 능력

Ⅳ. 고객서비스 주문주기시간(Order Cycle Time)

▶ 2020년, 2018년, 2016년 등 기출

1. 주문주기의 구성요소

(1) 주문전달시간(order transmittal time)
주문을 주고받는 판매 사원, 우편, 전화, 전자송달(컴퓨터 등)에 사용되는 시간이다.

(2) 주문처리시간(order processing time)
적재서류의 준비, 재고기록의 갱신, 신용장의 처리작업, 주문확인, 주문정보를 생산·판매·회계부서 등에 전달하는 활동에 소요되는 시간이다.

(3) 오더 어셈블리 시간(order assembly time)
주문을 받아서 발송부서나 창고에 전달 후 발송 받은 제품을 준비하는데 걸리는 시간이다.

(4) 재고가용성(stock availability)

창고에 보유하고 있는 재고가 없을 때 생산지의 재고로부터 보충하는데 소요되는 시간이다.

(5) 주문인도(order delivery)

주문품을 재고지점에서 고객에게 전달하는 활동으로 창고에 재고가 있는 경우에는 공장을 거치지 않고 곧바로 고객에게 전달하는 데 걸리는 시간을 말한다.

2. 주문주기를 줄이는 방법

① 가능한 재고부족이 발생하지 않도록 적정재고를 유지하여야 한다.
② 창고에서 제품의 주문인출시간을 줄일 수 있도록 주문크기와 인출순서를 정한다.
③ 포장설계를 표준화하고 반품과 교환절차 등을 마련한다.
④ 정해진 일정과 양식에 따라 고객의 주문을 받고 처리한다.

Ⅴ 제품수명주기

▶ 2023년, 2020년, 2018년, 2016년 등 기출

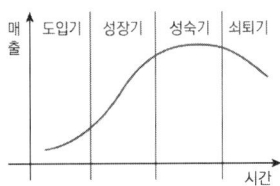
▶ 제품수명주기

1. 도입기

도입기는 일반적으로 수요와 공급이 불확실하며, 이익은 낮거나 손실이 발생하는 단계이다. 판매망이 소수의 지점에 집중되고 제품의 가용성은 제한되므로 물류서비스는 높은 수준의 재고 가용성과 유연성을 확보하는 전략이 필요하다.

2. 성장기

성장기는 제품에 대한 고객들의 관심이 높아지면서 제품가용성을 넓은 지역에 걸쳐 증가시키게 되는 단계이다. 성장기 때는 대량생산을 통한 가격인하로 시장의 규모가 확대된다. 또한 가격인하 경쟁에 대응하고 수요를 자극하기 위한 촉진비용이 많이 소요된다.

장기적인 수요에 대비하여 유통망의 확대가 필요하나, 제품의 판매량이 현저히 증가하게 되고 물류센터의 수와 재고수준을 정하는데 필요한 정보가 부족하여 물류계획을 수립하는데 어려움이 있다. 성장기에는 규모의 경제를 고려하여 비용과 서비스 간의 상충관계를 적극 고려하는 전략이 필요하다.

3. 성숙기

성숙기에는 제품이 일반화되고 수요증대에 맞추어 가격은 하향 조정되기 시작하며, 수익은 평준화되다가 감소하기 시작하는 단계이다. 성숙기는 제품의 유통지역이 가장 광범위해지며, 시장에서 제품가용성을 높이기 위해 많은 수의 재고거점이 필요한 시기이다.

또한 성숙기는 매출액이 체감적으로 증가하거나 안정된 상태를 유지하고 많은 기업들의 진출과 과잉 생산능력에 의해 경쟁이 심화되는 시기이기 때문에 고객별로 차별화되고 집중적인 물류서비스 전략이 필요하다.

4. 쇠퇴기

쇠퇴기는 가격이 평준화되고 판매량은 감소하며 이에 따라 이익도 감소하기 시작하는 단계이다. 재고보유 거점 수가 줄어들어 제품의 재고가 소수의 지점에 집중하게 되므로 제품의 이동 형태와 재고 배치의 수정이 필요하다. 쇠퇴기에는 비용 최소화보다는 위험 최소화 전략이 필요하다.

VI. 물류 아웃소싱(3자물류와 4자물류)

▶ 2023년, 2020년, 2019년, 2017년 등 기출

1. 아웃소싱의 개념

(1) 아웃소싱의 개념

아웃소싱은 한정된 자원을 가장 핵심사업 분야에 집중시키고 나머지 부문은 외부 전문기업에 위탁하여 효율을 극대화하려는 전략이다. 즉 물류활동의 일부 또는 전부를 외부 물류 전문업자에 위탁하는 물류전략이다.

대부분 기업은 처음에 사내 물류부서를 두고 경쟁력이 있다고 판단되면 사업부로 분리시켜서 자회사로 독립시키고 그 자회사가 경쟁력을 인정받아 다수의 고객을 확보할 경우 제3자 물류업체로 선정한다. 물류 아웃소싱은 물류설비 등 막대한 자본투자비용을 절감할 수 있는 효과가 있다. 또한, 물류 아웃소싱 업체와 효과적인 관계를 구축함으로써 조직 간소화, 조직 적응력 및 유연성 강화를 도모하는 혁신기법이다.

(2) 물류환경의 변화에 따른 아웃소싱의 변화

① 화주기업은 물류업체를 단순히 물류활동의 위탁업체로서가 아니라 화주기업의 파트너로서의 역할 및 그들 기업 자체의 확대 개념으로 간주된다.
② JIT 체제는 제품과 서비스 제공자 모두에게 높은 수준의 질적 서비스를 충족시켜 주도록 요구하고 있기 때문에 아웃소서와 서비스 제공자 관계는 상호 협력관계(Partnership)로 변화되어야 한다.
③ 최근의 CALS, EDI, Bar coding, 통신기술의 발달, VAN, 인터넷의 등장과 같은 정보기술의 급격한 발달은 아웃소서와 서비스 제공자 양자 간에 신속한 정보교환을 할 수 있다.
④ 물류 이외의 부문별 아웃소싱을 실시하고 있다.

(3) 물류 아웃소싱의 장단점

① 장점

아웃소싱은 운송비용, 자재관리 및 보관비 절감, 재고수준의 감소, 응답시간의 단축, 유통채널에 대한 통제의 향상을 가져온다.

㉠ 물류업체 측면 : 규모의 경제를 통한 효율의 증대, 양질의 서비스, 전문성 및 유연성에 의한 <u>고객서비스의 향상</u>을 가져온다.

㉡ 제조업체 측면 : 물류관리에 대한 자본재 투입의 감소, 보관장소의 최적 배치, 고부가가치사업에 대한 자원의 집중, 전문 물류업체의 인프라를 전략적 활용 및 물류비용이 명확하여 <u>경영전략의 수립에 도움</u>이 된다.

㉢ 유통업체 측면 : 물류담당 직원을 선발하여 교육하는 등의 번거로운 업무가 생략되며, 운수업 면허나 운수관련 규제를 받지 않아도 되고, ==고유업무에 보다 더 집중==할 수 있다.

② 단점

아웃소싱은 기업 핵심 정보의 유출가능성과 아웃소싱의 문제로 발생되는 것에 대한 통제의 상실이 단점으로 꼽힌다. 또한, 물류업체의 전문지식에 대한 평가가 곤란하고 <u>서비스 품질의 불확실, 실제비용의 측정 곤란, 기존 사내물류 인력의 실업발생 및 전문지식 축적의 어려움, 고객 불만에 대한 신속한 대처 곤란, 새로운 협조관계의 추진에 따른 문제, 배달업무 등의 신뢰 저하 우려 등의 단점</u>이 있다.

(4) 물류 아웃소싱의 실패요인

① 상호 부적절한 의사소통 및 관심의 차이
② 정보시스템 미비
③ 불분명한 역할과 책임 소재가 불분명
④ 근로자의 직업 불안 및 상호 불신에 따른 이해 부족
⑤ 기업문화의 불일치 및 관련산업에 대한 지식 부족
⑥ 상이한 시간 스케줄 등 부적합한 관리체제

(5) 물류 아웃소싱 불안요소 및 주요 결정요인

① 불안요소

불안요소로는 계약범위 내에서만 통제가 가능, 검증되지 않은 서비스 수준의 불확실성, 수시로 변경되는 비용체계의 불확실성, 신속한 고객변화에 대한 대응체제, 특성화된 물류전문기술의 정도, 정보시스템 통합 및 사용기술력, 새로운 관계 형성의 어려움 및 문화 충돌, 아웃소싱 업체와 의사소통의 애로, 핵심 정보의 유출가능성 등이 있다.

② 주요 결정요인

주요 결정요인으로는 비용절감 효과의 타당성, 고객서비스 대응 수준, 전문성 및 경륜·평판, 정보시스템 능력, 재무적 안정성, 서비스 권역, 시설 및 보유 장비, 노무관리의 안정성, 전문화의 이점 등이 있다.

(6) 물류 아웃소싱의 편익

① 경제적 이익
  서비스 제공자는 보다 낮은 비용으로 활동을 수행한다.
② 전문화의 이점 활용
  서비스 제공자는 활동의 반복학습을 통해 학습효과와 경험효과를 얻게 되기 때문에 물류기능을 훨씬 더 효율적으로 수행할 수 있다.
③ 리스크(Risk) 감소
  아웃소싱을 통해 위험을 서비스 제공자에게 이전시킬 수 있다.
④ 사회·경제적 비효율성 제거
  교통체증, 환경오염, 에너지 낭비 등 국가경쟁력을 약화시킬 수 있는 사회·경제적 비효율성을 감소시킬 수 있다.

2. 제3자 물류

(1) 3자 물류의 개념

<u>3자물류는 포장, 운송, 보관, 하역, 물류가공, 물류정보처리 등 일련의 공급사슬에서 요구되는 활동을 외부의 전문업체에게 위탁함으로써 자사의 물류를 효율화하는 방식이다.</u> 기업들은 3자 물류를 통해 핵심부분에 집중하고 물류를 전문업체에게 아웃소싱하여 규모의 경제, 전문화 및 분업화 등의 효과를 거둘 수 있다. 세계적인 3자 물류업체 및 컨설팅회사들은 다른 물류기업들과의 인수합병을 통해 글로벌 차원으로 확대하면서 4자 물류서비스를 제공하고 있다.

(2) 3자 물류의 장점

① 화주기업 관점
  화주기업의 관점에서는 기업의 핵심역량에 집중, 선진 물류기법 활용, 물류관리비용 절감, 고객서비스 향상, 유연성의 향상, 물류자본에 대한 투자 감소, 물류아웃소싱에 따른 세제 혜택, 인력 절감 등의 장점이 있다.
② 물류업체 관점
  물류업체 관점에서는 규모의 경제 실현, 다양한 물류고객 확보 가능, 물류를 핵심사업군으로 양성 가능, 물류서비스 수요변동에 대처 가능, 물류전문인력 양성 가능, 물류전문업체 양성에 따른 지원 혜택, 경험을 통한 글로벌 물류시장 진출 등의 장점이 있다.

(3) 3자 물류의 발전과정

① 물류 아웃소싱의 발전
  ㉠ 자사물류(1PL, First Party Logistics) : 기업이 사내에 물류조직을 두고 물류업무를 직접 수행하는 경우를 말한다.
  ㉡ 자회사물류(2PL, Second Party Logistics) : 기업이 사내에 물류조직을 별도로 분리하여 자회사로 독립시키는 경우를 말한다.
  ㉢ 제3자 물류(3PL, Third Party Logistics) : 외부의 전문물류업체에게 물류업무를 아웃소싱하는 경우를 말한다.

② 제3자 물류의 발전과정
  ㉠ 서비스의 전문성 측면 : 물류활동의 운영 및 실행→관리 및 통제→계획 및 전략
  ㉡ 물류서비스의 폭 측면 : 기능별 서비스→기능 간 연계 및 통합서비스→기업 간 연계 및 통합서비스

(4) 3자 물류의 효과
  ① 핵심역량(주력사업)에 대한 집중력 강화 효과
  ② 물류비 절감 효과
  ③ 서비스의 향상 효과
  ④ 인력 감축 효과
  ⑤ 자본비용의 감소효과
  ⑥ 물류 공동화와 물류 표준화가 가능 효과

3. 제4자 물류

(1) 4자 물류의 개념
  <u>4자 물류란 물류아웃소싱이 활성화되면서 3자 물류가 더욱 발전된 개념으로 3자 물류에 솔루션 제공 능력을 더하면 4자 물류가 된다.</u> 물류의 기본기능과 함께 전자상거래가 발전되면서 공급체인을 효율적으로 지원하며 해결책을 제시하고 변화·관리능력 및 전략적 컨설팅을 포함하는 물류영역으로 물류 컨설팅과 네트워크 개선 등에 관한 조언을 해줄 수 있다.

(2) 4자물류의 특징
  ① 다양한 기업이 파트너로 참여하는 혼합조직 형태로 상호 보완관계에 있는 IT 업체, 운송업체 등 타 물류업체와 연합하여 서비스를 제공한다.
  ② 장기간의 전략적 제휴형태 또는 합작기업으로 설립한 별도의 조직을 통해 종합적인 서비스를 제공한다.
  ③ 이익분배를 통한 공통의 목표를 설정한다.
  ④ 4자 물류 서비스 제공자는 공급사슬 전체를 관리하고 운영하며 다양한 기업을 파트너로 참여시킨다.
  ⑤ 공급체인상 전체의 관리 및 운영을 진행하고 4PL 조직과의 계속적인 노하우를 공유하여 막대한 잠재이익 발생 가능성 존재한다.

(3) 4자 물류 기업의 유형
  제4자 물류 운용모델에는 거래 파트너(Trading partner), 시너지 플러스(Synergy plus), 솔루션 통합자(Solution integrator), 산업혁신자(Industry innovator) 모델 등 4가지가 있다.
  ① 거래파트너(trading partner) : 화주와 서비스제공자 간의 조정·통제의 역할을 수행한다.

② 시너지플러스(synergy plus) : 복수의 화주에게 물류서비스를 제공하는 서비스제공업체의 브레인 역할을 수행한다.
③ 솔루션통합자(solution integrator) : 복수의 서비스제공업체(예 3PL, 컨설팅사 등)를 통합하여 화주에게 물류서비스를 제공한다.
④ 산업혁신자(industry innovator) : 복수의 서비스 제공업체를 통합하고 동일 산업군에 대한 통합서비스를 제공하여 시너지효과를 극대화한다.

(4) 4자물류의 장점
① 수입 증대 : 상품의 구매기회 확대, 고객서비스 향상을 통하여 수입의 증대를 가져온다.
② 운영비용 절감 : 완전한 아웃소싱과 규모의 경제를 통하여 성취가 가능하다.
③ 운전자본 감소 : 새로운 기술을 활용하여 사이클 타임의 단축 및 재고량을 최소화할 수 있다.
④ 고정자본 감소 : 고객은 실질자산을 보유하지 않고 핵심역량에 집중할 수 있다.

(5) 4자물류 구현전략
① 제4자 물류서비스 제공자는 제3자 물류와는 달리 물류 전문업체, IT 업체 및 물류 컨설팅업체가 일련의 컨소시엄을 구성하여 가상물류 형태로서 서비스를 제공한다.
② e-Business 환경에 적응하여 인터넷 등의 최신 정보기술 기반에서 e-SCM, CRM, QR, ECR 등의 물류전략과 조화를 이루면서 서비스를 제공한다.
③ 고객은 공급체인상의 프로세스 개념으로 제4자 물류를 수용할 수 있는 체제를 강화할 수 있다.
④ 고도의 물류서비스를 통해 경쟁력을 확보하고 고객만족경영이 핵심이라는 점을 인식하여야 한다.
⑤ 공급체인상의 전반적인 운영을 아웃소싱한다는 개념으로 제4자 물류서비스 제공자에게 일임할 수 있는 자세를 확립하여야 한다.

2장 핵심문제

01 현대적 마케팅에 대한 설명으로 옳지 않은 것은?

① 소비자의 욕구 만족의 극대화를 추구하는 소비자 지향성이 있다.
② 구매자 중심의 시장(Buyer's market) 형태로서 저압적(Low pressure) 마케팅이다.
③ 피드백(Feed-back)이 있는 순환적 마케팅(Circular marketing)이다.
④ 마케팅 조사활동 등의 후행적마케팅에 초점을 둔다.
⑤ 경제적·문화적·윤리적 사회적 책임(CSR)을 다하는 사회적 책임지향성이다.

정답 ④

해설 마케팅 조사활동 등의 선행적(先行的) 마케팅에 초점을 둔다.

02 다음에서 설명하는 수요예측기법은?

> 전문가들을 한자리에 모으지 않고 일련의 질의서를 통해 각자의 의견을 취합하여 중기 또는 장기 수요의 종합적인 예측결과를 도출해 내는 기법이다. 전문가들을 한자리에 모으지 않는 것은 다수의견이나 유력자의 발언 등에 의한 영향력을 배제하기 위함이다.

① 시장조사법
② 패널동의법
③ 델파이법
④ 수명주기 유추법
⑤ 역사적 유추법

정답 ③

해설 델파이법이란 전문가들을 한자리에 모으지 않고 일련의 질의서를 통해 각자의 의견을 취합하여 중기 또는 장기 수요의 종합적인 예측결과를 도출해 내는 기법이다. 전문가들을 한자리에 모으지 않는 것은 다수의견이나 유력자의 발언 등에 의한 영향력을 배제하기 위함이다. 예측에 불확실성이 크거나 과거의 자료가 없는 경우에 유용한 기법이지만, 시간과 비용이 많이 드는 단점이 있다. 이 방법은 지극히 불확실한 미래의 현상을 예측하는 도구로 많이 사용되어 왔다.

03 제품수명주기에 대한 설명으로 옳지 않은 것은?

① 도입기는 일반적으로 수요와 공급이 불확실하며, 이익은 낮거나 손실이 발생하는 단계이다.
② 성장기는 성장기 때는 대량생산을 통한 가격인하로 시장의 규모가 확대된다.
③ 성장기는 제품의 유통지역이 가장 광범위해지며, 시장에서 제품가용성을 높이기 위해 많은 수의 재고거점이 필요한 시기이다.
④ 성숙기에는 제품이 일반화되고 수요증대에 맞추어 가격은 하향 조정되기 시작한다.
⑤ 쇠퇴기는 가격이 평준화되고 판매량은 감소하며 이에 따라 이익도 감소하기 시작하는 단계이다.

정답 ③

해설　제품의 유통지역이 가장 광범위해지며, 시장에서 제품가용성을 높이기 위해 많은 수의 재고거점이 필요한 시기는 성숙기에 대한 설명이다.

04 3자 물류의 효과로 옳지 않은 것은?

① 핵심역량(주력사업)에 대한 집중력 강화 효과
② 물류비 절감 효과
③ 서비스의 향상 효과
④ 인력 감축 효과
⑤ 자본비용의 증가효과

정답 ⑤

해설　3자 물류를 통해 자본비용의 감소효과가 있다.

제3장 물류조직과 물류시스템

I. 물류조직

▶ 2020년, 2019년, 2018년 등 기출

1. 물류조직의 개념

<u>기업 내 물류활동을 전문적으로 관리하고 그 물류활동에 관한 책임과 권한을 가지는 체계화된 조직</u>으로 이 조직을 통해 기업은 물류활동의 효율화·체계화·통합화를 실현시키고 고객서비스 개선 및 경영활동의 고도화를 달성한다.

물류조직은 고객서비스 개선 및 대외기업 경영활동의 경쟁력 강화에 큰 역할을 담당하고 물류경쟁력을 갖추어 핵심적인 업무수행을 할 수 있다.

기업은 재고, 보관비 등 상승에 관한 전사적 관점의 조정, 통제, 관리를 할 수 있는 조직이 필요하다. 기업 내에서 물류조직은 독립된 운영으로 물류관리를 운영하여야 한다. 생산시기와 생산량을 물류조직의 주도하에 다른 조직과 협조하여 결정하는 기능과 역할을 담당한다.

2. 물류조직의 필요성

① 회사의 업무효율성 증진을 위해 부서 간 기능적 타협이 필요하다.
② 관리상 발생된 문제점을 조정·통제·종합하기 위한 운영과정의 조정이 필요하다.

3. 물류조직의 특징

① 물류조직은 계획이 창조, 수행, 평가를 촉진하는 구조이다.
② 회사 목표의 달성을 위해 회사의 인적 자원을 할당하는 공식적·비공식적 조직이다.
③ 물류부서의 통합이 분산보다 물류개선에 효율적이다.
④ 제품이나 시장이 동질적인 경우 집중적 조직형태가 효율적이나 질 높은 서비스는 상대적으로 분권화된 조직에서 나타난다.
⑤ 물류조직의 효과성에 영향을 주는 요인은 조직특성, 종업원특성, 환경특성, 관리방침 및 관행 등이 있다.

4. 물류조직의 발전형태

(1) 직능형(기능형) 물류조직

① 개념
<u>직능형 조직은 라인부문과 스태프부문이 분리되지 않은(미분화된) 조직형태</u>

▶ 직능형 물류조직

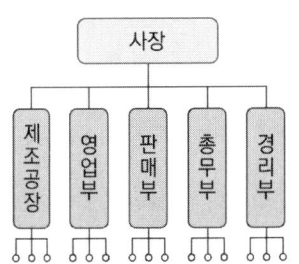

이다. 즉, 물류의 중요성이 인식되지 않은 조직형태이다. 또한 물류부문이 다른 조직 속(생산부, 영업부, 총무부 등)에 포함된 조직 형태이다.
② 단점
㉠ 전사적인 물류계획, 물류전략, 물류정책을 수립하기 어렵다.
㉡ 물류전문가 양성 및 물류전문화 추진이 어렵다.
㉢ 물류조직의 혁신 및 정보 통합 및 의사전달기능이 불가능하다.
㉣ 자기부문에서 원가절감으로 다른 부문에 비용을 증가시키는 결과를 초래한다.
㉤ 최고경영층, 관리층은 물류전략 문제를 경시하는 경향이 있다.

(2) 라인(Line)·스태프(Staff)형 물류조직

▶ 라인(Line)·스태프(Staff)형 물류조직

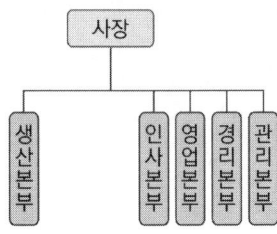

① 개념

<u>직능형 조직의 결점을 보완하고 라인과 스태프의 기능을 분리하여 작업부문과 지원부문을 분리한 조직</u>으로서 직능형 조직의 단점을 보완한 조직 형태를 말한다. 오늘날 기업 물류조직의 중심을 이루고 있으며 보통 스태프부문은 물류계획 및 물류전략을 세우고 라인부문은 이를 직접 수행하는 역할 분담이 이루어지고 있다.

② 특징
㉠ 라인과 스태프를 분리함으로써 업무수행기능과 지원기능이 명확히 구분된다. 스태프는 물류전략 수립, 물류예산관리 및 채산성 분석 등을 수행한다.
㉡ 스태프부문이 물류현장의 상황파악 없이 물류계획을 수립하면 효율성이 저하된다.
㉢ 반대로 현장에 지나치게 얽매이면 혁신적이고 창의적인 아이디어가 부족하다.
㉣ 라인(Line)은 스태프(Staff)로부터 조언을 받는 관계이다. 라인 활동은 제품 또는 서비스의 생산과 판매 활동에 상당한 영향을 미친다.
㉤ 기업규모 확대에 따라 사업부형이나 그리드형 조직 형태로 발전할 수 있다.

③ 단점
㉠ 규모가 큰 물류기업에서는 적합하지 않은 형태이다.
㉡ 스태프가 물류현장에 대한 충분한 이해 없이 계획을 수립하는 경우 탁상계획이 되기 쉬워 문제점이 야기될 수 있다.
㉢ 책임에 권한이 없고 물류조직의 관련사항이 영업부문에 속해 있어 물류부문의 직접적인 관리가 어렵다.
㉣ 현장을 지나치게 의식하면 혁신적·창조적 아이디어나 계획에 어려움이 있다.

(3) 사업부형 물류조직

▶ 사업부형 물류조직

① 개념

사업부형 조직은 가장 일반적인 물류조직 형태로 <u>기본적으로 제품별 사업부와 지역별 사업부, 그리고 이 두 가지를 절충한 형태</u> 등이 있다. 이는 기업경영 규모가 커지고 사장이 기업의 모든 업무를 관리하기가 어려워진 경우에 사업 단위별로 사업성을 극대화하기 위해 취하게 된 조직이다.

② 특징
　㉠ 물류조직이 하나의 독립된 회사와 같이 운영된다.
　㉡ 라인과 스태프형 조직과 같은 집권조직에 비해 분권적인 조직이라는 특징이 있다.
　㉢ 각 사업부 내에 라인과 스태프 부문이 동시에 존재한다.
③ 장점
　㉠ 사업부제가 원활히 유지될 경우 신속한 의사결정과 사업부별 경쟁체제를 통해 기업목적을 효과적으로 달성할 수 있다.
　㉡ 사업부별로 모든 물류활동을 책임지고 직접 관할하므로 물류관리의 효율화 및 물류전문인력 육성이 가능하다.
④ 단점
　㉠ 사업부의 채산이 우선시되기 때문에 설비투자, 연구개발 등의 종합성이 결여되어 경영효율이 저하된다.
　㉡ 기업 전체로 볼 때 물류기능이 중복되어 전체적인 조직비용이 과다하게 지출된다.
　㉢ 전체조직이 종적인 형태를 취함으로써 사업부 간에 횡적 교류가 쉽지 않다. 즉 전체적으로 수직적 조직이기 때문에 수평적인 제휴와 교류가 쉽지 않다.
　㉣ 인재교류가 경직화되어 적절한 인적 활용에 문제점이 발생된다. 또한 사업부 간의 인력 및 정보교류가 경직되어 효율적 이용이 어렵다.

(4) 그리드형 물류조직
① 개념
　그리드형 물류조직은 <u>다국적기업에서 많이 볼 수 있는 조직형태로 모회사의 권한을 자회사에게 이양하는</u> 형태를 지니며 모회사의 스태프 부문이 자회사의 해당 물류부문을 관리하고 지원한다.
② 특징
　자사의 경영자와 모회사 물류본부의 지시를 받는 이중구조로 되어있다. 자회사의 물류부서는 자사의 사장으로부터 지시를 받으며 모회사의 물류본부로부터도 지휘·명령을 받는다. 다른 자회사와 동일한 물류관리의 일원화 또는 효율화를 도모할 목적으로 형성된다.

▶ 그리드형 물류조직

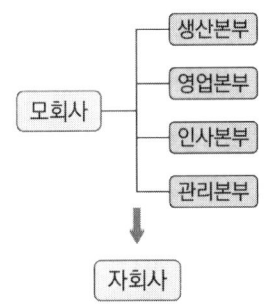

(5) 매트릭스형 물류조직
① 개념
　<u>매트릭스형 물류조직은 물류담당자들이 평상시에는 자기부서에서 근무하다가 필요시 해당부서의 인원들과 함께 문제를 해결하기 위해 구성된 조직</u>이다.
② 특징
　항공우주산업, 물류정보시스템 개발과 같은 첨단기술 분야에서 효과적인 물류조직의 형태이며, 기능형과 프로그램형의 중간 형태이다.

③ 단점

기능별 권한과 프로젝트별 권한을 가지므로 권한과 책임의 한계가 불분명하여 갈등이 발생할 수 있으며, 명령 및 지시계통인 라인의 흐름이 정체될 수 있다.

(6) 네트워크형 물류조직

① 개념

네트워크형 물류조직은 기업의 내부영역과 외부영역이 네트워크로 연결되어 외부자원의 효과적 활용을 통해 환경변화에 신속하게 대응하려는 대규모 아웃소싱에 의한 조직으로 상황 혹은 목적에 따라 조직의 해체가 유연하며, 자유로운 의사소통과 신속한 업무처리가 가능한 수평관계의 조직형태이다.

② 특징

㉠ 한 개의 조직단위 구조가 아니라 다수의 조직들에 의해 만들어지는 조직이다.
㉡ 외부자원의 효과적 활용을 통해 환경변화에 보다 신속하고 적절하게 대응하려는 대규모 아웃소싱에 의해서 구성된다.
㉢ 직원의 잠재적 능력을 최대한 발휘할 수 있도록 하는 조직이다.
㉣ 전통적인 계층형 피라미드 조직의 경직성을 극복하기 위한 대안적 조직운영방식이다.

(7) 프로그램형 물류조직

① 개념

프로그램형 물류조직은 물류를 하나의 프로그램으로 보고 기업 전체가 물류관리에 참여하는 조직형태로 비용 최소화를 통해 이익의 최대화를 추구하며 수요창출이나 생산과정은 물류시스템에 기여하는 하나의 기능에 불과하다.

② 특징

㉠ 다른 기능들은 물류에 종속된다.
㉡ 비용의 최소화를 통해 이익의 최대화를 추구한다.
㉢ 수요창출이나 생산과정은 물류시스템에 기여하는 하나의 기능이다.

II. 물류자회사

▶ 2016년 등 기출

1. 물류자회사의 개념

물류자회사란 모회사의 물류관리 업무의 전부 또는 일부를 수행하기 위해 설립된 회사이다. 물류자회사는 자가물류에서 물류조직이 독립되면서 자연적으로 생성된다. 모회사의 물류관리업무의 전부 혹은 일부를 대행하고 모회사의 출자 및 인원의 파견으로 설립된 회사이다. 물류기능의 강화 및 경쟁력 우위 확보로 경영의 안전성을 찾으면서 비용 중심적 및 이익 중심적인 물류조직이다. 기본적 형태로는 물류종합자회사, 물류업무위탁회사, 물류업무중간회사 등이 존재한다. 대부분 독립채산제를 취함으로써 물류비용 관리를 철저히 할 수 있다.

2. 물류자회사의 성공조건

① 물류전문업자로서 경영의 독립성(독립채산성)
② 물류전문업체로서 특화되어 있는 형태
③ 물류전문인력 활용
④ 모회사의 조직과 동일한 물류기능을 실시하는 형태
⑤ 물류공동화 실시

3. 물류자회사의 특징

① 물류관리 책임 및 물류비 관리의 대상이 명확하다.
② 제3자 물류회사와 같은 물류전문기업으로 발전 가능하다.
③ 모회사의 물류관리 업무 외에도 외부로 물류업무를 확대하여 수익성을 추구하기도 한다.
④ 물류자회사를 위한 SBU(Strategy Business Unit), VBU(Venture Business Unit) 제도 등이 도입되고 있다.

4. 물류자회사의 장점과 문제점

(1) 장점

① 모회사에서 추구하는 핵심사업에 역량을 집중할 수 있는 여건이 확립된다.
② 고임금의 물류관련 종업원을 자회사로 전환시켜 임금수준을 조절할 수 있는 완충지대 역할을 수행한다.
③ 모회사의 물류전략을 잘 이해하고 실천할 수 있는 물류자회사를 설립하여 전체적인 비용을 낮추면서 효과적인 서비스를 제공할 수 있다.
④ 외부 물류기업에 의뢰하기 보다는 물류자회사를 설립하여 운영한다면 현금유출 축소 및 물류·판매관련 정보수집이 신속하고 용이하며 물류정보 유출방지 및 독자적인 정보시스템 구축이 가능하다.

(2) 문제점

① 모회사의 물류전략과 자회사의 물류전략(타 회사의 물류를 같이 취급할 경우 등) 간의 충돌가능성이 존재한다.
② 모회사에서 인건비 등 비용절감 압력으로 자칫 서비스 수준을 저하시켜 물류자회사가 경쟁력을 잃고 실패로 끝날 우려가 발생될 수 있다.
③ 자회사가 고이익, 고배당을 실시하면 모회사가 물류비를 삭감할 것이라는 생각이 강해질 것이며 그 결과 자회사의 합리화 의욕이나 생산성 향상에 저해된다.
④ 물류자회사가 영업의 엄정성을 상실하고 하청기업으로 전락할 위험성이 초래된다.
⑤ 모회사의 낙하산식 인사로 인한 고연령, 고임금, 저생산성의 현상을 초래한다.
⑥ 자회사를 관리하는 모회사의 스태프부문의 비대화가 될 수 있다.

5. 물류자회사의 발전단계

① 1단계 : 모회사 전속형(모회사의 업무만을 수행)
② 2단계 : 그룹형(그룹의 물류업무도 수행)
③ 3단계 : 물류사업형(그룹 이외로 업무 확장)

III. 물류시스템

▶ 2018년, 2017년, 2015년 등 기출

1. 물류시스템의 개념

<u>물류시스템이란 생산지점에서 소비지점으로 재화를 이동시키기 위해 필요한 수송, 보관, 하역, 정보활동 등을 체계적으로 관리하고 수행하는 요소들의 체계적인 집합체이다.</u>

물류시스템을 구축하는 것은 물류관리의 목표를 효율적으로 달성하려는 것이다. 물류관리의 목표는 고객서비스의 개선과 물류비용의 절감에 있고, 양자는 상충관계에 있으므로 적정한 물류서비스의 수준을 결정 후 이를 달성하기 위한 물류비용을 최소화하는 것이다.

2. 물류시스템의 구성

물류시스템의 하부시스템(기능별)으로는 운송시스템, 보관시스템, 하역시스템, 포장시스템, 정보시스템 등이 있다. 물류시스템에서의 자원은 인적자원, 물적자원, 재무적 자원, 정보적 자원 등이다.

3. 물류시스템 설계시 고려요소

① 대고객 서비스 수준 : 물류시스템 설계에 있어서 고려되어야 할 가장 중요한 요소로 고객의 서비스 욕구를 파악하고 적절한 대고객 서비스 수준을 설정하여 효과적·전략적인 물류시스템 설계를 수행해야 한다.
② 기존의 물류활동패턴 : 기존 물류활동의 심층적 이해를 통해 더욱 발전된 시스템 설계가 가능하다.
③ 물류관련 조직체계 : 기업 전반에 대한 기능을 인지하고 조직 간 상호작용을 통해 업무일관성을 유지할 수 있다.
④ 경쟁사의 물류시스템 및 전략 : 경쟁적 우위를 확보한 시스템 구축이 필요하다.
⑤ 설비입지 : 생산입지와 재고입지 등과 같은 지역적 문제는 물류시스템 설계에 중요한 골격을 형성하므로 설비의 수, 지역, 크기 등을 결정하여 시장수요를 할당함으로써 제품이 소비자 시장에 도달하기까지의 과정을 명시 할 수 있다.
⑥ 재고정책 : 재고수준은 설비의 수, 지역 및 크기에 따라 변동되기 때문에 재고정책은 설비의 입지문제와 통합적인 관점에서 계획·수정되어야 한다.

▶ 물류시스템의 목표
- 물류시스템은 물류서비스를 개선하면서도 물류비용을 절감할 수 있는 방안을 모색하는 것이다. 기업의 목표와 전략을 축으로 하여 물류시스템 설계를 실시한다.
- 하역의 합리화(기계화 및 자동화)로 운송과 재고관리의 개선을 통한 보관 및 포장규격화를 고려한 제품 설계 등의 기능이 향상되도록 한다. 화물 분실, 오배송 등을 감소시켜 신뢰성 높은 운송기능을 수행할 수 있게 한다. 화물 변질, 도난, 파손 등을 감소시켜 신뢰성 높은 보관기능을 수행할 수 있게 한다.
- 인터넷을 이용한 물류정보시스템 구축을 통해 물류비용 감소와 서비스 수준 개선을 달성한다. 물류정보시스템 구축의 성공요인은 고객의 요구 및 만족도를 정확히 파악하는 것이다. 생산지에서 소비지까지 연계되도록 물류시스템을 구축한다. 물류시스템의 목적은 보다 적은 물류비로 효용창출을 극대화하는 최적 물류시스템을 구성하는 것이다.
- 물류시스템에서 JIT(Just in Time)는 소량의 다빈도 운송을 해야 하기 때문에 물류활동에서 복잡성을 증가시키는 음의 효과가 발생하기도 한다.

⑦ 운송수단과 경로 : 설비입지 결정 후 고객의 수요에 따라 재고수준 등이 결정되고 이들은 다시 운송수단 및 경로에 영향을 미친다.
⑧ 대상제품의 특성 : 대상제품의 특성에 따라 각기 다른 물류시스템의 구조와 체계로 운영된다.

4. 물류시스템 구축목적과 구축방향

(1) 구축목적

물류시스템의 목적은 보다 적은 물류비로 효용 창출을 극대화하는 최적 물류시스템을 구성하는 것이다.
① 고객 주문 시 신속하게 물류서비스를 제공한다.
② 화물 분실, 오배송 등을 감소시켜 신뢰성 높은 운송기능을 수행할 수 있게 한다.
③ 화물 변질, 도난, 파손 등을 감소시켜 신뢰성 높은 보관기능을 수행할 수 있게 한다.
④ 하역의 합리화로 운송과 보관 등의 기능이 향상되도록 한다.

(2) 구축방향

① 수배송, 포장, 보관, 하역 등 주요 부문을 유기적으로 연계하여 구축하여야 한다.
② 기업 이익을 최대화 할 수 있는 방향으로 설계되어야 한다.
③ 장기적이고 전략적인 사고를 물류시스템에 도입하여야 한다.
④ 물류 전체를 통합적인 시스템으로 구축하여 상충관계에서 발생하는 문제점을 해결하는 방안을 모색하여야 한다.
⑤ 현행 시스템 분석, 사례연구 등을 통해 갭분석, 벤치마킹 등을 할 수 있다.
⑥ 물류정보시스템 구축의 성공요인은 고객의 요구 및 만족도를 정확히 파악하는 것이다.

5. 물류시스템 구축순서

① 1단계 : 시스템의 목표와 제약조건 설정
② 2단계 : 시스템 구출 전담조직 구성
③ 3단계 : 데이터 수집
④ 4단계 : 데이터 분석
⑤ 5단계 : 모델구출 및 시스템 적용
⑥ 6단계 : 시스템 유지 및 관리

3장 핵심문제

01 다음에서 설명하는 물류조직으로 알맞은 것은?

> 다국적기업에서 많이 볼 수 있는 조직형태로 모회사의 권한을 자회사에게 이양하는 형태를 지니며 모회사의 스태프 부문이 자회사의 해당 물류부문을 관리하고 지원한다.

① 직능형 물류조직
② 라인(Line)·스태프(Staff)형 물류조직
③ 사업부형 물류조직
④ 그리드형 물류조직
⑤ 네트워크형 물류조직

정답 ④

해설 그리드형 물류조직은 다국적기업에서 많이 볼 수 있는 조직형태로 모회사의 권한을 자회사에게 이양하는 형태를 지니며 모회사의 스태프 부문이 자회사의 해당 물류부문을 관리하고 지원한다.

02 물류조직의 특징으로 옳지 않은 것은?

① 물류조직은 계획의 창조, 수행, 평가를 촉진하는 구조이다.
② 회사 목표의 달성을 위해 회사의 인적 자원을 할당하는 공식적·비공식적 조직이다.
③ 물류부서의 분산이 통합보다 물류개선에 효율적이다.
④ 제품이나 시장이 동질적인 경우 집중적 조직형태가 효율적이나 질 높은 서비스는 상대적으로 분권화된 조직에서 나타난다.
⑤ 물류조직의 효과성에 영향을 주는 요인은 조직특성, 종업원특성, 환경특성, 관리방침 및 관행 등이 있다.

정답 ③

해설 물류부서의 통합이 분산보다 물류개선에 효율적이다.

03 물류시스템의 구축방향으로 옳지 않은 것은?

① 수배송, 포장, 보관, 하역 등 주요 부문을 각각 독립적으로 구축하여야 한다.
② 기업 이익을 최대화 할 수 있는 방향으로 설계되어야 한다.
③ 장기적이고 전략적인 사고를 물류시스템에 도입하여야 한다.
④ 물류 전체를 통합적인 시스템으로 구축하여 상충관계에서 발생하는 문제점을 해결하는 방안을 모색하여야 한다.
⑤ 현행 시스템 분석, 사례연구 등을 통해 갭분석, 벤치마킹 등을 할 수 있다.

정답 ①

해설 수배송, 포장, 보관, 하역 등 주요 부문을 유기적으로 연계하여 구축하여야 한다.

제4장 유통경로와 유통형태

▶ 유통경로의 구성원
제품에 대한 소유권을 보유하고 실질적인 위험을 감수하는 유통경로 구성원을 중심기능 구성원이라 하며, 이에는 도매 및 소매기관이 해당된다. 유통경로는 다른 3가지 마케팅믹스 요소와 달리 한 번 결정되면 다른 유통경로로 전환이 가장 어려운 항목이다. 유통경로는 생산자의 직영점과 같이 소유권의 이전 없이 판매활동만을 수행하는 형태도 있다.

I  유통경로

▶ 2020년, 2019년, 2015년 등 기출

1. 유통경로의 개념

<u>유통경로란 생산에서 최종 소비에 이르기까지의 전 과정을 말한다.</u> 유통경로의 기능에는 제품 및 서비스의 전달, 커뮤니케이션, 금융 등이 있다. 유통담당자들이 수행하는 유통경로 효율화는 기업물류비 절감에 직결된다. 유통경로는 시간적, 장소적 효용뿐만 아니라 소유적, 형태적 효용도 창출한다.

2. 유통경로의 효용 및 필요성

(1) 효용

① 시간적 효용(Time utility) : 소비자가 원하는 시간에 상품과 서비스를 제공
② 장소적 효용(Place utility) : 소비자가 원하는 장소에서 상품과 서비스를 제공
③ 소유적 효용(Possession utility) : 신용판매, 할부판매 등을 통하여 효용을 창출
④ 형태적 효용(Form utility) : 소비지에서 요구되는 적절한 수량으로 분할, 분배하고 상품을 소비자에게 좀 더 구매력 있게 보이기 위해 포장, 진열을 변화시키는 활동

(2) 필요성

① 총거래수 최소화의 원칙 : 중간상의 개입으로 거래의 총량이 감소하게 되어 제조업자와 소비자 양자에게 실질적인 비용감소를 제공하게 된다는 원칙
② 집중준비의 원칙 : 유통경로 과정에 도매상이 개입하여 소매상의 대량 보관기능을 분담함으로써 사회 전체적으로 상품의 보관 총량을 감소시킬 수 있으며 소매상은 최소량만을 보관하게 된다는 원칙
③ 분업의 원칙 : 다수의 중간상이 분업의 원리로써 유통경로에 참여하게 되면 유통경로과정에서 다양하게 수행하는 기능들 즉 수급조절기능, 보관기능, 위험부담기능, 정보수집기능 등이 경제적·능률적으로 수행될 수 있다는 원칙
④ 변동비 우위의 원칙 : 무조건적으로 제조와 유통기관을 통합하여 대규모화하기 보다는 각각의 유통기관이 적절한 규모로 역할분담을 하는 것이 비용 면에서 훨씬 유리하다는 논리에 의해 중간상의 필요성이 강조되는 원칙

3. 유통경로의 역할

① 교환과정 촉진 : 중간상의 존재로 인해 시장에서 개별적으로 이루어지던 복잡한 거래를 단순화시켜 거래를 촉진시킨다.
② 제품구색 불일치 완화 : 중간상은 생산자와 소비자 간의 욕구 차이에서 발생하는 제품구색 및 구매량의 불일치를 조절한다.
③ 정보제공 : 중간상은 생산자에 비해 더 많은 소비자들의 욕구를 파악할 수 있으며 소비자에게 한 장소에서 다양한 제품에 대한 정보를 제공해 준다.
④ 고객서비스 제공 : 중간상은 생산자를 대신하여 소비자에게 제품의 배달, 설치 및 사용방법 교육 등의 판매 후 서비스를 제공하기도 한다.
⑤ 거래의 표준화 : 거래 과정에서 제품, 가격, 구입단위, 지불조건 등을 표준화시켜 시장에서 거래를 용이하게 해준다.
⑥ 생산과 소비 연결 : 생산자와 소비자 사이에 존재하는 지리적·시간적·정보적 불일치를 해소해 준다.
⑦ 쇼핑의 즐거움 제공 : 소비자의 쇼핑동기와 욕구를 충족시켜 줄 수 있도록 물적요인(점포의 위치, 인테리어, 휴식 및 문화공간 등)뿐만 아니라 인적 요인(판매원의 표정, 용모, 복장, 언행 등)도 제공한다.

4. 유통경로이론

① 연기-투기(Postponement-Speculation)이론
  ㉠ 경로구성원들 중 누가 재고보유에 따른 위험을 감수하느냐에 따라 경로구조가 결정된다.
  ㉡ 고객이 요구하는 시점까지 최종 제품의 생산 공급을 가능한 한 연기시킴으로써 경로효율성을 확보한다.
  ㉢ 연기 : 재고 보유에 따른 위험과 불확실성을 다른 구성원에게 전가하는 방법
  ㉣ 투기 : 처음 생산단계에서부터 차별화를 꾀하는 전략
② 기능위양이론(Functional spin-off)
  경로구성원들 가운데서 특정 기능을 가장 저렴한 비용으로 수행하는 구성원에게 그 기능이 위양된다는 이론이다. 각 유통기관은 비용우위를 갖는 마케팅 기능들만을 수행하고 나머지 마케팅 기능은 다른 경로구성원들에게 위양한다. 만약 중간상이 제조업자보다 마케팅 기능을 적은 비용으로 수행할 수 있다면 제조업자는 비용우위가 있는 부분만을 수행하고 나머지 마케팅 기능들은 중간상들에게 위임하므로 경로길이가 길어진다.
③ 시장거래비용 이론
  기업조직의 생성과 관리는 거래비용을 최소화하기 위해 이루어진다는 이론이다. 유통에서 두 개 업체를 통하는 것보다 한 개 업체를 통하는 것이 상대적으로 비용이 적고 효율이 있으므로 이런 방향으로 기업이 생성되고 관리된다는 이론이다.

㉠ 코즈(Coase)의 이론 : 기업이 존재하는 이유를 시장을 통한 거래비용이 기업조직을 통한 경제활동비용에 비해 훨씬 높기 때문이라고 설명하는 이론이다.
㉡ 윌리엄슨의 거래비용이론 : 코즈의 이론을 더욱 발전시킨 이론으로, 거래비용이 증가하는 원인과 그 해결방안을 수직적 통합으로 나타낸 이론이다.

④ 게임 이론
수직적으로 경쟁관계에 있는 제조업체와 중간상이 각자 자신의 이익을 극대화하기 위해 자신과 상대방의 행위를 조정하는 과정에서 유통경로구조가 결정되는 이론이다. 이는 컴퓨터 전략게임처럼 각 참가자들(유통당사자들)이 이익을 높일 전략을 선택하여 최고의 이익을 얻으려는 과정에서 유통경로가 결정되는 이론이다.

⑤ 대리인 이론
대리인에게 의뢰인이 의존적으로 행동한다는 이론으로 가장 큰 성과를 내는 대리인에게 의뢰를 맡기는 과정에서 경로구조가 결정되는 이론이다.

⑥ 체크리스트법
경로구조 결정시 시장요인, 제품요인, 기업요인, 경로구성원요인, 통제요인 등을 고려한다.

II 소매업 및 도매업

▶ 2019년, 2018년, 2017년 등 기출

1. 소매업

(1) 의의

소매상이 상품과 서비스를 매입하여 필요한 가치를 부가한 후 최종 소비자에게 판매하는 일련의 비즈니스 활동이다. 소비자의 욕구를 정확히 파악하여 이를 생산자에게 전달하여 소비자 욕구에 부응하는 제품을 만들어 제공하도록 하는 역할을 수행한다.

(2) 기능

소매업은 소비자 니즈(Needs)를 충족시켜 생산자에게는 그들의 제품을 판매할 수 있는 시장을 제공한다. 또한 유통경로의 마지막 단계에서 최종 소비자와 직접 접촉하고 소비자에게 상품구색을 제공한다. 생산자를 위해서는 판매활동을 대신해 주는 역할, 소비자 정보를 제공해 주는 역할, 물적 유통기능을 수행하는 역할, 금융기능을 수행하는 역할, 판매실적을 올리기 위한 판매촉진기능을 한다.

▶ 소매업의 종류
인터넷 쇼핑몰, TV홈쇼핑, 방문판매, 다단계 판매, 카탈로그 판매, 자동판매기 등 무점포판매도 소매업에 포함한다.

2. 도매업

(1) 의의
최종 고객에게 판매하지 않고 소매상이나 다른 상인, 또는 다른 기관 등의 상업적 사용자에게 판매하는 유통활동을 말한다. 도매는 재판매 또는 사업을 목적으로 상품이나 서비스를 구입하는 자에게 상품이나 서비스를 판매하는 데 관련된 모든 활동으로 정의할 수 있다.

(2) 기능
도매업은 금융기능, 소매상 지원기능, 재고 보유기능, 물류 대행기능, 구색 편의기능, 위험 부담 분산기능 등이 있다. 또한 생산자를 위한 판매대행기능 및 소매상을 위한 구매대행을 하는 기능이 있다.

> ▶ 도매업의 종류
> 도매상에는 다양한 유형이 있으나 크게 제조업자 도매상, 상인 도매상, 대리인 및 브로커 등으로 구분된다. 이 중 제조업자 도매상과 상인 도매상은 상품의 소유권을 가지지만, 대리인(agent)과 브로커(broker)는 거래되는 제품에 대한 소유권을 보유하고 있지 않으며 단지 제품거래를 촉진시키는 역할만 수행한다.

3. 소매상과 도매상

(1) 소매상의 형태
소매업은 점포의 유무, 취급하는 제품의 깊이와 폭(넓이), 판매방법, 규모의 차이, 경영방식, 입지, 제공하는 서비스, 가격, 제조업자와의 관계, 그리고 최종 소비자와의 접촉형태 등을 기준으로 분류한다.

① 할인점(Discount Store)
대량매입과 대량진열, 대량판매 등을 통해 구매에서부터 물류, 인원배치 등에 이르기까지 여러 요소의 경비를 절감함으로써 내구성 소비재들을 저가로 판매하는 소매형태이다.

② 기업형 슈퍼마켓(SSM)
기업형 슈퍼마켓 SSM은 대형 유통그룹이 3,000m^2 이하의 직영점이나 가맹점 형태로 운영하는 기업형 슈퍼마켓을 뜻한다. SSM은 대형마트보다 면적이 작고 일반 슈퍼마켓보다는 크다. 주거지 근린에 위치하고 있으며 대도시 및 지방 중소도시로 그 유통망을 확장하고 있다.

③ 하이퍼마켓(Hyper Market)
초대형가격할인 슈퍼마켓으로 주로 교외에 위치한다.

④ 아울렛(Outlet)
제조업자와 백화점의 비인기상품, 재고상품, 사용상에는 아무 문제가 없는 하자상품, 이월 상품 등을 자신의 회사 명의로 대폭적인 할인가격으로 판매하는 상설 할인 점포이다. 최근에는 이러한 점포들을 한 곳에 모아놓은 쇼핑센터가 증가하고 있으며 관광단지 등에 위치하는 경우가 많다.

⑤ 편의점(Convenience Store)
24시간 운영으로 시간 편의성, 접근이 쉬운 공간 편의성, 다품종 소량 상품취급의 상품 편의성의 소규모 소매형태로 프랜차이즈시스템 형태로 운영한다.

⑥ 회원제 창고형 할인점
매장을 단순화해 창고형으로 꾸미고 일정회원을 대상으로 회전율이 높은 상품만을 집중 판매하는 신종 유통업태이다.

⑦ 무점포 소매상(Non-store retailer)
e마케팅(인터넷 소매업 또는 인터넷 쇼핑몰), 카탈로그·DM 소매업, 텔레마케팅, 텔레비전 마케팅(TV홈쇼핑), 방문판매, 다단계 판매 등이다. 시간과 장소의 제한을 받지 않고 이용할 수 있는 소매상 형태로 판매자와 소비자 간에 쌍방향 커뮤니케이션에 의한 1대1 마케팅과 전 세계를 대상으로 한 다양한 상품의 매매가 가능하다.

(2) 도매상의 형태
① 제조업자 도매상
제조업자가 직접 직영으로 자사제품의 도매업을 수행하며, 제조업자가 입지선정부터 점포 내의 판매원 관리까지 모든 업무를 직접 관리한다. 도매물류사업에서 기대효과 기능으로는 주문처리 기능, 물류의 대형집약화 센터설립 기능, 판매의 집약광역화 대응 기능, 시장동향정보의 파악(생산조절) 기능 등이 있다.

② 상인 도매상
자신이 취급하는 제품에 대한 소유권을 가지는 독립된 사업체로서 가장 전형적인 형태의 도매상으로써 상품을 직접 구매하여 판매한다. 상인도매상은 완전기능 도매상과 한정기능 도매상으로 구분된다.

- 완전기능도매상 : 고객들을 위하여 수행하는 서비스 중 필요한 광범위한 서비스를 제공
- 한정기능도매상 : 도매상의 기능 중 일부만을 수행하는 도매상

③ 대리도매상(Agent)
대리도매상은 대리인으로 불리며 제품에 대한 소유권 없이 제조업자나 공급업자를 대신해서 제품을 판매하는 도매상이다. 위탁도매상의 일종으로 제조업자의 상품을 대신 판매·유통시켜준다.

④ 브로커(Broker)
구매자와 판매자 사이에서 거래협상을 도와주는 역할을 한다.

⑤ 벤더(Vendor)
첨단전산시스템과 각종 설비를 갖추고 체인화된 현대식 소매업체들에게 분야별로 특화된 상품들을 하루 또는 이틀 간격으로 공급하는 다품종 소량 도매업자이다.

III. 유통경로 조직

▶ 2020년, 2019년 등 기출

1. 전통적 유통경로(Traditional Marketing System)

전통적 유통경로는 각기 다른 기능을 수행하는 독립적인 경로구성원들이 판매과정에서 자연스럽게 결합된 형태의 경로조직을 말한다. 이는 경로구성원 간에 법적 결속력이 미약하기 때문에 경로기능이 원활하게 수행되지 못하는 경우가 다수 발생된다. 경로구성원들 간의 유통경로로의 진입과 철수가 비교적 쉬우며, 경로구성원들의 경로활동과 거래조건은 사전적 계획이 아니라 협상에 의해 형성된다. 수직적 마케팅 시스템보다는 효율성과 효과성은 낮지만 유연성은 매우 높다. 경로구성원들 간의 업무조정이 쉽지 않다.

2. 수직적 유통경로(VMS ; Vertical Marketing System)

(1) 의의

수직적 유통경로는 제조업체 등과 같은 기업본부에서 계획된 프로그램에 의해 경로 구성원을 전문적으로 관리, 통제하는 경로이다. 생산에서 소비에 이르기까지 유통과정의 흐름을 체계적으로 통합·조정하여 규모의 경제를 실현할 수 있도록 설계된 유통경로의 형태이다.

(2) 유형

① 관리형(Administered) VMS
본부의 통제력을 기준으로 보면 세 가지 유형 중 **통제력이 가장 낮은 형태**이다. 경로구성원들의 마케팅 활동이 소유권이나 계약에 의하지 않고 상호 이익을 바탕으로 맺어진 협력 시스템이다. 명시적인 계약에 의해 형성된 협력관계보다는 암묵적인 협력관계로 형성된 시스템이다. 어느 한 경로구성원의 규모나 파워 또는 경영지원에 의해 조정되는 경로유형이다.

② 계약형(Contractual) VMS
경로구성원들이 각자 수행해야 할 마케팅 기능들을 계약에 의해 합의함으로써 공식적인 경로관계를 형성하는 경로조직이다. 구성원들의 경로활동에 대한 통제는 계약형 VMS가 관리형 VMS보다 더 강하다. 프랜차이즈 시스템(Franchise system)이 대표적인 경로조직이다.

③ 기업형(회사형, Corporal) VMS
한 경로구성원이 다른 경로구성원들을 법적으로 소유 및 관리하는 유형이다. 기업형은 전방통합과 후방통합의 유형으로 분리된다.

- **기업형 전방통합** : 제조회사가 도·소매업체를 소유하거나 혹은 도매상이 소매업체를 소유하는 유형이다.
- **기업형 후방통합** : 소매상이나 도매상이 제조업체를 소유하거나 제조업체가 부품공급 업체를 소유하는 유형이다.

▶ 수직적 유통경로의 도입이유
수직적 유통경로시스템 도입이유는 유통비용의 절감과 날로 심화되는 업태 간의 경쟁에 효과적으로 대응하기 위한 것이다. 이는 혁신적인 기술 보유, 자원 및 원재료 등의 안정적 확보가 가능하며, 수직적 통합의 정도가 강할수록 신규 기업에게는 높은 진입장벽으로 작용한다. 또한 수직적 유통경로는 자원 및 재료 등의 안정적인 확보가 가능하고, 대량생산으로 인한 대량판매를 위해 도·소매상을 자사의 판매망으로 구축하여 물류비 및 거래비용이 절감되는 장점이 있다.

3. 수평적 마케팅 시스템(HMS ; Horizontal Marketing System)

공생적 마케팅 (Symbiotic marketing)이라고도 하며 새로운 마케팅 기회를 효율적으로 활용하기 위하여 동일한 단계에서 활동하는 둘 이상의 경로참가자가 연합하여 공동으로 마케팅 전략을 설계하고 추진하는 형태이다.

새로운 마케팅기회를 활용하는 일이 자본, 노하우, 생산설비, 마케팅설비, 인적자원 등의 측면에서 기업의 능력을 넘어설 때나 위험을 다른 기업과 분담하고자 할 때, 다른 기업과 상호협동의 시너지를 얻고자 할 때 공동적으로 마케팅기회를 발굴하며 활용이 가능하다.

4장 핵심문제

01 다음에서 설명하는 유통경로 조직으로 알맞은 것은?

> 경로구성원들의 마케팅 활동이 소유권이나 계약에 의하지 않고 상호 이익을 바탕으로 맺어진 협력 시스템이다. 명시적인 계약에 의해 형성된 협력관계보다는 암묵적인 협력관계로 형성된 시스템이다. 어느 한 경로구성원의 규모나 파워 또는 경영지원에 의해 조정되는 경로유형이다.

① 전통적 유통경로(Traditional Marketing System)
② 관리형(Administered) VMS
③ 계약형(Contractual) VMS
④ 기업형(Corporal) VMS
⑤ 수평적 마케팅 시스템(HMS)

정답 ②

해설 관리형(Administered) VMS은 본부의 통제력을 기준으로 보면 수직적 유통경로 세 가지 유형 중 통제력이 가장 낮은 형태이다. 경로구성원들의 마케팅 활동이 소유권이나 계약에 의하지 않고 상호 이익을 바탕으로 맺어진 협력 시스템이다. 명시적인 계약에 의해 형성된 협력관계보다는 암묵적인 협력관계로 형성된 시스템이다. 어느 한 경로구성원의 규모나 파워 또는 경영지원에 의해 조정되는 경로유형이다.

02 중간상의 필요성에 대한 설명으로 옳지 않은 것은?

① 중간상이 개입하면 총 거래수가 증가하므로 거래비용도 증가하게 된다.
② 제조와 유통업무를 분담하여 생산자와 중간상이 각자 전문화부문을 실시한다.
③ 유통업은 변동비의 비중이 크기 때문에 제조와 유통을 분리하여 기능을 분담하는 것이다.
④ 중간상이 존재함으로써 사회 전체가 원활한 소비를 위해 저장(Storage)해야 할 제품을 대신 저장함으로서 전체 총량이 감소한다.
⑤ 중간상은 생산자와 소비자 사이에 수요 및 공급 정보를 제공한다.

정답 ①

해설 중간상이 개입하면 거래수가 감소하므로 거래비용도 감소한다.

제5장 물류회계

▶ 물류원가의 개념
물류원가(Logistics cost)란 원산지로부터 소비지까지의 조달, 사내 이동 및 판매, 재고의 전 과정을 계획, 실행, 통제하는 데 소요되는 비용이다. 물류비를 상세하게 파악하기 위해 개별기업의 특성에 적합하도록 제품, 지역, 고객, 운송 수단 등과 같은 관리항목을 정의하여 구분한다.

I 물류비의 개요

▶ 2019년, 2017년, 2015년 등 기출

1. 물류비의 의의

(1) 물류비의 정의

물류비란 원재료 조달, 완제품 생산, 거래처 납품 그리고 반품, 회수, 폐기 등의 제반 물류활동에 소요되는 모든 경비이다. 원재료의 조달부터 생산과정을 거쳐 완성된 제품이 거래처에 납품되고, 소비자로부터 반품회수, 폐기 등에 이르기까지의 물류활동을 실행하기 위하여 직·간접적으로 소비되는 경제가치이다.

물류비는 기업 내부의 관리자가 물류와 관련해 경영목적의 달성을 위하여 적절한 의사결정 (물류활동의 계획, 관리, 문제점 파악 및 실적 평가 등)을 하는 데 필요한 정보를 지원하기 위한 기초자료이다.

(2) 물류비 계산목적

물류비는 재무제표 작성에 필요한 원가정보를 제공하고, 제품 가격계산, 원가관리에 필요한 정보를 제공한다. 또한 물류부분의 채산성 분석, 이익계획 수립, 예산관리 집행에 필요한 정보를 제공하며, 경영 비교·분석에 필요한 정보를 제공한다.

(3) 물류비 관리의 목적

물류비는 물류관리의 기본 척도로 활용하며 물류활동의 문제점을 도출하고 개선하여 기업의 물류비 절감 및 생산성 향상을 도모한다. 주로 물류비 산정을 통해 물류의 중요성을 인식하고 물류활동의 계획, 관리 및 실적 평가에 활용된다. 아울러 경영 관리자에게 필요한 원가자료를 제공하고 물류활동에 대한 비용정보를 파악하여 기업 내부의 합리적인 의사결정을 위한 정보를 제공한다.

2. 물류비의 산정

(1) 일반기준(관리회계방식)

물류원가계산의 관점에서 보면 관리회계방식에 의한 물류비 계산기준으로 물류비를 상세하게 원천적으로 계산하는 방식이다. 일반기준은 기업에서 상세한 물류비 정보를 입수하기 위해 사용되는 기준이므로 일정 이상의 물류비 관리수준을 가지고 있는 기업에서 활용한다.

일반기준은 물류활동에 투입되는 인력, 자금, 시설 등의 계획 및 통제에 유용한 회계정보를 작성한다. 물류비의 인식기준은 원가계산준칙에서 일반적으로 채택하고 있는 발생기준을 준거로 한다. 시설부담이자와 재고부담이자에 대해서는 기회원가의 개념을 적용한다.

(2) 간이기준(재무회계방식)

간이기준은 물류원가계산의 관점에서 보면 재무회계방식에 의한 물류비 계산기준으로 회계장부와 재무제표로부터 <u>간단하게 추산하는</u> 방식이다. 상세한 물류비 정보보다는 개략적인 물류비 정보나 자료 정도로도 만족하는 중소기업 등 비교적 물류비 관리수준이 낮거나 물류비 산정의 초기단계의 기업에서 사용한다. 또한 간이기준은 제조원가명세서 및 손익계산서의 계정항목별로 물류비를 추계하여 계산한다.

[일반기준과 간이기준 비교]

항목/기준	일반기준(관리회계방식)	간이기준(재무회계방식)
계산의 기본적인 관점	• 물류목표를 효과적으로 달성하기 위한 활동에 관여하는 인력, 자금, 시설 등의 계획 및 통제에 유용한 회계정보의 작성 목적 • 기능별·관리항목별의 업적평가나 계획 수립 가능	기업활동의 손익상태(포괄손익계산서)와 재무상태(재무상태표)를 중심으로 회계제도의 범주에서 물류활동에 소비된 비용항목을 대상으로, 단지 1회계기간의 물류비 총액 추정
계산방식	물류활동의 관리 및 의사결정에 필요한 회계정보를 입수하기 위해 영역별, 기능별, 관리항목별로 구분하여 발생 비용을 집계	재무회계의 발생형태별 비용항목 중에 물류활동에 소비된 비용을 항목별로 배부기준을 근거로 해당 회계기간의 물류비로 추산
장점	영역별, 기능별, 관리항목별 물류비 계산이 필요한 시기, 장소에 따라 실시 가능 물류활동의 개선안과 개선항목을 보다 명확하게 파악 가능	개략적인 물류비 총액계산에 있어서 별도의 물류비 분류, 계산절차 등이 필요하지 않고, 전담조직이나 전문지식이 부족해도 계산 가능
단점	상세한 물류비의 분류 및 계산을 위한 복잡한 사무절차의 작업량이 많기 때문에 정보 시스템 구축이 전제	상세한 물류비의 파악이 곤란하기 때문에 구체적인 업무평가나 개선목표의 수립이 곤란하며 물류비 절감효과 측정에 한계

3. 물류빙산의 개념

물류빙산에서 물류비 산정 시 외부의 위탁업자에게 지불된 금액만 물류비로 인식한다. 포장비는 제조원가, 수송비는 판매비, 물류정보비는 일반관리비 등에 포함한다. 위탁업자에게 지불한 금액은 기업에서 발생하는 <u>물류비 전체 금액 중에서 빙산의 일각만을 나타낸</u> 것이다.

기업이 물류비를 정확하게 산출하지 못하고 있는 원인은 ① 제한된 물류비 산정영역과 범위, ② 물류비 산정방식의 미비, ③ 체계적인 물류비 산정기준의 미흡, ④ 외부 산정기준 및 통일된 기준의 미적용 등이 있다.

▶ 활동원가계산(ABC)
활동기준원가계산(Activity-Based Costing, ABC)은 기존의 전통적인 원가계산방식의 문제점을 개선하기 위해 도입된 새로운 원가계산방법이다. ABC는 제조간접비를 소비하는 활동(Activity)이라는 개념을 설정하고 이러한 여러 활동들에 따라 제조간접비를 배부하고 각 제품별로 활동소비량에 따라 제조간접비를 배부함으로써 기존의 전통적인 원가계산방식에 비해 좀 더 합리적인 원가배부를 목적으로하는 원가계산방식이다.

Ⅱ 물류비의 분류

▶ 2021년, 2020년, 2019년, 2018년 등 기출

1. 물류비의 과목분류

물류비의 과목분류는 영역별, 기능별, 지급형태별, 세목별, 관리항목별로 구분한다.
물류비의 분류에 있어서 과목, 비목, 세목의 용어를 사용한다.

- **과목(科目)** : 물류비에 대한 비용항목을 나타내는 것이 아니고, 물류비에 대한 분류체계를 나타내는 용어를 말한다.
- **비목(费目)** : 물류비에 대한 비용항목을 나타내는 약어로서, 모든 물류활동을 수행하는 데 발생하는 비용항목을 나타내는 포괄적 의미이다.
- **세목(細目)** : 세목별 분류에 해당하는 물류비목을 나타내는 용어로서 산정지침에서는 재료비, 노무비, 경비, 이자의 기본적 4개의 비목으로 구분하고, 경비는 필요에 따라 공공서비스비, 감가상각비, 관리유지비, 일반경비로 구분한다.

2. 물류비의 분류체계

물류비는 과목별로 다음과 같이 구분될 수 있다.

과목	영역별	기능별	지급형태별	세목별	관리항목별	조업도별
비목	• 조달물류비 • 생산물류비 • 사내물류비 • 판매물류비 • 리버스물류비 (반품, 회수, 폐기)	• 운송비 • 보관비 • 포장비 • 하역비 (유통가공비 포함) • 물류정보·관리비	• 자가물류비 • 위탁물류비 (2PL, 3PL)	• 재료비 • 노무비 • 경비 • 이자	• 제품별 • 지역별 • 고객별 • 조직별 • 운송수단별	• 고정물류비 • 변동물류비

3. 영역별 분류

(1) 조달물류비

물자가 조달처로부터 운송되어 매입자의 매입물자의 보관창고에 입고·관리되어 생산공정에 투입되기 직전까지의 물류활동에 따른 물류비를 뜻한다. 운송, 하역, 검수, 입고, 보관, 출고 등의 조달물류과정에 관련되어 발생하는 비용을 포함한다.

(2) 생산물류비

원재료 입하 후 생산공정에서 가공을 실시하여 제품으로 완성될 때까지의 물류에 소요된 비용이다.

(3) 사내물류비

매입물자의 보관창고에서 원재료 등을 이동하여 생산공정에 투입되는 시점부터 생산과정 중 공정과 공정 간의 원재료나 반제품의 운송 활동, 보관 활동 및 생산된 완제품을 판매를 위한 장소까지의 물류활동에 따른 물류비를 말한다. 즉 완성된

제품에 포장수송을 하는 시점에서부터 고객에게 판매가 최종적으로 확정될 때까지의 물류에 소요된 비용이다.

(4) 판매물류비

생산된 완제품 또는 매입한 상품을 판매창고에 보관하는 활동부터 그 이후의 판매 관련 물류활동에 따른 물류비이다. 즉 생산된 완제품 또는 매입상품을 판매창고에 보관하는 활동부터 고객에게 인도할 때까지의 비용이다.

(5) 반품물류비

판매된 제품이나 상품의 반품물류활동에서 발생하는 비용이다. 고객에게 판매된 제품을 반품하는 가운데 물류에 소요된 비용으로 반품과정에서 발생하는 운송, 검수, 분류, 보관, 하역 등의 제반 비용은 포함되지만, 반품 자체에 따른 환불과 위약금은 반품물류비에 해당되지 않는다.

(6) 회수물류비

제품이나 상품의 판매물류에 부수적으로 발생하는 파렛트, 컨테이너 등과 같은 빈 물류용기와 판매와 관련하여 발생되는 빈 판매용기의 회수 및 재사용비용이다.

(7) 폐기물류비

파손 또는 진부화된 제품, 포장용기 등의 폐기물류 활동에서 발생하는 물류비를 말한다. 제품 및 포장비 또는 운송용 용기, 자재 등을 폐기하기 위해서 물류에 소요된 비용으로, 폐기 자체의 비용이나 공해방지 처리비용은 포함되지 않는다.

4. 기능별 분류

(1) 운송비

물자를 물류거점 간 또는 소비자까지 이동시키는 활동에서 소비된 비용이다.

① 수송비 : 사내의 공장이나 창고, 물류센터나 지점 등의 물류거점 간 수송에서 발생하는 비용을 말한다.
② 배송비 : 수요자에게 배송시키는 활동에 소요되는 비용이다. 즉, 창고나 물류센터로부터 수요자인 고객에게 수송시 발생하는 비용을 말한다.

(2) 보관비

보관비는 물자를 창고 등의 보관시설에 보관하는 활동에서 소비된 비용을 말한다. 물자를 창고 등의 물류시설에 보관하는 활동에 따른 물류비로, 상품을 단순히 보관하는 데 소비되는 비용 뿐만 아니라 재고물품에 대해 발생하는 비용도 포함된다.

(3) 포장비

물류포장활동, 이동과 보관을 위한 포장을 말한다. 즉 물자 이동과 보관을 용이하게 하기 위해 상자, 골판지, 파렛트 등의 물류포장 활동에 따른 물류비이다.

(4) 하역비

물자의 운송과 보관 활동에 수반되어 동일 시설 내에서 물자를 상하좌우로 이동시키는 활동에 소비된 비용이다. 즉 물자의 운송과 보관활동에 수반되어 동일시설 내에서 물자를 상하좌우로 이동시키는 활동에 소비된 비용이다.

(5) 유통가공비

물자의 유통과정에서 물류효율을 향상시키기 위해 이를 가공하는 데 소비된 비용으로 스티커 부착이나 제품 품질검사 및 분류, 기획포장이나 묶음포장 등의 활동을 포함한다.

(6) 물류정보·관리비

물류정보비는 물류 프로세스를 전략적으로 관리하고 효율화하기 위해 컴퓨터 등 전자적 수단을 사용하여 지원하는 활동에 따른 물류비이고, 물류관리비는 물류활동 및 물류기능의 합리화·공동화를 위해 계획·조정·통제하는 등의 물류관리 활동에 따른 물류비이다.

5. 지급형태별 분류

(1) 자가물류비

자사의 설비나 인력을 사용하여 물류활동에 소비된 비용을 말한다.

(2) 위탁물류비

외부의 물류업자나 물류자회사인 타사에 위탁하여 수행함으로써 지불하는 비용 또는 요금을 말한다.

6. 세목별 분류

(1) 재료비

물류와 관련된 재료의 소비에서 발생한 비용이다. (포장이나 운송기능)

(2) 노무비

물류활동 수행을 위한 노동력 비용이다. (운송, 보관, 포장, 하역 관리 등의 전반적인 기능과 조달, 사내, 판매 등의 전 영역)

(3) 경비

재료비, 노무비 이외에 물류활동과 관련된 제비용이다. (물류관리, 회계 및 관리 등의 계정과목 전부)
① 공공서비스비 : 공익사업체에서 제공하는 용역에 대해서 발생하는 비용이다. (전력료, 가스, 수도, 통신비 등)
② 관리유지비 : 물류관련 고정자산의 운용, 가동, 보전 등을 위해서 발생하는 비용이다. (수선비, 운반비, 세금과 공과금, 지급임차료, 보험료 등)

③ 감가상각비 : 물류관련 고정자산의 시간경과에 따른 가치감소분의 비용이다.
(건물 감가상각비, 구축물 감가상각비, 기계장치 감가상각비, 차량 감가상각비 등)

④ 일반경비 : 물류관리 목적을 위해서 지출하는 일반적인 물류비를 말한다.
(여비, 교통비, 접대비, 교육훈련비, 소모품비, 변질이나 도난, 사고, 불량 및 파손 등)

(4) 이자

물류시설이나 재고자산에 대한 이자발생분을 말한다. (금리 또는 투자보수비)

7. 관리항목별 분류

물류비 관리를 실시하기 위한 관리대상인 제품별, 지역별, 고객별 등과 같은 특정의 관리단위 별로 물류비를 분류한다.

(1) 부문별 : 물류비가 발생되는 부문이나 관리 부문 등 조직계층단위
(2) 지역별 : 물류비가 발생되는 지역별 부문이나 조직단위
(3) 운송수단별 : 철도운송, 해상운송, 육로운송, 항공운송 등의 운송수단
(4) 제품별 : 물류활동의 대상이 되는 원재료, 제품, 부품 등의 제품 종류
(5) 물류거점별 : 물류활동이 발생하는 장소로서 물류센터, 창고, 집배소 등
(6) 위탁업체별 : 물류활동을 위탁할 경우 물류활동 수행업체

8. 조업도별 분류

(1) 고정물류비

물류활동의 범위 내에서 매출액의 증감 또는 물류조업도의 증감과 관계없이 일정하게 발생 하거나 소비되는 비용이 일정한 물류비를 말한다. (인건비, 임차료, 보험료, 감가상각비 등)

(2) 변동물류비

물류활동의 범위 내에서 물류조업도의 증감에 따라 발생하거나 소비되는 비용에 비례하여 변동되는 물류비를 말한다.

III 물류비의 계산

▶ 2020년, 2019년, 2018년 등 기출

1. 물류비 계산방법

① 실태 파악을 위한 물류비

영역별, 기능별, 지급형태별로 계산한다. 물류비 계산은 물류활동과 관련하여 발생된 것이며, 비정상적인 물류비는 계산에서 제외된다. 물류비 계산에 있어서 발생기준에 따라 측정한다. 원가회계방식에 의해 별도로 파악된 원가자료로부터 영역별, 기능별, 지급형태별로 집계한다. 물류활동에 부수적·간접적으로

▶ 물류비 배분기준
물류비 배분기준은 물류관련 금액, 인원, 면적, 시간, 물량 등을 고려하여 원천별, 항목별, 대상별 등으로 구분 후 설정한다.

발생되는 물류비는 주된 물류활동과 관련하여 합리적인 배부기준에 따른다.
② 관리 목적을 위한 물류비
물류관리의 의사결정을 지원하기 위해 조업도별, 관리항목별로 계산한다. 물류활동 및 물류기능과 관련하여 물류조업도의 변화에 따른 물류비의 변화 분석을 위하여 기능별 물류비를 물류변동비와 물류고정비로 구분하여 집계한다. 관리항목별 계산은 조직별, 지역별, 고객별, 활동별 등과 같은 관리항목별로 물류비를 집계하는 것으로, 관리항목별로 직접귀속이 가능한 직접비는 직접 부과하고 직접귀속이 불가능한 간접비는 적절한 물류비 배부기준을 이용하여 배부한다.

2. 물류비 계산과정

물류비 계산은 먼저 비목별 계산을 수행한 후 관리항목별 계산을 수행한다.

[물류비의 비목별 계산과정]

1단계	2단계	3단계	4단계	5단계
물류비 계산 욕구의 명확화	물류비 자료의 식별과 입수	물류비 배부 기준의 선정	물류비 배부와 집계	물류비 계산의 보고
• 물류비 계산 목표 확인 • 물류비 계산 대상 결정 • 물류비 계산 범위 설정	• 물류비 계산 대상별 자료 식별 • 물류비 관련 회계자료(세목별) 수집 • 물류기회원가 관련자료 입수	• 물류비 배부 기준 결정 - 영역별 배부 기준 - 기능별 배부 기준 • 물류비 배부 방법	• 영역별 집계 • 기능별 집계 • 지급형태별 집계 • 관리항목별 집계	• 물류비보고서 작성 • 문제점과 대책 제시 • 물류비 정보의 활용 및 피드백

① 비목별 계산
비목별로 물류비를 집계하는 것으로서, 구체적인 계산방법은 영역별, 기능별, 지급형태별, 세목별, 관리항목별로 전개한다.
② 영역별 계산방법
영역별 물류비는 세목별로 집계된 물류비를 기능별 물류비, 지급형태별 물류비로 구분하여 집계한다.
③ 기능별 계산
기능별 물류비 계산은 각 기능별로 운송비, 보관비, 포장비, 하역비, 물류정보·관리 분류하여 지급형태별 물류비, 세목별 물류비를 적절하게 배부하여 합계한다.
④ 지급형태별 계산
자가물류비는 물류활동을 사내에서 실시할 경우 발생하는 모든 비용을 말한다. 위탁물류비는 물류활동의 일부 또는 전부를 외부의 물류업자나 물류자회사에 위탁한 후 지불하는 요금이다.
⑤ 세목별 계산
자가물류비를 중심으로 한 세목별 물류비 계산은 기본적으로 재료비, 노무비,

경비, 이자로 구분하여 실시하되, 재료비, 노무비, 경비의 각 세부 비목별 계산은 회계부문의 계정과목 체계를 준용한다.

IV. 물류비 예산관리

▶ 2012년 등 기출

1. 예산관리 의의

<u>기업의 물류계획에 대한 예산을 편성·실시하고 비용지출을 조정함과 동시에 비용지출을 통제하는 것을 말한다.</u> 기업방침에 따라 물류관리자가 담당자의 의견을 수렴하고 과학적으로 물류 예산을 편성하여 그 집행에 있어서 관련 비용지출을 조정, 통제하는 과정이다. 기업의 물류활동을 위해서 설정된 물류부문 방침에 의거하여 예산을 편성한다. 예산집행 시 관련 지출을 조정과 함께 지출을 통제한다.

2. 예산관리의 특징

물류비 예산관리는 정확하고 구체적인 물류정책이나 물류관리의 방침에 의하여 설정된다. 물류예산의 편성은 물류관리자들을 중심으로 한 상향식 예산제도에 의거하여 물류관리를 실시하는 데 있어서 물류담당자들의 자발적인 동기를 부여한다. 물류예산의 설정은 객관적·통계적인 자료에 의거하여 과거의 실적을 기준으로 한 합리적인 물류활동으로부터 미래의 상황변동을 고려한 과학적인 방법에 의한 편성으로 물류활동에 대한 업적평가와 차기계획수립을 위한 정보를 제공한다.

물류예산제도에 의거하여 물류관리를 실시하는 경우에는 관련된 물류분야의 비용지출을 상호 합리적으로 조정하여 집행한다. 물류예산제도에 의하여 물류관리를 실시하는 경우 물류비 지출의 적절한 통제가 가능하다.

3. 물류예산관리의 일반모델

물류활동에 대해 미리 물류예산을 편성하여 예산과 실적의 물류비를 대비시켜 물류비 예산과 실적과의 차이가 분석 가능하다. 물류비 실적의 계산식에서 자가물류비 실적은 '물류원가 × 월별물류량 실적'으로 산출한다. 차기의 물류계획과 예산편성에 관한 정보의 제공이 가능하다. 예산 편성에 물류 현장의 종사자를 참여시켜 자주적인 예산 목표를 설정할 수 있다.

4. 물류예산 편성절차

① 제1단계 : 물류환경조건의 파악
② 제2단계 : 장기물류계획의 설정
③ 제3단계 : 물류예산 편성방침의 작성과 제출
④ 제4단계 : 물류비 예산안의 작성과 제출
⑤ 제5단계 : 물류비 예산안의 심의·조정
⑥ 제6단계 : 물류비 예산의 확정

▶ 손익분기점(BEP)
손익분기점이란 한 기간의 매출액이 같은 기간의 총비용과 일치하는 점을 말한다.

• BEP판매량

$$= \frac{\text{총 고정비}}{\text{단위당 판매가격} - \text{단위당 변동비}}$$

> ▶ 채산성
> 손익을 따져봤을 때 이익이 남을 여지가 있는 성질

5. 물류채산분석

(1) 의의

<u>물류채산분석이란 현 물류관리 회계시스템에 대한 구조적·수행상의 문제 등에 관하여 그 채산성 여부를 파악하기 위하여 실시하는 분석이다.</u> 현재 실시하고 있는 물류비 관리시스템에 대한 구조적인 문제나 업무집행상의 문제와 관련하여 제기된 개선안 등에 대해 채산성 또는 수익성의 여부를 파악할 수 있다. 물류채산분석의 종류에는 물류업무 개선분석과 물류경제성분석이 있다.

① 물류업무 개선분석 : 물류업무를 중심으로 한 단기적인 분석이다.
② 물류경제성분석 : 물류설비투자는 거액의 자금이 장기적으로 투입되는 경우가 많으므로 투자에 대한 경제성 평가로 채산성이 있는 경우에 한하여 실제 투자가 이루어지게 하는 분석이다.

(2) 물류채산성분석의 절차

① 물류현황 파악
② 물류개선안 설정
③ 물류비의 예측
④ 물류비 비교
⑤ 물류개선안의 최종결정

(3) 물류채산성 분석을 위한 접근방법

① 비용 트레이드-오프(Trade off) 분석방법
   물류업무의 추진과정에서 이율배반적인 관계가 발생하는 경우, 원가를 중심으로 비교를 실시하는 분석방법이다.
② 전체 비용접근방법(Total cost approach)
   비용의 총액에서 어떻게 비용을 절감할 것인가에 대한 종합적인 분석방법이다. 기능별 물류비 분석은 물류활동을 기능별로 구분하여 운송, 보관, 포장, 하역, 물류정보, 관리비로 분석하는 것이다.

(4) 물류채산성 분석효과

① 단기적 분석
   현행 물류업무 효율성 여부 측정이 가능하다.
② 장기적 분석
   투자효율 측정, 합리적 의사결정 유도, 신규·대체투자의 의사결정을 지원한다.

[물류채산분석과 물류원가계산의 비교]

구 분	물류채산분석	물류원가계산
계산목적	물류활동의 의사결정	물류활동의 업적평가
계산대상	특정의 개선안, 대체안	물류업무전반
계산기간	개선안의 전 기간	예산기간(보통은 연별)
계산시간	의사결정시 실시	각 예산기별로 실시
계산방식	상황에 따라 상이	항상 일정
계산의 계속성	임시적으로 계산	반복적으로 계산
원가종류	미래원가	표준원가와 실제원가
원가범위	차액원가만 대상	전부원가를 사용
할인의 유무	할인계산	할인계산하지 않음
사용원가	특수원가계산	실제원가만 대상

5장 핵심문제

01 물류비 산정시 일반기준과 간이기준에 대한 설명으로 옳지 않은 것은?

① 일반기준은 관리회계방식에 의한 물류비 계산기준으로 물류비를 상세하게 원천적으로 계산하는 방식이다.
② 일반기준은 기업에서 상세한 물류비 정보를 입수하기 위해 사용되는 기준이므로 일정 이상의 물류비 관리수준을 가지고 있는 기업에서 활용한다.
③ 일반기준은 물류활동에 투입되는 인력, 자금, 시설 등의 계획 및 통제에 유용한 회계정보를 작성한다.
④ 간이기준은 재무회계방식에 의한 물류비 계산기준이므로 물류비에 대한 상세한 정보를 바탕으로 한다.
⑤ 간이기준은 상세한 물류비 정보보다는 개략적인 물류비 정보나 자료 정도로도 만족하는 중소기업 등 비교적 물류비 관리수준이 낮거나 물류비 산정의 초기단계의 기업에서 사용한다.

정답 ④

해설 간이기준은 물류원가계산의 관점에서 보면 재무회계방식에 의한 물류비 계산기준으로 회계장부와 재무제표로부터 간단하게 추산하는 방식이다.

02 물류비 분류체계 중 기능별 물류비에 해당하는 것을 모두 고른 것은?

㉠ 운송비　　㉡ 포장비　　㉢ 재료비　　㉣ 경비　　㉤ 보관비

① ㉠, ㉡, ㉣
② ㉠, ㉢, ㉣
③ ㉠, ㉡, ㉤
④ ㉡, ㉢, ㉣
⑤ ㉢, ㉣, ㉤

정답 ③

해설 물류비 분류체계 중 기능별 물류비에는 운송비, 보관비, 포장비, 하역비 등이 있다.

제6장 물류합리화와 물류표준화

I. 물류합리화

▶ 2023년, 2019년, 2018년, 2017년, 2016년 등 기출

1. 물류합리화의 개념

물류합리화는 운송, 보관, 하역, 포장 등 물류 하부기능을 통합하여 전체 흐름을 합리화하는 것을 말한다. 물류합리화를 위해서는 시스템적 접근에 의한 물류활동 전체의 합리화를 추진하여야 한다. 물류합리화는 운송, 보관, 포장, 하역뿐만 아니라 물류조직도 그 대상이 된다.

물류 합리화의 특징은 종합적이며 대상이 광범위하다. 기업이 이익을 얻을 수 있는 비용으로 물품을 제공할 수 있도록 물류기능(포장, 운송, 보관 등)을 통합적으로 관리한다.

물류합리화를 수행하기 위해서는 총비용적인 관점에서 접근하는 사고가 중요하다. 물류합리화는 일반적으로 비용절감과 적정 서비스 수준 유지를 동시에 달성할 수 있어야 한다. 운송리드타임을 단축하면 물류서비스는 향상되지만 운송비용은 상승한다. 재고량을 적게 하면 보관비는 감소하지만 서비스 수준은 일반적으로 저하된다.

2. 물류합리화의 필요성 및 목적

(1) 목적

① 물류비용 절감을 통해서 기업의 최대 이익을 부여한다.
② 판매분야에서는 고객이 만족할 수 있는 가격과 서비스를 제공한다.

(2) 필요성

① 경제규모의 확대 : 물류유통의 급속한 증대, 수출물량의 증대, GNP(국민총생산량)의 급격한 성장
② 물류원가의 증대 : 물류비의 높은 비중
③ 소비성향의 변화 : 소비욕구와 가치관의 변화, 의식구조의 변화
④ 산업계의 변화 : 물류거점의 집약화 등

3. 물류합리화 방안
① 포장규격화를 고려한 제품설계
② 재고관리방법의 개선
③ 하역의 기계화 및 자동화
④ 인터넷을 통한 물류정보의 수집 및 활용
⑤ 차량이나 창고공간의 활용을 극대화해서 유휴부문을 최소화
⑥ 물류조직 효율화와 물류시설 가동률 제고

4. 물류합리화 추진
① 공동화, 표준화(모듈화), 통합화, 기계화, 자동화, 외주화, 정보화
② 전문화(아웃소싱, 3PL)
③ 시스템화(LIS, CIM, EDI, SCM, ERP)

5. 물류합리화 유형
① 생력형
　인력절감을 위하여 인력을 기계로 대체하는 것을 목적으로 단순 기능형을 시스템화함으로써 종합적으로 유효한 시스템의 실현이 가능하다.
② 비용절감형
　물류의 전사적 수준에서 합리화에 기반을 두고 있는 것으로서 생력형과 밀접한 관계를 나타내고 있지만, 양자 간의 기본적인 차이점은 비용절감형이 보다 광범위한 의미를 부여한다.
③ 생지능형
　합리화가 단순히 인력에서 기계로 대체되는 단계에서 인간의 지적 판단에 따라 결정되는 단계로 이행하는 것을 말하며, 이는 인공지능형이라고 볼 수 있다.

II. 물류표준화

▶ 2023년, 2020년, 2019년, 2016년 등 기출

1. 물류표준화의 개요
① 물류의 시스템화를 전제로 하여 <u>단순화, 규격화 및 전문화를 통해 물류활동에 공통의 기준을 부여하는 것</u>이다.
② 물류표준화는 물류체계의 효율화에 필요한 사항을 물류표준으로 통일하고 단순화하는 것으로 표준화의 주요내용으로는 포장 표준화 수송용기 및 장비의 표준화 보관시설의 표준화, 물류정보 및 시스템 표준화 등을 들 수 있다.
③ 화물유통 장비와 포장의 규격, 구조 등을 통일하고 단순화하는 것으로 물류활동의 각 단계에서 사용되는 기기, 용기, 설비 등의 구성요소 간 호환성과 연계성을 확보하는 유닛로드시스템을 구축하는 것이다.
④ 하역보관의 기계화, 자동화 등에 필수적인 선결과제이다.

▶ 더 알아보기
• 6-시그마
(1) 개념
　6-시그마는 모토로라에 근무하던 마이클 해리에 의해 1987년 창안되었다. 이는 회사 내 전 분야에 걸쳐 발생되는 불량의 원인을 찾아 제거하고 품질을 향상시키는 경영기법이다.
(2) 6-시그마 프로세스
① 정의(Degine) : 결함을 발생시키는 것이 무엇인지를 정의하여 문제를 명확히 하고 몇 개월 내에 측정 가능한 목표가 달성 될 수 있도록 문제의 범위를 좁히는 단계이다.
② 측정(Measure) : 현재 불량수준을 측정하여 수치화하는 단계이다.
③ 분석(Analyze) : 불량의 발생원인을 파악하고 개선대상을 선정하는 단계이다.
④ 개선(Improve) : 개선과제를 선정하고 실제 개선작업을 수행하는 단계이다.
⑤ 관리(Control) : 개선결과를 유지하고 새로운 목표를 설정하는 단계이다.

2. 물류표준화 목적

① 단순화, 규격화 등을 통하여 물류활동의 기준을 부여함으로써 물류효율성을 높이고 일관성 및 경제성의 확보로 물류비를 절감하는데 목적이 있다.
② 물류표준화를 통하여 기업차원의 미시적 물류뿐만 아니라 국가차원의 거시적 물류의 효율성도 높일 수 있다.
③ 효율적인 물류표준화를 위해서는 개별기업 단위의 표준화 이전에 국가단위의 표준화가 선행될 필요가 있다.

3. 물류표준화 필요성

① 물동량의 흐름이 증대됨에 따라 물류의 일관성과 경제성을 확보하기 위해 필요하다.
② 국제화 및 시장개방이라는 국제적 요구와 국제환경변화에 대응하기 위해서는 국제표준화와 연계되는 물류표준화가 요구된다.
③ 유닛로드시스템의 구축을 위해서 물류활동간 접점에서의 표준화가 중요하다.
④ 물류의 기계화 및 자동화를 통해 대량의 물품을 신속하게 처리하기 위해 필요하다.

4. 기대효과

① 자원·에너지의 절약
재료의 경량화, 적재효율의 향상, 운송수단의 연계성 용이, 작업의 기계화 및 표준화, 물류 생산성을 향상시킨다.

② 물류공동화 가능
화주·기업 간의 지역적·계절적 시설 및 장비의 상호 이용이 가능하다. 영업차량, 임대장비, 영업창고 등 물류 전문업체의 시설·장비의 활용이 가능하다. 배송차량, 물류센터 등 협업체제에 의한 공동화 기능을 한다. 거래기업 간 창고·하역장비·전산시스템 연계체제가 용이하다.

자원 및 에너지 절감 효과	물류기기의 표준화 효과	포장의 표준화 효과
• 재료의 경량화 • 적재효율의 향상 • 일관수송에 의한 에너지 절약 • 단순화 • 작업의 표준화 • 물류생산성 향상	• 각 사의 사양 통일 • 호환성 및 교체 용이 • 모든 기기와의 높은 유연성 • 모든 기기를 안전하게 사용 • 부품의 공융성으로 수리 용이 • 물류비 절감	• 포장공정의 단순화 • 기계화에 따른 보관효율 증가 • 포장재 비용의 감소 • 제품파손의 감소 • 인건비 절약 • 제품의 물류비 절감

III. 물류모듈화

▶ 2018년 등 기출

1. 의의

물류모듈은 물류시스템의 각종 요소의 규격, 치수에 관한 기준척도와 대칭계열을 의미하는 것으로, 물류설비의 규격이나 치수가 일정한 배수나 분할관계로 조합되어 있는 집합체로서 물류표준화를 위한 기준치수이다. 물류와 관계된 모든 설비나 기기의 사양과 기준에 대한 표준치수(기준척도)이며, 물류 표준화 체계의 가장 기본적인 요소이다.

또한 모듈화는 다종 다양한 치수를 통일, 단순화, 기준치수화하는 것이다. 물류합리화, 표준화를 위하여 물류시스템의 각종 요소의 치수를 수치적으로 관계 지우기 위한 기준척도이다.

2. 계열치수

(1) 분할계열치수

Unit Load Size(T-11형, T-12형)를 기준으로 파렛트(Pallet)를 분할하여 박스(Box)를 쌓는 방법이다.

(2) 배수계열치수

물류 모듈 시스템은 크게 배수치수 모듈과 분할치수 모듈로 나뉜다. 배수치수 모듈은 1,140mm × 1,140mm 정방형 규격을 Unit Load Size 기준으로 하고 최대 허용 공차 -40mm를 인정하고 있는 Plan View Unit Load Size를 기본 단위로 하고 있다.

이는 컨테이너 및 화물차량에 화물적재시 사용한다. 컨테이너 내부치수, 트럭적재함 치수, 랙 규격, 창고 천장높이, 기둥간격, 진열대 간격, 운반하역장비 규격이다. 8톤 트럭 12매, 20ft 컨테이너 10매(2단 20매), 11톤 트럭 16매, 40ft 20매(2단 40매), 45ft 24매(2단 48매)의 파렛트 적재가 가능하다.

분할포장 모듈시스템(포장치수)	배수물류 모듈시스템(물류설비치수)
• 분할계열치수는 실제물동량의 평면 치수인 NULS(Net Unit Load Size : 1,100×1,100mm)를 기준으로 한 치수이다. • KSA 1002로 제정되어 있는 표준치수로서 1,100mm×1,100mm(일관수송용 표준파렛트 규격)를 정수(1, 2, 3, …)로 분할, 가로와 세로의 치수들을 합산하여 1,100mm가 되는 숫자들이며 포장모듈 치수들은 이들의 조합이다.	• 배수계열치수는 PVS(Plan View Size : 1,140×1,140mm)를 기준으로 한 치수이다. • 유닛로드 사이즈 1,140mm×1,140mm를 기준으로 하고 최대 허용공차 -40mm를 인정하며, 이를 배수로 하여 물류시설이나 장비들의 표준치수를 설정한다.

Ⅳ. 유닛로드시스템(Unit Load System)

▶ 2019년, 2016년 등 기출

1. 의의
하역작업의 혁신을 통한 수송합리화 도모를 위해 화물을 일정한 표준의 중량 또는 체적으로 단위화시켜 기계이용을 통한 하역·수송·보관 등을 하는 시스템을 말한다. 협동일관수송의 전형적인 수송시스템으로서 하역작업의 기계화 및 작업화, 화물파손방지, 적재의 신속화, 차량회전율 향상 등의 물류비를 절감하는 최적의 방법이다.

2. 필요성
① ULS도입을 위해서는 수송장비 적재함의 규격표준화가 필요하다.
② ULS의 구축을 위해서 물류활동 간 접점에서의 표준화가 중요하다.
③ 1,100mm × 1,100mm 파렛트는 현재 한국과 일본에서 보급률이 가장 높다.
④ 물류 표준화가 파렛트풀시스템(PPS) 등의 활성화에 크게 기여한다.
⑤ 하역 및 운반의 혁신을 통하여 운송합리화를 이룩하려는 시스템이다.
⑥ 하역의 기계화, 화물의 파손 방지, 신속한 적재, 운송수단의 회전율 향상이 가능하다.

3. 전제조건
① 수송장비 적재함의 규격표준화
② 파렛트의 표준화
③ 창고보관시설의 표준화
④ 운반·하역장비의 표준화
⑤ 거래단위의 표준화
⑥ 포장단위 치수의 표준화

4. 도입효과
① 작업효율의 향상, 운반 활성화, 물류비용 감소 등을 기대할 수 있다
② 물동량 흐름의 스피드화를 통한 화물취급 시간 절약할 수 있다.
③ 작업의 표준화 및 재고량 평가 간소화할 수 있다.
④ 수송장비의 효과적인 이용을 통해 수송수단 변경이 용이하다.
⑤ 포장비용의 절감 및 제품 파손 방지한다.
⑥ 운송, 창고 등의 자동화 설비 및 장비 이용가능하고 운송 및 보관업무의 효율적 운용이 가능하다.
⑦ 작업효율의 향상, 운반 활성화, 물류비용 감소한다.
⑧ 하역을 기계화하고 운송, 보관 등의 일관화·합리화 가능할 수 있으며, 하역과 운송에 따른 화물 손상이 감소한다.

5. 파렛트의 종류와 크기 결정시 고려요소
① 적재품목의 크기와 무게
② 사용할 파렛트의 회수 여부
③ 공파렛트를 쌓았을 때의 소요 공간
④ 수송장비의 크기

V. 일관파렛트화(Through Transit Palletization)

▶ 2013년 등 기출

1. 파렛트화의 개념
파렛트를 기본용구로 하여 과학적, 합리적 방법으로 하역을 기계화하고 수송, 보관, 포장의 각 기능을 합리화하기 위한 수단으로 사용한다.

2. 일관파렛트화의 개념
① 발송지로부터 최종 도착지까지 파렛트에 적재된 화물을 운송, 보관, 하역하는 물류활동과정 중 이를 환적하지 않고 이동시키는 것을 말한다.
② 일관파렛트화에 의한 화물수송을 스웨덴 방식이라 한다.
③ 과거에는 보관이나 하역을 위한 파렛트 사용이 많았지만, 효과적인 파렛트 운용을 위해서는 일관파렛트화가 기본적인 전제조건이 된다.
④ 일관파렛트화는 생산자에서부터 소비자에게 이르기까지 유닛화된 화물이 일관해서 흐를 수 있는 유닛로드시스템의 기본이 된다.

3. 일관파렛트 운송시스템의 도입효과
① 수배송의 효율화
② 물류작업의 자동화·기계화 가능
③ 하역작업 능률 향상
④ 화물손상 및 도난위험 감소

VI. 파렛트 풀 시스템(Pallet Pool System)

▶ 2018년, 2016년 등 기출

1. 의의
파렛트 풀 시스템은 파렛트의 규격, 척도 등을 표준화하고 상호 교환이 가능하도록 하여 공동 사용하게 함으로써 물류 효율성을 제고시키고자 하는 시스템이다. 즉 파렛트의 규격과 척도 등을 표준화하고 상호 교환성이 있도록 한 후, 이를 서로 연결하여 사용함으로써 각 기업의 물류합리화를 달성하여 물류비를 절감하려는 제도이다.

2. 특징
① 전국적인 집배망의 설치, 불특정 다수의 화주에게 파렛트를 공급한다.
② 공파렛트 회수를 위한 네트워크를 갖추어야 한다.
③ 운송 형태는 기업단위, 업계단위시스템 등으로 구분한다.

3. 파렛트 풀 시스템 도입의 필요성
① 사용자들은 파렛트 회수가 필요하지 않음
② 지역 간, 계절별 수요에 탄력적 대응(파렛트 수급파동 조절)
③ 개별기업에서 파렛트를 관리하지 않아도 되고 관리일원화로 분실률 감소(파렛트 관리체계 개선)
④ 일관파렛트화의 실현을 위한 물류관련 요소의 표준화 촉진
⑤ 전체적인 파렛트 수량이 줄어들어 사회자본이 감소

4. 파렛트 풀 시스템의 선결조건
① 파렛트 규격의 표준화·통일화
② 표준 파렛트에 대한 포장 모듈화
③ 화물붕괴방지책
④ 거래단위의 유닛(Unit)화

5. 파렛트 풀 시스템의 운영방식

(1) 리스 - 렌탈방식(호주)
호주와 우리나라에서 주로 사용하는 것으로, 개별기업에서 각각 파렛트를 보유하지 않고 파렛트 풀을 운영하는 기관이 사용자의 요청에 따라 규격화된 파렛트를 사용자가 소재하는 가까운 거점(depot)에 공급해주는 방식이다. 즉 파렛트 풀(Pallet Pool) 회사에서 일정 규격의 파렛트를 필요에 따라 임대하는 제도이다.

① 장점 : 교환을 위해 동질동수의 파렛트를 준비할 필요가 없다.
② 단점 : 파렛트를 인도하며 반환한 렌탈료의 계산 등 사무처리가 필요하고 화주의 편재 등에 의해 파렛트가 쌓이는 곳이 발생한다. 또한 렌탈회사 데포에서 화주까지의 공파렛트 수송이 필요하다.

(2) 즉시교환방식
유럽 각국에서 채용되고 있는 국유철도를 중심으로 운영하는 것으로, 송화주는 파렛트화된 화물을 운송사에 위탁하는 시점에서 동일한 수의 파렛트를 운송사에서 인수하고, 수화주는 파렛트화된 화물을 인수할때 동일한 수의 파렛트를 운송사에 인도해 주는 방식이다.

① 장점 : 즉시교환사용의 원칙으로 파렛트의 분실 우려가 없다.
② 단점 : 당사자들은 언제나 교환할 수 있는 파렛트를 준비해야 하고, 파렛트의 정비상태를 꾸준히 관리해야 한다.

(3) 대차결제방식

즉시교환방식의 단점을 보완하기 위해 1968년 스웨덴의 파렛트 풀 회사에서 개발한 것으로, 현장에서 즉시 파렛트를 교환하지 않고 일정 시간 이내에 파렛트를 운송사에 반환하는 방식이다.

① 장점 : 국유철도역에서 파렛트를 즉시 교환할 필요가 없고, 파렛트 화물이 도착한 날부터 3일 이내에 반환 하면 된다.
② 단점 : 파렛트 훼손에 대한 책임소재가 불명확하며, 반환지연과 분실에 대해 정해진 변상금을 지불해야한다.

즉시교환방식	리스방식	대차결제방식
송화주는 파렛트화된 화물을 운송사에 위탁하는 시점에서 동일한 수의 파렛트를 운송사에서 인수하고, 수화주는 파렛트화된 화물을 인수할 때 동일한 수의 파렛트를 운송사에 인도해 주는 방식이다.	개별기업에서 각각 파렛트를 보유하지 않고 파렛트 풀을 운영하는 기관이 사용자의 요청에 따라 규격화된 파렛트를 사용자가 소재하는 가까운 거점(Depot)에 공급해 주는 방식이다.	현장에서 즉시 파렛트를 교환하지 않고 일정 시간 이내에 파렛트를 운송사에 반환하는 방식이다.

Ⅶ 물류공동화

▶ 2023년, 2020년, 2019년, 2018년 등 기출

1. 물류공동화의 개념

물류공동화란 2개 이상의 기업이 수·배송의 효율을 높이고 비용을 절감하기 위해 공동으로 물류활동을 수행하는 것을 말한다.

2. 물류공동화의 전제조건

① 자사의 물류시스템과 외부의 물류시스템과의 연계가 필요하다.
② 일관 파렛트화 추진과 표준물류심벌 및 업체 통일전표, 외부와의 교환이 가능한 파렛트 등의 물류용기를 사용하여야 한다.
③ 서비스 내용을 명확하게 하고 표준화시켜야 한다.
④ 통일된 기준에 근거하여 물류비를 명확하게 산정하고 체계화해야 한다.

3. 물류공동화의 성공요인

물류공동화의 성공요인으로는 참가구성원의 높은 열의, 취급물량의 확대, 공동화 사업자의 적정한 물류, 센터용량 및 정보서비스 능력, 공동규칙의 제정과 준수 등이 있다.

4. 물류공동화의 효과

물류공동화의 효과로는 운송비용의 감소, 화물적재율 향상, 수배송 효율 향상, 중복투자의 감소, 물류비용 절감, 물류작업의 생산성 향상, 안정적인 물류서비스를 제공, 유사부품의 공동관리 등이 있다.

5. 물류 공동화의 문제점

(1) 화주

화주업체 관점에서는 매출 및 고객명단 등 기업비밀 누출에 대한 우려, 영업부문의 반대, 물류서비스 차별화의 한계, 비용 및 이윤배분에 대한 분쟁발생 소지, 공동물류시설비 및 관리비용 증대에 대한 우려, 공동배송 실시 주체자의 관리운영의 어려움 등이 있다.

(2) 물류업체

물류업체 관점에서는 요금 덤핑에 대처 곤란, 배송순서 조절의 어려움 발생, 물량 파악의 어려움, 상품관리의 어려움 등이 있다.

6. 물류공동화의 유형

① 수평적 물류공동화 : 동종의 다수 제조업체와 이들과 거래하는 다수의 도매점이 공동으로 정보 네트워크와 물류시스템을 공동화하는 형태이다.
② 물류기업 동업자 공동화 : 물류기업이 동업형식으로 물류시스템을 공동화하는 형태이다.
③ 소매기업에 의한 계열적 공동화 : 대형 소매체인점이 도매점이나 제조업체에서의 납품물류를 통합하여 납품자와 수령자의 상호이익을 도모하기 위해 물류센터 등을 만드는 형태이다.
④ 경쟁관계에 있는 메이커 간의 공동화 : 서로 경쟁관계에 있는 기업들이 모여 물류의 효율화를 위해 공동화를 이루는 형태이다.
⑤ 제조기업에 의한 계열적 공동화(수직적 공동화) : 제조업체가 계획적으로 광역물류센터를 구축하여 재고의 상품구색을 갖추면 도매점은 재고 없이 판매회사와 도매점의 배송상품을 공동배송하는 형태이다.
⑥ 화주와 물류기업의 파트너십 : 전문 사업자로서 화주가 물류합리화나 시스템화로 적극 참여하는 제안형 기업이 되어 상호신뢰를 확립하는 형태이다.

7. 수·배송 공동화

(1) 개념

수·배송 공동화란 자사 및 타사의 원자재나 완제품을 공동으로 수·배송하는 것으로 소량·다빈도 배송의 증가는 수·배송 공동화의 필요성을 증대시키고 있다.

▶ 혼재
다수의 화주로부터 위탁받은 소규모 화물을 대규모 취급단위로 만들어 운송하는 것

(2) 도입배경

수·배송 공동화는 상권 확대 및 빈번한 교차수송, 화물자동차 이용의 비효율성, 도시지역 물류시설 설치 제약, 보관·운송 물류인력 확보 곤란, 주문단위의 다빈도 및 소량화 등의 원인을 바탕으로 도입되었다.

(3) 기대효과

① 설비 및 차량의 가동률과 적재효율 향상
② 중복·교차수송의 배제로 물류비 절감과 교통체증 완화
③ 환경오염 감소
④ 운송수단의 활용도를 높여 차량의 운행효율 향상
⑤ 화물량의 안정적인 확보
⑥ 물류 아웃소싱을 통한 핵심역량 집중 가능
⑦ 소량화물 혼적으로 규모의 경제효과 추구

(4) 유형

① 배송공동형 : 화물거점 시설까지 각 화주 또는 개개의 운송사업자가 화물을 운반하고 배송만을 공동화하는 것으로, 대부분 화주와 운송사업자 주도로 이루어진다.
② 집·배송공동형 : 보관의 공동화 또는 집하의 집약화를 전제로 하여 집하와 집배를 공동화하는 유형으로 동일화주가 조합이나 연합회를 만들어 공동화하는 특정화주 공동형과 운송업자가 불특정 다수의 화물에 대처하는 운송업자 공동형의 2가지 형태가 있다.
③ 공동수주·공동배송형 : 운송업자가 협동조합을 설립하고 화주로부터 수주를 받아 조합원에게 배차를 지시하는 방식으로 고객의 주문처리에서 화물의 보관, 운송, 배송까지의 모든 업무를 공동화하는 방식이다.
④ 노선집하공동형 : 종래 개개의 노선사업자가 집하해 온 노선화물의 집하 부분만을 공동화하는 것으로, 복수의 화주가 공동화하여 집하업자 1개를 지정한 후 집하 및 분류를 시켜 각 노선사업자에 화물을 인계하는 것이다.
⑤ 납품대행형 : 운송업자가 납입선을 대신하여 납품하는 형태로, 화물의 집하, 유통가공, 분배, 납품 등 일련의 작업을 포함하고 있다.

(5) 추진여건

① 배송조건이 유사하고 표준화가 가능할 경우 공동수배송의 추진이 용이하다.
② 공동수배송을 위한 주관기업이 있을 경우 공동수배송의 추진이 용이하다.
③ 일정지역 내에 공동수배송에 참여할 수 있는 복수기업이 존재할 경우 공동수배송의 추진이 용이하다.
④ 공동수배송에 참가할 기업들 간의 이해관계가 일치할수록 공동수배송 추진이 용이하다.
⑤ 공동수배송에 참가한 기업들이 취급하는 제품의 동질성이 높을수록 공동수배송 추진이 용이하다.

(6) 장점

① 납품업체 관점

납품업체 관점에서는 저렴한 운임에 의한 물류비 절감, 물류서비스 향상을 통한 판매기능 강화, 규모의 경제로 유닛로드시스템(Unit Load System)의 구축을 통한 제품포장 규격의 통일화, 화물손상 감소, 입·출고 시간의 단축과 납품대행으로 인한 사무 간소화와 자사시설의 효율적 이용가능 등의 장점이 있다.

② 거래처 관점

거래처 관점에서는 공동배송으로 납품의 다빈도화 실현 가능, 재고의 감소로 인한 물류비 절감, 수취자의 차량혼잡 완화에 따른 검품·하역 등 수취작업의 간소화, 교차수송에 따른 차량감소로 환경개선 도모 등의 장점이 있다.

③ 운송업자 관점

운송업자 관점에서는 운송수단 활용도의 증가로 배송비용 감소, 경영의 안정적 기반 제공, 계획집하 및 배송에 따른 시간 단축, 운송차량의 적재·운행 효율 향상, 운송화물의 대단위화로 인한 규모의 경제성, 물류시설의 효율적 이용과 작업의 기계화 및 자동화 가능, 표준화에 따른 작업능률 향상과 업무처리의 합리화 효과 등의 장점이 있다.

④ 사회적 환경 관점

사회적 환경 관점에서는 교통량 감소로 인한 에너지 절감, 환경오염방지 등의 외부불경제를 줄임으로써 사회비용 감소, 물류비 절감에 따른 물가상승 억제, 물류센터 등 시설의 집적화로 토지의 효율적인 이용 가능 등의 장점이 있다.

6장 핵심문제

01 물류표준화의 목적 및 필요성에 대한 설명으로 옳지 않은 것은?

① 단순화, 규격화 등을 통하여 물류활동의 기준을 부여함으로써 물류효율성을 높이고 일관성 및 경제성의 확보로 물류비를 절감하는데 목적이 있다.
② 물동량의 흐름이 증대됨에 따라 물류의 일관성과 경제성을 확보하기 위해 필요하다.
③ 물류표준화를 통하여 기업차원의 미시적 물류뿐만 아니라 국가차원의 거시적 물류의 효율성도 높일 수 있다.
④ 물류의 기계화 및 자동화를 통해 대량의 물품을 신속하게 처리하기 위해 필요하다.
⑤ 효율적인 물류표준화를 위해서는 국가단위의 표준화 이전에 개별기업 단위의 표준화가 선행될 필요가 있다.

정답 ⑤

해설 효율적인 물류표준화를 위해서는 개별기업 단위의 표준화 이전에 국가단위의 표준화가 선행될 필요가 있다.

02 유닛로드시스템의 도입효과로 옳지 않은 것은?

① 하역을 기계화하고 운송, 보관 등의 일관화·합리화 가능하다.
② 물동량 흐름의 스피드화를 통한 화물취급 시간 절약할 수 있다.
③ 운송 및 보관업무의 효율적 운용이 가능하다.
④ 포장비용의 절감 및 제품 파손 방지한다.
⑤ 하역과 운송에 따른 화물 손상이 증가한다.

정답 ⑤

해설 유닛로드시스템을 도입함으로서 하역과 운송에 따른 화물 손상이 감소한다.

03 파렛트 풀 시스템에 대한 설명으로 옳지 않은 것은?

① 지역 간, 계절별 수요에 탄력적 대응하기 위해 필요하다.
② 전체적인 파렛트 수량이 줄어들어 사회자본이 감소한다.
③ 전국적인 집배망의 설치, 불특정 다수의 화주에게 파렛트를 공급한다.
④ 공파렛트 회수를 위한 네트워크조직이 필요하지 않은 장점이 있다.
⑤ 일관파렛트화의 실현을 위한 물류관련 요소의 표준화 촉진한다.

정답 ④

해설 파렛트 풀 시스템에서는 공파렛트 회수를 위한 네트워크를 갖추어야 한다.

04 다음에서 설명하는 수·배송 공동화유형으로 알맞은 것은?

> 보관의 공동화 또는 집하의 집약화를 전제로 하여 집하와 집배를 공동화하는 유형으로 동일화주가 조합이나 연합회를 만들어 공동화하는 특정화주 공동형과 운송업자가 불특정 다수의 화물에 대처하는 운송업자 공동형의 2가지 형태가 있다.

① 배송공동형
② 집·배송공동형
③ 공동수주·공동배송형
④ 노선집하공동형
⑤ 납품대행형

정답 ②

해설 집·배송공동형은 보관의 공동화 또는 집하의 집약화를 전제로 하여 집하와 집배를 공동화하는 유형으로 동일화주가 조합이나 연합회를 만들어 공동화하는 특정화주 공동형과 운송업자가 불특정 다수의 화물에 대처하는 운송업자 공동형의 2가지 형태가 있다.

제7장 물류정보와 물류정보시스템

I. 물류정보

▶ 2019년, 2016년 등 기출

1. 물류정보의 개념

<u>물류정보란 수송, 운반, 포장, 하역, 보관, 유통가공 등 물류활동과 관련한 모든 정보를 의미하는 것으로 특정 상황에서 현재 또는 미래의 특정 목적을 위해 특정 사용자에게 가치를 주는 자료이다.</u> 물류정보는 물류활동의 현재 상황 인식 및 판단, 미래의 방향 설계에 도움을 주며, 관련 조직·부서·기업들간의 협력을 이끌어 내어 기업의 경영목표 달성에 기여한다.

물류정보는 상품의 흐름과 정보의 흐름에 동시성이 요구되며 다종다양하고 정보의 절대량이 많다. 물류시스템의 중심지는 정보의 중계전송을 수반하는 경우가 많으며 정보의 발생원, 처리장소, 전달장소 등이 광역으로 분산되어 있다. 따라서 물류정보는 상품의 흐름과 시간적인 대응이 필요하다.

2. 물류정보의 특징

① 업무의 내용도 다양하여 획일적인 처리가 곤란하다.
② 물류정보는 성수기와 비수기의 정보량에 차이가 크다.
③ 물류정보와 물류작업의 불일치 시 혼란 초래 및 물류의 품질의 저하를 가져온다.
④ 영업, 생산, 운송 등 타부분과의 관련성이 크다.
⑤ 정보의 발생원이 넓게 분포되어 있으며 정보의 처리부문과 전달대상이 넓게 분산되어 있다.
⑥ 정보의 절대량이 많고 다양하다. 즉 관리대상 정보의 종류가 많고, 내용이 다양하다.
⑦ 정보의 흐름과 화물의 흐름에 동시성이 요구된다.
⑧ 물류는 광역에서 발생하는 물류정보 외에 상거래 정보나 도로·기상정보 등도 필요하다.
⑨ 정형·비정형 업무가 반복적으로 발생한다.

3. 물류정보의 필요성

① 최근 유통비 절감의 필요성과 유통활동의 효율화·합리화로 인해 물류 정보화가 요구되고 있다.
② 물(物)의 장소적·시간적 간격을 극복하기 위한 가장 효율적인 수단과 방법의 선택을 위해 다양한 정보의 전달·처리가 필요하다.

③ 물류부문의 아웃소싱 증가, 제3자 물류 증대, 풀(Pull) 방식의 활용이 늘어나는 등 물류산업의 변화가 가속화되고 있다.
④ 물류시스템의 핵심인 일관 운송체제의 효율적 운영과 관리를 위해 물류정보시스템 확립의 필요성이 대두되고 있다.

4. 물류정보의 종류
① 화물운송정보에는 화물 및 차량에 대한 위치를 계속 추적 관리하여 각종 정보를 제공함으로써 공차율을 최소화하고 효율적인 배차 관리를 목적으로 하는 것으로써 개별창고 화물정보, 화물터미널정보, 특정화물 확인정보, 도로교통정보, 고속도로 관리정보, 화물집화정보 등의 종합교통정보와 항공화물 운송정보 등이 포함된다.
② 수출화물검사정보에는 검량정보, 검수정보, 선적검량정보 등이 포함된다.
③ 화물통관정보에는 수출입신고정보, 관세환급정보, 항공화물통관정보 등이 포함된다.
④ 화주정보에는 화주성명, 전화번호, 화물의 종류 등이 포함된다.
⑤ 항만정보에는 항만관리정보, 컨테이너추적정보, 항만작업정보 등이 포함된다.

II 물류정보시스템

▶ 2023년, 2019년, 2018년, 2017년 등 기출

1. 물류정보시스템의 개념
<u>물류정보시스템이란 운송, 보관, 하역, 포장 등의 전체 물류 기능을 효율적으로 관리할 수 있도록 해주는 정보시스템</u>으로 상품의 흐름과 정보의 흐름은 밀접하게 연계되어 있어야 한다. 이는 원재료 구입부터 완제품 유통에 이르기까지 제품의 흐름 과정 및 이와 관련되어 발생하는 사실, 자료를 물류관리 목적에 알맞게 처리·가공하는 정보시스템이다.
VAN(Value Added Network), EDI(Electronic Data Interchange), CALS / EC(Computer Aided Logistics Support / Electronic Commerce) 등의 정보통신망이 기업의 물류정보시스템을 지원한다.

2. 물류정보시스템의 특징
① 상품의 흐름과 정보의 흐름은 밀접히 연계되어 있으므로 동시성이 요구된다.
② 물류정보시스템의 정보는 발생원, 처리장소, 전달대상 등이 넓게 분산되어 있다.
③ 서비스수준을 높이면서 물류비용의 절감을 고려하여야 한다.
④ 물동량이 증가하여도 신속한 물류처리가 가능하며, 신속한 수주처리와 즉각적인 고객대응으로 판매기능을 강화할 수 있다.
⑤ 판매와 재고정보가 신속하게 집약되므로 생산과 판매에 대한 조정이 가능하고, 재고 과·부족으로 발생하는 물류비용을 절감할 수 있다.

⑥ 타 회사와의 정보유통이 많아 네트워크와의 접속이나 부가가치 통신망과 같은 공용서비스에 대한 요구가 높다
⑦ 유통망을 지원하는 물류정보시스템의 정확한 판매계획정보를 근거로 공급계획을 수립하고 주문(수주)대비 후 공정인수방식인 풀(Pull)방식의 JIT-System이 효과적이다.
⑧ 물류정보시스템 중 운송정보시스템(TMS)은 단거리는 물론 장거리 운송 모두를 효율적으로 관리할 수 있는 시스템이다.
⑨ 물류정보의 시스템화는 상류정보의 시스템화가 선행되어야만 가능하며, 서로 밀접한 관계가 있다.

3. 물류정보시스템의 필요성

① 물류정보시스템은 리드타임 정보와 수요예측 정보를 제공하여 기업의 생산량을 예측하고 물류거점 입지를 결정하는 데 중요한 정보로 활용된다.
② 물류정보시스템을 통해 정보의 공유가 가능해짐으로써 생산계획과 조달계획을 조정할 수 있다.
③ 사전에 설정된 설비, 시설활용 목표, 서비스 수준 목표, 그리고 실제 달성된 서비스 수준을 비교하여 물류활동의 참고자료로 이용할 수 있다.
④ 주문정보를 정확하게 전달하는 기능, 물건의 움직임을 정확히 파악하고 전달하는 기능, 고객에게 정보를 제공하는 기능, 여러 계획과 실적을 잘 통제하는 기능 등의 역할을 기대할 수 있다.

4. 물류정보시스템의 장점 및 도입효과

① 물류정보시스템은 효과가 곧바로 발생하며, 다른 시스템에 비해 가격이 저렴하다.
② 물류정보시스템은 구축기간이 짧아 투자대비 효과가 높고, 도입한 결과가 도입 전보다 재고관리의 정확도 향상 및 수송비, 인건비 절감이 가능하다.
③ 사내 문서 및 다양한 고객에게 표준화된 비즈니스 프로세스를 제공한다.
④ 효율적이고 정확한 주문정보의 제공으로 고품질의 고객서비스를 실현 가능하다.
⑤ 물류정보시스템의 도입으로 영업력이 강화되어 매출 증대를 위한 전제조건으로 간주할 수 있다.
⑥ 물류정보의 교류 및 최신 물류정보를 실시간으로 획득할 수 있어 궁극적으로는 사이버 컨소시엄 형성을 통한 시너지효과를 창출한다.

5. 물류정보시스템의 목표

① 기업 간 정보의 공유를 바탕으로 유통재고를 최소화한다.
② 적정 고객서비스를 최소의 비용으로 달성할 수 있도록 지원한다.
③ 조달, 생산, 유통 등을 포괄적으로 연결하여 전체적인 물자의 흐름을 관리한다.
④ 환경변화에 신속히 대응할 수 있도록 기업의 경쟁력을 향상시키는 데 기여한다.

6. 물류정보시스템의 구성요소

① 주문처리시스템(Order Management System)
   수주부서에서 본사와 각 지점, 물류거점에 이르기까지 주문의 진행상황을 통합·관리하는 시스템이다.
② 재고관리시스템(Inventory Control System)
   주문량에 따라 적정재고를 유지하면서 불필요한 재고를 억제하는 것이다.
③ 창고관리시스템(Warehouse Management System)
   최저비용으로 창고의 공간, 작업자, 하역설비 등을 유효하게 활용하여 서비스 수준을 제고 시키는 데 목적이 있다.
④ 수·배송시스템(Transportation Management System)
   고객의 주문에 대한 적기 배송체제의 확립, 최적운송계획의 수립 등을 처리하는 것이다.
⑤ 물류정보 통제시스템(Logistics Information Control System)
   주문에서 배송에 이르기까지 전 과정을 계획, 실시, 평가, 통제하는 시스템이다.

7. 물류정보시스템의 구축

① 구축요건
   물류정보시스템의 구축에는 상품 코드의 표준화가 선행되어야 한다. 물류정보를 효율적으로 입력하고 관리하기 위해서는 바코드나 RFID 정보 등을 활용하는 물류기기와 연동되게 할 필요가 있다. 또한 처리결과에 대한 정보를 실시간으로 제공해야 한다.
② 구축순서
   1단계 : 시스템의 목표 설정 → 2단계 : 적용범위 구축 → 3단계 : 구축 조직 구성 → 4단계 : 업무현상 분석 → 5단계 : 시스템 구축 및 평가

물류정보화 기술

▶ 2020년, 2017년, 2016년 등 기출

[상위시스템과 연관 하부시스템 구분]

상위 시스템	하부 시스템
첨단화물운송정보시스템 (CVO; Commercial Vehicle Operation)	• 화물 및 화물차량 관리(FFMS) • 위험물 차량 관리(HMMS)
첨단차량 및 도로시스템 (AVHS ; Advanced Vehicle & Highway System)	• 첨단차량시스템(AVS) • 첨단도로시스템(AHS)
첨단교통정보시스템 (ATIS; Advanced Traveler Information System)	• 권역별 교통정보시스템(TRIS) • 부가 교통정보시스템(VTIS)

상위 시스템	하부 시스템
첨단교통관리시스템 (ATMS; Advanced Traffic Management System)	• 도시교통관리시스템(UTMS) • 고속도로관리시스템(FTMS) • 국도교통관리시스템(RTMS) • 자동교통단속시스템(ATES) • 자동요금징수시스템(ETCS) • 중차량관리시스템(HVMS)

1. 첨단화물운송시스템(CVO, Commercial Vehicle Operation)

(1) 개념

첨단화물운송시스템이란 화물 및 화물차량에 대한 위치를 실시간으로 추적 및 관리하여 각종 부가정보를 제공하는 시스템이다. 첨단화물운송시스템은 컴퓨터를 통해 각 차량의 위치, 운행상태, 차내 상황 등을 관제실에서 파악하고 실시간으로 최적운행을 지시함으로써 물류 비용을 절감하고, 통행료 자동 징수, 위험물 적재 차량 관리 등에 대한 통행 물류의 합리화와 안전성 제고 도모가 가능하다.

(2) 종류

첨단화물운송시스템의 하부시스템에는 화물 및 화물차량관리 (FFMS, Freight and Fleet Management System), 위험물차량관리(HMMS, Hazardous Material Moni-toring System)이 있다.

① 화물 및 화물차량관리 (FFMS, Freight and Fleet Management System)
  화물추적관리 단위서비스(Freight Management Service / FMS) : 실시간으로 이동하는 화물의 위치를 추적, 관리하여 효율적인 화물운송을 도모하는 서비스이다. 여기에는 화물차량군 관리서비스, 수배송 알선 서비스, 화물차량 자동통관 서비스가 있다.

② 위험물차량관리(HMMS, Hazardous Material Monitoring System)
  위험물을 운송 및 보관할 경우에, 위험물의 상태와 위치를 실시간으로 모니터링하여 관리하며 이에 대한 정보를 화주와 운전자에게 제공하는 서비스이다. 여기에는 위험물 차량군 관리 서비스, 구난체계 관리 서비스가 있다.

2. 첨단 차량 및 도로시스템(AVHS, Advanced Vehicle and Highway System)

첨단 차량 및 도로시스템이란 차량에 교통상황, 장애물 인식 등의 고성능 센서와 자동제어장치를 부착하여 운전을 자동화하며, 도로상에 지능형 통신시설을 설치하여 일정간격 주행으로 교통사고를 예방하고 도로소통의 능력을 증대한다.

3. 첨단교통정보시스템(ATIS, Advanced Traveler Information System)

첨단교통정보시스템이란 지능형교통시스템(ITS)의 일종으로 교통여건, 도로상황 등 각종 교통정보를 운전자에게 신속하고 정확하게 제공한다. 이는 교통 여건, 도로 상황, 출발지에서 목적지까지의 최단 경로, 소요 시간, 주차장 상황 등 각종

교통 정보를 FM 라디오방송, 차량 내 단말기 등을 통해 운전자에게 신속, 정확하게 제공함으로써 안전하고 원활한 최적 교통을 지원한다.

4. 첨단교통관리시스템(ATMS, Advanced Traffic Management System)

첨단교통관리시스템이란 도로상에 차량 특성, 속도 등의 교통 정보를 감지할 수 있는 시스템을 설치하여 <u>교통 상황을 실시간으로 분석하고, 이를 토대로 도로 교통의 관리와 최적 신호 체계의 구현</u>을 꾀하는 동시에 여행시간 측정과 교통사고 파악 및 과적 단속 등의 업무 자동화를 구현한다.

Ⅳ 물류정보시스템의 종류

▶ 2020년, 2018년 등 기출

1. 수배송관리시스템(TMS, Transportation Management System)

수배송관리시스템이란 출하되는 화물의 양과 목적지(수·배송처)의 수 및 배차 가능한 차량을 이용하여 가장 효율적인 배차방법, 운송차량의 선정, 운송비의 계산, 차량별 운송실적 관리 등 화물자동차의 운영 및 관리를 위해 활용되는 물류정보시스템이다.

2. 철도운영정보시스템(KROIS, Korean Railroad Operating Information System)

철도운영정보시스템이란 1996년부터 운영되어 온 철도운영정보시스템으로 2011년 말 차세대 철도운영정보시스템으로 발전되었다. KL-Net(한국물류정보통신)과 연계되어 EDI로 운용되고 철도공사, 화주, 운송업체, 터미널 등이 서비스 대상이 된다. 철도운영정보시스템에는 차량열차운용시스템, 화물운송시스템, 고객지원시스템, 운송정보시스템 등의 하부 시스템으로 구성된다.

3. 디지털피킹시스템(DPS, Digital Picking System)

디지털피킹시스템이란 물류센터의 랙(Rack)이나 보관 장소에 점등장치를 설치하여 출고할 물품의 보관구역과 출고 수량을 알려주고, 출고가 완료되면 신호가 꺼져 작업이 완료되었음을 자동으로 알려주는 시스템이다. 무인창고에서 오더정보에 의해 상품을 꺼내오는 시스템으로 표시기를 사용하여 물류센터 및 자재창고 등에서 주문출하와 관련된 피킹(Picking)과 분배작업을 지원한다.

4. 자동발주시스템(EOS, Electronic Ordering System)

<u>자동발주시스템이란 매장의 재고관리를 지원하는 시스템으로 재고량이 재주문점에 도달하게 되면 자동발주가 이루어지는 시스템이다.</u> 즉 발주자료를 수주처의 컴퓨터에 직접 전송함으로써 이를 근거로 수주처에서 납품·출하 전표를 발행하여 즉시 납품하는 방식이다.

EOS는 단품관리가 쉬워 판매단위를 기본으로 한 수량관리로 판매예측과 판매결과의 차이를 최소화한다. 즉 발주시간 단축, 발주오류 감소로 발주작업 효율성 제고가 가능하고, EOS를 도입한 소매점의 경우 상품코드에 의한 정확한 발주가 가능하며, 한정된 매장 공간에 보다 많은 종류의 상품을 진열할 수 있다. 또한 EOS를 위한 발주작업의 표준화 및 매뉴얼화는 신속한 발주체계 확립에 기여할 수 있다.

V. 물류정보시스템의 활용기술

▶ 2020년, 2018년 등 기출

1. 전자문서교환(EDI, Electronic Data Interchange)

(1) 개념

전자문서교환(EDI)이란 이전에 종이서류를 대신해서 거래업체 간에 상호 합의된 전자문서 표준을 이용하여 컴퓨터와 컴퓨터 간에 교환되는 전자문서교환시스템이다. 전자문서교환 방식으로 거래업체 간에 상호 합의된 전자문서 표준을 이용하여 컴퓨터 간에 구조화된 데이터를 교환한다.

(2) 장점

EDI를 도입하면 국내 기업 간 거래는 물론 국제무역에 있어서 각종 서류를 신속·정확하게 전송할 수 있기 때문에 시간 및 비용 절감은 물론 제품의 주문, 생산, 납품, 유통의 모든 단계에서 생산성을 획기적으로 향상시킬 수 있다. 이를 통해 고객서비스를 향상시킬 수 있다.

(3) 특징

① 통신망은 주로 VAN 통신망을 이용한다.
② 행정서식을 일정한 형태를 가진 전자메시지로 전환이 가능하다.
③ 서류 없는 업무환경으로 오류감소 및 내부업무의 처리절차를 개선할 수 있다.
④ EDI를 도입하게 되면서 비용절감 및 국제경쟁력을 강화할 수 있다.

[EDI방식과 기존 업무처리방식과의 비교]

구분	현행방식	EDI방식
업무처리수단	문서(Paper document)	전자서류(Electronic doucment)
업무처리의 안정성	서명, 날인, 전자서명	자동전달방법
전달방법	인편, 우편	컴퓨터 간 통신
전달매개체	무역거래당사자 간 수많은 전달관계 존재	전달관계 거래당사자와 무역자동화사업자 간 전달관계만 존재
전달장비	사람(교통수단), 우체국	컴퓨터, 통신회선

2. 부가가치통신망(VAN, Value Added Network)

(1) 개념
부가가치통신망(VAN)은 회선을 직접 보유하거나 통신사업자의 회선을 임차 또는 이용하여 단순한 전송기능 이상의 부가가치를 부여한 음성 또는 데이터를 정보로 제공하는 광범위하고 복합적인 서비스의 집합이다. 전송기능, 교환기능, 통신기능, 정보처리기능 등을 수행하며 EDI를 수행하기 위한 가장 효율적인 수단이다.

(2) 주요기능
VAN의 주요기능으로는 ① 화물추적정보시스템, ② 수송업자의 수·발주 정보교환시스템, ③ 입·출고 보관관리시스템, ④ 출하지시시스템, ⑤ 수송계획시스템, ⑥ 물류관리 데이터(Data) 제공시스템 등이 있다.

(3) 정보의 흐름
국내에서 VAN은 소매업체의 본·지점과 납품업체, 제조업체의 본사와 지점이나 영업소 또는 판매업체를 연결하여 각종 유통정보를 교환하는 데 이용되고 있다. VAN업체들은 백화점, 쇼핑센터, 연쇄점 등과 VAN을 구성해서 물류활동을 원활하게 해준다.

[VAN과 EDI의 차이점]

구분	VAN	EDI
정의	회선을 직접 보유하거나 임차 또는 이용하여 다양한 부가가치를 부여한 음성 또는 데이터 정보를 제공하는 광범위하고 복잡한 서비스의 집합	서로 다른 기업 간에 상거래를 위한 데이터를 합의한 규격에 의해 컴퓨터로 교환하는 것
관계	• EDI를 수행하는 가장 효율적 수단 • EDI를 담는 용기	• VAN이 활용될 수 있는 무한시장 • VAN을 이용하는 내용물
기능	전송, 교환, 통신, 정보처리기능	합의된 규격에 전자데이터 교환
물류에의 적용	각 물류경로의 강화, 정보전달 효율화의 고속화, 화물추적 등 대고객서비스 향상	물류기관의 컴퓨터에 의한 주문, 배송보고 등

3. 전사적자원관리(ERP, Enterprise Resource Planning)
전사적자원관리(ERP)는 정보기술을 활용하는 경영전략의 하나로 기간 업무뿐만 아니라 기업 활동에 필요한 모든 자원을 하나의 체계로 통합하여 운영하고 기업의 업무 처리 방식을 선진화시킴으로써 한정된 기업의 자원을 효율적으로 관리하여 생산성을 극대화하려는 기업 리엔지니어링 기법이다.

4. 자동재고보충프로그램(CRP, Continuous Replenishment Program)
자동재고보충프로그램(CRP)은 주로 제조업체나 물류센터의 보충발주를 자동화하는 시스템으로 유통업체가 제조업체와 전자상거래를 통해 상품에 대한 주문정보를 공유하여 재고를 자동으로 보충, 관리하는 프로그램이다. 전자문서교환방식(EDI)에 근간을 두고 있다.

또한 자동재고보충프로그램(CRP)은 상품을 소비자 수요에 기초하여 유통소매점에 공급하는 풀(pull) 방식으로, 유통소매점에 재고가 있음에도 불구하고 상품을 공급하는 푸시(push) 방식과 반대된다.

5. 공급자재고관리(VMI, Vendor Managed Inventory)

공급자재고관리(VMI)란 생산자가 소매업자와 상호 협의하여 소매업자의 재고를 관리하는 개념이다. VMI는 제조업체가 상품보충시스템을 관리하는 경우로서 상품보충시스템이 실행될 때마다 판매와 재고정보가 유통업체에서 제조업체로 전송된다.

6. 위성추적시스템(GPS, Global Positioning System)

(1) 개념

위성추적시스템(GPS)이란 미국 정부가 군사용으로 개발한 항법지원시스템으로, 화물 또는 차량의 자동식별과 위치추적을 위해 사용하는 방식이다. 인공위성을 이용하여 실시간으로 이동체의 위치추적이 가능하며, 운행차량의 관리·통제에도 용이하게 활용 될 수 있다. 따라서 차량을 신속·정확하고 효율적으로 관리하는 시스템이다

위성추적시스템(GPS)은 차량 등 이동체의 위치 및 상태를 무선통신을 이용하여 관제실의 컴퓨터 모니터의 전자지도상에서 실시간으로 파악이 가능하다. 인공위성을 이용하여 지구 어느 곳에서도 실시간으로 위치파악이 가능하다. 다만, 인공위성으로 신호를 보낼 수는 없고 인공위성에서 보내는 신호를 받을 수만 있다.

(2) 효과

위성추적시스템(GPS)은 차량운행경로의 상황 파악 및 업무지시 가능, 교통혼잡 시 신속하고 정확한 교통정보 제공, 물류거점의 대기시간 감소 및 화물수용력 증대, 효율적인 배차관리로 공차운행의 최소화 및 물류비용 절감, 차량의 적재율 향상으로 배송비용 절감, 소비자의 욕구에 신속한 대응, 물류정보시스템의 효율적인 구축 및 자동화 실현, 차량 및 근무자의 합리적 관리, 환경오염 방지 및 에너지 절감 등 국가경쟁력 제고의 효과가 있다.

7. 주파수 공용통신시스템(TRS, Trunked Radio System)

주파수 공용통신시스템(TRS)이란 중계국에 할당된 여러 개의 채널을 공동으로 사용하는 무선통신시스템이다. 운송수단에 탑재하여 이동 간의 정보를 실시간으로 송·수신이 가능하다. 무전기가 진화한 기술로서 휴대폰처럼 멀리 떨어진 사람과도 통화가 가능하고, 무전기처럼 여러 사람에게 동시에 같은 음성을 전달할 수 있다.

주파수 공용통신시스템(TRS) 효과는 물류비용절감, 고객서비스 개선, 효율적인 차량관리 및 부가적 서비스를 제공한다. 다만, 화물추적 통신시스템으로서 음성통화, 차량위치 추적, 공중망 접속통화 등이 있으나 통신 내용이 누설되는 단점이 있다.

8. 의사결정지원시스템(DSS, Decision Support System)

의사결정지원시스템(DSS)이란 인적 자원과 지식 기반, 소프트웨어와 하드웨어 등으로 구성된 일단의 문제해결기법으로 경영자가 최적의 선택을 할 수 있는 의사결정 과정을 지원하는 시스템이다. 기업 내부와 외부 환경에 대한 정보를 필요로 하며 의사결정 프로세스에서 의사결정자에게 도움을 주는 것을 목적으로 하고 있다. 여러 운송대안의 평가, 창고위치 결정, 재고수준 결정과 같은 다양한 물류 의사결정을 지원하는 데 사용될 수 있다.

Ⅵ. 판매시점정보관리시스템(POS, Point Of Sales)

▶ 2019년, 2016년 등 기출

1. 개념

판매시점정보관리시스템(POS)이란 상품을 판매하는 시점에서 상품에 관련된 모든 정보를 신속·정확하게 수집하여 발주, 매입, 발송, 재고관리 등의 필요한 시점에 정보를 제공하는 시스템이다. 즉 판매장의 판매시점에서 발생하는 판매정보를 컴퓨터로 처리하는 시스템이다. POS시스템은 상품별 판매정보가 컴퓨터에 보관된 발주, 매입, 재고 등의 정보와 결합하여 필요한 부문에 활용된다. 즉, 상품의 바코드에 부여된 정보를 판매 시 실시간으로 취합해 관리할 수 있도록 지원하는 시스템이다. 이는 POS를 통한 컴퓨터지원주문(CAO) 및 자동발주시스템(EOS)이 가능하다.

2. 특징

① 상품의 판매동향 분석을 통해 인기상품 및 비인기상품의 신속한 파악을 할 수 있다.
② 판매정보의 입력을 쉽게 하기 위해 상품포장지에 고유 마크나 바코드를 인쇄 또는 부착시켜 스캐너를 통과할 때 해당 상품의 각종 정보가 자동으로 입력된다.
③ 유통업체는 이 시스템을 활용하여 매출동향 파악, 적정재고 유지, 인기상품 진열 확대 등의 효과적인 상품관리 및 업무자동화 실시가 가능하다.
④ 제조업체는 이 시스템을 통해 확보한 정보분석 결과를 생산계획에 즉각 반영할 수 있다.

3. POS로부터 얻을 수 있는 정보

① 품목별, 신상품별 및 제조사별 판매실적
② 판매실적 구성비
③ 제조사별, 단품별 판매동향 및 단품순위
④ 단품별 판매순위업체는 이 시스템을 통해 확보한 정보 분석 결과를 생산계획에 즉각 반영 가능

⑤ 품목별 부적합품률
⑥ 기간별 매출액

4. 구성과 운용과정

POS시스템은 POS단말기, 바코드 스캐너(Bar Cord Scanner), 스토어 컨트롤러(Store Controller, 메인서버)로 구성되며, 운용과정은 다음과 같다.

① 상품 정산 시 계산대에 있는 직원은 스캐너를 이용하여 상품바코드를 판독한다.
② 판매관련 정보는 스캐너에서 POS터미널로 전송되고 다시 스토어 컨트롤러에 전송된다.
③ 스토어 컨트롤러에는 상품명, 가격, 재고 등의 각종 파일이 있어서 송신된 자료를 처리 및 가공한다.
④ POS터미널로부터 스토어 컨트롤러에 수집된 정보를 다시 POS터미널로 전송한다.
⑤ POS터미널에서는 고객에게 영수증을 발급해주고 판매상황을 감사테이프에 기록하며, 고객용 표시장치에는 상품의 구입가격이 표시된다.
⑥ 영업 종료 후 스토어 컨트롤러는 영업 당일의 상품별 목록, 발주상품별 목록 등의 각종 표를 작성하고, 영업 중에도 판매상황과 각종 판매정보의 확인이 가능하다.

5. 도입효과

(1) 직접효과

계산원의 생산성 향상, 오타 방지, 상품명이 기록된 영수증 발행, 점포 사무작업의 간소화, 가격표 부착 작업의 간소화, 계산원 부정방지, 고객의 부정방지

(2) 간접효과

품절의 방지, 잘 안팔리는 제품의 신속한 제거, 고수익 상품의 조기파악에 의한 판매 촉진, 신상품의 평가 기능, 판촉활동에 대한 평가 기능

계산 및 판매업무의 노동력 절감	데이터 수집능력 향상	점포 운영의 합리화
• 계산시간의 단축 • 피크타임 시 처리시간 단축 • 등록오류 감소 • 판매원 교육시간 단축 • 정산시간의 단축 • 출전표 삭감 • 현금관리의 합리화	• 정보발생시점에서 자료수집 가능 • 정보의 신뢰성 향상 • 컴퓨터 입력 작업의 노동력 감소 • 데이터 수집의 생력화·신속화	• 판매대관리의 생산성 향상 • 가격표 부착 작업 감소, 가격변환 작업의 신속화 • 현금보유고 수시파악 • 검수데이터 입력 작업의 생력화 • 전표삭감 • 점포 사무작업의 간소화

6. POS의 적용

(1) 유통업체
① 상품의 판매동향분석을 통해 인기 제품 및 비인기 제품의 신속한 파악이 가능하다.
② 효율적인 상품의 구색 및 진열관리에 이용이 가능하다.
③ 타 점포와의 상품판매 동향 비교·분석에 활용이 가능하다.
④ 기회손실 최소화를 위한 매출극대화 전략수립에 활용이 가능하다.
⑤ 적절한 상품판매가격 설정에 활용이 가능하다.

(2) 제조업체
① 신상품 동향의 신속하고 정확한 파악이 가능하다.
② 경쟁사 제품과 판매 동향을 비교·분석하는 데 활용이 가능하다.
③ 광고 등 판촉효과 분석에 이용이 가능하다.
④ POS시스템을 통해 확보한 정보분석을 통해 생산계획 수립에 이용이 가능하다.
⑤ 마케팅 전략의 수립에 이용이 가능하다.

VII 통신망(Network)

1. 근거리통신망(LAN, Local Area Network)

(1) 목적
① 비교적 가까운 거리를 통신회선으로서 한 기관이나 한 구역 안에 설치된 컴퓨터 장비들을 구성원들이 가장 효과적으로 공동 사용할 수 있도록 연결된 고속의 통신망이다.
② 회사 내의 자료공유와 인터넷 공유 등이 가능하도록 구성되어 있다.

(2) 특징
① 비교적 좁은 지역 내에서 정보를 공동 소유하고 상호 교환이 가능하다.
② 사무자동화, 공장자동화, 병원자동화 등에 응용이 가능하다.

(3) 효과
① 정보자원처리의 일관성을 유지한다.
② 정보의 실시간 처리가 가능하다.
③ 정보처리시스템의 비용을 절감한다.
④ 다른 기종 간 통신이 가능하여 정보 공유가 가능하다.
⑤ 사무자동화를 구축한다.

2. 종합정보통신망(ISDN, Integrated Services Digital Network)

종합정보통신망이란 모든 정보를 디지털(Digital) 신호로 만들어 하나의 네트워크를 통하여 문자, 그림, 화상, 비디오, 팩시밀리 및 전신 등과 같은 모든 종류의 서비스를 제공하는 통신망이다.

효과로는 한 대의 장비와 하나의 라인으로 3대의 장비(PC, 전화기, Fax 등)에 연결 가능하고 네트워크 관리의 용이성 및 탄력성을 높인다. 또한 2대의 장비를 동시에 사용할 수 있어 한 대가 통화 중이더라도 나머지로 착발신을 할 수 있다.

3. 원거리통신망 원거리통신망(WAN, Wide Area Network)

원거리통신망이란 원격지를 통신회선으로 연결하는 통신망이다. 이는 광역 네트워크를 뜻하며, 은행의 온라인시스템에서 발전하였다. 주로 해외 지사 및 공장과 국내의 회사를 연결하는 데 사용한다.

7장 핵심문제

01 물류정보의 특징으로 옳지 않은 것은?

① 정보의 흐름과 화물의 흐름에 동시성이 요구되며 업무의 내용도 다양하여 획일적인 처리가 곤란하다.
② 물류정보는 성수기와 비수기의 정보량에 차이가 크지 않다.
③ 물류정보와 물류작업의 불일치 시 혼란 초래 및 물류의 품질의 저하를 가져온다.
④ 영업, 생산, 운송 등 타부분과의 관련성이 크다.
⑤ 정보의 발생원이 넓게 분포되어 있으며 정보의 처리부문과 전달대상이 넓게 분산되어 있다.

정답 ②

해설   물류정보는 성수기와 비수기의 정보량에 차이가 크다.

02 물류정보시스템의 특징으로 옳지 않은 것은?

① 물류정보시스템의 정보는 발생원, 처리장소, 전달대상 등이 비교적 넓지 않아 확보가 용이하다.
② 물류정보의 시스템화는 상류정보의 시스템화가 선행되어야만 가능하며 서로 밀접한 관계가 있다.
③ 판매와 재고정보가 신속하게 집약되므로 생산과 판매에 대한 조정이 가능하다
④ 물류정보시스템은 재고 과·부족으로 발생하는 물류비용을 절감할 수 있다.
⑤ 물류정보시스템 중 운송정보시스템(TMS)은 단거리는 물론 장거리 운송 모두를 효율적으로 관리할 수 있는 시스템이다.

정답 ①

해설   물류정보시스템의 정보는 발생원, 처리장소, 전달대상 등이 넓게 분산되어 있다.

03 다음에서 설명하는 물류정보시스템으로 알맞은 것은?

> 출하되는 화물의 양과 목적지(수·배송처)의 수 및 배차 가능한 차량을 이용하여 가장 효율적인 배차 방법, 운송차량의 선정, 운송비의 계산, 차량별 운송실적 관리 등 화물자동차의 운영 및 관리를 위해 활용되는 물류정보시스템이다.

① 수배송관리시스템(TMS)
② 철도운영정보시스템(KROIS)
③ 디지털피킹시스템(DPS)
④ 자동발주시스템(EOS)
⑤ 첨단교통관리시스템(ATMS)

정답 ①

해설 수배송관리시스템이란 출하되는 화물의 양과 목적지(수·배송처)의 수 및 배차 가능한 차량을 이용하여 가장 효율적인 배차방법, 운송차량의 선정, 운송비의 계산, 차량별 운송실적 관리 등 화물자동차의 운영 및 관리를 위해 활용되는 물류정보시스템이다.

04 판매시점정보관리시스템(POS)로부터 얻을 수 있는 정보로 옳지 않은 것은?

① 품목별, 신상품별 및 제조사별 판매실적
② 기간별 매출액
③ 제조사별, 단품별 판매동향 및 단품순위
④ 소비자의 성향
⑤ 품목별 부적합품률

정답 ④

해설 POS로부터 얻을 수 있는 정보로는 ① 품목별, 신상품별 및 제조사별 판매실적, ② 판매실적 구성비, ③ 제조사별, 단품별 판매동향 및 단품순위, ④ 품목별 부적합품률, ⑤ 기간별 매출액 등이 있다.

제8장 바코드와 RFID

I  바코드의 개요

▶ 2023년, 2020년, 2018년 등 기출

1. 바코드의 개념

영문이나 숫자, 특수글자를 기계가 읽을 수 있는 형태로 표현하기 위해 굵기가 다른 수직 막대들의 조합으로 나타내어 광학적으로 판독이 가능하도록 한 코드로, 스캐너 광원에 의해 발사되는 빛의 반사량 측정을 통해 아날로그데이터를 전송받아 0과 1의 디지털 데이터로 이용한다.

2. 바코드의 구조

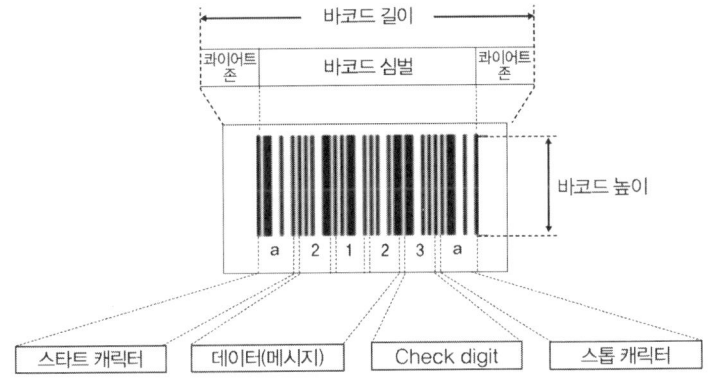

① Quiet Zone

바코드 심벌 좌우에 있는 여백 부분을 말한다. 콰이어트존은 바코드의 공백부분을 가리키며 바코드의 시작 및 끝을 명확하게 구현하기 위한 필수적인 요소이다. 이 여백이 충분하지 않으면 판독이 불가능하다.

② Start / Stop Character

데이터의 시작과 끝을 나타내는 문자이다.
㉠ 시작문자 : 심벌의 맨 앞부분 문자로 데이터의 입력방향과 바코드의 종류를 바코드 스캐너에 알려주는 역할을 한다.
㉡ 멈춤문자 : 바코드의 심벌이 끝난 것을 알려 주어 바코드 스캐너가 양쪽 어느 방향에서든지 데이터를 읽을 수 있게 해준다.

③ Check Digit

검사문자는 메시지가 정확하게 읽혔는지 바코드의 오류와 부정을 검출한다. 판독 오류가 없는지 체크하기 위해 산출된 수치로 바코드 데이터 바로 뒤에 붙는다.

④ Interpretation Line

사람의 육안으로 식별 가능한 정보(숫자, 문자, 기호)가 있는 바코드의 윗부분 또는 아랫부분을 말한다.

⑤ Bar / Space : 바코드는 간단하게 넓은 바, 좁은 바와 스페이스로 구성된다.
⑥ Inter-Character Gaps : 문자들 사이의 간격을 의미한다.

3. 바코드의 장단점

(1) 장점

① 제작이 용이하고 비용이 저렴하다.
② 응용범위가 다양하다.
③ 오독률이 낮아 높은 신뢰성을 확보할 수 있다.
④ 컨베이어상에서 직접 판독이 가능하여 데이터 수집을 신속하게 할 수 있다.
⑤ 데이터 입력이 신속하고, 간소하다.
⑥ 인건비와 관리유지비 절감된다.

(2) 단점

① 인쇄된 바코드는 정보의 변경이나 추가가 안 된다.
② 읽기(판독)은 가능하지만 쓰기는 불가능하다.

II. 바코드의 종류

▶ 2023년, 2020년, 2018년 등 기출

1. 1차원 바코드

<u>1차원 바코드는 흰색 바탕에 검은색 바 모양으로 유통, 물류 등에서 흔히 볼 수 있는 바코드</u>이며, 2차원 바코드는 점자식, 모자이크식 정사각형 모양의 코드이다. 1차원 바코드는 막대선의 굵기(바코드의 밀도)에 따라 가로 방향으로만 정보를 표현한다.

2. 2차원 바코드

(1) 개념

<u>2차원 바코드는 점자식, 모자이크식 정사각형 모양의 코드이다.</u> 즉, 바코드를 2차원으로 응용하여 적용시킨 것이 QR코드이다. 2차원 바코드는 가로와 세로 방향 모두 정보를 표현하기 때문에 기존 1차원 바코드의 정보용량보다 100배가량 많은 고밀도 정보 저장이 가능하다.

2차원 바코드는 문자, 숫자, 사진 등 대량의 정보를 작은 사각형 내에 X, Y축의 양방향으로 데이터를 배열시켜 평면화한 점자식 또는 모자이크식 코드를 의미하는 것으로 일정한 크기를 갖거나 변조할 수 있는 고밀도 코드로 표현한 부호체계이다.

(2) 특징

① 산업통상자원부 국가기술표준원에 의해 2002년 국제표준 4종이 KS로 제정되었다.
② 데이터 구성방법에 따라 다층형과 매트릭스형으로 나뉜다. 매트릭스 코드에는 QR Code, Maxicode, Data Matrix 등이 있고, 다층형 바코드에는 PDF-417, Code 49, Codablock 등이 있다.
③ 360도 방향에서 스캔으로 인식이 가능하고, 정보가 훼손되어도 상당부분 복구가 가능하다
④ 한국어뿐만 아니라 외국어도 코드화가 가능하다.
⑤ 데이터베이스와 연계된 정보만을 제공하는 기존 바코드와 달리 그 자체로 파일 역할을 수행하기 때문에 데이터베이스와 연동되지 않아도 해당 정보를 파악하기 용이하다.

[1차원 바코드와 2차원 바코드의 주요 특징 비교]

구 분	1차원 바코드	2차원 바코드
데이터 용량	소용량(부호화)	대용량(Data File화)
바코드 모양	BAR와 SPACE 조합으로 1LINE	흑백요소의 모자이크 배열
심볼종류	CODE 3 of 9, CODE 128, Interleaved 2 of 5, UPC / EAN, KAN 등	DATA-MATRIX, CODE 1, VERICODE, MAXICODE, QR, DOT CODE 5
적용분야	제조, 유통, 물류, POS, 병원 등 다양한 시스템에 적용	반도체, 소형부품 등 라벨을 부착하기 어려운 분야에 적용

(3) 2차원 바코드의 종류

QR Code	PDF-417	Data Matrix	Maxi Code

① QR Code

'Quick Response Code'라는 의미로서 이 코드는 단어 그대로 신속한 판독을 필요로 하는 물류관리나 공장자동화 부문에 적합하도록 고안되었다. QR 코드는 데이터와 오류 정정 키들이 네 모서리에 각기 분산된 형태로 포함되어 있어 오염되거나 훼손되었을 경우 1차원 바코드에 비해 데이터를 읽어 들이기 쉽다는 장점이 있다.

② PDF-417
하나의 심벌문자는 4개의 바(Bar)와 4개의 스페이스(Space)의 조합으로 구성되어 있다.
③ Data Matrix
2차 Data Code라고도 불리며, 이 코드는 심벌당 표현할 수 있는 데이터의 양이 강조된 코드이다.
④ Maxi Code
미국의 택배회사인 UPS사가 내부의 물류관리 효율화를 증대시키고 고객에 대한 서비스를 향상시키기 위해 개발한 매트릭스형 코드이다.

3. 국제표준 바코드

(1) UPC(Universal Product Code)

UPC는 북미지역에서 개발된 체계로 미국과 캐나다에서만 사용된다. 12개의 캐릭터로 구성되어 숫자(0~9)만 표시가 가능하며 Version A(표준형, 12자리), Version E(단축형, 8자리) 등이 있다. 제조업체코드 5자리는 UPC 코드 관리기관인 UCC에서 각 제조업체에 부여한다.

(2) EAN(European Article Number)

EAN은 유럽에서 1976년 채택한 코드로, 북미지역을 제외한 세계 전 지역에서 사용되고 있다. EAN 코드의 종류에는 EAN-13(13개의 문자를 포함하는 표준형)과 EAN-8(8개의 문자를 포함하는 단축형) 그리고 EAN-14가 대표적이다. 한국은 국제상품코드관리협회로부터 국가번호 880을 부여받아 KAN(Korean Article Number)로 사용되고 있다.

(3) GS1(Global Standard No.1).

GS1은 상품 및 거래처의 식별과 거래정보의 교환을 위한 국제표준 식별코드, 바코드, 전자 문서의 개발, 보급, 관리를 전담하고 있는 표준기구이자 세계 100여 개국이 넘는 국가가 가입한 국제기구이다. 백화점, 슈퍼마켓, 편의점 등 유통업체에서 최종 소비자에게 판매되는 상품에 사용되는 코드로서 상품제조 단계에서 제조업체가 상품 포장에 직접 인쇄한다. 이는 제품분류의 수단이 아닌 제품식별의 수단으로 사용된다.

각 국가의 GS1기관에서 발급되는 GS1유통표준코드는 전 세계 어디든 활용이 가능하다. GS1 국제표준바코드를 사용하기 위해서는 대한상공회의소 유통물류진흥원(GS1 Korea)으로부터 유통표준코드를 발급받아야 한다.

4. GS1 표준바코드

(1) 국제거래단품식별코드(GTIN, Global Trade Item Number)

GTIN은 GS1 표준의 핵심요소로서, 국내 또는 국외로 유통되는 상품을 식별하는 데 사용 하는 국제표준상품코드이다.

① GTIN-8 : 소형상품에 사용되는 단축형 상품식별코드
② GTIN-12 : 북미지역에서 사용되는 상품식별코드
③ GTIN-13 : 전 세계에서 널리 사용되고 있는 표준형 상품식별코드
④ GTIN-14 : 주로 포장된 골판지 박스에 사용되는 국제표준물류바코드로서, 생산공장, 물류센터, 유통센터 등의 입·출하 시점에 판독되는 표준바코드

(2) 수송용기 일렬번호(SSCC, Serial Shipping Container Code)

물류단위 중에서 주로 파렛트와 컨테이너 같은 대형 물류단위를 식별하기 위해 개발한 18자리 식별코드이다. 동일한 물류단위를 식별하는 GTIN-14 코드체계와는 달리 일련번호를 부여할 수 있기 때문에 개별적으로 박스나 파렛트를 식별할 수 있다.

SSCC의 기능은 배송단위에 대한 식별, 개별적인 배송단위에 대한 추적 및 조회, 운송업체의 효율적인 배송, 재고관리시스템을 위한 정확한 입고 정보, 자동화에 의한 효율적 입고와 배송 등이 있다.

(3) GS1 Databar(RSS, Reduced Space Symbology, 축소형바코드)

정상크기의 바코드를 인쇄할 만한 공간이 없는 소형 상품에 부착할 목적으로 개발한 축소형 바코드이다. GS1-14 코드의 입력을 기본으로 하며 종류에 따라 부가 정보의 추가 입력이 가능하다. POS에서 활용 가능하고, GS1 응용식별자 표준을 활용하여 상품의 이동, 추적, 보관, 생산관리 등에서 요구되는 다양한 속성정보를 좁은 공간에 대량으로 표현 가능하다.

(4) GS1 로케이션 코드(GLN, Global Location Number)

업체 간의 거래 시 거래업체 식별 및 기업 내 부서 등을 식별하는 번호로 사용된다. GS1-128 체계에서 GLN을 사용하려면 AI(Application Identifier, 응용식별자)와 함께 사용해야 한다.

(5) GS1 Data Matrix(2차원 행렬 바코드)

4각형의 검은색 바와 흰 바의 조합을 통해 문자와 숫자를 표시하는 매트릭스형 2차원 바코드로, 미국의 International Data Matrix사가 개발하였으며 ISO / IEC 16022, ANSI / AI MBC 11에 명시된 국제표준이다. 4각형의 바를 랜덤 도트(Random dot)라 하는데 스캐너는 심벌 아래쪽과 좌측을 감싸는 L자모양의 두꺼운 바를 기준으로 하여 랜덤 도트가 표시한 데이터를 판독한다.

전 방향 판독이 가능하나, 이미지스캐너를 통해서만 판독되며 오류정정능력이 PDF 417에 비해 떨어지는 단점이 있다. 주로 소형 전자부품의 식별과 부가 정보의 입력을 위해 사용되며, 오류 검출 및 복원 알고리즘에 따라 유형이 구별된다.

5. EPC(Electronic Product Code)

GS1 표준바코드와 마찬가지로 상품식별코드이다. 바코드가 품목단위의 식별에 한정된 반면, EPC 코드는 동일 품목의 개별상품까지 원거리에서 식별 가능하다. EPC를 통해 위조품 방지, 유효기간 관리, 재고 관리 및 상품 추적 등 공급체인에서 다양한 효과를 누릴 수 있다.

6. 국제표준 도서번호(ISBN)제도

(1) ISBN(International Standard Book Number)

국제표준도서번호 시스템은 국제적으로 통합된 표준도서번호를 각 출판사가 펴낸 각각의 도서에 부여하여 국제 간의 서지정보와 서적유통업무의 효율성을 높이기 위해 만들어졌다. ISBN은 10자리 숫자로 구성된 바코드 체계로 그 도서가 출판된 국가, 발행자, 서명식별번호와 체크디지트(C / D, Check Digit)로 구성된다. ISBN을 표기할 때는 OCR 문자로 된 ISBN과 EAN의 바코드를 함께 쓴다. 이때 10자리인 ISBN과 13자리인 EAN의 자리수를 맞추기 위해 ISBN의 앞에 978을 붙여 단행본임을 표시한다. ISBN은 ISSN이 부여되는 출판물을 제외한 정부간행물, 교과서, 학습참고서, 만화, 팸플릿 등 모든 도서는 물론 멀티미디어 출판물, 점자자료, 컴퓨터소프트웨어 등에도 적용된다.

978	-	89	-	954321	-	0	-	5	03810
접두부		국별번호		발행자번호		서명식별번호		체크기호	독자대상기호(0) 발행형태기호(3) 내용분류기호(810)

※ 국별번호는 국제 ISBN 관리기구에서 배정, 발행자번호는 한국문헌번호센터에서 배정, 이하는 발행자가 부여함.

(2) ISSN(International Standard Serial Number)

국제표준연속간행물 번호로 모든 연속간행물에 국제적으로 표준화된 코드를 부여한다. ISSN은 8자리로 구성되어 있으나 맨 앞에 연속간행물을 표시하는 숫자 977을 넣고, 예비기호 2자리를 포함함으로써 EAN과 호환된다.

소스 마킹과 인스토어 마킹

1. 소스마킹(Source Marking)

<u>소스마킹이란 제조업체 및 수출업자가 상품의 생산 및 포장단계에서 바코드를 포장지나 용기에 일괄적으로 인쇄하는 것을 말한다.</u> 소스마킹은 주로 가공식품·잡화 등을 대상으로 실시하며, 인스토어마킹과는 달리 전세계적으로 사용되기 때문에 인쇄되는 바코드의 체계 및 형태도 국제적인 규격에 근거한 13자리의 숫자(GS1)로 구성된 바코드로 인쇄해야 한다. 소스마킹은 운영비용이 싸고 효율이 높다.

2. 인스토어마킹

<u>인스토어마킹이란 소매점에서 판매 전 작업실 또는 가공센터의 포장단계에서 바코드를 인쇄하여 마킹한 것을 말한다.</u> 즉, 각각의 소매점포에서 청과·생선·야채·정육 등을 포장하면서 일정한 기준에 의해 라벨러를 이용하거나 컴퓨터를 이용하여 바코드 라벨을 출력하고, 이 라벨을 일일이 사람이 직접 상품에 붙이는 것을 말한다.

소스마킹된 상품은 하나의 상품에 고유식별 번호가 붙어 전세계 어디서나 동일상품은 동일번호로 식별되지만, 소스마킹이 안된 제품, 즉 인스토어마킹이 된 제품은 동일품목이라도 소매업체에 따라 각각 번호가 달라질 수 있다. 일반적으로 청과, 생선, 정육 등에서 바코드 인쇄를 한다.

구분	소스 마킹	인스토어 마킹
마킹장소	생산, 포장단계(제조, 판매원)	가공, 진열단계(점포, 가공센터)
표시내용	국가식별코드, 제조업체코드, 상품품목 코드, 체크디지트	별도의 표준코드체계가 설정 원칙적으로 소매업체가 자유롭게 설정
대상상품	가공식품, 잡화 등 일반적으로 공장에서 제조되는 상품	정육, 생선, 청과 및 소스 마킹이 안 된 가공식품, 잡화
활용지역	전 세계적으로 공통으로 사용 가능하다.	인스토어 마킹을 실시하는 해당 업체에서만 가능
비용특성	제조업체에서 포장지에 직접 인쇄하기 때문에 인쇄에 따른 추가비용이 거의 없다.	각 소매점포에서 바코드 라벨을 한 장씩 발행하여 일일이 상품에 부착하기 때문에 부착작업을 전담할 인원이 필요

IV. 무선주파수 식별(RFID, Radio Frequency Identification)

▶ 2020년, 2019년, 2017년 등 기출

1. RFID의 개념

<u>RFID란 Radio Frequency Identification의 약자로 주파수를 이용해 물체나 사람을 식별 하는 방식으로 전자태그라고 불린다.</u> 즉, 판독기를 이용하여 태그(Tag)에 기록된 정보를 판독하는 무선주파수인식기술이다. 이 기술은 전자기 유도 방식을 이용하여 먼 거리에서 정보를 인식한다. 주파수를 이용하기 때문에 비접촉식으로 데이터를 주고받는 기술이다. 전자태그(Tag)를 사물에 부착하여 사물의 주위상황을 인지하고, 이 정보를 기존 정보시스템과 실시간으로 교환하여 처리할 수 있는 기술을 말한다.

물품에 붙이는 전자태그에 생산, 수배송, 보관, 판매, 소비의 전 과정에 관한 정보를 담고, 자체 안테나를 통하여 리더(Reader)로 하여금 정보를 읽은 후, 인공위성이나 이동통신망과 연계하여 정보를 활용하는 기술을 말한다. 또한 RFID는 주파수대역에 따라 다양한 분야에 응용될 수 있다.

▶ RFID와 바코드의 차이
RFID는 고속으로 움직이는 물체를 식별할 수 있으며 물체를 투과해 데이터를 수신할 수 있다. 바코드와 다르게 정보의 갱신 추가나 여러 태그의 동시 인식이 가능하여 바코드를 대체하는 차세대 개체인식기술로 주목받고 있다. 바코드나 스마트카드에 비하여 많은 정보를 저장할 수 있으며, 부착이 용이하고, 장거리 정보의 송·수신이 가능하다는 등의 기술적인 우수한 특성을 가지고 있다.

2. 특징
① 눈에 보이지 않아도 인식이 되고, 접촉이 필요 없다는 장점이 있다.
② 태그(Tag)의 데이터 변경 및 추가가 자유로우며, 공급체인 정보의 추적관리로 판매관리, 수요예측 등이 용이해져 제품생산과 마케팅 효율이 높아진다.
③ 일시에 다량의 태그(Tag) 판독이 가능하며 냉온, 습기, 먼지, 열 등의 열악한 판독환경에서도 판독률이 높다.
④ RFID는 스캐너로 인식하는 것이 아니라 원거리에서 판독기(Reader)로 인식하고 언제, 어느 공장에서 제조되어 어디로 출하되었는지 등 많은 정보를 담을 수 있다.
⑤ 손상될 염려가 적으며, 극히 빠른 속도로 다수의 태그를 동시에 판독하고, 태그와 판독기 사이에 장애물이 있어도 판독이 가능하므로 교통분야에도 적용이 가능하다.
⑥ RFID는 나무, 직물, 플라스틱 등을 투과하여 정보의 교신이 가능하나, 금속이나 액체가 든 유리 등에 부착했을 경우 전파장애가 발생할 수 있고 인식률이 떨어진다.
⑦ RFID의 국가별 주파수가 다르다는 단점이 있다.
⑧ 전파의 적용 범위가 한정된다는 점과 정보의 유출 가능성, 비용의 문제점을 가지고 있다.

3. 구성
RFID시스템은 기본적으로 RFID TAG, 각종 형태의 안테나, 성능별 리더, 리더를 지원하는 Local Host, 각종 케이블링 및 네트워크 연결로 구성된다.

(1) 태그(Tag)
태그의 크기는 매우 다양하다. 피부에 이식할 수 있는 크기부터 컨테이너에 부착할 수 있는 크기가 있으며, 형태 및 메모리 용량도 송신 여부와 재입력 여부에 따라 다양하다.
① 상품에 부착되며 데이터가 입력되는 IC칩과 안테나로 구성된다.
② 판독기(Reader)와 교신하여 데이터를 무선으로 판독기(Reader)에 전송한다.
③ 배터리 내장 유무에 따라 능동형과 수동형으로 구분된다.

(2) 안테나(Antenna)
무선주파수를 발사하며 태그로부터 전송된 데이터를 수신하여 리더로 전달한다. 다양한 형태와 크기로 제작 가능하며 태그의 크기를 결정하는 중요한 요소이다.

(3) 리더(Reader)
주파수 발신을 제어하고 태그로부터 수신된 데이터를 해독한다. 안테나 및 RF회로, 변·복조기, 실시간 신호처리 모듈, 프로토콜 프로세서 등으로 구성된다. 용도에 따라 고정형, 이동형, 휴대용으로 구분된다.

(4) 호스트(Host)

한 개 또는 다수의 태그로부터 읽어 들인 데이터를 처리하고, 분산되어 있는 다수의 리더 시스템을 관리한다. 또한 리더로부터 발생하는 대량의 태그 데이터를 처리하기 위해 에이전트 기반의 분산계층 구조로 되어 있다.

4. RFID 기술의 분류(송신여부에 따른 분류)

(1) 수동형 RFID

전지가 없어서 자신의 수신만 가능하고, 전파 송신이 불가능하며 가격이 낮고 구조가 간단하다. 감지거리가 2 -3 m 전후의 근거리이지만 최근 UHF 대역의 도입으로 출력에 따라 10m 도 가능하다. 소형, 경량으로 반영구적 사용이어서 소단위 낱개상품에 많이 사용될 수 있다.

(2) 반수동형 RFID

배터리를 내장하고 있지만 판독기로부터 신호를 받을 때까지는 작동하지 않는다. 수동형보다 장시간 사용 가능하며 지속적인 식별이 필요 없는 상품에 사용한다.

(3) 능동형 RFID

전지 및 전력의 공급을 받아 전파를 송신할 수 있기 때문에 가격이 고가이다. 도달거리가 30~100m의 데이터 교환범위를 가진다. 전지수명 센서가 부착되어 있으며 다양한 기능을 제공한다. 읽기, 쓰기가 가능하며 수명이 최장 10년간 사용이 가능하다. 다양한 센서와 결합이 가능하다.

[대그의 사용주파수 대역별 구분]

구분	저주파 (Low-Frequency Identification)	고주파 (High - Frequency Identification)
주파수 영역	100~500kHz	850~950kHz, 2.4~5GHz
인식 거리	약 45cm	약 5m
인식 속도	저속	고속
태그 크기	대형	소형
시스템 구축비용	낮다	높다
적용 분야	출입통제, 동물관리	차량인식, 물류운송관리

[주파수별 이용특성]

구분	저주파 대역 (100~500kHz)	고주파 대역 (850~950kHz, 2.4~5GHz)
장점	• 주파수 / 전력 규제에서 자유로움 • 저가(구축비용)의 태그(Tag) 공급 가능	• 중장거리용으로 긴 가독 거리(~27m) • 빠른 인식 속도 • RFID 태그의 소형화, 박판형 구성 가능
단점	• 짧은 가독 거리(1.8m 이하) • 느린 인식 속도 • 소형화 어려움	• 고가의 시스템 구성 비용 • 낮은 투과성, 전자파 규제
인식률	• 환경에 의한 성능저하가 거의 없음 • 장애물 인식률 높음(장애물의 영향을 덜 받음)	• 장애물(차폐물 인식률 낮음. 받음)

5. 장점과 한계

(1) 장점

① RFID는 바코드와 달리 접촉하지 않아도 인식이 가능하다.
② 원거리 및 고속이동시에도 인식이 가능하고 여러 개의 정보를 동시에 판독하거나 수정할 수 있다.
③ RFID 기술은 가시대역 내에서 스캐닝하지 않아도 되는 편리함 때문에 그 활용범위가 확대되고 있다.
④ RFID는 나무, 직물, 플라스틱 등의 장애물 투과기능을 지니고 있기 때문에 교통 분야에 적용도 가능하며 반영구적인 사용이 가능하다.
⑤ 태그에 대용량의 데이터를 반복적으로 저장할 수 있으며 일시에 다량의 정보를 빠르게 판독할 수 있다.
⑥ 기존 바코드에 기록할 수 있는 가격, 제조일 등의 정보 외에 다양한 정보를 인식할 수 있고, 데이터의 신뢰도가 높다.
⑦ 태그 정보의 변경 및 추가가 용이하고, 태그를 다양한 형태와 크기로 제조할 수 있다.
⑧ 태그에는 온도계, 고도계, 습도계 등 다양한 센서기능을 부가할 수 있다.

(2) 한계

① 가격이 비싸다(경제적 문제).
② 정보의 노출 위험성이 있다(보안상 문제).
③ 금속, 액체 등의 전파장애 가능성이 있다.
④ 아직 인식의 한계가 있다(기술적 문제).
⑤ 전파가 인체에 영향을 미칠 수 있다(안정성 문제).
⑥ RFID 확산의 법적 대응책이 필요하다.
⑦ 국가별 주파수 대역과 국제적 표준화의 문제점이 있다.

[바코드와 RFID의 비교]

구 분	바코드	RFID
인식방법	광학식(Read Only)	무선(Read / Write)
정보량	수십 단어	수천 단어
인식거리	최대 수십cm	3~5m
인식속도	개별 스캐닝	수십~수백 개 / 초
관리레벨	상품그룹	개별상품

6. RFID의 도입효과

(1) 유통시스템 측면에서의 효과

① 효과적인 재고관리 : 생산에서 보관, 유통에 이르기까지 모든 상품의 유통과정이 인터넷을 통해 실시간으로 관리되기 때문에 판매량에 따른 최소 수준의 재고를 유지하면서 효율적인 관리를 할 수 있다. 따라서 과잉재고로 인해 발생하는 제품의 손실이나 변질 등도 미연에 방지할 수 있다.

② 입출고 리드타임 감소 및 검수 정확도 향상 : 바코드처럼 각 제품의 개수와 검수를 위해 일일이 바코드리더기를 가져다 댈 필요 없이 자동으로 대량 판독이 가능하기 때문에 불필요한 리드타임을 줄일 수 있다. 또한 모든 과정이 네트워크를 통해 자동으로 이루어지기 때문에 원격지에서도 정확한 정보를 실시간으로 확인할 수 있다.

③ 도난 등 상품 손실 절감 : 상품의 수량과 위치를 실시간으로 파악할 수 있기 때문에 도난으로 인한 상품의 손실을 막을 수 있다.

④ 반품 및 불량품 추적·조회 : RFID를 이용하면 반품이나 불량품으로 처리된 제품의 수량과 처리현황 등의 실시간 조회 서비스를 고객에게 제공할 수 있어 고객 만족도를 높일 수 있다.

(2) 물류시스템 측면에서의 효과

① 운영 효율성 제고 : 화물의 이동 경로와 현재 위치를 실시간으로 확인할 수 있어 보다 합리적인 배송 계획을 세울 수 있으며, 만약 배송 지연이 발생할 경우 빠른 대책을 수립하여 효과적인 배송 운영이 가능하다.

② 화물 입출고 및 환적 시간 단축 : 포장을 일일이 해체하여 안에 있는 물건을 확인할 필요가 없고 박스와 파렛트 등에 부착된 RFID 태그를 통해 입출고 파악이 자동으로 처리되므로, 선적(또는 환적) 시간이 단축된다.

③ 보안성 강화 : RFID 기술을 활용한 전자봉인(Electronic Sealing)을 이용하여 화물의 도난이나 손실을 방지한다.

④ 대고객 서비스 향상 : 고객이 주문한 상품의 현재 위치를 직접 실시간으로 확인할 수 있기 때문에 보다 높은 만족도를 얻을 수 있다.

8장 핵심문제

01 바코드의 장단점으로 옳지 않은 것은?

① 제작이 용이하고 비용이 저렴하다.
② 인쇄된 바코드는 정보의 변경이나 추가가 안 된다.
③ 오독률이 낮아 높은 신뢰성을 확보할 수 있다.
④ 데이터 입력이 신속하고, 간소하다.
⑤ 읽기와 쓰기가 용이하다.

정답 ⑤

해설 읽기(판독)은 가능하지만 쓰기는 불가능하다.

02 2차원 바코드에 대한 설명으로 옳지 않은 것은?

① Data Matrix는 2차 Data Code라고도 불리며, 이 코드는 심벌당 표현할 수 있는 데이터의 양이 강조된 코드이다.
② QR Code는 단어 그대로 신속한 판독을 필요로 하는 물류관리나 공장자동화 부문에 적합하도록 고안되었다.
③ QR Code는 오염되거나 훼손되었을 경우 1차원 바코드에 비해 데이터를 읽어 들이기 어렵다는 단점이 있다.
④ Maxi Code는 미국의 택배회사인 UPS사가 내부의 물류관리 효율화를 증대시키고 고객에 대한 서비스를 향상시키기 위해 개발한 매트릭스형 코드이다.
⑤ PDF-417은 하나의 심벌문자는 4개의 바(Bar)와 4개의 스페이스(Space)의 조합으로 구성되어 있다.

정답 ③

해설 QR Code는 데이터와 오류 정정 키들이 네 모서리에 각기 분산된 형태로 포함되어 있어 오염되거나 훼손되었을 경우 1차원 바코드에 비해 데이터를 읽어 들이기 쉽다는 장점이 있다.

03 RFID에 대한 설명으로 옳지 않은 것은?

① 수동형 RFID는 전지가 없어서 자신의 수신만 가능하고, 전파 송신이 불가능하며 가격이 낮고 구조가 간단하다.
② 수동형 RFID는 도달거리가 30~100m의 데이터 교환범위를 가진다.
③ 수동형 RFID는 소형, 경량으로 반영구적 사용이어서 소단위 낱개상품에 많이 사용될 수 있다.
④ 능동형 RFID는 전지 및 전력의 공급을 받아 전파를 송신할 수 있기 때문에 가격이 고가이다.
⑤ 능동형 RFID는 다양한 센서와 결합이 가능하다.

정답 ②

해설 수동형 RFID는 감지거리가 2~3m 전후의 근거리이다.

04 RFID의 장단점으로 옳지 않은 것은?

① RFID는 접촉하지 않아도 되는 장점이 있으나 정보노출 위험성이 있다.
② 원거리 및 고속이동시에도 인식이 가능하고 여러 개의 정보를 동시에 판독하거나 수정할 수 있다.
③ RFID는 나무, 직물, 플라스틱 등의 장애물 투과기능을 지니고 있기 때문에 교통 분야에 적용도 가능하며 반영구적인 사용이 가능하다.
④ 태그에 대용량의 데이터를 반복적으로 저장할 수 있으며 일시에 다량의 정보를 빠르게 판독할 수 있다.
⑤ 국가별 주파수 대역 동일하여 표준화의 장점이 있다.

정답 ⑤

해설 국가별 주파수 대역이 다양하여 국제적 표준화의 문제점이 있다.

제9장 물류혁신기법

I. 공급사슬관리(SCM, Supply Chain Management)의 개요

▶ 2023년, 2020년, 2019년, 2018년 등 기출

1. 공급사슬관리의 개념

공급사슬관리(SCM)이란 원재료 구매에서부터 최종고객까지의 전체 물류흐름을 계획하고 통제하는 통합적인 관리 방법이다. 공급사슬관리의 기원은 1980년대 미국의 의류제품 부문에서 도입된 QR(Quick Response)에서 찾을 수 있다. 원료 공급자로부터 최종소비자까지 이르는 전체 과정에 걸친 기업들의 공동전략을 의미하는 것으로, 각 기업들이 외부의 다른 회사 사이에 일어나는 거래에서 서로 관련 있는 업무처리를 상호 협력하여 단순화시키는 것이다. 공급사슬관리가 효과적으로 운영되기 위해서는 파트너들 간의 상호협력과 신뢰가 중요하다. 또한, 가치사슬의 관점에서 원자재로부터 소비에 이르기까지의 구성원들을 하나의 집단으로 간주하여 물류와 정보 흐름의 체계적 관리를 추구한다.

2. 등장배경

① 기업경쟁력을 높이기 위해서 기업내부 최적화보다는 공급망 전체의 최적화를 통한 물류관리가 중요해졌다.
② 인터넷, EDI 및 ERP와 같은 정보통신기술의 발전으로 인해 공급망 관리를 통한 기업간 프로세스 통합이 가능하게 되었다.
③ 수요정보의 왜곡현상을 줄이고 그에 따른 안전재고의 증가를 예방하기 위해서이다.
④ 기업의 경영환경이 글로벌화 되고 물류관리의 복잡성이 증대되고 있어 통합적 물류관리의 필요성이 높아졌다.
⑤ 리드타임이 길어지는 현상에 능동적으로 대처하게 하고, 정보의 왜곡(채찍효과)과 그에 따른 재고과잉 현상을 예방하기 위해서이다
⑥ 고객의 다양한 욕구에 맞춘 다품종·소량·다빈도 공급체계를 갖추고, 생산과 재고관리의 불확실성을 줄이고 고객만족도를 높이기 위해서이다
⑦ 치열한 국제경쟁에서 살아남을 수 있는 경쟁력을 갖추기 위해서 등장하였다.

3. 특징

① 수평적 통합(Horizontal Integration)
② 단절 없는 흐름(Seamless Flow)
③ 협업(Collaboration)

④ 정보의 공유(Information Sharing)
⑤ 동기화(Synchronization)

4. 도입 필요성
① 기업 활동이 글로벌화 되면서 물류의 복잡성이 증가하고, 공급사슬의 지리적 거리와 리드타임이 길어지고 있어 이에 대응해야 한다.
② 경쟁력 있는 가치를 제공하여 비용을 절감하고 고객 대응력을 확보해야 한다.
③ 기업내부의 조직·기능별 관리만으로는 경쟁력 확보가 어렵기 때문이다.
④ 기업 간 정보의 공유와 협업으로 채찍효과(bullwhip effect)를 감소시켜야 한다.
⑤ 정보의 왜곡, 제품수명주기의 단축 등 다양한 요인으로 수요의 불확실성이 증대되기 때문이다.

5. 공급사슬의 성과지표
① 현금화 사이클 타임(cash-to-cash cycle time)
회사가 원자재를 현금으로 구입한 시점부터 제품 판매로 현금을 회수한 시점까지의 시간을 평가한다.
② 주문충족 리드타임(order fulfillment lead time)
고객의 주문 요구에 신속한 서비스로 대응한 시점까지의 측정을 평가한다.
③ 총공급사슬 관리비용(total supply chain management cost)
제조사 및 공급업체의 공급망 프로세스와 관련된 고정 및 운영비용 등의 측정치를 평가한다.
④ 완전주문충족율(perfect order fulfillment)
고객에게 정시에, 완전한 수량으로, 손상 없이, 정확한 문서와 함께 인도되었는지의 여부를 평가하는 성과지표이다.
⑤ 공급사슬 대응시간(supply chain response time)
공급망이 시장 수요에 신속하게 대응할 수 있는 시간을 측정하여 평가한다.

6. 공급사슬 상에서 발생하는 경영환경변화
① 공급사슬 상에 위치한 조직 간의 상호 의존성이 증대되고 있다.
② 정보통신기술의 발전은 새로운 시장의 등장과 기업경영방식의 변화를 초래하고 있다.
③ 기업 간의 경쟁 심화에 따라 비용절감과 납기개선의 중요성이 증대되고 있다.
④ 고객의 다양한 니즈에 맞추기 위해 생산, 납품 등의 활동을 해야 할 필요성이 증대되고 있다.
⑤ 기업의 경영활동이 세계화되면서 전세계 공급체인이 확대됨으로써 글로벌 물류체계의 구축과 효율적 SCM은 기업 생존전략이 되고 있다.

7. 채찍효과

(1) 채찍효과의 개념
최종 고객으로부터 공급망의 상류로 갈수록 판매예측정보가 왜곡되는 현상이다.

(2) 채찍효과의 발생원인
① 부정확한 수요예측 : 수요예측이 소비자의 실제 수요에 기반하지 않고 거래선의 주문량에 근거하여 이루어지기 때문이다.
② 정보의 불일치 : 제조업자, 유통업자, 고객 사이에서 제품의 거래와 관련된 정보의 불일치에 기인한다.
③ 가격변동의 심화 : 프로모션 등의 가격정책의 영향으로 제품가격의 변동이 심화되기 때문이다.
④ 리드타임의 증가 : 과도한 통제에 따른 리드타임이 증가하기 때문이다.
⑤ 일괄주문처리(Order Batching) : 각각의 단계에서 주문이 일괄처리 되기 때문이다.

(3) 채찍효과의 해결방안
① 전략적 파트너십 : 공급사슬 내 정보의 공유를 위해 많은 전략적 파트너십에 참여하여 공급망 관점의 재고관리를 강화시킨다.
② 불확실성 최소화 : 공급망 전반에 걸쳐 수요정보를 중앙집중화하고 상호 공유하여 불확실성을 최소화 한다.
③ 수요 변동 최소화 : 상시저가전략(EDLP, Everyday Low Price) 등의 가격안정화 정책을 도입하여 가격의 변동폭을 줄임으로써 수요의 변동을 감소시킨다.
④ 리드타임 단축 : EDI (Electronic Data Interchange)를 이용하여 제품 공급의 리드타임을 단축시킨다.

8. SCM 전략

(1) 지연전략(Postponement)
제품의 차별화 시점을 생산의 후반부 과정으로 미루어 전체 생산, 물류비용 및 리드타임을 단축시키기 위한 기법이다. 제품 생산공정을 전공정과 후공정으로 나누고, 마지막까지 최대한 전공정을 지연시키는 전략으로 최종 제품의 조립 시점을 최대한 고객 가까이 가져감으로써 주문에 맞는 제품을 만드는 생산 리드타임을 단축하여, 시장변화에 반응하는 능력을 키운다.

(2) 혼재(Consolidation)
소량화물을 다수의 화주로부터 집하하여 이것을 모아서 대량화물로 만드는 것을 의미한다.

(3) 표준화(Standardization)
재고를 증가시키는 상품 다양성을 피하는 것을 의미한다.

9. SCM 도입전략

(1) 1단계
SCM 프로젝트 추진을 위한 타당성을 검토 후 비전을 수립한다. (환경분석, 핵심역량 파악, 비전 설정, 피드백 강화 전략)

(2) 2단계
변신 방향을 설정한다. (현재의 프로세스를 분석, 최대 성과를 위한 벤치마킹 모델을 검토 및 SCM의 효율적 추진을 위한 사내 지원을 검토).

(3) 3단계
미래의 공급체인관리를 위한 SCM 프로세스를 디자인한다. 가치극대화 방안 도출, 이행계획을 수립 및 시범과제를 준비한다.

(4) 4단계
SCM을 수행, 성과측정 및 변환관리를 수행한다.

II. 공급사슬관리(SCM, Supply Chain Management)의 추진 유형

▶ 2023년, 2020년, 2019년, 2018년 등 기출

1. 신속한 보충(QR, Quick Response)

(1) 개념
QR이란 소매업자와 제조업자의 정보 공유를 통해 효과적으로 원재료를 충원하고, 제품을 제조하고, 유통함으로써 효율적인 생산과 공급체인 재고량을 최소화시키는 전략이다. QR은 제품 제조에서 소비자에게 전달되기까지의 제조 과정을 단축시키고 소비자의 욕구 및 수요에 적합한 제품을 공급함으로써 제품 공급사슬의 효율성을 극대회하는 시스템이다.

QR은 미국의 의류업계에서 개발한 공급망 관리 기법으로 기업 간의 정보공유를 통한 신속·정확한 납품, 생산·유통기간의 단축, 재고감축, 반품 로스 감소 등을 실현하는 의류분야의 신속대응시스템이다. 생산 및 유통업자가 전략적으로 협력하여 소비자의 선호 등을 즉시 파악하고, 시장변화에 신속하게 대응함으로써 시장에 적합한 제품을 적시·적소에 적절한 가격으로 제공하는 것을 원칙으로 한다. QR을 실행하기 위해서는 EDI, 바코드, POS 등의 유통정보 기술이 요구된다.

(2) 장점
① 제조업자는 주문량에 맞추어 유연생산이 가능하고, 공급자수를 줄일 수 있으며, 높은 자산회전율을 유지할수 있다.
② 시스템 측면에서는 낭비를 제거하고, 효율성을 향상시킬 수 있으며 신속성도 향상된다.

(3) 구현원칙
① 생산 및 포장에서부터 소비자에게 이르기까지 효율적인 제품의 흐름을 추구한다.
② 제조업체와 유통업체 간에 표준상품코드로 데이터베이스를 구축하고, 고객의 구매성향을 파악·공유하여 적절히 대응해야 한다.
③ 조달, 생산, 판매 등 모든 단계에 걸쳐 시장정보를 공유하여 비용을 줄이고, 시장변화에 신속하게 대처하기 위한 시스템이다.
④ 저가격을 고수하는 할인점, 브랜드 상품을 판매하는 전문점, 통신판매 등을 연계하여 철저한 중앙관리체제를 통해 소매점업계의 경영합리화를 추구한다.

2. 효율적 고객대응(ECR, Efficient Consumer Response)
(1) 개념
소비자에게 보다 나은 가치를 제공하기 위해 유통업체와 공급업체들이 밀접하게 협력하는 식료품업계의 전략으로 효율적 매장구색, 효율적 재고보충, 효율적 판매촉진 및 효율적 신제품 개발 등이 핵심적 실행전략이다.

ECR은 1990년대 불경기로 인한 소비자 위축으로 필요한 식품만 구매하는 것이 원인으로 비효율과 초과비용을 제거하는 전략이다. 고객에게 보다 저렴한 가격으로 상품을 제공하고 고객만족도를 높이기 위하여 공급체인을 기존의 푸시(Push) 방식에서 풀(Pull) 방식으로 변화되는 것이다.

(2) 구현원칙
① 전체시스템의 효과성과 잠재적 보상이 명확하도록 일관성 있는 성과측정과 보상시스템을 사용하여야 한다.
② 제품의 흐름이 생산 및 포장에서부터 소비자에 이르기까지 효율적으로 이루어져야 한다.
③ 대외적인 EDI표준과 대내적인 경영정보시스템을 통해 정보의 정확성을 향상시켜야 한다.
④ 생산, 마케팅 및 물류기능과 연계된 의사결정을 효과적으로 지원하여 소비자에게 보다 나은 가치를 제공할 수 있어야 한다.

3. 크로스 도킹(CD, Cross Docking)
(1) 개념
크로스 도킹(CD)이란 제조업자로부터 유통업자에 이르는 상품의 물류체계를 신속하게 유지되도록 하기 위한 전략이다. 공급사슬상의 각 단계 간에 제품이동시간을 줄이기 위해 창고나 물류센터에서 수령한 상품을 창고에서 재고로 보관하지 않고 입고와 동시에 출고하여 바로 배송할 수 있도록 하는 시스템으로, 통과형 물류센터라고도 한다.

EDI, 바코드, 스캐닝 기술을 통하여 자동화된 창고관리 및 재고관리를 지원하여 물류체제를 합리화하는 전략이다. 물류센터 도착 즉시 점포별로 구분하여 출하하는 시스템으로, 적재시간과 비용을 절감 할 수 있다.

(2) 특징

① 크로스도킹은 재고의 효율적 통제를 통한 창고 비용 절감, 유통업체의 결품률 감소, 입출고 시간 및 비용감소 등의 효과를 기대할 수 있다.
② 크로스도킹은 주문한 제품이 물류센터에서 재분류되어서 각각의 점포로 즉시 배송되어야 하는 신선식품의 경우에 보다 적합하다.
③ 크로스도킹을 통해 물류센터에서 제품이 머무르는 시간을 감소시킬 수 있는 장점이 있다.
④ 크로스도킹 시스템이 도입되면 물류센터는 보관거점의 기능에서 탈피할 수 있다.

(3) 유형

① 파렛트 크로스도킹
　한 종류의 상품이 적재된 파렛트 별로 입고되어 소매점포로 직접 배송되는 형태의 가장 단순한 크로스도킹으로 양이 아주 많은 상품에 적합한 방식이다.
② 케이스 크로스도킹
　적재된 파렛트 단위로 소매업체의 물류센터로 입고된 상품은 각각의 소매점포별로 주문수량에 따라 피킹되고 파렛트에 남은 상품은 다음 납품을 위해 잠시 보관하게 되는 형태의 가장 보편화된 방식이다.
③ 사전 분류된 파렛트 크로스도킹
　사전에 제조업체가 상품을 적재 및 분류하여 납품할 각각의 점포별로 파렛트에 적재하여 배송하게 되는 방식으로 제조업체가 각각의 점포별 주문사항에 대한 정보를 사전에 알고 있어야 하기 때문에 제조업체에게 종종 추가적인 비용을 발생시킨다.

4. 지속적 제품 보충(CRP, Continuous Replenishment Program)

(1) 개념

지속적 제품 보충(CRP)은 제조자로부터 유통업자에 이르는 상품의 이동을 관리하고, 통제하는 방법이다. 제조업자의 효과적인 재고관리를 통해 유통업자에게 적시 상품을 보급하는 것이다. CRP는 공급업자와 소매업자 간에 POS 정보를 공유하여 별도의 주문 없이 공급업자가 제품을 보충할 수 있다.
즉, 주문량에 근거하여 공급업체로 주문하던 방식(Push방식)과 달리 실제 판매데이터와 예측수요데이터를 근거로 상품을 보충시키는 시스템(Pull방식)이다.

(2) 특징

① 공급업자와 소매업자 간에 POS 정보를 공유하여 별도의 주문 없이 공급업자가 제품을 보충할 수 있다.
② 재고데이터와 점포별 주문데이터를 공급업체에 전송하면 공급업체는 주문업무를 책임진다.
③ 전반적인 유통공급과정에서 상품주문기능과 상품흐름을 향상시킨다.

5. 공급업체 주도 재고관리(VMI, Vendor Managed Inventory)

(1) 개념
공급업체 주도 재고관리(VMI)란 공급업체가 주도적으로 재고를 관리하는 것으로 유통업체에서 발생하는 재고를 제조업체가 전담해서 관리하는 방식이다. VMI는 유통업체의 물류센터에 있는 각종 데이터가 제조업체로 전달되면 제조업체가 물류센터로 제품을 배송하고 관리하는 공급체인 관리방식이다.

(2) 특징
① 유통업자가 생산자에게 판매정보를 제공한다.
② 구매자가 공급자에게 재고 주문권을 부여한다.
③ 공급자가 자율적으로 공급 스케줄을 관리한다.

6. 공동재고관리(CMI, Co-Managed Inventory)

(1) 개념
VMI에서 한 단계 더 보완된 것으로 유통업체와 공급업체 간 협업을 통해 공동으로 재고를 관리하는 것을 의미한다. CMI는 소매상과 공급상이 공동으로 판촉활동, 지역여건, 경쟁상황을 고려한 재고 관리 기법이다.

(2) VMI와 차이
VMI는 제조업체(공급자)가 발주 확정 후 바로 유통업체로 상품배송이 이루어지는 것에 비하여 CMI는 제조업체가 발주 확정을 하기 전에 발주권고를 유통업체에게 보내어 상호 합의 후 발주확정이 이루어진다.

7. 컴퓨터 지원주문(CAO, Computer Assisted Ordering)
CAO는 공급체인에서 제조업자의 창고, 유통센터, 소매업자에 이르는 전체 재고관리를 시스템의 도움을 받아 관리자가 최종 발주하는 것이며 수요변동이 큰 제품에 적합하다. 컴퓨터에 의한 자동주문을 수행하도록 함으로써 효과적인 운반 및 배달계획을 지원하여 물류비용을 감소시킨다. 또한 재고의 효율적인 관리 및 정확한 수요예측이 가능하도록 하는데 도움을 준다.

8. 전자주문시스템 / 자동발주시스템(EOS, Electronic Ordering System)
EOS는 시스템 도움을 받아 시스템 자체가 최종발주를 확정하는 것이며 수요변동이 작은 제품에 적합하다. 편의점이나 슈퍼마켓 등 체인사업에서 상품을 판매하면 POS 데이터를 거래처에 자동적으로 중앙본부에 있는 컴퓨터에 입력되는 것이다. 또한 상품의 부족분을 컴퓨터가 거래처에 자동으로 주문하여 항상 신속하고 정확하게 해당 점포에 배달해 주는 시스템이다.

9. 협력적 예측, 보충 시스템(CPFR, Collaborative Planning Forecasting and Replenishment)

(1) 개념

CPFR은 지속적 제품 보충(CRP)의 확대된 개념이다. 유통업체인 Wal-Mart와 Warner-Lambert사 사이에 처음 시도된 것으로 유통업체와 공급업체가 긴밀한 협업을 통해 판매계획을 수립하고 수요예측 및 재고관리를 공동으로 진행하는 프로세스를 의미한다. 수요예측이나 판매계획 정보를 유통업체와 제조업체가 공유하여, 생산-유통 전 과정의 자원 및 시간의 활용을 극대화하는 비즈니스 모델이다. 결품으로 인한 고객만족도 저하현상에 대응하기 위한 안정적인 재고관리의 수단이다.

(2) 특징

① 거래파트너들이 특정시장을 목표로 사업계획을 공동으로 수립하여 공유한다.
② 생산 및 수요예측에 대하여 제조업체와 유통업체가 공동으로 책임을 진다.
③ CPFR을 도입하기 위해서는 기업들은 협업관계 개발을 가장 먼저 시행해야 한다.
④ CPFR을 도입하려면 가장 먼저 파트너십(협업) 관계를 구축해야 하며, 협업적 계획수립을 위해 모든 거래 파트너들이 주문정보에 대한 실시간 접근 가능이라는 전제조건이 필요하다.
⑤ 모든 참여자들은 공통된 하나의 스케줄에 따라서 운영활동을 수행한다.

10. 대량고객화(Mass Customization)

대량고객화는 개별 고객의 다양한 요구와 기대를 충족시키면서도 대량생산에 못지않은 낮은 원가를 유지하는 경영혁신 기법이다. 이는 비용, 효율성 및 효과성을 희생시키지 않고 개별 고객들의 욕구를 파악하고 충족시키는 전략이다.

11. 카테고리 관리(Category Management)

P&G에서 상품의 특성에 따라 브랜드별로 관리를 하면서 시작된 것이다. 최종 소비자들이 사용하는 상품그룹인 가정용품, 냉동식품, 문구류 및 건강, 기구, 음료와 같은 상품을 그룹화한 것을 의미한다. 카테고리 관리자가 POS 데이터 분석, 인구통계학적 특성 파악 등 최적의 상품 믹스를 하는 데 도움을 준다.

12. 공급사슬관리 솔루션

(1) SCP(Supply Chain Planning)

SCP란 가변적인 수요에 대하여 균형 잡힌 공급을 유지할 수 있는 최적화된 계획을 구현하는 시스템이다. 이는 기업이 제품에 대해 수요를 예측하고, 제품의 조달계획 및 생산계획을 수립하도록 도와준다. SCP는 ERP(Enterprise Resource Planning)로부터 계획을 위한 기준정보를 제공받아 통합계획을 수립한 후 지역별 개별 계획을 수립하여 ERP쪽으로 전달한다. 또한 SCP는 계절적 소비패턴 등의 통계적 기법을 이용한 수요예측도 포함한다.

(2) SCE(Supply Chain Execution)

SCE는 제품이 가장 효율적인 방법으로 공급될 수 있도록 물류 흐름을 관리하는 시스템이다. 즉, 공급사슬 내에 있는 상품의 물리적인 상태나 자재 관리, 그리고 관련된 모든 당사자들의 재원 정보 등을 관리하는 시스템이다. SCE의 주요 솔루션으로는 창고관리시스템(Warehouse Management System), 운송관리시스템(Transportation Management System) 등이 있다.

13. 린(Lean) 생산방식과 애자일(Agile) 생산방식

(1) 린 생산방식

과잉생산, 과잉재고, 보관기간, 운송시간 등 낭비적 요소를 제거해 종래의 공급사슬의 문제점을 해결하는 전략이다.

(2) 애자일 생산방식

고객들이 원하는 바를 파악해 이를 개발한 후 시장에 내놓고 반응을 살피는 것으로 소규모 인원이 신속하게 제품을 개발하고 지속적으로 이를 업데이트하는 전략이다.

III. e-SCM(Electronic-SCM)

▶ 2016년 등 기출

1. e-SCM의 개념

e-SCM란 인터넷을 기반으로 한 e-SCM이 공급체인상의 주문처리, 조달, 구매, 물류 등을 실시간으로 처리하는 것을 말한다. 즉 e-Business의 범위에서 원자재 조달, 생산, 수·배송, 판매 및 고객관리 프로세스의 물류흐름과 관련 활동의 통합적인 관리기법을 인터넷에 기반하여 실시간으로 신속하고 효율적으로 처리하는 것을 말한다.

디지털 환경의 공급자, 유통채널, 도소매 관련 물자, 자금, 정보흐름 등을 신속하고 효율적으로 관리하는 활동이 e-비즈니스 환경에서 적용되는 것이다. e-SCM의 효과적 운영을 위해서는 ERP, CRM 등의 지원이 필요하다.

2. e-SCM의 특성

① 직거래 증가
   생산업체, 판매업체, 고객 등이 인터넷을 통해 서로 접촉하기가 매우 용이해졌기 때문에 직거래가 증가한다.
② 전통적 가치체인의 붕괴
   인터넷의 발달로 참여기업들의 관계가 종전의 수직적인 상하관계에서 수평적인 협력관계로 변화했다.

③ 아웃소싱 활성화

　　인터넷을 기반으로 한 SCM 참여기업들은 핵심 사업분야에 전념하고 비용을 절감하기 위해 아웃소싱을 많이 활용한다.

3. e-SCM의 효과

① 직거래 활성화를 통한 공급체인 길이가 짧아짐에 따라 리드타임이 크게 줄어든다.
② 인터넷을 통해 고객들이 원하는 맞춤서비스를 제공할 수 있다.
③ 공급자와 구매자 간 신속한 의사소통이 가능해지고, 고객들의 요구를 즉시 제조업체, 원자재 공급업체, 물류업체에 동시에 알려주고 피드백을 해준다.
④ 공급사슬에서 참여기업들의 관계가 수직적 상하관계에서 수평적 협력관계로 변하고 있다.
⑤ 원자재 공급업체, 생산업체, 물류업체 간에 핵심정보의 피드백이 원활하게 된다.
⑥ 실시간 재고관리가 가능함에 따라 안전재고를 적정수준에서 유지할 수 있다.

Ⅳ. 구매관리(Purchasing management)

▶ 2016년 등 기출

1. 구매관리의 개념

과거에 구매업무는 생산부서 등에 소속되어 있었으나 최근에는 구매관리가 사내의 각 부문과 거래처를 긴밀하게 연결시켜 경영 및 마케팅 계획이 원활하게 수행되도록 필요한 물품과 상품 등을 적정한 거래처로부터 적정한 품질, 수량, 납기일을 확보한 다음에 적정가격에 확보하여 회사의 이익을 창출하는 경영활동으로서 구매관리를 타 기능과 통합관리를 하여야 한다. 구매관리는 재무관리·제조관리·판매관리와 더불어 생산의 구조적 관리의 직능분야이다.

2. 목적

구매관리는 판매나 생산활동의 합리적 운영을 목표로 해서 요구하는 필요량의 적격품을 적절한 시기에 적정 공급자로부터 적정가격으로 구입하는 것을 목적으로 한다. 그 내용을 살펴보면 구매대상의 가치분석 및 시장조사, 납기관리, 적정재고 관리, 납품업자 선정 및 외주관리, 구매비용관리, 자재관리, 구매조직관리 등이 있다.

3. 구매관리 대상

① 자재뿐만 아니라 기초 생산설비 등의 고정자산 부분도 그 대상으로 취급되나 통상적으로 자재가 그 주된 대상으로 취급된다.
② 일반적으로 구매업무의 착오는 직접적으로 재고품의 문제로 나타나기 때문에 구매활동과 생산활동의 관계를 표현하는 재고관리는 구매관리의 핵심과제로

부각되는데 단순히 자재의 재고를 최소화하는 것뿐만 아니라, 재고고갈의 위험을 없애는 일 또한 중요하다.
③ 보통 재고품관리는 회전율을 척도로 하는 표준재고제도(Model stock plan)를 방법으로 취한다.
④ 회전율은 자재의 납입 후에서 출고까지의 고정기간, 즉 1회전에 필요한 기간으로 일정기간 (평균재고 유지기간으로 보통 1개월을 기준으로 함)을 제한한 것을 말하며 자재의 회전율을 높이는 문제는 적정재고관리의 핵심사항이다.
⑤ 회전율을 높이기 위해서는 주문점을 구입이 필요한 기간의 최대필요량에 맞추는데, 이때 상한점은 최대잔고와 신규입하량과의 합계에서 하한점은 주문점과 평균필요량과의 차에서 구한다.

4. 구매조직

(1) 중앙집중식 구매조직

① 품목
대표적인 품목에는 전사공통품목, 표준품목, 수요가 높은(큰) 품목, 구매량별 가격차 큰 품목이 있다.

② 장점
장점으로는 대량구매로 가격과 거래조건 유리, 절차 복잡한 구매에 유리, 시장조사 및 거래처조사, 구매효과 측정용이, 구매량에 따라 가격할인이 가능, 구입절차를 표준화하여 구매비용이 절감, 공통자재의 표준화 및 단순화 가능, 수입 등 복잡한 구매형태에 유리 등이 있다.

③ 단점
단점으로는 각 구매 부서별 자주성 없고 수속 복잡함, 긴급조달 어려움, 각 공장별 재고상황 파악이 힘듦, 조달기간과 운임 증가 등이 있다.

④ 특징
㉠ 구매를 한 곳으로 집중하여 수량할인과 배송의 경제성을 얻을 수 있다.
㉡ 구매인력이 하나의 부서에 집중되기 때문에 업무기능의 중복 가능성을 줄일 수 있다.
㉢ 다수의 공급업자 관리가 일원화되어 개별 공급업자에 대하여 높은 수준의 협상력을 가질 수 있다.
㉣ 구매집중화가 이루어져 부서 내 구매경쟁 문제를 방지할 수 있다. 즉 구매량에 따라 가격할인이 가능한 품목에 적합한 것은 집중구매이다.

(2) 분산식 구매조직

① 품목
대표적인 품목에는 시장성 품목, 가격차 없는 품목, 소량 및 소액 품목, 사무소 모품 및 수리부속품 등이 있다.

② 장점
장점으로는 자주적 구매, 사업장 특수 요구 반영, 긴급 수요발생할 경우 유리,

구매수속 신속히 처리, 구매절차가 간편 등이 있다.
③ 단점
단점으로는 본 방침과 다른 자재구입 하는 경우 발생, 구입경비가 많이 들고 구입 단가가 비쌈, 구입처와 거리가 먼 경우 적절한 자재구입이 어려움 등이 있다.
④ 특징
㉠ 보편적으로 관료주의적 행태를 줄이게 되어 더욱 신속한 대응을 가능하게 하고 구매자 와 사용자 간 원활한 의사소통에 도움이 된다.
㉡ 요구사항에 대한 정확한 이해와 지역 발주가 있다.

5. 공급업체 선정방법

(1) 지명 경쟁에 의한 방법
물자를 구매함에 있어서 지명된 몇몇 특정인들로 하여금 경쟁 입찰하는 방법이다.

(2) 협의에 의한 방법
다수의 공급업체로부터 제안서를 제출 받아 평가한 후 협상절차를 통하여 가장 유리하다고 인정되는 업체와 계약하는 방법이다.

(3) 제한 경쟁에 의한 방법
계약을 체결함에 있어서 입찰 참가자의 자격을 사전에 제한하여 그 자격을 갖춘 자로 하여금 경쟁 입찰에 부쳐서 그 중 유리한 조건을 제시한 자와 계약 방법이다.

(4) 입찰에 의한 방법
다수의 신청희망자로부터 각자의 낙찰희망 예정가격을 기입한 신청서를 제출·입찰하게 하여 그 중에서 가장 유리한 내용의 입찰자와 계약 방법이다.

(5) 수의계약에 의한 방법
경쟁계약에 의하지 아니하고 임의로 적당한 상대자를 선정하여 체결하는 계약 방법이다.

 고객관계관리(CRM, Customer Relationship Management)기법

1. CRM의 개념
고객의 데이터베이스 정보를 기업의 마케팅에 활용하는 기법이다. 이는 추가비용을 최소화하고 고객과의 상호작용 가치를 높여 이익을 증대시키는 개념이다. 수익성이 높은 고객과의 관계를 창출 및 지원하여 매출을 최적화하고 고객기반을 확충하는 전략이다. CRM은 고객들의 성향과 욕구를 파악하여 이를 충족시키면서 기업의 목표를 달성하고자 하는 전략이다.

2. CRM의 특징

① 고객관계관리는 단계별로 고객관계 형성, 고객관계 유지, 고객관계 강화로 구성된다.
② 우수고객을 어떻게 파악하고 획득하며, 유지시켜 고객의 평생가치를 높일 수 있는가에 대한 분석이 필요하다.
③ 고객관련 데이터를 어떻게 획득하고 축적하며, 분석하고 서비스 할 것인가에 관한 고객 전략수립과 인프라 구축에 대한 이해가 필요하다.
④ 동일하지 않은 고객을 분류하여 각기 다른 부분에 속하는 고객에게 차별화된 제품과 서비스를 제공하여야 한다.

VI. 자재소요계획시스템(MRP, Material Requirement Planning)

1. MRP의 개념

MRP는 전산화프로그램으로 재고관리와 생산일정을 계획·통제하고, 적량의 품목을 적시에 주문하여 적정 재고수준을 통제하기 위한 시스템이다. MRP시스템은 자재소요계획으로부터 출발하여 회사의 모든 자원을 계획하고 관리하는 전사적 자원관리로 발전되어 왔다.

2. 구성요소

(1) 주생산일정계획(MPS, Master Production Schedule)

전체적인 생산계획을 나누어 실행시킬 목적으로 구체화시키는 일정계획으로, 품목별 생산량을 생산일정(월별 또는 주별)에 맞추어 계획하며, 아울러 부하와 능력을 생산일정별로 제시하게 된다.

(2) 자재명세서(BOM, Bill of Materials)

제품을 구성하는 모든 부품들에 대한 목록으로 부품이 복잡한 요소들로 구성되어 있는 조립품인 경우에는 계층적인 구조로 작성될 수 있다.

(3) 재고기록철(IRF, Inventory Records File)

자재관리 대상품목의 입출고에 관한 내역, 재고보유품목, 발주품목, 생산품목에 관한 사항을 기록하는 것으로, 재고기록은 생산예정 품목의 순소요량을 파악하는 데 사용되므로 품목의 재고에 대한 최신 정보를 유지해야 한다.

3. 특징

MRP는 완제품의 수요예측부터 시작하며, 일괄적으로 처리되어 완제품 형태로 만들어지는 배치(batch)제품, 조립품 생산 등에 적합한 자재관리기법이다. 또한 MRP는 MPS, 생산물 구조기록, 재고기록상태 등이 기본적으로 입력되어야 하므로 기업의 구성요소에 의해 MPS를 수시로 변경해야 한다.

4. 종류

(1) MRP-I (자재소요량계획, Material Requirement Planning)
기업의 원활한 자재구매 및 자재소요량을 합리적으로 관리하기 위한 재고관리 영역에 국한된 전산화된 관리시스템이다.

(2) MRP-II (생산자원계획, Manufacturing Resources Planning,)
자재뿐만 아니라 생산에 필요한 모든 자원을 효율적으로 관리하기 위한 것으로 MRP가 확대된 개념이다. MRP-II는 소품종 대량생산에서 다품종 소량생산으로의 환경변화에 따른 고객지향업무의 부각에 따라 생겨난 것으로 기존 MRP에 자동화된 공정데이터의 수집, 수주관리, 재무관리, 판매관리의 기능을 추가하여 구체적으로 실현 가능한 생산계획을 제시하는 제조활동 시스템이다.

> ▶ 균형성과표(BSC)
> 균형성과표(balanced scorecard, BSC)는 과거의 성과에 대한 재무적인 측정지표에 추가하여 미래성과를 창출하는 동안에 대한 측정지표인 고객, 공급자, 종업원, 프로세스 및 혁신에 대한 지표를 통하여 미래가치를 창출하도록 관리하는 시스템이다.
> ① 재무관점
> ② 고객관점
> ③ 내부프로세스
> ④ 학습과 성장

9장 핵심문제

01 공급사슬관리의 등장배경으로 옳지 않은 것은?

① 인터넷, EDI 및 ERP와 같은 정보통신기술의 발전으로 인해 공급망 관리를 통한 기업간 프로세스 통합이 가능하게 되었다.
② 수요정보의 왜곡현상을 줄이고 그에 따른 안전재고의 증가를 예방하기 위해서이다.
③ 기업의 경영환경이 글로벌화되고 물류관리의 복잡성이 증대되고 있어 개별적 물류관리의 필요성이 높아졌다.
④ 리드타임이 길어지는 현상에 능동적으로 대처하게 하고, 채찍효과과 그에 따른 재고과잉 현상을 예방하기 위해서이다
⑤ 치열한 국제경쟁에서 살아남을 수 있는 경쟁력을 갖추기 위해서 등장하였다.

정답 ③

해설 기업의 경영환경이 글로벌화되고 물류관리의 복잡성이 증대되고 있어 통합적 물류관리의 필요성이 높아졌다.

02 채찍효과의 해결방안으로 옳지 않은 것은?

① 공급사슬 내 정보의 공유를 위해 많은 전략적 파트너십에 참여하여 공급망 관점의 재고관리를 강화시킨다.
② 공급망 전반에 걸쳐 수요정보를 중앙집중화하고 상호 공유하여 불확실성을 최소화 한다.
③ 상시저가전략(EDLP, Everyday Low Price) 등의 가격안정화 정책을 도입하여 가격의 변동폭을 줄임으로써 수요의 변동을 감소시킨다.
④ EDI (Electronic Data Interchange)를 이용하여 제품 공급의 리드타임을 단축시킨다.
⑤ 지속적인 통제를 통해 리드타임이 증가시킨다.

정답 ⑤

해설 과도한 통제에 따른 리드타임 증가는 채찍효과의 원인이 된다.

03 다음에서 설명하는 공급사슬관리로 알맞은 것은?

> 유통업체인 Wal-Mart와 Warner-Lambert사 사이에 처음 시도된 것으로 유통업체와 공급업체가 긴밀한 협업을 통해 판매계획을 수립하고 수요예측 및 재고관리를 공동으로 진행하는 프로세스를 의미한다. 수요예측이나 판매계획 정보를 유통업체와 제조업체가 공유하여, 생산-유통 전 과정의 자원 및 시간의 활용을 극대화하는 비즈니스 모델이다.

① 공동재고관리(CMI)
② 지속적인 상품보충(CRP)
③ 공급업체 주도 재고관리(VMI)
④ 협력적 예측, 보충 시스템(CPFR)
⑤ 크로스 도킹(CD)

정답 ④

해설 협력적 예측, 보충 시스템(CPFR)은 지속적 제품 보충(CRP)의 확대된 개념이다. 유통업체인 Wal-Mart와 Warner-Lambert사 사이에 처음 시도된 것으로 유통업체와 공급업체가 긴밀한 협업을 통해 판매계획을 수립하고 수요예측 및 재고관리를 공동으로 진행하는 프로세스를 의미한다. 수요예측이나 판매계획 정보를 유통업체와 제조업체가 공유하여, 생산-유통 전 과정의 자원 및 시간의 활용을 극대화하는 비즈니스 모델이다. 결품으로 인한 고객만족도 저하현상에 대응하기 위한 안정적인 재고관리의 수단이다.

04 구매조직에 대한 설명으로 옳지 않은 것은?

① 중앙집중식 구매조직의 대표적인 품목에는 전사공통품목, 구매량별 가격차 큰 품목이 있다.
② 중앙집중식 구매조직은 대량구매로 가격과 거래조건을 유리하게 가져갈 수 있다.
③ 중앙집중식 구매조직은 긴급조달에 빠르게 대치할 수 있는 장점이 있다.
④ 분산식 구매조직의 대표적인 품목에는 시장성 품목, 가격차 없는 품목이 있다.
⑤ 분산식 구매조직은 구입경비가 많이 들고 구입 단가가 비싸다는 단점이 있다.

정답 ③

해설 중앙집중식 구매조직은 긴급조달에 적절히 대처하지 못하는 단점이 있다.

2과목
화물운송론

제1장   화물운송의 기초

제2장   화물자동차 운송

제3장   철도운송

제4장   항공운송

제5장   해상운송

제6장   국제복합운송

제7장   단위적재운송시스템(ULS)

제8장   수·배송시스템

학습전략

포인트 ❶ 화물운송론 제1장 화물운송의 기초는 전통적으로 빈출되는 주제이고, 화물운송론 전체를 아우르는 개념이 많기 때문에 주의 깊게 학습하여야 합니다. 또한 국제물류론 과목과 일부 겹치는 부분은 출제 비중이 줄어들고 있으므로, 운송의 기초 등 중복되지 않는 단원을 주의 깊게 학습하여야 합니다.

포인트 ❷ 화물운송론은 각 운송수단별 특징과 장단점을 파악하면 좋은 점수를 기대할 수 있는 과목입니다. 최근에는 제8장 수배송시스템 관련 주제들이 빈출되고 있으므로 변화하는 화물운송을 흐름을 잘 이해하면 극복이 가능한 과목입니다.

제2과목 화물운송론

단원	주제	빈출포인트	학습중요도	출제비율
1장	화물운송의 기초	운송의 원칙, 운송수단의 이해	⊙⊙⊙⊙	22%
2장	화물자동차 운송	화물자동차의 제원, 운임, TMS, 택배서비스	⊙⊙	4%
3장	철도운송	전용열차의 종류, 서비스 형태, 철도컨테이너 운송	⊙⊙⊙	13%
4장	항공운송	항공운임, 항공화물운송장	⊙⊙⊙	12%
5장	해상운송	해상운송계약, 해상운임, 선박의 주요제원	⊙⊙⊙⊙	21%
6장	국제복합운송	프레이트 포워더, 복합운송증권	⊙⊙	6%
7장	단위적재운송시스템	PPS, 컨테이너 터미널	⊙	3%
8장	수배송시스템	네트워크 모형, 최적화 해법	⊙⊙⊙⊙	19%

⊙ 높지 않음   ⊙⊙ 보통   ⊙⊙⊙ 중요   ⊙⊙⊙⊙ 매우 중요

제1장 화물운송의 기초

I. 화물운송의 개요

▶ 2019년, 2012년 등 기출

1. 운송의 개념

운송이란 장소적 효용을 창출하기 위하여 운송수단인 화물트럭, 철도, 선박, 항공기, 파이프라인 등을 이용하여 사람 및 화물을 한 장소에서 다른 장소로 이동시키는 물리적 행위를 말한다.

즉 자동차, 철도, 선박, 항공기, 기타의 운송수단을 이용해 재화와 용역을 효용가치가 낮은 장소로부터 높은 장소로 이동시키는 속성을 가진 공간적·물리적 행위라 할 수 있으며, 재화와 용역의 효용을 창출하는 활동을 의미한다.

운송은 특정 물품의 생산지와 소비지 사이에 공간적 거리의 불일치를 극복하여 생산자와 구매자 간을 원활히 결합함으로써 재화의 가치를 높이는 역할을 하며, 궁극적으로 소비자에게는 물품의 사용기회의 확대를 생산자에게는 물품의 판매기회의 확대를 가져다준다.

2. 운송의 목적

운송은 기본적으로 재화와 용역을 한 장소에서 다른 장소로 신속하고, 안전하며, 저렴하게 고객이 원하는 장소와 시간까지 이동시키는 물리적 행위로 장소적 효용 창출을 목적으로 한다. 이러한 운송은 다양한 물류활동 중에서 가장 큰 비중을 차지하고 있으며 물류활동의 목표인 비용절감과 고객서비스향상에 초점을 두고 있다.

3. 운송의 기능과 역할

(1) 운송의 기능

운송은 운송수단을 이용하여 재화의 공급지와 수요지 간의 공간적 거리를 조정하며, 시간적 격차를 줄이기 위한 활동으로 기업들은 다음과 같은 기능을 수행하기 위하여 운송을 이용한다.

① 화물 이동 기능 : 정해진 장소와 시간에 재화를 고객에게 정확하게 전달하는 기능이다.
② 시간조절 기능 : 운송 중 재화가 운송거점과 경로를 거쳐 소비자에 전달되는 동안의 시간조절을 하는 기능이다.

▶ 빈출문장
• 운송의 특징
① 운송은 공간적 거리의 격차를 해소시켜 주는 장소적 효용을 창출시키고, 일시적 보관으로 시간적 효용을 창출하기도 하는 특징이 있다.
② 운송은 기본적으로 무형(無形)의 재화(용역/서비스)로서 물리적인 형태를 지니지 않는다.
③ 운송은 수요자의 요청에 따라 공급이 이루어지는 즉시재의 성격을 가지며, 재화의 생산과 소비에 따른 파생적 수요이다.
④ 운송은 재화에 대한 생산과 소비가 이루어지는 장소적 격차를 해소해 준다.
⑤ 운송비는 전체 물류비 중 가장 큰 비중을 차지하므로 기업은 비용절감과 고객서비스 향상에 목표를 두어야 한다.
⑥ 운송의 기본적인 목적은 다량을 신속, 안전과 더불어 저가로 운송하는 것이다. 즉 운송수단 중에서 기술적으로 대체 가능하다면 가장 저렴한 수단을 선택한다.
⑦ 운송은 소비자들이 다양한 제품을 선택할 수 있는 기회를 제공하며 효율적인 운송으로 인해 소비자들은 보다 빠르고 저렴하게 재화를 획득할 수 있다.
⑧ 현대의 운송은 소량, 다품종의 생산에 따라 다빈도 배송의 성격을 갖는다.
⑨ 운송은 상품의 가격 조정과 안정화에도 기여하며 운송은 제품의 경제적 가치, 가격 결정에 영향을 미친다.

⑩ 운송방식에 따라 재화의 흐름을 빠르게 또는 느리게 하여 운송비용, 재고수준, 리드타임 및 고객서비스 수준을 합리적으로 조정할 수 있다. 또한 운송은 포장, 보관, 하역, 정보통신 등과 연계하여 물류관리의 합리화를 도모한다.
⑪ 운송은 재화의 효용가치를 낮은 곳에서 높은 곳으로 이동시키는 속성을 갖고 있다.
⑫ 운송은 분업을 촉진하여 국제무역의 발전에 중요한 역할을 하고, 경제규모의 확대와 국제무역의 활성화로 인하여 운송의 대형화, 신속화, 안전화를 위한 지속적인 운송효율성이 추구되고 있다.
⑬ 운송은 모달쉬프트(Modal Shift) 등 수송체계의 다변화, 운송업체의 대형화 등을 통해 시스템의 합리화가 가능하다.

▶ 빈출문장
• 운송수요의 특징
① 운송수요는 화물의 종류, 운송량, 운송거리, 운송시간, 운송비용 등을 기본적인 구성요소로 한다.
② 운송은 그 대상이 되는 화물 및 용적이 화주마다 천차만별이고 운송방법, 적재시기, 운송시기가 서로 다르기 때문에 운송수요는 무수하게 많은 이질적·개별적인 형태로 발생한다.
③ 운송수요는 비록 화주에 따라 각각 개별적으로 발생되기는 하지만 개별적 수요가 모두 합쳐져 집합을 이루면서 산업, 지역, 시기 등 환경에 의하여 어느 정도의 규칙성이나 법칙성을 가진 일정한 수요패턴을 보이기도 한다.
④ 운송수요는 운송수단의 활용뿐만 아니라 노드와 링크는 물론 보관, 창고, 포장, 하역 및 정보활동 등의 여러가지 물류활동이 종합적으로 작용되어야 제대로 충족될 수 있다.
⑤ 운송수요는 독립적으로 발생하는 것이 아니라 생산과 소비에 종속적으로 발생하는 파생적이고 지원적인 성격을 갖는다.
⑥ 운송은 운송수단으로 화물을 이

③ 일시적 화물보관 기능 : 화물운송 중 운송수단에 일시적으로 보관하는 기능이다.
④ 생산계획의 원활한 추진 기능 : 판매와 생산의 조정 역할로 생산계획을 추진하는 기능이다.
⑤ 작업효율화 기능 : 수주에서 출하까지의 작업효율화를 도모하는 기능이다.

(2) 운송의 역할
① 제품 운송이 있어야 소비자들은 원하는 것을 무엇이든 가까운 소매점에서 구할 수 있다.
② 운송의 발달로 교역이 촉진되면 제품의 시장가격 차이를 없애준다.
③ 운송은 물류관리에 영향을 주기 때문에 제품의 수익과 경쟁우위와는 관련이 있다.
④ 저렴한 운송비와 대량운송 기술의 발달은 시장을 확대하고 대량생산과 대량소비를 가능하게 한다.
⑤ 운송의 발달은 분리된 지역의 통합기능을 촉진할 수 있다.
⑥ 운송은 분업을 촉진하여 국제무역의 발전에 중요한 역할을 한다.

4. 운송의 중요성
① 운송은 물류활동 중 가장 큰 비중을 차지하며, 우리나라의 경우 약 50~60%가 운송비로 보관비, 하역비 등보다 월등하게 크다. 따라서 운송부문의 효율화는 물류비 감소와 직결된다.
② 운송부문의 효율화는 다품종 소량생산에 따른 소량 다빈도 배송에 대한 고객의 욕구 증대와 납기 단축, 특히 안정성(safety)과 가시성(visibility)에 대한 요구가 확대되면서 그 중요성이 더욱 부각되고 있다.
③ 기업은 이러한 고객이 원하는 운송서비스를 제공하지 않으면 다른 기업과 경쟁할 수 없게 되었으며 따라서 어떻게 하면 운송비를 절감하고 고객을 만족시킬 것인가에 대해 지속적인 노력을 기울이고 있다.
④ 운송은 단순히 재화의 장소적 이동을 위한 활동을 넘어 가장 중점적으로 관리·개선하여 기업의 물류시스템을 합리화하기 위한 중요한 요소로 인식되고 있다.

5. 운송의 효용

(1) 장소적 효용
생산지와 소비지의 공간적 거리의 격차를 해소시켜 주는 장소적 효용이 있다.
① 운송은 생산과 소비의 기능을 유기적으로 분담하는 것을 촉진한다.
② 운송은 원격지 간 생산과 판매를 촉진하여 유통의 범위와 기능을 확대한다.
③ 운송은 지역 간 유통을 활성화시켜 재화의 가격조정과 안정을 도모한다.
④ 운송은 자원과 자본을 효율적으로 배분하고 회전율을 제고한다.

(2) 시간적 효용
보관의 시간적 효용 창출과 비슷하게 생산과 소비의 시간적 격차를 조정하는 것이다.

① 제품을 필요한 시점까지 보관하였다가 수요에 따라 공급하는 과정에서 운송 효용이 달성된다.
② 운송은 수송 중 물품을 일시적으로 보관하는 시간적 효용이 있다.

6. 운송의 3대 구성요소

(1) 운송방식(Mode)

운송을 직접적으로 담당하는 수단을 의미하는 것으로 화물자동차, 선박, 항공기, 철도차량, 케이블카(cablecar), 파이프라인(pipe line) 등이 여기에 속한다.

(2) 운송경로(Link)

운송수단의 운행에 이용되는 운송경로(통로)를 의미하는 것으로 공로(지방도로, 국도, 고속도로), 철도, 파이프라인, 케이블, 해상 항로, 내수면로, 항공로 등이 있다.

(3) 운송연결점(Node)

운송의 대상인 화물을 효율적으로 처리하기 위한 장소나 시설을 의미하는 것으로 출발지에서 목적지까지 전 구간의 화물운송을 위한 운송수단들 상호 간의 중계 및 운송화물의 환적작업 등이 이루어지는 장소, 즉 물류단지, 물류센터(거점), 유통센터, 제조 공장, 화물터미널, 역, 항만, 공항 등을 말한다.

동하는 순간에 운송서비스가 창출되기 때문에 생산과 동시에 소비되는 동시적성격(비분리성)을 갖는다.
⑦ 운송수요의 탄력성은 화물의 대체성 여부보다는 운송비 절감, 즉 운임의 영향을 가장 많이 받는다. 따라서 운임 비중이 클 경우에 운임 상승은 운송수요를 감소시킨다.

II 화물운송의 원칙

▶ 2020년, 2019년, 2016년 등 기출

1. 대형화의 원칙(규모의 경제 원칙)

대형화의 원칙이란 일반적으로 화물 운송은 운송 수단을 대형화하여 대량 운송하는 것이 물류비용면에서 경제적이라는 원칙이다. 화물운송은 한 번에 운송되는 화물의 단위가 클수록 운송단위당 부담하는 평균비용이 체감차면서 이익이 발생하게 된다. 운송은 이러한 규모의 경제를 기본 원칙으로 삼고 있으며, 따라서 경제적인 운송을 위해서는 가능한 대형운송수단을 이용하여 대량으로 운송하는 것이 바람직하다.

▶ 대형화 원칙의 이익
대형화 원칙의 경제적 이익은 대형의 운송수단을 이용하게 되는데 기인한 것으로 이는 대형화된 운송수단일수록 연료 효율성이 높아질 뿐만 아니라 인력 생산성이나 관리의 효율성도 높아지기 때문이다.

2. 거리의 경제 원칙

운송비는 일반적으로 거리에 비례하여 증가하지만, 운송원가를 구성하는 요소 중 고정비 등의 작용으로 동일한 운송수단을 이용하더라도 운송거리가 증가할수록 ton·km 단위당 운송비용이 낮아지는 경향을 보이기도 하는데 운송은 이러한 거리의 경제를 기본 원칙으로 따른다. 따라서 동일한 거리를 이동시킬 때 여러 구간으로 나누어 운송하기 보다는 한 번에 운송하도록 하여 운송비를 낮추는 것이 경제적 운송이라 할 수 있다.

3. 영차율 최대화의 원칙(공차율 최소화)

<u>영차율이란 총 운행거리 중 화물을 적재하고 운행한 비율을 말한다.</u> 영차율을 극대화하기 위해서는 적정차량 규모 및 최적의 운송경로를 선택하고 정보시스템(TMS, CVO, VMS)을 활용하여 계획운송, 순회운송, 공동운송 등의 방법을 활용하여야 한다.

이는 전체 운행거리에서 화물의 적재효율을 도모하기 위해서는 공차율을 최대한 낮추고, 계획운송, 복화운송, 순회운송 등의 방법을 통하여 영차율을 최대한 높여야 한다는 원칙이다.

4. 회전율 최대화의 원칙

<u>회전율은 차량이 일정한 시간 내에 화물을 운송한 횟수의 비율을 말하며 회전율을 극대화하여 차량 단위당 고정비의 원가절감이 필요하다는 원칙이다.</u> 즉 운송단위당 고정비 원가를 낮추기 위해서는 정해진 시간동안에 최대한 많은 횟수의 운송이 이루어질 수 있도록 운영·관리하여야 한다는 원칙이다.

5. 적재율 최대화의 원칙

<u>적재율은 운송수단의 적재 적량 대비 실제 적재 화물 운송량을 말하며</u> 적재율을 극대화하여 효율성 향상이 필요하다는 원칙이다. 즉 화물의 특성에 맞는 적정한 운송수단의 선택, 적재방법의 개선, 콘솔 운송 등의 방법을 통하여 적재율을 극대화해야 한다는 원칙이다.

6. 가동률 최대화의 원칙

<u>가동률은 화물을 일정시간 동안 실제 운행해 온 시간과 목표 운행시간과의 비율을 말하며 가동률을 극대화하여 운송의 합리화가 필요하다는 원칙이다.</u> 즉 운송의 합리화를 위해서는 운송장비의 가동상태 유지·관리, 충분한 운송물량의 확보 등을 통하여 가동률을 극대화해야 한다는 원칙이다.

[물류관련 용어]

구 분	내용
출고(出庫)	창고에서 주문표(List)에 맞춰 화물을 꺼내는 것을 말한다..
집하(集荷)	화물을 발송지에 있는 물류 거점에 모으는 것을 말한다.
공차(=빈차)	화물이 적재되지 않은 상태의 차량이다.
영차(=실차)	화물이 적재되어 있는 상태의 차량이다.
일관운송	물류 효율화를 목적으로 화물을 발송지에서 도착지까지 해체하지 않고 연계하여 운송하는 것을 말한다.
부적운송	차량 전체 운임이 지급되지만, 적재공간이 일부 비어있는 상태로 운송하는 것을 말한다.
복화운송	화물을 1차 A에서 B로 운송 후 되돌아오는 길에 B에서 다른 화물을 받아 운송하는 것을 말한다. 연계운송이라고도 부른다.

III. 운송의 구분

1. 국내운송과 국제운송

국내운송이란 국경을 통과하지 않고 운송의 범위가 자국 내 지역의 창고나 공장에서 선적항만, 공항까지로 한정된 운송을 의미하고, 국제운송이란 운송의 범위가 국경을 넘어 국가 간으로 확대된 운송을 의미한다.

2. 단일운송과 복합운송

단일운송이란 육·해·공로상의 일정 운송구간을 한 가지의 운송수단만을 이용하여 운송하는 형태이고, 복합운송이란 육상과 해상, 항공과 육상 등 서로 상이한 2가지 이상의 운송수단을 결합한 운송형태로 컨테이너화의 이점을 최대한 활용한 운송방식이다.

선박과 철도, 화물자동차 등의 운송수단을 결합한 해륙복합운송(Sea & Land Combined Transport)과 선박과 항공기를 결합한 해공복합운송(Sea & Air Combined Transport) 등이 많이 이용된다.

3. 자가운송, 영업운송, 공공운송

자가운송은 화주가 직접 차량을 구입하고 그 차량으로 자신의 화물을 운송하는 것이고, 영업운송은 불특정 다수의 타인 화물을 유상으로 운송하는 것을 말한다. 공공운송은 운송수단을 보유한 운송업자가 운임이라는 대가를 받고 불특정 다수의 화주들에게 운송서비스를 제공하는 것을 말한다.

4. 집배운송, 간선운송, 노선운송, 지선운송

집배운송은 화물자동차를 이용하여 거점에서 거점까지, 거점에서 최종소비지까지 여러 화주를 순회하면서 집하 및 배송하는 운송을 말하며 간선운송은 터미널과 터미널, 물류거점과 물류거점간 대량의 화물을 화물열차나 대형 화물자동차를 이용하여 정기적으로 취급하는 운송이다.

노선운송은 미리 정해진 비교적 장거리의 노선을 일정시간의 계획에 따라 순차적으로 운송하는 것을 말하고, 지선운송은 물류거점과 소도시 또는 물류센터, 공장 등까지 주로 중소형 화물자동차로 운송하는 것을 말한다.

5. 컨테이너운송

컨테이너운송에는 FCL(Full Container Load)운송과 LCL(Less-than Container Load)운송이 있다. FCL운송은 하나의 컨테이너에 한 화주의 화물을 채워서 운송하는 것을 말하며, LCL운송은 하나의 컨테이너에 여러 화주의 화물을 혼재하여 운송하는 것을 말한다.

6. 정기운송과 비정기운송

정기운송은 물동량에는 상관없이 정해진 시간에 맞추어 운송하는 형태이며, 비정기운송은 일정량의 물동량이 있을 때 이용되는 운송이다.

7. 정형운송과 비정형운송

정형운송은 파렛트나 컨테이너와 같은 적재용기를 이용하여 단위화할 수 있는 물품을 단위화하여 운송하는 형태이며 비정형운송은 단위화시킬 수 없는 물품(예 광석, 비료, 시멘트, 가스 등)을 특수한 시설과 구조를 갖춘 운송수단으로 운송하는 형태이다.

Ⅳ 운송수단의 종류

▶ 2023년, 2020년, 2018년, 2016년 등 기출

1. 운송수단의 구분

(1) 육상운송

육상운송은 지상에 설치된 운송로를 통해 화물을 운송하는 수단을 말한다. 육상운송에는 화물자동차 운송, 철도운송, 파이프라인 운송, 삭도운송(케이블카) 등이 있다. 화물자동차 운송은 취급품목이 다양하며 운송의 완결성과 탄력성이 큰 특징을 가지고 있다.

(2) 철도운송

철도운송은 송화인의 화물발송지에서부터 수화인의 배송지까지 철도와 기관차(화차)를 이용한 화물 운송수단이다. 화물의 중량이 무겁거나 중장거리 운송일 경우에 가장 적합한 수단으로, 비교적 비용이 저렴하다. 그러나 운송의 탄력성 및 완결성 측면에서는 타 운송수단, 특히 공로운송에 비해 비교우위가 뒤떨어져 주로 대량화물의 장거리 간선운송수단으로 이용된다.

(3) 해상운송

해상운송은 선박에 화물을 적재하여 해로(Seaway)를 통해 화물을 운송하는 수단을 말한다. 해상화물운송은 다른 운송수단에 비해 대량화물의 장거리 운송시 운임이 가장 저렴하기 때문에 대부분 수출입화물을 운송하고 있다. 해상운송은 정해진 기항지, 항로, 항해일시 등에 따라 정기적으로 운항하는 정기선(Liner)과 선주와 화주 간에 용선 계약에 의해 운항을 하는 부정기선(Tramper)으로 나눈다.

(4) 항공운송

항공운송은 항공기를 이용하여 화물을 운송하는 수단을 말한다. 항공운송 대상 화물은 귀금속, 전자정밀제품 등과 같은 고가품과 납기가 급한 긴급화물, 신선도 유지가 생명인 화물 등이다.

(5) 파이프라인운송

파이프를 통하여 특정 화물(액체·분체·가스)만을 전용으로 수송하기 위한 운송수단이다. 24시간 연속적으로 대량의 액체 또는 기체 화물 운송이 가능한데 반해 다른 운송수단에 비해 상대적으로 유지비가 저렴하다. 그러나 이용 가능 화물이 한정적이고 운송경로에 대한 제약이 크기 때문에 다른 운송수단과 연계하여 활용하는 데 한계가 있다. 주로 미국과 러시아, 유럽, 중동 등 내륙 국가를 중심으로 많이 이용되고 있는 운송수단이다.

(6) 복합운송

복합운송은 두 가지 이상의 운송수단(Mode)을 결합하여 화물을 생산자에서 소비자까지 운송하는 것을 말한다. 국제 복합운송의 성립되기 위해서는 전 운송구간에 걸친 복합운송인의 단일책임 원칙, 단일 운임의 적용, 단일 계약의 체결, 전 운송구간을 담보하는 복합운송증권의 발행이 담보되어야 한다. 또한, 복한운송은 아래와 같이 세부적으로 구분된다.

① 피기백(Piggy-back) 시스템
  피기백시스템은 화차와 화물자동차의 결합 이용방법으로 화물자동차를 철도화차 위에 싣고 운송하는 시스템을 말한다.
② 피시백(Fishy-back) 시스템
  피시백시스템은 선박과 화물자동차의 결합 이용방법으로 선박운송과 화물자동차 운송을 연계한 운송시스템을 말한다.
③ Sea-Air Service(Sky-ship)
  Sea-Air Service란 선박운송과 항공기운송을 연계한 운송시스템을 말한다.
④ 버디 백(Birdy-back) 시스템
  버디백 시스템이란 항공운송과 화물자동차 운송을 연계한 운송시스템을 말한다.
⑤ Rail-water 서비스(열차 페리운송방식)
  열차 페리운송방식이란 철도운송과 해상운송을 결합한 운송시스템을 말한다.
⑥ Ship-Barge 서비스
  Ship-Barge 서비스란 원양선과 바지선을 연계한 운송시스템을 말한다.

2. 운송수단의 장단점

(1) 화물자동차운송의 장단점

장점	• 문전에서 문전까지(Door to Door) 신속·정확하게 일관수송이 가능하다 • 운송의 자기완결성이 높다. • 다양한 고객의 요구를 충족시킬 수 있고, 수취가 매우 편리하다. • 단거리 운송에 적합하고 경제적이며, 운임은 탄력적으로 계산 가능하다. • 비교적 간단한 포장으로 운송이 가능하다. • 운송물량의 변동에 유연하게 대처 가능하고, 단위포장 시 파렛트 이용이 가능하다. • 필요 시 수시로 즉시 배차가 가능하므로 배차의 탄력성이 높다. • 다른 운송수단에 비해 투자가 용이하다.

단점	• 장거리 운송 시 운임이 높고 안정성이 떨어진다. • 운송 시 진동으로 인한 화물의 손상률이 높은 편이다. • 적재 중량에 제한이 많아 대량 운송에 부적합하다. • 에너지 효율이 떨어진다. • 도로 혼잡, 교통사고 등의 문제가 발생한다. • 타 운송수단에 비해 변동비가 높다. • 소음, 진동, 배기가스 등의 공해문제로 환경오염 우려가 있다.

(2) 철도운송의 장단점

장점	• 대량의 화물을 동시에 효율적이고 안전하게 운송할 수 있다. • 화물의 중량에 크게 영향을 받지 않는다. • 배기가스나 소음이 적어 친환경적이다. • 정시성 확보에 유리해 사전에 계획 운송이 가능하다. • 전국적인 네트워크를 보유하고 있다. • 전천후적인 운송수단으로 날씨의 영향이 적다. • 중·장거리 운송일수록 운송비가 저렴하다. • 왕복 운송에 따른 유리한 운송할인제도가 존재한다.
단점	• 문전에서 문전(door-to-door)수송이 불가능하다. • 완결성 부족으로 적재와 하역 시 많은 단계가 필요하다. • 객차 및 화차의 소재 관리가 곤란하다. • 터널과 다리 등을 통과하므로 적재화물의 크기에 대한 제한이 있다. • 운행시간의 탄력적 운용이 어렵다. • 운임체계가 비탄력적이다. • 적합 차량을 적절한 시기에 배차하기 어렵다(배차의 탄력성이 낮음). • 적재 중량당 용적량이 매우 적다. • 초기 구축비용 등 고정 비용이 많이 든다. • 근거리 운반 시 상대적으로 운임 비율이 높고, 운임 설정이 경직적이다.

(3) 선박운송의 장단점

장점	• 대량화물의 운송이 용이하다. • 장거리, 대륙 간 운송에 적합하다. • 대량화물의 장거리 운송 시 운임이 가장 저렴하다. • 환경성 측면에서 우수하다. • ULS(단위화물적재시스템) 적용이 용이하다. • 운송경로가 비교적 자유롭다. • 화물의 용적 및 중량에 대한 제한이 적다. • 육상운송수단과 연계해서 해·공 복합운송의 주축이 된다.
단점	• 항만시설에 하역기기 등의 설치로 인한 기간이 소요되며, 하역비가 비싸다. • 기후에 민감하다. • 육상운송수단과의 연계가 필요하고, 운송의 완결성 낮다. • 운송속도가 비교적 느리며, 운송이 완료되기까지 장기간이 소요된다. • 국제조약 및 규칙의 준수가 요구된다. • 물품의 파손, 분실, 사고발생의 위험도가 높고, 타 운송수단에 비해 안전성이 낮다. • 항구에서의 화물인수로 인한 불편함이 따른다.

(4) 항공기운송의 장단점

장점	• 소량 및 경량상품의 원거리 운송에 가장 적합하다. • 타 운송수단에 비해 운송시간이 짧다. • 해상운송에 비해 안전도가 높다. • 당일 운송을 통한 재고조정이 가능하고, 수요 변화에 빠르게 대응할 수 있다. • 수송 속도가 신속하여 계절성·유행성·신선도 유지 상품의 수출도 가능하다. • 화물의 손상, 분실 또는 조난 사고가 적다. • 포장최소화에 따라 포장비를 절감할 수 있다. • 보관비, 보험료, 이자 등의 비용을 절감할 수 있다.
단점	• 타 운송수단에 비해 운임이 가장 비싸고 매우 비탄력적이다. • 항공기의 항복의 한계로 인해 대량·장척의 물품 수송이 어렵다. • 고중량 물품의 운송이 어렵다(중량과 용적의 제한). • 위험물에 대한 제한이 많다. • 공항을 갖춰야 하므로 지역이 제한된다. • 기후에 영향을 많이 받는다(악천후에는 비행에 제한을 받음). • 공항에서의 물품인수로 인한 불편함이 따른다.

(5) 파이프라인운송의 장단점

장점	• 연속·대량 운송이 가능하며, 유지비가 저렴하다. • 컴퓨터시스템을 활용한 운송의 완전자동화가 가능하다. • 운송 중 사고발생율이 낮아 안전성이 높다. • 운송 시 환경오염이 거의 없는 환경친화적 운송방법이다.
단점	• 이용가능 화물이 한정적이다. • 특정 장소에 한정된다. • 높은 초기 시설비용이 소요된다.

3. 주요 운송수단별 비교

구분	화물자동차	철도	선박	항공기
화물중량	소·중량 화물	대량 화물	대량 화물	소·중량 화물
운송거리	단·중거리	중·장거리	장거리	장거리
운송비용 및 탄력성	단거리 운송시 유리, 탄력적	중거리 운송시 유리, 비탄력적	장거리 운송시 유리, 비교적 탄력적	가장 비쌈, 가장 비탄력적
안정성	조금 낮음	높음	낮음	낮음
기상상태	영향 받음	영향 받지 않음	많은 영향 받음	가장 많은 영향 받음
복합일관 운송	용이함	다소 어려움	어려움	어려움
중량제한	있음	없음	없음	있음
운송속도	빠름	느림	느림	빠름
화물수취	가장 편리	철도역의 화물수취 불편	항만에서 화물수취 불편	공항에서 화물수취 불편

V. 운송수단의 선택

▶ 2019년, 2018년, 2016년 등 기출

1. 운송수단 선택시 고려사항

(1) 최적 운송수단의 선택기준

① 화물의 특성
화물의 종류 및 특성, 중량 및 용적, 가치(운임부담력), 고유의 성질, 납기·운송거리, 운송경로, 로트(Lot)의 크기, 고객의 중요도, 기타 고객의 요구사항 등을 고려한다.

② 운송수단의 특성
이용가능성, 신속성, 정확성, 안전성, 편리성, 신뢰성, 경제성을 고려한다.

(2) 운송수단 선택 시 일반적 고려사항

운송부문의 효율성을 높이기 위한 최적의 운송수단을 선택하기 위해서는 <u>신속성, 정확성, 안정성, 경제성, 신뢰성, 편리성</u> 등을 고려해야 한다.

(3) 최적 운송수단의 선택을 위한 보편적 판단기준

물품의 종류, 물품의 중량 및 용적, 운송경로, 운송거리, 운송일수, 운송비용, 납기, 운임부담력, 기후환경 등이 있다.

(4) 운송유형별 적합한 운송수단 비교

운송 유형	고려 사항	적합 운송수단
공장 → 물류거점 간 간선운송	• 충분한 납기 • 차량단위 규모 • 계획운송 • 소품종 대량화물	• 대형트럭(8톤 이상) • 컨테이너 차량 • 선박(원거리, 대량화물일 때)
공장 → 대규모 소비자 직송	• 불충분한 납기 • 정확성 유지 필요	• 중형트럭(4.5~8톤) • 소형 컨테이너 차량 • 카페리(원거리 시)
물류거점 → 소규모 소비자 배송	• 납기 임박 • 정확성 유지 필요 • 소량다품종화물	• 중·소형트럭(4.5톤 미만) • 승용화물차량 • 항공(소량, 납기, 촉박 시)

2. 운송수단별 운송비의 비교

(1) 운송수단별 운송비의 비교

① One Lot의 용적이 큰 경우 : 선박 > 철도 > 트럭 > 항공
② One Lot의 용적이 작은 경우 : 항공 > 노선트럭 > 구역트럭 > 컨테이너 > 철도차급
③ 경량화물의 경우 : 화물자동차 > 컨테이너 > 철도차급

(2) 경제적 운송수단의 결정
① 화물자동차 : 운송구간이 약 300km 이하인 경우에 가장 경제적이다.
② 철도 : 운송구간이 약 300~500km인 경우에 가장 경제적이다.
③ 선박 : 운송구간이 약 500km 이상인 경우에 가장 경제적이다.

(3) 운송수단별 화주측면에서의 선호도 순위
① 신 속 성 : 항공 > 화물자동차 > 철도 > 선박 > 파이프라인
② 운 송 량 : 파이프라인 > 선박 > 철도 > 화물자동차 > 항공
③ 소요비용 : 파이프라인 > 선박 > 철도 > 화물자동차 > 항공

3. 운송수단 간 속도와 비용의 관계

속도가 높은 운송수단일수록 운송의 빈도수가 더욱 높아지기 때문에 수송비가 증가한다. 속도가 낮은 운송수단일수록 운송의 빈도수가 더욱 낮아지기 때문에 보관비가 증가한다.

수송비와 보관비의 관계는 상충관계(Trade-off)이기 때문에 두 비용을 모두 고려하여 총비용의 관점에서 운송수단을 선택하여야 한다.

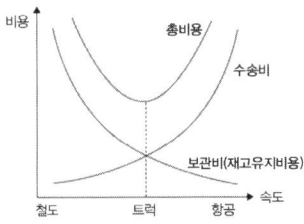

4. 화물자동차와 철도운송의 선택기준

채트반(Chatban) 공식(미국의 Jorge Chatban이 개발)을 활용하여 화물자동차와 철도운송 수단간 효율성이 나누어지는 경제적 분기점을 산정할 수 있다.

(1) 채트반(Chatban) 공식이란?

화물자동차와 철도운송이 담당해야 할 경제적인 범위가 있는데 일반적으로 화물자동차는 단거리와 중거리 운송에 유리하고 철도운송은 중거리와 장거리운송에 경제적이라 할 수 있다. 이런 두 가지 운송수단이 경제성을 갖는 분기점이 되는 곳을 찾아내는데 이용되는 공식이 채트반(Chatban) 공식이다.

(2) Chatban 공식

$$L = \frac{D}{T-R}$$

- L = 화물자동차의 경제효용거리의 분기점(한계)
- D = 톤당 추가되는 비용(화차 하역비 + 철도발착비 + 배송비 + 포장비 등)
- T = 화물자동차 운송의 톤·km당 운송비
- R = 철도운송의 톤·km당 운송비

▶ 예제
- 화물차 km 당 운임 : 1,000원
- 철도 km 당 운임 : 500원
- 철도 하역비 등 추가비용 : 50,000원
- → 50,000/1,000-500=100km

▶ 채트반 공식 이용시 유의사항
① 철도운임은 운송거리에 비례하여 증가하나 화물자동차운임은 운송거리에 체감하여 증가한다.
② 철도운임은 지역에 관계없이 운송거리에 비례하나 화물자동차 운임은 지역에 따라 운임이 다르게 형성된다.
③ 철도운임은 이용하는 차량의 크기에 관계없이 운송거리에 비례하나 화물자동차운임은 차량의 크기에 따라 운임단가의 차이가 크다.
④ 철도운임은 운송수요에 관계없이 일정한 수준을 유지하나 화물자동차 운임은 수요에 따라 큰 폭으로 변동한다.

VI. 운송시장의 환경변화 및 화물운송 합리화 방안

▶ 2021년, 2018년, 2017년 등 기출

1. 최근 운송시장의 환경변화
① 운송시장의 전략적 제휴 및 인수합병 적극 추진
② 운송사 간의 경쟁 심화
③ 다품종 소량생산, 소량주문에 따라 다빈도 운송으로 변화
④ 정보화 사회의 진전(정보시스템 활용 증가)
⑤ 국제복합운송의 확대(운송시장의 국제화)
⑥ 고객(화주) 요구의 다양화 및 고도화
⑦ 제3자 물류(3PL) 업체의 전문화 및 대형화
⑧ 물류보안의 중요성 증대 및 환경규제의 강화
⑨ 글로벌 아웃소싱 시장의 확대
⑩ 구매고객에 대한 서비스 수준 향상 및 전자상거래의 증가

▶ 우리나라 운송사업의 실태
① 공로운송업체는 영세한 소형업체가 많다.
② 철도운송에 비해 육상운송이 발달되어 있다.
③ 파렛트 보급 확대로 하역(상차 및 하차 포함)의 효율화가 진전되고 있다.
④ 전체 물류비 중 화물운송비가 가장 높은 비중을 차지하고 있다.
⑤ 복합운송이 발달하였으나 아직까지 컨테이너 연안운송이 활발하지 못한 형편이다.

2. 화물운송 합리와 방안
① 운송체계를 다변화하여 기존에 이용하고 있는 운송수단을 효율성이 높은 다른 운송수단으로 교체
② 경쟁력 제고를 목적으로 자사의 비핵심 업무를 외부에 위탁하는 아웃소싱을 추진
③ 동일지역 또는 동종업종을 대상으로 화주들의 공동 수·배송 유도
④ 대량화물을 고속으로 운송하기 위하여 블록 트레인(Block Train)을 도입
⑤ 운송경로-물류거점-운송수단을 연계한 물류네트워크를 구축
⑥ 운송사 간 전략적 제휴 및 인수합병을 통하여 전문화·대형화 유도
⑦ 도로 중심의 운송을 철도와 연안운송으로 전환(Modal shift) 추진 필요
⑧ 최적의 운송수단의 선택 이용
⑨ 최단거리 운송루트의 개발 추진 및 복합운송 체계의 구축
⑩ 물류장비, 차량의 개선 및 표준화
⑪ 정보시스템의 정비 및 활용
⑫ 일관 파렛트화를 위한 국가적인 지원
⑬ 공차율의 극소화로 적재율의 향상

Ⅶ. 물류단지, 물류터미널, 물류센터의 이해

1. 물류단지

(1) 개념

물류단지는 물류터미널·공동집배송단지·도소매단지·농수산물도매시장 등의 물류단지시설과 정보·금융·입주자 편의시설 등의 지원시설을 집단적으로 설치하기 위한 일단의 토지(건물)를 말한다. 유통구조의 개선과 물류비 절감효과의 저하 및 교통량 증가 문제를 해소하기 위해 도입되었다. 물류단지는 환적, 집배송, 보관, 조립·가공, 컨테이너처리, 통관 등 물류기능에 더하여 판매, 전시, 포장, 기획 등 상류기능을 수행한다.

(2) 물류단지의 세부기능

적하기능, 보관기능, 개별결합기능, 유통가공, 조립기능 등이 있다.

(3) 물류단지의 입지

물류단지의 입지는 항만·공단·대도시 주변 등 물동량이나 물류시설의 이용 수요가 많은 지역을 대상으로 한다.

2. 물류터미널

(1) 개념

물류터미널이란 화물의 집화, 하역 및 이와 관련된 분류, 포장, 보관 등에 필요한 기능을 갖춘 시설물을 말한다. 화물과 운송수단이 효율적으로 연계되도록 지원하는 물류인프라 역할을 수행한다.

(2) 복합물류터미널

도로, 철도 등 2가지 이상의 운송수단 간의 연계수송을 할 수 있는 규모 및 시설을 갖춘 물류터미널을 말한다. 일반물류터미널과 비교하면 통상 철도운송연계가 가능하도록 철도 화물취급장이 있고 전산정보체계, 화물자동분류설비를 갖추고 있는 점이 다르다.

(3) 물류터미널의 기능

① 화물운송의 중계 기능 ② 화물보관의 기능 ③ 운송수단 간 연계 기능 ④ 도매시장(소매시장 지의 기능 ⑤ 통관의 기능 ⑥ 유통가공의 기능 ⑦ 주차장의 기능 ⑧ 지원시설의 기능 등이 있다.

(4) 물류터미널의 역할

① 물품의 장기적·일시적 보관을 통하여 공급과 수요의 완충 및 조정의 역할
② 적기에 납품할 수 있도록 집하배송을 위한 배송기지의 역할
③ 운송비 절감을 도모할 수 있는 중계기지의 역할

④ 고객의 다양한 요구에 부응하기 위하여 각종 유통가공 기능 또는 조립업무를 수행하고 물품의 품질이나 수량을 확인하는 검품의 역할
⑤ 시장점유율을 높이기 위해 수주시의 재고 품절이 발생하지 않도록 제품 확보의 역할
⑥ 전시장으로서의 성격을 가미하여 판매확대를 위한 전진기지의 역할

3. 물류센터

(1) 개념

<u>물자의 유통경로상 최적의 장소에 설치한 유통창고로 다품종 대량의 물품을 공급받아 분류, 보관, 유통가공, 정보처리 등을 통하여 다수의 수요자에게 만족하는 서비스 수준을 유지하며 적기에 배송하기 위한 시설이다.</u>

단순 보관기능만 수행하는 저장소로서의 창고와는 달리 다수의 공급자와 수요자가 존재하는 물적 유통 과정에서 이를 통합하여 계획화하고 효율화하기 위하여 공급자와 수요자의 중간에 위치하는 거점으로서 수송 및 배송의 효율화를 도모하고 배송센터를 위한 상품의 보충 기능을 수행한다.

(2) 물류센터의 기능

① 재고집약에 의한 적정 재고의 유지
② 판매점의 구입 활동을 집약함으로써 거래 여건 개선
③ 판매점의 품목 정리 부담을 줄여 판매 활동을 강화
④ 신속, 정확한 배송에 의한 고객 서비스 향상
⑤ 판매 정보의 집약 및 조기 파악으로 구매 및 생산 계획에 반영
⑥ 재고집약에 의한 수급 변동 영향의 흡수 및 완화
⑦ 상물 분리에 의한 물류 효율화

제1장 핵심문제

01 운송의 역할에 대한 설명으로 옳지 않은 것은?

① 제품 운송이 있어야 소비자들은 원하는 것을 무엇이든 가까운 소매점에서 구할 수 있다.
② 운송의 발달로 교역이 촉진되면 제품의 시장가격 차이를 없애준다.
③ 운송은 물류관리에 영향을 주기 때문에 제품의 수익과 경쟁우위와는 관련이 없다.
④ 저렴한 운송비와 대량운송 기술의 발달은 시장을 확대하고 대량생산과 대량소비를 가능하게 한다.
⑤ 운송의 발달은 분리된 지역의 통합기능을 촉진할 수 있다.

정답 ③

해설 운송은 물류관리에 영향을 주기 때문에 제품의 수익과 경쟁우위와는 관련이 있다.

02 운송수요의 특징으로 옳지 않은 것은?

① 운송수요는 화물의 종류, 운송량, 운송거리, 운송시간, 운송비용 등을 기본적인 구성요소로 한다.
② 운송은 그 대상이 되는 화물 및 용적이 화주마다 천차만별이고 운송방법, 적재시기, 운송시기가 서로 다르기 때문에 운송수요는 무수하게 많은 이질적·개별적인 형태로 발생한다.
③ 운송수요는 비록 화주에 따라 각각 개별적으로 발생되기는 하지만 개별적 수요가 모두 합쳐져 집합을 이루면서 산업, 지역, 시기 등 환경에 의하여 어느 정도의 규칙성이나 법칙성을 가진 일정한 수요패턴을 보이기도 한다.
④ 운송수요는 운송수단의 활용뿐만 아니라 노드와 링크는 물론 보관, 창고, 포장, 하역 및 정보활동 등의 여러가지 물류활동이 종합적으로 작용되어야 제대로 충족될 수 있다.
⑤ 운송수요는 독립적으로 발생하는 특징이 있다.

정답 ⑤

해설 운송수요는 독립적으로 발생하는 것이 아니라 생산과 소비에 종속적으로 발생하는 파생적이고 지원적인 성격을 갖는다.

03 다음에서 설명하는 운송수단은?

> 특정 화물(액체·분체·가스)만을 전용으로 수송하기 위한 운송수단이다. 24시간 연속적으로 대량의 액체 또는 기체 화물 운송이 가능한데 반해 다른 운송수단에 비해 상대적으로 유지비가 저렴하다. 그러나 이용 가능 화물이 한정적이고 운송경로에 대한 제약이 크기 때문에 다른 운송수단과 연계하여 활용하는 데 한계가 있다.

① 육상운송   ② 철도운송   ③ 해상운송   ④ 항공운송   ⑤ 파이프운송

정답 ⑤

해설 파이프운송이란 파이프를 통하여 특정 화물(액체·분체·가스)만을 전용으로 수송하기 위한 운송수단이다. 24시간 연속적으로 대량의 액체 또는 기체 화물 운송이 가능한데 반해 다른 운송수단에 비해 상대적으로 유지비가 저렴하다. 그러나 이용 가능 화물이 한정적이고 운송경로에 대한 제약이 크기 때문에 다른 운송수단과 연계하여 활용하는 데 한계가 있다. 주로 미국과 러시아, 유럽, 중동 등 내륙 국가를 중심으로 많이 이용되고 있는 운송수단이다.

04 운송의 효용 중 장소적 효용에 대한 설명으로 옳지 않은 것은?

① 운송은 생산과 소비의 기능을 유기적으로 분담하는 것을 촉진한다.
② 제품을 필요한 시점까지 보관하였다가 수요에 따라 공급하는 과정에서 운송 효용이 달성된다.
③ 운송은 지역 간 유통을 활성화시켜 재화의 가격조정과 안정을 도모한다.
④ 운송은 자원과 자본을 효율적으로 배분하고 회전율을 제고한다.
⑤ 운송은 원격지 간 생산과 판매를 촉진하여 유통의 범위와 기능을 확대한다.

정답 ②

해설 제품을 필요한 시점까지 보관하였다가 수요에 따라 공급하는 과정에서 운송 효용이 달성되는 효용은 시간적 효용에 대한 설명이다.

05 최근 운송시장의 환경변화로 적절하지 않은 것은?

① 운송시장의 전략적 제휴 및 인수합병 적극 추진
② 운송사 간의 경쟁 심화
③ 소품종 대량생산, 대량주문에 따라 다빈도 운송으로 변화
④ 정보화 사회의 진전(정보시스템 활용 증가)
⑤ 국제복합운송의 확대(운송시장의 국제화)

정답 ③

해설 최근 운송시장은 다품종 소량생산, 소량주문에 따라 다빈도 운송으로 변화하고 있다.

제2장 화물자동차 운송

I. 화물자동차운송의 개요

▶ 2020년, 2018년, 2016년 등 기출

1. 화물자동차운송의 의의

화물자동차운송은 육상의 공로를 이용하여 신속 배송은 물론 고객 요구에 대응하여 문전운송(Door to Door)을 실현할 수 있고 운송단위가 소량이며 운송거리가 단·중거리인 화물에 적합한 운송수단이다.

화물자동차운송은 공로망의 확충과 운반차량의 발전 및 대형화 추세에 따라 한 나라의 종합운송체제의 핵심적인 역할을 수행하고 있을 뿐 아니라 국제복합운송의 발전에 따라 문전에서 문전까지를 실현할 수 있는 중요한 연계 운송수단이 되고 있다.

2. 화물자동차운송의 특징

① 기동성과 신속한 배달이 가능하여 다빈도 소량배송에 가장 적합한 운송수단이다.
② 차종, 차량이 풍부하여 고객의 다양한 욕구에 대응할 수 있어 가장 강한 운송서비스의 완결성을 지니고 있다.
③ 신속하고도 정확한 택배서비스(Door to Door Delivery)를 실현할 수 있다.
④ 비교적 운송단위가 소량이고 에너지 다소비형의 수송기관으로 에너지 효율이 나쁘며, 운반생산성이 낮다.

3. 화물자동차운송의 장단점

(1) 장점

① 문전에서 문전까지(Door to Door) 신속·정확하게 일관수송이 가능하다.
② 운송의 자기완결성이 높다.
③ 다양한 고객의 요구를 충족시킬 수 있고 수취가 매우 편리하다.
④ 단거리 운송에 적합하고 경제적이며, 운임은 탄력적으로 계산 가능하다.
⑤ 비교적 간단한 포장으로 운송이 가능하다.
⑥ 운송물량의 변동에 유연하게 대처 가능하고, 단위포장 시 파렛트 이용이 가능하다.
⑦ 필요시 수시로 즉시 배차가 가능하므로 배차의 탄력성이 높다.
⑧ 다른 운송수단에 비해 투자가 용이하다.

▶ 화물자동차운송의 증가요인
① 운송의 완결성이 좋다.
② 고객의 요구에 빠른 대응이 가능하다.
③ 고정자본의 투입규모가 비교적 작아 투자가 용이하다.
④ 대형화물차 이용 시 단거리보다 장거리 운송이 경제적이다.
⑤ 도로망의 지속적 발달과 운송의 신속성, 안전성이 향상되고 있다.
⑥ 다품종 소량생산에 따른 다빈도 운송이 증가하고 있다.
⑦ 소량화물은 철도보다 신속운송이 가능하다.
⑧ 다양한 화물 종류에 대응하여 특수설비를 갖춘 차량 운행이 증가하고 있다.
⑨ 택배 및 특송시장, 전자상거래의 확대로 소량화물을 다빈도로 신속·정확하게 운송할 수 있다.
⑩ 단거리 문전운송으로 화물의 파손을 적게 할 수 있다.

▶ 화물자동차 운송가맹사업의 허가기준
(화물자동차 운수사업법 시행규칙 별표 5)

항목	허가기준
허가기준 대수	50대 이상(운송가맹점이 소유하는 화물자동차 대수를 포함하되, 8개 이상의 시·도에 각각 5대 이상 분포되어야 한다)
사무실 및 영업소	영업에 필요한 면적
최저보유 차고면적	화물자동차 1대당 그 화물자동차의 길이와 너비를 곱한 면적(화물자동차를 직접 소유하는 경우만 해당한다)
화물자동차의 종류	제3조에 따른 화물자동차(화물자동차를 직접 소유하는 경우만 해당한다)
그 밖의 운송시설	화물정보망을 갖출 것

(2) 단점
① 장거리 운송 시 운임이 높고 안정성이 떨어진다.
② 운송 시 진동으로 인한 화물의 손상률이 높은 편이다.
③ 적재중량에 제한이 많아 대량운송에 부적합하다.
④ 에너지 효율이 떨어진다.
⑤ 도로혼잡, 교통사고 등의 문제가 발생한다.
⑥ 타 운송수단에 비해 변동비가 높다.
⑦ 소음, 진동, 배기가스 등의 공해문제로 환경오염 우려가 있다.

4. 화물자동차운수사업의 주요내용
① 화물자동차운수사업 이란 화물자동차 운송사업, 화물자동차 운송주선사업 및 화물자동차 운송가맹사업을 말한다.
② 화물자동차 운송사업은 일반화물자동차 운송사업, 개인화물자동차 운송사업으로 구분된다.
③ 화물자동차 운송사업은 트럭 1대만으로 허가기준을 충족하기 때문에 소규모로 운영이 가능하다.
④ 화물자동차 운송주선사업은 다른 사람의 요구에 응하여 유상으로 화물운송계약을 중개·대리하거나 화물자동차운송사업 또는 화물자동차운송 가맹사업을 경영하는 자의 화물 운송수단을 이용하여 자기 명의와 계산으로 화물을 운송하는 사업을 말한다.
⑤ 화물자동차 운송가맹사업의 허가기준 대수는 50대 이상(운송가맹점이 소유하는 화물자동차 대수를 포함하되, 8개 이상의 시·도에 각각 5대 이상 분포되어야 함)이다.

Ⅱ 화물자동차의 제원

▶ 2020년, 2019년, 2017년 등 기출

1. 화물자동차 치수제원 명칭

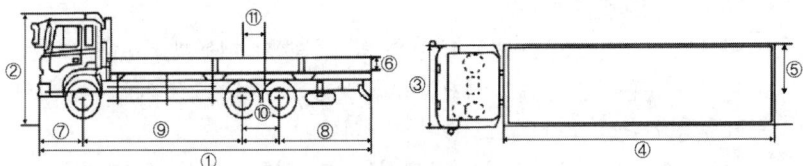

화물자동차 치수제원

① 전장(overall length) : 차량의 맨 앞에서부터 맨 끝부분까지의 수평거리로서 전장이 길수록 화물의 적재부피가 증가한다.

② 전고(overall height) : 타이어 접지면에서부터 차량의 가장 높은 부분까지로서 전고의 크기는 지하도, 교량의 통과 높이에 영향을 준다.
③ 전폭(overall width) : 차량의 가로좌우측간의 가장 넓은 폭으로 전폭이 넓을수록 주행의 안전성이 향상된다.
④ 하대길이 : 화물적재대의 길이로서 하대길이가 길수록 적재부피가 증가한다.
⑤ 하대폭 : 화물적재대의 폭으로 하대폭은 파렛트 적재 수와 컨테이너의 적재여부에 영향을 준다.
⑥ 하대높이 : 화물적재대의 높이로 하대높이는 화물적재의 안정성에 영향을 준다.
⑦, ⑧ 전·후오버행 : 앞바퀴의 중심에서 차량의 맨 앞부분까지의 거리(전오버행), 뒷바퀴의 중심에서 차량의 맨 뒷부분까지의 거리(후오버행)로서 전·후커브주행 시 안전도에 영향을 준다.
⑨ 제1축간거리 : 전축 중심에서 후축 중심간의 거리로서 제1축간거리가 길수록 적재대의 길이가 커지거나 적재하중이 앞바퀴에 많이 전달된다.
⑩ 제2축간거리 : 제2축간거리의 크기는 앞축과 후축중심의 크기를 결정한다.
⑪ 오프셋(Off-set) : 하대중심과 후축중심간의 거리로서 오프셋 값이 클수록 적재함 중량이 앞바퀴에 많이 전달된다.

2. 화물자동차 하중제원 명칭

① 공차중량(Empty Vehicle Weight) : 차량의 순수한 기본무게로 연료, 냉각수, 윤활유 등을 포함하여 운행에 필요한 장비를 갖춘 상태의 중량을 말한다.
② 최대적재량(Maximum Payload) : 화물을 최대로 적재할 수 있도록 허용된 중량이다.
③ 차량 총 중량(Gross Vehicle Weight) : 승차정원을 포함하여 화물 최대적재량 적재시의 자동차 전체 중량이다.
④ 자동차 연결 총 중량(Gross Combination Weight) : 차량에 트레일러를 연결한 경우의 차량 총 중량으로 화물이 최대 적재된 상태의 트레일러와 트랙터의 무게를 합한 중량을 말한다.
⑤ 축하중(Axle Weight) : 각각의 (전후)차축에 걸리는 전체 하중이다.
⑥ 승차정원(Riding Capacity) : 운전자를 포함하여 승차 가능한 최대인원수를 말한다.
⑦ 최대접지압력 : 화물의 최대 적재상태에서 도로 지면 접지부에 미치는 단위면적당 중량이다.

III. 화물자동차의 종류와 분류

1. 화물자동차의 유형별종류

현행 자동차 관리법에서는 화물자동차를 다음과 같이 구분한다.

구분	유형	내용
화물 자동차		화물을 운송하기에 적합한 화물적재공간을 갖추고 화물적재공간의 총 적재화물의 무게가 운전자를 제외한 승객이 승차공간에 모두 탑승했을 때의 승객의 무게보다 많은 자동차
	일반형	보통의 화물을 운송하는 것
	덤프형	적재함을 원동기의 힘으로 기울여 적재물을 중력에 의하여 쉽게 미끄러뜨리는 구조의 화물운송용인 것
	밴형	지붕구조의 덮개가 있는 화물운송용인 것 ① 물품적재장치의 바닥면적이 승차장치의 바닥면적보다 넓을 것 ② 승차정원이 3명 이하일 것(2001.1.30. 이후)
	특수용도형	특정한 용도를 위하여 특수한 구조로 하거나 기구를 장치한 것으로서 위 어느 형에도 속하지 아니하는 화물운송용인 것
특수 자동차		다른 자동차를 견인하거나 구난작업 또는 특수한 용도로 사용하기에 적합하게 제작된 자동차로서 승용자동차·승합자동차 또는 화물자동차가 아닌 자동차
	견인형	피견인차의 견인을 전용으로 하는 구조인 것
	구난형	고장·사고 등으로 운행이 곤란한 자동차를 구난·견인할 수 있는 구조인 것
	특수용도형	위 어느 형에도 속하지 아니하는 특수용도인 것

2. 일체형 화물자동차의 종류별 특징

(1) 일반화물자동차

가장 일반적인 화물자동차로서 적재대의 윗부분이 개방되어 있고 측면과 후면은 적재대 바닥과 힌지(Hinge)로 연결하여 개방을 할 수 있는 구조로 되어 있다.

일반화물자동차의 장·단점은 다음과 같다.

장점	단점
• 화물의 적재를 후면뿐만 아니라 양 측면과 윗 방향에서도 할 수 있어 상하차가 신속하다. • 적재대 밖으로 튀어나오는 화물이나 높이가 높은 화물도 교통법규가 허락하는 한도 내에서는 자유롭게 적재·운행할 수 있다. • 적재대에 별다른 장치가 없기 때문에 밴형이나 다른 전용차량들에 비해 적재량이 많다.	• 화물을 적재 후 화물의 안전한 운송을 위하여 결박을 해야 하고 우천 시 등을 감안하여 덮개를 씌우고 운행해야 하기 때문에 신속한 운행을 저해하는 요인이 되며 화물 파손의 위험이 있다. • 적재대의 측면이 낮기 때문에 정형화된 화물이 아니면 높게 쌓기에 부적절하여 적재량에 제한을 가져올 수 있다.

▶ 일반화물자동차

(2) 밴형화물자동차

일반적으로 탑차(Top Car)라고 불리기도 하는 차량으로서 일반화물자동차의 화물 적재 공간을 상부가 막힌 박스형(Box)으로 제작한 차량을 말한다. 탑의 무게로 인해 동급의 차량에 비하여 적재중량이 감소되기 때문에 중량화물보다는 부피화물을 운송할 때 주로 이용된다.

밴형화물자동차의 장·단점은 다음과 같다.

▶ 밴형화물자동차

장점	단점
• 화물을 높게 적재할 수 있고 적재함의 내부 구조를 다양한 형태로 효율화가 가능하다. • 화물을 결박할 필요가 없고 덮개를 씌울 필요도 없기 때문에 상하차 시간이 단축된다. • 우침이나 화물의 낙하와 같은 사고 발생이 매우 적어 화물운송의 안전성이 향상된다.	• 화물의 상하역이 주로 뒷방향으로만 이루어지기 때문에 상하역시간이 지연될 수 있다. • 적재함의 크기보다 폭이나 길이, 높이가 큰 화물은 운송이 곤란하고 차량의 제작가격도 상승한다.

(3) 전문용도형 화물자동차(전용특장차)

차량의 적재대를 특정한 화물운송에 적합하도록 특수하게 제작한 차량을 말한다. 대표적으로 믹서트럭, 탱크로리, 덤프트럭 등이 있다.

전용특장차의 장·단점은 다음과 같다.

▶ 덤프트럭

장점	단점
• 적재대 자체가 포장용기와 같은 역할을 하기 때문에 산물상태로의 운송이 가능하여 화물의 포장비를 절감할 수 있다. • 산물상태로 하역을 하기 때문에 전문적인 상하역 설비가 필요하지만 취급수량이 많아지면 기계화·자동화에 의해 상하역 비용이 대폭 감소한다. • 신속한 상하역으로 인해 차량의 회전율이 대폭 향상될 수 있다. • 악천후에도 안전한 상하차가 가능하여 운송화물의 안전도를 향상시킬 수 있다.	• 전문용도형 차량은 운송되는 화물의 특성에 맞춰 제작되기 때문에 차체의 무게가 무거워지며, 차량의 제작기격도 비싼 편이다. • 해당 화물이 없을 때는 다른 화물의 운송이 곤란한 이용상의 제약을 받을 수 있다. • 귀로시의 화물을 확보하는 것이 어렵다. 때문에 편도 공차운행을 해야 하는 비효율성이 있다.

▶ 액체운송트럭

▶ 믹서트럭

전용특장차의 종류로는 다음과 같다.

구분	내용
덤프트럭 (Dump Truck)	전용특장차 중에서 가장 대표적인 차종이다. 화물적재함의 높이를 경사지게 함으로서 중력을 이용하여 적재물을 쏟아 내리는 차량 구조를 지닌다. 주로 흙이나 모래, 자갈 등을 운송하는 데 사용된다. 무거운 토사를 포클레인 등으로 거칠게 적재하기 때문에 차체가 견고하게 제작되어 있다.
액체운송트럭 (Tanklorry)	통상 탱크로리라고 칭하며 석유류 등을 비롯하여 각종 액체상태의 다양한 화물을 운송할 수 있도록 탱크 형식의 적재함을 장착한 차량이다. 운송되는 화물별로 안전한 운송을 위한 특수장치들이 설치된다. 특히 이러한 액체화물들은 주로 화학물질이기 때문에 지정된 화물 외에는 적재할 수 없다.

구분	내용
믹서트럭 (Truck mixer, Agitator, 레미콘 믹서차량)	레미콘을 전문적으로 운송하기 위한 차량으로서 건설 중기로 등록되는 차량이다. 레미콘만을 전용으로 운송할 수 있다. 운송 중 레미콘이 응결되지 않도록 계속 적재함 위에 회전하는 드럼을 싣고 화물을 뒤섞으면서 운행한다.
분체물운송트럭 (Solid Bulk Truck)	가루나 작은 알갱이 형태의 화물을 전문적으로 운송하기 위하여 제작되는 화물자동차이다. 시멘트, 곡물, 사료 등을 자루에 담지 않고 산물상태로 운송하는 차량에 주로 적용된다. 적재대는 원통형이나 박스형으로 제작되고 화물의 형태에 따라 상하차방식이 다르기 때문에 운송화물의 범용성이 떨어진다.
냉동물운송트럭 (Refer Truck)	• 냉동·냉장화물을 전문적으로 운송하기 위하여 제작된 차량으로 야채, 수산물, 어패류 등 일정한 온도관리가 필요한 화물운송에 사용된다. 적재대의 모형은 밴형(탑차)과 동일하지만 적재대의 벽체가 단열처리가 되어 있고 냉동기가 부착되어 있으며 적재대 내부가 냉기순환이 가능한 구조로 되어 있다. • 차량은 적재대 내부를 냉각시키는 방법에 의하여 기계식, 축냉식, 액체질소식, 드라이아이스식으로 분류된다.
중량물운송트럭	중량화물을 안전하게 운송하기 위해 차체가 넓고 길며, 운송 중에 수평을 유지할 수 있도록 각 바퀴마다 독립현가장치를 장착하고 있다. 또한 한 대의 차량으로 운송하기 어려운 화물을 운송할 수 있도록 차량을 Back to Back방식이나 Side by Side방식으로 여러 대를 연결하여 하나의 차량처럼 운행할 수도 있기 때문에 모듈 트럭(ModuleTruck)이라고도 한다.
차량운송용트럭 (Transporter)	차량만 전문적으로 운송할 수 있는 적재대를 갖춘 화물차량으로 트랜스포터 또는 카캐리어라고 부른다. 통상 운송되는 차량이 직접 적재대에 올라갈 수 있는 장치와 적재대가 2층으로 되어 있어 한 번에 많은 차량을 적재할 수 있는 구조를 갖고 있다.

▶ 리프트게이트트럭

▶ 크레인 장착 트럭

(4) 합리화차량

전용특장차에 화물을 상·하차시킬 때 작업을 보다 합리화할 수 있는 설비기기를 설치한 차량이다. 운송화물의 범용성을 유지하면서도 적재함 구조를 개선하고, 별도의 상·하역 조력장치 등을 부착함으로써 화물자동차에 화물을 싣고 내리는 하역작업을 보다 효율적으로 수행하고, 운송화물의 안전성을 높일 목적으로 제작되는 차량을 말한다.

합리화차량의 장·단점으로는 다음과 같다.

장점	단점
• 상하차 작업이 기계화됨에 따라 인건비를 절감할 수 있고, 인력의 구인난을 해소할 수 있다. • 하역작업시 차량 대기시간을 대폭 줄일 수 있어 차량 회전율을 높일 수 있다.	• 차량에 별도의 설비기기가 설치되므로 차량의 가격이 고가이다. • 파렛트를 사용하거나, 화물의 규격화가 필요하다. • 각종 기계장치에 의해 차체 중량이 무거워져 화물의 적재량이 감소한다. • 측면 전개차량이나 탈착식 바디차량 등은 상하차 장소에 제약을 받는다.

합리화차량의 종류로는 다음과 같다.

① 상하차합리화 차량

화물의 상하차를 더욱 효율적으로 하기 위해 차체 구조를 개선하거나 조력장치를 부착한 차량이다

구분	내용
덤프 트럭	적재함을 경사지게 하여 적재물이 쏟아져 내릴 수 있도록 한 트럭으로 흙, 모래, 폐기물 등을 주로 운송한다.
리프트게이트 트럭	적재함 뒷문에 화물을 싣고 내릴 수 있는 리프트를 부착한 차량이다. 장점은 지게차 등 상하차장비가 없어도 용이하게 상하역이 가능하다.
크레인 장착 트럭	트럭 적재함의 앞쪽이나 뒤쪽에 크레인을 장착하여 자신의 운송화물을 상하차하거나 다른 차량의 화물 상하차 기능을 하는 차량이다. 크레인에 너클 장치 또는 후크를 부착하여 다양한 형태로 작업 가능하다
세이프로더 트럭	적재함의 앞부분을 들어 올려 뒷부분이 지면에 닿도록 함으로써 차량 등이 직접 적재함에 올라갈 수 있게 하거나 적재함 앞부분에 윈치를 부착하여 화물을 끌어올릴 수 있게 하여 용이하게 상하차를 할 수 있도록 한 트럭이다.

② 적재함 구조 합리화 차량

적재함의 구조를 개선하여 화물을 보다 안전하고 효율적으로 적재하거나 적재함에 올려진 화물을 적재대 내에서 효율적으로 이동시키기 위한 장치를 한 차량을 말한다.

구분	내용
리프트플로어 장치 차량	적재함 바닥에 레일형 전동리프트를 장착하여 상·하역화물에 레일을 튀어나오게 하여 전후방으로 이동시킬 수 있도록 한 차량이다.
롤러컨베이어 장치 차량	적재함중앙에 롤러 컨베이어를 장착하여 박스화물을 전후방으로 이동시킬 수 있도록 한 차량이다.
롤레베드 장치 차량	적재함 바닥 전면에 롤러 또는 보울 베어링을 설치하여 적재함의 모든 부분에서도 화물을 이동시킬 수 있도록 한 차량이다.
파렛트레일 장치 차량	적재함에 바퀴가 달린 스케이트가 이동할 수 있는 홈을 설치하고 스케이트 위에 화물을 적재한 후 홈을 통해 앞뒤로 이동시킬 수 있도록 한 차량이다.
파렛트 슬라이더 장치 차량	적재함 바닥께 파렛트를 적재하여 적재함의 앞뒤로 이동할 수 있는 슬라이더가 장착된 차량이다.
행거 적재함 차량	행거를 적재함에 설치해 의류를 구기지 않고 운송할 수 있도록 한 차량이다.
이동식 칸막이 차량	하나의 적재함 내에 서로 다른 종류의 화물을 적재 가능하도록 중간에 특수장치로 막을 수 있도록 한 차량이다.
기타	• 화물압착 차량 : 주로 청소차량에 활용 • 스테빌라이저 부착 차량 : 운송화물이 흔들리거나 붕괴하지 않도록 유동을 방지할 수 있도록 한 차량 • 워크스루 밴 : 운전석과 적재함 사이에 출입문을 설치한 차량

▶ 윙보디 트럭

▶ 셔터도어차량

③ 적재함 개폐 합리화 차량

밴형 차량의 단점인 상하차 작업 시 주로 후문만 이용함으로써 작업시간이 많이 소요되는 문제점과 하역 장비의 사용, 물류센터의 설비구조 등의 제약을 받는 문제점을 해결하기 위해 적재함의 개폐방법을 개선한 차량이다.

구분	내용
윙보디	적재함의 좌우상부를 새의 날개처럼 들어 올릴 수 있도록 한 차량으로 옆면에서 상하차 작업이 가능하다.
셔터도어 차량	밴형 차량의 문제점인 여닫이문으로 인한 일정공간의 필요 및 문의 개폐 시 소요되는 시간을 해결하기 위한 차량이다. 도어를 상하 개폐할 수 있게 합리화시킨 차량으로 적재함 개폐의 신속성, 도어의 경량화, 작업공간의 확보 등의 문제를 해결한다.
슬라이딩 도어 차량	화물자동차의 측면의 문을 미닫이 식으로 설치하여 측면 전체의 개폐가 가능하도록 제작된 차량이다. 주로 무거운 화물을 운송하는 중·소형차량에 적용된다.
컨버터블 적재함 차량	밴형 차량의 적재함 덮개 전체 또는 측면이 적재함에 설치된 레일을 따라 앞뒤로 개폐될 수 있도록 제작된 차량이다.

(5) 시스템차량(Specialized Truck)

① 시스템차량의 개념

적재한 화물을 이적하지 않은 상태에서 다른 차량을 이용하여 계속적인 연결 운송이 가능하도록 하거나 차량과 적재함을 분리하여 상하차시간 및 대기시간 등을 단축할 수 있도록 제작된 차량을 말한다.

시스템차량이 분리형 차량인 트레일러와 다른 점은 트레일러는 견인차와 피견인차로 완전히 분리된 차량인데 반해 시스템차량은 적재함 자체만 분리되고 차체는 하나로 되어 있다는 점이다.

② 시스템차량의 특징

㉠ 운송차량의 상·하차작업 대기시간이 축소된다.
㉡ 피기백, 피쉬백 등 효율적인 복합운송이 용이하다.
㉢ 중·소형화물운송에 대하여 운송의 일관시스템화가 용이하다.
㉣ 창고(일시보관)역할의 수행이 가능하다.
㉤ 적재함 무게의 증가로 운송량이 감소한다(Cargo Truck 대비).

③ 시스템차량의 종류

구분	내용
스왑보디	적재함을 서로 교체해서 이용하도록 제작된 차량으로 적재함이 차체와 분리 및 장착이 가능하도록 제작하여 화물의 상하차시 대기시간이 발생하지 않도록 고안된 차량이다.
암롤 트럭	적재함을 지면에 내려놓은 후 차체에 설치된 적재함 견인용 암과 가이드 장치에 의하여 끌어올리도록 제작된 차량이다. - 파손 염려가 없는 쓰레기수거 차량, 항만에서의 고철 또는 무연탄 같은 산물운송에 주로 이용한다.

(6) 기타 화물운송 장비 및 트럭

① 유압식 크레인 : 하이드로 크레인(Hydro Crane)이라고도 하며 중·단거리 이동이 가능 한 트럭 위에 탑재시킨 장비이다.
② 보닛트럭 : 상자형 화물실을 갖추고 있는 원동기부의 덮개가 운전실 앞쪽에 나와 있다.
③ 픽업트럭 : 화물실의 지붕이 없고, 옆판이 운전대와 일체로 되어 있다.
④ 포크리프트 트럭 : 화물 적재장치와 승강장치를 구비하고 있다.

▶ 포크리프트 트럭

3. 분리형 화물자동차의 종류별 특징

(1) 견인차량(Tractor, Full-cargo Truck)

① 견인차량의 개념

피견인차량을 견인할 수 있는 장치와 피견인차량의 브레이크시스템 및 등화시스템을 작동시킬 수 있도록 제반조건이 갖추어진 차량을 말한다. 견인차량에는 자신은 화물을 적재할 수 없는 상태에서 전문적으로 피견인차량(Trailer)만 견인을 하기 위한 트랙터(Tractor)와 자신도 적재를 하면서 피견인차량을 견인할 수 있는 풀-카고트럭으로 구분할 수 있다.

▶ 트랙터

② 견인차량의 종류

구분	내용
트랙터 (Tractor)	트레일러를 전문적으로 연결·운송할 수 있도록 제작된 차량이다. 트레일러와 결합하여 운행을 하지만 2대의 차량으로 제작 및 등록되기 때문에 차량 1대로 제작할 때의 안전기준 13미터를 초과하여 16.7미터 까지(2대 연결 시) 제작이 가능하므로 주로 장척·활대품 운송과 중량물 운송을 위해 이용된다.
풀-카고트럭 (Full-cargo Truck)	• 일반카고 트럭형태로 제작되어 독자적으로 운송을 할 수도 있으며, 피견인차량을 견인하여 2대의 차량으로도 운송을 할 수 있도록 제작된 차량이다. • 장척물이나 중량물운송을 위해 제작·이용되는 것이 아니라 보다 많은 양의 화물을 저렴하게 운송하기 위하여 활용된다.

(2) 피견인차량(Trailer, 트레일러)

① 트레일러의 개념

차체에 원동기가 부착되어 있지 않아 견인트럭에 의해 끌려가는 차량을 말한다. ISO규정이나 원래의 자동차의 의미에서 볼 때는 자동차라고 할 수 없으나 견인차량과 결합하여 도로를 주행하고 화물을 운송하게 되며, 피견인차량의 적재능력 및 수량에 따라 전체적인 운송능력의 차이가 발생할 수 있기 때문에 차량으로 등록되고 관리 및 통제되고 있다.

피견인차량은 차체가 견인차량과 어떻게 결합되고 피견인차량에 적재된 화물의 무게가 견인차량에 어떻게 분산되느냐에 따라 풀 트레일러, 세미 트레일러, 폴 트레일러 등으로 분류한다.

▶ 트레일러

② 트레일러의 장단점

장점	단점
• 대량운송에 의하여 운송원가가 절감된다. • 차량의 경량화가 가능하여 적재량이 증대된다. • 차량의 전용화가 용이하다. • 운송의 시스템화가 용이하다. • 창고(일시보관)역할의 수행이 가능하다. • 운송업체의 영업력이 강화될 수 있다.	• 허용된 운행도로가 제한적이다. • 특수면허가 필요하다. • 운송물량이 소규모일 경우 비효율적이며, 복화물량이 적다. • 상하역시 작업장과 주차장 등 넓은 공간이 필요하다. • 많은 트레일러 확보를 위한 자금이 소요된다. • 차량구입비가 높은 편이다.

③ 트레일러의 종류

연결형식에 의한 트레일러의 종류는 다음과 같다.

구분	내용
풀트레일러 (Full Trailer)	트레일러에 적재된 화물의 무게를 해당 트레일러가 100% 부담하여 운송하는 형태의 피견인차량이다. 피견인차량의 앞부분과 뒷부분에 차량이 자체적으로 균형을 유지할 수 있도록 바퀴가 달려있는 형태의 트레일러이다. 연결된 차량의 총중량 40톤 내에서 최대한의 적재가 가능하다.
세미트레일러 (Semi Trailer)	• 피견인차량에 적재된 화물의 중량이 견인차량에 분산되도록 설계된 트레일러이다. 차량의 뒷부분에만 바퀴가 부착되어 있고, 앞부분은 주행 중에는 트랙터의 오륜(Coupler)에 결합되어 독립적으로 운휴중일 때는 랜딩기어(일종의 아웃트리거)에 의하여 균형이 유지되는 형태이다. • 형상에 따라 다시 평상식 트레일러(강판, 코일 등을 운반)와 샤시 트레일러(컨테이너 운송 목적)로 나눠진다.
폴트레일러 (Pole Trailer)	차량 한 대로 안전하게 운송하기 어려운 장대화물을 안전하게 운송하기 위하여 이용되는 차량이다. 일반적으로 돌리(Dolly)라고 칭하며 견인차량과는 긴 Pole에 의해서 연결된다.
더블트레일러 (Double Trailer)	주로 미국에서 이용되고 있으며 세미 트레일러 2량을 연결한 것을 말한다.

형상에 의한 트레일러의 종류는 다음과 같다.

구분	내용
평상식 트레일러 (Flat bed Trailer)	전장의 프레임 상면이 평면의 하대를 가진 구조로서 일반화물이나 강재 등의 수송에 적합하다.
중저상식 트레일러 (Drop bed Trailer)	저상식 트레일러 가운데 프레임 중앙 하부가 오목하게 낮은 트레일러로 중량 블록 화물 등 중량화물의 운반에 편리하다.
스켈레탈식 트레일러 (Skeletal Trailer)	컨테이너 운송을 위해 제작된 전용 트레일러로 컨테이너 샤시(Chassis)라고도 한다. 전·후단에 컨테이너 고정을 위한 콘(Cone)이 부착되어 있으며, 20ft용, 40ft용 등 여러 종류가 있다.
저상식 트레일러 (Low bed Trailer)	대형기계 또는 불도저, 기중기 등 건설기계나 중기를 적재할 수 있도록 전고가 낮은 하대를 갖춘 트레일러이다.

구분	내용
밴형 트레일러 (Van-type Trailer)	하대부분에 밴형의 보데가 장치된 트레일러로서 일반 잡화 및 냉동화물 등의 운반용으로 사용된다.
오픈 탑 트레일러 (Open-top Trailer)	밴형 트레일러의 일종으로서 천정에 개구부가 있어 채광이 들어가게 되어 있는 고척화물 운반용이다.
특수용도 트레일러	덤프 트레일러, 탱크 트레일러, 자동차 운반용 트레일러, 캠핑카 트레일러 등이 있다.

IV. 화물자동차 운송의 분류

1. 운송거리에 따른 분류

① 근거리 운송 : 주로 100km 이내의 운송을 말하고, 자동차의 편리함 및 기동성을 발휘할 수 있는 범위이며 주로 소형차량에 의해 운송된다.

② 중거리 운송 : 101~300km까지의 운송을 말하며 중·소형차량이 이용된다.

③ 장거리 운송 : 301km 이상의 운송으로 대형차량(11톤 이상)을 이용하는 것이 경제적이다.

2. 운송형태에 따른 분류

① 간선운송 : 화물 터미널, 철도역, 항만, 공항 등 비교적 부지도 넓고, 다수의 물류시설이 위치하며, 복수의 물류업체들이 대량의 화물을 취급하는 물류거점과 물류거점 간 운송을 의미한다.

② 지선운송 : 물류거점 간 간선운송이 아닌 물류거점과 소도시 또는 물류센터, 공장 등 화물을 집화하고 배송하는 운송을 의미한다.

③ 노선운송 : 정기화물과 같이 정해진 노선과 운송계획에 따라 제공되는 운송서비스를 의미한다.

④ 집화운송 : 화주문전 또는 생산 공장이나 물류센터에서 화물을 수집하여 주요 철도역, 항만, 공항, 화물 터미널 등 물류거점까지의 운송을 의미하며, 주로 중·소형 트럭을 이용한다.

3. 소유형태에 의한 분류

① 자가용(자차) 운송 : 타인 소유의 화물을 유상으로 운송하는 것이 아니라 자신의 화물을 자기 차량으로 직접운송하는 것을 의미한다.

② 영업용(용차) 운송 : 타인 소유의 화물을 수송함으로써 운임수수가 발생하는 경우로 화물자동차 운수사업법에 의하여 규정된 사업운송을 말한다.

구분	장점	단점
자가용 차량 운송	• 벽지나 오지에도 배송 가능 • 필요 시 언제나 이용이 가능 • 영업용 차량의 이용 대비 기동성이 좋음 • 화물파손 또는 도난이 적음 • 차량이나 운전기사의 다목적 이용이 가능	• 차량이나 운전기사의 관리 필요 • 초기 투자비용이 큼 • 귀로 시 공차가능성이 높음 • 운송량의 급격한 변동에 대한 신속한 대처에 어려움이 있음
영업용 차량 운송	• 복화운송이 가능하며 직접운송보다 운송비가 비교적 저렴 • 차량의 관리 필요성이 없음	• 운임 인상 시 대응이 곤란 • 화물파손 및 분실 등에 대한 컴플레인 발생 우려 • 수화인에 대한 서비스 수준 저하 문제점 발 • 화물관리시스템의 구축 곤란

4. 취급화물의 형태에 따른 분류

① 일반화물운송 : 특수화물을 제외한 화물의 운송
② 특수화물운송 : 사료, 석탄 등 분립체와 액체수송, 위험물 수송(석유류, 고압가스), 대·중량품 수송, 냉동화물 운송

V 화물자동차 운영관리

▶ 2021년, 2016년 등 기출

1. 화물자동차 운영관리지표

(1) 생산성지표

생산성지표는 1인 또는 차량 1대당 일정기간 동안 어느 정도의 생산실적을 달성했는가를 나타내는 지표로서 운송서비스 생산성지표와 매출 생산성지표로 구분한다.

① 운송서비스 생산성지표

화물자동차의 운송생산성이란 얼마의 화물을 몇 km 운송하였는가를 의미하며, 일반적으로 ton·km 단위로 표시한다. 따라서 ton·km는 가장 기본적인 운송의 생산단위라고 할 수 있으며 그 지표들은 다음과 같다.

구분	내용
ton·km	운송에 있어 가장 기본적인 생산단위로 운송거리와 적재한 화물의 양(ton으로 환산)을 곱하여 산출한 지표를 말한다. 또한 일정기간 동안의 실적치로서 ton·km는 각 개별 운송 ton·km를 합산한 것이다.
운송량	실재 적재하고 운송한 량을 말하며 파렛트, 박스 등 다양한 단위로 계산할 수 있다. 운송지역 및 거리가 동일한 구간을 운송하는 경우에는 ton·km를 계산할 필요 없이 얼마를 운송했느냐로도 관리할 수 있다.
운행 km	일정기간(1일 또는 1개월) 동안 몇km를 운행했는가에 대한 실적치를 말한다.
영차km	일정기간 동안 화물을 적재하고 운행한 거리가 몇km인기를 나타내는 실적치를 말한다.

② 매출 생산성지표

매출생산성은 화물자동차 <u>운송결과에 따른 매출액을 나타내는 지표</u>로서 운송하는 화물의 운송단가, 운송거리, 전체 운송량 등에 의해 결정되며, 그 지표들은 다음과 같다.

구분	내용
매출총액	일정기간 동안의 운송회사가 실현한 매출액으로서 주로 목표대 실적달성율을 관리하기 위하여 산출하는 지표이다. 차종별, 톤급별, 연식별, 개별 차량별로 구분하여 산출 및 관리할 수 있다.
톤당 매출액	매출액을 운송한 양(ton)으로 나누어 산출한 지표를 말한다. 평균 운송단가수준을 알 수 있다.
ton·km 당 매출액	매출액을 총운송 ton·km 실적으로 나누어 산출한 지표를 말한다. 실질적인 생산단위당 매출액을 알 수 있다.
영차거리당 매출액	매출액을 영차운행거리로 나누어 산출한 지표이다. 차량이 화물을 적재하고 1km 운행하여 얼마의 매출을 올리는가를 알 수 있다.
운행거리당 매출액	매출액을 총운행거리로 나누어 산출한다. 운송을 하기 위해서는 필연적으로 공차운행이 발생하기 때문에 공차운행 거리를 포함하여 매출액을 관리하는 것도 필요하다.

(2) 효율성지표

효율성은 화물자동차의 운영 및 관리를 얼마나 효율적으로 수행했느냐를 판단하는 지표로 운송운영부서의 관리활동 결과를 나타낸다.

① 비용 효율성지표

<u>비용 효율성은 사용기준에 비하여 비용이 효율적으로 집행되었는가를 관리하기 위한 지표</u>로, 그 지표들은 다음과 같다.

구분	내용
톤당 운송비	일정기간 동안 차량운영과 관련하여 발생한 비용(직접원가)을 운송한 화물량으로 나누어 산출한다. 1톤 운송에 얼마 정도의 비용을 사용하고 있는가를 파악하기 위한 지표이다.
ton·km당 운송비	일정기간 동안 차량운영과 관련하여 발생한 비용을 총운송 ton·km로 나누어 산출한다. 운송서비스 1단위를 생산하는 데 어느 정도의 비용을 사용하고 있는가를 파악하기 위한 지표이다.
운행거리당 운송비	일정기간 동안의 차량운영과 관련한 비용을 총 운송거리로 나누어 산출한다.
운행거리당 고정비	차량운영비용 중 고정비에 해당하는 비용을 운행거리로 나누어 산출한다. 운행거리가 증가할수록 고정비(일반관리비, 감가상각비, 보험료, 제세공과금 등)는 낮아지고 효율성은 높아진다.
운행거리당 변동비	일정기간 동안의 변동비를 운행거리 실적으로 나누어 산출한다. 변동비 중 가장 큰 비중을 차지하는 연료비, 수리비, 타이어비 등이 관리의 효율성에 따라 차이가 많이 발생하기 때문에 별도로 운행거리당 비용을 산출하여 관리가 필요하다.

② 운영효율성지표

운영효율성은 차량의 운송 및 운행실적을 평가하는 지표로, 그 지표들은 다음과 같다.

구분	내용
가동률	가동률은 일정기간 동안 화물차량을 실제 운행한 시간과 목표운행 시간과의 비율을 의미하는 지표로 실제 가동일수를 목표 가동일수로 나누어 산출한다. 가동률 = $\dfrac{\text{실제 가동일수}}{\text{목표 가동일수}}$ = $\dfrac{\text{실제 운행한 시간(일수)}}{\text{목표운행 시간(일수)}}$
회전율	회전율은 화물차량이 일정시간 내에 화물을 운송한 횟수를 말하는 지표로 총 운송량을 평균 적재량으로 나누어 산출한다. 회전율 = $\dfrac{\text{총 운송량}}{\text{평균 적재량}}$ = $\dfrac{\text{총 영차거리}}{\text{평균 영차거리}}$
영차율 (= 실차율)	영차율은 전체 화물운송거리 중에서 실제로 얼마나 화물을 적재하고 운행했는지를 나타내는 지표로 적재거리를 총 운행거리로 나누어 산출한다. 영차율 = $\dfrac{\text{영차 운행거리}}{\text{총 운행거리}}$
복화율	복화율은 편도운송을 한 후 귀로에 복화운송을 어느 정도 수행했느냐를 나타내는 지표로 귀로 시 영차 운행횟수를 편도 운행횟수로 나누어 산출한다. 복화율 = $\dfrac{\text{귀로 시 영차 운행횟수}}{\text{편도 운행횟수}}$
적재율	적재율은 화물자동차의 적재량 대비 실제 얼마나 화물을 적재하고 운행했는지를 나타내는 지표로 평균 적재중량을 적재가능 총 중량으로 나누어 산출한다. 적재율 = $\dfrac{\text{평균 적재중량}}{\text{적재가능 총 중량}}$

(3) 화물자동차 운행과 관련된 효율성지표

구분	내용
적재통행률	화물자동차의 총 통행 수 중에서 적재상태의 통행비율
공차통행률	화물자동차의 총 통행 수 중에서 공차상태의 통행비율
적재시간률	화물자동차의 총 통행시간 중에서 적재상태의 통행시간비율
공차시간률	화물자동차의 총 운행시간 중에서 공차상태의 운행시간비율
평균적재율	화물자동차의 적재운행시 적재능력 대비 실제 적재중량의 비율
적재거리율	화물자동차의 총 통행거리 중에서 적재상태의 통행거리비율
공차거리율	화물자동차의 총 운행거리 중 공차상태의 운행거리비율
적재효율	평균적재율에 거리개념을 반영한 지표로서 화물자동차의 적재능력 및 총 운행거리에 대한 통행당 톤·km의 합의 비율

2. 화물자동차 운영효율성 향상 방안

(1) 수·배송 대형화 방안
① 운송물량의 대형화 : 운송물량은 가급적 대형차량을 이용하여 운송이 이루어지도록 대단위묶음으로 하며 이를 위해 출하단위와 출하처를 일정 이상이 되도록 조정한다.
② 대형차량의 이용 : 운송차량은 가급적 대형차량을 확보하여 대량운송이 가능하도록 한다.
③ 콘솔(Consolidation) 운송시스템의 구축 : 소량으로 운송되는 화물을 대량으로 운송하기 위하여 효율적인 콘솔 운송시스템을 구축해야 한다.
④ 운송업체의 대형화·전문화 : 운송업체의 대형화·전문화를 통해 규모의 경제를 실현할 수 있는 기반을 조성하여야 한다.

(2) 가동률 향상 방안
① 1차량 2기사 승무제도 : 차량 1대에 2명의 운전기사를 승무시켜 차량을 24시간 운행할 수 있도록 하거나 장거리를 최단시간 내에 1회전 후 다음날은 다른 운전기사가 동일한 방법으로 운행하는 것이다.
② 예비운전기사 운영 : 운전기사의 휴무 증가는 차량의 가동률을 저하시키는 큰 요인으로 작용할 수 있으므로 계획된 물량을 차질 없이 운송하기 위해서는 일정률의 예비운전원을 확보하고 운영하는 것이 효율적이다.
③ 성능유지관리제도 : 차량을 보유하고 있더라도 운행을 할 수 없는 상태가 되면 차량의 운휴뿐만 아니라 소속된 운전원까지 운휴하게 되어 비효율성이 커지므로 차량은 항상 운행이 가능한 상태로 잘 정비되어야 하며 성능유지가 잘될 수 있도록 체계적으로 관리해야 한다.
④ 안전관리시스템 구축 : 부주의한 운행으로 인한 사고가 발생하지 않도록 체계적인 안전관리시스템을 마련해야 한다.
⑤ 운송물량의 확보 : 차량의 가동률을 높이려면 기본적으로 운송물량이 충분히 확보되어야 하며 운송업체나 화수업체는 물량이 부족하여 운휴를 하는 사태는 계속적으로 발생하므로 대비책을 마련해야 한다.

(3) 회전율 향상 방안
① 상·하차 작업시간 감축 : 상·하차 작업의 기계화, 운송장비의 전용화, 차량의 합리화, 사전 상·하차작업 준비, 충분한 상·하차장 확보 등
② 상·하차 대기시간 감축 : 상차능력에 따른 시간대별 차량투입, 상·하차용 작업갱(Bay)수 확대, 사전 하역작업의 준비, 롤테이너 및 리프트게이트 트럭의 활용 등
③ 배차의 혼합 : 장·단거리 혼합배차, 사전 2배차제도의 시행, 현장배차제도 도입
④ 집하 또는 배송처 수의 단순화 : 격일제 집배송, 집배송처의 대규모화 등의 검토
⑤ 운송시스템의 효율화 : Multi-Trailer System, Unit Load System, Swap-body System, 중간환승시스템, 릴레이식 운송시스템, Meet Point system 등의 구축 및 운용

(4) 영차율(실차율) 향상 방안

① 환결운송시스템 활용 : 공차운행을 방지하기 위하여 최초의 출발지로의 운송물량이 확보될 때까지 타 지역의 물량을 운송함으로써 영차율을 최대화시킬 수 있다.
② 지역별 영업소의 운영과 물량 확보 : 기본적으로 복화화물을 확보하기 위해서는 지역별로 운송물량 확보를 위한 영업소를 운영하는 것이 효율적이다.
③ 기업 간 운송제휴 : 발지와 착지 간에 위치한 운송업체 간에 공차운행을 방지하기 위하여 상호 물량교환운송에 관한 협정을 체결하고 자차의 운행정보를 상대 운송회사에 제공하여 복화차량으로 이용할 수 있게 한다.
④ 화물운송정보시스템의 활용 : 화물차량에 운송물량에 대한 정보를 제공하고 화주에게는 공차정보를 제공한다.
⑤ 주선업체의 네트워크화 : 지역별로 다양한 운송주선업체와 협정 또는 계약을 체결하고 복화물량을 확보하는 것이 필요하다.
⑥ 화물자동차 운송가맹사업자의 활용 : 복화물량을 확보하기 위하여 화물자동차 운송가맹사업자의 가맹점으로 가입하는 것도 필요하다.
⑦ 차량의 범용화 : 복화운송을 원활히 하기 위해서는 다양한 화물을 적재할 수 있는 범용적인 차량을 이용하는 것이 필요하다.

(5) 적재율 향상 방안

① 차종의 선택 : 운송할 화물의 특성에 맞는 적절한 차종을 선택하여 운송한다. 부피화물은 밴형차량이나 장축차량을 이용하면 적재율을 높일 수 있고 중량화물은 일반카고 트럭이나 단축차량을 이용하는 것이 좋다. 활대화물은 트레일러차량을 선택하는 것이 적재율 향상에 유리하다.
② 적재방법의 개선 : 화물이 적재되는 위치에 따라 화물의 중량이 바퀴에 분산되는 비율이 달라지므로 올바른 적재를 통해 적재율을 높일 수 있다.
균등적재(부피화물은 적재함의 앞에서 뒷부분까지 균등하게 적재하여 화물의 적재위치가 편중되지 않도록 조정), 적재함 앞쪽 적재(중량화물은 화물을 앞쪽으로 당겨서 적재하면 전축으로 하중이 이동되어 적재량이 증가) 등이 있다.
③ 배차방법의 개선 : 배차관리자의 적절한 운송지시는 적재율 향상을 위해 필요하다. 따라서 배차관리자는 배차시부터 화물의 적정량배차, 혼적운송, 주문조정 등 적재율을 높이기 위한 운송지시를 해야 한다.

VI. 화물자동차 운송원가와 운임

▶ 2020년, 2018년, 2017년 등 기출

1. 화물자동차 운송원가

일반적으로 고정비와 변동비를 구분하는 기준은 비용이 생산량에 미치는 영향에 따라 구분한다. 즉, 생산량의 증감과 관계없이 발생하는 비용은 고정비(Fixed cost)이며, 생산량의 증감에 비례하여 발생하는 비용을 변동비(Variable cost)라고 부른다.

(1) 고정비(Fixed Costs)
① 고정비는 매출액과 관계없이 기간에 따라 일정하게 발생하는 비용을 말한다.
② 고정비의 대상항목으로는 운전기사 인건비, 감가상각비, 복리후생비, 통신비, 세금과 공과금, 보험료, 금융비용, 부대시설 유지관리비, 수도광열료 등이 있다.
③ 고정비는 일정기간 동안 운행여부 및 운송량에 관계없이 일정하게 발생되는 원가이므로 차량이 가동하지 않으면 소멸한다.
④ 고정비는 기간총액으로는 고정적인 비용이지만 운송단위당으로는 운송거리와 운송량에 따라 변동한다.

(2) 변동비(Variable Costs)
① 변동비는 운송거리, 영차거리, 운송 및 적재량 등 매출액에 영향을 미치는 항목들의 증감에 따라 변동되는 원가를 말한다.
② 변동비 대상항목으로는 연료비, 주차비, 차량수리비, 타이어비, 도로통행료, 출장여비, 작업비, 능률상여금, 시간외수당 등이 있다.
③ 변동비는 고정비와 달리 차량이 가동하지 않으면 발생되지 않는다.
④ 변동비는 운전기사의 운전기량에 따라 차이가 발생할 수 있다.
⑤ 변동비는 운행거리 및 서비스 생산량에 비례하여 발생하게 되는 비용이지만, 단위당 변동비는 항상 일정하다.

2. 화물자동차 운임

(1) 화물자동차 운임의 의의

운임(freight)이란 화물운송서비스의 대가로 화주가 운송인에게 지불하는 화폐의 액수(보수)를 말한다. 운임이라는 용어는 넓은 의미로 통행료를 포함한 종합적인 운송서비스 대가를 의미하는 경우와, 좁은 의미로 운송서비스 대가로 한정되는 경우 모두 통용되고 있다.

이론적으로 운임은 운송품이 목적지에 실제로 운송되었을 때 운송인에게 운임청구권이 발생하게 되며, 양륙지에서 화물을 수령할 때 지급하는 후불운임을 원칙으로 하며 계약의 유형, 조건 등에 따라서는 운임에 화물의 출하차 비용이 포함되기도 한다.

운임수준은 운송업체의 매출에 직접적인 영향을 주기 때문에 업체에 대해 얼마만큼의 이윤을 가져다주느냐 하는 문제와 결부된다. 따라서 적정운임수준의 기준으로 운송업체의 한계수입과 한계비용의 비율이 중요시된다.

(2) 운임의 결정요인

① 운송거리(Distance)
운송거리가 길어질수록 총 운송원가는 증가한다. 그러나 운송거리가 길어질수록 ton·km당 운임은 낮아진다. 운송거리는 연료비, 수리비, 타이어비 등 변동비에 영향을 주는 중요한 요소이다.

② 운송되는 화물의 크기(Lot size)
한 번에 운송되는 화물의 단위(부피, 무게)가 클수록 대형화물차를 이용하게 되므로 단위당 운임은 낮아진다.

③ 밀도(Density)
같은 무게의 경우에 부피가 작은 화물이 밀도가 높으므로 운임은 낮아진다. 밀도가 높은 화물은 동일한 용적을 갖는 용기에 많이 적재하여 운송할 수 있다.

④ 적재성(Stowability)
적재성은 제품규격이 운송수단의 적재공간 활용에 영향을 미치는가의 정도를 나타내는 것을 말한다.
적재작업이 어렵고 적재성이 떨어질수록 운임은 높아진다. 물류용기인 컨테이너나 파렛트를 이용하는 이유는 적재성을 높여 운임을 낮추고 효율성을 크게 하기 위함이다. 화물형상의 비정형성은 적재작업을 어렵게 하고 적재공간의 효율성을 떨어지게 한다.

⑤ 취급(Handing)
화물의 상·하차시 다수의 인력을 사용하거나 특수장비 사용 및 화물취급이 어렵거나 시간이 많이 소요되는 경우에 운송원가는 높아진다. 운송되는 화물의 취급단위가 클수록 운송단위당 고정비는 낮아진다.

⑥ 책임(Liability)
화물의 파손, 분실 등 사고발생 가능성이 높아지면 운임도 높아진다.

⑦ 시장요인(Market Factors)
화물운송 시장에서의 경쟁상황(수요와 공급)이 최종적인 화물운임 결정의 중요 요소이다.

(3) 운임결정이론(Theory of Rate Making)

① 용역가치설
수요자가 운송용역에 대한 가치를 인정할 때 운임이 결정된다는 설이다. 그러므로 동일한 운송용역일지라도 수요자의 주관적인 가치판단에 따라 운임이 달라질 수 있다.

② 운임부담설
운임이 수요자의 운임부담능력에 의해 결정된다는 설이다. 항공 여객수송에

등급별 차별요금이 적용되듯이 화물에도 저가품과 고가품, 긴급물품 등 수요자의 부담능력에 따라 운임이 결정되는 것을 말한다.

③ 생산비설

운임은 최종적으로 생산비(운송원가)에 근거하여 결정된다는 설이다. 원가설, 운임비용설, 생산가격설이라고도 한다.

④ 일반균형이론

운임은 수급만으로 결정되는 것이 아니라, 다른 상품가격과 관계를 맺고 가격이 결정된다는 설이다. 운임도 가격의 일종으로 보고 일반상품의 가격과 동일선상에 두는 견해이다.

(4) 화물운임의 종류

① 운송량 기준 운임

㉠ 실 운송량 비례운임 : 계약 또는 합의한 운송단가를 적용하여 실제 운송량의 운임을 계산하는 방법이다.

㉡ 운송수단의 크기기준 운임

운송단위당 운송단가를 적용하기로 계약했더라도 실제로는 이용한 운송수단의 크기를 기준으로 운임을 지급하는 형태이다. 사용된 차량의 운송능력만큼 적재하지 못했더라도 운송능력에 맞추어 운임을 지급하는 형태이며, 비적재공간(dead space)에 대해서도 운임을 부과한다.

㉢ 총 운송량 기준 운임

일정기간 동안의 기준운송량을 정하고 그 기준량을 초과하여 운송하면 낮은 운임률을 부족하게 운송하면 높은 운임률을 각각 적용하여 운임을 계산하는 방법이다. 가능한 한 많은 물량을 유치하기 위한 방법으로, 운송업체들이 인센티브요율을 적용 할 때 이용된다.

② 운송거리 기준 운임

㉠ 단일운임(Uniform Rates)

단일운임이란 운송거리와 상관없이 단일요금을 적용하는 운인체계이다. 운송물량이 다수이고 목적지가 다수일 때 운송업자는 모든 운송화물에 대하여 도착지별로 운임을 정하고서 운송실적에 따라 청구·확인·정산해야 하는 번거로운 관리업무를 단순화한다.

단일운임은 일반적으로 우체국 소포 및 택배업체들이 적용한다. 다만, 단일운임은 운송거리와 관계없이 화주에게 운송비를 적용하므로 운임차별의 문제를 초래한다.

㉡ 비례운임(Proportional Rates)

비례운임이란 운임을 운송거리와 비례하여 변동시키는 운임체계이다. 운송거리에 운송물량과 요율을 곱하여 산출하는데 실질적인 운송원가를 무시하고 적용하기에 편리하게 운송운임을 산출하기 위한 방법이다. 문제점으로는 장거리 운송화물의 경우에는 화주가 손해를 보며, 근거리 운송화물의 경우에는 운송업자가 손해를 볼 수 있다.

ⓒ 체감운임(Tapering Rates)

체감운임이란 일반적인 운임은 체감원칙이 적용되며, 가장 일반적으로 적용하고 있는 합리적인 방법이다. 운송수단의 운송원가 중 변동비는 운송거리에 따라 비례적으로 변동하지만 고정비(감가상각비, 보험료, 세금, 터미널 비용 및 인건비 등)는 운송거리가 증가함에 따라 운송단위당 고정비가 낮아지기 때문에 운송거리가 증가함에 따라 체감되면서 증가하는 특성을 지니므로 이러한 특성을 반영한 운임이다.

ⓔ 지역(구역)운임제(Blanket Rates)

지역운임제란 특정지역으로 운송되는 화물에 대하여는 동일한 운임을 적용한다. 경쟁업자들의 운임에 대처하고, 운임공표와 관리를 단순화하기 위해서 운송업자들이 개발하였다.

이는 출발지에서 특정지역으로 운송되는 경우에 적용되는 하나의 운임이다. 장거리 구간에 운송되는 재화와 제품의 생산과 소비가 특정지역으로 집중되는 경우에 적용되는 가장 일반적인 운임이라고 할 수 있다.

주로 화주와 운송업자 간에 장기적인 계약 하에 운송을 하는 경우보다는 운송수요가 발생 할 때마다 운송시장에서 필요한 차량을 선택하여 운임을 결정할 때 주로 이용된다.

③ 수요기준

운임화주의 운임부담능력을 토대로 운송인이 내리는 의사결정에 따라 운임수준이 결정되는 운임으로, 이는 운송원가와 상관없이 운임수준을 정하는 것으로서 운임체계를 왜곡시킬 수 있는 방법이다.

④ 대절운임(렌트)

화주가 일정기간 또는 일정구간을 운송인으로부터 운송장비를 렌트하여 계약조건 안에서 사용하는 방법이다.

⑤ 특별서비스 요금

특별서비스 요금이란 운송인이 제공하는 운송에 대한 대가 이외의 각종 시설이나 서비스 제공에 대한 대가를 포함하는 요금이다.

대표적인 예로는 목적지 변경, 수화인 변경, 다수의 목적지 경유, 특별한 화물의 보호, 일시적인 보관, 주문처리, 크로스 도킹에 콘솔운송(혼재화물운송) 등과 같은 부대서비스를 제공한 대가를 고려한 요금이다.

⑥ 지급시기에 따른 분류

ⓐ 선불운임(Freight prepaid) : 운송을 의뢰하면서 동시에 운임을 지급하는 경우의 운임이다.

ⓑ 후불운임(Freight collect) : 일정기간 동안의 운송한 결과를 종합하여 청구 시 운임을 내는 형태의 운임이다.

ⓒ 착불운임(Arrival rate) : 화물이 목적지에 도착하여 화물을 인계하면서 수취인으로부터 운임을 받는 형태의 운임이다.

⑦ 계산방법에 따른 분류

ⓐ 등급운임(Class rate) : 운송수단이나 화물적재실의 등급(화물의 안정성,

화물특성에 따른 서비스 등)에 따라 운임을 달리하는 형태이다.
- ⓒ 거리비례운임(Mileage rate) : 운송거리에 비례하여 운임이 증가하는 형태로 ton·km 당 고정된 운임을 적용한다.
- ⓒ 거리체감운임(Tapering rate) : 운송거리가 증가할수록 ton·km 당 운송단가가 감소되는 형태의 운임이다.
- ㉣ 지역운임(Zone rate) : 일정한 지역별로 동일한 운임을 적용한다.
- ㉤ 균일운임(Uniform rate) : 지역 또는 운송거리에 관계없이 동일한 단위의 운임을 적용한다.

⑧ 공시 여부에 따른 분류
- ㉠ 인가운임 : 정부 또는 운임 인가기관에서 소비자에게 수수할 수 있도록 승인된 운임이다.
- ㉡ 신고운임 : 운송업체 또는 관련단체가 정부 또는 인증기관 등에 수요자에게 받을 운임을 정하여 신고하여 수리된 운임이다.
- ㉢ 자유(경쟁)운임(Open rate) : 운송서비스 공급자와 수요자가 합의하여 적용하는 운임이다.

⑨ 부과방법에 따른 분류
- ㉠ 종가운임(Ad valorem, valuation rate) : 운송되는 화물의 가격에 따라 달라지는 형태의 운임이다.
- ㉡ 최저운임(Minimum rate) : 일정한 수준 이하의 운송량을 적재하거나 일정거리 이하의 거리운송 등으로 실 운임이 일정수준 이하로 계산될 때 적용하는 최저수준의 운임이다.
- ㉢ 차별운임(Discriminatory rate) : 운송거리, 차량의 크기, 서비스의 수준, 운송량 수준, 운송시간 등에 따라 요율을 달리하는 형태의 운임이다.
- ㉣ 품목별 운임(Commodity rate) : 운송하는 품목에 따라 요율을 달리하는 운임이다.
- ㉤ 계약운임(Contract rate) : 운임을 운송업자와 의뢰자가 별도 운송계약을 체결하고 그 계약서에 기초하여 적용하는 운임이다.
- ㉥ 할증운임(Additional or Surcharge rate) : 기본운임 외에 특별서비스를 제공하거나 일정 수준 이상의 운송성과를 올렸을 때 적용할 수 있는 운임이다.
- ㉦ 반송운임(Back freight) : 목적지에 도착한 후 인수거부, 인계불능 등에 의하여 반송하고 받는 운임이다.

⑩ 운송 정도에 따른 분류
- ㉠ 비례운임(Pro rate freight) : 운송이 이루어진 비율에 따라 운임을 수수하는 형태이다.
- ㉡ 전액운임(Full freight) : 서비스의 완성 정도에 관계없이 계약된 운임 전액을 수수하는 형태이다.

VII. 화물자동차 운송관리시스템

▶ 2018년, 2017년 등 기출

1. 운송관리시스템의 개념 및 주요 기능

(1) 개념
<u>운송관리시스템은 화물운송 시 수반되는 자료와 정보를 신속하게 수집하여 이를 효율적으로 관리하고 동시에 수주단계에서 입력한 정보를 기초로 속도, 비용 등의 측면에서 가장 효율적인 수송경로와 운송수단을 안내하는 정보체계를 말한다.</u>

(2) 주요 기능
신속한 배송의뢰 주문처리 기능, 일일 배송계획 기능, 차량의 운행관리 기능, GPS를 이용한 화물추적 기능 등을 수행한다.

2. 운송관리시스템의 구축 목적
① 고객에 대한 차량소요계획, 배차의뢰 및 배차, 출고작업, 수·배송의 연계로 고객서비스 향상
② 내부 운송관리시스템의 기반 구축
③ 운송 프로세스에 있어서 고객과 파트너 간 협력체계 구축을 통한 업무효율 향상
④ 가용차량의 가시성(visibility) 향상으로 차량운영 효율 및 동률 향상
⑤ 운송 과정에서의 이상발생에 대한 신속한 피드백(feedback) 및 대처
⑥ 다양한 고객을 위한 인터페이스 기반 구축

3. 운송관리시스템의 효과
① 고객의 다양한 요구를 수용하면서 수·배송비용, 재고비용 등 총비용을 절감할 수 있다.
② 공급배송망 전반에 걸쳐 재고 및 운반비 절감, 대응력 개선, 공급업체와 필요부서 간의 적기 납품을 실현할 수 있다.

4. 운송관리시스템의 구성
① ITS(Intelligent Transport System, 지능형교통시스템)
<u>도로와 차량, 사람과 화물을 정보네트워크로 연결하여 교통체증의 완화와 교통사고의 감소, 환경문제의 개선 등을 실현할 수 있는 시스템</u>이다.
② CVO(Commercial Vehicle Operation, 상용차량 운행관리시스템 / 화물정보망)
<u>화주의 화물운송정보와 차주의 공차정보를 위성위치정보(GPS)·휴대폰 등 통신망을 이용하여 연결하는 서비스</u>이다. 화물차량의 위치, 적재화물의 종류, 운행상태, 노선상황, 화물알선정보 등을 실시간으로 파악하여 화물차량의 운행을 최적화하고, 관리를 효율화하기 위하여 지능형교통시스템(ITS)의 일환으로서 개발되었다. 오늘날 화물정보망은 공차율의 감소, 운송시장의 투명성 제공, 운송효율의 제고 등의 역할을 수행하고 있다.

③ VMS(Vanning Management System, 적재관리시스템)
화물의 특징에 따라 적정한 운송차량에 화물이 효율적으로 포장 및 적재될 수 있도록 차량의 소요, 배차, 적재위치 등을 지정해주는 적재관리시스템이다.

④ GPS(Global Positioning System, 인공위성 자동위치측정 시스템)
이동체의 위치 및 상태를 인공위성과 무선통신망을 이용하여 관제실의 컴퓨터 모니터의 전자지도상에서 실시간으로 파악하며, 차량을 신속·정확하고 효율적으로 관리하는 시스템이다. GPS를 이용하면 효율적인 배차관리로 공차 운행의 최소화 및 물류비용 절감의 효과가 있다.

⑤ GIS(Geographic Information System, 지리정보시스템)
어떤 지역에 지리적으로 참조 가능한 모든 형태의 정보를 효과적으로 수집, 저장, 갱신, 분석, 표현할 수 있도록 디지털 지도를 작성한 시스템이다.

⑥ GIS-T(Geographical Information System for Transportation)
교통부문에 도입한 지리정보시스템으로 디지털 지도에 각종 정보(교통계획, 교통관리, 도로관리, 도로건설, 교통영향평가 등)를 연결하여 관리하고 이를 분석, 응용하는 교통지리정보시스템의 통칭이다.

⑦ AVLS(Automatic Vehicle Location System, 이동체 위치파악 시스템)
위성으로부터 받은 신호를 차량, 선박, 항공에 장착된 GPS 수신기와 그 밖의 위치 센서의 정보로부터 이동체(트럭, 선반 등)의 현위치를 실시간으로 계산하여 차량의 최적배치 및 파견, 실태 파악 및 분석, 안내, 통제, 운영할 수 있는 일련의 작업들을 자동화한 시스템이다.

⑧ TRS(Trunked Radio System, 주파수공용통신)
중계국에 할당된 다수의 주파수 채널을 여러 사용자들이 공유하여 사용하는 무선통신서비스이다.

⑨ LBS(Location Based Service, 위치기반 서비스)
GPS칩을 내장한 휴대폰이나 PDA단말기 이동체의 위치를 무선통신으로 위치 확인서버에 제공하면 모든 이동체의 현황을 실시간으로 검색하는 기능을 갖춘 시스템이다.

⑩ Routing System(경로배정 시스템)
화물자동차의 최종 배송지에 대한 최적의 운송경로를 설정하여주는 운송경로 시스템으로 차량의 배송지점이 매일 변경되는 경우에 특히 효과적이다.

VIII. 화물자동차운송의 문제점 및 효율화 방안

1. 화물자동차운송의 문제점
① 공로운송의 지나치게 높은 운송분담 비중과 도로시설, 물류터미널, 전용휴게소 등의 부족으로 애로가 발생한다.
② 대다수 운송업체가 화주와의 직접거래보다는 운송주선업자나 대형운송업체의 하도급 형태로 운영되는 등 영세하다.
③ 일반적으로 최종 목적지에서의 하역장비가 부족하다.
④ 일반적으로 다단계 불공정거래 구조이다.
⑤ 아직은 차량적재율이 낮고 공차율이 높은 수준이다.
⑥ 차종별 특성을 고려한 운행이 미흡하다.

2. 화물자동차운송의 효율성 방안
① 운송정보시스템의 구축
② 철도운송, 연안운송, 항공운송 등이 적절한 역할분담을 할 수 있도록 하여야 함
③ 운송업체의 대형화, 경쟁화 등을 통해 경쟁체제의 확립을 위한 기반을 조성해 주어야 함
④ 비현실적인 규제를 탈피하여 시장경제원리에 입각한 자율경영 기반을 조성하여야 함
⑤ 도로 및 기간시설, 물류터미널, 물류센터 등 물류시설의 확충
⑥ 컨테이너 및 파렛트를 이용한 운송 확대
⑦ 화물자동차운송사업의 지속적인 여건 개선
⑧ 정부 관련부서의 관련 법규, 제도개선 및 정책개발
⑨ 화물자동차의 대형화·경량화
⑩ 공동 수·배송체제 구축 및 확대
⑪ 화물의 심야운송 확대
⑫ 지방 간선도로와 우회도로의 사용 확대 등

IX. 택배운송

▶ 2023년, 2022년, 2021년, 2020년 등 기출

1. 택배 운송의 의의

(1) 택배운송의 개념

택배운송이란 불특정 다수의 화주로부터 운송요청에 의하여 소형·소량의 화물을 송화인의 문전에서 집하하여(Pick-up) 택배업체의 일관책임 하에 수화인의 문전까지 신속하게 배달해주는 소화물 운송서비스를 말한다.

택배운송은 소형·소량화물을 **문전에서 문전까지 일체의 서비스**이며 소화물의 집하, 포장, 운송, **배송에 이르기까지의 포괄적인 일관서비스**를 제공한다.

또한 택배운송은 운송서비스에 대한 소비자주도형의 사회적 요청에 부응한 서비스이며 편리성·정확성·신속성에 입각하여 소비자에게 일관서비스를 제공하는 혁신적인 운송체계로 집하·배송·화물의 흐름이 언제 어디서나 확인이 가능하다.

(2) 택배운송의 특징

① 개인화물부터 기업화물까지 불특정다수의 화물을 대상으로 한다.
② 개별화물의 전산관리, 화물추적, 집배차량과의 통신 등이 접목되는 사업이다.
③ 택배사업은 매출액에 비해서 많은 노동력이 소요되는 사업이다.
④ 물류기지, 집배차량, 자동분류기 등 대규모 투자가 필요하다.
⑤ 사업허가를 득한 운송업자의 책임하에 이루어지는 일관책임체계를 갖는다.
⑥ 송화인의 문전에서 수화인의 문전까지 배송하는 door-to-door 서비스를 제공한다.
⑦ 전자상거래의 확산에 따른 다빈도 배송 수요의 영향으로 택배 관련 산업이 성장 추세에 있다.
⑧ 다빈도 배송, 다품종 및 소형 경량화물의 운송서비스에 적합하다.
⑨ 규격화된 포장서비스를 제공하고, 운임은 화물단위로 결정된다.
⑩ 물류거점, 물류정보시스템, 운송네트워크 등이 요구되는 산업이다.
⑪ 중량은 일반적으로 30kg으로 제한한다. 단, 국제택배(쿠리어 : 상업서류 송달서비스)에서는 80kg까지 취급한다.

▶ 택배운송의 성장 배경
① 다품종 소량 생산체제의 확산과 다빈도 배송요구 증대
② 재화 및 정보에 대한 신속한 전달 요구 증대
③ 전자상거래의 확대 및 발전
④ 국민소득의 증가와 편리성 추구
⑤ 소비자 요구수준의 고도화
⑥ 소비자 니즈(needs)의 다양화 및 고급화
⑦ 기업의 물류합리화
⑧ 물류전문기업의 등장과 성장

2. 택배운영시스템(간선운송시스템)

(1) Point-to-Point System

일정한 집하지역 내의 화물을 배달될 지역별로 분류한 후 간선차량을 이용하여 배달할 지역 집배시설에서 배달처리하거나 하위배달조직으로 연계 처리하는 방식의 화물연계시스템이다.

Point-to-Point System은 지역별로 대규모의 터미널 설치가 필요하며, 각 지역 터미널에서 배달될 지역터미널로 분류한다. 운송은 간선운송과 셔틀운송으로 구분하고 가장 먼 지역에서 배송될 화물의 출발시간에 맞춰 집하화물의 입고가 필요

하기 때문에 집하 마감시간의 제약이 심하다.

Point-to-Point System의 장단점은 다음과 같다

장점	단점
• 성수기 물량 증가시 대응능력 양호 • 시간별 배송처리에 유리(셔틀운송) • 다수의 집배차량들의 안전한 시설 이용 • 보관시설의 확보	• 투자비의 증가 • 화물 취급단계의 증가로 파손 및 비용증가 우려 • 신속한 집화 필요성으로 인해 집화 영업시간 단축 • 셔틀운송에 따른 운송비 증가 및 분류작업에 인건비 증가

(2) Hub & Spokes System

각 지역의 집배센터(Spokes)와 거리 또는 무게중심에 의한 중심지역에 설치한 대단위 터미널(Hub)을 직접적으로 연계한 운송시스템이다. 셔틀운송이 없고 간선운송만으로 운영하며 미국 국제택배업체인 Fedex가 효시이다. 국내에서는 대한통운이 대전에 허브터미널을 두고 전국에 집배송센터와 직접 연계하는 시스템 구축으로 시행되었으며, 대부분의 중소업체들은 이 시스템을 이용하고 있다.

Hub & Spokes System은 대형의 분류능력을 갖는 허브터미널이 필요하며, 네트워크는 허브터미널, 집배송센터로 구성된다. 기본적으로 셔틀(Shuttle)운송이 불필요하고 중계작업은 입고와 동시에 분류 및 출고작업이 이루어진다. 집배센터에 배달 물량이 집중되어 상·하차 여건 부족 시 배송 지연이 발생할 수 있다.

Hub & Spokes System의 장단점은 다음과 같다

장점	단점
• 터미널 설치비가 적게 소요 • 화물 파손율의 감소 • 상·하차 및 분류작업 인건비 감소 • 운송비가 적게 소요	• 물량 증가시 배달화물 도착시간 지연 • 기존의 허브터미널 능력 초과시 확장 또는 이전 문제 발생 • 원거리지역 배달물량 도착지연 문제 발생 • 근거리 배달물량도 원거리 허브터미널까지 운송

3. 택배서비스업의 유형

(1) 운송수단에 의한 분류

① 일반택배 서비스업 : 송화인으로부터 소형·소량화물의 운송을 의뢰받아 화물이 대리점, 중앙분류센터, 지역별 대리점 등을 경유하여 수화인에게 배송되는 형태를 말한다.
② 노선화물 : 일정한 노선의 경유지인 영업소를 거쳐 장기적으로 운행하거나, 특정 노선별로 설치된 영업소를 거점으로 순회하는 운송방식으로 혼적을 허용하여 여러 화주의 화물을 운송한다.
③ 철도소화물 : 소화물은 승객이 아닌 일반인에 의해 탁송의뢰로 보내지는 화물로 소화물 일관운송의 대상이 되며, 철도운송이 이루어지므로 철도역에서만 취급이 이루어진다.

④ 우편소화물 : 정보통신부에서 취급하는 소포로, 근거리 소포의 경우는 자체 집배차량이 직접 운송하나, 지역간 운송은 철도차량을 이용하는 방식이다. 전국적으로 배송이 가능하며 화주는 개인과 법인 등으로 다양하게 구성된다.
⑤ 고속버스소화물 : 긴급한 화물의 운송 필요시 화주가 직접 고속버스터미널에서 탁송하거나 고속버스로 도착한 화물을 찾는 형태의 운송방식이다. 대부분이 중소업체의 소화물과 서류 등을 대상으로 한다.
⑥ 이륜오토바이(퀵서비스) : 교통상황이 복잡한 도시 안에서 긴급한 상품, 서류 등을 오토바이를 이용하여 1~2시간 이내에 배송해 주는 형태이다.
⑦ 국내상업서류송달업(파우치) : 무역관련 서류, 주로 지역이 다른 본점과 지점 사이의 공문서 등을 신속하게 배송하는 서비스로 소화물 열차나 노선화물편을 이용한다.
⑧ 메트로 서비스(도보) : 교통상황이 복잡한 도심지 안에서 긴급한 상품 및 서류 등을 지하철이나 대중교통수단을 이용하여 30분~1시간 이내에 배송하는 형태이다. 도심 지하철이 연결되는 범위 안에서 배송직원이 직접 방문접수와 배송을 맡게 된다.

(2) 기·종점 구간에 의한 분류

① C2C(Customer to Customer, 개인 대 개인)
소량·소형화물이 개인에게서 집하되어 개인에게 배송되는 형태로서 서비스 원가가 가장 많이 소요된다. 발송인 및 수화인이 대부분 개인이다. 대부분 가정 화물이므로 집하, 배송 시 시간이 많이 소요된다. 개별 방문 시 부재중인 경우가 많아 2차 방문이 빈번히 발생한다.
C2C는 고객이 원하는 시간대에 집하·배송이 어렵고 택배서비스 만족을 충족시키기 가장 어렵다.
② B2C(Business to Customer, 기업 대 개인)
기업에서 대량 출하된 화물을 개인들에게 배송하는 형태이다. 무점포판매업의 유통업체가 주로 이러한 형태의 택배서비스를 이용한다. 일반 기업체는 고객 및 직원들에게 주는 사은품·기념품 배송에 주로 이용한다.
③ B2B(Business to Business, 기업 대 기업)
조립형은 중소기업에서 제작된 화물을 다양한 지역으로부터 집하하여 대기업 또는 조립업체로 배송하는 형태이며, 판매형은 대기업에서 제조된 상품을 판매점으로 배송하는 형태이다.
조달형은 택배서비스로서 집배물량의 규모 및 지역의 분산도에 따라 배송하는 형태이다.

4. 택배운송장의 개념 및 역할

(1) 택배운송장의 개념

<u>택배운송장은 택배업체와 고객 간의 택배계약의 성립과 내용을 증명하기 위해 택배업체의 청구에 의하여 고객이 발행한 증서이다.</u>

(2) 택배운송장의 역할
① 송화인과 택배회사 간의 계약서 역할
② 택배요금에 대한 영수증 역할
③ 송화인과 택배회사 간의 화물인수증 역할
④ 정보처리자료 역할
⑤ 물류활동에 대한 화물취급 지시서 역할, 배달에 대한 증빙 역할
⑥ 요금청구서 역할
⑦ 화물의 피킹 및 패킹(Picking & Packing) 지시서 역할

(3) 택배운송장의 중요성
① 계약서의 기능 및 화물취급지시서의 역할을 할 수 있다.
② 택배회사가 화물을 송화인으로부터 이상 없이 인수하였음을 증명하는 서류이다.
③ 선불로 요금을 지불한 경우에는 운송장을 영수증으로 사용할 수 있다.
④ 운송장에 인쇄된 바코드를 스캐닝함으로써 추적 정보를 생성시켜 주는 역할을 하게 된다.
⑤ 배송 완료 후, 배송 여부 등에 대한 책임소재를 확인하는 증거서류 역할을 하게 된다.

5. 택배 표준약관

공정거래위원회 표준약관 제10026호 (시행일 : 2020년 6월 5일)

제1장 총칙

제1조(목적)
이 약관은 택배사업자와 고객(송화인) 간의 공정한 택배거래를 위하여 그 계약조건을 정함을 목적으로 합니다.

제2조(용어의 정의)
① '택배'라 함은 고객의 요청에 따라 운송물을 고객(송화인)의 주택, 사무실 또는 기타의 장소에서 수탁하여 고객(수화인)의 주택, 사무실 또는 기타의 장소까지 운송하여 인도하는 것을 말합니다.
② '택배사업자'(이하 '사업자'라 합니다)라 함은 택배를 영업으로 하며, 상호가 운송장에 기재된 운송사업자를 말합니다.
③ '고객'이라 함은 사업자에게 택배를 보내는 송화인과 받는 수화인을 말합니다. 다만, 약관의규제에관한법률에 따른 '고객'은 '송화인'을 말합니다.
④ '송화인'이라 함은 사업자와 택배계약을 체결한 자로 운송장에 '보내는 자'(또는 '보내는 분')로 명시되어 있는 자를 말합니다.
⑤ '수화인'이라 함은 운송물을 수령하는 자로 운송장에 '받는 자'(또는 '받는 분')로 명시되어 있는 자를 말합니다.

⑥ '운송장'이라 함은 사업자와 고객(송화인) 간의 택배계약의 성립과 내용을 증명하기 위하여 사업자의 청구에 의하여 고객(송화인)이 발행한 문서를 말합니다.
⑦ '수탁'이라 함은 사업자가 택배를 수행하기 위하여 고객(송화인)으로부터 운송물을 수령하는 것을 말합니다.
⑧ '인도'라 함은 사업자가 고객(수화인)에게 운송장에 기재된 운송물을 넘겨주는 것을 말합니다.
⑨ '손해배상한도액'이라 함은 운송물의 멸실, 훼손 또는 연착 시에 사업자가 손해를 배상할 수 있는 최고 한도액을 말합니다. 다만, '손해배상한도액'은 고객(송화인)이 운송장에 운송물의 가액을 기재하지 아니한 경우에 한하여 적용되며, 사업자는 손해배상한도액을 미리 이 약관의 별표로 제시하고 운송장에 기재합니다.

제3조(약관의 명시 및 설명)
① 사업자는 이 약관을 사업장에 게시하며, 택배계약(이하 '계약'이라 합니다)을 체결하는 때에 고객(송화인, 수화인)의 요구가 있으면 이를 교부합니다.
② 사업자는 계약을 체결하는 때에 고객(송화인)에게 다음 각 호의 사항을 설명합니다.
  1. 고객(송화인)이 운송장에 운송물의 가액을 기재하면 사업자의 손해배상 시 그 가액이 손해배상액의 산정기준이 된다는 사항
  2. 고객(송화인)이 운송장에 운송물의 가액을 기재하지 아니하면 사업자의 손해배상 시 제22조 제3항의 손해배상한도액 내에서만 손해배상을 한다는 사항
  3. 운송물의 기본운임 정보, 품목별 할증운임 정보, 배송지역 특성에 따른 부가운임 정보 및 운송물 가액에 따른 손해배상한도액 정보 등에 대한 사항
③ 사업자가 제1항 및 제2항의 규정에 위반하여 계약을 체결한 때에는 당해 약관 규정을 계약의 내용으로 주장할 수 없습니다.

제4조(적용법규 등)
이 약관에 규정되지 않은 사항에 대하여는 화물자동차운수사업법, 상법 등의 법규와 공정한 일반관습에 따릅니다.

제2장 운송물의 수탁

제5조(사업자의 의무)
① 사업자는 택배를 이용하고자 하는 자에게 다음 각 호의 사항을 홈페이지 및 모바일 앱, 콜센터, 전화 등으로 알기 쉽게 제공하여야 합니다.
  1. 택배의 접수방법, 취소, 환불, 변경방법
  2. 택배사고 시 배상접수 방법 및 배상기준, 처리절차 등
  3. 송장번호 입력란
  4. 결제방법
  5. 택배이용약관 또는 운송계약서

② 사업자는 고객응대시스템(콜센터, 어플리케이션 등)을 설치, 운영하여야 하며 고객서비스 만족 수준을 제고시키기 위해 노력하여야 합니다.
③ 사업자는 업무상 알게 된 고객(송화인, 수화인)의 개인정보를 개인정보보호법 등 관계법령에 따라 관리하여야 하며, 고객(송화인, 수화인)의 동의 없이 택배업무와 관계없는 제3자에게 제공할 수 없습니다.
④ 위 사항 이외에도 사업자는 대행 업무를 수행함에 있어 선량한 관리자로서의 주의와 의무를 다하여야 합니다.

제6조(송화인의 의무)
① 고객(송화인)은 수화인의 주소, 전화번호, 성명, 운송물의 품명 및 표준가액 등을 운송장에 정확하게 작성하여야 합니다.
② 고객(송화인)은 제12조에 의한 규정에 따라 화약류, 인화물질, 밀수품, 군수품, 현금, 카드, 어음, 수표, 유가증권, 계약서, 원고, 서류, 동물, 동물사체 등의 운송물을 위탁하지 않아야 합니다.

제7조(운송장)
① 사업자는 계약을 체결하는 때에 다음 각 호의 사항을 기재한 운송장을 마련하여 고객(송화인)에게 교부합니다.
  1. 사업자의 상호, 대표자명, 주소 및 전화번호, 담당자(집화자) 이름, 운송장 번호
  2. 운송물을 수탁한 당해 사업소(사업자의 본지점, 출장소 등)의 상호, 대표자명, 주소 및 전화번호
  3. 운송물의 중량 및 용적 구분
  4. 운임 기타 운송에 관한 비용 및 지급방법
  5. 손해배상한도액
  ※ 고객(송화인)이 운송장에 운송물의 가액을 기재하지 아니하면 제22조 제3항에 따라 사업자가 손해배상을 할 경우 손해배상한도액은 50만원이 적용되고, 운송물의 가액에 따라 할증요금을 지급하는 경우에는 각 운송가액 구간별 최고가액이 적용됨을 명시해 놓을 것
  6. 문의처 전화번호
  7. 운송물의 인도 예정 장소 및 인도 예정일
  8. 기타 운송에 관하여 필요한 사항(특급배송, 신선식품 배송 등)
② 고객(송화인)은 제1항의 규정에 의하여 교부받은 운송장에 다음 각 호의 사항을 기재하고 기명날인 또는 서명하여 이를 다시 사업자에게 교부합니다.
  1. 송화인의 주소, 이름(또는 상호) 및 전화번호
  2. 수화인의 주소, 이름(또는 상호) 및 전화번호
  3. 운송물의 종류(품명), 수량 및 가액
  ※ 고객(송화인)이 운송장에 운송물의 가액을 기재하면 사업자가 손해배상을 할 경우 이 가액이 손해배상액 산정의 기준이 된다는 점을 명시해 놓을 것

4. 운송물의 인도예정장소 및 인도예정일(특정 일시에 수하인이 사용할 운송물의 경우에는 그 사용목적, 특정 일시 및 인도예정일시를 기재함)
5. 운송상의 특별한 주의사항(훼손, 변질, 부패 등 운송물의 특성구분과 기타 필요한 사항을 기재함)
6. 운송장의 작성연월일

제8조(운임의 청구와 유치권)
사업자는 운송물을 수탁한 후 그 포장의 외부에 운송물의 종류·수량, 운송상의 특별한 주의사항, 인도예정일(시) 등의 필요한 사항을 표시합니다.
① 사업자는 운송물을 수탁할 때 고객(송화인)에게 운임을 청구할 수 있습니다. 다만, 고객(송화인)과의 합의에 따라 운송물을 인도할 때 운송물을 받는 자(수화인)에게 청구할 수도 있습니다.
② 제1항 단서의 경우 고객(수화인)이 운임을 지급하지 않는 때에는 사업자는 운송물을 유치할 수 있습니다.
③ <u>운송물이 포장 당 50만원을 초과하거나 운송상 특별한 주의를 요하는 것일 때에는 사업자는 따로 할증요금을 청구할 수 있습니다.</u>
④ 고객(송화인, 수화인)의 사유로 운송물을 돌려보내거나, 도착지 주소지가 변경되는 경우, 사업자는 따로 추가 요금을 청구할 수 있습니다.
⑤ 운임 및 할증요금은 미리 이 약관의 별표로 제시하고 운송장에 기재합니다.

제9조(포장)
① <u>고객(송화인)은 운송물을 그 성질, 중량, 용적 등에 따라 운송에 적합하도록 포장하여야 합니다.</u>
② 사업자는 운송물의 포장이 운송에 적합하지 아니한 때에는 고객(송화인)에게 필요한 포장을 하도록 청구하거나, 고객(송화인)의 승낙을 얻어 운송 중 발생될 수 있는 충격량을 고려하여 포장을 하여야 합니다. 다만, 이 과정에서 추가적인 포장비용이 발생할 경우에는 사업자는 고객(송화인)에게 추가 요금을 청구할 수 있습니다.
③ 사업자는 제2항의 규정을 준수하지 아니하여 발생된 사고 시 제22조에 의해 고객(송화인)에게 손해배상을 하여야 합니다.
④ 사업자가 운송물을 운반하는 도중 운송물의 포장이 훼손되어 재포장을 한 경우에는 지체없이 고객(송화인)에게 그 사실을 알려야 합니다.

제10조(외부표시)
사업자는 운송물을 수탁한 후 그 포장의 외부에 운송물의 종류·수량, 운송 상의 특별한 주의사항, 인도 예정일(시) 등의 필요한 사항을 표시합니다.

제11조(운송물의 확인)
① 사업자는 운송장에 기재된 운송물의 종류와 수량에 관하여 고객(송화인)의 동의를 얻어 그 참여 하에 이를 확인할 수 있습니다.

② 사업자가 제1항의 규정에 의하여 운송물을 확인한 경우에 운송물의 종류와 수량이 고객(송화인)이 운송장에 기재한 것과 같은 때에는 사업자가 그로 인하여 발생한 비용 또는 손해를 부담하며, 다른 때에는 고객(송화인)이 이를 부담합니다.

제12조(운송물의 수탁거절)
사업자는 다음 각 호의 경우에 운송물의 수탁을 거절할 수 있습니다.
1. 고객(송화인)이 운송장에 필요한 사항을 기재하지 아니한 경우
2. 고객(송화인)이 제9조 제2항의 규정에 의한 청구나 승낙을 거절하여 운송에 적합한 포장이 되지 않은 경우
3. 고객(송화인)이 제11조 제1항의 규정에 의한 확인을 거절하거나 운송물의 종류와 수량이 운송장에 기재된 것과 다른 경우
4. 운송물 1포장의 크기가 가로·세로·높이 세변의 합이 ( )cm를 초과하거나, 최장변이 ( )cm를 초과하는 경우
5. 운송물 1포장의 무게가 ( )kg를 초과하는 경우
6. 운송물 1포장의 가액이 300만원을 초과하는 경우
7. 운송물의 인도예정일(시)에 따른 운송이 불가능한 경우
8. 운송물이 화약류, 인화물질 등 위험한 물건인 경우
9. 운송물이 밀수품, 군수품, 부정임산물 등 관계기관으로부터 허가되지 않거나 위법한 물건인 경우
10. 운송물이 현금, 카드, 어음, 수표, 유가증권 등 현금화가 가능한 물건인 경우
11. 운송물이 재생 불가능한 계약서, 원고, 서류 등인 경우
12. 운송물이 살아 있는 동물, 동물사체 등인 경우
13. 운송이 법령, 사회질서 기타 선량한 풍속에 반하는 경우
14. 운송이 천재, 지변 기타 불가항력적인 사유로 불가능한 경우

제3장 운송물의 인도

제13조(공동운송 또는 타 운송수단의 이용)
사업자는 고객(송화인)의 이익을 해치지 않는 범위 내에서 수탁한 운송물을 다른 운송사업자와 협정을 체결하여 공동으로 운송하거나 다른 운송사업자의 운송수단을 이용하여 운송할 수 있습니다.

제14조(운송물의 인도일)
① 사업자는 다음 각 호의 인도예정일까지 운송물을 인도합니다.
  1. 운송장에 인도 예정일의 기재가 있는 경우에는 그 기재된 날
  2. 운송장에 인도 예정일의 기재가 없는 경우에는 운송장에 기재된 운송물의 수탁일로부터 인도예정 장소에 따라 다음 일수에 해당하는 날
     가. 일반 지역 : 수탁일로부터 2일
     나. 도서, 산간벽지 : 수탁일로부터 3일

② 사업자는 수화인이 특정 일시에 사용할 운송물을 수탁한 경우에는 운송장에 기재된 인도예정일의 특정 시간까지 운송물을 인도합니다.

③ 사업자는 고객(수화인)에 인도후 운송물 배송의 배송완료 일시, 송장번호 등을 고객(송화인)이 확인할 수 있도록 협력하여야 합니다.

제15조(수화인 부재 시의 조치)

① 사업자는 운송물의 인도 시 고객(수화인)으로부터 인도확인을 받아야 하며, 고객(수화인)의 대리인에게 운송물을 인도하였을 경우에는 고객(수화인)에게 그 사실을 통지합니다.

② 사업자는 고객(수화인)의 부재로 인하여 운송물을 인도할 수 없는 경우에는 고객(송화인 / 수화인)과 협의하여 반송하거나, 고객(송화인 / 수화인)의 요청시 고객(송화인 / 수화인)과 합의된 장소에 보관하게 할 수 있으며, 이 경우 고객(수화인)과 합의된 장소에 보관하는 때에는 고객(수화인)에 인도가 완료된 것으로 합니다.

제4장 운송물의 처분

제16조(인도할 수 없는 운송물의 처분)

① 사업자는 고객(수화인)을 확인할 수 없거나(수화인 불명), 고객(수화인)이 운송물의 수령을 거절하거나(수령거절) 수령할 수 없는 경우(수령불능)에는, 운송물을 공탁하거나 제2항 내지 제4항의 규정에 의하여 경매할 수 있습니다.

② 사업자는 고객(송화인)에게 1개월 이상의 기간을 정하여 그 기간 내에 운송물의 처분에 관한 지시가 없으면 경매한다는 뜻을 명시하여 운송물의 처분과 관련한 지시를 해 줄 것을 통지합니다. 다만, 고객(수화인)의 수령거절 또는 수령불능의 경우에는 먼저 고객(수화인)에게 1주일 이상의 기간을 정하여 수령을 요청하고 그 기간 내에도 수령하지 않는 때에 고객(송화인)에게 통지합니다.

③ 사업자는 제2항의 규정에 의한 통지가 고객(송화인)에게 도달된 것으로 확인되는 경우에는, 그 도달일로부터 정한 기간 내에 지시가 없으면 운송물을 경매할 수 있습니다. 그러나 통지가 사업자의 과실 없이 고객(송화인)에게 도달된 것으로 확인될 수 없는 경우에는, 통지를 발송한 날로부터 3개월간 운송물을 보관한 후에 경매할 수 있습니다.

④ 사업자는 운송물이 멸실 또는 훼손될 염려가 있는 경우에는, 고객(송화인, 수화인)의 이익을 위해 고객(송화인, 수화인)에 대한 통지 없이 즉시 경매할 수 있습니다.

⑤ 사업자가 운송물을 공탁 또는 경매한 때에는 지체 없이 그 사실을 고객(송화인)에게 통지합니다.

⑥ 제1항 내지 제5항의 규정에 의한 운송물의 공탁·경매·보관, 통지, 고객(송화인)의 지시에 따른 운송물의 처분 등에 소요되는 비용은 고객(송화인)의 부담으로 하며, 사업자는 운임이 지급되지 않은 경우에는 고객(송화인)에게 운임

을 청구할 수 있습니다.
⑦ 사업자는 운송물을 경매한 때에는 그 대금을 운송물의 경매·보관, 통지 등에 소요되는 비용과 운임(운임이 지급되지 않은 경우에 한함)에 충당하고, 부족한 때에는 고객(송화인)에게 그 지급을 청구하며, 남는 때에는 고객(송화인)에게 반환합니다. 이 경우 고객(송화인)에게 반환해야 할 잔액을 고객(송화인)이 수령하지 않거나 수령할 수 없는 때에는, 공탁에 과다한 비용이 소요되지 않는 한, 그 금액을 공탁합니다.

제17조(고객의 처분청구권)
① 고객(송화인)은 사업자에 대하여 운송의 중지, 운송물의 반환 등의 처분을 청구할 수 있습니다.
② 사업자는 제1항의 규정에 의한 고객(송화인)의 청구가 있는 때에는, 공동운송 또는 타 운송수단의 이용 등으로 인해 운송상 현저한 지장이 발생할 우려가 있는 경우를 제외하고는 이에 응합니다. 이 경우에 이미 운송한 비율에 따른 운임과 운송물의 처분에 소요되는 비용은 고객(송화인)의 부담으로 합니다.
③ 제1항의 규정에 의한 고객(송화인)의 청구권은 고객(수화인)에게 운송물을 인도한 때에 소멸합니다.

제5장 운송물의 사고

제18조(사고발생시의 조치)
① 사업자는 운송물의 수탁 후부터 인도전까지 전부 멸실을 발견한 때에는 지체 없이 그 사실을 고객(송화인)에게 통지합니다.
② 사업자는 운송물의 수탁 후부터 인도전까지 운송물의 일부 멸실이나 현저한 훼손을 발견하거나, 인도 예정일보다 현저하게 연착될 경우에는 지체 없이 그 사실을 고객(송화인)에게 통지하고, 일정 기간을 정하여 운송물의 처분 방법 및 일자 등에 관한 지시를 해 줄 것을 요청합니다.
③ 사업자는 제2항의 규정에 의한 고객(송화인)의 지시를 기다릴 여유가 없는 경우 또는 사업자가 정한 기간 내에 지시가 없을 경우에는 고객의 이익을 위하여 운송의 중지, 운송물의 반환 기타의 필요한 처분을 할 수 있습니다. 이 경우 사업자는 지체 없이 그 사실을 고객(송화인)에게 통지합니다.

제19조(사고증명서의 발행)
사업자는 운송 중에 발생한 운송물의 멸실, 훼손 또는 연착에 대하여 고객(송화인)의 청구가 있으면 그 발생한 날로부터 1년에 한하여 사고증명서를 발행합니다.

제6장 사업자의 책임

제20조(책임의 시작)
운송물의 멸실, 훼손 또는 연착에 관한 사업자의 책임은 운송물을 고객(송화인)으로부터 수탁한 때로부터 시작됩니다.

제21조(공동운송 또는 타 운송수단 이용시 책임)

사업자가 다른 운송사업자와 협정을 체결하여 공동으로 운송하거나 다른 운송사업자의 운송수단을 이용하여 운송한 운송물이 멸실, 훼손 또는 연착되는 때에는 이에 대한 책임은 사업자가 부담합니다.

제22조(손해배상)

① 사업자는 자기 또는 운송 위탁을 받은 자, 기타 운송을 위하여 관여된 자가 운송물의 수탁, 인도, 보관 및 운송에 관하여 주의를 태만히 하지 않았음을 증명하지 못하는 한, 제2항 내지 제4항의 규정에 의하여 운송물의 멸실, 훼손 또는 연착으로 인한 손해를 고객(송화인)에게 배상합니다.

② 고객(송화인)이 운송장에 운송물의 가액을 기재한 경우에는 사업자의 손해배상은 다음 각 호에 의합니다.
  1. 전부 또는 일부 멸실된 때 : 운송장에 기재된 운송물의 가액을 기준으로 산정한 손해액 또는 고객(송화인)이 입증한 운송물의 손해액(영수증 등)
  2. 훼손된 때
     가. 수선이 가능한 경우 : 실수선 비용(A / S비용)
     나. 수선이 불가능한 경우 : 제1호에 준함
  3. 연착되고 일부 멸실 및 훼손되지 않은 때
     가. 일반적인 경우 : 인도예정일을 초과한 일수에 사업자가 운송장에 기재한 운임액(이하 '운송장 기재 운임액'이라 합니다)의 50%를 곱한 금액(초과일수×운송장 기재 운임액×50%). 다만, 운송장 기재 운임액의 200%를 한도로 함
     나. 특정 일시에 사용할 운송물의 경우 : 운송장기재운임액의 200%
  4. 연착되고 일부 멸실 또는 훼손된 때 : 제1호 또는 제2호에 준함

③ 고객(송화인)이 운송장에 운송물의 가액을 기재하지 않은 경우에는 사업자의 손해배상은 다음 각 호에 의합니다. 이 경우 손해배상한도액은 50만원으로 하되, 운송물의 가액에 따라 할증요금을 지급하는 경우의 손해배상한도액은 각 운송가액 구간별 운송물의 최고가액으로 합니다.
  1. 전부 멸실된 때 : 인도예정일의 인도예정장소에서의 운송물 가액을 기준으로 산정한 손해액 또는 고객(송화인)이 입증한 운송물의 손해액(영수증 등)
  2. 일부 멸실된 때 : 인도일의 인도장소에서의 운송물 가액을 기준으로 산정한 손해액 또는 고객(송화인)이 입증한 운송물의 손해액(영수증 등)
  3. 훼손된 때
     가. 수선이 가능한 경우 : 실수선 비용(A / S비용)
     나. 수선이 불가능한 경우 : 제2호에 준함
  4. 연착되고 일부 멸실 및 훼손되지 않은 때 : 제2항 제3호를 준용함
  5. 연착되고 일부 멸실 또는 훼손된 때 : 제2호 또는 제3호에 준하되, '인도일'을 '인도예정일'로 함

④ 운송물의 멸실, 훼손 또는 연착이 사업자 또는 운송 위탁을 받은 자, 기타 운송을 위하여 관여된 자의 고의 또는 중대한 과실로 인하여 발생한 때에는, 사업자는 제2항과 제3항의 규정에도 불구하고 모든 손해를 배상합니다.

⑤ 제1항에 따른 손해에 대하여 사업자가 고객(송화인)으로부터 배상요청을 받은 경우 고객(송화인)이 영수증 등 제2항 내지 제4항에 따른 손해입증서류를 제출한 날로부터 30일 이내에 사업자가 우선 배상합니다. 단, 손해입증서류가 허위인 경우에는 적용되지 아니합니다.

제23조(사고발생시의 운임 등의 환급과 청구)

① 운송물의 멸실, 현저한 훼손 또는 연착이 천재지변, 전쟁, 내란 기타 불가항력적인 사유 또는 고객(송화인, 수화인)의 책임없는 사유로 인한 것인 때에는, 사업자는 운임을 비롯하여 제18조 제1항 내지 제3항의 규정에 의한 통지, 합의, 처분 등에 소요되는 비용을 청구하지 못합니다. 사업자가 이미 운임이나 비용을 받은 때에는 이를 환급합니다.

② 운송물의 멸실, 현저한 훼손 또는 연착이 운송물의 성질이나 하자 또는 고객(송화인, 수화인)의 과실로 인한 것인 때에는, 사업자는 운임 전액을 비롯하여 제18조 제1항 내지 제3항의 규정에 의한 통지, 협의, 처분 등에 소요되는 비용을 청구할 수 있습니다.

제24조(사업자의 면책)

사업자는 천재지변, 전쟁, 내란 기타 불가항력적인 사유에 의하여 발생한 운송물의 멸실, 훼손 또는 연착에 대해서는 손해배상책임을 지지 아니합니다.

제25조(책임의 특별소멸 사유와 시효)

① 운송물의 일부 멸실 또는 훼손에 대한 사업자의 손해배상책임은 고객(수화인)이 운송물을 수령한 날로부터 14일 이내에 그 일부 멸실 또는 훼손에 대한 사실을 고객(송화인)이 사업자에게 통지를 발송하지 아니하면 소멸합니다.

② 운송물의 일부 멸실, 훼손 또는 연착에 대한 사업자의 손해배상책임은 고객(수화인)이 운송물을 수령한 날로부터 1년이 경과하면 소멸합니다. 다만, 운송물이 전부 멸실된 경우에는 그 인도예정일로부터 기산합니다.

③ 제1항과 제2항의 규정은 사업자 또는 그 운송 위탁을 받은 자, 기타 운송을 위하여 관여된 자가 이 운송물의 일부 멸실 또는 훼손의 사실을 알면서 이를 숨기고 운송물을 인도한 경우에는 적용되지 아니합니다. 이 경우에는 사업자의 손해배상책임은 고객(수화인)이 운송물을 수령한 날로부터 5년간 존속합니다.

제26조(분쟁해결)

① 이 계약에 명시되지 아니한 사항 또는 계약의 해석에 관하여 다툼이 있는 경우에는 사업자와 고객(송화인)이 합의하여 결정하되, 합의가 이루어지지 아니한 경우에는 관계법령 및 일반 관례에 따릅니다.

② 제1항의 규정에도 불구하고 법률상 분쟁이 발생한 경우에는 사업자 또는 고객(송화인)은 소비자기본법에 따른 분쟁조정기구에 분쟁조정을 신청하거나 중재법 등 다른 법률에 따라 운영 중인 중재기관에 중재를 신청할 수 있습니다.
③ 이 계약과 관련된 모든 분쟁은 민사소송법상의 관할법원을 전속관할로 합니다.

제2장 핵심문제

01 화물자동차운송의 증가요인으로 옳지 않은 것은?

① 운송의 완결성이 좋다.
② 고객의 요구에 빠른 대응이 가능하다.
③ 고정자본의 투입규모가 비교적 크다.
④ 대형화물차 이용 시 단거리보다 장거리 운송이 경제적이다.
⑤ 소량화물은 철도보다 신속운송이 가능하다.

정답 ③

해설 고정자본의 투입규모가 비교적 작아 투자가 용이하다.

02 화물자동차 하중제원 명칭에 대한 설명으로 틀린 것은?

① 공차중량(Empty Vehicle Weight)이란 차량의 순수한 기본무게로 연료, 냉각수, 윤활유 등을 포함하여 운행에 필요한 장비를 갖춘 상태의 중량을 말한다.
② 최대적재량(Maximum Payload)이란 화물을 최대로 적재할 수 있도록 허용된 중량이다.
③ 차량 총 중량(Gross Vehicle Weight)이란 승차정원을 포함하여 화물 최대적재량 적재시의 자동차 전체 중량이다.
④ 자동차 연결 총 중량(Gross Combination Weight)이란 전후차축에 걸리는 전체 하중이다.
⑤ 최대접지압력이란 화물의 최대 적재상태에서 도로 지면 접지부에 미치는 단위면적당 중량이다.

정답 ④

해설 자동차 연결 총 중량(Gross Combination Weight)이란 차량에 트레일러를 연결한 경우의 차량 총 중량으로 화물이 최대 적재된 상태의 트레일러와 트랙터의 무게를 합한 중량을 말한다.

03 다음에서 설명하는 전용특장차로 옳은 것은?

> 가루나 작은 알갱이 형태의 화물을 전문적으로 운송하기 위하여 제작되는 화물자동차이다. 시멘트, 곡물, 사료 등을 자루에 담지 않고 산물상태로 운송하는 차량에 주로 적용된다. 적재대는 원통형이나 박스형으로 제작되고 화물의 형태에 따라 상하차방식이 다르기 때문에 운송화물의 범용성이 떨어진다.

① Dump Truck　　　　② Tanklorry　　　　③ Truck mixer
④ Solid Bulk Truck　　⑤ Refer Truck

정답 ④

해설 Solid Bulk Truck이란 분체물운송트럭으로 가루나 작은 알갱이 형태의 화물을 전문적으로 운송하기 위하여 제작되는 화물자동차이다.

04 트레일러에 대한 설명으로 옳지 않은 것은?

① 풀트레일러(Full Trailer)는 트레일러에 적재된 화물의 무게를 해당 트레일러가 100% 부담하여 운송하는 형태의 피견인차량이다.
② 세미트레일러(Semi Trailer)는 피견인차량에 적재된 화물의 중량이 견인차량에 분산되도록 설계된 트레일러이다.
③ 폴트레일러(Pole Trailer)는 주로 미국에서 이용되고 있으며 세미 트레일러 2량을 연결한 것을 말한다.
④ 평상식 트레일러(Flat bed Trailer)는 전장의 프레임 상면이 평면의 하대를 가진 구조로서 일반화물이나 강재 등의 수송에 적합하다.
⑤ 저상식 트레일러(Low bed Trailer)는 대형기계 또는 불도저, 기중기 등 건설기계나 중기를 적재할 수 있도록 전고가 낮은 하대를 갖춘 트레일러이다.

정답 ③

해설 폴트레일러(Pole Trailer)는 차량 한 대로 안전하게 운송하기 어려운 장대화물을 안전하게 운송하기 위하여 이용되는 차량이다.

05 운영효율성지표에 대한 설명으로 옳지 않은 것은?

① 가동률은 일정기간 동안 화물차량을 실제 운행한 시간과 목표운행 시간과의 비율을 의미하는 지표로 실제 가동일수를 목표 가동일수로 나누어 산출한다.
② 회전율은 화물차량이 일정시간 내에 화물을 운송한 횟수를 말하는 지표로 총 운송량을 평균 적재량으로 나누어 산출한다.
③ 영차율은 전체 화물운송거리 중에서 실제로 얼마나 화물을 적재하고 운행했는지를 나타내는 지표로 적재거리를 총 운행거리로 나누어 산출한다.
④ 복화율은 편도운송을 한 후 귀로에 복화운송을 어느 정도 수행했느냐를 나타내는 지표로 귀로 시 공차 운행횟수를 편도 운행횟수로 나누어 산출한다.
⑤ 적재율은 화물자동차의 적재량 대비 실제 얼마나 화물을 적재하고 운행했는지를 나타내는 지표로 평균 적재중량을 적재가능 총 중량으로 나누어 산출한다.

정답 ④

해설 복화율은 편도운송을 한 후 귀로에 복화운송을 어느 정도 수행했느냐를 나타내는 지표로 귀로 시 영차 운행횟수를 편도 운행횟수로 나누어 산출한다.

06 화물자동차 운임에 대한 설명으로 옳지 않은 것은?

① 거리체감운임이란 운송거리가 증가할수록 ton·km 당 운송단가가 증가되는 형태의 운임이다.
② 고정비는 매출액과 관계없이 기간에 따라 일정하게 발생하는 비용을 말한다.
③ 변동비는 운송거리, 영차거리, 운송 및 적재량 등 매출액에 영향을 미치는 항목들의 증감에 따라 변동되는 원가를 말한다.
④ 단일운임이란 운송거리와 상관없이 단일요금을 적용하는 운임체계이다.
⑤ 비례운임이란 운임을 운송거리와 비례하여 변동시키는 운임체계이다.

정답 ①

해설   거리체감운임이란 운송거리가 증가할수록 ton·km 당 운송단가가 감소되는 형태의 운임이다.

07 택배운송의 특징으로 옳지 않은 것은?

① 개인화물부터 기업화물까지 불특정다수의 화물을 대상으로 한다.
② 개별화물의 전산관리, 화물추적, 집배차량과의 통신 등이 접목되는 사업이다.
③ 택배사업은 매출액에 비해서 적은 노동력이 소요되는 사업이다.
④ 물류기지, 집배차량, 자동분류기 등 대규모 투자가 필요하다.
⑤ 송화인의 문전에서 수화인의 문전까지 배송하는 door-to-door 서비스를 제공한다.

정답 ③

해설   택배사업은 매출액에 비해서 많은 노동력이 소요되는 사업이다.

08 택배운송장의 역할로 알맞지 않은 것은?

① 송화인과 택배회사 간의 계약서 역할
② 택배요금에 대한 영수증 역할
③ 송화인과 택배회사 간의 화물인수증 역할
④ 정보처리자료 역할
⑤ 사업자등록증의 역할

정답 ⑤

해설   택배운송장은 사업자등록증의 역할을 하지 않는다.

제3장 철도운송

I. 철도운송의 개요

▶ 2020년, 2018년, 2017년 등 기출

1. 철도운송의 개념

<u>철도란 레일 또는 일정한 궤도에 유도되어 여객 및 화물을 운송하는 차량 및 운전하는 설비를 말한다.</u> 철도화물운송은 송화인의 화물발송지에서부터 수화인의 배송지까지 사이에 철도와 기관차(화차)를 이용하여 화물을 운송하는 것을 말한다.

<u>화물을 원거리로 수송하는 경우에는 수송비용이 적게 들고 경제적인 반면에 초기에 대규모의 자본이 투자되고 투입자본 대부분이 고정화되어 타 산업으로 전업할 수 없다는 경제적 특성을 가지고 있다.</u>

2. 철도운송의 특징

철도운송은 배기가스나 소음이 적고 안전도가 높은 운송수단으로서, 정시성의 특성으로 계획운송이 가능하다. 또한 장거리, 대량화물 운송에 적합하며, 사회간접자본으로 공공재 성격이 강하며 지속적인 투자를 요구한다.

3. 철도운송의 장단점

(1) 장점
① 대량의 화물을 동시에 효율적이고 안전하게 운송할 수 있다
② 화물의 중량에 크게 영향을 받지 않는다.
③ 배기가스나 소음이 적어 친환경적이다.
④ 정시성 확보에 유리해 사전에 계획운송이 가능하다.
⑤ 전국적인 네트워크(철도운송망)를 보유하고 있다.
⑥ 전천후적인 운송수단으로 날씨의 영향이 적다.
⑦ 중·장거리 운송일수록 운송비가 저렴하다.
⑧ 왕복운송에 따른 유리한 운송할인제도가 존재한다.

(2) 단점
① 문전에서 문전(door-to-door)수송이 불가능하다.
② 완결성 부족으로 적재와 하역 시 많은 단계가 필요하다.
③ 객차 및 화차의 소재 관리가 곤란하다.

▶ 철도운송 관련 주요 용어
① 철도 : 여객 또는 화물을 운송하는데 필요한 철도시설과 철도차량 및 이와 관련된 운영·지원체계가 유기적으로 구성된 운송체계를 말한다.
② 철도차량 : 선로를 운행할 목적으로 제작된 동력차·객차·화차 및 특수차를 말한다.
③ 선로 : 철도차량을 운행하기 위한 궤도와 이를 받치는 노반 또는 공작물로 구성된 시설을 말한다.
④ 철도사업 : 다른 사람의 수요에 응하여 철도차량을 사용하여 유상으로 여객이나 화물을 운송하는 사업을 말한다.
⑤ 사업용철도 : 철도사업을 목적으로 설치하거나 운영하는 철도를 말한다.
⑥ 전용철도 : 다른 사람의 수요에 따른 영업을 목적으로 하지 아니하고 자신의 수요에 따라 특수 목적을 수행하기 위하여 설치하거나 운영하는 철도를 말한다.
⑦ 철도운수종사자 : 철도운송과 관련하여 승무(동력차 운전과 열차 내 승무) 및 역무서비스를 제공하는 직원을 말한다.
⑧ 철도사업자 : 한국철도공사 및 철도사업 면허를 받은 자를 말한다.
⑨ 철도산업 : 철도운송·철도시설·철도차량 관련산업과 철도기술개발 관련산업 그 밖에 철도의 개발·이용·관리와 관련된 산업을 말한다.
⑩ 궤간 : 궤도 사이의간격을 말하며, 우리나라 궤간의 치수는 1,435 mm(표준궤)로 한다.

④ 터널과 다리 등을 통과하므로 적재화물의 크기에 대한 제한이 있다.
⑤ 운행시간의 탄력적 운용이 어렵다.
⑥ 운임체계가 비탄력적이다.
⑦ 적합차량을 적절한 시기에 배차하기 어렵다(배차의 탄력성이 낮음).
⑧ 적재중량당 용적량이 매우 적다.
⑨ 초기 구축비용 등 고정비용이 많이 든다.
⑩ 근거리 운반시 상대적으로 운임비율이 높고, 운임설정이 경직적이다.

II 철도차량의 종류

▶ 2019년, 2016년 등 기출

1. 유개화차

▶ 유개화차

유개화차란 상부에 지붕이 있는 모든 화차로 적재실이 박스형 구조로 설계되어 있으며 양 측면에 슬라이딩 도어를 구비하고 있어 화물하역이 용이한 화차를 말한다. 포대화물(양회, 비료 등), 제지(종이)류 등 비에 젖지 않아야 하고 외부로부터 보호되어야 하는 화물을 수송하기에 적합하다. 보통화차와 특수화차로 구별하며 특수화차에는 냉장화차 및 보온화차, 가축화차, 통풍화차, 비상화차, 소방화차, 차장화차 등이 있다.

2. 무개화차

▶ 무개화차

상부에 지붕이 없고 네 측면이 판자로 둘러싸여 있어 위가 트여있는 화차를 말한다. 가장 고전적인 화차로 적재가 비교적 용이하지만, 유개화차와 마찬가지로 용적의 제한을 받는다.

구조가 간단하여 무연탄, 철근, 광석 등 기타 비에 젖거나 인화의 우려가 없는 화물을 주로 운송한다. 또한 필요에 따라서는 컨테이너를 직접 적재하여 운송하는 데 사용되기도 한다. 하차시에는 기계를 이용하여 퍼내거나 측면 분출구를 이용한다.

3. 평판화차

▶ 평판화차

철도화차의 상단이 평면으로 바닥판만 있는 화차를 말한다. 철도화차의 상단에는 필요에 따라 화물을 고정시킬 수 있는 체결장치가 설치될 수 있는 구조로 되어 있는 경우가 많다.

목재나 레일, 강관과 같은 장척화물, 철판 코일, 자동차 등 차량, 컨테이너, 혹은 변압기나 기계류와 같은 대중량 및 대용적화물 등을 운송하는 데 이용한다.

4. 컨테이너화차

<u>컨테이너 수송에 적합한 평탄한 화차로 평면의 철도화차 상단에 컨테이너를 고정하여 운송할 수 있는 장치를 장착한 컨테이너 전용화차를 말한다.</u> 컨테이너의 적재는 일단적재가 통상의 운용방식이나, 철도선로의 노반이 튼튼하고, 허용높이가 되는 경우에는 이단적재로도 운용이 가능하다.

5. 호퍼화차

상하차 작업의 합리화가 가능한 구조로 된 화차를 말한다. 바닥에는 화물을 적하할 때 쏟아 붙는 깔때기 모양의 출구가 달려있다. 시멘트·곡물, 사료 등 입체화물을 운반하는 호퍼차와 석탄, 자갈 등 분체화물을 운반하는 호퍼차가 있다.

6. 이단적재화차

컨테이너화차의 일종으로 컨테이너를 2단으로 적재하여 운송할 수 있도록 설계된 화차를 말한다. 우리나라에서는 운행은 안한다.(터널 등으로 인함)

7. 탱커화차

액체화물의 운송을 위해 일체형으로 설계된 화차를 말한다.

8. 벌크화차

벌크 전용 탱크가 설치된 시멘트를 운송하기 위한 화차를 말한다.

9. 곡형평판화차

군용 중기 등을 운송하기 위해 앞뒤로 대차가 하나씩 추가되고 상판을 낮춘 화차를 말한다. 중앙부 저상구조로 되어 있으며, 대형변압기, 군장비 등의 특대형 화물수송에 적합하도록 제작되어 있다

▶ 컨테이너화차

▶ 호퍼화차

▶ 이단적재화차

▶ 곡형평판화차

III 철도운송의 종류와 형태

▶ 2020년, 2017년 등 기출

1. 철도운송의 종류

(1) 화차취급 운송

<u>화물을 임대한 화차 1량 단위로 운송하는 것</u>을 말한다. 가장 일반적인 화물운송방법으로 대량화물의 장거리 운송에 적합한 방식이다.

임대시 통상 화차 1량 단위를 원칙으로 하지만, 특대화물 등을 2량 이상의 화차에 걸쳐서 운송할 때는 사용대차를 1량 단위로 간주하기도 한다. 물 등의 경우에는 할증제도가 있다.

(2) 컨테이너취급 운송

대량운송을 위한 최적운송방법으로 형태, 크기, 중량이 다른 여러 가지 화물을 섞어서 일정한 단위로 운송하는 것을 말한다.

(3) 화물취급 운송 : KTX 특송서비스

KTX 특송서비스는 KTX 열차를 이용하여 소규모 소화물과 서류 등을 신속히 배송하는 서비스이다.

2. 철도운송의 형태

(1) 직행운송

특정한 발·착역을 정하고 그 철도역 사이를 직행운송하는 방식을 말한다. 철도역 간 운송 외에 공장과 공장 간의 전용열차, 생산지와 소비지 또는 가공거점 간 직행 운송 등도 이에 해당한다.

장점은 왕복운송에서 볼 수 있는 운송효율 향상, 운송관리의 용이성 등이 있다.

(2) 컨테이너 운송

1960년대 영국 국철이 개발한 정기급행(컨테이너) 화차인 Freight Liner운송이라고도 하며 컨테이너 화물을 싣고 문전에서 문전까지의 일관운송을 말한다. 열차에 대형 컨테이너를 적재하고 터미널 사이를 정기적으로 고속 운행하는 화물컨테이너 운영방식을 말한다.

(3) 쾌속화물 운송

지역별로 중심역을 정하고 그 중심역 사이를 쾌속열차를 연결하여 운송하는 방식을 말한다. 단위역차에 미치지 못하는 화차취급 화물을 적재한 화차를 중심역에서 환적 또는 연계하여 간선철도역 간 운행을 한다.

(4) 야드(조차장)집결 운송

역두 또는 역 근처 야드에 화물을 집결하여 행선별로 구분 편성되어 화물열차에 의해 도착역에서 가장 가까이 있는 야드까지 운송되는 방식을 말한다. 일종의 철도 Hub & Spoke 방식이라 할 수 있다.

3. 철도운송 서비스의 형태

(1) 블록 트레인(Block Train)

자체 화차와 터미널을 가지고 항구 또는 출발지 터미널에서 목적지인 내륙터미널 또는 도착지점까지의 선로를 빌려 철도·트럭 복합운송을 제공하는 고속직행열차 서비스 방식이다. 이는 물량 등이 충분하며, 조차장이 적은 철도망인 경우에 매우 효율적인 서비스형태이다.

스위칭 야드(Switching Yard)를 이용하지 않으면서 철도화물역 또는 터미널 간을 직행 운영하는 전용열차의 형태이다. 중간역을 거치지 않고 최초 출발역에서 최종 도착역까지 직송서비스를 제공하므로 열차의 운송시간을 줄이고 수송력을 높일 수 있다는 장점이 있다.

또한 열차의 운송시간을 단축시킬 수 있어 중·장거리 운송구간에서 도로와의 경쟁력 등을 높일 수 있게 해준다. 블록트레인의 운행이 경제적인 타당성을 갖추기 위해서는 열차용량의 60% 이상의 적재 물량이 존재하여야 한다. 통상 블록트레인의 길이는 700m, 미터당 허용중량은 8톤까지 가능하기 때문에 일 편성으로 최대 5,600톤의 화물수송이 가능하다.

(2) 셔틀 트레인(Shuttle Train)

철도역 또는 터미널에서의 화차의 조성비용을 줄이기 위해 화차의 수 및 타입 등이 고정되며 출발지 → 목적지 → 출발지를 연결하는 루프형 구간에서 서비스를 제공하는 방식이다.

셔틀 트레인은 블록 트레인을 보다 더 단순하게 한 열차로서 화차의 수 및 구성이 고정되어 있어 터미널에서의 화차취급비용을 절감할 수 있다(블록 트레인에 비해 약 15~20% 절감).

이는 비교적 짧은 구간에서 유용한 열차서비스의 형태이며, 셔틀 트레인을 운행하기 위해서는 두 터미널 간의 운송수요가 충분하며 안정적이어야 한다.

(3) Y – 셔틀트레인(Y-Shuttle Train)

하나의 중간터미널을 경유하는 것 말고는 셔틀트레인과 동일한 형태의 서비스를 제공하는 열차형태이다. 셔틀트레인과 마찬가지로 화차의 수 및 타입 등이 고정되는 열차서비스이다.

(4) 싱글웨곤 트레인(Single-Wagon Train)

여러 개의 중간역 내지 터미널을 거치면서 운행하는 열차서비스로 철도화물의 운송서비스부문에서 가장 높은 비중을 차지하고 있다. 목적지까지 열차운행을 하기 위한 충분한 물량이 확보되어있을 경우에만 운행이 가능하므로 통상적으로 화물의 대기시간이 매우 긴 서비스 형태라 할 수 있다.

(5) 커플링앤셰어링 트레인(Coupling & Sharing Train)

중·단거리 운송 및 소규모 터미널 등에서 사용할 수 있는 소형열차(Modular Train) 형태의 열차서비스이다. 기존 싱글웨곤 트레인(Single-Wagon Train)의 개선 대안으로 제기된 열차형태이며, 중간역에서의 화차취급을 단순화해서 열차의 조성을 신속·정확하게 할 수 있다.

(6) 라이너 트레인(Liner Train)

Single-Wagon Train의 일종으로 장거리 구간에 여러 개의 소규모 터미널이 존재하는 경우 마치 여객열차와 같이 각 기착터미널에서 화차를 Pick-Up & Delivery 하는 서비스 형태이다.

현재 독일에서 운행되고 있는 라이너 트레인(Liner Train)은 주로 자국 내의 지역 내 또는 지역 간 철도노선 등에 활용되고 있다.

IV 철도 컨테이너운송

▶ 2019년, 2018년, 2016년 등 기출

1. 컨테이너운송을 위해 필요한 철도시설

(1) 컨테이너야드(CY)
컨테이너의 상하차 작업 및 적치를 위해 포장된 평평한 컨테이너야드(CY)의 조성이 필요하다.

(2) CFS창고
소량 수출화물을 목적지별로 컨테이너화하고 Devanning(적출)을 위해 필요하며 철도의 컨테이너운송을 촉진하기 위해서 철도역에 CFS를 설치하는 것이 필요하다.

(3) 보세장치장 (bonded shed)
외국물품 또는 보세화물을 반출, 반입하여 일시 장치할 수 있는 장소를 말한다.

(4) 컨테이너핸들러
컨테이너를 신속하게 하역하기 위한 컨테이너 전용 크레인이다.

2. 철도 컨테이너의 하역방식

(1) TOFC(Trailer On Flat Car) 방식

① TOFC 방식의 개념 및 특징
  컨테이너를 철도로 운송하기 위하여 사용되는 적양방식의 하나로 철도역에 하역설비가 없는 경우, 컨테이너를 적재한 트레일러를 따로 분리시키지 않고, 트레일러와 결합된 상태로 화차에 직접 적재·양륙되어 운송하는 것을 말한다. 철도운송과 도로운송을 결합한 복합운송시스템으로 트레일러가 직접 적재되므로 적재효율은 낮지만, 하차 후 바로 움직일 수 있기 때문에 환적 시 발생되는 물류비용을 줄일 수 있어 효율적인 운송방식이다. TOFC 방식은 피기백 방식과 캥거루 방식, 프레이트 라이너 등으로 구분된다.

② TOFC 방식의 구분
  ㉠ 피기백(Piggy-back) 시스템
    화물열차의 대차 위에 트레일러나 트럭에 적재된 컨테이너를 분리하지 않은 채로 경사로(Ramp) 또는 피기 패커(piggy packer) 등 하역장비를 이용해 함께 적재한 후 운송하는 방식이다. 화물자동차의 기동성과 철도의 중·장거리 운송에 있어서의 장점을 결합한 혼합 운송방식으로 운송수단 변경 시에 발생되는 물류비용을 절감하기 위해 개발되었다.

화물의 적재단위가 클 경우에 매우 편리하게 이용이 가능하며 수송경비, 하역비의 절감효과를 가져오고, 별도의 분류작업이 필요 없다는 장점이 있다.

ⓒ 캥거루(Kangaroo) 시스템

피기백 방식과 유사하지만 트레일러 바퀴가 화차에 접지되는 부분을 경사진 요철 형태로 만들어 화물의 적재높이가 낮아지도록 하여 운송하는 형태라는 점에서 구분된다. 프랑스 국유철도에서 개발되어 컨테이너의 운송단위가 적은 유럽에서 주로 이용되고 있다. 피기백 시스템은 차량 높이에 대한 제한이 있을 경우에 적용이 어려운데 이를 해결하기 위하여 개발된 시스템이다.

차량 높이에 대한 제한이 있을 경우 피기백 방식보다는 높이가 상당히 낮으므로 터널 통과 시에 유리하다. 장거리 정기노선에 있어 운송의 효율성을 높이고 트럭에 의해서 지역 간의 집화 및 인도를 신속히 하며, 정시인도와 열차배치의 규칙성, 하역기계의 불필요, 연료의 효율성 등의 장점이 있다.

ⓒ 프레이트 라이너(Freight Liner) 시스템

프레이트 라이너란 철도의 일정구간을 정기적으로 고속운행하는 열차를 편성하여 화물을 문전에서 문전(Door to door)으로 수송하기 위해 영국의 국유철도에서 개발한 철도운송 방식이다. 화물자동차와 철도운송을 결합한 운송방식이라는 점에서 TOFC 방식의 하나로 분류되며, 공로운송과 철도를 포함한 일관요율을 적용한다.

(2) COFC(Container On Flat Car) 방식

① COFC 방식의 개념 및 특징

컨테이너만을 화차에 싣는 방식으로 철도컨테이너 데포에서 크레인 및 지게차 등 별도의 하역장비를 이용하여 트레일러로부터 컨테이너를 분리시키고, 철도의 화차대(Flat Car)에 적재하여 운송하는 방식이다. 하역작업이 용이하고 화차중량이 가벼워 TOFC 방식보다 보편화되어 있다.

일반적으로 TOFC에 비해 적재효율이 높고, 대량의 컨테이너를 신속히 취급할 수 있다. 국내에서도 컨테이너 철도운송에 일반적으로 많이 사용되고 있는 컨테이너 하역방법이며, 철도운송과 해상운송의 연계가 용이하다.

COFC 방식은 화물의 상하차 작업방식에 따라 가로-세로 이동방식, 매달아 싣는 방식, 플랙시 밴(FlexiVan) 방식 등으로 세분화된다.

② COFC 방식의 구분

㉠ 가로-세로 이동방식 : 스프레드(Spread)지게차 또는 리치스태커(Reach stacker)를 이용하여 처리하는 방식으로 비교적 화물 취급량이 적은 경우에 사용한다.

ⓒ 매달아 싣는 방식 : 트랜스퍼 크레인 또는 일반 크레인을 이용하여 처리하는 방식으로 지게차나 가로-세로 이동방식에 비해 시간당 처리하는 컨테이너 물동량이 많아 대량의 컨테이너를 신속히 처리해야 하는 경우에 사용한다.

ⓒ 플렉시 밴(Flexi-Van) 방식(회전) : 트럭이 화물열차에 대해 직각으로 후진하여 화차에 컨테이너를 직접 적재하고 화차에 달린 회전판(턴테이블)을 이용하여 컨테이너를 90° 회전시켜 고정하는 방식이며, COFC 하역방식 중에서 기동성이 가장 우수하다.

V 철도운송의 운임

▶ 2018년, 2016년 등 기출

1. 철도화물의 운임체계

(1) 일반적인 화물의 운임(화차취급운임)

일반적인 철도운송을 위한 운임은 운임률표에 따라 정해져 있는데 다음과 같은 체계에 의한다.
① 일반화물 운임 = 운송거리(km) × 운임단가(운임 / km) × 화물중량(톤)
② 운임산출시 1km 미만의 거리와 1톤 미만의 일반화물은 반올림하여 계산한다.
③ 화물중량이 1량의 최저중량에 미달된 경우에는 별도로 정한 중량을 적용한다.
④ 일반화물의 최저 기본운임은 화차표기 하중톤수 100km에 해당하는 운임으로 한다.

(2) 컨테이너 화물의 운임

① 컨테이너 화물운임= 운송거리(km) × 컨테이너 종류별 운임률(1km 당 운임)
② 철도운임과 발착양단의 통운요금으로 구성된다.
③ 냉동 및 냉장컨테이너 등의 사용에는 할증제도가 있고, 해상컨테이너 운송의 경우에는 할인제도가 있다.
④ 컨테이너 화물의 최저기본운임은 규격별 컨테이너의 100km에 해당하는 운임으로 한다.

2. 철도화물 운임유형의 종류 및 장·단점

(1) 운임유형의 종류

① 거리비례제 : 승객 또는 화물을 운송한 거리에 비례하여 같은 율로 운임을 계산하는 방법 이다.
② 거리체감제 : 운행구간이 멀어짐에 따라 체감률을 적용하여 원거리수송이 단거리수송보다 유리하게 하는 제도로서 운송거리에 관계없는 고정비용이 많은 경우 및 원거리 간의 지역차를 해소하기 위한 관점에서 합리적인 운임제도이다.
③ 구역운임제 : 전 운행구간을 몇 개의 구역(Zone)으로 나누어 구역마다 단위운임을 정하여 통과하는 구역 수에 따라 운임을 정하는 제도로서 구역의 규모와 형태의 결정이 중요하다.

(2) 운임유형별 장단점

구분	거리비례제	거리체감제	구역운임제
장점	수송거리에 따라 비용을 지불하여 형평성 제고	철도의 장점에 부합되는 원거리 수송화물에 대한 경쟁력 증대	노선이 많지 않은 경우 실제 노선의 거리에 의하지 않고 지역 간 거리에 의하므로 형평성 측면에서 유리
단점	원거리 수송비용이 저렴한 철도의 장점을 살릴 수 없음	운임산정이 복잡하고 장거리 운임할인에 따른 운송수입 감소 우려	구역 경계점 인접거리 수송 간에 운임격차 발생으로 인한 형평성 측면에서는 미약
적용	한국 및 독일 철도운임	일본 및 프랑스 철도운임, 한국 고속·시외버스	한국 지하철, 외국의 화물운임 등 다양하게 적용

VI. 우리나라 철도운송의 현황

▶ 2017년 등 기출

1. 우리나라 철도운송의 현황

① 2011년 우리나라 철도운송량은 40,012천 톤으로 분담률은 5.2%를 기록하였으며 도로운송에 비해 철도운송이 수송 분담률이 낮다.
② 최근 도로체증, 과적단속 강화, 고속철도 개통 이후 주간운행 증가 및 화물열차 운행횟수 증가 등으로 컨테이너 철도운송이 증가하고 있다.
③ 철도에 의한 경부간 컨테이너 화물운송은 주로 야간에 이루어진다.
④ 시간절감과 수송력 제고를 위해 Block Train을 활용하고 있으나 Double Stack Train은 운행하고 있지 않다.
⑤ 우리나라는 철도노선의 궤간 폭에 따른 표준궤를 이용하고 있다.
⑥ 경부간 컨테이너 철도운송을 위해 의왕과 양산에 내륙컨테이너 기지(ICD)를 두고 있다.

2. 우리나라 철도운송의 문제점

① 철도운송 기반시설의 부족으로 화물열차 운행에 제한이 있다.
② 화차의 부족으로 화차의 정시수급이 어렵다.
③ 철도와 관련되는 배후 도로망과의 연계가 부족하다.
④ 각 운송수단 간의 전환 추진이 미흡하다.
⑤ 철도운송 경로의 복잡성으로 인한 경쟁력이 부족하다.
⑥ 철도로 운송하기에는 대규모 화물수요지역 간의 운송거리가 짧은 편이다.
⑦ 공로화물운송에 비해 운임체계가 경직적이고 운임의 융통성이 적다.
⑧ 철도소화물 운영상의 비효율성이 나타난다.
⑨ 적자의 누적 및 운영의 경직성이 있으며, 철도화물 취급 전문인력의 부족하다.

⑩ 문전운송(Door to Door)서비스는 불가능하고, 철도터미널의 기능이 부족하여 다양한 고객의 운송요구에 신속한 대응이 어렵다.

3. 우리나라 철도운송의 효율화 방안
① 철도 기반시설의 확충 및 운송수단 전환의 적극 추진한다.
② 철도운임체계 개선 및 영업활동의 강화한다.
③ 프레이트 라이너((Freight Liner) 및 더블 스택카(Double Stack Car)의 도입한다.
④ 철도경영의 합리화 및 운송의 현대화 추진한다.
⑤ 연계운송을 통한 효율성 강화한다.
⑥ 일관운송체계의 구축하고 남북철도 연결 및 대륙철도 연계한다.

4. 남북철도의 완전 개통 시 기대효과
① 한반도의 동북아 국제복합운송거점으로서의 발전 가능성
② 한국과 유럽 간 해상운송과 철도운송 간 경쟁증대
③ 한반도와 유럽 간 새로운 물류네트워크 구축을 통한 국제물류시스템의 개선
④ 시베리아횡단철도(TSR)와 중국횡단철도(TCR)와의 연계 가능성
⑤ 대륙철도와의 연계로 국내 항만의 물동량 증가

제3장 핵심문제

01 철도운송의 장단점으로 옳지 않은 것은?

① 대량의 화물을 동시에 효율적이고 안전하게 운송할 수 있다.
② 배기가스나 소음이 적어 친환경적이다.
③ 중·장거리 운송일수록 단위당 운송비가 비싸다.
④ 완결성 부족으로 적재와 하역 시 많은 단계가 필요하다.
⑤ 초기 구축비용 등 고정비용이 많이 든다.

정답 ③

해설 중·장거리 운송일수록 단위당 운송비가 저렴하다.

02 다음에서 설명하는 철도차량의 종류로 알맞은 것은?

> 상하차 작업의 합리화가 가능한 구조로 된 화차를 말한다. 바닥에는 화물을 적하할 때 쏟아 붙는 깔때기 모양의 출구가 달려있다.

① 유개화차
② 무개화차
③ 평판화차
④ 컨테이너화차
⑤ 호퍼화차

정답 ⑤

해설 호퍼화차는 상하차 작업의 합리화가 가능한 구조로 된 화차를 말한다. 바닥에는 화물을 적하할 때 쏟아 붙는 깔때기 모양의 출구가 달려있다. 시멘트·곡물, 사료 등 입체화물을 운반하는 호퍼차와 석탄, 자갈 등 분체화물을 운반하는 호퍼차가 있다.

03 철도 컨테이너의 하역방식으로 옳지 않은 것은?

① TOFC방식이란 컨테이너를 적재한 트레일러를 따로 분리시키지 않고, 트레일러와 결합된 상태로 화차에 직접 적재·양륙되어 운송하는 방식이다.
② COFC 방식이란 컨테이너만을 화차에 싣는 방식이다.
③ 캥거루시스템이란 COFC 방식중 하나이다.
④ 가로-세로 이동방식은 스프레드지게차 또는 리치스태커를 이용하여 처리하는 방식으로 비교적 화물 취급량이 적은 경우에 사용한다.
⑤ 플렉시 밴(Flexi-Van) 방식이란 트럭이 화물열차에 대해 직각으로 후진하여 화차에 컨테이너를 직접 적재하고 화차에 달린 회전판(턴테이블)을 이용하여 컨테이너를 90° 회전시켜 고정하는 방식이다.

정답 ③

해설　캥거루시스템이란 TOFC 방식중 하나이다.

04 우리나라 철도운송의 효율화 방안으로 옳지 않은 것은?

① 싱글웨곤 트레인으로 전환을 추진한다.
② 연계운송을 통한 효율성 강화한다.
③ 철도운임체계 개선 및 영업활동의 강화한다.
④ 철도경영의 합리화 및 운송의 현대화 추진한다.
⑤ 일관운송체계의 구축하고 남북철도 연결 및 대륙철도 연계한다.

정답 ①

해설　싱글웨곤 트레인은 이미 활용하는 방식 중 하나이다.

제4장 항공운송

I. 항공운송의 개요

▶ 2016년, 2015년 등 기출

1. 항공운송의 개념

항공운송은 항공기를 이용하여 항복(Plane's Space)에 여객 또는 우편 및 화물을 탑재하고 공항에서 공로(air rout)를 이용하여 다른 공항까지 운송하는 시스템을 말한다. 항공운송은 가장 체계화된 유통시스템과 정보체계를 갖추고 있으며, 이를 이용한 물적 유통체제가 완벽하게 운영되고 있어 시장 전략 경쟁력 증대라는 차원에서 굉장히 적절한 운송전략이라 할 수 있다.

2. 항공운송의 특징

① 일반적으로 중량에 비해 고가품이거나 귀중품들이 많이 이용되고 있다.
② 신속성을 요구하는 화주들에게는 타 운송수단에 비해 높은 운임에도 불구하고 활용된다.
③ 신속성으로 재고 비용을 절감시켜준다.
④ 화물의 중량, 부피 및 길이 등에 따라 운송의 제약이 심한 편이다.
⑤ 해상운송과 연계한 해·공 복합 운송체계를 구축할 수 있다.
⑥ 항공운송은 해상운송에 비해 운송기간이 짧아 신속성과 안전성이 높고 출발과 도착의 정시성과 신뢰성이 높다.

3. 항공운송의 장단점

(1) 장점

① 소량 및 경량상품의 원거리 운송에 가장 적합하다.
② 타 운송수단에 비해 운송시간이 짧고, 해상운송에 비해 안전도가 높다.
③ 신속한 운송으로 계절성·유행성·신선도 유지 상품의 수출도 가능하다.
④ 당일운송을 통한 재고조정이 가능하고, 수요 변화에 빠르게 대응할 수 있다.
⑤ 화물의 손상, 분실 또는 조난 사고가 적고, 포장최소화에 따라 포장비를 절감할 수 있다.

(2) 단점

① 타 운송수단에 비해 운임이 가장 비싸고 매우 비탄력적이다.
② 항공기의 항복의 한계로 인해 대량·장척의 물품 수송이 어렵다.
③ 고중량 물품의 운송이 어렵고, 위험물에 대한 제한이 많다.

▶ 항공운송의 증가 원인
① 소비구조의 고급화(소형화, 자동화)와 상품거래의 신속화
② 생산시설의 국제적 이전에 의한 국제분업의 가속화와 이에 따른 필요 물품들의 항공운송 증대
③ 국제운송의 절대적 증가에 따른 항공운송 수요의 증대
④ 항공운송서비스의 질적 향상 및 이에 대한 마케팅의 강화
⑤ 항공기의 대형화로 인하여 적재량의 증가 및 운임 인하
⑥ 적시재고정책(Just-In-Time Inventory Policy)의 도입으로 필요한 물품의 적시 배송(Just-In-Time Delivery) 필요성의 증대
⑦ 화물전용기의 정기적 운항에 따른 운송의 계획성 확보
⑧ 항공화물터미널의 확충 및 전문성 고조

④ 공항에서의 물품인수로 인한 불편함이 따른다.
⑤ 기후에 영향을 많이 받으며, 공항을 갖춰야 하므로 지역이 제한된다.

4. 항공운송의 부문별 특징

(1) 물류측면
① 수요기간이 짧은 물품의 운송에 적합하다.
② 긴급을 요하는 화물 또는 소형화물의 운송에 적합하다.
③ 취급과 보관비용이 높은 화물운송에 적합하다.
④ 운송시간의 단축으로 운송물류비의 절감 및 화물의 손해발생률이 적다.

(2) 비용측면
① 육상운송에 비해 보험료가 매우 저렴하다.
② 운송시간이 짧아 투자자본의 비용이 절감된다.
③ 신속성으로 인해 보관비가 절감되고 포장의 경량화에 따라 운임이 절감된다.
④ 하역 처리 빈도가 적어 도난과 파손 등 위험의 발생률이 극히 적고 비상시 손해를 최소화할 수 있다.
⑤ 보관기간이 짧아 창고시설의 투자자본, 임차료, 관리비 등의 비용이 절감된다.

(3) 서비스측면
① 갑작스런 수요에 대처가 가능하고 고객서비스 향상에 의해 매출이 증대된다.
② 판매기간이 짧은 상품에서 시장경쟁력이 있고 변질성 상품의 시장 확대가 가능하다.
③ 신속운송으로 인해 투자자본의 효율적 회전 및 재고품의 진부화, 변질화 등에 의한 손실률이 적고 운송중인 상품의 위치파악이 쉽다.

(4) 운송측면
① 타 운송에 비해 운송기간이 짧아 신속성과 안정성이 높고 발착의 정시성과 신뢰성이 있다.
② 화물의 수취가 불편하고, 공항에서 문전까지 집배송이 필요하다.
③ 상대 기업에 대한 경쟁상의 이점이 있다.
④ 수요변화에 따른 적응성이 크고 대고객서비스에서 만족성이 있다.
⑤ 도난방지의 효과가 크다.

5. 항공운송의 주요 이용 품목
① 중량이나 부피에 비해 고가인 화물
② 안전성과 확실성이 요구되는 물품
③ 긴급한 수요와 납기가 임박한 화물
④ 장기간 운송 시 가치가 상실될 우려가 있는 품목
⑤ 해상 또는 육상운송 등 다른 운송수단의 이용 불가능으로 인해 운송되는 품목
⑥ 제품의 시장경쟁력 확보가 필요한 화물

⑦ 판매시기가 중요한 물품(신문, 잡지, 정기간행물 등)
⑧ 취급과 보관비용이 높은 화물

II 항공기와 단위탑재용기(ULD), 적재방식 등

1. 항공기

(1) 항공기의 종류

① 여객기(Passenger) : 항공기의 상부 공간은 객실로 이용하고 하부 공간은 화물실로 이용한다.
② 화객혼용기(Convertible Aircraft, Combi Aircraft) : 화물실과 여객실을 상호 전용할 수 있도록 제작된 항공기이다.
③ 화물전용기(Freighter) : 상하부 격실의 공간에 화물만 싣도록 하는 전용기이다.

(2) 항공기의 중량

① 자체중량(empty weight) : 기체구조, 엔진, 고정 장비 및 내부 장비 등의 중량이다.
② 운항중량(operating weight) : 승무원, 엔진의 윤활유, 여객 서비스용품, 식음료 등의 중량이다.
③ 유상중량(payload) : 항공기에 탑재한 유상 여객, 화물, 우편물 등의 중량이다.
④ 착륙중량(landing weight) : 이륙중량에서 비행 중 소비된 연료 중량을 뺀 나머지 중량이다.
⑤ 이륙중량(take-off weight) : 항공기가 이륙할 때 총중량으로 최대이륙중량을 초과할 수 없다.

2. 단위탑재용기(Unit Load Device, ULD)

(1) ULD의 개념

<u>ULD란 종래의 살화물(Bulk Cargo)을 항공기의 탑재에 적합하도록 설계한 일종의 화물운송용기로 사용되는 컨테이너, 파렛트, 이글루 등 항공화물 탑재용구의 총칭이다.</u>

ULD는 두 가지 종류로 구분되는데, IATA(국제항공운송협회)의 허가 아래 각종 항공기의 화물칸에 맞도록 제작된 단위탑재용기를 Aircraft ULD라 하고, 화물의 종류에 맞추어 화물칸의 탑재상태와는 상관없이 비(非)항공용으로 제작된 단위탑재용기를 Non-Aircraft ULD라고 한다.

(2) ULD의 특징

① <u>신속한 항공기 탑재 및 하역으로 지상조업시간과 하역시간을 단축할 수 있다.</u>
② 운송화물의 안전성을 높인다.

▶ ULD

③ 초기 투자비용이 많이 든다.
④ 항공기 적재 위치별로 내부공간이 상이하며 동일 항공기 내에서도 여러 유형을 갖는다.
⑤ 항공기 기종별 규격이 달라 항공 단위탑재용기간 호환성이 낮다.

(3) ULD의 종류

① 파렛트(Pallet) : 1인치 이하의 알루미늄 합금으로 제작된 평판으로 파렛트 위에 특정 항공기의 내부모양과 일치하도록 작업한 후 그물(Net)이나 띠(Strap)로 계류(Tie-Down)시킬 수 있도록 한 장비이다. 표준 규격은 88"×108"와 88"×125"로 두 종류가 있다.
② 항공화물용 컨테이너(Certified Aircraft Containers) : 컨테이너의 밑바닥이 항공기에 고정되도록 제작되어 별도의 보조장비 없이 항공기의 화물실에 적재하고, 계류가 가능하도록 제작된 용기이다.
③ 이글루(Igloo) : <u>유리섬유 또는 알루미늄 등의 소재로 항공기의 내부 동체의 모양에 따라 제작된 항공화물용 특수 덮개로 파렛트와 함께 사용한다.</u> 공간을 최대한 활용할 수 있도록 하기 위해 고안된 장비이며, 표준 규격은 88"×108"과 88"×125"가 있다.
④ 특수 ULD : 화물의 특성에 따라 달리 취급해야 하는 화물을 적재하기 위해 고안된 장비로 Car Trans porter, Horse Stall, Cattle pen, Cool Tainer, GOH(Garment On Hanger) 등이 있다.

(4) ULD의 장단점

장점	단점
• 지상 조업시간, 하역시간 단축으로 가동률 향상	• ULD 구입을 위한 초기 투자비 소요
• 하역합리화 실천	• ULD 자체중량만큼 화물탑재량 감소
• 운송 중 파손이나 도난으로부터 보호	• 항공기 기종 간의 호환성이 낮음
• 특수컨테이너를 사용하여 특수화물 운송가능	• 사용된 ULD의 회수 등 관리에 애로점 대두

3. 항공화물의 적재방식

(1) 항공화물 적재방식

① 산화물 적재방식(Bulk Loading) : ULD를 사용하지 않고 낱개 화물을 인력으로 직접 적재하는 가장 원시적인 방법이나 적재효율을 높이기 쉬운 방법이다.
② 파렛트 적재방식(Pallet Loading) : 파렛트 위에 화물을 쌓고 그물로 고정한 뒤 리프트 로더로 승강시킨 후 화물실 바닥의 롤러를 통해 화물실로 이동하여 고정시키는 방식이다. 이 경우 화물실의 윤곽을 고려하여 이글루를 씌우기도 한다.
③ 컨테이너 적재방식(Container Loading) : 항공화물용 컨테이너를 화물실 입구의 작동콘솔을 조작하여 전동식 롤러를 통해 자동으로 적재하는 방식이다.

(2) 항공화물 지상조업장비

① 항공화물 계류장치(Tie-Down Equipment) : 항공화물을 고정시켜 움직임을 막는 장치이다. (Net, Ring, Lashing Rope, Strap 등).

② 트랜스포터(Transporter) : 적재작업이 완료된 항공화물의 단위탑재용기(ULD)를 터미널에서 항공기까지 수평 이동시키는 자체동력 장비이다.

③ 돌리(Dolly) : 트랜스포터와 동일한 작업 기능을 수행하나 자체 동력원이 없는 무동력 장비로 견인차에 연결하여 사용한다.

④ 견인차(Tug car) : 일반항공화물이나 ULD가 적재된 Dolly를 항공기로 이동시키는 지상조업장비로 동력원이 없어 스스로 움직이지 못하는 장비를 견인할 때에도 사용한다.

⑤ 셀프 프로펠드 컨베이어(Self Propelled Conveyor) : 수하물 및 소형화물을 화물창에 낱개 단위로 탑재할때 사용하는 장비이다.

⑥ 포크리프트 트럭(Forklift Truck) : 중량물을 소형기의 동체(Belly)에 싣거나 단위탑재용기에 적재할 때 사용되는 장비이다.

⑦ 하이 로더(High Loader) : 항공화물을 여러 층으로 높게 적재하거나, 항공기 화물실에 화물을 탑재하는 항공기 전용탑재기이다.

⑧ 핸드 리프트 잭(Hand Lift Jack) : 화물 운반 또는 보관 작업을 하는 데 사용되는 장비이다.

▶ 돌리와 견인차

III. 항공화물운송장

▶ 2018년 등 기출

1. 항공화물운송장(AWB)의 개념

항공화물운송장(AWB)이란 항공화물운송을 위한 기본적인 서류로서 해상운송의 선하증권(B/L)과 같은 기본적인 증권이다. IATA(국제항공운송협회)에서 제정하여 발행방식과 양식이 국제적으로 표준화되어 있다.

항공화물운송장(AWB)은 항공사가 혼재화물에 대해 포워더에게 발행하는 MAWB(Master Air Waybill)와 포워더 또는 혼재업자가 개별송화인의 화물에 대해 발행하는 HAWB(House Air Waybill)가 있다. 항공화물운송장은 송화인과 운송인과의 사이에 화물의 운송계약이 체결되었다는 것을 나타내는 증거 서류임과 동시에 송화인으로부터 화물을 운송하기 위하여 수령하였다는 증거 서류가 된다.

2. 항공화물운송장(AWB)의 기능

① 운송계약체결의 증거 서류 : 항공화물운송장은 송화인과 항공운송인 간의 항공화물운송계약의 성립을 입증하는 운송계약서이다. 운송장은 총 12매로 그 전부가 모두 운송계약서는 아니며, 송화인용 원본 No.1이 계약서에 해당한다.

② 화물수취증 : 항공화물운송장은 항공운송인이 송화인으로부터 화물을 수취한 것을 증명하는 화물수령증의 성격을 가지며, 원본 No.3이 이에 해당한다.

③ 송장(Invoice) : 항공화물운송장에서의 송장은 운송계약서가 아니고 화물과 함께 목적지에 보내 수화인이 도착 화물 및 운임을 대조하고 검증하는 데 사용되는 통지장의 성격을 띤다. 운송장의 작성은 화주가 하는 것이 원칙이나 일반적으로 항공화물 대리점이 운송장을 작성하여 화물을 인수한 후 발행한다. 항공화물운송장에서는 원본 No.2가 여기에 해당한다.

④ 보험계약증서 : 송화인이 항공화물운송장에 보험금액 및 보험료를 기재한 화주보험(Air Waybill 보험)을 부보한 경우에는 항공화물운송장 원본 No.3가 보험계약증서가 된다.

⑤ 운임 및 요금의 청구서 : 선불 운임의 송화인에 대한 청구서 자료(운송장의 원본 No.3) 및 후불 운임의 수화인에 대한 청구서 자료(운송장의 원본 No.2)로서 사용된다.

⑥ 수출입신고서 및 수입통관자료 : 항공화물운송장에 따라 수출신고가 가능한 화물에 대하여는 수출신고서로서 사용되며, 수입신고서로서도 사용이 가능하다. 과세가격이 되는 CIF가격 중 항공운임, 보험료의 증명자료로서 운송장을 수입신고서에 첨부할 수 있다.

⑦ 운송인에 대한 송화인의 지시서 : 항공화물운송장은 화물과 함께 보내져 화물의 출발지, 경유지, 목적지 등의 각 지점에서 화물이 적절하고 원활하게 취급, 인도, 정산되도록 필요한 모든 사항이 기재되어 운송 지침으로서의 기능도 수행한다.

⑧ 사무정리용 서류 · 운송장의 발행회사(First Carrier), 제2운송회사(Second Carrier) 이후의 각 후속운송인, 항공화물대리점에서의 운임 정산, 회계용 자료 등 사무정리용 서류로서 사용되며, 운송장의 부본 No.5, No.6, No.7, No.8이 이에 해당되고, No.9는 대리점용 정리자료가 된다.

⑨ 수화인에의 화물인도증서 : 도착지에서 화물이 수화인에게 인도되었을 때의 증명자료가 되며, 이때 수화인의 화물수령서명 또는 날인을 받는다. 항공화물운송장의 부본 No.4가 이에 해당한다.

3. 항공화물운송장(AWB)의 표준화

① IATA(국제항공운송협회 : International Air Transport Association)에서 세부적으로 규정 하고 회원 항공사가 의무적으로 사용한다.

② 운임, 운송조건, 취급방식, 사고처리, 기타 면에서 가능한 표준화, 통일화를 도모한다.

③ 1929년 바르샤바조약(Warsaw Convention)에 의하여 항공운송장의 법률상 성격, 운송인의 책임범위, 배상한도, 송화인 · 수화인 · 항공사의 권리와 의무 등을 규정하였다.

4. 항공화물운송장(AWB)과 선하증권(BL)의 비교

항공화물운송장(AWB)	선하증권(BL)
단순 수취증권	유가증권
비유통성 (Non-Negotiable)	유통성 (Negotiable)
항공운송 시 발행	해상운송 시 발행
기명식	지시식(무기명식)
수취식	선적식
송화인이 작성	선박회사(운송인)가 작성

Ⅳ 항공운임

▶ 2019년, 2018년, 2017년 등 기출

1. 항공화물운임의 기본원칙

① IATA에서 제정한 TACT(The Air Cargo Tariff) 규정을 기초로 하고 있다.
② Chargeable Weight : 실제 중량(actual weight)과 용적을 중량으로 변환한 용적기준 중량(volume weight)을 비교하여 더 큰 중량을 운임으로 결정한다.
③ 요율적용 시점은 항공화물운송장(AWB) 발행일을 기준으로 하며, 가장 낮은 요율을 적용함이 원칙이다.
④ 항공화물요율은 공항에서 공항까지의 운송구간을 대상으로 하며 부수적으로 발생하는 통관, 보관 및 기타 서비스요금은 별도로 계산한다.
⑤ 항공기의 실제운항 경로는 운임산출 시 적용한 경로와 반드시 일치할 필요는 없다.
⑥ 항공운임은 선불(Prepaid)과 도착지불(Charges Collect)이 있다.

2. 항공화물운임의 종류

(1) 일반화물 요율(GCR : General Cargo Rate)

일반화물 요율은 모든 항공화물 운송요금의 산정 시 기본이 되며, SCR 및 Class Rate의 적용을 받지 않는 모든 화물운송에 적용하는 요율을 말하는 것으로 최저운임, 기본요율, 중량단계별 할인요율로 구성되어 있다.

① 최저운임(Minimum Rate)
한 건의 화물운송에 적용할 수 있는 가장 적은 운임, 즉 화물의 중량운임이나 용적운임이 최저운임보다 낮은 경우에 적용되는 운임이다. 최저운임은 요율표에 "M"으로 표시된다.

② 기본요율(Normal Rate)
기본요율은 45kg 미만의 화물에 적용되는 요율로 모든 일반화물 요율의 기준이 된다. 기본요율은 요율표에 "N"으로 표시된다.

③ 중량단계별 할인요율(Chargeable Weight)

중량단계별 할인요율은 45kg 이상의 경우 무게에 따라 다른 요율이 적용되며, 중량이 높아짐에 따라 kg당 요율이 더 낮게 적용되는 요율이다. 운항구역 또는 구역 간에 대하여 45kg 미만, 100kg, 200kg, 300kg, 500kg 이상의 각종 중량단계별로 운임을 설정한다. 중량단계별 할인요율은 요율표에 "Q"로 표시된다.

(2) 특정품목 할인요율(SCR : Specific Commodity Rate)

주로 해상운송화물을 항공운송으로 유치하기 위해 설정된 요율로 항공운송을 이용할 가능성이 높은 품목에 대하여 낮은 요율을 적용하는 할인운임이다. 통상 일정 구간에 반복되어 운송되는 특정품목에 대하여 일반화물 요율(GCR)보다 낮은 수준으로 설정되어 있으며 반드시 최저 중량을 제한하고 있다.

특정품목 할인요율(SCR)은 품목분류 요율(CCR)이나 일반화물 요율(GCR)보다 우선하여 적용된다. 단, CCR 또는 GCR을 적용하여 더 낮은 요율이 산출될 경우에는 당해 낮은 요율의 적용이 가능하고, CCR이 GCR 보다 더 클 경우에는 CCR을 우선하여 적용하여야 한다.

(3) 품목분류 운임률(CCR : Commodity Classification Rate, Class Rate)

특정구간의 몇 가지 특정품목에 대해서만 적용되는 할인 및 할증요율이다. 보통 일반화물요율에 대한 할증(S) 또는 할인(R)으로 적용하며, 일반화물 요율(GCR)에 비해 크건 작건 간에 관계없이 우선하여 적용한다.

① 할인요율(R) : 신문, 잡지, 정기간행물, 서류, 카탈로그, 비동반 수하물 등에 적용
② 할증요율(S) : 금, 보석, 화폐, 증권, 자동차, 생동물 등에 적용

(4) 단위적재용기요금(BUC : Bulk Unitization Charge)

파렛트(Pallet), 컨테이너(Container) 등 단위탑재용기(ULD)의 타입별로 한계중량을 설정한 후 미리 요금을 책정하여 지불하게 하는 요금방식이다. 따라서 BUC는 탑재용기의 형태 및 크기에 따라 상이하게 적용된다. 단위탑재용기의 단위운임은 기본운임과 초과중량요율로 구성되며, 기본운임을 초과 시 화물의 중량과 한계중량의 차액에 1kg당 요율로 표시된 초과중량요율을 곱한 운임을 기본운임에 가산하여 전체운임으로 하게 된다.

단위적재용기의 화물의 요금부과 중량은 화물이 적화된 단위적재용기 총 중량에서 운송인 소유 단위적재용기의 경우에는 당해 용기의 중량을 공제하고, 송화인 소유 단위적재용기의 경우에는 당해 용기의 설정된 허용공제 중량과 실제용기 중량 중 더 적은 중량을 공제한 중량을 요금부과 중량으로 계산한다.

(5) 종가요금(Valuation Charge)

운송화물의 중량 또는 용적이 아닌 화물의 가격을 기준으로 부과하는 운임이다. 항공사는 화물운송도중 사고가 발생하여 배상해야 하는 때에는 일반적으로 IATA

규정에 따라 배상한다. 그러나 화주가 고가의 화물에 대하여 정해진 배상기준금액을 초과하여 배상받고자 할 경우에는 항공사에 미리 그 가격을 신고하고 일정률의 추가운임을 지불하는데 이를 종가요금이라 한다.

항공화물운송장(AWB)에 화물의 실제가격이 기재된 경우에 부과되며, 종가운임이 부과되면 항공운송인(통상항공사)의 책임제한이 적용되지 않고, 화주는 항공화물운송장에 기재된 가격 전액을 배상받을 수 있다.

(6) 항공운송의 기타 요금(Other Charges)

① 입체지불수수료(Disbursement Fee) : 송화인의 요구에 따라 항공사, 송화인 또는 그 대리인이 선불한 비용을 수화인으로부터 징수하는 금액이다.
② 착지불수수료(Charges Collect Fee) : 항공화물운송장상에 운임과 종가요금을 수화인이 납부하도록 기재된 화물이다.
③ 기타 부대비용 : 화물취급수수료(Handling Charge), Pick-up Service Charge, AWB Preparation Fee(항공운송장발행료) 등이 있으며, 위험품인 경우에는 위험품취급수수료(Dangerous Goods Handling Fee)가 있다.

3. 항공화물운임의 계산방법

실제중량과 용적(부피)중량을 산출한 뒤, 실제중량과 용적(부피)중량을 비교해 더 큰 것을 운임산출중량(chargeable weight)으로 채택한다.

$$\text{용적(부피)중량(Volume weight, } kg) = \frac{\text{가로(cm)} \times \text{세로(cm)} \times \text{높이(cm)}}{6,000(cm^3)}$$

V. 항공운송 관련 사업

1. 항공운송사업의 개념

항공운송사업은 항공기를 소유하거나 임차한 운송사업자가 어느 한 지점에서 다른 한 지점으로 여객 또는 화물을 수송해 주고 그 대가로 항공운임을 받아 수익을 추구하는 사업을 말한다.

항공법에서는 타인의 수요에 맞추어 항공기를 사용하여 유상으로 여객이나 화물을 운송하는 국내항공운송사업, 국제항공운송사업 및 소형 항공운송사업을 말하며, 그 해당사업자를 국내항공운송사업자, 국제항공운송사업자 및 소형항공운송사업자라 정의한다.

2. 항공화물운송대리점(Air Cargo Agent)

(1) 개념

항공사 또는 총대리점을 대리하여 항공사의 운송약관 및 운임요율(Tariff)에 따라 항공화물을 수집하고 항공사의 운송계약서인 항공화물운송장(Master AWB)의 발행 및 이에 부수되는 업무수행으로 항공회사로부터 전체 항공운임의 일정 수수료(5%)를 대가로 받는 자를 말한다.

(2) 주요 업무

수출입화물의 유치 및 판매, 항공운송준비(항공화물운송장의 작성, 운송서류의 준비, 포장, 포장별 확인 작업, 포장별 레이블 작업), 수출입통관 수속 대행, 트럭운송주선, 기타 서비스 활동을 수행한다.

3. 항공운송주선인(Air Freight Forwarder : Consolidator)

(1) 개념

타인의 수요에 응하여 유상으로 자기의 명의로써 독자적인 운송약관과 자체운임요율표에 따라 송화인과의 계약주체로서 활동하며, 자체 운송장인 House AWB를 발행하는 자를 말한다. 개개의 송화인과 운송계약을 체결하고 운송책임을 부담하지만, 항공기를 보유하거나 운항하지 않고 수탁한 화물을 하나의 화물로 모아서 본인이 스스로가 송화인이 되어 항공회사에 운송을 위탁하게 된다.

(2) 주요 업무

수출항공화물은 화물의 혼적, 살화물을 파렛트 또는 컨테이너화하여 단위화물 작업, 화물의 출발·도착 등 화물 이동에 대한 추적한다.

수입항공화물은 통관과 문전서비스, 재수출상품의 제반 서류작성과 운송수단결정 및 운송의뢰, 국내보세운송, 수화인을 위한 수입통관 주선한다.

4. 항공화물운송대리점과 항공화물운송주선업자 비교

구분	항공화물운송대리점	항공화물운송주선업자
항공운송장	항공사의 Master Air Waybill 발행	자체의 House Air Waybill 발행
운임	항공사 운임률표 사용	자체 운임률표 사용
책임	항공사 책임	주선업자 책임
운송약관	항공사 약관 사용	자체 약관 사용
활동영역	주로 FCL 화물 취급	LCL 화물 취급

Ⅵ 항공운송과 보험

1. 항공운송인의 책임과 책임보험

(1) 항공운송인의 책임
항공운송인은 위탁받은 화물에 대하여 운송계약에 정해진 대로 고의나 과실에 의해서 화물이 멸실·훼손되었을 경우 화주·수화인·송화인 또는 기타 배상청구권자에게 책임을 져야 한다. 과실손해의 경우에는 배상한도액은 항공화물운송장에 신고가격이 있으면 신고가격까지, 신고가격이 없으면 손해를 입는 화물 1kg당 250포앙카레 프랑(poincare franc, 약 US$20에 해당)으로 배상한다.

(2) 항공운송인의 책임보험
항공운송인은 위탁받은 화물을 운송약관에 따라 책임을 지기 위하여 책임보험에 부보하며, 이 보험을 화물배상책임보험이라고 한다. 운송인이 부담할 배상책임액은 보험회사가 부담한다.

2. 항공화물보험
항공운송의 경우 사고가 발생하면 이를 담보하기 위하여 런던보험자협회(Institute of London Underwriters)의 협회 항공화물약관을 사용한다. 해상화물의 경우 보험기간의 종료가 본선양하 후 60일로 되어 있는 것에 비하여 항공화물의 경우는 항공기로부터 하역 후 30일로 되어 있는 것이 특징이다.

3. 화주보험
스스로 보험을 수배할 능력이 없는 화주를 위하여 존재하는 보험제도이다. 원칙적으로 모든 화물에 대하여 모든 위험상태를 조건으로 부보되며, 화물의 종류에 관계없이 담보조건이 같다.

지연, 기압으로 인한 손해, 화물 고유의 성질 또는 하자로 인한 손해, 나포·억류·몰수·선매·징발 또는 국유화로 발생하는 손해 등은 면책되며 보험금액은 화물 현실가격의 110%를 초과할 수 없다. 화주보험에서는 보험증권이 발행되지 않으며 요청이 있을 경우 보험증명서가 발행된다.

4. 항공운송화물의 사고

(1) 항공운송화물사고의 개념
화물의 파손 및 손상(damage)으로 인해 상품 가치가 일부 혹은 전부 상실된 경우, 지연으로 인해 인도지연 및 분실로 인한 인도불능상태 등의 손해가 발생된 경우를 말한다.

(2) 항공운송화물사고의 유형

구분	내용
화물손상 (Damage)	운송도중 상품의 가치가 저하되는 상태의 변화를 나타낸다. ① Mortality : 수송 중 동물이 폐사되었거나 식물이 고사된 상태 ② Spoiling : 내용물이 부패·변질되어 상품의 가치를 잃게 되는 경우 ③ Wet : 빗물에 노출, 또는 다른 습성화물과 접촉으로 젖은 상태 ④ Breakage : 외부의 충격으로 인하여 상품이 부서지거나 깨진 상태
분실 (Missing)	탑재 및 하역, 창고보관, 화물인수, 타 항공사 인계 시에 화물을 잃어버리게 된 경우
인도불능 (Non-Delivery)	수화주로부터 수취거절 되거나 주소불명 등의 이유로 도착 후 14일 이내에 인도할 수 없게 된 경우
지연(Delay)	① Short-Shipped(SSPD) : 적하목록에는 기재되어 있으나 화물이 탑재되지 않은 경우 ② Off-Load(OFLD) : 출발지나 경유지에서 선복부족으로 인하여 의도적(Planned Offload)이거나 실수로 하역(Off Load by Error)한 경우 ③ Over-Carried(OVCD) : 예정된 목적지 또는 경유지를 지나서 화물이 수송되었거나 발송준비가 완료되지 않은 상태에서 화물이 실수로 발송된 경우 ④ Short-Landed(STLD) : 적하목록에는 기재되어 있으나 화물이 도착되지 않은 경우 ⑤ Cross Labeled : 실수로 인해서 라벨이 바뀌거나 운송장 번호, 목적지 등을 잘못 기재한 경우

VII. 항공관련 국제조약 및 기구

1. 항공관련 국제조약

(1) 바르샤바 협약(Warsaw Convention)

제1차 세계대전 이후 급속도로 발달한 항공운송이 국제적으로 운송이 되고, 이에 따라 국제적 적용법규와 여객이나 운송인에 대한 최소한의 보장이 요청됨에 따라 1929년 10월 바르샤바(Warsaw)의 제2회 국제항공법회의에서 체결된 협약이다.

국제항공운송인의 민사책임에 관한 통일법을 제정하여 동일 사건에 대한 각국법의 충돌을 방지하고 국제항공운송인의 책임을 일정 한도로 제한하여 국제민간항공운송업을 발전하게 하는 데 목적이 있다.

(2) 헤이그의정서(Hague Protocol)

바르샤바 조약 체결 후 항공운송은 항공기술의 발달에 따라 비약적인 발전을 거듭하여 바르샤바 조약의 목적중 하나인 항공산업을 보호하여야 할 필요성이 크게 감소되었다.

항공운송인의 책임한도액이 비현실적이므로 1955년 국제항공사법 회의에서 헤이그의 정서를 채택, 바르샤바 조약 중 일부 규칙을 개정하게 되었다.

(3) 몬트리올 협정(Montreal Agreement)

ICAO는 여객의 책임한도에 불만을 가진 미국의 탈퇴를 막고자 회원국의 특별회의를 소집하여 책임한도액을 인상하려고 하였으나 회원국 간의 의견차이로 합의에 도달하는데 실패하였다. 따라서, IATA(International Air Transport Association ; 국제항공운송협회)가 미국정부와 직접교섭은 하지 않고 미국을 출발, 도착, 경유하는 항공회사들과 주요 항공사들에 관한 협의를 한 후 몇 차례의 회의를 거쳐 1966년 5월 4일 캐나다의 몬트리올에서 회의를 개최하여 책임한도액 인상을 합의하게 되었다.

몬트리올 협정은 모든 국제운송 승객, 수하물 혹은 짐으로 비행기에 의해 운송되는 것으로서 보상에 대해 적용하고, 공중 운송을 수행하는 비행기에 의해 운반되는 무료 운송에도 동일하게 적용하였다.

(4) 과다라하라(Guadalajara) 협약

운송인의 종류로는 여객·화주와 운송계약을 체결한 계약운송인과 실제로 운송의 일부 또는 전부를 담당하는 실제 운송인으로 구분하였다. 실제 운송인이 운송을 담당하는 경우 누구에게 협약을 적용하는가에 대하여 1961년 맥시코의 과다라하라에서 개최된 외교회의에서 '계약담당자가 아닌 운송인이 이행한 국제항공운송과 관련 일부규칙의 통일을 위한 바르샤바조약을 보충협약'으로 채택하였다.

(5) 과테말라의정서(Guatemala Protocol)

1965년 7월 국제민간항공기구(ICAO) 총회에서 개정된 바르샤바 조약상 운송인의 책임한도액을 재개정할 필요성이 제기된 후 ICAO의 법률위원회에서 초안한 내용을 1971년에 과테말라 외교회의에서 통과시킨 의정서이다.

책임한도가 개정되었고, 항공하물운송에 있어 승객의 사상 및 수하물이 멸실 또는 손상의 경우 종래 과실추정책임주의를 버리고 무과실책임주의를 채택하였다.

2. 항공관련 국제기구

(1) 국제항공운송협회(IATA : International Air Transport Association)

1945년 4월 쿠바의 아바나에서 국제선 정기항공회사가 설립한 순수한 민간단체로서 캐나다 몬트리올에 본부를 두고 있다. 국제항공운송협회(IATA)는 국제간의 운임, 운항, 정비, 정산업무 등 상업적·기술적 활동을 수행하는 것을 목적으로 설립하였다.

(2) 국제민간항공기구(ICAO : International Civil Aviation Organization)

1947년 시카고조약에 따라 발족된 유엔 전문기관으로 본부는 캐나다 몬트리올에 있다.

국제민간항공기구(ICAO)는 국제민간항공의 발전, 항공기 설계 및 운항기술 장려, 공항 및 항공 보안시설의 장려, 항공운송 촉진, 과당경쟁의 방지, 체약국에 대한 공정한 기회부여, 비행의 안전증진 등의 발전을 목적으로 설립되었다.

(3) 국제운송주선인협회연맹 (FIATA : International Federation of Forwarding Agent Association)

국가별 포워더 협회와 포워더로 구성된 국제민간기구로 스위스 취리히에 본부를 두고 있다.

국제운송주선인협회연맹(FIATA)은 세계 복합운송업계의 결속 및 복합운송업의 발전, 전 세계 국가 간의 국제적 교역촉진 등을 목적으로 설립되었다.

제4장 핵심문제

01 항공운송의 주요 이용 품목으로 적절하지 않은 것은?

① 판매시기가 중요한 물품(신문, 잡지, 정기간행물 등)
② 안전성과 확실성이 요구되는 물품
③ 긴급한 수요와 납기가 임박한 화물
④ 장기간 운송 시 가치가 상실될 우려가 있는 품목
⑤ 중량이나 부피가 큰 화물

정답 ⑤

해설 중량이나 부피가 큰 화물은 항공운송에 적합하지 않다.

02 항공화물의 지상조업장비에 대한 설명으로 옳지 않은 것은?

① 트랜스포터(Transporter)란 적재작업이 완료된 항공화물의 단위탑재용기(ULD)를 터미널에서 항공기까지 수평 이동시키는 자체동력 장비이다.
② 달리(Dolly)란 항공화물을 여러 층으로 높게 적재하거나, 항공기 화물실에 화물을 탑재하는 항공기 전용탑재기이다.
③ 포크리프트 트럭(Forklift Truck)이란 중량물을 소형기의 동체(Belly)에 싣거나 단위탑재용기에 적재할 때 사용되는 장비이다.
④ 견인차(Tug car)란 일반항공화물이나 ULD가 적재된 Dolly를 항공기로 이동시키는 지상조업장비로 동력원이 없어 스스로 움직이지 못하는 장비를 견인할 때에도 사용한다.
⑤ 핸드 리프트 잭(Hand Lift Jack)이란 화물 운반 또는 보관 작업을 하는 데 사용되는 장비이다.

정답 ②

해설 달리(Dolly)란 트랜스포터와 동일한 작업 기능을 수행하나 자체 동력원이 없는 무동력 장비로 견인차에 연결하여 사용한다.

03 항공화물운송장(AWB)의 기능으로 옳지 않은 것은?

① 항공화물운송장은 송화인과 항공운송인 간의 항공화물운송계약의 성립을 입증하는 운송계약서이다.
② 항공화물운송장은 항공운송인이 송화인으로부터 화물을 수취한 것을 증명하는 화물수령증의 성격을 가진다.
③ 항공화물운송장에 따라 수출신고가 가능한 화물에 대하여는 수출신고서로서 사용된다.
④ 송화인이 항공화물운송장에 보험금액 및 보험료를 기재한 화주보험(Air Waybill 보험)을 부보한 경우에는 항공화물운송장 원본 No.3가 보험계약증서가 된다.
⑤ 항공화물운송장은 유가증권으로서의 기능을 수행한다.

정답 ⑤

해설 항공화물운송장(AWB)은 유가증권이 아닌 단순 수취증권이다.

04 항공화물운임의 기본원칙으로 알맞지 않은 것은?

① IATA에서 제정한 TACT(The Air Cargo Tariff) 규정을 기초로 하고 있다.
② Chargeable Weight: 실제 중량(actual weight)과 용적을 중량으로 변환한 용적기준 중량(volume weight)을 비교하여 더 큰 중량을 운임으로 결정한다.
③ 요율적용 시점은 항공화물운송장(AWB) 발행일을 기준으로 하며, 가장 낮은 요율을 적용함이 원칙이다.
④ 항공운임은 신속한 운송방식이므로 선불(Prepaid)만 가능하다.
⑤ 항공기의 실제운항 경로는 운임산출 시 적용한 경로와 반드시 일치할 필요는 없다.

정답 ④

해설 항공운임은 선불(Prepaid)과 도착지불(Charges Collect)이 있다.

05 다음에서 설명하는 항공운송 관련 국제기구는?

> 국가별 포워더 협회와 포워더로 구성된 국제민간기구로 스위스 취리히에 본부를 두고 있다. 국제운송주선인협회연맹(FIATA)은 세계 복합운송업계의 결속 및 복합운송업의 발전, 전 세계 국가 간의 국제적 교역촉진 등을 목적으로 설립되었다.

① IATA
② ICAO
③ FIATA
④ Hague Protocol
⑤ Warsaw Convention

정답 ③

해설 FIATA(국제운송주선인협회연맹)에 대한 설명이다.

제5장 해상운송

I. 해상운송의 개요

▶ 2020년 등 기출

1. 해상운송의 개념

해상운송은 해상에서 선박에 의한 화물 또는 여객의 운송을 말한다. 즉, 수면 위를 운항할 수 있는 선박을 수단으로 하여 상업적 목적하에 여객이나 화물을 이동시키는 행위를 말한다.

해상운송은 무역거래에 있어서 가장 오래전부터 이용되어온 운송형태로 일시에 대량으로 장거리를 운송할 수 있다는 경제성 때문에 오늘날에도 세계 전체 운송물량의 약 90%에 달하는 물동량이 해상운송에 의존하고 있다.

또한, 해상운송은 다른 운송에 비해 대량운송성, 운송비의 저렴성, 운송로의 자유성, 국제성 등의 특성을 갖고 있어 국제운송부문을 주도하고 있다.

2. 해상운송의 종류

① 원양해운운송 : 국가와 국가 간의 운항
② 연안운송 : 국내의 항만을 오가는 운항
③ 내륙운송 : 운하, 강, 호수 등을 운항

3. 해상운송의 특성

① 대량화물의 장거리 운송을 저렴한 가격으로 할 수 있다.
② 운송로가 자유로우며 국제성을 가지고 있다.
③ 주로 대양을 횡단하는 원거리 운송이다.
④ 운송로의 무한정성, 쾌적성, 자유성 등의 특성이 있다.

4. 해상운송의 장단점

장점	단점
• 대량화물의 운송이 용이하다. • 장거리운송에 적합하다. • 대량화물의 장거리 운송 시 운임이 가장 저렴하다. • 환경성 측면에서 우수하다. • 단위화물적재시스템(ULS) 적용이 용이하다. • 운송경로가 비교적 자유롭다.	• 항만시설에 하역기기 등의 설치로 인한 기간이 소요되며, 하역비가 비싸다. • 기후에 민감하다. • 육상운송수단과의 연계가 필요하다. • 운송의 완결성이 낮다. • 운송속도가 느리고 운송에 장기간이 소요된다. • 국제조약 및 규칙의 준수가 요구된다.

장점	단점
• 화물의 용적 및 중량에 대한 제한이 적다. • 육상운송수단과 연계해서 해·공 복합운송의 주축이 된다	• 물품의 파손, 분실, 사고발생의 위험도가 높고, 타 운송수단에 비해 안전성이 낮다. • 항구에서의 화물인수로 인한 불편함이 따른다.

II. 해상운송의 방식

▶ 2015년 등 기출

1. 정기선운송(Liner Shipping)

특정한 항로에서 미리 정해진 운항일정에 따라 예정된 항구를 규칙적으로 반복 운항하면서 화물의 대소에 관계없이 공표운임률에 의하여 운임이 부과되는 화물선 및 여객선의 운송을 말한다. 주로 불특정다수의 개별화물을 운송하는 경우에 많이 이용되며, 컨테이너화의 진전으로 급격히 발전하였다.

(1) 정기선운송의 특징

① 화물의 크기와 종류에 관계없이 표준화된 계약이 사용되고 있다.
② 운송수요가 불특정다수의 개별수요로 이루어지므로 화주가 다수이고 운송대상도 다수 이다.
③ 불특정다수의 운송수요자가 존재한다.
④ 공표된 운임요율이 적용되며 하역비까지 포함하고 있어 부정기선에 비해 높다.
⑤ 시장과 선복의 수요량이 비교적 안정화되어 있다.
⑥ 운송대상 화물은 컨테이너화물 및 Unit 화물, 이종화물, 고가화물이다.
⑦ 공중 일반운송인역할을 하며 대형화된 조직이 시장을 과점하고 있다.

(2) 정기선운송의 기능

① 수출입 상품을 적기에 운송할 수 있는 교역의 편의를 제공한다.
② 장기적으로 안정적인 운임을 화주에게 제공한다.
③ 국가 간 긴급사태 발생시 물자운송의 역할을 수행한다.
④ 국가 간의 운송수단이므로 교역을 촉진하여 당사국 간의 경제발전에 기여한다.

2. 부정기선운송(Tramper Shipping)

(1) 부정기선운송의 개념

일정한 항로나 화주를 한정하지 않고 화주가 요구하는 시기와 항로에 따라 화물을 운송하는 것을 말한다. 부정기선운송은 운송수요가 있는 경우에만 운송하는 일반 부정기선운송과 특정한 화물만을 전용으로 운송할 수 있는 구조의 선박을 이용한 전용선 부정기선운송이 있다.

주요 대상화물은 석탄·곡류·목재 등 대량화물이며 운임은 당사자 간에 결정한다.

(2) 부정기선운송의 특징

① 화주의 화물수요에 따라 항로 및 스케줄이 달라진다.
② 선주와 용선자가 협의하여 용선계약서를 작성한다.
③ 항로선택이 용이하고 대량의 화물을 주대상으로 한다.
④ 운송수요가 시간적·지역적으로 불규칙하고 불안정하여 수시로 항로를 바꾸어야 하기 때문에 전 세계가 활동범위가 된다.
⑤ 정기선운송과 같은 해운동맹의 형성이 어렵고 단일시장에서의 자유경쟁이 전개되어 운임과 용선료는 제반요건에 따라 다변적으로 변화한다.
⑥ 운임은 정해진 운임 요율표(Tariff)가 아닌, 물동량과 선복에 의한 시장가격에 의해 결정된다.

(3) 부정기선의 용선계약 종류

① 항해용선계약
  특정 항해구간을 정하며 선박을 대여 또는 차용하는 계약이다. 일정기간을 정하여 용선하는 정기용선계약(time charter)에 상대되는 개념이며 1회의 항해를 단위로 하며 운임은 화물 1톤당 얼마로 정해진다.
② 선복용선계약 (Lump-Sum Charter)
  항해용선계약의 변형이며, 적하량에 관계없이 일정한 선복을 계약하고 운임도 포괄적으로 약정하는 선복운임을 적용한다.
③ 일대용선계약
  항해용선계약의 변형이며, 화물을 선적한 날부터 양륙할 때까지의 날짜를 하루 단위로 선복을 임대하는 계약이다.

3. 정기선운송과 부정기선운송의 비교

구분	정기선운송(Liner Shipping)	부정기선운송(Tramper Shipping)
형태	불특정 화주의 화물운송	용선계약에 의한 화물운송
화물형태	이종화물	동종화물
	완제품 내지 반제품 등 2차 상품	대량의 벌크화물(Bulk cargo)
	고가의 화물이 주종	저가의 화물이 주종
이용화주	불특정 다수	대기업 및 종합상사
운송계약	선하증권(B/L)	용선계약서(C/P)
운임조건	Berth / Liner Term	FIO, FI, FO Term
운임결정	공표운임(Tariff)	수요공급에 의한 시장운임
해운동맹	결성 및 가입	비결성, 비가입
선박구조	고가, 구조가 복잡	저가, 구조가 단순
화물집하	영업부직원이 담당	중개인이 담당
여객취급	제한적으로 취급	취급하지 않음
운송인	공적일반운송인(Public Common Carrier)	사계약운송인(Private Contract Carrier)

III 해상운송계약

▶ 2019년, 2018년, 2016년 등 기출

1. 개품운송계약

(1) 개품운송계약의 개념
개품운송계약이란 운송인이 불특정 다수의 화주로부터 개개의 화물을 위탁받아 해상으로 선박을 이용하여 운송할 것을 인수하고, 그 상대방인 송화인이 이에 대하여 운임을 지급하기로 약정하는 해상운송계약을 말한다.

(2) 개품운송계약의 특징
① 해상운송인이 불특정 다수의 화주로부터 화물의 운송을 위탁받아 인수한 화물을 혼적하므로 통상 개품운송은 정기선운송(Liner Shipping)에서 많이 이용되고 있다.
② 개품운송에 있어서 운송계약은 선하증권(B/L)의 약관에 의한 부합계약의 방식으로 체결된다. 따라서 용선계약처럼 별도의 계약서 없이 해상운송인이 발행하는 선하증권으로 운송계약의 증거가 될 수 있다.
③ 개품운송계약은 불요식 계약이므로 별도의 방식이 요구되지 않으나, 대개 선복요청서(Shipping Request)를 제출하여 선박회사가 인수확약서(Booking Note)를 발행하면 운송계약이 체결된 것으로 간주한다.
④ 해상운송계약이 체결되면 매도인 또는 그의 대리인은 계약물품을 본선에 적재하고 선박회사는 선적선하증권(Shipped B/L)을 발급해 준다. B/L은 운송계약의 증거, 물품인도의 증거 및 권리증권의 기능을 수행한다.

2. 용선운송계약

(1) 용선운송계약의 개념
용선운송계약은 운송인(선주)이 용선자(화주)에게 선박의 전부 또는 일부의 선복을 제공하여 적재된 물품을 운송할 것을 약정하고, 용선자(화주)는 이에 대한 반대급부로 운임(용선료)을 지급할 것을 약정하는 해상운송 계약이다.

(2) 용선운송계약의 특징
주로 산적화물(Bulk Cargo)을 대상으로 하며 부정기선(Tramper)을 이용하는 것이 일반적이다. 개품운송계약과 달리 표준화된 용선계약서(Charter Party)를 작성하며 용선계약서가 운송서류를 대신하고 별도의 선하증권이 발행되지 않는다.

(3) 용선계약의 주요 조건
① 운임의 지급
기간용선의 용선료(charter hire)는 계약기간에 대하여 지급되지만 항해용선의 운임은 항해단위나 적재량을 기준으로 산정하며 경우에 따라서는 비율운임(pro-rate freight)을 적용하기도 한다.

② 하역비(Stevedorage)의 부담조건

항해용선계약을 체결할 때 선적비용과 양륙비용(선내 하역비용) 또는 항비를 누가 부담할 것인가에 대한 약정을 해야 한다.

㉠ 선주부담조건(Berth / Liner Terms) : 선적, 양하 시 선내 하역비용을 모두 선주가 부담하는 조건으로 대체로 정기선운송인 개품운송계약에서 사용하는 방법이다.

㉡ FI(Free In) : 선적 시 선내 하역비용은 용선자가 부담하고, 양하 시 선내 하역비용은 선주가 부담하는 조건이다.

㉢ FO(Free Out) : 선적 시 선내 하역비용은 선주가 부담하고, 양하 시 선내 하역비용은 용선자가 부담하는 조건이다.

㉣ FIO(Free In & Out) : 선적, 양하 시 선내 하역비용을 모 두 용선자가 부담하는 조건이다.

㉤ FIOST(Free In Out & Stowed and Trimmed) : 선적, 양하 시 선내 하역비용 및 적부비용, 화물정리비까지도 용선자가 부담하는 조건이다.

㉥ Gross Term(Form) : 부정기선의 운항에서 보편적으로 활용되는 방법으로 선주가 하역비와 항비 등 일체의 경비를 부담하는 방식이다. 그러나 'Gross Term'도 본선인도를 원칙으로 하기 때문에 특수항비는 용선자의 부담이다.

㉦ Net Term(Form) : 용선자가 적·양륙비를 부담할 뿐 아니라 하역준비 완료시부터 양하의 종료시까지의 일체의 항비를 부담한다.

③ 정박일 계산조건(Laydays, Laytime, 정박기간)

정박기간은 화주가 계약화물의 전량을 적재 또는 양하하는데 필요한 일수로 선주가 화주에게 부여한 기간을 의미한다. 정박기간 약정 방법(조건)에는 크게 정박기간을 한정하지 않는 CQD 조건과 이를 한정하는 경우인 Weather Working Days 및 Running Laydays가 있다.

㉠ CQD(Customary Quick Delivery, 관습적 조속하역)

관습적인 하역 능력에 따라 가능한 빨리 적재하고 양륙하는 조건을 의미한다. 불가항력으로 인한 하역불능은 정박기간에서 공제하며, 일요일, 공휴일 및 야간하역을 약정된 하역일에 포함시키는지의 여부는 특약이 없는 한 그 항구의 관습에 따른다.

㉡ WWD(Weather Working days, 청정하역일)

정박기간의 조건 중 가장 널리 사용되는 것으로 기후가 양호(Good Weather)하여 하역이 가능한 작업일만 정박기간에 산입하고 우천 시 등과 같은 악천후(Bed Weather)로 하역이 불가능한 기간은 정박기간에서 제외시키는 조건이다. 일요일과 공휴일은 제외하는 경우(SHEX)와 포함하는 경우(SHINC)가 있다.

㉢ Running Laydays(연속 정박기간)

하역개시일부터 종료일까지의 경과일수로 계산하는 방법으로 총 소요기간을 24시간으로 계산하여 정박기간을 계산한다. 일요일, 공휴일은 물론 하역 불능(불가항력) 사태가 발생해도 모두 정박기간에 포함된다.

④ 체선료와 초출료
  ㉠ Demurrage(체선료)
    규정된 정박일수 이내에 선적이나 양륙이 이루어지지 않은 경우 초과일수에 대하여 용선자가 선주에게 지급하는 초과사용에 대한 위약금(Penalty) 또는 지체상금으로 보통 조출료의 2배를 지급한다. 체선료는 선적 및 양륙을 분리하여 따로 계산(Laydays not Reversible)하는 것을 원칙으로 하나, 용선자의 선택 하에 선적 및 양륙기간을 합산하여 계산(Laydays Reversible)하는 경우도 적지 않다.
  ㉡ Despatch Money(초출료)
    허용된 정박기간 이전에 하역작업이 완료된 경우에 선주가 용선자에게 지급하는 일종의 격려금(Incentive)을 의미한다. 체선료의 반대개념으로 보통 1일당 체선료의 1/2(절반)이지만 때에 따라서는 1/3로도 지급한다.

Ⅳ 해상운임

▶ 2019년, 2018년, 2016년 등 기출

1. 정기선운임

(1) 의의
해운동맹에 의해 협정이 되고 있어 독점가격으로서의 성격을 가지고 해운시황의 변동에 영향을 받지 않아 비교적 안정적이다. 특정항로의 운임률표가 불특정 다수의 화주에게 공표되어 있다.

정기선 운임은 기본운임(basic rate)과 할증료(surcharge) 및 기타 추가요금(additional charge) 등으로 구성된다.

(2) 정기선운임의 종류
① 기본운임 : 중량과 용적을 기준하며 둘 중 운임폭이 큰 쪽을 기본운임으로 정한다.
② 최저운임(Minimum Rate) : 화물의 용적이나 중량이 이미 설정된 일정기준(운임 톤 단위)에 미달시 적용되는 운임이다.
③ 종가운임(Ad valorem) : 운송시 특별한 관리와 주의를 요하고 보상시에도 문제가 되는 고가품에 대하여 송장가격에 일정률을 부과하는 운임이다.
④ 특별운임 : 수송조건과는 별개로 해운동맹측이 비동맹선과 적취경쟁을 하게 되면 일정 조건하에서 정상요율보다 인하한 특별요율을 적용하는 운임이다.
⑤ 차별운임(Discrimination Rate) : 화물, 장소, 화주에 따라 차별적으로 부과되는 운임이다.
⑥ 무차별운임(Freight All Kinds Rate) : 화물의 종류, 화주, 장소에 따라 차별하지 않고 화물의 중량이나 용적을 기준으로 일률적으로 부과하는 운임이다.

⑦ 혼재운임 : 여러 화주의 화물을 혼재하여 하나의 운송단위로 만들어 운송될 때 부과되는 운임이다.

(3) 추가할증료

① 유류할증료(BAF ; Bunker Adjustment Factor, Fuel Surcharge) : 유가인상분에 대한 추가비용을 보전하기 위해 부과되는 할증료이다.
② 통화할증료(CAF ; Currency Adjustment Factor, Currency Surcharge) : 화폐가치 변화에 의한 손실보존을 위해 부과되는 할증료이다.
③ 혼잡항할증료(Congestion Surcharge) : 도착항의 항만사정이 혼잡하여 선박이 대기할 경우에 부과되는 할증료이다.
④ 수에즈운하 할증료(Suez Surcharge) : 수에즈운하 봉쇄시 희망봉 회항에 따른 추가 비용 보전을 위해 부과되는 할증료이다.
⑤ 특별운항할증료(Special Operating Service Charge) : 비상사태에 대비하여 부과하는 할증료이다.
⑥ 외항추가운임(Outport Surcharge) : 선박이 기항하는 항구(Base Port) 외의 지역행 화물에 적용하는 추가 운임이다.
⑦ 양륙항선택할증료(Optional Surcharge) : 선적시 양륙항을 복수로 선정하고, 양륙항 도착 전에 최종 양륙항을 지정하는 경우 부과되는 할증운임이다.
⑧ 항구변경할증료(Diversion Charge) : 선적 시 지정했던 항구를 선적작업을 마친 후 변경하는 경우 추가적으로 부과되는 할증료이다.
⑨ 환적할증료(Transshipment Charge) : 환적작업으로 발생되는 추가비용을 보전하기 위해 부과되는 할증운임이 다.
⑩ 초과중량할증료(Heavy Lift Charge) : 단위당 중량이 초과하여 특별한 장비를 운용해야 하는 경우 적용하는 추가운임이다.
⑪ 용적 및 장척 할증료(Bulky / Lengthy Cargo Surcharge) : 단위당 부피 또는 길이가 크거나 길어 특별한 장비를 사용하는 경우에 추가로 발생되는 비용을 보존하기 위해 부과되는 운임이다.
⑫ 전쟁위험 할증료(War Risks Premium) : 전쟁위험지역이나 전쟁지역에서 적하 또는 양하되는 화물에 부과되는 운임이다.

(4) 추가요금(Additional Charge, 부대비용)

운송인 자신이 제공한 운송용역이 아닌 외부적 요인에 의해 추가적인 비용이 발생한 경우, 화주에게 부과되는 요금을 말한다. 기본운임의 일정 비율로 정하거나 톤당 혹은 컨테이너당 일정액을 정하여 공시한다.

① 부두사용료(Wharfage) : 항만 당국이 부두의 사용에 대하여 부과하는 것으로 우리나라의 경우 해운항만청 고시에 의하여 부과되며, 적하 톤당 일정액을 부과한다.
② CFS 작업료(CFS Charge) : LCL(Less than Container Load)화물 운송 시에 선적지 및 도착지의 CFS(Container Freight Station)에서 화물의 혼재, 적입

또는 분류작업을 할 때 발생하는 비용이다.
③ 터미널화물처리비(THC ; Terminal Handling Charge) : 화물이 CY에 입고된 순간부터 선측까지 반대로 본선의 선측에서 CY의 게이트를 통과하기까지 화물의 이동에 따르는 비용을 말한다.
④ 도착지화물인도비용(DDC ; Destination Delivery Charge) : 북미수출의 경우, 도착항에서 하역 및 터미널 작업비용을 해상운임과는 별도로 징수하는 것으로서 TEU당 부과하고 있다.
⑤ 서류발급비(Documentation Fee) : 선사가 일반관리비의 보전을 위하여 수출시에는 선하증권(B/L)을 발급해주는 때, 수입시에는 화물인도지시서(D/O)를 발급해주는 때 징수하는 비용이다.
⑥ 지체료(Detention Charge) : 화주가 허용된 시간(Free Time) 이내에 반출해 간 컨테이너를 지정된 선사의 CY로 반환하지 않을 경우 지불하는 비용이다.
⑦ 체선료(Demurrage) : 적하 또는 양하일수가 약정된 정박기간을 초과하는 경우, 초과일수에 대하여 용선자가 선주에게 지불하는 것으로 1일 또는 1톤당으로 지불하는 금액이다.

2. 부정기선운임

(1) 의의

당시의 해운시황에 따라 선사와 화주 사이의 자유계약에 의해 결정되는 자유운임을 원칙으로 운송수요와 선복의 공급과 관련하여 크게 변동하는 것이 특징이다. 해운시황에 따라 등락을 하기 때문에 정기선 운임과 달리 안정되지 않고, 선적되는 화물의 톤당 얼마의 형식으로 표시된다.

(2) 부정기선운임의 구분

① Spot 운임(Spot Rate) : 계약 직후 아주 짧은 기간 내에 선적이 개시될 수 있는 상황에서 지불되는 운임이다.
② 선물운임(Forward Rate) : 용선계약으로부터 실제 적재시기까지 오랜 기간이 있는 조건의 운임으로 선주와 화주는 장래 시황을 예측하여 결정하는 운임이다.
③ 장기계약운임(Long Term Contract Freight) : 장기간 반복되는 항해에 의하여 화물을 운송하는 계약의 운임이다. 연속항해운임과 유사하나 몇 년간에 몇 항해, 몇 년간에 걸쳐 연간 몇 만톤과 같이 약정되는 것이 일반적이다.
④ 연속항해운임(Consecutive Voyage Rate) : 어떤 특정 항로를 반복적으로 연속하여 항해하는 경우에 약정된 연속항해의 전부에 대하여 적용하는 운임이다.
⑤ 부적운임(Dead Freight, 공적운임) : 화물의 실제 적재량이 계약량에 미달할 경우 그 부족분에 대해 지불하는 운임이다.
⑥ 선복운임(Lump Sum Freight, 총괄운임) : 화물의 개수, 중량 혹은 용적과 관계없이 일항해 또는 본선의 선복(Ship's space)을 단위로 하여 포괄적으로 정해지는 운임이다.

⑦ 일대용선운임(Daily Charter Freight) : 본선이 지정선적항에서 화물을 적재한 날로부터 기산하여 지정양륙항까지 운송한 후 화물인도 완료시점까지의 1일(24시간)당 용선요율을 정하여 부과하는 운임이다.

V. 연안운송과 카페리 운송 등

1. 연안운송

(1) 의의
연안운송은 외항화물선과 연계하여 수출입화물의 국내항 간 운송 및 내수 화물을 국내항 간에 운송하는 것을 말한다. 주로 운송되는 화물은 석유, 시멘트, 철강제품, 모래 등 국가기간산업에 필요한 화물들이다.

(2) 연안운송의 장단점
① 장점
- 중량물, 장척물 등 수송에 적합
- 대량 화물의 국내 수송에 적합
- 도서지역 생필품의 안정적 공급수단
- 물류비 절감형 운송수단

② 단점
- 운송의 신속성이 결여됨
- 문전운송(door to door)이 곤란
- 다른 운송수단과의 연계가 필요
- 소량, 다빈도 운송에 부적합
- 전용부두 시설 부족
- 절차복잡 등 항만운영의 경직성

(3) 연안운송의 활성화 방안
① 연안화물선 전용부두 건설
② 유류, 시멘트, 철재, 컨테이너 등의 전용선 투입
③ 영세한 규모의 연안 선사들에 대한 구조조정
④ 선박금융기법 개발을 통한 연안 선사의 경영합리화 추진
⑤ 연안 컨테이너 운송의 활성화
⑥ 연안 유조선의 운영개선 및 로로선 운항의 활성화
⑦ 연안해운에 대한 진입제한 철폐
⑧ 민간 주도의 선복량 관리제도 도입
⑨ 선복량 과잉 방지 및 적정 선박량 유지 방안 마련
⑩ 연안화물선에 대한 면세유 공급
⑪ 연안해운에 대한 규제개혁

2. 카페리 운송

(1) 의의

카페리란 선박에 철도나 트럭 등 육상 운송수단을 그대로 적재하여 해송할 수 있는 여객선을 말한다. 카페리 운송은 육지와 도서 지역 간 혹은 해안이 있는 육지 간에 선박과 육상 운송수단을 결합한 복합운송 시스템으로서 해상운송과 육상운송이 연속적으로 이루어진다는 점이 가장 큰 특징이다.

(2) 장단점

① 장점
- 인건비 및 화물차량 연료비 절감효과가 있다.
- RO-RO선의 경우 하역작업에 한 명의 차량기사 외 추가인력 소요가 없다.
- 육상의 도로혼잡 완화 및 사고 방지에 기여한다.
- 항로에 의해 운송시간의 단축이 가능하다.
- 관광지나 공업단지와 대도시를 연결함으로써 지역개발을 도모할 수 있다.
- 생선, 식품, 기타 공산품 등의 산지직송을 원활히 할 수 있다.

② 단점
- 컨테이너선에 비해 운임비용이 비싸다.
- 항만, 기타 창고의 영향이 크다.
- 자동차 운송만으로는 채산이 맞지 않는다.
- 손해발생시 책임소재가 불명확하다.

3. 모달시프트(Modal Shift)

(1) Modal Shift의 의의

Modal Shift란 기존에 도로(트럭)를 통해 운송하던 여객 또는 화물을 친환경운송수단인 철도 또는 연안해운으로 운송수단을 전환하는 것을 말한다. 기존의 도로(공로) 중심의 운송체계는 온실가스 배출량도 많고, 교통혼잡·도로파괴 등의 문제점을 유발하기 때문에 이를 철도 및 연안해운으로 전환하게 되면 사회적 비용을 절감할 수 있다.

(2) Modal Shift 추진을 위한 선제조건

① 범정부 차원에서 부처 간 긴밀한 정책협의를 거쳐, 실질적인 정책목표를 충분히 달성할 수 있도록 정책수단을 동원하고 시의적절하게 추진해야 한다.
② 정부가 사회간접자본투자 예산배정과정에서 Modal Shift 정책이 전략적인 효과를 가져올 수 있도록 항만투자에 최우선순위를 부여해야 한다.
③ 부산항과 광양항 컨테이너 터미널의 운영방식이 외항-연안 연계운송이 이루어질 수 있도록 컨테이너부두 운영방식을 혁신해야 한다. 즉 동일한 컨테이너부두에서 외항모선과 연안선이 접안해 환적작업을 완결할 수 있도록 해야 한다.
④ 주요 항만터미널을 단순한 하역과 보관기능이 아닌 복합물류기능까지 수행할 수 있는 물류단지로 개발하는 것이 필요하다.

⑤ 항만하역이 Modal Shift 추진에 걸림돌이 되지 않도록 항만하역부문의 선진화를 조속히 추진해야 한다.
⑥ 최고속 컨테이너선이나 Ro-Ro화물선과 같은 최신 경제선을 보유해야 한다.
⑦ 선박운항업체에 대해 유류 면세조치를 하는 등 주도적 참가업체들의 원가경쟁력을 강화, 운임경쟁력을 확보해 주는 일이 필요하다.
⑧ 화주, 창고업체, 운송사업자 등 물류사슬상의 협조체제가 이루어질 수 있도록 종합물류정보네트워크를 구축해야 한다.

VI. 선박

1. 선박의 개념

(1) 선박의 정의

선박이란 사람 또는 화물을 싣고 해상을 통해 공간적·장소적 이동을 수행하는 운송수단을 의미한다. 선박의 3요소로는 **부양성·적재성·이동성**이 있다.

(2) 선박의 기본기능

① 부양기능 : 선박은 사람이나 가축, 무거운 화물을 싣고 물에 뜨는 기능을 가지고 있어야 한다.
② 추진기능 : 선박은 물에 떠서 빨리 갈 수 있어야 한다.
③ 구조기능 : 선박은 튼튼한 그릇으로서의 기능을 수행해야 한다.
④ 화물적재와 안정성 및 부원력 : 선박은 대량의 화물을 싣고도 안전하여야 한다. 즉, 기울거나 쓰러지지 말아야 한다.
⑤ 운동성능 : 선박은 좁은 항만이나 해협에서도 안전하게 조종할 수 있어야 한다.
⑥ 조종성능 : 선박은 방향타와 조타기를 장착하여 원하는 방향으로 향할 수 있어야 한다.

2. 선박의 종류

(1) 화물선(Cargo Ship)

화물의 운송을 목적으로 하여 화물 적재에 필요한 공간이 크고, 하역기능에 중점을 두어 일시에 대량의 화물을 안전하고 신속하게 운반할 수 있도록 설계된 선박으로 건화물선, 유조선, 겸용선, 전용선 등으로 분류된다.

① 건화물선(Dry Bulker)
  • 살물선(Bulk Carrier) : 대량의 곡물이나 광석, 석탄 등을 비포장된 상태로 운송할 수 있도록 설계된 선박이다. 비교적 단순한 선체 구조를 지니며, 가격도 싸다.

- 일반화물선(General Cargo Carrier) : 원재료나 완제품 등 여러 화물을 혼적하여 운송할 수 있는 선박이다.
- 컨테이너선(Container Ship) : 적양하 작업을 보다 편리하고 신속하게 하기 위해 화물을 컨테이너에 넣어 운송하는 선박이다.
- 다목적 운반선(Multi Purpose Cargo Carrier) : 각종 건화물과 컨테이너를 함께 적재하여 운송할 수 있는 선박이다.

② 유조선(Tanker) : 화물창을 여러 개의 구획으로 나누고, 각 구획의 배관을 통해 원유, 액화가스, 화공약품 등 액상화물을 저장·운송하는 선박을 말하며, 원유운반선, 정제유운반선, 화학제품운반선, 액화가스운반선(LPG, 에틸렌, 액화암모니아) 등이 있다.

③ 겸용선(Combined Carrier) : 수송의 효율성을 최대한 높이기 위해 건화물과 액체화물을 모두 운송할 수 있도록 설계된 선박이다.

④ 전용선(Special Cargo Ship) : 특정화물만 전문적으로 운반하기 위해 적합한 구조와 설비를 갖춘 선박으로 LNG선, 냉장선, 자동차전용선, 컨테이너선 등을 말한다.

(2) 화객선(Cargo & Passenger Ship)

여객과 화물을 같이 운반하기 위해 설계된 선박이다. 수면부분 이하의 화물창에는 화물을 적재하고, 그 이상의 갑판과 선루에는 선실을 설치하여 여객을 탑승시키게 된다.

(3) 여객선(Passenger Ship)

정기항로에서 여객의 운송을 주목적으로 하는 선박을 말하며, 선박안전법상 여객 정원 13인 이상을 태울 수 있는 선박으로 규정하고 있다.

3. 특수선박의 종류

(1) LO-LO선(Lift-on / Lift-off Vessel)

본선 또는 육상에 설치되어 있는 겐트리크레인(Gantry Crane) 등에 의하여 컨테이너를 본선에 수직으로 적·양하하는 방식의 선박을 말한다.

(2) RO-RO선(Roll-on / Roll-off Vessel)

선박의 측면 또는 선미의 구조가 경사판(Ramp way)과 연결되어 있어 별도의 크레인이나 언로우더 등을 이용하지 않고, 차량이나 지게차가 직접 선박 안으로 진입하여 컨테이너를 수평으로 적양할 수 있는 선박을 말한다(예 자동차 전용선, 카페리선 등).

(3) LASH선(Light Aboard Ship)

컨테이너선의 변형으로 컨테이너 대신 규격화된 전용 선박을 운송단위로 사용하며, 부선(Barge)에 화물을 적재한 채로 본선에 적입하여 운항한 후, 본선을 부두에 직접 접안시키지 않고 자체 크레인으로 부선만을 하역하여 부두까지 운송하는

▶ LO-LO선

▶ RO-RO선

▶ LASH선

특수선박을 말한다.

(4) 예인 – 바지(Tug Boat·Barge)

Barge란 항만 내부나 하구 등 비교적 짧은 거리에서 화물을 수송하는 자항능력이 없는 부선을 말한다. 부선에는 동력장치가 없기 때문에 운항을 위해선 별도의 예인선인 Tug Boat(견인형 or 푸쉬형)가 필요하다. 특히 유럽에서 단거리 운송에 많이 이용되는 운송수단이다.

4. 선박의 제원

(1) 선박의 길이

① 전장(Length Over All, LOA) : 선체에 고정적으로 붙어있는 모든 돌출물을 포함한 선수재의 맨 앞에서부터 선박의 맨 끝까지의 수평거리로서 부두 접안(Berthing)이나 입거(Docking) 등의 조선상 사용되는 길이이다.

② 등록장(Registered Length) : 상갑판 보상의 선수재 전면에서 선미재 후면까지 잰 수평거리이다. 선박원부 및 국적증서 등록 시에 기재하는 길이이다.

③ 수선간장(Length Between Perpendiculars, LBP) : 계획만재흘수선상의 선수재의 전면으로부터 타주의 후면(타주가 없는 선박의 경우 타두재 중심선)까지의 수평거리로 통상 선박의 길이는 이것을 사용한다.

④ 수선장(Length on Load Water Line, LWL) : 계획만재흘수선상에서 물에 잠긴 선체의 선수재 전면부터 선미후단까지의 수평거리로 선박에 작용하는 저항(유체저항)과 추진력 계산시 사용된다.

(2) 선박의 폭과 깊이

① 전폭(Extreme Breadth) : 선체의 가장 넓은 부분에서 측정하여 외판의 한쪽 외면에서 반대편 외면까지의 수평거리로서 입거 및 선박 조종 등에 이용되는 폭이다.

② 형폭(Moulded Breadth) : 선체의 가장 넓은 부분에서 측정하여 늑골(Frame)의 외면에서 맞은 편 외면까지의 수평거리를 의미하며, 만재흘 수선 규정, 강선구조 규정, 선박법 등에서 사용되는 폭이다.

③ 선박의 깊이(Vertical Depth) : 형심(Moulded Depth)이라고도 하며, 선체의 중앙 상갑판 보(Beam)의 상단에서 선박 용골(Keel) 상단까지의 수직거리로 만재흘수선 규정, 강선구조 규정, 선박법 등에서 사용되는 깊이이다.

④ 건현(Freeboard) : 배의 중앙부 현측에서 갑판 윗면으로부터 만재흘수선 마크 윗단까지의 수직거리이다. 건현의 높이가 높으면 예비부력(Reserve Buoyancy)이 커져 배의 안정성은 올라간다.

⑤ 흘수(Draft) : 수면에서 선저의 최저부까지의 수직거리 즉, 선박이 수중에 떠있을 때 물속에 잠겨있는 부분의 깊이를 말하며, 형흘수와 용골흘수로 구분된다.

　㉠ 형흘수(Moulded Draft) : 용골의 상면에서 수면까지의 수직높이(거리)를 말한다.

ⓒ 용골흘수(Keel Draft, Extreme Draft) : 용골(Keel)의 하면에서부터 수면까지의 수직높이(거리)로 일반적으로 흘수란 용골흘수를 가리키며, 건현의 반대 개념으로 선박의 조종이나 재화중량톤수를 구하는 데 활용한다.

⑥ 트림(Trim) : 선수흘수와 선미흘수의 차로 선박길이 방향의 경사를 나타낸다.
  ㉠ 선미트림(Trim by the Stern) : 선수흘수에 비해 선미흘수가 큰 상태로 파랑의 침입을 감소시키며 타효가 좋고 선속이 증가한다. 따라서 선박 운항시에는 약간의 선미트림이 유리하다
  ㉡ 선수트림(Trim by the Head) : 선수흘수가 선미흘수보다 큰 상태로 파랑이 많고, 선속이 감소하며, 선미안정성이 없어 타효가 불량하다.
  ㉢ 등흘수(Even Keel) : 선수흘수와 선미흘수가 같은 상태로 수심이 얕은 수역을 항해하거나 입거할 때 유리하다.

(3) 만재흘수선

① 화물을 만재한 상태에서 선박 정중앙부의 수면이 닿는 위치에서 용골 상단까지의 수직거리를 의미한다.
② 만재흘수선 설정목적 : 선박의 안전을 도모하고, 화물의 과적(Overloading)에서 생기는 해난을 방지하며 선박의 감항성(선박의 종합적인 항해능력)을 확보하기 위하여 설정된 최대한도의 흘수이다.
③ 만재흘수선은 선박의 종류, 구조, 계절에 따라 지정되며 선박의 중앙 양 현측에 만재흘수선표(Load Line Mark)를 표시한다.
④ 최소 건현을 나타내기에 건현표(Free Board Mark)라고 불린다.
⑤ 만재흘수선은 선박의 부력에 영향이 큰 물의 비중차이를 감안하여 계절, 해역별로 각각 달리 적용된다.
⑥ 의무적으로 만재흘수선을 표시하는 경우 : 국제항해에 취항하는 선박, 길이 24m 이상의 선박 및 여객선, 길이 12m 이상 24m 미만으로 여객 13인 이상을 운송할 수 있는 여객선

5. 선박의 톤수

(1) 용적톤수(Volume, Space Tonnage)

① 총톤수(Gross Tonnage, GT)
  선박내부의 총 용적량을 나타내는 톤수로서 상갑판 하부의 적량과 상갑판 상부의 밀폐된 장소의 적량을 모두 합한 것이다. 선박의 용적 100ft^3(2,832m^3)를 1톤으로 표시(환산)하며, 선박의 안전과 위생에 사용되는 부분은 제외된다. 총톤수는 선박의 수익능력을 표시하므로 각국의 해운력과 보유 선복량을 비교할 때 주로 이용한다. 또한, 선박에 대한 관세, 등록세, 소득세, 도선료, 각종 검사료와 세금 및 수수료의 산정 기준이 된다.
② 순톤수(Net Tonnage, NT)
  총톤수에서 기관실, 선원실 및 해도실 등의 선박의 운항에 직접적으로 필요한 공간의 용적을 뺀 톤수로 순수하게 여객이나 화물의 적재 등 직접적인 상행위

에 사용되는 용적이다.

선박에 대한 항세, 톤세, 운하통과료, 등대사용료, 항만시설 사용료 등의 제세금과 수수료의 산출기준이 된다.

③ 재화용적톤수(Measurement Tonnage, MT)

선박에 적재할 수 있는 화물의 최대용적을 표시하는 톤수로서 일반적으로 $40ft^3$을 1톤으로 환산하여 톤수를 산정한다. 그러나 최근에는 이 톤수는 거의 사용되지 않고 있다.

(2) 중량톤수(Weight Tonnage, WT)

① 배수톤수(Displacement Tonnage, DT)

선박의 중량은 선체의 수면 아랫부분인 배수용적에 상당하는 물의 중량과 같으며, 이 물의 중량을 배수량 또는 배수톤수라고 한다.

보통 만재상태에 있어서의 선체의 중량을 말하며, 주로 군함의 크기를 나타낼 때 사용된다.

② 재화중량톤수(Dead Weight Tonnage, DWT)

선박이 적재할 수 있는 화물의 최대무게(중량)를 표시하는 톤수로서 만재배수톤수와 경하배수톤수(선박자체의 중량)의 차이로 계산하며, 중량톤의 단위로는 국제적으로 Long Ton(LT)을 주로 사용한다.

공선상태로부터 만선이 될 때까지 실을 수 있는 화물, 여객, 연료, 식료, 음료수, 승무원과 수집품 등의 합계중량으로 상업상의 능력을 나타내기도 한다.

(3) 운하톤수(Canal Tonnage)

수에즈 운하, 파나마 운하 등 특정 운하 통항시 요금 산정의 기준이 되는 톤수로 각각 수에즈 운하 톤수, 파나마 운하 톤수 등이 있다.

6. 선박의 구성

선박은 크게 선체(Hull), 기관(Engine), 기기(Machinery)로 구성되어 있다.

① 앵커(Anchor, 닻) : 선박을 정박시킬 때 필수적인 장비로 정박 시 해표면에 내려 선박을 고정시키게 된다.

② 발라스트(Ballast) : 선박의 안정성을 유지하기 위하여 선박하부에 적재하는 중량물을 말하며, 이전에는 모래, 자갈 등을 사용했으나 지금은 일반적으로 해수(海水)가 사용된다.

③ 빌지(Bilges) : 선박의 운항과 관련하여 선내에서 발생하는 폐수나 기름찌꺼기 등의 혼합물을 말한다.

④ 더니지(Dunnage) : 화물, 선체 간 충돌로 인한 화물 손상을 방지하기 위하여 적재된 화물 사이에 끼워 넣는 완충재로서 나무조각이나 고무주머니 등을 말한다.

⑤ 대빗(Davit) : 선박 안과 밖에서 어떤 물체를 끌어올리거나 달아 내릴 때 사용하는 선박에 설치된 기중기(Crane)를 말한다.

⑥ 해도실(Chart room) : 항해지도가 비치되어 있는 방을 말한다.
⑦ 연돌(Funnel) : 연소(배기)가스 통풍구로 연도의 끝에 연결되어 상갑판에 설치된다.
⑧ 창구(Hatch) : 선박 적재 창고의 입구를 칭한다.
⑨ 키(Rudder) : 선박의 조종간으로 선박 운항 시 운항 방향 결정하는 데 사용한다.

7. 선박의 국적과 편의치적

(1) 선박국적의 개념

선박을 어느 국가의 관할 아래 두어 그 귀속여부를 외부에 나타내는 것을 선박의 국적이라고 한다.

국제법상 선박은 자연인과 마찬가지로 반드시 국적을 가져야 하고 그 증서를 선박에 비치하여야 하며, 선미에 그 국적의 국기를 게양하는 것이 의무화되어 있다.

(2) 편의치적(Flag Of Convenience) 제도

① 편의치적제도의 개념

선주가 속한 국가의 엄격한 요구조건과 의무부과를 피하기 위하여 자국이 아닌 파나마, 온두라스 등과 같은 제3국가에 선박국적을 취하는 제도를 말한다. 미국, 일본 등 주로 선진 해운국의 선주들이 행하고 있다.

② 편의치적 선호사유

㉠ 금융기관이 선박에 대한 권리행사가 용이하기 때문에 국제금융시장에서 자금조달이 용이하다.
㉡ 선박의 운항 및 안전기준 등의 이행회피에 따르는 비용절감이 가능하다.
㉢ 선박운항에 따른 재무상태, 거래내역을 정부에 보고하지 않는 등 선박운항에 따른 정부의 지도·감독회피가 가능하다.
㉣ 등록세와 매년 징수하는 소액의 톤세 외에 선주에 대해 추가적인 소득세를 징수하지 않아 조세부담이 낮다.
㉤ 고임의 자국선원을 승선시키지 않아도 되므로 선원비를 절감할 수 있다.

(3) 제2치적제도

자국선박의 해외치적을 자국으로 전환하거나 자국선박의 해외치적을 방지할 목적의 편의치적(Flag of Convenience) 제도와 유사한 제도로 자국의 특정 자치령 또는 속령에 치적하여 편의치적 수준의 선원고용, 세제 등의 혜택을 부여하는 제도를 말한다.

80년대 초 영국, 노르웨이, 덴마크 등이 자국선대의 해외치적을 막기 위해 도입된 이래 성과가 좋자 점차 세계 각국으로 확산되고 있다. 우리나라 역시 2002년 제주선박등록특구제도를 도입한 이후 그 취지에 부합하는 성과가 나타나고 있다.

8. 선급제도와 웨이버제도

(1) 선급제도의 개념
국가마다 다른 법규에 의하여 선박이 제조됨에 따라 정상적인 항해가 가능한지 여부, 즉 감항성(Seaworthiness)에 대하여 전문기관에 의해 객관적으로 판단할 수 있도록 하기 위해 만들어진 제도이다.

(2) 선급제도의 주요내용
① 선체, 기관이 이상이 없고 선장, 선원에 결원이 없고 연료, 식수 등 항해준비를 갖춘 상태를 감항성이 있다고 판단한다.
② 보험자들이 보험인수 여부 및 보험료 산정을 위해 선박등록부(Green book)를 만든 것을 시작으로 국제선급협회로 발전(한국선급협회도 가입함)되었다.
③ 특정선급을 얻기 위해 선급규칙에 맞게 건조되어야 하고 선급유지를 위해 검사가 있으며 건조검사, 정기검사, 중간검사, 임시검사, 임시항해검사 등이 있다.

(3) 웨이버(Waiver)제도 : 국적선 불취항증명서
① 웨이버제도의 개념
화주가 외국선사를 사용할 경우 해당 지역으로 취항하는 국적선이 없음을 확인하는 것으로 국적선 불취항 증명을 말하며, 이 경우 화주는 예외적으로 외국선사를 사용할 수 있게 된다.
② 웨이버제도의 특징
㉠ 웨이버의 본래 의미는 기권·포기(증서)로 선박을 이용한 화물수송에 있어서 자국선박의 사용을 포기한다는 의미를 갖는다.
㉡ 수출입 화물운송에 자국선을 이용하도록 하는 자국선 보호주의의 한 형태로서 현재 우리나라는 수출입화물의 종류로서 이 제도를 예외적으로 적용시키고 있다.
㉢ 당해 화물이 그 성질로 보아 국적선을 이용할 수 없는 화물이거나 기타 불가피한 사유로 인해 국적선에 의한 운송이 곤란한 경우에는 한국 선주협회를 통해 국적선 불취항증명서(Waiver)를 발급받아야 한다.

VII 해상위험

1. 해상위험의 의의
영국 해상보험법에서는 해상위험을 "항해에 기인 또는 항해에 부수하여 발생하는 사고"라 정의하고 해상위험을 그 특성에 따라 하나하나 열거하고 있는 것에 반해 우리나라 상법에서는 "해상보험계약의 보험자는 항해에 관한 사고로 인하여 생길 손해를 보상할 책임이 있다"라고 하여 포괄적으로 규정하고 있다.

해상위험(marine perils)은 항해에 기인 또는 항해에 부수하여 발생하는 사고를 의미하지만 담보범위는 그 발생장소가 반드시 해상에서만 발생하는 사고, 즉 해상사고에만 한정되는 것은 아니며, 또한 반드시 해상에서 발생한 손해에만 국한되는 것은 아니다. 예를 들어 육상에서 발생한 화재나 도난과 같은 사고도 포함한다.

2. 해상위험의 요건
① 해상보험에서 보험자는 담보위험에 의한 손해를 보상하기 때문에 위험은 손해의 원인이어야 한다.
② 위험은 우연한 것이어야 한다. 즉, 그 발생은 가능하지만 불확실한 것이어야 한다.
③ 위험은 장래의 사고뿐만 아니라 과거의 사고라 하더라도 보험계약 체결 시 보험계약자가 발생한 사실을 모르고 있을 경우에는 소급보험에 있어서 위험이 될 수 있다.
④ 불가항력도 위험의 일종이므로 위험이 반드시 불가항력(Force Majeure)적인 사고여야 할 필요는 없다.

3. 해상위험의 분류
(1) 위험의 특성에 따른 분류
① 해상고유의 위험(perils of the sea) : 침몰(sinking), 좌초(stranding), 충돌(collision), 교사(grounding), 악천후(heavy weather) 등
② 해상위험(perils on the seas) : 자연적·인위적 화재(fire or burning)를 비롯하여 투하(jettison), 선원의 악행(barratry of master or mariners), 해적·절도·강도(pirates, rovers & thieves) 등
③ 전쟁위험(war perils) : 전쟁(war), 변란(warlike operation), 억제(restraints), 억류(detainments), 강유(arrests), 해상탈취(taking at sea) 등

(2) 위험의 담보여부에 따른 분류
① 담보위험(perils covered risks) : 보험자가 그 위험에 의하여 발생한 손해를 보상할 것을 약속한 위험이다.
② 면책위험(excepted or excluded perils) : 위험에 의하여 발생된 손해에 대하여 보험자가 보상책임을 면하는 특정한 위험으로서, 보험자의 보상책임을 적극적으로 제한하는 효과를 가지는 위험이다.
③ 비담보위험(perils not covered) : 담보위험 및 면책위험 이외의 모든 위험이다. 이 위험은 담보위험도 면책위험도 아니기 때문에 보험자의 보상책임에 대하여 적극적 효과를 갖지 못한다. 어떤 손해에 대하여 보험자가 보상책임을 부담하기 위해서는 반드시 담보위험이 원인으로 되어야 한다.

 **해상운송 관련 국제조약**

1. **헤이그 규칙(Hague Rules) & 헤이그-비스비 규칙(Hague-Visby Rules, 1968)**

    1924년 브뤼셀에서 개최된 '해상법에 관한 국제회의'에서 승인한 해상운송인의 최고의 권리 및 면책과 함께 최저의 책임을 정한 최초의 국제법규인 헤이그 규칙 즉, 「선하증권에 관한 규칙의 통일을 위한 국제협약」을 비스비(Visby)의 개정의정서에 의해 약간 수정한 것이 1968년 헤이그-비스비 규칙이다.

2. **함부르크 규칙(Hamburg Rules, 1978)**

    헤이그 비스비 규칙이 화주에게 불리하다는 주장이 UN 무역개발회의에서 강하게 대두되자 이에 UN 국제무역법위원회(UNCITRAL)에서 1972년부터 개정작업을 시작하여 1978년 3월 Hamburg에서 채택되었고, 1992년 11월부터 발효된 것이 함부르크 규칙이다.

3. **로테르담 규칙(Rotterdam Rules, 2009)**

    헤이그규칙, 헤이그-비스비규칙, 함부르크규칙이라는 3개의 국제조약 중 어느 것이 적용되느냐에 따라 운송인의 책임범위가 크게 변동하는 상황 속에서 해상물품운송의 국제적 통일을 이루기 위해 2009년 9월 탄생한 것이 로테르담 규칙이다. 이 규칙은 화주와 운송인 간의 권리의무에 대한 조정과 확대되는 전자상거래에 대응하는 새로운 규정이 포함되었다는 점을 특징으로 들 수 있다.

제5장 핵심문제

01 다음에서 설명하는 정박일 계산조건으로 알맞은 것은?

> 하역개시일부터 종료일까지의 경과일수로 계산하는 방법으로 총 소요기간을 24시간으로 계산하여 정박기간을 계산한다. 일요일, 공휴일은 물론 하역 불능(불가항력) 사태가 발생해도 모두 정박기간에 포함된다.

① CQD
② WWD
③ Running Laydays
④ Demurrage
⑤ Despatch Money

정답 ③

해설 Running Laydays(연속 정박기간)이란 하역개시일부터 종료일까지의 경과일수로 계산하는 방법으로 총 소요기간을 24시간으로 계산하여 정박기간을 계산한다. 일요일, 공휴일은 물론 하역 불능(불가항력) 사태가 발생해도 모두 정박기간에 포함된다.

02 정기선운송의 특징으로 옳지 않은 것은?

① 화물의 크기와 종류에 관계없이 표준화된 계약이 사용되고 있다.
② 운송수요가 불특정다수의 개별수요로 이루어지므로 화주가 다수이고 운송대상도 다수이다.
③ 불특정다수의 운송수요자가 존재한다.
④ 화주의 화물수요에 따라 항로 및 스케줄이 달라진다.
⑤ 공표된 운임요율이 적용되며 하역비까지 포함하고 있어 부정기선에 비해 높다.

정답 ④

해설 화주의 화물수요에 따라 항로 및 스케줄이 달라지는 방식은 부정기선운송의 특징이다.

03 정기선운임의 종류에 대한 설명으로 옳지 않은 것은?

① 기본운임은 중량과 용적을 기준하며 둘 중 운임폭이 작은 쪽을 기본운임으로 정한다.
② 최저운임(Minimum Rate)은 화물의 용적이나 중량이 이미 설정된 일정기준(운임 톤 단위)에 미달시 적용되는 운임이다.
③ 종가운임(Ad valorem)은 운송시 특별한 관리와 주의를 요하고 보상시에도 문제가 되는 고가품에 대하여 송장가격에 일정률을 부과하는 운임이다.
④ 특별운임은 수송조건과는 별개로 해운동맹측이 비동맹선과 적취경쟁을 하게 되면 일정 조건하에서 정상요율보다 인하한 특별요율을 적용하는 운임이다.
⑤ 차별운임(Discrimination Rate)은 화물, 장소, 화주에 따라 차별적으로 부과되는 운임이다.

정답 ①

해설 기본운임은 중량과 용적을 기준하며 둘 중 운임폭이 큰 쪽을 기본운임으로 정한다.

04 특수선박의 종류에 대한 설명으로 옳은 것은?

① LO-LO선은 선박의 측면 또는 선미의 구조가 경사판(Ramp way)과 연결되어 있어 별도의 크레인이나 언로우더 등을 이용하지 않고, 차량이나 지게차가 직접 선박 안으로 진입하여 컨테이너를 수평으로 적양할 수 있는 선박을 말한다.
② RO-RO선은 본선 또는 육상에 설치되어 있는 겐트리크레인(Gantry Crane) 등에 의하여 컨테이너를 본선에 수직으로 적·양하하는 방식의 선박을 말한다.
③ LASH선은 컨테이너선의 변형으로 컨테이너 대신 규격화된 전용 선박을 운송단위로 사용하며, 부선(Barge)에 화물을 적재한 채로 본선에 적입하여 운항한 후, 본선을 부두에 직접 접안시키지 않고 자체 크레인으로 부선만을 하역하여 부두까지 운송하는 특수선박을 말한다.
④ 예인-바지은 지면효과를 이용하여 수면 위를 1~5m 높이로 낮게 떠서 운항할 수 있는 선박이다.
⑤ WIG(Wing In Ground)선은 특히 유럽에서 단거리 운송에 많이 이용되는 운송수단이다.

정답 ③

해설 LASH선은 컨테이너선의 변형으로 컨테이너 대신 규격화된 전용 선박을 운송단위로 사용하며, 부선(Barge)에 화물을 적재한 채로 본선에 적입하여 운항한 후, 본선을 부두에 직접 접안시키지 않고 자체 크레인으로 부선만을 하역하여 부두까지 운송하는 특수선박을 말한다.

05 해상위험에 대한 설명으로 옳지 않은 것은?

① 해상보험에서 보험자는 담보위험에 의한 손해를 보상하기 때문에 위험은 손해의 원인이어야 한다.
② 해상위험은 불확실한 것이어서는 안된다.
③ 위험은 장래의 사고뿐만 아니라 과거의 사고라 하더라도 보험계약 체결 시 보험계약자가 발생한 사실을 모르고 있을 경우에는 소급보험에 있어서 위험이 될 수 있다.
④ 불가항력도 위험의 일종이므로 위험이 반드시 불가항력적인 사고여야 할 필요는 없다.
⑤ 위험은 우연한 것이어야 한다.

정답 ②

해설 해상위험은 그 발생은 가능하지만 불확실한 것이어야 한다.

제6장 국제복합운송

I. 국제복합운송의 개요

▶ 2022년, 2021년 등 기출

1. 복합운송(Multimodal Transport)의 의의

복합운송이란 특정화물의 운송에 있어서 육상, 해상, 내륙수로, 항공, 철도, 도로운송 중에서 적어도 두 가지 이상의 상이한 운송형태(Different Modes)를 복합적으로 이용하여 어떤 국가의 일정지점에서부터 다른 국가의 인도예정지점까지 운송구간을 단일계약(single contract)에 의해 일관운송 하는 체계를 말한다.

2. 복합운송의 기본 요건

(1) 단일책임 원칙

복합운송은 이른바 Door to Door Service를 지향하는 것으로서 복합운송인은 자기의 명의와 계산으로 송화인(화주)을 상대로 복합운송계약을 체결한 계약당사자의 지위에서 또한 전체운송을 계획, 총괄, 조정하며 감독할 지위에서 전 운송구간에 대한 모든 책임이 집중되는 단일(일관)책임을 진다.

(2) 단일계약 체결

복합운송계약은 하나의 운송계약으로 전 운송구간에 대한 책임이 복합운송인에게 집중되는 단일계약이다. 따라서 복합운송인이 운송의무를 이행하기 위하여 각 구간별 운송인과 체결하는 하청운송계약은 이와는 아무런 관련이 없다.

(3) 단일운임 적용

복합운송은 운송서비스의 대가로 각 구간별로 분할된 운임이 아닌 전 운송구간(Through Carriage)에 대한 단일운임(Single Factor Through Rate)이 적용된다.

(4) 복합운송 수단

복합운송은 서로 다른 두 가지 이상의 운송수단에 의해 이행되어야 한다. 여기에서 말하는 서로 다른 운송수단이란 복수의 운송인에 의한 것이 아닌 각각 다른 법적규제를 받는 것이어야 한다는 의미이다.

(5) 복합운송증권의 발행

복합운송인은 화주에 대하여 전 운송구간을 담당하는 한 장의 운송서류인 복합운송증권(Multimodal Transport Document)을 발행해야 한다. 이러한 증권의 발행은 전 복합운송 구간의 단일책임을 강화하기 위한 것으로서 단일책임 원칙과 표리의 관계에 있다.

3. 복합운송의 유형

(1) 피기 백 방식(Piggy – Back System)
화물자동차와 철도를 연계한 복합운송형태로 컨테이너 화물을 실은 화물자동차를 그대로 철도의 무개화차에 적재하여 일관운송 하는 것을 말한다. 화물자동차의 기동성과 철도운송의 중·장거리 운송에 있어서의 장점을 활용할 수 있으며, 상하역 시간의 절약과 화물보호에 장점이 있다.

(2) 피시 백 방식(Fishy – Back System)
화물자동차와 수상운송수단을 연계한 복합운송형태로 컨테이너 화물을 실은 화물자동차를 그대로 선박에 태워 운송하는 것을 말한다. 하역 시 별도의 장비가 필요 없고, 파도가 선박에 가하는 충격과 진동을 차량이 상당 부분 흡수해주기 때문에 충격과 진동에 민감한 설비화물이나 자동차를 수출입하는 경우에 주로 사용된다.

(3) 버디 백 방식(Birdy – Back System)
화물자동차와 항공기가 연계된 복합운송형태이다. 화물을 실은 트럭을 그대로 항공기에 적재하는 운송방식이며, 피시 백 방식이 지닌 이점을 보다 효율적으로 활용할 수 있다는 장점이 있지만 운송비용이 비싸다.

(4) 철도–해운 방식(Train·Rail – Shipping·Water System)
철도와 선박의 혼합 이용방법으로 대·중량화물과 저가품의 장거리 대량운송 시에 가장 경제적인 운송방식이다.

(5) 씨 앤 에어 방식(Sea – and – Air System)
해상운송의 저렴성과 항공운송의 신속성을 이용하는 해공 복합운송 방식으로 운송비 절감, 운송시간 단축, 운송능률 증대 등의 이점이 있다.

(6) 트럭 에어 방식(Truck – air System)
트럭을 이용한 도로운송과 항공기를 활용한 항공운송의 혼합운송방식으로 일반적으로 소형화물이나 고가의 제품 운송 시에 적합하다.

(7) 카페리 방식(Car ferry System)
주로 중국과 일본 등의 근거리 해상운송 시 화물이 적재된 차량(트레일러, 트레일러 + 트랙터)을 선박으로 운송하는 방식이다.

(8) 랜드 브리지 방식(Land bridge System)
해상운송경로에 대륙횡단경로를 결합한 해륙복합운송형태이다.

(9) 쉽 바지 방식(Ship – Barge System)
바지선과 원양선을 연계하여 운송하는 복합운송형태이다.

Ⅱ 복합운송인(Multimodal Transport Operator)

1. 복합운송인의 개념

유엔복합운송조약에 따르면 복합운송인이란 "자기 또는 자신의 대리인을 통하여 복합운송계약을 체결하고 송화인(화주)이나 복합운송업무에 관여하는 운송인의 대리인 또는 그러한 사람에 갈음하여서가 아닌, 복합운송의 주체자적 지위에서 행위를 하고 또한 계약의 이행에 관한 채무를 부담하는 자"라고 정의하고 있다.

2. 복합운송인의 유형

(1) 실제운송인(Actual Carrier)형 복합운송인

자신이 직접 일부구간의 운송수단(선박, 항공기 등)을 보유하면서 복합운송인의 역할을 수행하는 실제 운송주체를 통틀어 말한다. 선박회사, 철도회사, 트럭회사 및 항공사 등이 이에 해당하며, 이 중 복합운송 구간 중 해상구간이 차지하는 비중에 비추어 볼 때 컨테이너 선박을 소유한 선박회사가 가장 전형적인 형태라 할 수 있다.

(2) 계약운송인(Contracting Carrier)형 복합운송인

운송수단은 직접 보유하지 않지만 운송에 있어서는 실제운송인과 마찬가지로 주체적인 지위를 갖고 제반기능과 책임을 다하는 운송인을 말한다. 프레이트 포워더(freight forwarder)형 복합운송인이라고도 하며, 송화인(화주)에게는 실제운송인의 역할을 수행하고, 실제운송인에게는 송화인의 역할을 수행한다.

이는 항공운송주선업자, 해양운송주선업자, 통관업자 등이 이에 해당하며, 이중 해상운송주선업자가 가장 전형적인 형태이다.

3. 복합운송인의 책임유형과 책임체계

(1) 복합운송인의 책임유형

① 과실책임(Liability for Negligence)
과실은 주의의무의 태만으로 인해 야기되는 것으로 운송인이 책임을 져야 한다는 원칙이다. 복합운송인은 무과실에 대한 입증책임을 지고 있으므로, 운송인이 면책받기 위해서는 무과실을 입증해야 한다.

② 무과실책임(Liability without Negligence)
무과실책임은 운송인의 과실 여부에 관계없이 배상책임을 지는 원칙이다. 불가항력, 포장불비, 통상의 누손, 화물고유의 성질에 대해서는 면책을 인정한다.

③ 엄격책임(Strict Liability)
엄격책임은 과실의 유무를 불문하고 손해의 결과까지도 책임을 지는 원칙이다. 면책의 항변이 절대 인정되지 않는다.

▶ 국제물류주선업자(Freight Forwarder)의 개념
국제물류주선업자는 송화인(화주)의 대리인으로서 전 운송구간에 걸쳐 효율적인 운송수단을 선택하여 이들을 유기적으로 결합하고, 운송에 따르는 일체의 제반 업무를 처리해 주는 전통적인 운송주선인으로서의 역할을 담당한다.

▶ 국제물류주선업자(Freight Forwarder)의 기능
① 화물의 집화, 분배, 혼재화물 취급업무 등 수행
② 운송 부대서비스인 포장, 통관, 보험부보, 보관업무 등 제공
③ 운송수단의 수배 및 본선과 화물의 인수·인도
④ 운송주체로서 역할 수행
⑤ 화주를 대신하여 적하보험의 수배와 통관대행업무 수행
⑥ 운송관련 서류 작성(선복예약서, 선적허가서, 부두수령증 등) 및 복합운송증권의 발행
⑦ 직접 운송수단을 보유하지 않은 채 화주를 대신하여 화물운송주선
⑧ 운송계약의 체결과 선복의 예약
⑨ 운송에 관한 전문적인 조언

(2) 복합운송인의 책임체계

① 이종책임체계(Network Liability System)

복합운송 중 물품의 멸실, 손상 등의 손해의 구간이 판명된 경우에는 기존의 각 구간별 책임체계를 따르고 그렇지 않은 경우에는 별도의 책임원칙에 따르는 방법이다. 실제 적용구간의 입증문제가 발생하여 분쟁발생의 가능성이 있다.

② 단일책임체계(Uniform Liability System)

물품의 멸실 또는 손상 등의 손해가 발생한 구간이나 운송방식과 상관없이 동일한 책임체계에 따라 복합운송인의 책임이 정해지는 방식이다. 이론적으로 합리적이며 일관성이 있고 제도가 간단하여 당사자 간 분쟁을 줄일 수 있다. 그러나 복합운송인은 실제 운송인에게 구상해야 하는 문제가 있고, 절차가 오히려 복잡하여 비용의 증가로 이어지며, 각 운송방식별로 확립된 책임수준의 균형을 해친다.

③ 절충식 책임체계(Modified Uniform Liability System)

이종책임체계와 단일책임체계를 절충한 것이다. 복합운송인의 책임원칙은 일률적인 책임원칙을 따르고, 책임의 정도와 한계는 손상이 발생한 구간의 규칙을 따르는 것을 의미한다.

④ 타이업 책임체계(Tie-up System)

화주가 각 운송구간의 운송인과 개별적으로 운송계약을 체결한 경우 각 운송인이 각 운송구간에 적용되는 책임원칙에 따라 운송책임을 부담하는 방식이다.

III. 국제복합운송경로

▶ 2023년, 2022년, 2021년 등 기출

1. 국제복합운송경로

육·해로상의 복합일관운송이 실현됨에 따라 해상 - 육상 - 해상으로 이어지는 운송구간 중 육상(Land)구간을 말하며 해상과 해상을 잇는 교량의 역할을 한다고 하여 랜드브리지라고 한다.

2. 국제복합운송의 주요경로

(1) 시베리아 랜드브리지(SLB ; Siberia Land Bridge)

극동지역(부산, 일본 등)에서 유럽과 중동행의 화물을 러시아의 극동항구인 보스토치니항으로 운송한 후, 시베리아철도로 시베리아를 횡단하여 시베리아의 서부 국경에서 유럽지역으로 또는 그 반대로 운송하는 시스템이다. 철도를 이용하여 TSR이라고도 한다.

(2) 아메리카 랜드브리지(ALB ; America Land Bridge)

극동지역의 주요 항구로부터 북미지역의 서해안의 주요항구까지 해상으로 운송한 후, 북미 지역의 횡단철도를 통하여 북미지역의 동부해안까지 운송하고, 다시

대서양을 해상운송으로 횡단하여 유럽지역의 항만 또는 유럽 내륙까지 일관 수송하는 운송경로이다.

(3) 캐나다 랜드브리지(CLB ; Canadian Land Bridge)

ALB와 유사하며 밴쿠버 또는 시애틀까지 해상으로 운송하고, 캐나다의 철도를 이용하여 동해안의 몬트리올에서 대서양의 해상운송으로 접속하여 유럽의 항구로 운송하는 복합운송경로이다.

(4) 미니 랜드브리지(MLB ; Mini Land Bridge)

ALB와 유사하며, 미 동부해안이나 걸프지역의 항만까지 운송하는 해륙복합운송형태이다. 해상운송과 육상운송을 연계한 복합운송형태로 ALB의 해상운송과 육상운송, 다시 해상운송으로 이어지는 형태와 차이가 있다.

(5) 마이크로 랜드브리지(IPI ; Interior Point Intermodal, Micro Land Bridge)

로키산맥 동부의 내륙지점까지 운송하는 것으로 동아시아에서 미국 태평양 연안까지는 해상운송하고, 시카고 또는 주요 운송거점까지 철도운송을 한 뒤 도로를 이용하여 내륙운송하는 복합운송시스템이다. 선박회사 책임으로 일관운임과 통선하증권을 발행한다.

(6) 중국횡단철도(TCR ; Trans China Railway)

중국의 연운항에서 시작하여 러시아의 접경지역인 아라산쿠를 잇는 철도로, 러시아를 통과하여 암스테르담까지 연결하는 철도운송 경로이다.

(7) 리버스 마이크로 랜드브리지(RIPI ; Reversed Interior Point Intermodal)

IPI 서비스에 대응하여 만들어진 서비스로, 미국의 동해안 및 걸프지역까지 해상운송되어 양륙된 화물을 철도 또는 트럭에 의해 내륙운송하고 최종 목적지의 철도터미널 또는 트럭터미널에서 수화인에게 인도되는 방식이다.

IV. 복합운송증권(Multimodal Transport Document)

▶ 2022년, 2020년 등 기출

1. 복합운송증권의 개념

해상, 항공, 육상에 의한 운송수단 중 2가지 이상의 다른 운송방식을 이용하고 화물의 선적지와 도착지가 다른 경우에 이루어지는 복합운송계약을 증명하기 위하여 복합운송인이 발행하는 증권을 말한다.

복합운송인이 전 운송구간에 걸쳐 단일운송 책임하에 화물의 멸실 및 손상에 대해 손해배상을 해준다는 내용으로 발행한다.

2. 복합운송증권의 특징

① 도로·철도·내수로·해상 또는 항공운송이 결합된 복합운송이 상이한 운송인에 의하여 이루어지더라도 복합운송증권은 처음부터 끝까지 전 운송구간을 커버하는 서류이다.
② 복합운송증권은 본선적재 전에 복합운송인이 수탁 또는 수취한 상태에서 발행되는 서류이다.
③ 복합운송증권은 실제운송인(Actual Carrier)에 의해서만 발행되는 선하증권과는 달리 운송인뿐만 아니라 운송주선인(Freight Forwarder)에 의해서도 발행이 가능하다.
④ 복합운송증권은 화주에게 통운송(Through Transport)의 전체적인 책임을 지고 어느 구간에서 발생하였든 화물의 멸실이나 손상에 대해 책임을 지는 복합운송인이 발행하나 선하증권(Through Bill of Lading)은 해상운송인(선사)이 발행한다.

3. 복합운송증권과 통선하증권의 비교

구분	복합운송증권	통선하증권
운송수단의 조합	이종운송수단과의 조합만 가능	동종수단과 또는 이종운송수단의 조합
운송계약형태	복합운송계약	최종목적지까지 일괄운송만으로 가능 (형태 상관 ×)
운송인 책임형태	전 구간 단일책임	각 운송인 분할책임
운송인 관계	• 1차 운송인 : 원청운송인 • 2차 운송인 : 하청운송인	2차 운송인에 대한 1차 운송인의 지위는 화주의 단순한 운송대리인에 불과
증권 형식	B / L 이외 형식도 존재	B / L 형식

V. 국제복합운송관련 국제규칙

1. 복합운송증권통일규칙

국제상업회의소(ICC ; International Chamber of Commerce)는 1973년 복합운송증권 통일규칙(ICC Uniform Rules for A Combined Transport Document)을 채택하였는데, 이 규칙은 1991년 말까지 적용되어 오다가 UNCTAD / ICC 규칙으로 대체되었다.

2. UN국제물품복합운송조약

UN조약의 내용을 보면 손해발생구간이 판명된 때에는 국내법, 국제조약 또는 본 조약상의 책임한도액 중 가장 높은 금액으로 하고, 불명손해에 대해서는 해상구간이 포함되면 함부르크 규칙의 110%룰, 해상구간이 포함되지 않으면 8.33SDR / ha(CMR)을 적용하기로 규정하였다.

UN조약은 복합운송에서 발생한 물품의 손해에 대하여 단일운송계약을 지배하는 국제조약에 비해 매우 엄격한 책임을 운송인에게 부과하며, 그 손해발생에 대하여 복합운송인이 과실이 없음을 입증하지 못하면 책임을 부담한다.

3. UNCTAD / ICC 복합운송증권규칙

UNCTAD / ICC 규칙은 UNCTAD / ICC 합동위원회가 헤이그규칙, 헤이그-비스비규칙, 복합운송증권통일규칙 등을 기초로 1991년 11월 파리의 ICC이사회에서 제정한 '복합운송증권에 관한 통일규칙'으로 복합운송계약의 관습적인 일부분만을 적용한다.

이 규칙에서 복합운송인은 복합운송증권을 발행하고 전 운송구간에 대해서 책임을 지며, 이종책임체계(Network System)를 채택하여 손해발행구간이 판명된 경우와 판명되지 않은 경우를 구분하여 규제한다.

4. 관련규칙 비교

구분	ICC 복합운송증권 통일규칙(1975)	UN 국제복합운송규칙 (1980)	UNCTAD / ICC 복합운송증권규칙(1992)
책임원칙	과실 책임원칙		
책임체계	이종책임체계	변형 단일책임체계	변형 단일책임체계
책임한도	손해발생구간이 불명확한 경우 1kg당 2SDR(판명된 경우는 그 구간에 적용되는 조약을 따름)	1포장당 920SDR 또는 1kg당 2.75SDR 중 높은 금액을 적용(복합운송에 해상구간이 없는 경우 1kg당 8.33 SDR 적용)	1포장당 666.67SDR 또는 1kg당 2SDR 중에서 높은 금액을 적용(해상구간이 없는 경우에는 1kg당 8.33SDR 적용)

제6장 핵심문제

01 국제물류주선업자(Freight Forwarder)의 기능으로 옳지 않은 것은?

① 화물의 집화, 분배, 혼재화물 취급업무 등 수행한다.
② 운송 부대서비스인 포장, 통관, 보험부보, 보관업무 등 제공한다.
③ 운송수단의 수배 및 본선과 화물의 인수·인도한다.
④ 운송주체로서 역할 수행하지 못하고 단순히 대리인으로 활동한다.
⑤ 화주를 대신하여 적하보험의 수배와 통관대행업무 수행한다.

정답 ④

해설 국제물류주선업자(Freight Forwarder)는 운송주체로서 역할 수행한다.

02 복합운송증권의 특징으로 옳지 않은 것은?

① 도로·철도·내수로·해상 또는 항공운송이 결합된 복합운송이 상이한 운송인에 의하여 이루어지더라도 복합운송증권은 처음부터 끝까지 전 운송구간을 커버하는 서류이다.
② 복합운송증권은 본선적재 전에 복합운송인이 수탁 또는 수취한 상태에서 발행되는 서류이다.
③ 복합운송증권은 실제운송인뿐만 아니라 운송주선인에 의해서도 발행이 가능하다.
④ 복합운송증권은 화주에게 통운송)의 전체적인 책임을 지고 어느 구간에서 발생하였든 화물의 멸실이나 손상에 대해 책임을 지는 복합운송인이 발행한다.
⑤ 복합운송증권은 이종책임체계를 원칙으로 한다.

정답 ⑤

해설 복합운송증권은 이종책임체계 뿐만아니라 단일책임체계, 변형 단일책임체계 등이 있다.

제7장 단위적재운송시스템(ULS)

I. 단위적재운송시스템의 개요

▶ 2023년, 2022년 등 기출

1. 단위적재운송시스템의 의의

(1) 개념

단위적재운송시스템(Unit Load System)은 화물을 단위적재용기를 이용하여 하역과 운송의 합리화를 이룩하려는 혁신적인 운송체제인 동시에, 화물을 일정한 표준의 중량과 용적으로 단위화(Unitization)하여 기계화된 하역작업 및 일관적인 운송을 가능하게 하는 물류시스템을 말한다.

(2) 한국산업규격(KS)의 개념

① 유닛로드(Unit Load) : 수송, 보관, 하역 등의 물류활동을 합리적으로 처리하기 위하여 복수의 물품 또는 포장화물을 기계, 기구에 의한 취급에 적합하도록 하나의 단위로 정리 한 화물을 일컫는다. 또한 이 용어는 하나의 대형 물품이 위 목적에 합치하는 경우에도 사용한다.
② 유닛로드시스템(Unit Load System) : 유닛로드를 도입함으로써 하역을 기계화하고 수송, 보관 등을 일관하여 합리화시키는 시스템이다.

2. 단위적재운송시스템의 장단점

장점	단점
• 하역의 기계화에 의한 작업능률이 향상되어 하역시간의 단축이 가능하다. • 운송수단의 운용효율이 매우 높다. • 화물의 파손, 오손, 분실 등을 방지한다. • 적재용기의 단위화로 인력이 절약된다. • 포장의 단순화로 포장비가 절감된다. • 물류작업의 시스템(표준화)화가 용이하다. • 적재공간의 효율적 활용이 가능하다.	• 컨테이너와 파렛트 확보에 경비가 소요된다. • 하역기기 등의 고정시설비 투자가 요구된다. • 자재관리의 시간과 비용이 추가된다. • 넓은 작업공간의 확보가 요구된다. • 파렛트 로드의 경우 파렛트 자체나 공간이 적재효율을 저하시킨다. • 액체, 분립체, 비포장화물은 적재가 곤란하다.

3. 단위적재운송시스템의 전제조건

(1) 기계화(laborsaving)

생력화는 기계화, 자동화, 무인화를 촉진시켜 노동력을 줄이는 것을 의미한다. ULS가 성립하기 위해서는 기계화(생력화)가 전제되어야 한다.

(2) 표준화(standardization)

ULS가 성립하기 위해서는 화물운송용기(파렛트, 컨테이너), 운반기기, 하역기기, 운송 절차 등의 표준화가 전제되어야 한다.

(3) 체계화(System)

표준화를 통하여 ULS 성립조건들이 구비된 경우 이를 체계적으로 시스템화하기 위해서는 운송, 보관, 하역, 포장, 정보통신 등 물류의 5대 기능이 유기적으로 절차화 되어야 한다.

4. 단위적재운송시스템의 형태

(1) 파렛트시스템

파렛트시스템은 1940년대 미국에서 작업장 내 운반합리화를 목적으로 지게차를 활용하던 것에서 파렛트 로드 상태로 일관하여 운송하는 단계로 발전하였다. 파렛트시스템은 단위적재시스템의 일종으로 파렛트의 특성상 원거리 운송보다는 창고 또는 작업장 내 단거리 운송에 적합한 시스템이다.

파렛트시스템은 일반적으로 정육면체 또는 직육면체의 화물을 적재하기는 편리하지만, 분립제나 액체화물의 경우에는 적재가 곤란하며, 파렛트 운송 및 하역에 필요한 기기인 포크리프트, 파렛트 로더, 승강장치 등이 필요하다.

(2) 컨테이너시스템

컨테이너시스템은 1920년대 미국 철도회사들이 컨테이너를 처음 활용한 이래 1956년 미국 Sea Land사가 컨테이너에 로드한 상태의 화물을 연안운송 하던 것에서 현재는 트럭, 화차, 해상, 항공을 아우르는 일관운송 형태로 발전하였다.

컨테이너시스템은 주로 수출입 화물의 장거리 운송에 많이 이용되고 있으며, 운송용기로 개발되었기 때문에 각 운송수단 간의 중계를 원활하게 해주며, 물류부문의 전 과정을 가장 합리적으로 일관 운송할 수 있다.

II. 일관파렛트 운송시스템

1. 일관파렛트 개념

화물이 발송인으로부터 수취인에게 도착될 때까지 전 운송과정을 일관되게 파렛트로 운송하는 것을 일관파렛트화라 한다.

파렛트(Pallet)는 단위적재(Unit Load)의 대표적인 도구로 낱개의 화물을 적정한 단위묶음으로 집합할 수 있게 목재, 플라스틱, 금속 등으로 제작하여 하중을 받을 수 있도록 만들어진 하역대로서 일관파레트화의 운송 매체가 된다.

2. 일관파렛트화의 필요성

① 하역작업의 기계화로 하역 인원 및 시간을 크게 감축할 수 있다.
② 포장은 인력작업시보다 간소화할 수 있으므로 포장비가 절감된다.
③ 작업 대기시간을 단축시켜 운송장비의 운행효율(회전율)을 크게 향상시킨다.
④ 보관방법의 개선 및 전반적인 물류작업의 신속화로 보관능력 향상과 재고감축 등으로 보관비가 절감된다.

3. 일관파렛트화의 전제조건

① 파렛트 치수의 표준화 및 국제적인 교환 고려
  - 파렛트 크기 통일(KS T 2033)
  - T11형 : 1,100mm × 1,100mm
  - T12형 : 1,200mm × 1,000mm
② 적정 설비 기기의 개량 및 개발
③ 효과적인 파렛트 운용관리에 관계 업체 간 긴밀한 협조
④ 화물의 붕괴 방지책 강구

4. 일관파렛트화의 장점 및 효과

장점	효과
• 하역시간단축 및 인건비 절감 • 화물 파손의 감소 • 노동 조건의 향상 • 운송 효율의 향상 • 운임 및 포장비 절감 • 재고조사의 편의성 증대	• 작업안전 및 안전한 수송력 확보 • 하역비의 절감 • 입·출하장의 혼잡 완화 • 화물의 보호

Ⅲ. 파렛트 풀 시스템(Pallet Pool System)

1. 파렛트 풀 시스템의 개요

<u>파렛트 풀 시스템 (Pallet Pool System)은 파렛트의 규격, 척도 등을 표준화하고 상호교환이 가능하도록 하여 각 기업이나 여러 화주 및 물류업자가 공동사용하게 함으로써 물류효율성을 제고시키고자 하는 제도이다.</u>

파렛트 풀 시스템의 주된 목적은 표준화된 파렛트를 사용함으로써 파렛트 회수를 용이하게 하고, 지역간·계절별 체계를 개선하여 물동량에 따른 변동적 수요에 탄력적으로 대응하는 것이다.

▶ 파렛트 풀 시스템의 도입 필요성
① 일관파렛트화의 실현
② 계절별(성수기, 비수기 등) 파렛트 수요에 대응
③ 표준화의 촉진
④ 지역 간 파렛트의 수급 조정
⑤ 보관관리의 불필요 및 설비자금의 감소

▶ 파렛트 풀 시스템의 도입 조건
① 표준 파렛트의 다량 보유
② 전국적인 파렛트 집배망의 구축
③ 공 파렛트의 회수 네트워크의 구축
④ 파렛트의 계절별, 지역별 수요 조정
⑤ 정부의 지원정책 및 관계 업체 간 긴밀한 협조

2. 파렛트 풀 시스템의 운송형태

(1) 기업단위 파렛트 풀 시스템

기업이 자사 파렛트를 파렛트 대여 전문회사로부터 일괄 대여하여 자사 거래처의 유통단계까지 독점적으로 이용하는 형태이다. 반송파렛트의 유효이용이 어렵고 생산활동에 따라서는 파렛트의 정체 및 유휴감소가 곤란하다는 단점이 있다.

(2) 업계단위 파렛트 풀 시스템

각각의 기업이 자사의 파렛트를 소유하되 업계가 일정한 규율하에 공동으로 이용하는 형태이다. 파렛트 적재화물은 기업 간 공동 유통창고를 통해 소비단계까지 확대하여 이용하며, 파렛트 이용효율면에서는 큰 차이가 없으나 반송면에서 이점이 있다.

(3) 개방적 파렛트 풀 시스템

파렛트 풀 시스템의 가장 이상적인 형태로서 제3자가 소유하는 파렛트를 지역별 공동사업소에서 렌탈하여 공동으로 이용하기 때문에 파렛트의 유통범위가 극대화된다. 기업의 수요변동에 따라 일시적인 유휴파렛트를 감소시키며, 공파렛트의 회수율이 증가하여 이용효율이 제고된다.

3. 파렛트 풀 시스템의 운영방식

(1) 교환방식(유럽방식)

① 개념

유럽 각국의 국영철도에서 운영하는 방식으로 송화주가 파렛트화물을 국영철도에 위탁하는 시점에서 동수의 파렛트를 국철에서 인수하고 수하인은 파렛트화물을 인수할 때에 동수의 파렛트를 국철에 인도하는 방식이다.

② 장점

파렛트의 즉시 교환사용이 원칙으로 분실과 회수의 어려움이 없고, 파렛트의 행정관리를 국철에서 시행하여 사무관리가 용이하다.

③ 단점

보수가 필요하게 된 파렛트나 품질이 나쁜 파손·손상 파렛트를 교환용으로 내놓을 경우 이에 대한 책임 소재가 불분명하며, 관계 당사자는 파렛트 상태를 꾸준히 관리해야 하며, 언제나 교환에 응할 수 있는 최소한의 교환 예비용 파렛트를 준비하여야 한다.

또한 수송기관의 이용이 복잡하거나 수송기관의 수가 많을 경우에는 원활하게 진행할 수 없다.

(2) 리스·렌탈방식(한국, 일본, 호주 등)

① 개념

호주에서 처음 시작되어 미국, 캐나다, 일본에서 도입한 방식으로 이용자가 개별적으로 파렛트를 보유하는 대신 가까운 데포(Depot)에서 기관이 제공하는 규격화된 파렛트를 필요에 따라 임차하여 사용하는 방식이다.
② 장점
이용자가 교환을 위한 동질·동수의 파렛트를 준비할 필요가 없으며, 파렛트의 품질유지가 쉽고 파렛트 매수를 최소화하여 운영이 가능하다.
③ 단점
대여회사는 데포(Depot)에서 화주까지의 공(Empty)파렛트 수송이 필요하며, 파렛트를 인도하고 반환할 때 다소 복잡한 사무처리가 필요하다.

(3) 교환·리스 병용방식(영국)
① 개념
1975년 영국의 GKN-CHEP사가 개발한 방식으로 교환방식과 리스·렌탈방식의 결점을 보완한 방식이다. 위 두 가지 방식에 비해 이용자 측면에서의 편의성 있으나 운송회사에게 파렛트를 빌려 반환해야 한다는 책임이 추가됨으로써 실질적인 면에서 교환 파렛트와 렌탈 파렛트의 양자를 모두 관리해야 되기 때문에 운영상의 어려움이 많아 활성화되지 못하고 있다.
② 장단점
사용자면에서 편리하나, 운송회사에 파렛트를 렌탈하고 반환해야 하는 책임의 추가로 운영상의 어려움이 대두된다.

(4) 대차결제방식(스웨덴)
① 개념
1968년 스웨덴의 파렛트 풀 회사에서 교환방식의 결점을 개선하기 위해 고안된 것으로 현장에서 즉시 파렛트를 교환하지 않고 일정 시간 내(보통 도착 후 3일 이내)에 동일한 수량의 파렛트를 해당 철도역에 반환하도록 하는 방식이다. 소정일수를 초과한 반환과 분실에 대해 정해진 변상금을 지불하게 되어 있다.
② 장단점
국철역에서 파렛트를 즉시 교환할 필요가 없으나, 파렛트의 책임소재가 애매하다.

Ⅳ. 일관컨테이너화 운송시스템

1. 컨테이너 운송(Container Transport)의 개요

(1) 컨테이너의 정의
컨테이너는 파렛트와 함께 화물의 단위화(Unitization)를 목적으로 육·해·공로상의 모든 운송과정에서 경제성·신속성·안정성이라는 원칙을 최대한 충족시키기 위하여 설계된 운송용 도구를 의미한다.

컨테이너는 물적유통 부문의 운송·보관·포장·하역 등의 전 과정을 일관 운송할 수 있는 혁신적인 운송용기라 평가되고 있다. 컨테이너는 반복사용이 가능하며, 신속한 하역작업을 가능하게 하고 이종운송수단 간 접속을 원활하게 한다. 또한 화물을 운송하는 과정에서 재포장 없이 사용할 수 있도록 설계되어 취급이 용이하다는 이점이 있다.

(2) 컨테이너 운송의 정의

컨테이너라고 하는 용기에 미리 화물을 적입하여 운송하는 단위적재시스템(Unit Load System)의 일종으로 송하인으로부터 수하인까지 컨테이너로써 화물을 운송하는 것을 컨테이너 운송이라고 한다.

컨테이너를 이용하는 화물운송방식으로의 전환을 컨테이너화(Containerization)라고 한다.

(3) 컨테이너화의 경제적 효과

① 운송수단 간 연결의 효율성이 향상되며 화물추적시스템화가 용이하다.
② 기계화에 의한 노동생산성이 향상되어 하역시간이 단축된다.
③ 유리한 수송로의 설정 및 국제복합일관운송이 가능하다.
④ 대형화물로 운송포장비 절감과 포장의 표준화로 인한 포장비의 절감효과가 있다.
⑤ 운송 중인 화물의 손실, 훼손, 멸실 등 손해발생 위험이 감소되어 보험료가 절감된다.
⑥ 임대창고의 보관이 생략된다.
⑦ 신속·정확·안전한 화물인도와 운송 일정이 투명하다.

(4) 컨테이너화의 경제적 한계

① 규격화되지 않은 화물 등 이용화물에 대한 제한이 존재한다.
② 컨테이너 전용부두설치와 컨테이너 운반용 사시(Chassis) 및 터미널, 전용선 확보 등 시설확보에 따른 대규모 자본이 필요하다.
③ 컨테이너 및 제 설비 관리에는 고도의 전문지식과 기술이 필요하다.
④ 해상 컨테이너 운송의 경우 하역시설이 갖추어진 항구에만 입항이 가능하다.

2. 컨테이너운송의 장단점

장점	단점
• 문전에서 문전까지 일관운송으로 적하시간과 비용이 감소한다. • 컨테이너 자체가 상품의 외장 역할을 하기 때문에 포장비를 절감할 수 있다. • 컨테이너의 빠른 회전율 등으로 저율 운임의 적용이 가능하여 운임이 절감된다. • 컨테이너가 별도의 창고역할을 수행하여 별도의 창고료가 발생하지 않으며, 크레인 등을 이용한 기계화로 하역비용이 저렴하다.	• 컨테이너화에 대규모 자본투자가 필요하다. • 컨테이너 자체 및 하역 장비, 컨테이너 운반선 등은 고가이므로 초기자본이 많이 필요하다. • 중량, 용적, 길이 등의 이유로 컨테이너 사용이 불가능한 물품이 있다. • 컨테이너선의 경우 갑판적이 허용되므로 갑판 적재화물에 대한 할증 보험료가 적용되고 있다.

장점	단점
• 크레인 등 기계화된 장비를 통해 신속한 적재 및 양륙작업이 가능하다. • 화물의 보관, 하역, 운송의 단계마다 화물관련 서류가 간소화되어 이에 따른 시간의 낭비를 막을 수 있다. • 컨테이너 자체의 견고성과 밀폐성으로 운송, 하역, 기후변화 등에도 안전하게 운송할 수 있어 보험료를 절감할 수 있다.	• 해상 컨테이너 운송의 경우 운항관리와 경영이 일반 재래선에 비해 복잡하고, 고도의 전문적인 지식과 기술이 필요하다. • 컨테이너선의 경우 왕복항 간 물동량의 불균형으로 벌크선과는 달리 공 컨테이너 회수문제가 발생한다.

3. 컨테이너 화물의 구분

(1) 컨테이너화의 가능여부에 따른 구분

① 최적화물(Prime Containerizable Cargo) : 주류, 전자제품, 의약품, 시계, 피복류 등 대체로 고가의 운임부담력이 있는 화물을 말한다.

② 적합화물(Suitable Containerizable Cargo) : 최적화물보다는 저가이면서 적정 수준의 운임부담력이 있는 화물로 철제류, 피혁제품, 전선 와이어류, 포장용 백(bag)에 담은 원두, 소맥 등을 말한다.

③ 한계화물(Marginal Containerizable Cargo) : 공컨테이너로 회수하는 것보다는 경제적이며, 물리적으로 컨테이너에 적입할 수 있는 화물로 비교적 도난, 손상의 가능성이 적은 선철, 원목, 면화 등을 말한다.

④ 부적합화물(Unsuitable Containerizable Cargo) : 그 외 운임부담력이 없거나 물리적으로 컨테이너에 적입 하기에 부적합한 화물로 모래, 석탄, 철광석 및 원유, 가스 등 위험화물을 말한다.

(2) 컨테이너 한 단위(Unit) 화물 적입량에 따른 구분

① FCL(Full Container Load)화물 : 20ft, 40ft 등 하나의 컨테이너 용기를 가득 채우기에 충분한 양의 화물을 말한다.

② LCL(Less than Container Load)화물 : 컨테이너 용기 하나를 전부 채우기엔 부족한 소량화물을 말한다.

4. 컨테이너의 구분

(1) 크기에 따른 분류

① TEU(Twenty-foot Equivalent Unit) : 국제표준(ISO)에서 정의한 규격의 컨테이너 중 20ft(피트) 컨테이너 규격을 의미하는 용어로 물동량의 산출이나 컨테이너 선박의 적재능력의 표시기준이 된다.

② FEU(Forty-foot Equivalent Unit) : 국제표준화기구(ISO)에서 정의한 규격의 컨테이너 중 40ft(피트) 컨테이너 규격을 의미하는 용어이다.

③ 40ft High Cubic Container : 40feet보다 높이가 1feet 높은 컨테이너이다.

(2) 용도에 따른 분류

① 건화물 컨테이너(Dry Container) : 온도조절이 필요 없는 일반 잡화 운송에 이용하는 것으로 일반적인 컨테이너이다.
② 냉동 컨테이너(Reefer Container) : 온도조절 장치가 부착되어 있어 육류, 어류 등 냉장이나 냉동이 필요한 화물을 운송하는 데 사용되는 컨테이너이다.
③ 히티드 컨테이너(Heated Container) : 냉결방지나 보온이 필요한 화물을 운송할 때 사용되는 컨테이너이다.
④ 팬 컨테이너(Fan Container) : 가축 또는 동물을 운송할 때 통풍이 잘 되고 먹이를 주기에 편리하도록 만들어진 컨테이너이다.
⑤ 천장개방형 컨테이너(Open Top Container) : 길이가 길거나 기계류 등을 적재, 운송하기 편리하도록 천장이 개방되어 있는 컨테이너이다.
⑥ 플랫 랙 컨테이너(Flat rack Container) : 목재, 승용차, 기계류 등과 같은 중량화물을 운송하기 위해 사용되며, 건화물 컨테이너의 지붕과 벽을 제거하고 기둥과 버팀대만 두어 전후좌우 및 쌍방에서 하역할 수 있는 특징을 가진 컨테이너이다.
⑦ 솔리드 벌크 컨테이너(Solid bulk Container) : 가축사료, 콩, 쌀, 보리 등 곡물류나 가루형 화물 등의 살화물 운송에 적합하도록 제작된 단열성과 기밀성(air tightness)을 갖춘 컨테이너이다. 천장(지붕)과 문짝 밑 부분에는 화물을 적입하고 적출할 수 있도록 2~3개의 개구부(hatch)와 호퍼(hopper) 구멍이 설치되어 있다.
⑧ 탱크 컨테이너(Tank Container) : 유류, 술, 약품, 화학제품 등과 같은 액체화물을 운송하기에 적합한 특수 컨테이너이다.
⑨ 행거 컨테이너(Hanger Container) : 의류를 운송할 때 구겨지지 않도록 옷걸이(Hanger)에 걸어 수입지에서 그대로 판매할 수 있도록 만들어진 컨테이너이다.

5. 컨테이너 화물의 운송형태

컨테이너 화물의 운송형태는 화물량(LCL or FCL) 또는 화물의 취급장소(CY or CFS)에 따라서 다음과 같이 구분한다.

(1) CY → CY(FCL → FCL) : Door to Door Service

수출업자의 공장 또는 창고에서부터 수입업자의 창고까지 만재화물(FCL)로 일관 운송되는 형태로 컨테이너운송의 장점을 잘 활용한 방식이다.

(2) CFS → CFS(LCL → LCL) : Forwarder's Consolidation(Pier to Pier 운송)

선적항의 CFS(Container Freight Station)로부터 목적항의 CFS까지 컨테이너에 의해서 운송하는 방식이다. 다수의 화주로부터 소량화물을 인수하여 혼재한 후 목적항 CFS(Container Freight Station)에서 화물을 분류하여 다수의 수입상에게 인도하는 방식이다.

(3) CFS → CY(LCL → FCL) : Buyer's Consolidation

한 사람의 수입상의 의뢰에 따라 운송주선업자가 다수의 수출상으로부터 화물을 집화, 혼재하여 만재화물(FCL)로 만들어 목적항까지 운송하는 방식이다. 한 명의 수입업자가 다수의 수출업자로부터 물품을 수입할 때 주로 이용되는 방식으로 수입상이 혼재를 주도한다고 하여 Buyer's Consolidation이라고 한다.

(4) CY → CFS(FCL → LCL) : Shipper's Consolidation(Door to Pier 운송)

단일의 수출업자가 화물을 컨테이너에 만재화물(FCL) 상태로 선적하여 운송하고 목적지에 도착하면 다수의 수입업자에게 인도하는 방식이다. 단일 수출업자가 동일지역의 다수의 수입업자에게 동시에 화물을 운송할 때 주로 이용되는 방식이다.

(5) 컨테이너선의 하역방식

① Lift On / Lift Off 방식(LOLO 방식) : 크레인을 이용하여 컨테이너를 본선에 수직으로 적양하는 방식으로 일반 컨테이너 적재방식을 말하며, 우리나라에서도 이 방식을 채택하고 있다.
② Roll On / Roll Off 방식(RORO 방식) : 선측, 선주 또는 선미의 경사로(Ramp Way)를 통하여 컨테이너 또는 트레일러를 수평으로 적양하는 방식으로 자동차 전용선과 훼리선이 있다.
③ Float On / Float Off 방식(FOFO 방식) : 부선(Barge)에 화물을 적재하고 크레인으로 부선을 적재, 양하 하는 방식이다.

6. 컨테이너 화물의 운송절차(수출입 절차)

(1) 수출 절차

① 인수기록의 작성
선박회사는 송화인 또는 포워더가 선박회사에 제출한 선복신청서(S / R Shipping Request)를 근거로 선복예약서(B / N ; Booking Note)를 작성하고, 화물인수목록(Booking List)을 관련 부서에 전달한다.
② 공컨테이너 렌탈 및 적입작업(Stuffing) 준비
CY Operator는 Booking Note를 기초로 FCL(Full Container Load)화물의 경우 송화인에게 공컨테이너 제공하고 송화인으로부터 기기수도증(E / R ; Equipment Receipt)을 접수받는다. LCL(Less than Container Load)화물인 경우 CFS Operator에게 필요한 만큼 공컨테이너 스페이스를 제공하여 적입작업을 대비한다.
③ 적입작업 후 인도
FCL화물인 경우 수출자의 공장이나 창고로 공컨테이너를 보내 수출자의 책임으로 용적중량 검사를 한 후 물품을 적입하여 봉인(Sealing)하고 선적을 위하여 선적지 CY(Container Yard)로 이동하여 CY Operator에게 인도한다. LCL화물의 경우 수출자는 보세창고(CFS)로 물품을 반입하여 CFS Operator에게 인도한다. 여러 화주의 적물을 컨테이너에 혼재(Consolidation)하고 긴

테이너 적입도(CLP ; Container Load Plan)를 작성한 후 CY Operator에게 인도하여 선적한다.
④ 부두수령증의 교부
선사의 대리인인 CY Operator는 화주가 제출한 서류와 컨테이너 적입물품을 확인 후 부두수령증(D/R ; Dock Receipt)을 발행하여 화주에게 제공한다.
⑤ 선박회사에 D/R 제공
수출자는 선사에 D/R을 제공하고 운임(선지급조건 C조건, D조건의 경우)을 선박회사에 지급한다.
⑥ 선하증권의 발급
선박회사는 D/R을 근거로 선하증권(B/L)을 수출자에게 발급한다. 실제로 D/R을 교부한다기보다는 내부절차에 의해 확인 후 B/L을 발급한다.

(2) 수입 절차
① 도착통지(Arrival Notice)
선사는 본선이 입항하면 선하증권(B/L)상 착화통지처(Notify Party)에 통지한다.
② 선사에 B/L원본 제시
수화인은 은행에서 선하증권 원본을 수령하여 배서한 후 선박회사에 제출하고 운임이 발생하는 경우 운임을 지급한다.
③ 화물인도지시서의 발급
선사는 선하증권 원본을 수령하고 화물인도지시서 (DO ; Delivery Order)를 교부한다. 본선이 입항하면 FCL화물은 CY에 반입되고 LCL화물은 CFS로 이송되어 컨테이너에서 적출(devanning)하고 수화인별로 화물을 분류하여 인도한다.
④ DO 및 수입신고필증의 제시
수화인은 선사로부터 발급받은 DO 및 수입신고필증을 CY 또는 CFS에 제시하고 물품을 인수한다.

(3) FCL화물 내륙운송흐름
① 선사는 화주 또는 포워더로부터 운송신청 접수한다.
② 트럭회사는 선박회사 수입관계서류를 제시하고 기기인도지시서 1통을 교부받는다.
③ 컨테이너 및 섀시 등에 대한 컨테이너 터미널에서의 기기인도지시서를 제시한다.
④ 터미널에서 기기수도증 1통을 수취하고 CY에서 반입컨테이너를 인수한다.
⑤ 컨테이너를 도착지까지 운송한다.
⑥ 컨테이너 터미널에 기기수도증 1통의 인도 및 검사 후 CY에 공컨테이너를 인도한다.

(4) LCL화물 내륙운송흐름

① 화주로부터 CFS나 내륙 데포(Depot)까지 운송주문을 접수한다.
② 트럭회사는 화주와의 운송계약에 따라 발송지에서 화물을 싣는다.
③ 트럭회사는 CFS(Container Freight Station) 또는 내륙 데포까지 일반 트럭이나 트레일러로 운송한다.
④ 내륙 데포(Depot)에 도착한 후 화물을 행선지별로 분류하여 공컨테이너에 적입한다.
⑤ FCL(Full Container Load)화물과 동일한 절차를 수행한다.

7. 컨테이너터미널

(1) 주요시설

▶ 컨테이너터미널의 모형도

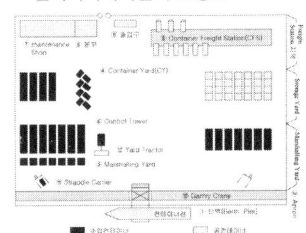

① 안벽(Berth, Pier) : 컨테이너선이 안전하게 접안하여 하역작업이 이루어질 수 있도록 구축된 접안시설로 선석이라고도 한다.
② 에이프론(Apron) : 안벽(선석)에 접한 야드 부분에 일정한 폭(약 30m)으로 나란히 뻗어있는 공간으로서 컨테이너의 적재와 양륙 작업을 위하여 임시로 하치하거나 겐트리 크레인(Gantry Crane)이 통과주행을 할 수 있도록 레일을 설치한 장소이다.
③ 마샬링 야드(Mashalling Yard) : 에이프론과 인접하여 컨테이너선에서 하역하였거나 본선의 입항 전에 미리 입안된 선내 적치계획에 따라 선적 예정인 컨테이너를 순서대로 쌓아 두기 위한 장소로, 컨테이너 터미널 운영에 있어 중심이 되는 중요한 장소이다.
④ 컨테이너 야드(CY ; Container Yard) : 적재된 컨테이너를 인수, 인도, 보관하고 공컨테이너도 같이 보관할 수 있는 야적장이다. FCL화물은 Container Yard에서 인수한다. 컨테이너 터미널 내부에 있는 Container Yard를 On Dock CY라고 하며, 항만 외부에 있는 Container Yard를 Off Dock CY(ODCY)라고 한다.
⑤ 컨테이너 화물조작장(CFS ; Container Freight Station) : 컨테이너 한 개를 채울 수 없는 소량화물(LCL화물)의 처리를 위한 기본적인 시설로 여러 송화인(Shipper)으로부터 화물을 인수하여 한 컨테이너에 적입(Stuffing), 보관하거나 반대로 반입된 혼재화물을 해체(Devanning)하여 여러 화주에게 분산, 인도하는 창고형 작업장이다.
⑥ 통제소(Control Tower) : 컨테이너 야드의 본선 하역작업을 신속·정확하게 수행하도록 계획, 지시, 감독하는 곳이다.
⑦ 정비소(Maintenance Shop) : 컨테이너 야드에 있는 여러 종류의 기기 및 비품 등을 점검·수리·정비하는 곳이다.

(2) 하역장비

① 갠트리 크레인(Gantry Crane) : 컨테이너선 하역용으로 특별히 설계·제작된 크레인으로서 에이프런에 부설된 레일을 따라 주행하고, 유압식 신축 스프레더

▶ 갠트리 크레인

에 의하여 훅(Hook)에 매달린 컨테이너를 감아올려 적·양하 작업을 수행한다.
② 윈치크레인(Winch Crane) : 차체를 이동 및 회전시키면서 컨테이너 트럭이나 플랫카(Flat Car)로부터 컨테이너를 적·양하하는 하역장비이다.
③ 포크 리프트 / 탑 핸들러(Fork Lifter / Top Handler) : 작업용 특수차량으로서 차체의 끝에 화물을 떠서 올리는 포크 또는 화물을 취급하는 부착장치와 승강마스트를 설치하여 화물을 운반 또는 적재할 수 있는 장비이다.
④ 트랜스테이너(Transtainer) : 컨테이너를 쌓거나 내리는 일 또는 샤시(Chassis)나 트레일러에 싣고 내리는 일을 하는 이동식 컨테이너 취급 장비이다.
⑤ 야드 트랙터(Yard Tractor) : 컨테이너 야드(CY) 내에서 트레일러를 견인 이동시키는 데 쓰이는 견인차량이다.
⑥ 스트래들 캐리어(Straddle Carrier) : 컨테이너 운반기구로 컨테이너를 마샬링 야드로부터 에이프런 또는 CY에 운반·적재하는 데 사용된다.

(3) 하역시스템 운영방식

① 트랜스테이너방식(Transtainer System)
4~5단적 이상 적재가 가능하여 좁은 면적의 야드를 가진 터미널에 적합한 방식이다. 아시아, 유럽국가의 터미널이 대부분 이 방식을 이용하며, 안전도가 높고 운영비가 적게 소요된다.
다단적 CY에서 필요 컨테이너를 집어내는데 많은 작업이 필요하고, 신속 대응이 어려워 컨테이너 양륙시간이 긴 단점이 있다.

② 스트래들캐리어방식(Straddle Carrier System)
컨테이너를 겐트리크레인으로 에이프런(Apron)에 직접내리고 스트래들캐리어로 CY까지 운반하는 방식이다. 컨테이너를 2~3단적 할 수 있어 새시방식보다 토지이용 효율이 높고, 스트래들캐리어는 이송작업과 하역작업이 모두 가능하다.
단점으로는 스트래들캐리어가 비교적 고장이 많아 보수비용과 시간이 많이 소요된다.

③ 새시방식(Chassis System)
육상의 갠트리크레인이나 해상의 크레인으로 컨테이너선에서 직접 새시 위에 컨테이너를 적재하므로 보조하역기기가 필요 없는 하역방식이다. 1단적만 가능하므로 넓은 CY나 터미널 면적이 필요한 단점이 있으며, 주로 미국에서 많이 사용하는 방식이다.

8. 철도역에서의 컨테이너 하역방식

(1) TOFC(Trailer On Flat Car)

① 화물열차의 대차 위에 트레일러나 트럭에 적재된 컨테이너를 함께 적재하여 운송하는 방식으로 자동차의 기동력과 철도의 대량 수송의 이점을 살린 복합수송방식이다.
② 수송경비, 하역비의 절감효과를 가져오고, 별도의 분류작업이 필요 없다.

③ 철도역에 하역설비가 없는 경우 유용하며, 종류에는 트레일러를 적재하는 방식으로 피기 백 방식(Piggy Back System), 캥거루 방식, 프레이트 라이너(Freight Liner)로 구분된다.

(2) COFC(Container On Flat Car)
① 컨테이너 자체만 화차에 상차하거나 하차하는 방식으로 대량의 컨테이너를 신속히 취급할 수 있으며, 철도운송과 해상운송의 연계가 용이하다. 때문에 컨테이너 운송에서 TOFC보다 많이 사용된다.
② 하역작업이 용이하고 화차중량이 가벼워 보편화된 철도하역방식이며, 국내에서도 일반적으로 많이 이용하고 있는 컨테이너 하역방법이다.
③ 철도화차에 컨테이너를 상·하차하기 위해서는 크레인 및 지게차 등의 하역장비가 필요하며, 사용되는 장비가 무엇이냐에 따라 가로세로이동방식, 매달아싣는 방식, 플래시밴 방식으로 구분된다.

V. 컨테이너화물 관련 주요 국제협약

1. CCC협약(Customs Convention on Container, 컨테이너 통관 협약)
1956년 유럽경제위원회가 채택하고 우리나라가 1981년에 가입한 컨테이너 운송에 관한 국제협약으로 컨테이너가 국경을 통과할 때 발생하는 당사국 간 관세와 통관문제의 해결을 위한 협약이다.

2. TIR협약(Customs Convention on the International Transport of goods under cover of HR carnets, 국제도로면세 통과증서의 담보 하에 행하는 화물의·국제 운송에 관한 관세협약)
1959년 유럽경제위원회에 의하여 채택되어 1981년에 국제적으로 발효되었으며, 우리나라도 1981년 9월에 가입한 국제협약으로 도로주행차량 또는 차량에 적재된 컨테이너를 도중에 환적하지 않고 국경을 통과하여 운송되는 운송화물의 관세취급에 관한 협약이다.

CCC협약(컨테이너 통관 협약)이 컨테이너 자체를 그 대상으로 하고 있는데 반해 TIR협약은 컨테이너에 적재된 화물을 그 대상으로 하고 있다.

3. ITI협약(Customs Convention on the International Transit of Goods, 국제통과화물에 관한 통관 협약)
관세협력이사회가 1971년 신(新)국제도로운송통관조약 작성과 병행하여 새로 채택한 조약이다. TIR협약이 도로주행차량 또는 적재된 컨테이너의 도로운송을 대상으로 하고 있는 반면, ITI협약은 각종 운송기기에 의한 육·해·공 모든 운송수단까지를 대상으로 하고 있다.

4. CSC협약(International Convention for Safe Containers, 컨테이너안전협약)

UN이 IMO(국제해사기구)와 협동으로 1972년에 채택한 안전한 컨테이너를 위한 국제협약(International Convention for Safe Containers)이다. 이 협약은 컨테이너의 취급, 적취 및 수송에 있어서 컨테이너 구조상의 안전요건을 국제적으로 공통화하는 것을 목적으로 하고 있다.

5. CSI협약(Container Security Initiative, 컨테이너안전협정)

세계의 각 주요항구에 미국 세관원들을 파견하여 불법 물자 적재 여부를 당사국의 세관들과 함께 수시로 검색하는 정책이다. 우리나라의 경우 부산항에 미국세관요원이 상주하여 활동 중이다.

6. 위험물 컨테이너 점검제도(CIP ; Container Inspection Program)

위험물을 탑재한 해상운송 수입 컨테이너에 대해 국제해상위험물규칙(IMDG Code)의 준수여부를 확인 및 점검하고 위반사항에 대해서는 시정조치토록 계도하여 선박 및 항만의 안전을 도모하기 위한 제도이다.

제7장 핵심문제

01 다음에서 설명하는 컨테이너로 알맞은 것은?

> 가축 또는 동물을 운송할 때 통풍이 잘 되고 먹이를 주기에 편리하도록 만들어진 컨테이너이다.

① 팬 컨테이너(Fan Container)
② 플랫 랙 컨테이너(Flat rack Container)
③ 건화물 컨테이너(Dry Container)
④ 냉동 컨테이너(Reefer Container)
⑤ 탱크 컨테이너(Tank Container)

정답 ①

해설 팬 컨테이너(Fan Container)란 가축 또는 동물을 운송할 때 통풍이 잘 되고 먹이를 주기에 편리하도록 만들어진 컨테이너이다.

02 컨테이너화의 경제적 효과로 옳지 않은 것은?

① 운송수단 간 연결의 효율성이 향상되며, 화물추적시스템화가 용이하다.
② 기계화에 의한 노동생산성이 향상되어 하역시간이 단축된다.
③ 유리한 수송로의 설정 및 국제복합일관운송이 가능하다.
④ 포장의 표준화로 인한 물품포장비는 절감되나 컨테이너 대형화물로 운송포장비는 증가된다.
⑤ 운송 중인 화물의 손실, 훼손, 멸실 등 손해발생 위험이 감소되어 보험료가 절감된다.

정답 ④

해설 대형화물로 운송포장비 절감과 포장의 표준화로 인한 포장비의 절감효과가 있다.

03 컨테이너 하역장비에 대한 설명으로 옳지 않은 것은?

① 갠트리 크레인(Gantry Crane)은 컨테이너선 하역용으로 특별히 설계·제작된 크레인으로서 에이프런에 부설된 레일을 따라 주행하고, 유압식 신축 스프레더에 의하여 훅(Hook)에 매달린 컨테이너를 감아올려 적·양하 작업을 수행한다.
② 윈치크레인(Winch Crane)은 컨테이너 운반기구로 컨테이너를 마샬링 야드로부터 에이프런 또는 CY에 운반·적재하는 데 사용된다.
③ 포크 리프트/탑 핸들러(Fork Lifter/Top Handler)는 작업용 특수차량으로서 차체의 끝에 화물을 떠서 올리는 포크 또는 화물을 취급하는 부착장치와 승강마스트를 설치하여 화물을 운반 또는 적재할 수 있는 장비이다.
④ 트랜스테이너(Transtainer)는 컨테이너를 쌓거나 내리는 일 또는 샤시(Chassis)나 트레일러에 싣고 내리는 일을 하는 이동식 컨테이너 취급 장비이다.
⑤ 야드 트랙터(Yard Tractor)는 컨테이너 야드(CY) 내에서 트레일러를 견인 이동시키는 데 쓰이는 견인차량이다.

정답 ②

해설 윈치크레인(Winch Crane)은 차체를 이동 및 회전시키면서 컨테이너 트럭이나 플랫카(Flat Car)로부터 컨테이너를 적·양하하는 하역장비이다.

제8장 수·배송시스템

I. 수·배송시스템의 개요

▶ 2022년 등 기출

1. 수·배송시스템의 의의

(1) 개념

<u>수·배송시스템은 생산업체에서 상품이 제조된 후 최종 수요자에게 전달되기까지의 운송과정을 보다 효율적으로 수행하기 위하여 화물의 취급방법 및 운송절차(Process) 등 전반적인 사항들에 대한 일련의 관리체계를 말한다.</u>

(2) 수송

장거리 대량 화물이 이동하는 경우로서 공장에서 물류센터, 공장에서 대형고객, 광역물류센터에서 지역물류센터 등으로의 완제품 수송, 부품공장에서부터 조립공장으로의 반제품 수송, 공급자로부터 공장으로의 원자재 수송 등 일련의 물품이동 활동을 말한다.

(3) 배송

단거리 소형화물이 이동하는 경우로서 상거래가 성립된 상품을 고객 또는 고객이 지정하는 수화인에게 전달하기 위한 이동으로써 말단수송을 말한다.

2. 수·배송시스템의 중요성

① 수송은 기본적으로 물류비에서 차지하는 비중이 가장 크다.
② 인적 서비스가 중요한 품질요소이다.
③ JIT(Just In Time) 배송이 필요하다.
④ 다수의 배송처는 시스템화를 어렵게 한다.
⑤ 운행에 따른 원가보다는 작업 및 부수적인 업무에 의한 시간과 비용이 더 크다
⑥ 교통 환경의 영향을 많이 받는다.
⑦ 리드타임(Lead Time)이 짧다.
⑧ 주로 중·소형 트럭이 이용된다.

II 수·배송시스템의 설계

1. 수·배송시스템 설계의 개념
수·배송시스템은 화물자동차를 이용하는 공로운송에서 화물을 상차하는 장소에서부터 최종 배송지에 도착하기까지의 일련의 운송절차를 말한다. 수·배송을 유기적으로 연결하는 물류시스템 구축이 현대의 교통체증, 인력 및 장비난, 환경보호 등 열악한 물류환경을 극복하고 총 물류비용이 최소화될 수 있게 수·배송시스템이 설계되도록 하여야 한다.

2. 수·배송시스템 설계시 고려사항

(1) 고객 서비스 측면
고객의 요구화물을 원하는 장소에 적시에 수·배송할 수 있도록 설계시 고려한다.

(2) 경제적 측면
총 물류비용을 최소화하면서 고객서비스 향상을 고려하기 위해서는 낭비 요인을 제거하여 운송 효율을 높여주는 수·배송시스템 설계가 필요하다.

(3) 안전 측면
화물이 발송지를 출발하여 최종 수화인에게 배달되기까지 상하차 작업, 적재방법 및 운송 등이 안전하게 이루어지도록 설계되어야 한다.

(4) 사회적 측면
운송 중 매연, 소음, 난폭운전, 과속 등이 최소화될 수 있도록 설계되어야 한다.

3. 수·배송시스템 설계순서
① 운행하고자 하는 화물의 특성 파악 → ② 수배송시스템의 목표설정 → ③ 출하부문의 특성 파악 → ④ 수요처별 특성 파악 → ⑤ 수요처별 운행여건 파악 → ⑥ 투입될 차종 판단 ⑦ 배차운영계획 → ⑧ 귀로운행계획

4. 수·배송시스템 설계 시 사전조사 내용
① 운송화물의 종류를 사전 파악하여 특성에 맞추어 운송수단 선택
② 운송화물의 크기(부피, 중량)를 파악하여 이용 차량을 선택
③ 운송 빈도 및 운송 로트사이즈(Lot Size)를 파악하여 운송주기 결정
④ 운송 경로와 거리를 파악하여 적절한 수단 강구
⑤ 발착지(발송 및 도착)의 상·하차장 여건을 사전 파악하여 이에 대한 적절한 조치
⑥ 운송 지역의 교통여건을 파악하여 적절한 계획 수립
⑦ 운송비 부담 능력에 따른 적합한 운송방법 강구

▶ 수·배송시스템 설계의 기본요건
① 화물에 대한 리드타임(lead time)을 고려하여 설계한다.
② 총 물류비용이 최소화되도록 수·배송시스템의 설계한다.
③ 운송계획을 효율적으로 실시하기 위한 생산 및 판매의 조정이 필요하다.
④ 적절한 재고량 유지를 위한 다이어그램배송 등을 사용한 체계적인 운송계획 수립한다.
⑤ 수주에서 출하까지 작업의 표준화 및 효율화 도모한다.
⑥ 최저 주문단위제를 통한 주문의 평준화 도모한다.
⑦ 운송, 배송 및 배차계획 등을 조직적으로 실시한다.
⑧ 화물차의 적재율을 높일 수 있도록 설계한다.
⑨ 편도수송이나 중복수송을 피할 수 있도록 설계한다.
⑩ 차량의 회전율을 높일 수 있도록 설계하고, 동일 지역에서의 집화와 배송은 함께 이루어지도록 설계한다.

5. 수·배송시스템의 효율화 대책

(1) 하드웨어 대책

화물적재함의 개선, 하역장소의 정비 및 확장, 상·하차 작업의 기계화 및 자동화 등이 있다.

(2) 소프트웨어 대책

수·배송의 계획화(루트화, 다이어그램 수송), 화물의 로트화, 수·배송의 공동화, 직송을 통한 수·배송 거리의 단축화, 정보시스템의 이용 등이 있다.

6. 수·배송시스템의 종류

(1) 왕복운송시스템

화물을 수송함에 있어 편도만 영차로 운행하고 귀로에는 공차로 운행한다면 공차 운행 만큼의 시간과 그에 소요되는 각종 비용은 낭비라고 할 수 있다. 따라서 사업용 차량이나 자가용 차량 또는 왕복 영차수송을 위한 방안을 강구해야 한다. 영업용의 경우에는 착지지역의 자기 점포망을 이용, 또는 그 지역의 물류터미널 또는 알선업체를 이용하여 귀로의 화물을 알선 받거나 착지지역의 화주와 귀로계약을 하는 방법, 업체와 상호 공동으로 운송하는 협정을 체결할 수 있다.

(2) 환결운송시스템

환결운송시스템은 최초 출발지로 가져갈 복화화물을 확보할때까지 타지역 물량을 운송하는 것을 말한다. 일반적으로 착지지역에서 반드시 발지지역으로 운송되는 화물이 확보될 수만은 없으므로 순로의 복화화물이 아니더라도 연속적으로 영차 운행을 하여 최초의 출발지점까지 돌아오는 방법을 환결운송시스템이라 한다. 이러한 시스템은 운전기사가 귀가하는 데 장시간이 소요되기 때문에 기사의 불만 요소가 되므로 주의해서 시행해야 한다.

(3) 1차량 2운전원 승무시스템

<u>2명의 운전원을 동승시켜 운행하는 제도가 아니라 발지와 착지양단에 운전원을 한 명씩 배치하여 1차 수송이 완료되면 즉시 착지에 대기하고 있던 운전원이 차량을 인계받아 귀로운행을 하는 시스템</u>이다.

(4) 릴레이식 운송시스템

1회의 편도운송거리가 1일 이상 소요되는 운송이나 일정한 도시들을 순회하며 집화나 배달을 하는 경우의 운송에서는 일정한 시간의 운행 후에 운전사를 교대하여 차량을 계속 운행시킴으로써 차량의 가동시간을 최대화하고 화물의 인도시간을 신속하게 하는 시스템이다.

(5) 중간환승운송시스템

주요 발지와 착지의 중간지점에 터미널을 설치하고 양단에서 도착된 차량을 서로 교체 승무하여 귀로하는 운행시스템이다.

(6) 밀크런(Milk Run)운송시스템

방문하는 장소와 시간을 정하여 매일같이 순회하는 운송방식으로 통상 밀크런 운송은 트럭이 각 지역 부품업체들을 순회하면서 필요한 부품을 수집하며, 조립공장에서 필요할 때 필요한 만큼의 부품을 가져옴으로써 물류비 절감은 물론 재고를 줄일 수 있고, 트럭의 적재효율이 높아지기 때문에 트럭운행대수를 줄일 수 있다.

III. 공동 수·배송시스템

▶ 2023년, 2022년 등 기출

1. 공동 수·배송시스템의 개념

하나의 차량에 다수 화주의 화물을 혼적하여 운송함으로써 운송의 대형화와 순회배송을 가능하게 하는 운송의 기법을 말한다.

2. 공동 수·배송의 목표

공동 수·배송은 일괄 발주 및 배송, 정시 정루트 배송을 기본으로 하여 물류비 절감과 고객서비스 향상이 목표이다.

3. 공동 수·배송 추진의 장애요인

① 참여업체의 구성 문제
② 참여기업 간의 의견 조정문제
③ 기업 문화 및 업무체계 차이 문제
④ 회사의 기밀유지문제
⑤ 물류서비스의 차별화 문제
⑥ 운임요금 문제
⑦ 수송수요의 세분화 문제
⑧ 리더 또는 조정자의 확보 문제
⑨ 긴급대처능력의 결여 문제
⑩ 상품에 대한 안전성 문제

4. 공동 수·배송의 유형

(1) 배송공동형

화물 거점시설까지의 운송은 개별 화주가 행하고, 배송만 공동화하는 방식이다.

(2) 집배송공동형

물류센터에서의 배송뿐만 아니라 화물의 보관 및 집하업무까지 공동화하는 방식으로서 주문처리를 제외한 거의 모든 물류업무에 관해 협력하는 방식이다.

▶ 공동 수·배송시스템의 구축을 위한 전제조건
① 필요한 화물을 수·배송할 수 있는 차량을 보유하여야 한다.
② 공동 수·배송을 주도하는 업체가 있어야 한다.
③ 참여 기업 간에 공동 수·배송에 대한 이해가 일치하여야 한다.
④ 일정구역 내에 유사업체나 배송을 실시하는 다수의 기업이 존재하여야 한다.
⑤ 참여하는 기업 간에 배송조건이 유사하고 물류표준화가 선행되어야 한다.
⑥ 대상화물이 공동화에 적합한 품목이어야 한다.
⑦ 참여하는 기업 간에 물류서비스 향상과 경제성이 있다는 목적이 일치하여야 한다.
⑧ 일정구역 내에 배송지역이 분포되어야 한다.
⑨ 참여기업 간 물류서비스의 평준화가 유지되도록 한다.

(3) 공동수주·공동배송형
운송사업자가 협동조합을 설립하여 공동수주 및 공동배송 하는 방식이다.

(4) 노선집하공동형
노선의 집화망을 공동화하여 화주가 지정한 노선업자에게 화물을 인계하는 방식이다.

(5) 납품대행형
주로 백화점, 할인점 등에서 착화주의 주도로 공동화하는 유형으로서, 참가하는 도매업자가 선정한 운송사업자가 배송거점을 정하여 납품상품을 집화, 분류, 포장 및 레이블을 붙이는 작업 등을 한 후 배달·납품하는 방식이다.

5. 공동 수·배송 시스템의 도입 효과
① 물류서비스의 제고, 차량 적재효율의 향상, 공차율의 감소 및 수송비의 절감 등을 도모할 수 있다.
② 기업 간 통합전산망 구축을 통한 출하작업의 시스템화로 수·배송 효율을 향상시킬 수 있다.
③ 다양한 거래처에 대한 공동 수·배송을 실시함으로써 물동량의 계절적 수요변동에 대한 차량운영의 탄력성을 확보할 수 있다.
④ 참여기업에 대한 통합된 수·배송 핵심성과지표(Key Performance Indicator)를 제공할 수 있다.
⑤ 단독기업으로는 한계가 있는 물동량을 처리할 수 있어 고정비에 대한 규모의 경제를 달성할 수 있다.
⑥ 각 가맹사들간의 공동물류회계 및 화물정보시스템화를 촉진시킨다.

IV. JIT 수·배송시스템

1. JIT 수·배송의 의의
JIT(Just In Time)는 일본 도요타자동차에서 제품의 무결점, 무재고를 실현하기 위해서 제조 업체와 부품 공급 업체 간의 긴밀한 협조체제를 필요로 하여 채택된 시스템이다. JLT는 화물의 수·배송에 적용시켜 필요 부품(상품)을 적시에 정확히 공급하는 시스템으로 정착되었다.

2. JIT 수·배송의 목적
① 재고수준의 감축
② 고객이 원하는 시간에 상품의 적시 인도
③ 화물운송 효율성의 향상

3. JIT 수·배송의 문제점
① 공급자의 재고수준이 증가할 우려 있음
② 교통체증 및 환경오염의 유발
③ 상품의 적시 인도를 위한 운용이 필요하게 되어 이에 따른 수·배송비가 증가됨

V 수·배송시스템의 합리화

1. 수·배송시스템의 합리화 대책
수·배송시스템의 합리화를 위해서는 하드웨어와 소프트웨어 두 가지 측면에서의 효율화가 동시에 요구된다.

하드웨어적 대책	소프트웨어적 대책
• 배송차량 및 화물 적재함의 개선 및 개량 • 하역장소에 대한 정비와 확장 • 하역작업의 기계화와 자동화 • 상·하차 작업에 자동화기기 도입	• 화물의 단위(Lot)화 • 경로의 계획화 • 수·배송 및 출하성능의 집약화 • 수·배송의 공동화 • 직접배송 등을 통한 수송거리의 단축화

2. 수·배송시스템의 배송계획 시 설정 기준
① 차량기준 : 차량의 구성 및 주행에 대한 표준설정
② 경로기준 : 배송지역 및 적재효율의 배송경로 설정
③ 적재량기준 : 표준적재량의 작성 및 최저 주문 단위 설정
④ 시간기준 : 리드타임, 수주 시작 및 마감시간 설정
⑤ 작업기준 : 상·하차방법의 표준과 납품방식 표준설정

3. 배송경로와 일정계획의 수립 원칙
① 가장 근접해 있는 지역의 물량을 함께 싣는다.
② 배송날짜가 다른 경우에는 경유지를 엄격하게 구분한다.
③ 운행경로는 차고지(Depot)에서 가장 먼 지역부터 만들어간다.
④ 출발지 인근지역부터 시작하여 출발지 인근지역에서 끝나도록 한다.
⑤ 배송경로는 상호 교차되지 않도록 한다.
⑥ 차량경로상의 운행순서는 눈물방울형태로 만들어 간다.
⑦ 가장 효율적인 경로는 이용할 수 있는 가장 큰 차량을 활용하여 만든다.
⑧ 집화(Pick-up)는 배송과 함께 이루어지도록 하는 것이 효율적이다.
⑨ 배송루트에서 벗어난 수요지는 별도의 차량을 이용한다.
⑩ 너무 짧은 방문시간대는 피해야 한다.

4. 수·배송계획 입안 시의 고려사항

① 물류채널의 명확화 : 물류채널을 이해하고 그 순서도를 명확히 작성하는 것이다.
② 화물특성의 명확화 : 화물에 대한 품명, 외장, 단위당 중량, 용적, 포장형태 등을 명확히 하는 것이다.
③ 수배송 단위(Lot)의 명확화 : 수·배송 지역별이나 제품별로 1일당 수배송 단위가 어떻게 되는지를 명확히 하는 것이다.
④ 수배송량의 명확화 : 제품별, 수배송 지역별로 수배송하는 화물량을 1일간, 1주일간, 1개월간 혹은 연간단위를 명확히 하는 것이다.
⑤ 출하량 피크 시점의 명확화 : 1일간의 출하량이나 취급량의 시간적 움직임을 명확히 하는 것이다.

5. 수·배송시스템 배송계획의 종류

(1) 다이어그램 배송(Diagram System) 방법

정시루트 배송시스템으로 집배구역 내에서 차량의 효율적인 이용을 도모하기 위해 배송처의 거리, 수량, 지정시간, 도로상황 등을 감안하여 여러 곳의 배송처를 묶어서 정시에 정해진 루트로 배송하는 방법이다. 이 방법은 시간과 루트를 기준으로 하며 비교적 배송범위가 좁고 배송빈도가 높은 경우에 적용하는 방법으로 고객에 대한 도착시간을 정시화 하여 순회 서비스를 제공한다.

일반적으로 배송범위가 30km 이내, 배송빈도는 2회 / 일 또는 1.5회 / 일(30~60km)인 경우 주로 적용한다.

(2) 루트 배송(Route System) 방법

비교적 광범위한 지역에 소량화물을 요구하는 다수의 고객을 대상으로 배송할 때에 유리한 방법으로 판매 지역에 대하여 배송 담당자가 배송 트럭에 화물을 상·하차 하고 화물을 수수함과 동시에 현금수수도 병행하는 방법이다. 일반적으로 배송범위가 60km 이상인 경우 주로 적용하며, 배송범위를 몇 가지 경로로 구분한 후 1회 / 일 배송을 원칙으로 배송차량의 크기와 출발시간을 정한다.

(3) 혼재(Consolidation) 배송 방법

한 단위를 채우지 못하는 소량화물을 모아 혼합적재함으로써 차량의 적재율을 높이기 위한 배송이다.

(4) 적합 배송 방법

사전 설정된 경로에 배송할 물량, 즉 차량의 적재율을 기준으로 적합한 크기의 차량을 배차하여 배송하는 방법이다.

(5) 단일 배송 방법

하나의 배송처에 1대의 차량을 배차하여 배송하는 방법이다.

6. 다이어그램 시스템의 구분

(1) 고정다이어그램 시스템

일정한 지역에 정기적으로 화물을 배송할 때, 과거의 통계치 또는 경험에 의해 주된 배송경로와 시각을 정해 두고 적재효율이 다소 저하되더라도 고객에 대한 적시배달과 업무의 간편성을 중시하여 배송차량을 고정적으로 운영하는 시스템이다.

(2) 변동다이어그램 시스템

계획시점에서의 물동량, 가용차량 수, 도로사정 등의 정보를 감안하여 컴퓨터로 가장 경제적인 배송경로를 도출해서 적재 및 운송지시를 내리는 방식을 채용하는 시스템으로서 VSP, SWEEP, TSP기법 등이 있다.

① VSP(Vehicle Scheduling Problem) 기법
  차량의 운행효율을 최대로 하는 배송루트와 필요차량의 대수를 계산하는 기법이다. VSP의 알고리즘은 세이빙(Saving)이라는 개념을 기본으로 하는데, 여기서 세이빙이란 만일 어느 두 배송경로를 돌아야 하는 경우 각각의 경로를 따로 가지 않고 같은 경로로 두 배송처를 순회함으로써 얻어지는 배송거리의 절약을 말한다.

② TSP(Traveling Salesman Problem, 외판원 문제) 기법
  차량이 지역배송을 위해 배송센터를 출발하여 되돌아오기까지 소요되는 시간 또는 거리를 최소화하기 위한 기법으로 휴리스틱 해법을 이용한다. 이때, 차량의 용량이 제약조건으로 작용하지 않는다.

③ 스위프(Sweep) 기법
  배송차량의 적재범위 내에서 배송루트가 교차하지 않고, 가능한 눈물방울형태의 배송루트가 설정될 수 있도록 배송거리와 물류센터로부터의 배송위치 각도를 이용하여 최적의 배송루트를 만들어가는 기법이다. 이 기법은 차량을 목표고객에 적절히 할당하여 전체배송거리나 총배송시간을 최소화하고, 일정한 구역내에서 고객별 배송순서를 결정하는 기법으로 비교적 적용이 간편하다는 이점이 있다.

Ⅵ. 수·배송 네트워크 모형

1. 수·배송 네트워크 모형의 의의

(1) 개념

수·배송 네트워크 모형이란 2개 이상의 운송 경로(Link)가 존재하고 이들 경로상에 운송상의 연결점(Node)들이 있고 각 운송 구간별로 단위운송비용 또는 단위운송량 등이 제시된 운송문제에서 운송량을 최적으로 배분하기 위한 방법이다.

(2) 종류
최단경로법, 최대수송량계획법, 최소비용 수송계획법이 있다.

2. 최단경로법(Shortest Route Problem)
각 운송구간별로 운송거리 또는 단위운송비용 등이 제시된 운송망(Network)이 있는 경우에 출발지와 도착지 간 등 그 운송망 위에 있는 두 교점(Node) 사이의 최단의 경로 또는 최소비용의 경로를 찾기 위한 방법이다.

〈예시〉

다음 그림과 같이 각 구간별로 운송거리가 주어졌을 때 출발지(S)에서 도착지(F)까지 최단거리는? (수송로의 단위는 km)

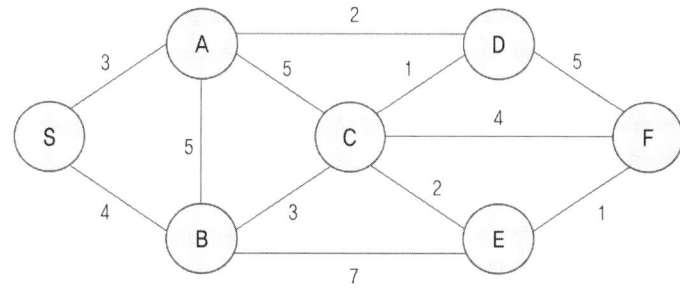

해설 & 정답 S → A → D → C → E → F = 3 + 2 + 1 + 2 + 1 = 9km

3. 최대수송량계획(Maximal Flow Problem)
각 운송구간의 운송량 제한이 있을 때 전체구간에서의 총 운송량은 가장 운송수용력이 약한 구간의 운송량에 따라 제한된다. 따라서 출발지로부터 목적지로 운송할 수 있는 운송가능량은 총 운송경로의 수와 이들 경로가 가지는 각각의 운송가능량에 의하여 결정되므로 이를 최대화하고자 하는 것이 최대수송량계획법이다.

4. 최소비용수송계획
최소비용수송계획법은 각 운송네트워크의 구간별 최대수송가능량과 단위당 수송비용 및 운송방향이 정해진 운송망이 있을 때, 출발지에서 도착지까지 임의의 두 교점 간 운송 시에 최소운송비용으로 가능한 최대한의 운송량을 파악하는 방법이다.

▶ 북서코너법 예제

다음 수송표의 수송문제에서 북서코너법을 적용할 때, 총 운송비용과 공급지 2에서 수요지 2까지의 운송량은? (단, 공급지에서 수요지까지의 톤당 운송비는 각 칸의 우측 상단에 제시되어 있음)

▶ 기출 25회

(단위: 천원)

수요지\공급지	수요지 1	수요지 2	수요지 3	공급량 (톤)
공급지 1	8	5	7	300
공급지 2	9	12	11	400
공급지 3	4	10	6	300
수요량 (톤)	400	500	100	1,000

① 9,300,000원, 200톤
② 9,300,000원, 300톤
③ 9,500,000원, 100톤
④ 9,500,000원, 300톤
⑤ 9,600,000원, 200톤

정답 ④

▶ 최소비용법 예제

3개의 수요지와 공급지가 있는 운송문제에서 최소비용법(LeasT-cost Method)을 적용하여 산출한 최초 가능 해의 총운송비용은? (단, 공급지와 수요지 간 비용은 톤당 단위운송비용임)

▶ 기출 24회

(단위: 천원)

수요지\공급지	X	Y	Z	공급량 (톤)
A	10원	15원	5원	500톤
B	20원	10원	25원	1,000톤
C	8원	15원	20원	500톤
수요량 (톤)	700톤	700톤	600톤	2,000톤

① 17,100원   ② 20,000원
③ 20,700원   ④ 21,700원
⑤ 22,100원

정답 ②

VII 수·배송 최적화 방법

▶ 2023년, 2022년, 2021년 등 기출

1. 북서코너법(North-West Corner Method)

북서코너법은 수송표의 좌측 상단에서 출발하여 우측 하단까지 열과 행에 각각 나타나 있는 공급량과 수요량에 맞추어 수송량을 각 경로상에 계속적이고 또 단계적으로 배정하는 방법이다. 이 해법은 신속하게 최초의 실행가능한 해를 산출할 수 있다는 이점이 있으나 각 경로상의 운송비용을 전혀 고려하지 않기 때문에 총비용을 최소화하는 최적의 해는 산출이 어렵다는 한계가 있다.

2. 최소비용법(Minimum Cell Cost Method)

최소비용법은 수송표상에서 운송단가가 가장 낮은 칸에 우선적으로 수송량을 할당하되 그 행의 공급량과 그 열의 수요량을 비교하여 가능한 한 최대량을 배정하는 방법이다. 일반적으로 비용을 전혀 고려하지 않는 북서코너법보다 효과적인 해법이라 할 수 있으나 모든 경우에 적용되는 것은 아니다.

3. 보겔추정법(Vogel's Approximation Method)

보겔추정법은 기회비용의 개념을 활용하여 총 운송비용이 최소가 되도록 공급량을 할당하는 탐색적 방법이다. 여기서 기회비용은 운송단가 간의 차이 값을 잘못 선택했을 때 치루어야 할 기회비용으로서 이 기회비용이 큰 행이나 열의 가장 낮은 단가에 최대한의 물량을 배정하는 것이 선택오류의 가능성을 최소화하는 방법이다.

▶ 보겔추정법 예제

3개의 공급지와 3개의 수요지를 지닌 수송문제를 보겔추정법을 적용하여 해결하려고 한다. 총운송비용과 공급지 B에서 수요지 Z까지의 운송량은? (단, 공급지와 수요지간 톤당 단위운송비용은 셀의 우측 상단에 표시됨)

▶ 기출 23회

(단위 : 천원)

수요지 공급지	X	Y	Z	공급량 (톤)
A	12	6	13	250
B	8	4	5	150
C	7	9	9	200
수요량 (톤)	100	300	200	600

① 3,600,000원, 50톤
② 3,700,000원, 50톤
③ 3,700,000원, 100톤
④ 3,800,000원, 50톤
⑤ 3,800,000원, 100톤

정답 ⑤

제8장 핵심문제

01 공동 수·배송의 유형에 대한 설명으로 옳지 않은 것은?

① 배송공동형은 화물 거점시설까지의 운송은 개별 화주가 행하고, 배송만 공동화하는 방식이다.
② 집배송공동형은 물류센터에서의 배송뿐만 아니라 화물의 보관 및 집하업무까지 공동화하는 방식으로서 주문처리를 제외한 거의 모든 물류업무에 관해 협력하는 방식이다.
③ 공동수주·공동배송형은 공급자가 협동조합을 설립하여 공동수주 및 공동배송 하는 방식이다.
④ 노선집하공동형은 노선의 집화망을 공동화하여 화주가 지정한 노선업자에게 화물을 인계하는 방식이다.
⑤ 납품대행형은 주로 백화점, 할인점 등에서 착화주의 주도로 공동화하는 유형으로서, 참가하는 도매업자가 선정한 운송사업자가 배송거점을 정하여 납품상품을 집화, 분류, 포장 및 레이블을 붙이는 작업 등을 한 후 배달·납품하는 방식이다.

정답 ③

해설 공동수주·공동배송형은 운송사업자가 협동조합을 설립하여 공동수주 및 공동배송 하는 방식이다.

02 배송경로와 일정계획의 수립 원칙으로 옳지 않은 것은?

① 가장 근접해 있는 지역의 물량을 함께 싣는다.
② 배송날짜가 다른 경우에는 경유지를 엄격하게 구분한다.
③ 운행경로는 차고지(Depot)에서 가장 먼 지역부터 만들어간다.
④ 출발지 인근지역부터 시작하여 출발지 인근지역에서 끝나도록 한다.
⑤ 배송경로는 상호 교차되도록 한다.

정답 ⑤

해설 배송경로는 상호 교차되지 않도록 한다.

memo.

3과목 국제물류론

- **제1장** 국제물류론 총론
- **제2장** 무역실무 총론
- **제3장** 무역실무 주요협약
- **제4장** 해상운송
- **제5장** 항공운송
- **제6장** 컨테이너운송
- **제7장** 복합운송
- **제8장** 해상보험 및 기타보험
- **제9장** 관세 및 통관실무

학습전략

포인트 ❶ 국제물류론은 무역실무가 주를 이루는 과목이며, 각 운송수단별 국제물류의 특징을 파악하는 것이 중요합니다. 특히 해상운송은 범위가 방대하고 출제 비중이 가장 큰 부분이므로 전략적으로 학습의 비중을 높이는 것이 필요합니다.

포인트 ❷ 국제물류론은 다른 과목과는 다르게 국제협약(예 : UCP600, 인코텀즈)이 빈출되고 있고, 출제유형으로는 영어 원문의 빈칸 넣기 문제가 자주 출제되므로 협약의 주요 내용에 대한 철저한 학습이 필요합니다.

제3과목 국제물류론

단원	주제	빈출포인트	학습중요도	출제비율
1장	국제물류론 총론	국제물류환경	⊙⊙⊙	14%
2장	무역실무 총론	정형무역거래조건	⊙⊙	7%
3장	무역실무 주요협약	신용장 통일규칙	⊙⊙⊙	13%
4장	해상운송	정기선운송, 부정기선운송, 해상운송운임, 선하증권	⊙⊙⊙⊙	29%
5장	항공운송	항공화물운송장, 항공운임, 국제항공기구와 국제조약	⊙⊙⊙	13%
6장	컨테이너운송	수출입절차, 컨테이너 터미널, 국제협약	⊙⊙	7%
7장	복합운송	복합운송증권, 프레이트 포워더	⊙⊙	9%
8장	해당보험 및 기타보험	해상손해, 해상보험증권과 해상적하보험약관	⊙⊙	5%
9장	관세법 및 통관실무	관세법상 주요내용	⊙	3%

⊙ 높지 않음   ⊙⊙ 보통   ⊙⊙⊙ 중요   ⊙⊙⊙⊙ 매우 중요

제1장 국제물류론 총론

I. 국제물류론 총론

▶ 2020년, 2017년, 2016년 등 기출

1. 국제물류의 개념과 특성

(1) 국제물류의 개념

국제물류란 글로벌화에 따라 조달, 생산, 판매활동이 2개국 이상에 걸쳐 이루어질 수 있도록 유·무형 재화에 대한 시간적·공간적 효용을 창출하는 활동이다. 미국 공급망관리전문가협의회(CSCMP)의 정의에 따르면 물류란 고객의 요구를 충족시키기 위하여 출발지에서 소비지에 이르기까지 제품과 서비스 및 관련 정보의 효율적인 쌍방향 흐름을 계획하고, 실행하며, 관리하는 공급망 프로세스의 한 과정이다.

국제물류활동을 통해 서비스 수준 향상과 물류비용을 절감함으로써 기업의 경쟁력을 높이는 것을 목적으로 한다.

(2) 국제물류의 특성

① 조달, 생산, 판매활동이 국경을 초월하여 이루어지므로 환경적 제약으로 복잡하고 다양하게 전개된다. 따라서 프로세스 관리와 다양한 운영전략이 필요하다.
② 국내물류에 비해 긴 리드타임으로 물류의 제 기능 중 운송의 중요성이 증대되었고 이로 인해 운송의 합리화와 효율화를 위한 복합일관운송이 발달하게 되었다.
③ 무역, 통관 및 운송에 있어 서류와 절차에 대한 전문적인 지식과 이해가 필요하므로 통관중개인(관세사), 운송중개인(포워더) 등과 같은 중개자 활용이 증가되고 있다.
④ 국가 간의 상관습과 문화적인 차이로 인한 어려움이 상존하고 있다.
⑤ 환율 변동과 인플레이션 등으로 인한 위험 또한 크다.

(3) 국제물류의 기능

① 시간적 기능 : 재화의 생산시기와 소비시기의 불일치를 조정(보관기능)
② 장소적 기능 : 생산과 소비의 장소적 거리를 조정하는 기능(운송기능)
③ 수량적 기능 : 생산수량과 소비수량의 불일치를 집화, 중계, 배송 등을 통해 조정

▶ 물류관리의 개념과 특징
① 물류관리의 개념
물류관리란 물품의 흐름을 종합적으로 관리하는 것으로 그 대상은 하역, 포장, 보관, 운송, 유통가공, 정보 등을 포함한다. 물류관리를 통한 원가 절감과 재화의 시·공간적 효용가치 창조를 통한 시장경쟁력 강화를 목표로 한다.
② 물류관리의 특징
  ㉠ 상적 유통과 구분되는 물류는 마케팅의 물적 유통(Physical Distribution)을 의미한다.
  ㉡ 물류합리화를 통한 물류비 절감은 소매물가와 도매물가 상승을 억제하는데 기여한다.
  ㉢ 물류합리화는 상류합리화에 기여하며, 상거래 규모의 증가를 유도한다
  ㉣ 참여기업 간 조정과 협업을 강조하는 공급사슬관리의 중요성이 증가하였다.

▶ 국내물류와 국제물류의 차이점
① 관련서류의 복잡성
② 중개자의 존재
③ 주문절차의 복잡성
④ 물류비용과 운송시간, 손실위험의 차이
⑤ 요소별 기능상의 차이

▶ 국제물류와 국내물류 비교

기능	국내물류	국제물류
운송	물류거점을 활용한 공로운송 중심	공항, 항만을 이용한 복합 일관운송 중심
보관 및 하역	물류센터나 배송센터 중심	복합물류터미널 중심(유통보다 보관기능 우선)
포장	경제성, 편리성, 간이성에 중점	운송에 중점 (팔렛트, 컨테이너 단위)
정보	각 주체별 독자적인 정보 기능	전 과정에 대한 관리 및 추적 기능

④ 품질적 기능 : 생산자가 제공하는 재화와 소비자가 소비하는 재화의 품질을 가공, 조립, 포장 등을 통해 조정
⑤ 가격적 기능 : 생산자와 소비자를 매개로 운송에서 정보활동에 이르기까지의 모든 비용을 조정
⑥ 인격적 기능 : 생산자와 소비자 간에 물류활동을 통해 대고객 서비스 향상을 위한 기능

(4) 국제물류의 중요성
① 국제 간의 생산과 소비의 조화가 유지되어 국민경제의 지속적인 발전에 기여한다.
② 국제물류의 합리화는 생산력 증대와 국제시장의 발전을 조장하는 효과가 있다.
③ 국제물류 합리화로 유통비 절감, 양질의 국제물류용역 제공, 고객서비스 향상 등으로 기업발전을 도모한다.
④ 국민경제적 측면에서는 국제물류 합리화를 통해 경제발전과 물가안정을 도모한다.

(5) 국제물류의 효율화 방안
① 운송기능 : 복합일관운송이 주도적 역할
국제물류는 운송시간이 길어짐에 따라 최적운송수단 조합에 따른 복합일관운송 활용이 증가하고 있다. 혼재를 통해 운송의 효율을 높이고 운송경로는 최단거리를 선택한다.
② 보관기능 : 창고의 유통기능보다 보관기능 우선
국내물류에서 창고가 화물의 조립, 포장, 분류를 위한 유통창고로서의 기능 중심이라면 국제물류에서 창고는 보세구역이나 보세구역 이외의 지역에서 화물을 일시 보관하였다가 운송하는 기능이 우선시된다. 즉, 터미널과 물류센터, CY가 상품의 수급조절 기능, 수송조절 기능, 물류거점 등의 역할을 한다.
③ 하역기능 : 화물의 적·양하와 창고 내 입출고를 위한 설비기능이 중요한 요소
컨테이너 적입작업부터 내륙거점과 공항, 항만에서의 하역작업에 이르기까지 각종 하역장비와 설비가 이용됨으로써 국내물류보다 하역의 중요성이 증대되었다. 하역의 합리화를 위해서는 하역횟수는 줄이고 단위당 하역량을 늘리는 전략이 필요하다.
④ 포장기능 : 원거리 운송을 고려한 포장단위 활용
내용물 보호 및 판매촉진을 위한 심미적 기능, 운송과정에서 취급을 용이하게 한다. 포장은 견고하게 하되 과포장을 피한다.
⑤ 정보기능 : 전 과정에 대한 관리 및 추적 기능
각 주체별로 독자적인 정보기능을 갖는 국내물류와는 달리 출발지에서 목적지까지 이르는 전 과정에 대한 관리 및 추적이 가능하도록 종합적으로 설계되어야 한다.

2. 국제물류관리

(1) 의의

국제물류관리는 고객서비스의 증대, 물류비용의 절감을 목표로 한다.
국제물류의 통합적 관리는 총비용접근방식으로 개개인 활동들의 비용을 분리하기보다는 물류의 총비용을 고려한 뒤 다양한 대안들의 비용 및 수익관계를 최적화하려는 것이다.
물류비의 구성요소에는 포장비용, 수송비용, 하역비용, 재고·보관비용, 정보·관리비용, 보험비용이 있다.

(2) 국제물류관리의 필요성

① 물류가 국내제품의 수출경쟁력 증가에 기여
② 물류정보시스템의 발전으로 물류관리를 신속·정확하게 처리하고, 비능률적인 요소를 제거하여 효율성을 더욱 증대
③ 해외고객의 다양한 요구에 신속하고 정확하게 반응
④ 제품의 수명주기가 짧아짐에 따라 국제물류의 신속성이 요구
⑤ 해외거점 확대, 해외조달, 아웃소싱이 증가함에 따라 공급망이 국내에서 해외로 확장

(3) 국제물류관리 전략수립

① 국제물류 전략수립은 Trade-off 분석을 통한 총비용 개념으로 접근한다.
② 물류표준화와 공동화를 통하여 비용절감을 추구한다.
③ 물류 아웃소싱을 확대하여 자사의 핵심역량에 집중하고 고객서비스 수준을 높인다.
④ 단위운송비를 낮추기 위하여 수송단위의 대형화를 추구한다.

(4) 국제물류관리의 기법

① JIT(Just In Time) : 재고를 남기지 않고 입하된 재료를 그대로 사용하는 상품관리방식(1950년대)
② CIM(Computer Integrated Manufacturing) : 제조, 개발, 판매의 정보 흐름을 컴퓨터 정보를 이용해 통합한 생산관리시스템(1970년대 초반)
③ CALS(Continuous Acquisition and Life-cycle Support) : 제품의 전 생산과정을 디지털화하여 기업경영의 혁신과 비용절감, 생산성 향상을 도모한 공학적 정보화시스템(1987년)
④ SCM(Supply Chain Management) : 제품생산부터 유통과정까지 모든 공급망을 하나의 통합된 시스템으로 관리하는 공급사슬관리 (1990년대 초반)

▶ 해외직접구매의 영향
① 물류정보시스템의 필요성 증가
② 통관업무를 담당하는 전문 인력에 대한 수요 증가
③ 정확하고 체계적인 다빈도 소량 운송의 필요성 증가
④ 글로벌공급망관리의 필요성 증가
⑤ 국내 물류기업들의 국제운송 부분의 물동량과 매출액이 증가

II 국제물류환경

▶ 2021년, 2020년, 2018년 등 기출

1. 물류의 개념변화

물류의 개념은 물적유통이나 로지스틱스에서 공급망관리를 중시하는 방향으로 변화되어 왔다.

① 물적 유통(Physical Distribution)
  물류를 상적 유통(상류)에 대비되는 물적 유통의 개념으로 바라보고 제품의 생산과 판매를 위한 운송이나 보관 중심의 기능별 물류비용 감소에 초점을 두었다.

② 로지스틱스(Logistics)
  기업의 조직과 운영에 관련된 경영의 관점에서 물류를 바라보고 기업전체의 물류 프로세스를 효율화하여 총비용관리에 중점을 두는 개념이다.

③ 공급망관리(Supply Chain Management)
  로지스틱스가 한 기업 내의 물류 프로세스 통합에 초점을 두었다면 SCM은 공급망 내의 참여기업 간에 물류 프로세스를 통합하여 공급망 전체의 가치를 극대화하는 전략적 개념이다. 기업 간의 협업과 정보공유가 무엇보다 중요하다.

2. 국제물류의 환경여건

① 국제시장은 국내시장과 구별되는 경제적·사회적 요인과 다른 특수한 여건 등이 존재하고, 물류의 각 구성요소의 상대적 중요성도 각국의 시장마다 다양하다.
② 효율적인 국제물류 운용을 위해 각 시장별 특성, 관련정부 규정, 국제물류환경 변화 등에 관한 정보의 분석·적용이 필요하다.
③ 물류담당자는 국제물류환경 통제불가요인의 존재로 인한 불확실성으로 트레이드오프(Trade-off)·가격책정·고객서비스 수준 등에 대한 올바른 결정이 요구된다.

3. 국제물류의 환경변화

기업의 국제경영활동 증가와 물류서비스에 대한 수요의 고급화·다양화·개성화로 물류관리가 기업의 성패요인으로 부각되고 있다.

① 통합적 공급망관리(SCM) 등장 및 SCM의 Smart화
  글로벌 경영의 확대로 인한 공급망의 복잡성과 불확실성 증가로 파트너 간 정보공유와 긴밀한 협력을 통한 통합관리의 필요성이 커지게 됨에 따라 SCM과 ERP솔루션의 통합, 스마트폰 활용 등도 지속적으로 늘어나고 있다.

② 특화 물류서비스의 성장
  물류산업에서도 고부가가치를 창출할 수 있는 첨단제품 물류, 의약품 물류, 식품 물류, 콜드체인 물류 등과 같이 전문성 강화로 신시장을 발굴함과 동시에 서비스혁신을 위한 변화의 주체로 자리매김하고 있다.

③ 글로벌기업들의 계약물류(Contract Logistics)사업 확대 추세
전자상거래와 신흥시장의 성장은 물류산업의 비즈니스모델 또한 변화시키고 있다. 비용절감을 위한 단순한 아웃소싱이 아닌 글로벌기업들과 물류전문업체(제3자 물류업체)들이 장기간 계약에 의한 제휴관계를 맺고 통합물류서비스를 제공함으로써 글로벌기업들은 핵심역량의 집중을 통한 기업구조 개선을 꾀하고 있다.

④ 운송수단의 대형화 및 고속화
운송의 효율화를 위해 선박 및 항공기가 대형화·고속화되고 있고, 각국의 허브항만 및 허브공항 육성을 위한 경쟁도 심화되고 있다.

⑤ 물류 신기술발달
RFID(무선인식기술), ICBM 및 인공지능(AI) 등 첨단기술과 융합된 물류 신기술이 등장하여 활용되고 있다. 첨단기술을 바탕으로 국내외 물류기업들은 국제물류체계를 플랫폼화 및 고도화하고 있다.

⑥ 물류보안 강화
2001년 9·11테러 이후 물류 프로세스 내·외부의 위험요인을 사전에 파악하여 제거하기 위한 수단으로서 물류보안의 적용범위가 점점 확대, 강화되고 있다.

⑦ 물류기업 간 M&A 및 전략적 제휴를 통한 초대형화
기업들의 글로벌화에 따른 고객의 물류서비스 요구가 높아짐에 따라 물류 기업 간 M&A를 통해 비용절감, 규모의 경제와 서비스 수준 향상을 도모하고 있다.

⑧ 환경장벽 확대
친환경 녹색물류의 확산에 따른 환경장벽 확대로 운송원가의 부담요인이 되고 있다. 일례로 IMO의 MARPOL(해양오염방지협약) Annex VI(선박에서 발생하는 대기오염물질의 배출을 규제하는 규정)에 따라 우리나라도 외항선에 대해 2020년 1월 1일부터 선박연료유의 황 함유량 기준을 현행 3.5%에서 0.5%로 강화하기로 하였다.

III 국제물류시스템

▶ 2023년, 2019년 등 기출

1. 기업물류의 발전단계

① 1단계 : 자사물류(제1자 물류) → 사내의 물류조직이 직접 물류업무 수행
② 2단계 : 자회사물류(제2자 물류) → 물류조직을 자회사로 독립시켜 업무 수행
③ 3단계 : 물류 아웃소싱(제3자 물류) → 물류전문업체에 외주하여 물류업무 수행
④ 4단계 : 통합물류 서비스(제4자 물류) → e-Logistics 기반 통합물류 서비스 제공

▶ 국제물류의 동향
① 지속적인 재고 절감 노력 : 물류 효율성을 가늠하는 주요한 지표는 매출액대비 재고의 비율이다.
② 무선주파수식별시스템(RFID) 과 같은 물류 신기술의 등장으로 시간과 비용이 절감된다.
③ 국제물류 기업간의 전략적 제휴나 M&A가 활발하다.
④ 환경에 부응하기 위한 녹색물류(Green Logistics)의 중요성이 증가하고 있다.
⑤ Physical Distribution이나 Logistics에서 SCM(공급망관리)을 중시하는 경향이 있다.
⑥ 리버스물류나 부품물류 등 틈새(Niche)물류에 대한 서비스를 제공하는 기업이 성장하고 있다.

▶ 국제물류 발전에 영향을 주는 요인
① **다품종 소량생산체계**
소비자 욕구가 개성화·다양화되고 있고, 소비자 의식 변화로 인해 상품의 아이템 수가 급증하고 있다. 또한 운송비 및 재고유지비가 증가하고 있다.
② **제품 수명주기의 단축**
시장변화에 기업이 빠른 대응을 하며 전체 리드타임 단축을 위한 다각적인 노력이 필요하다. 공적 물류운영관리를 위한 시간관리의 중요성이 증대되었다.
③ **글로벌기업의 증가**
각 국가에 있는 현지 공장과의 상품제조를 분담하고 있으며, 원재료·부품·반제품의 조립에서 국제적인 조달망이 증가하였다. 공장관리의 현지화 등으로 글로벌화되고 있고 글로벌한 물류관리가 중요해지고 있다.
④ **수송분담률 변화**
화물수송량은 경제상황, 경제규모, 산업입지 등에 영향을 받는다. 항공화물수송이 경제활동에 민감하여 해운화물수송보다 큰 영향을 받는다.

2. 물류체계의 변화

① 글로벌기업과 세계화
원료, 부품, 반제품, 최종제품 등의 생산과 판매를 전 세계적으로 통합하고 조정하는 것으로 세계 각 지역을 거점화하여 거기에 적합한 상품생산 및 인접시장에 판매한다.

② 기업의 세계화 환경
기업의 세계화 환경에는 무역장벽의 축소, 효과적인 수송체계의 출현, 정보체계의 편익, 규모의 경제 실현 기회 도래, 세계적 경쟁기업의 발달, 상품선택의 다양성과 세계적 유사성의 증가 등이 있다.

③ 국제물류의 일반적인 국제화 단계
㉠ 국내에서 해외로 수출하는 단계로 물류효율화에 중점을 두는 단계
㉡ 기업의 현지생산을 위해 근거리운송 등의 효율화에 중점을 두는 단계
㉢ 현지 물류법인의 설립과 전문물류기업에 위탁하여 운송서비스를 제공하는 단계
㉣ 글로벌 물류체계를 구축하여 종합물류서비스를 제공하는 단계

3. 국제물류관리 시스템

① 국제환경 분석 : 해외 각 시장 간의 특색이나 공통점을 조사·분석하고 계획이나 물류업무의 추진을 검토
② 전략계획 : 목표시장에서 판매상품, 고객서비스, 물류시스템, 경쟁관계대책, 통화금융, 개선·대체안의 사정, 물류관리책임자 등에 대해 검토하고 기업의 목적에 따른 전략계획을 수립
③ 물류조직 구축 : 기업의 자금, 기술을 투입해서 기업목적에 부합하는 최적의 물류조직을 구축
④ 물류 운영계획 : 주어진 물류조직, 목적 및 시장 환경하에서 효율적으로 실시 가능한 물류운영계획을 수립
⑤ 물류실시 및 상황관리 : 계획의 실시 상황을 파악하여 관리
⑥ 평가 및 개선 : 재고량, 고객서비스의 수준, 물류비용, 물류시설의 가동상황 등의 실적파악에 의한 평가 및 개선을 검토

4. 국제물류시스템의 종류

국제물류시스템에 대해 미국의 자크 피카드(Jacques Picard) 교수는 물품이 수출국에서 출하되어 수입국 고객에 이르기까지의 물류경로와 처리방법에 따라 4가지 형태로 분류하였다.

① 고전적 시스템
가장 보편화되어 있는 방식으로 물품이 수출국 기업에서 수입국 자회사 창고로 출하된 후 발주요청이 있을 때 그 창고에서 최종고객에게 배송되는 형태이다. 이 경우 자회사는 일종의 창고로서 기능을 하게 된다. 저렴한 운송비, 혼재

운송, 서류작성 감소, 안전재고로 품절 방지 등의 장점이 있으나 해외 자회사 창고가 대형화되어야 하므로 보관비용이 많이 든다는 단점이 있다.

② 통과시스템

수입국의 자회사 창고는 단지 통과센터로서의 기능만 한다. 예상치 않은 수요와 품절에 대비해 일정수준의 안전재고를 설정한다. 해외 자회사 창고에서의 보관비용이 줄어드는 장점이 있으나 수출기업으로부터 출하빈도가 높아 시설 사용 예약, 선적이나 하역, 통관비용이 증가하는 단점이 있다.

③ 직송시스템

물품을 수출국 공장 또는 배송센터로부터 해외 자회사의 고객에게 직접 운송하거나 배송센터에서 최종 소비자나 판매점으로 직접 운송하는 형태로 해외 자회사는 상거래에만 관여하고 물류에는 직접 관여하지 않는다. 자회사 단계에서 운송비, 보관비, 하역비는 발생하지 않으며 자회사 창고와 고객 사이의 배송비도 발생하지 않으며, 출하빈도가 높아 비용이 많이 발생하고 예기치 못한 공급중단이 있을 경우에는 대응이 어렵다는 단점이 있다.

④ 다국적행 창고시스템

물품이 수출국 공장에서 대량저가·저빈도운송으로 거점 지역의 중앙창고(허브창고)를 거쳐 여러 나라의 자회사 창고나 고객에게 배송되는 형태이다. 이 시스템은 다국적기업이 해외 각국에 여러 현지 자회사를 가지고 있는 경우 어느 한 국가의 현지 자회사가 지역물류거점의 역할을 담당하여 인접국 물품공급에 유용한 허브 창고를 갖고 물품을 분배하는 시스템이다. 허브창고의 입지는 지리적 서비스 이외에 수송의 편리성이 강조되며, 창고형뿐만 아니라 통과형으로도 사용이 가능하며, 고전적 시스템보다 재고량이 감축되어 보관비가 절감되나 허브창고에서 수송거리가 먼 자회사가 존재하는 경우 수송비 증가 및 서비스수준 하락을 가져올 수 있다.

IV 제3자물류와 제4자물류

▶ 2023년, 2022년, 2021년 등 기출

1. 제3자 물류

(1) 의의

제3자 물류는 기업이 고객서비스 향상, 물류비 절감 등 물류활동을 효율화할 수 있도록 공급사슬(Supply Chain)상의 기능 전체 혹은 일부를 대행·수행하는 경영활동이다. 즉, 제3자 물류는 화주가 물류기능의 전부 또는 일부를 물류전문업체에 위탁하여 수행하게 하는 물류 아웃소싱으로 3PL 또는 계약물류(Contract Logistics)라고도 한다.

▶ 물류전문업체의 필요성
물류업무의 전문업체 활용은 시장의 지배력이 제조업체에서 유통의 소매점으로 변화하고 있고 물류관리에서 통합물류가 더욱 강조되고 있기 때문이다. 즉, 수송, 하역, 포장, 보관 또는 생산재 및 부품의 조달 등이 개별적인 결정사항으로 인해 물류 전체를 하나의 체계적인 기능으로 취급하여 외부에 일관 위탁하려는 경향이 증대하고 있다.

(2) 제3자 물류(물류 아웃소싱)의 장점
① 핵심역량에 집중 가능
② 물류비 및 자본투자비 절감
③ 물류서비스 최적화 유지
④ 예비인력 확보 및 물류운영에 대한 부담 해소
⑤ 운영효율화와 유연성 제고(인력과 장비의 융통성 있는 활용)
⑥ 물류비 관리의 명확성

(3) 제3자 물류(물류 아웃소싱)의 단점
반면에 고객 불만에 대한 신속한 대응이나 사내 물류전문지식의 축적 및 물류전문인력 양성에는 어려움이 있다. 또한 아웃소싱 업체에 대한 직접적 통제가 어렵고 기업의 핵심정보가 유출될 수도 있다는 단점이 있다.

2. 제4자 물류

(1) 의의
제4자 물류(4PL)는 IT(인터넷) 기반으로 관련 주체들 간에 모든 물류활동을 온라인상에서 구현하여 SCM개념 하에 물류프로세스 수행을 효율적으로 지원하는 서비스이며 3PL을 통한 물류 아웃소싱에 IT 기술을 기반으로 한 전략적 컨설팅을 가미한 개념으로 Lead Logistics Provider(LLP)라고도 한다.

제4자 물류(4PL)는 위탁받은 물류활동을 중심으로 하는 제3자 물류와는 달리 전문성을 가지고 물류 프로세스의 개선을 적극적으로 추구하여 세계수준의 전략, 기술, 경영관리를 제공하는 것을 목표로 한다.

▶ 전자상거래 발전에 따른 제4자 물류의 영향
① 거래의 신속화
② 구매자 및 판매자 수의 증가
③ 정보 및 통신기술의 수요 증대
④ 기존 공급사슬의 전환
⑤ 전략적 제휴의 활성화
⑥ 새로운 물류서비스의 등장과 성장
⑦ 물류서비스의 성장 및 네트워크 확대
⑧ 유통정보 네트워크와 물류시스템 간 연계
⑨ 표준화 및 공동화의 추진

(2) 필요성
제3자 물류는 공급사슬 프로세스 전체를 통합할 기술력이나 전략적 전문성이 부족하여 공급사슬 전체의 지속적인 비용절감과 효율화에는 한계가 있어 제4자 물류 도입의 필요성이 대두되었다. 즉 제4자 물류는 전자상거래 확산에 따른 발전적 대안으로 물류전문업체, IT 업체 및 컨설팅 업체가 결합하여 제3자 물류보다 광범위하고 종합적이며 고도화된 물류서비스를 제공하여 높은 경쟁력을 확보할 수 있다.

(3) 제4자물류의 장점
① 인터넷을 통한 물류서비스는 대기업 중심의 시장접근성을 중소기업에게도 많이 제공하여 경쟁력 향상은 물론 다양한 상품·서비스를 통한 차별화 기회를 제공한다.
② 시간절약과 각종 거래비용을 절감할 수 있다.
③ 공간적 거리 개념의 축소, 거래비용 절감 등 물류서비스의 수요와 공급 확대로 물류시장의 범위를 전 세계적으로 확대하고 물류상품 범위도 증가시킨다.

④ 기존 물류서비스의 기능 강화 외에도 온라인상에서만 가능한 신종 서비스의 제공이 가능하다.

(4) 제3자물류와 제4자물류의 차이점

① 3자 물류가 창고나 수송 분야를 기본으로 특화된 서비스를 제공하는 수준인 것에 비하여, 4자 물류는 3자물류 + 물류컨설팅업체, IT업체의 결합된 형태로서 한 차원 높은 물류서비스를 제공한다.
② 4자 물류 서비스제공자는 3자 물류보다 광범위하고, 종합적이며 전문적인 물류서비스를 제공하여 비용절감뿐만 아니라 서비스 제고에 주안점을 두어 경쟁력을 향상시킬 수 있다.
③ 4자 물류서비스 제공자는 3자 물류와는 달리 물류전문업체, IT업체 및 물류컨설팅업체가 일련의 컨소시엄을 구성하여 가상물류 형태로서 서비스를 제공한다.
④ 4자 물류서비스는 물류활동의 단순한 수행이 아니라 물류활동 업무프로세스의 혁신을 우선적으로 기하고, 그 다음 단계로서 물류활동을 수행할 수 있다.
⑤ e-Business환경에 적응하여 인터넷 등의 최신정보기술 기반에서 e-SCM, e-CRM, QR, ECR 등의 물류전략과 조화를 이루면서 서비스 제공이 가능하다.

V. 물류전략

▶ 2023년, 2022년, 2021년 등 기출

1. Cross Docking System

① Cross Docking System이란 창고나 물류센터로 입고되는 제품을 재고로 보관하지 않고 재분류 또는 재포장하여 다음 목적지로 배송하는 시스템이다. 보관이나 피킹작업을 제거하여 재고에 따른 물류 비용을 절감하고 물류센터의 공간을 줄일 수 있는 장점이 있다.
② Cross Docking System은 Wal-Mart의 대표적 물류전략으로 Wal-Mart는 이 외에도 EDLP(Every Day Low Price : 상시염가 전략), 인간중심 및 현장중심 경영, POS System 등을 통하여 세계 제일의 소매기업이 되었다.

2. Hub & Spoke System

① Hub & Spoke System이란 직운항방식 (Point to Point System)에 네트워크의 효율성을 접목시켜 허브(거점)를 경유 하여 중소도시(지점)를 연결시키는 방법으로 항공운송의 노선망 구축시스템 중의 하나이다.
② 규모의 경제, 신속성, 폭넓은 Network가 장점이다.
③ 중복적 물류거점, 재고 공간 부족 및 낮은 수·배송 효율문제를 해결하는데 효과적이다. 그러나 운송범위가 좁은 경우는 비효율적이며, 허브에서 지체가 발생할 시에는 전체에 악영향을 미칠 수 있다.

④ Hub & Spoke System은 FedEx의 대표적 물류전략으로 FedEx는 이외에도 각종 정보시스템을 구축하여 언제라도 화물을 추적할 수 있는 시스템을 갖추었다.

3. JIT(Just in Time) System

① Toyota의 생산관리기법으로 제품에 필요한 자재를 필요한 때에, 필요한 양만큼만 생산하여 공급하는 관리방법이다.

② Push 방식의 폐단을 극복하기 위한 일명 무재고 생산방식으로 Pull 방식에 속한다.

4. Postponement(지연 전략)

① 완제품을 바로 만들지 않고 완제품으로 가기 전 최종 완성단계를 지연함으로써 고객의 의사를 충분히 반영시키고 시장의 상황을 반영하여 제품을 만드는 전략이다.

② 지연 전략은 Push 방식과 Pull 방식의 장점을 결합하여 변화하는 고객의 수요에 유연하게 대응하기 위함이다.

③ 이를 통해 수요예측의 불확실성 감소로 인한 재고비용 절감과 제품의 다양성을 창출할 수 있다.

5. VMI(Vendor Managed Inventory) : 공급자 주도형 재고관리

① 유통업체(주문자)의 판매·재고정보를 분석하여 제조업체(공급자)가 상품의 적정 납품량을 결정하는 시스템이다. 즉, 주문 및 재고관리를 공급자에게 일임하는 방식이다.

② VMI를 통해 지속적 재고보충(continuous replenishment)이 가능하여 고객 요구에 신속하게 대응하고 비용을 절감할 수 있다.

6. Quick Response System : 신속반응시스템

① 주로 패스트 패션(fast fashion) 업체들이 사용하는 유통전략으로 소비자의 구매동향을 즉각 반영하여 제품을 적시에, 적당량을, 적정한 가격에 공급하여 빠른 회전율로 승부하는 전략이다.

② 납기 단축, 재고 비용 절감, 고객정보의 효율적 활용, 소비자 기호에 부응 가능하다는 장점이 있다.

▶ 용어설명
- "Push, Pull 방식"
  ① Push 방식 : 고객의 주문에 앞서 처음부터 생산위주로 공정을 진행시키는 방식
  ② Pull 방식 : 고객의 주문을 받고 난 후 조립공정을 개시하는 사후 생산방식

[글로벌 물류기업의 대표적인 물류전략]

기업명	물류전략
Wal-Mart	Cross Docking System
FedEx	Hub & Spoke System
Toyota	JIT System(적시관리시스템)
Benetton / Hewlett-Packard	Postponement(지연전략)
Wal-Mart, P&G, 3M	VMI(공급자 주도형 재고관리)
Fast Fashion업체(Zara, Gap, H&M 등)	Quick Response System(신속반응시스템)

1장 핵심문제

01 물류관리의 특징으로 옳지 않은 것은?

① 물류관리란 물품의 흐름을 종합적으로 관리하는 것으로 그 대상은 정보관리를 제외한 하역, 포장, 보관, 운송, 유통가공 등을 말한다.
② 상적 유통과 구분되는 물류는 마케팅의 물적 유통(Physical Distribution)을 의미한다.
③ 물류합리화를 통한 물류비 절감은 소매물가와 도매물가 상승을 억제하는데 기여한다.
④ 물류합리화는 상류합리화에 기여하며, 상거래 규모의 증가를 유도한다.
⑤ 참여기업 간 조정과 협업을 강조하는 공급사슬관리의 중요성이 증가하였다.

정답 ①

> 해설   물류관리란 물품의 흐름을 종합적으로 관리하는 것으로 그 대상은 하역, 포장, 보관, 운송, 유통가공, 정보 등을 포함한다.

02 국제물류관리가 필요한 이유로 옳지 않은 것은?

① 물류가 국내제품의 수출경쟁력 증가에 기여하기 때문이다.
② 해외거점확대, 해외조달, 아웃소싱이 증가함에 따라 공급망이 국내에서 해외로 확장되기 때문이다.
③ 해외고객의 다양한 요구에 신속하고 정확하게 반응하기 위해서이다.
④ 제품의 수명주기가 짧아짐에 따라 국제물류의 신속성이 요구되기 때문이다.
⑤ 물류정보시스템의 발전으로 물류관리가 복잡해지고 난해해짐에 따라 효율성이 저하되기 때문이다.

정답 ⑤

> 해설   물류정보시스템의 발전으로 물류관리의 효율성이 증대되고 있다.

03 국제물류의 기능으로 옳지 않은 것은?

① 시간적 기능 : 재화의 생산시기와 소비시기의 불일치를 조정
② 장소적 기능 : 생산과 소비의 장소적 거리를 조정하는 기능
③ 수량적 기능 : 생산수량과 소비수량의 불일치를 집화, 중계, 배송 등을 통해 조정
④ 품질적 기능 : 생산자와 소비자 간에 물류활동을 통해 대고객 서비스 향상을 위한 기능
⑤ 가격적 기능 : 생산자와 소비자를 매개로 운송에서 정보활동에 이르기까지의 모든 비용을 조정

정답 ④

> 해설   품질적 기능은 생산자가 제공하는 재화와 소비자가 소비하는 재화의 품질을 가공, 조립, 포장 등을 통해 조정하는 것을 말한다.

04 제3자물류와 제4자물류에 대한 설명으로 옳지 않은 것은?

① 3자 물류가 창고나 수송 분야를 기본으로 특화된 서비스를 제공하는 수준인 것에 비하여, 4자 물류는 3자물류+물류컨설팅업체, IT업체의 결합된 형태로서 한 차원 높은 물류서비스를 제공한다.
② 4자 물류 서비스제공자는 3자 물류보다 광범위하고, 종합적이며 전문적인 물류서비스를 제공하여 비용절감뿐만 아니라 서비스 제고에 주안점을 두어 경쟁력을 향상시킬 수 있다.
③ 4자 물류서비스 제공자는 3자 물류와는 달리 물류전문업체, IT업체 및 물류 컨설팅업체가 일련의 컨소시엄을 구성하여 가상물류 형태로서 서비스를 제공한다.
④ 4자 물류서비스는 인터넷을 통한 물류서비스는 대기업 중심으로 제공하여 경쟁력 향상은 물론 다양한 상품·서비스를 통한 차별화 기회를 제공하며 중소기업의 활용도는 떨어진다.
⑤ 4자 물류는 기존 물류서비스의 기능 강화 외에도 온라인상에서만 가능한 신종 서비스의 제공이 가능하다.

정답 ④

해설 인터넷을 통한 물류서비스는 대기업 중심의 시장접근성을 중소기업에게도 많이 제공하여 경쟁력 향상은 물론 다양한 상품·서비스를 통한 차별화 기회를 제공한다.

05 다음에서 설명하는 국제물류시스템의 종류에 옳은 것은?

> 물품을 수출국 공장 또는 배송센터로부터 해외 자회사의 고객에게 직접 운송하거나 배송센터에서 최종 소비자나 판매점으로 직접 운송하는 형태로 해외 자회사는 상거래에만 관여하고 물류에는 직접 관여하지 않는다. 자회사 단계에서 운송비, 보관비, 하역비는 발생하지 않으며 자회사 창고와 고객 사이의 배송비도 발생하지 않으며, 출하빈도가 높아 비용이 많이 발생하고 예기치 못한 공급중단이 있을 경우에는 대응이 어렵다는 단점이 있다.

① 고전적 시스템
② 통과시스템
③ 직송시스템
④ 다국적행 창고시스템
⑤ Hub & Spoke 시스템

정답 ③

해설 물품을 수출국 공장 또는 배송센터로부터 해외 자회사의 고객에게 직접 운송하거나 배송센터에서 최종 소비자나 판매점으로 직접 운송하는 형태는 직송시스템에 대한 설명이다.

제2장 무역실무 총론

I. 국제무역의 의의

▶ 2023년, 2022년, 2021년 등 기출

1. 무역의 정의

국제무역이란 법체계와 상관습이 상이한 국가에 소재하는 수출상과 수입상 간에 물품을 대상으로 이루어지는 상거래를 의미한다. 협의의 무역은 물품의 수출입을 말하지만, 광의의 무역에서는 물품뿐만 아니라 서비스, 기술, 자본 등의 국제적 이동을 포함한다.

2. 무역의 특수성

(1) 다수의 위험성

무역거래는 운송위험, 신용위험, 상업위험, 비상위험, 환위험 등의 위험이 발생할 가능성이 매우 높다.

① 운송위험 : 운송과정에서 발생하는 화물의 손상, 부제, 도난 등의 상품 자체에 생기는 물리적 위험으로 다양한 보험제도로 위험을 회피한다.

② 신용위험과 상업위험 : 신용위험은 매도인이 매수인으로부터 물품대금을 회수하는 것과 관련된 위험을 말하며, 상업위험은 매수인이 대금지급 후 수입하기로 의도한 물품을 제대로 입수할 수 있는지에 대한 위험으로 이를 커버하기 위해 신용장에 의한 결제 또는 수출보험, 철저한 신용조사 등으로 위험을 회피할 수 있다.

③ 비상위험 : 상대국가의 전쟁, 내란, 환거래 등의 제한 및 금지조치와 같은 비상상태로 인한 위험을 말하며, 수출보험을 부보함으로써 위험을 회피할 수 있다.

④ 환위험 : 환율변동으로 인하여 발생하는 위험으로 선물환 등을 활용하거나 수출보험을 부보함으로써 위험을 회피할 수 있다.

⑤ 기타의 위험 : 법체계와 상관습이 상이한 국가에 소재한 당사자 간의 거래에서 계약내용의 해석이나 실무적 관행의 차이로 인해 발생하는 위험에 대하여 상대방 국가에 대한 충분한 사전 조사 등을 이해하고 준비를 통해 위험에 대비해야 한다.

(2) 해상 의존성

격지자간의 거래인 무역거래의 특성상 다른 운송 수단에 비하여 저렴하고 대량운송이 가능한 해상운송이 대부분을 차지하고 있다.

▶ 용어설명
- "무역"
  대외무역법 제2조에 따르면 '무역'이란 물품 등(물품과 대통령이 정하는 용역 또는 전자적형태의 무체물)의 수출과 수입을 말한다.
- 물품 : 「외국환거래법」에서 정하는 지급수단, 증권, 채권을 화체한 서류를 제외한 동산
- 용역 : 경영 상담업 등의 용역의 제공, 특허권·실용신안권 등의 권리의 양도
- 전자적 형태의 무체물 : 소프트웨어와 부호·문자·음성·음향·이미지·영상 등을 디지털 방식으로 제작하거나 처리한 자료 또는 정보의 집합체 등

(3) 산업연관성

<u>무역은 국내산업과 밀접한 관계를 가진다. 수출증가는 국내산업의 발전과 고용 및 국민소득의 증가를 가져오며, 수입의 증가는 관련 사업의 위축으로 인해 고용과 소득의 감소를 가져온다.</u> 뿐만 아니라 원재료 및 완제품의 수출입은 국제적 배분기능을 하며, 교역의 확대는 고용촉진의 기능과 국제분업을 통한 상호간 이익증대는 국민경제의 발전과 후생수준을 상승시킨다.

(4) 국제상관습 의존성

국가마다 언어, 상관습, 법체계 등의 차이가 있어 매매거래에서 발생하는 분쟁에 대비하여 국제기구에서는 무역거래에서 보편화고 정형화된 상관습, 각종 무역관련 규칙을 국제통일규칙으로 제정하여 무역질서가 유지되고 있다.

(5) 다수의 종속계약

국물물품매매계약의 이행을 위해서는 운송계약, 보험계약, 환계약 등 각종의 종속계약이 수반된다.

(6) 국가의 무역정책

경제발전과 밀접한 관련이 있는 대외무역을 관리·허가·통제하기 위하여 대부분의 국가들은 자국에 유리한 방향으로 무역정책을 펼치고자 한다.

II 국제무역의 유형

1. 물품의 이동방향

(1) 수출무역
수출무역은 수출상이 물품을 국내에서 국외로 판매하는 경우를 말한다.

(2) 수입무역
수입무역은 수출무역의 반대에 해당하는 것으로 국외에서 국내로 반입되는 경우를 말한다.

2. 물품의 형태

(1) 유형무역
유체물에 대한 무역거래로서 통관절차가 수반된다.

(2) 무형무역
광의의 무역대상에 해당하는 자본, 노동, 용역 등의 무역거래형태를 말한다.

3. 제3국의 개입

(1) 직접무역

제3국의 당사자를 통하지 않고 수출자와 수입자가 직접적인 매매계약에 의해 수출입하는 거래를 말한다. 거래당사자가 직접 거래를 통제할 수 있고, 중개수수료 등의 비용이 발생하지 않아 경비절감의 효과가 있다. 거래에 관한 전문지식이 부족하거나 정보수집이 불가능한 경우 중개무역 등 간접무역의 형태의 거래를 할 수 있다.

(2) 간접무역

제3국의 당사자를 통해 무역거래가 이루어지는 경우로 통과무역, 중개무역, 중계무역, 스위치무역, 우회무역 등이 있다.

1) 통과무역

수출국에서 수입국으로 직접 송부되지 않고 제3국을 통과하여 수입국에 송부되는 경우, 제3국의 관점에서 볼 때의 무역을 말하며, 제3국 거래당사자의 자의적인 개입이 없다는 점에서 중개무역, 중계무역과 다르다.

2) 중개무역

수출국과 수입국의 무역거래를 위해서 제3국의 중개업자가 중개·알선해 주고, 중개수수료를 취득하는 거래형태를 말한다. 수출과 수입이 하나의 거래로 이루어지며, 중개업자는 직접적인 거래의 당사자가 아니다.

3) 중계무역

① 정의

중계업자가 수출입거래를 통하여 매매차익(FOB 수출금액-CIF 수입금액)을 취하기 위하여 수출할 것을 목적으로 수입하여 원상태 그대로 또는 추가가공(중계가공무역)하여 수입국으로 수출되는 거래형태를 말한다.

② 중계무역과 중개무역의 비교

	중개무역	중계무역
매매계약	1건의 거래(수출자 – 수입자)	2건의 거래(수출계약, 수입계약)
거래당사자	무역거래 당사자가 아님	무역계약 당사자로서 계약의 주체
소유권	X	O
수익	중개수수료	매매차익 (FOB 수출금액 – CIF 수입금액)
위험부담	분쟁발생 시 분쟁당사자가 아니며 위험부담이 낮음	분쟁발생 시 분쟁당사자가 되며 위험부담이 높음
서류	물품과 선적서류가 수출자 – 수입자간 직접인도	중계자에 의해 재발행(SWITCH)

▶ 용어설명
- "중계무역"
  대외무역관리규정에 따르면 "중계무역"이란 수출할 것을 목적으로 물품 등을 수입하여 「관세법」 제154조에 따른 보세구역 및 같은 법 제156조에 따라 보세구역외 장치의 허가를 받은 장소 또는 「자유무역지역의 지정 등에 관한 법률」 제4조에 따른 자유무역지역 이외의 국내에 반입하지 아니하고 수출하는 수출입을 말한다.

▶ 중계무역의 특징
- 계약의 당사자 : 중계무역업자는 계약의 주체로서 무역계약의 당사자가 되며 자신의 이익으로 수입하여 수출하는 것이기 때문에 무역분쟁이 발생하는 경우 분쟁의 당사자가 된다.
- 선적서류의 처리방법 : 중계상은 최초 수출상이 발행한 상업송장, 포장명세서 등을 자신이 발행한 상업송장, 포장명세서로 재발행하고, SWITCH B/L을 발행하여 최초수출상이 기재된 SHIPPER 정보를 중계무역업자로 기재하여 최초 수출상의 노출을 막을 수 있다.
- 대금결제 : 수출계약과 수입계약은 별개의 계약으로서 각각 상이한 대금결제방식으로 진행하는 것은 가능하지만, 중계무역으로 인한 외화가득액을 수출실적으로 인정받기 위해서는 대금결제를 하나의 은행을 통해서 진행해야 한다.
- 중계무역의 필요성 : 자국상품의 공급능력에 한계가 있는 경우에 대처하고, 최종수입국에서 최초 수출국에 대한 수입제한, 차등관세 등의 무역정책을 가지고 있는 경우 회피수단으로 활용되기도 한다.

4) 스위치무역

매도인과 매수인이 직접 매매계약을 체결하고 수출입물품도 수출국에서 수입국으로 이동하지만, 대금결제는 제3국의 무역업자를 통해 제3국의 결제통화나 계정을 사용하는 무역거래를 말한다.

5) 우회무역

수입국의 무역통제를 회피하기 위하여 수출업자가 제3국을 통하여 수출하는 무역거래를 말한다.

4. 연계무역

수출과 수입이 연계된 수출입을 의미하며 물물교환 구상무역, 대응구매, 제품환매 및 산업협력 등의 형태가 있다. 양국 간의 수출입 균형을 유지하거나 특정국가의 외환사정이 어려운 경우에 활용되며 통상협력 수단이 된다.

(1) **물물교환**

환거래가 발생하지 않고 상품이 직접 교환되는 단순한 거래로서 다음과 같은 특징이 있다.

① 하나의 계약서로 거래가 성립
② 통상적으로 상품의 인도와 인수가 동시에 이루어짐
③ 대응수입의무를 제3국으로 전가할 수 없음
④ 이행보증이나 보증 신용장에 의해 이행담보

(2) **구상무역**

물물교환과 유사한 거래형태로 개개의 거래에 대한 결제 없이 대차가 발생하는 경우에만 대금결제가 이루어진다. 따라서 대금결제 시 화폐가 사용되지 않거나 부분적으로만 이용되는 경우를 총칭하는 것으로 다음과 같은 특징이 있다.

① 하나의 계약서로 거래가 성립
② 특수신용장(back to back L/C, Tomas L/C, Escrow L/C 등 특수신용장 사용
③ 환거래가 발생하며 상호간 합의된 통화로 대금결제
④ 대응수입의무는 제3국으로 전가가능
⑤ 대응수입 이행기간은 통상 3년 이내로 일정기간 이내로 제한되며, 대응수입비율은 통상 20% 이상

(3) **대응구매**

수출액의 일정비율에 상당하는 물품을 일정기간 내에 수출업자가 대응수입해야 하는 거래형태로 수출과 수입계약이 별도의 계약서에 의해 진행되는 독립된 거래라는 점에서 구상무역과 다르며 다음과 같은 특징이 있다.

① 환거래가 발생하며 상호간의 합의된 통화로 대금결제

② 두개의 별도 계약서에 의해 거래가 이루어지면 두 개의 일반 신용장 사용
③ 대응수입의무 제3자 전가 가능
④ 대응수입이행기간 : 통상 5년 이내
⑤ 대응수입비율 : 통상100%
⑥ 변형된 형태의 대응구매 형태로 절충교역 거래(고속철도 차량 등 고도기술제품의 구매 시, 기술이전을 요구하거나 수출에 소요되는 물품의 일부를 수입국에서 구매하도록 함)가 있음

5. 생산방식

제품생산을 위하여 고도의 기술력을 필요한 경우 또는 저렴한 해외 노동력을 이용하기 위하여 해외가공위탁 거래가 이루어진다.

(1) 위탁가공무역

가공임을 지급하는 조건으로, 외국에서 가공(제조, 조립, 재생, 개조 등)하기 위해 원재료의 전부 또는 일부를 무환 또는 유환으로 수출하거나 외국에서 조달하여 가공물품을 수입하거나 외국으로 인도하는 무역거래를 말한다.

(2) 수탁가공무역

가득액을 획득하기 위하여 원자재의 전부나 일부를 무환 또는 유환으로 거래상대방의 위탁에 의하여 수입하여 이를 가공 한 후 위탁자 또는 그가 지정하는 자에게 가공물품등을 수출하는 수출입을 말한다.

6. 판매방식

(1) 위탁판매수출

수출업자가 무환으로 수출하여 소유권을 유보하고, 수입업자가 판매한 범위 안에서 대금을 송금하고, 판매되지 않은 재고물품에 대하여 반환하는 계약에 의한 수출을 말한다.

(2) 수탁판매수입

수입업자가 무환으로 수입하여 판매하고 판매된 범위 내에서 판매대금을 송금하는 계약에 의한 수입을 말한다.

7. 대금결제방식

(1) 송금에 의한 수출입

송금방식에 의한 수출입은 취소불능화환신용장 또는 추심결제방식 이외의 대금결제방식으로서 수출입대금 전액을 외화로 영수·지급하는 조건으로 수출입하는 거래를 말한다.

(2) 추심결제방식에 의한 수출입

추심결제방식에 의한 수출입은 취소불능화환신용장 없이 매매계약의 내용에 따라

▶ 판매방식별 특징
1) 장점
① 위탁자는 해외시장 개척이 필요한 상품거래에 활용할 수 있다.
② 수탁자는 수입 및 판매에 대한 위험이 없으며, 자기자본 없이 물품을 수입하여 수수료의 수입을 획득할 수 있다.
2) 단점
① 위탁자는 수출입에 따른 위험을 부담해야 한다.
② 위탁자는 수입상의 신용도에 따라 판매대금 회수위험이 있다.

화환어음으로 대금결제를 하는 수출입이다. 따라서 이 거래방식에 의한 수출입은 은행이 대금의 지급을 보장하는 거래가 아니고 수출입업자간의 계약에 의해서만 이루어지는 거래이다. 즉 은행은 단순히 추심의뢰 및 결제대금의 추심업무만을 수행하는 것이다.

(3) 화환신용장 결제방식에 의한 수출입

화환신용장방식에 의한 수출입은 가장 일반적이고 대표적인 무역거래방식으로서 취소불능 화환신용장에 의하여 대금을 결제하는 것을 조건으로 물품을 수출입하는 거래를 말한다. 이 거래는 운송서류의 이동에 따라 대금의 결제가 이루어지며 취소불능신용장에 의한 거래로서 일람불신용장(sight L/C)이나 기한부신용장(usance L/C)에 의한 수출입거래이다.

(4) 기타 결제방식에 의한 수출입

1) 국제팩토링 결제방식에 의한 수출입

팩토링(factoring)이란 제조업자(supplier)가 구매업자(debtor)에게 상품 등을 외상으로 판매한 후 발생되는 외상매출채권을 팩토링회사(factor)에게 일괄 양도함으로써 팩토링회사로부터 구매업자에 관한 신용조사 및 신용위험인수(지급보증), 채권의 관리 및 대금회수, 양도한 채권금액 범위 내에서의 금융지원과 기타 사무처리 대행 등의 서비스를 제공받는 새로운 금융기법을 말한다.

2) 중장기 연불방식에 의한 수출입

중장기 연불방식에 의한 수출입이라 함은 수출입물품대금의 전부나 일부를 일정한 기간에 걸쳐 분할하여 영수·지급하는 조건부 계약에 의한 수출을 말한다. 즉 일반적인 기한부 신용장(usance L/C)이나 서류인수조건(D/A)에 의한 수출보다 장기의 연지급조건에 의하여 수출업자가 수입업자에게 신용을 공여하고 그 대금의 지급을 분할하여 일정한 기한까지 연기하여 주는 중장기 분할결제방식에 의한 신용거래라 할 수 있다.

8. 임차방식

임대차계약을 체결하고 임대기간동안 임대료를 지급받는 임대방식에 의한 수출입을 말한다.

(1) 임대수출

임대계약을 체결하고 물품 등을 수출하여 일정기간 후 다시 수입하거나, 그 기간의 만료 전 또는 만료 후 당해 물품의 소유권을 이전하는 수출을 말한다.

(2) 임차수입

임차계약을 체결하고 물품 등을 수입하여 일정기간 후 다시 수출하거나 그 기간의 만료 전 또는 만료 후 당해 물품의 소유권을 이전받는 수입을 말한다.

9. 기타

(1) OEM(Original Equipment Manufacturing)

해외 매수인(buyer)의 주문대로 상품을 제조, 가공 또는 생산하여 매수인이 지정한 상표를 부착하여 수출하게 된다.

(2) 녹다운 방식(knock-down method)

생산시설, 기계류를 수출하는 경우 부품을 수출하여 현지에서 조립하여 완제품을 만드는 것을 의미한다. 최근 선진국들이 자국 산업을 육성한다는 입장에서 수입을 억제하고 있는 데에서 각광을 받고 있는 것으로 개발도상국에서 기차, 기계류 등의 수입은 이러한 방식을 채택하는 경우가 많다.

(3) BWT(Bonded Warehouse Transaction)

보세창고도거래로서 수출상이 자신의 위험 및 비용부담으로 수입국의 보세창고에 물품을 반입하여 보관하고 있는 상태에서, 자신의 지사 또는 대리인을 통하거나 또는 자신이 직접 수입상과 무역계약을 체결하여 수입국 보세창고에서 직접 물품인도가 이루어지는 거래형태이다.

(4) CTS

CTS(Central Terminal Station) 방식이란 수출상이 수입국 정부의 인가를 받아서 수입국에 현지법인을 설립하고, 그 현지법인의 명의로 물품을 수입하여 현지에서 직접 판매하는 방식으로서 해외시장개척에 이용된다.

▶ BWT거래의 특징
① 수입계약 미체결 상태로 수출
수입업자와의 사전계약이 체결되지 않고 수입업자가 미확정 상태에서 수출된다.
② 수출상의 소유권 유보 및 위험 및 비용부담
보세창고에 반입된 물품은 매매계약이 체결될 때까지 수출상은 물품에 대한 소유권을 유보하고, 일체의 위험 및 비용이 수출상인 물품의 소유권자의 부담이다.

III. 국제무역의 흐름 및 무역계약의 체결

(1) 해외시장조사
(2) 거래선 물색과 선정
(3) 거래제의 및 거래조회
(4) 신용조회
(5) 일반거래조건협정서의 교환
(6) 청약
(7) 반대청약
(8) 승낙 및 계약성립

무역결제

무역운송

무역보험

계약의 소멸

중재

[국제무역의 흐름]

1. 국제무역의 흐름

(1) 해외시장조사
해외시장의 환경, 소비자 분석, 경쟁상품 분석 등에 대하여 조사 및 연구하여 수출하고자 하는 품목의 판매가능성을 확인하는 것으로, KOTRA 등 유관기관을 통한 위탁조사, 직접조사 등의 방법이 있다.

(2) 거래선 물색과 선정
각국의 무역업자총람, 자국 대사관의 상무관, 영사, 한국수입업협회를 통한 정보, 현지의 품목별 협회를 통한 정보 또는 한국무역협회, KOTRA, 상공회의소 등 유관기관의 알선서비스 및 기타 인터넷, 박람회, 전시회 등의 각종행사를 통해 거래선을 결정한다.

(3) 거래제의 및 거래조회
선정된 거래선으로 circuller letter(거래제의 서한)를 통해 거래제의(business proposal)을 하고, 거래제의를 받은 상대방은 관심 있는 제의에 대하여 문의(trade inquiry)를 하게 된다. 이에 대해 회신을 함으로써 거래선이 확정된다.

(4) 신용조회(credit inquiry)
무역거래의 신용위험을 방지하기 위하여 3Cs 에 해당하는 성격(character), 자본(capital), 영업능력(capacity)을 조사하게 된다. 드물기는 하지만 country(국가의 사정), currency(사용통화), condition(거래조건) 및 collateral(담보력) 가운데 임의로 2개의 C를 선택 추가하여 5Cs로 신용조회를 하기도 한다. 신용조회는 직접조회, 거래은행, 해외지사, 사무소, 동업자를 통한 조회, 상업신용소를 통한 조회, KOTRA, 무역협회 등 유관기관을 통한 조회할 수 있다.

(5) 일반거래조건협정서의 교환
양 당사자가 거래관계를 개설하게 되면 이에 대한 증빙으로 일반거래조건협정서를 자성하여 교환하게 되며, 무역거래관계에 있어서 기본 원칙과 조건에 관한 사항에 합의하는 것을 내용으로 하며 장래의 거래관계를 명확히 한다.

(6) 청약(offer)
거래상대방에게 일정한 조건으로 매매거래를 하자는 확정적인 의사표시를 한다.

(7) 반대청약(counter offer)
제시된 청약의 내용에 대하여 피청약자가 일부내용에 대하여 수정하여 오퍼를 제시하는 것으로 원청약에 대한 거절의 의사표시로서 피청약자에 의한 새로운 청약이며 원청약의 효력은 소멸한다.

(8) 승낙 및 계약성립
청약을 받은 피청약자가 청약을 수락하고 계약을 성립시킨다는 의사표시를 말하며, 청약과 승낙을 통해 당사자가 합의한 내용을 계약서의 작성을 통해 명확히 한다.

2. 무역계약의 체결

(1) 청약과 주문(Offer and Order)

1) 청약(Offer)
   ① 수출업자가 수입업자에게 특정물품을 어떤 가격에, 얼마만큼, 어떠한 인도조건과 결제조건으로 판매하겠다는 의사를 표시하는 행위이다.
   ② 청약은 피청약자에게 도달하게 되는 때로부터 효력이 발생한다. (CISG)

2) 주문(Order)
   ① 매수인이 구매하려는 물품의 내역과 거래조건을 명기하여 구매의사를 밝히는 것이므로, buying offer(구매청약)와 동일한 성격을 가진다.
   ② 주문에는 오퍼의 경우처럼 무역계약의 기본조건, 즉 품질·수량·가격·선적·결제·보험·포장 등의 거래조건이 기재되어야 한다.

▶ 주문서의 형식
- letter order(서신주문) : 주문서(order sheet)는 보통 일반 서신문 형식을 취한다.
- cable order(전신주문) : 일정한 양식(format)을 구비하여 그 안에 필요한 주문사항을 기입한 후 이를 본문(covering letter)과 함께 송부하는 방식이다.
- Order Form을 활용하는 것이 일반적이다.

(2) 승낙과 주문승낙(Acceptance and Acknowledgement)

1) 승낙(Acceptance)

피청약자가 구두나 행위로 청약의 내용 또는 조건들을 수락하고 계약을 성립시키겠다는 동의를 표시하는 것으로 무역계약은 반드시 청약에 대한 상대방의 승낙이 있어야만 유효하게 성립된다.

승낙의 내용은 최종적이며 무조건이며 적극적인 행위로 의사표시를 행하여야 하며 청약에 조건을 붙이고 그 밖의 변경을 부가하여 승낙하면 그것은 유효한 승낙이 아니라 청약의 거절과 동시에 새로운 청약을 한 반대청약으로 간주된다.

2) 주문승낙(Acknowledgement of Order)

매수인이 제시한 주문을 매도인이 승낙하여 승낙의 표시로 주문승낙서는 매수인이 제시한 주문을 매도인이 승낙하여 승낙의 표시 즉, 매매확약서(sales note)를 송부하는 행위이다.

(3) 매매계약서 작성(Sales Note)

매도인과 매수인, 양 당사자는 주문과 주문승낙의 과정을 통해 주문과 주문승낙이 완료되면, 매매계약서를 작성함으로써 계약을 성립시킨다.

IV. 무역계약의 조건

▶ 2017년, 2016년 등 기출

1. 품질조건

무역거래에서 매매되는 대상물품의 품질에 대한 일정한 내용을 계약서에 약정해 두는 것을 말한다. 후일 클레임의 가장 큰 원인으로 작용할 수 있으므로 품질의 결정방법, 증명방법, 결정시기 등을 확실히 하는 것이 바람직하다.

(1) 품질의 결정방법

1) Sales by Sample(견본매매)

견본매매란 거래상품의 품질을 제시된 견본에 의하여 약정하는 방법을 말한다.

2) Sales by Standard(표준품매매)

농산물 같은 경우 정확하게 똑같은 것을 만들 수 없기 때문에 '표준품매매(Sales by Standard)'라고 말한다.

3) Sales by Description (명세서매매)

구조, 성능, 특징, 규격 등을 상세히 알려주는 설명서(description)나 명세서(specification), 도해목록(illustrated catalogue), 설계도(plan) 또는 청사진(blueprint) 등을 제시하여 이로서 거래할 상품의 품질을 약정하는 매매방법이다.(선박, 운반기계, 의료기기, 철도, 차량)

4) Sales by Brand(상표매매)

상품의 상표 또는 브랜드가 국제적으로 널리 알려져 있는 경우에는 견본들을 사용할 필요 없이 단지 상품의 상표에 의하여 품질을 결정한다.

5) Sales by Inspection(점검매매)

매수인이 현물을 직접 확인한 후 매매계약을 체결하는 경우의 품질약정방법으로 매수인에 의한 직접 점검방식을 취하므로 국내거래에서는 널리 활용된다. 무역거래에서는 BWT (bonded warehouse transaction : 보세창고도조건) 거래 등에서 주로 이용된다.

6) Sales by Grade or Type(규격매매)

상품규격이 국제적으로 특정되어 있거나 수출국의 공적 규정으로 특정되어 있는 경우 국제적으로 널리 채용되고 있는 ISO(International Standardization Organization), BBS (british standard), KS(Korean standard), JIS(Japan industrial standard) 등이 있으며, 전자제품과 같은 공산품 매매에서 사용된다.

(2) 품질의 결정시기

1) Shipped Quality Terms(선적품질조건)

품질의 결정시기를 선적시점으로 하는 조건으로 매도인은 선적시점까지 물품의

▶ 무역계약 조건 의의
무역계약의 조건이란 무역계약을 체결시 필수적으로 약정해야할 거래조건으로서, 당사자들은 후일의 분쟁과 오해를 방지하기 위해 계약내용, 절차, 분쟁 해결방법 등을 규정하여 문서화하는 것이 바람직하다. 무역계약의 기본조건은 크게 계약물품에 관한 조건과 분쟁해결 조건으로 구분할 수 있다.

▶ 견본매매의 종류
① Seller's Sample(매도인 견본)
실제 매매될 물품의 일부를 취하여 그 전부의 품질을 대표하고 장차 매수인이 수령할 물품의 품질을 알리기 위하여 매도인이 제시하는 것

② Buyer's Sample(매수인 견본)
매수인이 매도인에게 송부하는 견본으로 이는 품질의 기준을 약정하기 위한 원견본(original sample)

③ Counter Sample(대응견본)
매수인의 견본에 대해 매도인이 제조하여 보내는 견본으로 후일의 분쟁을 방지하기 위하여 3개 이상 만들어 하나는 매수인에게 송부하고 하나는 자신보관용(duplicate sample, reference sample, keeping sample)으로 나머지 하나는 제조업자 또는 공장용(triplicate sample)으로 하여야 함

④ Shipping Sample, Advance Sample(선적견본)
실제로 선적된 물품의, 일부를 보내는 일부를 샘플로 보내는 경우를 선적견본이라고 한다.

▶ 견본매매의 유의점
견본매매에서 품질표시는 물품성질에 부합해야 하며 견본에 대한 용어의 부주의로 차후에 분쟁이 발생하는 경우가 있으므로 주의해야 한다. 품질을 표시하는 용어로 "same as sample", "up to sample"은 엄격한 제조공정을 거쳐 대량생산되는 완전 규격품에 한하여 사용되어야 하며 농산물같이 견본과 유사한 제품은 "similar to sample"이라고 표현하는 것이 타당하다.

▶ 표준품매매의 종류

① U.S.Q(Usual Standard Quality : 보통표준품질조건)
공인표준 기준 또는 공인검사기관에 의해서 보통품질을 표준품의 품질로 결정하는 조건으로 미국의 면화판매에서 시작되었다. 인삼, 오징어, 해태 등 우리나라에서 수출하는 상품 중에는 수출조합이나 정부지정 공공기관에서 판정하는 품질에 따라 1등급, 2등급 또는 A급, B급 또는 A1, B2 등으로 구분된다.

② F.A.Q(Fair Average Quality : 평균중등품질조건)
곡물매매에서 많이 사용되어지는 동종상품 중 평균적이며 중등의 품질을 의미하는 것으로서, 선적지에서 당해계절 출하물품의 평균중등품을 표준으로 하고 선물거래일 때는 전년도 수확물의 평균중등품의 가격을 기준으로 인도물품의 품질수준을 정하는 조건이다.

③ G.M.Q(Good Merchantable Quality : 판매적격품질조건)
수입지에서 판매에 적합한 품질이 보장되어야 한다는 조건이다. 수입지에서 인수한 현물에서 하자가 발견되어 판매가 불가능한 부분에 대하여는 매수인이 매도인에게 배상을 요구할 수 있는 품질조건이다. 목재, 냉동수산물, 광석 등의 거래에 주로 적용되는 조건으로 내부의 부패나 기타 잠재하자(潛在瑕疵)가 외관상으로는 확인하기가 곤란한 물품에 적용된다.

품질에 대해 책임을 지고 선적이후에는 책임지지 않는다. INCOTERMS 2020중 E, F, C조건과 표준품매매의 F.A.Q조건, 런던곡물거래에 흔히 쓰여지는 T.Q.(Tale Quale, Tel Quel)조건이 해당되며 S.D. 조건 또한 원칙적으로 선적품질조건이다.

2) Landed Quality Terms(양륙품질조건)

인도물품의 품질이 계약과 일치하는지의 여부를 양륙한 시점에 판정하는 조건으로 매도인이 운송 도중 상품의 변질에 대해서 모든 책임을 지고 배상해야 한다. INCOTERMS 2020중 D조건, 표준품매매의 GMQ조건, 곡물거래에서 RT(Rye Terms)가 이에 해당된다.

3) Rye Terms(RT), Tale Quale(TQ), Sea Damaged(SD)

곡물류 거래에서 품질에 대하여 선적 시와 양륙 시에 매매당사자 중 누가 책임을 지느냐에 대하여 영국 런던의 곡물시장을 중심으로 정립된 조건이다.

① Tale Quale(T.Q.)
매도인은 약정한 물품의 품질을 선적할 때까지만 책임을 지는 조건이다. "Such as it is", "Just as it comes"의 의미로서 매도인은 약정한 물품의 품질을 선적 시까지만 책임지는 선적품질조건이다.

② Rye Terms(R.T.)
호밀(rye)거래에서 물품 도착 시 손상되어 있는 경우에 그 손해에 대하여 매도인이 변상하던 관례에서 생긴 것으로 양륙품질조건(landed quality terms)이다. 즉 매도인은 양륙시까지 품질을 보장해야 한다.

③ Sea Damaged(S.D.)
원칙적으로 선적품질조건이나 해상운송 중에 발생한 해수로 인한 품질 손해는 매도인이 부담하는 조건으로 이른바 선적품질조건과 양륙품질조건을 절충한 조건부 선적품질조건이다.

(3) 품질의 증명방법

1) 선적품질조건의 경우

매도인에게 품질의 입증책임이 있으므로 권위 있는 공인검사기관으로부터 certificate of inspection(검사증명서)나 certificate of quality(품질증명서)를 발급받아 매수인에게 제공하여 사실을 입증하는 것이 바람직하다.

2) 양륙품질조건의 경우

매수인에게 품질수준의 미달 또는 운송 도중의 변질에 대한 입증책임이 있으므로 매수인이 권위 있는 surveyor(감정인)의 survey report(감정보고서)에 의해 사실을 증명하고 배상을 청구하게 된다.

2. 수량조건

(1) 수량의 단위결정

계약물품의 수량은 가격산출에 영향을 주고 수량의 단위는 상품의 성질과 각국의 도량형에 따라 차이가 있어 클레임이 발생할 가능성이 있어 명확히 하여야 한다. 계량의 방법은 다음과 같이 구분된다.

① gross weight(총량, 총중량)조건
외포장과 내포장, 내부충전물 및 물품의 순수한 자중(自重)까지를 모두 합하여 계량하는 조건으로 일부 액체물품이나 밀가루(소맥분) 또는 면화 등 특수품목의 경우에만 채택될 뿐 그다지 많이 이용되는 계량방법은 아니다.

② net weight(순량, 순중량)조건
총중량에서 외부 포장인 부대의 무게를 제외한 중량으로 계량하는 방법으로 비누나 화장품같이 소매 시에 포장된 채로 판매되는 상품에 적용된다. 이 방법이 가장 보편적으로 채용되는 계량방법이다.

③ net net weight(자중, 정미중량)조건
물품내용물만의 순수한 중량, 즉 중량에서 내부포장과 충전물 등을 제외한 중량으로 계량하는 방법이다.

(2) 수량표현의 방법

1) M/L, more or less clause(과부족용인약관)

<u>일정한 수량의 과부족한도를 정해두고 그 범위 내에서 상품이 인도되면 계약불이행으로 보지 않고 따라서 수량 클레임을 제기하지 않도록 하는 수량표현방법으로 인도수량 신축성을 부여하는 수량조건이다.</u>

2) Approximate Quantity(개산수량조건)

개별 단위로 포장을 하지 아니하고 운송되는 Bulk Cargo의 경우에는 계약수량의 신축성을 부여하고자 할 경우에 More or less clause의 설정에 의한 방법이 선명하고 좋으나 만일 이러한 약관의 설정 없이 간단히 <u>"about, circa, approximately, around, some, etc(약)"이라 표현해도 인도수량의 신축성을 부여하는 효과를 거둘 수 있는데, 이렇게 수량을 약정하는 방법이다.</u>

(3) 수량 결정 시기

1) Shipped Quantity Terms(선적수량조건)

물품에 대한 위험부담의 분기점이 수출국내에의 어느 지점으로 되는 조건이다. 선적시에 검량된 수량이 약정 수량에 해당하는 한 운송도중의 감량에 대해서 수출업자로서는 아무런 책임을 부담하지 않는다.

2) Landed Quantity Terms(양륙수량조건)

목적항(지)에서 상품을 양륙하는 시점에서 측정을 하여 인도수량이 계약에 합당한가의 여부를 판정하는 조건, 즉 양륙 시의 수량을 최종적인 것으로 하는 조건이다.

▶ 수량단위

1. Weight(중량)
   ① kg, lb(pound), ton 등이 단위로 사용된다.
   ② Ton의 유형
   ㉠ English ton(long ton, gross ton) - 1 English ton은 2,240lbs 즉 1,016kgs
   ㉡ American ton(short ton, net ton) - 1 American ton은 2,000lbs, 즉 907kgs
   ㉢ metric ton(M/T : kilo ton, middle ton, French ton) - 1 M/T는 약 2,204lbs, 즉 1,000kgs
   ③ 유의점
   계약을 체결할 때에 수량을 ton으로 표시하려면 그냥 ton이란 용어를 써서는 안되며 반드시 위의 세 가지 가운데 어느 것인가를 분명히 표기해야 한다.

2. Measurement(용적)
   ① 액체나 목재 등의 측정은 용적을 기준으로 한다.
   ② liter, gallon, barrel, cubic meter(cbm), cubic foot(cft) 등의 단위가 사용된다.

3. Number(개수)
   ① 전자제품 같은 일반 상품의 경우, 즉 individual item(개체물품)이나 packing units(포장물품)의 경우에 사용된다.
   ② piece나 set, 연필과 양말 등은 dozen(12개)
   ③ gross의 구분
   • gross(12×12pcs = 144)
   • small gross(12×10pcs = 120)
   • great gross(12×12×12pcs = 1,728)

4. Package(포장)
   ① 면화, 시멘트, 비료, 통조림, 유류 등의 포장용기 단위가 사용된다.
   ② bale, bag, case, can, drum, TEU(twenty feet equivalent unit), FEU(forty feet equivalent unit) 등

③ 무용기 포장물품의 경우는 bundle, coil 등의 단위가 사용된다.

5. Length(길이)
   meter, yard, inch, foot 등으로 전선, 원단 등에 표시된다.

6. Square(면적)
   square foot(sft) 등으로 유리, 합판, 타일(tile) 등에 사용된다.

▶ 수출입에서 소요되는 수출입 요소비용
  ① manufacturing cost(제조원가)
  ② packing charges(포장비)
  ③ expected profit(희망이익)
  ④ 각종검사 및 증명료와 인허가 비용
  ⑤ inland freight(내륙수송비) – 수출(적출)국에서 port of shipment(선적항)까지의 운송비용
  ⑥ godown rent(창고비용) 또는 storage(보관료)
  ⑦ cost of export clearance(수출통관비용) 및 export duties(수출세)
  ⑧ shipping charges 및 stowing charges(선적비용)
  ⑨ ocean freight(해상운임) 및 insurance premium(보험료)
  ⑩ unloading charges(양하비용), 항구세와 부두사용료
  ⑪ cost of import clearance(수입통관비용) 및 import duties(관세)
  ⑫ 수입국 내에서의 창고료와 보관료 및 각종 행정비용
  ⑬ 그밖에 수출입에 수반되는 이자, cost of exchange(환비용)
  ⑭ commission(수수료), cable이나 telex 비용을 포함한 여러 가지 영업비용 또는 잡비 등

▶ 가격조건의 채택 시 유의점
1. 가격조건의 선택
   일반적으로 Seller`s Market인 경우에는 매도인이, Buyer`s Market인 경우에는 매수인이 일방적으로 선택하게 된다.

(4) 수량의 증명방법

검정기관의 보고서(Surveyor's Report)나 공인검량인의 검사로 작성되는 중량용적증명서(Certificate of weight and / or Measurement)를 제공하도록 할 수 있다.

3. 가격조건

무역거래에서는 무엇보다도 중요한 것은 단가의 산정이다. 단가의 산정에서 수출입에 수반되는 각종 비용을 물품의 원가와 이윤에 추가적으로 가산하여야 한다.

(1) 가격의 구성요소

물품의 제조원가에 이윤(margin)을 붙이고 거기에다 수출입에 수반되는 여러 가지 수출입 부대비용을 포함시킨 "수출입 요소비용" 전체에 의하여 단가가 채산(estimation)되고 그에 따라 가격제시(quotation)가 이루어지게 된다.

(2) 가격조건의 정형거래관습

가격조건은 무역거래조건 혹은 정형무역거래조건(trade terms)과 용어를 같이하며 정형화된 가격조건 중 대표적으로 사용되는 것은 FOB와 CIF이다. "INCOTERMS 2020"에 의거 정형거래조건별 매매가격에 대한 원가구성요소가 계산된다.

[주요 조건별 수출가격의 구성요소]

가격조건	가격 구성 요소	비고
FOB조건원가	1. manufacturing cost(제조원가) 2. export packing charge(수출포장비) 3. inspection fees(물품검사비) 4. 수출허가 등 제세공과금 5. communication charge(통신비 및 잡비)	생산원가

FOB조건원가	6. inland transport charge(국내운송비)
	7. inland transport insurance(국내운송보험료)
	8. shipping charge(선적비용)
	  wharfage(부두사용료)
	  storage(창고료)
	9. export clearance fees(수출통관비용)
	10. measuring and/or weighing charge(검수·검량비)
		운송비

FOB조건원가	11. interest(금리) 12. banking charge and commission(은행수수료)	금융비
FOB조건원가	13. expected profit(예상이익)	margin(예상이익)
CFR조건원가	14. ocean freight(해상운임)	해상운송비 추가
CIF조건원가	15. marine insurance premium(해상보험료)	해상보험료 추가

4. 결제조건

(1) 결제조건의 의의

무역계약에서 매도인의 제1의 의무는 물품인도로 이는 선적조건으로 구체화되며 매수인의 제1의 의무는 물품대금의 결제인데 이는 결제조건으로 구체화된다.

(2) 결제시기

1) 선지급(Advanced Payment)

물품이 선적이나 인도되기 전에 미리 대금을 지급하는 조건이다. 유형은 다음과 같다.

① 상품의 구매를 위한 주문과 동시에 현금결제가 이루어지는 CWO(Cash with Order)
② 주문과 함께 T/T(Telegraphic Transfer) 등에 의한 단순송금방식
③ 수익자인 매도인의 신용장 수취와 더불어 미리 대금부터 결제되는 선대신용장(packing L/C, red clause L/C)방식

2) 동시지급조건(Concurrent Payment)

물품의 선적 또는 인도나 물품을 화체(化體)한 운송서류의 인도와 동시에 대금결제가 이루어지는 방식이다. 유형은 다음과 같다.

① COD(Cash On Delivery : 현물상환지급)
  현물인도와 동시에 현금결제가 일어나는 조건
② CAD(Cash against Documents : 운송서류상환지급)
  선하증권을 위시한 상업송장(commercial invoice) 같은 운송서류인도와 동시에 현금결제가 이루어지는 조건
③ 신용장에 의한 거래에서 매도인에 의해 발행된 어음이 어음지급인(drawee)에 제시되면 이를 일람(at sight)함과 동시에 어음대금을 지급해야 하는 일람출급환어음(sight bill, sight draft, demand draft)으로 결제되는 일람지급방식(at sight base)
④ 무신용장거래(transaction without L/C)에서 어음이 매수인(drawee)에게 제시되었을 때 어음대금의 지급이 있어야 운송서류가 그에게 인도되는 지급인도방식(D/P : Documents against Payment base)

3) 연지급, 후지급 조건(Deferred Payment)

물품의 선적 또는 인도나 운송서류의 인도가 있은 후 일정한 기간이 경과되어야 대금결제가 이루어지는 외상거래조건으로 "연불조건" 또는 "후지급"이라고도 한다. 유형은 다음과 같다.

① open account(상계방식)
② 중장기연지급
③ usance L/C(신용장에 의한 거래에서 기한부신용장방식)

---

2. 운송방식에 따른 올바른 채택

① 현재 우리나라에서는 전체 무역거래의 95% 이상이 FOB, CIF, CFR 중 하나를 채택해 활용하고 있으며, 개정된 INCOTERMS 2020에서는 해양운송과 내수로 운송은 물론 복합운송까지 포함하여 규정하고 있다. 특히 INCOTERMS 2010부터는 공히 물품이 본선상의 갑판(on the board the vessel)에 적재되는 시점을 위험부담의 분기점으로 규정하고 있음에 유의해야 한다.

② 항공운송이나 복합운송처럼 실제 위험부담의 분기점이 본선의 갑판상(on board the vessel) 적재가 아닌 경우에는 이와 같은 해상운송조건을 채택하는 것이 적합하지 않으므로 FOB 대신 FCA, CIF 대신 CIP, CFR대신 CPT 같은 복합운송조건을 채택하는 것이 바람직하다.

④ D/A(Documents against Acceptance base : 무신용장거래에서 인수인도방식)
⑤ 위탁판매방식에 의한 수출

4) 혼합조건

선지급, 동시지급 및 후지급방식을 혼합한 결제조건이다.

(3) 결제수단

1) 물품결제조건

수출입 대가로 다른 물품을 수입 또는 수출하는 물물교환방식(barter trade)으로 구상무역을 포함한 연계무역형태로 활용된다.

2) 현금결제조건

현금으로 수출입대금을 직접 결제하는 방식이다.

▶ 현금결제조건의 유형
① CWO(Cash With Order)
② COD(Cash On Delivery) 및 CAD (Cash Against Documents)
③ 수취증상환지급신용장(payment on receipt L/C)에 의한 결제

▶ 송금환결제조건의 유형
① 단순송금방식에 의한 수출입거래
② 누진지급 또는 분할지급방식의 경우에도 T/T나 M/T가 활용
③ 중장기연불수출입에서도 순수한 연불부분을 제외한 선수금 부문과 공정별 지급부문은 일반적으로 송금환에 의해 결제

3) 송금환결제조건

T/T(Telegraphic Transfer : 전신환)이나 M/T(Mail Transfer : 우편환)에 의하여 송금함으로써 대금을 결제하는 조건이다. 유형은 다음과 같다.

4) 환어음결제조건

채권자인 매도인이 매수인이나 신용장발행은행을 지급인으로 하는 어음을 발행하여 이를 negotiation(매각) 또는 collection(추심)을 하여 수출대금을 회수하는 역환방식이다.

(4) 추심방식

추심방식에 의한 대금결제방식은 수출상이 발행한 환어음으로 수입상의 거래은행을 통하여 무역대금을 추심에 의해 결제하는 방식을 말하며, 송금방식(채무자가 채권자에게 대금을 직접 송부)과 달리 채권자가 채무자에게 지급을 요청하는 방식을 말하며, 은행은 지급에 대한 확약은 없이 단지 선적서류를 전달하고 대금을 전달하는 역할을 한다.

추심방식은 일람불환어음을 발행하여 환어음을 제시하여 즉시 대금을 지급받는 D/P방식과 기한부 환어음을 발행하여 인수를 받은 후 만기에 대금을 지급받는 D/A방식이 있다.

▶ 환어음 결제조건 유형
① Documentary bill / Draft(화환어음)
어음에 선하증권이나 보험증권 등의 운송서류가 담보물로 첨부되어 당해 어음의 지급불능(default)이나 지급거절(unpaid)과 같은 어음사고가 발생하였을 경우 선하증권으로 물품을 찾아 이를 매각하거나 보험증권으로 보험금을 찾아 전보(塡補)를 받을 수 있는 안전한 어음이다.
② Clean bill / Draft(무담보어음)
운송서류를 첨부하지 않고 어음만 발행함으로써 담보물이 첨부되지 않은 불안전한 어음. 은행이 매입에 선뜻 응하지 않기 때문에 유의할 필요가 있다.
③ 신용장에 의한 어음
신용장방식에 의한 거래에서 사용되는 어음은 sight bill(일람지급어음)과 usance bill(기한부어음)로 구분된다.
④ 무신용장거래에 의한 어음
무신용장거래인 D/P, D/A(추심결제방법)에 의한 수출입에서 발행되는 어음인 D/P어음과 D/A어음이 있다.

1) 지급인도조건 D/P(Documents against Payment)

수출상이 수입상을 지급인으로 하는 일람출급환어음을 발행하여 수출자의 거래 외국환은행 즉 추심의뢰은행에 추심을 의뢰하면, 추심의뢰은행은 수입국의 추심은행을 통해 수입상에게 환어음 및 선적서류를 제시하고 수입상은 수출상이 발행한 일람출급환어음을 결제하여야만 관련 선적서류가 인도되는 결제방식을 의미한다.

2) 인수인도조건 D/A(Documents against Acceptance)

수출상이 수입상을 지급인으로 하는 기한부어음을 발행하여 D/A계약서에서 요

구되는 B/L 및 상업송장 등의 서류와 함께 수출국 내의 거래은행인 추심의뢰은행(Remitting Bank)을 통해 추심을 의뢰하면, 추심의뢰은행은 수입국의 추심은행에게 환어음 및 서류를 송부하여 추심을 지시하고 추심은행은 어음상의 지급인인 수입상에게 환어음을 제시하여 환어음에 대한 인수를 받는 것을 조건으로 선적서류를 인도해 주고 환어음의 만기일에 수입상으로부터 대금을 결제 받아 추심의뢰은행을 통해 수출상에게 대금을 지급하는 대금결제방식을 의미한다.

3) D/P USANCE

D/P 거래임에도 기한부환어음을 발행하여 추심은행이 환어음 만기까지 서류를 보관하다가 매수인이 대금지급을 하면 이와 상환으로 서류를 인도하는 방식을 말한다. 물품보다 선적서류가 먼저 도착하는 경우 D/P거래의 매수인의 입장에서는 대금을 먼저 지급하여야 하는 불리함이 있기 때문에 환어음의 발행 시 어음의 만기일을 선적일로부터 일정기간을 설정하여 D/P방식의 결제를 요청하게 되면, 은행은 만기일까지 서류를 보관한다. D/A방식과 동일하게 기한부어음이 발행이 되지만 절차적 측면에서 서류도착 후 일정기간이 경과(만기)되면 대금지급과 상환으로 서류가 인도(D/A방식은 서류도착 즉시 인수와 상환으로 서류인도) 되는 차이점이 있다.

(5) 신용장방식

신용장이란 "발행의뢰인인 수입업자의 요청에 따라 발행의뢰인의 거래은행인 발행은행이 수출업자를 수익자로 하여 신용장을 발행하고, 수익자, 배서인(endorser) 또는 선의의 소지인(bona-fide holder)이 신용장의 제조건, 신용장통일규칙, 국제표준은행관행(International Standard Banking Practice ; ISBP)의 적용가능한 규정에 일치하는 환어음 및/또는 서류를 제시하면 매입(negotiation)하거나, 지정은행이 제시하는 환어음 및/또는 서류에 대해 지급이행(지급, 연지급 또는 인수)을 확약하는 비유통약속 증서"이다. 즉 신용장이란 수익자에 대한 발행은행의 조건부 지급확약이다.

[신용장방식과 추심방식의 비교]

구 분	신용장방식	추심(D/P, D/A)방식
대금지급확약 여부	은행의 지급확약 있음	은행의 지급확약 없음
은행의 개입 여부	은행개입	은행개입
은행거래에 따른 담보제공	신용장발행시 담보제공	환어음 추심 전 매입시 담보제공
거래에 따른 부대비용	많음	적음

(6) 기타 결제방식

1) 국제 팩토링방식

국제팩토링은 무신용장 방식의 대금결제 금융기법으로서 수출자의 외상매출채권을 팩터(팩토링회사)가 매입하고 전도금융, 대금회수 보증 및 회수업무에 수반되는

▶ 용어설명
- "추심"
ICC의 추심통일규칙(Uniform Rules for Collection)에 의하면 "추심(collection)"이란 은행이 접수한 지시에 따라 ① 인수 및 또는 지급을 받기 위하여, 또는 ② 인수 및 또는 지급과 상환으로 서류를 인도하기 위하여 또는 ③ 기타의 조건으로 서류를 인도하기 위하여 서류를 취급하는 것을 의미한다(URC 제2조)고 규정하고 있다.

▶ 용어설명
- "신용장"
신용장통일규칙(UCP 600) 제2조에 따르면 "신용장(Letter of Credit : L/C)이란 그 명칭이나 표현에 관계없이 취소불능이며 일치하는 제시를 지급이행할 발행은행의 확약을 구성하는 모든 약정"을 의미한다.

▶ 신용장의 필요성과 기능
국제거래는 국내 거래와 비교해 수많은 위험이 존재하는데 이러한 위험을 피할 수 있는 방법이 모색되지 않는다면 원활한 무역거래를 기대하기 어렵다. 가장 큰 위험으로는 무엇보다 매도인의 대금결제에 대한 불안(credit risk)을 들 수 있으며 매수인으로서는 약정된 물품을 약정된 기간 내에 입수하는 것(mercantile risk)이 관건이다.
① 신용위험(Credit Risk)의 회피 : 신용장은 매수인의 개인적인 신용에 의존하는 것이 아니라 공신력이 있는 은행을 개입시켜 대금지급을 확약함으로써 대금지급의 불확실성을 제거하여 무역거래가 원활하게 이루어 질 수 있도록 한다.
② 상업위험(Mercantile Risk) 제거 : 신용장은 신용장 조건과 일치하는 서류를 제출하는 것이 대금지급의 조건이므로 수입상의 입장에서는 계약에 일치하는 물품을 약정된 기간 내에 받을 수 있도록 한다.

③ 금융상의 기능 : 수출상은 선적 즉시 매입(Negotiation)을 통해 대금을 지급받을 수 있어 신용장은 수출상에게 유리한 금융기능이 된다. 반면 수입상은 결제자금이 없어도 T / R(Trust Receipt : 수입화물대도) 등을 통해 결제기간을 연장할 수 있다.

④ 매매계약의 확정기능 : 신용장의 발행으로 매매계약서와는 별개로 수출자와 수입자 사이에 작성된 매매계약을 재확정하는 기능을 갖는다.

장부기장 등의 회계업무 서비스 등을 제공하며, 수입자에게는 신용을 공여하여 외상수입이 가능(신용구매)할 수 있는 수출금융서비스를 말하며 소액의 단기거래(통상 1년 이내)에 적합하다.

2) 포페이팅

포페이팅(forfeiting)이란 현금을 대가로 채권을 포기 또는 양도하는 것을 의미하며, 무역거래에서 환어음, 약속어음과 같은 일련의 신용수단을 포페이터가 상환청구권 없이(무소구조건) 고정이자율로 할인하여 매입하는 금융기법이다.

[팩토링과 포페이팅 비교]

결제방식 내용	팩토링	포페이팅
1. 대상	현재분만 아니라 미래에 발생할 매출채권	개별적으로 확정된 매출채권
2. 소구권	무소구 조건 또는 소구가능 조건	무소구원칙
3. 금액 및 기간	비교적 소액(30만불 미만)의 단기채권(통상 6개월 이내)	비교적 고액(10만불 이상)의 중장기채권(최대10년까지)
4. 위험부담	수입상의 신용에 의존하여 위험인수	위험회피를 위하여 보증은행의 지급보증 또는 AVAL
5. 요건	무신용장의 외상거래	중장기 연불방식의 거래
6. 한계	(1) 수수료 및 조달비용의 문제 (2) 상환청구불능조건의 제한 (3) 취급금융기관의 제한	
	채권양도의 제한 금융제공의 제한	취급의 제한
7. 효용	(1) 대금의 조기회수 (2) 상환청구불능조건 (3) 수출업자의 유리한 거래조건 (4) 환변동위험의 회피 (5) 재무구조의 개선	
	종합금융서비스	

▶ 용어설명
 • "적하보험계약"
 적하보험계약은 보험자가 피보험자에 대해 그 계약에 의해 합의된 방법과 범위 내에서 해상손해, 즉 해상사업에 수반되는 손해를 보상할 것을 약속하는 계약이며 항해에 관한 사고로 인해 발생하는 손해를 보상해주는 계약이다.

5. 보험조건

(1) 보험조건의 의의

운송 도중 발생하는 손해를 보상받기 위해 계약서상에 명시되는 보험에 관한 조건으로 누구를 피보험자로 할 것인지, 누가 부보를 할 것인지 등은 통상 INCOTERMS상의 무역조건에 따라 결정된다. 특히 CIF 및 CIP조건은 매도인이 부보의무를 부담하며 EXW, FCA, FOB, CFR, CPT조건 등은 매수인에 의해 부보가 이루어진다.

(2) 보험계약의 당사자

1) 보험자(Insurer, Assurer, Underwriter)

   보험계약을 인수한 자로서 보험사고 발생 시 그 손해를 보상해주는, 즉 보험금을 지급할 의무를 지는 자를 말한다.

2) 보험계약자(Policy Holder)

   자기 명의로 보험자와 보험계약을 체결하고 보험료를 지불할 의무가 있는 당사자이다. CIF, CIP계약에서 보험계약자는 매도인이 되며, FOB, FCA계약에서는 매수인이 보험계약자이며 동시에 피보험자가 된다.

3) 피보험자(Insured, Assured)

   보험목적물에 대해 경제적 이해관계 즉 피보험이익(Insurable Interest)을 갖고 피보험재산에 대해 손해가 발생하면 보험자로부터 보상을 받는 자를 말한다.

6. 선적조건

(1) 선적시기의 결정

1) 특정조건

   선적시기를 일정한 기간으로 약정하는 방법을 특정조건이라 하며 유형은 다음과 같다.

   ① 단월조건 : "Shipment shall be made during May."와 같이 특정 월에 선적하는 방법이다.

   ② 연월조건 : "Shipment shall be made from May to June."와 같이 몇 달에 걸쳐서 선적하는 방법이다.

   ③ "Shipment shall be made during first half of May."

   어느 월의 상반(fist half) 또는 하반(second half)은 당해 월의 1일부터 15일까지 또는 16일부터 말일까지를 각각 의미

   ④ "Shipment shall be made at the beginning of May."

   상순(beginning), 중순(middle), 및 하순(end) 등은 당해 월의 1일부터 10일까지, 11일부터 20일까지 그리고 21일부터 말일까지로 해석

   ⑤ 최종선적일(latest shipping date)을 표시하는 형태

   "Latest shipping date : May 10(The 10th of May)"
   "Shipment shall be made by May 10"

   ⑥ "Shipment shall be made on or about May."

   "on or about"는 "당해 일자 또는 그때쯤"이라는 뜻이므로 당해 일자와 양단일을 포함하여 5일전부터 5일 후까지의 기간, 즉 위의 예문의 경우 5월 5일부터 동 월 15일까지의 기간 내에 선적해야 한다.

   ⑦ "to", "until", "till", "from", "between"은 표시된 일자를 포함한다.

   ⑧ "after", "before"는 언급된 일자를 제외한다.

▶ 선적과 물품인도와의 관계

① 무역거래에서는 물품인도의무의 원만한 이행을 위해서는 당사자간에 인도시기(time of delivery)와 인도장소(place of delivery) 및 인도방법(method of delivery)의 세 가지 요소에 대한 약정이 필요하다.

② 무역거래는 원거리의 당사자가 개입되고 운송을 매개로 하여 이루어지므로 실무상 인도조건 대신에 선적조건을 사용한다.

③ Shipment(선적)의 의미

선적은(shipment) 육·해·공 모두에서 공히 공통으로 사용할 수 있는 용어이다. 신용장에서 선적일자와 관련되어 사용된 shipment라는 용어는 운송의 형태에 따라 다음의 의미를 포함하고 있다.

  ㉠ 해상운송 : loading on board (본선적재)
  ㉡ 항공운송 : dispatch(발송)
  ㉢ 항공운송 : accepted for carriage(인수)
  ㉣ 우편운송 : date of post receipt(우편수취일자)
  ㉤ 택배운송 : date of pick up (수령일자)
  ㉥ 복합운송 : taking in charge (수탁)

▶ 최종선적일의 실무적 의미

최종선적일은 수입자가 수입물품을 입수하고자 하는 희망날짜에서 수입통관 소요예정 일수와 항해예정일수를 합한 일수를 공제하여 결정한다.

예를 들면, 중국에서 물품을 수입하는데 수입자가 6월 30일까지는 물품을 받게 되기를 희망한다면 수입통관 소요예정 일수 2일에서 중국으로부터 부산까지의 항해예정일수 3일을 합한 5일을 6월 30일에서 공제하면 늦어도 6월 25일까지는 중국에서 선적해야 한다는 계산이 나오므로 6월 25일이 최종선적일이 된다.

▶ 용어설명
- ETD
  (Estimated Time of Departure)
  : 출발예정일
- ETA
  (Estimated Time of Arrival)
  : 도착예정일

2) 즉시선적조건

선적시기를 어느 월이나 일 또는 며칠 이내 등으로 명확하게 약정하지 않고 막연하게 즉시 또는 조속히 선적하도록 하게 하는 조건이다.

(2) 분할선적

매매목적물의 수량이나 금액이 많아서 매도인이 한꺼번에 생산 또는 집하하여 제공하기 어렵거나 시장상황 또는 판매가능성의 제약 때문에 매수인이 한꺼번에 전량을 인수하기 곤란한 때 또는 운송사정상 문제가 있는 경우에 일시에 전량을 선적하지 않고 수회로 나누어 선적을 하게 하는 것이다.

(3) 환적

선적항 혹은 적출지에서 선적된 화물을 최종목적지로 운송하는 도중에 다른 선박 또는 운송기관에 옮겨 싣는 것으로 이적(移積)이라고도 한다.

(4) 직항선적

관례항로에 의해 운항되어 운항 도중에 다른 항구에 기항하지 않고 목적지로 직접 항행하는 직항선에 의하여 물품을 적출하는 것을 말한다.

(5) 선적지연

수출업자의 고의나 과실 혹은 수출업자가 책임질 수 없는 사유로 인하여 약정된 선적기한 내에 계약물품의 선적을 이행하지 않는 것을 말한다.

7. 포장조건

(1) 화물포장의 의의

화물포장(packing, packaging) 또는 수출포장(export packing)은 수출입물품의 하역, 수송, 보관 및 매매에서 그 질적 및 양적 보호를 통하여 상품으로서의 가치를 유지하기 위하여 적절한 재료나 용기로 포장하는 기술적인 작업 및 상태이다.

(2) 화물포장의 종류

1) 개장

물품개개단위를 포장하는 개품포장으로 소매(retail)의 단위가 되는 최소의 묶음을 개별적으로 하나씩 행하는 포장방법이다.

2) 내장

개장물품을 운송 또는 취급하기에 편리하도록 보통 몇몇의 개장을 합하여 행하는 포장으로 내장에는 소포장한 물품 몇 개씩을 한 개의 수송용기에 포장(interior packing)하는 수용물포장(interior packing)과 물품 한 개를 한 개의 수송용기에 수용하는 데 있어서 수분이나 충격 등을 고려하여 그 예방조치로 내부의 칸막이 등으로 포장하는 보호적 내장(inner protection)이 있다.

3) 외장

무역화물의 수송 도중에 발생 가능한 변질이나 파손, 도난, 유실 등의 위험을 사전에 예방하고 화물취급업자들로 하여금 화물의 취급을 보다 더 간편하게 하기 위하여 내장별로 또는 몇 개의 내장을 모아 다시 행하는 포장방법이다.

(3) 화인의 표시

하인은 반드시 각종 mark를 모두 표시하는 것은 아니며 목적항구, 포장번호, 수입업자명 등의 기본하인(main marks)을 제외하고는 임의적으로 표시하는 것이 일반적이다. port mark로 이를 누락시킨 화물을 NM cargo라 부른다.

8. 분쟁해결조건 및 기타조건

(1) 불가항력조항(Force Majeure Clause)

당사자의 통제를 넘어서 발생하는 사건이 불가항력이다. 천재지변(Act of God)과 인재, 혹은 계약 당시는 예견 할 수 없었던 사건의 발발도 포함한다. 주로 사업상 당사자가 그의 고의나 과실의 유무에도 불구하고 의무이행의 절대적 책임을 부담해야 하는 불이익을 사전에 제한하기 위하여 쓰여진 개념이며 천재지변(Acts of God)의 개념보다는 넓은 의미로 천재지변을 포함하는 개념이다. 규정된 조항의 범위 내에서 우발적인 사고의 발생으로 인하여 실제 불가항력의 사태가 발생했을 경우에 계약당사자는 약정된 계약의 이행으로부터 면책된다는 내용이 규정되어 있는 조항이다.

(2) 하드쉽조항(Hardship)

불가항력조항과 유사한 사정변경(Hardship)조항이 있다. 불가항력조항은 불가항력사태가 발생한 경우에 당사자의 면책에 대해서 약정하는 것을 목적으로 하고 있다. 이에 비하여 사정변경(Hardship)조항은 계약체결 후 예상치 못한 정치적, 사회적, 경제적 사정의 변화(원자재값의 폭등 등)로 계약의 이행이 곤란하거나 현실적으로 이행한 경우 상거래에서의 불합리한 결과를 가져오게 될 경우 양 당사자가 서로 성의를 갖고 가격조정이나 선적기간의 연장 등의 계약내용의 변경에 응하도록 명시하는 조항이다.

(3) 클레임조항(Claim Clause)

클레임의 발생을 대비하여 클레임 제기기한, 통지방법, 정당성을 입증할 수 있는 공인된 감정인의 감정보고서(Surveyor's Reports)의 첨부여부 등을 합의해 두는 것이 좋다.

(4) 중재조항(Arbitration Clause)

당사자 사이의 분쟁을 재판이 아닌, 사인에 의하여 행하여지는 중재판정에 의하여 해결하기로 하는 당사자간의 합의를 기재한 조항이다. 중재에 적용할 사항, 중재지, 중재기관, 중재규칙을 중재조항에 명시하여야 한다. 중재합의서 혹은 중재조항은 반드시 서면에 의해야 한다.

▶ 화인의 구성

① 주화인
다른 화물과의 식별을 용이하게 하기 위해 일정한 기호로서 외면에 삼각형, 다이아몬드형, 마름모, 타원형 등의 표시를 하고 그 안에 상호의 약자 등을 써넣는다.

② 부화인
주하인의 보조로 같은 lot의 타 화물과 식별이 용이하도록 표시된다.

③ 중량표시
화물의 순중량과 총중량을 표시하며 용적도 표시된다.

④ 화물번호
포장물이 여러 개인 경우에 매 포장마다 총 개수 중에서 몇 번째 개수에 해당하는지를 나타내는 번호이다.

⑤ 목적항 표시
화물의 선적 또는 양화작업을 용이하게 하고 화물이 오송(誤送)되는 일이 없도록 목적항구 또는 목적지를 표시한 것이다. 대개는 항구명을 표시하므로 Port Mark라 한다. 특히, 화물의 경유지가 2개소 이상일 때는 "Manilla via Hong - Kong", 해로(海路)와 육로를 경유할 때는 "New York overland via Sanfrancisco" 도착항구에서 다른 지방으로 수송될 때는 "Hong Kong in transit"로 표시된다.

⑥ 원산지표시
당해 화물의 원산지국을 표시 우리나라가 원산지인 경우의 수출상품은 "MADE IN KOREA"로 표시된다.

⑦ 품질마크
내용물의 품질을 표시하는 것이지만, 특별한 지시가 없으면 생략된다. 단, 동일 종류의 상품으로 등급이 서로 다른 물품이 함께 송부될 때는 혼돈하지 않도록 A1, A2, A3나 A, B, C 등으로 구분 표시하는 것이 바람직하다.

⑧ 주의표시
화물의 운송이나 보관 시에 취급상의 주의사항을 표시하며 보통 포장의 측면에 표시되기 때문에

side mark로도 부른다.
USE NO HOOK, WITH CARE, KEEP DRY, THIS SIDE UP, OPEN HERE, FRAGILE 등

(5) 준거법조항(Applicable Law : Proper Law : Governing Law Clause)

무역계약의 성립과 이행 및 해석에 관해 어느 나라의 법을 적용할 것인가에 대한 준거법(governing law)이 문제가 된다. 따라서 계약 당사자가 준거법을 어느 국가의 법으로 할 것인가를 약정해야 한다. 당해계약의 적용법률에 대하여 준거법을 지정하여두면 최우선적으로 적용된다.

(6) 재판관할조항(Jurisdiction Clause)

무역계약은 당사자 자치의 원칙(principle of party autonomy)이 존중되고 있기 때문에 분쟁을 여러 가지 방법으로 해결할 수 있다. 소송을 제기할 재판소를 당사자 간에 미리 약정하여 어느 특정국가의 관할 법원을 법정지로 할 것인가 재판관할조항(jurisdiction clause)을 설정해두는 것이 바람직하다.

(7) 완전합의조항(Entire Agreement : Integration Clause)

본 계약서만이 유일한 합의서이며 그 이전의 각종 문서들 즉 제안서, 회의록, 의향서, 양해각서, 가계약, 이면계약 등은 모두 인정하지 않는다는 조항이다. 그러므로 이 조항은 양 당사자의 합의 내용을 완결하는 것이며 이 계약과 관련된 이 전의 협상, 의사표명, 양해, 약정 등을 본 계약서로 대체하고 계약의 혼란을 방지하기 위한 것이다.

(8) 계약분리(Severability Clause)

계약 내용의 일부가 법원의 판결이나 법률의 개폐로 인해 실효 또는 무효가 되더라도 해당 조항만 무효이지 계약의 존재에는 아무런 영향을 미치지 않는다는 내용의 조항이다.

▶ 계약분리조항 유의점
법원의 판결이나 법규의 강행규정에 의하여 계약 내용의 일부가 실효 또는 무효가 되는 경우에 계약 전체가 실효 또는 무효화 하는 것을 미연에 방지하기 위하여 설정되고 있다. 다만 계약조항의 실질적 중요 부분이 무효가 되는 때에는 계약전부가 무효되는 경우가 있음을 유의하여야 한다.

(9) 권리침해조항(Infringement Clause)

수출물품에 대한 특허(patent), 실용신안(utility model), 디자인(design), 상표(trademark), 저작권(copyright), 공업소유권(industrial property)의 침해에 관한 것을 약정한 조항이다. 매도인이 매수인의 지시에 따라 물품을 인도하였으나 그것이 수입국에서는 특허권이나 상표권의 침해로 간주되어 소송을 당할 수가 있다. 이러한 경우에 대비하여 상표, 저작권, 특허 등의 침해에 대해서 매도인이 책임을 지지 않는다는 취지의 내용을 명시한 면책조항이다.

V. 무역클레임

▶ 2023년 등 기출

1. 무역클레임의 개념

무역거래에서 클레임이란 당사자 간의 거래계약에 따라 이행하면서 그 계약의 일부 또는 전부의 불이행으로 발생되는 손해를 상대방에게 청구할 수 있는 권리이다.

2. 무역클레임의 원인

(1) 간접적 원인

무역통신의 특유한 용어들은 오랜 실무상의 경험과 숙달이 필요하므로 당사자 간에 의견의 차이가 발생할 수 있다. 또한 계약당사자가 각기 언어·법·관습이 다르고, 신용조사의 불비, 운송 중의 위험, 가격덤핑, 나라마다 서로 다른 도량형, 상대국의 식품위생법이나 독과점법, 공업소유권 등이 원인이 된다.

(2) 직접적 원인

이행과정에서 품질불량, 수량의 부족, 고장불량, 선적불이행, 불완전 보험계약체결, 대금의 지불지연이나 지불거절, 신용장을 개설하지 않거나 지연함, 거래알선에 따른 수수료 미지급 등 많은 요인이 클레임의 직접적 요인으로 작용한다.

3. 무역클레임의 해결방법

(1) 매매당사자 간의 해결

① 청구권의 포기(Waiver of Claim)
경미한 클레임에 대해서는 클레임을 포기하고 단순경고(warning)를 함으로써 앞으로의 주의를 촉구하는 방법이다.

② 타협이나 화해(Compromise, Accord, Concord and Amicable Settlement)
당사자 간의 직접교섭 즉, 쌍방의 타협으로 원만하게 클레임을 해결하는 방법으로 거의 대부분의 클레임은 이 방법에 의하여 해결되고 있다. 우리 민법상 화해는 당사자가 서로 양보할 것, 분쟁을 종결할 것, 그리고 그 뜻을 약정할 것 등 3가지를 요건으로 하고 있다.

(2) 제3자의 개입을 통한 해결

① 알선(Intercession(Recommendation)
상공회의소나 상사중재원과 같은 공정한 제3자적 기관이 당사자의 일방 또는 쌍방의 요청에 의하여 사건에 개입, 원만한 타협이 이루어지도록 협조하는 방법이다. 중재와 다른 점은 비형식적이며, 화해결과가 특별한 법적 보호를 받지 못한다는 점이다.

② 조정(Conciliation(Mediation)
당사자쌍방이 타협에 의하여 완전하게 해결을 할 수 없는 경우에, 양당사자가 공정한 제3자를 조정인으로 선임하고 조정인(conciliator, mediator)이 제시

▶ 중재의 특징
　당사자 간 중재합의에 의하여야 하고 중재인의 판정에 절대 복종하여야 하며 그 결과는 강제성을 가지고 그 효력도 당사자 간에는 법원의 확정판결과 동일하다.
　국제적 효력으로 뉴욕에서 채택된 외국중재판정의 승인 및 집행에 관한 유엔협약, 즉 뉴욕협약에 가입한 외국에서도 그 집행을 보장해주고 승인해 주므로 소송보다도 더 큰 효력이 있다.

▶ 중재의 장점
　• 분쟁의 신속, 공정한 해결
　• 저렴한 비용
　• 절차의 비공개
　• 단심제
　• 거래실정에 밝은 중재인이 판정
　• 법원확정판결과 동일한 효력
　• 외국에서도 중재판정에 대한 집행 보장

하는 해결안(조정안)에 양 당사자가 자주적으로 합의함으로써 분쟁을 해결하는 방법이다.

③ 중재(Arbitration)
당사자 간의 합의로 사법상의 법률관계를 법원의 소송절차에 의하지 아니하고 제3자인 중재인을 선임하여 그 분쟁을 중재인에게 맡겨 중재인의 판단에 양 당사자가 절대 복종함으로써 최종적으로 해결하는 방법이다.

④ 소송(Litigation)
국가공권력 혹은 사법재판에 의한 클레임을 강제적으로 해결하는 분쟁해결방법이다. 외국과의 사법협정이 체결되어 있지 않기 때문에 그 판결은 외국에서 승인 및 집행이 보장되지 않는다는 단점이 있다.

[소송과 중재의 비교]

소송	중재
• 상대방 합의 없이 제소가능	• 당사자의 중재합의 필요
• 항소 및 상고가능	• 단심
• 해결에 많은 시간과 비용소요	• 신속·경제적인 해결가능
• 공권력에 의한 해결	• 제3자 중재인에 의한 해결
• 공개로 비밀유지 불가능	• 비공개로 비밀유지 가능

4. 국제상사중재제도

(1) 상사중재의 특징
① 자유합의에 의한 (분쟁해결)의 부탁
② 평화적 분위기
③ 비공식적인 절차
④ 신속성
⑤ 중재인의 전문성
⑥ 저렴한 비용
⑦ 심문절차의 비공개
⑧ 외국판정의 승인 및 집행의 보장

(2) 상사중재의 약점
① 법률문제(Matter of Law = Question of Law)
중재인은 사실과 실무문제에는 전문가이므로 분쟁내용을 신속 정확하게 판정한다. 그러나 중요한 법률문제의 개입에는 판단능력이 미흡하다.
② 중재판정결과에 대한 예견가능성(객관성)과 법적 안정성이 결여
중재인의 판정은 법률보다는 상관습이나, 과거의 경험, 실무지식에 의해 판단하므로 판정 기준의 객관성 결여로 중재판정에 대한 예견가능성이 결여될 수 있다. 또한 중재는 동종의 사건도 중재인에 따라 다른 판정가능성이 존재하므로 법적 안정성이 결여될 수 있다.

(3) 상소제도의 결여
중재는 판정을 취소할 만한 중대한 결함이 없는 한 판정에 대한 불복종신청이 인정되지 않는다. 따라서 패소한 당사자의 정당한 요구에 응하여 중재판정의 신뢰를 확보하기 위한 장치가 없다는 점이 단점이다.

(4) 절충주의에 입각한 판정
중재인은 양 당사자의 주장을 안일한 절충주의에 입각해 판정을 내린다. 그것은 법관과 같이 강제처분권이 없으며 판정기한이 짧기 때문이다.

2장 핵심문제

01 다음에서 설명하는 국제무역의 유형으로 옳은 것은?

> 수출국에서 수입국으로 직접 송부되지 않고 제3국을 통과하여 수입국에 송부되는 경우, 제3국의 관점에서 볼 때의 무역

① 통과무역
② 중개무역
③ 중계무역
④ 스위치무역
⑤ 우회무역

정답 ①

해설 통과무역이란 수출국에서 수입국으로 직접 송부되지 않고 제3국을 통과하여 수입국에 송부되는 경우, 제3국의 관점에서 볼 때의 무역을 말한다.

02 다음에서 설명하는 결제방식으로 옳은 것은?

> 제조업자(supplier)가 구매업자(debtor)에게 상품 등을 외상으로 판매한 후 발생되는 외상매출채권을 팩토링회사(factor)에게 일괄 양도함으로써 팩토링회사로부터 구매업자에 관한 신용조사 및 신용위험인수(지급보증), 채권의 관리 및 대금회수, 양도한 채권금액 범위 내에서의 금융지원과 기타 사무처리 대행 등의 서비스를 제공받는 새로운 금융기법

① 송금
② 신용장
③ 추심
④ 포페이팅
⑤ 팩토링

정답 ⑤

해설 팩토링(factoring)이란 제조업자(supplier)가 구매업자(debtor)에게 상품 등을 외상으로 판매한 후 발생되는 외상매출채권을 팩토링회사(factor)에게 일괄 양도함으로써 팩토링회사로부터 구매업자에 관한 신용조사 및 신용위험인수(지급보증), 채권의 관리 및 대금회수, 양도한 채권금액 범위 내에서의 금융지원과 기타 사무처리 대행 등의 서비스를 제공받는 새로운 금융기법을 말한다.

03 품질조건중 결정방법 및 시기에 대한 설명으로 옳은 것은?

① USQ조건은 곡물매매에서 많이 사용되어지는 동종상품 중 평균적이며 중등의 품질을 의미한다.
② FAQ조건은 공인표준 기준 또는 공인검사기관에 의해서 보통품질을 표준품의 품질로 결정하는 조건이다.
③ GMQ조건은 수입지에서 판매에 적합한 품질이 보장되어야 한다는 조건이다.
④ Tale Quale(TQ)조건은 원칙적으로 선적품질조건이나 해상운송 중에 발생한 해수로 인한 품질 손해는 매도인이 부담하는 조건
⑤ Rye Terms(RT)조건은 매도인은 약정한 물품의 품질을 선적할 때까지만 책임을 지는 조건이다.

정답 ③

해설 G.M.Q(Good Merchantable Quality : 판매적격품질조건)조건은 수입지에서 판매에 적합한 품질이 보장되어야 한다는 조건이다. 수입지에서 인수한 현물에서 하자가 발견되어 판매가 불가능한 부분에 대하여는 매수인이 매도인에게 배상을 요구할 수 있는 품질조건이다. 목재, 냉동수산물, 광석 등의 거래에 주로 적용되는 조건으로 내부의 부패나 기타의 잠재하자가 외관상으로는 확인하기가 곤란한 물품에 적용된다.

04 다음에서 설명하는 국제무역의 흐름과정으로 옳은 것은?

> 무역거래의 신용위험을 방지하기 위하여 3Cs 에 해당하는 성격(character), 자본(capital), 영업능력(capacity)을 조사하게 된다. 드물기는 하지만 country(국가의 사정), currency(사용통화), condition(거래조건) 및 collateral(담보력) 가운데 임의로 2개의 C를 선택 추가하여 5Cs로 하기도 한다.

① 해외시장조사
② 거래선 물색과 선정
③ 거래제의 및 거래조회
④ 신용조회
⑤ 청약

정답 ④

해설 신용조회(credit inquiry)란 무역거래의 신용위험을 방지하기 위하여 3Cs 에 해당하는 성격(character), 자본(capital), 영업능력(capacity)을 조사하게 된다. 드물기는 하지만 country(국가의 사정), currency(사용통화), condition(거래조건) 및 collateral(담보력) 가운데 임의로 2개의 C를 선택 추가하여 5Cs로 신용조회를 하기도 한다. 신용조회는 직접조회, 거래은행, 해외지사, 사무소, 동업자를 통한 조회, 상업신용소를 통한 조회, KOTRA, 무역협회 등 유관기관을 통한 조회할 수 있다.

05 다음 결제조건 중 연지급(후지급) 조건을 모두 고른 것은?

㉠ COD	㉡ CAD
㉢ open account	㉣ usance L/C
㉤ CWO	

① ㉠, ㉡
② ㉠, ㉢
③ ㉢, ㉣
④ ㉡, ㉤
⑤ ㉢, ㉤

정답 ③

해설 연지급(후지급) 조건에는 open account, usance L/C, D/A 등이 있다.

06 국제상사중재제도의 특징으로 알맞지 않은 것은?

① 심문절차의 공개
② 평화적 분위기
③ 비공식적인 절차
④ 신속성
⑤ 중재인의 전문성

정답 ①

해설 국제상사중재제도의 심문절차는 비공개가 원칙이다.

제3장 무역실무 주요협약

I. 신용장 통일규칙(UCP 600)

▶ 2022년, 2021년 등 기출

1. 신용장 통일규칙(UCP 600) 의의

UCP(The Uniform Customs and Practice for Documentary Credits)는 화환신용장 통일규칙 및 관례로서 신용장 업무를 취급할 때 지켜야 할 제반 사항 및 해석의 기준을 규정한 국제규칙이다.

2. UCP의 제정 및 개정

국제상업회의소(International Chamber of Commerce)의 은행위원회는 국제적인 통일규칙의 제정 작업에 착수하여 1933년 ICC 제7차 총회에서 신용장통일규칙을 정식으로 채택하였다. 제정 이후 1951년, 1962년, 1974년, 1983년, 1993년, 2007년의 6차 개정을 거쳐 2007년 7월 1일부터 6차 개정판인 UCP 600이 적용된다. UCP는 통상 10여 년의 간격으로 개정되는데 일반적인 목적은 은행, 운송 및 보험 산업 등 현실에서의 발전과 변화를 수용하기 위한 것이며 각별히 실무 적용상 또는 해석상의 모순이나 혼란을 야기하는 조항을 수정, 변경, 삭제하거나 현실에 맞도록 추가·신설하는 데 있다.

3. UCP 600의 특징

(1) UCP 정의의 명확화

"The Uniform Customs and Practice for Documentary Credits(UCP)"는 "화환신용장 통일규칙 및 관례"로 번역, 약칭으로 신용장통일규칙으로 불리지만 정확한 의미는 '화환신용장에 관한 통일관습 및 관행'으로서 규칙이라는 표현이 없다. 그러나 UCP 600 제1조에서는 UCP가 화환신용장 및 보증신용장에 적용되는 규칙(rules)이라고 명시하여 그 의미를 명확히 하고 있다.

(2) 간결하고 정확한 표현의 사용

UCP에서 사용되는 용어들의 불필요한 반복을 피하기 위하여 용어정의 조항을 신설하고(2조, Definitions), UCP 500에서 산재되어 있었던 해석들을 한 조항으로 변경 통합하였다(3조, Interpretations). 또한 상당한 주의(reasonable care), 문면상(on their face), 상당한 기간(reasonable time), 지체없이(without delay) 등과 같은 모호하고 불명확한 표현을 삭제하거나 대폭 축소하였다.

▶ 신용장 통일규칙의 필요성
신용장을 이용한 대금결제는 무역거래에서 보편화되었지만 통일적인 해석기준이나 관행이 확립되어 있지 않아 분쟁이 빈발함에 따라 국제적인 준거규칙이 필요하였다.

▶ UCP 500에서 개정한 주요이유
UCP 500과 관련하여 서류 불일치율이 70%에 달하고 원본서류, 연지급신용장, 은행의 서류심사기준, 은행의 의무와 관련하여 잦은 법적 소송이 있어 왔으므로 이러한 문제점을 극복하는 데에 UCP 600의 주안점이 있다.

▶ 주요 변경내용
- 상당한 주의(reasonable care) : UCP 500에서 통지은행의 외관상의 진정성 확인(UCP 500, 제7조 a항, take reasonable care)과 은행의 서류심사(UCP 500, 제13조 a항, with reasonable care)와 관련하여 사용되었던 "상당한 주의"라는 말을 삭제하였다.
- 문면상(on their face) : face가 전면에 대한 후면, 뒷면의 의미로 잘못 해석되고 서류심사 시 후면은 포함하지 않는다는 의미 등으로 혼란을 야기함에 따라 UCP 600에서는 14조 a항을 제외하고는 모두 삭제하였다.
- 상당한 기간(reasonable time) : 서류심사기간과 관련하여 "은행은 제7영업일을 초과하지 않는 범위 내에서 상당한 기간을 가진다"라는 UCP 500의 규정을 "5영업일 이내"로 변경하면서 "상당한 기간(reasonable time)"을 삭제하였다.

- 지체없이(without delay)
  : UCP 500의 9조, 7조, 11조 등에서 사용되던 "지체없이"라는 표현을 UCP 600의 16조 d항을 제외하고는 모두 삭제하였다.

4. UCP 600의 주요조항

(1) 신용장 통일규칙(UCP 600)의 적용 : 제1조

화환신용장에 관한 통일규칙 및 관례, 2007년 개정, ICC 출판물번호, 제600호(UCP)는 신용장의 본문이 이 규칙에 따른다고 명시적으로 표시하고 있는 경우 모든 화환신용장(신용장, 모든 보증신용장 포함)에 적용되는 규칙이다. 신용장에서 명시적으로 수정되거나 그 적용이 배제되지 않는 한 모든 당사자를 구속한다.

(2) 개념의 정의 : 제2조

① 통지은행(Advising Bank) : 발행은행의 요청에 따라 신용장을 통지하는 은행
② 개설의뢰인(Applicant) : 신용장이 발행되도록 요청하는 당사자
③ 은행일(Banking Day) : 이 규칙에 따른 업무장소에서 은행이 정상적으로 영업하는 일자
④ 수익자(Beneficiary) : 신용장 개설을 통하여 이익을 받는 당사자
⑤ 일치하는 제시(Complying Presentation) : 신용장 조건, 이 규칙의 적용가능한 조항, 국제표준은행 관행에 따른 제시
⑥ 확인(Confirmation) : 발행은행의 확약에 추가로 일치하는 제시를 지급이행 또는 매입할 확인은행의 확약
⑦ 확인은행(Confirming Bank) : 발행은행의 수권 또는 요청에 따라 신용장에 확인을 추가하는 은행
⑧ 신용장(Credit) : 명칭, 기술에 관계없이 취소불능이며, 일치하는 제시를 지급이행할 발행은행의 확약을 구성하는 모든 약정
⑨ 결제(Honor)
  ㉠ 신용장이 일람지급에 의해 사용될 수 있는 경우 일람 후 지급한다.
  ㉡ 신용장이 연지급에 의해 사용될 수 있는 경우 연지급 확약의무를 부담하고 만기일에 지급한다.
  ㉢ 신용장이 인수에 의해 사용될 수 있는 경우 수익자에 의해 발행된 환어음을 인수하고 만기일에 지급한다.
⑩ 개설은행(Issuing Bank) : 발행의뢰인의 요청 혹은 그 은행을 위해 신용장을 발행하는 은행
⑪ 매입(Negotiation) : 상환이 지정은행에 행해져야 할 은행영업일 또는 그 이전에 수익자에게 대금을 선지급하거나 또는 선지급을 약정함으로써 일치하는 제시에 따른 환어음 및 서류의 지정은행에 의한 구매
⑫ 지정은행(Nominated bank) : 신용장이 사용될 수 있는 은행, 모든 은행에서 사용될 수 있는 신용장의 경우는 모든 은행
⑬ 제시(Presentation) : 발행은행이나 지정은행에서 신용장에 의한 서류를 인도하는 행위 또는 인도된 서류
⑭ 제시인(Presenter) : 제시를 행하는 수익자, 은행, 기타 당사자

(3) 기간계산에 대한 기준제시 : 제3조
  ① 선적기간을 정하기 위하여 'to', 'until', 'till', 'from', 'between'은 (기간에) 언급된 당해 일자를 포함하고, 'before', 'after'는 언급된 당해 일자를 제외
  ② 만기일 결정을 위해 사용된 'from'과 'after'는 언급된 당해 일자를 제외
  ③ 환어음의 만기일을 계산 시 'from'은 해당일을 제외
  ④ 'first half'는 그 해당 개월의 1일부터 15일까지, 'second half'는 그 개월의 16일부터 말일까지로 해석
  ⑤ 'on or about'은 사건이 명시된 일자 이전의 5일부터 그 이후 5일까지의 기간 동안 발생한 약정으로 초일과 종료일을 포함

(4) 제2통지은행의 개념 신설 : 제11조
  ① 통지은행은 수익자에게 신용장 및 그 조건변경을 통지하기 위하여 다른 은행 (제2통지은행)을 이용할 수 있다.
  ② 제2통지은행은 신용장 또는 그 조건변경을 통지함으로써 신용장 또는 그 조건변경에 대한 외견상의 진정성이 충족된다는 점과 그 통지가 송부받은 신용장 또는 그 조건변경의 조건들을 정확하게 반영됨을 표명한다.
  ③ 신용장을 통지하기 위하여 통지은행 또는 제2통지은행을 이용하는 은행은 그 신용장의 조건변경을 통지하기 위하여 동일한 은행을 이용해야 한다.

(5) 연지급신용장 할인 허용에 대한 규정 신설 : 제12조
  ① 환어음과 환어음이 발행되지 않는 연지급신용장에 따라 수익자가 제시한 서류를 지정받은 은행(Nominated Bank)이 할인해 신용장 대금을 지급할 수 있다는 규정을 신설하여 연지급신용장도 할인을 허용한다.
  ② 연지급신용장의 경우도 만기일 전에 선지급 또는 구매할 수 있도록 허용한다.

(6) 서류 검토 기준 : 제14조
  ① 서류 검토의 기준 제시 : 서류 검토기간이 7은행영업일에서 5은행영업일로 단축되었다.
  ② 수화인과 착화통지처상의 개설의뢰인 주소
    ㉠ 수익자와 개설의뢰인의 신용장상의 주소와 실제 선적서류 내의 주소가 국가만 동일하면 하자로 보지 않는다.
    ㉡ 선하증권상의 수화인, 연락처의 주소는 신용장상에 있는 것과 일치해야 한다.
  ③ 운송서류는 운송인, 선주, 용선자 이외에 모든 당사자에 의해 발행 가능하다.

(7) 지정은행의 서류발송의무 신설 : 제15조
  지정은행은 제시가 일치한다고 판단하고 결제 또는 매입할 경우 그 서류들을 확인은행 또는 개설은행에 송부해야 한다.

(8) 불일치 서류, 권리포기 및 통지 : 제16조
  ① 하자 서류, 권리포기 및 통지
    ㉠ 신용장 조건과 불일치하는 선적서류를 처리하는 방법을 명시한다.
    ㉡ 선적서류가 불일치로 지급 거절되면 개설은행은 일방적으로 그 선적서류를 매입은행으로 반송할 수 있는 권리가 있다는 것을 명시한다.
    ㉢ 주어진 하자 통보기간 내에 지급 거절을 하지 못하면 개설은행은 대금지급을 해야 한다.
  ② 불일치서류의 거절통지횟수 추가
    ㉠ UCP 600에서 거절의 통지를 행하는 대상을 '제시인'으로 하였으며, 거절통지의 횟수를 1회로 제한한다.
    ㉡ 지정에 따라 행동하는 지정은행, 확인은행, 발행은행이 지급이행 또는 매입을 거절하기로 결정하는 때에는 제시인에게 그러한 취지로 1회만 통지해야 한다.
  ③ 보관 중인 불일치서류의 반송 신설
    발행은행, 지정은행, 또는 확인은행은 불일치서류를 보관하고 있다는 사실을 통지한 후에 언제든지 제시인에게 서류를 반송할 수 있다.

(9) 적어도 두 개 이상의 다른 운송방법을 포괄하는 운송서류 : 제19조
  ① 운송서류 상의 선적지 또는 목적지 용어의 변경
    UCP 500에서 사용되던 '적재항, 적재공항, 적재지'를 '발송지, 수탁지, 선적지'로 '양륙항, 양륙공항, 양륙지'를 '최종목적지'로 변경하였다.
  ② 복합운송서류의 명칭
    ㉠ 운송인·선장 또는 운송인·선장을 위하거나 대리한 기명대리인의 명칭 표시 및 서명
    ㉡ 물품이 신용장에 명시된 장소에서 발송, 수탁 또는 본선적재 되었다는 것을 미리 인쇄된 문구 또는 물품이 발송, 수탁 또는 본선 적재된 일자를 표시하는 스탬프 또는 부기 표시
    ㉢ 신용장에 기재된 발송지, 수탁지, 선적지와 최종목적지를 표시
    ㉣ 유일한 운송서류 원본 또는 2통 이상의 원본이 발행되는 경우에는 운송서류상에 표시된 전통(full set)일 것
    ㉤ 운송조건을 포함하거나 운송조건을 포함하는 다른 자료를 참조하는 것(약식, 백지식 운송서류)
    ㉥ 용선계약에 따른다는 어떤 표시도 포함하지 않음
  ③ 운송서류의 환적표시
    ㉠ 전 운송이 동일한 운송서류에 의하여 커버되어야 한다.
    ㉡ 환적표시 운송서류는 신용장이 환적을 금지하더라도 수리된다.

(10) 선하증권 : 제20조

① 선하증권의 수리방식 명시
② 선하증권의 수리요건
    ㉠ 운송인의 명칭이 표시되어 있고, 지정된 운송인 뿐만 아니라 선장 또는 그 지정 대리인이 발행하고 서명 또는 확인된 것
    ㉡ 물품이 신용장에서 명기된 선적항에서 지정된 선박에 본선적재 되었다는 것을 인쇄된 문언이나 본선적재필 부기로 명시한 것
    ㉢ 운송조건을 포함하거나 또는 운송조건을 포함하는 다른 자료를 참조하고 있는 것
    ㉣ 단일의 선하증권 원본 또는 2통 이상의 원본으로 발행된 경우에는, 선하증권상에 표시된 대로 전통인 것
    ㉤ 운송조건을 포함하거나 또는 운송조건을 포함하는 다른 출처를 언급(약식 또는 뒷면 백지 선하증권), 운송조건의 내용은 심사되지 않음
    ㉥ 용선계약에 따른다는 어떤 표시도 포함하지 않아야 함
③ 선하증권의 발행자가 누구인가를 중요시하기 보다는 일정한 형식을 갖추면 수리 가능하다.
④ 선하증권의 경우에도 본선적재표기가 있는 경우 발행일자보다 본선적재표기상 명기된 일자를 선적일로 간주하고, 본선적재표기를 포함하지 않는 경우에는 선하증권 발행일을 선적일로 본다.

(11) 비유통성 해상화물운송장 : 제21조

① 운송인의 명칭이 표시되고 다음의 자에 의해서 서명되어야 한다.
    ㉠ <u>운송인, 또는 운송인을 위한 또는 그를 대리하는 기명대리인</u>
    ㉡ <u>선장, 또는 선장을 위한 또는 그를 대리하는 기명대리인</u>
② 물품이 신용장에 기재된 선적항에서 기명된 선박에 본선적재 되었다는 것을 미리 인쇄된 문구 또는 물품이 본선적재된 일자를 표시하는 본선적재표기의 방법으로 표시하여야 한다.
③ 신용장에 기재된 선적항으로부터 하역항까지의 선적을 표시하여야 한다.
④ 유일한 비유통 해상화물운송장 원본이거나 또는 원본이 한 통을 초과하여 발행되는 경우 비유통 해상화물운송장에 표시된 전통(full set)이어야 한다.

(12) 용선계약 선하증권 : 제22조

① 다음의 자에 의해 서명되어야 한다.
    ㉠ <u>선장, 또는 선장을 위한 또는 그를 대리하는 기명대리인</u>
    ㉡ <u>선주, 또는 선주를 위한 또는 그를 대리하는 기명대리인</u>
    ㉢ <u>용선자, 또는 용선자를 위한 또는 그를 대리하는 기명대리인</u>
② 물품이 신용장에 기재된 선적항에서 기명된 선박에 본선적재되었다는 것을 미리 인쇄된 문구 또는 물품이 본선적재된 일자를 표시하는 본선적재표기의 방법으로 표시하여야 한다.

③ 신용장에 기재된 선적항으로부터 하역항까지의 선적을 표시하여야 한다.
④ 유일한 용선계약부 선하증권 원본이거나 또는 원본이 한 통을 초과하여 발행되는 경우 용선계약부 선하증권에 표시된 전통(full set)이어야 한다.
⑤ 비록 신용장의 조건이 용선계약의 제시를 요구하더라도 은행은 용선계약을 심사하지 않는다.

(13) 항공운송서류 : 제23조
① 항공운송서류의 수리가능방식을 명시한다.
② 항공운송서류를 누가 발행하는가를 중요시하기 보다는 일정한 형식을 갖추면 수리 가능하다.
③ 항공운송서류상에 나타나는 운항번호 또는 일자는 은행의 검토에서 제외하도록 한다.
④ 항공운송서류 요건
  ㉠ 항공화물운송장은 송화인이 원본 3통을 작성하여 제1의 원본에는 '운송인용'이라고 기재하고 송화인이 서명한다.
  ㉡ 항공화물운송장의 기재에 결함이 있더라도 운송장 자체가 무효가 되는 것이 아니라, 오직 기재의 책임이 있는 당사자가 그에 따른 불이익을 받는다.
  ㉢ 송화인의 요구 시 운송인이 송화인을 대신하여 항공운송서류 작성이 가능하다.
  ㉣ 화물에 관한 내용이 운송서류에 잘못 기입된 경우는 송화인의 책임이다.
  ㉤ 수화인용 원본에는 송화인 및 운송인이 서명하고 이 원본을 화물과 함께 송부한다.

(14) 운송서류상의 '무고장' 표시의 비의무조항 신설 : 제27조
① ISBP(국제표준은행관습)상의 조항(ISBP 제91항)을 반영, 신용장에서 '무고장 운송서류(Clean on Board)'의 요건을 갖춘 운송서류를 요구하는 경우에도 그 운송서류상에 '무고장(Clean)'이라는 단어가 표시될 필요가 없다는 취지를 신설하였다.
② 은행은 단지 무고장 운송서류만을 수리한다.
③ 무고장 운송서류는 물품 또는 포장의 하자상태(Defective Conditions)를 명시적으로 선언하는 조항 또는 부기가 없는 운송서류이다.
④ '무고장(Clean)'이라는 단어는 비록 신용장에서 운송서류가 '무고장 본선적재'일 것이라는 요건을 갖더라도 운송서류상에 나타날 필요가 없다.

(15) 보험서류 : 제28조
① 보험서류의 수리가능 형태를 명시한다.
② 신용장에서 명시하고 있는 부보비율은 최소 부보금액으로 간주한다.
③ 신용장에서 '전 위험(All Risks)' 부보를 요구하면 보험서류에 다른 위험이 제외된다는 문구가 있다 하여도 '전 위험'라는 것이 명시되어 있으면 수리되어야 한다.

(16) 신용장금액, 수량, 단가의 과부족 : 제30조

① 신용장에 금액, 수량, 단가와 관련된 '약(about)' 또는 '대략(approximately)'은 10%를 초과하지 않는 과부족을 허용하는 것이다.

② 신용장이 명시된 포장단위 또는 품목 수량을 명기하지 않고 어음발행의 총액이 신용장금액을 초과하지 않는경우, 물품수량이 5%를 초과하지 않는 과부족은 허용된다.

③ 분할선적이 허용되지 않는 경우도 신용장금액의 5%를 초과하지 않는 부족은 허용된다.

II. 정형거래조건(INCOTERMS)

▶ 2023년, 2022년, 2021년 등 기출

1. Incoterms의 의의

인코텀즈(Incoterms)는 국제상업회의소에 의하여 제정된 '정형거래조건의 해석에 관한 국제규칙(International Commercial Terms)'의 약어로서 1936년 제정된 이래, 그 당시의 국제무역관행과 일치시키기 위하여 1953년 이후 8회에 걸쳐 개정되었으며 현재 전 세계적으로 가장 널리 이용되는 정형거래조건이다.

2. Incoterms의 제정

매매거래 계약 시 거래 당사자의 의무를 거래할 당시에 일일이 열거하는 것은 실무상 복잡하고 번거로우므로 FOB, CIF 등과 같은 정형 거래조건을 활용하여 계약내용을 보완하는 것이 일반적이며, 각국의 상이한 상관습과 법체계 때문에 통일적 해석을 통한 불확실성을 배제할 필요성에 따라 국제상업회의소(International Chamber of Commerce : I.C.C.)는 정형거래조건들을 국제적으로 통일시키려는 목적으로 1936년 "정형거래 조건의 해석에 관한 국제규칙"(International Rules for the Interpretation of Trade Terms : Incoterms)을 제정하였다.

3. Incoterms 2020의 의의

1990년 이후로 Incoterms는 일정주기(10년)로 개정되고 있다. 2019년 9월 10일 국제상업회의소(ICC)는 Incoterms 2020을 공표하였으며, 이는 2020년 1월 1일부터 시행되었다. Incoterms 2020은 대폭적인 개정은 이루어지지 않았으나 새로운 규칙인 DPU와 FCA 규칙에서 본선적재 선하증권의 발행에 대한 옵션사항이 추가되는 등 실무적인 관행이 반영되었다.

▶ **Incoterms의 특징**
인코텀즈는 특정 국가의 국내법이 아니고, 국제조약도 아니다. 따라서 특정 계약에 자동적으로 적용되지는 않는다. 국제물품매매계약에서 인코텀즈의 적용을 명시하면, 인코텀즈는 계약에 편입되어 국제물품매매계약의 일부가 된다.

▶ **Incoterms의 개정**
시대의 흐름에 따라 국제운송관행이 변화하고 있으며, 전자통신의 사용에 따른 무역거래관행이 변화하고 있다. 또한 미국 9·11 테러사건 이후 전 세계적으로 물품의 이동 시 보안문제 대하여 중요성이 부각, 관세자유무역지역의 확대 등 이와 같은 무역관행의 변화를 반영하여 정형거래조건과 일치시키고자 1936년 제정된 이래 1953년, 1967년, 1976년, 1980년, 1990년, 2000년, 2010년 그리고 현행 2020년 개정을 포함하여 8차례에 걸쳐 개정되어왔다.

▶ **Incoterms 2020의 의의**
Incoterms 2020은 의무사항을 사용자가 쉽게 이해할 수 있도록 수평적 체제로 구성하고 기존의 사용지침(Guidance Note)을 사용자를 위한 설명문(Explanatory Note for Users)으로 변경하여 개별 규칙들에 대해 더 명확하고 세부적으로 기술함으로써 사용자의 이해를 높이는 방향으로 개정되었다. 또한 총 중량검증제(Verified Gross Mass)에 대한 의견수렴과 CIP와 CIF 규칙에 있어서 보험부보 범위를 차별화하는 등 세부적인 부분에도 개정이 있었다. 특히 인도지점과 관련해서 Incoterms2010의 운송수단에 따른 구분을 유지하면서 전통적인 구분 기준이었던 E, F, C, D 그룹별 기준에 대한 유익성도 강조하고 있다.

Incoterms 개정연혁								
Incoterms 2020	Incoterms 2010	Incoterms 2000	Incoterms 1990	Incoterms 1980	Supplement 1976	Incoterms 1967	Incoterms 1953	Incoterms 1936
EXW	EXW	EXW	EXW	EXW			Ex Works	Ex Works
FCA	FCA	FCA	FCA	FRC				Free~
				FDR / FOT			FDR / FOT	FDR / FOT
				FOA	FOB Airport			
FAS	FAS	FAS	FAS	FAS			FAS	FAS
FOB	FOB	FOB	FOB	FOB			FOB	FOB
CFR	CFR	CFR	CFR	CFR			C&F	C&F
CIF	CIF	CIF	CIF	CIF			CIF	CIF
CPT	CPT	CPT	CPT	DCP			DCP	DCP
CIP	CIP	CIP	CIP	CIP				
	DAT	DEQ	DEQ	EXQ			EX QUAY	EX QUAY
DAP	DAP	DAP	DAP	DAP		DAP		
		DES	DES	EXS			EX Ship	EX Ship
		DDU	DDU					
DPU								
DDP	DDP	DDP	DDP	DDP		DDP		FREE OR FREE DELIVERED

4. Incoterms 2020 개정의 특징

(1) CIP규칙과 CIF규칙 간 보험부보 수준의 차별화

Incoterms 2010에서는 매도인이 매수인을 위해 보험을 부보함에 있어 최소담보조건으로 하도록 하였으나 <u>CIF 조건은 주로 일차산품(곡물, 철광석, 원유 등)거래에서 사용되기 때문에 기본 부보수준을 그대로 두되</u>, CIP 조건에서는 최대담보조건으로 부보하도록 변경하였다.

(2) DAT 규칙에서 DPU규칙으로 변경

Incoterms 2010에서 터미널인도(Delivered at Terminal : DAT)조건은 도착운송수단으로부터 양하한 후 터미널에서 인도해야 했으나, Incoterms 2020에서 <u>도착지양하인도(Delivered at Place Unloaded : DPU)조건으로 변경</u>하였다.

(3) 운송의무 및 통관, 비용 조항에 보안관련 요건 포함

A4(운송)에서 운송과 관련하여 화물이 매수인에게 인도될 때까지 <u>매도인이 운송보안요건을 준수할 것을 의무화</u>하고 있으며, A7(수출통관)에서는 보안통관에

대하여 포함시키고 있다. 또한, A9 / B9(비용부담)에서도 보안관련 비용을 포함시키기고 있다.

(4) 개별규칙 내 조항순서 변경

각 규칙은 거울처럼 대칭되는 매도인의 의무 10개(A1 ~ A10)와 매수인의 의무 10개 (B1~ B10)로 구성되어 있다. Incoterms 2020에서는 각 조항의 순서와 조문 표제를 일부 변경하였다. 중요한 규정을 전반부에 배치하고, 기존에 산재된 비용관련 내용을 A9 / B9(비용분담)에 배치하여 관련 의무사항에 대한 최종적 비용일람의 역할을 한다.

(5) 사용지침을 사용자를 위한 설명문으로 명칭 변경

사용지침(Guidance Note) → 사용자를 위한 설명문(Explanatory Notes for Users)으로 명칭을 바꾸어 더 자세하게 설명을 하고 있다.

(6) 소개문(Introduction)의 내용과 범위가 확대

Incoterms 2010의 소개문(Introduction)은 5개 항목으로 총 분량은 6쪽 남짓이다. 그러나 Incoterms 2020 소개문(Introduction to Incoterms 2020)은 10개의 절(항목)에 총 78개 단락(paragraph)으로 총 분량은 15쪽에 달한다. 그리고 소개문에서 인코텀즈 규칙의 올바른 선택을 할 수 있도록 하였다.

(7) FCA 및 D규칙에서 매도인 또는 매수인 자신의 운송수단 허용

Incoterms 2010은 원칙적으로 독립된 3자운송인(third-party carrier)의 물품 운송을 전제하였다. 하지만 실무적인 관점에서는 D규칙에서 매수인이 지정한 목적지까지 운송하기 위해 매도인이 반드시 독립된 운송계약을 체결할 필요는 없으며 매도인 자신이 스스로 운송을 하는 것도 가능한 점을 반영하였으며, FCA조건에서도 매수인이 물품을 수출국 인도 장소에서 수취 후 목적지 자신의 국가까지 운송하는데 있어 자신이 스스로 운송하는 것이 가능함을 허용하였다.

(8) 조달규정(procure) 확대

조달은 연속매매, 특히 운송중 전매에서 주로 사용되는 개념이다. 특히 해상으로 운송되는 1차산품에서 사용되기 개념이기 때문에 Incoterms 2010에서는 재래화물의 단일해상운송규칙인 FAS, FOB, CFR, CIF에서만 조달이 인정되었으나, 다른 규칙에서도 연속매매를 하고자 하는 당사자의 요구가 증가한 결과, Incoterms 2020에서는 FCA, CPT, CIP, DAP, DPU, DDP에 대해서도 조달의무가 인정되도록 확대되었다.

5. Incoterms 2020의 구성

Incoterms 2020은 "인코텀즈 2020 소개문(Introduction to Incoterms 2020)", "모든 운송방식용 규칙 (Rules for Any Mode or Modes of Trasport)", "해상 및 내수로운송방식용 규칙(Rules for Sea and Inland Waterway Transport)",

"조항별 규칙 비교 (Article -by-Article Text of Rules)" 등의 4개 부문으로 구성되어 있다.

인코텀즈 2020 소개문(Introduction to Incoterms 2020)	
모든 운송방식용 규칙 (Rules for Any Mode or Modes of Transport)	해상 및 내수로운송방식용 규칙 (Rules for Sea and Inland Waterway Transport)
EXW, FCA, CPT, CIP, DAP, DPU, DDP (7개 규칙)	FAS, FOB, CFR, CIF (4개 규칙)

사용자를 위한 설명문 (Explanatory Note for Users)			
A 매도인의 의무		B 매수인의 의무	
A1	일반 의무	B1	일반 의무
A2	인도, 인도의 수령	B2	인도의 수령
A3	위험이전	B3	위험이전
A4	운송	B4	운송
A5	보험	B5	보험
A6	인도, 운송서류	B6	인도, 운송서류
A7	수출, 수입통관	B7	수출, 수입통관
A8	점검, 포장, 화인	B8	점검, 포장, 화인
A9	비용부담	B9	비용부담
A10	통지	B10	통지

▶ Incoterms 2020의 한계
인코텀즈 2020에서는 "인코텀즈 2020 소개문(Introduction to Incoterms® 2020)"과 '사용자를 위한 설명문(Explanatory Note for Users)'의 법적효력을 명시하지 않고 있다. 참고로 2010의 소개문(Introduction)에서는 '소개문(Introduction)이 인코텀즈 2010 규칙의 일부를 구성하지 않는다.'고 기술하고 있으며, 사용지침(Guidance Note)은 인코텀즈 규칙의 일부가 아니라고 명시하고 있다. 그러나 "인코텀즈 2020 소개문"에서는 이와 관련 명시적인 표현이 없다. 따라서 "인코텀즈 2020 소개문"과 '사용자를 위한 설명문'이 인코텀즈 2020의 일부인지에 대하여 다툼이 될 수 있다.

6. Incoterms의 한계

① 정형거래조건에 대한 통일규칙으로 조약이나 법률이 아니기 때문에 당사자의 합의에 따라 Incoterms를 적용한다는 명시적 준거문언이 있어야 당사자를 구속한다.

② 최소한의 해석 기준만을 제공하며 구체적인 운송계약이나 보험계약 등 상세사항까지 규정하고 있지 않다.

③ 당사자 간 합의에 따른 특별규정 우선 적용되며, Incoterms의 변경사용을 금지하고 있지 않기 때문에 개별적 편의에 맞도록 변경 또는 추가하여 사용이 가능하다.

④ 계약위반의 효과, 소유권의 이전 등에 관한 사항은 다루고 있지 않다.

※ 모든 운송방식에 적용되는 규칙

1. EXW(Ex Works) : 공장인도조건

(1) 정의

매도인이 매도인의 공장이나 창고 등 영업구내 또는 기타지정인도장소(그 지정인도장소에 합의된 지점이 있는 경우에는 그 지점)에서 물품을 매수인의 처분하에 둠으로써 인도되는 것을 의미한다. 물품은 수취용 차량에 적재하지 않아도 되며, 수출통관 수행의 의무가 없다.

(2) 특징

1) 운송방식

   운송방식에 관계없이 사용할 수 있는 규칙으로 둘 이상의 운송방식이 채택된 경우에도 사용될 수 있다.

2) 인도장소 또는 인도지점

   당사자들은 지정장소 내의 지점을 가급적 명확하게 명시하는 것이 바람직하며, 그 지점은 물품이 인도되는 시점이 되고, 위험과 비용부담의 기준점이 된다.

3) 적재위험

   매도인은 물품을 수취용 차량에 적재할 의무가 없으나, 매도인이 물품을 적재하는 경우에는 특별한 사정이 없다면, 매수인의 위험과 비용으로 부담하는 것으로 보아야 할 것이다. 매도인의 영업 구내에서 일어나는 적재작업 중의 위험을 매수인이 피하기 위해서는 FCA 규칙을 선택하는 것이 적절하다.

4) 수출통관

   ① 매도인은 수출을 실행하는 매수인의 요청으로 협조의무를 부담할 뿐이고 매도인은 물품의 수출통관이 요구되더라도 이를 하지 않아도 된다.
   ② 매수인이 직접 또는 간접으로 수출통관을 수행할 수 없는 경우에는 EXW조건을 사용하지 않는 것이 좋다.
   ③ 매수인은 물품의 수출에 관한 정보를 매도인에게 제공할 한정적 의무를 부담하며, 매도인은 조세 또는 보고의 목적으로 그러한 정보가 필요할 수 있다.

5) 매수인을 위한 유의사항

   11개 규칙 중에서 매도인의 의무가 가장 적기 때문에 매수인의 입장에서 조심스럽게 사용해야한다.

2. FCA(Free Carrier) : 운송인인도조건

(1) 정의

매도인은 물품을 지정인도장소(그 지정인도장소에 지정된 지점이 있는 경우에는 그 지점)에서 매수인이 지정한 운송인(또는 제3자)에게 인도하거나 그렇게 인도된 물품을 조달하여 인도하여야 한다. 인도는 ① 지정장소가 매도인의 영업구내인 경우에는, 물품이 매수인이 제공한 운송수단에 적재되는 때 ② 기타의 경우에는 물품이 매도인의 운송수단에 실린 채 양하 준비된 상태로 매수인이 지정한 운송인이나 제3자의 처분하에 놓인 때에 완료된다.

(2) 특징

1) 운송방식

   운송방식에 관계없이 사용할 수 있는 규칙으로 둘 이상의 운송방식이 채택된 경우에도 사용될 수 있다.

2) 인도장소 또는 인도지점

   당사자들은 지정인도장소 내의 지점을 가급적 명확하게 명시하는 것이 바람직한데, 그 지점에서 위험이 매수인에게 이전하게 되고, 그 지점은 물품이 인도되는 시점이 되고, 위험과 비용부담의 기준점이 된다.

3) 수출 및 수입통관

   수출통관은 매도인이 하여야 하지만, 매도인은 물품을 수입통관하거나, 수입관세를 부담하거나 수입통관절차를 수행할 의무가 없다.

4) 조달규정(procure)

   조달규정이 적용되어 연속매매에 대응할 수 있다.

5) 본선적재표기가 있는 선하증권

   당사자들이 계약에서 합의한 경우에 매수인은 그의 운송인에게 매수인은 그의 운송인에게 본선적재표기가 있는 선하증권을 매도인에게 발행하도록 지시하여야 한다. 그러한 경우에도 매도인은 매수인에 대하여 운송계약조건에 관한 어떠한 의무도 없다.

3. CPT(Carriage Paid To) : 운송비지급인도조건

(1) 정의

매도인은 지정인도장소(그 지정인도장소에 합의된 지점이 있는 경우에는 그 지점)에서 물품을 매도인과 운송계약(지정목적지까지 물품을 운송하는 계약)을 체결한 운송인에게 교부하거나 그렇게 인도된 물품을 조달함으로써 인도하여야 한다. 물품이 인도된 때로부터 물품의 멸실 또는 훼손의 모든 위험은 매수인이 부담한다. CPT조건은 CIP, CFR 또는 CIF조건과 함께 매도인은 물품이 목적지에 도착한 때가 아니라 운송인에게 물품을 교부하는 때에 자신의 인도의무를 이행한다.

▶ Incoterms의 조달의무
운송 중 연속매매가 이루어지는 경우, 중간에 있는 매도인은 물품을 선적하는 대신에 그렇게 선적된 물품을 "조달(또는 확보)"(procure)함으로써 매수인에 대한 의무를 이행한다. 물품을 선적할 의무에 대신하는 의무로서 "선적된 물품을 조달"할 의무를 명시하고 있다.

- Incoterms 2010의 조달의무 : FAS, FOB, CFR, CIF
- Incoterms 2020의 조달의무 : EXW 제외한 다른 규칙

(2) 특징

1) 운송방식
운송방식에 관계없이 사용할 수 있는 규칙으로 둘 이상의 운송방식이 채택된 경우에도 사용될 수 있다.

2) 인도장소(또는 인도지점) 목적지
① 비용 및 위험부담의 분기점
CPT 규칙에서는 물품의 인도장소(위험이전장소)와 물품의 목적지를 구분해야 한다. 인도와 위험은 인도장소에서 이루어지지만, 매도인은 물품의 목적지까지 운송계약을 체결하고 운송비를 부담한다. 따라서 인도지점(위험이전지점)과 비용부담지점이 상이하다.

② 운송계약체결 및 운송비 부담
매도인이 합의된 장소에서 물품을 자신이 지정한 운송인이나 제3자에게 인도하고 매도인이 물품을 지정목적지까지 운송하는데 필요한 계약을 체결하고 그 운송비용을 부담하여야 한다.

③ 특정 인도지점에 대한 합의 없는 경우 위험 이전
합의된 목적지까지 운송하는데 여러 운송인이 사용되고 당사자들이 특정한 인도지점에 관하여 합의하지 않은 경우에 위험은 전적으로 매도인에 의하여 선택되어 매수인으로서는 아무런 통제도 할 수 없는 지점에서 물품이 최초의 운송인에게 인도되는 때에 이전된다. 그 후의 어느 단계(예컨대, 항구 또는 공항)에서 위험이 이전하기를 원하는 경우에, 당사자들은 이를 매매계약에 명시하여야 한다.

3) 양하비용
당사자들은 합의된 목적지 내의 지점을 가급적 정확하게 특정하는 것이 바람직하며, 매도인이 자신의 운송계약에 따라 지정목적지에서 양하와 관련한 비용을 지출한 경우에 당사자 간에 달리 합의되지 않았다면 매도인은 그러한 비용을 매수인에게 구상할 수 없다.

4) 수출 및 수입통관
매도인은 수입통관하거나, 수입관세를 부담하거나 수입통관절차를 수행할 의무가 없다.

5) 조달규정(procure)
조달규정이 적용되어 연속매매에 대응할 수 있다.

4. CIP(Carriage and Insurance Paid To) : 운송비보험료지급인도조건

(1) 정의

1) CPT조건의 정의 + 보험부보의무 추가
2) 매도인은 운송중 매수인의 물품의 멸실 또는 손상의 위험에 대비하여 보험계약을 체결해야 한다.

(2) 특징(CPT와 동일하며, 보험관련내용 추가)

1) 운송방식

   운송방식에 관계없이 사용할 수 있는 규칙으로 둘 이상의 운송방식이 채택된 경우에도 사용될 수 있다.

2) 인도장소(또는 인도지점) 목적지

   ① 비용 및 위험부담의 분기점
   CIP 규칙에서는 물품의 인도장소(위험이전장소)와 물품의 목적지를 구분해야 한다. 인도와 위험은 인도장소에서 이루어지지만, 매도인은 물품의 목적지까지 운송계약을 체결하고 운송비를 부담한다. 따라서 인도지점(위험이전지점)과 비용부담지점이 상이하다.

   ② 운송계약체결 및 운송비 부담
   매도인이 합의된 장소에서 물품을 자신이 지정한 운송인이나 제3자에게 인도하고 매도인이 물품을 지정목적지까지 운송하는데 필요한 계약을 체결하고 그 운송비용을 부담하여야 한다.

   ③ 특정 인도지점에 대한 합의 없는 경우 위험 이전
   합의된 목적지까지 운송하는데 여러 운송인이 사용되고 당사자들이 특정한 인도지점에 관하여 합의하지 않은 경우에 위험은 전적으로 매도인에 의하여 선택되어 매수인으로서는 아무런 통제도 할 수 없는 지점에서 물품이 최초의 운송인에게 인도되는 때에 이전된다. 그 후의 어느 단계(예컨대, 항구 또는 공항)에서 위험이 이전하기를 원하는 경우에, 당사자들은 이를 매매계약에 명시하여야 한다.

3) 양하비용

   당사자들은 합의된 목적지 내의 지점을 가급적 정확하게 특정하는 것이 바람직하며, 매도인이 자신의 운송계약에 따라 지정목적지에서 양하와 관련한 비용을 지출한 경우에 당사자 간에 달리 합의되지 않았다면 매도인은 그러한 비용을 매수인에게 구상할 수 없다.

4) 수출 및 수입통관

   매도인은 수입통관하거나, 수입관세를 부담하거나 수입통관절차를 수행할 의무가 없다.

5) 조달규정(procure)

조달규정이 적용되어 연속매매에 대응할 수 있다(FCA규칙 Incoterms의 조달의무 참조).

6) 보험

매도인은 운송중 매수인의 물품의 멸실 또는 손상의 위험에 대비하여 보험계약을 체결해야 하며, 보험부보의무는 협회적하약관의 C약관에 의한 제한적인 담보조건이 아닌 협회적하약관의 A약관이나 그와 유사한 약관의 최대담보조건으로 부보하여야 한다. 그러나 당사자들은 합의에 의해 더 낮은 수준으로 담보조건을 부보하도록 정할 수 있다.

5. DAP(Delivered at Place) : 도착장소인도조건

(1) 정의

지정목적지에서 또는 그 지정목적지 내에 합의된 지점이 있는 때에는 그 지점에서 도착운송수단에 실어둔 채 양하 준비된 상태로 매수인의 처분하에 둠으로써 인도하거나 이미 그렇게 인도된 물품을 조달함으로써 인도하는 조건이다. 매도인은 그러한 지정장소까지 물품을 운송하는데 수반되는 모든 위험을 부담한다.

(2) 특징

1) 운송방식

운송방식에 관계없이 사용할 수 있는 규칙으로 둘 이상의 운송방식이 채택된 경우에도 사용될 수 있다.

2) 인도장소. 목적지 또는 인도, 목적지점

당사자들은 목적지나 목적지의 지점을 가급적 명확하게 명시하는 것이 바람직하다. 그러한 지점까지의 위험은 매도인이 부담하기 때문이다. 매도인은 이러한 선택을 정확하게 충족하는 내용으로 운송계약을 체결하는 것이 좋다.

3) 양하비용

매도인은 도착운송수단으로부터 물품을 양하할 필요가 없다. 그러나 매도인이 자신의 운송계약에 따라 목적지에서 양하에 관한 비용을 지출한 경우에, 당사자 간에 달리 합의되지 않았다면 매도인은 이를 매수인에게 구상할 수 없다. 도착운송수단으로부터 양하비용을 매도인이 부담하기를 원하는 때에는 DPU가 사용되어야 한다.

4) 수출 및 수입통관

매도인이 물품을 수입통관하고 수입관세를 부담하며 수입통관절차를 수행하도록 원하는 때에는 DDP가 사용되어야 한다.

▶ Incoterms 2010의 터미널인도(Delivered at Terminal : DAT) 조건과 비교
Incoterms 2010의 터미널인도(Delivered at Terminal : DAT)은 도착운송수단으로부터 양하한 후 터미널(부두, 창고, CY, 도로, 철도 또는 항공화물터미널)에서 인도해야 했으나, Incoterms 2020에서 도착지양하인도(Delivered at Place Unloaded : DPU)조건은 목적지를 PLACE 라고 규정하여 터미널 외에 어떠한 장소든지 목적지가 될 수 있다.

5) 조달규정(procure)

조달규정이 적용되어 연속매매에 대응할 수 있다.

6. DPU(Delivered at Place Unlaoded) : 도착지양하인도조건

(1) 정의

매도인은 지정목적지에서 또는 그 지정목적지 내에 합의된 지점이 있는 때에는 그 지점에서 도착운송수단으로부터 양하된 상태로 매수인의 처분하에 둠으로써 인도를 이행하는 조건이다. 매도인은 그러한 지정장소까지 물품을 운송하고 양하하는데 수반되는 모든 위험을 부담한다.

(2) 특징

1) 운송방식

운송방식에 관계없이 사용할 수 있는 규칙으로 둘 이상의 운송방식이 채택된 경우에도 사용될 수 있다.

2) 인도장소. 목적지 또는 인도, 목적지점

당사자들은 목적지나 목적지의 지점을 가급적 명확하게 명시하는 것이 바람직하다. 그러한 지점까지의 위험은 매도인이 부담하기 때문이다. 매도인은 이러한 선택을 정확하게 충족하는 내용으로 운송계약을 체결하는 것이 좋다.

3) 양하비용

매도인은 지정목적지에서 양하하는 비용과 위험을 수반한다. 매도인이 지정장소에서 양하할 수 있는 입장에 있는지 확실히 확인해야하고 매도인이 양하의 위험과 비용을 부담하지를 원하지 않는 경우는 DAP를 사용하여야 한다.

4) 수출 및 수입통관

매도인은 물품의 수출통관을 하여야 하지만, 수입통관하거나 수입관세를 부담하거나 수입통관절차를 수행할 의무가 없다. 매도인이 물품을 수입통관하고 수입관세를 부담하며 수입통관절차를 수행하도록 원하는 때에는 DDP가 사용되어야 한다.

5) 조달규정(procure)

조달규정이 적용되어 연속매매에 대응할 수 있다.

7. DDP(Delivered Duty Piad) : 관세지급인도조건

(1) 정의

매도인은 물품을 지정목적지(그 지정목적지에 합의된 지점이 있는 경우에는 그 지점)에서 도착운송수단에 실어둔 채 '양하준비상태(ready for unloading)'로 매수인의 처분하에 두거나 그렇게 인도된 물품을 조달함으로써 인도하여야 한다. 매도인은 목적지까지 물품이 인도되는 때까지 물품의 멸실 또는 손상의 모든 위험을 부담한다.

(2) 특징

1) 운송방식
<u>운송방식에 관계없이 사용할 수 있는 규칙</u>으로 둘 이상의 운송방식이 채택된 경우에도 사용될 수 있다.

2) 인도장소, 목적지 또는 인도, 목적지점
매도인은 지정목적지까지 위험을 부담하기 때문에 당사자들은 합의된 목적지내의 지점을 가급적 명확하게 명시하는 것이 바람직하다. 매도인은 이러한 선택을 정확하게 충족하는 내용으로 운송계약을 체결하는 것이 좋다.

3) 양하비용
매도인이 자신의 운송계약에 따라 목적지에서 양하에 관한 비용을 지출한 경우에, 당사자 간에 달리 합의되지 않았다면 매도인은 이를 매수인에게 구상할 수 없다.

4) 수출 및 수입통관
물품의 수출통관 및 수입통관을 모두 하여야 하고, 수출관세 및 수입관세를 모두 부담하여야 하며, 모든 통관절차를 수행하여야 하는 의무를 부담한다.

5) 조달규정(procure)
조달규정이 적용되어 연속매매에 대응할 수 있다.

6) 매도인을 위한 유의사항
매도인이 직접 또는 간접으로 수입통관을 수행할 수 없는 경우에는 DDP조건을 사용하지 않는 것이 좋다. 당사자들이 수입통관에 관한 모든 비용과 위험을 매수인이 부담하기를 원하는 때에는 DAP조건 또는 DPU조건이 사용되어야 한다. 수입 시에 부과되는 부가가치세 기타 세금은 매도인이 부담하되, 다만 매매계약에서 명시적으로 달리 합의된 때에는 그에 따른다.

7) <u>매도인의 최대의무 표빙</u>된다.

※ 해상운송과 내수로운송에 적용되는 규칙

1. FAS(Free Alongside Ship) : 선측인도조건

(1) 정의
<u>매도인이 물품을 지정선적항에서, 특히 그 항구 내에 매수인이 표시 하는 선적지점이 있는 경우에는 그 지점에서, 매수인이 지정하는 선박의 선측에 둠으로써 또는 그렇게 인도된 물품을 조달함으로써 인도를 이행하는 조건이다.</u> 물품이 선측에 놓인 때로부터 물품의 멸실 또는 손상의 위험을 부담하며, 매수인은 그 이후의 모든 비용을 부담한다.

(2) 특징

1) 운송방식

　　오직 해상운송이나 내수로운송의 경우에만 사용되어야 한다.

2) 적재지점

　　지정선적항 내의 적재지점을 가급적 명확하게 명시하는 것이 바람직하다. 매도인이 그러한 지점까지 비용과 위험을 부담하고 또한 그러한 비용 및 관련 화물 취급비용이 그 항구의 관행에 따라 다양하기 때문이다.

3) 수출 및 수입통관

　　매도인은 수출통관을 하여야 하지만, 매도인은 물품을 수입통관하거나, 수입관세를 부담하거나 수입통관절차를 수행할 의무가 없다.

4) 조달규정(procure)

　　조달규정이 적용되어 연속매매에 대응할 수 있다.

5) 기타

　　컨테이너화물의 경우 선측이 아닌 터미널에서 운송인에게 교부하게 되므로 FAS규칙은 부적절하며, FCA규칙이 사용되어야 한다.

2. FOB(Free on Board) : 본선인도조건

(1) 정의

매도인이 물품을 지정선적항에서, 특히 그 항구 내에 매수인이 표시하는 선적지점이 있는 경우에는 그 지점에서, 매수인이 지정하는 본선에 적재함으로써 또는 그렇게 인도된 물품을 조달함으로써 인도를 이행하는 조건이다. 물품의 멸실 또는 손상의 위험은 물품이 본선에 적재된 때에 이전하며, 매수인은 그러한 시점 이후의 모든 비용을 부담한다.

(2) 특징

1) 운송방식

　　오직 해상운송이나 내수로운송의 경우에만 사용되어야 한다.

2) 수출 및 수입통관

　　매도인은 수출통관을 하여야 하지만, 매도인은 물품을 수입통관하거나, 수입관세를 부담하거나 수입통관절차를 수행할 의무가 없다.

3) 조달규정(procure)

　　조달규정이 적용되어 연속매매에 대응할 수 있다.

4) 기타

　　컨테이너화물의 경우 본선에 적재되기 전에 터미널에서 운송인에게 교부하게 되므로 FOB규칙은 부적절하며, FCA규칙이 사용되어야 한다.

3. CFR(Cost and Freight) : 운임포함인도조건

(1) 정의
매도인이 물품을 본선에 적재함으로써 또는 그렇게 인도된 물품을 조달함으로써 인도를 이행하는 조건이다. 물품의 멸실 또는 손상의 위험은 물품이 본선에 적재되는 때에 이전한다. 매도인은 물품을 지정목적항까지 운송하는데 필요한 계약을 체결하고 그에 따른 비용과 운임을 부담하여야 한다.

(2) 특징

1) 운송방식

오직 해상운송이나 내수로운송의 경우에만 사용되어야 한다.

2) 인도항, 목적항

① 비용 및 위험부담의 분기점
물품의 멸실 또는 손상의 위험은 물품이 본선에 적재된 때에 매수인에게로 이전하며, 매도인은 물품을 지정목적항까지 운송하는데 필요한 계약을 체결하고 그에 따른 비용과 운임을 부담하여야 한다. CFR조건은 CPT, CIP, 또는 CIF조건과 함께 매도인은 물품이 목적지에 도착한 때가 아니라 선택된 당해 조건에 명시된 방법으로 운송인에게 물품을 교부하는 때에 자신의 인도의무를 이행한 것으로 된다.

② 선적항
위험은 선적항에서 매수인에게 이전한다. 선적항에 대하여 매수인이 특별한 이해관계를 갖는 경우에, 당사자들은 계약에서 이를 가급적 정확하게 특정하는 것이 바람직하다.

③ 지정목적항 내의 지점 명시
당사자들은 합의된 목적항 내의 지점을 가급적 정확하게 특정 하는 것이 바람직하다. 그러한 지점까지의 비용은 매도인이 부담하기 때문이다. 매도인은 이러한 선택을 정확하게 충족하는 내용으로 운송계약을 체결하는 것이 좋다.

3) 양하비용
매도인은 자신의 운송계약에 따라 목적항 내의 명시된 지점에서 양륙비용을 지출한 경우에 당사자 간에 달리 합의되지 않았다면 이를 매수인에게 구상할 수 없다.

4) 수출 및 수입통관
매도인은 수출통관을 하여야 하지만, 매도인은 물품을 수입통관하거나, 수입관세를 부담하거나 수입통관절차를 수행할 의무가 없다.

5) 조달규정(procure)
조달규정이 적용되어 연속매매에 대응할 수 있다.

6) 복수의 운송인

CFR조건은 CPT, CIP, 또는 CIF조건과 함께 매도인은 물품이 목적지에 도착한 때가 아니라 선택된 당해 조건에 명시된 방법으로 운송인에게 물품을 교부하는 때에 자신의 인도의무를 이행한 것으로 된다.

7) 기타

컨테이너화물의 경우 본선에 적재되기 전에 터미널에서 운송인에게 교부하게 되므로 CFR규칙은 부적절하며, CPT규칙이 사용되어야 한다.

4. CIF(Cost, Insurance and Freight) : 운임보험료포함인도조건

(1) 정의

1) CFR 조건의 정의 + 보험부보의무 추가
2) 매도인은 운송중 매수인의 물품의 멸실 또는 손상의 위험에 대비하여 보험계약을 체결해야 한다.

(2) 특징(CFR과 동일하며, 보험관련내용 추가)

1) 운송방식

   오직 해상운송이나 내수로운송의 경우에만 사용되어야 한다.

2) 인도항, 목적항

   ① 비용 및 위험부담의 분기점

   물품의 멸실 또는 손상의 위험은 물품이 본선에 적재된 때에 매수인에게로 이전하며, 매도인은 물품을 지정목적항까지 운송하는데 필요한 계약을 체결하고 그에 따른 비용과 운임을 부담하여야 한다. CIF조건은 매도인은 물품이 목적지에 도착한 때가 아니라 선택된 당해 조건에 명시된 방법으로 운송인에게 물품을 교부하는 때에 자신의 인도의무를 이행한 것으로 된다.

   ② 선적항

   위험은 선적항에서 매수인에게 이전한다. 선적항에 대하여 매수인이 특별한 이해관계를 갖는 경우에, 당사자들은 계약에서 이를 가급적 정확하게 특정하는 것이 바람직하다.

   ③ 지정목적항 내의 지점 명시

   당사자들은 합의된 목적항 내의 지점을 가급적 정확하게 특정하는 것이 바람직하다. 그러한 지점까지의 비용은 매도인이 부담하기 때문이다. 매도인은 이러한 선택을 정확하게 충족하는 내용으로 운송계약을 체결하는 것이 좋다.

3) 양하비용

   매도인은 자신의 운송계약에 따라 목적항 내의 명시된 지점에서 양륙비용을 지출한 경우에 당사자 간에 달리 합의되지 않았다면 이를 매수인에게 구상할 수 없다.

4) 수출 및 수입통관

매도인은 수출통관을 하여야 하지만, 매도인은 물품을 수입통관하거나, 수입관세를 부담하거나 수입통관절차를 수행할 의무가 없다.

5) 조달규정(procure)

조달규정이 적용되어 연속매매에 대응할 수 있다.

6) 복수의 운송인

CIF조건은 매도인은 물품이 목적지에 도착한 때가 아니라 선택된 당해 조건에 명시된 방법으로 운송인에게 물품을 교부하는 때에 자신의 인도의무를 이행한 것으로 된다.

7) 기타

컨테이너화물의 경우 본선에 적재되기 전에 터미널에서 운송인에게 교부하게 되므로 CIF규칙은 부적절하며, CIP규칙이 사용되어야 한다.

8) 보험

매도인은 운송중 매수인의 물품의 멸실 또는 손상의 위험에 대비하여 보험계약을 체결 해야 하며, 보험부보의무는 협회적하약관의 A약관에 의한 제한적인 담보조건이 아닌 협회적하약관의 C약관이나 그와 유사한 약관의 최소담보조건으로 부보하여야 한다. 그러나 당사자들은 합의에 의해 더 높은 수준으로 담보조건을 부보하도록 정할 수 있다.

III. 비엔나협약(CISG)

1. CISG의 의의

국제무역거래는 법체계와 상관습을 달리하는 상이한 국가에 소재하는 매도인과 매수인 사이의 매매거래에서 분쟁발생의 위험이 있으며, 이러한 경우 준거법의 통일 및 표준화의 필요성에 따라서 국제적 매매를 규율하는 통일적 국제조약이 제정된 것으로, CISG는 United Nations Conventions on Contracts for the International Sales of Goods(국제물품매매에 관한 UN협약)이며 비엔나협약 또는 UN통일매매법이라 한다.

2. 특징

(1) 포괄적인 법체계

영미법(영국, 미국)과 대륙법(우리나라, 일본)을 절충하여 조화를 이룬 법체계로서 계약의 성립, 당사자의 의무, 계약의 위반 및 구제 등을 포괄한다.

(2) 계약유지의 원칙
계약의 해제는 당사자 일방의 계약위반이 본질적 위반에 해당하는 등 일정한 요건을 충족한 경우에만 인정이 된다. 일방의 계약위반에 대하여 가급적 계약이 소멸되는 것을 방지하고 이행될 수 있도록 하자보완권 및 손해배상청구권 등을 인정하고 있다.

(3) 사적자치의 원칙
일부 강행법적인 조항을 제외하고 당사자의 합의에 따라서 CISG의 내용을 배제할 수 있으며 당사자 합의가 CISG에 우선적으로 적용되게 할 수 있다.

(4) 국제매매에 한정하여 적용
CISG 협약 제1조에 따라서 CISG의 적용은 국제매매를 대상으로 한다.

(5) 당사자 불문
매매계약의 당사자에 대하여 별도로 정하는 내용이 없다.

(6) 소유권이전 규정의 부재
무역거래에서 가장 민감한 소유권 이전에 대하여는 별도로 규정을 하고 있지 않기 때문에 별도의 준거법이나 각국의 법률에 맡기는 것을 전제로 한다.

(7) 소유권과 위험부담의 분리
위험부담의 문제는 별개의 문제로 규정하고 있다.

(8) 고의·과실 여부 무관
손해배상에 있어서 계약불이행 당사자의 고의·과실 여부를 불문한다.

3. CISG의 구성

CISG는 전문에 이어 총 4개의 부로 구성되어 있으며, 제1부 적용범위와 총칙, 제2부 계약의 성립, 제3부 당사자의 권리와 의무, 제4부 최종규정이 있고, 그 외에 후문으로 구성되어 있다. 전문과 후문은 선언적인 규정에 불과하며, 2부, 3부의 내용이 국제매매에서 필요한 전반적인 사항을 규정하고 있다.

편	장	절	조항
전 문			
제1부 적용범위 및 총칙	제1장 적용범위		제1조~제6조
	제2장 총칙		제7조~제13조
제2부 계약의 성립(청약, 승낙, 계약의 성립)			제14조~제24조
제3부 물품의 매매	제1장 총칙		제25조~제29조
	제2장 매도인의 의무	제1절 물품의 인도와 서류의 교부	제30조~제34조
		제2절 물품의 일치성 및 제3자의 청구권	제35조~제44조
		제3절 매도인의 계약위반에 대한 구제	제45조~제52조
	제3장 매수인의 의무	제1절 대금의 지급	제53조~제59조
		제2절 인도의 수령	제60조
		제3절 매수인의 계약위반에 대한 구제	제61조~제65조
	제4장 위험의 이전		제66조~제70조
	제5장 매도인과 매수인의 의무(공통규정)	제1절 이행기일 전의 계약위반과 분할이행계약	제71조~제73조
		제2절 손해배상액	제74조~제77조
		제3절 이자	제78조
		제4절 면책	제79조~제80조
		제5절 해제의 효과	제81조~제84조
		제6절 물품의 보존	제85조~제88조
제4부 최종규정		타협정과의 관계	제89조~제101조
		서명의 채택	
		계약의 유보	
후 문			

3장 핵심문제

01 다음은 UCP 600의 내용이다. (　)에 들어갈 숫자로 옳은 것은?

> 신용장에 명기된 신용장의 금액, 수량 또는 단가와 관련하여 사용된 about, approximately라는 단어는 이에 언급된 금액, 수량 또는 단가의 (　)%를 초과하지 아니하는 과부족을 허용하는 것으로 해석된다.

① 5
② 10
③ 15
④ 20
⑤ 30

정답 ②

해설　신용장에 명기된 신용장의 금액, 수량 또는 단가와 관련하여 사용된 about, approximately라는 단어는 이에 언급된 금액, 수량 또는 단가의 10%를 초과하지 아니하는 과부족을 허용하는 것으로 해석된다.

02 신용장통일규칙(UCP 600)에서 선하증권의 수리요건에 관한 설명으로 옳지 않은 것은?

① 선장의 이름을 표시하고 선장 또는 선장을 대리하는 지정대리인에 의하여 서명되어 있어야 한다.
② 본선적재표시에 의하여 물품이 신용장에 명기된 선적항에서 지정선박에 본선적재되었음을 표시하고 있어야 한다.
③ 신용장이 환적을 금지하고 있는 경우에도 물품이 선하증권에 의하여 입증된 대로 컨테이너, 트레일러 또는 라쉬선에 적재된 경우에는 환적이 행해질 수 있다고 표시하고 있는 선하증권은 수리될 수 있다.
④ 용선계약에 따른다는 어떠한 표시도 포함하고 있지 않아야 한다.
⑤ 운송의 제조건을 포함하고 있는 선하증권이거나, 또는 운송의 제조건을 포함하는 다른 자료를 참조하고 있는 약식선하증권이어야 한다.

정답 ①

해설　선하증권은 운송인의 명칭이 표시되어 있고, 지정된 운송인 뿐만 아니라 선장 또는 그 지정 대리인이 발행하고 서명 또는 확인된 것이어야 한다.

03 매도인이 매도인의 공장이나 창고 등 영업구내 또는 기타지정인도장소(그 지정인도장소에 합의된 지점이 있는 경우에는 그 지점)에서 물품을 매수인의 처분하에 둠으로써 인도 Incoterms 2020 거래규칙은?

① EXW
② CPT
③ CIP
④ DAP
⑤ DPU

정답 ①

해설　EXW은 매수인의 최대의무로서, 매도인이 매도인의 공장이나 창고 등 영업구내 또는 기타지정인도장소(그 지정인도장소에 합의된 지점이 있는 경우에는 그 지점)에서 물품을 매수인의 처분하에 둠으로써 인도된다.

04 해상 및 내수로 운송방식에서만 사용하는 규칙을 모두 고른 것은?

㉠ EXW	㉡ FAS	㉢ CIP
㉣ CPT	㉤ CFR	㉥ DPU

① ㉠, ㉡
② ㉠, ㉤
③ ㉡, ㉤
④ ㉢, ㉣
⑤ ㉣, ㉥

정답 ③

해설　해상 및 내수로 운송방식용 규칙 FAS, FOB, CFR, CIF로 총 4개가 있다.

제4장 해상운송

I. 해상운송의 개요

▶ 2023년, 2022년, 2021년 등 기출

1. 해상운송의 의의

일반적으로 해상운송이란 선박을 이용하여 사람과 재화를 운송하고 그 대가로 운임을 받는 해상 서비스를 말하며, 국제무역거래에서의 해상운송은 선박을 이용하여 국제간 화물을 운송하고 운임을 받는 것을 말한다. 일반화물의 대부분은 컨테이너화되어 컨테이너로 운송되며, 운송경로와 운임이 미리 정해져 있는 정기선과 운송수요에 따라 운항되는 부정기선이 있다.

2. 해상운송의 특징

(1) 장점

① 대량성 : 선박의 경우 수만 톤급이 보통이고 수십 만 톤의 화물선도 있다.
② 경제성 : 해상운송은 운송비가 저렴한 경제성을 그 특성으로 한다. 해상운송은 육상운송과 같은 도로라는 시설이 필요하지 않으며 1회에 대량운송이 이루어지기 때문에 규모의 경제원칙에 따라 단위당 운송비가 저렴하고, 수출상은 동일한 품질 및 가격의 물품이라면 해상운송을 통해 물품을 공급하는 것이 가격경쟁력이 있다.
③ 원거리 운송 : 해상운송은 대양을 횡단하는 원거리운송이 보편적이다.
④ 운송로의 자유성 : 해상운송은 타 운송방식에 비하여 운송로가 자유롭다. 해양은 대부분 공해로서 자유롭게 항해할 수 있다.
⑤ 국제성 : 해상운송에서는 입출항의 국가가 서로 다른 것이 일반적이며 주항로가 공해상이라는 점이 특정국가의 성격을 벗어난 것으로 해상운송은 국제성을 지니고 있다.

(2) 단점

① 저속성 : 해상운송은 타 운송방식에 비해 속력이 느리다. 1980년대 등장하기 시작한 고속선의 등장으로 선박의 신속성의 문제는 상당히 해소되고 있다.
② 위험도 : 타 운송방식에 비하여 비교적 화물의 안전도가 높은 편이 아니다.
③ 민감도 : 날씨에 민감하다.
④ 항만시설 : 항만시설에 대규모의 하역기기 등 설비가 필요하다.

▶ 해상운송의 기능
① 무역거래의 촉진
저운임에 의한 경제성이 있는 해상운송은 저렴한 비용으로 대량의 물품을 운송하는 서비스를 제공하므로 수출상에게 경쟁력 있는 가격으로 물품을 공급할 수 있게 하며, 무역거래가 촉진된다.
② 국제수지의 개선
해상운송선박이 자국 물품을 선적하여 목적항에 도착하여 화물을 적취하지 못하고 귀항하는 경우가 아니라면, 해외의 화주로부터 운임수입을 기대할 수 있어, 국제수지 개선에 기여한다.
③ 관련 산업의 발전
선박을 건조하는 조선업, 선박 건조의 재료로 활용되는 철강산업이 발전하고, 물품의 운송 중에 멸실・손상의 위험에 대해 보험을 부보하는 화주가 늘어나므로 보험업도 발전하고, 수출입물품을 통관하는 통관업, 운송화물의 일시 또는 장기 보관하는 서비스를 제공하는 창고업 등의 연관사업이 발전한다.
④ 국제분업의 촉진
해운산업의 발전으로 무역거래가 촉진되면, 생산비에서 비교 우위가 있는 국가가 물품을 생산하는 국제분업체제가 가속화되는 결과가 나타나게 되어, 국가별 산업특화에 의한 국민경제의 효용 증대에 기여한다.
⑤ 국민소득의 증대
선박회사의 운송서비스의 공급은 수출의 경우와 같이 산업연관 효과를 통하여 경제성장과 국민소득증대에 기여한다.

3. 해상운송의 흐름

(1) 운송비용의 평균화
해상운송은 국제운송의 중심운송으로서 선박건조기술의 발달, 항해기술의 진보 및 통신의 발달과 함께 발달하여 왔다. 국제무역의 자유화에 힘입어 모든 항구 내의 선박의 정박 및 출입이 자유롭게 됨에 따라 모든 비용도 평균화되게 되었다.

(2) 운송의 효율성 증대
컨테이너의 등장 및 보편화와 해상운송과 항공 및 육상운송이 결합된 복합운송으로 수출국에 일관운송이 실현되게 됨에 따라 물동량의 증가와 해상운송을 기초로 한 국제운송의 효율성이 증대되었다.

(3) 편의치적선의 등장
편의치적선(flags of convenience)은 선주가 속한 국가의 엄격한 선박소유시의 요구조건과 의무부과를 피하기 위하여 파나마, 온두라스 등의 이른바 <u>조세도피국(tax haven)의 국적을 취득한 선박</u>을 말한다.

4. 해상운송의 절차

(1) 운송의뢰
① 선복예약
  화주가 선사 또는 운송주선인에게 선복 예약 및 선적요청서(Shipping Request, S/R) 제출
② 인수확인서(Booking Note)
  선사는 화주가 작성한 S/R을 근거로 Booking Note 작성 후 화주에게 교부
③ 수출신고
  화주는 관세사를 통하여 세관에 수출신고 후 수출신고필증 발급받는다.

(2) 선적절차
① 화물인수목록(Booking List) : 선사는 선적 예정화물을 선적지, 양하지별로 구분하여 Booking List 작성하여 배포한다.
② E/R, Seal : 트럭회사는 운송주선인 / 선박회사의 지시를 받아 터미널에서 공 컨테이너(Empty CNTR)를 반출하여 기기수도증(Equipment Receipt, E/R)과 Seal(봉인, 컨테이너에 적재 후 봉인 장치) 가지고 화주 공장으로 이송
③ 화물적입 : 공 컨테이너에 화물 적입 및 봉인 후 항만으로 트럭 이송
④ 화물적입 및 수출통관
  ㉠ FCL : 수출상의 작업장 등 수출화물의 소재지에서 수출통관 후 송하인의 책임으로 컨테이너에 적입작업 후 봉인작업을 한다. 터미널 내 CY로 이동하여 CY Operator에게 인도한다.
  ㉡ LCL : 수출상의 작업장 등 수출화물의 소재지에서 수출통관 후 송하인의 책임으로 화물을 CFS에 반입하여 CFS Operator에 인도한다. CFS에서 혼재작업이 마무리되면 혼재컨테이너는 CY Operator에게 인도한다.

---

⑥ 국방기여
거의 모든 선박은 전시에 군대와 군수품의 수송에 동원되기 때문에 비상시에는 모든 상선이 전략물자를 수송하는 군용선화가 가능하고, 또 조선공업은 비상시에는 곧바로 군수산업이 된다.

▶ 국적선불취항증명제도
국적선불취항증명제도란 수출입 정기선 화물의 운송에 있어서 국적선이 취항하지 않는 항로나 선적 당시 운항중인 국적선이 없는 경우 동 사항에 관한 증명을 받아 외국적 선박을 이용할 수 있게 하는 제도를 말하며, 관례적으로 '웨이버(Waiver)제도'라고도 한다. 동 제도는 자국선자국화주의의 원칙에 따라, 부정기선에 의한 화물의 운송에서의 '지정화물' 제도와 함께 국적선을 보호하기 위한 대표적인 제도였으나, 경제협력개발기구(OECD) 가입 등을 계기로 해운자유의 원칙에 따라 1999년에 폐지되었다.

▶ 편의치적의 효용 및 한계점
1. 효용
  • 운항상의 융통성이 있다(등록절차 간편).
  • 세제상의 이점이 있다(최초등록세와 톤세만 징수).
  • 자국선원을 승선시키지 않아도 되기 때문에 이에 따른 선원 공급원 선택이 자유롭다.
  • 운항 및 안전기준의 이행을 회피할 수 있나.
2. 한계점
  • 해운과세의 국제적 불통일 : 편의치적은 그 발생 시초부터 법의 맹점을 이용하여 이익을 추구하려는 의도가 있기 때문에 이에 따른 문제점 가운데 가장 큰 문제는 선박 자체를 일국의 통치 하에 둠으로써 세원의 도피에 따른 해운과세의 국제적 불통일을 초래하게 된다.
  • 선박의 안전성과 선원의 기술 수준 저하 : 명목상의 치적국의 법적 감시 장치의 미비와 책임감의 결여로 선박의 안전성과 선원의 기술수준이 저하된다.

- 선원의 권익 침해 : 개발도상국의 선원이 악덕 편의치적 선주의 착취대상이 될 수 있으며, 반대로 실질적인 선주의 국가의 선원들이 고용기회를 상실하게 되어 권익이 침해될 수 있다.
- 치적국의 경제와 무관 : 편의치적을 통하여 해운기업이 취득한 운임수입을 자국통화로 전환시키지 않으므로 치적국의 국제수지에 아무런 도움도 주지 않는다.

▶ 재래선 운송의 경우
① 선적지시서(Shipping Order)
   선사는 선장에 선적지시서(Shipping Order, S / O) 교부
② 용적중량증명서 의뢰
   검량회사에서 검수표를 작성하여 일등항해사에게 송부한다.
③ 본선수취증 발급
   본선에 화물 선적 후 화주에게 본선수취증(Mate's Receipt : 선박의 1등 항해사가 선장을 대리하여 선사에서 발급한 S / O 대로 선적되었는지 검수인 입회하여 화물수량, 상태를 확인하고 발급하는 수취증)
④ B / L 발급
   본선수취증을 선박회사에 제출하게 되면, 필요한 경우 운임 등을 지급하고 선사는 화주에게 B / L을 발급해준다.

⑤ CY 부두수취증 : CY에서는 송하인이 제출한 서류와 컨테이너 적입화물이 일치하는지 대조하여 부두수취증 D/R(Dock Receipt)을 교부한다.
⑥ B/L 발급 : 본선수취증을 선박회사에 제출하게 되면, 필요한 경우 운임 등을 지급하고 선사는 화주에게 B/L을 발급해준다. 실무적으로 부두수취증의 경우 송하인에게 교부되지 않고, 선사 내부적으로 전달이 이루어져 최종적으로 B/L이 교부된다.

(3) 양륙절차
① 도착통지
   수입국 선사는 운송주선인에게 도착 통지(Arrival Notice, A / N), 운송주선인은 수입자에 도착통지한다.
② 수입통관
   관세사에 의뢰하여 관할 세관에 수입신고를 진행하며, 관세 등을 납부하여 수입신고수리필증을 교부받는다.
③ 화물인도
   수입자가 은행에 대금결제 후 B / L 원본을 받거나 송하인으로부터 받은 B / L을 선박회사에 제시하고 운임지불이 필요한 경우 운임을 지급하고 화물인도지시서(Delivery Order, D / O)를 받아 화물 인도받는다.

II 선박의 개요

▶ 2022년, 2021년 등 기출

1. 선박의 개념과 기능

(1) 선박의 개념
넓은 의미의 선박은 수상에서 사람 또는 물건을 싣고, 이것들을 운반하는 데 쓰이는 구조물을 의미한다. 선박은 부양성, 적재성, 이동성의 3요소를 동시에 갖춘 구조물로서 해운상의 선박은 상행위, 기타 영리를 목적으로 화물 및 여객의 운송에 사용되는 부양성, 적재성, 이동성을 갖춘 구조물을 말한다.

(2) 선박의 기본기능
① 부양기능(Floatation Capability) : 무거운 짐을 싣고 물에 뜨는 기능
② 주진기능(Self Propulsion Performance) : 물에 떠서 가는 기능
③ 구조기능(Vessel Structural Strength) : 튼튼한 그릇으로서의 역할기능
④ 화물적재와 안정성 및 복원력(Cargo Loading and Statical Stability) : 짐을 싣고 기울거나 쓰러지지 않는 안전한 기능
⑤ 운동성능(Ship Motion Characteristics) : 좁은 항만이나 해협에서 안전하게 조종할 수 있는 성능
⑥ 조종성능(Maneuverability) : 방향타와 조타기를 장착하여 희망 진행방향을 향하는 성능

2. 선박의 종류

① Merchant Ship(상선)
  ┌ Passenger Ship(여객선)
  ├ Cargo Ship(Freighter ; 화물선) ─┬ 일반화물선
  │   └ 특수화물선 : 곡물, 자동차 등의 전용선 / 냉동선 / LASH선 / 유조선 / 가스탱크선
  └ Semi-Cargo Ship(화객선) : 여객과 화물을 함께 운송
② Special Purpose Ship(특수선)
  Tug Boat(예인선), 쇄영선, 관측선, 검역선 등
③ Warship(군함)

(1) 화물선의 종류

① 일반화물선 : 정기선, 부정기선
② 전용화물선 : 컨테이너전용선, 자동차전용선, 석탄전용선, 목재전용선, 광석전용선 등
③ 특수화물선 : 특수액체운반선, 유조선(Tanker) 등 하역방식에 의한 분류

(2) 하역방식에 의한 분류

① Lo-Lo선(Lift-on / Lift-off Ship)
  갠트리 크레인(Gantry Crane) 등을 사용하여 컨테이너를 수직으로 하역하는 방식의 선박이다.
② Ro-Ro선(Roll-on / Roll-off Ship)
  데릭이나 크레인을 사용하지 않고 본선의 선수나 선미에 설치된 경사판(Ramp)을 통하여 화물을 적재한 트럭이나 트레일러가 그대로 선내에 들어가 하역 할 수 있는 구조를 가진 선박이다.
③ LASH선(Lighters Aboard Ship) / Fo-Fo선(Float-on / Float-off Ship)
  부선에 화물을 적재한 상태로 본선에 적입 및 운송하는 특수선이다.
④ Barge(부선, Lighter)
  항만 내부나 짧은 거리에서 화물을 운송할 수 있는 동력장치가 없는 선박이다.

(3) 선형에 의한 분류

① 재래선(Conventional Ship)
  컨테이너를 운송할 수 있는 구조를 가지고 있지 않은 선박이다.
② 컨테이너선(Container Ship)
  컨테이너선에는 컨테이너 전용선(Full Container Ship)과 세미컨테이너선(Semi-Container Ship)이 있다. 세미컨테이너선은 재래선의 일부에 컨테이너를 탑재하도록 설계된 컨테이너선이다.

③ 컨버터블 컨테이너선(Convertible Container Ship)
컨테이너 적재장치를 철거하면 벌크화물도 적재가 가능한 컨테이너·벌크 겸용선이다.

3. 선박의 톤수(Tonnage)

선박의 크기는 선박자체의 중량이나 용적(vessel's tonnage)으로 표시하기도 하지만 화물선에 있어서는 그 선박에 적재할 수 있는 화물의 양이나 용적(loading capacity tonnage)으로 표시한다. 선박의 크기는 100 cubic feet를 1ton으로 나타내며 화물의 양으로 나타낼 때는 40 cubic feet를 1ton으로 한다.

(1) 용적톤수(Space Tonnage)

① G / T(Gross Tonnage ; 총톤수) : 선박내부의 총 용적으로 상선이나 어선의 크기를 표시하고 각국의 해운력 비교의 자료가 되며 통계나 관세 등의 과세자료 근거가 된다. 선박의 안전과 위생항해에 이용되는 장소는 제외된다.

② N / T(Net Tonnage ; 순톤수) : 총톤수에서 기관실, 선원실 등 선박의 운항과 관련된 장소의 용적을 제외한 것으로 순수하게 여객이나 화물의 수송에 사용되는 용적이다. 선주의 상행위와 관련된 용적이기 때문에 항세, 톤세, 운하통과료, 항만시설사용료 등의 제세와 수수료의 산출기준이 된다.

③ M / T(Measurement Tonnage ; 재화용적톤수) : 선박의 재화적재능력을 용적으로 표시한 것으로 1ton은 40cft를 기준으로 한다.

(2) 중량톤(Weight Tonnage)

① D / T(Displacement Tonnage ; 배수톤수) : 선박의 중량은 선체의 수면하의 부분인 배소용적에 상당하는 물의 중량과 같으며 이 물의 중량을 배수량 또는 배수톤수라 한다. 배수량은 화물의 적재상태에 따라 다르므로 배수톤수를 말할 때는 보통 만재상태에 있어서의 선체의 중량을 말한다.

② DWT(Dead Weight Tonnage ; 재화중량톤수) : 가장 중요한 톤수로서 만재배수톤수와 경화배수톤수의 차이로 계산한다. 선박의 매매 및 용선료의 산출기준이 된다. 재화중량톤수에서 연료, 청수, 식량 및 선용품과 소지품 등을 제외한 중량을 순재화중량(Net Dead Weight)이라 하고 이것이 실제의 적재화물의 중량이 된다.

4. 선박의 제원

(1) 선박의 구성

① 앵커(Anchor, Anchorage)
선박의 정박을 위한 필수장비이며 닻이라고 한다. 통상 Windlass라 불리는 Winch에 의해 조작되며 대형선의 경우 Capstan으로 조작된다.

② Ballast
화물을 선적하지 않고 운항할 때 선박에 일정한 배의 흘수(Draft)나 트림(Trim)을 조정하기 위하여 중량을 적재함으로써 선박의 감항성을 유지한다.

▶ 선박의 기타 구성
- Derricks 혹은 Cranes
  일반화물선의 적·양하용 장비이다. 용량은 통상 5~10톤의 양력을 가지나 경우에 따라 중량물 취급이 쉬운 데릭(Derrick)를 가진다.
- 창구(Hatch Way)
  창구는 선박의 갑판에 있는 개구를 말하며 이곳을 통하여 선창에 화물을 적재 혹은 양하한다.
- Dunnage
  나무 조각, 고무주머니 등으로 화물 사이에 끼워 화물손상을 방지하기 위한 재료이다.
- 벌크헤드(Bulk Head)
  공기의 흡입 및 배출통로를 확보하기 위해 설치된 수직 칸막이. 선박의 일부 손상으로 침수될 경우 다른 부분의 침수를 방지하는 역할을 한다.
- 이중저Double Bottom
  선창바닥과 선박 맨 밑바닥 사이의 공간. 좌초 시의 안전을 위한 장치이다.
- Shaft Tunnel
  엔진과 프로펠러를 연결하는 프로펠러 축을 보호하기 위해 만든 터널을 말한다.
- 좌현, 우현(Port Side, Starboard Side)
  선수 방향으로 왼쪽을 좌현(Port Side), 오른쪽을 우현(Starboard Side)이라 한다.

③ Bilges

각 칸막이 방마다에 만들어진 폐수, 기름 등의 폐기물로서 펌프로 이를 퍼낼 수 있도록 되어 있다. 선미의 중지탱크(Double Bottom Tanks)를 이용하는 경우도 많다. 각 선박은 화물선적 전에 특히 식량선적 전에는 엄격한 검사를 받는다.

(2) 선박의 주요치수

① 전장(LOA ; Length Over All)

선체에 고정적으로 붙어 있는 모든 돌출물을 포함한 배의 앞부분부터 맨 뒷부분까지의 수평거리이다. 조선·수리 등을 위한 입거 시, 접안 및 파나마운항 통과 시 반드시 이 길이가 고려된다.

② 수선간 길이(LBP ; Length Between Perpendicular)

화물을 만재했을 때 선박과 수면이 접촉한 직선길이를 말한다. 만재홀수선상의 선수(船首) 수선으로부터 타주의 중심을 지나는 선미(船尾) 수선까지의 수평거리이다. 전장(LOA)보다 짧고 선박의 길이는 일반적으로 이것을 사용한다.

③ 전폭(Extreme Breadth)

선체의 제일 넓은 부분에서 측정한 외판의 외면에서 반대편 외판까지의 수평거리이다. 조선·수리 등을 위한 입거 시, 파나마 운하 통과 시는 반드시 이 넓이가 고려된다.

④ 형폭(Moulded Breadth)

선체의 제일 넓은 부분에서 측정한 Frame의 외면에서 외면까지 수평거리이다. 선박법상 배의 폭에 이용되며, 전폭에서 양쪽 외벽판의 두께를 제외한 길이에 해당한다.

⑤ 선심

선체중앙에 있어 상갑판 가로들보 상단에서 용골의 상단까지의 수직거리이다. 선박법상 배의 깊이에 해당하며 형심으로 불리기도 한다. 선박법 및 국제만재홀수선주약 등에서 선박의 깊이를 나타낼 때 사용된다.

⑥ 건현(Freeboard)

배의 중앙에서 측정한 만재홀수선에서 상갑판 위까지의 수직거리이다. 배의 깊이에서 홀수 부분을 뺀 길이이다. 건현이 크면 예비부력이 커져 배의 안정성이 커진다.

(3) 선박의 홀수

홀수는 선박의 물속에 잠긴 부분을 수직으로 젠 길이로 운하, 강 등에 대한 선박의 통행가능여부와 항구 등에 대한 출입가능여부 등을 결정하는 주요기준이다. 선박자체 부력과 밀접한 연관성이 있으므로 선박의 안전과도 직결되는 중요한 제원이다. 모든 선박은 선수와 선미에 20cm의 간격을 두고 홀수눈금과 아라비아숫자로 된 해당 홀수를 표시한다.

전흘수	수면에서 선체 제일 밑부분까지의 수직길이로서 용골과 외벽판의 두께를 포함한다. (통상적으로 그냥 흘수라고 할 경우에는 전흘수를 의미)
형흘수	수면에서 용골상단까지의 수직길이로서 전흘수에서 용골과 외벽판의 두께를 제외한 길이
선수흘수	선수부분의 흘수로서 선박의 앞부분이 물속에 잠긴 정도
선미흘수	선미부분의 흘수로서 선박의 뒷부분이 물속에 잠긴 정도
최대만재흘수	안전항해를 저해하지 않는 선에서 허용된 최대 흘수로서 선측에 표시된 만재흘수선에서 선체 제일 밑부분까지의 수직길이

(4) 만재흘수선표

① 해당 선박의 계절별·해역별 최대만재흘수선과 그것을 지정한 선급협회 등을 나타낸 표지로 선체 오른쪽의 중앙부에 표시되면 건현표로 불린다.
② 만재흘수선은 물의 비중 상태와 관계없이 항상 동일한 적재중량을 유지하기 위한 선으로 선박의 안전을 위하여 화물의 과적을 방지하고 선박의 감항성이 확보되도록 설정된 최대한도의 흘수이다.
③ 만재흘수선의 기본적인 개념은 배가 물에 잠기는 정도가 떠있는 물의 비중에 따라 다르고, 물의 비중은 해수와 담수 간에 차이가 있으며 온도에 따라 변하기 때문에 그 상태를 몇 가지로 분류하여 기준을 정한 것이다.
④ 국제항해에 취항하는 선박, 길이 24m 이상의 선박 및 여객선, 길이 12m 이상 24m 미만으로 여객 13인 이상을 운송할 수 있는 여객선 등은 의무적으로 만재흘수선을 표시해야 한다.
⑤ 마크는 영구적인 방법으로 부착해야 하며, 밝은 바탕에는 검은색, 어두운 바탕에는 흰색이나 노란색으로 페인트칠을 한다.(모든 선의 두께는 25mm)

▶ 만재흘수선표 예시

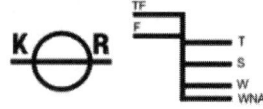

S : 하기 만재흘수선
W : 동기 만재흘수선
WNA : 동기북대서양 만재흘수선
T : 열대 만재흘수선
F : 하기 담수 만재흘수선
TF : 열대 담수 만재흘수선

5. 선급제도

국가마다 다른 법규에 의해 선박이 건조됨에 따라 정상적인 항해가 가능한 선박인지 감항성(seaworthiness)의 전문적, 객관적 판단을 위해 만든 제도이다.

6. 운송관련 서류

① 적하목록(MF ; Manifest)
  외국무역선(혹은 항공기)이 적재하고 있는 화물의 일람표로서 운송기관의 명칭이나, 선하증권번호, 도착지와 출항지, 송화인과 수화인, 화물의 품명 및 수량 등을 기재하여 세관은 이것에 따라 적재화물을 파악한다.
② 화물인도지시서(D / O ; Delivery Order)
  수입업자가 자신의 화물을 인도받기 위해 은행으로부터 인수한 원본선하증권에 배서하여 이를 선박회사에 제출함으로써 취득하게 되는 화물인도의 지시서이다.
③ 부두수취증(D / R ; Dock Receipt)
  컨테이너 선적을 하기 위해 화물을 선박회사가 지정하는 장소에 인도했을 경우 선박회사가 화물의 수취를 증명하는 화물수취증을 말하는데, 오늘날은 특

히 컨테이너 수송화물을 CY나 CFS 등에서 선박회사에 인도했을 경우 재래선의 본선수취증(mate's receipt) 대신 이것을 작성한다. 화주에게 직접 교부되는 경우는 드물고 선박회사 내부에서 사용되는 서류이다.

④ 파손화물보상장(Letter of Indemnity : L / I)
수출업자가 화물 또는 포장의 손상 시에 무사고 선하증권을 발급받기 위해 선박회사에 제출하는 각서로서 무사고 선하증권을 발급함으로써 발생하는 클레임이나 손해에 대해 선박회사에 보상하겠다는 내용이다.

⑤ 수입화물 선취보증서(Letter of Guarantee : L / G)
화물은 도착하였으나 B / L이 도착하지 않은 경우, 항만이 적체되고 수입상에게는 불필요한 창고료 등이 발생하는 등 여러 부작용이 따르게 된다. 이런 문제를 해결하기 위해 필요한 것이 수입화물 선취보증서로서 선하증권없이 화물을 인도받기 위해서 수입상이 개설은행에 신청하여 발급받는 연대보증서이다.

⑥ 수입화물대도(Trust Receipt : T / R)
수입화물대도란 은행이 수입상이 대금을 결제하기 전에 운송서류를 수입상에게 인도하여 그 운송서류로 화물을 수령하여 처분한 후 그 판매 대금으로 은행에 지불하도록 하는 제도를 말한다. T / R에 의해 발행은행이 수입상에게 수입물품을 대도할 경우 수입화물의 담보권은 은행이 보유하며 개설은행의 수입상에 대한 일종의 신용공여가 된다.

▶ 수입화물 선취보증서의 내용
L / G는 선하증권원본을 도착 즉시 선사에 제출하겠다는 것과 L / G발급으로 인한 모든 손해와 비용은 모두 수입상과 은행이 부담하고 선사에는 하등의 책임도 묻지 않겠다는 내용으로 되어 있다. 수입상이 은행으로부터 L / G를 발급받아 선박회사에 제출하면 화물인도지시서(Deliver Order, D / O)가 교부되는데 이 D / O와의 상환으로 화물을 인수할 수 있고 또 통관절차 수행도 가능하다. 단 화물이 이미 수입상에게 인도되었으므로 B / L 등 선적서류가 도착하면 수입상은 서류의 하자를 이유로 수리거절할 수 없다.

III 항만

1. 항만시설

항만시설이란 화물의 선적과 하역을 위한 시설을 갖추고 있는 장소로 수역시설, 외곽시설, 계류시설, 임항교통시설, 여객시설, 보관시설 및 화물처리시설 등으로 분류된다. 항만은 수출입 화물의 일시적 보관, 하역을 통하여 해륙을 연결하는 물류활동의 중심지로서 국가 및 지역의 경제성장과 고용창출에 기여할 뿐만 아니라 다양한 부가가치 서비스를 제공한다.

(1) 수역시설

① 내항항로
내항의 부두, 계류지 및 묘박지와 외항을 연결하는 선박의 통행로로서 선박이 항행할 수 있는 충분한 수심과 선박에 대한 조류의 영향을 최소화할 수 있는 조류의 방향과 작은 각도를 이루도록 해야 한다.

② 묘박지(Anchorage)
접안을 앞둔 선박이 일시적으로 닻을 내리고 대기하는 수역으로 수면이 잔잔하고 닻을 내리기 좋은 지반이어야 한다.

③ 선회장

선박이 방향을 전환할 수 있는 장소로서 예선의 유무, 바람, 조위의 영향 등을 고려한 안전한 수면을 확보해야 한다. 대개 자선의 경우 대상선박 길이의 3배를 직경으로 하는 원이며, 예선이 있을 경우에는 대상선박 길이의 2배를 직경으로 하는 원으로 한다.

(2) 외곽시설

방파제, 방사제, 방조제, 도류제, 호안, 제방, 돌제, 갑문, 수문 등이 있다.

(3) 계류시설

계선안벽, 계선부표(Mooring Buoy), 잔교, 물양장, 선착장, 부잔교 등이 있다.

① 안벽(Quay, Berth) : 선박이 접안하여 화물의 하역 및 여객의 승하선을 위한 구조물로 해저로부터 수직으로 구축된 벽과 하역설비가 설치된 부두지역을 통칭한다. 안벽의 부속물로는 펜더와 계선주가 있다.
  ㉠ 펜더(Fender) : 선체가 안벽과 충돌 시 충격완화를 위해 안벽 외측에 부착시켜 두는 목재나 고무재
  ㉡ 계선주(Bitt, Bollard, Mooring Post) : 선박을 계선밧줄로 고정하기 위하여 안벽에 설치된 석재
② 계선부표(Mooring Buoy) : 묘박지에 배치하여 선박을 계류하는 부표
③ 잔교(Pier, Jetty) : 선박의 접안 및 계류를 위해 연안에 붙여 만든 다리 모양의 구조물

Ⅳ 해상운송의 형태

1. 정기선 운송

(1) 정기선 운송의 개요

1) 의의

<u>정기선(liner)운송이란 엄격한 운송계획하에 특정 항로, 항만을 규칙적으로 왕복 운항하는 선박에 의한 운송형태이다.</u> 사전에 작성, 공표된 운임과 운항일정에 따라서 특정항로를 왕복운항하고 불특정 다수 화주의 소량화물, 공산품 등의 일반화물이나 포장화물을 운송한다.

2) 특징

① 대상 : 우편물, 공업제품 등의 일반화물(general cargo), 소량화물, 컨테이너 화물로 불특정 다수화물을 대상으로 한다.
② 운임 : 일반적으로 운임동맹 또는 해운동맹이 제정한 공통 운임률표에 의해 운임이 책정되며 부정기선보다 상대적으로 운임률이 높다.

▶ 해상운송 형태
해상운송은 운송형태에 따라 정기선, 부정기선운송으로 구분할 수 있다. 해상운송의 초기에는 부정기선 운송이 대다수를 이루었지만 국제무역량의 증대와 컨테이너의 발달 등 조선 및 항해기술을 발달로 인해 정기선 운송이 주류를 이룬다.

③ 운항일정(Sailing Schedule)과 운임요율표(Freight Tariff)를 공시한다.
④ 정기선 항로에 배선하는 선박회사끼리 해운동맹을 결성하는 것이 일반적이다.
⑤ 화물의 다소에 관계없이 특정항로를 유지 운항한다.
⑥ 다수화주의 소량화물을 대상으로 개품운송계약을 체결한다. 즉, 다수의 화주와 일일이 협의하여 운송계약을 체결하지 않고 동일한 양식의 선하증권을 발급한다.

3) 장점

고정된 항로를 규칙적으로 운항하기 때문에 선적기일을 맞추는데 적합하며 부정기선보다 대체로 신조선박이 많아 안정된 항행을 수행할 수 있다.

4) 단점

선박이 부정기선에 비해 고가이며, 화물의 다소에 관계없이 고정된 항로를 운항하여 많은 선박이 필요하고 경영조직이 커야하기 때문에 막대한 자본을 필요로 한다.

(2) 개품운송계약

개품운송계약(contract of affreightment in a general ship)이란 정기선 운송의 계약형태로서, 해상운송인인 선박회사가 다수의 화주와 개개의 화물에 대한 운송을 위해 체결한 계약으로 운송인이 운임과 상환으로 일정장소에서 일정장소까지 각 화주의 개별화물을 운송하여 목적지에서 선하증권과 상환으로 화물을 인도할 것을 약정하는 것을 내용으로 하는 계약이다.
선박회사가 개개의 화물을 여러 화주로부터 인수하여 혼적(consolidation)하므로 주로 정기선운송에서 개품운송계약이 체결된다.

2. 부정기선 운송

(1) 부정기선 운송의 개요

1) 의의

부정기선(Tramper)운송이란 고정된 항로 없이 수요에 따라 운항하는 선박에 의한 운송을 말한다. 항로나 화물 또는 항해에 관한 제한 없이 자유롭게 운항한다.

2) 특징

곡물이나 원유, 광물을 비롯한 일반 원료의 운송이나 대량의 화물, 운송수요가 급증하는 화물 등을 주로 운송하며, 선주가 선박 또는 선복을 제공하여 화물을 운송할 것을 약정하는 용선계약(charter party)을 체결하여 운송되는 것이 일반적이다.

3) 장단점

① 장점

부정기선은 대량화물을 운송하기 때문에 대체로 정기선 운임보다 낮은 가격으로 구성되며, 실물처럼 수시로 대량운송이 필요한 경우에 편리하게 이용될 수 있다.

② 단점

그 당시의 수요와 공급에 의하여 운임이 결정되므로 변동 폭이 크다. 또한 부정기선에 이용되는 선박은 정기선 운송에 비하여 대체로 선령이 높은 것이 많아 항해의 위험도가 높은 단점이 있다.

구 분	개품운송계약	용선운송계약
운송형태	정기선운송	부정기선운송
화주	불특정 다수	특정화주
대상화물	주로 컨테이너화물 및 기타 단위(unit)화물	주로 원유, 철광석, 석탄, 곡물 등의 대량의 산화물(bulk cargo)
계약서	별도의 운송계약서 작성 없이 선하증권이 발급됨으로써 최종적인 계약서 역할	화주가 직접 여러 가지 조건을 운송인과 협의하여 용선계약서(charter party)를 작성
운임의 결정	공표된 운임(Taiff Rate)에 의함.	수요와 공급에 따라 변동함(Open Rate)
운임조건 (하역비에 따라)	Berth Term(Liner Term)	FIO, FI, FO, FIOST
운임률	용선운송에 비해 상대적으로 높음	정기선운송에 비해 상대적으로 저렴함
준거법	성문법	보통법(계약자유)

(2) 용선계약

1) 의의

용선운송계약(Charter Party)이란 해상운송인이 선박의 전부 또는 일부 선복(ship's space)을 제공하여 적재된 물품의 운송을 약속하고 운송위탁자인 용선자는 이에 대해 운임(용선료)을 지급하는 것을 약정하는 해상운송계약을 말한다.

2) 용선계약의 분류

용선계약은 화물운송계약과 선박사용용선으로 구분되며, 화물운송계약에는 항해용선계약과 유사운송계약 등이 있으며, 선박사용계약에는 정기용선계약과 나용선계약이 있다.

용선계약은 용선자가 자신이 용선한 선박을 다시 제3자에게 정기용선 또는 항해용선을 주거나 또는 개품운송계약에 의해 제3자의 화물운송을 인수하는 것을 재용선이라고 한다.

3) 항해용선계약

항해용선계약은 선주가 용선자에게 선원이 승무하고 항해장비를 갖춘 선박을 제공하여 항해에 사용하게 하고, 이에 대한 대가로써 해상운임(Oxean freight)을 수취하기로 약정하는 용선계약을 말한다.

4) 기간용선계약

기간용선계약 또는 정기용선계약(Time Charter)이란 내항성이 있고 선박에 필요한 모든 용구를 갖추고 선원까지 승선시킨 선박 즉, 운항상태를 갖춘 선박의 선복을 일정기간 및 기타조건을 정하여 용선하여 그 기간을 기준으로 용선료를 지불하는 계약을 의미한다.

5) 나용선

나용선계약 또는 임대차용선계약(Bareboat Charter ; Demise Charter)이란 선박소유자 즉 선주가 선박임차인 또는 나용선자에게 선원을 배승하지 않은 운송수단인 선박의 제공 즉 용선선박을 직접 사용·수익하게 할 것을 약정하고, 선박임차인 또는 나용선자가 이에 대하여 임차료로서 용선료를 지급할 것을 약정함으로써 성립하는 계약이다.

(3) 항해용선계약

1) 의의

항해용선계약은 선주가 용선자에게 선원이 승무하고 항해장비를 갖춘 선박을 제공하여 항해에 사용하게 하고, 이에 대한 대가로써 해상운임(Oxean freight)을 수취하기로 약정하는 용선계약을 말한다.

2) 항해용선계약의 종류

① 선복용선계약

선복용선계약 또는 포괄운임용선계약(Lump Sum Charter)에서는 용선료를 적하 톤수에 의하지 않고 한 항해당 일정금액을 포괄운임 또는 선복운임을 지불한다.

② 일대용선계약

일대용선계약(Daily Charter)은 본선의 적재일로부터 양륙항에서 화물의 인도완료시까지 1일당 요율을 정해서 선복을 용선하는 계약이다.

③ 장기용선계약

항해용선계약의 변형인 장기용선계약은 특정항로에 일정한 수량의 화물을 일정기간 내에 운송하도록 화주가 운송인에게 재량권을 부여한 것이다.

3) 하역비용의 부담

① Berth Term

화주가 화물을 선측까지 운송하여 선주에게 인도하면 선주가 화물을 태클에 걸어서 선적하면서부터 적재하역비, 선내하역비 및 목적항에서의 양륙하역비와 화물손상에 대한 책임을 부담한다. 이 경우 화주의 하역비 부담이 적은 조건으로 통상적으로 정기선이 이 방식으로 운임을 책정하므로 Liner Term이라고도 한다.

② Free In(F.I.)

본선내로의 적재하역비 및 선내하비와 그 작업 중의 손해비용을 선주가 부담하지 않고 화주가 부담하는 조건을 말한다. 즉, 선주는 양륙작업에 대한 책임 및 비용을 부담한다.

▶ 나용선계약의 특징

항해용선계약과 기간용선계약은 용선자에게 물품의 운송권만 부여하는 것이지만, 나용선계약에 있어서는 용선자에게 선박의 점유와 통제권을 부여하므로 선장은 법적으로 용선자의 대리인이 된다. 선박운영비 일체를 용선자가 부담하여 운용하고, 선주에게는 반대급부로 선박건조비 또는 구입비에 해당하는 자본비 성격의 용선료를 지불하는 선박사용계약을 의미한다.

③ Free Out(F.O.)
본선에서 화물을 양륙할 때 양륙하역비와 그 사이의 손해비용을 선주가 부담하지 않고 화주가 부담하는 조건이다. 즉, 선주는 적재 및 선내하역작업에 대한 책임 및 비용을 부담한다.

④ Free In and Out(F.I.O.)
적재하역비와 양륙하역비 모두를 선주가 부담하지 않고 화주 즉, 용선자가 부담하는 조건을 말한다.

⑤ Free In and Out Stowed Trimmed(FIOS.T.)
적재하역비와 양륙비뿐만 아니라 본선내로의 적부비, 선창내의 화물정리비 모두를 선주가 부담하지 않고 화주가 부담하는 조건이다.

V 해상운임(Freight)

▶ 2022년, 2021년 등 기출

1. 해상운임의 의의

해상운임은 선박에 의한 화물의 운송에 대하여 지불되는 보수로서 자유경쟁 하에서의 재화와 마찬가지로 선복(Ship's Space)에 대한 수요와 공급에 의해서 결정된다. 정기선의 경우 보통 운송회사 간 해운동맹의 결성으로 불완전경쟁 내지 독점경쟁이 행해지며 그 운임도 동맹에 의해 품목별로 표준운임률을 적용한다.

2. 해상운임의 형태

(1) 정기선운임

① 자유운임 (Open Rate)
해운동맹에서 제정·공포하는 표정운임표에는 거의 대부분의 화물이 포함되나 표정운임표에서 제외되는 화물을 자유화물, 그 운임을 자유운임이라 한다.

② 할증운임
화물의 성질, 형상, 운송방법 등에 따라 기준운임만으로 불충분할 경우 적용되며 종류로는 중량할증, 장척(長尺)할증 등이 있다.

③ 정책운임
특정 화물에 예외적으로 정해지는 저렴한 운임이다.

④ 컨테이너운임
컨테이너운임은 협정요금이며, 항로에 따라 각 해운회사가 운임을 설정할 수 있다.

⑤ 위험물 및 할증 기타
폭발, 발화, 유독성 등 위험이 있는 화물운송에 부과한다.

▶ 해상운임의 결정 원칙
① 해상운임 : 해운서비스에 대하여 이용자가 지불하는 가격
② 운임수준 결정요인 : 해운서비스의 생산에 소요된 해운원가, 화물의 수량과 가격, 하역, 적재조건 등
③ 운임부담능력원칙 : 운임률이 화주의 각 화물이 갖는 운임부담능력에 따라 결정되는 방법
④ 원가보상의 원칙 : 해운서비스를 생산하는데 지출된 원가에 생산자의 적정이윤을 더한 운임결정방법

▶ 정기선운임의 특징
① 해운동맹에 의해 협정이 되고 있는 독점가격
② 해운시황의 변동에 영향을 받지 않아 비교적 안정적
③ 정액운임표(Tariff) : 각 품목의 운임부담력이나 용적, 중량 등의 비율 등을 고려하여 결정되며 화주에 대하여 균등한 운임을 부과
④ 중량이 유리하면 중량운임이며, 용적이 유리하면 용적운임
⑤ 하역비 부담조건 (Berth Term 또는 Liner Term)
⑥ 일정한 운항 예정표(Schedule)에 따라 운항

(2) 부정기선운임

① 광석, 곡물, 석탄, 목재, 설탕 등 대량화물을 대상으로 해운시황에 따라 선사와 화주사이의 자유계약에 의해 결정되는 자유운임이 원칙이다. 운송수요와 선복의 공급과 관련하여 크게 변동하는 특징이 있다.

② 부정기선 운임의 종류
  ㉠ Spot운임 : 계약직후 아주 짧은 기간 내에 선적이 개시될 수 있는 상태에서 선박에 대하여 지불되는 운임
  ㉡ 선물운임 : 계약으로부터 실제 적재 시까지 오랜 기간이 있는 조건의 경우의 운임이고 투기적 요소가 약간 개입
  ㉢ 연속항해운임 : 어떤 특정 항로를 반복으로 연속하여 항해하는 경우에 약정된 연속항해의 전부에 대하여 적용하는 운임율
  ㉣ 장기계약운임 : 특정 선박으로 연속하여 항해를 되풀이하는 연속항해운임과 유사하나 장기운송계약운임은 몇 년간에 몇 항해, 몇 년간에 걸쳐 연간 몇 만톤과 같이 약정되는 운임계약

3. 해상운임의 산정기준

(1) 화물의 중량기준(Weight Basis)

용적(부피)은 작지만 중량이 높은 화물(예 철강제품, 화학제품 등)은 중량을 기준 운임으로 책정한다. 화물의 중량은 포장이 포함된 총중량(Gross Weight)으로 계산한다. 실무상 Metric Ton이 보편화되었다.

(2) 화물의 용적기준(Measurement Basis)

부피가 큰 화물은 부피가 운임산정의 기준이 된다. 부피(용적)를 재는 단위는 Cubic Meter(CBM)와 Cubic Feet(cft)가 있는데 이 중에서 Cubic Meter(CBM)가 보편화되어 있다. 중량과 용적의 두가지 중 어느 쪽이든 높은(큰)쪽의 톤수가 운임산정의 기준이 된다. 이때 운임산정의 기준이 된 톤수를 운임톤(Freight Ton or Revenue Ton : R/T)이라고 한다.

(3) 종가기준(Ad Valorem)

종가라는 말은 가격을 기준으로 운임을 책정한다는 뜻이다. 보석이나 예술품, 희귀품 등에 대해서는 보통 상품가격의 2~5% 정도의 일정비율을 할증·추가하여 운임으로 결정하는 경우가 있는데 이를 종가운임이라고 하며, 정기선 운임에서만 통용되는 계산기준이다.

(4) 통운임

1개 이상의 운송기관에 의해 운송되는 화물에 대해 일괄적으로 적용되는 운임이다.

(5) 무차별운임(FAK Rate)

화물의 종류나 내용과는 관계없이 중량과 용적에 따라 동일하게 부과하는 운임이다.

(6) 박스 레이트(Box Rate)

컨테이너 내부에 넣는 화물의 양(부피)에 상관없이 무조건 컨테이너 하나당 운임을 책정하여 실무에서 사용하게 된 것이다.

5. 해상운임의 종류

(1) 기본운임

중량 또는 용적단위로 책정되며, 둘 중 높은 쪽이 실제 운임부가의 기준이 된다. 이때 실제운임을 부과하는 기준톤을 운임톤(R/T ; Revenue Ton)이라 한다.

(2) 할증료(Surcharge)

공시된 운임률에도 불구하고 운임의 인상요인이 발생하였을 경우 화주에게 할증료를 부과한다.

① 통화할증료(Currency Adjustment Factor : CAF) : 환율의 변화에 따라 운송인에게 환차손의 위험이 있는 경우 그 손해를 화주에게 부담시키기 위한 할증료이다.

② 유가할증료(Bunker Adjustment Factor : BAF) : 유류가격의 인상으로 인한 손실을 보전하기 위한 할증료이다.

③ 체선할증료(Congestion Surcharge) : 도착항의 선박체증으로 입항하지 못하고 지체되는 경우에 부과되는 할증료이다.

④ 용적 및 장척할증료(Bulky / Lengthy Surcharge) : 특별히 부피가 크거나 길이가 긴 화물에 대해 부과하는 할증료이다.

⑤ 중량할증료(Heavy Lift Surcharge) : 특별히 무게가 무거운 중량화물에 대해 부과하는 할증료이다.

⑥ 양륙항 선택화물할증료(Optional Cargo) : 화물 선적 시에 양륙항이 지정되지 않고 출항 후에 화주가 가장 편리한 양륙지를 선택하여 그 항구에서 양륙하여 화물을 인도하는 경우에 적용된다.

(3) 특수운임

① 특별운임(Special Rate) : 해운동맹이 비동맹과 화물유치경쟁을 할 때 일정한 화물에 대해 일정조건을 갖춘 경우 인하된 특별요율로 화물을 인수하는 운임이다.

② 경쟁운임(Open Rate) : 자동차, 시멘트, 비료, 광산물과 같은 선적 단위가 큰 대량화물은 해운동맹이 요율을 별도로 정하지 않고, 동맹가입선사(Member)가 임의로 적용하여 경쟁력을 높이는데, 이때 적용되는 운임이 경쟁운임이다.

③ 접속운임(OCP Rate) : 북미 내륙의 OCP(Overland Common Point)지역으로 운송하는 경우 해상운송업자가 육상·항공운송까지 화주를 대신하여 계약을 체결하는 경우에 화주가 지급하게 되는 총괄운임이다.

④ 최저운임(Minimum Rate) : 최저운임은 용적 또는 중량이 운임산출톤에 미달되는 화물에 대해 B / L이 발행되는 경우에, 화물의 종류에 관계없이 B / L 한 건당을 단위로 하여 특정하게 설정하는 운임이다.

▶ 지급시기에 따른 운임
① 선불운임 (Freight Prepaid) 선적과 동시에 송화인이 지급한다. 실무상 C, D조건에 의한 수출의 경우 수출업자가 선적지에서 운임을 지불하게 되는 것을 말하다.
② 후불운임 (Freight Collect) 양륙지에서 매수인이 화물을 수령할 때 지급한다. 실무상 F조건의 경우 수입업자가 화물의 도착지에서 운임을 지급하며 이를 후불운임이라 한다.

⑤ 지역운임 (Local Freight) : 태평양운임동맹(TPFC)의 요율 : 태평양 연안 여러 항구까지의 양륙화물에 대한 운임, 북미 내륙지역을 도착지로 하는 화물에 대해 적용하는 미내륙항 접속운임률이다. 미국 록키산맥의 동부 지역은 Local Area라고 부르며, Main Port에서 내륙지역까지의 운송료를 Port Local Freight라 한다.

⑥ 소포운임(Parcel Freight) : 소포에 대한 운임을 Parcel Freight라 하며 소포는 B/L대신에 소포화물수취증이 발행된다.

(4) 부대비용의 종류

① Wharfage : 부두사용료로 해운항만청 고시에 의하여 부과
② 터미널화물처리비(THC ; Terminal Handling Charge) : 화물이 컨테이너터미널에 입고된 순간부터 본선의 선측까지, 반대로 본선 선측에서 CY의 게이트를 통과하기까지 화물의 이동 비용
③ CFS Charge : 컨테이너 하나의 분량이 되지 않는 소량화물을 운송하는 경우, 선적지 및 도착지의 CFS(Container Freight Station)에서 화물의 혼재(적입) 또는 분류작업 시 발생하는 비용
④ 컨테이너세(Container Tax) : 1992년부터 항만배후도로를 이용하는 컨테이너 차량에 대해 징수하는 지방세
⑤ 서류발급비(Documentaion Fee) : 선사가 선하증권(B/L)과 화물인도지시서(D/O) 발급 시 소요되는 비용
⑥ 도착지화물인도비용(DDC ; Destination Delivery Charge) : 북미수출의 경우 도착항에서의 하역 및 터미널 작업비용을 해상운임과는 별도로 징수
⑦ 지체료(Detention) : 화주가 허용된 시간(Free Time) 이내에 반출해 간 컨테이너를 지정된 선사의 CY로 반환하지 않을 경우 지불하는 비용
⑧ 보관료(Storage Charge)
CFS 또는 CY로부터 화물 또는 컨테이너를 무료기간(Free Time) 내에 반출하지 않으면 내는 비용이다. 무료기간 종료 후 일정기간이 지나도 인수하지 않으면 선사는 공매처리할 권리를 가지며, 창고료 및 부대비용 일체를 화주로부터 징수한다.

VI. 선하증권

▶ 2022년, 2021년 등 기출

1. 선하증권의 개요

(1) 선하증권의 정의

선하증권은 물품의 수취 또는 선적을 증명하고, 목적지에서 선하증권과 상환으로 물품을 인도할 것으로 확약하는 물권적 유가증권으로, 선하증권의 양도는 권리의 양도를 의미한다.

▶ 용어설명
• 선하증권
함부르크 규칙 제1조 제7항에 따르면, 선하증권이란 해상운송계약 및 운송인에 의한 물품의 수취 또는 선적을 증명하는 증권으로서, 운송인이 동증권과 상환으로 물품을 인도할 것을 약정하는 증권을 말한다.

선하증권은 상업송장, 보험증권과 더불어 3대 필수서류로 취급되며, 화환어음을 발행하여 은행을 통해 대금을 회수하는 보편적인 화환취결관행의 중심서서류가 된다.

(2) 선하증권의 기능

1) 운송계약의 증거(Evidence of Contract)

   선하증권은 화주와 운송인(선박회사) 간에 해상화물운송계약이 체결된 다음 운송인이 송화인으로부터 물품을 수령하거나 선적된 이후에 발행된다. <u>선하증권은 그 자체가 운송계약서가 아니라 증권에 기재된 내용과 조건대로 해상운송계약이 체결되었음을 증명하는 증거서류이다.</u>

2) 화물수령증(Receipt for Goods)

   <u>선하증권은 운송인이 선하증권에 기재된 물품을 선적을 위하여 지정된 장소에서 수령하였거나 또는 지정된 본선에 적재되었음을 증명하는 역할</u>을 한다. 즉 운송인이 선하증권에 표시된 화물을 수령하였거나 선적하였음을 증명하는 화물수령증의 기능을 한다.

3) 권리증권(Document of Title)

   <u>선하증권을 소지한 자는 그 증권에 기재된 물품의 소유권을 가지고 있어 목적지에서 운송인에 대하여 화물인도청구권을 행사할 수 있다.</u> 선하증권의 소지인은 또한 배서(endorsement) 및 양도를 통하여 자신의 권리를 제3자에게 이전할 수도 있다. 이와 같이 선하증권은 그 자체가 화물을 대표하는 권리증권으로서의 기능을 한다.

(3) 법적성질

1) 유가증권성

   선하증권은 물품의 동일성을 보증하는 권리·의무를 표시하고 물품의 처분권 및 인도청구권이 법적으로 보증되어 유가증권의 성질이 있다.

   ① 유통증권성

   화물의 권리를 대표하는 유가증권으로 배서나 교부에 의하여 권리가 이전되는 유통성을 지니고 있다.

   ② 요인증권성

   선하증권의 발행과 그 권리는 운송계약에 의해 운송인이 화물을 인수하였다는 원인에 의한 것으로 이를 요인증권이라고 한다.

   ③ 요식증권성

   선하증권은 상법이나 선하증권의 준거법에 명시된 법적 기재사항이 기재되어야 하는 요식증권이다. 또한 기재내용은 운송화물의 내용과 일치하여야 한다.

2) 지시증권성

   지시식 선하증권은 배서나 교부의 방법으로 증권의 권리가 타인에게 권리를 양도할 수 있다. 우리 상법은 기명식선하증권이라 하여도 배서에 의하여 양도할 수 있도록 규정하고 있다.

3) 인도증권성

선하증권의 정당한 소지자는 화물의 소유권을 갖게 되므로 화물 자체를 소유한 것과 같은 법률적 효력을 갖는다. 그러므로 선하증권의 인도가 물품에 대한 인도로 간주되는 인도증권으로서의 성질을 지니고 있다.

4) 처분증권성

선하증권을 작성한 경우에는 물품에 대한 처분을 선하증권으로 하여야 한다.

5) 상환증권성

화물의 인도는 선하증권과의 상환으로만 청구할 수 있다.

6) 채권증권성

선하증권의 정당한 소지인은 이를 발급한 운송인에 대하여 선하증권상에 표시된 화물의 인도를 청구할 수 있는 채권을 갖고 있다.

7) 제시증권성

원본선하증권의 경우 반환하지 않으면 선사는 물품의 인도를 행하지 않는다. 즉, 선하증권의 수하인이 증권의 제시 이외의 방법으로 자신이 운송물의 정당한 취득권자임을 증명하는 경우, 화물의 수령이 어렵기 때문에 선하증권은 제시증권으로서의 성격을 갖는다.

[선하증권의 기능과 법적 성질]

구분	항목	내용
기능	운송 계약의 증거	화주와 운송인간에 선하증권의 내용대로 운송계약이 체결되었음을 증명하는 증거
	화물수취증	운송인이 증권에 표시된 물품을 수령하였음을 증명하는 증서
	권리증권	선하증권 그 자체가 화물을 대표하는 권리증권
법적 성질	요인증권	화주와 운송인 간 운송계약에 의해 선적 및 수탁사실을 전제로 하여 발행됨.
	요식증권	상법 등 관련 법률에 규정된 법정기재사항의 기재가 요구됨
	문언증권	운송인과 화주의 권리와 의무이행은 선하증권에 기재된 문언에 의해서만 따름
	상환증권	선하증권과 상환 없이 화물의 인도를 청구할 수 없음
	인도증권	선하증권의 인도가 곧 운송물의 인도와 동일한 효력이 있음
	처분증권	선하증권에 기재된 물품을 처분함에 있어 반드시 선하증권에 의해서만 가능함
	지시증권	배서방식을 통하여 선하증권을 다른 사람에게 양도할 수 있음

(4) 선하증권의 기재사항

1) 법정 기재사항

우리나라 상법 제853조의 규정(선하증권의 기재사항)에 따른 선하증권의 법정기재사항은 다음과 같다. 선하증권에는 다음의 사항을 기재하고 운송인이 기명날인 또는 서명하여야 한다.

① 선박의 명칭·국적 및 톤수
② 송하인이 서면으로 통지한 운송물의 종류, 중량 또는 용적, 포장의 종별, 개수와 기호
③ 운송물의 외관상태
④ 용선자 또는 송하인의 성명·상호
⑤ 수하인 또는 통지수령인의 성명·상호
⑥ 선적항
⑦ 양륙항
⑧ 운임
⑨ 발행지와 그 발행연월일
⑩ 수통의 선하증권을 발행한 때에는 그 수
⑪ 운송인의 성명 또는 상호
⑫ 운송인의 주된 영업소 소재지

2) 임의적 기재사항

선하증권의 임의적 기재사항에는 선장의 성명, 운임의 지불지 등이며 선박회사의 권리, 의무 등에 관한 일반 면책약관이 포함되어 있다. 이러한 임의적 기재사항은 선하증권 양식에 인쇄돼 있기도 하고 필요에 따라 수기, 타이핑, 고무인 등으로 기재되기도 한다.

① 항해번호(Voyage No) : 선사가 임의 결정한 항해번호
② 통지처(Notify Party)
③ 운임 지불지 및 환율
④ 비고(Remark) : 화물의 선적 시 손상여부 및 과부족 상황을 기재
⑤ 면책약관 : 운송인의 면책조항이 기재되며, 후일 화주로부터 손해배상 청구를 면하기 위한 사항으로 B / L의 이면약관으로 대신한다.

2. 선하증권의 종류

(1) 적재여부에 따라

① 선적선하증권(Shipped B/L : On board B/L)
화물이 본선에 적재된 후에 발행되는 선하증권이다. 선적선하증권은 증권상에 "Shipped" 또는 "Shipped on Board" "Shipped on apparent good order and condition"이라는 문구가 표시된다. 이 증권은 선적선하증권의 발행일자가 선적일자가 된다. 모든 선하증권은 선적 선하증권으로 발행되어야 하는 것

이 원칙이다.

② 수취선하증권(Received B/L)

선사나 운송주선인이 송화인의 물품을 단지 <u>수령한 상태에서 발행된 선하증권</u>을 말한다. 이는 물품을 선적할 선박이 항내에 정박 중이거나 아직 입항되지 않았거나, 선박이 지정된 경우에 운송인이 물품을 수령하고 선적 전에 발행한 선하증권이다. 신용장에 본선적재(on board)를 요구하는 명시규정이 있거나 해상운송만을 허용하는 경우에는 단순한 수취선하증권은 수리될 수 없다. 그러나 신용장상에 본선적재에 관련한 언급이 없거나 복합운송이나 항공운송을 허용한 경우에는 수취선하증권도 수리가 가능하다.

(2) 사고유무에 따른 분류

① 무사고 선하증권(Clean B/L)

물품을 본선상에 적재할 때 물품의 상태가 외관상 양호하고 수량이 맞아 선하증권의 비고(remarks)란에 아무런 표시가 없는 선하증권을 말한다. 선하증권상에 "shipped (or loaded) in apparent good order and condition on board the vessel... (본선에 외관상 양호한 상태로 선적되었음)"과 같이 기재되거나, 주문된 물품명과 수량이 정확하게 기재되고 물품이나 포장상태의 하자내용이 기재 되어 있지 않은 경우도 무고장선하증권이다.

② 사고부 선하증권(Foul B/L : Dirty B/L : Claused B/L : Unclean B/L)

선박회사가 물품을 인수할 당시 파손, 수량부족 혹은 포장불량 등의 사실을 인지하고 이러한 내용들을 비고란에 기재한 선하증권을 말하며, 화물에 사고나 하자가 발생할 경우에 본선수취증의 비고란에 이 사실을 기재하여 사고본선수취증을 발급하는데, 이를 화주가 선박회사에 제출하면 발행되는 선하증권이다.

(3) 수하인 표시방법에 따른 분류

① 기명식 선하증권(Straight B/L)

선하증권의 수화인(consignee)란에 수입업자 및 은행 등과 같이 특정인의 명칭이 기재된 선하증권을 말한다. 기명식선하증권의 경우 수화인 란에 명시된 당사자만 물품을 인도받을 수 있기 때문에 지시식 선하증권과는 달리 유통될 수 없다. 하지만 우리나라 상법에서는 기명식 선하증권이라 하더라도 별도의 배서금지의 문구가 없는 한 배서에 의하여 양도될 수 있도록 규정하고 있다.

② 지시식 선하증권(Order B/L)

선하증권의 수화인(consignee)란에 특정인을 기재하지 않고 단순히 "to order of xxx bank", "to order", "to our order", "to order of shipper" 등이 기재 된 선하증권을 말한다. 지시식 선하증권은 백지배서(blank endorsement)를 통하여 양도가 가능하다.

③ 백지식 혹은 지참인식 선하증권(Bearer B/L)

수하인 란에 특정인이나 그의 지시에 따른다는 표시가 없는 선하증권이다. 분실시 매우 위험하기 때문에 우리나라에서는 금지되어 있다.

▶ 무고장선하증권의 신용장 활용
신용장상에 '무고장선하증권(clean B/L)'을 요구하고 있는 경우 위와 같이 기재된 선하증권을 은행은 수리한다. 한편 만재화물(FCL)인 컨테이너 화물의 경우 컨테이너로의 물품적재의무가 송화인에게 있기 때문에 매도인이 물품을 컨테이너에 적입한 후 발행된 선하증권 상에 "shipper's load and count(송화인의 적재 및 수량확인)" 혹은 "said by shipper to contain(송화인의 신고내용에 따름)"과 같은 부지문언(unknown clause)이 기재된 선하증권도 무고장선하증권으로 간주되어 은행은 수리한다.

▶ 사고부 선하증권의 신용장 활용
매입은행에서 수리하지 않으므로 화주는 선박회사에 파손화물보상장을 제출하고 무사고 선하증권을 교부받은 뒤 어음을 매입하는 은행에 제출해야 한다. 사고부 선하증권은 신용장상에 "Foul B/L acceptable(고장부선하증권 수리가능함)" 등과 같이 별도의 언급이 없는 한 은행은 수리 거절한다.

(4) 유통가능여부에 따른 분류

① 유통가능선하증권(Negotiable B/L)
선하증권의 권리가 증권상에 기재된 자의 지시인에게 배서 및 교부에 의하여 양도될 수 있는 선하증권을 말한다. 일반적으로 지시식선하증권이 이에 해당되며 원본 3통의 선하증권이 유통가능선하증권이다. 증권상에 "Negotiable" 혹은 "Original(First original, Second original, Third original)" 등과 같은 표시가 인쇄되어있다.

② 유통불능선하증권(Non-negotiable B/L)
권리에 대한 양도나 유통이 불가능한 선하증권으로 기명식선하증권이 여기에 해당된다. 선하증권의 사본에는 "Non-negotiable" 혹은 "Copy"라는 표시가 인쇄되어 있으며 유통될 수 없고, 은행도 수리거절한다.

(5) 계약 성격에 따른 분류

① 정기선 선하증권(Liner B/L)
정기선에 의한 개품운송계약을 통하여 정기선박회사가 발행하는 선하증권을 말한다.

② 용선계약부 선하증권(Charter party B/L)
화주가 화물을 대량으로 운송하기 위해 부정기선을 용선하는 경우 화주와 선박회사 간에 체결되는 용선계약에 의해 발행되는 선하증권을 말한다. 신용장상에 요구가 있거나 허용될 경우 사용할 수 있다.

(6) 발행자에 따른 분류

① 집단선하증권(Master B/L)
한 컨테이너분량이 되지 않는 소량화물(LCL)인 경우 국제물류주선인(international freight forwarder) 또는 무박운송인(Non-Vessel Operating Common Carrier, NVOCC)이 목적지별로 여러 화주들의 물품을 혼재하여 해상운송을 직접 수행하는 선박회사에 인도하여 선적한 후 선박회사가 국제물류주선인에게 발급해주는 선하증권으로 'Master B/L'이라고도 한다.

② 국제물류주선인선하증권(House B/L, Forwarder's B/L)
개별 화주들에 대해 운송인의 역할을 담당하고 있는 국제물류주선인이 화주들에게 개별적으로 발행해주는 선하증권으로 'House B/L' 혹은 'Forwarder's B/L'이라고도 한다. 매도인이 House B/L을 은행에 제시하는 경우 매수인은 동 서류를 인도받아 도착지에서 화물을 수령하게 된다. Master B/L은 국제물류주선인과 선박회사 간에 화물인도 및 운임정산 등의 정리용으로 사용된다.

③ FIATA 복합운송선하증권(FIATA Combined Transport B/L)
국제운송주선인연맹(International Federation of Forwarding Agent's Association; FIATA)이 발행한 선하증권으로 혼재선하증권이다.

(7) 약관의 기재방식에 따른 분류

① 정식선하증권(Long Form B / L)

선하증권의 앞면에는 법정 기재사항들이 인쇄되어 있고 뒷면에는 운송약관이 인쇄되어 있는 선하증권을 말한다. 보통 양과 규격이 커서 정식선하증권보다는 약식선하증권이 이용된다.

② 약식선하증권(Short Form B / L)

일반적으로 선하증권의 앞면에는 법정 기재사항들이 인쇄되어 있고 뒷면에는 운송약관이 인쇄되어 있다. 약식선하증권은 선하증권의 앞면에는 모든 법정 기재 사항들이 인쇄되어 있지만 뒷면에는 운송약관이 생략되어있는 선하증권을 말한다.

(8) 전자식 선하증권(Electronic Bill of Lading)

전자식 선하증권은 기존의 종이 선하증권을 발행하지 않고, 선하증권의 내용을 구성하는 정보를 전자적 방법에 의해 운송인의 컴퓨터에 보관하고, 운송인이 부여한 '개인 키'(Private Key : 비밀번호)를 사용함으로써 물품에 대한 지배권 및 처분권의 권리를 그 권리자의 지시에 따라 수하인에게 전송하는 형식의 선하증권을 말한다.

(9) 제3자 선하증권(Third-Party B / L)

선하증권상의 송화인은 수출업자의 이름으로 작성되는 것이 일반적이지만 송화인이 신용장상의 수익자인 수출업자가 아닌 제3자(third party)를 송화인으로 하여 발행되는 선하증권으로 중계무역에서 주로 사용된다.

(10) 선 선하증권(Back-Dating B / L)

선적일을 경과하여 선적된 화물에 대해 선하증권의 발행일을 선적일 이전으로 앞당겨 발행하는 선하증권으로 원칙적으로 불법이다.

(12) 적색선하증권(Red B / L)

선하증권과 보험증권을 결합시킨 것으로 이 증권에 기재된 화물이 항해 중에 사고가 발생하면 선박회사가 보상해주는 선하증권을 말한다. 선하증권상에 부보내용을 표시하는 부분이 붉은색으로 되어 있기 때문에 적색선하증권(Red B / L)이라고 한다.

(13) 통과선하증권(Through B / L)

운송화물이 목적지에 도착할 때까지 다른 선박 또는 육상수단을 이용할 경우 최초 운송인인 선주가 전 구간의 운송에 대하여 책임을 지고 발행한 선하증권이다.

(14) Switch B / L

선하증권상에 "Switch(교환)"이라는 문언이 기재되어 있는 선하증권으로 중계업자가 해외 물품공급자로부터 받은 선하증권상의 송화인이 실제 공급자인 경우

▶ 전자식 선하증권의 사용배경
종이 선하증권(Paper B / L)의 문제점과 비유통성 해상운송장(Non-Negotiable Sea Waybill)의 문제점을 동시에 극복하기 위한 것이 전자식 선하증권이다. 기존의 종이 선하증권은 상환증권이므로, 이 서류를 소지하지 않고서는 선박회사에 화물을 청구할 수 없으므로 L / G라는 편법을 낳았다. 또한 비유통성 해상운송장은 매우 제한적인 거래에서만 사용될 뿐 아니라 선하증권과 비교하여 수하인의 지위가 불확실하고 운송 중에 물품전매가 이루어지는 거래에 있어서는 사용될 수 없었다. 권리증권으로서의 기능을 하면서 서류를 신속하게 수하인에게 인도할 수 있는 방법으로 개발된 것이 전자식 선하증권이다.

▶ Switch B / L의 이용이유
스위치선하증권은 만일 최종 수입업자가 선하증권상의 송화인(물품공급자)을 알게되면 향후 거래에서 중계무역(intermediary trade)을 하지 않고 직접 수출업자와 거래할 수 있기 때문에 중간 무역업자의 이익을 보호해주기 위해서 사용한다. 예를 들어 한국이 중국으로부터 물품을 수입하여 미국에 수출하여야 하지만 실제 물품이 중국에서 미국으로 직접 운송되는 중계무역의 경우, 중국의 수출업자가 발급받은 선하증권을 한국의 중계무역 업자가 회수하고 이를 한국에 소재하는 운송인에게 반납한 후 다시 자신을 송화인으로 하여 재발급받는 선하증권이 스위치선화증권이다.

그 선하증권을 중계업자가 소재하는 국가에 있는 운송인(선박회사)에게 반납하고 자신을 송화인으로 하여 운송인으로부터 다시 발행받은 선하증권을 말한다. 스위치선하증권에서 송화인, 수화인, 착화통지처는 변경이 가능하지만, 선적항, 도착항 및 선박명 등은 변경이 불가능하다. 스위치선하증권은 물품을 선적하는 선적지의 선사 또는 운송중개인과 본지점 또는 파트너 관계인 중계국의 선사 또는 운송중개인이 원본을 반납받고 다시 스위치하여 원본을 발행하는 것이다.

Bill of Lading

① Shipper / Exporter ABC TRADING CO. LTD. 1. PIL-DONG, JUNG-KU, SEOUL, KOREA		⑪ B/L No. ; But 1004	
② Consignee TO ORDER OF XYZ BANK			
③ Notify Party ABC IMPORT CORP. P.O.BOX 1, BOSTON, USA			
Pre-Carrage by	⑥ Place of Receipt BUSAN, KOREA		
④ Ocean Vessel WONIS JIN	⑦ Voyage No. 1234E	⑫ Flag	
⑤ Port of Loading ⑧ Port of Discharge ⑨ Place of Delivery ⑩ Final Destination(For the Merchant Ref.) BUSAN, KOREA BOSTON, USA BOSTON, USA BOSTON, USA			
⑬ Container No. ⑭ Seal No. Marks & No ISCU1104	⑮ No. & Kinds of Containers or Packages 1 CNTR	⑯ Description of Goods LIGHT BULBS (64,000 PCS)	⑰ Gross Weight 4,631 KGS	Measurement 58,000 CBM
Total No. of Containers or Packages(in words)				
⑱ Freight and Charges	⑲ Revenue tons	⑳ Rate	㉑ Per	㉒ Prepaid	㉔ Collect
㉓ Freight prepaid at	㉔ Freight payable at	㉖ Place and Date of Issue May 21, 2007, Seoul Signature	
Total prepaid in	㉕ No. of original B/L		
㉗ Laden on board vessel Date May 21, 2000	Signature	㉘ ABC Shipping Co. Ltd. as agent for a carrier, zzz Liner Ltd.	

VII. 해운동맹과 해상운송 관련 국제기구

▶ 2023년, 2022년 등 기출

1. 해운동맹

(1) 해운동맹(Shipping Conference ; Freight Conference)의 의의

해운동맹(Shipping Conference)이란 특정항로에 배선하고 있는 둘 이상의 해운업자들이 상호간의 기업적 독립성을 유지하면서 경쟁을 피하고 상호 이익을 증진하기 위하여 해상화물의 운임, 기타 영업조건(기항항, 취항회수 및 적화량 등)에 대하여 협정 또는 계약을 체결하는 일종의 국제 해운 카르텔을 의미하며, 운임동맹, 해운연합 또는 정기선 동맹이라고도 부른다.

(2) 해운동맹의 유형

① 개방적 동맹(Open Conference) : 해운동맹의 내부규칙에 의해 모든 선사는 누구나 자유롭게 가입·탈퇴할 수 있는 동맹이나 동맹원 간의 단결이 미약하고 항로가 불안정하다. 주로 북미항로의 동맹들이 여기에 해당한다.

② 폐쇄적 동맹(Closed Conference) : 동맹가입선사의 기득권을 보호하기 위해 선사의 배선능력·내부규칙의 이행 등을 조건으로 신규가입이나 탈퇴가 어렵다. 영국을 중심으로 한 유럽식 동맹이 여기에 해당된다.

(3) 해운동맹의 효과

① 긍정적 효과
- 안정적 자본투자로 서비스의 개선 촉진
- 합리적 배선으로 경쟁에 의한 낭비를 방지하고 원가 절감
- 모든 화주에게 협정운임을 적용함으로써 계획적인 수출입과 선물계약이 가능
- 해운동맹선사들은 해운동맹을 통하여 투자자본의 안전성 유지
- 해운동맹선사들이 정기선 배선에 따른 운항의 규칙성을 유지하여 원활한 국제거래 수행
- 정기선 항로에 적격선을 배치함으로써 신속한 안전운항으로 보험료 절감효과
- 동맹의 가입을 통해 영세선사도 생존 가능
- 발착일이 정확, 빈번, 규칙적이며 운송기간이 확정되어 있어 무역거래 편리

② 부정적 효과
- 화주들은 해운동맹의 독점으로 인해 불합리한 운임책정에 대항 불가
- 운임이 낮은 경쟁선사가 등장해도 해운동맹의 운영수단으로 인해 이를 이용 불가
- 기항수를 가급적 줄이려는 경향이 강해 화주들 불편 가중
- 폐쇄형 해운동맹의 경우에는 새로운 해운선사들이 해운동맹선의 항로에 취항 불가
- 운임환불제, 계약운임제 등이 모두 선사의 일방적 통제하에 이루어짐

(4) 해운동맹의 운영수단

1) 동맹의 내부규제

① 운임협정 (Rate Agreement)

해운업에 있어서의 경쟁은 결국 운임에 관한 경쟁이므로 이것을 규제하는 운임협정은 모든 해운동맹에 공통되는 기본적인 협정이다. 동맹회원은 운임률표에 정해진 품목별 운임률을 충실하게 준수하는 의무를 지고 이를 변경하는 경우는 다른 회원의 동의가 필요하다.

항로사정에 따라서는 특정 화물의 운임을 Tariff로부터 제외하고 자유운임(Open Rate)으로서 그 운임을 회원이 자유롭게 결정한다.

② 배선협정 (Sailing Agreement)

특정의 항로에 있어서 배선 선복량을 조절·제한하고 선복과잉에 의한 과당경쟁을 방지하려는 것으로서 산업자 간의 수량 카르텔에 해당한다. 일정한 항로에 있어서 항해수, 기항지, 운항스케줄 등을 규제하고 각 항로 사정에 따라 이중 하나 또는 둘 이상을 조합하여 실시한다.

③ 공동계산협정 (Pooling Agreement)

각 동맹선사들이 일정기간 벌어들인 운임을 사전에 정한 배분율에 따라 배분한다. 일정기간 내에 얻은 운임수입에서 소정의 비용을 공제한 금액의 전부 또는 일부를 공동계산하여 일정한 율(Pooling Point)에 의해 각사에 나누어주는 형식이다. 공동계산협정은 내부경쟁의 제한 수단 중 가장 강력하다.

④ 공동운항(Joint Service)

경비의 절감, 합리적인 배선을 목적으로 동맹사들이 특정 항로의 경영을 일시적으로 통합하는 운항방법이다.

⑤ 중립감시기구(Neutral Body)

동맹 회원 선사 간의 건전한 상거래 질서의 유지를 위하여 설립한 감시기구이다.

2) 동맹의 외부규제(대화주 구속수단)

① 계약운임제 (Contract Rate System)

계약운임제는 2중운임제 (Dual Rate System)라고도 한다. 동맹의 표준운임률에 계약운임률과 비계약운임률을 설정하여 화주가 동맹선에만 선적할 것을 계약하면 운임률을 낮게 적용하고 그렇지 않으면 고율의 운임을 적용하는 방식이다.

만일 동맹선에만 선적하기로 계약한 화주가 계약 위반 시, 일정한 위약금을 지불하거나 이후의 계약을 부하는 등의 조치를 취한다. 계약운임제의 대상에서 제외된 화물을 비동맹화물 또는 자유화물(Open Cargo)이라 한다.

② 운임할려제 (Fidelity Rebate System)

일정기간 동안 자기 화물을 모두 동맹선에만 선적한 화주에게 그 기간 내에 선박회사가 받은 운임의 일정비율을 기간 경과 후에 환불하는 제도이다. 운임연환불제와는 달리 유보기간은 없이 일정기간 경과 후에 그 환불금을 전액 한번에 지급한다. 이것은 동맹측의 일방적인 선언에 의하여 실시하는 것이므로 비록 화주가 맹외선을 사용한 경우에도 환불금의 청구권은 상실하지만 위약금은 지급하지 않는다.

③ 운임연환불제 (Deferred Rebate System)

일정기간(통상 6개월) 동안 동맹선에만 선적한 화주에 대해서 그 지급한 운임의 일부를 환불하는데, 환불에 있어서 그 기간에 이어 계속해서 일정기간 동맹선에만 선적할 것을 조건으로 하여 그 계속되는 일정기간이 경과된 후 환불되는 제도이다.

화주가 선적화물에 대한 환불금을 전액 받기 위해서는 영구히 동맹선에만 선적해야 되므로 가장 교묘하고도 가혹한 방법이다. 운임연환불제는 현재 일부 지역을 제외하고는 공정거래를 해친다는 이유로 금지되었다.

④ 경쟁억압선(Fighting Ship)

특정의 선박을 맹외선의 운항일정에 맞춰 배선하고 맹외선의 운임보다도 훨씬 저렴한 운임으로 수송함으로써 적극적으로 그 집하를 방해하는 방법이다. 경쟁억압선에 의하여 발생하는 손해는 동맹회원이 공동으로 부담하는 것이 통례이나, 맹외자를 압박하는힘이 너무나 강하기 때문에 각국 해상운송법에서는 이를 금지하고 있다.

2. 해상운송 관련 국제기구

(1) 국제해사기구(IMO ; International Maritime Organization)

해운과 조선에 관한 국제적인 문제들을 다루기 위해 설립된 국제연합의 산하기관이고 각국의 정부만이 회원 자격이 있는 정부 간 기구로 정부 간 해사기술의 상호협력, 해사안전 및 해양오염방지대책 수립 등을 목적으로 설립되었다. 영국 런던에 본부를 두고 있으며 169개 국가가 정회원으로 3개 국가가 준회원으로 가입하였다.

(2) 국제해사법위원회(CMI ; Committee Maritime International)

해상법(海商法)·해사관련 관습·관행 및 해상실무의 통일화에 기여하기 위하여 1897년 벨기에 앤트워프에서 창설된 민간국제기구이다. 해상법의 연구를 통하여 국제협약 및 각국의 입법에 영향을 주고 있으며, 국제해사기구(IMO)에서 채택되는 각종 협약 가운데 해상운송과 선박소유자의 책임관계·선박소유권 이전관계·선박채권 등과 관련된 협약이 제정되었다. 우리나라의 경우 1981년 한국해법회에 가입하였다.

(3) 국제연합무역개발회의(UNCTAD ; United Nations Conference on Trade and Development)

1964년 UN총회의 결의에 의거하여 개발도상국의 경제발전을 촉진할 목적으로 설립된 UN산하의 전문기구이다. 1974년 정기선동맹의 행동규범에 관한 협약, 1978년 유엔해상화물운송조약(Hamburg Rule), 1980년 유엔 국제복합운송조약 등이 있다.

▶ 기타 해상운송 관련 협약

(1) SOLAS(1974) : 해상인명안전조약

정식 명칭은 International Convention for the Safety of Life at Sea로 해상에서의 인명 안전을 위한 국제협약이다. 이는 선박의 구조와 설비 등에 대해서 국제적으로 통일된 원칙과 규칙을 설정함으로써 해상에서 인명의 안전을 증진하는 것을 목적으로 체결된 협약이다.

(2) MARPOL(1978) : 해양오염방지협약

국제해사기구(IMO)에서 채택한 선박에 의한 오염방지를 위한 국제협약으로 정식 명칭은 International Convention for the Prevention of Marine Pollution from Ships이다. 우리나라도 2020년 1월 1일부로 선박연료유의 황 함유량 기준을 현행 3.5%에서 0.5%로 강화 하기로 하였다.

(3) STCW(1978)

IMO가 주축이 되어 제정한 선원의 훈련, 자격증명 및 당직근무의 기준에 관한 국제협약이다. 정식 명칭은 International Convention on Standards of Training, Certificationand Watchkeeping for Seafarers이다.

(4) 국제해운연맹(ISF ; International Shipping Federation)

선원문제에 관한 선주의 권익보호와 자문을 위해 1909년 창설된 민간기구로 런던에 그 본부가 있다. ISF는 당초 유럽 선진해운국의 선주협회를 중심으로 구성되었으나 1919년 국제노동기구(ILO)의 창설 이후 국제운수노동자연맹(ITF)의 활동에 효율적으로 대처하기 위해 그 기능과 조직을 대폭 개편하였다. 선원의 모집, 자격규정, 사고방지, 노동조건 등 여러 가지 선원문제에 대하여 각국 선주의 의견을 집약하였다.

(5) 발틱 국제해사협의회(BIMCO ; The Baltic and International Maritime Conference)

1905년에 발틱해와 백해지역의 선주들의 이익을 위하여 창설되었다. BIMCO는 순수한 민간단체로 국제해운의 경제적·상업개입 협조에 주력한다. 1906년 정기(기간)용선계약서의 양식인 "Baltime Form'을 제정하였다.

(6) 국제운수노동자연맹(ITF ; International Transport worker's Federation)

편의치적선에 승선하는 선원의 보호와 임금과 노동조건에 관한 국제협약을 체결하고 공정한 실행 여부에 관한 검사활동 및 국제협약의 준수상황을 점검역할을 수행한다.

VIII. 해상운송 관련 국제규칙

1. 헤이그규칙(Hague Rules, 1924)

① 선하증권에 관한 규정통일을 위한 국제협약(International Convention for the Unification of Certain Rules of Relating to Bills of Lading)이다. 이는 선하증권을 발행한 경우에 적용된다. 해상운송인의 최소한의 의무와 책임을 규정하고, 과실책임주의를 채택하였다. 즉, 운송인 이 주의의무를 다하지 못해 발생한 손해에 대해서만 책임을 진다.
② 운송인의 책임구간은 tackle to tackle(선적시부터 양하시까지)이며, 책임한도액은 1포장(단위)당 100파운드이다.
③ 운송인의 선박의 감항능력에 대한 주의의무를 규정하고 있다.
④ 운송인은 상업(상사)과실에 대해서는 책임을 부담하나 항해과실은 면책이다.
⑤ 운송인은 선주(owner) 또는 용선자(charterer)를 포함한다.

2. 헤이그 - 비스비규칙(Hague - Visby Rules, 1968)

① 독립된 협약이 아니라 헤이그규칙에 대한 개정 의정서이다.
② 해상운송인의 책임을 상향하고, 컨테이너에 관한 규정을 설정하였다.
③ 운송인은 상업(상사)과실에 대해서는 책임을 부담하나 항해과실은 면책이다.
④ 운송인의 포장당 책임한도액을 기존 100파운드에서 1만 프랑(Franc)으로

인상하고, 화물중량 1kg에 대하여 30프랑으로 계산된 총액을 산출하여 많은 쪽을 운송인의 책임한도로 삼도록 한다.
⑤ 운송인의 배상책임제한은 물품의 파손이 운송인의 의도적인 작위 또는 부작위에 의하여 발생한 경우, 운송인이 물품의 파손을 예측하고 있는 경우에는 적용되지 않는다.

3. 함부르크규칙(Hamburg Rules, 1978)
   ① 정식 명칭은 해상물품운송조약에 관한 UN협약(United Nations Convention on the Carriage of Goods by Sea)이다.
   ② 기존 헤이그규칙체계가 주로 선진국 선주의 권익을 대변하고 있다는 개도국의 주장을 반영 하여 화주의 권익이 신장된 선하증권관련 국제규칙이다.
   ③ 운송인의 면책조항을 삭제하고, 책임한도액을 대폭 상향조정하였다.
   ④ 물품이 운송인의 관리하에 있는 동안 발생한 화물의 멸실, 손상, 인도지연으로 인한 손해는 운송인의 과실에 의한 것으로 추정하는 추정과실책임주의를 채택하였다. 헤이그규칙에는 지연손해에 대한 명문규정이 없었으나 함부르크규칙에서는 제5조에 이를 명확히 하였다.
   ⑤ 운송인의 책임구간은 from receipt to delivery(인수에서 인도까지)이며, 책임 한도액은 1포장(단위)당 835SDR 또는 1kg당 2.5SDR 중 큰 쪽을 적용한다.

4. 로테르담규칙(Rotterdam Rules, 2008)
   ① UNCITRAL(유엔국제상거래법위원회) 주도로 채택된 전부 또는 일부 해상운송에 의한 국제물품운송계약에 관한 UN협약이다.
   ② 적용범위를 해상운송이 포함된 복합운송으로 확대하였다(door to door).
   ③ 전자선하증권에 대해서도 일반선하증권과 동일한 효력을 인정하고있다.
   ④ 항해과실 면책조항을 폐지하고, 화재면책 범위도 축소하였다.
   ⑤ 손해발생구간이 밝혀지지 않는 화물손해는 해상운송에서 발생한 것으로 간주한다.
   ⑥ 지연인도 손해에 대해서는 운임의 2.5배를 배상해야 한다.
   ⑦ 운송인의 책임한도액은 1포장당 875SDR 또는 1kg당 3SDR 중 큰 쪽을 적용한다.
   ⑧ 운송인의 감항능력 주의의무는 전체 해상운송기간에 대해서까지 확대된다.

4장 핵심문제

01 다음에서 설명하는 선박의 톤수는?

> 선박내부의 총 용적으로 상선이나 어선의 크기를 표시하고 각국의 해운력 비교의 자료가 되며 통계나 관세 등의 과세자료 근거가 된다. 선박의 안전과 위생항해에 이용되는 장소는 제외된다.

① 총톤수
② 순톤수
③ 재화용적톤수
④ 재화중량톤수
⑤ 배수톤수

정답 ①

해설 G/T(Gross Tonnage)로 불리는 총톤수는 선박내부의 총 용적으로 상선이나 어선의 크기를 표시하고 각국의 해운력 비교의 자료가 되며 통계나 관세 등의 과세자료 근거가 된다. 선박의 안전과 위생항해에 이용되는 장소는 제외된다.

02 선박의 만재흘수선표에 대한 설명으로 옳지 않은 것은?

① 해당 선박의 계절별·해역별 최대만재흘수선과 그것을 지정한 선급협회 등을 나타낸 표지로 선체 오른쪽의 중앙부에 표시되면 건현표로 불린다.
② 국제항해에 취항하는 선박, 길이 24m 이상의 선박 및 여객선, 길이 12m 이상 24m 미만으로 여객 13인 이상을 운송할 수 있는 여객선 등은 의무적으로 만재흘수선을 표시해야 한다.
③ 마크는 영구적인 방법으로 부착해야 하며, 밝은 바탕에는 검은색, 어두운 바탕에는 흰색이나 노란색으로 페인트칠을 한다.
④ 모든 선의 두께는 25mm이고, 원모양 양측에 표시된 LR 혹은 AB(ABS) 등은 건현을 지정한 기관의 약자이다.
⑤ 만재흘수선의 기본적인 개념은 배가 물에 잠기는 정도가 떠있는 물의 비중을 표시한 것이므로 해수 및 담수는 구분하지 않고 동일하게 표시한다.

정답 ⑤

해설 만재흘수선의 기본적인 개념은 배가 물에 잠기는 정도가 떠있는 물의 비중에 따라 다르고, 물의 비중은 해수와 담수 간에 차이가 있으며 온도에 따라 변하기 때문에 그 상태를 몇 가지로 분류하여 기준을 정한 것이다.

03 정기선운임의 종류로 않은 것은?

① 선불운임은 인코텀즈 C,D조건에 의한 수출의 경우 수출업자가 선적지에서 운임을 지불하게 되는 것을 말하다.
② 후불운임은 인코텀즈 F조건의 경우 수입업자가 화물의 도착지에서 운임을 지급하며, 이를 후불운임이라 한다.
③ 차별운임은 화물·장소·화주에 따라 운임을 차별적으로 부과하는 방식으로 해상운송에서 주로 이용되는 방식이다.
④ 무차별운임은 화물의 용적과 중량이 일정기준 이하(1CBM)일 경우의 운임을 말한다.
⑤ 종가운임은 귀금속 등 고가물품의 운송에서 화물의 가격을 기초로 하여 이의 일정률을 운임으로 징수한다.

정답 ④

해설 무차별운임은 품목여부를 가리지 않고 일률적으로 부과하는 운임으로 FAK Rate라고 한다.

04 하역비 부담조건으로 옳은 것은?

① Berth Term : 화주가 화물을 선측까지 운송하여 선주에게 인도하면, 선주가 화물을 태클에 걸어서 선적하면서부터 적재하역비, 선내하역비(stevedorage) 및 목적항에서의 양륙하역비와 화물손상에 대한 책임을 부담한다.
② Free In(FI) : 본선에서 화물을 양륙할 때 양륙하역비와 그 사이의 손해비용을 선주가 부담하지 않고 화주가 부담하는 조건이다. 즉, 선주는 적재 및 선내하역작업에 대한 책임 및 비용을 부담한다.
③ Free Out(FO) : 본선내로의 적재하역비 및 선내하비와 그 작업 중의 손해비용을 선주가 부담하지 않고 화주가 부담하는 조건을 말한다. 즉, 선주는 양륙작업에 대한 책임 및 비용을 부담한다.
④ Free In and Out(FIO) : 적재하역비와 양륙비뿐만 아니라 본선내로의 적부비, 선창내의 화물정리비 모두를 선주가 부담하지 않고 화주가 부담하는 조건이다.
⑤ Free In and Out Stowed Trimmed(FIOST) : 적재하역비와 양륙하역비 모두를 선주가 부담하지 않고 화주 즉, 용선자가 부담하는 조건을 말한다.

정답 ①

해설 Berth Term 조건은 화주가 화물을 선측까지 운송하여 선주에게 인도하면, 선주가 화물을 태클에 걸어서 선적하면서부터 적재하역비, 선내하역비(stevedorage) 및 목적항에서의 양륙하역비와 화물손상에 대한 책임을 부담한다.

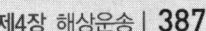

05 해상운임의 할증료에 대한 설명으로 옳지 않은 것은?

① 통화할증료(Currency Adjustment Factor:CAF)란 환율의 변화에 따라 운송인에게 환차손의 위험이 있는 경우 그 손해를 화주에게 부담시키기 위한 할증료이다.
② 유가할증료(Bunker Adjustment Factor:BAF)란 유류가격의 인상으로 인한 손실을 보전하기 위한 할증료이다.
③ 체선할증료(Congestion Surcharge)란 곡물이나 원유, 광물을 비롯한 일반 원료의 운송이나 대량의 화물, 운송수요가 급증하는 화물에 부과되는 할증료이다.
④ 용적 및 장척할증료(Bulky/Lengthy Surcharge)란 특별히 부피가 크거나 길이가 긴 화물에 대해 부과하는 할증료이다.
⑤ 중량할증료(Heavy Lift Surcharge)란 특별히 무게가 무거운 중량화물에 대해 부과하는 할증료이다.

정답 ③

해설 체선할증료(Congestion Surcharge)란 도착항의 선박체증으로 입항하지 못하고 지체되는 경우에 부과되는 할증료이다.

제5장 항공운송

I. 항공운송의 개요

▶ 2023년, 2022년 등 기출

1. 항공운송의 의의

항공운송이란 항공기를 이용하여 여객과 화물을 운송하는 것을 말한다. 항공운송은 승객의 수하물과 우편물 그리고 항공화물운송장 등에 의해 운송되는 화물로써 주로 긴급물품이나 소량화물, 고부가가치제품인 전자제품, 신선도에 민감한 활어 등 운송에 많이 이용된다.

2. 항공운송의 장단점

(1) 장점

① 신속성 : 항공운송은 해상운송이나 기타의 운송수단을 이용하여 운송하는 것보다 신속하게 화물을 운송할 수 있다. 계절상품이나 납기가 엄수될 것이 요구되는 긴급물품의 운송에 적합하다.

② 안전성 : 항공운송은 운송소요시간이 짧고 낮은 사고율 때문에 높은 안전성이 있으며, 멸실 또는 손상의 위험이 있는 상품으로서 신속히 전달되어야 하는 화물의 운송에 적합하다.

③ 정시성 : 정시성이란 운송수단이 예정된 도착시간에 목적지에 정확히 도착할 수 있는 것을 의미한다. 항공운송은 정시성이 높은편이다.

④ 경제성 : 신속하고 정시 운송방식으로 인하여 다른 상품의 재고량 감소 및 창고보관료를 절약할 수 있다. 또한 안전한 운송방식으로 인하여 보험료와 포장비 등을 절감하는 효과가 있다.

(2) 단점

① 고운임 : 항공화물운송은 다른 운송형태에 비하여 운임률이 상대적으로 높다.
② 운송물품의 제한 : 항공화물운송은 대량의 1차산품보다는 경량의 고가 화물의 운송에 적합하다.
③ 대량운송의 제한 : 항공기의 탑재능력이 타 운송수단에 비하여 부족하다.

▶ 항공운송의 추세
항공운송은 해상운송이나 육상운송에 비해 최근에 도입된 운송방식으로, 국제적 분업과 적정 재고정책으로 항공에 의한 정시배달의 장점으로 물동량이 지속적으로 증가하는 추세이다. 우리나라의 경우 세계 수위의 항공 운송국에 해당하며 국제민간항공기구(ICAO)이사국으로 선출되어 있다.

▶ 위험화물
① 위험화물은 항공운송 중 발생하는 기압, 온도, 진동 등의 변화에 따라 항공기, 인명, 화물 등에 피해를 줄 수 있는 화물을 말한다.
② IATA의 위험화물규정에는 위험화물의 수송여부 및 제한 사항이 포함된다.
③ IATA의 위험화물규정상 위험품목은 폭발성 물질, 가스, 인화성 액체 등 9개로 분류된다.
④ 화주는 위험화물규정에 따라 포장, 표기, 표찰 등을 해야 한다.
⑤ IATA의 위험화물규정은 매년 1월 1일부로 신판(New Edition)이 발간된다.

3. 항공운송 대상품목

① 긴급수요가 발생한 것 : 선박, 항공기, 공장 등 기계의 공장부품 대체품, 혈청 등 의학상 급송물품, 상용견품, 납기지연상품, 계절유행상품, 긴급구호 물자 등
② 물품의 성질상 단기간의 운송을 필요로 하는 것 : 생선식료품, 생동물, 생화, 방사성 물질 등
③ 판매시기를 놓치면 상품가치가 없어지는 것 : 뉴스필름, 신문, 잡지, 정기간행물 등
④ 여객의 별송품 등 급송을 요하는 것 : 이삿짐, Sample 등
⑤ 중량에 비해 고액이고, 중요한 품목으로서 운임 부담력이 있는 것 : 귀금속, 미술품, 시계, 전자제품, 광학제품, 약품, 각종 부품, 1C관련기기, 컴퓨터, 통신기기 등
⑥ 항공운송수단이 다른 운송수단보다 싸거나 동일한 정도인 것
⑦ 마케팅전략의 요청에 의한 것(예 경쟁상품보다 신속하게 공급하여 고객에 대한 서비스체제를 강화하고 자사제품의 시장경쟁력을 높일 목적으로 이용)

4. 운송수단별 비교

기 준	해상운송	항공운송	육상운송	
			철도운송	도로운송
운송수단	선박	항공기	기차	자동차
운송량 및 운송거리	대·중량화물의 장거리 운송에 적합	중·소량의 고부가가치 화물의 장거리 운송에 적합	대·중량화물의 장거리 운송에 적합	대·중량화물의 장거리 운송에 적합
운임	저운임, 비교적 탄력적	고운임, 비탄력적	중거리 운송에 적합한 운임체계, 비탄력적	단거리 운송에 적합한 운임체계, 탄력적
신속성	가장 느림	가장 빠름	다소 느림	보통
안전성	낮음	비교적 안전	비교적 안전	가장 낮음
기후의 영향	악천후에 영향받음	악천후시 운항중지	전천후 운송	악천후에 약간 영향받음
중량제한	영향 없음	크게 영향 미침	거의 영향 없음	영향 있음
물류비용	포장·보관·하역비가 가장 비쌈	포장비는 저렴, 하역비는 비쌈	포장·보관·하역비가 비교적 저렴	포장·보관비용이 비교적 저렴하며 하역비 거의 없음
운송수배	용이한 편은 아님	간혹 불편	다소 불편	아주 용이함

 항공화물 운송사업과 항공화물 운송인

1. 항공화물 운송사업

(1) 항공운송사업(Air Carrier)

항공운송사업은 타인의 수요에 응하여 항공기를 사용하여 유상으로 여객 또는 화물을 운송하는 사업을 말한다. 항공운송은 정기항공운송계약과 부정기운송계약으로 구분할 수 있으며 운송계약은 항공회사와 화주간 직접적 계약을 체결하는 경우는 예외적이며, 대부분 일반 화주의 화물은 대리점 또는 운송주선업자를 통해 계약한다.

(2) 상업서류송달업(Courier)

외국의 상업서류송달업체인 DHL, UPS 등과 상업송달서비스의 계약을 체결하여 상업서류, 견본품, 서적, 잡지 등을 자체 운임과 운송약관에 따라 직접방문(Door to Door Service)하여 신속하게 운송하는 서비스를 말하고, 이것을 국제특송(International Courier)이라 한다.

▶ 상업서류송달업 대상품목
  서류(예 계약서, 기술관계서류, 각종 데이터, 사양서, 목록, 은행관계서류, 증권류 등), 도면, 설계도, 자기 테입, 컴퓨터 테입, 팜플렛, 사진, 보도용 원고 등으로 급송을 요하는 것이 있다.

2. 항공화물 운송인

(1) 항공화물운송대리점

항공화물대리점이란 항공사 또는 항공사의 총대리점을 위하여 유상으로 항공기에 의한 화물의 운송계약의 체결을 대리하는 자를 말한다. 항공화물운송대리점은 항공사를 대리하여 항공화물을 집화하고 Master AWB를 발행하며 이에 부수하는 업무를 수행하고 일정한 수수료를 받는다.

(2) 항공화물운송주선인

항공화물운송주선인(Air Freight Forwarder)는 스스로 운항하지는 않지만 개개의 송하인과 운송계약을 체결하고 운송에 대한 책임을 부담하며 집화된 소량의 화물을 하나의 화물로 통합하여 스스로 송하인의 입장에서 항공회사에 운송을 위탁하는 자이다.

(3) 항공화물혼재업자

항공화물혼재업자(consolidator)는 항공화물운송주선업자들이 행하는 혼재운송부분을 강조하여 지칭하는 것으로, 주로 항공화물대리점의 역할 외에도 수출항공화물의 출발, 환적, 도착 등 일련의 화물이동을 관리하고, 수입항공화물인 경우에는 수입통관주선 및 문전 배달을 위한 조치를 취한다.

기 준	항공화물대리점	항공화물주선업자
운임률표(tariff)	자체 taiff 없이 항공사의 tariff 사용	자체 tariff 사용
수수료	IATA에서 정한 5% 수수료 및 취급수수료	수취운임과 지급운임의 차액이나 IATA에서 정한 5% 수수료 및 취급수수료
화주에 대한 책임	항공사의 책임	항공운송주선인의 책임
역할	항공사를 대리하여 운송서비스를 판매하고 항공운송계약을 체결 (주로 FCL취급)	여러 화물을 자신의 명의로 집하 및 혼재하여 유상으로 직접 운송사업을 영위함 (주로 LCL 취급)
운송약관	항공사 약관 사용	자체 약관 사용
항공화물운송장의 종류	항공사의 Master Air Waybill 발행	자체 House Air Waybill 발행
책 임	항공사의 책임	혼재업자의 책임
취급화물	FCL화물을 주로 취급	LCL 화물을 주로 취급

III. 항공기와 항공운송장비

1. 항공기의 분류

(1) 크기 기준 분류

① 소형 항공기(Narrow Body Aircraft) : 단위탑재용기 (ULD)를 탑재할 수 없는 소형 기종이다.
② 대형 항공기(Wide Body Aircraft) : 단위탑재용기(ULD)를 탑재할 수 있는 대형 기종으로 B747, B767, A330 등이 있다.

(2) 용도 기준 분류

여객기(Passenger Aircraft), 화물전용기(Freighter Aircraft), 화객겸용 항공기(Convertible Aircraft), 화객혼용 항공기(Combination Aircraft) 등이 있다.

2. 항공기 화물실의 구조와 명칭

① Deck : 항공기의 바닥이 2개 이상인 경우 Deck에 의해 내부공간이 Upper Deck, Main Deck, Lower Deck으로 구분, 특히 승객이 탑승하는 Main Deck을 Cabin이라 한다.
② Hold : 천장과 바닥 및 격벽으로 구성되어 여객과 화물을 수송할 수 있는 내부 공간으로서 여러 개의 Compartment로 구성된다.

③ Compartment : 홀드 내에 스테이션(Station)별로 지정된 공간이다.
④ Section : Compartment 중 ULD를 탑재할 수 없는 공간의 세부적 구분을 말한다.
⑤ Bay : Compartment 중 ULD를 탑재할 수 있는 공간의 세부적 구분을 말한다.

3. 단위탑재수송용기(ULD : Unit Load Device)

(1) 정의

항공운송에만 사용되는 항공화물용 컨테이너와 파렛트 및 이글루를 말한다. ULD란 종래의 Bulk 화물을 항공기의 탑재에 적합하도록 설계한 일종의 화물운송용 용기이며, 이는 단위탑재용기인 컨테이너나 파렛트를 의미한다.

(2) 종류

① Aircraft ULD는 IATA의 허가 하에 각종 비행기의 화물칸에 맞도록 만들어낸 것이다.
- Pallet(파렛트) : 알루미늄 합금으로 제작된 평판으로 화물을 실은 후 네트나 이글루로 고정할 수 있다.
- Certified Aircraft Containers : 파렛트가 항공기에 고정되는 장치와 동일한 방법으로 컨테이너의 밑바닥이 항공기에 고정되도록 제작되어 별도의 보조장비가 불필요한 ULD이다.
- Igloo(이글루) : 밑바닥이 없는 형태로 알루미늄과 Fiber glass로 만들어진 항공화물을 넣는 특수한 덮개이다.

② Non-Aircraft ULD는 화물의 종류에 맞추어 화물칸의 탑재상태와는 상관없이 만든 비(非)항공용 Box를 말한다.

(3) 항공화물의 탑재방식

① Bulk Loading : 가장 원시적인 방법으로 개별화물을 인력으로 직접 적재하는 방식이다.
② Pallet Loading : 항공화물 취급의 기본적인 방식이다.
③ Container Loading : 화물전용기 이외의 여객용 항공기에는 객실 밑에 있는 하부화물실에 수하물, 우편물 등을 탑재하는 방식이다.

4. 지상조업 설비

① Dolly(운반대)
ULD를 운반할 때 사용되는 운반대로 자체 기동성이 없어 예인차량(Tug Car)에 연결하여 사용한다.
② Tug Car(예인차)
Dolly를 연결하여 이동하는 차량으로 Tractor라고도 한다.
③ Transporter
엔진이 장착된 차량으로서 적재완료된 ULD를 올려놓은 상태에서 항공화물터미널에서 항공기까지 수평이동을 가능하게 하는 장비이다.

▶ 단위탑재수송용기(ULD) 특징
ULD는 피스톤엔진과 터보-프로펠러 항공기가 제작되면서 사용되었다. ULD는 항공기 구조물의 일부로 간주되며 항공기의 Hold나 Desk의 Floor는 탑재를 쉽게 하기 위해 Roller Tray와 Restraint System(안전장치)이 장착된다.

④ High Loader
   ULD를 대형기에 탑재하거나 하역할 때 사용되는 장비이다.
⑤ TV(Transfer Vehicle)
   ULD를 수평으로 이동하는 설비이다.
⑥ ETV(Elevating Transfer Vehicle)
   ULD를 수평, 수직으로 이동하는 설비이다.
⑦ Work Station
   화물을 ULD에 적재하거나 해체할 때 사용되는 설비이다.
⑧ By-Pass Une(전과장치)
   적재된 ULD가 반입될 경우 Landside에서 Ramp지역으로 ULD를 이동시키는 장치이다.
⑨ Forklift Truck(지게차)
   Skid단위로 적재된 화물의 구역내 이동장치이다.
⑩ Contour Gauge(윤곽측정기)
   화물의 윤곽을 체크하는데 사용되는 측정기이다.

Ⅳ. 항공화물운송절차

1. 항공화물의 예약
송하인은 해당 화물의 품목, 수량, 포장개수, 용적, 중량, 출하예정일, 출하지, 운송방법을 통보하여 관계서류를 항공화물대리점 또는 혼재업자에 전달하면 항공화물대리점이 송하인을 대리하여 항공회사에 예약(space booking)을 한다.

2. 항공화물의 인수
항공화물대리점 또는 혼재업자는 화물을 송하인으로부터 pick-up하여 공항으로 운송하여 보세창고에 반입한다.

3. 검사, 통관 및 검정·검량
미통관 화물은 필요한 경우 세관검사 후 통관되며, 지정된 검정 및 검량업체로부터 검사를 받고 통관이 완료되어 반입된 화물은 검정·검량만 하여 보세구역에서 일시 장치 후 기적된다.

4. 항공화물운송장의 발급
항공화물대리점 또는 혼재업자는 화물을 인수함과 동시에 송하인에게 항공화물운송장을 발급한다. 운임이 선지급되는 경우에는 대리점 또는 혼재업자가 수금하여 항공사에 전달하고, 후지급인 경우에는 도착지에서 대리점 또는 항공사 지점이 운임을 받고 화물을 인도한다.

5. 화물인도

도착공항에 도착한 화물은 해당공항이나 항공사의 지정창고에 반입되어 항공사나 항공운송대리인의 양륙지 partner에 의해 수하인에게 도착통지가 되고, 수하인은 화물과 함께 도착한 Air Waybill 원본을 인수하여 수입통관 후 화물을 인수한다.

V. 항공운임

1. 의의

국제항공운송협회(IATA)에서는 지나친 운임경쟁을 방지하고자 화물 운임 및 수수료 등을 결정하고 있다. 이것은 IATA의 가장 중요한 기능으로 각 항공사들은 자국의 국내법에 따라 정부에 허가를 신청하게 된다. 항공운임은 항공화물운송장 발행일을 기준으로 적용하며 대부분 미국달러(USD)를 기준으로 한다.

2. 항공운임의 종류

(1) 일반화물요율(GCR : General Cargo Rates)

일반화물 요율은 품목분류 혹은 특정품목 할인의 적용을 받지 않는 모든 화물의 운송에 적용되는 요율이다. 또한 일반화물 요율은 최저운임, 기본요율, 중량단계별 할인요율 등으로 분류된다.

① 최저운임(minimum charge : "M") : 한 건의 화물운송에 적용할 수 있는 가장 적은 운임을 최저운임이라 한다. 즉, 화물의 중량운임이나 용적운임이 최저운임보다 낮을 경우 최저운임이 적용되며 요율표에 "M"이라 표시된다.

② 기본요율(normal rate : "N") : 45kg 미만의 화물에 적용되는 요율로서 모든 화물요율의기준이 된다. 요율표상에 "N"으로 표시된다.

③ 정량요율(quantity rate : "Q", 중량단계별 할인요율) : 화물 요율은 일정 중량단계(WeightBreak)에 따라 다른 요율이 설정되는데 화물요율은 중량이 높아짐에 따라 kg당 요율은 더 낮게 설정되어 있다. 즉, 일반품목화물이 45kg 이상인 경우 45kg 이하 요율보다 약 25% 낮게 요율이 설정되어 있다. 이외에도 100kg, 200kg, 300kg, 500kg 이상의 중량 단계에 대해 점점 더 낮은 요율이 설정되어 있다.

④ 운임산출중량(chargeable wight) : 화물 요율표에 kg당 또는 lb당 요율이 설정되어 있으며 어떤 한 건의 화물에 대하여 적용요율을 찾기 위해서는 운임산출중량을 먼저 결정해야 한다. 운임산출중량은 실제중량에 의한 방법(by acutal weight), 용적중량에 의한 방법(by volumeweight), 높은 중량단계에서의 낮은 운임 적용 규정에 의한 방법(lower charge in higherweight category) 중 하나로 결정된다.

▶ 특정품목 할인요율 목적
특정품목 할인요율의 설정목적은 화물운송의 유형으로 보아 특정구간에 동일품목이 반복적으로 운송되는 품목에 대해 일반품목보다 요율을 낮게 설정함으로써 항공운송이용을 촉진, 확대하는데 목적이 있다.

(2) **특정품목 할인요율(SCR : Specific Commodity Rate)**

특정품목 할인요율은 특정구간에서 특정품목에 대해 설정되는 요율로 선박이나 육상으로 운송되는 품목 중에서도 항공운송편이 이점이 많은 품목에 대해 <u>특정품목 할인요율을 설정 및 적용함으로써 항공운송편의 이용을 유도할 수 있다.</u>

(3) **품목분류요율(Class Rate : Commodity Calssification Rate)**

품목분류요율은 몇 가지 특정품목에만 적용되며, 특정 구간 또는 지역 내에서만 적용되는 경우도 있다. 품목분류요율은 대개 일반화물요율의 백분율에 의한 할증, 또는 할인으로 표시된다.

① 할인요금 적용품목
<u>신문, 잡지, 정기간행물, 서적, 카탈로그, 점자책 등</u>
② 할증요금 적용품목
<u>금괴, 화폐, 유가증권, 다이아몬드 등의 귀중화물, 시체(human remains), 살아있는동물</u>

(4) **종가요금(valuation charges)**

화물의 운송에 있어서 사고발생시 항공사의 최대배상한도액(maximum liability)은 $20 / kg이기 때문에 송하인이 최대배상한도액을 초과하는 금액을 항공사로부터 배상받고자 할 때 운송장 상에 그 화물의 가격을 신고하고 종가요금을 지불하면 상기 $20 / kg를 초과하는 실 손해액을 배상받을 수 있다.

(5) **기타요금**

① 입체지불 수수료(Disbursement Fee)
항공수송 이전에 출발지에서 발생한(순수항 공운임이외의) 착지불 기타 요금으로 도착지에서 수화인이 지불해야하는 수수료를 모두 합친 것으로, 수하인이 부담하여야 하는 육상운송료, 보관료, 통관수수료 등을 말한다

② 착지불 수수료(CCF, Collect Charge Fee)
운임을 수하인이 납부토록 되어있는 화물에 대해 항공운송대리점이 환전 및 송금에 필요한 경비를 보전하기 위해 동금액의 일정비율을 항공사가 징수하는 수수료이다.

③ 위험품취급수수료(dangerous goods handling fee)
이는 발화성, 폭발성, 부식성, 방사성을 가지고 있는 위험물을 취급하는데 발생하는 수수료를 말한다.

④ Handling Charge
이는 항공운송대리점이 화주를 위하여 운송 일정을 정하고, AWB 사본을 전송해 주는 등의 명목으로 화주에게 청구하는 요금이다.

⑤ 항공화물운송장 발행 수수료(AWB Fee 또는 Documentation Fee)
이는 항공사 또는 그 대리인이 화주를 대신하여 항공화물운송장을 작성하는 경우 발생되는 수수료를 말한다.

⑥ 항공화물 THC(Terminal Handling Charge)
이는 항공화물이 수출통관 또는 수입통관이 되기 위해 항공사가 직영하는 보세장치장에 반입되었을 때 창고가 화주들에게 부담시키는 화물 조작료를 말한다.

⑦ EDI 사용료(D / O 전송료)
이는 수입화물의 효율적인 반출을 위해 도입된 D / O의 전산화 이후 항공운송대리점이 화주들을 대리하여 보세장치장에 D / O를 전송할 경우 발생하는 EDI 사용료로, 항공운송대리점이 화주들에게 청구하는 요금을 말한다.

⑧ L / G 발급 수수료
이는 항공화물운송장의 수하인이 은행일 경우에, 수입 화주가 은행에 수입대금을 결제하기 전에 물품을 반출하고자 할 경우 은행이 해당 화물에 대한 수입대금 결제를 보증하는 서류인 L / G를 발행할 때 청구하는 수수료이다.

⑨ Pick up Service Charge
수출지에서 화주로부터 화물 Pick Up을 완료하면 항공사 터미널로 입고하기 위해 발생하는 비용에 대하여 수하인에게 청구하는 수수료이다.

(6) 단위탑재용기운임(BUC : Bulk Unitization Charge)

항공사가 송하인 또는 대리점에게 컨테이너 또는 팔레트 단위로 판매시 적용되는 요금으로 IATA에서 규정한 단위탑재용기(ULD : Unit Load Device) 타입별로 상이한 운임이 적용된다. BUC 요금이 적용되는 ULD의 적재작업(build-up)은 송하인 또는 대리점의 책임하에 이루어지며 항공사는 송·수하인에게 만 48시간 이내에 해당 ULD를 무료로 제공할 수 있고, 이 시한이 지나면 연체료를 징수한다. 다만 BUC 적용 시 위험품규정집에 나타난 제한품목, 생동물, 귀중화물, 시체 등은 ULD내에 실리지 못한다.

(7) 운임산출 중량방법

① 실제 중량에 의한 방법
화물중량의 측정은 미국 출발을 제외하고 kg으로 측정(미국은 1b로 측정)하며, 운임산출량은 0.5kg 미만 화물은 0.5kg, 0.6kg 이상 1kg 미만의 화물은 1kg으로 한다.

② 용적(부피) 중량에 의한 방법
용적 계산은 가로×세로×높이의 방식으로 계산하고 직육면체 또는 정육면체가 아닌 경우에는 최대 가로×최대 세로×최대 높이로 계산한다. 용적 운임부과 중량 환산기준은 다음과 같다.

- $1kg = 6,000 cm^3$
- $1CBM = 1m^3 = (100 \times 100 \times 100)cm = 166.66kg$(약 167kg)

③ 고중량 저운임 적용방법
높은 중량단계의 낮은 요율을 적용하여 운임이 낮아질 경우 그대로 이 운임을 적용한다.

VI. 항공화물운송장

▶ 2023년, 2022년, 2021년 등 기출

1. 의의

항공화물운송장(AWB)은 항공운송에서 송화인과 운송인간에 화물의 운송계약이 체결되었다는 것을 나타내는 증거서류인 동시에, 송화인으로부터 화물을 운송하기 위해 수령하였다는 증거서류이다. 항공화물운송장(AWB)은 유통이 금지된 비유통식으로만 발행된다.

2. 항공화물운송장의 발행

통상 원본3부(운송인용, 송화인용, 수화인용)와 부본 6부로 발행하는 것을 원칙(항공사의 필요에 따라 매수 조절가능)으로 하고 수화인용은 화물과 함께 도착지에서 수화인에게 교부된다. 실무적으로는 신용장발행은행을 수화인으로 명시하고 실수화인은 발행은행의 허가(bank release)를 얻어서 화물을 인수하는 방식을 사용하고 있다.

3. 항공화물운송장의 특성

① 비유통성(non-negotiable)증권이다. 항공화물운송장에는 "Non-Negotiable"이라고 표시되어 있으며 반드시 비유통성으로만 발행된다.
② 선하증권과 같은 선적식(shipped)이 아니라 수취식(received)증권이다. 항공화물운송장은 송화인이 작성하고 화물이 공항 내에 반입되면 교부되는 수취식이다.
③ 선하증권은 지시식으로 발행되어 백지배서(blank endorsement)에 의해 누구에게나 양도될 수 있는 권리증권이나, 항공화물운송장은 주로 기명식으로 되어 있어서 기재된 수화인이 아니면 당해 화물을 인수받을 수 없는 것이 원칙이다.

4. 법적 성질

(1) 송하인 작성

항공화물운송장은 송하인이 작성하여 항공운송인에게 교부하는 것이 원칙이지만, 항공운송인이 송하인의 명시 또는 묵시의 의사표시에 의하여 이를 작성한 경우 반증이 없는 한 송하인을 대신하여 작성한 것으로 인정된다.

(2) 운송계약의 증거서류

송하인과 항공운송인 간에 항공화물운송계약이 성립되어 있음을 증명하는 증거서류이다.

(3) 화물수령증

항공운송인이 운송화물을 수취한 사실을 증거하는 서류이다.

▶ 항공운송서류의 종류
항공운송서류에는 항공화물운송장(Air Waybill)과 항공화물수탁서(Air Consignment Note)가 있다. 보통 미국에서는 전자로, 유럽에서는 후자로 불리고 있다. 국제항공운송협회(International Air Transport Association ; IATA)의 표준양식과 발행방식에 따라 전 세계 항공사가 동일한 운송장을 사용하도록 의무화하고 있다.

(4) 비유통증권
항공화물운송장은 선하증권과 달리 양도성과 유통성이 없이 비유통증권으로만 발행된다.

기 준	항공화물운송장	선하증권
유가증권	유통을 목적으로 하는 것이 아니고, 운송계약의 권리행사에 필요한 것도 아니므로 유가증권성 없는 단순한 화물의 수령증에 불과	증권 자체를 매매 양도할 수 있는 유가증권
권리증권	기명식으로 발행되므로 운송장에 기재된 수하인이 아니면 화물을 인수할 수 없음	정당한 배서에 의해 누구에게나 양도되는 권리증권
유통성	비유통성의 서류	유통성의 서류
발행 방식	기명식	기명식, 지시식, 무기명식 중 하나
매매 양도	물권적 처분증권이 아니므로 매매 양도할 수 없음	화물의 매매양도와 동일한 법률적 효과
발행 시기	수취식	선적식(본선 선적 후 발행)
발행 주체	송하인이 작성하는 것이 원칙	운송인이 작성

VII. 항공화물운송 클레임

1. 항공화물운송의 사고유형

화물사고는 운송인의 책임기간 중 화물의 파손 및 손상으로 상품의 가치가 일부 또는 전부 상실되거나, 지연운송으로 인도지연 및 분실로 인한 인도불능 상태가 되어 손해를 초래하게 된 것을 말한다.

사고유형		내용
화물손상	Mortality	수송 중 동물이 폐사되었거나 식물이 고사된 상태
	Spoiling	내용물이 부패되거나 변질되어 상품의 가치를 잃게 되는 경우
지연	Short-Shipped(SSPD)	적하목록에 기재되어 있으나 화물이 탑재되지 않은 경우
	Off-Load(OFLD)	출발지나 경유지에서 선복부족으로 인하여 의도적(Planned Offload)이거나, 실수로 하역 (Off Load by Error)한 경우
	Over-Carried(OVCD)	예정된 목적지 또는 경유지를 지나서 화물이 수송되었거나 발송준비가 완료되지 않은 상태에서 화물이 실수로 발송된 경우
	Short-Landed(STLD)	적하목록에 기재되어 있으나 화물이 도착하지 않은 경우
	Cross Labeled	실수로 인해서 라벨이 바뀌거나 운송장 번호, 목적지 등을 잘못 기재한 경우
분실		탑재 및 하역, 창고보관, 화물인수, 타 항공사 인계 시에 분실된 경우

2. 항공화물운송 클레임 제기기한

클레임유형	클레임 제기 기한
운송 지연(Delay)	화물 인수권자의 처분 가능일로부터 21일 이내
화물 전부 분실, 인도불능	AWB 발행일로부터 120일 이내
화물 일부 분실, 화물 손상	발견 즉시 또는 화물 인수일로부터 14일 이내

VIII. 항공운송 관련 국제규칙

1. 국제항공운송협회(IATA ; International Air Transport Association)

세계항공운송에 관한 각종 절차와 규정을 심의하고 제정·결정하는 순수 민간의 국제협력단체로, 캐나다 몬트리올과 스위스 제네바에 본부를 두고 있다. 주요 활동으로는 국제민간항공기구 등 관련기관과 협력, 국제항공운임을 결정, 항공기 양식 통일, 연대운임 청산, 일정한 서비스 제공 등이 있다.

2. 국제민간항공기구(ICAO ; International Civil Aviation Organization)

국제연합(UN) 산하의 전문기구로 국제항공운송에 필요한 원칙과 기술 및 안전에 대해 연구하며 캐나다의 몬트리올에 본부를 둔다. 제2차 세계대전 때에 민간항공기의 발전에 따라서 1944년 국제민간항공조약(통칭 시카고조약)에 근거해 1947년 4월 4일에 발족되었다.

주요 활동으로는 국제민간항공의 안전과 발전을 위한 정보교환 및 협력, 평화적 목적을 위한 항공기의 설계 및 운송기술 장려 등의 업무를 수행한다.

3. 국제운송주선인협회연맹(FIATA ; International Federation of Freight Forwarders Associations)

국가별 대리점협회와 개별 대리점으로 구성된 기구로서 1926년 비엔나에서 국제적인 대리업의 확장에 따른 제반 문제점을 다루기 위해 설립되었다.

4. 바르샤바협약(Warsaw Convention)

제1차 세계대전 이후 급속도로 발달한 항공운송이 국제적으로 운송이 되고 이에 따라 국제적 적용법규와 여객이나 운송인에 대한 최소한의 보장이 요청됨에 따라 1929년 10월 바르샤바(Warsaw)의 제2회 국제항공법회의 에서 체결된 협약이다. 정식 명칭은 국제항공운송에 있어서의 일부규칙의 통일에 관한 협약(Convention for The Unification of Rules Relating to Int'l Carriage by Air : Warsaw Convention)이다.

국제항공운송인의 민사책임에 관한 통일법을 제정하여 동 사건에 대한 각국 법의 충돌을 방지하고 국제항공인 의 책임을 일정하게 제한하여 국제 민간항공운송업의 발전을 도모한 최초의 국제규범이다.

5. 헤이그의정서(Hague Protocol)

바르샤바조약 체결 이후 항공 산업 발전과 항공기 자체의 안전도가 많이 증대되어 조약체결의 목적인 항공산업을 보호해야 할 필요성이 크게 줄어들었다. 1955년 9월 헤이그에서 열린 국제항공사협의회에서 1929년 10월 바르샤바협약의 내용을 일부 수정한 의정서이다.

6. 몬트리올 협정(Montreal Agreement)

국제항공운송협회(IATA)는 여객의 책임한도에 불만을 가진 미국 정부와 1966년 5월 4일 몬트리올에서 협정을 가졌다. 몬트리올 협정은 모든 국제운송 승객, 수하물 혹은 짐으로 비행기에 의해 운송되는 것으로서 보상에 대해 적용한다.

7. 과다라하라(Guadalajara) 협약

운송인의 종류는 여객·화주와 운송계약을 체결한 계약운송인과 실제로 운송의 일부 또는 전부를 담당하는 실제 운송인으로 구분한다. 실제 운송인이 운송을 담당을 하는 경우 누구에게 협약을 적용하는가에 대하여 1961년 맥시코의 과다라하라에서 개최된 외교회의에서 '계약담당자가 아닌 운송인이 이행한 국제항공운송과 관련 일부규칙의 통일을 위한 바르샤바조약을 보충협약'으로 채택되었다.

8. 과테말라의정서(Guatemala Protocol)

1965년 7월 국제민간항공기구(ICAO) 총회에서 개정된 바르샤바조약상 운송인의 책임한도액을 재개정할 필요성이 제기된 후 ICAO의 법률위원회에서 초안한 내용을 1971년에 과테말라 외교회의에서 통과시킨 의정서이다.

5장 핵심문제

01 항공운송의 대상품목으로 적절하지 않은 것은?

① 긴급수요가 발생한 것
② 중량에 비해 고액이고, 중요한 품목으로서 운임 부담력이 있는 것
③ 항공운송수단이 다른 운송수단보다 비싼 경우
④ 물품의 성질상 단기간의 운송을 필요로 하는 것
⑤ 판매시기를 놓치면 상품가치가 없어지는 것

정답 ③

해설 운임의 경제성을 고려할 때 항공운송수단이 다른 운송수단보다 비싼 경우에는 다른 운송수단을 고려하는 것이 적절하다.

02 항공운송의 지상조업 설비에 대한 설명으로 옳지 않은 것은?

① Dolly란 ULD를 운반할 때 사용되는 운반대로 자체 기동성이 없어 예인차량(Tug Car)에 연결하여 사용한다.
② Tug Car란 Dolly를 연결하여 이동하는 차량으로 Tractor라고도 한다.
③ Work Station이란 화물을 ULD에 적재하거나 해체할 때 사용되는 설비이다.
④ High Loader란 화물의 윤곽을 체크하는데 사용되는 측정기이다.
⑤ Forklift Truck이란 Skid단위로 적재된 화물의 구역내 이동장치이다.

정답 ④

해설 High Loader란 ULD를 대형기에 탑재하거나 하역할 때 사용되는 장비이다.

03 항공운임에 대한 설명으로 옳지 않은 것은?

① 한 건의 화물운송에 적용할 수 있는 가장 적은 운임을 최저운임이라 한다.
② 45kg 미만의 화물에 적용되는 요율로서 모든 화물요율의 기준이 되는 것을 기본요율이라 한다.
③ 특정품목 할인요율은 특정구간에서 특정품목에 대해 설정되는 요율이다.
④ 품목분류요율은 몇 가지 특정품목에만 적용되며, 특정 구간 또는 지역 내에서만 적용되는 경우도 있다.
⑤ 할인요금 적용품목에는 금괴, 화폐, 유가증권 등이 있다.

정답 ⑤

해설 금괴, 화폐, 유가증권 등은 할증요금이 적용되는 품목이다.

04 항공화물운송장에 대한 설명으로 옳지 않은 것은?

① 항공화물운송장은 유통성(non-negotiable)증권이다.
② 선하증권과 같은 선적식(shipped)이 아니라 수취식(received) 증권이다.
③ 항공화물운송장은 주로 기명식으로 되어 있어서 기재된 수화인이 아니면 당해 화물을 인수받을 수 없는 것이 원칙이다.
④ 항공화물운송장은 송하인이 작성하여 항공운송인에게 교부하는 것이 원칙이다.
⑤ 항공화물운송장은 통상 원본3부(운송인용, 송화인용, 수화인용)와 부본 6부로 발행하는 것을 원칙(항공사의 필요에 따라 매수 조절가능)이다.

정답 ①

해설 항공화물운송장은 비유통성(non-negotiable)증권이다.

제6장 컨테이너운송

I. 컨테이너운송의 개요

▶ 2023년, 2022년, 2021년 등 기출

1. 개요

(1) 컨테이너 의의

컨테이너란 포장, 운송, 보관, 하역 등 물적 유통부문의 모든 과정에서 육·해·공로 상의 운송의 3대 원칙인 경제성, 신속성, 안전성을 최대한 충족시키고 운송 중 화물의 이적 없이 일관 운송을 실현시킨 혁신적 운송용구를 말한다.

(2) 컨테이너운송의 의의

컨테이너운송이란 운송과정 중에 컨테이너란 운송용기에 화물을 적입하여 운송하는 것을 의미하며, 화물을 컨테이너에 적입하여 기계로 하역하고 컨테이너선으로 운송하는 방식으로 그 원리는 Unit Load System이다. Unit Load System은 화물을 한개 취급하는 것이 아니라, 컨테이너 단위로 취합해서 기계로 취급하는 방식으로 이를 위한 용기가 바로 컨테이너이다.

2. 장단점

(1) 장점

1) 경제성

  ① 포장비의 절감

  컨테이너 자체가 상품의 외장 역할을 하므로 포장비를 절감할 수 있다.

  ② 운임의 절감

  단일운임(Through Rate)에 의한 할인 운임, 컨테이너의 빠른 회전율 등에 의한 저율 운임의 적용을 받아 운임이 절감된다.

  ③ 육로 수송비의 절감

  여러 가지 요소를 감안하면 재래 화물운송보다 상대적으로 저렴한 비용으로 내륙운송할 수 있다.

  ④ 창고보관료 및 하역비의 절감

  컨테이너 1개가 별도의 창고 역할을 하므로 창고에 반입을 위한 하역작업을 할 필요가 없으며, CY에 야적해 둘 수 있으므로 보관료가 절감된다. 재래화물의 운송의 경우 하역 인부의 동원이 필요한 경우도 있지만 컨테이너운송의 경우 거의 기계화되어 몇 사람의 힘으로 충분하다.

▶ 컨테이너 정의

ISO(국제표준기구)의 컨테이너에 대한 정의를 관세청의 고시에서도 정의하고 있는데 다음과 같다. 컨테이너란 lift van, portable 탱크 및 이와 유사한 수송용구로서 다음의 조건을 충족하는 것으로서 컨테이너의 통상 부속품 및 비품은 포함되나 차량 및 일반 포장용기는 제외한다.

1. 컨테이너"란 일종의 운송기기(리프트 반(lift van), 가반탱크(movable tank) 또는 그 밖에 유사한 구조)로서 다음 각 목의 요건을 충족하는 것을 말한다.

  가. 물품을 보관하기에 용이하도록 격실을 형성하고 있을 것

  나. 항구적으로 반복하여 사용할 수 있도록 견고할 것

  다. 운송 도중에 재적재하지 않고 하나 또는 그 이상의 운송수단으로 물품의 수송이 용이하도록 설계될 것

  라. 운송수단간 환적이 용이하도록 설계될 것

  마. 물품의 적출입이 용이하두록 설계될 것

  바. 1㎥ 이상의 내부용적을 가지고 있을 것

  사. 「1972년 컨테이너에 관한 관세협약」(이하 "컨테이너협약"이라 한다) 부속서 4에 제시된 컨테이너의 기술적 조건을 충족할 것

> ▶ 컨테이너운송의 목적
> <u>컨테이너운송은 다른 운송기관과의 환적도 편리하기 때문에 생산지의 문전에서 수요자의 문전까지 일관운송을 목적으로 한다.</u> 컨테이너운송에 의해 비로소 해상운송 서비스의 단위화와 규격화가 가능하게 되어 해상운송 서비스의 대량공급이 가능하게 되었다. 해상뿐만 아니라 육상, 항공운송 등에서도 컨테이너를 이용한 운송이 보편화되었다. 모든 운송수단에 있어 컨테이너에 의해 운송이 되는 경우 컨테이너 운송이 된다.
> - 해상운송+컨테이너(fishy-back)
>   : 컨테이너를 선박에 실어 운송
> - 육상운송+컨테이너(birdy-back)
>   : 컨테이너를 철도에 실어 운송
> - 항공운송+컨테이너(piggy-back)
>   : 컨테이너를 항공기에 실어 운송

⑤ 자금의 신속 회전

컨테이너에 화물을 적입하고 봉인(seal)하는 즉시 수취선하증권을 발급받아 Nego함으로써 수출대금을 신속히 회수할 수 있다.

⑥ 보험료, 인건비, 사무비 등 절감

컨테이너화물에 대한 보험부보의 경우 할인요율의 적용, 업무처리의 간소화를 통한 인건비 및 사무비의 절감이 가능하다.

2) 신속성

① 정박 기간의 단축
- 기계화된 장비의 사용 : 컨테이너를 적재 또는 양륙하는 경우 gantry crane과 같은 기계화된 장비를 이용하므로 신속한 적재 또는 양륙작업이 가능하다.
- 악천후에도 작업 가능 : 벌크상태의 화물과 달리 컨테이너에 적입된 화물은 악천후에도 적재 또는 양륙작업이 가능하므로 부두에 정박하는 기간이 단축된다.

② 수송기간의 단축

컨테이너선이 최근 건조된 선박이므로 대부분 고속 엔진을 장착하고 하역작업에 따른 지연시간 없이 해륙 일관 수송이 가능하다.

③ 관련서류의 간소화

컨테이너운송의 경우에는 화물의 보관, 하역, 운송의 제 단계마다 화물 관련서류가 간소화되어 이에 따른 시간의 낭비가 거의 없다.

3) 안전성

컨테이너 자체의 견고성과 밀폐성으로 하역작업 중에도 안전하고 운송 중의 기후변화에 대해서도 안전하다.

(2) 단점

1) 거대자본의 소요

컨테이너 자체, 컨테이너 전용선, 컨테이너 하역장비 등이 고가이므로 초기에 거대 자본의 투입이 필요하다.

2) 부적합 화물의 존재

모든 화물이 컨테이너에 적합한 것은 아니며 컨테이너에 적입하기에 부적합한 화물이 있다.

3) 재래선에 혼적하는 경우의 할증보험료

컨테이너화물을 재래선에 선적하는 경우 갑판적되는 경향이 있으며 이 경우 할증보험료가 적용될 수 있다.

4) 개도국의 실업문제

개발도상국의 경우 컨테이너운송으로 부두 또는 선내하역인부들의 실업문제가 일어날 수 있다.

 컨테이너의 분류

1. 크기에 따른 분류

현재 보편적으로 사용되고 있는 해상운송용 컨테이너는 20feet, 35feet 및 40feet 의 세 가지 종류가 있다. 이 규격은 컨테이너의 길이를 표준으로 한 것이며 높이와 폭은 특수한 것을 제외하고는 '8×8'이다. 이러한 국제표준은 ISO의 권고에 따른 것이다.

구 분		20FT DRY	40FT DRY
내장규격(m)	길이	5,896~5,905	12,023~12,057
	폭	2,348~2,352	2,234~2,362
	높이	2,372~2,393	2,359~2,359
	최대용적(CBM)	32.8~33.2	66.2~67.8
무게(톤)	자체 중량	2,210~2,340	3,900~4,220
	적재가능 중량	18,015~21,710	26,260~29,580
	총중량	24,000	30,480

<u>20FT 컨테이너, 40FT 컨테이너는 물동량의 산출을 위한 표준적인 단위</u>이며, 이는 컨테이너 선박 적재능력의 표시기준이다. 화물을 적입한 컨테이너 총중량 - 컨테이너 자체 중량 = 컨테이너에 적재 가능한 화물의 최대중량이 된다. <u>ISO 기준 컨테이너의 최대적재중량은 20FT 컨테이너가 24톤, 40FT가 30톤</u>이나 이는 단지 컨테이너 제작시 내구성을 규정한 것이다.

2. 사용목적에 따른 분류

(1) 일반 건화물 컨테이너

드라이컨테이너(dry container)란 온도조절이 필요 없는 일반 잡화운송에 이용하는 것으로 가장 많이 사용하는 컨테이너의 일반적 형태이다.

(2) 온도조절용 컨테이너

① 냉동 컨테이너

냉동 컨테이너(reefer or refrigerated container)는 과일, 고기, 어류 및 야채 등 냉장식품을 위해 사용하는 컨테이너로서 보통 -26℃에서 -28℃까지 유지된다. 여기에는 내장식과 별치식의 두 가지 형태가 있다.

② 보냉 컨테이너

보냉 컨테이너(insulated container)는 과일 및 야채 등을 적재할 때 화물의 온도상승을 방지하는 컨테이너로서 대개 dry ice를 넣어 일정한 온도를 유지한다.

③ 통풍 컨테이너

통풍 컨테이너(ventilated container)는 과일이나 야채 그리고 식물 등의 호흡작용을 위해 벽면이나 벽측에 통풍이 되도록 구멍을 낸 컨테이너로서 동물용 컨테이너라고도 한다.

(3) 특수 컨테이너(special container)

① 산화물 컨테이너(bulk container)
주로 곡물, 사료, 화학제품 등을 분말상태로 담는 컨테이너로서 3개의 뚜껑이 상부에 있고 전면 하부에 출구가 있다.

② 탱크 컨테이너(tank container)
액체상태의 식품, 유류, 주류 및 화학제품 등을 수송하기 위한 컨테이너이다.

③ 오픈 탑 컨테이너(open top container)
중량물이나 장척물 및 기계부품 등을 수송하기 위하여 컨테이너 상부에서 적입, 적출할 수 있도록 설계되어 있는 컨테이너를 말한다.

④ 천정개방형 컨테이너
파이프류 등 장척물과 중량품, 기계류 등을 수송하기 위한 지붕 없는 개방식의 컨테이너로써 크레인에 의해 컨테이너 위쪽부터 하역할 수 있는 것이 특징이다.

⑤ 프레트 랙 컨테이너(flat rack container)
철재, 목재, 파이프 등의 장척화물이나 기계, 요트, 플랜트, 기계부품 등 중량화물을 운송하기 위하여 지붕, 측벽, 단벽을 제거하고 4개의 기둥으로 강도를 유지하고 있어 전후좌우 적입, 적출할 수 있는 컨테이너이다.

⑥ 카 컨테이너(car container)
자동차의 운송을 위해 자동차의 크기와 높이로 구조물만 설치된 컨테이너로서 2단 적재도 가능하게 되어 있다.

3. 재질에 따른 구분

(1) 스틸 컨테이너

스틸 컨테이너(steel container)는 제조원가가 싸고 수밀성이 높은 것이 장점인 대신 녹이 잘 슬고 무거운 것이 단점이다.

(2) 알루미늄 컨테이너

알루미늄 컨테이너(aluminum container)는 경량으로 외관이 아름답고 유연하다는 장점이 있는 대신 손상이 쉽고 가격이 비싼 단점이 있다.

(3) FRP 컨테이너

FRP 컨테이너(fiberglass reinforced plastics container)는 스틸프레임과 합판의 양면에 FRP를 부착하여 만든 컨테이너로, 얇고 열전도율이 낮으며, 결로현상이 없다는 장점이 있는 반면, 스틸프레임이 무겁고 재료가 비싸다는 단점이 있다.

III. 컨테이너선의 종류

1. 본선의 선형에 의한 분류

① 혼재형 컨테이너선
   혼재형 컨테이너선(Conventional Ship)이란 재래 화물선으로 재래화물과 컨테이너를 구분 없이 적재하는 선박을 의미한다.

② 분재형 컨테이너선
   분재형 컨테이너선(Semi-Container Ship)이란 화물선의 특정 선창을 컨테이너 전용 선창으로 하고 일부는 재래화물을 적재할 수 있도록 한 것으로서 대개 선체 중앙에 설치되어 있다.

③ 전용형 컨테이너선
   전용형 컨테이너선(Full-Container Ship)은 모든 선창이 컨테이너만을 적재하도록 설계되어 있는 선박을 말한다.

④ LASH(Lighter Aboard Ship)
   LASH선이란 컨테이너 대신 규격화된 부선을 화물을 적재한 그대로 본선의 크레인 등을 이용하여 본선에 적입하는 특수선박을 말한다.

2. 하역방식에 의한 분류

① Lift On / Off 방식(LO / LO)
   본선 또는 육상의 크레인을 사용하여 컨테이너를 본선에 수직으로 적·양하역하는 방식의 선박을 의미한다.

② Roll On / Off 방식(RO / RO)
   선측, 선주 또는 선미의 RAMP로부터 컨테이너 또는 트레일러를 수평으로 적·양하역하는 방식으로 주로 자동차 전용선이 이러한 방식을 이용한다.

③ Float On / Off 방식(FO / FO)
   부선에 컨테이너를 적재하고 본선의 크레인이나 엘리베이터에 의해서 적·양하역하는 방식의 선박을 말한다.

IV. 컨테이너화물의 운송형태

1. CY / CY운송

(1) 의의
   수출상의 공장이나 창고에서 수입상의 창고까지 육·해·공을 연결하는 컨테이너선박에 의한 일괄수송형태로 수송하는 방법이다.

▶ 컨테이너 해상운송절차 흐름
(1) 선적절차 기준(FCL)
선적요청 → 공컨테이너 반입 요청 및 반입 → 화물적입 및 CLP(Container Load Plan : 컨테이너 적부도) 작성 → 컨테이너 내륙운송 및 CY 반입 → D / R(Dock Receipt : 부두수취증) 및 CLP 제출 → B / L(Bill of Lading : 선하증권) 수령

(2) 서류 기준
Shipping Request(선적요청서) Booking Note(선복확약서) → EIR(Equipment Interchange Receipt : 기기인수도증) → D / R(Docks Receipt : 부두수취증) → Stowage Plan(적부도) → B / L(Bill of Lading : 선하증권)

(2) 내용

운송도중 컨테이너의 개폐 없이 문전에서 문전까지(Door-to-Door) 서비스가 가능하기 때문에 컨테이너의 장점을 최대한으로 이용할 수 있다. 이 운송형태는 수송의 3대 원칙인 신속성·안전성·경제성을 최대한으로 충족시켜 컨테이너의 목적을 달성시켜 주며 수출상의 공장이나 창고에서 수입상의 창고까지 상품을 수송하고자 하는 경우에 많이 이용된다.

2. CFS / CFS운송

(1) 의의

선적항의 CFS(Container Freight Station : 컨테이너화물 집하장)로부터 목적항의 CFS까지 컨테이너선박에 의해서 운송하는 가장 기본적인 운송형태이다.

(2) 내용

CFS / CFS운송은 부두에서 부두까지(Pier to Pier)방식이며, 운송인이 여러 수출화주로부터 LCL 화물(Less than Container Load Cargo : 소량 화물)을 인수하여 목적지 별로 분류한 후 한 컨테이너에 혼재해서 운송하고, 목적항의 CFS에서 여러 수하인에게 화물을 인도하는 운송형태이다. 따라서 LCL화물의 운송형태는 송하인과 수하인이 각각 여러 사람으로 구성되고, 운송인은 선적항과 목적항 사이의 해상운임을 받는다.

3. CFS / CY운송

(1) 의의

운송인이 지정한 선적항이 CFS에서 목적지의 CY(Container Yard, 컨테이너 야적장)까지 컨테이너선박에 의해 화물을 운송하는 형태이다.

(2) 내용

운송인은 다수의 송하인들로부터 수출화물을 선적항의 CFS에서 집화하여 컨테이너에 적입한 후 최종 목적지의 수하인의 공장 또는 창고까지 운송해 준다. 이 운송형태는 대규모의 수입상이 여러 송하인들로부터 각 LCL화물을 인수하여 일시에 자기 창고까지 운송하고자 하는 경우에 알맞다.

4. CY / CFS운송

(1) 의의

운송인이 지정한 선적항의 CY에서 목적항의 지정 CFS까지 컨테이너선박에 의해 화물을 운송하는 형태이다.

(2) 내용

한 사람의 송하인과 다수의 수하인들로 구성되며, 선적지에서 수출상이 FCL화물(Full Container Load Cargo)을 컨테이너로 운송하여 수입항의 CFS에서 여러 수하

인들로 하여금 화물을 인수하도록 하는 운송형태이다. 이 방법은 1인의 수출상이 수입국의 다수의 수입상들에게 일시에 화물을 운송하고자 할 때 많이 이용된다.

V. 컨테이너터미널

1. 컨테이너터미널의 구조

(1) 컨테이너터미널의 정의
컨테이너선에 화물의 적재와 하역을 원활하고 신속하게 하도록 하는 유통작업의 장소 및 설비 전체를 의미한다. 컨테이너운송에 있어서 해상 및 육상운송의 접점인 부두에 위치하고 본선하역, 화물보관에 컨테이너 및 컨테이너화물의 인수·인도를 행하는 장소이다.

(2) 주요시설
① 컨테이너 화물집화장(CFS ; Container Freight Station)
화물로 컨테이너 1개를 채울 수 없는 소량 단위의 LCL화물들을 인수·인도하고 보관하거나 물품을 동일목적지별로 분류하여 컨테이너에 적입 또는 하역작업을 하는 장소이다.

② 컨테이너 야적장(CY ; Container Yard)
컨테이너를 인수·인도하고 보관하는 장소이다. Marshalling Yard, Apron, CFS 등을 포함한 넓은 의미의 컨테이너터미널로 쓰이기도 하지만 CY는 컨테이너터미널의 일부로 쓰이기도 한다.

③ 선석(Berth)
선박이 접안하여 화물의 하역작업이 이루어질 수 있도록 구축된 구조물이다. 보통 표준선박 1척을 직접 정박시키는 설비를 가진다. 선석 내에는 계선 중인 선박의 동요를 막기 위해 정박로프를 고정시킬 수 있는 계선주(Bit)가 설치되어 있다.

④ 에이프런(Apron)
안벽에 접한 야드 부분에 위치한 하역작업을 위한 공간으로서 부두에서 바다와 가장 가까이 접한 곳이며 폭은 시설에 따라 다르며 30~50m 정도이다. 갠트리 크레인이 설치되어 있고 일정한 폭으로 나란히 레일이 뻗어 있어 컨테이너의 적·양하가 이루어진다.

⑤ 마샬링 야드(M / Y ; Marshalling Yard)
선적해야 할 컨테이너를 하역 순서대로 정렬해 두는 넓은 장소로서 에이프런과 이웃하여 있다. 마샬링 야드에는 컨테이너의 크기에 맞추어 바둑판처럼 백색 또는 황색의 구획선이 그어져 있는데 그 1칸을 슬로트(Slot)라고 한다.

⑥ 게이트(Gate)

게이트에서는 컨테이너의 이상 유무, 통관봉인(Seal)의 유무, 컨테이너 중량, 화물의 인수에 필요한 서류 등을 확인한다. Terminal Gate는 터미널을 출입하는 화물이나 빈 컨테이너 등이 통과하는 출입구이며, CY Gate는 컨테이너 및 컨테이너 화물을 인수·인도하는 장소이다.

⑦ 통제탑(Control Tower)

Control Center라고도 부르며, Container Yard 전체를 내려다 볼 수 있는 위치에 설치되어 CY 전체의 작업을 총괄하는 지령실이다. 본선하역 작업은 물론 CY 내의 작업계획, 컨테이너배치계획 등을 지시·감독하는 곳이다.

⑧ 정비소(Maintenance Shop)

CY에 있는 여러 종류의 하역기기나 운송 관련기기를 점검, 수리, 정비하는 곳이다.

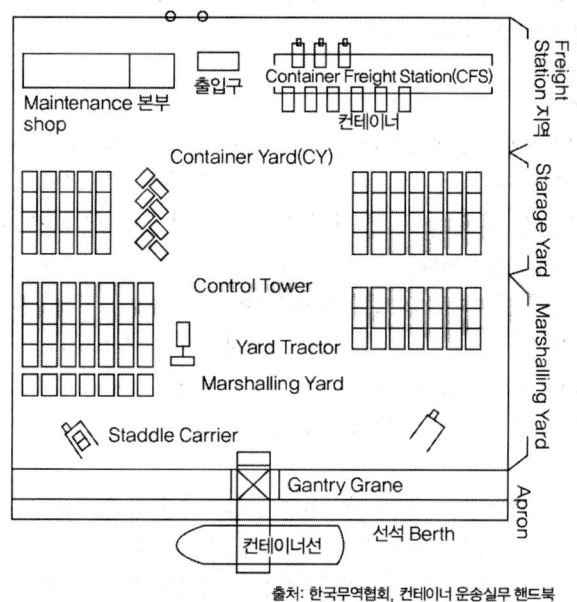

출처: 한국무역협회, 컨테이너 운송실무 핸드북

2. 컨테이너 하역장비

① 갠트리 크레인(Gantry Crane, Wharf Crane)

컨테이너 터미널에서 컨테이너선에 컨테이너를 선적하거나 양륙하기 위한 전용크레인으로 에이프런(Apron)에 부설된 철도 위를 이동하여 컨테이너를 선적 및 양하하는데 사용하는 대형 기중기이다.

② 스트래들 캐리어(Straddle Carrier)

컨테이너 야적장에서 컨테이너를 양각 사이에 끼우고 운반하는 차량으로서 기동성이 좋은 대형 하역기기이다.

③ 컨테이너 새시(Chassis)

육상을 운행하는 밴 트레일러에서 컨테이너를 탑재하는 부분으로 트랙터에 연결되어 이동한다.

④ 트랙터
    컨테이너 야적장에서 Chassis를 끄는 트럭이다.
⑤ 윈치 크레인(Winch Crane)
    컨테이너를 섀시 또는 트럭에 적재 또는 양하할 때 사용하는 기중기로서 좌우로 회전도 가능하고 작업장까지 자력으로 이동하는 기중기이다.
⑥ 포크 리프터(Fork Lifter, Top Handler)
    컨테이너 터미널에서 컨테이너화물을 트럭에 적재하거나 또는 트럭에서 양하할 때 사용하는 기중기로서 대형과 소형 2가지가 있다. 포크 리프터는 차체의 뒤에 화물적재용 포크 또는 하역취급용 부착물(Attachment)를 갖추고 이것을 승강시키는 유압장치로 화물을 운반하는 대형하역기계이다.
⑦ 스프레더(Spreader)
    컨테이너를 전용으로 하역하기 위한 지게차의 부속장치로 통상 유압으로 작동되며 운전실로부터의 원격조작이 가능하다.

3. 컨테이너 하역시스템

① 섀시방식(Chassis System)
    항만 내에서 컨테이너 크레인(C/C)과 도로용 컨테이너 운송차량인 로드트랙터와 로드섀시(R/T + R/C)를 이용하여 화물을 처리하는 방식이다. 주로 화물취급량이 적은 소규모 항만이나 컨테이너 야드 면적이 넓은 미국의 일부 항만에서 사용한다.
    섀시방식은 별도의 야드 장비가 필요 없어 비교적 단순하나 컨테이너를 적재상태로 보관할 많은 수량의 로드 섀시가 필요하고 비어있는 상태의 섀시 보관장소도 별도로 필요하다.

② 스트래들 캐리어방식(Straddle Carrier System)
    스트래들 캐리어를 이용하여 안벽과 컨테이너 야드 간 컨테이너를 직접 운송하거나 야드에서 외부 반·출입 차량과의 컨테이너 적·하차 작업을 수행한다. 킨데이니 야드에서는 긴테이니를 길이방향 한 줄로 2~3단 직재보관하고, 부두외부 반출·반입 시 도로운송용 차량(R/T + R/C)을 이용하는 컨테이너 하역시스템이다.

③ 트랜스테이너방식(Transtaniner System)
    야드의 섀시에 탑재한 컨테이너를 마샬링 야드에 이동시켜 트랜스퍼 크레인으로 장치하는 방식이며 좁은 면적의 야드를 가진 터미널에 가장 적합한 방식이다.

④ 혼합방식(Mixed System)
    수입컨테이너를 이동할 때는 스트래들 캐리어방식을 이용하고 수출컨테이너를 야드에서 선측까지 운반할 때는 트랜스테이너방식을 이용하여 작업의 효율성을 높이고자 하는 방식이다.

VI. 내륙컨테이너기지(ICD : Inland Container Depot)

1. 의의
ICD란 항만이 아닌 내륙에 위치하여 컨테이너 화물처리 시설을 갖추고 수출입 통관업무 및 기타 관련 모든 업무를 종합적으로 처리할 수 있는 종합물류 터미널을 말한다. 본래 내륙통관기지를 의미하였으나 컨테이너화의 확산으로 내륙 컨테이너기지로 성장하였다.

2. ICD의 주요 기능
① 통관기능
② 장치보관기능
③ 집하 및 포장기능
④ 내륙운송기능
⑤ 컨테이너 정비 및 수리
⑥ 화물주선
⑦ 제조, 선적 및 양하작업, 마샬링 기능은 제외됨에 유의

3. ICD의 경제적 효과
① 항만구역 및 항만주변의 도로체증 완화
② 철도와 도로가 연결되는 복합운송거점으로 대량운송수단을 통한 운송비 절감
③ 집화·분류·혼재활동에 의한 물류합리화 실현
④ 연계운송체계를 통한 일관운송의 효과적 수행 가능
⑤ 컨테이너운송 관련 업체들 간의 정보시스템 구축으로 신속·정확·안전한 서비스 제공
⑥ 토지의 효과적 이용
⑦ 철도수송에 의한 CO_2 탄소배출 저감

▶ ICD 역할
ICD에는 세관, 은행, 보험, 포장회사, 운송회사 및 기타 컨테이너 수출입 관련 서비스 기관 이 입주해 있어 신속, 정확, 안전한 서비스 제공이 가능하며, 항만과 동일하게 CY 및 CFS의 기능을 수행한다. 주요 수출항이 내륙에서 원거리에 있거나 인근 항만의 체선, 체화현상이 극심한 경우에 ICD의 역할은 더욱 중요하고, 도시 외곽에서 수출입화물을 집하, 분배하여 도시 도로망의 교통 혼잡 완화, 항만지역 내 토지의 효과적 이용을 가능케 한다.

VII. 컨테이너화물운송 관련 국제법규

1. CCC협약(컨테이너 통관협약)
① 1956년 UN 유럽경제위원회에서 채택된 협약으로 Customs Convention on Container, 일명 컨테이너 통관협약으로 우리나라는 1981년에 가입하였다.
② 컨테이너가 국경을 통과할 때 발생하는 관세 및 통관문제 해결을 위해 제정되었다.
③ 일시 수입된 컨테이너에 대해 재수출 조건으로 면세하고, 보세운송 시 체약국인 수출국 세관의 봉인(Seal)을 존중하는 것을 규정하고 있다. 우리나라의 경우 수

입관세가 면제된 컨테이너의 의무 재수출기간은 1년이며 기간경과시 1회에 한해 6개월의 기간연장이 가능하다.

2. TIR(Trailer Interchange Receipt Convention)협약

① 1959년 UN 유럽경제위원회에서 채택된 국제도로운송 수장(면세통과증서)의 담보 하에 행하는 화물의 국제운송에 관한 국제협약(customs convention on the international transport of goods under cover of TIR carnets)이다.
② 컨테이너에 적입 및 봉인되어 도로로 운송되는 화물에 대하여 관세법상의 특례(경유지국가 의 수출입 관세 및 세관검사 면제)를 규정하고 있는 협약이다.
③ 협약을 적용받기 위한 전제조건으로는 운송차량 및 컨테이너는 사전에 소정의 심사를 거친 후 부여되는 승인판을 부착할 것, 컨테이너 봉인은 출발지 세관이 봉인한 것으로 봉인의 상태에 이상이 없을 것, 컨테이너에 내장되어 운송되는 화물은 국제도로 면세통과증서(국제도로운송 수장 : TIR Carnet)가 발행된 것일 것이 있다.

3. CSC협약(컨테이너 안전협약)

① 정식 명칭은 International Convention for Safe Containers(안전한 컨테이너를 위한 국제협약)이다.
② 1972년 UN과 IMO(국제해사기구)가 컨테이너운송과 하역(취급, 적취) 시 컨테이너 구조상 안전요건의 국제적 통일을 위해 채택한 협약이다.
③ 체약국은 CSC조약의 규정을 기준으로 컨테이너의 구조요건, 시험, 정비, 점검 등에 관한 사항들을 다룬 국내법(한국의 경우 '컨테이너 형식 등에 관한 규칙')을 제정하고 그 기준에 합격한 컨테이너선에 한해 안전승인판(Safety Approval Plate)을 부착시켜야 한다.

4. ITI협약(국제통과화물에 관한 통관협약)

① 정식 명칭은 Customs Convention on the International Transit of Goods로 통과화물에 관한 국제협약이다. 이는 컨테이너의 취급, 적취 및 수송에 있어서 컨테이너 구조상의 안전요건을 국제적으로 공통화하는 것이 목적이다.
② 1971년 UN의 관세협력이사회가 채택하여 육·해·공을 포함하는 모든 운송수단을 이용하여 운송되는 컨테이너화물에 대한 경유지국가의 수출입 관세 및 세관검사의 면제 등을 규정하고 있다.

5. 10 + 2 rule

미국으로 향하는 화물에 대해 보안 강화를 위하여 선적지로부터 출항 24시간 전, 미국세관에 수입업자와 운송업자가 신고해야 할 각각의 사항들을 전자적으로 전송하도록 한 제도이다.

6. CSI & C-TPAT

① 2001년 미국에서 발생한 9.11 테러사건으로 물류부분에서도 안전·보안의 중요성이 대두되었다.
② 2002년부터 미국 관세청이 국토안보정책의 일환으로 컨테이너 보안협정인 CSI (Container Security Initiative)을 추진해 왔으며, 테러방지를 위한 민관협력 프로그램인 C-TPAT (Customs-Trade Partnership Against Terrorism)를 시행하였다.
③ C-TPAT
국제운송 전체의 보안성과 안전성을 제고하여 테러 위협에 대항하기 위해 미국 관세청이 만든 임의참가 형식의 보안프로그램이다. 미국으로 화물을 수출하는 모든 제조업자, 화주, 선사 등에게 화물의 공급사슬 전반에 걸쳐 보안성을 확보하도록 하는 것이다.

7. 선박 및 항만시설 보안규칙(ISPS)

선박과 항만시설에 대한 국제보안코드(International Code for the Security of Ships and of Port Facilities)로서 주요 내용은 선박 보안, 회사의 의무, 당사국 정부의 책임, 항만 시설 보안, 선박의 심사 및 증서 발급에 관한사항 등이 있다.

8. 종합인증우수업체(AEO ; Authorized Economic Operator)

① 9·11테러 이후 통관이 지연되자 세계관세기구(WCO)에서 도입한 것으로 세관에서 일정기준을 갖춘 수출기업의 통관을 간소화해주는 제도이다.
② 세계적인 물류보안 강화 조치로 인한 무역원활화를 저해하는 문제점을 해소하고자 각국 세관이 수출업자, 수입업자, 제조업자, 관세사, 운송사, 창고업자, 하역업자 등을 대상으로 적정성 여부를 심사하여 우수업체로 공인해 줌으로써 통관상의 혜택을 부여하는 제도이다.

9. 세이프 프레임워크(SAFE Framework)

9·11테러 이후 세계관세기구(WCO)에서 채택된 것으로 세관에서 정한 일정한 기준을 충족하여 물류안전에 관한 공인인증을 받는 사업자의 통관절차를 간소화하여 공정무역을 촉진하며, 위험이 높은 부분은 통관을 엄격히 시행 하는 것을 주 내용으로 한다.

6장 핵심문제

01 다음에서 설명하는 컨테이너의 종류는?

> 과일 및 야채 등을 적재할 때 화물의 온도상승을 방지하는 컨테이너로서 대개 dry ice를 넣어 일정한 온도를 유지한다.

① 드라이컨테이너
② 보냉 컨테이너
③ 산화물 컨테이너
④ 오픈 탑 컨테이너
⑤ 천정개방형 컨테이너

정답 ②

해설 보냉 컨테이너는 과일 및 야채 등을 적재할 때 화물의 온도상승을 방지하는 컨테이너로서 대개 dry ice를 넣어 일정한 온도를 유지한다.

02 컨테이너 운송의 특징으로 옳지 않은 것은?

① 컨테이너 자체가 상품의 외장 역할을 하므로 포장비를 절감할 수 있다.
② 컨테이너 자체의 견고성과 밀폐성으로 하역작업 중에도 안전하고 운송 중의 기후 변화에 대해서도 안전하다.
③ 모든 화물이 컨테이너에 적합하여 운송이 용이하다.
④ 컨테이너 자체, 컨테이너 전용선, 컨테이너 하역장비 등이 고가이므로 초기에 거대 자본의 투입이 필요하다.
⑤ 컨테이너화물을 재래선에 선적하는 경우 갑판적되는 경향이 있으며 이 경우 할증보험료가 적용될 수 있다.

정답 ③

해설 모든 화물이 컨테이너에 적합한것은아니며 컨테이너에적입하기에부적합한화물이있다.

03 다음에서 설명하는 컨테이너 하역장비는?

> 컨테이너 터미널에서 컨테이너선에 컨테이너를 선적하거나 양륙하기 위한 전용크레인으로 에이프런 (Apron)에 부설된 철도 위를 이동하여 컨테이너를 선적 및 양하하는데 사용하는 대형 기중기

① 갠트리 크레인
② 스트래들 캐리어
③ 컨테이너 새시
④ 트랙터
⑤ 포크 리프터

정답 ①

해설 갠트리 크레인(Gantry Crane, Wharf Crane) 이란 컨테이너 터미널에서 컨테이너선에 컨테이너를 선적하거나 양륙하기 위한 전용크레인으로 에이프런(Apron)에 부설된 철도 위를 이동하여 컨테이너를 선적 및 양하하는데 사용하는 대형 기중기이다.

제7장 복합운송

I. 복합운송의 개요

▶ 2023년, 2022년, 2021년 등 기출

1. 복합운송의 정의

1980년 UN이 제정한 국제화물복합운송조약에 의하면 <u>국제복합운송이라 함은 복합운송인(MTO : Multimodal Transport Operator)에 의해 화물이 인수된 한 국가 내에 있는 일정한 장소로부터 다른 국가 내에 위치한 인도 예정된 일정한 장소까지 복합운송계약에 의거하여, 적어도 두 개의 다른 운송방식에 의한 화물의 운송을 의미</u>한다고 규정하고 있다.

2. 복합운송의 특징

① 이종 운송수단의 결합(different modes of transport)
   국제복합운송은 복합운송인이 <u>둘 이상의 운송수단을 결합</u>하여 출발지에서 목적지까지 일관운송을 실현하는 것을 특징으로 한다. 그러므로 단일 운송수단의 결합으로 이루어지는 단순 통운송과는 구별된다.

② 운송인의 단일책임(uniform liability)
   국제복합운송의 경우에는 <u>복합운송인 1인이 전구간의 운송에 대하여 책임</u>을 진다. 재래식운송방식에 의한 경우에는 각 운송구간별로 분할하여 책임을 지게 되므로 여러 당사자가 각각 자기의 운송방식에 의한 운송구간에 대하여만 책임을 지는데 책임발생구간을 확정하기 어려운 경우가 많다. 그러나 복합운송에 의할 경우에는 한 사람의 운송인이 전 과정에 대하여 책임을 진다.

③ 단일운송서비스(through carriage)
   출발지에서 목적지까지 일관운송서비스를 제공하므로 그러한 우려가 적고, 또 이러한 유리한 지위로 말미암아 서비스의 신속성과 신뢰성이 증진된다.

④ 단일운임(through rate)의 설정
   재래식 운송방식에 의할 때에는 각 구간별로 비용을 산정해야 하나, 복합운송의 경우에는 화물 1단위당 또는 중량 또는 용적당, 컨테이너 박스당 일정한 운임을 책정하므로 한 번의 총비용(a total cost)을 산정하면 되는 장점이 있다.

⑤ 복합운송증권의 발행
   전 구간에 대하여 하나의 복합운송증권을 발행한다.

▶ 복합운송의 장점
① 복합운송에서는 송하인이 복합운송인에게 화물의 운송을 의뢰하면 복합운송인이 각 운송수단별 특징에 따라 최적의 복합운송 경로에 최적의 운송수단을 선정하여 운송하게 된다. 그러나 단일운송에서는 송하인이 각 운송수단별 운송인과 개별적으로 운송계약을 체결해야하므로 운송절차가 복잡하다.
② 복합운송에서는 운송의 전 구간에 대한 책임이 복합운송인에게 집중되므로 손해가 발생한 경우 손해배상청구가 용이하다. 그러나 단일운송에서는 개별 운송인을 상대로 손해배상청구를 하여야 하며, 손해발생구간이 불명확한 경우에는 책임의 주체를 확정하는데 문제가 발생한다.
③ 복합운송에서는 복합운송인이 전 운송구간에 대해 단일운임을 송하인에게 부과하므로 운임의 계산이 간단하고, 저렴하다. 그러나 단일운송에서는 각 운송수단별로 개별 운임이 부과되므로 운임의 계산이 복잡하고, 운임도 높다.
④ 복합운송에서는 복합운송인이 운송서비스 이외에 그에 수반되는 포장, 검사, 보관, 통관 등의 서비스를 제공하므로 편리하지만, 단일운송에서는 송하인이 직접 이러한 업무를 처리해야한다.

▶ 통운송과의 차이점
통운송에 사용되는 운송방식에 따라서 선박에 의한 해상운송, 열차에 의한 철도운송, 트럭에 의한 도로운송, 비행기에 의한 항공운송 등으로 구분되는데, 각 운송구간에서의 운송이 동일한 운송방식에 의하여 이루어지는 통운송을 단순통운송이라 하고, 서로 다른 종류의 운송방식에 의하여 이루어지는 통운송을 복합운송이라고 하며, 복합운송은 통운송의 일종이라 할 수 있다.

▶ 해공복합운송
해공복합운송은 해상운송이 가지는 저운임과 항공운송이 갖는 신속성을 효과적으로 결합한 운송방식으로서, 가장 일반적으로 행해지고 있는 해공복합운송경로는 일본과 북미서해안간의 태평양해상에서는 해상운송을 이용하고, 미국내륙 및 미국과 유럽간에는 항공운송을 이용하여 미국 중동부 및 유럽 각지로 수송하고 있다.

▶ Land Bridge의 목적
Land Bridge의 목적은 운송비용의 절감과 전체 소요시간의 감소를 위한 것으로서 이러한 비용절감의 가능성은 해상운송업자들로 하여금 내륙운송에 있어서 규모의 경제(economy of scale)를 추구하기 위해 주요 내륙운송망에 탁월한 접근성을 가진 소수의 항만에 화물량을 집중시키도록 했다. Land Bridge로 인해 모든 여정이 단일운송수단의 통제와 책임하에 놓이게 됐으며 또 다른 특징으로는 전체 운송과정을 선사 또는 비선박운항업자(Non Vessel Operation Common Carrier : NVOCC)가 발행하는 단일 선하증권에 의해 커버할 수 있게 되었다.

▶ SLB 배경
SLB의 운영주체인 TSR(Trans Siberian Railway)서비스는 구 소련 내 주요 지역과 해외에 지점을 설치 수출입화물을 처리하고 있다. SLB 운송은 1971년부터 본격 개시된 이래, 한국, 대만, 홍콩, 필리핀, 호주,

3. 통운송과의 차이점

통운송(Through Transport)이란 하나의 운송계약에 수인의 운송인이 관여하는 것을 의미한다. 통운송은 처음부터 운송인 및 운송수단의 복수가 예정되고 있는 점에서 그 특이성이 있다

항 목	통운송	복합운송
운송형태	동종, 이종수단의 조합	이종수단의 조합
운송계약의 형태	단일운송계약, 최종 목적지까지 전 구간에 대한 운송을 나타냄	복합운송계약이어야 함
운송인의 책임형태	운송인 담당구간 분할	복합운송인 전 구간 단일책임
운송인간 관계	2차 운송인에 대한 1차 운송인의 지위는 화주의 단순한 운송대리인	1차 운송인 : 원청 운송인 2차 운송인 : 하청 운송인
증권의 발행인	선박회사와 그 대리인	발행인에 특별한 제한은 없으며, 운송주선인도 가능
증권의 형식	B/L형식의 Trough B/L	BL, MTD, CTD 등

II. 복합운송 주요경로

▶ 2023년, 2022년, 2021년 등 기출

1. 의의

국제복합운송의 일반적인 형태로는 해륙복합운송과 해공복합운송이 있는데, 해륙복합운송에는 대륙과 해상을 잇는 교량역할을 하는 Land Bridge방식이 이용되고 있다. 이 Land Bridge Service는 운송경비의 절감과 운송시간의 단축을 위한 것으로 대륙횡단의 육상운송을 이용하여 바다와 바다를 연결하는 운송서비스라고 할 수 있다.

2. 해륙복합운송

Land Bridge란 해륙 복합일관수송이 실현됨에 따라 해상-육상-해상으로 이어지는 운송구간 중 중간구간인 육로운송구간을 말한다. Land Bridge의 개발은 대륙을 횡단하는 철도 또는 도로를 가교(bridge)로 하여 Sea-Land-Sea방식을 통한 복합운송의 한 형태이다.

(1) 유라시아대륙 복합운송 경로

① SLB
SLB(Siberian Land Bridge)란 시베리아를 육상 가교(land bridge)로 하여 한국, 일본, 극동, 동남아, 호주 등과 유럽대륙, 스칸디나비아반도를 복합운송 형태로 연결하는 복합운송형태를 말한다.

② CLB

중국횡단철도(Trans-Chinese Railroad : TCR)를 이용하여 유럽까지의 이동 경로를 말하는 China Land Bridge(CLB)도 있다. CLB는 유럽까지의 운송거리가 SLB보다 2,000km 가 짧고, 해상운송보다는 9,000km가 짧아 운송기간의 단축을 도모할 수 있다.

(2) 북미대륙 복합운송 경로

① ALB (해상운송 → 육상운송 → 해상운송)

ALB(American Land Bridge)란 1972년에 Seatrain사가 개발한 것으로 아시아국가 항구에서 미국서안의 항구까지 해상운송을 하고, 철도화차에 환적하여 미대륙 횡단철도를 이용, 미국 동안의 항구까지 육상운송을 하고, 유럽의 항구까지는 해상운송으로 화물을 운송하는 경로를 말한다.

② MLB (해상운송 → 육상운송)

1972년 미국선사 Seatrain이 찰스톤을 경유해 유럽에서 캘리포니아로의 MLB(Mini Land Bridge)수송을 개시했다. 극동지역에서 북미서안까지 선박에 의해 해상운송하고 북미대륙의 횡단철도를 이용하여 북미 동안이나 멕시코만의 항만까지 화물을 운송하는 방식이다.

③ CLB (해상운송 → 육상운송 → 해상운송)

1979년 일본 포워더에 의해서 개발된 운송루트로 극동지역에서 캐나다까지는 컨테이너선에 의해 해상운송하고, 캐나다대륙의 횡단철도를 이용하여 캐나다 동안의 항만까지 육상운송을 하고, 해상운송을 통해 유럽국가의 항만 또는 유럽내륙까지 컨테이너를 이용하여 운송하는 경로를 말한다.

④ IPI

Mini Land Bridge가 Port to Port운송인데 비하여 IPI(Interior Point Intermodal), 즉, Micro Bridge는 미국내륙지점으로부터(또는 까지) 최소한 2개의 운송수단을 이용한 일관된 복합운송 서비스를 말한다.

3. 해공복합운송

(1) 의의

해공복합운송은 화물의 출발지에서 목적지까지의 운송구간 중 일정구간은 선박으로 운송하고 나머지 구간은 항공기로 운송하는 방식(반대의 Air & Sea 포함)으로서, 이는 해상운송이 갖는 운임의 저렴성과 항공운송이 갖는 신속성이라는 두 가지의 장점을 효과적으로 결합한 운송방식이다.

(2) 주요경로

① 아시아 - 북미서안 경유 - 유럽 : 아시아국가 항구에서 북미 서안 항구(L.A. seaport)까지 해상운송한 다음, 그 화물을 공항터미널(L.A. airport)로 이송, 항공 ULD에 환적하여 유럽의 목적지(프랑크푸르트)까지 항공운송하는 경로이다.

뉴질랜드까지로 집하지역이 확대되고, 목적지도 서구, 동구, 북구 뿐만 아니라 지중해, 중동, 북아프리카, 아프카니스탄, 몽고까지로 확대되어 유럽항로에 의한 해상운송에 대항하는 운송루트로 발전하였다. 우리나라 수출컨테이너화물은 1973년부터 SLB Service를 이용하여 운송되고 있으며 최근 우리나라의 포워더들은 SVT나 유라시아트랜스 등과 직접계약을 통해 실질적으로 TSR운영에 참여하기 시작하였다. SLB는 부산 ~ 보스토치니(Vostochny)간을 컨테이너선으로 해상수송한 후 시베리아철도의 컨테이너전용열차(block train)로 러시아의 유럽국경 역까지 운송한 후 유럽의 철도, 트럭, 선박 등을 이용하여, 컨테이너화물을 복합일관운송한다.

▶ CLB 배경

미국대륙 경유 ALB가 선사주도인 데 반해 CLB(Canadian Land Bridge)은 포워더 주도형의 서비스이다. SLB, ALB와 같이 구주운임동맹의 관할권 외에 있고 태평양, 대서양항로의 해상운임에 대해서도 동맹운임(tariff)의 적용 외에 있기 때문에 한때는 상당수의 구주운임동맹의 계약화주도 이용했지만 세계적인 선복과잉과 맹외선사의 급격한 진출로 해상운임이 하락한데 반해 CLB는 수차례의 환적으로 운송코스트가 높아지게 됨에 따라 최근에는 이용률이 낮아지고 있다.

▶ IPI 배경

MLB가 미 동안으로의 해상운송 서비스의 대체수단으로서 미 동안, 카리브지역의 항구로 목적지가 한정되어 있는 것에 비하여 IPI는 내륙 포인트까지를 목적지로 하는 복합일관운송이다. IPI는 선사 자신이 내륙까지의 B / L을 발급하고 철도에서 트럭으로의 연결, 최종목적지로의 인도까지 모두 선사가 수배한다. 최근에서는 화주 문전(door)까지 운송을 수배하는 Store Delivery Service도 성행하고 있다.

▶ 해공복합운송 배경
해공복합운송은 1962년 미국적 항공사 Flying Tiger가 일본 발 유럽행 화물에 대하여 일본에서 미국 서안까지는 해상운송하고 거기에서부터 유럽의 목적지까지는 항공기로 운송한 것에서 시작되었으나, 오늘날에는 항공사보다는 복합운송주선업자에 의해 동 서비스가 주로 제공되고 있다.

해륙복합운송에서는 해상화물운송용으로 제작된 컨테이너를 그대로 육상운송수단(기차, 트럭)에 적재, 운송될 수 있는 반면, 해공복합운송에서는 해상운송용 컨테이너를 그대로 항공기에 탑재할 수 없으므로 이를 항공으로 연계하기 위여 항공기에 적합한 규격의 ULD(항공운송용컨테이너)를 사용하여야 한다. 따라서 해공복합운송에서는 중계지에서 해상컨테이너에 적입되어 있던 화물을 적출(devaning)하고, 항공기용 ULD에 환적하는 실무적절차가 차질 없이 이행되어야 하고, 환적에 따른 화물의 손상위험을 감소시키는 것이 중요하다.

▶ 용어설명
• 복합운송인
MT조약 제1조에는 "복합운송인(Multimodal Transport Operator)이란 스스로 또는 자신을 대리하여 행하는 타인을 통하여 복합운송계약을 체결하고, 송하인이나 복합운송에 참여하는 운송인의 대리인이 아닌 주체로서 행동하고, 또한 계약의 이행에 관한 책임을 지는 자를 말한다"라고 정의하고 있다.

▶ 용어설명
• 계약운송인형 복합운송인
계약운송인형 복합운송인은 운송수단이 없기 때문에 복합운송계약상 의무를 이행하기 위해 운송수단을 실제로 보유하는 구간운송인(해상운송인, 육상운송인, 항공운송인 등)에게 송하인의 지위에서 운송을 위탁하여 구간별 운송을 완성하게 하고 대가를 지불하게 된다. 따라서 이들의 수익은 송하인

② 아시아 - 북미서안 경유 - 미 내륙지점 또는 중남미 : 아시아국가 항구에서 북미서안 항구(L.A.seaport)까지 해상운송한 다음, 그 화물을 공항터미널(L.A. airport)로 이송, 항공 ULD에 환적하여 미국 내륙도시 또는 중남미까지 항공운송하는 경로이다.

③ 아시아 - 홍콩 또는 싱가포르 경유 - 유럽 : 오사카항 또는 부산항에서 싱가포르(또는 홍콩)까지는 해상운송한 다음, 항공기를 이용하여 유럽의 도시까지 항공운송하는 경로이다.

④ 아시아 - (러시아)보스토치니 경유 - 유럽 : 아시아 국가 항구에서 러시아의 보스토치니(Bostochny)까지 해상운송한 화물을 블라디보스톡(Vladibostok) 공항터미널까지 이송한 다음, 항공기를 이용하여 유럽의 목적지까지 항공운송하는 경로이다.

III. 복합운송인

1. 복합운송인 정의

복합운송인은 Multimodal Transport Operator(MTO), Combined transport Operator (CTO) 또는 Intermodal Transport Operator(ITO) 등으로 불리어지는 바, 자기의 명의와 계산으로 송하인과 복합운송계약을 체결하고 복합운송을 인수한 당사자로서 운송인(carrier)의 지위에서 복합운송증권을 발행하며, 전 운송구간의 운송과 화물의 멸실, 훼손 또는 지연으로 인한 손해에 대하여 책임을 지는 주체자이다. 그러나 복합운송인은 아래에서 같이 반드시 전 운송구간 또는 어떤 일부구간의 운송을 실제로 수행하는 운송인(performing carrier)이어야 하는 것은 아니다.

2. 복합운송인 유형

(1) 운송수단을 보유하는 복합운송인(실제운송인형 복합운송인)

이는 송하인과 복합운송계약을 체결, 전구간의 운송을 인수한 자가 국제화물운송수단(예 선박)을 보유하여 직접 운행하면서 여러 운송구간운송 중 일부(예 해상구간)의 운송을 수행하고, 다른 운송구간(예 철도 또는 도로)의 운송은 자기책임으로 해당 구간운송인에게 하청을 주어전체의 복합운송을 완성하는 운송인을 말한다. 이 유형의 복합운송인으로는 선박회사 외에 항공회사, 철도회사 또는 트럭회사도 있는데 이중 특히 컨테이너 선박회사가 가장 활발히 복합운송을 수행하고 있다.

(2) 운송수단을 보유하지 않은 복합운송인(계약운송인형 복합운송인)

이는 국제화물운송수단(선박, 항공기, 기차 또는 트럭)을 직접 보유하지 않으나 운송인의 지위에서 송하인과 복합운송계약을 체결하고 전 구간의 운송을 그의

책임으로 이행하고 그에 대한 보수를 받는 자를 말한다.

3. 운송주선인
(1) 의의

운송주선인은 운송을 위탁한 고객을 대리하여 화주의 화물을 통관, 입출고, 집화, 이적, 이선, 배달 등의 서비스를 제공하여 화주가 요구하는 목적지까지 신속, 안전하게 운송해주는(복합)운송인을 말한다.

(2) 기능

운송주선인은 화주 물품의 전 구간 운송책임을 지는 운송주체로서의 기능을 하며, 수량화물을 집화하여 컨테이너 혼재하는 역할을 하기도 한다.

(3) 운송주선인의 효용

① 일관운송서비스 공급
   운송주선인은 타국의 운송주선인과 제휴하여 화주에게 일관운송서비스의 공급이 가능하다.
② 국제운송의 편리성
   단일요율과 간단한 운송서류만으로 운송주선인을 통해 국제운송이 이루어지는 것이 가능하다.
③ 운송계약체결
   화주의 입장에서는 운송주선인에게 운송계약체결을 의뢰함으로써 개별운송인과 운송계약을 체결하는 번거로움을 피할 수 있다.
④ 화물의 집화
   실제 운송인의 입장에서는 개별 화주와 일일이 접촉하여 화물을 모아야 하는 불편함을 제거할 수 있다.

(4) 운송주선인의 업무

운송주선인은 다음과 같은 서비스를 주선하여 화주에게 제공한다.
① 화물 인수도
② 운송수배
③ 운송서류 작성
④ 통관 수속
⑤ 화주비용 부담의 입체
⑥ 창고 보관
⑦ 보험 수배
⑧ 화물의 통합, 혼재
⑨ 화물의 관리, 배송

으로부터 받는 일괄운임과 구간운송인에게 지불하는 운임의 차액이 수익으로 된다. 운송수단을 보유하지 않으면서 복합운송업을 영위하는 자는 다음과 같이 부른다.

① 2007년 개정된 우리나라 물류정책기본법(구, 화물유통촉진법)에서 정의하고 있는 국제물류주선업자(구, 복합운송주선업자)이다. 우리나라는 복합운송인에 대하여 명문으로 규율하는 법률이 없으나, 물류정책기본법에서 국제물류주선업을 정의하고 있다. 동 법에 따르면, "국제물류주선업"이라 함은 타인의 수요에 응하여 자기의 명의와 계산으로 타인의 물류시설(화물의 운송·보관·하역시설 등) 및 장비 등을 이용하여 수출입화물의 물류를 주선하는 사업을 말한다."라고 정의하고 있다. 한편 우리나라 상법 제11조에서는 운송주선인이라는 개념을 두고 있는데, 즉 운송주선인이라 함은 자기 명의로 물건운송의 주선을 영업으로 하는 자로 정의하고 있다. 운송주선인은 주선 업무에 관한 서비스만을 제공할 뿐이지 운송자체에 관한 책임을 부담하지 않는다. 물류정책기본법상 국제물류주선업자는 복합운송의 개념과 주선의 개념이 합체된 합성어로서는 상법상 운송주선인과는 다른 개념이다. 실무적으로 국제물류주선업자는 화주에 대한 운송주선에 그치지 않고, 운송인으로서 책임을 인수하고 복합운송증권을 발행하는 등 복합운송인의 기능을 수행하고 있다.

② 미국 해운법(Shipping Act)상의 NVOCC이다. 미국 해운법에서는 NVOCC(Non Vessel Operating Common Carrier), 즉 무선박운송인이라는 개념을 도입하였다. 동 법에서 NVOCC란 "해상운송에 있어서 자기 스스로 선박을 직접 운항하지 않으면서 해상운송인에 대해서는 화주의입장이 되는 것"이라고

정의하고 있고, NVOCC가 보통운송인(Common Carrier)임을 명확히 하고있다. 보통운송인이란 보수를 받고 미국과 타국 간의 해상화물운송업무를 수행할 것을 일반에게 공시하는 자를 뜻한다.

③ 국제운송주선인협회연맹(FIATA)가 정의하는 Freight Forwarder 이다. FIATA MT B / L(FBL)의 이면에서 Freight Forwarder란 "FBL을 발행하는 복합운송인을 말하며, 운송인으로 복합운송계약의 이행에 대한 책임을 부담하는 자"라고 정의하고 있다.

Ⅳ 복합운송인의 책임체계

▶ 2022년, 2021년 등 기출

1. 운송인의 책임원칙

(1) 과실책임

과실책임(liability for negligence)은 선량한 관리자로서의 주의의무를 태만하여 야기되는 것으로 운송인이 책임을 부담해야 하며, 이를 면책받기 위해서는 무과실의 거증책임을 부담해야 한다.

(2) 무과실책임

무과실책임(liability without negligence)은 운송인이나 사용인의 과실을 요건으로 하지 않는 입장을 의미한다. 여기서도 엄격책임과는 달리 불가항력 등 약간의 사유가 면책사유로 인정된다. 이러한 입장에 해당하는 국제규칙은 CIM, CMR 등이다.

(3) 엄격책임

엄격책임(strict liability)은 과실의 유무를 불문하고 운송인은 결과에 대하여 책임을 지며 면책을 인정하지 않는 것을 말한다.

2. 단일책임체계(uniform liability system)

복합운송인이 책임을 지는 운송 도중에 물품의 멸실이나 손상 등 손해가 발생한 운송구간이나 운송방식의 여하를 구분하지 않고 운송인에게 항상 동일한 책임을 적용하는 것을 말한다. 복합운송인은 실제운송인에게 구상해야 하며 이 과정에서 별도의 책임보험의 가입 등으로 위험을 회피하는 경우 운임상승에 따라 부담이 화주에게 전가될 가능성이 있다.

구분	장점	단점
단일 책임체계	• 합리적, 일관성 및 간단함 • 클레임제기 시점에는 간단하고 화주와 운송인 간 분재의 여지가 적음	복합운송인과 실제운송인간 구상절차가 복잡하며, 이를 반영한 책임보험 가입 등은 운임증가 가능성이 있음

3. 이종책임체계(network liability system)

이종책임체계란 각기 다른 운송수단에 의하여 복합운송이 이루어지는 경우에 그 운송구간에 해당하는 국제규칙이나 국내법이 적용되는 책임체계를 이종책임체계라고 한다.

해상, 육상, 항공 등의 운송구간 또는 운송방식에 따라서 각각 고유한 법 원칙을 존중하여 운송물의 멸실 또는 손상이 생긴 운송구간에 적용함으로써 기존 운송법상의 책임제도와 조화를 이루는 책임체계를 말한다.

구분	장점	단점
이종 책임체계	• 기존 책임제도와의 조화 • 적용에 있어서 무리가 없으며 복합운송이 원활함	손해발생 운송구간을 파악하기 쉽지 않으며 보상문제가 복잡

(1) 손해발생구간이 불명확한 경우

사전에 합의한 책임원칙, 책임한도 등에 따라 결정하는 것으로, 실제로는 운송인의 약관의 내용을 그대로 수용하는 경우가 많다(예 일반적으로 해상구간에서 발생한 것으로 추정하여 복합운송인의 책임을 적용)

(2) 손해발생구간이 판명된 경우

손해가 발생한 운송구간에 적용되는 강행법 또는 국제협약의 내용에 따라 결정

4. 절충식 책임체계(flexible liability system)

단일책임체계와 이종책임체계를 절충한 것으로 복합운송인의 책임체계는 일률적인 책임원칙을 따르고, 손해발생구간이 확인되는 경우에는 책임의 정도와 한계는 손상이 발생한 구간의 강행법 또는 국제협약에 따르는 것을 의미한다. 수정 단일책임체계 또는 수정 이종책임체계라고 불리는 경우가 있으며, 유엔국제물품복합운송조약(1980), UNCTAD / ICC복합운송증권규칙(1992)에서는 절충식책임체계를 채택하고 있다.

▶ 손해발생구간이 불명확한 경우
- 로테르담규칙 : 제한적 이종책임체계(손해구간 불명확하거나, 별도 정하는 규정이 없는 경우 해상운송에 적용되는 책임제한의 적용)
- 상법 : 제한적 이종책임체계(어느 운송구간에서 손해가 발생하였는지 불분명한 경우 또는 손해의 발생이 성질상 특정한 지역으로 한정되지 아니하는 경우에는 운송인은 운송거리가 가장 긴 구간에 적용되는 법에 따라 책임을 진다. 다만, 운송거리가 같거나 가장 긴 구간을 정할 수 없는 경우에는 운임이 가장 비싼 구간에 적용되는 법에 따라 책임을 진다.)

V 복합운송증권

1. 복합운송증권 의의

복합운송서류란 두 가지 이상의 다른 운송수단에 의해 이루어지며, 복합운송인이 물품의 수령을 증명하고, 운송계약의 증거가 되는 서류를 의미한다. 그런데 복합운송서류가 선하증권과 같이 유가증권 내지는 권리증권의 성질을 지니고 있는지에 관해서는 각국 국내법과 국제조약에서 법적 근거를 두고 있지 않아 복합운송서류의 법적 성질은 명확하지 않다. 그러나 실무적으로 복합운송서류는 지시식(to order) 또는 소지인식(to bearer)의 유통식 복합운송서류(Negotiable MTD)로 발행되어 유통되고 있다.

2. 종류

복합운송증권은 유통성 여부에 따라 유통성복합운송증권(negotiable multimodal transport document)과 비유통성복합운송증권(non-negotiable multimodal transport document)으로 나눌 수 있다. 또한 유통성증권 경우 수하인의 표시방법에 따라 지시식(to order)과 소지인식(to bearer)으로 나눌 수 있다.

VI. 복합운송관련 국제법규

1. 복합운송관련 국제법규 개요

국제화물운송이 동종 운송수단으로만 완성되는 경우는 그것을 규율하는 국제조약이나 규칙이 각각 성립되어 있다. 그러나 복합운송은 단일의 운송계약에 대하여 복수의 이종 운송수단(선박, 자동차, 기차, 항공기 등)을 결합하여 운송이 완성되는 것이고, 또한 단일의 운송주체가 일관 운송증권을 발행하고 단일책임을 지는 것이다. 따라서 운송구간별로 상이한 법규를 적용하여야하는 문제점을 해소할 목적으로 국제적으로 통일된 규칙의 제정이 필요하게 되었다.

2. ICC의 복합운송증권통일규칙(1975)

(1) 제정

1975년 ICC(국제상업회의소)는 "복합운송증권에 관한 통일규칙(Uniform Rules for Combined Transport Document 1975)"을 제정·공표(ICC Publication No. 298)하였다. 이 규칙은 FIATA MT B/L(FIATA Multimodal Transport B/L)의 약관으로 채택되었고, 1992년 UNCTAD/ICC의 복합운송증권에 관한 국제규칙(후술)이 시행되기까지 널리 사용되었다.

(2) 복합운송인의 책임규정의 주요 내용

① 복합운송인의 책임기간 : 화물의 수령 시부터 인도 시까지
② 복합운송인의 책임제한액 : 손해의 발생구간이 분명한 경우는 그 손해가 발생된 구간에 적용되는 법규(국제협약 또는 국내법)에 따라 제한되고, 손해의 발생구간이 불명(不明)한 경우는 Kg당 30포앙카레프랑 또는 US$ 2.5로 제한된다.

3. 유엔국제물품복합운송조약(1980)

(1) 제정

1980년 유엔무역개발회의(United Nations Conference on Trade and Development ; UNCTAD)는 "국제물품복합운송조약(United Nations Convention on International Multimodal Transport of Goods, 1980)"을 채택하였는데, 동 조약은 30개국 정부가 비준한 후 12개월 후부터 발효하도록 되어 있었으나 아직까지 그 정족수를 채우지 못하여 현재까지 발효되지 않은 상태이다.

(2) 복합운송인의 책임규정의 주요 내용

① 복합운송인의 책임기간 : 화물의 수령 시부터 인도 시까지(제14조).
② 복합운송인의 책임제한액(제18조)
- 해상 또는 내수로운송이 포함된 복합운송의 경우 : 멸실 또는 훼손된 화물 포장당 920 SDR 또는 Kg당 2.75 SDR중 높은 금액으로 제한
- 해상 또는 내수로운송이 포함되지 않는 복합운송의 경우 : 멸실 또는 훼손

된 화물의 무게를 기준으로 1Kg당 8.33 SDR로 제한
- 화물의 멸실 또는 훼손이 발생된 구간을 알 수 있는 경우(제19조) : 그 구간에 적용되는 국제조약 또는 당해 국가의 강행법규가 위 ⓐ 및 ⓑ 보다 높은 경우에는 그 금액에 따른다.

(3) 인도지연

① 인도지연의 정의 : 당사자 간에 명시적으로 합의된 기한 내에 화물이 인도되지 않는 경우가 인도지연이다. 이러한 합의가 없는 경우는 당시의 상황을 고려하여 성실한 운송인에게 합리적으로 요구되는 기한 내에 화물이 인도되지 않는 때에 생긴다(제16조 2항).
② 인도지연이 생긴 경우의 복합운송인의 책임제한 : 지연된 화물운임의 2.5 배로 제한하되, 당해 복합운송계약으로 약정한 총 운임액을 초과하지 않는다(제18조 4항).

(4) 복합운송증권 기재의 효력

복합운송증권의 기재에 추정적 증거력(prima facie evidence)을 인정하면서, 그러나 선의의 제3증권 취득자에 대하여는 복합운송인의 반증이 허용되지 않는다(제10조).

4. UNCTAD / ICC 복합운송증권규칙(1992)

(1) 제정

유엔국제물품복합운송조약이 발효될 기미가 보이지 않자, UNCTAD에서는 거래당사자 및 ICC와 합동으로 1988년부터 복합운송증권에 관한 규칙의 제정 작업에 착수하여 1991년 6월 "UNCTAD / ICC Rules for Multimodal Transport Documents"(ICC Publication 481)를 채택, 1992년 1월 1일부터 시행에 들어갔다. 본 규칙의 시행으로 1975년 ICC 복합운송증권규칙(ICC Publication 298)은 철회되었으며, 따라서 1975년 규칙을 채용하여 오랜 기간 동안 사용되어 오던 FIATA MT B/L도 본 1992년 규칙(ICC Publication 481)에 의거 제작된 FIATA MT B/L로 대체되어 오늘날까지 국제적으로 널리 사용되고 있다.

(2) 복합운송인의 책임규정의 주요 내용

① 복합운송인의 책임기간 : 화물의 수령 시부터 인도 시까지(제4.1조)
② 복합운송인의 책임제한액
- 원칙 : 멸실 또는 훼손된 물품의 포장당 666.67 SDR 또는 1Kg 당 2 SDR 중 큰 금액으로 제한(제 6.1조)
- 해상이나 내수로(內水路)운송이 포함되지 않은 경우 : 멸실 또는 훼손된 물품의 1Kg 당 8.33 SDR로 제한(제 6.3조)
- 멸실 또는 훼손의 발생구간을 알 수 있는 경우 : 손해가 발생된 구간에 적용되는 국제조약 또는 해당국의 강행법이 정한 책임제한액에 따른다(제 6.4조).

(3) 인도지연

① 인도지연의 정의 : 당사자 간에 명시적으로 합의된 기한 내에 화물이 인도되지 않는 경우가 인도지연이다. 이러한 합의가 없는 경우는 당시의 상항을 고려하여 성실한 운송인에 대하여기대할 수 있는 합리적으로 요구되는 기한 내에 화물이 인도되지 않는 때에 생긴다(제 5.2조).

② 인도지연이 생긴 경우의 복합운송인의 책임제한 : 복합운송계약에 의한 운임을 초과하지 않는 금액으로 제한된다(제 6.5조).

(4) 복합운송증권 기재의 효력

복합운송증권상에 기재된 정보는 부지문언(shipper's weight, load, and count 등)이 있는 경우를 제외하고, 복합운송인이 기재된 화물은 수령하였다는 추정적 증거가 된다. 그러나 복합운송증권 기재정보를 신뢰하고 선의로 행위하는 수하인에 대해서는 반증이 허용되지 않는다(제 3조).

항 목	유엔국제물품복합운송조약(1980)	UNCTAD / ICC복합운송증권규칙(1992)
책임체계	절충식 책임체계(수정단일책임체계)	좌동
책임원칙	단일운송계약, 최종목적지까지 전 구간에 대한 운송을 나타냄	좌동
면책사유	면책사유의 열거 없음	해상운송 또는 내수로운송이 포함된 경우에 항해과실 및 화재로 인한 면책인정
책임 한도액	포장당 / 단위당 920 SDR 또는 1kg 당 2.75SDR 중 높은 금액(단, 구간별 한도액이 이보다 높은 경우에는 당해 구간 한도액 적용	포장당 666.67 SDR 또는 1kg 당 2SDR 중 높은 금액(단, 해상 또는 내수로운송을 포함 않을 시는 kg 당 8.33 SDR)
손해통지 기간	화물 인도일의 다음 영업일까지(단, 손해가 외부로부터 인정되지 않는 경우에는 인도 후 6일 이내),연착에 대해서는 인도일 다음일로부터 60일 이내	물품이 수하인에게 인도 후 6일 이내
제소기간	2년 (단, 당사자의 합의로 연장가능)	9개월 (단, 당사자의 합의로 연장가능)
책임제한 배제사유	멸실, 손상 또는 인도지연이 고의적이거나 무모하게 행한 복합운송인의 작위 또는 부작위로 인하여 발생된 경우	좌동

VII. 국제택배운송

1. 의의
국제택운송이란 소형·경량화물을 항공기를 이용하여 화주 문전에서 문전으로 배달하는 국제운송체계 서비스이다. 항공기에 의한 간선수송과 집배를 위한 자동차 수송과의 연계에 의해 행해지는 국제복합운송의 한 형태이다. 이는 쿠리어(Courier) 서비스라고도 한다.

2. 국제택배운송의 형태
쿠리어 서비스(Courier Service)란 선적서류, 업무서류, 카탈로그 등을 항공기를 이용해 문전배달을 수행하는 서비스이다. 별송품 서비스는 상품의 견본, 선물, 각종 기계류 부품 등의 소형, 경량물품을 취급하는 서비스이다. 대표적인 국제특송업체 DHL, UPS, FedEx 등이 있다.

3. 국제택배운송의 특징
① 취급화물이 중량 30kg 이하의 비교적 소량화물이며, 거의 대부분이 시장가치가 없다.
② 운송사업자가 수취에서 인도까지 전체 운송에 대해 책임을 진다.
③ 일정기간 내에 조속한 인도를 목적으로 하는 Door to Door 운송체계이다.

4. 국제상업서류 송달업
국제상업서류 송달업이란 외국의 상업서류송달업체인 DHL, UPS 등과 상업서류 송달서비스 계약을 체결하여 상업서류, 견본품, 서적, 잡지 등을 자체운임과 운송약관에 따라 Door to Door 서비스로 신속하게 운송하는 사업이다. 이는 서류, 도면, 설계도, 자기 테입, 컴퓨터 테입, 팸플릿, 사진, 보도용 원고 등의 급송을 요하는 것을 대상으로 한다.
쿠리어서비스 영수증(Courier Receipt)은 쿠리어서비스를 이용해 문전에서 문전까지 수취·배달하여 주는 특송배달업자의 수령증이며, 특송배달업자가 수취에서 인도까지 총괄하여 책임을 진다.

7장 핵심문제

01 복합운송경로에 대한 설명으로 옳지 않은 것은?

① SLB란 시베리아를 육상 가교(land bridge)로 하여 한국, 일본, 극동, 동남아, 호주 등과 유럽대륙, 스칸디나비아반도를 복합운송형태로 연결하는 복합운송형태를 말한다.
② ALB란 아시아국가 항구에서 미국서안의 항구까지 해상운송을 하고, 철도화차에 환적하여 미대륙 횡단철도를 이용, 미국 동안의 항구까지 육상운송을 하고, 유럽의 항구까지는 해상운송으로 화물을 운송하는 경로를 말한다.
③ MLB란 극동지역에서 북미서안까지 선박에 의해 해상운송하고 북미대륙의 횡단철도를 이용하여 북미 동안이나 멕시코만의 항만까지 화물을 운송하는 방식이다.
④ CLB란 극동지역에서 캐나다까지는 컨테이너선에 의해 해상운송하고, 캐나다대륙의 횡단철도를 이용하여 캐나다 동안의 항만까지 육상운송을 하고, 해상운송을 통해 유럽국가의 항만 또는 유럽내륙까지 컨테이너를 이용하여 운송하는 경로를 말한다.
⑤ IPI란 중국횡단철도(Trans-Chinese Railroad:TCR)를 이용하여 유럽까지의 이동경로를 말한다.

정답 ⑤

> 해설 IPI(Interior Point Intermodal)는 미국내륙지점으로부터(또는 까지) 최소한 2개의 운송수단을 이용한 일관된 복합운송 서비스를 말한다.

02 복합운송인에 대한 설명으로 옳지 않은 것은?

① 복합운송인은 Multimodal Transport Operator(MTO), Combined transport Operator (CTO) 또는 Intermodal Transport Operator(ITO) 등으로 불리어진다.
② 복합운송인의 유형에는 실제운송인형과 계약운송인형이 있다.
③ 계약운송인형은 국제 화물운송수단을 직접 보유하지 않고 실제운송인을 대신하여 복합운송계약을 체결하고 전 구간의 운송을 실제운송인의 책임으로 이행하고 그에 대한 보수를 받는 자를 말한다.
④ 운송주선인의 업무에는 화물인수도, 운송수배, 운성서류 작성 등이 있다.
⑤ 운송주선인의 효용으로는 일관운송서비스 공급, 국제운송의 편리성 등이 있다.

정답 ③

> 해설 계약운송인형은 국제 화물운송수단(선박, 항공기, 기차 또는 트럭)을 직접 보유하지 않으나 운송인의 지위에서 송하인과 복합운송계약을 체결하고 전 구간의 운송을 그의 책임으로 이행하고 그에 대한 보수를 받는 자를 말한다.

제8장 해상보험 및 기타보험

I. 해상보험의 기초

▶ 2022년, 2021년 등 기출

1. 해상보험의 정의

<u>해상보험(marine insurance)</u>이란 해난 또는 항해에 관한 사고에 기인하여 발생하는 손해를 보상하는 손해보험제도로서 보험자가 물품의 해상운송 중에 발생하는 위험을 인수하고 이들 위험에 기인하여 피보험자의 손해가 발생하였을 경우 <u>피보험자에게 그 손해액을 금전으로 보상할 것을 약정하고 그 보수로서 보험계약자로부터 보험료를 지급받는 것을</u> 의미한다.

2. 해상보험의 특징 및 역할

(1) 해상보험의 특징

1) 손해보상계약

<u>손해보상계약이란 실손보상의 원칙(the principle of indemnity)에 따라 손해가 발생하기 전의 상태로 피보험자를 원상회복시켜주는 것</u>이며, 보상을 통해 피보험자가 부당이익을 누려서는 안 된다는 것이다.

2) 기업보험성

해상보험은 해운업자나 무역업자가 해상위험을 극복하기 위하여 이용하는 보험으로서 <u>기업보험으로서의 성질</u>을 갖는다. 따라서 해상보험에서는 당사자 간의 사적 자치의 원칙이 존중되며, 불이익변경금지의 원칙이 적용되지 않는다.

3) 국제성

해상보험은 바다를 통하여 국제적으로 활동하는 해운업자 또는 무역업자 등이 이용하는 보험이므로 자연히 <u>국제성</u>을 갖는다. 따라서 해상보험실무에서는 세계적으로 영국의 런던보험자협회(Institute of London Underwriters : ILU)가 제정한 보험증권과 협회약관이 사용되고 있다.

4) 해외재보험에의 의존성

해상보험은 해외재보험에 대한 의존성이 높다. 그 이유는 해상보험에 가입되는 보험의 목적은 그 <u>가액이 크므로 국내보험자들은 이러한 위험을 해외재보험에 가입하여 위험을 분산</u>하고 있기 때문이다.

▶ 용어설명
- 해상보험계약
영국해상보험법 제1조의 정의에 의하면 해상보험계약이란 보험자가 피보험자에 대해 그 계약에 의거하여 합의한 방법 및 범위 내에서 해상손해, 즉 해상사업에 수반되는 손해를 보상할 것을 약정하는 계약을 의미한다. 또한, 우리나라 상법 693조에서는 "해상보험계약의 보험자는 해상사업에 관한 사고 인하여 생길 손해를 보상할 책임이 있다"고 규정하여 해상보험에 의해 손해보상의 책임이 있음을 명시하고 있다.

▶ 보험의 구분
보험은 보험료를 가계에서 부담하느냐 혹은 기업에서 부담하느냐에 따라 가계보험(Family Insurance)과 기업보험(Business Insurance)으로 구분된다.

▶ 용어설명
- 불이익변경금지
불이익변경금지의 원칙이라 함은 보험계약당사자가 특약에 의하여 약관의 내용을 대한민국 상법의 내용보다 보험계약자에게 불리하게 변경하지 못한다는 원칙이다.

▶ 참고자료
- 런던보험자협회
런던보험자협회는 1998년부터 런던국제보험인수협회(International Underwriting Association of London : IUA)라는 명칭으로 변경되었다. 이러한 보험증권 및 협회약관에는 영국법을 준거법으로 한다는 영국법준거약관이 삽입되어 있다. 우리나라 대법원은 이러한 영국법준거약관이 유효한 것으로 보고 있다(대법원 1991. 5.14 선고 90 다카 25314 판결). 따라서 해상보험에 있어서는 우리나라 상법보다 영국해상보험법(Marine Insurance Act, 1906 ; 이하 MIA)과 판례법인 보통법이 더 중요한 법원(法源)이 된다.

▶ 인코텀즈별 관계
• FOB : 매수인이 보험계약자인 동시에 피보험자이며, 보험료를 부담하는 주체가 된다.
• CIF : 운송중의 위험은 매수인이 부담하지만, 매도인이 매수인을 피보험자로 하여 보험을 부보한다.
• FCA, CIP, CPT : 담보구간에도 해상운송 구간에 한정하지 않고, 인접한 육지까지 확장된다.

▶ 기타 보험
① 선박운영에 관한 보험
② 운항에 관한 보험
③ 선박건조에 관한 보험
④ 선박저당권에 관한 보험 등이 있다.

5) 국제경쟁성

해상보험시장은 국내 보험자간의 경쟁은 물론 국제적인 경쟁시장이다. 적하보험의 경우 무역거래조건에 따라 보험계약의 체결의무자가 결정된다.

6) 담보(Warranty)의 존재

해상보험은 피보험자에게 엄격한 담보 또는 담보특약의 준수를 요구한다. 해상보험에서 담보라 함은 피보험자가 반드시 지켜야 할 약속으로서, 이는 어떤 특정한 일이 행하여 질 것 또는 행하여지지 않을 것이라는 약속사항 또는 어떤 조건이 충족될 것이라는 약속사항 또는 특정한 사실상태의 존재를 긍정하거나 부정하는 약속사항을 말한다. 그리고 만약 피보험자가 이러한 담보를 위반한 때에는 그 이후의 손해에 대하여 그러한 담보위반과 손해와의 인과관계 유무와 관계없이 보험자는 책임을 부담하지 않는다.

7) 해륙복합보험성

해상보험은 해상에서의 손해뿐만 아니라 해상사업에 수반되는 육상위험 및 강이나 호수와 같은 내수로에서의 손해까지도 확장 담보한다. 적하보험의 창고간약관(warehouse to warehouse clause)에서 보험자의 보상책임은 송하인의 창고로부터 수하인의 창고라고 규정하고 있으므로 적하보험은 해상위험뿐만 아니라 육상위험까지 담보한다.

(2) 해상보험의 역할

1) 매매계약과의 관계

해상보험계약은 매매계약의 형태에 따라서 계약당사자, 보험료 부담자, 피보험자, 보험기간 등이 달라질 수 있다.

2) 운송과의 관계

해상보험과 운송계약은 상호보완의 역할을 한다. 운송인은 운송 중에 화물이 입은 손해에 대하여 이면약관 등을 통해 일정한 면책을 정하고 있다. 이에 화주는 운송중 사고로 인한 선박이나 적하에 대한 손해를 담보하기 위하여 보험계약을 체결한다.

3) 대금결제와의 관계

상업신용장에 의한 대금결제 방식을 사용하는 경우 제출서류조건의 하나로 해상적하보험증권을 첨부하도록 요구하고 있다. 그러므로 무역거래에서는 금융의 편의를 위해서도 해상보험계약을 체결하여야 한다.

3. 해상보험의 분류

(1) 피보험이익에 의한 분류

1) 적하보험

화물에 관한 위험을 담보하는 보험은 해상화물보험이며 해상보험의 대부분을 차지하고 있다.

2) 선박보험

선박이라 함은 선체를 의미하며 선박의 위험을 담보하는 보험은 선박보험으로서 화물보험 다음으로 많이 이용되고 있는 보험이다.

3) 배상책임보험

제3자에 대한 배상책임을 부담함으로써 발생하는 손해를 보상하기 위한 보험으로 충돌배상책임보험과 재보험이 있다.

(2) 보험기간에 의한 분류

1) 항해보험

항해보험은 보험기간이 일정한 항해를 기준으로 정하여지는 보험으로서 적하보험에서 많이 이용된다.

2) 기간보험

기간보험은 일정한 기간을 표준으로 보험자의 책임이 정하여지는 보험으로서 선박보험에서 많이 이용된다.

(3) 부보형태에 따른 분류

해상보험은 위험의 확정여부에 따라서 확정보험(definite insurance)과 예정보험(floating policy)이 있다.

1) 확정보험

확정보험은 보험계약을 청약할 때 <u>보험의 목적의 수량, 선명, 보험가액, 보험금액, 출항일 등 계약상 필요한 모든 사항이 확정되어 있는 경우의 보험계약을 확정보험 또는 개별보험이라고 한다.</u> 확정보험은 매선적시마다 개별적으로 보험계약을 체결하여 개별보험증권을 발급받는다.

2) 예정보험

<u>예정보험(floating policy)이란 보험의 목적의 수량, 선명, 보험가액, 보험금액, 출항일 등 계약상 필요한 사항 중 하나라도 미정사항 상태로 보험계약을 체결한 것을 의미한다.</u> 예정보험은 보험계약시 계약기간, 총 부보금액 등만을 포괄적으로 명시한 보험증권을 발행하고 매 선적시마다 보험증명서를 발행한다.

4. 해상보험의 기본원칙

(1) 최대선의원칙

<u>해상보험계약은 보험자와 계약자가 계약의 내용을 거짓 없이 사실 그대로 고지(告知, Disclosure) 또는 표시(Representation)하여 계약을 체결하여야 하는 것을 최대선의원칙(Uberrimae-fides ; Utmost good faith)이라고 한다.</u> 이러한 최대선의의 원칙은 보험자와 피보험자 양자에게 모두 적용되는 것이며, 양 당사자 간에 어느 일방이 이 원리를 지키지 않으면 상대방이 계약을 취소 또는 해지시킬 수 있다.

▶ 보험계약의 예약과의 차이
예정보험은 보험계약 그 자체이지 보험계약의 예약이 아니다. 보험계약의 예약은 아직 보험계약이 성립한 것은 아니고 후일 보험계약을 체결할 것을 약정하는 것이지만, 예정보험의 경우는 보험계약 그 자체는 성립하고 다만 그 내용의 일부가 미확정인데 불과하다.

▶ 예정보험의 종류
① 개별예정보험 : 개별예정보험은 미확정 사항이 선명이나 보험금액 등과 같이 일부분인 경우로서 특정화물에 대하여 위험개시 전에 예정보험계약을 체결하고 위험의 개시와 동시에 보험자의 책임이 개시되는 것을 의미한다. 개별예정보험의 청약에 대하여 보험자는 예정보험증권(provisional policy)을 발행하고, 확정통지에 따라 확정보험증권을 발행한다.

② 포괄예정보험 : 포괄예정보험은 장래 선적될 불특정화물에 대한 보험 즉, 계속적·반복적으로 행해지는 무역활동의 결과로서 화물의 취급 건수나 수량이 많고, 이를 사전에 개별적으로 부보하는 것이 곤란한 경우 대상이 되는 화물에 대해 선적과 동시에 자동적으로 부보되도록 하는 예정보험이다. 포괄예정보험계약을 체결한 경우 Open Policy(보험회사에 의해 발행) 또는 Open Contract(보험계약 당사자의 서명에 의해 발행)라는 특약서가 작성되거나, 보험증명서(certificate of insurance) 등이 발행된다.

▶ 용어설명
• 고지의무
  - 고지의무(disclosure)는 보험계약의 체결이 보험목적물의 위험의 정도나 성질에 영향을 미치는 중요 사실(material facts)에 대하여 보험계약자 또는 피보험자가 보험자에게 최대선의에 의거하여 계약이 체결될 수 있도록 구두 또는 서면으로 진술할 의무를 말한다.

- 영국 해상보험법(MIA)에서는, 해상보험계약은 최대선의(utmost good faith)에 의한 계약이며, 당사자의 일방이 최대선의를 준수하지 않을 경우에는 상대방은 그 계약을 취소할 수 있다고 규정하고 있다.

▶ 담보의 필요성
  보험계약은 최대선의의 계약으로서 보험계약자는 고지의무를 충실히 이행하여야 하지만, 보험자 측에서 계약당시 불고지 또는 부실고지의 사실이 있음을 입증하기에 현실적인 어려움이 있다. 그러므로 보험자는 담보사항을 보험증권에 명시하는 등의 안전장치를 마련할 필요성이 있다.

▶ 담보의 종류
  ① 명시담보
    명시담보란 보험증권내에 포함되어 있거나 증권에 의해 명시적으로 언급되는 내용의 담보를 말한다.
  ② 묵시담보
    묵시담보는 담보의 내용이 명시되어 있지 않으나 피보험자가 반드시 충족시켜야 하는 담보를 말한다. 즉 법률에 의해서 보험계약의 전제가 되고 있는 담보이다.

▶ 담보위반의 효과
  ① 담보위반일 이후의 면책
    담보가 정확하게 지켜지지 않으면 보험증권에 명시규정이 있는 경우를 제외하고 보험자는 담보위반일로부터 책임을 지지 않는다.
  ② 경과보험료의 불환급
    보험자는 담보위반일 이전에 발생한 손해에 대해서는 책임을 부담했기 때문에 담보위반시에 보험자의 재량으로 보험계약을 해지할 경우 보험계약의 해지일자 이전의 경과보험료는 사고가 없었더라도 환급되지 않는다.

▶ 담보위반이 허용되는 경우
  ① 사정의 변경
    사정의 변경으로 담보가 계약상황에 적용될 수 없게 된 경우, 즉 특정한 사정이 변경되어 그러한

(2) 손해보상의 원칙

손해보상의 원칙(Principle of indemnity)이란 해상보험은 피보험자가 입은 경제적인 손해 즉, 상실된 피보험이익을 보상한다는 원칙으로서 피보험이익과 불가분의 관계에 있다. 그러므로 피보험자가 보험의 목적물에 대해 피보험이익을 가지고 있지 않은 경우 보험계약 하에서 아무것도 보상받을 수 없는 것이다. 이 경우의 손해보상이란 피보험자가 손해발생 직전에 소유 또는 향유하던 것과 동일한 금전상의 지위(pecuniary position)를 되찾을 수 있도록 보험자가 재정적인 지원을 해주는 것을 의미한다.

(3) 담보

담보(Warranty)란 피보험자에 의해서 반드시 지켜져야 할 약속으로서, 이것은 어떤 특정한 일이 행하여지거나 행하여지지 않을 것이라는 약속담보(promissory warranty), 또는 어떠한 조건이 충족될 것이라는 약속담보, 특정한 사실상태의 존재를 긍정하거나 부정하는 약속담보를 의미한다. 그러므로 담보는 내용의 중요성에 관계없이 피보험자에 의해서 반드시 준수·이행되어야 하며 특정한 사실 상태에 대한 담보사항은 반드시 사실과 일치하여야 한다.

(4) 근인주의

근인주의란 보험자가 보상해주는 손해는 반드시 보험증권상 담보된 위험이거나 그 위험에 근인하여 발생하여야 한다는 것이다. 해상보험의 손해보상여부를 결정함에 있어 손해의 원인에도 직접원인, 간접원인, 위험결과의 손해 등 그 종류가 다양하며, 연쇄적인 손해가 발생한 경우 보험자는 이 손해가 과연 담보위험에 의한 손해인지 여부를 판단하기가 매우 어려운데, 이러한 인과관계 속에서 진정한 손해의 원인을 가려내는 원리를 근인주의라고 할 수 있다.

(5) 소급보상의 허용

일반보험과 다른 해상보험은 소급보상을 인정하는 것이 독특한 특징 중의 하나이다. 보험계약체결 전에 발생한 손해일지라도 계약 당사자 간 계약체결 시 그 발생여부에 대해서 알지 못했다면 소급보상에 대한 합의가 유효한 것으로 해석되어 보험자가 그 위험을 부담한다.

II. 해상보험계약

1. 해상보험계약의 개요

(1) 의의

영국해상보험법 제1조의 정의에 의하면 해상보험계약이란 보험자가 피보험자에 대해 그 계약에 의거하여 합의한 방법 및 범위 내에서 해상손해, 즉 해상사업에 수반되는 손해를 보상할 것을 약정하는 계약을 의미한다.

(2) 법적 성질

1) 불요식

계약의 성립요건으로서 일정한 절차나 계약서의 작성 등 어떠한 형식을 필요로 하지 않는다는 점에서 불요식계약이다. 보험자는 보험증권을 작성하여 교부하는 의무가 있으나 이미 성립된 계약의 효과로서 생기는 의무에 해당한다.

2) 낙성계약(consensual contract)

해상보험계약은 청약과 승낙이라고 하는 계약당사자의 의사의 합치에 의해서 성립되고 당사자 간 아무런 급여를 요구하지 않는 낙성계약이다.

3) 유상·쌍무계약(bilateral contract)

보험계약은 당사자 일방(보험계약자)이 약정한 보험료를 지급하고 상대방(보험자)이 재산 또는 생명이나 신체에 관하여 불확정한 사고가 생길 경우에 일정한 보험금액 기타의 급여를 지급할 것을 약정함으로써 효력이 생긴다(상법 제638조). 여기에서 계약당사자의 급여의 내용, 즉 보험료(손해보상의 약속에 대한 보수)의 지급과 보험금의 지급이 대가관계에 있다는 점에서 유상계약이고, 계약상의 대가로서 계약당사자 쌍방이 서로 채무(보험료 지급의무와 보험금 지급의무)를 부담한다는 점에서 쌍무계약이라고 보는 것이 통설이다.

4) 최대선의계약(contract of utmost good faith)

MIA 제17조는 "해상보험계약은 최대선의를 기초로 하는 계약이며, 계약당사자 일방에 의해서 최대선의가 준수되지 않을 경우 타방은 계약을 취소할 수 있다."고 규정하고 있다. 이러한 최대선의 또는 신의성실의 원칙은 보험계약뿐만 아니라 모든 계약이나 법역에서 요구되는 기본원칙(민법 제2조)이라고 할 수 있지만, 보험계약이 우연한 사고의 발생을 전제로 하는 사행계약성을 가지고 있기 때문에 보험계약에 있어서 최대선의성이 특별히 강조되고 있다.

5) 부합계약(contract of adhesion)

보험계약이란 대수의 법칙이 적용될 수 있는 다수의 경제주체의 결합, 즉 위험단체를 기초로 하고 있으므로 보험계약은 1인의 보험자와 다수의 계약자 간에 이루어질 수밖에 없는데, 계약 시마다 일일이 계약당사자가 계약조건을 서로 협의해서

변경된 사정에 대해서 담보의 내용이 적합하지 않을 때 담보위반이 허용된다.

② 후발적 위법

담보의 충족이 후속 법률에 의하여 위법이 되는 경우, 즉 관련 법률을 개정함으로써 보험증권상의 담보내용이 오히려 개정된 법률에 저촉되는 경우에는 담보위반이 허용된다.

③ 보험자의 포기

보험자가 담보위반에 대한 권리를 포기한 경우에는 담보위반이 허용된다.

▶ 근인주의 배경

보험자는 보험증권상 담보되는 위험으로 인하여 발생한 손해에 한하여 보상책임이 있는데, 담보되는 위험과 담보되지 않는 위험 등 2개 이상의 위험이 동시에 또는 순차적으로 상호협력하여 손해가 발생한 경우 보험자의 보상책임 여부를 결정하기 위하여 담보위험이나 면책위험과 손해와의 인과관계를 결정하는 것이 매우 중요한 문제가 된다. 복잡한 인과관계 속에서 진정한 손해의 원인을 가려내는 데 적용되는 원리를 근인주의(proximate cause)라고 한다.

▶ 용어설명
• 해상보험계약

우리나라 상법 693조에서는 "해상보험계약의 보험자는 해상사업에 관한 사고로 인하여 생길 손해를 보상할 책임이 있다"고 규정하여 해상보험에 의해 손해보상의 책임이 있음을 명시하고 있다.

결정할 수밖에 없다. 보험계약은 보험의 이러한 기술성으로 인하여 보험자가 <u>일방적으로 미리 마련한 보험약관에 의하여 체결되고 있으며, 이 때문에 보험계약은 부합계약의 성격</u>을 갖는다.

6) 사행계약성(aleatory contract)

<u>보험계약상 보험자의 보험금 지급책임이 우연한 사고, 즉 보험사고의 발생에 의하여 좌우되고 있다는 점에서 일종의 사행계약의 성질이 있다.</u> 그러나 보험이 도박과 구별되는 것은 개별적인 보험계약의 관점에서는 보험사고의 발생여부가 우연한 것이므로 사행계약이지만, 위험단체의 관점에서는 그 우연이 확률에 의해서 필연화되고 있으므로 사행계약이라고 할 수 없다는 것이다. 또한 도박은 위험을 창출하는 것에 가깝고 보험은 위험을 제거하기 위한 것이라는 근본적 차이가 있다.

2. 해상보험계약의 당사자

(1) 보험자

<u>보험자(Insurer, Assurer, Underwriter)란 보험계약자와 보험계약을 인수(해상보험계약을 체결하고 해상사업에 관한 보험사고에 의해 피보험이익에 발생하는 피보험자의 손해의 보상을 약속)하는 자를 말하며 일반적으로 보험회사가 된다.</u> 보험자는 손해배상약정의무, 보험금지급의무, 보험증권 교부의무, 보험료 반환의무가 있다.

(2) 보험계약자

<u>보험계약자(Policy holder)란 보험회사와 보험계약을 체결하고 보험료를 지급할 의무를 지는 자를 의미한다.</u> 보험계약자는 보험료납의무, 고지의무, 위험변경 또는 증가의 통지의무, 보험사고 발생의 통지의무, 위험유지의무, 손해방지의무, 보험료반환청구권, 임의 해지권 등의 의무와 권리를 가진다.

(3) 피보험자

<u>피보험자(Insured, Assured)는 피보험이익이 귀속되는 주체로서 보험사고의 발생에 의해 손해를 입은 경우 보험자에게 손해의 보상을 청구할 수 있는 자이다.</u> 피보험자가 보험사고로 인해 발생한 손해의 피해자로서 손해배상을 청구하기 위해서는 피보험이익을 가져야 한다.

3. 해상보험계약의 체결

(1) 의의

<u>해상보험계약은 무역계약과 같이 일종의 낙성계약이기 때문에 당사자 간의 합의, 즉 청약과 승낙을 통해 계약이 성립되며, 불요식계약이기 때문에 그 방법에는 제약이 없지만</u> 실무적으로는 보험계약 청약서 등을 제출하고 보험증권을 교부하는 경우가 대부분이다.

(2) 보험계약의 청약

보험계약자가 계약을 성립시킬 목적으로 보험자에게 행하는 확정적 의사표시를 말한다. 보험계약은 보험계약자를 통하여 직접체결(청약서에 담보조건과 보험요율 산정 및 보험자가 정하는 요청사항 반영)하는 방법이 있다.

(3) 보험계약의 승낙

보험자가 특정한 보험계약의 청약에 대한 계약을 성립시킬 목적으로 하는 의사표시로써 일정한 방식이 요구되지 않는다.

4. 해상보험계약의 효과

(1) 보험자의 의무

보험자는 손해배상약정의무, 보험금지급의무, 보험증권 교부의무, 보험료 반환의무가 있다.

1) 손해배상약정의무

해상보험계약은 보험자가 해상사업에 관한 사고의 발생에 의하여 피보험이익에 발생하는 손해의 보상을 약정할 의무가 있다.

2) 보험금지급의무

보험계약자로부터 보험료를 지급받고 보험기간 중에 보험사고가 발생할 경우 보험증권의 내용에 따른 보험금 지급의무가 있다.

3) 보험증권 교부의무

보험계약자의 청구에 의하여 보험증권을 교부할 의무가 있다.

4) 보험료 반환의무

보험계약의 무효인 경우 보험자는 보험료의 전부 또는 일부를 반환할 의무를 부담한다.

(2) 보험계약자 및 피보험자의 의무

1) 보험료지급의무

보험계약이 성립한 경우 보험계약자는 계약에서 정해진 보험료를 지급할 의무를 부담한다. 보험계약자는 계약체결 후 지체 없이 보험료의 전부 또는 제1회 보험료를 지급하여야 하며, 보험계약자가 이를 지급하지 않는 경우에는 다른 약정이 없는 한 계약 성립 후 2월이 경과하면 그 계약은 해제된 것으로 본다.

2) 고지의무

고지의무(disclosure)는 보험계약의 체결 시 보험목적물의 위험의 정도나 성질에 영향을 미치는 중요 사실(material facts)에 대하여 보험계약자 또는 피보험자가 보험자에게 최대선의에 의거하여 계약이 체결될 수 있도록 구두 또는 서면으로 진술할 의무를 말한다.

▶ 상법상 보험기간
① 보험기간의 시기: 적하보험의 경우 보험기간은 화물의 선적에 착수한 때에 개시하며, 화물 또는 적하의 선적에 착수한 후에 보험계약을 체결하는 때에는 보험계약이 성립한 시점에서 위험이 개시한다.
② 보험기간의 종기: 양륙항 또는 도착항에서 화물을 인도한 때에 보험기간이 종료한다. 그러나 불가항력에 의하지 아니하고 양륙이 지연된 경우에는 그 양륙이 보통 종료될 시점에서 종료된 것으로 한다.

▶ MIA
① 보험기간의 시기: 적하가 본선에 현실적으로 적재된 때에 보험기간은 개시
② 보험기간의 종기: 적하가 목적항에 안전하게 양륙된 시점에서 종료

▶ 협회적하약관(ICC)
원칙적으로 보험증권 본문에 있어서 보험자의 책임의 시기는 보험증권에 기재된 출발항에서 본선에 화물이 적재되었을 때이며 종기는 목적항에 도착하여 안전하게 하역되었을 때이다. 그러나 현대의 무역거래에서는 화물이 선적을 위하여 출하될 때부터 시작하여 적재작업, 운송과정, 양륙작업, 보세창고의 입고, 통관, 최종창고에 입고될 때까지의 전 운송기간에 대한 위험담보가 요구되고 있다. 이러한 필요성에 따라 ICC는 제8조에 운송약관을 포함하게 된 것이며 그 내용은 다음과 같다.
① 시기
ICC(A), (B), (C)는 화물이 보험증권에 기재된 지역에서의 창고 또는 저장소에서 운송개시를 위하여 떠날 때부터 담보가 개시되고 통상의 운송과정 중에 계속된다.
② 종기
㉠ 보험증권에 기재된 목적지에서 수하인 또는 기타 최종창고 또는 보관장소에 인도될 때이거나,

3) 통지의무
① 위험의 변경 또는 증가의 통지의무: 보험계약을 체결한 후에 사고발생의 위험이 현저하게 변경 또는 증가된 사실을 안 때에는 그 사실을 통지하여야 한다.
② 보험사고에 대한 통지의무: 보험계약자는 보험사고의 발생 시에도 그 사실을 통지하여야 한다.

4) 손해의 방지 또는 경감의무

보험계약자 또는 피보험자는 보험사고가 발생한 경우에는 <u>손해의 방지와 경감에 노력</u>해야 한다. 손해의 방지 또는 경감의무는 계약당사자인 보험계약자뿐만 아니라 보험계약상의 이익을 갖는 피보험자에게도 부담되는 점을 고려하면 계약상의 의무라기보다는 법정의무라 할 수 있다.

5. 보험기간과 보험계약기간

(1) 보험기간

보험기간이란 보험자의 위험부담책임의 존속기간, 즉 보험자 책임의 시기와 종기를 의미하며, 보험기간 중에 보험사고가 발생하면 보험자는 피보험자의 손해에 대하여 책임을 지게 되므로 책임기간이라 할 수 있다.

(2) 보험계약기간

① 소급보험

해상보험계약은 최대선의원칙에 입각한 계약이며, 다른 보험과 다르게 소급보상을 인정한다. 즉, 보험계약 체결 전에 발생한 손해라 하더라도 계약당사자간 계약체결 시 발생여부에 대해 알지 못했다면 소급보상에 대한 합의가 유효한 것으로 해석되어 보험자가 그 위험을 부담한다. 이러한 소급보험에서는 보험기간 개시일이 보험계약기간 개시일보다 빠르다.

② 포괄예정보험

포괄예정보험은 일정 기준에 의하여 다수의 보험의 목적에 대하여 포괄적으로 이루어지는 보험으로, 매 건별로 보험계약을 체결해야 하는 번거로움 해소와 비용절감을 위해 일정기간동안 보험가입 예상 물동량을 산출하여 특정보험회사와 사전에 화물의 종류나 항로별로 보험조건, 보험요율 등을 정해두고, 일정한 기간 동안 자기가 취급하는 모든 화물을 포괄적으로 부보하는 보험을 말한다. 이러한 포괄예정보험에는 보험계약기간 개시일이 보험기간 개시일보다 빠르다.

III 피보험이익

1. 피보험이익의 개념
피보험이익이란 피보험자가 보험의 목적에 관하여 일정한 사고의 발생에 의해 경제상의 손해를 입을 우려가 있는 경우에 그 목적에 대하여 피보험자가 가지는 이해관계를 의미한다.

2. 피보험이익 요건

(1) 경제성
보험계약의 보호대상인 이익은 재산적 이익 또는 경제적 이익이다. 피보험이익이 경제적인 이익이어야 한다는 것은 피보험이익이 특정인의 재산을 구성하는 것으로서 금전적 가치를 가진 즉, 금전으로 평가할 수 있어야 한다는 것이다.

(2) 확정성
피보험이익은 확정된 이해관계이거나 확정 가능한 이해관계이어야 한다.

(3) 적법성
① 이익의 적법성
보험목적물 자체가 법률적으로 보호받을 수 없는 경우에는 이와 관계를 갖는 피보험이익도 위법한 것이 된다. 즉, 수출입금지물품 또는 밀수품에 대한 이해관계는 보호받을 수 없다.
② 실정법상의 금지규정이 없을 것
피보험이익 자체가 본질적으로 위법한 것은 아니라 할지라도 실정법에 의해 이를 보험에 부보하는 것이 금지되는 경우에는 보험의 보호를 받을 수 없다.

3. 보험계약과 보험금액

(1) 보험가액
보험가액이란 피보험이익에 대한 경제적인 평가액으로 보험사고가 발생한 경우 피보험자가 피보험이익에 대하여 입는 손해의 최고한도이며, 동시에 보험사고가 발생하지 않았다면 피보험자가 가졌을 경제적인 이익에 대한 평가액을 의미한다.

(2) 보험금액
보험금액(insured amount)이란 보험계약당사자 간의 합의에 의하여 보험자가 지급해야 할 손해보상의 최고한도액을 의미한다. 보험자의 보상책임은 법률적인 최고한도와 계약상의 최고한도로 구분할 수 있는데, 통상 전자를 보험가액, 후자를 보험금액이라 할 수 있다.

ⓒ 보험증권에 기재된 목적지나 또는 그 이전이거나를 불문하고 피보험자가 통상의 운송과정을 벗어난 보관이나, 할당 또는 분배를 위해서 사용코자 선택한 기타의 창고나 혹은 보관 장소에 인도될 때,
ⓒ 최종양륙항에서 하역한 후 30일이 경과한 때 중에서 어느 것이 먼저 발생하든 그때에 담보가 종료된다.

③ 항해의 변경시의 보험자의 책임 종료
만약, 화물이 최종양륙항에서 외항선으로부터 하역작업 후, 그러나 본 보험기간의 종료이전에 이 보험증권 하에서 담보된 목적지 이외의 곳으로 운송되는 경우에는, 그러한 목적지를 향해서 수송을 개시할 때에 종료된다.

④ 피보험자의 귀책사유 없는 위험의 변경 시 보험자의 계속담보
이 보험은 피보험자가 통제할 수 없는 지연, 이로, 부득이한 양륙, 재선적, 환적 및 해상운송계약에 의거하여 선주나 용선자에게 부여된 자유재량권의 행사결과로 생기는 위험의 변경기간 중(본조 상기한 바에서 규제된 보험종료의 조건 및 제2조의 규정에 따라) 유효하게 계속된다. 그러나 어떠한 경우에도 지연 또는 보험목적물의 고유의 하자 혹은 성질에 근인히여 생기는 멸실, 손상 또는 비용까지도 확장담보하는 것으로 간주하여서는 아니 된다.

▶ 용어설명
• 피보험이익
해상보험은 손해보험에 속하기 때문에 피보험자가 보험청구권을 가지기 위해서는 보험의 목적물에 대하여 피보험이익을 가지고 있어야 한다. 보험의 목적에 대하여 특정인이 갖게 되는 이해관계, 즉 특정인이 보험계약에 의하여 보험상의 보호를 받을 수 있는 이익이 있을 때 그가 가지고 있는 경제적 이익을 말한다.

▶ 용어설명
  • 확정성
    ① 인과관계의 확정
      우연한 사고와 손해 간에 일정한 인과관계가 확정될 수 있어야 하는바, 보험의 보호대상은 우연한 사고에 의해 특정인이 입는 손해인데, 현실적인 보험계약에 있어서는 우연한 사고에 의한 모든 손해의 보상을 약속할 수는 없으므로 보험자가 보상하는 손해는 일정한 보험사고와 손해가 일정한 인과관계가 존재하는 경우에만 보상을 하며, 인과관계를 확정할 수 없는 경우에는 보험의 보호가 이루어지지 않는다.
    ② 개별화의 가능
      보험계약의 체결에 있어 개별화가 가능한 이익으로서 다른 피보험이익과 구별될 수 있어야 한다.
    ③ 보험사고발생시까지 확정
      피보험이익은 보험계약의 체결시점에서 현존하는 이익일 필요는 없으며, 보험사고가 발생할 때까지만 피보험이익이 확정되면 된다.

▶ 보험가액의 평가
  보험가액은 원칙적으로 보험의 목적의 가액으로 언제나 일정한 것은 아니며, 시장상황에 따라 변동하는 가액에 해당하지만, 책임보험과 같은 손해보험에서는 보험가액의 개념이 없다. 해상보험은 피보험자의 손해만을 보상하고 이득을 제공하지 않는 것을 본질로 하고 있으므로 보험가액은 보험자가 보상할 최대한의 손해액 즉, 보험금액이 되어야 하며 당사자 간 약정하는 보험금액은 보험가액을 초과할 수 없는 것이 원칙이다.

▶ 일부보험의 보상방법
  보험자의 보상방법은 비례보상방식과 제1차 위험부담의 방식이 있다. 비례보상방식은 손해액의 전부를 보상하는 것이 아니라 보험가액에 대한 보험금액의 비율로 보상하는 것

(3) 보험가액과 보험금액과의 관계

1) 전부보험

전부보험이란 보험가액 전액을 보험에 부보한 경우, 즉 <u>보험가액과 보험금액이 일치하는 경우의 보험을 전부보험(full insurance) 또는 전액보험</u>이라 하며, 보험자는 소손해면책 등의 약정이 없는 한 피보험자의 손해액 전액을 보상하여야 한다.

2) 일부보험

일부보험이란 <u>보험가액에 미달되는 금액으로 보험을 부보한 경우</u>, 즉 보험가액보다 보험금액이 적은 경우를 의미한다. 보험자가 지급하는 보상액(보험금)은 손해액에 대하여 보험금액의 보험가액에 대한 비율을 곱한 것으로 한다.

3) 초과보험

초과보험(over insurance)이란 <u>보험금액이 보험가액을 초과하는 보험</u>을 말하며, 보험가액을 초과하는 부분은 원칙적으로 무효로 되기 때문에 보험금지급의 대상이 되지 않는다.

4) 중복보험

중복보험이란 <u>동일한 피보험이익 및 위험에 관하여 복수의 보험계약이 존재하고 그 보험금액의 합계액이 보험가액을 초과하는 경우</u>를 말한다. 중복보험이 사기에 의하여 성립한 경우 모든 보험계약은 무효로 되며, 선의로 중복보험이 성립한 경우 각 보험계약의 효력은 인정되지만 실제의 손해액을 한도로 하여 보상된다.

5) 공동보험

공동보험이란 중복보험과 같이 동일한 피보험이익 및 위험에 관하여 복수의 보험계약이 체결되지만 보험금액의 합계액이 보험가액의 범위 내인 경우로서 복수의 보험자가 각각 위험의 일부를 인수하는 경우를 말한다.

(5) 보험료와 보험금

1) 보험료

보험계약을 체결할 때 피보험자는 보험자에게 보험료를 지급한다. 즉, 피보험자는 보험자로부터 손재보상의 약속을 받는 대가로 보험료를 부담하게 된다. 보험료는 법률적 측면에서 보면 약인의 개념에 속한다. 보험자의 위험부담에 대해 보험계약자가 지급하는 수수료이다.

2) 보험금

보험금은 보험사고로 피보험자가 입는 재산적 손해에 대해 보험자가 지급하는 보상금을 말한다.

IV. 해상보험증권

1. 해상보험증권의 개요

(1) 의의

보험증권(insurance policy)이란 보험계약의 성립과 그 내용을 증명하기 위하여 보험자가 작성하고 기명날인 또는 서명하여 보험계약자에게 교부하는 증거증서이다. 보험증권의 발행에 의해 비로소 보험계약상의 권리 의무가 발생하는 것이 아니며, 그 발행 시 보험계약자는 서명하지 않고 보험자만이 서명하므로 보험증권은 설권증권이나 계약서도 아니다. 보험증권은 다음과 같은 법적 성질을 지니고 있다.

(2) 법정성질

1) 요식증권성

보험증권은 그 기재사항이 법으로 정해진 요식증권으로서 법정사항을 기재하여야 한다. 그러나 보험증권의 요식증권성은 어음·수표 등의 요식증권과 달리 법정기재사항이 불비된 경우에도 보험증권의 효력에는 영향이 없다.

2) 증거증권성

보험증권은 보험계약의 성립을 증명하기 위하여 보험자가 발행하는 증거증권이다. 보험증권의 발행이 보험계약성립의 요건은 아니지만 계약의 성립 및 내용을 증명하는 증거증권으로서 보험계약자가 이의 없이 수령하는 때에는 그 기재사항이 계약의 성립 및 내용에 대하여 사실상의 추정력을 가진다.

3) 면책증권성

보험증권은 보험자가 보험금 등의 지급을 행함에 있어서 그 증권의 제시자의 자격을 조사할 권리가 있을 뿐이고, 조사의무는 없는 면책증권에 해당한다.

이며, 제1차 위험부담의 방식이란 보험금액을 한도로 손해액 전부를 보상해주는 방법을 의미하는데, 우리 상법은 비례보상방식을 채용하고 있다.

$$보상액 = 손해액 \times \frac{보험금액}{보험가액}$$

[보험증권]

THE KORYO FIRE & MARINE INSURANCE CO., LTD.

Address : 145, Naesoo-Dong, Chongro-Ku, Seoul, Korea.   K.P.O. BOX 295
Telephone : 722-4254~9, 725-0385~9   Cable : PRFIRE SEOUL   Telex : K28320

MARINE CARGO INSURANCE POLICY

Policy No. 301HAA85110420 Assured(s), etc. WOO YANG ELECTRONICS COMPANY	
Claim, if any, payable at / in CALEB BRETT (H. K) LTD. 1004 MONGKOK COMMERCIAL CENTER 16 ARGYLE ST. KOWLOON, HONGKONG TEL : 3-941573 IN U. S. CURRENCY	Ref. No INVOICE NO. WY-011109 L / C NO. IL7265
	Amount insured herenuder US$1,665. 22 ($1,513.84 × 110%)

Survey should be approved by THE SAME AS ABOVE		Conditions and Warranties INSTIRUTE CARGO CLAUSE(A), INSTIRUTE WAR CLAUSE(CARGO) INSTIRUTE STRIKES CLAUSE(CARGO) AS ATTACHED. CLAIMS PAYABLE IN HONGKONG INCURRENCY OF THE DRAFTS. Subject to the following clauses as per back hereof Institute Cargo Clauses specified above On-Deck Clause Institue Replacement Clause(applying to machinery) Institue Classification Clause
Local Vessel or Conveyance	Form(interior port or place of loading)	
Ship or Vessel "HAPPY STAR V-23"	Sailing on or about NOV. 14, 201X	
at and form PUSAN, KOREA	transhipped at	
arrived at HONGKONG	thence to	
Subject-matter Insured 66,500 PCS OF MYLAR CAPACITOR Marks and Numbers as per Invooice No. specified above		
Place and Date singed inNumbers of Policies issued SEOUL, KOREA, NOV. 13, 200X		

IMPORTANT PROCEDURE IN THE EVENT OF LOSS OR DAMAGE FOR WHICH UNDER WRITERS MAY BE LIABLE LIABILITY OF CARRIERS, BAILEES OR OTHER THIRD PARTIES It is the duty of the Assured and their Agents. in all cases, to take such measures as may be reasonable for the purpose of averting or minimising a loss and to ensure that all rights against Carriers, Bailees or other third parties are properly preserved and	1. Original policy or certificate of insurance. 2. Original or certified copy of shipping invoices, together with shipping specifi-cation and / or weight notes. 3. Original or certified copy of Bill of Lading and / or other contract of carriage. 4. Survey report or Other documentary evidence to show, the extent of the loss or damage. 5. Landing account and weight notes at port of discharge and final destination.

exercised. In particular, the Assured or their Agents are required :

1. To claim immediately on the Carriers, Port Authorities or other Bailees for any missing packages.
2. In no circumstances, except under written protest, to give clean receipts where goods are in doubtful, condition.
3. When delivery is made by Container, to ensure that the Container and its seals are examined immediately by their responsible official.
   If the Container is delivered damaged or with seals broken or missing or with seals other than as stated in the shipping documents, to clause the delivery receipt accordingly and retain all defective or irregular seals for subsequent identification.
4. To apply immediately for survey by Carriers' or other bailees' Representatives if any loss or damage be apparent and claim on the Carriers or other Bailees for any actual loss or damage found at such survey.
5. To give notice in writing to the Carriers or other Bailees within 3 days of delivery if the loss or damage was not apparent at the time of taking delivery.

NOTE : The Consignees or their Agents are recommended to make themselves familiar with the Regulations of the Port Authorities at the port of discharge

INSTRUCTIONS FOR SURVEY

In the event of loss or damage which may involve a claim under this insurance, immediate notice of such loss or damage should be given to and a Survey Report obtained from this Company's Office or Agents specified in this Policy or Certificate.

DOCUMENTATION OF CLAIMS

To enable claims to be dealt with promptly, the Assured or their Agents are advised to submit all available supporting documents without delay, Including, when applicable :

6. Correspondence exchanged with the Carriers and other Parties regarding their liability for the loss or damage
   ☞ In the event of loss or damage arising under this Policy, no claims will be admitted unless a survey has been held with the approval of this Company's office or Agents specified in this policy.

Notwithstanding anything contained herein or attached hereto to the contrary, this insurance is understood and agreed to be subject to English law and practice only as to liability for and settlement of any and all claims.

This insurance does not cover any loss or damage to the property which at the time of the happening of such loss or damage is insured by or would but for the existence of this Policy be insured by any fire or other insurance policy or policies except in respect of any excess beyond the amount which would have been payable under the fire or other insurance policy or policies had this insurance not been effected.

We, KORYO FIRE AND MARINE INSURANCE COMPANY, LIMITED. hereby agree, in consideration of the payment to us by or on behalf of the Assured of the premium as arranged, to insure against loss damage liability or expense to the "extent and in the manner herein provided.

In witness where of, I the Undersigned of KORYO FIRE AND MARINE INSURANCE COMPANY, LIMITED. on behalf of the said Company have subscribed My Name in the place specified as above to the policies, the issued numbers thereof being specified as above, of the same tenor and date, one of which being accomplished, the others to be void, as of the date specified as above.

For KORYO FIRE AND MARINE INSURANCE COMPANY, LIMITED

2. 해상보험증권의 해석원칙

(1) 수기선언 우선의 원칙
해상보험증권은 신양식의 경우 본문약관이 있고, 구양식의 경우 본문약관, 난외약관, 이탤릭서체약관, 협회특별약관, 스탬프약관, 수기문언 등으로 구성되는데, 동일증권의 각 약관의 내용이 서로 다른 경우 수기문언을 가장 우선적으로 적용한다.

(2) 계약당사자의 의사존중과 판례의 적용
기본적으로 계약당사자의 의사를 발견하고 존중함이 해석의 기본원칙이나 실제로는 판례에 따라 해석할 수밖에 없다.

(3) P.O.P 원칙
보험증권의 각 구절은 학문적·이론적인 의미로 해석되는 것이 아니라 평이하고(Plain), 통상적이며(Ordinary), 대중적인(Popular) 의미로 해석되어야 한다.

(4) 문서작성자 불이익의 원칙
문서작성자 불이익의 원칙이란 보험약관의 내용이 애매하여 불분명한 경우, 즉 하나의 규정이 객관적으로 여러 가지 뜻으로 풀이될 수 있는 경우에는 보험자에게 불리하게, 보험계약자에게는 유리하게 풀이하여야 한다는 원칙으로서 이를 불명확성의 원칙이라고도 한다. 그러나 만약 보험계약자가 청약서를 작성하고 그 청약서상에 불명료한 표현이 포함되어 있다면 그 책임은 보험계약자에게 있으므로, 보험계약자에게 불이익이 되는 방향으로 해석되어야 한다.

(5) 동종제한의 원칙
동종제한의 원칙(Principle of ejusdem generis)이란 특정한 문언에 접속되는 일반적인 문언은 그 특정한 문언과 동종인 것으로 간주되어야 한다는 영국법의 원칙으로서 보험증권이나 선하증권의 문언 해석에 많이 적용되고 있다.

3. 기재사항
보험증권이 보험계약의 내용을 증명하는 증거증권으로서의 기능을 수행하려면 보험증권상에 보험계약의 내용에 관한 사항이 기재되어야 한다. 보험계약에 관한 모든 사항은 보험증권의 내용에 의해서 결정되며, 보험증권에 기재되지 않은 사항은 보험계약의 내용으로 인정받지 못한다.

▶ 상법상 기재사항
상법 제666조 및 제695조에서는 손해보험증권에는 다음의 사항을 기재하고 보험자가 기명날인 또는 서명하여야 한다고 규정하고 있다. 보험증권의 기재사항에 대한 상법상의 규정은 강행규정이 아니며, 상법에서도 선명미상보험을 인정하고 있다.
① 보험목적
② 보험사고의 성질
③ 보험금액
④ 보험료와 그 지급방법
⑤ 보험기간을 정한 때에는 그 시기와 종기
⑥ 무효와 실권의 사유
⑦ 보험계약자의 주소와 성명 또는 상호
⑧ 보험계약의 연월일
⑨ 보험증권의 작성지와 그 작성연월일
⑩ 선박을 보험에 붙인 경우에는 그 선박의 명칭, 국적과 종류 및 항해의 범위
⑪ 적하를 보험에 붙인 경우에는 선박의 명칭, 국적과 종류, 선적항, 양륙항 및 출하지와 도착지를 정한 때에는 그 지명
⑫ 보험가액을 정한 때에는 그 가액

V 해상보험약관

1. 개요

(1) 보험약관

보험약관(insurance clauses)이란 보통 보험증권에 삽입되거나 첨부되어 사용되는 것으로 보험계약과 관련한 보험자와 피보험자의 권리 의무를 규정하고 있는 계약조항을 말하며, 계약내용이라고 할 수 있다.

(2) 보험약관의 종류

런던보험자협회(I.L.U.)의 기술약관위원회(Technical & Clauses Committee)가 제정한 협회약관(Institute Clauses) 중 주요한 표준약관으로는 Institute Cargo Clauses (ICC : 협회적하약관)와 Institute Time Clauses (ITC ; 협회기간약관) 등이 있으며, 또한 IWC (Institute War Clause : 협회전쟁약관) 및 ISC(Institute Strikes Clause : 협회동맹파업약관)의 제정으로 독립적 약관으로 부보할 수 있다. 항공기에 의한 운송의 증가에 부응하기 위하여 항공화물 전용의 ICC(Air)도 있다.

(3) 협회적하약관

협회적하약관(Institute Cargo Clause)이란 보험자와 보험계약자 사이에 체결되는 보험계약의 내용을 구성하는 정형화된 약관이다.

2. 구협회적하약관

(1) 의의

구협회적하약관은 분손부담보조건(FPA)과 분손담보조건(WA)은 열거책임주의를 채택하고 있으며, 전위험담보조건(A / R)은 일체의 위험을 담보하는 포괄책임주의를 채택하고 있다. 보험자들은 이 3가지 약관을 적하보험에서 사용하면서 1958년과 1963년에 개정하여 지금까지 사용하고 있다. 1982년 협회적하약관을 개정하면서 신협회적하약관을 사용하도록 권고하였으나, 아직까지도 과거의 약관을 사용하기 때문에 이를 구약관이라 한다.

(2) 구성

구협회적하약관 중 분손부담보조건(FPA)과 분손담보조건(WA), 전위험담보조건(A / R)은 각각 14개의 약관과 유의사항으로 구성되어 있다. 제5조(담보위험)의 내용을 제외하고 내용이 동일하다.

① F.P.A(Free From Particular Average, 단독해손부담보조건) : 담보위험을 Positive List로 나열
② W.A(With Average, 분손담보조건) : W.A 3%와 WAIOP가 가장 일반적이다. W.A 3%는 손실액이 3% 미만인 경우 보상하지 않는다는 의미이며, WAIOP(With Average Irrespectiveof Percentage)는 손실액의 다과에 관계없이 보상하는 WA의 특약사항이다.

> ▶ 보험약관을 사용하는 이유
> 보험계약의 내용은 계약자유의 원칙이 적용되지만, 보험자의 입장에서는 다수의 보험계약자를 상대로 보험계약을 체결하기 때문에 계약시마다 보험계약의 내용을 결정하고 합의하는 것은 상당한 시간과 비용이 소요된다. 그러므로 업무의 효율을 위하여 사전에 정한 보험약관을 사용한다.

③ A / R(All Risk, 전위험담보조건) : 담보위험의 범위가 가장 넓으며 Negative List로 담보하지 않는 위험만을 나열하고 있다.

구협회적하약관의 담보범위				
A / R	W / A	F P A	전손(현실전손, 추정전손)	비용손해 구조비 손해방지비용 특별비용
			분손 중 공동해손	
			분손(특정분손) • 선박 또는 부선의 침몰·좌초·화재로 인하여 발생된 단독해손(particular average) • 선적·환적 혹은 하역 작업 중의 포장당 전손 • 화재, 폭발, 충돌 • 선박·부선·운송용구와의 접촉에 기인하는 손해 • 피난항에서의 화물의 하역	
		분손(특정분손 이외) 악천후에 의한 해수손 ① WA3% : 손해액이 전체의 3% 초과 시만 손해액 전부보상 ② WAIOP : 면책비율에 관계없이 전액 보상(특약)		
	모든 외부적·우발적 원인에 의한 손해			

(3) 구협회적하약관의 담보조건

보상하는 손해 / 구분	F. P. A	W. A	A / R
① 전손	○	○	○
② 공동해손	○	○	○
③ 해난구조비 및 손해방지비	○	○	○
④ 좌초·침몰·대화재가 발생된 경우의 단독해손	○	○	○
⑤ 선적·환적·양하중의 매포장 단위당의 전손	○	○	○
⑥ 화재·폭발·충돌·접촉 및 피난항에서의 양하로 인한 손해	○	○	○
⑦ 악천후에 의한 해수손	×	○	○
⑧ 약관상 면책사항 이외의 외래적 우연적 사고에 의한 손해	×	×	○

1) 전위험담보

특정한 면책위험을 제외하고는 전위험을 담보하는 조건으로 보험금은 손해율 여하에 관계없이 지급된다. 전위험담보(A / R)의 면책위험으로는 화물의 고유의 성질이나 하자로 인한 손해와 항해의 지연으로 인한 손해, 그리고 전쟁 및 동맹파업 위험 등이 있다.

그러므로 전위험담보로 부보한 경우라도 전쟁 및 동맹파업위험을 담보받기 위해서는 전쟁위험 등의 담보조건을 추가로 부보하여야 한다. 그러나 화물의 고유의 성질이나 하자로 인한 손해나 항해의 지연으로 인한 손해는 어떠한 경우에도 보상되지 아니한다.

신협회적화약관 ICC(A)는 전위험담보조건과 담보범위가 동일하며, 다만 신협회적화약관에서는 면책위험을 구체적으로 명기하고 있다는 점이 차이가 있다.

2) 분손담보

분손담보(with average : W.A.)란 분손부담보(F.P.A.)조건에서 보상하는 손해에 추가하여 악천후로 인한 해수침손(sea water damage)과 갑판유실 등을 추가로 보상해 주는 조건이다. 분손담보조건과 신협회적화약관 ICC(B)는 그 보상범위가 동일하다. 분손담보조건은 W.A. 3%와 WAIOP(with average irrespective of percentage)로 구분되어 있으나 ICC(B)는 그러한 구분이 없이 분손의 경우에 손해비율에 관계없이 손해액 전액을 보상한다.

3) 분손부담보

분손부담보(free from particular average : F.P.A.)란 보험목적물의 전손 및 공동해손의 경우와 손해방지비용, 구조료, 특별비용, 특정분손 등의 손해를 보상하는 조건이다. 이는 선박의 좌초(stranding), 침몰(sinking), 화재(burning), 충돌(collision)로 인한 경우 이외의 단독해손 손해를 보상하지 않으므로 단독해손부담보조건이라고도 한다. 한편, 분손부담보(F.P.A.)조건에서는 하역작업 중에 발생한 포장단위당의 전손을 보상하고 있으나, 신약관 ICC(C)에서는 이를 보상하지 않는 점에서 그 차이가 있다.

4) 전손담보

전손담보(total loss only : TLO)란 보험목적물이 전부 멸실할 경우의 손해, 즉 현실전손(actual total loss) 및 보험목적물에 막대한 손해를 입어 전손으로 추정하는 경우의 손해, 곧 추정전손(constructive total loss)에 한하여 보험자가 담보의 책임을 지는 조건이다. 이는 분손, 곧 공동해손이나 단독해손의 경우에는 보상하지 않는 조건으로서 실제로는 거의 이용되지 않고 있다.

(4) 구협회적화약관의 면책조건

보험을 부보하더라도 보험자가 보상하지 않는 손해, 즉 면책조건은 다음과 같다.

① 피보험자의 고의적인 불법행위로 인한 일체의 손해
② 부보화물의 고유의 하자 또는 성질에 의한 손해(inherent vice and nature)
③ 자연감량 등 위험의 요건을 구비하지 않은 사유에 의한 통상의 손해(ordinary loss)
④ 항해의 지연(delay in voyage)으로 인한 손해
⑤ 화물의 포장불량으로 인한 손해

한편, 보험조건 중 분손담보(W.A.), 분손부담보(F.P.A.)조건은 열거책임주의이므로 이 조건으로 부보하는 경우에는 화물의 종류, 성질, 포장상태 등을 고려하여 추가되는 위험들은 부가위험으로 하여 담보하여야 한다.

▶ 신협회적하약관의 배경

종래의 구약관은 그 담보범위가 불명확하고 특히 전위험담보(A / R)의 담보범위가 각종 면책위험의 불확실성으로 인해 분쟁이 자주 발생하였을 뿐만 아니라 분손부담보(F.p.A.)와 분손담보(W.A.)간의 담보범위에 있어서 그 차이가 불분명하였으므로 보험계약자들이 보험조건을 선택하는데 어려움이 많았다. 또한, 로이즈증권의 문장이 난해한 고어체로 되어 있어 사용자들이 여러 불편을 가지고 있기도 했다. 이에 따라 1978년 11월에 국제무역개발회의(United Nations Conference on Trade and Development : UNCTAD)가 발표한 해상보험에 관한 보고서에서 Lloyd's Policy Form 및 ICC에 대하여 지적한 비판에 따라 런던해상보험업자협회(ILU) 및 로이드보험업자들은 Lloyd's S. G. Form 및 Institute Cargo Clause를 개정하여 1982년 1월 1일부터 사용하게 되었다. 우리나라도 이를 1983년 3월 1일부터 시행하고 있다.

▶ ICC(A)

① 일반면책위험(general exclusions)
- 피보험자의 고의의 비행에 귀속하는 멸실·손상 또는 비용
- 피보험목적물의 통상적인 누손, 통상적인 중량·용적의 부족 또는 자연소모
- 피보험목적물의 포장 또는 준비의 불완전 또는 부적합으로부터 생기는 멸실·손상 또는 비용
- 피보험목적물의 고유의 하자 또는 성질을 근인으로 하는 멸실·손상 또는 비용
- 항해지연이 피보험위험에 의하여 생긴 경우라도 당해 항해지연에 근인하여 생긴 멸실·손상 또는 비용
- 본선의 소유자, 관리자, 용선자 또는 운항자의 지급불능 또는 금전상의 채무불이행으로 생기는 멸실·손상 또는 비용
- 원자력 또는 핵의 분열, 융합 또는 기타 이와 유사한 반응 또는 방사능이나 방사선물질을 응용한 무기의 사용으로 말미암아 발생한 멸실·손상 또는 비용

② 불내항성 및 부적합성 면책위험(unseaworthiness and unfitness exclusion)
- 본선 또는 부선의 불내항
- 본선 또는 부선, 컨테이너 또는 지게차(liftvan)가 피보험목적물의 안전한 운송에 부적당한 경우
- 선박이 내항성이 있고 피보험목적물을 목적지까지 운송하는데 적당하지 않으면 안 된다는 묵시담보를 위반한 경우는 피보험자 또는 그 사용인이 이러한 불내구성 또는 부적당한 사실을 알지 못할 경우에 한하여 보험자는 그 권리를 포기한다.

3. 신협회적하약관

(1) 의의

종래의 구약관은 담보위험의 성질에 따라 분류하였으나 신약관에서는 이러한 분류를 떠나서 담보범위가 큰 것으로부터 ICC(A), ICC(B), ICC(C)로 순서대로 분류하고 있어 종래의 위험위주 분류의 개념은 없어진 것이다. 또한 신약관의 세 가지 기본약관은 그 내용이 모두 동일한 19개 항으로 구성되어 있으며, 다만 보험자의 담보위험에 관한 제1항 위험약관(Risk Clause)만이 그 내용을 달리하고 있다.

(2) 구성

구약관의 14개 조항을 (A)(B)(C) 조건별로 관련조항을 8개 그룹으로 묶어 총 19개 조항으로 구성하였으며, 제1조와 제4조를 제외하고는 3조건 모두 동일한 내용으로 구성되어 있다.

구분	조항	약관내용
담보위험 (Risks Coverd)	1	위험약관(Risk Clause)
	2	공동해손약관(General Average Clause)
	3	쌍방과실충돌약관(Both to Blame Clause)
면책조항 (Exclusions)	4	일반면책약관(General Exclusions Clause)
	5	불내항성 및 부적합성면책약관(Unseaworthiness and Unifitness Exclusion Clause)
	6	전쟁면책약관(War Exclusion Clause)
	7	동맹파업면책약관(Strikes Exclusion Clause)
보험기간 (Duration)	8	운송약관(Transit Clause)
	9	운송계약종료약관({Termination of Contract of Carriage Clause}
	10	항해변경약관(Change of Voyage Clause)
보험금청구 (Carriage Clause)	11	피보험이익약관(Insurable Interest Clause)
	12	제반비용약관(Forwarding Charges Clause)
	13	추정전손약관(Constructive Total Loss Clause)
	14	증액약관(Increased Value Clause)
보험이익 (Benefit of Insurance)	15	보험이익불공여약관(Not to Insure Clause)
손해경감 (Minimising Losses)	16	피보험자의무약관(Duty of Assured Clause)
	17	포기약관(Waiver Clause)
자연의 회피 (A voidance of Delay)	18	신속조치조항(Reasonable Despatch Clause)
(Law and Practice)	19	영국의 법률 및 관습조항(English Law and Practice Clause)
		주의사항(Note)

(3) ICC(A)

ICC(A)는 종래의 보험조건 중 전위험담보(All Risks : A / R)와 유사한 것으로서 그 명칭만 변경되었을 뿐 실질적인 내용상의 차이는 별로 없다. 따라서 ICC(A)에서는 일정한 면책위험을 제외하고는 모든 위험, 즉 피보험목적물에 발생하는 멸실·손상 또는 비용일체를 모두 담보한다. 이 ICC(A)는 모두 19개항의 약관을 두고 있으며, 그 중 제1항의 위험약관(risk clause)은 ICC(A)에서 보험자가 보상해 주는 책임범위를 구체적으로 규정하고 있다. 이 약관에서는 보험자의 면책위험을 제외한 일체의 피보험목적물의 멸실 또는 손상의 위험을 보험자는 담보한다고 규정하고 있다. 이는 보험자의 포괄책임주의를 표명하고 있어, 보험사고가 발생할 경우 그 손해의 원인이 무엇인가를 증명할 책임은 보험자에게 있다. 한편, ICC(A)하에서의 면책위험에는 크게 다음에 열거하는 일반면책위험, 선박 또는 부선, 기타 운송용구의 불내항 또는 부적합성 면책위험, 전쟁면책위험, 동맹파업 면책위험이 있다.

(4) ICC(B)

ICC(B)는 종래의 보험조건 중에서 분손담보(W.A.)의 담보위험이 명확하지 않았던 것을 보완하여 보험자가 보상하여야 할 담보위험을 제1조 위험약관(risk clause)상에 구체적으로 열거함으로써 피보험자가 담보위험의 범위를 용이하게 이해할 수 있도록 하였다.

ICC(B)에서 보험자는 앞에서 설명한 ICC(A)에서와 같이 제4조, 제5조, 제6조 및 제7조 규정에 의한 면책위험을 제외하고 열거책임주의에 따라 다음의 열거한 사항을 보상한다.

① 화재 또는 폭발
② 본선 또는 부선의 좌초, 교사, 침몰 또는 전복
③ 육상운송용기의 전복 또는 탈선
④ 본선, 부선 또는 운송용기와 물 이외의 다른 물건과의 충돌 또는 접촉
⑤ 피난항에서의 화물의 적화
⑥ 지진, 화산의 분화, 낙뢰와 상당인과관계가 있는 보험의 목적의 멸실·손상
⑦ 공동해손 희생손해
⑧ 갑판유실로 생긴 보험목적물의 멸실·손상
⑨ 본선, 부선, 선창, 운송용구, 컨테이너, 지게차 또는 보관 장소에 해수, 조수, 강물의 유입
⑩ 본선 또는 부선에의 선적 또는 양륙 작업 중 바다에 떨어지거나 갑판에 추락하여 발생한 포장단위당 전손

③ 전쟁면책위험(war exclusion)
- 전쟁, 내란, 혁명, 반역, 반란 또는 이로 말미암아 발생하는 국내투쟁, 또는 교전국에 의한 또는 교전국에 대하여 가해진 적대행위
- 포획, 나포, 강류, 억지 또는 억류와 이러한 행위의 결과 또는 이러한 행위를 하고자 기도한 결과
- 유기된 기뢰, 어뢰, 폭탄, 기타 유기된 전쟁무기에 의하여 발생된 것

④ 동맹파업 면책위험(strikes exclusion)
- 동맹파업, 직장폐쇄, 노동쟁의, 폭동 또는 소요에 가담한 자에 의하여 발생된 것
- 동맹파업, 직장폐쇄, 노동쟁의, 폭동 또는 소요의 결과로 발생된 것
- 폭력주의자(terrorist) 또는 정치적 동기를 가지고 행동하는 자에 의하여 발생되는 것

이상의 ICC(A)에서의 면책위험은 ICC(B)와 ICC(C)의 면책위험과 동일하나, 다만 일반면책위험 중 "피보험목적 또는 그 일부에 대한 불법행위에 의한 의도적인 손상 또는 파괴"를 ICC(A)에서는 면책으로 하지 않고 있는 점이 다르다.

(5) ICC(C)

ICC(C)는 보험범위가 가장 제한된 보험조건으로 종래의 보험조건 중 분손부담보(FPA)와 유사하다. 보험자의 면책위험은 ICC(A)와 같으며, 보험자는 다음에 열거한 위험으로 인한 보험목적물의 멸실 또는 손상의 경우에 보상함으로써 열거책임주의를 표명하고 있다.

① 화재 또는 폭발
② 본선 또는 부선의 좌초, 교사, 침몰 또는 전복
③ 육상운송용구의 전복 또는 탈선
④ 본선, 부선 또는 운송용구와 물 이외의 다른 물건과의 충돌 또는 접촉
⑤ 피난항에서의 화물의 하역
⑥ 공동해손
⑦ 투하

(6) 신협회적하약관 담보위험

ICC(A), ICC(B), ICC(C)는 제1조 내지 제3조에서 보험자의 담보위험을 규정하고 있으며, 제1조의 위험약관(Risks Clause)상의 부담위험면에서 차이가 있는데, ICC(A)에서는 일체의 위험에 대해 보험자가 책임을 지는 반면에, ICC(B)와 ICC(C)에서는 다음 표와 같다.

약관조항	담보위험	A	B	C	비 고
제1조	① 화재·폭발 ② 선박·부선의 좌초·교사·침몰·전복 ③ 육상운송용구의 전복·탈선 ④ 선박·부선·운송용구의 타물과의 충돌·접촉 ⑤ 조난항에서의 화물의 양륙하역 ⑥ 지진·분화·낙뢰	○ ○ ○ ○ ○ ○	○ ○ ○ ○ ○ ○	○ ○ ○ ○ ○ ×	좌기의 사유에 상당인과관계가 있는 멸실·손상
제1조	⑦ 공동해손희생 ⑧ 투하 ⑨ 갑판유실 ⑩ 해수·호수·하천수의 운송용구·컨테이너·지게차·보관 장소에의 유입 ⑪ 적재·양륙하역중의 낙하 또는 추락에 의한 포장단위당의 전손 ⑫ 상기 이외의 일체의 위험	○ ○ ○ ○ ○ ○	○ ○ ○ ○ ○ ×	○ ○ × × × ×	좌기사유로 인한 멸실·손상
제2조	⑬ 공동해손조항	○	○	○	
제3조	⑭ 쌍방과실충돌조항	○	○	○	

(7) 신협회적하약관 면책위험

신협회적하약관의 제4조 내지 제7조에서는 보험자의 면책을 규정하고 있으며, 신약관의 각 조건별 면책위험은 아래사항중 ⑦만 제외하고 ~ (A), (B), (C) 조건은 모두 동일하다. ⑧항은 A조건에서는 보상이 되며, (B)와 (C)조건에서만 면책된다.

약관조항	담보위험	A	B	C
제4조	① 피보험자의 고의적인 불법행위	×	×	×
	② 통상의 누손·중량 또는 용적의 통상의 감소·자연소모	×	×	×
	③ 포장 또는 포장준비의 불완전·부적합	×	×	×
	④ 물품고유의 하자·성질	×	×	×
	⑤ 지연	×	×	×
	⑥ 선박소유자·관리자·용선자 또는 운항자의 지급불능 또는 채무불이행	×	×	×
	⑦ 어떤 자의 불법행위에 의한 의도적인 손상 또는 파괴	○	×	×
	⑧ 원자핵무기에 의한 손해	×	×	×
제5조	⑨ 피보험자 또는 그 사용인이 인지하는 선박의 내항성 결여, 부적합	×	×	×
제6조	⑩ 전쟁위험	×	×	×
제7조	⑪ 동맹파업	×	×	×

4. 2009 협회적하약관

(1) 의의

신협회적하약관이 1982년 도입된 후 상당기간이 경과함에 따라 영원히 완벽할 수 있는 것은 없으므로 환경 변화에 따른 수정의 필요성이 있었다. 신협회적하약관(ICC) 1982와 비교하여 협회적하약관(ICC) 2009는 일부 개정 사항이 있지만, 본질적으로는 신협회적하약관(ICC) 1982와 큰 차이가 없다.

(2) 구성

ICC 2009는 ICC(A), ICC(B), ICC(C)로 구성되며, 신협회적하약관과 같이 각 조건 별로 관련 조항을 8개 그룹으로 묶어 총 19개 조항으로 구성하였으며, 담보위험인 1조와 면책위험인 4조를 제외하고는 ICC(A), (B), (C)조건 모두 동일하다.

▶ 신협회적하약관의 주요특징
① 보험증권의 단순화
문장이 이해하기 쉽고 자기완결성을 갖추었다. 신협회적하약관은 보험증권의 본문과 독립되어 있으므로 보험계약체결 시 협회적하약관의 내용만으로 보험계약을 체결할 수 있다.
② 담보기준의 변경
담보위험에 대해 열거책임주의(B, C)를 채택하고 포괄책임주의(A)를 병행하였다.
③ 체계의 정비
협회약관의 내용을 성질별로 분류, 순서를 정하여 포괄하고 협회적하약관을 동일 순서로 규정하고 약관마다 약관 명을 부여하였다. 기존의 FPA 또는 WA라는 개념의 틀에서 벗어나 담보위험의 범위를 이해하기 쉽게 (A)(B)(C)조건으로 규정하였다.
④ 약관수의 증가
S.G Form이 폐지되어 구 약관 14개 조항이 19개 조항으로 증가하였다. 신설약관으로 피보험이익약관, 계반비용약관, 포기약관, 영국법 및 관습약관 등이 있다.
⑤ (B)와 (C)조건의 명확한 구분
(B)와 (C)조건의 차이가 종전의 WA와 FPA 조건간의 담보범위의 차이가 상대적으로 확대되었다. 화물양륙과정에서 발생하는 주락에 의한 포장단위당의 전손은 FPA에서는 담보되었으나 (C)조건에서는 부담보로 되어 있다.
⑥ 운송환경의 변화에 대응
최근에 컨테이너에 의한 국제운송방식의 변화와 발전에 대응하여 담보조항과 면책조항에 각각 새로운 위험내용을 추가하였다.
⑦ 전쟁보험과 동맹파업보험의 독립
협회전쟁약관과 협회동맹파업약관을 (A)(B)(C)의 기본약관에서 분리 독립시켰다.

⑧ 창고 간 정신의 고려
구약관은 항구 간 담보를 원칙으로 하여 내륙운송을 연장 담보하는 형식이었지만 신 약관은 육상운송까지 충분히 고려하여 규정하였다.
⑨ 소손해 면책(franchise)의 삭제
S.G. Form의 폐지로 소손해 면책조항(franchise clause)이 삭제되었다.
⑩ 기타
  ㉠ 해적행위(piracy)를 전쟁위험에서 해상위험으로 분류하고 (B)(C)에서는 부담보로 하였다.
  ㉡ 파산에 의한 손해 부담보 (A)(B)(C)의 어느 조건도 선주, 용선자 등의 파산으로 인한 손해는 담보하지 않는다.

▶ 2009 협회적하약관 주요 개정내용
① 보험자의 면책범위 축소
협회적하약관(ICC) 2009에서는 신협회적하약관 1982에 비하여 보험자보다는 피보험자에게 유리하도록 보험자의 면책범위를 축소하였다.
② 보험기간의 확장
신협회적하약관 1982는 보험자가 보상책임을 부담하는 보험기간의 시기를 화물이 보험증권에 기재된 지역에서의 창고 또는 저장소에서 운송개시를 위하여 떠날 때로 규정하였으나, ICC2009에서는 "운송차량 또는 기타 운송용구에 지체 없이 적재를 위해 피보험 목적물이 처음 이동될 때"(First Movement)로 변경하였다. 보험기간의 종기도 신협회적하약관 1982의 "인도될 때"였으나, 협회적하약관 2009에서는 "하역 완료시"(on completion of Unloading)로 변경하여 보험기간이 확장되었다.
③ 테러리즘 행위에 대한 면책 추가
협회적하약관(ICC) 2009는 보험자는 스트라이커 등과 스트라이크 등에 의해 야기된 멸실, 손상 또는 비용에 대하여 면책이라는

(3) 2009 협회적하약관 담보위험

약관조항	담보위험	A	B	C	비 고
제1조	① 화재·폭발	○	○	○	좌기의 사유에 상당인과관계가 있는 멸실·손상
	② 선박·부선의 좌초·교사·침몰·전복	○	○	○	
	③ 육상운송용구의 전복·탈선	○	○	○	
	④ 선박·부선·운송용구의 타물과의 충돌·접촉	○	○	○	
	⑤ 조난항에서의 화물의 양륙하역	○	○	○	
	⑥ 공동해손희생	○	○	○	
	⑦ 투하	○	○	○	
	⑧ 지진·분화·낙뢰	○	○	×	좌기사유로 인한 멸실·손상
	⑨ 갑판유실	○	○	×	
	⑩ 해수·호수·하천수의 운송용구 등에의 유입	○	○	×	
	⑪ 적재·양륙하역중의 낙하 또는 추락에 의한 포장단위당의 전손	○	○	×	
	⑫ 상기 이외의 일체의 위험	○	×	×	
제2조	⑬ 공동해손조항	○	○	○	
제3조	⑭ 쌍방과실충돌조항	○	○	○	

(4) 2009 협회적하약관 면책위험

약관조항	담보위험	A	B	C
제4조	① 피보험자의 고의적인 불법행위	×	×	×
	② 통상의 누손·중량 또는 용적의 통상의 감소·자연소모	×	×	×
	③ 포장 또는 포장준비의 불완전·부적합	×	×	×
	④ 물품고유의 하자·성질	×	×	×
	⑤ 지연에 기인하여 발생한 멸실, 손상	×	×	×
	⑥ 선박소유자·관리자·용선자 또는 운항자의 지급불능 또는 채무불이행으로 인해 발생한 멸실, 손상 또는 비용 * 다만 피보험자가 이를 알았거나 알아야만 했던 경우에 한하며, 보험계약하에서 선의의 보험계약 양수인에게는 적용되지 않음	×	×	×
	⑦ 어떤 자의 불법행위에 의한 의도적인 손상 또는 파괴	○	×	×
	⑧ 원자핵무기에 의한 손해	×	×	×
제5조	⑨ 피보험자 또는 그 사용인이 인지하는 선박의 내항성 결여, 부적합 * 피보험자 등이 불내항, 부적합성을 알고 있는 경우에 한하며, 보험계약하에서 선의의 보험계약 양수인에게는 적용되지 않음	×	×	×
제6조	⑩ 전쟁위험	×	×	×
제7조	⑪ 동맹파업	×	×	×

VI. 해상위험

1. 개요

(1) 의의

해상위험(marine risks, marine perils)이란 해상위험 또는 항해사업에 관한 사고로써 항해에 기인하고 항해에 부수하여 발생하는 사고를 말한다.

(2) 해상위험의 범위

해상위험 즉 해상사업에 관한 사고란 해상사업의 결과 또는 해상사업에 수반하여 발생하는 제위험으로서 침몰(sinking), 좌초(stranding), 충돌(collision) 등 해상고유의 위험(perils of seas), 화재(burning), 도난(theft), 포획(captures), 억류(detainment), 선원의 악행(barratry) 등을 포함한다.

2. 해상위험의 종류

(1) 해상고유의 위험

해상고유의 위험(perils of the sea)은 해난, 즉 바다의 자연적 위험으로 인한 우연한 사고 또는 재난을 말하고, 풍파의 통상적인 작용은 포함되지 않는다. 해상고유의 위험은 해상에서 발생하여야 하고, 우연히 발생한 것이어야 하며, 바다의 작용을 원인으로 하거나 바다의 특유한 사건이어야 한다.

(2) 해상위험

해상위험(perils on the seas; maritime perils)의 전형적인 예로는 자연적 또는 인위적 행위에 의한 화재(fire or burning)뿐만 아니라 투하(jettison), 선원의 악행(barratry of master or mariners), 해적·절도·강도(pirates, rovers & thieves) 등 인위적 위험도 포함한다.

(3) 전쟁위험

해상보험에 있어서의 전쟁위험(war perils)의 개념은 국제법상의 전쟁위험에 비하여 광범위하며, 국가로서 승인되어 있지 않은 주체에 속하는 군함 등에 의한 포획(capture)이나 나포(seizure) 등 전쟁에 준한 상황으로 인한 인위적 위험을 말한다.

(4) 기타 일체의 위험(all other perils)

기타 일체의 위험이란 보험증권에 특별히 기재된 위험과 동종의 위험만을 의미하며, 이것을 동종제한의 원칙이라 한다.

규정에 추가하여 테러리즘의 어느 행위에 의해 야기된 멸실, 손상 또는 비용에 대하여도 면책이라고 새로이 규정하였다.
④ 항해변경조항의 개정(제10조)
⑤ 협회화물약관(ICC) 2009에서는 피보험자(Assured)의 정의를 간결하게 축소하였고, 종업원(또는 피고용인)으로 'Servants'라는 말 대신에 'Employees'를 사용하였으나, 'Employees'에는 독립된 계약종사자(Independent Contractors)를 포함하지 않는다.
⑥ 운송조항에는 물품(Goods) 대신 피보험 목적물(Subject-matter insured)로 대체되었고, 보험자는 Underwriters를 'Insurers'로 대체되었다. 이외에도 사용되는 언어들을 추가로 현대 영어로 수정하였다.

▶ 용어설명
• 해상위험
영국 해상보험법(MIA)에서는 해상위험을 "항해에 기인 또는 수반되는 위험"으로 정의하고 해상위험을 하나 하나 열거하고 있는데 반해, 우리나라에서는 "해상보험계약의 보험자는 항해에 관한 사고로 인하여 생길 손해를 보상할 책임이 있다"라고 포괄적으로 규정하고 있다.

▶ 해상고유 위험 예시
해상고유의 위험으로 인한 사고의 전형적인 예로는 소위 SSCG, 즉 침몰(sinking), 좌초(stranding), 충돌(collision), 교사(grounding)를 비롯하여 악천후(heavy weather) 등이 있다.

▶ 전쟁위험 예시
그 전형적인 예로는 전쟁(war), 변란(warlike operation), 강유(arrests), 억지(restraints), 억류(detainments), 해상탈취(taking at sea) 등이 있다.

▶ 위험의 변동
보험자의 위험인수의 전제가 된 이러한 위험사정이 계약성립 후 변동되는 것을 위험의 변동(change of risk)이라고 하며, 위험의 변동에는 위험의 변경(variation of risk)과 위험의 변종(변혁)(alteration of risk)이 있다.
① 위험의 변경(variation of risk)
위험의 변경이란 보험계약의 기초가 된 위험사정의 일부변경, 즉 위험률의 변경(양적 변경)을 의미하는 것으로 이로(deviation), 항해의 지연(delay in voyage), 환적(transhipment), 강제하역(forced discharge) 등이 있다.
② 위험의 변종(alteration of risk)
위험의 변종(alteration of risk)은 위험이나 위험률의 정도의 변동 문제가 아니고, 보험자의 위험측정의 기초조건인 위험사정이 완전히 소멸하고 전혀 별개의 위험사정으로 대체되는 것, 즉 부보된 위험과는 내용적으로 전혀 다른 위험으로 바뀌는 것(질적 변경)을 의미하는 것으로 항해의 변경(change of voyage), 선박의 변경 등이 있다.

VII 해상손해

1. 개요

(1) 의의

해상손해(maritime loss)는 해상위험으로 인하여 피보험이익의 전부 또는 일부가 손상 또는 멸실되어 발생하는 피보험자의 경제적 손실을 말한다. 해상보험은 이러한 해상손해로 인하여 피보험자가 입게 되는 실질적인 손해를 보상하는 것이 원칙이다.

(2) 분류

해상손해는 그 정도와 상황에 따라 전손과 분손, 단독해손과 공동해손, 비용손해로 분류되며, 보험자는 모든 종류의 해상손해를 무조건 보상하는 것이 아니라 그 종류에 따라 달리한다.

① 추정전손 : 선박이 일정기간 경과 후에도 행방불명이 되어 전손으로 추정하는 경우 및 보험목적물이 전멸하지 않았어도 손해정도가 심하여 본래의 목적에 사용할 수 없거나 그 손해를 수선하는데 많은 수선비가 소요되는 손해
② 공동해손 : 선박과 적재화물이 재난을 당했을 때, 공동의 이익을 위하여 선장이 취한 조치 때문에 생긴 손해를 말하며 이러한 희생과 비용은 위험을 면한 선주와 화주가 부담
③ 배상책임손해 : 피보험선박이 타선과 충돌로 인하여 피보험 선박 자체가 입게 된 물적손해는 물론 그 충돌로 인한 상대선박의 선주 및 그 화물의 화주에 대해 피보험자가 책임져야 하는 손해배상금을 보험자가 담보해주는 손해

2. 현실전손

(1) 정의

현실전손(actual total loss)이란 보험의 목적이 파괴되거나, 보험에 가입한 종류의 물건으로서 존재할 수 없을 정도로 심한 손상을 입은 경우, 또는 피보험자가 보험목적물을 박탈당하여 회복할 수 없는 경우를 말한다. 현실전손의 경우에는 보험자에게 위부(委付)할 것이 없기 때문에 위부의 통지가 필요 없다.

(2) 형태

1) 실질적인 파괴·멸실(physical destruction)

선박이 폭풍으로 인하여 심해(深海)에서 침몰한 경우와 같이 실질적으로 복구의 가능성이 전무한 전손을 말한다. 이런 의미에서 현실전손을 절대전손(absolute total loss)이라고도 말한다.

2) 성질의 상실(alteration of species)

피보험목적물이 심하게 손상되어 원래의 성질을 상실해 버린 상태도 현실전손을 구성한다.

3) 회복의 전망이 없는 박탈(irretrievable deprivation)

피보험자가 피보험목적물을 박탈당하여 회복할 가능성이 없을 경우의 전손을 현실전손이라고 한다.

(3) 선박의 행방불명

선박이 목적항에 도착하지 않고 상당기간(reasonable time)이 경과하여도 행방에 관한 소식을 들을 수 없는 경우 심해(深海)에 침몰한 것으로 간주하고 보험자는 해상고유의 위험으로 인한 손해로서 책임을 진다(MIA 제50조).

3. 추정전손

(1) 의의

추정전손(constructive total loss)이란 보험목적물의 현실전손이 불가피하게 보이거나, 또는 보험목적물의 가액을 초과하는 비용의 지출이 없이는 현실전손을 면할 수 없기 때문에 보험목적물을 포기한 경우를 말한다.

(2) 사례

1) 선박과 화물의 점유의 상실

피보험자가 보험사고로 인하여 자기의 선박 또는 적하의 점유를 상실하여 이를 회복할 가능성이 없거나, 또는 회복하는데 소요되는 제 비용이 회복하였을 때의 가액을 초과할 것으로 예상될 때 추정전손이 있다.

2) 선박의 손상

선박이 보험사고로 인하여 심하게 손상을 입었을 경우 그 손상을 수리하는 비용이 수리했을 때의 가액을 초과하리라고 예상될 경우 추정전손이 있다.

3) 화물의 손상

화물이 보험사고로 인하여 심하게 손상을 입은 경우 이를 수리하고 목적지까지 계반 하는 비용(forwarding charges)의 합계액이 도착시의 가액을 초과하리라고 예상될 경우 추정전손이 있다.

(3) 추정전손과 위부

현실전손이 법률적이고 사실적인 전손인데 비해, 추정전손은 법률적인 전손이지만 사실적인 전손은 아니다. 따라서 추정전손의 경우 보험자에게 전손보험금을 청구할 권리를 가지기 위해서는 위부의 통지를 적절하게 하여 사실적인 전손으로 전환시켜야 한다. 그러므로 위부의 통지 없이는 추정전손이 성립되지 않는다.

▶ 위험의 변동
보험자의 위험인수의 전제가 된 이러한 위험사정이 계약성립 후 변동되는 것을 위험의 변동(change of risk)이라고 하며, 위험의 변동에는 위험의 변경(variation of risk)과 위험의 변종(변혁)(alteration of risk)이 있다.
① 위험의 변경(variation of risk)
위험의 변경이란 보험계약의 기초가 된 위험사정의 일부변경, 즉 위험률의 변경(양적 변경)을 의미하는 것으로 이로(deviation), 항해의 지연(delay in voyage), 환적(transhipment), 강제하역(forced discharge) 등이 있다.
② 위험의 변종(alteration of risk)
위험의 변종(alteration of risk)은 위험이나 위험률의 정도의 변동 문제가 아니고, 보험자의 위험측정의 기초조건인 위험사정이 완전히 소멸하고 전혀 별개의 위험사정으로 대체되는 것, 즉 부보된 위험과는 내용적으로 전혀 다른 위험으로 바뀌는 것(질적 변경)을 의미하는 것으로 항해의 변경(change of voyage), 선박의 변경 등이 있다.

▶ 공동해손의 성립요건
① 복수의 항해단체가 존재하여야 한다.
② 위험이 현실적으로 절박해야 한다.
③ 위험은 해상위험의 전부, 즉 선박, 적하, 운임을 모두 위협하는 것이어야 한다.
④ 공동해손 행위는 합리적이고 고의적으로 취해지는 행위여야 한다.
⑤ 공동의 안전을 위하여 취한 행위여야 한다.
⑥ 손해는 공동해손행위의 직접 결과이어야 하며, 선박의 지연으로 인한 손실, 상기의 손실과 같은 간접적인 손해는 제외된다.

(4) 추정전손의 효과
추정전손이 있는 경우 피보험자는 그 손해를 분손으로 처리할 수도 있고, 보험목적물을 보험자에게 위부하여 현실전손에 준하여 처리할 수도 있다.

4. 공동해손

(1) 의의
공동해손(general average)이란 공동해손 행위에 따라 공동해손 희생(고의적인 비상조치에 의해 보험의 목적에 발생한 손해)과 공동해손 비용(보험의 목적에 관하여 정당하게 지출한 이상 비용)이 있는 경우에 그 손해와 비용을 선박 및 적하의 모든 이해관계자가 그들이 받은 혜택의 정도에 따라 공동으로 분담하는 것을 의미한다.

(2) 공동해손행위
공동해손행위는 공동의 위험에 처한 재산을 보호하기 위하여 이례적인 희생 또는 비용을 임의로 그리고 합리적으로 발생하게 하는 행위를 의미한다. 즉, 선박이나 화물이 공동의 위험에 놓여 있을 경우에 그 위험을 면하기 위해 선박 또는 화물에 대하여 선장이 고의적으로 비상조치를 취하거나 비용을 지출하는 것을 공동해손행위라 한다.

(4) 공동해손손해

1) 공동해손 희생손해

① 투화
투화(Jettison)는 공동해손 희생손해의 가장 전형적인 형태이다. 투화를 위하여 열어 놓은 창구(hatch)로 해수가 침입하여 침수손해가 있으면 역시 공동해손에 포함된다.

② 선내의 화재 소화에 따른 손해
선내 화재의 소화업 중의 주수 또는 진화를 위하여 탄산가스 등을 주입함으로써 선박 또는 적하에 생긴 손해는 공동해손이 된다.

③ 임의좌초에 의한 손해
선박이 여러 가지의 원인에 의하여 침몰의 위기에 처한 경우, 침몰을 면하기 위하여 해안이나 암초에 고의적으로 좌초(坐礁)시킨 경우에 생긴 손해는 공동해손으로 처리된다.

④ 이초하기 위하여 기관을 과도하게 사용함으로써 생긴 손해
좌초하여 위험한 상태에 있는 선박을 이초시키려고 기관을 과도하게 사용함으로써 생긴 기계 및 보일러의 손해는 공동해손으로 인정된다.

⑤ 좌초된 선박을 가볍게 하기 위한 행위로 인한 손해
선박이 좌초되어 적하와 선박의 연료 및 저장품이 공동해손행위로 양륙 및 재선적되는 경우에는 이로 인하여 입은 손해는 공동해손으로 인정된다.

⑥ 연료로서 사용한 선용품 및 저장품
공동의 안전을 위하여 부득이 연료로서 사용한 선용품 및 저장품은 사전에 충분한 연료가 준비되었던 경우에 한하여 공동해손으로 처리된다.

⑦ 운임의 손실
적하의 손상 또는 멸실이 공동해손에 기인하는 것으로 인정되는 경우는 이로 인하여 생긴 운임의 손실은 당연히 공동해손으로 인정된다. 그러나 운임을 취득하는데 필요한 제 비용으로서 공동해손의 결과 지출을 면한 경비는 제외된다. 운임은 선불(先拂)과 후불(後拂)의 두 종류가 있는데 여기에 해당되는 운임은 후불(freight collect)운임의 경우가 일반적이다.

(5) 공동해손 비용손해

희생손해는 재물의 손해로서 나타나지만 비용손해는 비용지출행위로서 금전의 희생으로 나타난다.

1) 구조비(료)

해난구조 때문에 해사단체의 당사자에 의하여 공동의 안전을 위하여 지출된 비용은 계약에 의한 구조이든, 이든 불문하고 제3자에게 지불하는 비용은 구조비로서 공동해손으로 인정된다.

2) 피난항비용

선박이 공동의 안전을 위하여 부득이 피난항 또는 피난지로 들어가거나 또는 선적지로 돌아오는 때에는 이와 같은 항구 또는 장소로 들어가는 비용(입항비), 정박비용 및 출항비용은 공동해손으로 인정된다.

3) 임시수리비 / 대체비용

항해단체의 공동의 안전을 위하여 또는 희생손해에 의한 선박손상에 대하여 임시수리가 필요할 때는 공동해손비용으로 인정된다.

4) 지금조달비용

선주나 선장이 구조비와 같은 공동해손비용의 자금을 조달하는 경우 2%의 수수료를 공동해손으로 인정한다. 단, 선장, 선원들의 급료와 식량 및 항해 중에 보급되지 않은 연료와 선용품 등의 비용은 공동해손으로 인정되지 않는다.

5) 공동해손 정산비용

공동해손 정산비용은 실무적으로 인정되고 있다.

(6) 공동해손 분담금

공동해손분담금이란 공동해손행위에 의해 구조된 모든 재산의 항해종료시에 공동해손에 의해 이익을 얻은 이해관계자가 그 손해액을 공평하게 부담하는 금액을 말한다.

그들이 받은 혜택의 정도에 따라 분담하는 금액을 의미하며, 공동해손의 정산은 준거조항이 있는 경우 York-Antwerp규칙에 의하여 이루어지지만, 계약에 YAR 준거조항이 없을 경우 목적항이나 피난항법에 의하여 해결한다.

(7) 공동해손의 정산

공동해손이 발생하면 공동해손정산인에 의해 공동해손정산서가 작성되어 분담액이 결정되는데, YAR에서는 공동해손정산의 편의를 위해 CIF 가격을 기준으로 하고 있다. 공동해손의 정산을 위해서는 먼저 공동해손의 손해액 즉, 공동해손배상액(Amounts Made Good)을 결정하고 동시에 이를 분담하는 재산액 즉, 공동해손분담가액(Contributory Values)을 결정하여야 한다. 그리고 전자의 총액을 후자의 총액으로 나누면 공동해손분담률이 나오고 이를 각 분담가액에 곱하면 각 이익의 분담액이 산출된다.

5. 단독해손

단독해손(particular average)이란 피보험이익의 일부에 발생하는 손해로서 공동해손에 속하지 않는 분손을 말하며, 피보험자가 단독으로 입은 손해이다. 한편, 공동해손행위에 의하여 전부 희생적으로 처분되어도 손해를 면한 이익관계자에 의하여 일부가 분담반환되므로 그 화주에 있어서는 결국 분손이 된다.

▶ 단독해손의 구분
① 적하의 단독해손
주로 질적인 훼손, 양적인 수량부족 등으로 나타나며, 선박의 해수유입, 선박의 장애물과의 접촉, 화재에 의한 적의 분손 등이 있다.
② 선박의 단독해손
수선비, 선원의 급료, 연료 및 저장품 등의 손해를 말한다.
③ 운임의 단독해손
화물의 일부가 멸실 또는 손상을 입어 운임의 일부를 받지 못하거나 불필요하게 지급되는 경우를 말한다. 이는 화물의 일부가 해수에 의하여 멸실되고 그 일부만이 안도됨으로써 운송이 지급받을 운임의 일부를 못 받게 되는 경우이다.

6. 비용손해

(1) 의의

보험의 목적물을 손해로부터 방지·경감하기 위하여 피보험자가 지출하는 비용을 비용손해라고 한다. 비용손해는 분손의 일종으로 보험자가 전보하는 바 비용손해와 물적손해의 합계가 보험금액을 초과하는 경우에는 초과분의 비용손해는 전보하지 않는다. 단 손해방지비용은 초과분도 보상한다.

(2) 구조료

1) 의의

피보험위험으로부터 보험목적물인 선박을 구조하기 위하여 지출한 구조비용은 보험자로부터 보상받을 수 있는데, 그 중에서 계약상 의무 없이 임의로 구조 한 자에게 해상법(Maritime Law)상 지급되는 보수를 구조료 또는 임의(또는 순수)구조료(Salvage Charge)라고 한다.

▶ 비용손해의 구분
비용손해에는 손해방지비용(sue and labour charges), 구조비(salvage charges), 특별비용(special charges), 공동해손분담금(general average contribution), 충돌손해배상금(선박의 경우), 손해조사비용(loss survey charges) 등이 있다. 비용손해는 비록 원칙적으로 보험자가 부담하지 않는 보험외적인 간접손해이지만 예외적으로 보험자가 이를 부담한다.

2) 임의구조와 계약구조

구조에는 구조자와 피구조자 간에 계약에 의해 행하는 계약구조(Contract Salvage)와 구조자가 임의로 행하는 임의구조(Voluntary Salvage)가 있는데, 통신이 발달한 현대에는 임의구조는 거의 없다.

3) 보상

임의구조료를 지급한 때에는 보험자에 의해 구조료로 보상되지만 그 보상액은 여타 보상액과 합하여 보험금액을 초과할 수 없다. 한편 계약구조료는 그 성질에 따라 특별비용이나 공동해손으로 처리된다.

(3) 손해방지비용

1) 의의

피보험자는 손해를 방지, 경감할 의무를 지고 있는데, 이 의무를 이행하기 위해 소요된 비용을 손해방지비용이라 한다.

2) 공동해손비용과의 관계

손해방지비용은 보험자가 부담하는 손해를 방지 또는 경감하기 위하여 피보험자, 그 사용인 또는 대리인이 지출한 비용이며, 피보험자 자신의 손해를 방지하는 비용에 한하고, 선박과 화물 공동의 이익을 위해 지출되는 비용은 공동해손 비용에 속한다.

3) 구조료와의 관계

보험목적물의 구조에 소요된 비용이라 하더라도 손해방지비용에 속하는 것은 계약구조료에 한하며, 임의구조료는 앞서 설명한 구조료에 속한다.

4) 보상

손해방지비용은 손해방지의무에 의하여 지출된 비용이므로 특약이 없어도 보험자는 이것을 부담하고 더욱이 여타 물적손해보상액과 합해서 보험금액을 초과하는 경우에도 보상된다. 다만 일부보험인 경우에는 비례 보상한다.

(4) 특별비용

1) 의의

특별비용(Particular Charge)이란 보험의 목적의 안전이나 보존을 위하여 피보험자에 의하여 또는 피보험자를 위하여 지출된 비용으로서 공동해손비용 및 구조료 이외의 비용을 말한다.

2) 손해방지비용과의 관계

특별비용은 손해의 방지, 경감을 위해 지출한 비용인 손해방지비용을 포함하는 광범위한 개념으로서 특별비용에는 손해방지비용과 손해방지비용에 속하지 않는 고유의 특별비용이 있다. 손해방지비용은 목적지 도착 이전에만 지출할 수 있으나 특별비용은 목적지 도착 이후에 지출되는 비용일 수도 있고, 손해방지비용은 보험금액을 초과해도 보상되지만 특별비용은 보험금액을 한도로 하여 보상된다.

▶ 충돌손해배상책임
ICC 제3조 쌍방과실충돌약관(Both to Blame Collision Clause) 및 ITC Hulls 제8조 3/4충돌손해배상책임약관(3/4 Collision Liability Clause)은 이에 관해 규정하고 있다.

▶ 대위 종류
보험자대위는 ① 보험의 목적에 관한 잔존물 대위와 ② 제3자에 관한 구상권대위의 두 가지가 있는데 손해보험의 경우에 인정되고, 인보험에서는 이를 금지하는 것이 원칙이다.

▶ 위부의 요건
① 무조건 위부 : 위부는 무조건이어야 한다.
② 보험목적 전부의 위부
위부는 보험의 목적 전부에 대하여 위부하여야 한다. 그러나 위부의 원인이 보험의 목적의 일부에 대하여 생긴 때에는 그 부분에 대하여만 위부할 수 있다.
③ 일부보험의 위부
보험가액의 일부를 보험에 붙인 경우에는 위부는 보험금액의 보험가액에 대한 비율에 따라서만 위부할 수 있다. 따라서 일부보험의 경우에는 피보험자가 보험의 목적을 위부하면 보험자와 피보험자가 공유관계를 맺게 된다.

▶ 위부의 통지
피보험자가 위부권을 행사하고자 하면 먼저 보험자에 대하여 이에 관한 의사표시를 하여야 하는데, 이것을 위부의 통지라고 한다. 위부의 통지란 피보험자가 보험자에게 자신의 재산을 포기하고 그 재산을 보험자의 처분에 맡긴다고 하는 의사표시의 행위로서, 추정전손으로 보험금을 청구하기 위한 전제조건이다.

7. 배상책임손해

해상보험에서 배상책임손해는 광의로는 공동해손의 분담금과 선박보험에서의 충돌손해배상책임을 포함하지만, 협의로는 선박보험약관인 충돌약관(3/4 Collision Liability Clause)에서 담보하는 충돌손해배상책임만을 의미한다. 피보험선박이 타선과 충돌로 인하여 피보험 선박 자체가 입게 된 물적손해는 물론 그 충돌로 인한 상대선박의 선주 및 그 화물 화주에 대해 피보험자가 책임져야 하는 손해배상금을 보험자가 담보해 주는 손해이다.

8. 대위와 위부

(1) 대위

보험자 대위(Subrogation)란 보험자가 보험사고로 인한 손해를 피보험자에게 보상하는 경우 그 피보험자 또는 보험계약자가 보험의 목적이나 제3자에 대하여 가지는 권리를 법률상 당연히 취득하는 것을 말한다.

(2) 위부

위부(Abandonment)란 추정전손의 경우에 있어서 보험의 목적에 잔존하고 있는 피보험자의 일체의 이익을 보험의 목적에 관한 소유권(Proprietary Rights) 및 구제수단(Remedies)과 함께 피보험자가 보험자에게 임의로 양도(Voluntary Cession)하는 것을 말한다.

(3) 위부와 대위의 비교

① 적용 대상 보험
위부는 해상보험의 특유한 제도이나 대위의 원칙은 모든 손해보상계약에 적용되기 때문에 해상보험에 한정된 원칙은 아니다.

② 적용 대상 손해
위부는 전손의 경우에만 적용되지만, 대위는 전손과 분손에 대하여 모두 적용된다.

③ 승낙거절의 문제
대위는 그것을 보험자가 수락했건 안했건 보험자에게 이전되는 권리를 말한다. 위부를 승낙한 경우는 보험자로서 대위와 구별할 필요가 없는 것이지만 위부를 승낙하지 않은 경우는 위부와 대위는 명백히 구별되어야 한다.

④ 보험자의 권리의 범위
위부의 경우 위부된 물건이 후에 보험자가 피보험자에게 지불한 금액이상의 가치를 가지는 경우에도 보험자는 잔존물 전체를 소유할 수 있다. 그런데 대위의 경우 보험가액에 따라 보험금을 지급한 보험자가 보험에 가입된 재산의 실제가액을 근거로 하여 대위권을 행사할 수는 있지만 지급보험금의 한도까지만 보험자가 환입시킬 수 있다. 즉, 위부가 있는 경우의 대위는 회수금 전액이 보험자에게 귀속되지만 위부가 없는 경우의 대위는 지급보험금을 한도로 보험자가 환입시킬 수 있다.

VIII. 기타보험

1. 컨테이너 보험

컨테이너 보험은 컨테이너 자체보험, 컨테이너 소유자 등의 제3자에 대한 배상책임보험, 컨테이너 운영자의 화물손해배상책임보험과 같은 보험을 포함하는 종합보험이다.

2. 선박보험

선박보험은 선박소유자가 소유하는 선박에 대한 피보험이익을 부보하는 보험이다. 선박보험은 런던보험자협회(Institute of London Underwriters)가 제정한 협회기간약관(Institute Time Clause)을 기본으로 하여 특별약관을 첨부하여 사용한다.

3. P&I 보험

P&I 보험은 선박의 운항 중 발생한 해난사고로 인하여 제3자가 입은 손해에 대하여 선주가 배상책임을 부담하는 경우 선주들이 보험자이자 피보험자로서 상호담보하는 보험이다.

(1) P&I club

선주책임 상호보험 조합(Protection and Indemnity club)은 선박소유자, 선박임차인, 용선자 등이 선박운항으로 인해 발생하는 제3자에 대한 손해배상책임 및 비용을 선주들이 설립한 상호조합에서 보상하는 것을 내용으로 하는 보험조합을 말한다.

(2) P&I(Protection and Indemnity) 보험

선박회사의 상호 배상책임보험이다. 즉, 선박의 운항과 관련하여 발생한 사고로 인하여 제3자가 입은 손해에 대한 선주의 배상책임을 선주 상호 간에 담보하는 보험을 말한다.

(3) 담보위험

1) 화주에 대한 책임

선주는 불가항력적인 사고나 화물고유의 하자 및 성질, 선원의 과실 등과 같은 항해과실에 의한 것이면 면책이 되나, 선박의 불감항성이나 선원의 화물취급상의 부주의 등과 같은 상업과실에 의한 것이면 책임을 부담한다. 이러한 상업과실이 발생한 경우 화주는 보험계약에 따라 보험자에게 보상받고, 보험자는 구상권을 행사하여 선주에게 보상액을 청구하게 된다. 이러한 선주의 화주에 대한 책임은 선주가 P&I 클럽에 가입함으로써 해결될 수 있다.

▶ 위부의 승낙
위부의 승낙이란 보험자가 행하는 의사표시로 피보험자의 손해에 대한 보상책임 및 그 통지가 충분함을 결정적으로 인정하는 것이다(MIA 제62조 제6항). 위부의 승낙은 보험자의 행위에 의하여 명시적으로 또는 묵시적으로 할 수 있다.

▶ 위부의 효과
위부는 일정한 사유가 있을 때에 이것을 현실전손에 준하여 피보험자의 보험금청구권을 인정하고 그 대신 보험의 목적에 관한 권리를 보험자에게 이전시키는 제도이다. 그리하여 유효한 보험위부가 이루어지면 영미법상 보험자가 피보험목적물의 소유권을 획득하는 효과와 선임에 대한 취득권을 양수받는 효과가 생긴다.

2) 충돌상대선 및 적하에 대한 책임

선박이 다른 선박과 충돌하였을 경우에는 상대선과 그 적하에 대한 책임 중 3 / 4은 선박보험에서, 나머지 1 / 4(선주책임)은 P&I 보험에서 보상된다. 즉, 선박보험에서 보험자가 담보하지 않거나 일부만 담보하는 위험에 대해 보완해준다.

3) 선원 및 여객 등에 대한 책임

선원의 인명구조비 및 여객의 사상등과 관련하여 선주가 부담하는 책임 및 비용, 부두노동자 등 제3자에 대한 대인대물책임 등이 있다.

4) 기타

파업위험이나 전쟁위험으로 인한 가입선박의 손해에 대하여 보상하며, 항로, 항만 시설물의 손상, 제반규칙 위반으로 인한 벌금 등에 대하여 보상한다.

(4) 특징

1) 정산보험료제

보험연도가 개시될 당시에 선급보험료를 내고, 보험 종결 후에 정산하여 추가보험료를 지불하거나 환급받는 방식이다.

2) 보험가액과 보험금액의 미확정

P&I 보험은 선박의 운항에 따른 책임보험이다. 보험가액과 보험금액이 사전에 확정되지 않고, 최고한도만 설정되는 보험이다. 적하보험과 선박보험이 보험가액과 보험금액이 사전에 확정되는 것과 차이가 난다.

3) 선주는 피보험자이면서 보험자

P&I보험은 상호보험이기 때문에 보험에 가입하는 선주는 피보험자이면서 P&I 클럽의 회원이 된다.

4) 보험기간

보통의 선박보험은 기간보험으로 보험개시일이 임의의 날짜가 되지만 P&I보험은 일률적으로 2월 20일을 개시일로 한다.

5) 전세계 회원연락망

전세계의 항구에 법률사무소, 손해사정회사 등의 연락사무소를 두고 회원들에게 발생한 문제에 긴급한 도움을 준다.

4. 항공보험

항공보험은 항공기 또는 운항에 관련하여 발생되는 위험을 담보하는 보험을 말한다. 무역실무 관점에서의 항공보험은 항공운송과 관련하여 항공화물의 운송 중 멸실 또는 손상 위험을 담보하는 항공화물보험이 주를 이룬다. 항공화물 보험은 다음과 같이 구분된다.

(1) 항공화물보험

항공운송의 경우 사고가 발생하면 기체도 화물도 전손이 되는 것이 대부분이기 때문에 국제항공화물의 부보 조건은 ALL RISK 이며, 이를 담보하기 위하여 런던보험자협회의 협회항공화물약관이 사용된다.

(2) 화주보험

화주보험은 항공회사가 발행하는 AWB의 사본을 보험인수증으로 사용함과 동시에 항공회사가 보험회사의 대리점 자격으로 운송계약을 해결하고 화주가 필요로 한다면 화주를 대리해 화물에 보험을 부보하는 방식의 보험을 말한다.

(3) 항공화물 배상책임보험

화주 또는 보험자의 배상청구에 대비해 항공운송인이 부보하는 보험으로써, 운송인의 과실로 인해 책임을 부담하여 배상하여야 하는 경우를 대비하여 부보하는 보험이다.

5. 무역보험제도

(1) 의의

무역보험은 수출거래에 수반되는 여러 가지 위험에 대비하는 보험제도로 수출자, 생산자 또는 수출자금을 대출해준 금융기관이 입게 되는 불의의 손실을 보상함으로 수출 진행을 도모하기 위한 수출보험과 원유, 철, 시설재 등 국민경제에 중요한 자원이나 물품을 수입하는 경우 국내기업이 부담하는 선급금 미회수 위험을 담보하거나 국내기업에 대한 수입자금 대출지원이 원활하도록 지원하는 수입보험을 통칭하는 비영리정책보험을 말한다.

우리나라의 경우 한국무역보험공사(구 한국수출보험공사)가 무역보험법에 따라 수출보험 및 수입보험을 운영하고 있다.

(2) 기능

1) 수출상 및 수입상의 불안제거 기능

무역보험은 수입국에서 발생하는 비상위험 또는 신용위험 등으로 인하여 수출불능이 되거나 수출상품의 대금회수가 어렵게 되어 수출자나 생산자 등이 입게 되는 손실을 보상함으로써 안심하고 수출활동을 할 수 있도록 하는 기능과 선급금을 지급한 후 상품을 입수하지 못한 경우 선급금 미회수 위험을 담보하여 수입상이 안심하고 수입활동을 할 수 있도록 하는 기능이 있다.

2) 금융 보완적 기능

무역보험 중 수출보험은 수출대금 회수불능 위험을 담보하므로 금융기관으로 하여금 수출금융을 공여하게 하는 금융 보완적 기능을 가진다.

3) 수출진흥 정책수단으로서의 기능

무역보험 중 수출보험은 수출무역, 기타 대외거래의 촉진 및 진흥을 위하여 정부의 지원하에 운영됨에 따라 보험료율 등을 정함에 있어 장기적 차원에서의 수지균형을 목표로 하여 가능한 한 저율로 책정하는 한편, 보상비율 등에서는 최대한 수출자에게 유리한 형태의 보상제도를 채택하는 등 수출경쟁력을 강화시키고, 결과적으로 수출을 촉진시키는 역할을 하게 되는 수출진흥 정책수단으로서의 기능을 갖는다.

4) 무역거래에 대한 간접적 통제기능

무역보험 중 수출보험은 보험인수조건, 즉 담보하는 위험의 범위, 보험요율 등을 수출여건에 따라 적절히 조정하여 수출자의 활동을 촉진시키거나 제한할 수도 있으므로, 수출무역 및 대외거래에 대한 인·허가 등의 직접적 통제방식을 간접적 통제방식으로 전환시키는 기능도 갖게 된다.

5) 해외수입자에 대한 신용조사 기능

무역보험 중 수출보험은 효율적인 인수 및 관리를 기하고 보험사고를 미연에 방지하기 위해 다각적으로 해외수입자의 신용상태와 수입국의 정치·경제사정에 관한 조사활동을 하게 되는 바, 이러한 해외수입자 및 수입국에 관한 신용정보를 제공하여 수출자로 하여금 효과적으로 활용할 수 있도록 함으로써 수출자의 신규수입선 확보와 수출거래 확대에 기여함과 동시에 건전한 수출거래를 유도하는 부수적 기능을 가지고 있다.

6. 수출보험

(1) 개념

수입자의 계약 파기, 파산, 대금지급지연 또는 거절 등의 신용위험과 수입국에서의 전쟁, 내란 또는 환거래 제한 등의 비상위험 등으로 수출자 또는 수출금융을 제공한 금융기관이 입게 되는 손실을 보상

궁극적으로 우리나라의 수출을 촉진하고 진흥하기 위한 수출지원제도임

(2) 수출보험의 기능

수출자는 수출대금을 받지 못하여 발생한 손실을 보상받을 수 있기 때문에 위험성이 있는 외상거래나 신규 수입자의 적극적인 발굴을 통한 신시장 개척 및 시장다변화를 도모할 수 있음

금융기관은 담보능력이 부족한 수출업체에 대해서도 수출보험증권이나 수출신용보증서를 담보로 활용하여 무역 금융 지원 확대 및 위험도가 높은 수출거래에 대한 지원이 가능

7. 수입보험

(1) 수입보험(수입자용)

수입보험(수입자용)은 원유, 가스 등 주요 전략물자의 장기 안정적 확보를 위하여 국내수입기업이 선급금 지급조건 수입거래에서 비상위험 또는 신용위험으로 인해 선급금을 회수할 수 없게 된 경우에 발생하는 손실을 보상하는 제도이다.

1) 담보위험

- 비상위험 : 해외 수출기업 국가의 전쟁, 내란, 환거래제한, 모라토리움 등으로 인해 수입을 위한 선급금을 회수하지 못할 위험
- 신용위험 : 해외 수출기업의 지급불능, 지급거절, 지급지체, 파산 등으로 수입을 위한 선급금을 회수하지 못할 위험

(2) 수입보험(금융기관용)

수입보험(금융기관용)은 원유, 가스 등 주요 전략물자의 장기 안정적 확보를 위하여 금융기관이 주요자원 및 물품 등의 수입에 필요한 자금을 수입기업에 대출(지급보증)한 후 대출금을 회수할 수 없게 된 경우에 발생하는 손실을 보상하는 제도이다.

8장 핵심문제

01 해상보험의 특징 및 역할로 옳지 않은 것은?

① 해상보험은 실손보상의 원칙(the principle of indemnity)에 따라 손해가 발생하기 전의 상태로 피보험자를 원상회복시켜주는 것이다.
② 해상보험은 해운업자나 무역업자가 해상위험을 극복하기 위하여 이용하는 보험으로서 기업보험으로서의 성질을 갖는다.
③ 해상보험은 바다를 통하여 국제적으로 활동하는 해운업자 또는 무역업자 등이 이용하는 보험이므로 자연히 국제성을 갖는다.
④ 해상보험시장은 국내 보험자간의 경쟁은 물론 국제적인 경쟁시장이다.
⑤ 해상보험은 해외재보험에 대한 의존성이 낮다.

정답 ⑤

해설 해상보험은 해외재보험에 대한 의존성이 높다.

02 해상보험의 기본원칙으로 옳지 않은 것은?

① 해상보험계약은 보험자와 계약자가 계약의 내용을 거짓 없이 사실 그대로 고지 또는 표시하여 계약을 체결하여야 하는 것을 선비담보라고 한다.
② 고지의무는 보험계약의 체결이 보험목적물의 위험의 정도나 성질에 영향을 미치는 중요 사실에 대하여 보험계약자 또는 피보험자가 보험자에게 최대선의에 의거하여 계약이 체결될 수 있도록 구두 또는 서면으로 진술할 의무를 말한다.
③ 손해보상의 원칙이란 해상보험은 피보험자가 입은 경제적인 손해 즉, 상실된 피보험이익을 보상한다는 원칙으로서 피보험이익과 불가분의 관계에 있다.
④ 담보란 피보험자에 의해서 반드시 지켜져야 할 약속이다.
⑤ 담보에는 명시담보와 묵시담보가 있다.

정답 ①

해설 해상보험계약은 보험자와 계약자가 계약의 내용을 거짓 없이 사실 그대로 고지 또는 표시하여 계약을 체결하여야 하는 것을 최대선의원칙(Utmost good faith)이라고 한다.

03 다음에서 설명하는 해상보험의 해석원칙으로 알맞은 것은?

> 보험증권의 각 구절은 학문적·이론적인 의미로 해석되는 것이 아니라 평이하고, 통상적이며, 대중적인 의미로 해석되어야 한다.

① 수기선언 우선의 원칙
② 계약당사자의 의사존중과 판례의 적용
③ P.O.P 원칙
④ 문서작성자 불이익의 원칙
⑤ 동종제한의 원칙

정답 ③

해설 P.O.P 원칙이란 보험증권의 각 구절은 학문적·이론적인 의미로 해석되는 것이 아니라 평이하고(Plain), 통상적이며(Ordinary), 대중적인(Popular) 의미로 해석되어야 한다.

04 신협회적하약관 담보위험 중 ICC(C)에서 담보하지 않는 위험은?

① 화재·폭발
② 본선 또는 부선의 좌초, 교사, 침몰 또는 전복
③ 육상운송용구의 전복 또는 탈선
④ 본선, 부선 또는 운송용구와 물 이외의 다른 물건과의 충돌 또는 접촉
⑤ 지진·분화·낙뢰

정답 ⑤

해설 지진·분화·낙뢰 ICC(C)에서 담보하지 않는 위험이다.

05 다음에서 설명하는 해상손해의 종류로 알맞은 것은?

> 보험의 목적이 파괴되거나, 보험에 가입한 종류의 물건(a thing of the kind insured)으로서 존재할 수 없을 정도로 심한 손상을 입은 경우, 또는 피보험자가 보험목적물을 박탈당하여 회복할 수 없는 (irretrivably deprived) 손해

① 현실전손
② 추정전손
③ 공동해손
④ 단독해손
⑤ 비용손해

정답 ①

해설 현실전손이란 보험의 목적이 파괴되거나, 보험에 가입한 종류의 물건(으로서 존재할 수 없을 정도로 심한 손상을 입은 경우, 또는 피보험자가 보험목적물을 박탈당하여 회복할 수 없는 손해를 말한다. 현실전손의 경우에는 보험자에게 위부할 것이 없기 때문에 위부의 통지가 필요 없다.

제9장 관세 및 통관실무

관세법상 주요내용

▶ 2022년, 2020년 등 기출

1. 관세법의 목적

관세법 제1조에 따르면, 관세법은 관세의 부과·징수 및 수출입물품의 통관을 적정하게 하고 관세수입을 확보함으로써 국민경제의 발전에 이바지함을 목적으로 한다.

2. 관세의 의의

관세란 국가재정 확보와 국내산업 보호를 위해 관세선을 통과하는 물품에 대해 부과하는 조세이다. 관세선(Customs Line)은 관세에 관한 법률규제가 이루어지는 경제적 경계선으로 관세선 안에 있는 물품은 내국물품, 관세선 밖에 있는 외국물품이라고 한다. 관세선은 반드시 국경선과 일치하는 것은 아니다.

3. 관세의 납부기한

관세의 납부기한은 다음과 같으며, 수입신고가 수리되기 전에 해당 세액을 납부할 수 있다.

① 제38조제1항에 따른 납세신고를 한 경우 : 납세신고 수리일부터 15일 이내
② 제39조제3항에 따른 납부고지를 한 경우 : 납부고지를 받은 날부터 15일 이내
③ 제253조제1항에 따른 수입신고전 즉시반출신고를 한 경우 : 수입신고일부터 15일 이내
④ 세관장은 납세실적 등을 고려하여 관세청장이 정하는 요건을 갖춘 성실납세자가 대통령령으로 정하는 바에 따라 신청을 할 때에는 납부기한이 동일한 달에 속하는 세액에 대하여는 그 기한이 속하는 달의 말일까지 한꺼번에 납부하게 할 수 있다. 이 경우 세관장은 필요하다고 인정하는 경우에는 납부할 관세에 상당하는 담보를 제공하게 할 수 있다.

4. 과세환율

과세가격을 결정하는 경우 외국통화로 표시된 가격을 내국통화로 환산할 때에는 관세법 제17조에 따른 날(보세건설장에 반입된 물품의 경우에는 수입신고를 한 날을 말한다)이 속하는 주의 전주(前週)의 기준환율 또는 재정환율을 평균하여 관세청장이 그 율을 정한다.

5. 과세표준

관세의 과세표준은 수입물품의 가격 또는 수량으로 한다.
- 관세의 과세표준 : 실제지급가격 + 법정 가산요소
- 관세 = 과세표준(통상 CIF 금액)×관세율
- 부가가치세 = (관세의 과세표준 + 관세)×10%

6. 관세율

(1) 관세율의 종류

관세법 제14조에 따라 수입물품에 부과되는 관세의 세율은 다음과 같다.

① 기본세율
② 잠정세율
③ 덤핑방지관세, 상계관세, 보복관세, 긴급관세, 조정관세, 할당관세, 계절관세, 국제협력관세, 편익관세, 일반특혜관세, 등 관련 규정에 따라 대통령령 또는 기획재정부령으로 정하는 세율

(2) 세율적용의 우선순위

순위	세율	우선순위
1순위	덤핑방지관세, 상계관세, 보복관세, 긴급관세, 특정국물품 긴급관세, 농림축산물에 대한 특별긴급관세	가장 우선하여 적용
2순위	FTA협정관세	3~7 보다 낮은 경우 우선 적용
3순위	WTO협정관세, WTO협정 개발도상국간 양허관세, 유엔무역개발회의 개발도상국간 양허관세, 특정국가와의 관세협상에 따른 국제협력관세, 편익관세	4~7 보다 낮은 경우 우선 적용
4순위	조정관세, 계절관세	5·6·7 보다 우선적용
	할당관세	5 보다 낮은 경우 우선적용 6·7 보다 우선적용
5순위	최빈개발도상국에 대한 특혜관세	6·7 보다 우선적용
6순위	잠정관세율	7 보다 우선하여 적용
7순위	기본관세율	1~6 비적용인 경우 적용

7. 품목분류

(1) HS Code(세번부호 혹은 품목분류코드)

국제통일상품분류체계(Harmonized Commodity Description and Coding System)의 약칭으로 HS Code란 수출입 물품에 대한 관세부과나 무역통계 작성 등의 필요에 따라 품목을 세분화한 코드를 말한다.

6단위까지는 국제적으로 공통으로 사용되는 코드이며, 6단이 이후부터는 각 나라에서 세분하여 10단위까지 사용 가능하다. 우리나라는 10단위까지 사용하며 이를 HSK(HS of Korea)라고 한다.

(2) HS CODE의 분류

HS CODE는 처음 2단위를 류, 4단위를 호, 6단위를 소호라고 한다.

8. 관세환급제도

(1) 관세 환급 종류

① 간이정액환급 : 수출 FOB금액 10,000원당 일정 환급액을 책정하여 환급
② 개별환급 : 생산에 소요된 원재료별 소요량을 산출하고 수입시 납부한 관세를 계산하여 환급

(2) 관세 환급 요건

① 환급대상 원재료의 수출 이행기간 : 원재료가 수입된 날로부터 2년 이내
② 환급신청기간 : 물품이 수출 등에 제공된 날로부터 2년 이내
③ 납부세액 증명 확인서류 : 수입신고필증, 분할증명서, 기초원재료납세증명서), 평균세액증명서

II. 보세제도와 통관실무

1. 보세구역

(1) 의의

<u>보세구역이란 수입신고가 수리되지 않은 물품이나 관세가 유보된 물품을 장치하거나 제조, 가공, 전시, 판매 등을 하는 장소를 말한다.</u> 공익목적으로 설치·운영되는 지정보세구역과 영리 목적으로 설치·운영되는 특허보세구역 및 종합보세구역이 있다.

(2) 보세구역의 종류

보세구역은 지정보세구역·특허보세구역 및 종합보세구역으로 구분하고, 지정보세구역은 지정장치장 및 세관검사장으로 구분하며, 특허보세구역은 보세창고·보세공장·보세전시장·보세건설장 및 보세판매장으로 구분한다.

① 지정보세구역
  지정보세구역이란 국가 또는 지방자치단체 등의 공공시설이나 장소 등의 일정

구역을 세관장이 보세구역으로 지정한 지역을 말한다.
② 특허보세구역
특허보세구역이란 개인 또는 법인이 신청을 하면 세관장이 특허해 주는 보세구역으로 보세창고, 보세공장, 보세건설장, 보세전시장, 보세판매장 등이 있다.
③ 종합보세구역
종합보세구역이란 특허보세구역의 모든 기능(보관, 제조·가공, 건설, 전시, 판매)을 복합적으로 수행할 수 있는 보세구역을 말한다.
④ 자율관리보세구역
자율관리보세구역이란 지정보세구역 또는 특허보세구역 중 물품의 관리와 세관의 감시에 지장이 없다고 인정된 보세구역을 운영인 또는 화물 관리인에게 위임해 자율적으로 운영하도록 세관장이 지정한 보세구역을 말한다.

2. 보세운송

(1) 의의

보세운송이란 외국으로부터 수입하는 물품을 입항지에서 통관하지 않고 세관장에게 신고하거나 승인을 얻어 외국물품 상태 그대로 다른 보세구역으로 운송하는 것을 말한다.

(2) 보세운송이 가능한 장소

국제항, 보세구역, 보세구역외 장치장, 세관관서, 통관역, 통관장, 통관우체국

(3) 보세운송 신고

보세운송을 하려는 자는 관세청장이 정하는 바에 따라 세관장에게 보세운송의 신고를 하여야한다.

(4) 보세운송 신고인

화주, 관세사 등, 보세운송업자

(5) 보세운송 보고

보세운송 신고를 하거나 승인을 받은 자는 해당 물품이 운송 목적지에 도착하였을 때에는 관세청장이 정하는 바에 따라 도착지의 세관장에게 보고하여야 한다.

(6) 보세운송 통로

세관장은 보세운송물품의 감시·단속을 위하여 필요하다고 인정될 때에는 관세청장이 정하는 바에 따라 운송통로를 제한할 수 있다.

3. 통관

(1) 통관의 종류

① 통관이란 관세법에서 정한 절차를 이행하여 물품을 수출,수입, 반송하는 것이다.
- 수출통관 : 국내물품을 외국으로 반출하는 것
- 수입통관 : 외국물품을 국내로 반입하는 것
- 반송통관 : 외국물품이 국내를 거쳐 다시 외국으로 이동하는 것

② 통관은 과세가격을 기준으로 다음과 같이 분류 될 수 있다.
- 일반통관(신고 필요) : 과세가격이 150달러 이상인 경우로 목록통관 대상이 아닌 물품
- 목록통관(신고 생략) : 과세가격이 150달러 이하(미국발 물품은 200달러 이하)인 경우로 반입 시 국민정서에 큰 문제가 없는 물품에 한한다. 다만 의약품, 건강기능식품, 검역대상 물품, 한약재 등은 목록통관 대상이 아니다.

③ 통관은 편의도에 따라 다음과 같이 분류 될 수 있다.
- 일반통관 : 서류를 제출하고 정상적인 통관절차를 밟아야 하는 통관
- 간이통관 : 통관절차의 일부를 생략하여 간편하게 진행되는 통관(다만, 여행자 휴대품, 별송품, 우편물, 탁송품에 한함)

(2) 통관절차

① 수출통관 절차

수출통관절차란 수출물품에 대해 수출신고 후 수출신고 수리를 받아 내국물품을 외국물품 화하여 외국무역선(항공기)에 선적하기까지의 절차를 말한다.

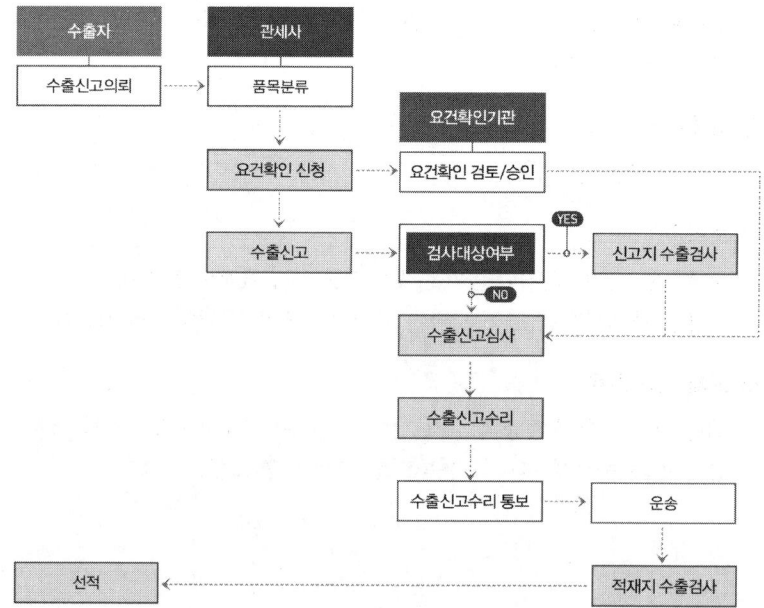

② 수입통관 절차

모든 수입물품은 세관에 신고가 필요하며, 수입신고가 수리된 이후에 국내 반입이 가능하며 수입신고시 첨부서류는 B / L, Invoice, Packing List 등 이다. 수입신고의 종류에는 출항 전 신고, 입항 전 신고, 보세구역 도착 전 신고, 보세구역 장치 후 신고가 있으며, 통상 수입신고는 보세구역 반입일로부터 30일 이내에 이루어져야 한다.

통상 물품을 보세구역에 장치한 후 물품이 장치된 보세구역을 관할하는 세관장에게 수입신고를 하여야 하나 거대중량이나 검역물품 등은 보세구역 이외에 장치할 수 있으며 (타소장치), 군수품 등은 선상에서 신고가 가능하다.

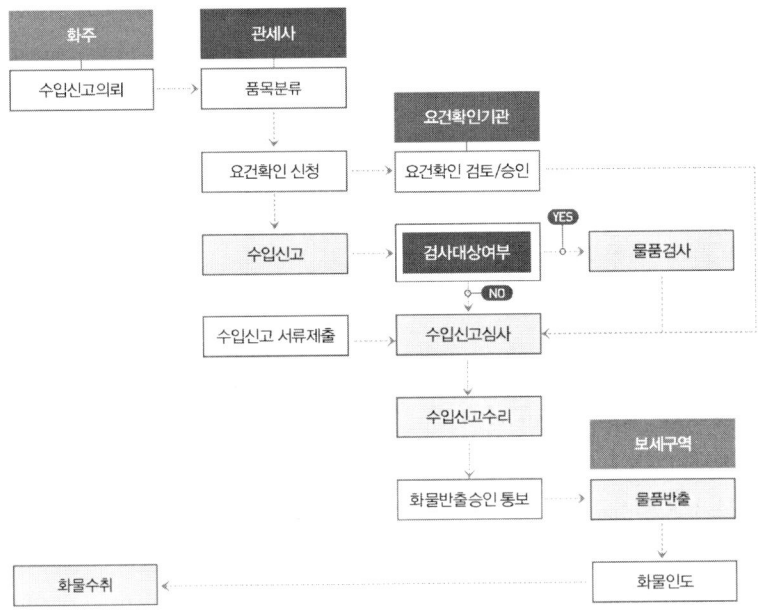

9장 핵심문제

01 보세운송이 가능한 장소가 아닌 것은?
① 보세구역
② 보세구역외 장치장
③ 제조공장
④ 세관관서
⑤ 통관우체국

정답 ③

해설 보세운송이 가능한 장소는 국제항, 보세구역, 보세구역외 장치장, 세관관서, 통관역, 통관장, 통관우체국이 있다.

02 관세환급제도에 대한 설명으로 옳지 않은 것은?
① 개별환급이란 생산에 소요된 원재료별 소요량을 산출하고 수입시 납부한 관세를 계산하여 환급하는 것을 말한다.
② 간이정액환급이란 수출 FOB금액 1,000원당 일정 환급액을 책정하여 환급하는 것을 말한다.
③ 환급대상 원재료의 수출 이행기간은 원재료가 수입된 날로부터 2년 이내이다.
④ 환급신청기간은 물품이 수출 등에 제공된 날로부터 5년 이내이다.
⑤ 납부세액 증명 확인서류:수입신고필증, 분할증명서, 기초원재료납세증명서), 평균세액증명서 등이 있다.

정답 ②

해설 간이정액환급이란 수출 FOB금액 10,000원당 일정 환급액을 책정하여 환급을 말한다.

memo.

4과목
보관하역론

제1장 　보관의 개념과 창고의 분류
제2장 　물류센터의 설계, 운영
제3장 　오더 피킹 시스템의 이해
제4장 　구매, 재고관리, 수요예측 시스템
제5장 　재고, 자재관리시스템
제6장 　일반하역론
제7장 　파렛트와 유닛로드 시스템
제8장 　운반·보관·하역기기
제9장 　물류장소별 하역작업
제10장　포장물류론

학습포인트

학습전략

포인트 ① 보관 및 하역의 개념을 파악하는 것이 중요합니다. 이는 창고에 대한 이해를 필수적으로 동반하여야 합니다. 특히 처음 보관 및 하역에 대한 학습을 하는 경우 용어에 대한 정확한 이해가 선행되어야 합니다.

포인트 ② 보관은 상품을 구매 후 재고 처리 단계에서 등장하는 개념입니다. 특히 재고관리 및 수요예측 부분에서는 '발주량' 등과 관련된 계산 문제가 출제됩니다. 이는 정해진 공식을 외워서 문제를 푼다기보다는 상황에 맞게 응용력을 발휘해서 대응하여야 합니다.

포인트 ③ 물류관리를 효율적으로 수행하기 위해 요구되는 보관방법, 보관기기, 하역기기 등에 대한 문제도 빈출 포인트입니다.

제4과목 보관하역론

단원	주제	빈출포인트	학습중요도	출제비율
1장	보관의 개념과 창고의 분류	보관의 기본원칙, 재고관리기법	◉◉◉◉	7%
		창고의 기능과 종류	◉◉	6%
2장	물류센터의 설계 및 운영	물류센터	◉◉◉	6%
		입지선정	◉◉	5%
3장	오더 피킹 시스템	오더 피킹 시스템의 개념	◉◉	5%
4장	구매 및 재고관리, 수요예측 시스템	구매 및 재고관리	◉◉	4%
		수요예측 시스템	◉◉	3%
5장	재고 및 자재관리 시스템	재고 및 자재관리 시스템	◉◉	5%
6장	일반하역론	하역의 개념	◉◉	4%
		하역 합리화	◉	2%
7장	파렛트와 유닛로드 시스템(ULS)	파렛트	◉◉	5%
		유닛로드시스템(ULS)	◉	2%
8장	운반·보관·하역기기	운반·보관·하역기기 종류 및 특징	◉◉	5%
9장	물류장소별 하역작업	철도·항만·항공하역	◉	2%
10장	물류포장론	포장 및 화인	◉	2%

◉ 높지 않음 ◉◉ 보통 ◉◉◉ 중요 ◉◉◉◉ 매우 중요

제1장 보관의 개념과 창고의 분류

I. 보관의 개요

1. 보관의 개념, 주요 기능

(1) 보관의 정의 ▶ 기출 22회, 24회, 25회 빈출

재화를 물리적으로 보존하고 관리하는 것으로 물품의 생산과 소비의 시간적 거리를 조정하여 궁극적으로 시간적 효용을 창출하는 활동이다.

(2) 보관의 주요 기능 ▶ 기출 21회, 25회, 26회, 27회 빈출

① 운송비와 생산비의 절감기능
② 수요와 공급의 조절기능과 판매시점 조절기능
③ 생산측면에서의 기능
④ 신제품 출시일 조정에 의한 마케팅측면의 기능
⑤ 보관(Storage)은 고객서비스의 최전선이며, 단순히 저장이 아닌 비용과 서비스의 트레이드 오프(Trade-off)를 전제로 수송과 배송 간의 윤활유 역할을 수행
⑥ 생산과 판매의 조정 및 수요·공급의 완충역할과 집산, 분류, 검사장소 등의 역할
⑦ 물류거점 (Node)의 역할을 수행

> **기출문제**
>
> 보관의 기능이 아닌 것은?
> ① 생산과 소비의 시간적 거리 조정
> ② 운반 활성화 지수의 최소화
> ③ 제품의 집산, 분류, 조합
> ④ 세금 지불 연기 등의 금융 역할
> ⑤ 구매와 생산의 완충
>
> 정답 ②

2. 보관의 기본원칙 ▶ 기출 22회, 24회, 26회, 27회, 28회 빈출

(1) 통로대면 보관의 원칙

창고 내에서 제품의 입고와 출고를 용이하게 하고 보관을 효율적으로 하기 위해서 통로 면에 보관하는 것으로 창고 내의 흐름을 원활히 하고 활성화하기 위한 기본원칙이다.

(2) 높이 쌓기의 원칙

제품을 높게 쌓는 것으로서 평평하게 적재하는 것보다 높이 쌓게 되면 창고의 용적효율을 높일 수 있다.

(3) 선입선출의 원칙

① 선입선출(FIFO : First In First Out)이란 물품을 출고할 때 동일상품 내에서는 먼저 입고된 제품을 먼저 출고한다는 원칙이다. 이 원칙은 일반적으로 제품의 재고회전율(Life Cycle)이 낮은 경우에 많이 적용된다.

② 선입선출 원칙의 주요 대상품목
- 형식의 변경이 적지 않은 제품
- 라이프사이클이 짧은 제품
- 보관 시 파손, 감모가 생기기 쉬운 제품

(4) 명료성의 원칙

창고 작업원의 시각에 따라 보관되어 있는 제품을 용이하게 인식할 수 있도록 보관하는 원칙으로 보관품의 장소나 보관품 자체를 쉽게 파악할 수 있도록 해야 한다.

(5) 위치표시의 원칙

보관 및 적재되어 있는 제품의 랙의 위치에, 상황에 맞는 선반번호 등 특정한 기호를 사용하여 위치를 표시(Location)함으로써 입출고 작업의 단순화를 통한 분류업무 효율화를 증대할 수 있는 원칙이다.

(6) 회전대응보관의 원칙

① 보관할 물품의 장소를 회전빈도수에 따라 정하는 원칙으로 입출하 빈도의 정도에 따라 보관장소를 결정하는 것을 말한다.
② 출입구가 동일한 창고의 경우 입출고 빈도가 높은 화물은 출입구에 가까운 장소에 보관하고, 낮은 경우에는 먼 장소에 보관하는 것이 이에 해당된다.

(7) 동일성 및 유사성의 원칙

동일품종은 동일장소에 보관하고, 유사품은 근처 가까운 장소에 보관해야 한다는 원칙이다.

즉, 동일품종은 동일장소에 보관하여 관리하면 관리효율을 기대할 수 있다.

(8) 중량특성의 원칙

제품의 하역작업을 할 때, 허리 이하의 높이에서 중량물과 대형물을 보관하고, 허리 이상의 높이에는 경량물과 소형물을 보관하도록 한다.

(9) 형상특성의 원칙

표준화된 제품은 랙에 보관하고, 표준화되지 않은 제품은 형상에 부응하여 보관한다.

▶ 보관 시스템의 주요 형태
  • 다양한 형태가 있으나, 언급된 5가지 형태가 빈출됨

3. 보관 시스템의 주요형태 ▶ 기출 16회, 25회, 28회 빈출

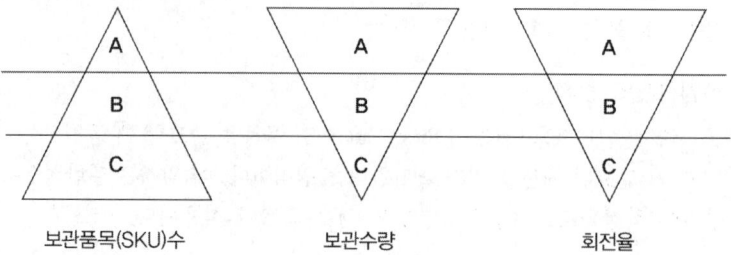

(1) A-A-A 형태(삼각형 면적 크기에 비례하여 시스템 형태 구분)
보관품목(item)수는 적지만(A) 보관수량이 많고(A) 회전율이 높은(A) 맥주, 청량음료, 시멘트 등 입출고가 빠른 물품으로서, 보관설비는 평지(Floor)보관이나 플로랙과 주행대차를 많이 이용하며 단시간에 대량처리가 가능하기 때문에 편리하다.

(2) A-A-C 형태
보관품목(item)수는 적고(A), 대량의 재고를 갖고 있으면서(A) 별로 이동하지 않는 (회전율이 낮은 C) 불량제품이나 계절변동 제품이 여기에 해당한다.

(3) A-C-A 형태
보관품목(item)수와 보관수량이 적으며(A-C), 회전수만 높은(A) 제품으로, 보관기능이 미약하기 때문에 중간 공정이나 출고 라인에서 피킹하는 제품에 적합하다.

(4) A-C-C 형태
보관품목수, 보관수량, 회전율이 모두 낮아서 파렛트를 직접 쌓을 수 있는 형태로서, 파렛트랙을 중심한 하역기기는 포크만 부착되어 있으면 사용이 편리하다.

(5) C-A-A 형태
보관품목(item)수와 보관수량이 많고(C-A) 회전율이 높아(A) 관리가 매우 복잡한 형태로 고층랙과 모노레일 또는 스태커크레인의 조합을 통해 컴퓨터 컨트롤 방식을 채용하여 운용하여야 효율적이다.

II 창고의 개요

1. 창고의 기본기능 ▶ 기출 11회, 12회, 13회, 15회, 17회

(1) 제조지원
<u>제조활동의 지원에서 창고는 공급자의 출하품을 받기 위한 도입 및 통합지점에서 중요한 역할을 한다.</u> 기업은 원재료, 부분품, 부품 및 보급품을 다양한 공급업자에게 주문하고 이것은 완전적재(Full Truck Load)를 통해서 자사 공장과 가장 가까운 창고로 운송된다.

① 소 LOT 생산은 현재 수요에 맞는 수량을 생산함으로써 전체 로지스틱스 시스템의 재고량을 최소화시키지만 설치 및 라인 변경비용을 증가시킨다.
② 대량으로 제품을 생산할 경우, 총비용면에 있어서 단위당 생산비용을 줄이고 주어진 설비의 생산능력을 최대한 활용할 수 있다.
③ MRP의 전통적인 방식은 밀어내기(Push) 방식이다. 이것은 MTS(Make To Stock) 생산방식으로 생산계획은 공장의 능력과 용량에 기인하고 제품이 곧 판

매될 것이라는 예측에 의해 만들어진다.
④ 고객의 주문대비 끌어당기기(Pull) 방식은 JIT-System으로 정보에 의존한다. 이것은 MTO(Make To Order) 생산방식으로 수요에 대한 지속적인 조사에 기초한다.

(2) 제품혼합
물적 유통과 아웃바운드(outbound) 관점에서, 창고는 제품혼합, 아웃바운드 통합(outbound consolidation) 및 소분류(Subdivision)를 담당한다. 제품혼합은 여러 곳의 공장에서 다양한 제품을 하나의 중앙창고로 집화(集荷, 集貨)하는 것이다. 각 공장은 기업이 생산하는 총제품의 일부분을 생산한다.

(3) 판매물류 흡수 기능(아웃바운드 통합 : outbound consolidation)
창고는 물류활동 통합 및 정보지원 활동을 한다. 이러한 활동은 저장보다 제품의 흐름을 강조하고 보관기능에서 유통분배기능으로 전환되고 있다.
창고가 아웃바운드 통합에 사용될 때에는 다양한 제조위치에서 한 중앙창고 설비 사이에는 완전적재(Truckload 또는 Carload)가 이루어진다. 창고는 여러 공장에서 모인 제품을 통합하고 고객에게 한 번에 배송한다.

(4) 소분(breakbulk) 창고
소분(小分)창고는 제조공장으로부터 대량으로 몇몇 고객의 주문이 한 번의 주문으로 모이게 된다. 창고에서 선적을 받았을 때 이것은 창고의 지원을 받을 수 있는 지리적인 영역 내에서 부분적재보다 더 작게 CASE 단위로 소분류되어 고객에게 보내진다.

2. 창고의 분류 ▶ 기출 9회, 11회, 15회, 27회, 28회

(1) 구조에 따른 분류
① 재래식 창고
현재 우리나라에서 가장 많이 보유하고 있는 재래식 창고를 말한다. 단층 및 2층 그리고 다층으로 설치되어 있다. 창고의 내부에 아무런 설비도 없으며 일부 부분적으로 선반을 설치하여 사다리로 오르고 내리게 한 설비를 한 곳도 있다.

② 기계화 창고
랙(Rack)시설을 하고 지게차 및 크레인 또는 컨베이어 등에 의해서 운영되며 입출고 방식에는 수동운전방식과 수동원격조정방식 등 두 가지가 있다. 이 기계화 창고는 우선 유닛로드(Unit Load)시스템에 의한 파렛트화가 선행되어야 한다.

③ 자동화 창고
컴퓨터에 의한 정보처리시스템과 입출고시스템이 짝을 이루어 온라인으로 운영되는 시스템이다. 물품의 보관보다는 흐름의 작업효율에 중점을 두고 설계한다.

⊙ 온라인 제어방식 : 컴퓨터와 하역기기가 일체되어 자동으로 운전하는 제어방식
ⓒ 오프라인 제어방식 : 컴퓨터에 의해 처리된 입출고카드 및 테이프 등을 해독시켜 하역기기를 작동하는 제어방식이다.

(2) 특징기준에 의한 분류

① 영업용 창고
「물류시설의 개발 및 운영에 관한 법률」에 준거하여 건축된 창고로서 일반창고(보통창고, 야적창고, 수면창고, 저장창고), 위험물창고, 냉동·냉장창고 등으로 분류된다.

② 공공창고
국가 또는 지방공공단체가 공익을 목적으로 건설한 것으로서 공립창고, 관공서창고, 보세창고, 농업창고, 간이창고 등으로 구성되어 있다.

(3) 보관기준에 의한 분류

① 보통창고
보통창고란 원재료, 부품, 제품 또는 상품 등을 보관하는 모든 창고를 말한다. 보통창고는 당연히 온도나 습도 등에 관하여 특수한 통제를 받고 있지 않는 창고이다.

② 특수창고
특수창고란 통상 창고 이외의 창고이며, 온도나 습도 등 특별한 보관환경을 필요로 하는 창고로 물품이 위험물인 창고 또는 보관장소가 특수한 설비를 갖추어야 하는 물품을 대상(냉장창고, 냉동창고, 정온창고, 저온창고, 수면창고)으로 하고 있다.

▶ 냉동창고의 분류
- F1급 영하 20℃ 이하 ~ 영하 30℃ 미만
- F2급 영하 30℃ 이하 ~ 영하 40℃ 미만
- F3급 영하 40℃ 이하 ~ 영하 50℃ 미만
- F4급 영하 50℃ 이하

(4) 입지기준에 의한 분류

① 연안창고
연안창고란 항만이나 하안(河岸)에 위치한 창고이며, 부두창고와 접안창고 2종류가 있다.

② 연선창고
연선창고는 철도수송의 발착화물을 대상으로 한 창고로, 역전창고와 터미널창고 2종류가 있다.

③ 내륙창고 : 내륙창고에는 농업용의 농업창고, 공장에 있는 공장창고, 도시에서 기능하고 있는 도시창고가 있다. 또 내륙부의 오지에 있는 오지창고도 존재한다.

④ 도시창고 : 도시형 배송·유통센터

⑤ 해외물류거점 창고

(5) 운영형태에 의한 분류

운영형태로 분류하면 영업용 창고와 자가용 창고, 보세창고, 공공창고의 4종류가 있다.

영업용 창고의 장점	영업용 창고의 단점
1. 비수기에도 창고의 공간을 효율적으로 활용할 수 있다. 2. 보관량의 변동에 대해 탄력적이다. 3. 창고건설자금이 필요 없다. 4. 재해가 발생할 경우, 보험에 의한 보상이 확실하다. 5. 입지선정이 용이하다.	1. 자사의 설비기기를 사용하기 힘들다. 2. 자사에 적합한 충분한 고객서비스를 제공하기 어렵다. 3. 토탈시스템의 연계 관점에서 취약점이 있다. 4. 보관장소를 탄력적으로 운용하기 어렵다. 5. 작업시간에 대한 탄력성이 적다.

(6) 보관품기준에 의한 분류

보관품기준에 의한 분류는 생산공정창고, 상품창고, 업무중심창고, 검사창고로 구분한다.

① 생산공정창고

가공공정간 창고, 재료수입창고, 조립부품 공급창고, 개별수주 생산 가공공정 창고, 개별수주 생산조립부품 공급창고 등을 들 수 있다.

② 상품창고

상품창고는 대개 유통업에서 사용하는 창고를 말하고, 공장에서 생산하는 제품을 보관하는 창고를 말한다. 상품창고는 여러 곳에서 생산된 제품을 판매할 목적으로 수집해 놓은 창고이다.

③ 업무중심창고

업무중심창고는 장차 사용할 목적으로 미리 비축해 놓는 창고 또는 타인의 제품이나 상품 등을 잠시 보관해 두는 창고 등을 말한다. 업무중심창고는 예탁품창고, 위탁품창고 등이 있다.

④ 검사창고

검사창고는 검사를 목적으로 입고·보관하는 창고를 말한다.

(7) 물류창고물류센터, 풀필먼트비교

구분	물류(보관)창고	물류센터	풀필먼트
운영 목표	보관 최대화	흐름 최대화	서비스만족 극대화
입고 단위	Pallet	Pallet	Box
서비스 대상	소수의 공장	유통대리점	일반소비자
운영 특성	계획적	계획적	불확실
네트워크 특성	First Mile	Middle Mile	Last Mile
주요 설비	랙, 파렛트	랙, 분류기기	오더피킹설비, 운송로봇

(8) 풀필먼트(Fulfillment) 개념과 전망
  ① 개념
   고객요구를 만족시키는 혁신기술이 부가된 물류센터라는 의미로 상품보관, 피킹, 소팅, 포장, 배송까지 물류과정을 자동화한 것으로, 부가가치물류 기능이 부여된 물류센터이다.
  ② 풀필먼트 전망
   ㉠ On-Demand 물류 패러다임으로 진화 : 콜드체인 증가, 전국민 대상 일일배송 확산 및 일자리 거점
   ㉡ 친환경 물류 가속화 : 유해물질 최소화, 녹색구매, 청정생산활동, 친환경 운송혁신, 역물류 시스템 강화, 연료효율성 향상, 물류기기 도입증대
   ㉢ 협업사례 증가 및 신규시장 개척 : 물류 가치사슬 효율성을 위한 협업 증가 및 새로운 시장 진출
   ㉣ 한국형 풀필먼트 플랫폼 수출 : 물류 일괄 대행 서비스, 플랫폼 수출(동남아 시장)

제1장 핵심문제

01 다음 중 보관의 주요기능으로 옳지 않은 것은?
① 운송비와 생산비의 절감기능
② 수요와 공급의 조절기능
③ 판매시점 조절기능
④ 운반 활성화 지수의 최소화
⑤ 물류거점 (Node)의 역할을 수행

정답 ④

해설 운반 활성화 지수를 최대화하여 보관하는 것이 중요하다.

02 보관품목(item)수는 적고, 대량의 재고를 갖고 있으면서 별로 이동하지 않는 계절변동 제품의 보관 시스템으로 옳은 것은?
① A-A-A
② A-A-C
③ A-C-A
④ A-C-C
⑤ C-A-A

정답 ②

해설 보관품목(item)수는 적고(A), 대량의 재고를 갖고 있으면서(A) 별로 이동하지 않는 (회전율이 낮은 C) 불량제품이나 계절변동 제품은 A-A-C 형태로 보관한다.

03 다음에서 설명하는 창고의 종류로 옳은 것은?

> 컴퓨터에 의한 정보처리시스템 및 입출고시스템을 통하여 온라인으로 운영되는 창고

① 재래식 창고
② 기계화 창고
③ 자동화 창고
④ 보세창고
⑤ 특수창고

정답 ③

해설 자동화 창고에 대한 설명이고, 자동화 창고는 작업효율에 중점을 두고 설계된다.

04 다음 중 영업용 창고의 장점으로 옳지 않은 것은?

① 비수기에도 창고의 공간을 효율적으로 활용할 수 있다.
② 보관량의 변동에 대해 탄력적이다.
③ 창고건설자금이 필요 하다.
④ 재해가 발생할 경우, 보험에 의한 보상이 확실하다.
⑤ 입지선정이 용이하다.

정답 ③

해설 영업용 창고를 이용하면, 창고건설자금이 필요 없다.

05 다음에서 설명하는 것으로 옳은 것은?

> 고객요구를 만족시키는 혁신기술이 부가된 물류센터라는 의미로 상품보관, 피킹, 소팅, 포장, 배송까지 물류과정을 자동화한 것으로, 부가가치물류 기능이 부여된 물류센터

① 풀필먼트(Fulfillment)
② 물류터미널
③ 물류단지
④ DPS(Digital Picking System)
⑤ 영업용 창고

정답 ①

해설 풀필먼트(Fulfillment)의 개념이다.

제2장 물류센터의 설계, 운영

I. 물류단지와 물류시설

1. 물류단지의 정의와 주요 특징, 기능

(1) 정의 ▶ 기출 26, 27회

물류단지란 '물류단지시설'과 '지원시설'을 집단적으로 설치·육성하기 위하여 「물류시설의 개발 및 운영에 관한 법률」에 따라 지정·개발하는 일단의 토지를 말한다.

① 물류단지시설

화물의 운송·집화·하역·분류·포장·가공·조립·통관·보관·판매·정보처리 등을 위하여 물류단지 안에 설치되는 다음 각 항목의 시설을 말한다.
  ㉠ 물류터미널 및 창고
  ㉡ 「유통산업발전법」의 대규모점포, 전문상가단지, 공동집배송센터, 중소유통공동 도매 물류센터
  ㉢ 「농수산물 유통 및 가격안정에 관한 법률」의 농수산물도매시장, 농수산물공판장, 농수산물종합유통센터
  ㉣ 「궤도운송법」에 따른 궤도사업을 경영하는 자가 그 사업에 사용하는 화물의 운송·하역 및 보관시설
  ㉤ 「축산물위생관리법」의 작업장
  ㉥ 「농업협동조합법」, 「수산업협동조합법」, 「산림조합법」, 「중소기업협동조합법」에 따른 조합 또는 그 중앙회가 설치하는 구매사업 또는 판매사업 관련 시설
  ㉦ 「화물자동차 운수사업법」의 화물자동차 운수사업에 이용되는 차고, 화물취급소, 그 밖에 화물의 처리를 위한 시설
  ㉧ 「약사법」의 의약품 도매상의 창고 및 영업소시설
  ㉨ 그 밖에 물류기능을 가진 시설로서 대통령령으로 정하는 시설

② 지원시설

물류단지시설의 운영을 효율적으로 지원하기 위하여 물류단지 안에 설치되는 다음 각 항목의 시설을 말한다. 다만, ㉠ 또는 ㉡의 시설로서 위 ㉠~㉨까지의 시설과 동일한 건축물에 설치되는 시설을 제외한다.
  ㉠ 대통령령으로 정하는 가공·제조시설
  ㉡ 정보처리시설

ⓒ 금융·보험·의료·교육·연구시설
ⓔ 물류단지의 종사자 및 이용자의 생활과 편의를 위한 시설
ⓓ 농수산물산지유통센터
ⓕ 그 밖에 물류단지의 기능 증진을 위한 시설로서 대통령령으로 정하는 시설

▶ 농수산물산지유통센터는 지원시설임 (빈출)

③ 물류터미널
화물의 집화·하역 및 이와 관련된 분류·포장·보관·가공·조립 또는 통관 등에 필요한 기능을 갖춘 시설물을 말한다. 다만, 가공·조립 시설은 대통령령으로 정하는 규모(가공·조립 시설의 전체 바닥면적 합계가 물류터미널의 전체 바닥면적 합계의 4분의 1 이하) 이하의 것이어야 한다.

④ 물류터미널사업
물류터미널을 경영하는 사업으로서 '복합물류터미널사업'과 '일반물류터미널사업'을 말한다.
㉠ 복합물류터미널사업 : 두 종류 이상의 운송수단 간의 연계운송을 할 수 있는 규모 및 시설을 갖춘 물류터미널사업을 말한다.
복합물류터미널(IFT ; Integrated Freight Terminal)은 집배송시설, 화물취급장으로 대중교통과의 연계성이 높다.
㉡ 일반물류터미널사업 : 물류터미널사업 중 복합물류터미널사업을 제외한 것을 말한다.

(2) 물류단지의 주요 특징 ▶ 기출 24회, 25회, 26회, 27회 빈출

① 공동 집배송단지
㉠ 동종 및 이종업체 유통업체들이 대규모 유통업무단지를 조성하여 도매거래, 유통가공, 공동수배송, 공동재고관리 등의 기능을 수행하는 물류단지이다.
㉡ 공동구매 및 보관에 대한 집배송단지 업체들의 공동참여로 대량구입 및 계획매입이 가능하여 매입가격 인하가 가능하다. 개별기업의 보관수요를 통합관리함으로써 업체별 보관시설 확보 및 관리비용 부담을 경감할 수 있다.

② 복합물류터미널(IFT ; Integrated Freight Terminal)
㉠ 화물의 집화, 하역, 분류, 외부포장, 보관 또는 통관 등에 필요한 시설을 갖춘 장소로서 2종류 이상의 운송수단 간의 연계운송을 할 수 있는 규모 및 시설을 갖춘 물류터미널을 말한다.
㉡ 복합물류터미널은 수송기능 중심의 물류시설, 화물취급장, 철도운송취급장, 주차장, 집배송센터시설을 보유한 「건축법」에 의한 운수시설, 집배송단지와는 다른 순수 물류기능만을 담당하는 장소를 말한다.
㉢ 복합물류터미널의 기능은 터미널기능, 혼재기능, 정보센터기능, 환적기능, 유통보관기능으로 구분한다.

③ 일반물류터미널
일반물류터미널이란 노선트럭 수송사업자가 실시하는 지역간 및 도시간의 소량화물 혼재 수송에 있어서 화물을 동일한 방면별로 집약 또는 분산시키기 위한 작업시설을 말한다.

④ 내륙 컨테이너기지(ICD ; Inland Container Depot) 주요 특징
  ㉠ 내륙 컨테이너기지(ICD ; Inland Container Depot)란 국내의 화물이 컨테이너화함에 따라 공단과 항만 사이를 연결하여 화물의 유통을 원활히 하기 위한 대규모 '물류단지'로서 규모와 기능이 확대될 때에는 복합물류터미널과 같은 역할을 수행한다.
  ㉡ 광의의 컨테이너기지는 컨테이너 화물에 통관기능까지 부여된 컨테이너 통관기지를 말하며, 협의의 컨테이너기지는 컨테이너의 집화 및 혼재작업을 하는 장소를 말한다.
  ㉢ 내륙시설 컨테이너는 내륙운송수단에 의해 통관이 완료되지 않은 상태에서 이송된 여러 종류의 화물의 일시적 저장과 취급에 대한 서비스를 제공한다.
  ㉣ 세관 통제하에 수출입 제품의 일시적 장치, 창고보관, 재수출, 일시상륙 등을 담당하는 단체들이 있는 장소로서 주로 항만터미널 및 내륙운송수단과 연계운송이 편리한 주요 산업지역에 건설하고 있다.
  ㉤ 컨테이너기지에서는 항만에서 반드시 이루어져야 할 본선작업과 마셜링 기능을 제외한 장치보관기능, 집화분류 등과 같은 전통적인 항만기능이 수행되고, 항만지역에 위치한 많은 관련 서비스 시설을 포함하고 있기 때문에 항만과 대도시의 혼잡을 동시에 줄일 수 있는 기능을 수행하게 되고 내륙운송의 규모의 경제를 실현할 수 있다.

⑤ ICD의 장점

ICD의 장점
1. 보관시설용 토지취득 용이
2. 시설비용이 절감
3. 물류터미널 및 창고보관료 저렴
4. 노동력의 안정적 확보
5. 화물의 대단위화에 따른 수송효율의 향상
6. 수송비 절감
7. 자체 포장시설 이용 가능(재포장)
8. 통관 신속화

⑥ 스톡 포인트(SP ; Stock Point)
  ㉠ 보통 재고품의 보관거점으로 유통중계기지 역할을 하며 상품의 배송거점인 동시에 예상 수요에 대한 보관거점을 의미한다.
  ㉡ 스톡 포인트는 배송센터와 비교하면 정태적 의미의 물류단지시설을 말하며, 일명 하치장이라 부르고 실제 '유통창고'와 동의어라고 할 수 있다.

⑦ 데포(Depot)
  ㉠ 수송을 효율적으로 하기 위해 갖추어진 집배중계 및 배송처에 컨테이너가 CY에 반입되기 전 야적된 상태에서 컨테이너를 적재시킨 장소로 일시보관소이다.
  ㉡ 생산지에서 소비지로 배송할 때 각지의 데포까지는 하나로 통합하여 수송비의 절감과 고객서비스 향상에 기여하고, 일본의 경우 폐자원 재활용목적, 주택가 물류센터기능도 포함된다.

기출문제

ICD(Inland Container Depot)에 관한 설명으로 옳지 않은 것은?
① ICD는 주로 항만터미널과 내륙운송수단과의 연계가 편리한 지역에 위치한다.
② ICD는 장치보관기능, 수출입 통관기능과 선박의 적하 및 양하기능을 수행함으로써 육상운송 수단과의 연계를 지원한다.
③ ICD는 항만지역에 비해 창고·보관시설용 토지 취득이 쉽고 시설비가 절감되어 보관료가 저렴하다.
④ ICD는 공적권한과 공공설비를 갖추고 있다.
⑤ ICD는 운송거점으로서 대량운송 실현과 공차율 감소를 통해 운송을 합리화하고 신속한 통관을 지원한다.

정답 ②

⑧ 보세구역(Bonded Area)
　㉠ 보세장치장 : 통관하고자 하는 물품을 장치하기 위한 구역으로 특정무역상을 위해 「관세법」상 외국화물을 양륙하여 반출, 반입, 장치하는 장소이다.
　㉡ 보세창고 : 외국물품을 장치하기 위한 구역, 세관장의 허가를 받은 경우 통관되지 않은 내국물품도 장치가능한 곳을 말한다.
　㉢ 지정보세구역의 지정장치장 : 통관을 하고자 하는 물품을 일시장치하기 위한 장소로서 세관구내창고, 공항·항만에 있는 공항 내 창고 등을 말하며, 물품의 장치와 검사를 할 수 있다.

⑨ CY(Container Yard)
　㉠ 보세장치장, CFS, Marshalling Yard(부두선적 대기장), Apron, 새시 / 트랙터 장치장까지 포함한다. FCL화물을 CY에서 대기하며, LCL화물은 CFS에서 혼재작업 후 FCL로 만들어져 CY로 보내진다.
　㉡ 부두 내 CY를 On Dock CY, 부두 외부 CY를 Off Dock CY라고 한다.
　㉢ Off Dock CY의 문제점은 물류비의 추가 발생, 도심교통난 가중, 토지이용 또는 도시개발의 제약에 따르고 항만통제기능이 약하지만, CY장치장 보완기능 증대와 항만 내의 교통혼잡을 피할 수 있는 기대효과도 있다.

⑩ CFS(Container Freight Station)
소화주들이 모여서 LCL화물을 모아서 FCL화물로 만드는 취급장을 말한다. LCL(Less than Container Load)화물은 소량화물을 하나의 컨테이너에 채우지 못한 소화물이고, FCL(Full Container Load)화물은 컨테이너 하나 분량에 1개 화주화물로 가득 채워진 화물을 말한다.

기출문제

보세구역에 관한 설명으로 옳지 않은 것은?
① 보세구역은 '세금이 보류된 구역'으로 수출입화물의 관세를 지불하지 않고 운영되는 특별 지역이다.
② 보세장치장은 「항만법」에 근거하며, 외국화물을 취급하는 장소이다.
③ 보세창고는 외국물품을 장치하기 위한 구역으로 세관장의 허가를 받은 경우에는 통관되지 않은 내국물품도 장치가 가능하다.
④ 보세장치장에서는 특정무역상을 위해 외국화물을 양륙하여 반출, 반입, 장치할 수 있다.
⑤ 보세구역은 수출입화물의 집화, 분류, 보관, 운송을 위해 세관장이 지정하거나 특허한 장소이다.

정답 ②

(3) 물류단지의 주요 기능 ▶ 기출 25회
① 물류 기능

물류기능	
환적기능	불특정 화주를 대상으로 지역 간 화물의 수송 및 하역의 거점기능을 수행하는 것으로, 화물운송업체가 입주하여 영업용 화물을 수송하거나 자가 물류업체가 입주하여 자체화물의 연계운송을 담당한다.
집배송기능	특정 화주를 대상으로 일정지역 내에서 화물을 산지로부터 집화하거나 최종수요지까지 배송하는 기능을 한다.
보관기능	불특정 화주를 대상으로 원재료 및 제품의 분류 및 보관, 일부 가공기능을 수행하며, 물품의 특성에 따라 보통창고, 냉동냉장창고, 저장창고, 위험물창고 등의 보관시설과 가공시설이 결합된 것을 말한다.
조립, 유통가공기능	생산자가 일괄적으로 생산한 반제품을 수요자의 요구에 따라 조립 혹은 가공하는 제조기능의 일부를 대행한다.
컨테이너 화물처리기능	불특정 화주를 대상으로 화물을 컨테이너에 혼재하거나 컨테이너로부터 분류하는 기능을 말하며, 컨테이너를 수출입화물에서만 사용하는 것으로 국내에서는 주로 대형선사가 담당하고 있다.
통관기능	수출입화물을 통관하는 업무를 수행하는 기능으로 항만이나 공항이 아닌 물류단지 내에서 통관함으로써 절차를 간소화하여 불필요한 시간낭비를 줄일 수 있다.

② 상류 기능

상류기능	
판매기능	상품을 최종소비자 혹은 중간상인에게 매매하는 기능으로 특성에 따라 일반도매, 일반소매, 대형소매 등이 있을 수 있다.
전시기능	판매할 상품의 디자인과 기능, 다양한 품목과 품종을 잠재적 수요자에게 직접 보여줌으로써 수요 욕구를 충동시키기 위한 기능이다.
포장기능	상품의 손상방지, 수송효율성 제고 혹은 상품가치의 보존을 위한 일련의 기능을 수행하는 것으로, 물류기능으로 수행하는 포장은 주로 수송포장이고, 상품 홍보와 가치를 제고하기 위한 도소매기능의 상업포장이 있다.
기획기능	소비자의 수요 변화에 따라 새로운 상품 혹은 기능이나 디자인을 생산자에게 제시하는 기능으로 다품종 소량생산이 일반화되는 추세에서 더욱더 요구되는 기능이다.

(4) 물류터미널의 기능 ▶ 기출 27회 빈출
① 저장 기능 : 제품을 안전하게 보관하거나 현상을 유지하는 기능
② 수급조정 기능 : 제품의 생산과 소비의 시간적 간격(Time-gap)을 조정하여 스톡 포인트(거점), Depot(일시보관소), 집배송센터 등에서 물량 흐름이 체류하는 기능
③ 가격조정 기능 : 제품의 수급을 조절함으로써 가격안정을 조절하는 기능
④ 거점 기능 : 물류의 각 요인을 연결시키는 물류, 배송센터 등 터미널로서의 기능
⑤ 매매기관적 기능 : 제품의 매매를 통해 자본흐름을 원활하게 해주는 기능
⑥ 고객서비스 기능 : 주문의 신속대응, 결품 방지
⑦ 기타 기능 : 신용기관적 기능, 판매의 전진기지적 기능, 판매력강화 기능

(5) 물류센터의 기능과 역할 ▶ 기출 26회, 27회 빈출
① 고객서비스 최전선이며, 비용과 서비스의 절충 역할
② 수송과 배송 간의 윤활유 역할
③ 생산과 판매의 조정 및 완충 역할
④ 제품의 집화, 분류, 검사, 혼재, 보관, 가공기능
⑤ 생산과 소비의 연결점
⑥ 수송비와 생산비의 절충 역할
   물류센터를 적절히 운영함으로써 수송과 생산의 효율성을 높이고 이를 통하여 수송비와 생산비의 절충점을 찾아 총비용을 절감하고 공동화, 혼합배송으로 공차율이 감소한다.
⑦ 수요와 공급의 조절 역할
   생산량이나 수요량이 계절적 요인에 따라 크게 변동하는 제품이나 원·부자재의 가격변동폭이 큰 경우에 비축 생산 및 보관을 통하여 수요와 공급의 불일치 문제를 해결할 수 있다.
⑧ 제조공정의 일부로서의 역할
   제조과정에서 숙성이 필요한 제품의 경우 보관은 제조공정의 일부로서 제품의

품질을 향상시키거나 가치를 높이는 역할을 수행한다.
⑨ 마케팅 지원의 역할
　소비지에 가까운 곳에 보관하여 배달소요시간을 단축하거나, 부가가치 서비스를 제공함으로써 마케팅을 지원하는 역할
⑩ 공급체인관리(Supply Chain Management)의 관점에서 보자면, 물류터미널의 가장 중요한 역할은 공급체인의 불확실성, 불균형, 변동성에 대한 대응이다.

2. 물류센터의 입지선정과 설계

(1) 물류센터 입지선정에서의 고려사항 ▶ 기출 19회, 23회, 25회, 27회, 28회 빈출

① 입지선정 문제를 해결하기 위하여 검토되어져야 할 사항
　㉠ 지가의 검토 : 가격이 저렴한 유휴지를 물색하고, 용지의 이용도와 관계법을 검토한다.
　㉡ 교통사정의 검토 : 도시 내 또는 도시 간 도로교통, 철도 및 내항해운 등의 교통소통과 애로를 장기적으로 검토한다.
　㉢ 공공시설에의 입주 검토 : 복합물류터미널, 트럭터미널, 도매시장단지 및 공동집배송단지 등 공공기관이 유통근대화를 위해 건설하거나 메이커나 유통업체에서 공동으로 건설하는 시설을 물류단지로 활용한다.
　㉣ 물리적인 토지의 특성 검토 : 지반연약, 출수위험, 전면도로, 물류단지용도, 오염도, 인접의 공해공단 유무 등을 검토해야 한다.
　㉤ 사회적 환경 : 영업용 물류단지의 허가 여부, 인근주민들과의 마찰 여부(소음, 교통문제, 건설시 자연환경의 파괴)를 검토한다.
　㉥ 확장대상과 예비물류단지의 검토 : 상품 취급량의 증대에 대비한 공간적 여유와 계절적 수요에 대비한 재고량의 과잉, 예비물류단지의 필요성 등을 검토한다.
　㉦ 종업원 모집조건의 검토 : 전문인력의 수급이나 인력모집의 가능성 및 통근 여부 등을 검토 해야 한다.
　㉧ 운송비, 시장규모, 물류단지의 현장 작업체계 : 인력, 설비, 장비, 작업방법, 업무프로세스
　㉨ 법규 제 조건 : 정부의 용지사용 관련 법적 문제, 환경문제와 관련된 제약조건
　㉩ 기타 조건 : 해당지역 세금정책, 유틸리티(전기, 상하수도, 가스 등)비용, 가용노동인구, 평균 임금수준 등을 고려 검토하여야 한다.

② 물류센터의 입지조건 의사결정의 고려사항
　물류센터는 공장의 생산을 위한 자재나 시설용 자재를 보관하는 단순한 저장 물류센터가 아니라 공장에서 출하한 상품의 원활한 시장 유통을 위해 필요한 물류센터이다. 따라서 물류센터는 경제적, 자연적, 입지적 요인을 고려하여야 하고, 단순한 보관창고에 비해 재고의 회전율이 높아야 하며, 이 때문에 입지선정에서도 교통의 편리성, 고객의 지역적 분포, 경쟁사의 물류 거점 및 위치, 관계법규, 투자 비용 및 운영비용 등의 요소를 감안하여 의사 결정을 한다.
　㉠ 고객, 소매점, 기존의 물류단지 및 물류터미널, 제조공장 및 공급자의 위치

▶ 의사결정 단계
• 전략적 의사결정(by 최고경영자)
• 전술적 의사결정(by 중간관리자)
• 업무적 의사결정(by 현장관리자)

ⓒ 제품정보와 각 제품을 취급하는 특정 운송수단
　　ⓔ 소비지역에 따른 제품별 연간수요
　　ⓡ 운송수단별 운송요율 및 물류단지 한 곳에 집중화로 수송비 절감 고려
　　ⓜ 인건비를 포함한 물류단지비용, 재고유지비용, 조정운영비용
　　ⓗ 배송을 위한 적재규모와 빈도
　　ⓢ 주문처리비용
　　ⓞ 고객서비스 요구 및 목표
　③ 입지선정의 5대 요인 분석
　　입지선정의 5대 요인은 Product(물품), Quantity(수량), Route(경로), Service(서비스), Time(시간)이다. 이들 요인에 대해 분석하면 다음과 같다.

요인 및 분석	분석방법
P-Q(Product-Quantity) 분석	물자가 어느 정도의 양으로 흐르고 있는가에 대한 물류유형 분석기법으로서, 대량으로 조달되는 몇 종류의 물자가 전체물동량의 대부분을 차지한다는 일반적인 원리에 착안하여 파레토 그림을 이용하여 분석한다.
R(Route) 분석	작업흐름도와 고객 근접성 요인분석 및 어떤 물량이 어떠한 경로로 흐르고 있는가를 과거에서부터 현재까지 경향을 파악함으로써 장래계획에 대한 의사를 결정하는 분석기법으로서 연관 차트를 이용하는 것이 효과적이다.
S-T(Service-Time) 분석	핵심부문인 제조와 판매부문을 효율적으로 가동시키기 위해서 보조부문이 어떠한 기능을 갖추어야 하는지를 과거와 현재의 실상을 면밀히 분석한 후 결정하는 기법이다. 이상의 각 요인별 분석에 의해 물류센터의 입지를 결정하는 것은 지나치게 추상적이므로 이를 구체적인 제조공정의 형태와 공정관리의 형태에 따라 결정하여야 한다.

(2) 물류센터 입지선정의 방법 ▶ 기출 빈출

① 임대료 곡선(Bid-Rent Curve)

경제활동에 있어서 토지사용에 대해 지불할 수 있는 최대임대료(Maximum Rent)와 수익은 제품의 시장가격과 시장으로 제품을 운송하는 데 드는 비용의 차이라고 정의한다. 한 도시를 대상으로 하여 조사를 한 결과 경제활동이 토지에 대해 지불할 수 있는 능력에 따라 그 입지가 결정되는데, 지불 능력이 크면 클수록 도시의 중심에 위치하게 된다. 토지에 더 많은 비용을 지불할 수 있는 활동들은 도시 중심지에 인접한 곳이나 주요 교통망을 따라 위치하게 된다.

② Weber의 입지이론

Alfred Weber는 원자재가 생산공정에 영향을 미친다는 사실을 발견하고 어떻게 영향을 미치는지 고찰했더니 철강제조와 같은 경우에는 원자재가 공정과정을 거치면 무게가 감소된다는 것을 알았다. 반대로 어떤 경우에는 공정과정을 거치면서 무게가 증가하게 된다. 이러한 경우에는 운송비를 최소화하기 위해서 생산지는 시장에 가까운 곳에 입지해야 한다. 대표적인 산업의 예는 청량음료 생산을 들 수 있는데, 이때 청량음료 원액이 시장 가까이에 위치한 공장으로 운반되어서 물과 혼합된다.

기출문제

물류센터의 설립을 위한 입지 결정단계에서 우선적으로 고려해야 할 사항이 아닌 것은?

① 토지 구입가격
② 해당 지역의 세금정책 및 유틸리티(전기, 상하수도, 가스 등) 비용
③ 해당 지역의 가용노동인구 및 평균 임금수준
④ 물류센터 내부 레이아웃
⑤ 각종 법적 규제사항

정답 ④

③ 총비용 비교법

아래와 같이 관리비용을 산출하고, 총비용이 최소가 되는 대안을 선택한다. 즉, A, B, C 지역을 검토한 결과 총비용이 최소가 되는 B지역에 물류단지를 설립하는 것이다.

구분	A지역	B지역	C지역
물류단지 건설비	2,500	1,200	1,500
하역비	500	650	150
운송비	250	150	750
재고유지비	45	200	300
합계	3,295	2,200	2,700

④ 손익분기 도표법 ▶기출 14회, 17회, 22회

구분		A지역 (원)	B지역 (원)	C지역 (원)
고정비	연간자본비용	700,000	800,000	600,000
	설비 감가상각비	50,000	70,000	60,000
	고정급여	100,000	50,000	280,000
	합계	850,000	920,000	940,000
변동비	단위당 하역비	20,000	40,000	20,000
	단위당 수송비	30,000	60,000	40,000
	통신비, 동력비	70,000	20,000	50,000
	합계	120,000	120,000	110,000
총합계		970,000	1,040,000	1,050,000

▶ 손익분기점(BEP)
- 물동량이 일정수준 이하 → 고정비가 적은 지역이 유리
- 물동량이 계속해서 증가 → 변동비가 적은 지역이 유리

▶ 손익분기점(BEP)
- 고정비/(단가-단위당 변동비)

일정한 물동량, 즉 입고량 또는 출고량을 전체로 하여 고정비와 변동비의 합을 비교하는 방법으로 물동량에 따라 총비용이 최소가 되는 대안을 선택하게 된다. 상기와 같은 상황에서는 일정한 물동량 이하일 경우에는 고정비 부담이 높아서 고정비가 가장 적은 A지역이 물류단지로 타당하며, 연간 물동량이 계속 증가할 경우와 그 이상일 경우에는 변동비 부담이 높아짐으로써 변동비가 가장 적은 C지역에 입지하는 것이 유리하다.

⑤ 체크리스트를 이용한 요소분석법(가중요소평가모델)

입지요인	중요도	A지역		B지역		C지역	
		평점	점수	평점	점수	평점	점수
지역사회의 태도	20	8	160	8	160	8	160
수송의 편의성	10	7	70	5	50	6	60
법규 제반 조건	10	8	80	4	40	9	90
부동산 가격	25	5	125	8	200	7	175
공공시설	15	7	105	8	120	6	90
예상 투자수익률	20	8	160	7	140	6	120
합계	100		700		710		695

상기와 같이 각 입지요인에 대한 평점을 부여하기로 한다면, 입지후보에 대한 평가점수는 B지역의 점수가 가장 높아 물류센터 입지로 선택한다.

ⓖ 무게중심법 ▶기출 26회, 27회, 28회 빈출

제품 생산 공급지(공장)와 수요지(소매상)까지의 거리, 물동량을 고려하여 지리적 중간 지점이 되는 지역에 물류센터 입지선정의 경우 운송비를 최소화할 수 있는 지역을 의사결정하는 것이다.

무게중심법에 의한 물류센터 입지거리 산출 계산순서

㉠ 최우선적으로 공급지에서 수요지 1, 2, 3 등의 전체 수요지에 공급할 총수요량을 합계 산출한다.

㉡ X의 거리 = 전체Σ(거래처별 X거리×각 수요량) / (거래처 수요량 + 공장 공급량)

㉢ Y의 거리 = 전체Σ(거래처별 Y거리×각 수요량) / (거래처 수요량 + 공장 공급량)

구분	X거리	Y거리	수요량
수요지 1	0	80	20톤
수요지 2	10	40	20톤
수요지 3	20	20	10톤
공장(공급지)	80	60	(50톤)

$$X = \frac{(0 \times 20)+(10 \times 20)+(20 \times 10)+(80 \times 50)}{(20+20+10+50)} = 44KM$$

$$Y = \frac{(80 \times 20)+(40 \times 20)+(20 \times 10)+(60 \times 50)}{(20+20+10+50)} = 56KM$$

ⓖ 톤·킬로법 ▶기출 27회, 28회

각 수요지에서 물류단지까지의 거리와 각 수요처까지의 운송량에 대하여 운송량(ton) X 거리(km)에 의해서 평가하고 그 총계가 가장 적은 곳에 물류단지를 설치하는 방법이다.

ⓗ 브라운 & 깁슨(Brown & Gibson)법 ▶기출 15회, 17회, 26회, 27회

물류단지 입지에 영향을 주는 인자들을 필수적 요인(인력확보 용이성, 지역사회 호응도, 교통의 편리성 등), 객관적 요인(원자재, 판촉비, 인건비, 건축비, 세금 등), 주관적 요인(공단지역, 기후, 교육환경, 노조문제 등)으로 구분하여 반영비율에 의한 입지평가지표를 계산하여 입지를 결정하는 방법이다.

(3) 물류센터 설계의 기본방침

① 설계의 기본방침

㉠ 최저필요량의 계산

㉡ 입하능력의 평준화, 입하시간의 규제

㉢ 보관용적률의 향상 등과 같은 사내 목표의 달성을 중시

ⓔ 사내 범위에서 외부 물류경로까지 그 범위를 확대
② 설계에서 고려할 기능
　　㉠ 물류센터의 설계에서 보편적으로 요구되는 기능에는 수요 조정기능과 연락 거점으로서의 역할 등이다.
　　㉡ 과거의 물류센터는 항만을 중심으로 하는 입지를 강조하였으나, 최근에는 소비중심지로 입지가 변화하고 있으며, 과거 물류센터에서 강조하던 보관 기능은 집배송 효율화를 위한 종속기능으로 변화하고 있다.
③ 입출고 효율화 방안
　　㉠ 하드웨어 측면 : 각종 차량의 수평 운반을 위한 일륜차, 손수레 차, pallet dolly, 파렛트 리프트의 활용, 수직·수평 운반을 위한 엘리베이터와 컨베이어의 활용, 각종 스태커 크레인, rack loader 등을 포함하는 크레인 및 기타 하역기기의 활용, 트럭 대차와 물류 센터 바닥면의 높이 조절기 등을 포함한 물류센터 내외의 접점 조정, 고층의 경우 램프 설치 또는 고강력 엘리베이터 설치 등을 통한 각종 간접설비의 활용 등이다.
　　㉡ 소프트웨어 측면 : 입출고 및 도착 트럭에 대한 작업 시간대 할당, 난이도와 빈도를 곱하여 결정되는 작업량에 근거하여 이동라인을 단축하는 물품 이동의 낭비 제거, 물품의 신속한 출납을 위한 재고 위치의 자동 검색을 통한 보관품의 검색 용이화 등이다.
④ 물류센터 시스템의 기본설계
　　㉠ 입지 선정 : 수·배송 네트워크의 총비용을 최소화하는 거점수와 위치를 결정
　　㉡ 시설 배치 : 재고유지를 위한 공간 및 입하 및 출하, 하역공간을 산정한 후에 필요 면적을 산정한다. 재고량은 재고 리드타임, 출하변동을 고려한 적정재고량을 산정하고 입출하 Rack의 동선 및 장래 확장성을 고려하여 공간면적을 산출한다.
　　㉢ 격납 구분 : 보관효율, 피킹방식에 따라 검토한다.
　　㉣ 시스템 Flow와 매뉴얼 작성 : 정보 폴로(Flow) 및 제품흐름도, 작업 매뉴얼을 작성한다.
　　㉤ 시스템의 설계 및 작성 : 구체적인 기기와 정보처리의 사양을 결정하고, 수·배송계획과 인력배치 계획을 수립한다. 또한 채산성을 검토(토지, 금리, 기기의 내용연수, 물류비 등) 한다.
　　㉥ 상세한 설계 및 시공

(4) 물류센터 용량의 결정시 고려사항 ▶ 기출 24회

① 연차별로 소요 용량을 산정
　　물류센터의 용량은 주로 보관용량을 의미하는 경우가 많지만 입하 및 출하 물동량의 처리 용량, 포장 및 유통가공 작업의 처리용량 등을 종합적으로 연계하여 결정하여야 한다. 물류 센터의 처리용량은 결국 입하, 검품, 입고, 보관, 피킹, 분류, 포장, 유통 가공, 선적, 출하의 모든 요소로 결정된다.

② 모든 다양한 작업요소들의 개별적 용량의 합계로써 결정
물류센터의 용량은 주로 보관용량을 의미하는 경우가 많지만 입하 및 출하 물동량의 처리 용량, 포장 및 유통가공 작업의 처리용량 등을 종합적으로 연계하여 결정하여야 한다. 물류 센터의 처리용량은 결국 입하, 검품, 입고, 보관, 피킹, 분류, 포장, 유통 가공, 선적, 출하의 모든 요소로 결정된다.

③ 요소작업공정 간의 부하균형(Load Balancing)에 대한 고려
요소작업공정 간의 용량이 조화를 이루지 못할 경우에, 과다하게 추정된 용량을 가지는 작업공정에서는 과잉 투자로 인한 낭비가 발생하게 되며, 과소하게 추정된 용량을 가지는 작업공정에서는 용량 부족으로 인하여 전체 물류센터의 물동량을 제약하게 되는 병목작업공정이 되어 문제를 일으키게 된다.

④ 물량변동 흡수와 피크시점의 용량에 관심
일반적으로 물류센터는 공장설비에 비해 물량 변동에 대한 흡수 능력이 강한 편이지만, 자동화 설비를 갖춘 물류센터의 경우에는 물량 변동에 대한 탄력성이 부족하여 상품, 제품 및 자재의 흐름을 제약하는 경우가 있으므로 용량 설계할 때 주의해야 한다. 일반적으로 물류단지는 제조부문과 같이 근무시간 연장이나 교대근무제도와 같은 방법으로 대응해야 한다.

⑤ 불확실성, 불규칙한 변동성에 대응
물류센터의 이상적인 용량은 장래의 변동성이나 불확실성, 확대성에 대해 탄력성을 가지면서 설비의 주문에 즉각 대응할 수 있는 범위 내에서 결정하여야 한다.

⑥ 물류센터 건설시 설비 검토사항
㉠ 최대 취급량 및 향후 계획의 취급물량 증감
㉡ 일시 보관물의 최대 보관능력
㉢ 트럭, 컨테이너 등의 최대 체류수량 및 시간과 시간대
㉣ 일시보관물의 출고작업, 하역방법
㉤ 하역작업의 기계화할 때의 단위시간당 처리능력, 투입능력, 출고제품의 적재방법 및 능력
㉥ 제품의 형태별 분석, 시간대별 처리량
㉦ 재고품 관리시스템
㉧ 물류센터 요원의 노무관리 및 교육

(5) 물류센터의 내부 레이아웃, 작업방식 설계 ▶기출 9회. 10회

물류센터의 Lay-Out은 서비스 내지 생산의 흐름에 맞춰 건물시설, 기계설비, 통로, 차고, 사무실 등의 위치를 공간적으로 적절히 배치하는 것으로, 주로 기계설비의 배치가 중심이다.

설비배치 본래의 목적은 생산시스템의 유효성이 극대화되도록 기계·원자재·작업자 등의 생산요소와 생산설비의 배열을 최적화하는 것이다.

오더 피킹 작업 및 출고빈도, 화물처리 작업량과 그 난이도와 보관제품의 특성 등을 고려하여 레이아웃의 방법은 달라진다.

① 물류센터 내부의 레이아웃(Lay-Out) 설계
일반적으로 물류 동선의 패턴에 대한 개념적 결정이 우선적으로 필요하다. 물류센터 전체의 물류 동선을 '-'자 형태로 배치하는 방안, 'ㄷ' 형태로 배치하는 방안 및 'ㄱ'자 형태로 배치하는 방안 등이 있다.
- 랙의 레이아웃 형태에 의한 분류
  ㉠ U-turn형 : 랙과 랙 사이의 통로가 한 방향으로 열려 있어 스태커 크레인의 한 방향으로만 입·출고할 수 있는 형태이다.
  ㉡ One-way형 : 랙과 랙 사이의 입·출고 구역이 달라 스태커 크레인이 한 방향에서 입고하고 다른 방향으로 출고할 수 있는 형이다.

② 기본적인 물류 동선을 설계할 때에는 저회전율 물품은 보관효율 향상 중심에서 설계하고, 고회전율 물품은 작업효율 향상의 중심에서 설계한다. 랙의 설치 방향에 대해서도 보관구역의 복도에 평행하게 설치할 것인지, 아니면 수직으로 설치할 것인지를 결정하여야 한다.

③ 물류 동선의 패턴과 복도 및 랙의 방향이 결정되면, 물류센터 요소작업장에 대한 개략적 레이아웃을 설계해야 한다.

④ 물류센터 레이아웃 설계 시 검토사항
  ㉠ 물품 흐름의 직진성, 역행교차 회피
  ㉡ 역방향 흐름의 최소화
  ㉢ 높낮이 차이의 최소화
  ㉣ 운반기기, 랙 등의 모듈화
  ㉤ 화물의 취급횟수 최소화

⑤ 물류센터 설계 구조결정의 고려요소 ▶ 기출 21회, 23회, 27회
  ㉠ 제품 특성 : 크기, 무게, 가격 등
  ㉡ 주문 특성 : 주문건수, 주문빈도, 주문의 크기, 처리속도
  ㉢ 관리 특성 : 재고정책, 고객서비스 목표, 투자 및 운영비용 등
  ㉣ 환경 특성 : 지리적 위치, 입지 제약, 환경 제약
  ㉤ 설비 특성 : 설비 종류, 운영방안, 자동화 수준 등
  ㉥ 운영 특성 : 입고방법, 보관방법, 피킹방법, 배송방법 등

⑥ 입하 작업방식의 설계시 고려사항
  ㉠ 운반수단 : 운반수단(트럭, 철도 화차, 선박 등)의 종류, 진입 / 출입경로, 접안 / 대기장소
  ㉡ 하역방식 : 하역 자동화 정도, 하역설비의 종류 및 규격 / 용량
  ㉢ 검수방식 : 검수기준과 검수작업방법 및 소요설비
  ㉣ 화물형태 : 화물의 소분 혹은 포장 여부, 방법 및 소요설비
  ㉤ 입고방식 : 보관위치의 결정방식, 이동방법 및 소요설비

⑦ 보관 작업방식의 설계 시 고려사항
  ㉠ 보관방식 : 평치, 선반(일반 / 모빌) 및 특수시설(탱크 및 사일로)의 사용 여부
  ㉡ 품질관리 : 공조설비, 방화설비, 보안설비 등의 각종 부대설비

⑧ 출하 작업방식의 설계 시 고려사항
  ㉠ 출하 관련 서류 준비 : 피킹 리스트, 출하 리스트, 송장, 선하증권 및 주소지 레이블 등의 준비방식과 관련 소요설비
  ㉡ 오더 피킹 : 보관위치 지정방식과의 업무연계를 고려한 단품·다품 주문의 오더피킹방식 및 그에 따른 소요설비
  ㉢ 분류 및 집산 : 품목별로 일괄 피킹한 물품의 주문별 분류 및 집산방식 그리고 이러한 작업에 소요되는 관련 설비
  ㉣ 포장 및 레이블 부착 : 출하를 위한 포장 및 관련 레이블 부착 작업방식과 그에 부수되는 소요설비
  ㉤ 출하차량 동선 : 출하차량의 진입, 대기, 접안, 검수를 위한 위치 및 동선의 설계와 관련 소요설비
  ㉥ 상차 및 선적 : 유닛로드의 적용 여부 및 작업방식과 관련 소요

3. 물류센터의 운영

(1) 크로스 도킹 시스템(직송시스템) ▶ 기출 11회, 13회, 14회, 16회, 21회, 24회, 28회

① 크로스 도킹의 정의

  크로스 도킹(cross docking)이란 창고나 물류센터에서 수령한 상품을 창고에서 재고로 보관하는 것이 아니라 즉시 배송할 준비를 하는 물류시스템이다. 즉, 크로스 도킹은 배달된 상품을 수령하는 즉시 중간 저장단계가 거의 없거나 물류센터에 보관하지 않고, 배송지점으로 즉시 배송하는 것으로 중간단계가 매우 짧다는 것이 특징이며, 배송의 동시화가 결정적으로 중요하다.

② 크로스 도킹 유형
  ㉠ 기포장 크로스 도킹으로 유통업체 점포의 주문에 따라 제조업체가 미리 선택한 파렛트, 케이스 등 패키지를 수령하여 물류센터에 보내고 물류센터는 재고 계상도 하지 않고 다른 점포로 배송할 차량에 적재된 유사한 패키지와 함께 이동시키는 환적만을 하는 방식을 말한다.
  ㉡ 중간처리 크로스 도킹으로 파렛트, 케이스 등 패키지를 수령하여 물류센터에서 분류된 패키지에 다시 라벨을 붙여 새로운 패키지로 만들어 점포로 배송하는 것을 말한다.

③ 크로스 도킹이 고려되어야 하는 조건
  ㉠ 재고가 입하될 때 보낼 곳을 알고 있다.
  ㉡ 구매자가 재고를 즉시 받을 준비가 되어 있다.
  ㉢ 일일 선적장소가 일정 이하이다.
  ㉣ 일일 처리량이 많을 때 유리하다.
  ㉤ 기업에 입하되는 개별 아이템이 큰 분량이다.
  ㉥ 기업의 도크에 재고 라벨이 붙은 상태로 도착한다.
  ㉦ 많은 재고가 시간에 민감하며, 재고품절 비용이 낮을 경우 효율적이다.
  ㉧ 기업의 유통센터가 거의 포화상태이다.
  ㉨ 재고의 일부가 가격이 정해져 있고 수요가 안정적이며 일정할 때 효과적이다.

기출문제

크로스 도킹(Cross Docking)에 관한 설명으로 옳지 않은 것은?
① 파렛트 크로스 도킹은 일일 처리량이 적을 때 적합한 방식이다.
② 파렛트 크로스 도킹은 기계설비와 정보기술의 도입이 필요하다.
③ 효율적인 크로스 도킹을 위해서는 공급처와 수요처의 정보공유가 필요하다.
④ 크로스 도킹은 창고관리 시스템 영역 중 입·출고 관련 기능에 해당한다.
⑤ 크로스 도킹의 목적은 유통업체에서 발생할 수 있는 불필요한 재고를 제거하는 것이다.

정답 ②

ⓩ 크로스 도킹을 실현하기 위해서는 ASN(사전선적통지 : Advanced Shipping Notice)과 즉납공급 시스템 환경이 필요하다.

④ 크로스 도킹의 기본요소

크로스 도킹을 성공적으로 도입하기 위해서는 제조업체와 물류센터의 경영진은 크로스 도킹과 관련된 상품 또는 상품군에 대한 공동의 물류전략에 합의와 참여로 원활한 상품흐름을 보장하고, 거래선 간에 판매·재고데이터 등에 대한, 정보교환에 대한 합의가 있어야 한다.

⑤ 크로스 도킹(Cross-docking)의 목적, 기대효과
  ㉠ 보관·하역, 수·배송, 창고관리 프로세스의 단축과 개선
  ㉡ 보관비, 수송비 등 물류 비용 절감, 보관면적 축소, 단위면적당 생산성 향상
  ㉢ 수·배송서비스의 향상과 제조, 유통, 물류업체와의 협업체계 강화
  ㉣ 배송시점 기대효과
    ⓐ 리드타임 단축
    ⓑ 안전재고(회전일수) 단축
    ⓒ 창고공간 효율 향상

(2) 물류센터 업무흐름 프로세스 ▶ 기출 9회, 11회, 19회, 21회 빈출

① 입하

입하는 물류센터에 반입되는 모든 물자의 정규적인 수령, 물품의 수량 및 품질에 대한 검수, 반입된 물자를 저장하거나 혹은 해당 물자를 필요로 하는 다른 부문의 기능에게 배분하는 일이다.

② 예비포장

예비포장은 공급처로부터 벌크(bulk) 형태로 입하된 물품을 단품단위로 또는 판매가능한 수량 단위로, 혹은 세트 구성품을 완성하기 위하여 다른 부품과 결합되어 포장해야 하는 경우에 이루어진다.

③ 인입

인입(넣기, 격납 : putaway-집어넣음)은 물자를 저장공간에 옮겨두는 행위로 물자의 취급, 보관할 위치의 확인 그리고 물자의 적치가 포함된다.

④ 보관

보관은 주문을 대기하는 동안 물자를 물리적으로 저장해 두는 행위이다.

⑤ 주문 피킹

주문 피킹(picking)은 특정 주문을 만족시키기 위하여 보관된 품목을 선별하여 출하를 위한 후속 공정으로 넘기는 작업이다.

⑥ 분류, 분배

분류, 분배(Sorting)작업은 일괄 피킹된 품목을 포장단위별, 발송처별, 고객별, 운송차량별 등으로 개별 주문형태로 분류하여 나누는 작업을 말한다.

⑦ 재포장

재포장은 주문 피킹, 출하검사 업무에 이어지는 선택적 절차로서 수행된다. 화물취급 단위(컨테이너, 파렛트, 외장, 내장박스 설계규격)에 의한 표준화된

▶ 물류센터 업무흐름
  • 입하 → 입고 → 인입 → 보관 → 피킹 → 소팅 → 재포장 → 상차 → 출하

화물형태의 구조물로 포장 하며, 포장 설비로는 봉함기, 결속기, 제함기, 계근기, 랩핑기, 라벨기, 파렛타이저, 파렛트 스트레치 포장기 등이 사용된다.
⑧ 단위화 및 상차, 출하 작업
주문 품목의 완결성에 대한 검품작업 및 적절한 출하 용기로의 적입 및 포장과 송장, 주소지 레이블(label) 및 선하증권 등을 포함하는 출하서류의 준비, 출하운송수단에 따른 주문 구성품의 취합과 상차작업, 출하 처리가 포함된다.

(3) PERT / CPM의 구조와 주공정의 개념 ▶ 기출 18회

① PERT / CPM의 구조
㉠ PERT(Program Evaluation and Review Technique)와 CPM(Critical Path Method)은 건축, 조선 등과 같이 복잡하고 규모가 큰 프로젝트의 효율적인 수행계획을 수립하고 이를 적절히 통제하기 위하여 개발된 산업공학의 대표적인 기법들이다.
㉡ PERT / CPM은 전체 프로젝트를 구성하고 있는 활동들과 그 선후관계를 네트워크로 표현하는데, 이 네트워크 활동을 나타내는 가지와, 활동의 시작과 끝을 나타내는 마디로 구성되며 가상활동을 포함하여 표시한다.

② 주공정(Critical Path)의 개념
전체 프로젝트상의 여러 공정 중에서 가장 시간이 많이 걸릴 것으로 판단되는 애로공정을 말하며, 이를 찾는 이유는 애로공정에 관심을 집중하여 전체 프로젝트의 수행일정에 차질이 없도록 하는 데에 있다. 궁극적으로 Lead-time을 최소화하여 공정 부하의 평준화로 생산성을 극대화함을 목적으로 한다.

(4) 물류단지 투자수익성 분석 ▶ 기출 19회, 26회, 27회 빈출

① 자기자본 이익률(ROE ; Return On Equity)
= (순이익 / 총자본) × 총자본 / (총자본 − 부채)
= 총자본 이익률(ROI) × 총자본 / 자기자본

② 투자 수익률(총자본 이익률 ROI ; Return On Investment)
= (영업이익 / 매출액) × (매출액 / 투자시점 영업자산)
= 영업이익률 × 영업자산 회전율(자본회전율)
자산 = 유동자산(매출채권) + 고정자산(투자자산, 건물, 토지, 감가상각액누계 등의 유형
자산 및 영업권 등의 무형자산 합계)

③ 손익분기점(BEP ; Break Even Point) 판매량
= 고정비 / 단위당 공헌이익
= (고정비 제조원가 + 고정판매관리비) / (평균판매가격 − 평균변동원가)

④ 손익분기점(BEP ; Break Even Point) 매출액
= 고정비 / 공헌이익률
= $\dfrac{\text{고정비}}{(\text{평균판매가격} - \text{평균변동원가}) / \text{매출액}}$

▶ 총자본 이익률
• 매출순이익률 × 총자본 회전율

⑤ 순현재가치(NPV ; Net Present Value)
사업의 경제성을 평가하는 척도 중 하나로 현재가치로 환산된 장래의 연차별 기대현금 유입의 합계에서 현재가치로 환산된 장래의 연차별 기대현금 유출의 합계를 뺀 값을 의미한다.

⑥ 내부수익률(IRR ; Internal Rate of Return)
당초 투자에 소요되는 지출금액의 현재가치가 투자로 기대되는 현금수입액의 현재가치와 동일하게 되는 할인율로, 즉 미래기대 현금수입금액이 현재투자가치와 같은 수익률을 의미하며, 높은 내부수익률이 산출되는 대안일수록 수익성이 좋다고 판단할 수 있다.

⑦ 비용 편익비율(B / C ; Benefits / Cost ratio)
편익을 비용으로 나눈 비율로 비용편익비가 클수록 높은 투자타당성을 갖는다.

(5) 선입선출법(FIFO ; First In, First Out) 산출
선입선출법은 먼저 입고된 구매단가로 출고금액, 매출원가를 계산하며, 최근 입고금액 기준으로 기말재고자산이 기말재고금액으로 보고되는 방법이다.

(6) 보관위치(Location)관리 ▶ 기출 14회, 15회, 16회, 17회, 26회 빈출

① Free Location
품목과 보관 랙 상호 간에 특별한 연관관계를 정하지 않는 방식이다. 입체자동창고 등에서 이용하는 방법으로서, 시스템은 컴퓨터로 관리되어 자동화창고 및 저회전율 물품에 적합하며, 보관능력과 시스템 유연성이 높다.

② Zone Location(Joint Free Location)
이는 일정 품목군에 대하여 일정한 보관구역을 설정하지만 그 범위 내에서는 Free Location을 채택하는 방법으로서, 일반적으로 널리 이용되고 있는 선반관리방법이 있다. 주로 컴퓨터로 제어되는 입체자동창고에서 절충식 방법을 채용하고 있다.

③ Fixed Location
고정 선반번호 방식으로, 선반번호마다 그에 대응하는 품목을 정하여 보관하는 방법이다.
앞의 두 가지 방법은 컴퓨터 등을 이용하여 관리하는 데 반해, 이 방법은 수작업 방식으로 도 관리하는 경우가 많다. 종전에는 선반 꼬리표 방식과 병용하는 경우도 있었다. 주로 회전율이 높은 품목에 적합한 방법이다.

④ 임의위치 저장(Randomized Storage) 방식의 소요 공간 ▶ 기출 23회, 24회, 25회

기간	품목				
	A	B	C	D	합계
1	12	15	8	14	49
2	24	6	7	10	47
3	10	3	2	6	21

기간	품목				
	A	B	C	D	합계
4	8	14	12	20	54
5	15	16	6	18	55

입·출고 빈도와 상관없이 저장위치를 임의로 결정하는 방식으로 각 기간별 A, B, C, D 전 품목 보관수의 합계 중 최대수인 55개가 필요하다.

즉, 각 기간별 전 품목의 보관수의 합은

1기간: 49　　　　　2기간: 47　　　　　3기간: 21
4기간: 54　　　　　5기간: 55

⑤ **지정위치 저장(Dedicated Storage) 방식** ▶ 기출 23회, 24회, 25회, 28회 빈출

품목별 보관소요 공간과 단위시간당 평균 입/출고 횟수를 고려하여 보관위치를 사전 지정하여 운영한다.

각 품목별 최대 보관수의 합: 72개가 필요하다.

즉, 24 (A) + 16 (B) + 12 (C) + 20 (D) = 72

지정위치 저장공간이 임의위치 저장공간보다 72-55 = 17개 더 크게 소요된다.

⑥ **등급별 보관방식(Class-based Storage)**

보관품목의 입/출고 빈도 기준으로 등급을 설정하고 동일 등급 내에서는 임의보관방식으로 보관위치를 결정한다.

(7) 자동화창고 및 창고관리 시스템(WMS) ▶ 기출 1회~28회 빈출

자동화 창고(Automatic warehousing)란 화물의 입·출고, 저장, 품품선별 및 분류작업 등이 기계화·전산화에 의해서 전 공정이 자동화되어 있는 시스템을 말한다. 대부분 컴퓨터에 의해 입·출고작업이 되지만, 자동화 창고는 설비규격의 제약으로 다양한 규격화물을 취급하기 어렵다.

① WMS의 정의

일반적으로 WMS(Warehouse Management System)는 「창고관리시스템」으로 정의한다. WMS는 실시간으로 전사적 입장에서 재고파악과 시장요구에 대응하기 위하여 효율적으로 창고활동을 관리하는 데 사용되는 시스템이다. 또 운송요청서(RF : Requirement Freight)의 전달을 포함, 격납(집어 넣음 : put away)의 프로세스를 자동화하는 것에 의해서 material handling을 최소화한다.

② 자동화창고와 WMS의 등장 배경 ▶ 기출 11회, 13회, 15회, 21회, 26회, 27회

㉠ 토지의 협소로 창고의 입체화, 고층화 요구
㉡ 지가(地價)의 상승과 적정부지의 확보 곤란
㉢ 노동인력 부족과 인건비 상승(육체노동 기피현상)
㉣ 창고기능이 저장형 창고에서 유통형 창고의 기능으로 변화되고 있다.
㉤ 물류환경의 급변화에 대처(다품종 소량, 다빈도 소량주문에 신속대응 필요)
㉥ 신속·정확한 고객대응력, 재고삭감, 미출, 오출방지

기출문제

자동창고시스템(WMS)에서 수직과 수평방향으로 동시에 이동가능하고, 수평으로 초당 2m, 수직으로 초당 1m의 속도로 움직이는 스태커 크레인(Stacker Crane)을 활용한다. 이 스태커 크레인이 지점 A(60, 15)에서 지점 B(20, 25)로 이동할 때 소요되는 시간은? [단, (X, Y)는 원점으로부터의 거리를 나타낸다]

① 10초　　② 15초
③ 20초　　④ 25초
⑤ 30초

정답 ③

- ⓢ 다품종-소량상품에 효과적으로 품목의 다양화와 복수고객의 다양한 요구 대응
- ⓞ 물류 Outsourcing 확대, 화주의 필요성에 빠른 대응
- ⓩ 물류단지시설의 대형화, 부가가치 기능 강화의 추세, 정보기술의 발달
- ⓧ 물류단지를 효과적으로 운영하기 위해서는 자동화·정보화·지능화가 요구
- ⓚ 컴퓨터통합창고(Computer Integrated Warehouse)의 등장

③ 창고관리시스템(WMS ; Warehouse Management System) 주요 기능 ▶ 기출 24회
  - ㉠ 주문접수(Order Entry) : 외부 시스템으로부터 주문 정보를 접수
  - ㉡ 일정계획(Job Scheduling) : 주문을 처리하기 위한 배차계획, 상차계획, 피킹계획, 보충계획, 입고계획 등을 수립
  - ㉢ 작업관리(Work Management) : 각 구역별 작업자와 설비제어시스템에게 일정계획을 통보하고 진척상황을 감시
  - ㉣ 출하관리(Shipping Management) : 주문별 송장 작성, 차량 확인 등의 업무
  - ㉤ 차량관리(Vehicle Management) : 입출고 차량 등의 관리 및 차량업체관리
  - ㉥ 재고관리(Inventory Management) : 위치별, 품목별 재고수량관리
  - ㉦ 입고관리(Receipt Management) : 입고검사와 입고계획의 실적관리
  - ㉧ 운영관리(Operation Management) : 기타 운영업무 처리와 지표관리
  - ㉨ 외부시스템과의 연결 : 전자상거래(EC ; Electronic Commerce), 공급망 통합 및 제3자물류(Third-Party Logistics) 등의 추세를 감안할 때 외부 시스템과 연결은 매우 중요한 기능 중의 하나이다.
  - ㉩ WMS 주요 업무처리 매뉴얼 기능 ▶ 기출 12회, 13회, 15회, 23회, 27회
    - ⓐ 재고관련 기능 : 입고관리, 보관관리, 재고관리, 선입선출관리, Location 관리를 통한 재고내역 및 실물위치 추적 용이성, 실시간으로 전사적 입장에서 재고 파악
    - ⓑ 주문관련 기능 : 피킹관리, 주문진척관리, 자동발주시스템
    - ⓒ 출고관련 기능 : 출고관리, 수·배송관리, 최적의 배차스케줄 운영, 크로스도킹 서비스, 납품서 발행
    - ⓓ 관리관련 기능 : 인력관리, 물류단지창고 지표관리, 실물과 정보의 일치성 보장, 물류 장비의 생산성 자동분석시스템
    - ⓔ Interface 기능 : 무선통신, 자동인식, 자동화설비 제어, 물류단지의 실시간 정보화 체계

④ 자동화 창고의 경제적 효과와 특성
  - ㉠ JIT실현 체제 가능 : 판매의 우선권을 확보하기 위해서 고객이 원하는 물품을, 원하는 시기에, 원하는 수량을 즉시 출하할 수 있는 체제를 구축함으로써 경쟁의 우위를 선점할 수 있다. 또한, 생산공정과 동기화, 적정재고, 부품공급기능을 갖는다.
  - ㉡ 재고관리의 합리적 운영 : 재고관리의 정확성·신속성, 적정 재고의 유지 등을 도모할 수 있다. 또한 선입선출에 의한 입출고 관리가 용이하고 보관보다는 물품의 흐름에 중점을 둔다.

ⓒ 경제성 제고 : 공간의 효율적 운영(Space saving), 창고관리원의 감소, 전문기능 인력이 아닌 일반 인력으로 대체 가능

② WMS의 기대효과 ▶ 기출 10회, 15회, 18회, 21회, 23회

WMS의 도입효과는 정보활용에 의한 물품과 정보의 공용화 및 시스템화에 의한 작업성으로 물류생산성, 품질의 향상과 리얼타임에 의한 의사결정력 제고로 물류서비스 향상 등으로 크게 분류할 수 있다.

증가(향상) 요인에 의한 기대 효과	감소요인에 의한 기대 효과
1. 재고정확도	1. 제품 망실, 보관위치 오지정
2. 공간·설비 활용도	2. 제품 피킹시간, 안전재고
3. 제품처리 능력, 재고회전율	3. 서류·전표 작업
4. 고객서비스	4. 직·간접 인건비
5. 노동생산성·설비 생산성 향상	5. 설비비용 감소, 사무비용 절감
6. 가용공간 증가	6. 입고 검품시간 단축

⑤ 자동화 창고의 설비, 시스템 구성내용 ▶ 기출 12회, 14회, 24회

㉠ 하드웨어 : 건축물, 설비, 하역기기(지게차)

㉡ 랙(rack) : 화물을 적재하기 위한 선반구조물, 하이스택 랙

㉢ 스태커 크레인(Stacker Crane) : 랙에 화물을 입·출고시키는 주행장치, 승강장치, 포크장치로 구분된 창고 입·출고기기

㉣ 트레버서(Traverser) : 스태커 크레인을 가로로 이동시키는 장치

㉤ 셀(Cell) : 랙 속에 화물이 저장되는 단위공간

㉥ 대기점(Home Position) : 스태커 크레인의 대기장소

㉦ 컨베이어(Conveyor) : 화물의 연속이동장치

㉧ 파렛트(Pallet) : 파렛트는 화물의 하역을 위해 깔판역할을 하는 동시에 낱개의 여러 화물을 하나로 묶어 운송할 수 있게 하는 장비이다. 재질에 따라 목제, 플라스틱, 종이, 스틸 등으로 분류할 수 있다.

㉨ 버킷(Bucket) : 물품을 담는 운반이 가능한 플라스틱 박스를 말한다.

㉩ 무인반송차(AGV ; Automatic Guided Vehicle) : 화물을 지정 입출고대까지 이동시키는 자동주행장치로 최근에는 레이저로 유도되는 무인반송차가 등장했다.

㉪ 원격제어기, 자동보관·인출 시스템(AS / RS 시스템), 분류(Sorting) 시스템

㉫ WMS 시스템 운영 관리용 컴퓨터 등

㉬ 바코드, RFID, Digital Picking System 등

⑥ 스태커 크레인의 주요 기능

㉠ 전후 이동의 주행기능

㉡ 상하 승강시켜 주는 hoisting 기능

㉢ 제어시켜 주는 control panel 기능

㉣ 안전장치

㉤ 전원공급장치

⑦ WMS와 연계하는 자동인식 정보 시스템 ▶ 기출 18회, 21회
자동인식시스템은 작업자의 업무 부담을 줄일 수 있을 뿐만 아니라 물자의 이동 상황을 실시간으로 감시하는 가장 효과적인 방법이다. 자동인식 시스템의 대표적인 예는 바코드, 무선 태그, RFID, 머신 비전(Machine Vision)을 들 수 있다.

㉠ 바코드 : 바코드 시스템은 바코드 라벨, 스캐너(Scanner) 외에도 라벨 인쇄기, 라벨부착기 등의 설비가 필요할 수 있다.

㉡ 무선 태그 : 무선 태그는 읽기전용(Read-Only) 방식과 읽고, 쓰기(Read-and-Write) 방식으로 구분된다.

㉢ RFID(Radio Frequency Identification) System : 라디오 주파수 대역을 이용하여 전자적인 데이터를 무선안테나로 송·수신함으로써 물품 등의 중요정보를 전달, 확인하는 시스템으로, 태그(Tag)와 태그의 내용을 읽거나 쓰는 장비인 단말기로 구성되어 있고 파렛트나 컨테이너 등 화물 및 운송개체에 부착하여 물류량 및 화물에 대한 종합적인 정보망을 구축한다.

㉣ 머신 비전(Machine Vision) : 기계에 인간이 가지고 있는 시각과 판단능력을 부여한 것을 머신 비전이라고 하며, 사람의 시각이 인지하고 판단하는 기능을 하드웨어, 소프트웨어 시스템이 대신 처리하는 기술로 제품의 외관 검사 혹은 측정을 공항의 수입품 검사대와 같이 카메라, 영상보드, 광학기기 등을 이용해서 수행하게 된다.

㉤ WMS와 연계하는 주 정보 시스템으로서는 주문관리 시스템인 OMS(Order Management System)라 불리는 수·발주 계통 시스템과 운송관리 시스템인 TMS(Transportation Management System), 수·배송 계통 시스템, 적재관리 시스템인 VMS(Vanning Management System), 자재 재고관리 시스템인 MHS(Material Handling System)가 있다.

> ▶ WMS의 주요 기능
> ① 재고관리 기능: 입고관리, 보관관리
> ② 주문관련 기능: 발주관리, 피킹관리
> ③ 출고관련 기능: 출고관리, 서류관리

(8) 자동보관·인출시스템(AS / RS ; Automated Storage and Retrieval System)
▶ 기출 28회

자동보관·인출시스템(AS / RS)에서 S / R(Storage and Retrieval)장비가 제품을 랙에 저장하고 반출하는 방법은 단일명령(Single Command) 처리방식과 이중명령(Dual Command)처리방식으로 구분된다.

① S / R 장비 1대의 시간당 처리개수 산출방법
자동창고시스템에서 단위화물을 처리하는 S / R(Storage / Retrieval) 장비의 단일명령 (Single Command) 수행시간은 2분, 이중명령(Dual Command) 수행시간은 3.2분이다. 평균가동률은 72%이고, 단일명령 횟수가 이중명령 횟수의 2배인 조건에서 시간당 처리 개수는
소요 시간 = 단일명령 2.5분 + 이중명령 4.2분 = 6.7분
평균소요시간 = 6.7분 × 0.72 = 4.96분
60분(1시간) / 4.96 = 12개
1시간당 처리가능 수 = 12개 × 2배조건(단일명령) = 24개

② 자동창고시스템(AS / RS)에서 저장 RACK을 구성하는 베이(Bay)수 산출방법
이중명령을 수행하는 자동창고시스템에서는 시간당 360건의 주문을 처리한다. 이때 S / R(Storage and Retrieval) 장비의 운행당 평균주기시간은 1분이며 자동창고의 저장용량이 8,000단위, 랙의 단(Tier)수가 13일 때, RACK을 구성하는 가로 보관공간의 베이(Bay)수는

기본 원칙 : Demand(처리대상) = Supply(처리능력)

$$Bay수 = \frac{처리대상\ 물량}{랙단수 \times 분당\ 처리주문량} = \frac{8,000건}{13단 \times 360건/60분}$$

= 8,000건 / 78건 = 103개 / 2회(반입, 반출) = 52Bay

(9) 물류센터 효율화 방안

① 물류센터의 스페이스 절감대책안의 포인트
  ㉠ 전제조건으로서의 재고량 : 상품의 성격은 어떠한 것인가, 필요 최저량은 얼마인가 하는 검토가 필요하다.
  ㉡ 보관품을 층별한다 : 재래상품이나 팔다 남은 상품, 만성적인 재고품 등은 다른 건물에 보관하거나 특정 장소에 격리시켜 보관하는 것이 바람직하다.
  ㉢ 보관품의 물리적인 용적 감축 방안 : 포장이나 입하된 화물의 형태 측면에서 상품을 담는 방법이나 압축시키는 방법을 연구한다.
  ㉣ 높이와 통로 부분의 로스를 줄이기 위해 랙 방식 검토 : 재고품의 성질에 따라서는 판매 매장의 사용도 있을 것이며, 단품으로 재고량이 많은 것은 유동식 랙이나 드라이브 인 랙 같은 보관 방식도 병용할 수 있다.
  ㉤ 입출고를 위한 운반설비의 검토 : 작업성과 높이방향의 로스 감소와 필요통로 너비의 설정에 큰 요인이 된다.
  ㉥ 이 빠진 공간 로스의 감소 : 입고시의 1파렛트당 적재량의 검토나 랙의 높이 칸막이, 또는 로케이션 방식이나 보관장소와 피킹장소의 분리 같은 소프트한 면의 섬세한 대책이 필요하다.

② 물류센터 작업(유통가공, 포장)의 효율화 방법
  ㉠ Line Of Balance(LOB) 효율개선 의의 : 각 작업공정과 공정 작업자 사이의 작업량을 균등하게 할당해 주어 부분적인 여유 시간과 바쁜 시간이 공존되지 않도록 작업시간을 평준화하는 것이다.
  공정 Balance 효율(%)

  $$= \frac{전체\ 작업공정\ 합계시간}{애로공정시간(Neck\ Time) \times 공정수(작업자수)} \times 100$$

  ㉡ Line Balancing의 목적 ▶ 기출 19회
    ⓐ 공정 작업량 평준화 할당으로 Team-Work 유지
    ⓑ 애로공정(공정 중에서 최대 작업시간) 개선으로 생산성 향상
    ⓒ 유휴시간 및 대기시간 근절
    ⓓ 작업공정 내의 재공품 저장면적 최소화

ⓒ 작업자의 작업능력 측정으로 작업의 난이도 파악과 개선
ⓒ Line Of Balance(LOB) 효율개선 계산 사례 ▶ 기출 9회, 14회, 15회, 17회, 19회

작업공정	1단계	2단계	3단계	4단계	5단계	6단계	7단계	8단계
작업시간(분)	5분	6분	4분	3분	5분	8분	4분	3분

작업공정별 작업시간 기준으로 분석하면 6공정이 애로공정으로 Neck Time은

$$현재효율 = \frac{5+6+4+3+5+8+4+3}{8분 \times 8공정} = \frac{38분}{64분} = 59.40\%$$

현재생산능력 = 480분 / 8분 = 60개 / 일 생산능력
(작업시간이 분단위로 정규근무시간 8시간 조건의 경우 : 480분)

- 개선방안 1 : 애로공정의 작업시간 8분을 2개 공정으로 배분 - (각 공정 4분씩)하면,
- 개선 후 애로공정은 제2공정으로 6분이 된다.
- 개선 후 공정효율 = 38분 / (6분 × 9개 공정) = 38 / 54 = 70.4%
- 개선 후 생산능력 = 480분 / 6분 = 80개 / 일 (33.3% 생산능력 향상)
- 개선방안 2 : 6공정 8분을 자동화 설비로 50% 작업시간 단축(4분)
- 총작업시간 38분에서 4분이 감소하여 34분이 된다.
- 개선 후 공정효율 = (38 - 4분) / (6분 × 8개 공정) = 34 / 48 = 70.8%

제2장 핵심문제

01 다음 중 물류단지시설로서 옳지 않은 것은?

① 물류터미널 및 창고
② 「유통산업발전법」의 대규모점포
③ 「농수산물 유통 및 가격안정에 관한 법률」의 농수산물도매시장
④ 금융·보험·의료·교육·연구시설
⑤ 「축산물위생관리법」의 작업장

정답 ④

해설 금융·보험·의료·교육·연구시설은 물류단지시설의 운영을 효율적으로 지원하기 위하여 물류단지 안에 설치되는 지원시설에 해당한다.

02 다음에서 설명하는 물류단지의 주요 기능으로 옳지 않은 것은?

① 환적기능 : 불특정 화주를 대상으로 지역 간 화물의 수송 및 하역의 거점기능을 수행하는 것으로, 화물운송업체가 입주하여 영업용 화물을 수송하거나 자가 물류업체가 입주하여 자체화물의 연계운송을 담당한다.
② 통관기능 : 특정 화주를 대상으로 일정지역 내에서 화물을 산지로부터 집화하거나 최종수요지까지 배송하는 기능을 한다.
③ 보관기능 : 불특정 화주를 대상으로 원재료 및 제품의 분류 및 보관, 일부 가공기능을 수행하며, 물품의 특성에 관계 없이 냉동창고의 서비스만을 제공한다.
④ 통관기능 : 수출입화물을 통관하는 업무를 수행하는 기능으로 항만이나 공항이 아닌 물류단지 내에서 통관함으로써 절차를 간소화하여 불필요한 시간낭비를 줄일 수 있다.
⑤ 판매기능 : 상품을 최종소비자 혹은 중간상인에게 매매하는 기능으로 특성에 따라 일반도매, 일반소매, 대형소매 등이 있을 수 있다.

정답 ③

해설 물품의 특성에 따라 보통창고, 냉동냉장창고, 저장창고, 위험물창고 등의 보관시설과 가공시설이 결합되었다.

03 다음에서 설명하는 창고의 종류로 옳은 것은?

> 화물의 집화, 하역, 분류, 외부포장, 보관 또는 통관 등에 필요한 시설을 갖춘 장소로서 2종류 이상의 운송수단 간의 연계운송을 할 수 있는 규모 및 시설을 갖춘 시설

① 공동 집배송단지
② 복합물류터미널(IFT ; Integrated Freight Terminal)
③ 내륙 컨테이너기지(ICD ; Inland Container Depot)
④ 보세구역(Bonded Area)
⑤ CY(Container Yard)

정답 ②

해설　복합물류터미널은 수송기능 중심의 물류시설, 화물취급장, 철도운송취급장, 주차장, 집배송센터시설을 보유한 「건축법」에 의한 운수시설, 집배송단지와는 다른 순수 물류 기능만을 담당하는 장소를 말한다.

04 물류센터 레이아웃 설계 시 검토사항으로 옳지 않은 것은?

① 물품 흐름의 직진성
② 역방향 흐름의 최대화
③ 높낮이 차이의 최소화
④ 운반기기, 랙 등의 모듈화
⑤ 화물의 취급횟수 최소화

정답 ②

해설　역방향 흐름을 최소화하는 방향으로 설계하여야 한다.

05 자동화창고 및 창고관리 시스템(WMS)에 대한 설명으로 옳지 않은 것은?

① WMS는 실시간으로 전사적 입장에서 재고파악과 시장요구에 대응하기 위하여 효율적으로 창고활동을 관리하는 데 사용되는 시스템이다.
② WMS를 활용하여 고객이 원하는 물품을, 원하는 시기에, 원하는 수량을 즉시 출하할 수 있는 체제를 구축함으로써 경쟁의 우위를 선점 할 수 있다.
③ WMS는 주문관리 시스템인 OMS(Order Management System)라 불리는 수·발주 계통 시스템과 운송관리 시스템인 TMS(Transportation Management System) 등과 연계가 가능하다.
④ 재고관리의 정확성·신속성, 적정 재고의 유지 등을 도모할 수 있다. 또한 선입선출에 의한 입출고 관리가 용이하고 보관보다는 물품의 흐름에 중점을 둔다.
⑤ WMS가 랙에 저장된 물품을 반출하는 방법은 단일명령(Single Command) 처리방식과 이중명령(Dual Command)처리방식으로 구분된다.

정답 ⑤

해설　자동보관·인출시스템(AS / RS ; Automated Storage and Retrieval System)에 관한 설명이다.

제3장 오더 피킹 시스템의 이해

I. 오더 피킹 시스템의 개념과 방법

1. 오더 피킹의 개념과 Order Picking System 방법

(1) 오더 피킹의 개념

오더 피킹이란, 저장 중에 있는 창고의 재고에서 거래처로부터 수주받은 물품을 주문별로 선별하여 이를 모아서 출하하는 과정을 의미한다. 또한 오더 피킹은 수주활동의 일환으로서 상적 정보를 토대로 한 주문서, 출하전표, 납품표, 송장, 포장지시서 및 불출지시서 등 정보처리와 불출지시서에 의해 물품의 흐름을 파악하는 것이다.

(2) 오더 피킹 시스템의 방법 ▶ 기출 빈출

① 물품을 피커의 위치로 이동하여 오게 하는 방법(캐러셀 랙)
   피커의 장소에 물품이 이동되어 오게 하는 방법으로 대표적인 기기로 회전선반(Carousel Rack)이나 미니로드 시스템이 있다.

② 1인 1건 피킹 방법
   1인 피커가 1건 주문전표에서 요구하는 모든 물품을 피킹하는 방법이다.

③ 릴레이 방법
   여러 사람의 피커가 자기가 분담하는 종류의 작업범위를 정해 두고 피킹전표에서 자기가 담당하는 종류만을 피킹하고 다음 피커에게 릴레이식으로 넘겨주는 방법으로 재분류 작업이 필요하지 않다.

④ Zone picking 방법
   ㉠ 릴레이 방법과 같이 여러 사람의 피커가 제각기 분담하는 종류의 작업범위를 정해 두고 피킹전표에서 자기가 담당하는 물품만을 골라 피킹하는 방법이다.
   ㉡ 릴레이 방법과 같이 다음의 피커에게 넘겨줘서 오더를 집계하는 방법과 나중에 각각 그룹의 물품을 오더별로 집약(Consolidation)하는 방법이 있다.

⑤ 싱글 오더 피킹 방법(작업건수 중심)
   한 건의 주문마다 물품을 피킹해서 모으는 방법으로 1인 1건의 방식이나 릴레이 방식으로도 할 수 있다.

⑥ 일괄 오더 피킹 방법
   여러 건의 전표에 있는 물품을 한 번에 피킹하기 때문에 재분류 작업이 발생한다.

⑦ 총량 피킹 방법
   하루의 일정량의 주문전표를 모아 일괄 오더 피킹 방법과 같다. 한 곳에 모은

전표의 물품을 1인이 전부 피킹하는 방법, 릴레이식, 그룹식 피킹법이 있다.

⑧ 씨뿌리기 방식(파종방식)

씨뿌리기 방식은 피킹 건수를 ABC 분석할 때 그 특성이 잘 나타난 경우에 효과가 있다. 고객에 대한 입출고 빈도가 한결같이 높은 품목, 중간 정도인 품목, 낮은 품목 등으로 구분하고 완제품, 반제품, 부품 순서대로 완제품에 따른 종속수요에 따라 피킹한다.

⑨ 따내기 방식(적취방식)

㉠ 따내기 방식은 피킹 건수를 ABC 분석하였을 때 그 분포 특성이 한결같은 경우에 적용한다. 더욱이 단골거래처별로 출하품목의 집중도가 없이 분산되어 있는 경우에는 이 방식이 유효하다. 또한 적취방식은 하나의 단골거래처의 전표를 토대로 필요부품만 선별하여 피킹하기 때문에 그 앞 공정에서 많은 수고가 필요하다.

㉡ 따내기 방식의 기본을 요약하면 다음과 같다.

ⓐ 주문전표별로 피킹을 한다. 구체적으로는 거래처 순으로 피킹한다.
ⓑ 피킹을 하면서 동시에 골판지 상자에 넣어 출하 플랫폼으로 운반한다.
ⓒ 출하 플랫폼에서 검품을 실시한 다음 출하한다.

[사전 피킹과 출하동시 피킹의 장·단점] ▶ 기출 빈출

구분	사전 피킹	출하동시 피킹
장점	1. 트럭 적재시간이 짧아진다. 2. 하루중의 작업 피크를 평준화할 수 있다. 3. 출하 품목·수량의 더블 체크가 가능하다.	1. 피킹하면서 트럭에 적재하기 때문에 핸들링은 1회뿐이다. 2. 피킹한 것의 보관장 공간이 좁아도 된다.
단점	1. 피킹한 것의 보관장 공간이 필요하다. 2. 피킹한 것을 피킹 보관장까지 운반해야 한다. 3. 피킹과 트럭 적재 때의 2회 핸들링이 있다.	1. 각 창고마다 트럭이 순차로 이동해야 한다. 2. 피킹 때의 출하 능력이 피킹과 적재시간 때문에 제약을 받는다.

(3) 낱개 피킹 시스템의 방법

① 스토어매틱(Storematic) : 단품보관 랙에서 소형 스태커크레인으로 피킹하는 자동판매기 형식
② 아이티매틱(Itematic) : 상·하 이동의 컨베이어와 연결된 피킹기기
③ MAS : 1초 단위당 3개 피킹 속도의 피킹머신
④ S형 : 1초 단위당 1개 피킹 속도의 피킹머신
⑤ 슈퍼마켓 방식 : 품종별로 배열된 랙 사이를 작업자가 순회하면서 출하지시서(전표)를 보며 고객별로 선품한다.
⑥ 캐러셀(carousel) 방식 : 피커는 움직이지 않고 상품만 움직이도록 하는 방식인데, 마치 회전 목마가 자기 앞으로 돌아오기를 기다리기만 하면 된다고 하여 회전목마(merry-go-round)방식이라고 부른다. 담당자는 한 자리에 서서 자기 앞으로 이동해 온 상품에서 정해진 수량만 집어들어 상품상자에 옮기면 된다.

▶ 낱개 피킹 시스템의 사용설비
① 경사선반
② 회전선반
③ 이동보관대
④ 적층랙

2. 오더 피킹의 필요성과 생산성 향상방안

(1) 오더 피킹의 필요성

가장 생산성이 요구되는 부분 중 하나는 오더 피킹 부문으로 그 이유는 창고작업 중 오더 피킹에 가장 많은 비용이 투입되며, 오더 피킹 작업관리의 어려움이 있고 품질이나 고객서비스를 향상해야 하기 때문이다. 이에 따라 제품 손상의 최소화, 처리시간의 단축 및 피킹의 정확도 향상이라는 측면에서 오더 피킹 시스템 자체를 재검토해야 할 필요성이 증대되고 있다.

(2) 오더 피킹의 생산성 향상을 위한 원칙 ▶ 기출 7회, 10회, 12회, 19회

생산성 향상을 위한 원칙
1. 가능한 한 작업종류의 축소 2. 피킹 빈도가 높은 물품일수록 피커의 접근이 쉬운 장소에 저장 3. 혼잡을 피하기 위해 피킹장소 간 피킹활동을 조절 4. 보통 함께 피킹하는 경우가 많은 물품은 동일 또는 인접장소에 배치 5. 보관의 지역을 피킹구역과 보관구역으로 분리 6. 총이동 시간을 축소하기 위해 오더를 통합 7. 피킹장소들의 피킹순서 결정 8. 피킹의 오류를 최소화하기 위해 서류와 표시를 체계화 9. 분류시간과 오류를 최소화하기 위해 작업자의 편의를 고려한 운반기기 설계 10. 자사의 환경에 맞는 최적의 오더 피킹 설비의 선택

II. DPS와 DAS의 비교

1. DPS와 DAS의 개념과 유형

(1) DPS(Digital Picking System)의 개념 ▶ 기출 12회, 13회, 17회, 21회, 27회

① DPS는 피킹할 물품을 컴퓨터와 디지털 표시기에 의해 작업전표 없이 피킹할 수 있는 시스템으로서, 다품종 소량, 다빈도 피킹 및 분배업무에 필수적인 시스템이며, 또한 Speed Picking System(SPS)으로 고속 피킹기능도 있다.

② DPS는 물류센터의 작업합리화 및 생산성 극대화를 목표로 시즌에 따른 아이템의 증가 및 변경, 작업자의 교체 등으로 인한 피킹 및 분배작업의 혼란을 최소화시킬 수 있으며 미숙련자라도 빠르고 정확한 피킹작업(분배작업 동시 수행)을 할 수 있다. 따라서 갑작스런 물량 증가 시에는 물론 평균적 물량 시에도 단순 아르바이트 신입직원도 유연성 있게 활용할 수 있어 물류비 절감 및 작업생산성 향상을 도모할 수 있다.

(2) DPS의 특징 ▶ 기출 11회, 13회, 17회, 21회

① 다품종소량, 다빈도 피킹 업무 이용은 물론 양손으로 작업이 가능하다.
② 다양한 시스템 구성 : Man-Machine 인터페이스에 중점을 두고 있다.

③ 시스템 변경이 용이하며 시각성이 높다.
④ 멀티블록 : 멀티배치 실현으로 물동량에 따라 피킹효율을 향상시킬 수 있다.

(3) DPS(Digital Picking System)의 유형 ▶ 기출 21회

① 대차식 DPS
  ㉠ Rack에는 피킹 표시가 붙어있어서 작업자는 그것을 보면서 피킹 작업을 대차로 해나간다.
  ㉡ 피킹 지시는 DPS 관리용 PC로 하고 다른 타입의 Rack에도 쉽고 빠르게 작업이 가능하다.

② 구동 컨베이어식 동기식 DPS
  ㉠ 작업 인원수에 따라 설정된 Zone별로 피킹 표시에 따라서 Zone 단위로 피킹 작업을 진행하여 전체 Zone에서 완료 버튼이 눌러지면 컨베이어가 출하박스를 1개 Zone씩 움직이는 컨베이어 동기 피킹 시스템이다.
  ㉡ Zone별로 피킹수량을 균등하게 하므로 피킹효율을 높일 수 있다.

③ 무구동 컨베이어식 DPS
  ㉠ 오더 단위로 출하박스를 무구동 컨베이어에 투입하여 Zone별로 피킹하고 해당 Zone에서 오더의 피킹이 완료되면 구동 컨베이어로 밀어 출하라인으로 이송되고 계속되는 오더는 Replay로 작업하는 방식이다.
  ㉡ 오더의 건수에 따라 Zone수를 설정하므로 물량에 따라 피킹 작업 인원을 조절할 수 있어 배송처가 많고 오더 단위당 건수가 적은 인터넷, 카탈로그, 홈쇼핑, 방문판매 등의 무점포 물류단지에 적합한 방식이다.

(4) DPS 도입시 일반적 기대효과 ▶ 기출 12회

① 소형품목의 다빈도 피킹에 유용하다(Speed Picking System).
② 컴퓨터가 정확한 display를 자동으로 알려줌으로써 검색시간이 줄어든다.
③ 피킹의 신속성과 정확성을 통하여 작업생산성 향상과 서비스 향상을 도모한다.
④ 기대효과
  ㉠ 피킹 오류의 감소
  ㉡ 피킹 생산성 향상
  ㉢ 피킹 시간의 단축
  ㉣ 피킹 인원의 감소

(5) DAS(Digital Assorting System)의 개념 ▶ 기출 17회, 19회, 21회, 23회

① DAS는 피킹한 물품을 컴퓨터와 디지털 표시기에 의해 전표 없이 거래처별 분류·분배하는 작업을 말한다. 제품의 분배에 있어서 기존의 작업지시서를 보고 실행해온 작업을 작업지시서 없이 분배작업을 가능하게 하는 시스템이다.
② 분배하기 위한 제품의 피킹에는 DPS List 혹은 운송요청서를 사용할 수 있다. 이 시스템을 통하여 적은 작업인원으로 빠르고 정확한 분배를 할 수 있으며 분배누락이나 실수를 낮추고 물류품질을 높여 궁극적으로 물류비용을 절감할 수 있도록 한다.

(6) DAS의 특징과 도입효과

① 특별한 상품지식이 없어도 어느 누구라도 바로 작업이 가능하다.
② 디지털 표시기를 보고 컨베이어로 이동 분류되어 분배시간 단축과 정확한 분배가 가능하다.
③ 전표가 필요 없으므로 양손 사용이 가능하다.
④ 보관 장소와 주문별 분배장소가 별도로 필요하다.
⑤ 분배속도
전표에 의한 분배작업에 있어서 "전표 확인 - 판단 - 분배 로케이션 설정."부분을 없애고 램프가 점멸하고 있는 로케이션에 표시된 수량을 분배하므로 단순비교만으로 2배 이상의 작업속도를 유지할 수 있다.
⑥ 분배의 정확성
점멸하는 표시기와 숫자표시의 단순작업에 의해 전표를 사용한 작업에서 발생하는 문제점을 미리 방지하고 분배미스율을 매우 낮출 수 있다.

(7) DAS의 유형 ▶ 기출 21, 27회

① 멀티 + 릴레이 분배방식 DAS
  ㉠ 냉장 및 신선식품의 통과형 또는 생산형 물류센터의 입고수량을 1차 Zone(통로)별 중분류와 2차 점포별로 분배하는 방식이다.
  ㉡ 짧은 시간 이내에 많은 아이템을 분배하므로 동시에 여러 종류 이상의 아이템을 분배할 수 있도록 하여 단품 분배보다 생산성을 30~40% 이상 향상시킬 수 있어 냉장, 신선식품의 통과형 물류단지 또는 도시락, 가공생산하는 물류센터에 적합하다.
② 멀티 분배방식 DAS
  ㉠ 고객별 상품을 합포장해야 하는 경우에 적합한 분배시스템으로 아이템과 고객 수가 많고 히트율이 매우 낮은 인터넷 서적판매와 카탈로그 등에 적합하다.
  ㉡ 통과형의 물류단지와 배송처가 많고 오더 단위당 히트건수가 적은 인터넷, 카탈로그, 홈쇼핑, 방문판매 등의 무점포 물류단지에 적합하다.
③ 멀티 다품종 분배방식 DAS
  ㉠ 의류업에 유용한 시스템으로서 아이템수가 많기 때문에 동시 4가지 이상의 상품을 분배할 수 있도록 하고 남은 잔량을 표시하여 박스수를 줄일 수 있다.
  ㉡ 박스명세서를 출력하여 상품리스트로 매장에서 검품하는 데에 도움을 준다.

제3장 핵심문제

01 오더 피킹 시스템(Order Picking System)에 대한 설명으로 옳지 않은 것은?

① 저장 중에 있는 창고의 재고에서 거래처로부터 수주받은 물품을 주문별로 선별하여 이를 모아서 출하하는 과정을 의미한다.
② 오더 피킹은 수주활동의 일환으로서 상적 정보를 토대로 한 주문서, 출하전표, 납품표, 송장, 포장지시서 및 불출지시서 등 정보처리와 불출지시서에 의해 물품의 흐름을 파악하는 것이다.
③ 1인 피커가 1건 주문전표에서 요구하는 모든 물품을 피킹하는 방법을 1인 1건 피킹 방법이라고 한다.
④ 여러 건의 전표에 있는 물품을 한 번에 피킹하는 방식을 일괄 오더 피킹 방법이라고 하는데, 이 경우 재분류 작업이 발생하지 않는다.
⑤ 여러 사람의 피커가 자기가 분담하는 종류의 작업범위를 정해 두고 피킹전표에서 자기가 담당하는 종류만을 피킹하고 다음 피커에게 릴레이식으로 넘겨주는 방식을 릴레이 방식이라 한다.

정답 ④

해설 여러 건의 전표에 있는 물품을 한 번에 피킹하기 때문에 재분류 작업이 발생한다.

02 다음에서 설명하는 낱개 피킹 시스템의 방법으로 옳은 것은?

> 피커는 움직이지 않고 상품만 움직이도록 하는 방식으로, 마치 회전 목마가 자기 앞으로 돌아오기를 기다리기만 하면 된다고 하는 방식

① 캐러셀(carousel)
② 스토어매틱(Storematic)
③ 아이티매틱(Itematic)
④ S형
⑤ 슈퍼마켓 방식

정답 ①

해설 캐러셀(carousel) 방식에 대한 설명이다.

03 오더 피킹의 생산성 향상을 위한 원칙으로 옳지 않은 것은?

① 가능한 작업종류 축소
② 피킹 빈도가 높은 물품일수록 피커의 접근이 어려운 장소에 저장
③ 혼잡을 피하기 위해 피킹장소 간 피킹활동을 조절
④ 보통 함께 피킹하는 경우가 많은 물품은 동일 또는 인접장소에 배치
⑤ 보관의 지역을 피킹구역과 보관구역으로 분리

정답 ②

해설 피킹 빈도가 높은 물품일수록 피커의 접근이 쉬운 장소에 저장하여야 한다.

04 DPS(Digital Picking System)에 대한 설명으로 옳지 않은 것은?

① DPS는 피킹할 물품을 컴퓨터와 디지털 표시기에 의해 작업전표 없이 피킹할 수 있는 시스템이다.
② 다품종 소량, 다빈도 피킹 및 분배업무에 필수적인 시스템이며, 또한 Speed Picking System(SPS)으로 고속 피킹기능도 있다.
③ DPS는 물류센터의 작업합리화 및 생산성 극대화를 목표로 시즌에 따른 아이템의 증가 및 변경, 작업자의 교체 등으로 인한 피킹 및 분배작업의 혼란을 최소화시킬 수 있다.
④ 미숙련자의 경우에는 빠른 피킹작업을 수행하기 어렵다.
⑤ 다품종소량, 다빈도 피킹 업무 이용은 물론 양손으로 작업이 가능하다.

정답 ④

해설 미숙련자라도 빠르고 정확한 피킹작업(분배작업 동시수행)을 할 수 있다.

05 DAS(Digital Assorting System)에 대한 설명으로 옳지 않은 것은?

① DAS는 피킹한 물품을 컴퓨터와 디지털 표시기에 의해 전표 없이 거래처별 분류·분배하는 작업을 말한다. 제품의 분배에 있어서 기존의 작업지시서를 보고 실행해온 작업을 작업지시서 없이 분배작업을 가능하게 하는 시스템이다.
② 적은 작업인원으로 분배 할 수 있지만, 분배누락이나 실수가 빈번하게 발생한다.
③ 특별한 상품지식이 없어도 어느 누구라도 바로 작업이 가능하다.
④ 디지털 표시기를 보고 컨베이어로 이동 분류되어 분배시간 단축과 정확한 분배가 가능하다.
⑤ 전표가 필요 없으므로 양손 사용이 가능하다.

정답 ②

해설 분배누락이나 실수를 낮추고 물류품질을 높여 궁극적으로 물류비용을 절감할 수 있도록 한다.

제4장 구매, 재고관리, 수요예측 시스템

I. 구매관리 및 재고관리

1. 구매관리의 역할과 기능

(1) 경영활동에서의 구매의 위치

구매의 기본은 자재공급을 통하여 물자 및 정보 등이 중단 없이 흘러가게 하는 것이다. 구매(purchasing)란 제조업체가 생산에 필요한 설비나 원재료, 부품 등의 자재를 조달하거나 유통업체가 판매하기 위한 물품을 구입하는 등 이를 외부 기업으로부터 서비스(용역)를 취득하거나 구입 또는 조달하는 행위를 말한다. 그러나 공급업체의 파산, 부적합품의 발생, 자연재해, 안전사고, 노사분규, 지역적 분쟁, 테러 등 모든 것이 경영활동의 원활한 흐름을 방해하고 자재조달, 물품 구입 활동의 단절을 위협하는 요소가 끊임없이 발생한다.

(2) 구매, 구매관리의 정의, 기능

① 정의

제조업체가 생산에 필요한 설비나 원재료, 부품 등의 자재를 조달하거나 유통업체로부터 판매하기 위한 물품을 구입하는 등 조달 활동을 할 필요가 있다. 이 물품을 구입하거나 조달하는 행위를 구매(purchasing)라고 한다. 또한 외부 기업으로부터 서비스(용역)를 취득 하는 것도 일반적으로 구매에 포함시킨다.

- 구매관리 핵심역량 5요소
  기업의 생산 활동 과정에서 생산 계획을 달성할 수 있도록 생산에 필요한 자재(어떤 제품의 생산에 필요한 기본 재료)를 매입하는 활동으로 구매관리 핵심역량 5요소는 아래와 같다.
  ㉠ 경쟁력 있는 거래처 확보(Vendor, Supplier)
  ㉡ 설계품질, 생산품질, 소비자품질 보증(Quality Assurance)
  ㉢ 최소의 비용과 원가경쟁력 확보(Cost)
  ㉣ 필요한 시점에 납기준수(Delivery)
  ㉤ 필요한 수량, 공급능력을 확보하는 것(Quantity, Capacity)

② 구매관리의 목적

회사 내·외부의 유기적 결합 아래, 생산 계획의 원활한 수행에 필요한 자재를, 적절한 거래처로부터, 적절한 품질·납기·수량을 확보하여, 적절한 가격으로 물품을 매입하여 최고의 상품가치와 고객의 효용가치를 창출하는 것이 구매관리 목적이다.

③ 구매관리의 기능
  ㉠ 구입품관리 : 품질관리, 납기관리, 원가관리, 불합격품의 처리 등
  ㉡ 외주업체관리 : 업체 평가 및 선정, 업체 실태 조사, 신규 업체 발굴, 거래 조건 협상, 업체 지원 등
  ㉢ 회사부문관리 : 자체 생산 / 외주생산 구분, 원가절감 활동, 매입관리
  ㉣ 구매부문관리 : 구매계획, 발주관리, 가격관리, 업체관리, 구매업무 규정의 정비
  구매관리의 핵심 역할은 구매관리는 회사 경영에 필요한 자재(또는 용역)를 필요한 시기에 필요한 양을 가장 경제적으로 구입하여 공급하는 것이다. 즉, 생산 활동이나 영업 활동을 원활하게 수행할 수 있도록 필요한 물품이나 용역을 적시에 공급하는 것이다.

(3) 중앙집중식과 분산구매의 장·단점
① 중앙집중식 구매의 장점
  ㉠ 전사적 요구를 집중시키고, 대량 구매가 가능하여 구매 가격을 낮출 수 있다.
  ㉡ 구매 조직이 단 하나이기 때문에 구매 방침이 확고하며, 업무규정대로 추진된다.
  ㉢ 구매 활동을 평가하여 높은 성과를 유지하는 수단으로서 통제하기가 쉽다.
  ㉣ 구매책임자가 직접관리하여 스태프로서의 책임을 쉽게 달성할 수 있다.
  ㉤ 업자가 한정되어 있기 때문에 품질 관리를 하기가 쉽다.
  ㉥ 구입품을 필요로 하는 부문에 융통성 있게 할당·배분할 수 있기 때문에 긴급한 요청에 신속하게 대응하기 어렵다.
  ㉦ 잉여품의 전용(轉用)을 효과적으로 수행할 수 있다(어떤 공장의 잉여품으로 다른 공장의 수요를 충족시킬 수 있다).
  ㉧ 설계를 변경하거나 모델을 바꿀 경우, 순차적으로 대체시킬 수 있기 때문에 폐품화의 로스를 최소로 줄일 수 있다.
  ㉨ 특정품목에서 고도의 전문화를 이룰 수 있어 구매기술을 향상시킬 수 있다.
  ㉩ 구입품 시방을 표준화하기 쉽다.
  ㉪ 구매 부문의 인원을 줄일 수 있다.
② 분산구매의 장점
  ㉠ 어떤 지역에 있는 공장의 생산이 경제적 조업 단위로서 유지될 수 있을 정도로 확대되어, 그곳의 발주량으로도 충분히 대량 구매의 이익을 얻을 수 있다.
  ㉡ 공장이 넓은 지역에 분산되어 있거나, 거리상으로 상당히 멀리 떨어져 있어서,
    ⓐ 물품 조달이 지연되기 쉽다.
    ⓑ 사무나 기록의 중복이 발생한다.
    ⓒ 실제로 사용하는 부문과 평소에 직접 접촉하기가 어렵다.
    ⓓ 긴급 요구에 대응하기가 어렵다.
    ⓔ 절차가 복잡하다.

ⓒ 지방 공장의 경우 조업 조건(공장 설비·저장 시설·기상 조건 등)에 독특한 차이나 특징이 있다.
ⓓ 권한을 이양함으로써 유능한 관리자를 육성할 수 있다.

[집중구매와 분산구매의 장점 및 단점] ▶ 기출 28회

구분	품목	장점	단점
중앙 집중 구매	• 전사공통품목 • 표준품목 • 수요가 높은 품목 • 구매량별 가격차가 큰 품목	• 대량구매로 가격과 거래조건 유리 • 절차복잡한 구매에 유리 • 시장조사, 거래처조사 • 구매효과 측정 용이 • 자재 공용화·표준화·단순화로 재고감소 가능	• 각 구매부서별 자주성 없고 수속 복잡함 • 긴급조달 어려움 • 각 공장별 재고상황 파악이 어렵다. • 조달기간과 운임 증가
분산 구매	• 시장성 품목 • 가격차 없는 품목 • 소량·소액 품목 • 사무소모품, 수리부속품	• 자주적 구매, 사업장 특수 요구 반영 • 긴급수요 경우 유리 • 구매수속 신속히 처리	• 본사방침과 다른 자재를 구입하는 경우 발생 • 구입경비가 많이 들고 구입단가가 높아진다. • 구입처와 거리가 먼 경우 적절한 자재구입이 어려움

2. 재고관리

(1) 재고관리 정의와 목적

① 재고관리의 목적 ▶ 기출 25회, 27회

재고관리의 목적은 재고투자나 재고비용의 절감, 운전자금의 원활화, 품절방지, 조업도의 안정화, 불확실성의 충격흡수(수요·공급), 서비스율 향상, 재고비용(구매비용, 발주비용, 보관비용, 품절손실비용, 진부화 비용)을 절감하는 것이다.

(2) 재고의 주요 기능 ▶ 기출 23회, 24회, 27회 빈출

물류측면의 재고의 주요기능은 수급적합 기능, 생산계획 평준화 기능, 경제적 발주 기능, 운송합리화 기능이 가장 중요한 기능이다.

재고별 주요기능	
안전재고	수요의 불확실성에 대비하여 여유분으로 보유하는 재고이다. 안전재고는 원칙적으로 완제품(Finished good)에 적용되며 하위부품은 적용하지 않는 것이 원칙이나, 원자재 공급업체의 신뢰성이 부족하거나 중간 조립품이나 부품의 품질 불량이 자주 발생하는 경우는 안전재고를 보유 할 수 있다.
운송재고	운송 또는 이동 중인 재고를 말한다. (예: 송유관을 통해 이동되고 있는 석유)
예상재고	예상재고는 회사의 전략에 근거해서 보유하는 재고이다. 예를 들면 계절성 상품을 비수기 동안 재고를 축적해 놓는 것 등으로 미래상황에 대비하여 보유하는 재고를 말한다.

재고별 주요기능	
헤징재고	헤징재고는 예상재고와 개념적으로 유사하나 실제로 발생할지 모르는 어떤 사건에 대한 예상이기 때문에 도박성재고(Gambling stock)라고도 불린다. 공급자의 노동파업이나 원자재의 급격한 가격상승이 예견되거나, 외국의 공급 업체가 위치한 나라와의 분쟁, 매우 긴 리드타임을 가지고 있는 품목에 적용된다.
진부화 재고	특정 기간 동안 수요가 발생하지 않는 제품의 재고이다.

▶ 재고율
 • 입고금액 / 출고금액 × 100
▶ 원가절감비율
 • 원가절감액 / 예산 × 100

(3) 재고관리의 과제

기업의 입장에서 볼 때 시장에서의 고객 수요를 신속히 수용할 수 있는 생산체제를 갖추고 원재료, 재공품 및 상품 등의 재고량을 경제적(화폐단위로 표현) 관점에서 유출속도에 비례하여 유입속도를 조절하여 최소한으로 유지하는 것이 재고관리의 과제이다. 그러기 위해서는 고객의 요구 수준을 충족시키되 발주비용, 재고유지비용, 생산준비비용(set-up cost), 재고부족으로 인한 공급상의 품절로 입게 되는 판매손실비용 등 총재고비용을 절감하는 것이다. 가장 이상적인 것은 수요와 공급의 일치이다.

(4) 재고의 종류

① 수송재고
  자재 흐름 체계를 통해 한 지점에서 다른 지점으로 이동 중인 재고를 말한다.
② 투기성재고
  금, 은, 동과 같은 원자재는 작업에 필요한 양만큼 가격투기로 구매되는 재고로서, 재무관리에 초점을 맞추고 있다.
③ 순환재고
  평균 수요를 충족시키는 데 필요한 재고를 말한다.
④ 안전재고
  수요의 불확실성과 공급의 불안정으로 조달기간의 변동에 대한 방지책으로 발생되는 충격흡수 재고를 말한다.
⑤ 침몰(불용)재고
  재고기간 동안 손상, 손실 및 진부화되는 재고를 말한다.

(5) 안전재고 수준과 수요·공급의 변동요인 ▶ 기출 2회, 7회

안전재고는 수요의 변동, 수요의 지연, 공급의 불확실성 등으로 품절이 발생하여 계속적인 공급중단 사태를 방지하기 위한 예비목적의 재고량을 의미한다.
① 생산과정에서 불량품 발생
② 발주 취소
③ 생산일정의 변경 및 취소
④ 설계 변경에 의한 추가요청 및 불용자재 발생
⑤ 납기 또는 수송의 지연
⑥ 납품검사 시 불합격 판정

⑦ 공급처의 사고로 인한 계약불이행
⑧ 납품절차의 착오

이와 같은 요인으로 실 재고는 변동이 있으며, 변동이 발생하더라도 품절 없이 계속적인 공급이 가능하도록 하기 위해 여유분의 재고를 안전재고화 한다. 안전재고수준은 고정 안전재고수준과 변동 안전재고수준이 있으며, 비교적 수요변동 폭이 좁은 자재는 고정 안전재고수준을 설정하여 재고관리방침에 의하여 관리된다. 그러나 수요변동 폭이 넓은 자재는 품목마다 통계 방식에 의한 가변 안전재고수준을 설정하여 관리한다.

(6) 안전재고수준의 결정요소 ▶기출 13회

① 안전재고수준은 수요의 변동분포에 따라 크게 달라진다. 즉, 수요의 변동의 폭이 넓으면 예상 외의 수요에 대비하기 위한 양을 예측하기가 곤란하기 때문에 안전재고수준을 높여야 하며, 변동 폭이 좁으면 안전재고 수준은 적게 책정해야 한다. 소요기간의 분산이 커지면 안전재고는 증가하고, 분산이 작으면 안전재고는 감소한다.

② 수요변동계수가 큰 품목을 안전재고수준을 설정하여 재고로 보유하게 되면 경험 통계에 따라 사장화되는 경향이 있다. 수요변동계수는 '수요에 대한 상대적 불확실성의 크기', 즉 평균수요 대비 표준편차로 계산된다.

③ 표준편차가 크면 수요변동계수가 높아지고, 조달기간의 편차가 같으면 안전재고수량의 큰 변동이 없다. 안전계수는 서비스 수준으로 판단한다.

④ 재고수준 의사결정요소 ▶기출 12회
 ㉠ 경쟁성 : 경쟁이 격심한 품목의 안전재고는 일반적으로 높다.
 ㉡ 서비스 : 수리를 원하는 고객을 대상으로 하는 수리부속품목의 경우 서비스가 중단되지 않도록 안전재고관리에 특히 주의를 기울여야 한다. 서비스 수준이 높으면 재고는 증가한다.
 ㉢ 이윤 : 이익률이 높은 품목은 재고 고갈로 인한 손실에 관심을 기울여야 한다.
 ㉣ 대체성 : 해낭 품목을 대체할 수 있는 품목이 있을 때 안전재고수준은 낮춘다.
 ㉤ 보관거점수 : 서비스 수준과 재고관리비용 최적화 의사결정

(7) 재고관리 수준 평가지표 계산식 ▶기출 1회~19회 빈출

① 연간 총재고비용 = 재고유지비용(구매원가포함) + 주문비용
 구매원가 = 소요량 × 구입단가
 재고유지비용 = 경제적 발주량(EOQ) / 2 × 유지비율 × 단가
 주문비용 = 소요량 / EOQ × 단위당 주문비용

② 재고유지비용 ▶기출 21회
 금융비용, 지급이자, 창고료, 보관비용(임대료), 보험료, 세금, 감가상각비, 진부화 비용 등 재고보유시 발생되는 유지비 등이다.
 ㉠ 재고유지비 = 평균재고량 × 단위당 구매가격 × 단위당 재고유지비율(%)
 ㉡ 평균재고량 = EOQ(경제적 발주량) / 2

▶ 재고수준 의사결정요소
 ① 경쟁성
 ② 서비스
 ③ 이윤

③ 서비스율 = 납기 내 납품량(액) / 수주량(액) × 100(납품량 = 주문량 - 결품수량, 불량수량)
④ Back Order율 = 결품량 / 요구량 × 100
⑤ 주문수량 = (검토주기 + 리드타임) × 수요량 + 안전재고
⑥ 재고일수 = 현재 재고수량(금액) / 월평균 출하량(금액) × 30일
　　　　　 = 당일말 재고금액 + 일평균 매출액
⑦ 재고회전율(회) = (일정기간의) 매출액 또는 소비량 / 평균재고금액 또는 재고량
　평균재고량 = (기초재고량 + 기말재고량) / 2
⑧ 안전재고량 ▶ 기출 23회, 24회, 25회 빈출
　긴급주문 또는 불확실성에 대비한 재고를 의미한다.

> 안전재고량 = 안전계수 × 수요의 표준편차 × √조달 리드타임
> 안전계수는 통계적으로 서비스율이 95%(결품률 5%)일 경우 정규분포 통계값으로 안전계수 값은 1.65로
> • 서비스 수준 90% - 안전계수 값 = 1.28
> • 서비스 수준 97% - 안전계수 값 = 1.88
> • 서비스 수준 99% - 안전계수 값 = 2.33

⑨ 재발주점(ROP) ▶ 기출 22회~24회 빈출
　= (조달기간 × 일일소요량) + (안전계수 × 표준편차 × $\sqrt{조달기간}$)
　일일소요량 = 연간판매량 / 연간영업일수 또는 월간생산량 / 월간작업 일수

II. 경제적 발주량 및 생산량의 결정

1. 경제적 발주량과 주문수량 결정기법

(1) 정량발주 방법(Quantity-Q발주법 / 발주점법) ▶ 기출 8회, 9회, 14회, 28회 빈출

① 정량발주는 재고량이 일정수준까지 내려가면 일정량을 주문하여 재고관리를 하는 방식을 말한다. 정량 발주법의 계산식은 우선 발주점(OP)과 발주량(OQ)을 결정하여야 한다. 정량 주문 방식의 적용은 고정주문량(Fixed order quantity)에 의한 EOQ 모델 또는 Two-Bin 법을 활용하며, 다음의 특성을 지니는 경우에 일반적으로 적용한다.
　㉠ 로트보충의 경우
　㉡ 수요예측이 어려운 경우
　㉢ 품목이 많고 관리하기 어려운 경우
　㉣ 수요량의 합계로서는 수요가 안정이 되어 있는 경우
　㉤ 소비예정량의 계산이 복잡하고 계산의 확실성이 애매한 경우
　㉥ 현물관리가 나쁘고 재고차이가 심한 경우
　㉦ 주문과 생산이 그다지 관계가 없는 경우

② 정량발주법의 장·단점 ▶기출 8회, 9회, 14회
  ㉠ 정량발주의 장점
    ⓐ 발주점에 도착한 품목만을 자동적으로 발주하면 되기 때문에 관리하기가 매우 쉽고 초보자도 발주업무를 수행할 수 있다.
    ⓑ 발주점, 발주로트를 고정화시키면 관리가 확실해진다.
    ⓒ 수량관리를 철저히 하고 재고조사 시점에서 차이를 조정하면 주문량이 일정하기 때문에 수입, 검품, 보관, 불출 등이 용이하고 작업 코스트가 저렴하다.
    ⓓ 경제로트 사이즈를 이용할 수가 있기 때문에 재고비용을 최소화할 수 있다.
    ⓔ 관리하기가 쉽고, 확실하기 때문에 다품목의 관리가 가능하다.
  ㉡ 정량발주의 단점
    ⓐ 발주로트의 변경은 고작 3개월 내지 4개월에 1회 정도가 현실적이기 때문에 발주점, 발주로트를 엄밀히 관리하기가 어렵다.
    ⓑ 운용의 형식이 획일적으로 되고 개개의 품목특성에 의한 재고관리가 어렵다.
    ⓒ 발주시기가 일정하지 않기 때문에 대량 일괄발주가 불가능하고, 발주빈도가 높으며, 양이 많은 품목에 대하여는 코스트가 높아진다.
    ⓓ 취득기간이 길거나 로트분할이 큰 경우에는 부적당하다.

(2) **경제적 발주량(EOQ : Economic Order Quantity)** ▶기출 1회~27회 빈출
주문 비용과 유지 비용을 포함한 총비용을 최소화하는 가장 경제적인 1회 주문량을 말한다. 기업이 단위 시간당 수요량과 연간 수요량이 알려져 있는 어떤 하나의 자재를 외부로부터 조달할 때, 조달 기간이 일정하며, 주문량은 일시에 배달되고, 수량 할인이 인정되지 않고, 재고 부족 현상이 발생하면 안 되는 조건에서 이루어지는 주문량이다.

$$경제적\ 발주량(EOQ) = \sqrt{\frac{2 \times 1회\ 주문비용 \times 연간수요량}{연간단위당\ 재고유지비}}$$

① 재주문점(ROP : Reorder Point) = 조달기간 동안의 평균수요 + 안전재고
② 연간단위당 재고유지비용 = 구매가격 × 연간재고유지비율
③ 연간최적주문횟수 = 연간수요량 / EOQ
④ 주문주기(간격 : Time Between Order) = 365일 / 주문횟수
   = 경제적 발주량(EOQ) / 연간수요량 × 365일
⑤ 재고회전율 = 총매출액 / 평균재고액(평균재고액 = 기초재고액 + 기말재고액 / 2)
⑥ 경제적 발주량(EOQ)의 전제조건
  ㉠ 단일품목으로 연간수요량이 알려져 있고 수요가 일정하여야 한다.
  ㉡ 수요는 연속적이고 주문량이 동시에 도착하고 할인이 인정되지 않아야 한다.
  ㉢ 조달기간이 일정하고 재고부족현상이 일어나지 않아야 한다.

㉣ EOQ 계산의 기초가 되는 비용정보(품목 단가, 구매 / 준비 비용, 이자율 등)가 정확하다.
㉤ LOT수량 크기에 제한이 없고 재고유지비, 주문비용이 알려져 있고 일정하다.
㉥ Lead-Time간 공급에 불확실성이 없고, 품절이 없어야 한다.

(3) 경제적 생산량(EPQ : Economic Production Quantity) ▶기출 8회~16회, 28회

$$경제적\ 생산량 = EOQ \times \sqrt{\frac{연간생산능력}{연간생산능력 - 연간수요량}}$$

(연간생산능력 = 일일생산량 × 연간작업일수)

① 연간총비용(TAC) = 연간재고유지비용 + 연간가동준비비용
② 연간관리비용 = 단위당 재고유지비용 × 평균재고량

(4) 경제적 발주량(EOQ) 관련 재고유지비용, 주문비용, 주문횟수, 주문간격 산출방법

① 연간 재고유지비용과 연간 주문비용, 주문횟수, 주문간격 계산 사례
A회사 제품의 연간 총 수요는 20,000개이고, 단위당 구매비용은 10원이다. 주문비용(Order cost)은 50원 / 회이고, 단위당 연간재고유지비용(Inventory holding cost)은 구매비용의 20%이다. 이 때 EPQ(경제적 생산량)모형에서 연간재고유지비용과 연간주문비용의 합은?

- 경제적 발주량(EOQ)

$$= \sqrt{\frac{2 \times 1회\ 주문비 \times 연간수요량}{단가 \times 단위당 연간재고유지비율}} = \sqrt{\frac{2 \times 50원 \times 20,000개}{10원 \times 0.2}}$$

$$= \sqrt{1,000,000} = 1,000개$$

- 재고유지비용 = EOQ / 2 × 재고유지비용(구매비용 10원의 20%)
= 1,000개 / 2 × 2원 = 1,000원
- 연간주문비용 = 연간수요량 / 경제적 발주량(EOQ) × 1회 주문비
= 20,000개 / 1,000개 × 50원 = 1,000원
즉, 합계 : 재고유지비용 + 연간주문비용 = 1,000원 + 1,000원 = 2,000원
- 연간주문횟수 = 연간수요량 / 주문량 = 예측수량 / EOQ
= 2,400 / 300 = 8회 / 년
- 주문간격(TBO) = EOQ / 연간수요량 × 12 = 300 / 2,400 × 12
= 1.5개월 간격

② 1회 주문비 2배, 연간 수요 2배 증가의 경우 경제적 발주량 변화
$\sqrt{2 \times 2} = \sqrt{4}$ = 경제적 발주량(EOQ) 2배 증가함

③ 40% 연간 수요증가, 30% 재고유지비용 감소조건에서 경제적발주량 변화
$\sqrt{1.4/0.7} = \sqrt{2} = 1.414$(EOQ 41% 증가함)

④ K사에서 정비부품 1일 수요의 표준편차와 조달기간을 조사해 보니 이전보다 표준편차는 8에서 4로 감소되었고, 조달기간은 4일에서 9일로 증가되었다. 정비부품의 안전재고수준은 어떻게 변동되는가? (단, 다른 조건은 동일하다)

안전재고 = 안전계수 × 표준편차 × $\sqrt{조달기간}$

기존 : $8 \times \sqrt{4일}$ = 16, 변경 : $4 \times \sqrt{9일}$ = 12(기존 16개 대비 25% 감소)

(5) 정기발주법 (기간발주방법 – Period – P발주법) ▶ 기출 8회, 9회, 14회, 27회, 28회

정기발주는 일정한 기간에 수요를 예측하여 발주기간을 정해 놓고 발주하는 방식이다. 정기발주 방식의 경우에는 조달기간과 발주 사이클 기간의 양자를 생각해야 하기 때문에 안전재고량은 상대적으로 증가한다. 정기발주 방식은 다음과 같은 특성을 지니는 경우에 적용된다.

① 소비량이 큰 주요 원재료 등으로서 엄밀한 재고관리가 필요한 중요품목을 대상으로 함과 동시에 일괄구입으로 코스트 다운이 가능한 품목을 대상(外資)으로 한다.

② 시장동향에 대응하여 재고조정이 가능한 품목 또는 1회의 구입 로트가 극히 작은 품목이다.

③ 설계변경 제품이나 유행상품처럼 돌연 진부화할 가능성이 큰 제품으로 조달기간이 장기에 걸치는 품목으로 중점관리해야 하는 것은 A품목이 해당된다.

[정기발주와 정량발주 방식의 비교]

항목	정기발주 방식	정량발주 방식
소비 금액	많아야 좋음	적은 편이 좋음
수요 변동	커도 됨	적은 편이 좋음
수요 예측	특히 필요함	과거실적이 수요기준이 됨
발주 시기	일정함	부정기
수주량	변경 가능	고정되어야 좋음
품목수	적을수록 좋음	많아도 됨
조달 기간	길다	짧은 편이 좋음

(6) Two – Bin법 ▶ 기출 9회, 11회, 13회, 15회, 17회, 23회

① 하나의 품목을 2개의 상자에 보관하여 하나의 상자에서 계속 부품을 꺼내어 사용하다가 모두 사용하고 나면 발주를 하여 부품이 모두 소진된 상자를 채우는 방식

② 가격이 저렴하고 사용빈도가 높고 리드타임(Lead Time)이 짧은 품목에 주로 이용하는 방식으로 정량발주방법에 가깝다.

③ Two-Bin법의 장점
  ㉠ 선입선출이 쉽다.
  ㉡ 저장, 반출의 단순화가 가능하다.
  ㉢ 공간의 낭비를 줄인다.
  ㉣ 재고수준의 추적이 불필요하다.

④ Two-Bin법 적용부품
　㉠ 가격이 저렴한 C급 자재
　㉡ 본 공장에서 거리가 멀지 않은 협력사로부터 공급되는 자재
　㉢ 부피가 적고 부패 등의 진부화 요인이 없는 자재
　㉣ 사용 빈도가 높아 자재의 순환이 비교적 잘 되는 자재
　㉤ 외부에 유출되어도 제품 생산의 보안 유지에 문제가 없는 자재

(7) ABC 재고 관리법 ▶ 기출 23회, 24회 빈출

① ABC 분석방법은 자재를 3개 그룹으로 분류하여 A그룹은 철저하고 세밀하게 관리하고, B와 C그룹은 상대적으로 간편하게 선택적으로 관리한다.
② A그룹은 가장 중요한 품목으로 가격이 비싼 품목으로 연간 매출액이 가장 높은 그룹으로 분류되고, C그룹은 연간 사용량이 조금 많으나 매출금액이 적은 품목이다.
③ 보관품을 ABC로 분류하여 특성에 맞게 관리하는 방법의 경우에 A품목들은 정기발주, B품목들은 정량발주, C품목은 Two-Bin법이 적합하다.
④ 한편, 물류비 계산 및 물류비 절감 활동에서는 금액기준보다 출하수량과 출하횟수 기준으로 ABC 관리가 되어야 합리적이다(장기·악성재고는 D등급으로 신속히 처분한다).

2. 수요예측기법

(1) 정성적 기법 ▶ 기출 7회, 13회, 22회, 25회, 27회 빈출

① 델파이기법
　㉠ 인간의 직관력을 이용하는 것으로 프로젝트가 큰 경우에 전문가 의견을 수렴하여 미래 수요를 예측하는 것
　㉡ 이 방법은 시간과 비용이 많이 드는 단점이 있으나, 예측에 불확실성이 크거나 과거의 자료가 없는 경우에 많이 활용하며 장기예측이나 기술예측에 적합
② 시장조사법
　특정 시장에 대한 조사내용의 가설을 세운 뒤에 설문지, 직접인터뷰, 전화에 의한 조사 등으로 정통한 판매원이나 거래점, 소비자의 의견을 종합적으로 수렴하고 영업측 예측을 합성하여 수요예측을 하는 것으로 단기간에 양질의 시장정보입수가 가능하나 자신의 경험에 편향되어 예측할 수도 있다.
③ 경영자의 의견으로 예측
　예측과 관련 있는 상위경영자의 의견을 모아 예측하는 것으로 경영자의 능력에 따라 차이가 많으며, 정확도도 낮을 수 있다.
④ 역사적 유추법
　신제품 개발 시 과거자료가 없을 때 그와 유사한 제품의 과거 자료를 기초로 하여 시장에서 입기·성장기·성숙기를 거치면서 수요가 성장했는지 예측하는 방법이다.

▶ 정성적 수요예측기법
● 델파이기법, 시장조사법, 경영자 예측법, 역사적 유추법

(2) 정량적 기법

① 회귀분석 ▶ 기출 25회

한 개 또는 여러 개의 변수(독립, 원인변수)가 다른 변수(종속, 결과변수)와 상관관계를 가질 때 독립변수가 변화함에 따라 종속변수가 어떻게 변화하는가를 규명하는 분석법으로 인과형 예측기법이다.

② 시계열분석 ▶ 기출 28회

일정한 시간간격으로 본 일련의 과거자료(일별, 주별, 월별 판매실적)를 기초로 하여 추세분석이나 계절적 변동요인, 순환요인, 불규칙변동, 우연변동요인을 분석한다.

③ 가중치 이동평균법 ▶ 기출 14회, 17회, 18회, 21회, 25회

㉠ 이 법의 특징은 계산이 간편하고 최근 경향을 따르기 때문에 수리품 관리에 널리 이용된다.

㉡ 이것은 6개월 전의 동향과 최근의 동향을 다른 비중(가중치를 높게 부여함)으로 단순평균보다는 전체 경향에 따라가게 되고 가중치를 곱한 합계수량이 예측수량이 된다.

- 4월 가중치 20% 예측수량 50개 × 0.2 = 10개
- 5월 가중치 30% 예측수량 60개 × 0.3 = 18개
- 6월 가중치 50% 예측수량 100개 × 0.5 = 50개
- 7월의 수요예측수량 = 10 + 18 + 50 = 78개

④ 단순 이동평균법 ▶ 기출 14회, 18회, 21회, 22회, 25회

㉠ 단순 이동평균법은 최근 실제수요량 기준으로 이동기간만큼의 평균하는 방법

㉡ 수요를 D1, D2, D3, D4, D5, D6, D7, D8이라면 3개월 이동평균법에서 8월의 예측치가 F8이면, F8 = (D5 + D6 + D7) / 3개월

⑤ 지수평활법 ▶ 기출 11회~28회 빈출

㉠ 차기의 예측량은 전기(최근)의 실제 수요량과 예측량에 의해서 계산할 수 있다는 방법이다. 즉, 차기의 예측량은 전기 실제 수요량과 전기의 예측량에 각각 가중치를 달리하여 산출하는 방법이다. 과거의 실적 정보보다 최근의 예측정보에 더 많은 가중치 값이 반영된다.

㉡ 평활상수를 a라고 하면
차기예측량 = (전기의 실제 수요량 × a) + [전기의 예측량 × (1 - a)]

(3) 시계열 추세변화 ▶ 기출 21회

㉠ 추세변동(Trend component) : 증가 추세 또는 감소 추세 변동

㉡ 순환변동(Cyclical component) : 주기가 일년 이상 되는 파형 변동

㉢ 계절변동(Seasonal component) : 일정한 간격(수 시간, 일, 주, 월, 년, 계절)으로 일관성 있게 반복되는 변동

㉣ 우발변동(Random component) : 재난, 전쟁, 노조파업 등 예상할 수 없는 사건으로 발생하는 변동으로 예측 불능

▶ 정량적 수요예측기법(계산문제)
- 회귀분석, 시계열분석, 가중치 이동평균법, 단순 이동평균법, 지수평활법

제4장 핵심문제

01 구매관리 핵심역량 5요소에 해당하지 않는 것은?

① 경쟁력 있는 거래처 확보(Vendor, Supplier)
② 설계품질, 생산품질, 소비자품질 보증(Quality Assurance)
③ 최대의 비용과 원가경쟁력 확보(Cost)
④ 필요한 시점에 납기준수(Delivery)
⑤ 필요한 수량, 공급능력을 확보하는 것(Quantity, Capacity)

정답 ③

해설 최소의 비용과 원가경쟁력 확보(Cost)

02 구매관리의 기능에 대한 설명으로 옳지 않은?

① 구입품관리 : 품질관리, 납기관리, 원가관리, 불합격품의 처리
② 외주업체관리 : 업체 평가 및 선정, 업체 실태 조사, 신규 업체 발굴, 거래 조건 협상, 업체 지원
③ 회사부문관리 : 자체 생산 / 외주생산 구분, 원가절감 활동, 매입관리
④ 구매부문관리 : 구매계획, 발주관리, 가격관리, 업체관리, 구매업무 규정의 정비
⑤ 고객서비스관리 : 고객서비스 만족도, 배송서비스

정답 ⑤

해설 구매관리 분야에는 고객서비스 부문이 해당하지 않는다.

03 구매방식 중 중앙집중식과 분산구매의 장·단점을 설명한 것으로 옳지 않은 것은?

① 중앙집중식구매는 전사적 요구를 집중시키고, 대량 구매가 가능하여 구매 가격을 낮출 수 있다.
② 중앙집중식구매는 구매 조직이 단 하나이기 때문에 구매 방침이 확고하며, 업무규정대로 추진된다.
③ 중앙집중식구매는 구매 활동을 평가하여 높은 성과를 유지하는 수단으로서 통제하기가 쉽다.
④ 분산구매는 어떤 지역에 있는 공장의 생산이 경제적 조업 단위로서 유지될 수 있을 정도로 확대되어, 그곳의 발주량으로도 충분히 대량 구매의 이익을 얻을 수 있다.
⑤ 공장이 넓은 지역에 분산되어 있거나, 거리상으로 상당히 멀리 떨어져 있어서, 사무나 기록의 중복이 발생하지 않는다.

정답 ②

해설 공장이 넓은 지역에 분산되어 있거나, 거리상으로 상당히 멀리 떨어져 있어서, 사무나 기록의 중복이 발생한다.

04 다음에서 설명하는 재고의 종류로 옳은 것은?

> 수요의 불확실성에 대비하여 여유분으로 보유하는 재고

① 안전재고
② 운송재고
③ 예상재고
④ 헤징재고
⑤ 진부화재고

정답 ①

해설 안전재고는 원칙적으로 완제품(Finished good)에 적용되며 하위부품은 적용하지 않는 것이 원칙이나, 원자재 공급업체의 신뢰성이 부족하거나 중간 조립품이나 부품의 품질 불량이 자주 발생하는 경우는 안전재고를 보유할 수 있다.

05 (주)이패스가 A제품 생산을 위해 소모되는 B부품의 연간 수요량이 10,000개이고 주문비용이 20,000원, 단위당 단가가 2,000원, 재고유지비율이 20%라고 할 때, 경제적 주문량(EOQ)은?

① 500개
② 1,000개
③ 1,500개
④ 2,000개
⑤ 3,000개

정답 ②

해설 $\sqrt{\dfrac{2 \times 10,000 \times 20,000}{2,000 \times 20\%}} = 1,000$ 개

제5장 재고, 자재관리시스템

I. JIT, MRP, VMI시스템 이해

1. JIT(Just In Time) 시스템

(1) JIT의 개념 ▶ 기출 13회, 21회

① 일본 도요타 생산시스템(TPS)에서 도입된 개념으로, 필요할 때마다 수요에 맞추어 공급할 수 있는 '적시생산방식'으로 '즉납생산공급 시스템'이다.
② 이는 필요시마다 공급을 받기 때문에 철저한 낭비의 요인을 제거하는 것이 목표이며, JIT시스템의 원칙은 반드시 필요한 물자를, 필요한 양만큼, 필요한 장소에, 필요한 시간에 생산하고 보충하는 것으로 Lean 생산시스템으로 군살없는, 낭비없는 생산시스템 개념이다.
③ JIT 시스템은 수주물량만큼만 일명 끌어당기기 방식(Pull system)으로서 생산시스템상에서 후속공정이 인수해 간 수량만큼 선행공정에서 생산해서 보충해주는 방식을 말한다.

(2) JIT의 목표 ▶ 기출 22회, 23회, 25회

① 제조준비시간의 단축
② 재고의 감소와 Zero, 낭비 Zero
③ 리드타임의 단축
④ 자재취급 노력의 경감
⑤ 불량품의 최소화, Zero화

(3) JIT System 운용의 협력관계의 특징 ▶ 기출 7회, 13회

① 공급업체와 구매업체의 우호적 관계를 기초로 하여 공급업체는 납품하는 물품의 품질수준이 불량 Zero를 전제로 하여야 한다.
② 3~5년 장기계약으로 안정적 공급이 가능하여야 하고 납품업체와 거리가 가까워야 한다.
③ 가격, 품질, 납기 등이 통제가능하고 납품량, 시간의 정확도를 준수하여야 한다.
④ 동일한 부품은 한두 업체와만 계약을 이루어 공급되어야 효율적이다.

(4) JIT-II 의 개념
① JIT와의 기본개념은 같으나 발주회사의 제품 설계 단계부터 납품회사 직원이 설계에 참여 하는 것이 두드러진 차이점이며, 기본 사상은 '철저한 낭비의 배제'라고 할 수 있다.
② 상호협력관계를 전제로 한다고 해도 그 힘이 발주회사에 많이 있고 재고가 납품업체로 전이되어 제품원가 중 구매비용의 비율이 상승하여 원가통제 및 절감노력이 한계에 다다르는 역기능의 문제점을 보완한 것이 JIT-II이다.

(5) JIT 철학과 도입배경 ▶ 기출 13회, 22회
① JIT는 필요한 부품을 필요한 시간에 필요한 양만큼 공급함으로써, 생산활동에 모든 낭비의 근원이 되는 재고를 없애려고 하는 생각에서 출발되었다. 따라서 재고를 줄인다는 면을 강조할 때에는 무재고 시스템이라고 부르기도 한다.
② JIT 시스템은 일본의 도요타 자동차회사에서 개발되었는데, 1970년대 중반부터 사용되기 시작하였다. 일본식 경영이라는 특수한 환경이 JIT라는 관리시스템을 낳게 하였다고 보아도 좋을 것이다. 부족한 공간, 부족한 부존자원 등은 우리나라와 마찬가지로 일본의 경영환경을 대표한다고 볼 수 있겠는데, 이와 같은 환경적 제약이 낭비를 극소화하고자 하는 노력으로 나타나게 된 것이다. JIT는 완벽한 품질을 이룩하여 효율적인 자재사용을 도모함과 동시에 재작업으로 인한 낭비를 막고자 했고, 많은 공간과 큰 자본투자를 필요로 하는 요소는 모두 낭비로 간주하고, 이를 없애기 위한 노력의 결과가 JIT로 나타나게 되던 것이다.
③ JIT 시스템에서 생산을 허가하고 물자를 이동시키는 방법으로 간판(KANBAN) 시스템을 활용한다. 카드(card)라는 의미가 강하고, 순서가 정해진 공정에서 작업의 순서를 통제하는 데 사용하는 신호체계이며 후공정 인수방식이다. 간반시스템의 목적은 후속 조립공정을 위해서 적절한 시간 내에 더 많은 부품이 필요함을 알리고, 또 그 부품들이 생산되는 것을 확실히 하는 데 있다.
④ 간반의 역할은 생산운반의 지시정보 제공(인수 간반)과 눈으로 보는 관리의 도구(전자간반) 및 개선의 도구 역할을 한다. 간반시스템에서는 개념상 최종 조립 라인만이 작업할당부서로부터 일정계획을 받는다. 모든 작업자나 납품업자들은 관련되는 작업장으로부터 생산명령을 간반카드에 의해서 받게 된다. 이와 같은 간반시스템은 최종조립라인으로 부품들을 끌어오는(pulling) 작업으로 이루어진다.
⑤ 간반수의 산정 시 주요요소는 리드타임(순회시간), 하루의 생산사용량, 생산소요시간, 안전계수(서비스수준)이다.

2. MRP(Material Requirement Planning) 시스템

(1) 자재소요계획(MRP)의 정의, 주요기능 ▶ 기출 19회, 22회, 27회, 28회 빈출

① MRP(Material Requirement Planning : 자재소요계획) 정의
제품생산계획에 기초하여 조립품, 부품, 원자재 등의 자재 소요에 대해 필요한 물품을 필요할 때에 필요한 만큼 구매하여 제조하기 위한 수요계획을 수립하는 생산정보시스템이다.

② MRP 시스템의 주요기능
 ㉠ 필요한 물자를 언제, 얼마를 발주할 것인지 알려준다.
 ㉡ 발주 내지 제조지시를 하기 전에 경영자가 계획을 사전에 검토 가능하다.
 ㉢ 발주시기 및 일정을 조절하기 용이하다.
 ㉣ 상황변화에 맞게 주문변경이 가능하고, 종속수요량 계산방법으로 상위품목 생산계획이 변경되면 부품 소요량과 재고보충시기를 자동으로 갱신하여 효과적으로 대응한다.
 ㉤ 우선순위의 조절을 통해 자재조달 및 생산 작업 진행이 가능하다.

(2) MRP 시스템의 주요 입력자료 ▶ 기출 1~19회 빈출

① 주일정계획(MPS ; Master Production Schedule)
최종 품목을 언제, 얼마를 생산할 것인지에 대한 생산계획
② 자재명세서(BOM ; Bill Of Materials)
체계적인 부품목록, 최종 품목을 생산하는 데 필요한 원자재, 부품, 중간조립품 등의 종속 수요별 조립순서가 나타나 있다.
③ 재고기록철(Inventory Record File)
재고로 유지되고 있는 모든 품목의 상태에 대한 정보를 기록한 것
④ 품목별, 업체별 Lead-Time, 안전재고량
⑤ 생산 LOT-Size, 품목별 할당량
⑥ MRP 프로그램

(3) MRP-II : 제조자원계획 ▶ 기출 14회

① MRP-II (Manufacturing Resource Planning)는 재고관리, 생산현장관리, 자재소요량관리 등의 생산자원계획과 통제과정에 있는 여러 기능들이 하나의 단일시스템에 통합되어 생산관련 자원투입의 최적화를 통한 생산성 향상을 목적으로 하는 시스템이다.
② MRP-I과의 차이점은 생산자원의 능력소요계획과 일정계획(Scheduling)을 수립하는 것이다.
③ MRP-II는 제조활동의 계획관리뿐만 아니라 재무와 마케팅에서의 계획과 관리를 포괄한 시스템으로 기업에서의 모든 자원을 관리하는 전사적 정보시스템으로 확장된다.

[MRP 시스템과 JIT시스템 비교]

구분	MRP 시스템	JIT 시스템
재고개념	자산, 계획에 의한 소요량	부채, 고객주문에 대한 소요량
목표	생산계획수행	낭비제거
전략	생산계획 대비 Push 시스템, 밀어내기 전략	고객주문에 따른 Pull 시스템, 끌어당기기 전략
관리방식	컴퓨터 처리	눈으로 보는 관리(간반방식)
수요변화적응	자재소요계획 갱신	생산율, 잔업, 생산능력조절
생산시스템	MPS(주일정계획) 중심	생산 사이클 타임 중심
생산계획준비	변경이 잦은 MPS에 적용 가능	안정된 MPS에 적용 가능
자재소요판단	자재소요계획	간반 시스템
발주로트	준비비 + 재고유지비의 경제적 발주 LOT	준비비용 축소에 의한 소 LOT
재고수준	조달 Lead Time기간 중의 재고	최소한의 필요한 재고만 유지
공급자와 관계	경제적 구매 위주 거래	구성원 입장 장기거래
품질	약간의 불량 인정	100% 양질의 완벽품질

(4) DRP : 유통(배송)소요량 계획시스템

① 유통소요계획(DRP : Distribution Requirements Planning) 개념

유통망에서 최종제품의 기간별 재고보충 계획으로 자재소요계획의 논리적 확장이며, 논리적으로 자재소요계획과 유사하다. 최종제품의 기간별 총괄 순 소요량을 결정하여 실제 유통 시스템과 생산계획 및 통제 시스템을 연결하고 기준생산계획 조정과 과잉재고를 근절하려는 개념이다. 즉, 유통 네트워크상의 요구량, 재고현황 및 가용 차량 등의 정보를 근거로 최적의 수량과 운송방법을 결정하는 시스템이다

자재소요량계획(MRP : Material Requirements Planning) 시스템에서 아이디어를 도입 하여 유통목록표(BOD : Bill Of Distribution) 개념을 도입하여 DRP를 수립한다.

㉠ MRP는 일반적으로 종속적 수요 상황에서 작용하지만 DRP는 불확실한 고객수요량이 재고요구량을 결정하는 독립적 환경에서 작용한다.

㉡ MRP는 제조나 조립이 완료될 때까지 재고를 통제한다. 반면에 DRP는 완제품이 공장 창고에 도착하면 조정의 책임을 진다.

② DRP 목적

유통 채널의 소요량에 대하여 공장, 물류센터, 도매상, 소매상 등으로부터 유통채널에 공급해 주어야 하는 최적의 수량, 운송방법 그리고 물류센터의 수를 결정하고, 유통계획은 제조 부문의 영업 및 생산계획과 연계가 필요하다.

▶ DRP 입력 사항
- 수요 정보, 유통 채널 정보, 재고 현황

③ DRP 도입효과
  ㉠ 고객서비스 향상, 재고감축
  ㉡ 배송센터로의 운임비용 절감(공장 - 배송센터)
  ㉢ 창고공간의 소요량 감축, 악성 및 불용재고의 통제가 용이하다.
  ㉣ 배송비용 절감(배송센터 - 대리점), 정확한 예산 수립이 가능하다.

(5) 공급자 재고관리(VM) 시스템 ▶ 기출 14회

① VMI(Vendor Managed Inventory) 개념

VMI는 재고를 줄이기 위한 수법의 하나로서 벤더가 POS 매출량에 대응하여 유통업체, 구매자의 재고를 관리한다는 의미로 공급자 주도형 재고관리 방식을 의미한다. 공급업체가 구매업체 수요와 재고정보를 공유하여 구매업체 재고관리 기능을 대신 수행하는 프로그램으로 모기업의 저장면적을 협력업체에 할애하는 특징이 있다.

② VMI의 목적
  ㉠ 공급체인상에서 생산계획·수발주 프로세스를 간소화, 정보동기화, 공급안정화
  ㉡ EDI, 인터넷에 의한 수요예측정보 정확도 향상, 적시·적기 납품률 향상
  ㉢ 구매자(유통업체)와 공급자(제조업체)의 재고정보 공유로 재고비용 절감

(6) 공동재고관리(CMI ; Co-Managed Inventory) ▶ 기출 12회

CMI는 제조업체와 유통업체가 공동으로 상품의 재고관리를 운영하는 것이다. 판매와 재고정보는 CRP시스템이 실행될 때마다 유통업체에서 제조업체로 전송되어 상품수요 예측을 위한 정보로 활용되며 생산량 조절에도 사용되어 재고보유일수의 감소 및 결품방지를 하는 것이다.

▶ CRP(지속적 재고보충)시스템의 종류
  ① VMI(공급자 주도 재고 관리)
  ② CMI(협력적 재고관리)

(7) 협력적 계획·예측·재고보충(CPFR) 시스템

① CPFR(Collaborative Planning Forecasting & Replenishment)의 정의 ▶ 기출 11회

CPFR이란 소매업체와 공급업체를 연결해 생산계획과 수요예측, 재고처리 등 협업을 가능하게 해주는 시스템으로 수익증대와 운영비용 감소 등 가능하게 해 주며 통합된 계획 및 실행시스템과 더불어 수송과 창고 관리능력을 향상시켜 생산에서 고객 전달까지의 공급사슬 전체의 흐름을 최적화하는 것이다.

② CPFR의 목적과 필요성
  ㉠ CPFR의 목적은 수요예측의 정확성 제고와 필요한 제품의 적기 적소 공급, 전체공급사슬에 걸친 재고감축과 품절 방지 및 고객서비스 수준 향상을 통한 공급사슬의 최적화이다. 이러한 최적화는 기본적으로 관련 당사자들이 긴밀히 협조하고 조화로운 프로세스를 통하여 정보와 위험을 자발적으로 공유할 때 가능하다.
  ㉡ 개별기업의 독자적인 수요예측은 정확성이 떨어지는 것이 사실이다. 공급자와 구매자가 판매량, 판촉 노력, 매장의 개폐, 신제품 도입 등 정보를 동시에

▶ CPFR의 목적
  • 재고감축, 품절 방지 및 고객서비스 수준 향상을 통한 공급사슬의 최적화

감안하면서 합의를 통해 단일 수요예측을 얻으려고 협력할 때, 구매자의 Needs와 공급자의 생산계획을 동기화하여 효율적으로 재고를 보충할 수 있다.

③ CPFR의 이점
  ㉠ 거래 당사자들 사이의 관계를 강화한다.
  ㉡ 공급사슬의 하류(downstream) 및 상류(upstream)의 매출과 주문, 예측 분석 자료를 제공한다.
  ㉢ 판매시점 자료, 계절성 활동, 판촉 노력, 매장 개폐, 신제품 도입 등 정보를 활용하여 예측의 정확성을 높인다.
  ㉣ 공급사슬 관리에 있어서 일상적인 현상과 특이한 현상을 쉽게 식별할 수 있어서 이러한 현상이 일어나기 전에 미리 대처할 수 있다.
  ㉤ 미래의 소요량 파악과 계획수립에 협력할 수 있게 한다.
  ㉥ 계획과 예측 그리고 물류활동을 통합한다.
  ㉦ 카테고리 관리와 소비자의 구매습관을 효율적으로 파악할 수 있게 하며 공동으로 판촉 활동을 계획하고 관리한다.
  ㉧ 예측 정확도, 제품 리드타임, 재고회전율, 품절률 등 주요성과 지표분석을 제공하여 공급사슬의 비효율을 줄이고 고객서비스를 개선하여 매출과 이익을 늘리게 한다.

제5장 핵심문제

01 JIT(Just In Time) 시스템에 대한 설명으로 옳지 않은 것은?

① 일본 도요타 생산시스템(TPS)에서 도입된 개념으로, 필요할 때마다 수요에 맞추어 공급할 수 있는 '적시생산방식'으로 '즉납생산공급 시스템'이다.
② 필요시마다 공급을 받기 때문에 철저한 낭비의 요인을 제거하는 것이 목표이다.
③ JIT시스템의 원칙은 반드시 필요한 물자를, 필요한 양만큼, 필요한 장소에, 필요한 시간에 생산하고 보충하는 것으로 Lean 생산시스템으로 군살없는, 낭비없는 생산시스템 개념이다.
④ JIT 시스템은 수주물량만큼만 일명 끌어당기기 방식(Pull system)으로서, 생산시스템상에서 후속 공정이 인수해 간 수량만큼 선행공정에서 생산해서 보충해주는 방식을 말한다.
⑤ 최적의 재고를 확보하기 위하여 낭비를 허용한다.

정답 ⑤

해설 JIT 시스템은 낭비를 Zero화하는 것이 목표이다.

02 JIT 시스템에서 생산을 허가하고 물자를 이동시키는 방법으로 옳은 것은?

① 간판 시스템
② 패널 시스템
③ 플래카드 시스템
④ 공지 시스템
⑤ 알람 시스템

정답 ①

해설 간반(KANBAN)은 생산운반의 지시정보 제공(인수 간반)과 눈으로 보는 관리의 도구(전자간반) 및 개선의 도구 역할을 한다.

03 다음 중 MRP(Material Requirement Planning) 시스템에 대한 설명으로 옳지 않은?

① 제품생산계획에 기초하여 조립품, 부품, 원자재 등의 자재 소요에 대해 필요한 물품을 필요할 때에 필요한 만큼 구매하여 제조하기 위한 수요계획을 수립하는 생산정보시스템이다.
② MRP 시스템은 필요한 물자를 언제, 얼마를 발주할 것인지 알려준다.
③ MRP 시스템으로 발주 내지 제조지시를 하기 전에 경영자가 계획을 사전에 검토하는 것이 불가능하다.
④ MRP 시스템의 정보를 활용하여 발주시기 및 일정을 조절하기 용이하다.
⑤ 상황변화에 맞게 주문변경이 가능하고, 종속수요량 계산방법으로 상위품목 생산계획

정답 ③

해설 MRP 시스템으로 발주 내지 제조지시를 하기 전에 경영자가 계획을 사전에 검토하는 것이 가능하다.

04 다음에서 설명하는 재고 관리 시스템으로 옳은 것은?

> 재고를 줄이기 위한 수법의 하나로서 벤더가 POS 매출량에 대응하여 유통업체, 구매자의 재고를 관리한다는 의미로 공급자 주도형 재고관리 방식을 의미

① DRP(Distribution Requirements Planning)
② VMI(Vendor Managed Inventory)
③ JIT(Just In Time)
④ CMI(Co-Managed Inventory)
⑤ CPFR(Collaborative Planning Forecasting & Replenishment)

정답 ②

해설 공급자 재고관리(Vendor Managed Inventory) 시스템에 대한 설명이다.

05 다음에서 설명하는 재고 관리 시스템으로 옳은 것은?

> 소매업체와 공급업체를 연결해 생산계획과 수요예측, 재고처리 등 협업을 가능하게 해주는 시스템으로 수익증대와 운영비용 감소 등을 가능하게 해 주며 통합된 계획 및 실행시스템과 더불어 수송과 창고 관리능력을 향상시켜 생산에서 고객 전달까지의 공급사슬 전체의 흐름을 최적화하는 것

① DRP(Distribution Requirements Planning)
② VMI(Vendor Managed Inventory)
③ JIT(Just In Time)
④ CMI(Co-Managed Inventory)
⑤ CPFR(Collaborative Planning Forecasting & Replenishment)

정답 ⑤

해설 협력적 계획·예측·재고보충(CPFR) 시스템에 대한 설명이다.

제6장 일반하역론

I. 하역의 개념과 작업요소, 합리화원칙

1. 하역의 개념과 하역작업 요소

(1) 하역의 개념 ▶ 기출 18회, 19회, 24회, 25회, 27회, 28회

하역은 운송 및 보관에 수반하여 발생하는 부수작업으로서 수송이 공간적 효용을 창출하고, 보관이 시간적 효용을 산출하는 것과는 달리 그 자체로는 가치를 창출하지 않는다. 하역기능은 물류기능별 활동 중에서 가장 노동집약적인 분야로서 인식되었으나 점차적으로 기계화·자동화·생력화가 진행되어 지금은 무인화나 로봇이 도입되고 있다.

① 하역은 각종 운반수단에 화물을 싣고 내리는 것과 보관화물의 창고 내에서 운반하고, 집어 넣고(격납: putaway), 꺼내고, 분류하고, 구색을 갖추는 것 등의 작업과 이에 부수적인 작업을 총칭한다.
② 하역은 물(物)에 대한 시간적 효용과 장소적 효용의 창출을 지원하는 행위이다.
③ 하역은 저장과 이동을 포함하는 물(物) 또는 생산품의 이동, 운반을 말한다. 단, 제조공정 및 검사공정은 포함하지 않는다.

(2) 하역작업의 요소별 내용 ▶ 기출 1회~27회 빈출

① 상·하차작업(적하: Loading & Unloading)
 운송기기 등에 물건을 싣고(적입) 내리는(적출) 것을 합쳐서 말한다. 컨테이너에 물건을 싣는 것을 Vanning(stuffing), 내리는 것을 Devanning(un-stuffing)이라고 한다.
② 운반작업(Carrying & Material-Handling)
 물(物)을 비교적 단거리로 이동시키는 작업을 말한다. 생산, 유통, 소비 등 어느 경우에도 운반은 수반되며 동작, 시간, 수량, 공간의 요소로 성립된다.
③ 쌓아올림 작업(Stacking)
 물(物)을 창고 등 정해진 보관시설 또는 장소로 이동하여 정해진 위치와 형태로 쌓는 작업을 말한다.
④ 꺼내는 작업(Picking)
 보관장소에서 물품을 꺼내는 작업을 말한다.
⑤ 분류·분배작업(Sorting)
 물품을 품종별, 발송처별, 고객별 등으로 나누는 작업을 말한다(키보드 입력, 바코드 방식, 음성 입력 등이 있음).

▶ 컨테이너 적입 및 적출 용어
- 적입: Vanning, Stuffing
- 적출: Devanning, Unstuffing

▶ 하역 관련 용어
- 상차: Loading
- 하차: Unloading
- 쌓음: Stacking
- 분류: Sorting

ⓖ 마무리작업(Lashing & Dunnage)

Lashing은 운송기기에 실려진 화물을 움직이지 않도록 줄로 묶는 작업이며 Dunnage는 운송기기에 실려진 화물이 손상 및 파손되지 않도록 화물의 밑바닥이나 틈 사이에 깔거나 끼우는 물건을 말한다. 마무리 작업을 원활하게 하기 위해서는 정돈이 잘 이루어져야 한다. 정돈은 물(物)을 사용하기 쉽게 위치시키는 것으로서 정위치, 정품, 정량의 3정(定)이 갖추어져야 한다.

ⓗ kitting

익일 생산작업 공정에 필요한 하나의 묶음단위 부품을 찾아서 공정에 모아 두는 것. 자재품절 예방과 공정재고 확보를 목적으로 사전 피킹·소팅한다.

ⓘ Discharging

Discharging은 "배에서 화물을 내리는 것"으로 해상하역에 해당되고, 접안하역 방식으로는 Assembling(조립), Devanning(컨테이너에서 화물 내림), Packing (포장)작업이 해당된다.

2. 하역합리화

(1) 하역합리화 기본원칙 ▶ 기출 1회~28회 빈출

① 하역 경제성의 원칙

불필요한 하역작업을 줄이고 가장 경제적인 하역횟수로 하역이 이루어지도록 하여 화물의 파손, 손실을 최소화시키는 원칙으로 다음과 같은 원칙들이 있다.

㉠ 운반순도의 원칙 : 필요 이상의 과대포장(Overpacking)으로 중량이나 용적을 불필요하게 크게 하여 운임이나 운반비, 하역비가 필요 이상 부담되지 않도록 고려해야 한다.

㉡ 최소취급의 원칙 : 생략해도 지장이 없는 하역이나 운반은 줄여서 다시 취급 (Rehandling)하거나 임시로 놓아두는 행위를 줄이도록 한다.

㉢ 수평직선의 원칙 : 운반거리를 직선으로 하여 최단거리를 지향하므로 교차, 지그재그, 왕복 등의 운반 혼잡을 초래하는 요인을 모두 없애는 원칙이다. 하역작업의 톤·킬로(하역작업대상의 중량 × 이동거리)를 최소화하여야 한다.

② 이동거리 및 시간의 최소화원칙

하역작업의 이동거리를 최소화하는 원칙이다. 물(物)을 이동하는 수·배송, 보관활동 등에 있어서 기본이 되는 원칙으로 물류비용과 직접 연결된다.

③ 활성화의 원칙

운반활성지수를 최대화하는 원칙으로 지표와 접점이 작을수록 활성지수는 높아지며 하역 작업의 효율이 증가한다(마찰계수기준).

활성화지수	놓아둔 보관 물건의 상태
0	바닥에 낱개의 상태로 놓여 있음
1	상자 속에 들어 있음
2	파렛트나 스키드(Skid) 위에 놓여 있음
3	대차 위에 놓여 있음
4	컨베이어 위에 놓여 있음

기출문제

합리적인 하역의 원칙에 관한 설명으로 옳지 않은 것은?

① 활성화의 원칙: 운반활성 지수의 최대화를 지향함
② 인터페이스의 원칙: 공정간의 접점을 원활히 함
③ 중력이용의 원칙: 인력작업을 기계화로 대체함
④ 이동거리(시간) 최소화의 원칙: 하역작업의 이동거리(시간)를 최소화함
⑤ 시스템화의 원칙: 시스템 전체의 밸런스를 염두에 두고 시너지 효과를 올리기 위함

정답 ③

> **기출문제**
>
> 유닛로드 시스템의 종류, 크기를 결정하기 위해 고려 할 요인이 아닌 것은?
> ① 적재화물의 형태, 무게
> ② 적재화물의 적재형태
> ③ 창고 조명의 밝기
> ④ 유닛로드의 운송수단
> ⑤ 하역장비의 종류와 특성
>
> 정답 ③

④ 유닛로드의 원칙
   화물을 어느 일정 단위로 단위화하는 것을 말한다. 유닛화(파렛트화, 컨테이너화)함으로써 화물의 손상, 감모, 분실 등의 방지와 하역작업의 효율화를 촉진할 수 있다.

⑤ 기계화의 원칙
   인력작업을 기계작업으로 대체하는 원칙으로, 기계화는 자동화하여 하역작업의 효율성과 경제성을 증가시킨다.

⑥ 중력이용의 원칙
   화물은 중력의 법칙에 따라 위에서 아래로 움직이는 것이 용이하며, 운반 코스트의 관점에서 경제적이다.

⑦ 시스템화의 원칙
   개개의 하역활동을 유기체로서의 활동으로 간주하는 원칙이다. 종합적인 관점에서 시스템 전체의 균형을 염두에 두고, 시너지 효과를 올리는 것이 시스템화의 기본원칙이다.

⑧ 인터페이스의 원칙
   하역작업의 공정 간의 접점을 원활히 소통하도록 하는 것을 뜻한다.

⑨ 흐름의 원칙
   운반의 흐름이 연속적이 되도록 한다.

⑩ 표준화의 원칙
   표준적인 하역작업으로 하역작업의 효율성을 추구하는 원칙이다.

⑪ 취급균형의 원칙
   작업의 흐름은 애로공정에 좌우된다. 하역작업도 공정의 능력을 파악, 평준화 계획을 수립 하여 최대의 효과를 발휘할 수 있도록 이루어져야 한다.

(2) 운반의 4요소와 개선(합리화)의 원칙 ▶ 기출 12회, 14회, 15회, 18회 빈출

운반관리(MH : Material Handling)란 저장과 모든 이동을 포함하는 물(物) 또는 생산품의 이동, 운반을 말한다. 단, 제조 공정 및 검사공정은 포함하지 않는다. 운반관리는 공장 또는 작업장 내에서 물품을 취급하고 이동시키는 작업으로서 다음 4가지 요소가 성립된다.

① Motion(동작)
   재료, 부품, 제품을 필요로 하는 분야로 보다 경제적이고 합리적으로 운반한다.
② Time(시간)
   제조공정이나 필요한 장소에 필요한 것을 적시에 공급한다.
③ Quantity(수량)
   필요량의 변화에 대응하여 정확한 수량, 중량, 용량을 공급한다.
④ Space(공간)
   공간, 장소를 계통적이고 효율적으로 이용한다.

⑤ 운반작업 개선의 원칙
  ㉠ 노동의 단축
  ㉡ 거리를 단축하라(Minimize moves that are left).
  ㉢ 기계화해라(Mechanize wherever you can).
  ㉣ 크로스 도킹(직송) 시스템 구현
  ㉤ 화물의 크기를 단위화한다.

* 개선의 3S 기법
  • Standardization(표준화)
  • Specialization(전문화)
  • Simplification(간소화)

하역합리화 기본원칙	
① 하역 경제성의 원칙	② 이동거리 및 시간의 최소화원칙
③ 활성화의 원칙	④ 유닛로드(Unit Load)의 원칙
⑤ 기계화의 원칙	⑥ 중력이용의 원칙
⑦ 시스템화의 원칙	⑧ 인터페이스의 원칙
⑨ 흐름의 원칙	⑩ 표준화의 원칙
⑪ 취급균형의 원칙	

(3) 하역기기 선정기준 ▶ 기출 25회

① 에너지 효율성
② 하역기기 안전성
③ 작업량과 작업특성
④ 취급 품목의 종류

(4) 작업순서 결정 우선순위 원칙

① SPT(Shortest Process Time) : 작업시간이 짧은 업무부터 우선 실행하는 규칙
② FCFS(First Come First Served) : 작업 도착순서에 따라 작업순서를 결정하는 규칙
③ EDD(Earliest Due Date) : 납기일이 빨리 도래하는 작업부터 우선처리하는 규칙

제6장 핵심문제

01 하역에 대한 설명으로 옳지 않은 것은?

① 운송 및 보관에 수반하여 발생하는 부수작업이다.
② 자체 가치 창출은 없다.
③ 현재 무인화나 로봇이 도입되고 있다.
④ 하역은 각종 운반수단에 화물을 싣고 내리는 것과 보관화물의 창고 내에서 운반하고, 집어 넣고(격납: putaway), 꺼내고, 분류하고, 구색을 갖추는 것 등의 작업과 이에 부수적인 작업을 총칭한다.
⑤ 제조공정 및 검사공정을 포함한다.

정답 ⑤

> **해설** 하역은 저장과 이동을 포함하는 물(物) 또는 생산품의 이동, 운반을 말한다. 단, 제조공정 및 검사공정은 포함하지 않는다.

02 다음에서 설명하는 하역작업으로 옳은 것은?

> 물(物)을 창고 등 정해진 보관시설 또는 장소로 이동하여 정해진 위치와 형태로 쌓는 작업

① 쌓아올림 작업(Stacking)
② 상·하차작업(적하 : Loading & Unloading)
③ 운반작업(Carrying & Material-Handling)
④ 꺼내는 작업(Picking)
⑤ 분류·분배작업(Sorting)

정답 ②

> **해설** Stacking 작업에 대한 설명이다.

03 하역작업 중에서 운송기기에 실려진 화물을 움직이지 않도록 줄로 묶는 작업을 무엇이라 하는가?

① Discharging
② Dunnage
③ Assembling
④ Lashing
⑤ Devanning

정답 ④

> **해설** Lashing 작업에 대한 설명이다.

04 하역합리화 기본원칙으로 옳지 않은 것은?

① 불필요한 하역작업을 줄이고 가장 경제적인 하역횟수로 하역이 이루어지도록 하여 화물의 파손 및 손실을 최소화한다.
② 하역합리화보다는 과대포장(Overpacking)을 통해 물품을 보호하는 것이 좋다.
③ 생략해도 지장이 없는 하역이나 운반은 줄여서 다시 취급(Rehandling)하거나 임시로 놓아두는 행위를 줄이도록 한다.
④ 운반거리를 직선으로 하여 최단거리를 지향하므로 교차, 지그재그, 왕복 등의 운반 혼잡을 초래하는 요인을 모두 없애야 한다.
⑤ 하역작업의 이동거리를 최소화하여야 한다.

정답 ②

해설 필요 이상의 과대포장(Overpacking)으로 중량이나 용적을 불필요하게 크게 하여 운임이나 운반비, 하역비가 필요 이상 부담되지 않도록 고려해야 한다.

05 다음 운반 활성화지수 중 옳지 않은 것은?

	활성화 지수	놓아둔 보관 물건의 상태
①	0	바닥에 낱개의 상태로 놓여 있음
②	1	상자 속에 들어 있음
③	2	컨테이너 안에 놓여 있음
④	3	대차 위에 놓여 있음
⑤	4	컨베이어 위에 놓여 있음

정답 ②

해설 활성화 지수 2는 파렛트나 스키드(Skid) 위에 놓여 있는 상태를 말한다.

제7장 파렛트와 유닛로드 시스템

I 일관파렛트와 파렛트 풀 시스템

1. 파렛트 정의와 종류

(1) 파렛트 정의

파렛트는 화물수송용 하대 또는 지게차로 하역작업에 사용하는 운반용의 대를 의미한다. 일반적으로 보관 등을 위해 물품을 얹는 받침대라고 정의할 수 있는데, 한국산업표준인 KST-0001(물류용어)에 의하면 '파렛트는 하역운반기기에 의한 물품의 취급을 편리하게 하기 위한 물품을 싣는 면을 가진 것'으로 정의하고, KST-2001(파렛트 용어)에 의하면 '유닛로드 시스템을 추진하기 위해 사용되며 물품을 하역, 수송, 보관하기 위하여 단위수량으로 한 곳에 모아서 쌓아놓는 면을 가진 것'으로 되어 있다.

파렛트
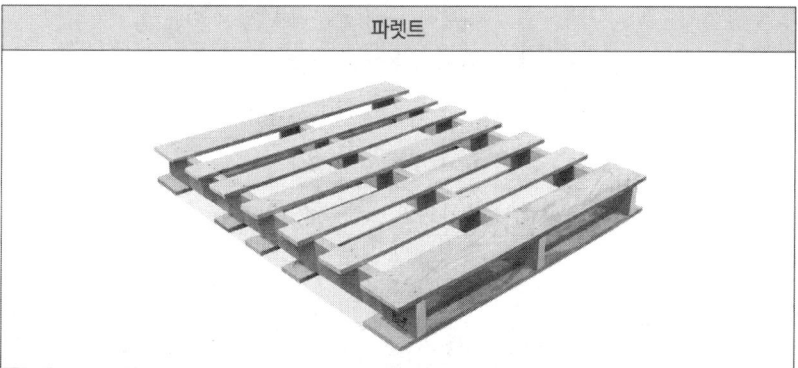

(2) 파렛트 이용의 효과 ▶ 기출 11회, 17회

① 인건비의 절감
　파렛트화 함으로써 화물의 하역작업이 각종 장비에 의해서 이루어지므로 많은 노동력이 감소되어 재래식보다 인건비가 절감된다.

② 운송비의 절감
　단위화된 화물이 기계장비에 의해 상·하차되면 노동시간이 단축되므로 운송에 있어서 제비용이 절감된다.

③ 제한된 공간의 유효 이용
　보관을 위한 창고의 공간 컨테이너의 내부 용량, 선박 등 적재에 있어서 공간을 최대한 이용할 수 있다.

④ 수송기구의 회전기간 단축
  화물자동차, 화차, 선박, 수송장비 등의 체제시간을 단축함으로써 각종 비용이 경감될 수 있다.
⑤ 재고조사의 편의성
  낱개의 화물이 일정한 로트로 단순화되므로 재고조사가 간편하다.
⑥ 창고의 환기개선
  창고작업이 간편해지므로 재래식의 복잡성을 배제함으로써 창고 내의 환기가 좋다.
⑦ 도난과 파손의 감소
  단위 로트가 크고 장비에 의해서 이동되므로 도난과 파손을 최대한 방지할 수 있다.
⑧ 인력의 절감
  낱개의 화물취급시 복잡성과 중량품 하역을 기계화함으로써 인력을 최소한으로 절감할 수 있다.
⑨ 단위포장으로 포장의 용적을 줄임
  공간 없이 포장화물을 파렛트에 집합할 수 있으므로 용적을 줄일 수 있다.
⑩ 모든 서류의 간소화
  수송, 하역, 보관 등 유통과정 전반에 걸친 서류를 일관화할 수 있어 행정비의 절감을 기할 수 있다.
⑪ 화물의 적재효율 향상
  파렛트 위에 포장화물을 집합하였으므로 수송 보관 시에 최대한으로 용적을 활용할 수 있다.
⑫ 제품에 미치는 습기를 방지
  단위화된 화물 밑바닥에 파렛트가 부착되어 있기 때문에 지면에 제품이 직접 밀착되지 않아 습기의 침투를 방지할 수 있다.
⑬ MH(Materials Handling) 시스템에 의한 신속한 수송이 가능하다.

(3) 파렛트 하역의 단점

① 비규격품, 장척물, 중량물에는 적합하지 않다.
② 작업이 일시적으로 끊어짐 현상이 발생할 우려가 있다.
③ 운반거리에 따라 작업효율이 달라질 수 있다.
④ 지게차 등을 사용하기 때문에 넓은 통로가 필요하다.
⑤ 노면을 고르게 유지하여야 한다.
⑥ 파렛트 관리가 번잡하고 비용이 많이 든다.
⑦ 파렛트 하역용 기계구입이 필요하다.
⑧ 화물 무너짐 방지대책이 필요하다.
⑨ 다품종을 동일 파렛트에 실으면 효율이 떨어진다.

(4) T-11 형 표준규격 파렛트(KST-2024)
① T-11 형 표준규격 : 1,100mm X 1,100mm
② 일관수송용 목재 파렛트로, 가장 범용성·호환성이 우수하다.
③ 표준규격 파렛트로 차량, 물류기기 설비 정합성이 우수하다.
④ 동하중(1.5톤), 정하중(5톤)

(5) 사용재료에 의한 파렛트의 분류
① 목재 파렛트
  ㉠ 저렴한 가격, 적재나 하역시 미끄럼 방지효과, 보수 용이, 친환경적 재활용 등의 장점 때문에 제품이나 기계장비의 수출용으로 가장 많이 사용되고 있다.
  ㉡ 합판재 파렛트가 처리가공에 따라 난연성, 방부성, 방충성 배합가능, 데크 보드 한 장으로 제작, 적재나 하역시 화물손상 방지효과, 접착공법이 가능하고 외관이 보기 좋은 점 등의 장점이 있어 사용되고 있다.
② 철재 파렛트
  ㉠ 철재 파렛트는 무겁고 견고하여 중량물 하역에 많이 사용되고, 특히 항만하역에 많이 사용되고 있다.
  ㉡ 보수가 곤란하고 하역시 잘 미끄러지는 단점이 있다. 알루미늄 파렛트는 가볍고 좋으나 고가이기 때문에 식료품 외에는 사용하는 곳이 별로 없다.
③ 플라스틱 파렛트
  ㉠ 플라스틱 파렛트는 순플라스틱 파렛트와 철심을 넣어서 제조한 플라스틱 파렛트가 있다.
  ㉡ 가볍고 색채도 좋아 적하시 손상도 별로 없고, 위생적이며 오래 쓸 수가 있다.
  ㉢ 가격이 비싸고 폐기시 공해를 유발하는 것이 문제로 지적되고 있다.
  ㉣ 우천시나 수분이 많은 화물을 다루어도 부패되지 않는다.
④ 종이 파렛트
  종이를 압축해서 만든 것으로서 1회용으로 사용되며, 최근에는 골판지 파렛트도 개발되었다.

(6) 형태에 따른 파렛트의 종류 ▶ 기출 18회, 19회, 23회, 27회, 28회 빈출
① 기둥 파렛트
  상부 구조물이 없는 파렛트와 달리 상부에 기둥이 있는 파렛트로 기둥은 고정식·조립식 등이 있다.
② 롤 상자형 파렛트
  받침대 밑면에 바퀴가 달린 롤 파렛트 중 상부구조가 박스인 파렛트로 최근에는 배송용으로 많이 사용한다.
③ 시트 파렛트
  1회용 파렛트로 플라스틱시트나 골판지로 제작되어 가격이 저렴하고 가벼우나 하역을 위하여 push-pull 장치를 부착한 지게차가 필요하다.

④ 스키드 파렛트
핸드리프트로 하역할 수 있도록 만들어진 단면형 파렛트이다.

⑤ 사일로 파렛트
주로 분립체를 담는 데 사용되며 밀폐상의 측면과 뚜껑을 가지며 하부에 개폐 장치가 있는 상자형 파렛트이다.

⑥ 탱크 파렛트
주로 액체를 취급하는 데 사용되며 밀폐상의 측면과 뚜껑을 가지며 상부 또는 하부에 출입 구가 있는 상자형 파렛트를 말한다.

⑦ 콜드 롤 상자 파렛트 : 보냉식 롤 박스 파렛트이다.

⑧ 폴래턴 파렛트
평판모양의 파렛트로서 항공기 탑재용 파렛트가 대표적이다.

⑨ 용도기준 파렛트 분류
  ㉠ Disposable Pallet - 일회용 파렛트
  ㉡ Pool Pallet - 공동 파렛트
  ㉢ Exchange Pallet - 교환 파렛트
  ㉣ Reusable Pallet - 재사용 파렛트

(7) 파렛트 적재방법 ▶ 기출 14회, 18회, 19회, 21회, 22회, 24회, 25회, 27회

① 교대 배열 적재
동일한 단 내에서는 동일한 방향으로 물품을 나란히 쌓지만 단별로는 방향을 90도로 바꾸거나 교대로 겹쳐 쌓는 방식

② 벽돌 적재
동일한 단에서는 물품을 가로·세로로 조합해 쌓으며, 다음 단에서는 방향을 180도로 바꾸어 교대로 겹쳐 쌓는 방식

③ 핀휠 적재
중간에 둔 공간을 중심으로 풍차 모양으로 둘러 쌓되, 단과 단은 교대로 방향을 바꾸어 겹쳐 쌓는 방식

④ 스플릿 적재
벽돌 적재의 일종이나 물품 사이에 공간을 두고 쌓는 방식

⑤ 블록적재
각 단의 쌓아올리는 모양과 방향이 모두 같은 방식(일렬 적재 또는 막대기 적재)

2. 일관파렛트화 개념과 기대효과

(1) 일관파렛트화 개념, 의의 ▶ 기출 9회, 23회

유닛로드 시스템의 완결은 생산자로부터 최종소비자까지 유닛화된 화물(물자)이 도중에서 그 유닛화를 허물지 않고 일관해서 흐르게 하는 것이 일관파렛트화의 목표이다.

▶ 파렛트 적재방법
① 교대배열 적재
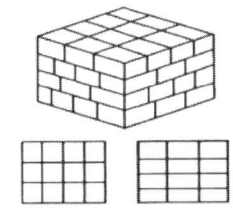

② 벽돌적재
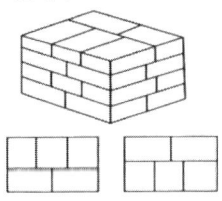

③ 핀휠 적재
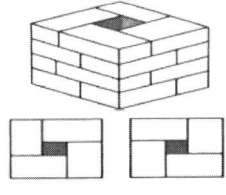

④ 스플릿 적재
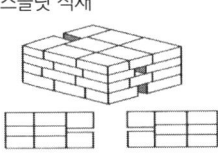

⑤ 블록 적재
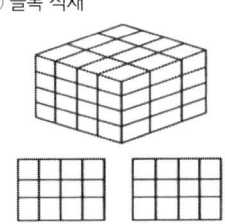

(2) 일관파렛트화의 추진순서

① 사내의 체제구축
② 대상지역 및 대상품목의 결정
  ㉠ 품목수, ㉡ 수량, ㉢ 운송빈도, ㉣ 구입처, ㉤ 납품처
③ 기술적 사항
  ㉠ 유닛로드 형태 (파렛트는 T11형 표준 파렛트로 통일 등 고려)
  ㉡ 트럭의 종류
  ㉢ 포장형태 (표준 파렛트에 맞는 표장치수 등 고려)
  ㉣ 화물붕괴 방지
  ㉤ 보관 (파렛트 랙, 상자 파렛트 등을 활용하는 방법 등 고려)
  ㉥ 파렛트 하역 시설 및 설비
  ㉦ 파렛트의 품질
④ 비용 계산
  ㉠ 파렛트 운용비(차용비, 제작비, 수선비, 보관비, 반·회송비, 폐기처리비 등)
  ㉡ 인건비(하역, 관리 등)
  ㉢ 트럭운송, 하역기기비, 작업장 설비비, 화물붕괴 방지비
⑤ 파렛트 운용·회수방식의 결정
⑥ 거래처와의 조정·합의 형성

(3) 일관파렛트화의 기대효과와 장점 및 단점 ▶기출 17회, 21회, 24회

① 기대효과
  ㉠ 기업의 이미지 향상과 안전한 수송력의 확보
  ㉡ 작업안전의 확보
  ㉢ 하역비의 절감
  ㉣ 상품의 보호
  ㉤ 입출하장소의 혼잡 완화

[일관파렛트화의 장·단점]

일관파렛트화 장점	일관파렛트화 단점
㉠ 하역인원의 절감 ㉡ 하역시간의 단축 ㉢ 화물 훼손의 감소 ㉣ 짐 꾸리는 포장비의 절감 ㉤ 운임 및 통운료의 절감 ㉥ 노동조건의 향상 ㉦ 수송효율의 향상	㉠ 작업능률이 향상되지만, 넓은 작업공간과 통로가 필요 ㉡ 다품종의 경우 작업의 표준화와 기계화를 어렵게 할 수 있음 ㉢ 파렛트 자체의 체적, 중량만큼 적재량이 줄어듦

[자사 파렛트와 임대 파렛트 이용 장·단점]

구분	자사 파렛트	임대 파렛트
장점	ⓐ 언제나 필요로 할 때 편리하게 사용할 수 있다. ⓑ 자체 내 파렛트 풀제 도입이 용이하다. ⓒ 자사에서 필요한 규격을 임의로 선택·도입할 수 있다.	ⓐ 공파렛트의 회수가 불필요하다. ⓑ 성수기, 비수기의 양적 조정이 가능하다. ⓒ 표준 파렛트 도입이 용이하다. ⓓ 경비가 절감된다.
단점	ⓐ 많은 비용을 필요로 한다. ⓑ 공파렛트 회수가 곤란하고 비용이 많이 든다. ⓒ 성수기와 비수기의 양적 조정이 곤란하다. ⓓ 규격 파렛트의 보급이 곤란하다.	ⓐ 긴급을 요할 때 공급이 곤란하다. ⓑ 회사 간 이동시 회수가 곤란하다. ⓒ 모든 포장단위를 임대 파렛트에 맞추어야 한다.

3. 파렛트 풀 시스템

(1) 파렛트 풀 시스템의 정의 ▶ 기출 13회, 21회, 26회, 27회, 28회 빈출

파렛트 풀 시스템(Pallet Pool System)이란 표준화된 파렛트에 의해 여러 화주와 물류업자들이 공동으로 파렛트를 이용하는 제도로서 파렛트를 다량 확보하고 있는 풀 조직이 파렛트에 대한 납품, 회수관리, 수리 등을 담당하는 파렛트 공동이용 제도이다.

파렛트 풀 시스템이 성공적으로 이루어지기 위한 기본조건으로서는 파렛트의 표준화가 무엇보다도 시급한 과제이며, 이를 바꾸어 말하면 파렛트의 표준화를 이루기 위해서는 파렛트 풀 시스템의 빠른 정착이 무엇보다도 선행되어야 하겠다. 파렛트 풀 시스템은 파렛트의 규격, 치수 등을 표준화하여 상호 호환이 되도록 함으로써 파렛트를 공동으로 이용하여 물류의 합리화를 이루고 물류비 절감에 기여하며 화주나 유통업자 모두의 부담을 경감시키고자 하는 제도이다.

(2) 파렛트 풀 시스템의 특징 ▶ 기출 13회, 19회, 21회, 22회, 25회
① 전국적으로 폭넓은 파렛트 집배망이 설치되어 있다.
② 표준 파렛트화를 다량으로 보유하여 불특정 다수의 화주에게 파렛트를 공급할 수 있다.
③ 공파렛트를 회수할 수 있는 네트워크를 갖추고 있다.
④ 자사의 필요규격을 임의 선택하여 도입함이 어렵다.

(3) 운영방식에 따른 파렛트 풀 시스템 분류 ▶ 기출 13회, 14회, 17회, 23회, 25회
① 즉시 교환방식 풀 시스템 ▶ 기출 23회
  ㉠ 유럽 각국에서 채용되고 있는 국유철도를 중심으로 운영
  ㉡ 발하주가 파렛타이즈 화물을 국철에 위탁하는 시점에서 동수의 파렛트를 국철에서 인수 하며 한쪽의 착하주 파렛타이즈 화물을 인수할 때에 동수의 파렛트를 국철에 건네준 다. 말하자면 교환 파렛트에 의한 방법이다.
  ㉢ 장점 : 파렛트의 즉시 교환사용으로 파렛트의 분실에 대한 걱정이 없다.

ⓔ 단점
  ⓐ 관계 당사자가 언제나 교환에 응할 수 있는 파렛트를 준비하지 않으면 안 되고, 또 파렛트의 교환을 충분하게 하기 위해서는 언제나 정비상태가 양호한 파렛트를 준비 해 놓을 필요가 있다.
  ⓑ 보수가 필요하게 된 파렛트나 품질이 나쁜 파렛트를 교환용으로 내놓을 경우가 있다.
  ⓒ 수송기관의 이용이 복잡한 경우, 수송기관의 수가 많을 경우에는 원활하게 진행할 수 없다.

② 리스·렌탈방식 풀 시스템 ▶ 기출 12회, 14회, 18회, 19회, 25회 빈출
  ㉠ 오스트레일리아(호주) 방식으로 우리나라에서 가장 많이 활용되고 있다.
  ㉡ 파렛트를 풀로 운영하는 기관이 필요에 따라 이용자에 대해서 일정의 규격화된 것으로 이용자가 소재하는 가까운 데포(depot)에서 공급되는 파렛트를 빌린다. 도착지의 이용자는 파렛트를 가까운 데포에 반납한다.
  ㉢ 장점 : 이용자가 교환을 위한 동질동수의 파렛트를 준비해 놓을 필요가 없다.
  ㉣ 단점
    ⓐ 파렛트를 인도하며 반환한 렌탈료의 계산 등 사무처리가 필요하다.
    ⓑ 하주의 편재(偏在) 등에 의해서 파렛트가 쌓이는 곳이 발생한다.
    ⓒ 렌탈회사 데포(depot)에서 하주까지의 공파렛트 수송이 필요하다.
    ⓓ 사무처리와 편재되어 쌓여지는 데 대해서는 렌탈회사의 책임이 된다.
    ⓔ 렌탈회사의 데포에서 하주까지의 공파렛트 수송면의 디메리트에 대해서는 파렛트 풀의 이용에 의한 메리트를 감안해서 종합적으로 판단해야 한다.

③ 대차결제방식 ▶ 기출 23회, 25회
대차결제방식은 교환방식의 단점을 보완하기 위하여 1968년 스웨덴의 파렛트 풀 회사에서 개발한 제도로 국유철도역에서 파렛트를 즉시 교환할 필요는 없고, 시간 내 동일한 수량의 파렛트를 해당 철도역에 반환하도록 하는 방식이다. 파렛트 화물이 도착한 날로부터 3일 이내에 반환하면 되며, 소정일수를 초과한 반환과 분실은 정해진 변상금을 지불하게 되어 있다.

(4) 파렛트 풀 시스템의 필요성 ▶ 기출 13회, 19회, 21회
① 일관파렛트화의 실현
  제품을 생산하여 파렛트 적재 후 최종소비자까지 그대로 운송이 가능하다.
② 지역 간 수급 해결
  파렛트를 공동으로 사용함으로써 지역 간의 파렛트 불균형을 해결할 수 있다.
③ 계절적 수요에 대응
  업종 간에 파렛트를 공동이용하여 성수기와 비수기에 대응이 가능하다.
④ 회수관리시스템 구축
  집배소 공동활용으로 회수운임이 절감되고, 회수관리를 일원화할 수 있다.
⑤ 설비자금의 절감, 전용이 가능

비수기에 불필요한 파렛트 비용을 절감하여 타 용도로 전용이 가능하다.
ⓖ 파렛트 보관관리가 불필요하고 분실률 저하
자사에서 파렛트 보관관리가 불필요하고, 관리일원화로 분실률이 낮아진다.
ⓗ 사회자본을 억제, 물류관련 요소의 표준화를 촉진
전체적인 파렛트 수량이 줄어들어 사회자본이 줄고 표준치수, 물류기기, 시설 등의 규격화·표준화가 촉진된다.

[파렛트 적재율]

$$\text{파렛트 표면이용률(\%)} = \frac{\text{박스 가로규격} \times \text{박스 세로규격} \times \text{박스 적재수량}}{\text{파렛트 가로규격} \times \text{파렛트 세로규격}} \times 100$$

II 유닛로드 시스템(ULS)

1. 유닛로드 시스템(ULS)의 정의, 목적

(1) 유닛로드 시스템(ULS)의 정의와 전제조건

① 유닛로드 시스템(Unit-Load System)의 정의 14회, 18회, 24회, 25회, 27회, 28회
   ㉠ 하역작업의 혁신을 통해 운송합리화를 도모하기 위한 것으로 화물을 일정한 표준의 중량 또는 체적으로 단위화시켜 일괄해서 기계를 이용하여 하역, 수송하는 시스템이다.
   ㉡ 한국산업표준(유닛로드시스템의 통칙 : KST-0006)에 따르면, 유닛로드(Unit - Load)란 수송, 보관, 하역 등의 물류활동을 합리적으로 처리하기 위하여 복수의 물품 또는 포장화물을 기계·기구에 의한 취급에 적합하도록 '하나의 단위로 정리한 화물'을 일컫는다.
   ㉢ 유닛로드 시스템을 '유닛로드를 도입함으로써 하역을 기계화하고, 수송·보관 등을 일에 관하여 합리화시키는 시스템'이라고 정의하고 있다.

② 유닛로드 시스템의 전제조건 ▶ 기출 9회, 13회, 22회, 23회, 25회
   ㉠ 기업, 정부단위의 합리화 관련 법규, 설비나 시스템 표준화
   ㉡ 수송장비 적재함의 규격표준화, 포장단위 치수표준화
   ㉢ 하역의 기계화, 파렛트 표준화
   ㉣ 운반하역장비의 표준화
   ㉤ 창고보관설비의 표준화
   ㉥ 거래단위의 표준화, 이해관계자의 조정 등
   ㉦ Module화(규격화, 계열화), Unit-Load화(단위화), Standardization(표준화)

③ 유닛로드 시스템의 추진 배경
   ㉠ 유닛로드 시스템 구축의 필요성에 대한 인식 : 물류관련 장치 및 기기는 구성요소의 대상범위가 복잡하기 때문에 구축을 효율적으로 하기 위해서는 내외

적으로 실태와 문제점을 상세하게 파악하고 물류관련 장치 및 기기의 운용기술을 단위화화 할 필요가 있다.
  ⓒ 사회적 과제로서 표준화 추구 : 사회적 과제로 표준화의 관점에서 유닛로드 시스템을 구축 하여야 한다.
  ⓒ 물류과정의 정합성 : 물류의 효율화를 추진하기 위해서는 생산에서부터 최종 소비지점으로 배송하기까지 전 물류과정의 일관된 정합성을 도모하여야 하며 표준화의 재검토와 체계화된 시설, 기기 및 자재의 보급 촉진이 필요하다.
④ 유닛로드 시스템의 종류, 크기를 결정하기 위해 고려할 요인 ▶ 기출 23회
  ㉠ 적재화물의 형태, 무게
  ㉡ 적재화물의 적재형태
  ㉢ 유닛로드의 운송수단
  ㉣ 하역장비의 종류와 특성

(2) 유닛로드 시스템 구축의 목적과 기대효과 ▶ 기출 24회, 25회
  ① 유닛로드 시스템 구축의 목적
    ㉠ 작업효율 향상 : 인력으로 운반할 수 있는 단위는 수십 킬로그램에 불과하므로 유닛로드 시스템 구축으로 보관, 하역작업의 효율성을 꾀할 수 있다.
    ㉡ 운반의 활성화 : 움직이기가 용이한 상태에 있는 화물로서 운반활성이 좋은 화물형태로 화물의 소이동 재배치 등을 쉽게 할 수 있어서 창고 등에서 작업자가 정리하기 쉬워 물류의 접점에서 원활한 접속이 이루어진다.
    ㉢ 작업의 표준화에 따라 작업관리가 용이하다.
    ㉣ 완성된 유닛로드의 형태로 취급할 수 있으므로 물품의 손상을 감소시킨다.
    ㉤ 수작업 하역의 경우보다 간소하고 쉽게 하역이 가능하여 비용 절감에 기여한다.
    ㉥ 각 하역작업의 연속성과 하역시간 단축으로 하역의 합리화가 가능하다.
  ② 유닛로드 시스템의 기대효과 ▶ 기출 15회, 17회, 21회, 23회, 27회
    ㉠ 보관, 적재, 하역, 수송 등의 작업이 평준화되어 물류작업이 효율적이다.
    ㉡ 파렛트 본체를 시작으로 택, 벨트 컨베이어, 파렛타이저 등 주변기기가 모두 표준화되므로 하역 기계화로 제조비용이 절감된다.
    ㉢ 포장비의 간소화, 포장인력의 감축으로 인한 포장비용이 절감된다.
    ㉣ 호환성이 있으므로 다른 회사, 다른 업계, 다른 지역 등의 파트너와 공동으로 파렛트를 사용하는 등 여러 시스템이 구축된다.
    ㉤ 파렛트의 치수가 창고, 건물, 선박 등의 치수, 면적, 간격의 기준이 된다.
    ㉥ 각 화물형태의 유닛치수가 통일되면 수송기관도 여기에 맞추어진 적재함의 설계가 되므로 국가단위에서의 낭비를 감소할 수 있다.
    ㉦ 파손, 분실의 위험 감소와 전체 물류흐름이 빨라진다.
    ㉧ 입체보관으로 창고공간 이용률이 향상된다.

2. 분류 시스템 필요성, 구성

(1) 분류의 정의, 필요성 ▶ 기출 17회, 25회

분류란 개개의 인위적 정보를 가진 물품을 그 정보에 따라 구분(Sorting)하여 정해진 장소에 모으는 작업을 말한다. 미국 운반관리협회의 정의에 따르면, '분류란 특정의 목적지에 운반해야 할 제품을 식별·구분하고, 유도하는 행위'를 말한다.

(2) 분류 시스템의 도입 목적 ▶ 기출 11회

① 분류 시스템은 물(物)을 형태, 크기, 중량, 고객별, 주문별, 목적지별 등으로 집합시키는 것이다. 이러한 분류 시스템의 도입목적은 다음과 같다.
  ㉠ 생산성의 향상
  ㉡ 고객서비스의 향상
  ㉢ 생력화(기계화, 자동화)
  ㉣ 분류시간의 단축
  ㉤ 분류오류의 감소
② 분류 시스템 도입의 주요목적은 자동화에 의한 경비의 절감과 투자효과에 있으며, 중요한 포인트로서는 분류오류의 감소와 분류시간의 단축에 있다.

(3) 자동분류 시스템의 종류 13회~27회 빈출

① 밀어내는(Pusher) 방식
  화물을 컨베이어의 흐르는 방향에 대해서 직각 암(Arm)으로 밀어내는 방식으로 구조가 간단해서 어떤 컨베이어와도 연결이 가능하다. 컨베이어 폭과 물품의 긴쪽의 폭이 다르기 때문에 주의하여야 한다.

② 다이버터(Diverter) 방식
  ㉠ 다이버터를 사용하여 물품이 이동할 때 가로막아 방향을 바꾸는 방식이다. 외부에 설치된 안내판을 회전시켜 컨베이어 가이드 벽을 만들어 이동시키는 방식으로 화물의 형상에 관계없이 분류가 가능하다.
  ㉡ 진행하는 방향에 대해서 컨베이어 위에 비스듬한 암(Arm)으로 물품을 분류하는 방식으로 물품을 1개씩 분류하는 것이 가능하며, 연속적으로 분류하는 것도 가능하다. 다이버터 암(Arm)의 마찰이 문제가 될 경우 마찰면에 롤러, 구동롤러, 구동벨트, 구동체인 등을 이용하기도 한다.
  ㉢ 다이버터(Diverter) 방식은 팝업 방식에 비하여 구조가 상대적으로 간단하다.

③ 운반(Carrier) 체인 방식
  ㉠ 여러 열의 캐리어 체인으로 물품을 운반하고 그 체인 사이에서 회전하는 롤러를 노출되게 해서 분류하는 방식으로 롤러의 회전을 컨베이어의 진행방향에 대해 직각방향으로 하는 것으로써 분류가 가능하다.
  ㉡ 운반체인방식의 종류에는 Belt식, Tray식, Slat식의 세 가지 방식이 있다.

④ 체인 트랜스퍼(Chain Transfer) 방식
  ㉠ 구동롤러의 롤러와 롤러 사이를 이용해서 컨베이어의 이동방향에 직각으로 롤러의 면보다 낮게 몇 개의 체인을 회전할 수 있도록 해두고 있다.

기출문제

자동분류시스템의 소팅방식에 관한 설명으로 옳은 것은?

① 크로스벨트(Cross belt) 방식 : 컨베이어 반송면의 아래 방향에서 벨트 등의 분기장치가 나오는 방식으로 하부면의 손상 및 충격에 취약한 화물에는 적합하지 않다.
② 팝업(Pop-up) 방식 : 레일을 주행하는 연속된 캐리어 상의 소형벨트 컨베이어를 레일과 교차하는 방향으로 구동시켜 단위화물을 내보내는 방식이다.
③ 틸팅(Tilting) 방식 : 반송면에 튀어나온 기구를 넣어 단위화물을 함께 이동시키면서 압출하는 방식이다.
④ 슬라이딩슈(Sliding-shoe) 방식 : 여러 형상의 화물을 수직으로 나누어 강제적으로 분류하므로 충격에 취약한 정밀기기나 깨지기 쉬운 물건은 피해야 한다.
⑤ 다이버터(Diverter) 방식 : 외부에 설치된 안내판을 회전시켜 반송경로 상에 가이드벽을 만들어 단위화물을 가이드벽에 따라 이동시키므로 다양한 형상의 화물 분류가 가능하다.

정답 ⑤

ⓒ 물품을 분기하기 직전에 체인을 회전시킴과 동시에 롤러의 면보다 다소 높게 물품과 함께 밀어올림으로써 컨베이어 위의 물품을 직각으로 분류하는 방법이다. 체인 대신에 구동휠을 사용하는 것도 있다.

ⓓ 물품과 컨베이어 면과 마찰이 없기 때문에 무거운 물품의 분류도 가능하다.

⑤ 슬랫 컨베이어(Slat Conveyor) 방식

이동 슬랫으로 밀거나 슬랫을 기울여서 분류하는 방식이다.

⑥ 크로스벨트(Cross-belt) 소팅 컨베이어 방식

레일을 주행하는 연속된 소형 벨트컨베이어를 레일과 교차하는 방향에서 구동시켜 단위화물을 내보내는 컨베이어로 의약품, 통신판매, 화장품, 서적분류 등에 많이 활용한다.

⑦ Tilting(Tray) 소팅 컨베이어 방식

트레이(Tray) 방식은 분류해야 할 물품이 담긴 트레이를 기울여서 물품의 위치를 아래로 떨어트리는 방식이다.

화물의 형상, 두께 등에 따라 폭넓게 대응하여 신문사, 우체국, 통신판매 등의 각종 배송센터에서 이용하는 분류방식으로 레일을 주행하는 트레이 등을 경사지게 하여 단위화물을 활강시키는 컨베이어이다.

⑧ 슬라이드-슈 방식

슬라이딩슈(Sliding Shoe) 방식은 트레이 방식에 비하여 물품의 전환 흐름이 부드러워 상대적으로 물품의 손상 가능성이 낮다.

Slat 컨베이어에 Slide Shoe 기구를 연속 주행시켜, 반송물을 이동과 동시에 Chute로 밀어내어 분류하며, 측면 분기는 물론 양면분기를 할 수 있다.

⑨ 팝업 방식(Pop-Up Type)

팝업(Pop-up) 방식은 여러 개의 롤러(Roller)나 휠(Wheel) 등을 이용하여 물품이 컨베이어 특정 위치를 지나갈 때 그 물품을 들어 올려서 방향을 바꾸는 방식이다.

컨베이어 아래 방향에서 벨트, 롤러, 휠, 핀 등의 분기장치가 튀어나와서 분류하는 방식으로 물품 하부면에 충격을 주는 단점이 있다.

(4) 컨베이어의 종류 ▶ 기출 13회, 18회, 22회, 28회

컨베이어는 한국산업표준(KST-2301)에 '화물을 연속적으로 운반하는 기계'로 정의하고 있으며, 컨베이어의 종류는 다음과 같다.

① 벨트 컨베이어(Belt Conveyer)

주로 고무벨트를 이용하여 수평면 및 경사면에서 반송에 다양하게 사용되고 있고, 경량물 부터 중량물까지 목적에 맞게 광범위하게 사용되고 있다. 고저차가 있는 공정 간의 접속에 의해 사용되는 경우, 급경사에서는 반송물과 벨트의 미끄러짐에 주의해야 한다.

② 체인 컨베이어(Chain Conveyer)

㉠ 라인 컨베이어(Line Conveyer) : 파렛트에 적재한 단위화물 등 중량물의 안전 반송에 적합하다. 설비비는 저렴하지만, 고속반송에는 적합하지 않다.

ⓒ 트롤리 컨베이어(Trolly Conveyer) : 가이드레일에 따라 옷걸이장치로 입체공간을 자유롭게 활용해서 반송하는 것이 가능하며, 안전면 또는 고속반송에는 적합하지 않다. 천장트랙에 동일한 간격으로 매달려 있는 운반기에 화물을 탑재한다.

③ 롤러 컨베이어(Roller Conveyer)
　　㉠ 프리 롤러 컨베이어(Free Roller Conveyer) : 반송물의 하중을 이용하여 높은 쪽에서 낮은 쪽으로 흐르게 하는 경우에 사용된다. 유동 랙 등에 사용되고 있으나, 급경사에서의 사용은 반송물에 충격이 가해지기 때문에 주의를 요한다.
　　ⓒ 구동식 롤러 컨베이어 : 구동모터를 이용하여 수평반송에 많이 사용되며 급경사의 경우에는 반송물과 롤러 간의 미끄러짐 때문에 적합하지 않다.

④ 분류 컨베이어
　　반송물의 형태와 분류속도 및 레이아웃의 분류방법에 따라서 분류방식을 결정하여 사용한다.

⑤ 수직반송 컨베이어
　　㉠ 수직 슬랫 컨베이어(VS) : 몇 가닥의 체인에 부착한 짐받이 슬랫을 운반시에는 수평으로, 돌아올 때는 수직으로 하여 순환시키고, 각 스테이션에 설치한 자동 출입 컨베이어와 연동하여 자동으로 반송물을 이동적재하는 수직 컨베이어이다.
　　ⓒ 수직 트레이 컨베이어(VT) : 몇 가닥의 체인에 부착한 짐받이 트레이 또는 짐받이 암을 하로 움직여서, 각 스테이션에 설치한 자동출입 컨베이어와 연동하여 자동으로 반송물을 이동 적재하는 수직 컨베이어이다.

⑥ 기타
　　㉠ Apron 컨베이어 : 벌크화물을 담아서 이동하는 컨베이어
　　ⓒ Screw 컨베이어 : 사료, 곡물 등 분립체를 이동시키는 나사형 컨베이어
　　ⓒ Chute 컨베이어 : 경사판을 이용해 흘러내리는 형태의 컨베이어
　　㉣ Accumulating 컨베이어 : 할인점에서 계산대로 사용하는 것과 같이 일정 간격을 유지하여 대기시키는 일시정지 컨베이어

(5) 제조업에서 모기업과 부품을 공급하는 협력업체 사이의 물류효율화 방식 ▶ 기출 23회
① 서열공급 방식 : 모기업에서 혼류 생산되는 제품들의 생산순서에 맞도록 부품업체가 해당부품을 순서대로 대차에 담아 공급하는 방식
② SET(KIT)공급 방식 : 부품업체와 모기업 사이에 물류센터를 설치하여 제품 1대(1SET)에 필요한 모든 부품들을 사전에 별도 용기에 담아서 모기업 생산현장에 공급하는 방식
③ 공동순회납품 방식 : 부품업체들이 교대로 여러 부품업체들을 순회하여 모기업에 부품을 공동납품함으로써 모기업의 납품 주기 단축에 대응하는 방식
④ 물류전문회사(3PL)공급 방식 : 협력업체에서 모기업에 직접 부품을 납품하지 않고 물류전문 회사를 이용하여 납품하는 방식

[컨베이어 이용의 장·단점]

컨베이어 이용의 장점	컨베이어 이용의 단점
㉠ 좁은 장소에서 작업이 가능하고 노면에 관계없이 설치가 가능하다. ㉡ 고정된 장소에서 운반량이 많을 때 효율적이다. ㉢ 중력을 이용한 운반이 가능하다. ㉣ 원격조정이나 자동제어가 가능하다. ㉤ 포장이 안 된 물품도 운반이 가능하다. ㉥ 다른 기기와 연계하여 사용 가능하다. ㉦ 자동운반으로 운반인력이 불필요하다. ㉧ 컨베이어 흐름 중에도 검사 및 작업이 가능하다.	㉠ 속도의 한정으로 하역작업시간이 소요된다. ㉡ 투입, 출구 방향에 인력이 필요하다. ㉢ 화물의 형상이 다르거나 높이 쌓기에는 부적당하다. ㉣ 기동성, 사용방법에 탄력성이 낮다. ㉤ 단시간에 대량화물 운반이 불가능하다. ㉥ 고장시 라인 전체가 정지하고 작업흐름에 영향을 미친다. ㉦ 일단 설치시 라인 이동이 곤란하다.

제7장 핵심문제

01 파렛트 이용의 장점으로 옳지 않은 것은?

① 파렛트화 함으로써 화물의 하역작업이 각종 장비에 의해서 이루어지므로 많은 노동력이 감소되어 재래식보다 인건비가 절감된다.
② 단위화된 화물이 기계장비에 의해 상·하차되면 노동시간이 단축되므로 운송에 있어서 제비용이 절감된다.
③ 규격품뿐만 아니라 비규격품에 대해서도 손쉽게 작업이 가능하다.
④ 화물자동차, 화차, 선박, 수송장비 등의 체제시간을 단축함으로써 각종 비용이 경감될 수 있다.
⑤ 보관을 위한 창고의 공간 컨테이너의 내부 용량, 선박 등 적재에 있어서 공간을 최대한 이용할 수 있다.

정답 ③

해설 파렛트는 비규격품, 장척물, 중량물에는 적합하지 않다.

02 파렛트의 종류에 대한 설명으로 옳지 않은 것은?

① 기둥 파렛트: 상부 구조물이 없는 파렛트와 달리 상부에 기둥이 있는 파렛트로 기둥은 고정식·조립식 등이 있다.
② 롤 상자형 파렛트: 받침대 밑면에 바퀴가 달린 롤 파렛트 중 상부구조가 박스인 파렛트로 최근에는 배송용으로 많이 사용한다.
③ 시트 파렛트: 1회용 파렛트로 플라스틱시트나 골판지로 제작되어 가격이 저렴하고 가벼우나 하역을 위하여 push-pull 장치를 부착한 지게차가 필요하다.
④ 스키드 파렛트: 핸드리프트로 하역할 수 있도록 만들어진 단면형 파렛트이다.
⑤ 사일로 파렛트: 주로 액체를 취급하는 데 사용되며 밀폐상의 측면과 뚜껑을 가지며 상부 또는 하부에 출입구가 있는 상자형 파렛트를 말한다.

정답 ⑤

해설 사일로 파렛트는 주로 분립체를 담는 데 사용되며 밀폐상의 측면과 뚜껑을 가지며 하부에 개폐장치가 있는 상자형 파렛트이다. ⑤은 탱크 파렛트에 대한 설명이다.

03 파렛트의 적재방법에 대한 설명으로 옳지 않은 것은?

① 교대 배열 적재 : 동일한 단 내에서는 동일한 방향으로 물품을 나란히 쌓지만 단별로는 방향을 90도로 바꾸거나 교대로 겹쳐 쌓는 방식
② 벽돌 적재 : 동일한 단에서는 물품을 가로·세로로 조합해 쌓으며, 다음 단에서는 방향을 90도로 바꾸어 교대로 겹쳐 쌓는 방식
③ 핀휠 적재 : 중간에 둔 공간을 중심으로 풍차 모양으로 둘러 쌓되, 단과 단은 교대로 방향을 바꾸어 겹쳐 쌓는 방식
④ 스플릿 적재 : 벽돌 적재의 일종이나 물품 사이에 공간을 두고 쌓는 방식
⑤ 블록적재 : 각 단의 쌓아올리는 모양과 방향이 모두 같은 방식(일렬 적재 또는 막대기 적재)

정답 ②

해설 벽돌 적재 : 동일한 단에서는 물품을 가로·세로로 조합해 쌓으며, 다음 단에서는 방향을 180도로 바꾸어 교대로 겹쳐 쌓는 방식

04 일관파레트화의 장점으로 볼 수 없는 것은?

① 하역인원의 절감
② 하역시간의 단축
③ 화물 훼손의 감소
④ 넓은 작업공간과 통로가 필요
⑤ 운임 및 통운료의 절감

정답 ④

해설 ④ 일관파렛트화의 단점이다.

05 다음에서 설명하는 것은?

- 하역작업의 혁신을 통해 운송합리화를 도모하기 위한 것으로 화물을 일정한 표준의 중량 또는 체적으로 단위화시켜 일괄해서 기계를 이용하여 하역, 수송하는 시스템
- 수송, 보관, 하역 등의 물류활동을 합리적으로 처리하기 위하여 복수의 물품 또는 포장화물을 기계·기구에 의한 취급에 적합하도록 '하나의 단위로 정리한 화물'을 의미

① 유닛로드 시스템
② 하역 단일화
③ 운반 활성화
④ 파렛트 풀 시스템
⑤ 분류 시스템

정답 ①

해설 유닛로드 시스템(Unit-Load System)에 대한 설명이다.

제8장 운반·보관·하역기기

I. 운반·보관·하역기기의 종류 및 특징

1. 하역 기계화와 지게차의 종류

(1) 하역기계가 필요한 화물 ▶ 기출 7회, 9회

① 중량화물
② 많은 인적 노력이 요구되는 화물
③ 액체 및 분립체 등 인력으로 취급하기 곤란한 화물
④ 인력으로 시간을 맞추기 어려운 화물
⑤ 대량 해상운송화물
⑥ 작업장의 위치가 높고 낮음으로 인하여 상하차작업이 곤란한 화물
⑦ 인적 접근이 곤란하거나 수동화하기 어려운 화물
⑧ 유해하거나 위험한 화물

(2) 운반·하역기기의 선정시 고려사항 ▶ 기출 19회

① 화물특성
화물의 종류로서 포장된 물품이나 포장되지 않은 화물 등 최적의 하역기기를 선정하는 중요한 기준이 된다. 포장되지 않은 물품의 경우에는 입자의 분포, 비중, 성상 등을 염두에 두어야 하며, 포장물의 경우에는 형상, 크기, 중량 등을 감안하여 하역기기를 선택하여야 한다.

② 작업특성
작업의 성질로서 작업량, 계절변동의 유동성, 취급품목의 종류, 운반거리 및 범위, 운송기기의 종류, 로트의 대소에 따른 수배송 특성을 포함한 이들 모든 요인을 전제로 하여 이에 부합된 하역기기를 선택할 필요가 있다.

③ 작업환경특성(작업장의 구조, 여건)
그 작업장이 전용인가, 공용인가, 자사소유인가, 임대인가, 물의 흐름은 어떠한가, 시설의 배치 및 건물구조는 어떠한가, 하중은 어느 정도인가 등의 요인을 포함한다.

④ 하역기기의 특성
하역기기의 안전성, 신뢰성, 성능, 탄력성, 기동성, 소음, 생에너지성, 공해 등의 특성을 포함한다. 이러한 하역기기의 특성을 고려하여 최적의 하역기기를 선정하여야 한다.

▶ 지게차의 구조부

▶ 지게차의 종류
① 카운터 밸런스형

② 스트래들 리치형

③ 사이드 포크형

④ 리치 포크형

⑤ 채산성(경제성)
이상의 모든 요소를 감안하고 경제성을 검토하여 기기를 선정한다. 경제성에 관해서는 복수의 대체안을 작성한 후 비교하여 기기를 선정한다.

(3) 지게차(Folk Lift Truck)의 종류와 주요 특징 ▶ 기출 8회, 12회, 18회, 23회, 27회

① 카운터 밸런스형(Counter balanced fork lift truck)
차체 전면에는 포크와 마스트(승강장치)가 부착되어 있으며, 차체 후면에는 카운터 웨이터(무게중심 추)가 설치된 지게차로 내연식과 전동식이 있으며 전륜구동으로 실내용으로는 쿠션타이어식, 실외용으로는 공기압타이어식을 사용한다.

② 스트래들 리치형(Straddle reach fork lift truck)
차체 전방으로 뻗어나온 주행가능한 아웃트리거(Outrigger)로 차체의 안정을 유지하며, 양쪽의 아웃트리거 사이로 포크를 내릴 수 있는 형태의 지게차로, 랙의 안쪽 깊숙이 있는 파렛트에도 접근이 용이하며 일반적으로 리치형으로 불린다.

③ 사이드 포크형(Side fork lift truck)
포크와 마스터를 차체 후방에 설치한 것으로, 운반·하역 시는 차체 측면에 아웃트리거를 움직여 차체측면 방향으로 포크 승강장치를 이용한다.

④ 리치 포크형(Reach Fork)
마스트와 포크가 전후로 이동하여 서서 운전하는 입승식이다.

⑤ 탑 핸들러(Top Handler)
CY에서 컨테이너 모서리를 스프레더로 잡고 하역한다. 특히 빈컨테이너 하역할 때 사용하는 종류이다.

⑥ 삼방향 지게차
마스트 전방의 포크가 좌우 90도 회전하여 좁은 통로에도 작업이 가능한 방식이다.

⑦ Walkie형 지게차
탑승설비 없이 운전자가 걸어다니며 작업하는 지게차이다.

⑧ Reach Stacker ▶ 기출 23회
붐에 달린 스프레더만을 회전하여 컨테이너를 이적 또는 하역하는 장비이다. 적재화물 높이조정이 가능한 대형 지게차로 철도하역에서 컨테이너만 화차에 적재하는 COFC방식으로, 내륙 컨테이너기지(ICD)에서 컨테이너 하역에 가장 많이 이용한다.

(4) 어태치먼트(Attachment) 개념과 종류

① 어태치먼트(Attachment) 개념 ▶ 기출 10회
어태치먼트(Attachment)는 포크와 교환하는 부속장치이다. Fork에 의한 단순한 운반, 하역의 기능 외에 필요에 따라 여러 가지 기능 및 특수한 작업환경에 적절한 부속 작업장치를 말한다.

② 어태치먼트의 종류 ▶ 기출 7회~21회 빈출
  ㉠ 램(Ram) : 화물의 구멍에 삽입하여 사용하는 막대모양의 부속장치
  ㉡ 크레인 암(Crane Arm) : 크레인 작업을 하기 위한 부속장치
  ㉢ 덤핑 포크(Dumping Fork) : 포크를 상하방향으로 기울일 수 있는 부속장치
  ㉣ 힌지드 포크(Hinged Fork) : 포크를 상하방향으로 기울일 수 있는 부속장치
  ㉤ 훅(Hook) : 포크 또는 램 등에 부착하여 화물을 달아올리기 위한 부속장치
  ㉥ 사이드 시프터(Side Shifter) : 가로방향으로 이동할 수 있는 부속장치
  ㉦ 포크 포지셔너(Fork Positioner) : 포크의 간격을 조정할 수 있는 부속장치
  ㉧ 리치 포크(Reach Fork) : 포크가 마스트 전후로 이동할 수 있는 부속장치
  ㉨ 푸셔(Pusher) : 포크 위의 화물을 밀어내기 위한 부속장치
  ㉩ 스프레더(Spreader) : 컨테이너 등을 달아올리기 위한 부속장치
  ㉪ 클램프(Clamp) : 화물을 사이에 끼우는 부속장치(Grab)
  ㉫ 회전 클램프(Rotating Clamp) : 회전할 수 있는 장치를 가진 클램프
  ㉬ 로드 스태빌라이저(Load Stabilizer) : 화물을 수직으로 누르는 장치
  ㉭ 퍼니스 차저(Furnace Charger) : 원료를 밀어넣거나 원료용해에 사용
    ⓐ 머니풀레이터(Manipulator) : 단조물 등을 잡고 회전시키기 위한 부속장치
    ⓑ 버킷(Bucket) : 벌크 화물의 하역에 사용하기 위한 부속장치
    ⓒ 푸시 풀(Load Push Pull) : 시트 파렛트에 적재한 화물을 취급하는 부속장치
    ⓓ 회전 포크 : 유압으로 포크 지시부 전체가 차체 전면으로 360도 회전하는 것

⑤ 탑 핸들러

⑥ Walkie형 지게차

▶ Attachment의 종류
① 램

② 크레인 암

③ 푸셔

④ 클램프

2. 보관 랙(Rack)의 종류와 주요 특징 ▶ 기출 1회~25회 빈출

(1) 파렛트 랙(Pallet Rack) ▶ 기출 13회, 19회, 23회
  ① 파렛트에 쌓아올린 물품의 보관에 이용되는 랙
  ② 범용성이 있는 형태이며 화물의 종류가 여러 가지라도 유연하게 보관
  ③ 바닥면적 활용이 비효율적

(2) 드라이브 인 랙(Drive In Rack) ▶ 기출 17회, 19회, 21회, 25회 빈출
  ① 파렛트에 적재된 물품의 보관에 이용되고 한쪽에 출입구를 두며 지게차를 이용하여 실어 나르는데 사용하는 랙이다.
  ② Load Beam을 제거하여 지게차가 랙 안으로 진입할 수 있도록 한 것으로 깊이 방향으로 여러 파렛트가 보관된다. 따라서 지게차 통로면적이 절감되며 보관 효율이 높은 편이다.
  ③ 소품종 다량 또는 로트(Lot)단위로 입출고될 수 있는 화물을 보관하는 데 최적격이다(입구 간격 1,300mm).
  ④ 양쪽에 출입구를 두면 드라이브 스루랙(Drive Through Rack)이 된다.
  ⑤ 회전율이 낮은 제품이나 계절적 수요제품에 경제적이다.

기출문제

랙(Rack)에 관한 설명으로 옳지 않은 것은?
① 파렛트 랙(Pallet Rack) : 포크리프트를 사용하여 파렛트 단위 혹은 선반 단위로 셀마다 격납 보관하는 설비
② 적층 랙(Mezzanine Rack) : 선반을 다층식으로 겹쳐 쌓고 현재 사용하고 있는 높이에서 천장까지의 사이를 이용하는 보관 설비
③ 회전 랙(Carousel Rack) : 입체형이며 소품종 대량상품을 파렛트 단위로 보관하는데 적합한 설비
④ 플로우 랙(Flow Rack) : 격납 부분에 레일을 달아 전체가 비스듬히 기울어지게 든 설비
⑤ 드라이브 인 랙(Drive-in Rack) : 지게차를 가지고 직접 격납 줄고를 행하는 설비

정답 ③

▶ Rack의 종류
① 파렛트랙

② 드라이브 인 랙

③ 드라이브 스루 랙

④ 적층랙

(3) 드라이브 스루 랙(Drive through Rack) ▶ 기출 19회, 25회

지게차가 랙의 한 방향으로 진입해서 반대 방향으로 퇴출할 수 있는 랙이다. Drive-in Rack과 거의 동일하지만 지게차가 랙의 '양방향'으로 들어갈 수 있다는 차이가 있어 레일 위에 있는 파렛트 화물을 선입선출하는 방법으로 보관하거나 인출한다. 좁은 장소에서 같은 종류의 물품을 많이 보관할 때 유용하게 사용할 수 있기 때문에 다양한 물품을 보관하는 경우에는 적합하지 않다.

(4) 적층 랙(Mezzanine Rack) ▶ 기출 8회, 10회, 19회, 21회, 23회, 28회

천장이 높은 단층창고 등의 경우, 현재 사용하고 있는 높이에서 천장까지의 사이를 이용하기 위해 설치한 보관장소

① 통로와 선반을 다층식으로 겹쳐 쌓은 랙
② 보관효율과 공간활용도가 높음
③ 입·출고 작업과 재고관리가 용이
④ 최소의 통로로 최대로 높게 쌓을 수 있어 경제적임

(5) 박스 슬라이딩 랙 (Box Sliding Rack) ▶ 기출 12회

① 선반이 앞 방향 또는 앞뒤 방향으로 꺼내지는 기구를 가진 랙
② 파렛트가 랙에서 미끄러져 움직임
③ 한쪽에서 입고하고 다른 한쪽에서 출고되는 이상적인 선입선출방법
④ 보관효율이나 용적효율도 양호(입구간격 1,300mm)
⑤ 다품종 소량에는 부적합하며 랙 설치비용이 많이 듦

(6) 모빌 랙(Mobile Rack) ▶ 기출 7회, 13회, 21회, 23회, 27회

① 레일 등을 이용하여 직선적으로 수평이동되는 랙으로 수동, 전동, 핸들식이 있다.
② 통로를 대폭 절약할 수 있어 도서관 등의 자료보관에 활용된다.
③ 한정된 공간을 최대로 사용한다.
④ 다품종 소량의 보관에 적합한 보관형태이다.
⑤ 보관효율, 용적률의 효율이 높다.

(7) 암 랙(Arm Rack) ▶ 기출 21회, 23회, 25회, 26회 빈출

외팔지주걸이 구조로 기본 프레임에 Arm을 결착하여 화물을 보관하는 랙으로 파이프, 가구, 목재 등 장척물 보관에 적합하고, Cantilever Rack(외팔걸이 랙)이라고도 한다.

(8) 플로 랙(Flow Rack) ▶ 기출 8회, 11회, 16회, 23회

① 플로우랙(Flow Rack)은 적입과 인출이 반대 방향에서 이루어지는 선입선출이 효율적인 랙이다. Sliding Rack과 동일하게 부르며 파렛트 타입과 박스 타입으로 구분된다.
② 소품종 다량의 상품을 파렛트 또는 케이스 단위로 보관하는 데 적합한 보관랙을 말한다.

기본적으로는 입체형이며, 랙의 격납부분에 롤러 컨베이어 또는 휠 컨베이어가 부착되어 있다. 청량음료수, 청과물, 냉동식품, 자동차 전자제품 등의 대량부품창고와 선입선출, 시간에 민감한 품목에 많이 이용되는 랙이다.

(9) 회전 랙(Carousel Rack) ▶기출 10~25회 빈출
① 캐러셀이란 순환 또는 회전을 의미하며, 회전 랙이란 피킹시 피커를 고정하고 랙 자체가 회전하는 형태로 제약회사의 의약품 등 다품종 소량제품과 가벼운 상품에 많이 이용된다. 소화물자동창고(AS / RS) 대안으로 사용되기도 한다.
② 수평 또는 수직으로 순환하여 소정의 입출고장소로 이동이 가능한 랙이다. 수직형 회전랙이 수평형 회전 랙보다 품목보호 및 보안성이 우수하다.

(10) 특수 랙 ▶기출 11회
타이어, 유리 등 형태가 특수한 것 또는 조심스럽게 다루어야 하는 물품의 전용 랙이다.

(11) 하이 스택 랙(High stack Rack)
① 좁은 통로에 높게 적재했기 때문에 바닥면의 효과적인 사용과 공간 활용이 좋고 입출고도 임의적으로 할 수 있으며, 재고관리도 용이한 편이다.
② 상품을 대량으로 취급하는 경우 최소 통로를 최대로 높게 쌓을 수 있어 경제적이다.

3. 컨테이너의 종류와 특징

(1) 컨테이너의 정의
컨테이너(container)란 화물을 안전하게 보관하여 운송할 수 있게 제작된 규격화된 운송용기를 말한다. 컨테이너를 이용한 운송은 운송화물의 단위당 비용을 줄일 수 있고, 선복이윤을 증대시킬 수 있을 뿐만 아니라 대량화물을 일시에 적재하고 양륙할 수 있어 운송기간이 단축될 수 있다. 따라서 컨테이너를 이용할 경우 최종 목적지까지의 운송 즉 '문전에서 문전'(door to door)까지의 운송을 실현할 수 있다.

(2) 컨테이너 이용시 장·단점 ▶기출 6회, 8회
① 장점
  ㉠ 포장비 절약
  ㉡ 신속한 선하증권의 발급으로 금리 절약
  ㉢ 생산능률의 향상
  ㉣ 운송비의 절약
  ㉤ 항만하역비의 절약
  ㉥ 보험료의 절약
  ㉦ 안전한 수송

② 단점
  ㉠ 선박 컨테이너 터미널기지 설비 등에 대한 투자가 크다.
  ㉡ 빈 컨테이너 회송 혹은 컨테이너 보관장소에 문제가 있다.

(3) 컨테이너 종류와 특징 ▶ 기출 1회~24회 빈출
  ① 일반용도 컨테이너(Dry Container)
    온도조절이 필요없는 일반화물, 잡화물의 수송을 주목적으로 한 컨테이너
  ② 통기·환기 컨테이너(Ventilated Container)
    통풍을 필요로 하는 수분성 화물, 생피혁 상품 등을 수송하는 컨테이너
  ③ 드라이 벌크 컨테이너(Dry Bulk Container)
    사료, 곡물 등 분립체 적재 컨테이너
  ④ 가축용 컨테이너(Pen Container)
    소·말·양 등 생동물 적재 컨테이너
  ⑤ 서멀 컨테이너(Thermal Container)
    온도관리로 보냉을 필요로 하는 냉동 컨테이너(Reefer Container) : 생선, 육류, 과일, 야채 약품류
  ⑥ 플랫폼 컨테이너(Flatform Container)
    기둥이나 벽이 없고 모서리 쇠와 바닥만으로 구성된 컨테이너로 철강코일제품의 중량물이나 부피가 큰 화물을 운송하기 위한 컨테이너
  ⑦ 플랫 랙 컨테이너(Flat Rack Container)
    목재, 승용차, 기계류 등과 같은 중량화물을 운송하기 위한 컨테이너
  ⑧ 사이드 오픈 컨테이너(Side Open Container)
    옆면이 개방되는 컨테이너
  ⑨ 탱크 컨테이너(Tank Container)
    식용유, 술, 장류 등의 식품 및 유류, 화공약품 등과 같은 액체상태의 화물을 운송
  ⑩ 행잉 가먼트(Hanging Garment ; Hanger Container)
    가죽 또는 모피와 같은 의류를 운송하기 위한 컨테이너이다.

(4) 적하고정작업(Securing)
  ① Shoring : 각목, 판재 등의 지주를 써서 수평으로 고정시킨다.
  ② Chocking : 화물 사이, 화물과 컨테이너 벽면 사이를 각재 등의 지주로 수평방향으로 고정시키는 방법으로 때로는 쿠션 등을 끼워서 고정시키기도 한다.
  ③ Lashing : 컨테이너 래싱용 고리를 이용하여 로프, 밴드 또는 그물 등을 사용하여 화물을 묶어서 선박에 고정시킨다.

4. 크레인의 종류와 특징 ▶ 기출 1회~25회 빈출

(1) 천장 크레인 ▶ 기출 25회
  공장이나 창고의 양쪽 벽 상부에 레일을 달아 크레인 본체가 천장을 주행하며 화물을 상하로 감아올리고 수평이동할 수 있는 크레인이다.

기출문제

용도에 따른 컨테이너의 분류 중에서 긴 장척화물, 중량물, 기계류 등을 수송 가능하게 한 컨테이너는?

① 서멀 컨테이너
　(Thermal Container)
② 오픈 톱 컨테이너
　(Open Top Container)
③ 드라이 벌크 컨테이너
　(Dry Bulk Container)
④ 플랫 랙 컨테이너
　(Flat Rack Container)
⑤ 사이드 오픈 컨테이너
　(Side Open Container)

정답 ②

(2) 케이블 크레인
마주 보는 탑 사이에 걸려 있는 로프를 궤도로 트롤리가 수평주행하는 크레인이다.

(3) 갠트리 크레인
레일 위를 주행하는 다리가 있는 지퍼에 트롤리 또는 지브붙이가 있는 크레인으로 본체의 구조가 다리를 닮았다는 의미에서 교량형 크레인이라고도 한다.

(4) 언로더 (Unloader) ▶ 기출 23회, 25회
- Track Hopper를 이용하여 석탄 및 광석 반출시 활용되는 크레인 종류로 산물 상태의 벌크
- 화물을 부리기 위해 이용되는 호퍼가 부착된 양륙전용 크레인으로 고철 양하작업에서 이용된다(부두에서만 사용 가능).

(5) 지브 크레인(Jib Crane)
화물을 매다는 크레인의 Jib(화물을 매달기 위해 돌출된 것)를 가진 선박에 설치한 크레인으로, 각도변경과 좌우 선회로 작업 영역을 쉽게 360도 회전 변경이 가능하다.

(6) 인입식 크레인(Level Luffing Crane)
항만하역에 주로 사용되고 있다.

(7) 자주 크레인(Mobile Crane)
스스로 주행할 수 있는 지브붙이 크레인이다.

(8) 컨테이너 크레인(Container Crane) ▶ 기출 25회
안벽을 따라 설치된 레일 위를 주행하면서 컨테이너를 선박에 적재, 하역하는데 사용하는 크레인이다.

(9) 데릭(Derrick)
상단이 지지된 마스트를 가지며 마스트 또는 붐(Boom) 위 끝에서 화물을 달아올리는 지브붙이 크레인이다.

(10) 스태커 크레인(Stacker Crane) ▶ 기출 28회
입체자동화창고의 대표적인 운반기기이다.

(11) 윈치 크레인 (Winch Crane) ▶ 기출 23회
컨테이너를 새시나 트럭에 적재시 사용하는 크레인으로 좌우 회전이 가능하고 작업장까지 자력으로 이동한다. 차체를 이동 / 회전시키면서 컨테이너 트럭이나 플랫카로부터 컨테이너를 하역하는 장비이다.

(12) 플로팅 크레인(Floating Crane)
선박인양의 바지선에 부착한 부선 크레인이다.

▶ Crane의 종류

① 갠트리 크레인

② 언로더

③ 데릭

④ 스태커 크레인

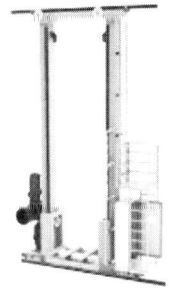

(13) 타워 크레인(Tower Crane)
고층 아파트 건설공사 현장에 사용되는 크레인이다.

5. 기타 하역 기기

(1) 권상기와 핸드 리프터 ▶ 기출 16회, 24회
① 권상기(Hoist)
   화물의 권상, 권하, 횡방향 끌기 등의 목적을 위해 사용하는 장치를 총칭하여 권상기(Hoist)라고 한다.
② 핸드 리프터(Hand Lifter : 일명 스태커)
   ㉠ 창고 등에서 마스트에 안내되어 승강하는 포크를 통해 하역하고 인력으로 운반하는 기기이다.
   ㉡ 핸드 리프터의 종류로는 포크를 움직이는 형식에 따라 수동유압형 핸드 리프터, 수동 권상형 핸드 리프터, 전동유압형 핸드 리프터, 전동권상형 핸드 리프터 4개로 나누어진다.

(2) 테이블 리프터(Table Lifter) ▶ 기출 12회
유압장치로 링크(Link)기를 조작하여 하대를 승강시키는 장치이다.

(3) 리프트 게이트(Lift Gate) ▶ 기출 13회
트럭이 자체적으로 화물을 승강시킬 수 있도록 차체에 부착하여 사용하는 장치이다.

(4) 파렛트 로더 (Pallet Loader) ▶ 기출 12회
트럭 또는 컨테이너 하대 위로 파렛타이즈드 화물을 수평 이동시키는 기구로 상하 이동은 불가능하다. 하대에는 로더의 롤러가 주행할 레일이 입구에서 안쪽으로 설치되어 있다. 트럭, 컨테이너의 하대 위로 적재화물을 이동시키는 장치를 말한다.

(5) 도크 보드(Dock board) ▶ 기출 9회, 12회
화물차의 하대와 도크 높이가 약간 다를 때 창고입구에서 화물차와 연결하는 장치로 유압으로 조절하는 것과 바퀴 (Dolly)가 달린 Dolly Dock Board가 있다.

(6) 도크 레벨러(Dock Leveller) ▶ 기출 12회
바닥 또는 도크 상면에서 화물차의 하대까지 지게차 트럭 또는 소형운반형 차량이 올라갈 수 있는 경사진 램프(Ramp)를 말한다. 유압으로 높이를 조절하고 바퀴가 달린 것도 있다.

(7) 핸드 리프트 트럭(Hand lift truck)
손으로 상하 펌핑하여 유압으로 포크를 상하 이동시켜 파렛트를 포킹하여 이동하는 운반기기. 모터를 이용하여 이동하는 타입을 EPT(Electric Pallet Truck)라고 한다.

(8) Shovel Loader ▶ 기출 10회

석탄부두 등에서 양곡 등 항만하역 방식에 사용하는 하역 기기이다.

(9) Loading Arm ▶ 기출 5회

기체·액체화물을 취급하는 하역 기기이다.

제8장 핵심문제

01 운반·하역기기의 선정시 고려사항으로 옳지 않은 것은?

① 화물특성: 화물의 종류로서 포장된 물품이나 포장되지 않은 화물 등 최적의 하역기기를 선정하는 중요한 기준이 된다.
② 작업특성: 작업의 성질로서 작업량, 계절변동의 유동성, 취급품목의 종류, 운반거리 및 범위 등을 포함한 요인을 전제로 하여 이에 부합된 하역기기를 선택할 필요가 있다.
③ 작업환경특성(작업장의 구조, 여건): 작업장이 전용사용인가, 공용사용인가, 자사소유인가, 임대인가 등을 고려한다.
④ 하역기기의 특성: 하역기기의 안전성, 신뢰성, 성능, 탄력성, 기동성, 소음, 생에너지성, 공해 등의 특성을 고려한다.
⑤ 채산성: 경제성과는 관계없이 무조건 최신의 기기를 선정한다.

> 정답 ⑤

해설 경제성을 검토하여 기기를 선정하여야 한다.

02 화물의 구멍에 삽입하여 사용하는 막대모양의 어태치먼트(Attachment)는 무엇인가?

① 램(Ram)
② 크레인 암(Crane Arm)
③ 덤핑 포크(Dumping Fork)
④ 푸셔(Pusher)
⑤ 클램프(Clamp)

> 정답 ①

해설 램(Ram)에 대한 설명이다.

03 지게차가 랙의 한 방향으로 진입해서 반대 방향으로 퇴출할 수 있는 랙의 종류는 무엇인가?

① 적층 랙(Mezzanine Rack)
② 박스 슬라이딩 랙 (Box Sliding Rack)
③ 드라이브 스루 랙(Drive through Rack)
④ 파렛트 랙(Pallet Rack)
⑤ 드라이브 인 랙(Drive In Rack)

> 정답 ③

해설 드라이브 스루 랙(Drive through Rack)에 대한 설명이다.

04 다음에서 설명하는 크레인의 종류로 옳은 것은?

> 레일 위를 주행하는 다리가 있는 지퍼에 트롤리 등이 있는 크레인으로 본체의 구조가 다리를 닮았다는 의미에서 교량형 크레인이라고도 한다.

① 인입식 크레인(Level Luffing Crane)
② 스태커 크레인(Stacker Crane)
③ 지브 크레인(Jib Crane)
④ 갠트리 크레인(Gantry Crane)
⑤ 윈치 크레인 (Winch Crane)

정답 ④

해설 갠트리 크레인(Gantry Crane)에 대한 설명이다.

05 다음에서 설명하는 지게차의 종류로 옳은 것은?

> 차체 전방으로 뻗어나온 주행가능한 아우트리거(Outrigger)로 차체의 안정을 유지하며, 양쪽의 아우트리거 사이로 포크를 내릴 수 있는 형태의 지게차로, 랙의 안쪽 깊숙이 있는 파렛트에도 접근이 용이하며 일반적으로 리치형으로 불린다.

① 카운터 밸런스형(Counter balanced fork lift truck)
② 스트래들 리치형(Straddle reach fork lift truck)
③ 사이드 포크형(Side fork lift truck)
④ 리치 포크형(Reach Fork)
⑤ 탑 핸들러(Top Handler)

정답 ②

해설 스트래들 리치형(Straddle reach fork lift truck) 지게차에 대한 설명이다.

제9장 물류장소별 하역작업

▶ TOFC

▶ COFC

I 철도, 항만, 항공하역

1. 철도하역

(1) TOFC(Trailer on Flat Car) 방식 ▶기출 11회, 14회, 19회, 20회, 21회, 24회, 27회

철도화차 위에 도로용 트레일러를 동시에 적재하는 방식으로 다음과 같은 방식이 있다.

① 피기백 방식(Piggy back system)
  ㉠ Piggy back 방식이란 화차 위에 화물을 적재한 트럭 등을 적재한 상태로 운송을 하는 형태를 말한다. 컨테이너운송에서는 컨테이너를 적재한 트레일러(새시)를 화차에 직접 적재하고 운행하는 것을 말한다.
  ㉡ 트레일러를 화차에 적재하거나 하차할 때는 피기 패커(Piggy Packer)라는 장비를 이용하여 화차의 측면에서 상·하차한다. 트레일러의 화대 높이만큼 적재 높이가 높아져 일반터널 등을 통과하는 데 어려움이 있어 우리나라에서는 이용이 곤란하다.
  ㉢ 화물적재의 단위가 클 경우 편리하게 이용할 수 있으나 화대가 평판으로 되어 있어 세로 방향의 홈과 피기 패커(Piggy packer) 등의 하역기계가 필요한 것이 단점이다.

② 캥거루 방식
  ㉠ 세미트레일러를 특수한 철도 대차에 싣고 수송하는 방식으로 세미 트레일러의 바퀴를 철도 대차의 바닥 아래로 낙하시킬 수 있게 되어 있어 화물 적재 높이의 제한이 낮아도 수송이 가능하다.
  ㉡ 터널의 높이나 법규정상의 차량높이에 대한 제한이 있게 될 경우 피기백방식보다는 높이가 상당히 낮으므로 유리하다. 프랑스에서 개발되어 비교적 취급화물 단위가 작은 유럽에서 많이 사용된다.

③ 프레이트 라이너(freight liner) 방식
  ㉠ 프레이트 라이너 운송이란 영국 국철이 개발한 정기적 급행 컨테이너 열차로서 대형컨 테이너를 적재하고 터미널 사이를 고속의 고정편성으로 정기적으로 운행하는 화물컨테이너 운송을 의미한다.
  ㉡ 터미널과 터미널 간의 요율 시행 및 문전에서 문전까지 운송을 요구하는 화주에게는 공로운송과 철도를 포함한 일관 요율을 적용한다.

(2) COFC(Container On Flat Car) 방식 ▶ 기출 10회, 14회, 16회, 17회, 21회, 24회, 27회

컨테이너만 화차에 싣는 방식으로 대량의 컨테이너를 신속히 취급한다.

① 지게차에 의한 방식

　Top Handler 또는 Reach Stacker 사용방식

② 크레인에 의한 방식

③ 플렉시 밴(Flexi-Van) 방식

　화차에는 회전판(Turn Table)이 달려 있어 컨테이너를 90° 회전시켜 고정시킨다.

④ 탑 핸들러(Top Handler)

　카운터 밸런스형 대형 지게차로 컨테이너 모서리를 잡는 스프레더 또는 체결고리가 달린 마스트를 갖추고 CY 내의 빈 컨테이너를 적재 또는 하역하는 장비이다.

(3) 철도 화차의 종류

① 유개화차

　화차의 형태가 화물을 안전하게 적재할 수 있도록 지붕과 벽을 설치한 밴형 구조로 되어 있는 화차를 말한다. 특수한 종류의 유개차로는 냉장차가 있으며, 신선 어패류, 냉동식품 등의 수송에 이용하는 열을 차단하는 구조의 차체로 되어 있다.

② 무개화차

　화물을 지지할 수 있는 벽체구조는 있으나 지붕구조가 없는 OPEN TOP 형태의 화차를 말한다. 운송되는 화물이 악천후와 관계가 없거나 분실우려가 없는 화물을 운송하는 차량이다. 자갈, 무연탄, 고철, 광석 등을 운송할 때 이용된다.

③ 호퍼(Hopper)화차

　호퍼화차는 입체와 분립체인 화물을 운반하는 것으로서, 호퍼화차와 석탄차가 있다. 호퍼화차는 시멘트, 광석, 곡물 등의 종류에 따라 개폐부분의 구조를 변경시키고 있다. 석탄차는 석탄수송전용으로 밑바닥이 열리는 화차형태로 상부는 개방하고, 밑바닥 하부는 개폐식으로 되어 있다.

④ 벌크화차

　주로 가루시멘트를 운송하기 위한 화차로서 벌크전용탱크가 설치되어 있다. 시멘트 제조업체들이 사유화차로 제작하여 이용하고 있다.

⑤ 평판화차

　화차의 프레임(Frame) 위에 화물을 적재할 수 있는 상판만을 부착시켜 장대화물, 중량물 및 기후와 관계없는 화물(차량, 철도침목 등 콘크리트자재 등)을 용이하게 적재 운행할 수 있도록 제작된 화차이다.

⑥ 유조차

　적재대가 탱크(Tank)형으로 되어 있어 유류, 화학물질 등을 운송할 수 있는 구조로 된 화차이다. 유조차는 타 화물을 적재할 수 없기 때문에 화주기업이 직접 제작하거나 철도운영 회사에 제작을 의뢰하되 장기간 사용계약을 한다.

⑦ 탱크화차

탱크화차는 탱크 용기를 구비한 화차로서 액상화물을 수송하는 탱크차에 속해 있다. 전용 운용의 사유화차에 속하는 것이 많고, 표준사양에 따라서 설계제작 하여 운용된다.

⑧ 컨테이너화차

전문적으로 컨테이너 운송에 적합하도록 프레임의 불필요한 부분을 제거하여 경량화를 추진함과 동시에 컨테이너를 안전하게 장착할 수 있는 락킹(Locking) 장치가 부착된 화차이다. 미국 등에서는 컨테이너 운송효율을 높이기 위하여 2층으로 적재할 수 있는 더블스텍 컨테이너(Double stack car) 차량이 많이 활용되고 있다.

⑨ 블록 트레인(Block Train) ▶기출 16회

고객맞춤형 직통 컨테이너화차, 전세화차, 정기 컨테이너화차로서 물량이 충분하고 조차장이 적은 경우 활용하며, 출발역으로부터 도착역까지 중간역을 거치지 않고 직송서비스를 제공하여 장거리운송, 친환경(녹색)물류에 적합하다.

⑩ 셔틀 트레인(Shuttle Train)

철도역에서 공항터미널 탑승장까지 연결하는 출발지 – 목적지 – 출발지를 연결하는 루프형 구간 서비스로 화차수가 고정되어 있고, 수송수요가 충분하고 안정적일 때 단거리에 유용하다. 철도와 도로운송을 결합한 복합운송의 형태이다.

2. 항만하역

(1) 항만시설(컨테이너 터미널) ▶기출 8~25회 빈출

① 부두(wharf)

항만 내에서 화물의 하역과 여객의 승선 및 하선을 위한 여러 구조물을 총칭한다.

② 안벽(quay)

배가 화물을 선적하고 양하할 때 편리하도록 배가 항해할 수 있는 운하와 접해 있는 구조물 이다. 해저로부터 수직으로 만들어진 벽을 말한다.

③ 잔교(pier)

계선안벽 위에 설치된 장치장으로 선박을 접안 계류하여 화물의 하역과 여객의 승·하선을 용이하게 만든 목재, 철재 또는 콘크리트로 만들어진 교량형 구조물이다.

④ 선석(船席, berth) ▶기출 25회

항만 내에서 컨테이너 선박이 접안할 수 있는 시설이다.

⑤ 에이프런(Apron) ▶기출 25회

야드트럭이 하역작업을 하거나 컨테이너 크레인이 주행할 수 있도록 안벽을 따라 일정한 폭으로 포장된 공간이다. 안벽에 접한 야드 부분에 일정한 폭으로 나란히 뻗어 있는 하역작업을 위한 공간이며, 부두에서 바다와 가장 가까이 접한 곳으로 폭이 30~50m인 공간을 에이프런이라 한다.

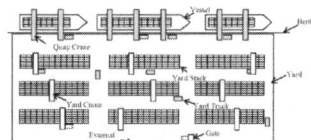
▶ Container Terminal

⑥ 컨테이너 야드(CY ; Container Yard)
화물이 적입된 컨테이너가 화주로부터 운송인에게 운반되어지고 또한 컨테이너가 되돌아 오는 지역으로 컨테이너 밴의 인수·인도 및 저장용의 장소로 운송인이 지정한 컨테이너 야적장을 말한다.

⑦ CFS(Container Freight Station : 컨테이너화물 혼재 작업장) ▶ 기출 23회, 25회
한 개의 컨테이너를 채울 수 없는 양의 화물(LCL)을 여러 중소기업 화주로부터 인수하여 목적항별로 선별하여 FCL 화물컨테이너로 적재하거나 한 컨테이너로부터 반출된 여러 화주의 화물을 각 화주에게 인도해 주는 장소를 말한다. 이때 컨테이너에 화물을 채우는 작업을 Vanning, Stuffing이라 표현하며 꺼내는 작업을 Devanning, Unstuffing, Stripping 이라 부른다.

⑧ 마샬링 야드(Marshalling yard) ▶ 기출 25회
선적해야 할 컨테이너를 하역순서대로 정렬해 두거나 컨테이너선에서 내리는 컨테이너를 위해 필요한 넓은 Space로 보통 Apron과 접해 있다.

⑨ Maintenance shop ▶ 기출 25회
컨테이너의 자체 검사, 보수, 사용 전후 청소 등을 수행하는 공간이다.

⑩ 컨트롤센터(Control Center) ▶ 기출 25회
본선 하역작업이나 야드의 컨테이너 배치를 계획하고 통제 감독하는 시설이다.

(2) 항만하역의 작업단계

① 선내작업 ▶ 기출 10회, 17회
㉠ 양하(Unload) : 본선 내의 화물을 부선·부두에 내려놓고 Hook을 풀기 전까지의 작업을 말한다.
㉡ 적하(Stowing / stowage of cargo) 선적화물에 있어서 본선의 선창 내에 하나씩 손해를 입히지 않도록 장치하기 위하여 싣는 작업을 말한다. 즉, 부선 내·부두 위의 Hook에 걸어진 화물을 본선 내에 적재하기까지의 작업이다.

② 부선 양하·적하작업 ▶ 기출 10회, 17회
㉠ 부선 양륙작업 : 본선에서 이동하여 안벽에 계류된 부선에 적재되어 있는 화물을 양륙하여 운반기구에 운송할 수 있도록 적재하는 작업이다.
㉡ 부선 적화작업 : 운반기구에 적재된 화물을 내려 안벽에 계류되어 있는 부선에 적재하는 작업이며 본선까지의 이동을 포함한다.

③ 육상작업 ▶ 기출 17회
㉠ 상차 : 선내 작업이 완료된 화물 Hook을 풀고 운반기구에 운송형태로 적재 작업
㉡ 하차 : 운반 기구에 적재된 화물을 본선에 적치하고 선내작업을 할 수 있도록 하는 작업
㉢ 출고상차 : 창고나 야적장에 적치된 화물을 출고하여 운반기구에 운송형태로 적재하는 작업
㉣ 하차입고 : 운반 기구에 적재된 화물을 내려 창고나 야적장에 보관하도록 적치하는 작업

④ 육상하역설비 ▶기출 21회
  ㉠ 셔블로더(Shovel Loader) : 석탄부두 등에서 석탄을 하역시키는 기기
  ㉡ Loading Arm : 가스, 액체화물 취급장비
⑤ 컨테이너 터미널 하역의 기본적 설비 ▶기출 11회, 14회, 16회, 25회, 28회
  ㉠ 갠트리 크레인(Gantry Crane) : 수직 LO-LO 방식
  ㉡ 트랜스퍼 크레인(Transfer Crane) : 컨테이너를 적재하거나 다른 장소로 이송 및 반출하는데 사용된다.
  ㉢ 스트래들 캐리어(Straddle Carrier) : 2, 3단 적재 방식
  ㉣ 리치 스태커(Reach Stacker) : 대형 지게차 방식
  ㉤ 야드트랙터 (Yard Tractor)
  ㉥ 톱 핸들러(Top Handler) : 공(empty) 컨테이너를 적재하는 데 사용된다.

(3) 컨테이너 전용선 적재방식 ▶기출 9회~27회 빈출

① Lo-Lo(Lift On Lift Off) 방식
본선 또는 육상의 겐트리 크레인을 사용하여 컨테이너를 본선에 수직으로 하역하는 방법이다.

② Ro-Ro(Roll On Roll Off) 방식
선미나 선측·경사판(Ramp)을 거쳐 견인차로 수평으로 적재 또는 양륙하는 방식이다. Ro-Ro방식은 철강코일 전용선 양하작업과 자동차 전용선의 적하작업에서 많이 이용하는 방식이며, 수산물 적재트럭을 양하, 적하할 경우에도 해당한다.

③ Fo-Fo(Float On Float Off) 방식
부선에 컨테이너를 적재하고 부선에 설치되어 있는 크레인 또는 엘리베이터를 이용하여 하역하는 방식이다.

(4) 항만 컨테이너 터미널 하역방식 ▶기출 15회, 23회, 25회 빈출

① 새시방식(Chassis System)
컨테이너를 새시 위에 적재한 상태로 필요할 때 이송하는 방식이다. 육상 및 선상에서 크레인으로 컨테이너선에 직접 직상차하는 방식으로 보조하역기기가 필요 없는 하역방식이다. 로드트랙터와 로드새시를 조합하여 컨테이너를 직접 적하, 양하하므로 넓은 공간이 필요하다.

② 스트래들 캐리어 방식(Straddle Carrier System)
컨테이너를 스트래들 캐리어의 양다리 사이에 끼우고 자유로이 운반하는 방식이다. 컨테이너를 컨테이너선에서 크레인으로 에이프런에 직접 내리고 스트래들 캐리어로 운반하는 방식으로 컨테이너를 2~3단으로 적재할 수 있어 토지의 효율성이 높고 작업량의 탄력성을 가진다. 다만, 장비와 컨테이너의 파손율이 높다는 단점이 있다.

③ 트랜스테이너 방식(Transtainer System)
트랜스퍼크레인을 활용하여 컨테이너를 이동하는 방식으로 자동화가 용이하다.

컨테이너선에서 야드 새시에 탑재한 컨테이너를 마셜링 야드에 이동시켜 트랜스퍼 크레인에 의해 장치하는 방식으로 적은 면적의 컨테이너 야드를 가진 터미널에 가장 적합하며 일정한 방향으로 이동하기 때문에 전산화에 의한 완전자동화가 가능하다. 안벽과 야드 간의 컨테이너 이송에 사용되는 장비로 무인트랜스퍼 크레인은 자동화방식으로 가동률이 높고 적재효율도 높아서 현재 국내에서 항만컨테이너 터미널에서 주로 사용하는 방식이다.

④ 지게차에 의한 방식

탑 핸들러(Top Handler) 또는 리치 스태커(Reach Stacker) 등의 대형 지게차를 이용하는 방식으로 장비의 특성상 융통성이 매우 좋다.

⑤ 정기선의 경우 하역비 부담조건(항비는 모두 선주 부담)

㉠ Berth Term : 선주가 제반비용 모두 부담
㉡ FIO(Free In Out) : 용선자(荷主)가 하역비 모두 부담
㉢ FI(Free In) : 출발항의 선적비 용선자가 부담
㉣ FO(Free Out) : 출발항의 선적비 선주가 부담

⑥ 부정기선의 경우 하역비 부담조건

㉠ Gross Term : 선주가 하역비 모두 부담
㉡ Net Term : 용선자(荷主)가 하역비 모두 부담

[컨테이너 터미널 장치장 규모(TGS : TEU Grounds Slot)]

$$\text{소요 TGS} = \frac{\text{연간처리대상 물동량} \times \text{평균장치일수} \times \text{피크계수} \times \text{분리계수}}{\text{평균장치단적수} \times \text{연간일수}}$$

3. 항공하역

(1) 항공화물실의 구조와 명칭 ▶ 기출 빈출

① Deck

항공기의 바닥이 2개 이상인 경우에는 Deck에 의해 항공기 내부공간이 Upper Deck, Main Deck, Lower Deck으로 구분된다. 특히, 승객이 탑승하는 Main Deck을 Cabin이라고 한다.

② Hold

천장과 바닥 및 격벽으로 구성되어 여객과 화물을 수송할 수 있는 내부공간으로서, 여러 개의 Compartment로 구성된다.

③ Compartments

Hold 내에 Station별로 지정된 공간을 말한다.

④ Section

Compartment 중 ULD를 탑재할 수 없는 공간의 세부적 구분이다.

⑤ Bay

Compartment 중 ULD를 탑재할 수 있는 공간의 세부적 구분이다.

▶ 항공기 파렛트 탑재, 운반, 하역장비
① 트랜스포터

② 터그카 & 돌리

③ 하이 리프트 로더

④ 이글루

(2) 항공기 파렛트 탑재, 운반, 하역장비 ▶ 기출 7회~28회 빈출

① 트랜스포터(Transporter)
하역작업이 완료된 단위적재용기(ULD)를 터미널에서 항공기까지 수평이동에 사용하는 장비

② 터그카(Tug Car)
Dolly를 연결하여 이동하는 차량을 의미한다. Tractor라고도 한다.

③ 돌리(Dolly : 이동식 받침대)
자체 구동력은 없고 Tug car와 연결되어 사용됨. 파렛트가 미끄러지지 않도록 스토퍼(stopper)를 부착한다.

④ Self-Propelled Conveyor
낱개 단위로 탑재·하기시 사용하는 장비

⑤ 하이 리프트 로더(High Lift Loader)
파렛트(ULD)를 항공기 적재공간 밑바닥 높이까지 들어 올려 기내에 탑재하기 위한 기기

⑥ 이글루(igloo)
밑바닥이 없는 형태로 알루미늄과 Fiberglass로 만들어진 항공화물을 넣는 특수한 덮개 형태의 보관용기이다.

⑦ 소터(Sorter)
비교적 소형화물을 행선지별, 인도지별로 구분하는 장치로서 통상 컨베이어와 제어장치 등으로 구성된다.

(3) 항공운송의 보관장비 용어

① Pig pen : 화물을 담는 용기
② ELV(elevator) : 상하 이동장비
③ TV(Transfer Vehicle) : 전, 후 / 좌, 우 이동장비
④ BUC(Build Up Cargo) : 단위 탑재용기 화물
⑤ TOW(Take Off Weight) : 이륙할 때의 중량
⑥ LDW(Landing Weight) : 착륙할 때의 중량

제9장 핵심문제

01 다음에서 설명하는 TOFC(Trailer on Flat Car) 방식으로 옳은 것은?

> 세미트레일러를 특수한 철도 대차에 싣고 수송하는 방식으로 세미 트레일러의 바퀴를 철도 대차의 바닥 아래로 낙하시킬 수 있게 되어 있어 화물 적재 높이의 제한이 낮아도 수송이 가능

① 캥거루 방식
② 피기백 방식
③ 프레이트 라이너 방식
④ 플렉시 밴(Flexi-Van) 방식
⑤ 탑 핸들러(Top Handler) 방식

정답 ①

해설 캥거루 방식에 대한 설명이다.

02 화물을 지지할 수 있는 벽체구조는 있으나 지붕구조가 없는 OPEN TOP 형태의 화차는 무엇인가?

① 유개화차
② 무개화차
③ 호퍼화차
④ 벌크화차
⑤ 평판화차

정답 ②

해설 무개화차는 운송되는 화물이 악천후와 관계가 없거나 분실우려가 없는 화물을 운송하는 차량이다. 자갈, 무연탄, 고철, 광석 등을 운송할 때 이용된다.

03 다음에서 설명하는 항만시설로 옳은 것은?

> - 야드트럭이 하역작업을 하거나 컨테이너 크레인이 주행할 수 있도록 안벽을 따라 일정한 폭으로 포장된 공간
> - 안벽에 접한 야드 부분에 일정한 폭으로 나란히 뻗어 있는 하역 작업을 위한 공간

① 부두(Whart)
② 안벽(Quay)
③ 선석(Berth)
④ 에이프런(Apron)
⑤ 컨테이너화물 혼재 작업장(CFS)

정답 ④

해설 부두에서 바다와 가장 가까이 접한 곳으로 폭이 30~50m인 공간을 에이프런(Apron)이라 한다.

04 다음에서 설명하는 컨테이너 전용선 적재방식의 종류로 옳은 것은?

> 선미나 선측·경사판(Ramp)을 거쳐 견인차로 수평으로 적재 또는 양륙하는 방식

① Lo-Lo(Lift On Lift Off) 방식
② Ro-Ro(Roll On Roll Off) 방식
③ Fo-Fo(Float On Float Off) 방식
④ 새시방식(Chassis System)
⑤ 스트래들 캐리어 방식(Straddle Carrier System)

정답 ②

해설 Ro-Ro방식은 철강코일 전용선 양하작업과 자동차 전용선의 적하작업에서 많이 이용하는 방식이며, 수산물 적재트럭을 양하, 적하할 경우에도 해당한다.

05 다음 중 항공기 파렛트 탑재, 운반, 하역장비의 명칭과 그에 대한 설명으로 옳지 않은 것은?

① 트랜스포터(Transporter): 하역작업이 완료된 단위적재용기(ULD)를 터미널에서 항공기까지 수평 이동에 사용하는 장비
② 터그카(Tug Car): 밑바닥이 없는 형태로 알루미늄과 Fiberglass로 만들어진 항공화물을 넣는 특수한 덮개 형태의 보관용기
③ 돌리(Dolly): 자체 구동력은 없고 Tug car와 연결되어 사용되는 이동식 받침대
④ Self-Propelled Conveyor: 낱개 단위로 탑재·하기시 사용하는 장비
⑤ 하이 리프트 로더(High Lift Loader): 파렛트(ULD)를 항공기 적재공간 밑바닥 높이까지 들어올려 기내에 탑재하기 위한 기기

정답 ②

해설 터그카(Tug Car): Dolly를 연결하여 이동하는 차량. ②는 이글루(Igloo)에 대한 설명이다.

제10장 포장물류론

I. 물류포장의 핵심

1. 포장의 주요목적과 기능, 분류

(1) 포장의 주요 목적 ▶ 기출 22회, 27회

① 물품의 품질, 가치를 보호·보전
② 물품 취급의 편리
③ 그 물품정보의 전달 및 물품의 판매를 촉진
④ 재료와 형태면에서 포장의 사회적 공익성과 함께 친환경 포장
⑤ 유통합리화 목적

(2) 포장 분류 ▶ 기출 12회, 17회, 21회

① 포장형태에 따른 분류(KST-1001)
  ㉠ 낱포장(Item packaging) : 물품 개개의 포장
  ㉡ 속포장(Inner packaging) : 화물 내부포장
  ㉢ 겉포장(Outer packaging) : 화물 외부포장
② 포장기법에 따른 분류
  진공포장(Vacuum packaging), 가스치환충전포장(Gas flush Packaging), 무균화포장(Semi-aseptic packaging), 상온유통포장(Shelf-stable packaging), 스킨포장(Skin packaging), 블리스터포장(Blister packaging), 수축포장(Shrink packaging), 스트립포장(Strip packaging), 슬리브포장(Sleeve packaging), 변조방지포장(Tamper- evidence packaging) 등
③ 포장기능별 분류
  ㉠ 공업포장 : 수송포장, 물류포장(물품보호, 취급용이)
  ㉡ 상업포장 : 소비자포장(판매촉진)

(3) 포장의 주요 기능 ▶ 기출 16회, 17회, 23회 빈출

① 내용물의 보호
② 내용물의 보전
③ 취급의 편리성
④ 판매의 촉진성(상업포장)
⑤ 상품성, 정보성

(4) 골판지 골의 종류와 특징 ▶ 기출 9회, 16회, 23회 빈출

① A골 : 골의 수가 적고, 골의 강도가 높다.
② B골 : 가장 흔히 사용되는 종류로, 5kg 내외의 택배박스에 적합하다.
③ E골 : 표면이 평활하기 때문에 인쇄적성이 우수하다.
④ 이중양면 골판지 : 비교적 무겁고 손상이 쉬운 청과물 포장에 적합

(5) 플라스틱용기의 일반적인특징 ▶ 기출 8회

① 성형성이 우수하여 가공하기가 쉽다(성형가공성).
② 투명성·착색성이 있어 다양한 선택이 가능하다(투명성, 착색성).
③ 가볍지만 상당한 강도를 나타낸다(경량·강인성).
④ 충격에 약하다(충격성).
⑤ 내부식성, 내약품성이 우수하다(내부식성, 내약품성).
⑥ 전기절연성이 우수하다(전기절연성).

(6) 포장 디자인의 3요소 ▶ 기출 23회

① 선 ② 형 ③ 색채

(7) 포장 합리화의 원칙 ▶ 기출 25회

① 표준화·규격화의 원칙
② 집중화·집약화의 원칙
③ 단위화·시스템화의 원칙
④ 재질변경의 원칙
⑤ 대형화·대량화의 원칙
⑥ 사양변경의 원칙

2. 화물의 취급표시(화인) 방법과 종류

(1) 화물의 취급표시(화인) 방법 ▶ 기출 14회~27회 빈출

① 스탬핑(Stamping or printing) : 고무인이나 프레스기 등을 사용 찍는 방법
② 카빙(Carving) : 주물을 주입할 때 미리 화인 취급표시
③ 레이블링(Labeling) : 붙이는 것으로 통조림병, 유리병 등에 적용
④ 태그(Tag) : 철사나 기타 다른 끈 등으로 적절히 매는 방법
⑤ 스티커(Sticker) : 못으로 박거나 혹은 특정방법에 의해 고정시키는 방법
⑥ 스텐실 : 붓이나 스프레이를 사용하여 칠하는 방법

(2) 화물의 취급표시(화인) 종류 ▶ 기출 18회, 24회, 25회, 27회

① <u>주표시(Main Mark) : 화인 중 가장 중요한 표시로서 타 상품과 식별을 용이하게 하는 기호로 외장면에 마름모꼴 등의 표시를 하고 그 안에 송화인이나 수화인을 표시하는 특정한 기호에 대표문자를 넣어 만든 약자를 기입하는 것을 말한다.</u> 다른 화물과의 식별을 용이하게 하기 위하여 외장에 특정의 기호(Symbol)를 표시한다.

▶ 화인 표시

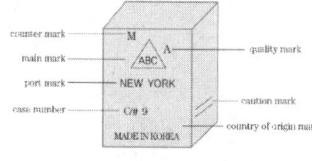

② 부표시(Counter Mark) : 내용물품의 생산자 등이 붙이는 기호로 같은 선적분의 다른 화물과 식별할 수 있도록 표시한 것이다. 주마크의 위쪽이나 밑에 기재하게 되나 기재되지 않는 경우도 있다.
③ 품질표시(Quality Mark) : 내용물품의 품질이나 등급 등을 표시하는 것으로 주표시의 위쪽이나 밑에 기재한다.
④ 상자번호(Case Number) : 송장(invoice), 적화목록(manifest), 기타 운송서류와 대조하여 식별·확인하기 위하여 상자 겉면에 표시하는 일련번호를 말한다.
⑤ 목적지 표시(Destination Mark) : 내용물품이 도착하게 되는 목적지를 표시하는 것으로 화물이 다른 곳으로 잘못 운송되는 것을 막기 위해 필수적으로 표시해야 하는 화인이다.
⑥ 수량표시(Quantity Mark) : 단일포장이 아닌 2개 이상의 경우 번호를 붙여 수량이 포장수량 가운데 몇 번째에 해당되는지를 표시한다.
⑦ 주의표시(Care Mark) : 내용품의 성격, 품질, 형상 등에 따라 취급상의 주의를 표시하는 것을 말한다.
⑧ 원산지 표시(Origin Mark) : 정상적인 절차에 의해 선적되는 모든 수출품은 관세법규의 규정에 따라 원산지명을 표시하도록 되어 있어 이를 표시한다.
⑨ 항구표시(Port Mark) : 선적과 양하작업이 용이하도록 도착항을 표시한다.

(3) 위험물 해상운송화물(IMDG 코드기준) 표시 규칙

① 불타기 쉬운 가연성 물품은 Inflammable
② 폭약·폭발성의 위험물품은 Explosive
③ 유독성 물품은 Poisonous(혹은 Noxious)
④ 부식성 화물은 Corrosive Substances
⑤ 방사성 화물은 Radioactive Material
⑥ 산화성 물질은 Oxidizing Substances로 표기된다.

[일반화물의 취급주의표시] ▶ 기출 8회, 10회, 14회, 17회, 22회 빈출

번호	주의표시 호칭	표시기호	표시내용 및 위치
1	깨지기 쉬움 (Fragile)		깨지기 쉬우므로 주의하여 취급할 것을 표시한다.
2	취급주의 (Handle with care)		충격을 주지 않도록 조심스레 취급할 것을 표시한다.
3	갈고리 금지 (Use no hook) (Do not puncture)		갈고리를 사용하여서는 안 된다는 것을 표시한다.
4	직사광선·열차폐 (Protect from heat)		직사광선 및 열로부터 차폐하는 것을 표시한다.

번호	주의표시 호칭	표시기호	표시내용 및 위치
5	위 (This way up)		화물의 올바른 방향을 표시하여 반대·가로쌓기를 하지 않을 것을 표시한다. 표지는 포장화물의 옆면 또는 양끝 면의 위쪽구석에 가까운 다른 면의 2곳 이상에 표시한다.
6	방사선 방호 (Protect from radioactive sources)		방사원에서 격리 또는 방사선을 방지하는 것을 표시 한다.
7	거는 위치 (Sling here)		슬링을 거는 위치를 표시한다. 표지는 상대하는 2면 각각에 표시한다.
8	젖음 방지 (Keep dry)		물이 새지 않도록 보호할 것을 표시한다
9	무게중심 위치 (Center of gravity)		화물의 무게중심 위치를 표시한다. 표지는 무게중심의 위치가 쉽게 보이도록 필요한 면에 표시한다.
10	불안정 (Unstable)		쓰러지기 쉬운 화물임을 표시한다.
11	굴림금지 (Do not roll)		굴려서는 안 됨을 표시한다.
12	손수레 삽입금지 (No hand truck here)		손수레를 끼워서는 안 되는 부위를 표시한다.
13	위쌓기 제한 (Stacking limitation)		위에 쌓을수 있는 최대무게를 표시 한다. 표지의 상부에는 최대 허용무게를 수치로 표시한다.
14	쌓는 단수 제한 (Layers limit)		겹쳐 쌓을수 있는 총단수를 표시 한다. 표지 위의 수치는 최대 허용 겹쳐쌓기 총단수 10단 쌓기의 보기를 표시 한다.
15	온도제한 (Temperature limitations)		허용되는 온도범위 또는 최저·최고온도를 표시한다. (1) - 온도범위, (2)-최고 허용온도, (3)-최저 허용온도

번호	주의표시 호칭	표시기호	표시내용 및 위치
16	화기엄금 (Keep away from fire)		타기 쉬우므로 화기를 접근시켜서는 안 된다는 것을 표시한다.

3. 포장재, 결속재 종류

(1) 포장재 및 결속재의 역할 ▶ 기출 2회, 7회

① 봉함 및 결속

결속이란 '물품을 직접 혹은 포장화물을 수개씩 끈, 밴드, 철사, 테이프 등으로 묶어 수송, 보관, 하역을 편리하게 하는 것'이다. 즉, 봉함 및 결속은 제품의 생산공정 중에서 마지막으로 시행하는 포장작업의 마무리단계라고 할 수 있는데, 봉함·결속의 역할은 다음과 같다.

㉠ 봉함함으로써 내용물의 탈락·누설·무너짐 등을 방지한다.
㉡ 외부의 환경(물, 빛, 열 등)으로부터 포장된 제품을 최대한 보호한다.
㉢ 구입자에 대하여 생산자가 내용물을 보증할 수 있는 수단이 되어 신뢰성을 줄 수 있는 봉인의 중요한 역할을 한다.
㉣ 수송, 보관, 하역 등의 과정에서 포장물의 흐트러짐 방지의 효과가 크다.
㉤ 포장물의 보강(봉함함으로써 포장물 자체의 강도를 유지하기 위한)기능을 한다.
㉥ 그 외에 봉함에는 식별, 광고선전과 같은 부수적인 역할을 할 수 있다.

② 결속재의 종류

㉠ 밴드 : 종이끈 밴드, 폴리프로필렌 밴드, 폴리에스터(PET) 밴드, 나이론 밴드, 폴리 밴드, 화물붕괴 방지 밴드 등
㉡ 철대 : 나무상자의 봉함, 보강용으로는 연마철대가 많이 사용되고 있다.
㉢ 테이프 : 포장에 있어서 골판지상자는 겉포장의 대부분을 차지하고 있으며, 테이프는 골판지상자의 봉함재료로서 없어서는 안 될 상품이다.
㉣ 완충재 : 폴리스티렌 폼, 폴리에틸렌 폼, 현장발포 우레탄, 공기주입 완충재, 더니지 (Dunnage ; 에어백), 펄프 몰드, 골판지 등

(2) 위험물 포장조건

① 적합한 위험물 표시·표찰을 부착해야 한다.
② 포장재가 내용물과 반응하지 않도록 해야 한다.
③ 충격에 민감한 위험물의 경우 완충포장이 필요하다.
④ 화재 및 폭발의 위험성이 높은 화물의 경우 산소충전포장은 위험하여 금지한다.
⑤ 동일 외장용기에 서로 다른 위험물 포장을 금지해야 한다.

제10장 핵심문제

01 포장의 주요 목적으로 옳지 않은 것은?

① 물품의 품질, 가치를 보호·보전
② 물품 취급의 편리
③ 그 물품정보의 전달 및 물품의 판매를 촉진
④ 생산성 향상
⑤ 유통합리화 목적

정답 ④

해설 포장은 생산성 향상과 직접적인 관련이 없다.

02 포장 합리화의 원칙으로 옳지 않은 것은?

① 표준화·규격화의 원칙
② 집중화·집약화의 원칙
③ 단위화·시스템화의 원칙
④ 재질변경의 원칙
⑤ 소형화·소량화의 원칙

정답 ⑤

해설 대형화 · 대량화의 원칙

03 주물을 주입할 때 미리 화인을 취급할 수 있도록 하는 방법은 무엇인가?

① 스탬핑(Stamping or printing)
② 카빙(Carving)
③ 레이블링(Labeling)
④ 태그(Tag)
⑤ 스티커(Sticker)

정답 ②

해설 카빙(Carving)에 대한 설명이다.

04 화물의 취급표시(화인)에 대한 설명으로 옳지 않은 것은?

① 주표시(Main Mark) : 화인 중 가장 중요한 표시로서 타 상품과 식별을 용이하게 하는 기호로 외장면에 마름모꼴 등의 표시를 하고 그 안에 송화인이나 수화인을 표시하는 특정한 기호에 대표문자를 넣어 만든 약자를 기입하는 것을 말한다.
② 부표시(Counter Mark) : 내용물품의 운송인 등이 붙이는 기호로 같은 선적분의 다른 화물과 식별할 수 있도록 표시한 것이다. 주마크의 위쪽이나 밑에 기재하게 되나 기재되지 않는 경우도 있다.
③ 품질표시(Quality Mark) : 내용물품의 품질이나 등급 등을 표시하는 것으로 주표시의 위쪽이나 밑에 기재한다.
④ 상자번호(Case Number) : 송장(invoice), 적화목록(manifest), 기타 운송서류와 대조하여 식별·확인하기 위하여 상자 겉면에 표시하는 일련번호를 말한다.
⑤ 목적지 표시(Destination Mark) : 내용물품이 도착하게 되는 목적지를 표시하는 것으로 화물이 다른 곳으로 잘못 운송되는 것을 막기 위해 필수적으로 표시해야 하는 화인이다.

정답 ②

해설 부표시(Counter Mark)는 내용물품의 생산자 등이 붙이는 기호로 같은 선적분의 다른 화물과 식별할 수 있도록 표시한 것이다. 주마크의 위쪽이나 밑에 기재하게 되나 기재되지 않는 경우도 있다.

05 다음 중 위험물 포장조건에 대한 내용으로 옳지 않은 것은?

① 적합한 위험물 표시·표찰을 부착해야 한다.
② 포장재가 내용물과 반응하지 않도록 해야 한다.
③ 충격에 민감한 위험물의 경우 운반하지 않는다.
④ 화재 및 폭발의 위험성이 높은 화물의 경우 산소충전포장은 위험하여 금지한다.
⑤ 동일 외장용기에 서로 다른 위험물 포장을 금지해야 한다.

정답 ②

해설 충격에 민감한 위험물의 경우 완충포장을 하여 운반할 필요가 있다.

5과목
물류관련법규

제1장   물류정책기본법

제2장   물류시설의 개발 및 운영에 관한 법률

제3장   화물자동차 운수사업법

제4장   철도사업법

제5장   항만운송사업법

제6장   유통산업발전법

제7장   농수산물 유통 및 가격안정에 관한 법률

학습전략

포인트 ❶ 1장의 물류정책기본법은 물류에 근간이 되는 '법'이므로, 완벽한 숙지가 요구됩니다. 물류정책기본법을 학습하며 이후에 등장하는 각 개별법의 방향성을 확인할 수 있습니다. 또한 물류시설의 개발 및 운영에 관한 법률도 8문제가 출제되는 중요한 부분입니다.

포인트 ❷ 화물자동차 운수사업법은 최근 계속해서 10문제가 출제되는 만큼 반드시 정복해야 할 부분입니다. 기출문제는 철저히 숙지하고, 출제가 예상되는 부분까지 폭넓은 학습이 요구됩니다.

포인트 ❸ 유통산업발전법은 최근 약 5문제가 출제되고 있는데, 빅3에 비교하면 낮은 출제 비중을 보이지만, 그만큼 분량도 적습니다. 유통산업발전법도 반드시 철저히 학습하여야 할 부분입니다.

제5과목 물류관련법규

단원	주제	빈출포인트	학습중요도	출제비율
1장	물류정책기본법	물류정책의 개념	◉◉◉◉	10%
		물류정책 관련 조사	◉◉	5%
2장	물류시설의 개발 및 운영에 관한 법률	물류시설 개발 및 운영에 관한 기초	◉◉◉	8%
		운영 지원	◉◉	5%
3장	화물자동차 운수사업법	화물자동차 운수사업법 허가	◉◉◉	8%
		운송약관, 운임	◉◉	6%
4장	철도사업법	철도사업자, 과징금	◉	2%
		사업계획	◉	2%
5장	항만운송사업법	항만운송의 종류, 등록 및 신고	◉	2%
6장	유통산업발전법	유통산업발전법 정의	◉	2%
		유통산업발전 계획	◉	2%
7장	농수산물 유통 및 가격안정에 관한 법률	농수산물공판장, 농수산물공판장 개설 및 폐쇄	◉	2%

◉ 높지 않음　◉◉ 보통　◉◉◉ 중요　◉◉◉◉ 매우 중요

제1장 물류정책기본법

I. 물류정책기본법의 총칙

1. 목적

물류체계의 효율화, 물류산업의 경쟁력 강화 및 물류의 선진화·국제화를 위하여 국내외 물류 정책·계획의 수립·시행 및 지원에 관한 기본적인 사항을 정함으로써 국민경제의 발전에 이바지함을 목적으로 한다.

2. 용어의 정의

(1) 물류 ▶ 기출 5회, 21회

재화가 공급자로부터 조달·생산되어 수요자에게 전달되거나 소비자로부터 회수되어 폐기될 때까지 이루어지는 운송·보관·하역 등과 이에 부가되어 가치를 창출하는 가공·조립·분류·수리·포장·상표 부착·판매·정보통신 등을 말한다.

(2) 물류 사업 ▶ 기출 19회, 23회, 25회 등

<u>화주의 수요에 따라 유상으로 물류활동을 영위하는 것을 업으로 하는 것을 말한다.</u>

① 화물 운송업
   육상화물운송업, 해상화물운송업, 항공화물운송업, 파이프라인운송업
② 물류시설운영업
   창고업(공동집배송센터운영업 포함), 물류터미널운영업
③ 물류서비스업
   화물취급업(하역업 포함), 화물주선업, 물류장비임대업, 물류정보처리업, 물류컨설팅업, 해운부대사업, 항만운송사업, 항만운송관련업
④ ①~③까지의 물류사업을 종합적·복합적으로 영위하는 종합물류서비스업

(3) 물류표준

산업표준화법에 따른 한국산업표준 중 물류활동과 관련된 것

(4) 물류표준화 ▶ 기출 24회

원활한 물류를 위하여 다음 사항을 물류표준으로 통일하고 단순화하는 것

① 시설 및 장비의 종류·형상·치수 및 구조
② 포장의 종류·형상·치수·구조 및 방법
③ 물류용어, 물류회계 및 물류관련 전자문서 등 물류체계의 효율화에 필요한 사항

기출문제 ▶ 기출 23회

물류정책기본법령상 물류사업의 범위에 관한 대분류와 세분류의 연결이 옳지 않은 것은?

① 화물운송업 – 파이프라인운송업
② 물류시설운영업 – 창고업
③ 물류서비스업 – 화물주선업
④ 물류시설운영업 – 물류터미널운영업
⑤ 화물운송업 – 항만운송사업

정답 ⑤

(5) 국제물류주선업

타인의 수요에 따라 자기의 명의와 자기의 계산으로 타인의 물류시설·장비 등을 이용하여 수출입화물의 물류를 주선하는 사업

(6) 물류보안

공항·항만과 물류시설에 폭발물, 무기류 등 위해 물품을 은닉·반입하는 행위와 물류에 필요한 시설·장비·인력·조직·정보망 및 화물 등에 위해를 가할 목적으로 행하여지는 불법행위를 사전에 방지하기 위한 조치

3. 책무 및 다른 법률과의 관계 ▶기출 14회

(1) 책무

국가는 물류활동을 원활히 하고 물류체계의 효율성을 높이기 위하여 국가 전체의 물류와 관련된 정책 및 계획을 수립하고 시행하여야 하며, 물류산업이 건전하고 고르게 발전할 수 있도록 육성하여야 한다. 지방자치단체는 국가의 물류정책 및 계획과 조화를 이루면서 지역적 특성을 고려하여 지역 물류에 관한 정책과 계획을 수립하고 시행하여야 한다. 물류기업 및 화주는 물류 사업을 원활히 하고 물류체계의 효율성을 증진시키기 위하여 노력하고, 국가 또는 지방자치단체의 물류정책 및 계획의 수립·시행에 적극 협력하여야 한다.

(2) 다른 법률과의 관계

물류에 관한 다른 법률을 제정하거나 개정하는 경우에는 이 법의 목적과 물류정책의 기본이념에 맞도록 하여야 하며, 이 법에 규정된 것 외의 물류시설의 개발 및 운영, 물류 사업의 관리와 육성 등에 관하여는 따로 법률로 정한다.

기출문제 ▶기출 24회

물류정책기본법상 물류체계의 효율화에 관한 설명으로 옳지 않은 것은?
① 국토교통부장관은 효율적인 물류활동을 위하여 필요한 물류시설 및 장비를 확충할 것을 물류기업에 명할 수 있다.
② 해양수산부장관은 효율적인 물류활동을 위하여 필요한 물류시설 및 장비의 확충에 필요한 행정적·재정적 지원을 할 수 있다.
③ 시·도지사는 물류공동화를 추진하는 물류기업이나 화주기업 또는 물류 관련 단체에 대하여 예산의 범위에서 필요한 자금을 지원할 수 있다.
④ 산업통상자원부장관은 물류공동화를 확산하기 위하여 필요한 경우에는 시범지역을 지정하거나 시범사업을 선정하여 운영할 수 있다.
⑤ 시·도지사는 물류공동화 촉진을 위한 조치를 하려는 경우에는 중복을 방지하기 위하여 미리 해당 조치와 관련하여 국토교통부장관·해양수산부장관 또는 산업통상자원부장관과 협의하여야 한다.

정답 ①

II 물류의 효율화 및 선진화

1. 물류정책의 종합·조정

(1) 물류현황조사 ▶기출 18회, 19회, 25회, 27회 빈출

① 국토교통부 장관 또는 해양수산부 장관은 물류에 관한 정책 또는 계획의 수립·변경을 위하여 필요하다고 판단될 때에는 관계 행정기관의 장과 미리 협의한 후 물동량 발생 현황과 이동경로, 물류시설·장비의 현황과 이용 실태, 물류인력과 물류체계의 현황, 물류비, 물류산업과 국제물류의 현황 등에 관하여 조사할 수 있다. 이 경우 「국가통합교통체계효율화법」에 따른 국가교통조사와 중복되지 아니하도록 하여야 한다.

② 국토부 장관 또는 해수부 장관은 관계 중앙행정기관의 장, 특별시장·광역시장·특별자치시장·도지사 및 특별자치도지사(이하 "시·도지사"라 한다), 물류기업 및 이 법에 따라 지원을 받는 기업·단체 등에게 물류현황조사에 필요한

자료의 제출을 요청하거나 그 일부에 대하여 직접 조사하도록 요청할 수 있다. 이 경우 협조를 요청받은 자는 특별한 사정이 없으면 요청에 따라야 한다.
③ 국토부 장관 또는 해수부 장관은 물류현황조사를 효율적으로 수행하기 위하여 필요한 경우에는 물류현황조사의 전부 또는 일부를 전문기관으로 하여금 수행하게 할 수 있으며 물류현황조사를 수행하는 자는 물류현황조사지침에 따라 조사를 수행하여야 한다.
④ 국토부 장관 또는 해수부 장관은 물류현황조사의 결과에 따라 물류비 등 물류지표를 설정하여 물류정책의 수립 및 평가에 활용할 수 있다.
⑤ 물류현황조사지침
  ㉠ 국토교통부 장관은 물류현황조사를 요청하는 경우에는 효율적인 물류현황조사를 위하여 조사의 시기, 종류 및 방법 등에 관하여 대통령령으로 정하는 바에 따라 조사지침을 작성하여 통보할 수 있으며, 물류현황조사지침을 작성하려는 경우에는 미리 관계 중앙행정기관의 장과 협의하여야 한다.
  ㉡ 물류현황조사지침에 포함되어야 할 사항 : 조사의 종류 및 항목, 조사의 대상·방법 및 절차, 조사의 체계, 조사의 시기 및 지역, 조사 결과의 집계·분석 및 관리, 그 밖에 효율적인 물류현황 조사를 위하여 필요한 사항
⑥ 지역물류현황조사 등 ▶기출 18회, 23회, 25회 등
  ㉠ 시·도지사는 지역물류현황조사의 효율적 수행을 위하여 필요한 경우에는 지역 물류 현황조사의 전부 또는 일부를 전문기관으로 하여금 수행하게 할 수 있다.
  ㉡ 시·도지사는 관할 시·군 및 구의 시장·군수 및 구청장, 물류기업 및 이 법에 따라 지원을 받는 기업·단체 등에게 지역물류현황조사에 필요한 자료를 제출하도록 요청하거나 그 일부에 직접 조사하도록 요청할 수 있다. 이 경우 협조를 요청받은 자는 특별한 사정이 없는 한 이에 따라야 한다.
  ㉢ 시·도지사는 지역 물류 현황조사를 요청하는 경우에는 효율적인 지역물류현황조사를 위하여 조사의 시기, 종류 및 방법 등에 관하여 해당 특별시·광역시·도 및 특별자치도(이하 "시·도"라 한다)의 조례로 정하는 바에 따라 조사지침을 작성하여 통보할 수 있다.
⑦ 물류개선조치 ▶기출 12회
  ㉠ 국토교통부 장관 또는 해양수산부 장관은 물류현황조사 등을 통하여 물류수요가 특정 물류 시설이나 특정 운송수단에 치우쳐 효율적인 물류체계 운용을 해치거나 관계 중앙행정기관의 장 또는 시·도지사의 물류관련 정책 또는 계획이 국가물류기본계획에 위배된다고 판단될 때에는 해당 중앙 행정기관의 장이나 시·도지사에게 이를 개선하기 위한 조치를 하도록 요청할 수 있다. 이 경우 국토교통부 장관 또는 해양수산부 장관은 미리 해당 중앙행정기관의 장 또는 시·도지사와 개선조치에 대하여 협의하여야 한다.
  ㉡ 개선조치를 요청받은 관계 중앙행정기관의 장이나 해당 시·도지사는 특별한 사유가 없는 한 이를 개선하기 위한 조치를 강구하여야 한다.
  ㉢ 관계 중앙행정기관의 장이나 시·도지사는 물류개선조치의 요청에 이의가

있는 경우에는 국가 물류정책위원회에 조정을 요청할 수 있다.

(2) 물류계획의 수립·시행 ▶ 기출 24회, 27회

① 국가물류기본계획의 수립
  ㉠ 국토교통부 장관 및 해양수산부 장관은 국가물류정책의 기본방향을 설정하는 10년 단위의 국가 물류기본계획을 5년마다 공동으로 수립하여야 한다.
  ㉡ 국가물류기본계획에 포함되어야 할 사항
    ⓐ 국내외 물류환경의 변화와 전망
    ⓑ 국가물류정책의 목표와 전략 및 단계별 추진계획, 국가물류정보화 사업에 관한 사항
    ⓒ 운송·보관·하역·포장 등 물류기능별 물류정책 및 도로·철도·해운·항공 등 운송수단별 물류정책의 종합·조정에 관한 사항
    ⓓ 물류시설·장비의 수급, 배치 및 투자 우선순위에 관한 사항
    ⓔ 연계 물류체계의 구축과 개선에 관한 사항
    ⓕ 물류 표준화·공동화 등 물류체계의 효율화에 관한 사항, 물류보안에 관한 사항
    ⓖ 물류산업의 경쟁력 강화에 관한 사항
    ⓗ 물류인력의 양성 및 물류기술의 개발에 관한 사항
    ⓘ 국제물류의 촉진·지원에 관한 사항, 환경친화적 물류활동의 촉진·지원에 관한 사항
    ⓙ 그 밖에 물류체계의 개선을 위하여 필요한 사항
  ㉢ 국토부 장관 및 해수부 장관은 관계 중앙행정기관의 장 및 시·도지사, 물류기업 및 이 법에 따라 지원을 받는 기업·단체 등에 대하여 국가물류기본계획의 수립·변경을 위한 관련 기초자료의 제출을 요청할 수 있으며, 이 경우 협조를 요청받은 자는 특별한 사정이 없는 한 이에 따라야 한다.
  ㉣ 국토부 장관 및 해수부 장관은 국가물류기본계획을 수립하거나 대통령령으로 정하는 중요한 사항을 변경하려는 경우에는 관계 중앙행정기관의 장 및 시·도지사와 협의한 후 국가물류정책위원회 회의 심의를 거쳐야 한다.
  ㉤ "국가물류정책의 목표와 주요 추진전략에 관한 사항"은 반드시 국가물류정책위원회의 심의를 거쳐야 한다.
  ㉥ 국토교통부 장관은 국가물류기본계획을 수립하거나 변경한 때에는 이를 관보에 고시하고, 관계 중앙행정기관의 장 및 시·도지사에게 통보하여야 한다.

② 다른 계획과의 관계
  국가물류기본계획은 「국토 기본법」에 따라 수립된 국토종합계획과 「국가통합교통 체계효율화법」에 따라 수립된 국가기간교통망계획과 조화를 이루어야 한다.

③ 국가물류기본계획 연도별 시행계획의 수립
  ㉠ 국토부 장관 및 해수부 장관은 국가물류기본계획을 시행하기 위하여 연도별 시행계획을 매년 공동으로 수립하여야 한다.

    ⓒ 국토부 장관 및 해수부 장관은 국가물류기본계획의 연도별 시행계획을 수립하려는 경우에는 미리 관계중앙행정기관의 장 및 시·도지사(특별시장·광역시장·특별자치시장·도지사·특별자치도지사)와 협의한 후 물류정책분과위원회의 심의를 거쳐야 한다.
    ⓔ 국토교통부 장관은 수립된 연도별 시행계획을 관계 행정기관에 통보하여야 하며, 관계 행정기관의 장은 연도별 시행계획의 원활한 시행을 위하여 적극 협조하여야 한다.
  ④ 지역물류기본계획의 수립 및 수립절차
    ㉠ 특별시장 및 광역시장은 지역물류정책의 기본방향을 설정하는 10년 단위의 지역물류기본계획을 5년마다 수립하여야 한다. 특별자치시장·도지사·특별자치도지사는 지역물류체계의 효율화를 위하여 필요한 경우에는 지역물류기본계획을 수립할 수 있다.
    ㉡ 지역물류기본계획에 포함되어야 할 사항 : 지역물류환경의 변화와 전망, 지역물류정책의 목표·전략 및 단계별 추진계획, 지역의 환경 친화적 물류활동의 촉진·지원, 지역의 물류 공동화 및 정보화 등 물류체계의 효율화에 관한 사항 등
    ㉢ 특별시장 및 광역시장이 지역물류기본계획을 수립하거나 대통령령으로 정하는 중요한 사항을 변경하려는 경우에는 미리 해당 시·도에 인접한 시·도지사와 협의한 후 지역물류정책위원회의 심의를 거쳐야 한다. 이 경우 특별시장 및 광역시장은 수립하거나 변경한 지역물류기본계획을 국토교통부 장관 및 해양수산부 장관에게 통보하여야 한다.
    ㉣ 국토교통부 장관 또는 해양수산부 장관은 통보받은 지역물류기본계획에 대하여 필요한 경우 관계 중앙행정기관의 장과 협의한 후 물류정책분과위원회의 심의를 거쳐 변경을 요구할 수 있다.
  ⑤ 지역물류기본계획의 연도별 시행계획의 수립
    ㉠ 지역물류기본계획을 수립한 특별시장 및 광역시장은 그 계획을 시행하기 위하여 연도별 시행계획(이하 "지역물류시행계획")을 매년 수립하여야 한다.
    ㉡ 특별시장 또는 광역시장(지역물류기본계획을 수립하는 도지사 및 특별자치도지사를 포함)은 지역물류기본계획의 연도별 시행계획을 수립하려는 경우에는 미리 국토교통부 장관, 관계 중앙행정기관의 장, 해당 특별시·광역시·도 및 특별자치도(이하 '시·도')에 인접한 시·도의 시·도지사와 협의한 후 지역물류정책위원회의 심의를 거쳐야 한다.

(3) 물류정책위원회 ▶ 기출 9회, 20회, 24회, 28회 빈출
  ① 국가물류정책위원회
    ㉠ 국가물류정책에 관한 주요사항을 심의하기 위하여 국토교통부 장관 소속으로 국가물류정책위원회를 두며, 위원장(국토부 장관)을 포함한 23명 이내의 위원으로 구성한다.

기출문제 ▶ 기출 28회

물류정책기본법령상 물류정책위원회에 관한 설명으로 옳지 않은 것은?
① 물류보안에 관한 중요 정책 사항은 국가물류정책위원회의 심의·조정 사항에 포함 된다.
② 국가물류정책위원회의 분과위원회가 국가물류정책위원회에서 위임한 사항을 심의·조정할 때에는 분과위원회의 심의·조정을 국가물류정책위원회의 심의·조정으로 본다.
③ 국가물류정책위원회에 둘 수 있는 전문위원회는 녹색물류전문위원회와 생활물류 전문위원회이다.
④ 지역물류정책에 관한 주요 사항을 심의하기 위하여 국토교통부장관 소속으로 지역물류정책위원회를 둘 수 있다.
⑤ 지역물류정책위원회는 위원장을 포함한 20명 이내의 위원으로 구성한다.

정답 ④

ⓒ 국가물류정책위원회의 심의·조정 사항
  ⓐ 국가물류체계의 효율화에 관한 중요정책 사항
  ⓑ 물류시설의 종합적인 개발계획의 수립에 관한 사항
  ⓒ 물류산업의 육성·발전에 관한 중요정책 사항, 물류보안에 관한 중요정책 사항
  ⓓ 국제물류의 촉진·지원에 관한 중요정책 사항
ⓒ 공무원이 아닌 위원의 임기는 2년으로 하되, 연임할 수 있다.
ⓔ 물류정책에 관한 중요사항을 조사·연구하기 위하여 국가물류정책위원회에 5명 이내의 비상근 전문위원을 둘 수 있다(국토부 장관이 위촉, 임기는 3년).
ⓕ 국가물류정책위원회의 업무를 효율적으로 추진하기 위하여 물류정책분과위원회·물류시설분과위원회·국제물류분과위원회를 둘 수 있으며, 각 분과위원회의 위원장은 해당 분과위원회의 위원 중에서 국토부 장관 또는 해수부 장관(국제물류분과 위원회 위원장에 한정)이 지명한다.
ⓗ 국가물류정책위원회의 업무를 효율적으로 수행하기 위하여 국가물류정책위원회에 다음 각 호의 전문위원회를 둘 수 있다.
  ⓐ 녹색물류전문위원회
  ⓑ 생활물류전문위원회

② 지역물류정책위원회
지역물류정책에 관한 주요사항을 심의하기 위하여 시·도지사 소속으로 지역물류 정책위원회를 두며, 위원장을 포함한 20명 이내의 위원으로 구성한다.

③ 전문위원회
㉠ 전문위원회는 다음 각 호의 구분에 따른 사항을 조사·연구·검토한다.
  ⓐ 녹색물류전문위원회: 다음 각 목의 사항
    ㉮ 환경친화적 물류활동 촉진을 위한 정책의 개발 및 제안에 관한 사항
    ㉯ 물류기업과 화주기업의 환경친화적 협력체계 구축을 위한 정책과 사업의 개발 및 제안에 관한 사항
    ㉰ 그 밖에 국토교통부장관 또는 위원회가 조사、연구、검토를 요청한 사항
  ⓑ 생활물류전문위원회: 다음 각 목의 사항
    ㉮ 「생활물류서비스산업발전법」에 따른 생활물류서비스산업의 발전·육성 및 지원을 위한 정책의 개발 및 제안에 관한 사항
    ㉯ 「생활물류서비스산업발전법」에 따른 생활물류서비스산업 발전 기본계획의 수립에 관한 사항
    ㉰ 다른 법령에서 생활물류전문위원회의 검토를 거치도록 한 사항
    ㉱ 그 밖에 국토교통부장관 또는 위원회가 조사·연구·검토를 요청한 사항
㉡ 각 전문위원회는 위원장 1명을 포함하여 15명 이내의 위원으로 구성한다.
㉢ 각 전문위원회의 위원 중 공무원이 아닌 위원의 임기는 2년으로 한다.

㉣ 각 전문위원회에는 간사 1명을 두며, 간사는 국토교통부 소속 5급 이상 공무원 중에서 국토교통부장관이 지명한다.

2. 물류체계의 효율화

(1) 물류시설·장비의 확충

국토부 장관·해수부 장관 또는 산업부 장관은 효율적인 물류활동을 위하여 필요한 물류시설 및 장비를 확충할 것을 물류기업에게 권고할 수 있고, 이에 필요한 행정적·재정적 지원을 할 수 있으며, 물류시설 및 장비를 원활하게 확충하기 위하여 필요하다고 인정되는 경우 관계 행정기관의 장에게 필요한 지원을 요청할 수 있다.

(2) 물류시설 간의 연계와 조화

국가, 지방자치단체, 대통령령으로 정하는 물류관련기관 및 물류기업 등이 새로운 물류시설을 건설하거나 기존 물류시설을 정비할 때 고려하여야 하는 사항은 아래와 같다.

① 주요 물류거점시설 및 운송수단과의 연계성
② 주변 물류시설과의 기능 중복 여부
③ 대통령령으로 정하는 공항·항만 또는 산업단지의 경우 적정한 규모 및 기능을 가진 배후 물류시설 부지의 확보 여부

(3) 물류공동화 및 자동화 촉진 ▶ 기출 18회, 22회, 24회, 27회 빈출

① 국토부 장관·해수부 장관·산업부 장관 또는 시·도지사는 물류공동화를 추진하는 물류기업이나 화주기업 또는 물류 관련 단체에 대하여 예산의 범위에서 필요한 자금을 지원할 수 있다.
② 국토부 장관·해수부 장관·산업부 장관 또는 시·도지사는 화주기업이 물류공동화를 추진하는 경우에는 물류기업이나 물류 관련 단체와 공동으로 추진하도록 권고할 수 있으며, 권고를 이행하는 경우에 우선적으로 예산의 범위에서 필요한 자금을 지원할 수 있다.
③ 국토교통부장관·해양수산부장관·산업통상자원부장관 또는 시·도지사는 물류기업이 클라우드컴퓨팅등 정보통신기술을 활용하여 물류공동화를 추진하는 경우 및 농수산물 및 식품, 의약품, 첨단전자 부품 등 대통령령으로 정하는 품목을 정온(定溫)물류하기 위하여 물류공동화를 추진하는 경우에는 우선적으로 자금을 지원할 수 있다.
④ 국토부 장관·해수부 장관·산업부 장관 또는 시·도지사는 물류공동화를 확산하기 위하여 필요한 경우에는 시범지역을 지정하거나 시범사업을 선정하여 운영할 수 있다.
⑤ 국토부 장관·해수부 장관 또는 산업부 장관은 물류자동화를 위하여 물류시설 및 장비를 확충하거나 교체하려는 경우에는 필요한 자금을 지원할 수 있다.

⑥ 국토부 장관·해수부 장관·산업부 장관은 ①~⑤까지의 조치를 하려는 경우에는 중복을 방지하기 위하여 미리 협의하여야 한다.
⑦ 시·도지사는 ①~④의 조치를 하려는 경우에는 중복을 방지하기 위하여 미리 해당 조치와 관련하여 국토부 장관·해수부 장관·산업부 장관과 협의하고, 그 내용을 지역 물류기본계획과 지역물류시행계획에 반영하여야 한다.

(4) 물류표준화 ▶ 기출 14회, 17회, 18회, 27회, 28회 빈출

① 물류표준의 보급 촉진 등
  ㉠ 국토교통부 장관 또는 해양수산부 장관은 물류 표준화에 관한 업무를 효과적으로 추진하기 위하여 필요하다고 인정하는 경우에는 「산업표준화법」에 따른 한국산업표준의 제정·개정·폐지를 산업통상자원부 장관에게 요청할 수 있다.
  ㉡ 국토교통부 장관·해양수산부 장관 또는 산업통상자원부 장관은 물류표준의 보급을 촉진하기 위하여 필요한 경우에는 관계 행정기관, 「공공기관의 운영에 관한 법률」에 따른 공공기관, 물류기업, 물류에 관련된 장비의 사용자 및 제조업자에게 물류표준에 맞는 장비를 제조·사용하게 하거나 물류표준에 맞는 규격으로 포장을 하도록 요청하거나 권고할 수 있다.

② 물류표준장비 등의 사용자 등에 대한 우대조치
  ㉠ 국토교통부 장관·해양수산부 장관 또는 산업통상자원부 장관은 관계 행정기관, 공공기관 및 물류기업 등에게 물류 표준장비의 사용자 또는 물류표준에 맞는 규격으로 재화를 포장 하는 자에 대하여 운임·하역료·보관료의 할인 및 우선구매 등의 우대조치를 할 것을 요청하거나 권고할 수 있다.
  ㉡ 국토교통부 장관·해양수산부 장관 또는 산업통상자원부 장관은 물류표준장비의 보급확대를 위하여 물류기업, 물류표준장비의 사용자 또는 물류표준에 맞는 규격으로 재화를 포장하는자 등에 대하여 소요 자금의 융자 등 필요한 재정지원을 할 수 있다.

③ 물류회계의 표준화
  ㉠ 국토교통부 장관은 해양수산부 장관 또는 산업통상자원부 장관과 협의하여 물류기업 및 화주기업의 물류비 산정기준 및 방법 등을 표준화하기 위하여 대통령령으로 정하는 기준에 따라 기업 물류비 산정 지침을 작성하여 고시하여야 한다.
  ㉡ 기업물류비 산정지침에 포함되어야 할 사항
    ⓐ 물류비 관련 용어 및 개념에 대한 정의
    ⓑ 영역별·기능별 및 자가·위탁별 물류비의 분류
    ⓒ 물류비의 계산 기준 및 계산 방법
    ⓓ 물류비계산서의 표준서식
  ㉢ 국토교통부 장관은 물류기업 및 화주기업이 기업물류비 산정지침에 따라 물류비를 관리하도록 권고할 수 있다.
  ㉣ 국토교통부 장관은 해양수산부 장관 및 산업통상자원부 장관과 협의하여

기업물류비 산정 지침에 따라 물류비를 계산·관리하는 물류기업 및 화주기업에 대하여는 필요한 행정적·재정적 지원을 할 수 있다.

(5) 물류정보화 ▶ 기출 24회, 27회

① 물류정보화의 촉진
국토교통부 장관, 해양수산부 장관 및 산업통상자원부 장관 또는 관세청장은 물류정보화를 통한 물류체계의 효율화를 위하여 필요한 시책을 강구하여야 하며, 물류정보화를 촉진하기 위하여 필요한 경우에는 예산의 범위에서 물류 기업 또는 물류관련단체에 대하여 물류 정보화에 관련된 설비 또는 프로그램의 개발·운용 비용의 일부를 지원할 수 있다.

② 물류정보화 시책 : 국토교통부 장관, 해양수산부 장관 및 산업통상자원부 장관 또는 관세청장은 물류정보화를 통한 물류체계의 효율화 시책을 강구할 때에는 다음의 사항이 포함되도록 하여야 하며, 다음 사항을 추진함에 있어서 필요한 경우에는 그 내용을 고시하거나 물류관련기관 또는 기업 등에게 이행을 권고할 수 있다.
  ㉠ 물류정보의 표준에 관한 사항
  ㉡ 물류분야 정보통신기술의 도입 및 확산에 관한 사항
  ㉢ 물류정보의 연계 및 공동 활용에 관한 사항
  ㉣ 물류정보의 보안에 관한 사항
  ㉤ 그 밖에 물류효율화의 향상을 위하여 필요한 사항

③ 단위물류정보망의 구축 등
  ㉠ 관계행정기관 및 물류관련기관은 소관 물류정보의 수집·분석·가공 및 유통 등을 촉진하기 위하여 필요한 때에는 단위물류정보망을 구축·운영할 수 있으며, 이 경우 관계행정기관은 전담기관을 지정하여 단위물류정보망을 구축·운영할 수 있다.
  ㉡ 관계행정기관이 전담기관을 지정하여 단위물류정보망을 구축·운영하는 경우에는 소요비용의 전부 또는 일부를 예산의 범위에서 지원할 수 있다.
  ㉢ 단위물류정보망을 구축·운영하는 관계행정기관의 장은 국가물류통합정보센터 또는 단위물류정보망간의 연계체계를 구축하기 위하여 필요한 때에는 국토교통부 장관과 협의를 거쳐 물류시설 분과위원회에 국가물류통합정보센터와의 연계 또는 단위물류정보망간의 연계체계의 조정을 요청할 수 있다.
  ㉣ 관계행정기관은 대통령령으로 정하는 공공기관(인천국제공항공사, 한국공항공사, 한국 도로공사, 한국철도공사, 한국토지주택공사, 국토교통부 장관이 지정하여 고시하는 공공기관) 또는 물류정보의 수집·분석·가공·유통과 관련한 적절한 시설장비와 인력을 갖춘 자 중에서 단위물류정보망 전담기관을 지정한다.
  ㉤ 공공기관이 아닌 자로서 단위물류정보망 전담기관으로 지정받을 수 있는 자의 시설장비와 인력 등의 기준
    ⓐ 다음의 시설장비를 갖출 것

기출문제 ▶ 기출 24회

물류정책기본법령상 물류정보화에 관한 설명으로 옳지 않은 것은?
① 국토교통부장관·해양수산부장관·산업통상자원부장관 또는 관세청장은 물류정보화를 통한 물류체계의 효율화를 위하여 필요한 시책을 강구하여야 한다.
② 단위물류정보망은 물류정보의 수집·분석·가공 및 유통 등을 촉진하기 위하여 구축·운영된다.
③ 「한국토지주택공사법」에 따른 한국토지주택공사는 단위물류정보망 전담기관으로 지정될 수 있다.
④ 국토교통부장관, 해양수산부장관, 시·도지사 및 행정기관은 단위물류정보망 전담기관에 대한 지정을 취소하려면 청문을 하여야 한다.
⑤ 단위물류정보망 전담기관이 시설장비와 인력 등의 지정기준에 미달하게 된 경우에는 그 지정을 취소하여야 한다.

정답 ⑤

가. 물류정보 및 이와 관련된 전자문서의 송신·수신·중계 및 보관 시설 장비
나. 단위물류정보망을 안전하게 운영하기 위한 보호 시설장비
다. 단위물류정보망의 정보시스템 관리 및 복제·저장 시설장비
라. 단위물류정보망에 보관된 물류정보와 전자문서의 송신·수신의 일자·시각 및 증적 등을 기록·관리하는 시설장비
마. 다른 단위물류정보망 및 국가물류통합정보센터와의 정보연계에 필요한 시설장비

ⓑ 다음의 인력을 보유할 것
가. 「국가기술자격법」에 따른 정보통신기사·정보처리기사 또는 전자계산기조직 응용기사 이상의 국가기술자격이나 이와 동등한 자격이 있다고 국토교통부 장관이 정하여 고시하는 사람 2명 이상
나. 「국가기술자격법」에 따른 정보통신분야(기술·기능 분야)에서 3년 이상 근무한 경력이 있는 사람 1명 이상

ⓒ 자본금이 2억 원 이상인 「상법」에 따른 주식회사일 것

④ 위험물질운송 안전관리센터의 설치·운영 ▶기출 27회
㉠ 국토부 장관은 위험물질의 안전한 도로운송을 위하여 위험물질을 운송하는 위험물질 운송차량을 통합적으로 관리하는 위험물질운송 안전관리센터를 설치·운영한다. 이 경우 국토부 장관은 대통령령으로 정하는 바에 따라 한국교통안전공단에 위험물질운송 안전관리센터의 설치·운영을 대행하게 할 수 있다.
㉡ 국토부 장관은 예산의 범위에서 위험물질운송 안전관리센터의 설치 및 운영을 대행하는데 필요한 예산을 지원할 수 있다.
㉢ 관계 행정기관의 장은 위험물질운송안전관리시스템을 통하여 위험물질운송 안전관리센터가 수집·관리하는 정보를 공동으로 활용할 수 있다.

⑤ 단말장치의 장착 및 운행중지 명령·개선명령
㉠ 국토부 장관은 단말장치를 장착하지 아니하거나 단말장치의 장착·기술 기준을 준수하지 아니한 자에게 국토부령으로 정하는 바에 따라 기간을 정하여 단말장치를 장착하거나 개선할 것을 명할 수 있다.
㉡ 시·도지사(특별시장·광역시장·특별자치시장·도지사·특별자치도지사)는 위 ㉠에 따라 단말장치의 장착 또는 개선을 명하는 경우 14일의 범위에서 그 기간을 정하여야 한다.
㉢ 시·도지사는 단말장치의 장착 또는 개선을 명하는 경우 단말장치 장착·개선명령서를 발급하여야 한다.
㉣ 단말장치 장착·개선명령서를 받은 자는 장착 또는 개선 기간 안에 단말장치의 장착 또는 개선을 완료한 후 그 사실을 시·도지사에게 알려야 한다.
㉤ 국토부 장관은 위 ㉠에 따른 조치명령을 받은 자가 그 명령을 이행하지 아니한 경우 그 위험물질 운송차량의 운행중지를 명할 수 있다.
㉥ 시·도지사는 위 ㉤에 따라 위험물질 운송차량의 운행중지를 명할 때에는

그 차량 소유자에게 차량 운행중지명령서를 발급하여야 하며, 이 경우 시·도지사는 해당 차량 소유자에 대한 운행중지명령서 발급 사실을 관계 행정기관 및 지방경찰청장 또는 관할 경찰서장에게 통지하여야 한다.

⑥ 국가물류통합데이터베이스의 구축 등
  ㉠ 국토교통부 장관은 해수부 장관·산업부 장관 및 관세청장과 협의하여 관계 행정기관, 물류관련기관 또는 물류기업 등이 구축한 단위물류정보망으로부터 필요한 정보를 제공받거나 물류현황조사에 따라 수집된 정보를 가공·분석하여 물류관련 자료를 총괄하는 국가물류통합데이터베이스를 구축할 수 있다.
  ㉡ 국토교통부 장관은 국가물류통합데이터베이스의 구축을 위하여 필요한 경우 관계행정기관, 지방자치단체, 물류관련기관 또는 물류기업 등에 대하여 자료의 제공을 요청할 수 있다.

⑦ 국가물류통합정보센터의 설치·운영 및 지정 ▶기출 28회
  ㉠ 국토교통부 장관은 국가물류통합데이터베이스를 구축하고 물류정보를 가공·축적·제공하기 위한 통합정보체계를 갖추기 위하여 국가물류통합정보센터를 설치·운영할 수 있다.
  ㉡ 국토교통부 장관은 다음의 어느 하나에 해당하는 자를 국가물류통합정보센터의 운영자로 지정할 수 있다.
    ⓐ 중앙행정기관
    ⓑ 대통령령으로 정하는 공공기관(인천국제공항공사, 한국공항공사, 한국도로공사, 한국철도공사, 한국토지주택공사, 항만공사)
    ⓒ 「정부출연연구기관 등의 설립·운영 및 육성에 관한 법률」또는 「과학기술분야 정부 출연연구기관 등의 설립·운영 및 육성에 관한 법률」에 따른 정부 출연 연구기관
    ⓓ 「물류정책기본법」에 따라 설립된 물류관련협회
    ⓔ 그 밖에 자본금 2억 원 이상, 업무능력 등 대통령령으로 정하는 기준과 자격을 갖춘 「상법」상의 주식회사
      ㉮ 자본금이 2억 원 이상일 것
      ㉯ 시설장비를 갖출 것
      ㉰ 다음의 인력을 보유할 것 : 물류관리사 1명 이상, 국가물류통합정보센터의 시스템을 운영하고, 국가물류통합정보센터가 제공하는 물류정보의 이용자에 대한 상담이 가능한 전문요원 1명 이상 등

⑧ 지정의 취소 등
  국토교통부 장관은 국가물류통합정보센터운영자가 다음의 어느 하나에 해당하는 경우에는 그 지정을 취소할 수 있다.
  ㉠ 거짓이나 그 밖의 부정한 방법으로 지정을 받은 경우
  ㉡ 대통령령으로 정하는 지정기준에 미달하게 된 경우
  ㉢ 국가물류통합정보센터운영자가 국가물류통합데이터베이스의 물류정보를 영리를 목적으로 사용한 경우

⑨ 전자문서의 이용·개발
  ㉠ 물류기업, 물류관련기관 및 물류관련단체가 대통령령으로 정하는 물류에 관한 업무를 전자문서로 처리하는 경우에는 국토부령으로 정하는 전자문서를 이용하여야 한다.
  ㉡ 국토교통부 장관은 해수부 장관 및 산업부 장관과 협의하여 표준전자문서의 개발·보급계획을 수립하여야 한다.
⑩ 전자문서 및 물류정보의 보안
  국가물류통합정보센터운영자 또는 단위물류정보망 전담기관은 전자문서 및 정보처리장치의 파일에 기록되어 있는 물류정보를 2년 동안 보관하여야 한다.
⑪ 전자문서 및 물류정보의 공개
  ㉠ 국가물류통합정보센터운영자 또는 단위물류정보망 전담기관이 전자문서 및 물류정보를 공개할 수 있는 경우 : 국가의 안전보장에 위해가 없고 기업의 영업비밀을 침해하지 아니하는 경우로서 다음의 어느 하나에 해당하는 경우를 말한다.
    ⓐ 관계 중앙행정기관 또는 지방자치단체가 행정목적상의 필요에 따라 신청하는 경우
    ⓑ 수사기관이 수사목적상의 필요에 따라 신청하는 경우
    ⓒ 법원의 제출명령에 따른 경우
    ⓓ 다른 법률에 따라 공개하도록 되어 있는 경우
    ⓔ 그 밖에 국가물류통합정보센터운영자 또는 단위물류정보망 전담기관의 요청에 따라 국토교통부 장관이 공개할 필요가 있다고 인정하는 경우
  ㉡ 국가물류통합정보센터운영자 또는 단위물류정보망 전담기관이 전자문서 또는 물류정보를 공개하려는 때에는 미리 대통령령으로 정하는 이해관계인의 동의를 받아야 한다.
  ㉢ 국가물류통합정보센터운영자 또는 단위물류정보망 전담기관은 전자문서 또는 물류정보를 공개하려는 때에는 신청 등이 있은 날부터 60일 이내에 서면(전자문서 포함)으로 이해관계인의 동의를 받아야 한다.

(6) 국가 물류보안 시책의 수립 및 지원 등
① 국가 물류보안 시책의 수립 및 지원
  ㉠ 국토교통부 장관은 관계 중앙행정기관의 장과 협의하여 국가 물류보안 수준을 향상시키기 위하여 물류보안 관련 제도 및 물류보안 기술의 표준을 마련하는 등 국가 물류보안 시책을 수립·시행하여야 한다.
  ㉡ 국토교통부 장관은 관계 중앙행정기관의 장과 협의하여 물류기업 또는 화주기업이 다음의 어느 하나에 해당하는 활동을 하는 경우에는 행정적·재정적 지원을 할 수 있다.
    ⓐ 물류보안 관련 시설·장비의 개발·도입
    ⓑ 물류보안 관련 제도·표준 등 국가 물류보안 시책의 준수
    ⓒ 물류보안 관련 교육 및 프로그램의 운영

ⓓ 그 밖에 대통령령으로 정하는 물류보안 활동
② 물류보안 관련 국제협력 증진
㉠ 국토교통부 장관은 관계 중앙행정기관의 장과 협의하여 물류보안 관련 국제협력의 증진을 위한 시책을 수립·시행하여야 한다.
㉡ 국토교통부 장관 및 해양수산부 장관은 물류보안 관련 국제협력에 필요한 경비를 예산의 범위에서 지원할 수 있으며, 물류보안 표준이 국제적인 기준과 조화를 이루도록 하여야 한다.

3. 물류산업의 경쟁력 강화

(1) 물류산업의 육성 등 ▶ 기출 17회

① 국토부 장관 및 해수부 장관은 화주기업에 대하여 운송·보관·하역 등의 물류서비스를 일관되고 통합된 형태로 제공하는 물류기업을 우선적으로 육성하는 등 물류산업의 경쟁력을 강화하는 시책을 강구하여야 한다.
② 국토교통부 장관은 해수부 장관 및 산업부 장관과 협의하여 화주기업과 물류기업의 제3자물류 촉진을 위한 시책을 수립·시행하고 지원하여야 한다.
③ 국토교통부 장관은 해수부 장관 및 산업부 장관과 협의하여 화주기업 또는 물류기업이 다음의 어느 하나에 해당하는 활동을 하는 때에는 행정적·재정적 지원을 할 수 있다.
㉠ 제3자물류를 활용하기 위한 목적으로 화주기업의 물류시설을 매각·처분하거나 물류기업이 물류시설을 인수·확충하려는 경우
㉡ 제3자물류를 활용하기 위한 목적으로 물류컨설팅을 받으려는 경우
㉢ 그 밖에 제3자물류 촉진을 위하여 필요하다고 인정하는 경우

(2) 물류신고센터의 설치 및 운영 ▶ 기출 23회, 25회

① 국토부 장관 또는 해수부 장관은 물류시장의 건전한 거래질서를 조성하기 위하여 물류신고 센터를 설치·운영할 수 있다.
② 누구든지 물류시장의 건전한 거래질서를 해치는 다음의 행위로 분쟁이 발생하는 경우 그 사실을 물류신고센터에 신고할 수 있다.
㉠ 화물의 운송·보관·하역 등에 관하여 체결된 계약을 정당한 사유 없이 이행하지 아니 하거나 일방적으로 계약을 변경하는 행위
㉡ 화물의 운송·보관·하역 등의 단가를 인하하기 위하여 고의적으로 재입찰하거나 계약 단가 정보를 노출하는 행위
㉢ 화물의 운송·보관·하역 등에 관하여 체결된 계약의 범위를 벗어나 과적·금전 등을 제공하도록 강요하는 행위
㉣ 화물의 운송·보관·하역 등에 관하여 유류비의 급격한 상승 등 비용 증가분을 계약단가에 반영하는 것을 지속적으로 회피하는 행위
③ 물류신고센터의 장은 국토교통부 또는 해양수산부의 물류정책을 총괄하는 부서의 장으로서 국토교통부 장관 또는 해양수산부 장관이 지명하는 사람이 된다.

(3) 우수물류기업의 인증 ▶기출 14회, 16회, 20회, 28회 빈출

① 우수물류기업의 인증 등
  ㉠ 국토교통부 장관 및 해수부 장관은 물류기업의 육성과 물류산업 발전을 위하여 소관 물류기업을 우수물류기업으로 인증할 수 있다.
  ㉡ 우수물류기업의 인증은 물류사업별로 운영할 수 있으며, 각 사업별 인증의 주체와 대상 등에 필요한 사항은 대통령령으로 정한다.

물류사업	인증대상 물류기업	인증주체
화물운송업	화물자동차운송기업	국토부 장관
물류시설 운영업	물류창고기업	국토부 장관 또는 해수부 장관
물류서비스업	국제물류주선기업 화물정보망기업	국토부 장관
종합물류서비스업	종합물류서비스업	국토부 장관 및 해수부 장관

  ㉢ 국토부 장관 또는 해수부 장관은 인증우수물류기업이 아래 ㉣의 요건을 유지하는지의 여부를 대통령령으로 정하는 바에 따라 점검할 수 있다.
  ㉣ 우수물류기업 선정을 위한 인증의 기준·절차·방법·점검 및 인증표시의 방법 등에 필요한 사항은 국토교통부와 해양수산부의 공동부령으로 정한다.

② 인증우수물류기업 및 우수녹색물류실천기업에 대한 지원
  ㉠ 국가·지방자치단체 또는 공공기관은 인증우수물류기업 또는 우수녹색물류실천기업에 대하여 대통령령으로 정하는 바에 따라 행정적·재정적 지원을 할 수 있다.
  ㉡ 위 ㉠에 따라 국가·지방자치단체 또는 공공기관은 스스로 운영·관리하는 다음의 시설에 물류시설 우선입주대상자나 그 밖의 자보다 인증우수물류기업 또는 우수녹색물류실천기업을 우선 입주하게 할 수 있으며, 국가 또는 지방자치단체는 ⓐ~⑧의 시설을 운영·관리하는 자에 대하여 물류시설 우선입주대상자나 그 밖의 자보다 인증우수물류기업 또는 우수 녹색물류실천기업을 우선 입주하게 할 것을 권고할 수 있다.
    ⓐ 「물류시설의 개발 및 운영에 관한 법률」에 따른 복합물류터미널·일반물류터미널 또는 물류단지
    ⓑ 「항만법」에 따른 항만배후단지 중 물류시설
    ⓒ 「산업입지 및 개발에 관한 법률」에 따른 산업단지 중 물류시설
    ⓓ 「철도산업발전기본법」에 따른 철도시설 중 물류시설 및 그 부대시설
    ⓔ 「항공법」에 따른 공항시설 중 공항구역 안에 있는 화물의 운송을 위한 시설과 그 부대시설 및 지원시설
    ⓕ 「유통산업발전법」에 의한 집배송시설 및 공동집배송센터
    ⑧ 그 밖에 국토부 장관과 해수부 장관이 관계 중앙행정기관의 장과 협의하여 공동으로 고시하는 물류관련시설
  ㉢ 국가 또는 지방자치단체는 인증우수물류기업이 다음의 사업을 수행하는 경우에는 다른 물류기업에 우선하여 소요자금의 일부를 융자하거나 부지의

확보를 위한 지원 등을 할 수 있다.
ⓐ 물류시설의 확충
ⓑ 물류 정보화·표준화·공동화
ⓒ 첨단물류기술의 개발 및 적용
ⓓ 환경친화적 물류활동
ⓔ 해외시장의 개척
ⓕ 그 밖에 물류사업을 효율적으로 영위하기 위하여 필요한 사항으로서 공동부령으로 정하는 사항

(4) 국제물류주선업 ▶ 기출 17회, 20회, 21회, 24회, 28회 빈출

① 등록
  ㉠ 국제물류주선업을 경영하려는 자는 국토교통부령으로 정하는 바에 따라 시·도지사에게 등록하여야 한다.
  ㉡ 등록신청 : 국제물류주선업의 등록을 하려는 자는 국제물류주선업등록·변경등록신청서를 시·도지사에게 제출하여야 한다.

② 국제물류주선업자가 등록한 사항 중 국토부령으로 정하는 중요한 사항을 변경하려는 경우에는 변경등록을 하여야 한다. 변경등록을 하여야 할 중요한 사항은 아래와 같다.
  ㉠ 상호
  ㉡ 자본금 또는 자산평가액이 감소되는 경우
  ㉢ 성명(법인인 경우에는 임원의 성명을 말한다) 및 주민등록번호(법인인 경우에는 법인등록번호를 말한다)
  ㉣ 주사무소 소재지
  ㉤ 국적 또는 소속 국가명

③ 국제물류주선업자가 등록한 사항을 변경하려는 경우에는 그 변경사유가 발생한 날부터 60일 이내에 국제물류주선업 등록·변경등록 신청서에 변경 사실을 증명하는 서류를 첨부하여 시·도지사에게 제출하여야 한다.

④ 등록기준
  ㉠ 자본금 또는 자산평가액
    ⓐ 법인 : 자본금 3억 원 이상 보유
    ⓑ 법인이 아닌 경우(개인) : 자산평가액 6억 원 이상 보유
  ㉡ 그 밖에 대통령령으로 정하는 기준을 충족하여야 한다.
  ㉢ 다음의 어느 하나에 해당하는 경우를 제외하고는 1억 원 이상의 보증보험에 가입하여야 한다.
    ⓐ 자본금 또는 자산평가액이 10억 원 이상인 경우
    ⓑ 컨테이너 장치장을 소유하고 있는 경우
    ⓒ 「은행법」에 따른 은행으로부터 1억 원 이상의 지급보증을 받은 경우
    ⓓ 1억 원 이상의 화물배상책임보험에 가입한 경우
  ㉣ 국제물류주선업자는 등록기준에 관한 사항을 3년이 경과할 때마다 국토부

기출문제 ▶ 기출 23회

물류정책기본법상 국제물류주선업의 등록을 할 수 있는 자는?
① 피한정후견인
② 「물류정책기본법」을 위반하여 금고 이상의 실형을 선고받고 그 집행이 종료되거나 집행이 면제된 날부터 2년이 지나지 아니한 자
③ 「유통산업발전법」을 위반하여 금고 이상의 형의 집행유예를 선고받고 그 유예기간 중에 있는 자
④ 「화물자동차 운수사업법」을 위반하여 벌금형을 선고받고 2년이 지나지 아니한 자
⑤ 대표자가 피성년후견인인 법인

정답 ③

기출문제 ▶ 기출 24회

물류정책기본법상 국제물류주선업에 관한 설명으로 옳은 것은?
① 국제물류주선업을 경영하려는 자는 국토교통부령으로 정하는 바에 따라 시·도지사에게 등록하여야 한다.
② 국제물류주선업 등록을 하려는 자는 2억 원 이상의 자본금(법인이 아닌 경우에는 4억원 이상의 자산평가액을 말한다)을 보유하여야 한다.
③ 거짓이나 그 밖의 부정한 방법으로 등록을 한 경우에는 국제물류주선업 등록을 취소하거나 6개월 이내의 기간을 정하여 사업의 전부 또는 일부의 정지를 명할수 있다.
④ 국제물류주선업자가 사망한 때 상속인에게는 국제물류주선업의 등록에 따른 권리·의무가 승계되지 않는다.
⑤ 국제물류주선업의 등록에 따른 권리·의무를 승계하려는 자는 국토교통부장관의 허가를 얻어야 한다.

정답 ①

령으로 정하는 바에 따라 신고하여야 한다.
    ⑰ 등록기준에 관한 사항의 신고
        ⓐ 국제물류주선업자는 국제물류주선업을 등록한 날부터 3년이 경과할 때(이하 '등록 기준시점')부터 60일 이내에 국제물류주선업 등록기준 신고서에 첨부서류를 갖추어 시·도지사에게 제출하여야 한다.
        ⓑ 시·도지사는 신고를 받은 경우에는 등록기준에 적합한지의 여부를 심사하여야 하며, 심사 후 국제물류주선업 등록기준 신고서를 수리한 때에는 국제물류주선업 등록증 및 국제물류주선업 등록대장에 다음번의 등록기준 신고시점을 기재하여야 한다.
⑤ 등록의 결격사유
    다음의 어느 하나에 해당하는 자는 국제물류주선업의 등록을 할 수 없으며, 외국인 또는 외국의 법령에 따라 설립된 법인의 경우에는 해당 국가의 법령에 따라 다음의 어느 하나에 해당하는 경우에도 또한 같다.
    ㉠ 피성년후견인 또는 피한정후견인
    ㉡ 「물류정책기본법」, 「화물자동차 운수사업법」, 「항공사업법」, 「항공안전법」, 「공항시설 법」 또는 「해운법」을 위반하여 금고 이상의 실형의 선고를 받고 그 집행이 종료(집행이 종료된 것으로 보는 경우 포함)되거나 집행이 면제된 날부터 2년이 지나지 아니한 자·금고 이상의 형의 집행유예를 선고받고 그 유예기간 중에 있는 자·벌금형을 선고받고 2년이 지나지 아니한 자
    ㉢ 아래 ⑧㉠에 따라 등록이 취소(위 ㉠에 해당하여 등록이 취소된 경우는 제외한다)된 후 2년이 지나지 아니한 자
    ㉣ 법인으로서 대표자가 위 ㉠ ~ ㉢의 어느 하나에 해당하는 경우
    ㉤ 법인으로서 대표자가 아닌 임원 중에 ㉡, ㉢의 어느 하나에 해당하는 사람이 있는 경우
⑥ 사업의 승계
    ㉠ 국제물류주선업자가 그 사업을 양도하거나 사망한 때 또는 법인이 합병한 때에는 그 양수인·상속인 또는 합병 후 존속하는 법인이나 합병으로 설립되는 법인은 국제물류주선업의 등록에 따른 권리·의무를 승계한다.
    ㉡ 국제물류주선업의 등록에 따른 권리·의무를 승계한 자는 국토부령으로 정하는 바에 따라 시·도지사에게 신고하여야 한다.
    ㉢ 사업승계의 신고 : 국제물류주선업을 신고하려는 자는 양도·양수신고서, 상속신고서, 법인합병신고서(전자문서로 된 신고서포함)를 그 권리·의무를 승계한 날부터 30일 이내에 시·도지사에게 제출하여야 한다(복합물류터미널사업 → 30일 이내에 국토부 장관에게 제출).
⑦ 사업의 휴업·폐업 관련 정보의 제공 요청과 요청방법
    ㉠ 시·도지사는 국제물류주선업자의 휴업·폐업사실을 확인하기 위하여 필요한 경우에는 관할 세무관서의 장에게 대통령령으로 정하는 바에 따라 휴업·폐업에 관한 과세정보의 제공을 요청할 수 있으며, 이 경우 요청을 받은 세무관서의 장은 정당한 사유가 없으면 그 요청에 따라야 한다.

ⓒ 시·도지사는 세무관서의 장에게 국제물류주선업자의 휴업·폐업에 관한 과세정보의 제공을 요청하는 경우에는 해당 국제물류주선업자의 「소득세법」, 「법인세법」, 「부가가치 세법」에 따른 사업자등록번호를 명시하여야 한다.

⑧ 등록의 취소 등
㉠ 시·도지사는 국제물류주선업자가 다음의 어느 하나에 해당하는 경우에는 등록을 취소하거나 6개월 이내의 기간을 정하여 사업의 전부 또는 일부의 정지를 명할 수 있다. 다만, ⓐ·ⓑ·ⓔ에 해당하는 경우에는 등록을 취소하여야 한다.
ⓐ 거짓이나 그 밖의 부정한 방법으로 등록을 한 경우
ⓑ 국제물류주선업의 등록기준에 못 미치게 된 경우(1차 : 경고, 2차 : 사업정지 30일, 3차 : 사업정지 60일, 4차 : 등록취소 → 과징금의 대상)
ⓒ 등록기준에 관한 사항을 3년이 경과할 때마다 신고하여야 하는 것을 위반하여 신고를 하지 아니 하거나 거짓으로 신고한 경우(ⓑ와 동일)
ⓓ 등록결격사유의 어느 하나에 해당하게 된 경우
ⓔ 등록증 대여 등의 금지를 위반하여 다른 사람에게 자기의 성명 또는 상호를 사용하여 영업을 하게 하거나 등록증을 대여한 경우
㉡ 시·도지사는 등록을 취소하는 경우에는 그 내용을 공보 또는 인터넷 홈페이지에 20일 이상 공고하여야 한다.

⑨ 자금의 지원
국가는 국제물류주선업의 육성을 위하여 필요하다고 인정하는 경우에는 국제물류주선업자에게 그 사업에 필요한 소요자금의 융자 등 필요한 지원을 할 수 있다.

(5) 물류인력의 양성 ▶ 기출 16회, 17회, 21회

① 국토부 장관·해수부 장관 또는 시·도지사가 물류사업에 관련된 분야의 기능인력 및 전문 인력을 양성하기 위하여 할 수 있는 사업
㉠ 화주기업 및 물류기업에 종사하는 물류인력의 역량 강화를 위한 교육·연수
㉡ 물류체계 효율화 및 국제물류 활성화를 위한 선진기법, 교육프로그램 및 교육교재의 개발·보급
㉢ 물류시설의 운영과 물류장비의 조작을 담당하는 기능인력의 양성·교육
㉣ 외국물류대학의 국내유치활동 지원 및 국내대학과 외국대학 간의 물류교육프로그램의 공동개발활동 지원
㉤ 신규 물류인력 양성, 물류관리사 재교육 또는 외국인 물류인력 교육을 위하여 필요한 사업

② 국토부 장관·해수부 장관 또는 시·도지사는 정부출연연구기관, 「고등교육법」또는 「경제자유구역 및 제주국제자유도시의 외국교육기관 설립·운영에 관한 특별법」에 따라 설립된 대학이나 대학원, 그 밖에 국토부령 또는 해수부령으로 정하는 물류연수기관의 어느 하나에 해당하는 자가 위 ①의 사업을 하는 경우에

는 예산의 범위에서 사업수행에 필요한 경비의 전부나 일부를 지원할 수 있다.
③ 시·도지사는 위 ①, ②의 사업 등을 하려는 경우에는 중복을 방지하기 위하여 미리 국토부 장관 및 해수부 장관과 협의하고, 그 내용을 지역물류기본계획과 지역물류시행계획에 반영하여야 한다.
④ 국토교통부 장관은 물류관리사가 자격을 부정한 방법으로 취득한 때에는 그 자격을 취소하여야 하며, 등록증대여 금지 등을 위반하여 다른 사람에게 자기의 성명을 사용하여 영업을 하게 하거나 자격증을 대여한 때에는 그 자격을 취소할 수 있다.
⑤ 물류관리사 고용사업자에 대한 우선지원
국토교통부 장관 또는 시·도지사는 물류관리사를 고용한 물류관련 사업자에 대하여 다른 사업자보다 우선하여 행정적·재정적 지원을 할 수 있으며, 시·도지사가 지원을 하려는 경우에는 중복을 방지하기 위하여 미리 국토교통부 장관과 협의하여야 한다.
⑥ 물류관리사 자격시험의 실시
　㉠ 물류관리사자격시험은 매년 1회 시행하되, 국토교통부 장관이 물류관리사의 수급상 특히 필요하다고 인정하는 경우에는 2년마다 실시할 수 있다.
　㉡ 시험은 필기의 방식으로 실시하며, 선택형을 원칙으로 하되, 기입형을 가미할 수 있다.
　㉢ 국토교통부 장관은 시험을 시행하려는 때에는 시험내용·일시·장소 및 합격자 결정방법 등의 필요한 사항을 시험시행일 90일 전까지 주요 일간신문 및 국토교통부의 인터넷 홈페이지에 공고하여야 한다.

(6) 물류관련 단체의 육성 ▶기출 24회, 25회, 28회 빈출

① 물류관련협회 등
　㉠ 물류기업, 화주기업, 그 밖에 물류활동과 관련된 자는 물류체계를 효율화하고 업계의 건전한 발전 및 공동이익을 도모하기 위하여 필요할 경우 대통령령으로 정하는 바에 따라 물류 관련협회를 설립할 수 있으며, 다만 다른 법률에서 달리 정하고 있는 경우는 제외한다.
　㉡ 물류관련협회를 설립하려는 경우에는 해당 협회의 회원이 될 자격이 있는 기업 100개 이상이 발기인으로 정관을 작성하여 해당 협회의 회원이 될 자격이 있는 기업 200개 이상이 참여한 창립총회의 의결을 거친 후 소관에 따라 국토교통부 장관 또는 해양수산부 장관의 설립인가를 받아야 한다.
　㉢ 물류관련협회는 설립인가를 받아 설립등기를 함으로써 성립한다.
　㉣ 물류관련협회는 법인으로 하며, 물류관련협회에 관하여 이 법에 규정한 것 외에는 민법 중 사단법인에 관한 규정을 준용한다.
　㉤ 국토부 장관 및 해수부 장관은 물류관련협회의 발전을 위하여 필요한 경우에는 물류관련 협회를 행정적·재정적으로 지원할 수 있다.
　㉥ 물류관련협회의 업무 및 정관 등에 필요한 사항은 대통령령으로 정한다.

② 민·관 합동 물류지원센터
  ㉠ 국토부 장관·해수부 장관·산업부 장관 및 대통령령으로 정하는 물류관련 협회 및 물류관련 전문기관·단체는 공동으로 물류체계 효율화를 통한 국가 경쟁력을 강화하고 국제물류사업을 효과적으로 추진하기 위하여 물류지원 센터를 설치·운영할 수 있다.
  ㉡ 물류지원센터의 설치 및 운영 등에 필요한 사항은 대통령령으로 정한다.
  ㉢ 국토부 장관·해수부 장관 또는 산업부 장관은 (민·관 합동) 물류지원센터를 효율적으로 운영하기 위하여 필요한 경우 행정적·재정적인 지원을 할 수 있다.

4. 물류의 선진화 및 국제화
(1) **물류관련 연구개발** ▶ 기출 16회, 17회
  ① 물류관련 신기술·기법의 연구개발 및 보급 촉진
    ㉠ 국토교통부 장관·해양수산부 장관 또는 시·도지사는 첨단화물운송체계· 클라우드컴퓨팅·무선주파수인식(RFID : Radio Frequency Identification) 및 정온(定溫)물류(반도체 및 이차전지, 축산물 등) 등 물류관련 신기술· 기법(이하 '물류신기술'이라 한다)의 연구개발 및 이를 통한 첨단물류시설 ·장비·운송수단 (이하 '첨단물류시설등'이라 한다)의 보급·촉진을 위한 시책을 마련하여야 한다.
    ㉡ 국토부장관·해수부 장관 또는 시·도지사는 물류기업이 물류신기술을 연구개발하는 경우, 기존 물류시설·장비·운송수단을 첨단물류시설 등으로 전환하거나 첨단물류시설 등을 새롭게 도입하는 경우, 그 밖에 물류신기술 및 첨단물류시설 등의 개발·보급을 위하여 대통령령으로 정하는 사항의 활동을 하는 경우에는 이에 필요한 행정적·재정적 지원을 할 수 있다.
    ㉢ 국토부 장관 또는 해수부 장관은 물류신기술·첨단물류시설 등 중 성능 또는 품질이 우수하다고 인정되는 경우 우수한 물류신기술·첨단물류시설 등으로 지정하여 이의 보급·활용에 필요한 행정적·재정적 지원을 할 수 있다.
    ㉣ 시·도지사는 위 ㉠,㉡의 조치를 하려는 경우에는 중복을 방지하기 위하여 미리 국토부 장관 및 해수부 장관과 협의하고, 그 내용을 지역물류기본계획 과 지역물류시행계획을 반영하여야 한다.
    ㉤ 위 ㉡에 따른 지원의 세부적인 기준, 위 ㉢에 따른 지정 및 지원의 기준·절 차 등에 필요한 사항은 대통령령으로 정한다.
  ② 물류기업에 대한 지원 기준
    국토교통부 장관·해양수산부 장관 또는 시·도지사는 물류기업에 행정적·재 정적 지원을 하려는 경우 그 기업이 개발한 물류신기술 및 첨단물류시설 등(물 류신기술등)이 '국내에서 최초로 개발된 기술이거나 외국에서 도입해 소화· 개량된 기술일 것, 신규성·진보성 및 안전성이 있는 기술일 것, 물류산업에 파급효과가 있는 기술일 것'의 기준을 갖추었는지를 고려해야 한다.

③ 우수 물류신기술등의 지정 신청 등
  ㉠ 우수한 물류신기술등(우수 물류신기술 등)의 지정을 받으려는 자는 다음의 서류를 첨부해서 국토교통부 장관 또는 해양수산부 장관에게 우수 물류신기술등의 지정을 신청해야 한다.
    ⓐ 물류신기술등의 명칭·범위 및 개발배경을 적은 서류
    ⓑ 물류신기술등의 내용(물류신기술등의 요지 및 물류신기술 등의 신규성·진보성·안전성 등에 관한 구체적인 내용을 포함한다)
    ⓒ 국내외 시장에서의 활용 전망 및 보급 가능성을 적은 서류
    ⓓ 물류신기술 등의 설계도 또는 기술설명서
    ⓔ 그 밖에 국내외의 특허 또는 안전성 등의 시험성적서 등 물류신기술 등을 심사하는데 필요하다고 인정하는 서류
  ㉡ 우수 물류신기술등의 지정을 신청하려는 자는 공동부령으로 정하는 바에 따라 심사에 드는 비용을 납부해야 한다.
④ 물류관련 연구기관 및 단체의 육성
  ㉠ 국토부 장관·해수부 장관 또는 시·도지사는 물류관련 기술의 진흥 및 물류신기술의 연구개발을 위하여 관련 연구기관 및 단체를 지도·육성하여야 한다.
  ㉡ 국토부 장관·해수부 장관 또는 시·도지사는 물류관련 기술의 진흥 및 물류신기술의 연구개발을 위하여 특히 필요하다고 인정하는 경우에는 공공기관 등으로 하여금 물류기술의 연구·개발에 투자하게 하거나 관련 연구기관 및 단체에 출연하도록 권고할 수 있다.
  ㉢ 국토부 장관·해수부 장관 또는 시·도지사는 물류분야의 연구나 물류기술의 진흥 등에 현저한 기여를 했다고 인정되는 공공기관·물류기업 또는 개인 등에게 포상할 수 있다.

(2) 환경친화적 물류의 촉진 등 ▶ 기출 18회, 21회 빈출

① 환경친화적 물류의 촉진
  ㉠ 국토부 장관·해수부 장관 또는 시·도지사는 물류활동이 환경친화적으로 추진될 수 있도록 관련 시책을 마련하여야 한다.
  ㉡ 국토부 장관·해수부 장관 또는 시·도지사는 물류기업, 화주기업 또는 「화물자동차운수사업법」에 따른 개인 운송사업자가 환경친화적 물류활동을 위하여 다음의 활동을 하는 경우에는 행정적·재정적 지원을 할 수 있다.
    ⓐ 환경친화적인 운송수단 또는 포장재료의 사용
    ⓑ 기존 물류시설·장비의 환경친화적인 물류시설·장비로의 변경
    ⓒ 그 밖에 대통령령으로 정하는 환경친화적 물류활동
      가. 환경친화적인 물류시스템의 도입 및 개발
      나. 물류활동에 따른 폐기물 감량
      다. 그 밖에 물류자원을 절약하고 재활용하는 활동으로서 국토부 장관 및 해수부 장관이 정하여 고시하는 사항

ⓒ 시·도지사는 위 ㉠㉡의 조치를 하려는 경우에는 중복을 방지하기 위하여 미리 국토교통부 장관 및 해양수산부 장관과 협의하고, 그 내용을 지역물류기본계획과 지역물류시행 계획에 반영하여야 한다.
② 환경친화적 운송수단으로의 전환 촉진
  ㉠ <u>국토부 장관·해수부장과 또는 시·도지사는 물류기업 및 회주기업에 대하여 환경친화적인 운송수단으로의 전환을 권고하고 지원할 수 있다.</u>
  ㉡ 시·도지사는 위 ㉠의 조치를 하려는 경우에는 중복을 방지하기 위하여 미리 국토부 장관 및 해수부 장관과 협의하고, 지역물류기본계획과 지역물류시행계획에 반영하여야 한다.
③ 환경친화적 운송수단으로의 전환 지원대상
  ㉠ 화물자동차·철도차량·선박·항공기 등의 배출가스를 저감하는 경우
  ㉡ 배출가스를 저감할 수 있는 운송수단으로 전환하는 경우
  ㉢ 환경친화적 연료를 사용하는 운송수단으로 전환하는 경우
  ㉣ 환경친화적 연료를 사용하는 운송수단으로 전환하기 위한 시설·장비투자를 하는 경우
④ 환경친화적 물류활동 우수기업 지정
  ㉠ 국토교통부 장관은 환경친화적 물류활동을 모범적으로 하는 물류기업과 화주기업을 우수기업으로 지정할 수 있다.
  ㉡ 국토부 장관은 우수녹색물류실천기업이 지정기준을 적합하게 유지하고 있는지를 3년마다 정기적으로 점검하여야 한다.
⑤ 우수녹색물류실천기업 지정증과 지정표시
  ㉠ 국토교통부 장관은 우수녹색물류실천기업에 지정증을 발급하고, 지정표시를 정하여 우수녹색물류실천기업이 사용하게 할 수 있다.
  ㉡ 우수녹색물류실천기업이 아닌 자는 지정표시나 이와 유사한 표시를 하여서는 아니된다.
⑥ 우수녹색물류실천기업의 지정 취소 등
  ㉠ 국토교통부 장관은 우수녹색물류실천기업이 다음의 어느 하나에 해당하는 경우에는 그 지정을 취소할 수 있으며, 다만 ⓐ에 해당할 때에는 지정을 취소하여야 한다.
    ⓐ 거짓이나 그 밖의 부정한 방법으로 지정을 받은 경우
    ⓑ 환경친화적 물류활동의 실적 등 지정기준을 충족하지 못하게 되는 경우
    ⓒ 국토교통부장관의 우수녹색물류실천기업의 요건 유지 점검에 대하여 정당한 사유없이 3회 이상 거부한 경우
  ㉡ 지정이 취소된 경우에는 지정증을 반납하고, 지정표시의 사용을 중지하여야 한다.
⑦ 우수녹색물류실천기업 지정심사대행기관
  ㉠ 국토교통부 장관은 우수녹색물류실천기업 지정과 관련하여 우수녹색물류실천기업 지정 심사대행기관을 지정하여 우수녹색물류실천기업 지정신청의 접수, 심사, 점검, 그 밖에 지정업무를 원활히 수행하기 위하여 대통령령으로

정하는 지원업무(우수녹색물류실천 기업에 대한 홍보)를 하게 할 수 있다.
ⓒ 지정심사대행기관은 대통령령으로 정하는 바에 따라 공공기관·정부출연연구기관의 어느 하나에 해당하는 기관 중에서 지정한다.
ⓒ 국토부 장관은 지정심사대행기관을 지정하였을 때에는 그 사실을 관보에 공고하여야 하며, 지정심사대행기관의 조직 및 운영 등에 필요한 사항은 국토부령으로 정한다.
ⓔ 지정심사대행기관으로 지정된 기관은 우수녹색물류실천기업의 심사 점검에 필요한 전담 조직 및 인력을 갖추어야 한다.
⑧ 지정심사대행기관의 지정취소
국토교통부 장관은 지정심사대행기관이 고의 또는 중대한 과실로 지정기준 및 절차를 위반한 경우와 정당한 사유 없이 지정업무를 거부한 경우에는 그 지정을 취소할 수 있으며, 거짓 또는 부정한 방법으로 지정을 받은 경우에는 지정을 취소하여야 한다.

(3) 국제물류의 촉진 및 지원 ▶기출 19회, 22회

① 국제물류사업의 촉진 및 지원
㉠ 국토부 장관·해수부 장관 또는 시·도지사는 국제물류협력체계 구축, 국내 물류기업의 해외진출, 해외 물류기업의 유치 및 환적화물의 유치 등 국제물류 촉진을 위한 시책을 마련하여야 한다.
㉡ 국토부 장관·해수부 장관 또는 시·도지사는 대통령령으로 정하는 물류기업 또는 관련 전문기관·단체가 추진하는 국제물류사업에 대하여 행정적인 지원을 하거나 예산의 범위에서 필요한 경비의 전부나 일부를 지원할 수 있다.
㉢ 국토부 장관 및 해수부 장관은 범정부차원의 지원이 필요한 국가 간 물류협력체의 구성 또는 정부간 협정의 체결 등에 관하여는 미리 국가물류정책위원회의 심의를 거쳐야 하며, 국토부 장관·해수부 장관 또는 시·도지사는 물류기업 및 국제물류 관련기관·단체의 국제물류활동을 촉진하기 위하여 필요한 행정적·재정적 지원을 할 수 있다.
㉣ 시·도지사는 위의 조치를 하려는 경우에는 중복을 방지하기 위하여 미리 국토부 장관 및 해수부 장관과 협의하고, 그 내용을 지역물류기본계획과 지역물류시행계획에 반영하여야 한다.

② 공동투자유치 활동 및 평가
㉠ 국토부 장관·해수부 장관 또는 시·도지사는 물류시설에 외국인투자기업 및 환적화물을 효과적으로 유치하기 위하여 필요한 경우에는 해당 물류시설관리자 또는 국제물류 관련 기관·단체와 공동으로 투자유치활동을 수행할 수 있으며, 물류시설관리자와 국제물류 관련 기관·단체는 공동투자 유치 활동에 대하여 특별한 사유가 없는 한 적극 협조하여야 한다.

ⓛ 국토부 장관·해수부 장관 또는 시·도지사는 효율적인 투자유치를 위하여 필요하다고 인정되는 경우에는 재외공관 등 관계 행정기관 및 대한무역투자진흥공사 등 관련 기관·단체에 협조를 요청할 수 있다.
ⓒ 시·도지사는 위의 조치를 하려는 경우에는 중복을 방지하기 위하여 미리 국토부 장관 및 해수부 장관과 협의하여야 한다.
ⓔ 국토부 장관 및 해수부 장관은 「공항시설법」에 따른 공항 중 국제공항 및 그 배후지에 위치한 물류시설과 「공항시설법」에 따른 무역항 및 그 배후지에 위치한 물류시설의 소유권 또는 관리·운영권을 인정받은 자에 대하여 투자유치활동에 대한 평가를 할 수 있으며, 평가를 위하여 필요한 경우에는 평가대상기관에 대하여 관련 자료의 제출을 요청할 수 있다.
ⓜ 국토부 장관 및 해수부 장관은 평가대상기관에 대하여 평가결과에 따라 행정적·재정적 지원을 할 수 있다.

III 기타

1. 보칙

(1) 업무소관의 조정 ▶기출 24회

이 법에 따른 국토부 장관·해수부 장관 및 산업부 장관의 업무소관이 중복되는 경우에는 서로 협의하여 업무소관을 조정한다.

(2) 권한의 위임 및 사무의 위탁 ▶기출 19회

① 이 법에 따른 국토부 장관·해수부 장관 및 산업부 장관의 권한은 그 일부를 대통령령으로 정하는 바에 따라 소속기관의 장 또는 시·도지사에게 위임할 수 있다.
② 이 법에 따른 국토부 장관·해수부 장관·산업부 장관 또는 시·도지사의 업무는 대통령령으로 정하는 바에 따라 그 일부를 관계 기관·단체 또는 법인에 위탁할 수 있다.

(3) 등록증대여 등의 금지 ▶기출 23회

인증우수물류기업·국제물류주선업자·물류관리사 및 우수녹색물류실천기업은 다른 사람에게 자기의 성명 또는 상호를 사용하여 사업을 하게 하거나 그 인증서·등록증·지정증 또는 자격증을 대여 하여서는 아니 된다.

(4) 과징금 ▶기출 15회, 16회, 21회, 24회

① 시·도지사는 법 제47조(등록의 취소 등) 제1항에 따라 국제물류주선업자에게 사업의 정지를 명하여야 하는 경우로서 그 사업의 정지가 해당 사업의 이용자 등에게 심한 불편을 주는 경우에는 그 사업정지처분에 갈음하여 1천만 원 이하의

과징금을 부과할 수 있다.
② 과징금의 금액(200만 원)
  ㉠ 국제물류주선업 등록기준에 못 미치게 된 경우
  ㉡ 등록기준에 관한 사항을 3년이 경과할 때마다 신고를 하지 않거나 거짓으로 신고한 경우
③ 과징금을 기한 내에 납부하지 아니한 때에는 시·도지사는 「지방행정제재·부과금의 징수 등에 관한 법률」에 따라 징수한다.
④ 시·도지사는 국제물류주선업자의 사업규모, 사업지역의 특수성, 위반행위의 정도 및 횟수 등을 고려하여 과징금의 금액의 2분의 1의 범위에서 이를 늘리거나 줄일 수 있다. 이 경우 과징금을 늘리더라도 과징금의 총액은 1천만 원을 초과할 수 없다.
⑤ 과징금의 부과 및 납부(징수절차)
  ㉠ 시·도지사는 위반행위를 한 자에 대하여 과징금을 부과하려는 경우에는 해당 위반행위를 조사·확인한 후 위반사실·이의방법·이의기간 등을 서면으로 명시하여 이를 낼 것을 과징금 부과대상자에게 통지하여야 한다.
  ㉡ 통지를 받은 자는 통지를 받은 날로부터 20일 이내에 시·도지사가 정하는 수납기관에 과징금을 내야 한다. 다만, 천재지변이나 그 밖의 부득이한 사유로 인하여 그 기간 안에 과징금을 낼 수 없는 경우에는 그 사유가 없어진 날부터 7일 이내에 내야 한다.

(5) 청문의 대상 ▶ 기출 13회, 16회, 21회, 24회 빈출

국토부 장관, 해수부 장관, 시·도지사 및 행정기관은 취소를 하려면 청문을 하여야 한다.

① 단위물류정보망 전담기관 또는 국가물류통합정보센터운영자에 대한 지정의 취소
② 인증우수물류기업에 대한 인증의 취소
③ 심사대행기관의 지정취소
④ 국제물류주선업자에 대한 등록의 취소
⑤ 물류관리사 자격의 취소
⑥ 지정심사대행기관의 지정취소
⑦ 우수녹색물류실천기업의 지정취소

2. 벌칙

(1) 벌칙 ▶ 기출 6회, 10회, 12회, 16회, 24회

① 10년 이하의 징역 또는 1억 원 이하의 벌금
  • 단위물류정보망에 따른 전자문서를 위작 또는 변작하거나 그 사정을 알면서 위작 도는 변작된 전자문서를 행사한 자(미수범도 처벌)
② 5년 이하의 징역 또는 5천만 원 이하의 벌금
  • 국가물류통합정보센터 또는 단위물류정보망에 의하여 처리·보관 또는 전

기출문제 ▶ 기출 21회

「물류정책기본법」상 청문을 실시하여야 하는 처분으로 옳지 않은 것은?
① 물류관리사 자격의 취소
② 인증우수물류기업에 대한 인증의 취소
③ 국제물류주선업자에 대한 사업의 전부 정지
④ 지정심사대행기관의 지정취소
⑤ 우수녹색물류실천기업의 지정취소

정답 ③

송되는 물류정보를 훼손하거나 그 비밀을 침해·도용 또는 누설한 자
③ 3년 이하의 징역 또는 3천만 원 이하의 벌금
- 국가물류통합정보센터 또는 단위물류정보망의 보호조치를 침해하거나 훼손한 자

④ 1년 이하의 징역 또는 1천만 원 이하의 벌금
- 전자문서 또는 물류정보를 대통령령으로 정하는 기간(2년) 동안 보관하지 아니한 자
- 국제물류주선업의 등록을 하지 아니하고 국제물류주선업을 경영한 자
- 위험물질운송 안전관리센터의 운영에 필요한 정보를 수집·관리 및 활용하는 자가 규정을 위반하여 취득한 정보를 목적 외의 용도로 사용한 자

⑤ 3천만 원 이하의 벌금
- 전자문서 또는 물류정보를 공개한 자
- 거짓의 인증마크를 제작·사용하거나 그 밖의 방법으로 인증받은 기업임을 사칭한 자

⑥ 1천만 원 이하의 벌금
- 인증을 받지 아니하고 인증표시 또는 이와 유사한 표시를 사용한 국제물류주선업자
- 성명 또는 상호를 다른 사람에게 사용하게 하거나 인증서·등록증 또는 자격증을 대여한 자
- 위험물질 운송차량의 운행중지 명령에 따르지 아니한 자
- 물류신고센터의 조정의 권고를 위하여 필요한 경우 자료 제출 및 보고를 하지 아니하거나 거짓으로 한 자
- 조정의 권고를 위하여 필요한 경우 조사를 거부·방해 또는 기피한 자

(2) 양벌규정

법인의 대표자 또는 법인이나 개인의 대리인·사용인 및 그 밖의 종업원이 그 법인 또는 개인의 업무에 관하여 법 제71조(벌칙)의 위반행위를 하면 그 행위자를 벌하는 외에 그 법인 또는 개인에게도 해당 조문의 벌금형을 과한다. 다만, 법인 또는 개인이 그 위반행위를 방지하기 위하여 해당 업무에 관하여 상당한 주의와 감독을 게을리하지 아니한 경우에는 그러하지 아니하다.

(3) 과태료 ▶ 기출 10회, 16회, 24회

① 다음의 어느 하나에 해당하는 자에게는 200만 원 이하의 과태료를 부과한다.
  ㉠ 법 제7조(물류현황조사) 제2항, 법 제11조(국가물류기본계획의 수립) 제3항 또는 법 제15조(지역물류기본계획의 수립절차) 제1항에 따른 자료를 제출하지 아니하거나 거짓의 자료를 제출한 경우
  ㉡ 법 제43조(국제물류주선업의 변경등록) 제2항에 따른 국토교통부령으로 정하는 중요한 사항 변경 시 변경등록을 하지 않은 경우
  ㉢ 법 제45조에 따른 사업의 승계신고를 하지 않은 경우

기출문제 ▶ 기출 24회

물류정책기본법에 따른 행정업무 및 조치에 관한 설명으로 옳지 않은 것은?

① 국토교통부장관·해양수산부장관 및 산업통상자원부장관의 업무 소관이 중복되는 경우에는 서로 협의하여 업무소관을 조정한다.
② 국제물류주선업자에게 사업의 정지를 명하여야 하는 경우로서 그 사업의 정지가 해당 사업의 이용자 등에게 심한 불편을 주는 경우에는 그 사업정지처분을 갈음하여 1천만원 이하의 과징금을 부과할 수 있다.
③ 과징금을 기한 내에 납부하지 아니한 때에는 시·도지사는 「지방재정법」에 따라 징수한다.
④ 국제물류주선업자에 대한 등록을 취소하려면 청문을 하여야 한다.
⑤ 이 법에 따라 업무를 수행하는 위험물질운송단속원은 「형법」제129조부터 제132조까지의 규정에 따른 벌칙의 적용에서는 공무원으로 본다.

정답 ③

㉣ 법 제46조에 따른 사업의 휴업신고를 하지 않은 경우
   ㉤ 법 제39조 제2항(인증우수물류기업의 인증의 취소 등)을 위반하여 인증마크를 계속 사용한 경우
   ㉥ 법 제60조의6 제2항(우수녹색물류실천기업의 지정)을 위반하여 지정표시를 계속 사용 한 경우
② 국토부 장관, 해수부 장관 또는 시·도지사는 해당 위반행위의 동기 및 그 횟수 등을 고려하여 과태료의 부과기준에 따른 금액의 2분의 1의 범위에서 이를 늘리거나 줄일 수 있으며, 이 경우 과태료를 늘리더라도 과태료의 총액은 200만 원을 초과할 수 없다.

(4) 규제의 재검토

국토교통부장관은 다음 각 호의 사항에 대하여 다음 각 호의 기준일을 기준으로 3년마다(매 3년이 되는 해의 기준일과 같은 날 전까지를 말한다) 그 타당성을 검토하여 개선 등의 조치를 해야 한다.

① 단위물류정보망 전담기관의 지정 : 2017년 1월 1일
② 전자문서 및 물류정보의 공개 : 2017년 1월 1일
③ 인증우수물류기업에 대한 점검 : 2017년 1월 1일
④ 국제물류주선업의 등록 : 2017년 1월 1일

1장 핵심문제

01 물류정책기본법령상 용어의 정의에 관한 내용으로 옳지 않은 것은?

① "물류(物流)"란 재화가 공급자로부터 조달·생산되어 수요자에게 전달되거나 소비자로부터 회수되어 폐기될 때까지 이루어지는 운송·보관·하역(荷役) 등과 이에 부가되어 가치를 창출하는 가공·조립·분류·수리·포장·상표부착·판매·정보통신 등을 말한다.

② "물류사업"이란 화주(貨主)의 수요에 따라 유상(有償)으로 물류활동을 영위하는 것을 업(業)으로 하는 것으로 화물운송업, 물류시설운영업 등이 있다.

③ "물류체계"란 효율적인 물류활동을 위하여 시설·장비·정보·조직 및 인력 등이 서로 유기적으로 기능을 발휘할 수 있도록 연계된 집합체를 말한다.

④ "물류표준화"란 물류기업이나 화주기업(貨主企業)들이 물류활동의 효율성을 높이기 위하여 물류에 필요한 시설·장비·인력·조직·정보망 등을 공동으로 이용하는 것을 말한다.

⑤ "단위물류정보망"이란 기능별 또는 지역별로 관련 행정기관, 물류기업 및 그 거래처를 연결하는 일련의 물류정보체계를 말한다.

정답 ④

해설 ④ 물류공동화에 대한 설명이다.

02 물류정책기본법령상 물류시설에 해당하지 않는 것은 무엇인가?

① 화물의 운송·보관·하역을 위한 시설
② 화물의 개조·변경·매출 발생을 위한 시설
③ 화물의 운송·보관·하역 등에 부가되는 가공·조립·분류·수리·포장·상표부착·판매·정보통신 등을 위한 시설
④ 물류의 공동화·자동화 및 정보화를 위한 시설
⑤ 화물의 운송·보관·하역을 위한 시설 등이 모여 있는 물류터미널 및 물류단지

정답 ②

해설 ② 물류시설에 해당하지 않는다.

03 물류정책기본법령상 물류계획의 수립·시행과 관련된 내용으로 옳지 않은 것은 무엇인가?

① 국토교통부 장관 및 해양수산부 장관은 국가물류정책의 기본방향을 설정하는 10년 단위의 국가물류기본계획을 5년마다 공동으로 수립하여야 한다.
② 국가물류기본계획에는 국내외 물류환경의 변화와 전망, 연계 물류체계의 구축과 개선에 관한 사항 등이 포함되어야 한다.
③ 국토교통부 장관 및 해양수산부 장관은 관계 중앙행정기관의 장 및 시·도지사, 물류기업 및 이 법에 따라 지원을 받는 기업·단체 등에 대하여 국가물류기본계획의 수립·변경을 위한 관련 기초자료의 제출을 요청할 수 있다.
④ 국토교통부 장관 및 해양수산부 장관은 국가물류기본계획을 수립하거나 대통령령으로 정하는 중요한 사항을 변경하려는 경우에는 관계 물류시설관리자와 협의한 후 국가물류정책위원회 회의 심의를 거쳐야 한다.
⑤ 국토교통부 장관은 국가물류기본계획을 수립하거나 변경한 때에는 이를 관보에 고시하고, 관계 중앙행정기관의 장 및 시·도지사에게 통보하여야 한다.

정답 ④

해설 국토부 장관 및 해수부 장관은 국가물류기본계획을 수립하거나 대통령령으로 정하는 중요한 사항을 변경하려는 경우에는 관계 중앙행정기관의 장 및 시·도지사와 협의한 후 국가물류정책위원회 회의 심의를 거쳐야 한다.

04 물류정책기본법령상 물류산업의 육성과 관련된 내용으로 옳지 않은 것은?

① 국토부 장관 및 해수부 장관은 화주기업에 대하여 운송·보관·하역 등의 물류서비스를 일관되고 통합된 형태로 제공하는 물류기업을 우선적으로 육성하는 등 물류산업의 경쟁력을 강화하는 시책을 강구하여야 한다.
② 국토교통부 장관은 해수부 장관 및 산업부 장관과 협의하여 화주기업과 물류기업의 제3자 물류촉진을 위한 시책을 수립·시행하고 지원하여야 한다.
③ 국토교통부 장관은 해수부 장관 및 산업부 장관과 협의하여 화주기업 또는 물류기업이 제3자물류를 활용하기 위한 목적으로 화주기업의 물류시설을 매각·처분하거나 물류 기업이 물류시설을 인수·확충하려는 경우 등에 해당하는 활동을 하는 때에는 행정적·재정적 지원을 할 수 없다.
④ 국토교통부장관·해양수산부장관 또는 산업통상자원부장관은 제1항에 따른 물류기업의 육성을 위하여 물류시설·장비의 확충, 물류 표준화·정보화 등 물류효율화에 필요한 자금의 원활한 조달을 위하여 필요한 지원 등을 할 수 있다.
⑤ 국토교통부장관은 해양수산부장관 및 산업통상자원부장관과 협의하여 화주기업과 물류기업의 제3자물류 촉진을 위한 시책을 수립·시행하고 지원하여야 한다.

정답 ③

해설 국토교통부 장관은 해수부 장관 및 산업부 장관과 협의하여 화주기업 또는 물류기업이 제3자물류를 활용하기 위한 목적으로 화주기업의 물류시설을 매각·처분하거나 물류 기업이 물류시설을 인수·확충하려는 경우 등에 해당하는 활동을 하는 때에는 행정적·재정적 지원을 할 수 있다.

05 물류정책기본법령상 국토부 장관·해수부 장관 또는 시·도지사가 물류사업에 관련된 분야의 기능인력 및 전문 인력을 양성하기 위하여 할 수 있는 사업에 해당하지 않는 것은 무엇인가?

① 국내물류대학의 해외유치활동 지원 및 외국대학과 외국대학 간의 물류교육 프로그램의 공동개발활동 지원
② 화주기업 및 물류기업에 종사하는 물류인력의 역량 강화를 위한 교육·연수
③ 신규 물류인력 양성, 물류관리사 재교육 또는 외국인 물류인력 교육을 위하여 필요한 사업
④ 물류시설의 운영과 물류장비의 조작을 담당하는 기능인력의 양성·교육
⑤ 물류체계 효율화 및 국제물류 활성화를 위한 선진기법, 교육프로그램 및 교육교재의 개발·보급

정답 ①

해설 외국물류대학의 국내유치활동 지원 및 국내대학과 외국대학 간의 물류교육 프로그램의 공동개발활동 지원

제2장 물류시설의 개발 및 운영에 관한 법률

I. 물류시설의 개발 및 운영에 관한 법률의 총칙

1. 목적

물류시설을 합리적으로 배치·운영하고 물류시설 용지를 원활히 공급하여 물류산업의 발전을 촉진함으로써 국가경쟁력을 강화하고 국토의 균형 있는 발전과 국민경제의 발전에 이바지함을 목적으로 한다.

2. 용어의 정의

(1) 물류시설 기출 12회, 16회, 17회, 21회, 22회

① 화물의 운송·보관·하역을 위한 시설
② 화물의 운송·보관·하역과 관련된 가공·조립·분류·수리·포장·상표부착·판매·정보통신 등의 활동을 위한 시설
③ 물류의 공동화·자동화 및 정보화를 위한 시설
④ 위 ① ~ ③의 시설이 모여 있는 물류터미널 및 물류단지

(2) 물류터미널 기출 20회, 22회, 24회

<u>화물의 집화·하역 및 이와 관련된 분류·포장·보관·가공·조립 또는 통관 등에 필요한 기능을 갖춘 시설물(다만, 가공·조립시설은 가공·조립시설의 전체 바닥면적의 합계가 물류터미널의 전체 바닥면적의 합계의 1/4 이하이어야 한다).</u>

(3) 물류터미널사업 기출 18회, 21회, 22회 빈출

복합물류터미널사업과 일반물류터미널사업으로 다음의 시설물을 경영하는 사업은 제외한다.

① 「항만법」의 항만시설 중 항만구역 안에 있는 화물하역시설 및 화물보관·처리시설
② 「공항시설법」의 공항시설 중 공항구역 안에 있는 화물운송을 위한 시설과 그 부대시설 및 지원시설
③ 「철도사업법」에 따른 철도사업자가 그 사업에 사용하는 화물운송·하역 및 보관시설
④ 「유통산업발전법」의 집·배송시설 및 공동집배송센터

(4) 복합물류터미널사업 ▶ 기출 19회, 20회, 21회, 27회, 28회 빈출

두 종류 이상의 운송수단 간의 연계운송을 할 수 있는 규모 및 시설을 갖춘 물류터미널사업

(5) 일반물류터미널사업

물류터미널사업 중 복합물류터미널사업을 제외한 것

(6) 물류창고 ▶ 기출 19회, 20회, 24회

화물의 저장·관리·집화·배송 및 수급조정 등을 위한 보관시설·보관장소 또는 이와 관련된 하역·분류·포장·상표부착 등에 필요한 기능을 갖춘 시설

(7) 물류창고업 ▶ 기출 17회, 19회, 21회, 25회

화주의 수요에 따라 유상으로 물류창고에 화물을 보관하거나 이와 관련된 하역·분류·포장·상표부착 등을 하는 사업을 말하며, 다만 다음의 어느 하나에 해당하는 것은 제외한다.

① 「주차장법」에 따른 주차장에서 자동차의 보관, 「자전거 이용 활성화에 관한 법률」에 따른 자전거 주차장에서 자전거의 보관
② 「철도사업법」에 따른 철도사업자가 여객의 수하물 또는 소화물을 보관하는 것
③ 그 밖에 「위험물안전관리법」에 따른 위험물 저장소에 보관하는 것 등 국토교통부와 해양수산부령의 공동부령으로 정하는 것

(8) 스마트물류센터 ▶ 기출 28회

<u>첨단물류시설 및 설비, 운영시스템 등을 도입하여 저비용·고효율·안전성·친환경성 등에서 우수한 성능을 발휘할 수 있는 물류창고로서 국토부 장관의 인증을 받은 물류창고를 말한다.</u>

(9) 물류단지 ▶ 기출 12회

물류단지시설과 지원시설을 집단적으로 설치·육성하기 위하여 지정·개발하는 일단의 토지 및 시설로서 도시첨단물류단지와 일반물류단지를 말한다.

(10) 도시첨단물류단지

도시 내 물류를 지원하고 물류·유통산업 및 물류·유통과 관련된 산업의 육성과 개발을 촉진하려는 목적으로 도시첨단물류단지시설과 지원시설을 집단적으로 설치하기 위하여 「국토의 계획 및 이용에 관한 법률」에 따른 도시지역에 물류단지개발지침에 따라 지정·개발하는 일단의 토지 및 시설을 말한다.

(11) 일반물류단지

물류단지 중 도시첨단물류단지를 제외한 것

> **기출문제** ▶ 기출 24회
>
> 물류시설의 개발 및 운영에 관한 법령상 지원시설에 해당하지 않는 것은?
> ① 교육·연구 시설
> ② 선상수산물가공업시설
> ③ 단독주택·공동주택 및 근린생활시설
> ④ 물류단지의 종사자의 생활과 편의를 위한 시설
> ⑤ 「건축법 시행령」 별표 1 제5호에 따른 문화 및 집회시설
>
> 정답 ②

(12) **물류단지시설**

일반물류단지시설과 도시첨단물류단지시설

(13) **일반물류단지시설** ▶ 기출 20회, 22회, 23회, 27회 빈출

화물의 운송·집화·하역·분류·포장·가공·조립·통관·보관·판매·정보처리 등을 위하여 일반물류단지 안에 설치되는 시설[물류터미널 및 창고, 공동집배송센터, 대규모점포, 전문상가단지, 중소유통공동도매물류센터, 농수산물공판장, 농수산물도매시장, 농수산물종합유통센터, 보세창고, 「자동차관리법」의 자동차경매장, 「약사법」상 의약품 도매상의 창고 및 영업소시설]

(14) **도시첨단물류단지시설**

도시 내 물류를 지원하고 물류·유통산업 및 물류·유통과 관련된 산업의 육성과 개발을 목적으로 도시첨단물류단지 안에 설치되는 다음의 시설을 말한다.

① 위 (13)의 시설 중에서 도시 내 물류·유통기능 증진을 위한 시설
② 「산업입지 및 개발에 관한 법률」에 따른 공장·지식산업 관련시설, 정보통신산업 관련시설, 교육·연구시설 중 첨단산업과 관련된 시설로서 국토교통부령으로 정하는 물류·유통 관련시설
③ 그 밖에 도시 내 물류·유통기능 증진을 위한 시설로서 대통령령으로 정하는 시설
④ 위 ①~③까지의 시설에 딸린 시설

(15) **복합용지**

도시첨단물류단지시설, 지원시설, 물류단지개발사업 [아래 (17)의 ②~⑤까지]의 시설을 하나의 용지에 전부 또는 일부 설치하기 위한 용지를 말한다.

(16) **지원시설** ▶ 기출 20회, 21회, 24회 빈출

물류단지시설의 운영을 효율적으로 지원하기 위하여 물류단지 안에 설치되는 시설[농수산물 산지유통센터, 「산업집적활성화 및 공장설립에 관한 법률」에 따른 공장, 수산가공품 생산공장 및 수산물가공업시설(냉동·냉장업시설 및 선상가공업시설은 제외), 정보처리시설, 금융·보험·의료·교육·연구·업무시설, 물류단지의 종사자 및 이용자의 생활과 편의를 위한 시설, 문화 및 집회시설, 물류단지의 종사자 및 이용자의 주거를 위한 단독주택·공동주택 등의 시설, 입주기업체 및 지원기관에서 발생하는 폐기물의 재활용시설 등

(17) **물류단지개발사업** ▶ 기출 17회, 22회 빈출

물류단지를 조성하기 위하여 시행하는 다음의 사업으로서 도시첨단물류단지 개발사업과 일반 물류단지개발사업을 말한다.

① 물류단지시설 및 지원시설의 용지조성사업과 건축사업
② 도로·철도·궤도·항만 또는 공항시설 등의 건설사업

③ 전기·가스·용수 등의 공급시설과 전기통신설비의 건설사업
④ 하수도, 폐기물처리시설, 그 밖의 환경오염시설 등의 건설사업
⑤ 그 밖에 ①~④까지의 사업에 딸린 사업

(18) 도시첨단물류단지개발사업

물류단지개발사업 중 도시첨단물류단지를 조성하기 위하여 시행하는 사업

(19) 일반물류단지개발사업

물류단지개발사업 중 도시첨단물류단지사업을 제외한 것

(20) 다른 법률과의 관계

① 다른 법률에서 물류터미널 및 물류단지 외의 물류시설의 개발·관리 및 운영 등에 관하여 규정하고 있는 경우에는 그 법률로 정하는 바에 따른다.
② 물류 교통·환경 정비사업과 관련된 사항에 대하여는 다른 법률에 우선하여 이 법을 적용 한다.

II 물류시설 및 물류단지 등의 개발

1. 물류시설개발종합계획

(1) 물류시설개발종합계획의 수립 ▶ 기출 22회, 24회, 28회 빈출

① 국토교통부 장관 : 5년 단위로 수립
② 물류시설개발종합계획은 물류시설을 기능별 분류에 따라 체계적으로 수립한다.
  ㉠ 단위물류시설 : 창고 및 집배송센터 등 물류활동을 개별적으로 수행하는 최소단위의 물류시설
  ㉡ 집적(cluster)물류시설 : 물류터미널 및 물류단지 등 2이상의 단위물류시설 등이 함께 설치된 물류시설
  ㉢ 연계물류시설 : 물류시설 상호 간의 화물운송이 원활히 이루어지도록 제공되는 도로 및 철도 등 교통시설
③ 물류시설개발종합계획에 포함되어야 할 사항
  ㉠ 물류시설의 장래수요에 관한 사항
  ㉡ 물류시설의 공급정책 등에 관한 사항
  ㉢ 물류시설의 지정·개발에 관한사항
  ㉣ 물류시설의 지역별·규모별·연도별 배치 및 우선순위에 관한 사항
  ㉤ 물류시설의 공동화·집단화에 관한 사항
  ㉥ 물류시설의 환경보전·관리에 관한 사항
  ㉦ 물류시설의 기능개선 및 효율화에 관한 사항
  ㉧ 물류시설의 국내 및 국제 연계수송망 구축에 관한 사항

기출문제 ▶ 기출 23회

물류시설의 개발 및 운영에 관한 법령상 물류시설개발종합계획에 포함되어야 할 사항이 아닌 것은?
① 물류시설의 장래수요에 관한 사항
② 물류시설의 공급정책 등에 관한 사항
③ 물류시설의 지정·개발에 관한 사항
④ 물류시설의 개별화·정보화에 관한 사항
⑤ 물류시설의 기능개선 및 효율화에 관한 사항

정답 ④

㉣ 도심지에 위치한 물류시설의 정비와 교외이전에 관한 사항
㉤ 용수·에너지·통신시설 등 기반시설에 관한 사항

(2) **물류시설개발종합계획의 수립·변경절차** ▶ 기출 20회, 22회, 24회 빈출

① 관계행정기관의 장이 국토부 장관에게 소관별계획을 제출하고, 국토부 장관이 물류시설 개발종합계획안을 작성한 후에 시·도지사의 의견청취 후, 관계 중앙행정기관의 장과 협의 및 물류시설분과위원회 심의를 완료한 후에 관보에 고시한다.

② 물류시설개발종합계획 중 물류시설별 물류시설용지면적의 100분의 10 이상으로 물류시설의 수요·공급계획을 변경하려는 때에는 ①의 절차(물류시설분과위원회의 심의)를 거쳐야 한다.

③ 국토부 장관은 물류시설개발종합계획을 수립하거나 변경한 때에는 이를 관보에 고시하여야 한다.

④ 국토부 장관은 관계기관에 물류시설개발종합계획을 수립하는 데에 필요한 자료의 제출을 요구할 수 있으며, 물류시설에 대하여 조사할 수 있다.

⑤ 관계 중앙행정기관의 장은 필요한 경우 국토부 장관에게 물류시설개발종합계획을 변경하도록 요청할 수 있다.

⑥ 관계 중앙행정기관의 장은 물류시설개발종합계획의 변경을 요청할 때에는 국토부 장관에게 '물류시설의 현황, 자금조달계획 및 투자계획, 물류시설개발종합계획의 주요 변경내용에 관한 대비표'를 제출하여야 한다.

(3) **물류시설개발종합계획과 다른 계획과의 관계** ▶ 기출 16회, 19회

① 물류시설개발종합계획은 국가물류기본계획과 조화를 이루어야 한다.

② 국토부 장관, 관계중앙행정기관의 장 또는 시·도지사는 물류시설을 지정·개발하거나 인가·허가를 할 때 이 법에 따라 수립된 물류시설개발종합계획과 상충되거나 중복되지 아니하도록 하여야 한다.

③ 국토부 장관, 관계중앙행정기관의 장, 시·도지사는 다른 행정기관이 직접 지정·개발·인가·허가를 하려는 물류시설개발계획이 물류시설개발종합계획과 상충되거나 중복된다고 인정하는 경우에는 그 계획을 변경하도록 요청할 수 있으며, 이 경우 조정이 필요하면 물류시설분과위원회에 조정을 요청할 수 있다.

2. 물류터미널사업

(1) **복합물류터미널사업의 등록** ▶ 기출 24회

① 복합물류터미널사업을 경영하려는 자는 국토교통부 장관에게 등록하여야 하며, 일반물류터미널사업자는 국토교통부 장관의 등록을 요하지 않는다.

② 복합물류터미널사업을 할 수 있는 자
국가·지자체·한국철도공사·항만공사·한국토지주택공사·한국도로공사·한국수자원공사·한국농어촌공사·지방공사·민법 또는 상법에 따라 설립된 법인·특별법상 법인

기출문제 ▶ 기출 24회

물류시설의 개발 및 운영에 관한 법령상 물류터미널사업에 관한 설명으로 옳지 않은 것은?

① 「한국농어촌공사 및 농지관리기금법」에 따른 한국농어촌공사는 복합물류터미널사업의 등록을 할 수 있는 자에 해당한다.
② 일반물류터미널사업을 경영하려는 자는 물류터미널 건설에 관하여 필요한 경우 국토교통부장관의 공사시행인가를 받아야 한다.
③ 물류터미널 안의 공공시설 중 오·폐수시설 및 공동구를 변경하는 경우에는 인가권자의 변경인가를 받아야 한다.
④ 복합물류터미널사업자는 복합물류터미널사업의 일부를 휴업하려는 때에는 미리 국토교통부장관에게 신고하여야 하며, 그 휴업기간은 6개월을 초과할 수 없다.
⑤ 물류터미널을 건설하기 위한 부지 안에 있는 국가 또는 지방자치단체 소유의 토지로서 물류터미널 건설사업에 필요한 토지는 해당 물류터미널 건설사업 목적이 아닌 다른 목적으로 매각하거나 양도할 수 없다.

정답 ②

③ 복합물류터미널사업의 등록을 하려는 자는 등록신청서에 '복합물류터미널사업의 등록기준에 적합함을 증명하는 서류, 복합물류터미널의 부지 및 설비의 배치를 표시한 축적 500분의 1 이상의 평면도, 신청인(법인인 경우에는 그 임원)이 외국인인 경우에는 복합물류터미널사업의 등록 결격사유 중 어느 하나에 해당하지 아니함을 확인할 수 있는 서류, 신청인이 외국인투자기업인 경우에는 「외국인투자촉진법」에 따른 외국인투자를 증명할 수 있는 서류'를 첨부하여 국토교통부 장관에게 제출하여야 하며, 이 경우 신청인이 법인인 경우에는 국토부 장관은 「전자정부법」에 따른 행정정보의 공동이용을 통하여 양수인의 법인 등기사항증명서를 확인하여야 한다.

(2) 복합물류터미널사업의 등록기준 ▶ 기출 22회, 25회 빈출

① 복합물류터미널이 해당 지역 운송망의 중심지에 위치하여 다른 교통수단과 쉽게 연계될 것
② 부지면적이 3만 3천 제곱미터 이상일 것
③ 주차장·화물취급장·창고 또는 배송센터의 시설을 갖출 것
④ 물류시설 개발종합계획 및 「물류정책기본법」의 국가물류기본계획상의 물류터미널의 개발 및 정비계획 등에 배치되지 아니할 것

(3) 변경등록하지 않아도 되는 변경사항 ▶ 기출 20회, 22회 빈출

① 복합물류터미널의 부지면적의 변경(변경하려는 횟수에도 불구하고 통산하여 부지면적의 10분의 1미만의 변경만 해당)
② 복합물류터미널의 구조의 변경 및 설비의 변경
③ 영업소의 명칭 및 위치의 변경

(4) 복합물류터미널사업의 등록결격사유(물류창고업도 동일) ▶ 기출 19회, 25회 빈출

① 이 법을 위반하여 벌금형 이상을 선고받은 후 2년이 지나지 아니한 자
② 복합물류터미널사업 등록이 취소(아래에 해당하여 등록의 결격사유에 따라 등록이 취소된 경우는 제외)된 후 2년이 지나지 아니한 자
③ 법인으로서 그 임원 중에 위 ① 또는 다음의 어느 하나에 해당하는 자가 있는 경우
   ㉠ 피성년후견인 또는 파산자(복권되지 않은 자)
   ㉡ 이 법을 위반하여 금고 이상의 실형을 선고받고 그 집행이 종료(집행이 종료된 것으로 보는 경우를 포함)되거나 집행이 면제된 날부터 2년이 지나지 아니한 자
   ㉢ 이 법을 위반하여 금고 이상의 형의 집행유예를 선고받고 그 유예기간 중에 있는 자

(5) 공사시행의 인가 ▶ 기출 23회, 24회 빈출

① 복합물류터미널사업자는 건설하려는 물류터미널의 구조 및 설비 등에 관한 공사계획을 수립하여 국토교통부 장관의 공사시행인가를 받아야 하며, 일반물류

터미널사업을 경영하려는 자는 물류터미널 건설에 관하여 필요한 경우 시·도지사의 공사시행인가를 받을 수 있다.
② 국토부 장관 또는 시·도지사가 공사시행인가 또는 변경인가를 하려는 때에는 관할 특별자치시장·특별자치도지사·시장·군수 또는 자치구의 구청장의 의견을 듣고 관계 법령에 적합한지를 미리 소관 행정기관의 장과 협의하여야 한다. 협의를 요청받은 소관 행정기관의 장은 협의 요청받은 날부터 20일 이내에 의견을 제출하여야 하며, 그 기간 내에 의견을 제출하지 아니하면 의견이 없는 것으로 본다.
③ 물류터미널의 구조 및 설비기준
  ㉠ 구조의 내구력 : 자동차의 하중(40톤)·지진 기타 진동이나 충격에 견딜 수 있도록 안전하게 설계할 것
  ㉡ 구내차도 및 조차장소
    ⓐ 구내차도는 자동차가 후진하지 아니하고 출입구를 향하여 운행할 수 있도록 할 것
    ⓑ 구내차도의 너비는 6.5미터 이상으로 할 것(다만, 일방통행 구내차도는 3.5미터 이상으로 할 수 있다)
    ⓒ 구내차도 또는 조차장소 위에 횡단육교 또는 이와 유사한 구조물을 설치하는 경우에는 그 유효높이를 4.5미터 이상으로 할 것
    ⓓ 구내차도 또는 조차장소의 경사부분의 기울기는 10% 이내로 할 것
    ⓔ 조차장소의 형상 및 너비는 해당 복합물류터미널의 규모 및 구조에 적합할 것
  ㉢ 화물취급장 : 복합물류터미널의 경우에 전산정보체계를 갖출 것, 복합물류터미널의 경우에 화물자동분류설비를 갖출 것
  ㉣ 자동차의 입구 및 출구, 창고 또는 배송센터, 승용차와 화물자동차용 주차장을 각각 갖출 것
④ 물류터미널사업자가 물류터미널 공사시행인가를 받은 공사계획의 변경인가를 받아야 하는 경우
  ㉠ 공사기간을 변경하는 경우
  ㉡ 물류터미널의 부지면적의 10분의 1 이상을 변경하는 경우만 해당
  ㉢ 물류터미널 안의 건축물의 연면적(하나의 건축물의 각층의 바닥면적의 합계)의 10분의 1 이상을 변경하는 경우만 해당한다.
  ㉣ 물류터미널 안의 공공시설 중 도로·철도·광장·녹지와 그 밖에 국토부령으로 정하는 시설(주차장, 운하, 부두, 상·하수도, 유수지, 공동구, 오·폐수시설)을 변경하는 경우

(6) 토지 등의 수용·사용

① 공사시행인가를 받은 물류터미널사업자가 물류터미널(도시·군계획시설에 해당하는 물류 터미널에 한정함)을 건설하는 경우에는 이에 필요한 토지·건축물 또는 토지에 정착한 물건과 이에 관한 소유권 외의 권리, 광업권·어업권·양식

업권 및 물의 사용에 관한 권리(이 하 "토지 등")를 수용하거나 사용할 수 있다. 다만, 국가 또는 지방자치단체, 대통령령으로 정하는 공공기관(한국농어촌공사, 한국도로공사, 한국수자원공사, 한국철도공사, 한국토지주택공사, 항만공사), 그 밖에 공익 목적을 위하여 개발사업을 시행하는 자로서 대통령령으로 정하는 자(「지방공기업법」에 따른 지방공사, 「특별법」에 따라 설립된 특수법인)에 해당하지 아니하는 자가 토지 등을 수용하거나 사용하려면 사업대상토지(국유지·공유지는 제외) 면적의 3분의 2 이상에 해당하는 토지를 소유하고, 토지 소유자 총수의 2분의 1 이상에 해당하는 자의 동의를 받아야 한다.

② 토지 등의 수용·사용에 관하여는 이 법에 특별한 규정이 있는 경우 외에는 「공익사업을 위한 토지 등의 취득 및 보상에 관한 법률」을 준용한다.

(7) 토지매수업무 등의 위탁 ▶ 기출 6회, 8회

물류터미널사업자는 물류터미널의 건설을 위한 토지매수업무·손실보상업무·이주대책사업에 관한 업무를 지방자치단체, 보상실적이 있거나 보상업무에 관한 전문성이 있는 「공공기관의 운영에 관한 법률」의 규정에 따라 지정·고시된 공공기관 또는 「지방공기업법」에 따른 지방공사로서 대통령령이 정하는 기관에 위탁하여 시행할 수 있다.

(8) 토지 출입 등

① 물류터미널사업자는 물류터미널의 건설을 위하여 필요한 때에는 다른 사람의 토지에 출입 하거나 이를 일시 사용할 수 있으며, 나무·토석, 그 밖의 장애물을 변경하거나 제거할 수 있다.

② 다른 사람의 토지 출입 등에 관하여는 「국토의 계획 및 이용에 관한 법률」을 준용한다.

(9) 국·공유지의 처분제한 ▶ 기출 6회, 16회, 24회

① 물류터미널을 건설하기 위한 부지 안에 있는 국가 또는 지방자치단체 소유의 토지로서 물류터미널 건설사업에 필요한 토지는 해당 물류터미널 건설사업 목적이 아닌 다른 목적으로 매각하거나 양도할 수 없다.

② 물류터미널을 건설하기 위한 부지 안에 있는 국가 또는 지방자치단체 소유의 재산은 물류 터미널사업자에게 수의계약으로 매각할 수 있다. 이 경우 그 재산의 용도폐지(행정재산인 경우에 한함) 및 매각에 관하여는 국토부 장관 또는 시·도지사가 미리 관계행정기관의 장과 협의하여야 한다.

(10) 사업의 승계 및 사업의 휴·폐업 등 신고(물류창고업도 동일함)

① 복합물류터미널사업자가 그 사업을 양도하거나 법인이 합병한 때에는 그 양수인 또는 합병 후 존속하는 법인이나 합병에 의하여 설립되는 법인은 복합물류터미널 사업의 등록에 따른 권리·의무를 승계한다.

② 복합물류터미널사업의 등록에 따른 권리·의무를 승계한 자는 국토교통부 장관에게 신고하여야 하며, 국토부 장관은 신고를 받은 날부터 10일 이내에 신고

수리 여부를 신고인에게 통지하여야 한다.
③ 국토부 장관이 정한 기간 내에 신고수리 여부 또는 민원 처리 관련 법령에 따른 처리기간의 연장을 신고인에게 통지하지 아니하면 그 기간(민원 처리 관련 법령에 따라 처리기간의 연장 또는 재 연장된 경우에는 해당 처리기간)이 끝난 날의 다음날에 신고를 수리한 것으로 본다.
④ 복합물류터미널사업자는 복합물류터미널사업의 전부 또는 일부를 휴업하거나 폐업하려는 때에는 미리 국토부 장관에게 신고하여야 하며, 휴업기간은 6개월을 초과할 수 없다.
⑤ 복합물류터미널사업자인 법인이 합병 외의 사유로 해산한 경우에는 그 청산인은 지체 없이 그 사실을 국토부 장관에게 신고하여야 한다.
⑥ 사법의 휴·폐업 등 신고
복합물류터미널사업의 휴업·폐업신고 또는 복합물류터미널사업자인 법인의 합병 외의 사유에 따른 해산신고를 하려는 자는 휴업·폐업 또는 해산신고서를 휴업·폐업 또는 해산한 날부터 7일 이내에 국토부 장관에게 제출하여야 한다.

(11) 등록의 취소 등(물류창고업도 동일) ▶기출 24회

국토부 장관은 복합물류터미널사업자가 다음의 어느 하나에 해당하는 때에는 그 등록을 취소 하거나 6개월 이내의 기간을 정하여 사업의 정지를 명할 수 있다.

① 거짓이나 그 밖의 부정한 방법으로 등록을 한 때
② 등록의 결격사유에 해당한 때
③ 다른 사람에게 자기의 성명 또는 상호를 사용하여 사업을 하게 하거나 등록증을 대여한 때
④ 사업정지명령을 위반하여 그 사업정지기간 중에 영업을 한 때
⑤ 대통령령으로 정하는 바에 따라 변경등록을 하지 아니하고 등록사항을 변경한 때(1차 : 경고, 2차 : 사업정지 30일, 3차 : 사업정지 40일)
⑥ 등록기준에 맞지 아니하게 된 때. 다만, 3개월 이내에 그 기준을 충족시킨 때에는 그러하지 아니하다. (1차 : 경고, 2차 : 사업정지 30일, 3차 : 사업정지 60일, 4차 : 등록취소)
⑦ 인가 또는 변경인가를 받지 아니하고 공사를 시행하거나 변경한 때 (1차 : 경고, 2차 : 사업정지 30일, 3차 : 사업정지 40일)
⑧ 사업의 전부 또는 일부를 휴업한 후 정당한 사유 없이 신고한 휴업기간이 지난 후에도 사업을 재개하지 아니한 때 (1차 : 경고, 2차 : 사업정지 60일, 3차 : 등록취소)

(12) 과징금

① 국토부 장관은 복합물류터미널사업자에게 사업의 정지를 명하여야 하는 경우로서 그 사업의 정지가 그 사업의 이용자 등에게 심한 불편을 주는 경우에는 그 사업정지 처분을 갈음하여 5천만 원 이하의 과징금을 부과할 수 있다.

② 과징금의 부과 및 납부, 과징금의 독촉 및 징수 등은 「물류정책기본법」의 '국제물류주선업'의 과징금과 유사하다.
③ 과징금을 기한까지 내지 아니하면 국토부 장관은 대통령령으로 정하는 바에 따라 국세강제징수의 예에 따라 징수한다.
④ 국토부 장관은 사업자의 사업규모, 사업지역의 특수성, 위반행위의 정도 및 횟수 그 밖의 특별한 사유 등을 고려하여 과징금의 금액의 2분의 1의 범위에서 과징금을 늘리거나 줄일 수 있다.
⑤ 국토부 장관은 과징금의 납부통지를 받은 자가 납부기한까지 과징금을 내지 아니한 경우에는 납부기한이 지난 날부터 7일 이내에 독촉장을 보내야 한다. 이 경우 납부 기한은 독촉장을 보낸 날부터 10일 이내로 한다.
⑥ 국토부 장관은 독촉을 받은 자가 납부기한까지 과징금을 내지 아니한 경우에는 소속 공무원으로 하여금 국세체납처분의 예에 따라 과징금을 강제징수하게 할 수 있다. 이 경우 소속 공무원은 그 권한을 표시하는 증표를 지니고 이를 관계인에게 내보여야 한다.

(13) 물류터미널사업협회

① 물류터미널사업협회를 설립하려는 경우에는 해당 협회의 회원의 자격이 있는 자 5분의 1 이상의 발기인이 정관을 작성하여 해당 협회의 회원 자격이 있는 자의 3분의 1 이상이 출석한 창립총회의 의결을 거친 후 국토교통부 장관의 설립인가를 받아 설립등기를 함으로써 성립한다.
② 물류터미널사업협회는 법인으로 하며, 이 법에서 규정한 것 외에는 「민법」중 사단법인에 관한 규정을 준용한다.
③ 물류터미널사업협회의 업무 및 정관 등에 관하여 필요한 사항은 대통령령으로 정한다.
④ 물류터미널사업자는 협회를 설립하려는 때에는 사업자 7인 이상의 발기인이 창립 총회의 의결을 거쳐 설립인가신청서에 서류를 첨부하여 국토교통부 장관에게 제출하여야 한다.
⑤ 정관에 기재하여야 할 사항 : 목적·명칭·사무소의 위치·회원 및 총회·임원·업무·회계 및 회비·정관의 변경·해산·공고의 방법에 관한 사항

(14) 물류터미널 개발의 지원

① 국가나 지방자치단체가 물류터미널사업자에게 소요자금의 일부를 융자하거나 부지의 확보를 위한 지원을 할 수 있는 사업
  ㉠ 물류터미널의 건설
  ㉡ 물류터미널 위치의 변경
  ㉢ 물류터미널의 규모·구조의 확충 또는 개선
  ㉣ 물류터미널의 설비의 확충 또는 개선
② 국가 또는 지방자치단체는 물류터미널사업자가 설치한 물류터미널의 원활한 운영에 필요한 "도로·철도·용수시설 등 대통령령으로 정하는 기반시설(도로,

철도, 수도시설, 수질오염 방지시설의 설치 또는 개량에 필요한 예산을 지원할 수 있다.
③ 국토교통부 장관은 사업 또는 운영을 위하여 필요하다고 인정하는 경우에는 시·도지사에게 부지의 확보 및 도시·군계획시설의 설치 등에 관한 협조를 요청할 수 있다.

(15) 물류터미널의 활성화 지원
① 국토부 장관 또는 시·도지사는 건설·운영 중인 물류터미널의 활성화를 위하여 필요한 경우 물류터미널에 「산업집적활성화 및 공장설립에 관한 법률」에 따른 제조시설 및 부대시설과 「유통산업발전법」에 따른 점포 등의 설치를 포함하여 공사시행 변경인가를 할 수 있다 (다만, 일반물류터미널은 화물자동차 운행에 필요한 품목의 제조 또는 판매를 위한 시설의 설치에 한정한다).
② 국토부 장관 또는 시·도지사는 공사시행 변경인가를 하는 경우 다음의 사항을 준수하여야 한다.
  ㉠ 제조시설 및 그 부대시설과 점포 등의 설치면적 전체의 합계가 물류터미널 전체 부지면적의 4분의 1 이하일 것
  ㉡ 주변의 상권 및 산업단지 수요와의 상호관계를 고려하기 위하여 공사시행 인가 또는 변경인가를 하는 경우 복합물류터미널사업에 대하여 국토부 장관은 관계 중앙행정기관의 장과 해당 물류터미널이 소재하는 시·도지사(특별자치시장 포함)와 협의하고, 일반물류터미널사업에 대하여 시·도지사는 해당 물류터미널이 소재하는 시장·군수·구청장과 협의할 것
  ㉢ 복합물류터미널사업은 「국토의 계획 및 이용에 관한 법률」에 따른 중앙도시계획위원회, 일반물류터미널사업은 지방도시계획위원회의 심의를 받을 것

3. 물류창고업
(1) 물류창고업의 등록 ▶기출 27회
① 다음의 어느 하나에 해당하는 물류창고를 소유 또는 임차하여 물류창고업을 경영하려는 자는 국토교통부와 해양수산부의 공동부령으로 정하는 바에 따라 국토교통부 장관(항만법에 따른 항만구역 제외) 또는 해양수산부 장관(항만법에 따른 항만구역만 해당)에게 등록하여야 한다.
  ㉠ 전체 바닥면적의 합계가 1천제곱미터 이상인 보관시설
  ㉡ 전체 면적의 합계가 4천 500제곱미터 이상인 보관장소(보관시설이 차지하는 토지면적을 포함함)
② 물류창고업의 등록을 한 자(물류창고업자)가 그 등록한 사항 중 대통령령으로 정하는 사항을 변경하려는 경우에는 국토교통부와 해양수산부의 공동부령으로 정하는 바에 따라 변경등록의 사유가 발생한 날부터 30일 이내에 변경등록을 하여야 한다.
③ 물류창고업자가 등록한 사항 중 대통령령으로 정하는 사항
물류창고업자의 성명(법인인 경우 그 대표자의 성명) 및 상호 물류창고의 소

재지, 물류창고 면적의 10% 이상의 증감 등을 변경하려는 경우에는 국토부와 해수부의 공동부령으로 정하는 바에 따라 변경등록을 하여야 한다.
④ 물류창고의 구조 또는 설비 등 물류창고업의 등록기준에 필요한 사항은 국토부와 해수부의 공동부령으로 정한다.
⑤ 국토부 장관은 화물을 쌓아놓기 위한 선반 등 물류창고 내 시설에 대하여 내진설계 기준을 정하는 등 지진에 따른 피해를 최소화하기 위하여 필요한 시책을 강구하여야 한다.

(2) 재정지원 ▶ 기출 18회, 20회

① 국가 또는 지자체는 물류창고업자 또는 그 사업자단체가 다음의 어느 하나에 해당하는 사업을 수행하는 경우로서 재정적 지원이 필요하다고 인정하면 자금의 일부를 보조 또는 융자할 수 있다.
  ㉠ 물류창고의 건설
  ㉡ 물류창고의 보수·개조 또는 개량
  ㉢ 물류장비의 투자
  ㉣ 물류창고 관련 기술의 개발
  ㉤ 그 밖에 물류창고업의 경영합리화를 위한 사항으로서 국토부령으로 정하는 사항 - 물류창고업의 경영구조 개선에 관한 사항, 물류창고 시설·장비의 효율적 개선에 관한 사항, 물류창고 업자 및 관련 종사자에 대한 교육·훈련, 물류창고업의 국제 동향에 대한 조사·연구
② 국가·지자체 또는 공공기관은 스마트물류센터에 대하여 공공기관 등이 운영하는 기금·자금의 우대 주치 등 대통령령으로 정하는 바에 따라 행정적·재정적으로 우선 지원할 수 있다.

(3) 보조금 등의 사용 ▶ 기출 18회, 20회

① 위 (2)에 따른 보조금 또는 융자금은 보조 또는 융자받은 목적 외의 용도로 사용하여서는 아니 되며 국토부 장관·해수부 장관 또는 지방자치단체의 장은 보조 또는 융자받은 자가 그 자금을 적정하게 사용하도록 지도·감독하여야 한다.
② 국토부 장관·해수부 장관 또는 지자체의 장은 거짓이나 부정한 방법으로 보조금 또는 융자금을 교부받은 경우와 보조금 또는 융자금을 목적 외의 용도로 사용한 경우에는 물류창고업자 또는 그 사업자단체에 보조금이나 융자금의 반환을 명하여야 하며, 이에 따르지 아니하면 국세 또는 지방세 체납처분의 예에 따라 회수할 수 있다.

(4) 스마트물류센터 ▶ 기출 25회, 28회

① 스마트물류센터의 인증 등
  ㉠ 국토교통부 장관은 스마트물류센터의 보급을 촉진하기 위하여 스마트물류센터를 인증할 수 있으며, 이 경우 인증의 유효기간은 인증을 받은 날부터

3년으로 한다.
ⓒ 국토교통부 장관은 스마트물류센터의 인증 및 점검업무를 수행하기 위하여 인증기관을 지정할 수 있다.
ⓒ 스마트물류센터의 인증을 받으려는 자는 인증기관에 신청하여야 한다.
ⓔ 국토교통부 장관은 스마트물류센터의 인증을 신청한 자가 그 인증을 받은 경우 국토부령으로 정하는 바에 따라 인증서를 교부하고, 인증을 나타내는 표시(이하 '인증마크'라 한다)를 사용하게 할 수 있다.
ⓜ 위 ㉠에 따른 인증을 받지 않은 자는 거짓의 인증마크를 제작·사용하거나 스마트물류 센터임을 사칭해서는 아니 된다.
ⓗ 국토교통부 장관은 인증을 받은 자가 아래 ⓞ에 따른 기준을 유지하는지 여부를 국토부령으로 정하는 바에 따라 점검할 수 있다.
ⓢ 국토교통부 장관은 인증기관을 지도·감독하고, 인증 및 점검업무에 소요되는 비용의 일부를 지원할 수 있다.
ⓞ 위 ㉠~ⓒ까지의 규정에 따른 인증의 기준·절차 및 방법, 인증기관의 조직·운영 및 지정기준·절차에 관한 사항은 국토부령으로 정한다.

② 인증의 취소
㉠ 국토교통부 장관은 위 ①㉠에 따라 인증을 받은 자가 다음의 어느 하나에 해당하는 경우에는 대통령령으로 정하는 바에 따라 그 인증을 취소할 수 있다. 다만 ⓐ에 해당하는 경우 그 인증을 취소하여야 한다.
ⓐ 거짓이나 그 밖의 부정한 방법으로 인증을 받은 경우
ⓑ 인증의 전제나 근거가 되는 중대한 사실이 변경된 경우
ⓒ 위 ①ⓗ에 따른 점검을 정당한 사유 없이 3회 이상 거부한 경우
ⓓ 위 ①ⓞ에 따른 인증기준에 맞지 아니하게 된 경우
ⓔ 인증받은 자가 인증서를 반납하는 경우
ⓒ 스마트물류센터의 소유자 또는 대표자는 인증이 취소된 경우 인증서를 반납하고, 인증 마크의 사용을 중지하여야 한다.

③ 인증기관의 지정 취소
국토교통부 장관은 지정된 인증기관이 다음의 어느 하나에 해당하면 인증기관의 지정을 취소하거나 1년 이내의 기간을 정하여 업무의 전부 또는 일부를 정지하도록 명할 수 있다. 다만, ㉠에 해당하는 경우에는 그 지정을 취소하여야 한다.
㉠ 거짓이나 부정한 방법으로 지정을 받은 경우
ⓒ 위 ①ⓞ에 따른 지정기준에 적합하지 아니하게 된 경우
ⓒ 고의 또는 중대한 과실로 인증기준 및 절차를 위반한 경우
ⓔ 정당한 사유 없이 인증 및 점검업무를 거부한 경우
ⓜ 정당한 사유 없이 지정받은 날부터 2년 이상 계속하여 인증 및 점검업무를 수행하지 아니한 경우
ⓗ 그 밖에 인증기관으로서 업무를 수행할 수 없게 된 경우

④ 스마트물류센터 인증기준
  ㉠ 스마트물류센터의 인증기준은 다음과 같다.
    ⓐ 입고·보관·분류 등 물류처리 기능영역의 첨단화·자동화 수준이 우수할 것
    ⓑ 시설의 구조적 성능, 창고관리시스템 등 기반영역의 효율성·안전성·친환경성 수준이 우수할 것
  ㉡ 위 ㉠에 따른 스마트물류센터 인증의 등급은 5등급으로 구분한다.
  ㉢ 위 ㉠ 및 ㉡에 따른 스마트물류센터 인증의 세부기준은 국토교통부 장관이 정하여 고시 한다.

(5) 과징금
① 국토교통부 장관 또는 해양수산부 장관은 물류창고업자에게 사업의 정지를 명하여야 하는 경우로서 그 사업의 정지가 그 사업의 이용자 등에게 심한 불편을 주는 경우에는 그 사업정지처분을 갈음하여 1천만 원 이하의 과징금을 부과할 수 있다.
② 제1항에 따라 과징금을 부과하는 위반행위의 종류와 위반 정도에 따른 과징금의 금액 등에 필요한 사항은 대통령령으로 정한다.
③ 국토교통부 장관 또는 해양수산부 장관은 상기 ①에 따라 과징금을 내야 할 자가 납부기한까지 과징금을 내지 아니하면 대통령령으로 정하는 바에 따라 국세강제징수의 예에 따라 징수한다.

(6) 준용규정
물류창고업 등록의 결격사유, 사업의 승계, 사업의 휴업·폐업, 등록증 대여 등의 금지, 등록의 취소, 협회 등에 관하여는 물류터미널사업에 관한 규정을 준용한다.

4. 물류단지의 개발 및 운영

(1) 일반물류단지의 지정 ▶ 기출 22회, 23회, 24회 빈출
① 지정권자
  일반물류단지는 다음의 구분에 따른 자가 지정한다.
  ㉠ 국가정책사업으로 물류단지를 개발하거나 물류단지 개발사업의 대상지역이 2개 이상의 특별시·광역시·특별자치시·도 또는 특별자치도(이하 '시·도'라 한다)에 걸쳐 있는 경우: 국토부 장관
  ㉡ 위 ㉠외의 경우: 시·도지사
② 일반물류단지 지정절차 및 변경
  ㉠ 국토교통부 장관이 지정 시: 일반물류단지개발계획 수립(국토부 장관) → 관할 시·도지사 및 시장·군수·구청장 의견청취 → 관계 중앙행정기관의 장과 협의 → 물류시설분과위원회 심의 → 지정 → 고시
  ㉡ 시·도지사가 지정 시: 일반물류단지개발계획수립(시·도지사) → 관계 행정 기관의 장과 협의 → 지역물류정책위원회 심의 → 지정 → 고시

기출문제 ▶ 기출 24회

물류시설의 개발 및 운영에 관한 법령상 일반물류단지의 지정에 관한 설명으로 옳지 않은 것은?

① 일반물류단지는 국토교통부장관이 지정하지만, 100만 제곱미터 이하의 일반물류단지는 관할 시·도지사가 지정한다.
② 시·도지사는 일반물류단지를 지정하려는 때에는 일반물류단지개발계획을 수립하여 관계 행정기관의 장과 협의한 후 지역물류정책위원회의 심의를 거쳐야 한다.
③ 시·도지사는 일반물류단지를 지정할 때에는 일반물류단지개발계획과 물류단지 개발지침에 적합한 경우에만 일반물류단지를 지정하여야 한다.
④ 일반물류단지개발계획에는 일반물류단지의 개발을 위한 주요시설의 지원계획이 포함되어야 한다.
⑤ 중앙행정기관의 장은 일반물류단지의 지정이 필요하다고 인정하는 때에는 대상지역을 정하여 국토교통부장관에게 일반물류단지의 지정을 요청할 수 있으며, 이 경우 일반물류단지개발계획안을 작성하여 제출하여야 한다.

정답 ⑤

ⓒ 일반물류단지개발계획 중 대통령령으로 정하는 중요사항을 변경하려는 때에도 위 ㉠㉡의 일반물류단지지정절차와 같다.
㉣ 일반물류단지개발계획 중 대통령령으로 정하는 중요사항
  ⓐ 물류단지지정면적의 변경(10분의 1 이상)
  ⓑ 물류단지시설용지면적의 변경(10분의 1 이상) 또는 물류단지시설용지의 용도변경
  ⓒ 기반시설(10분의 1 이상, 구거 포함)의 부지면적변경 또는 그 시설의 위치변경
  ⓓ 물류단지개발사업시행자의 변경
③ 일반물류단지의 지정을 요청할 수 있는 자
관계 행정기관의 장, 대통령령으로 정하는 공공기관(한국토지주택공사, 한국도로공사, 한국수자원공사, 한국농어촌공사, 항만공사), 지방공사, 법인은 일반물류단지의 지정이 필요하다고 인정하는 때에는 대상지역을 정하여 국토부장관 또는 시·도지사에게 일반물류단지의 지정을 요청할 수 있으며, 이 경우 중앙행정기관의 장 이외의 자는 일반 물류단지개발계획안을 작성하여 제출하여야 한다.
④ 일반물류단지개발계획에는 다음의 사항이 포함되어야 하며, 다만 일반물류단지개발계획을 수립할 때까지 ㉢의 시행자가 확정되지 아니하였거나, ㉠의 세부목록의 작성이 곤란한 경우에는 일반물류단지의 지정 후에 일반물류단지개발계획에 포함시킬 수 있다
  ㉠ 일반물류단지의 명칭·위치 및 면적
  ㉡ 일반물류단지의 지정목적
  ㉢ 일반물류단지개발사업의 시행자
  ㉣ 일반물류단지개발사업의 시행기간 및 시행방법
  ㉤ 토지이용계획 및 주요기반시설계획
  ㉥ 주요 유치시설 및 그 설치기준에 관한 사항
  ㉦ 재원조달계획
  ㉧ 수용하거나 사용할 토지, 건축물, 그 밖의 물건이나 권리가 있는 경우에는 그 세부목록
  ㉨ 그 밖에 대통령령이 정하는 사항: 일반물류단지의 개발을 위한 주요시설의 지원계획, 환지의 필요성이 있는 경우 그 환지계획

(2) 도시첨단물류단지의 지정 ▶ 기출 21회, 23회, 25회
① 도시첨단물류단지는 국토교통부 장관 또는 시·도지사가 다음의 어느 하나에 해당하는 지역에 지정하며, 시·도지사(특별자치도지사는 제외)가 지정하는 경우에는 시장·군수·구청장의 신청을 받아 지정할 수 있다.
  ㉠ 노후화된 일반물류터미널 부지 및 인근 지역
  ㉡ 노후화된 유통업무설비 부지 및 인근 지역
  ㉢ 그 밖에 국토교통부 장관이 필요하다고 인정하는 지역

② 시장·군수·구청장은 시·도지사에게 도시첨단물류단지의 지정을 신청하려는 경우에는 도시첨단물류단지개발계획안을 작성하여 제출하여야 한다.

③ 도시첨단물류단지의 지정절차 및 개발계획에 관하여는 위 (1)② ㉠㉡㉢과 ④를 준용한다. 다만, 도시첨단물류단지개발계획에는 층별·시설별 용도, 바닥면적 등 건축 계획 및 복합 용지이용계획(복합용지를 계획하는 경우에 한정한다)이 포함되어야 한다.

④ 도시첨단물류단지개발사업의 시행자는 대통령령으로 정하는 바에 따라 대상 부지 토지가액 의 40 / 100의 범위에서 다음의 어느 하나에 해당하는 시설 또는 그 운영비용의 일부를 국가나 지방자치단체에 제공하여야 하며, 다만 「개발이익환수에 관한 법률」에 따라 개발부담금이 부과·징수되는 경우에는 대상 부지의 토지가액에서 개발부담금에 상당하는 금액은 제외한다.

㉠ 물류산업 창업보육센터 등 해당 도시첨단물류단지를 활용한 일자리 창출을 위한 시설

㉡ 해당 도시첨단물류단지에서 공동으로 사용하는 물류시설

㉢ 해당 도시첨단물류단지의 물류산업 활성화를 위한 연구시설

㉣ 그 밖에 ㉠~㉢까지의 시설에 준하는 시설로서 대통령령으로 정하는 공익시설

⑤ 도시첨단물류단지개발사업의 시행자가 위 ④에 따라 국가나 지방자치단체에 제공하여야 하는 시설 또는 그 운영비용은 대상 부지 토지가액의 100분의 25의 범위에서 국토교통부 장관이 정하여 고시하는 기준에 따라 산정한 금액으로 한다.

⑥ 토지소유자 등의 동의

국토교통부 장관 또는 시·도지사는 도시첨단물류단지를 지정하려면 도시첨단물류단지 예정지역 토지면적의 2분의 1 이상에 해당하는 토지소유자의 동의와 토지소유자 총수(그 지상권자를 포함하며, 1필지의 토지를 여러 명이 공유하는 경우 그 여러 명은 1인으로 본다) 및 건축물 소유자 총수(집합건물의 경우 각 구분소유자 각자를 1인의 소유자로 본다) 각 2분의 1 이상의 동의를 받아야 한다.

(3) 일반물류단지의 지정요청과 물류단지 실수요 검증 ▶ 기출 22회, 24회, 27회

① 물류단지지정권자는 일반물류단지를 지정하려는 때에는 일반물류단지개발계획과 일반물류단지개발지침에 적합한 경우에만 일반물류단지를 지정하여야 하며, 국토부 장관은 물류단지의 개발에 관한 기본지침(물류단지개발지침)을 작성하여 관보에 고시하여야 한다.

② 물류단지개발지침

㉠ 수립주체(지침작성권자) : 국토교통부 장관

㉡ 수립 및 변경절차 : 물류단지개발지침 작성(작성 할 때 시·도지사의 의견청취) → 관계 중앙행정기관의 장과 협의 → 물류시설분과위원회 심의 → 관보 고시

기출문제 ▶ 기출 24회

물류시설의 개발 및 운영에 관한 법령상 물류단지개발지침에 관한 설명으로 옳지 않은 것은?

① 국토교통부장관은 물류단지개발지침을 작성하여 관보에 고시하여야 한다.
② 물류단지개발지침에는 문화재의 보존을 위하여 고려할 사항이 포함되어야 한다.
③ 국토교통부장관은 물류단지개발지침을 작성할 때에는 미리 시·도지사의 의견을 듣고 관계 중앙행정기관의 장과 협의한 후 물류시설분과위원회의 심의를 거쳐야한다.
④ 국토교통부장관은 물류단지개발지침에 포함되어 있는 토지가격의 안정을 위하여 필요한 사항을 변경할 때에는 물류시설분과위원회의 심의를 거쳐야 한다.
⑤ 물류단지개발지침은 지역 간의 균형 있는 발전을 위하여 물류단지시설용지의 배분이 적정하게 이루어지도록 작성되어야 한다.

정답 ④

ⓒ 물류단지 개발지침은 지역 간의 균형 있는 발전을 위하여 물류단지시설용지의 배분이 적정하게 이루어지도록 작성되어야 한다.
ⓔ 물류단지개발지침에 포함되어야 할 사항
　ⓐ 물류단지의 계획적·체계적 개발에 관한 사항
　ⓑ 물류단지의 지정·개발 및 지원에 관한 사항
　ⓒ 환경평가 등 환경보전에 관한 사항
　ⓓ 지역 간의 균형발전을 위하여 고려할 사항
　ⓔ 문화재의 보존을 위하여 고려할 사항
　ⓕ 분양가격의 결정에 관한 사항
　ⓖ 토지·시설 등의 공급에 관한 사항
　ⓗ 토지가격의 안정을 위하여 필요한 사항(변경 시 물류시설분과위원회의 심의를 거치지 않는다)
③ 물류단지 실수요 검증
　㉠ 물류단지를 지정하는 국토부 장관 또는 시·도지사는 무분별한 물류단지 개발을 방지하고 국토의 효율적 이용을 위하여 물류단지 지정 전에 물류단지 실수요 검증을 실시하여야 한다. 이 경우 물류단지지정권자는 실수요 검증 대상사업에 대하여 관계 행정기관과 협의하여야 한다.
　㉡ 물류단지지정권자는 실수요 검증을 실시하기 위하여 국토교통부 또는 시·도에 각각 실수요검증위원회를 둔다.
　㉢ 도시첨단물류단지개발사업의 경우에는 ㉠에 따른 실수요 검증을 실수요검증위원회의 자문으로 갈음할 수 있다.
　㉣ 물류단지 실수요 검증의 평가기준 및 평가방법 등에 관하여 필요한 사항은 국토부령으로, 실수요검증위원회의 구성 및 운영 등에 필요한 사항은 국토부령 또는 해당 시·도의 조례로 각각 정한다.

(4) 물류단지지정의 고시 등

① 물류단지지정권자가 물류단지를 지정하거나 지정내용을 변경한 때에는 대통령령으로 정하는 사항을 관보 또는 시·도의 공보에 고시하고, 관계서류의 사본을 관할 시장·군수·구청장에게 보내야 하며, 관계 서류를 받은 시장·군수·구청장은 이를 14일 이상 일반인이 열람할 수 있도록 하여야 한다.
② 물류단지로 지정되는 지역에 수용하거나 사용할 토지, 건축물 그 밖의 물건이나 권리가 있는 경우에는 고시내용에 그 토지 등의 세목을 포함시켜야 한다.

(5) 주민 등의 의견청취 ▶기출 9회, 10회

물류단지지정권자는 물류단지를 지정하려는 때에는 주민 및 관계 전문가의 의견을 들어야 하고 타당하다고 인정하는 때에는 그 의견을 반영하여야 한다. 다만, 국방상 기밀사항이거나 대통령령으로 정하는 경미한 사항인 경우에는 의견청취를 생략할 수 있으며, 주민 및 관계 전문가의 의견청취를 생략하려는 경우에는 미리 관계행정기관의 장과 협의하여야 한다.

기출문제 ▶기출 24회

물류시설의 개발 및 운영에 관한 법령상 특별법에 따라 설립된 법인인 시행자가 물류단지개발사업의 시행으로 새로 공공시설을 설치한 경우에는 종래의 공공시설은 시행자에게 무상으로 귀속되고 새로 설치된 공공시설은 그 시설을 관리할 국가 또는 지방자치단체에 무상으로 귀속되는 바, 이러한 공공시설에 해당하지 않는 것은?

① 방풍설비　② 공원
③ 철도　　　④ 녹지
⑤ 공동구

정답 ①

(6) 행위제한 및 행위허가의 대상 ▶ 기출 17회, 18회, 28회

① 물류단지 안에서 건축물의 건축·대수선·용도변경, 공작물의 설치, 토지의 형질변경, 토석 의 채취, 토지분할, 죽목의 벌채 및 식재, 이동이 용이하지 아니한 물건을 1개월 이상 쌓아 놓는 행위 등 대통령령으로 정하는 행위를 하려는 자는 시장·군수 또는 구청장의 허가를 받아야 하며, 허가받은 사항을 변경하려는 때에도 또한 같다. 시장·군수·구청장은 물류단지개발사업의 시행자가 지정되어 있는 경우에는 미리 그 시행자의 의견을 들어야 한다.

② 시장·군수·구청장의 허가를 받지 아니하고 할 수 있는 행위
  ㉠ 재해복구 또는 재난수습에 필요한 응급조치를 위하여 하는 행위
  ㉡ 그 밖에 대통령령으로 정하는 행위
    ⓐ 농림수산물의 생산에 직접 이용되는 것으로서 국토교통부령으로 정하는 간이 공작물(비닐하우스, 양잠장, 고추, 잎담배, 김 등 농림수산물의 건조장, 버섯재배사, 종묘배양장, 퇴비장, 탈곡장 등)의 설치
    ⓑ 경작을 위한 토지의 형질변경
    ⓒ 물류단지에 존치하기로 결정된 대지 안에서 물건을 쌓아놓는 행위
    ⓓ 물류단지의 개발에 지장을 주지 아니하고 자연경관을 손상하지 아니하는 범위 안에서의 토석의 채취
    ⓔ 관상용 죽목의 임시식재(경작지에서의 임시식재 제외)

③ 물류단지의 지정 및 고시 당시 이미 관계 법령에 따라 행위허가를 받았거나 허가를 받을 필요가 없는 행위에 관하여 그 공사 또는 사업에 착수한 자는 대통령령으로 정하는 바에 따라 시장·군수·구청장에게 신고한 후 이를 계속 시행할 수 있다.

④ 시장·군수·구청장은 허가를 받고 행하여야 할 사항을 위반한 자에게 원상회복을 명할 수 있으며, 이 경우 명령을 받은 자가 그 의무를 이행하지 아니하면 시장·군수·구청장은 「행정대집행법」에 따라 이를 대집행할 수 있다.

⑤ 물류단지 안에서 건축물의 건축, 공작물의 설치, 토지의 형질변경, 토석의 채취, 토지분할, 물건을 쌓아놓는 행위 등의 허가에 관하여 「물류시설의 개발 및 운영에 관한 법률」에서 규정한 것 외에는 「국토의 계획 및 이용에 관한 법률」을 준용하며, 허가를 받은 경우에는 「국토의 계획 및 이용에 관한 법률」에 따라 허가를 받은 것으로 본다.

(7) 물류단지지정의 해제 ▶ 기출 19회, 20회

① 해제
  ㉠ 물류단지로 지정·고시된 날부터 5년 이내에 물류단지의 전부 또는 일부에 대하여 물류단지개발실시계획의 승인을 신청하지 아니하면 그 기간이 지난 다음날 해당지역에 대한 물류단지의 지정이 해제된 것으로 본다.
  ㉡ 물류단지지정권자는 물류단지의 전부 또는 일부에 대한 개발전망이 없게 된 경우와 개발이 완료되어 물류단지가 준공(부분준공 포함)된 지 20년 이상 된 것으로서 주변상황과 물류산업 여건이 변화되어 물류단지재정비사

업을 하더라도 물류단지 기능수행이 어려울 것으로 판단되는 경우에는 대통령령이 정하는 바에 따라 해당 지역에 대한 물류단지 지정의 전부 또는 일부를 해제할 수 있다.
ⓒ 물류단지의 지정으로 「국토의 계획 및 이용에 관한 법률」에 따른 용도지역이 변경·결정 된 후 해당 물류단지의 지정이 해제된 경우에는 해당 물류단지에 대한 용도지역은 변경·결정되기 전의 용도지역으로 환원된 것으로 본다. 다만, 물류단지의 개발이 완료되어 물류단지의 지정이 해제된 경우에는 변경·결정되기 전의 용도지역으로 환원되지 아니한다.
ⓔ 물류단지지정권자는 물류단지의 지정을 해제하려는 경우에는 해제사유 및 내역, 「국토의 계획 및 이용에 관한 법률」에 따른 용도지역의 환원에 관한 사항을 명시하여 관계 행정기관의 장과 협의하여야 한다.
② 물류단지지정권자가 물류단지의 지정이 해제된 경우에 고시하여야 할 사항
㉠ 물류단지의 명칭
㉡ 해제되는 물류단지의 위치 및 면적
㉢ 물류단지 지정의 해제사유
㉣ 「국토의 계획 및 이용에 관한 법률」에 따른 용도지역의 환원여부
㉤ 관계도서의 열람 방법

(8) 물류단지개발사업의 시행자 ▶ 기출 17회, 23회
① 지정주체 : 물류단지 지정권자(국토부 장관 또는 시·도지사) 물류단지지정권자가 시행자를 지정할 때에는 사업계획의 타당성 및 재원조달능력과 다른 법률에 따라 수립된 개발계획과의 관계 등을 고려하여야 한다.
② 시행자로 지정 받을 수 있는 자
국가 또는 지방자치단체, 한국토지주택공사, 한국도로공사, 한국수자원공사, 한국농촌공사, 항만공사, 지방공사, 민법 또는 상법에 따라 설립된 법인, 물류단지 예정지역의 토지소유자 또는 그 토지소유자가 물류단지개발을 위하여 설립한 조합
③ 시행자(국가, 지자체, 대통령령으로 정하는 공공기관, 지방공사, 특별법에 따라 설립된 특수법인)는 해당 물류단지의 입주기업체 및 지원기관에 물류단지개발사업의 일부를 대행하게 할 수 있다.

(9) 물류단지개발실시계획의 승인 및 고시 ▶ 기출 8회, 23회
① 시행자는 물류단지 개발실시 계획을 수립하여 물류단지 지정권자의 승인을 받아야 하며, 승인받은 사항 중 대통령령으로 정하는 중요사항을 변경하려는 경우에도 또한 같다.
② 물류단지지정권자가 소관 행정기관의 장과 협의하지 않고 실시계획변경이 가능한 것·지정권자의 승인을 받지 않아도 되는 것
㉠ 시행자의 주소변경
㉡ 법인인 시행자의 대표자 변경
㉢ 사업시행지역의 변동이 없는 범위에서의 착오 등에 따른 시행면적의 정정

② 사업시행면적을 초과하지 아니하는 범위에서 사업을 분할하여 시행하는 경우의 면적 변경
③ 사업시행면적의 100분의 10의 범위에서의 면적의 감소
④ 사업비의 100분의 10의 범위에서의 사업비의 증감
⑤ 지적확정측량의 결과에 따른 부지면적의 변경

③ 물류단지개발실시계획에는 개발한 토지·시설 등의 처분에 관한 사항이 포함되어야 한다.
④ 물류단지지정권자가 물류단지개발실시 계획을 승인하거나 승인한 사항을 변경승인할 때에는 인·허가 등의 의제의 관계 법률에 적합한지를 미리 소관 행정기관의 장과 협의하여야 한다.
⑤ 물류단지 지정권자는 실시계획을 승인하거나 승인한 사항을 변경승인한 때에는 대통령령으로 정하는 사항을 관보 또는 시·도의 공보에 고시하고, 관계서류의 사본을 관할 시장·군수·구청장에게 보내야 한다.

(10) 물류단지개발사업의 위탁시행 ▶ 기출 20회, 23회, 27회 빈출

① 시행자는 물류단지개발사업 중 항만, 용수시설 기타 대통령령으로 정하는 공공시설의 건설 (도로·상수도·철도·공동구·폐수종말처리시설·폐기물처리시설·집단에너지공급시설·제방·호안·방조제·하굿둑 및 녹지시설)과 공공수면의 매립에 관한 사항을 대통령령으로 정하는 바에 따라 국가·지자체·또는 대통령령으로 정하는 공공기관(한국토지주택공사, 한국도로공사, 한국수자원공사, 한국농어촌공사, 항만공사)에 위탁하여 시행할 수 있다.
② 시행자는 물류단지의 건설을 위한 토지매수업무·손실보상업무 및 이주대책에 관한 업무를 「공익사업을 위한 토지 등의 취득 및 보상에 관한 법률」의 기관 (지자체, 보상실적이 있거나 보상업무에 관한 전문성이 있는 「공공기관의 운영에 관한 법률」에 따라 지정·고시된 공공기관 또는 「지방공기업법」에 따른 지방공사로서 대통령령이 정하는 기관)에 위탁하여 시행할 수 있으며, 이 경우 위탁수수료 등에 관하여는 공취법을 준용한다.
③ 시행자는 물류단지개발사업의 일부를 국가·지자체 또는 공공기관에 위탁하여 시행하려는 경우에는 이를 위탁 받아 시행할 자와 '위험부담에 관한 사항 등'에 관하여 협의하여야 한다.

(11) 물류단지 개발에 필요한 토지 등 ▶ 기출 21회, 23회, 24회, 25회 빈출

① 토지 등의 수용·사용
시행자(물류단지 예정지역의 토지소유자 또는 그 토지소유자가 물류단지개발을 위하여 설립한 조합은 제외)는 물류단지 개발사업에 필요한 토지 등을 수용하거나 사용할 수 있다. 다만, 「민법」 또는 「상법」에 따라 설립된 법인이 시행자인 경우에는 사업대상 토지면적의 3분의 2 이상을 매입하여야 토지 등을 수용하거나 사용할 수 있으며, 「공익사업을 위한 토지 등의 취득 및 보상에 관한 법률」을 준용한다.

기출문제 ▶ 기출 23회

물류시설의 개발 및 운영에 관한 법령상 물류단지의 개발에 대한 설명으로 옳지 않은 것은?

① 국가 또는 지방자치단체는 물류단지시설용지와 지원시설용지의 조성비 및 매입비의 전부를 보조하거나 융자할 수 있다.
② 국가 또는 지방자치단체는 물류단지의 원활한 개발을 위하여 물류단지 안의 공동구 등 기반시설의 설치를 우선적으로 지원하여야 한다.
③ 시·도지사 또는 시장·군수는 물류단지개발사업을 촉진하기 위하여 지방자치단체에 물류단지개발특별회계를 설치할 수 있다.
④ 물류단지개발사업의 시행자인 지방자치단체가 실시계획 승인을 받은 경우 그가 조성하는 용지를 분양·임대받거나 시설을 이용하려는 자로부터 대금의 전부 또는 일부를 미리 받을 수 있다.
⑤ 물류단지지정권자는 물류단지개발사업의 시행자에게 용수공급시설·하수도시설·전기통신시설 및 폐기물처리시설을 설치하게 할 수 있다.

정답 ①

② 토지소유자에 대한 환지
  ⊙ 시행자는 물류단지 안의 토지를 소유하고 있는 자가 물류단지개발계획에서 정한 물류단지시설을 운영하려는 경우에는 그 토지를 포함하여 물류단지개발사업을 시행할 수 있으며, 해당 사업이 완료된 후 대통령령으로 정하는 바에 따라 해당 토지 소유자에게 환지하여 줄 수 있다.
  ⓒ 환지요건 : 환지를 받을 수 있는 토지소유자는 물류단지개발계획에서 정한 유치 업종에 적합한 물류단지시설을 설치하려는 자로서, 물류단지의 지정·고시일 현재 물류단지개발계획에서 정한 최소공급면적 이상의 토지를 소유한 자
  ⓒ 환지기준 : 시행자는 다음의 기준에 따라 물류단지개발계획에서 정하여야 한다.
    ⓐ 환지의 대상이 되는 종전 토지의 가액 : 보상공고 시 시행자가 제시한 협의를 위한 보상 금액을 기준
    ⓑ 환지의 가액 : 해당 물류단지의 물류단지시설용지의 분양가격을 기준
    ⓒ 환지면적 : 종전의 토지면적을 기준으로 하되, 지역여건 및 물류단지의 수급 상황 등을 고려하여 그 면적을 늘리거나 줄일 수 있다.
    ⓓ 종전의 토지가액과 환지가액과의 차액 : 현금으로 정산
③ 토지 출입 등
  ⊙ 시행자는 물류단지의 건설을 위하여 필요한 때에는 타인의 토지에 출입하거나 이를 일시 사용할 수 있으며, 나무·토석 그 밖의 장애물을 변경하거나 제거할 수 있다.
  ⓒ 타인의 토지 출입 등에 관하여는 「국토의 계획 및 이용에 관한 법률」을 준용한다.
④ 공공시설 및 토지 등의 귀속
  ⊙ 국가 또는 지자체, 대통령령으로 정하는 공공기관, 지방공사, 특별법에 따라 설립된 법인의 시행자가 물류단지개발사업의 시행으로 새로 공공시설을 설치하거나 기존의 공공시설에 대체되는 공공시설을 설치한 경우에는 「국유재산법」 및 「공유 재산 및 물품관리법」에도 불구하고
    ⓐ 종래의 공공시설은 시행자에게 무상으로 귀속되고,
    ⓑ 새로 설치된 공공시설은 그 시설을 관리할 국가 또는 지자체에 무상으로 귀속된다.
  ⓒ 「민법」 또는 「상법」에 따라 설립된 법인의 시행자 및 물류단지 예정지역의 토지소유자 또는 그 토지소유자가 물류단지개발을 위하여 설립한 조합이 물류단지개발사업의 시행으로
    ⓐ 새로 설치한 공공시설은 그 시설을 관리할 국가 또는 지자체에 무상으로 귀속되고,
    ⓑ 용도가 폐지되는 국가 또는 지자체 소유의 재산은 「국유재산법」 및 「공유재산 및 물품관리법」에도 불구하고 새로 설치한 공공시설의 설치비용에 상당하는 범위에서 시행자에게 무상으로 양도할 수 있다.

ⓒ 물류단지지정권자는 위 ㉠, ㉡에 따른 공공시설의 귀속 및 양도에 관한 사항이 포함된 실시계획을 승인하려는 때에는 미리 그 관리청의 의견을 들어야 하며, 실시계획을 변경 하고자 할 때에도 또한 같다.

㉣ 시행자는 국가 또는 지자체에 귀속될 공공시설과 시행자에게 귀속되거나 양도될 재산의 종류와 토지의 세부목록을 그 물류단지개발사업의 준공 전에 관리청에 통지하여야 하며, 해당 공공시설과 재산은 그 사업이 준공되어 시행자에게 준공인가통지를 한 때에 국가 또는 지자체에 귀속되거나 시행자에게 귀속 또는 양도된 것으로 본다.

⑤ 위 ④의 ㉠~㉣에 규정된 '공공시설의 범위'는 「국토의 계획 및 이용에 관한 법률」에 따른 공공시설 중 다음의 시설을 말한다.
- 도로, 공원, 광장, 철도, 녹지, 하천, 공공공지, 하수도, 공동구, 유수지시설, 구거, 주차장
- 운동장(국가·지방자치단체가 설치한 것만 해당한다), 수도(한국수자원공사가 설치하는 수도의 경우에는 관로만 해당한다)

⑥ 국·공유지 처분제한
㉠ 물류단지 안에 있는 국가 또는 지방자치단체 소유의 토지로서 물류단지개발사업에 필요한 토지는 해당 물류단지개발사업 목적이 아닌 다른 목적으로 매각하거나 양도할 수 없다.
㉡ 물류단지 안에 있는 국가 또는 지자체 소유의 재산은 시행자·입주기업체·지원기관에게 수의계약으로 매각할 수 있다.

(12) 물류단지개발사업의 비용 등 ▶기출 8회, 12회, 24회, 27회

① 비용의 부담 등
㉠ 물류단지개발사업에 필요한 비용은 시행자가 부담한다.
㉡ 물류단지에 필요한 전기시설·전기통신설비·가스공급시설 또는 지역난방시설은 대통령령으로 정하는 범위에서 해당 지역에 전기·전기통신·가스 또는 난방을 공급하는 자가 비용을 부담하여 설치하여야 한다. 다만 물류단지개발사업의 시행자·입주기업·지자체 등의 요청에 따라 전기간선시설을 땅속에 설치하는 경우에는 전기를 공급하는 자와 땅속에 설치할 것을 요청하는 자가 각각 100분의 50의 비율로 그 설치비용을 부담한다.
ⓒ 물류단지지정권자는 실시계획을 승인한 때에는 지체 없이 전기시설·전기통신설비·가스공급시설 또는 지역난방시설의 설치자에게 그 사실을 알려야 한다.

② 물류단지개발사업의 지원
㉠ 국가나 지자체가 물류단지개발사업에 필요한 비용의 일부를 보조 또는 융자할 수 있는 비용의 종목
물류단지의 간선도로의 건설비, 물류단지의 녹지의 건설비, 이주대책사업비, 물류단지시설용지와 지원시설용지의 조성비 및 매입비, 용수공급시설·하수도 및 폐수 종말처리시설의 건설비, 문화재 조사비

기출문제 ▶기출 21회

물류시설의 개발 및 운영에 관한 법령상 국가나 지방자치단체가 물류단지개발사업에 필요한 비용의 일부를 보조 또는 융자할 수 있는 종목이 아닌 것은?
① 물류단지의 간선도로의 건설비
② 이주대책사업비
③ 물류단지 밖에 설치되는 매연저감시설 설치비
④ 문화재 조사비
⑤ 물류단지시설용지와 지원시설용지의 조성비 및 매입비

정답 ③

기출문제 ▶기출 24회

물류시설의 개발 및 운영에 관한 법령상 물류단지의 원활한 개발을 위하여 국가나 지방자치단체가 설치를 우선적으로 지원하여야 하는 기반시설에 해당하는 것을 모두 고른 것은?

ㄱ. 물류단지 안의 공동구
ㄴ. 유수지 및 광장
ㄷ. 보건위생시설
ㄹ. 집단에너지공급시설

① ㄱ, ㄴ
② ㄱ, ㄴ, ㄹ
③ ㄱ, ㄷ, ㄹ
④ ㄴ, ㄷ, ㄹ
⑤ ㄱ, ㄴ, ㄷ, ㄹ

정답 ②

ⓒ 국가나 지자체가 물류단지의 원활한 개발을 위하여 필요한 기반시설의 설치에 우선적으로 지원하는 시설
　　　도로·철도 및 항만시설, 용수공급시설 및 통신시설, 하수도시설 및 폐기물처리시설, 물류단지 안의 공동구, 집단에너지공급시설, 유수지 및 광장
③ 물류단지개발특별회계의 설치 및 운용·관리
　　⊙ 시·도지사 또는 시장·군수는 물류단지개발사업을 촉진하기 위하여 지자체에 특별회계를 설치할 수 있다.
　　ⓒ 특별회계의 운용 및 관리
　　　ⓐ 물류단지개발특별회계에서 보조할 수 있는 범위
　　　　• 해당 지자체의 장이 시행하는 물류단지개발사업의 공사비, 물류단지개발사업과 관련된 「국토의 계획 및 이용에 관한 법률」에 따른 도시·군계획시설사업의 공사비 및 사유대지의 보상비
　　　　• 지자체의 장 외의 자가 시행하는 물류단지개발사업 중 도시·군계획시설의 설치에 필요한 공사비의 2분의 1 이하, 물류단지개발사업과 관련된 「국토의 계획 및 이용에 관한 법률」의 도시·군계획시설사업의 공사비의 2분의 1 이하, 조사·연구비와 경비의 2분의 1 이하
　　　ⓑ 물류단지개발특별회계에서 융자할 수 있는 범위
　　　　• 물류단지개발사업과 관련된 지자체의 장이 시행하는 「국토의 계획 및 이용에 관한 법률」에 따른 도시·군계획시설사업의 공사비의 2분의 1 이하
　　　　• 지자체의 장 외의 자가 시행하는 다음의 사업비의 3분의 1 이하
　　　　　- 물류단지개발사업 중 도시·군계획시설의 설치에 필요한 공사비)
　　　　　- 물류단지개발사업과 관련된 「국토의 계획 및 이용에 관한 법률」에 따른 도시·군 계획시설사업의 공사비
④ 선수금
　　⊙ 선수금을 받으려는 시행자는 다음의 요건을 갖추어야 한다.
　　　ⓐ 국가·지자체·대통령령으로 정하는 공공기관·지방공사가 시행자일 경우: 실시계획 승인을 받을 것
　　　ⓑ 특별법·민법 또는 상법에 따라 설립된 법인이 시행자일 경우: 다음의 요건을 모두 갖출 것
　　　가. 실시계획 승인을 받을 것
　　　나. 분양하려는 토지에 대한 소유권을 확보하고, 해당 토지에 설정된 저당권을 말소하였을 것
　　　다. 분양하려는 토지에 대한 개발사업의 공사진척율이 100분의 10 이상에 달하였을 것
　　　라. 분양계약을 이행하지 아니한 경우 선수금액의 환불을 담보하기 위하여 「국가를 당사자로 하는 계약에 관한 법률 시행령」의 보증서·보험증권·정기예금증서·수익 증권 등의 내용이 포함된 보증서를 물류단지지정권자에게 제출할 것, 보증 또는 보험금액은 선수금에 그 금액

에 대한 보증 또는 보험기간에 해당하는 약정이자 상당액을 더한 금액 이상으로 할 것, 보증 또는 보험기간의 개시일은 선수금을 받은 날 이전이어야 하며, 종료일은 준공일로부터 30일 이상 지난날 일 것. 다만, 그 사업기간을 연장하는 경우에는 당초의 보증 또는 보험기간에 그 연장한 기간을 더한 기간을 보증 또는 보험기간으로 하는 보증서 등을 제출하여야 한다.
　ⓒ 시행자는 위 ㉠에 따라 선수금을 받은 후에는 그가 조성한 용지나 시설을 담보로 제공하여서는 아니 되며, 물류단지지정권자는 시행자가 분양계약의 내용대로 사업을 이행하지 아니하거나 이행할 능력이 없다고 인정되는 경우에는 해당 물류단지의 준공 전에 보증서 등을 선수금의 환불을 위하여 사용할 수 있다.
⑤ 시설부담금
　㉠ 물류단지지정권자는 시행자에게 도로·공원·녹지 그 밖에 대통령령으로 정하는 공공시설(물류단지의 진입도로 및 간선도로, 물류단지의 공원 및 녹지, 용수공급시설, 하수도시설, 전기통신시설 및 폐기물처리시설, 국가나 지자체에 무상으로 귀속되는 공공시설)을 설치하게 하거나 기존의 공원 및 녹지를 보존하게 할 수 있다.
　ⓒ 시행자는 공공시설의 설치나 기존의 공원 및 녹지의 보존에 필요한 비용에 충당하기 위하여 그 비용의 범위에서 존치시설의 소유자에게 시설부담금을 납부하게 할 수 있다.
　ⓒ 시행자는 물류시설분과위원회 또는 지역물류정책위원회의 심의를 거쳐 시설물별 부담금을 면제할 수 있다.
⑥ 이주대책 및 이주자 등의 취업
　㉠ 시행자는 「공익사업을 위한 토지 등의 취득 및 보상에 관한 법률」로 정하는 바에 따라 물류단지개발사업으로 인하여 생활의 근거를 상실하게 되는 이주자에 대한 이주대책 등을 수립·시행하여야 한다.
　ⓒ 입주기업체 및 지원기관은 특별한 사유가 없으면 이주자 또는 인근지역의 주민을 우선적으로 고용하여야 한다.

(13) 물류단지개발사업의 준공인가 ▶ 기출 19회

① 시행자는 물류단지개발사업의 전부 또는 일부를 완료하면 지정권자의 준공인가를 받아야 한다.
② 시행자가 준공인가를 신청한 경우에 물류단지지정권자는 관계 중앙행정기관, 지자체, 또는 대통령령으로 정하는 공공기관, 연구기관, 그 밖의 전문기관의 장에게 준공인가에 필요한 검사를 의뢰할 수 있으며, 이 경우 공공시설에 대한 검사는 원칙적으로 그 시설을 관리할 국가 또는 지자체에 의뢰하여야 한다.
③ 시행자가 준공인가를 받은 때에는 물류단지개발실시계획승인으로 의제되는 인·허가 등에 따른 해당 사업의 준공에 관한 검사·인가·신고·확인 등을 받은 것으로 본다.

④ 원칙적으로 준공인가 전에는 물류단지개발사업으로 개발된 토지나 시설을 사용할 수 없으며, 다만 대통령령으로 정하는 바에 따라 지정권자의 사용허가를 받은 경우에는 그러하지 아니하다.
⑤ 물류단지지정권자는 위 ④ 단서에 따른 사용허가의 신청을 받은 날부터 15일 이내에 허가 여부를 신청인에게 통지하여야 한다.

(14) 관계 서류 등의 열람

① 시행자는 물류단지개발사업을 시행할 때 필요하면 국가 또는 지방자치단체에 서류의 열람 또는 등사를 하거나 그 등본 또는 초본의 교부를 청구할 수 있다.
② 국가 또는 지자체는 발급하는 서류에 대하여는 수수료를 부과하지 아니한다.

(15) 물류단지의 분양·임대 및 처분 등 ▶ 기출 10회

① 물류단지의 개발에 따른 토지·시설 등의 처분
  ㉠ 시행자는 물류단지개발사업에 따라 개발한 토지·시설 등(도시첨단물류단지개발사업의 경우에는 시설의 설치가 완료되지 아니한 토지는 제외한다)을 직접 사용하거나 분양 또는 임대할 수 있으며, 토지·시설 등의 처분방법·절차·가격기준 등에 관한 필요한 사항은 대통령령으로 정한다.
  ㉡ 입주기업체 또는 지원기관은 물류단지시설 또는 지원시설의 설치를 완료하기 전에 분양 받은 토지·시설 등을 처분하려는 때에는 시행자 또는 관리기관에게 양도하여야 하며, 다만 시행자나 관리기관이 매수할 수 없는 때에는 대통령령으로 정하는 바에 따라 시행자나 관리기관이 매수신청을 받아 선정한 다른 입주기업체·지원기관 또는 한국토지주택공사, 은행법에 따라 인가를 받은 은행, 그 밖에 대통령령으로 정하는 자(신용보증기금, 기술신용보증기금, 한국자산관리공사, 농협은행, 수협중앙회, 산림조합중앙회, 중소기업중앙회, 중소기업진흥공단, 지방공사 등)에게 양도하여야 한다.
② 처분제한 대상 토지·시설 등의 양도·처분신청서 등
  ㉠ 입주기업체 또는 지원기관은 분양받은 토지·시설 등을 위 ①㉡에 따라 물류단지시설 또는 지원시설의 설치를 끝내기 전에 시행자 또는 관리기관에 양도하려는 경우에는 처분신청서에 국토부령이 정하는 서류를 첨부하여 시행자 또는 관리기관에 제출하여야 한다.
  ㉡ 처분신청서를 받은 시행자 또는 관리기관은 그 처분신청서를 받은 날부터 45일 안에 양도할 대상자를 선정하여 처분신청인에게 알려야 한다.
③ 물류단지시설 등의 건설공사 착수 등
  입주기업체 또는 지원기관은 시행자와 분양계약을 체결한 날(물류단지개발사업의 준공 전에 분양계약을 체결한 경우에는 준공일을 말하고, 물류단지개발사업의 준공인가 전 사용허가를 받은 경우에는 사용허가일을 말한다)부터 4년 안에 그 물류단지시설 또는 지원시설의 건설공사에 착수하거나 토지·시설 등을 처분하여야 하며, 다만 국토교통부령이 정하는 정당한 사유가 있는 경우에는 그러하지 아니하다.

④ 이행강제금 ▶ 기출 28회
  ㉠ 물류단지지정권자는 물류단지시설 등 건설공사 착수 등의 의무를 이행하지 아니한 입주 기업체 또는 지원기관에 대하여 의무이행기간이 끝난 날부터 6개월이 경과한 날까지 그 의무를 이행할 것을 명하여야 하며, 그 기한까지 의무를 이행하지 아니하면 해당 토지ㆍ시설 등 재산가액(부동산가격공시 및 감정평가에 관한 법률에 따른 감정평가법인 등의 감정평가액)의 100분의 20에 해당하는 금액의 이행강제금을 부과할 수 있다.
  ㉡ 물류단지지정권자는 이행강제금을 부과하기 전에 이행강제금을 부과하고 징수한다는 뜻을 미리 문서로 알려야 하며, 이행강제금을 부과하려는 경우에는 이행강제금의 금액, 부과사유, 납부기간, 이의제기 방법 및 이의제기 기관 등을 명시한 문서로써 하여야 한다.
  ㉢ 물류단지지정권자는 4년이 만료한 다음날을 기준으로 하여 매년 1회 그 의무가 이행될 때까지 반복하여 이행강제금을 부과하고 징수할 수 있다.
  ㉣ 물류단지지정권자는 물류단지시설 건설공사 착수 등 의무가 있는 자가 그 의무를 이행한 경우에는 새로운 이행강제금의 부과를 중지하되, 이미 부과된 이행강제금은 징수하여야 한다.
  ㉤ 위의 규정한 사항 외에 이행강제금의 부과 및 징수절차는 국토교통부령으로 정하며, 이행강제금의 부과 및 징수절차는 「국고금관리법 시행규칙」을 준용한다.

⑤ 물류단지의 재정비사업 등 ▶ 기출
  ㉠ 물류단지지정권자는 준공(부분준공 포함)된 날부터 20년이 지나서 물류산업구조의 변화 및 물류시설의 노후화 등으로 물류단지를 재정비할 필요가 있는 경우에는 직접 또는 관계중앙행정기관의 장이나 시장ㆍ군수ㆍ구청장의 요청에 따라 물류단지재정비사업을 할 수 있으며, 다만 준공된 날부터 20년이 지나지 아니한 물류단지에 대하여도 업종의 재배치 등이 필요한 경우에는 물류단지재정비사업을 할 수 있다.
  ㉡ 물류단지재정비사업은 물류단지의 전부 또는 부분재정비사업으로 구분하며, 전부 재정비사업은 토지이용계획 및 주요 기반시설계획의 변경을 수반하는 경우로서 지정된 물류 단지면적의 100분의 50 이상을 재정비(단계적 재정비 포함)하는 사업을 말한다.
  ㉢ 물류단지지정권자는 물류단지재정비사업을 하려는 경우에는 입주기업체와 관계 지자체의 장의 의견을 듣고 관계 행정기관의 장과 협의하여 물류단지재정비계획을 수립ㆍ고시하되, 부분재정비사업인 경우에는 재정비계획 고시를 생략할 수 있으며, 재정비계획을 변경할 때(대통령령으로 정하는 경미한 사항 [위 (1)②㉣ 외의 사항)변경은 제외]에도 또한 같다.
  ㉣ 물류단지재정비사업의 시행자로 지정받은 자는 물류단지재정비사업계획을 수립하여 물류단지지정권자의 승인을 받아야 한다.
  ㉤ 물류단지지정권자는 재정비시행계획을 승인하려면 미리 입주기업체 또는 관계지자체의 장의 의견을 듣고 관계행정기관의 장과 협의하여야 한다.

ⓑ 부분재정비사업은 물류시설분과위원회 또는 지역물류정책위원회의 심의를 거치지 아니 할 수 있으며, 법 제25조(행위제한 등)는 물류단지지정권자가 개발행위에 대하여 제한이 필요하다고 인정하여 지정·고시한 지역에만 준용한다.

⑥ 물류단지의 분양가격의 결정
  ㉠ 분양가격
    ⓐ 시행자가 개발한 토지·시설 등을 물류단지시설용지로 분양하는 경우의 분양가격 : 조성원가 + 적정이윤. 다만, 시행자가 필요하다고 인정하는 경우에는 그 이하의 금액으로 할 수 있다.
    ⓑ 시행자가 대규모점포, 전문상가단지 등 판매를 목적으로 사용될 토지·시설 등(주민의 당초 토지 등의 소유상황과 생업 등을 고려하여 생활대책에 필요한 토지·시설 등을 대체하여 공급 하는 경우는 제외)의 분양가격 : 「감정평가 및 감정평가사에 관한 법률」에 따른 감정평가액을 예정가격으로 하여 실시한 경쟁입찰에 따라 정할 수 있다.
    ⓒ 물류단지시설용지 외의 용도로 공급하는 시설 등의 분양가격 : 「감정평가 및 감정평가사에 관한 법률」에 따라 감정평가액을 기준으로 결정하되, 시행자가 필요하다고 인정하는 경우에는 그 이하의 금액으로 할 수 있다.
    ⓓ 시행자는 위 ⓒ에도 불구하고 물류단지의 종사자 및 이용자의 주거를 위한 단독주택, 공동주택 등의 시설 중 「민간임대주택에 관한 특별법」에 따른 민간건설 임대주택 또는 「공공주택특별법」에 따른 공공건설임대주택의 건설을 위한 용도로 토지를 공급하는 경우 그 분양가격은 조성원가에 적정이윤을 합한 금액으로 한다.
  ㉡ 조성원가 : 용지비 + 용지부담금 + 기반시설설치비 + 조성비 + 직접인건비 + 이주대책비 + 판매비 + 일반관리비 + 자본비용 + 그 밖의 비용
  ㉢ 적정이윤 : [조성원가 - (자본비용 + 개발사업대행비용 + 선수금)]의 100분의 5를 초과하지 아니하는 범위에서 해당 물류단지의 입주수요와 지역간 균형발전의 촉진 등 지역여건을 고려하여 시행자가 정한다.
  ㉣ 선수금을 낸 자에 대하여 정산하는 경우에는 선수금 납부일부터 정산일까지의 시중은행 1년 만기 정기예금이자율에 해당하는 금액을 정산금에서 빼야 한다.
  ㉤ 시행자가 준공인가 전에 물류단지시설용지를 분양한 경우에는 해당 물류단지개발사업을 위하여 투입된 총사업비 및 적정이윤을 기준으로 준공인가 후에 분양가격을 정산할 수 있다.

⑦ 임대료의 산정기준
시행자가 물류단지개발사업으로 개발한 토지·시설 등을 임대하려는 경우 그 임대료의 산정기준은 다음과 같으며, 다만 시행자가 필요하다고 인정하는 경우에는 임대료를 그 이하의 금액으로 할 수 있다.

㉠ 임대하려는 토지·시설 등의 최초의 임대료 : 분양가격 × 국토부령으로 정하는 임대요율(100분의 3)을 곱한 금액
㉡ 임대기간의 만료 등으로 인하여 재계약을 하는 경우의 임대료
　ⓐ 토지만을 임대하는 경우 : 「부동산 가격공시에 관한 법률」에 따라 산정한 개별공시지가 × 국토부령으로 정하는 임대요율을 곱한 금액
　ⓑ 토지와 시설 등을 함께 임대하거나 시설 등만을 임대하는 경우 : 「감정평가 및 감정평가사에 관한 법률」에 따른 감정평가업자가 평가한 감정평가액 × 국토부령으로 정하는 임대요율을 곱한 금액
㉢ 시행자는 지역여건 및 해당 물류단지시설용지 등의 분양실적 등을 감안하여 임대요율을 5%의 범위에서 늘리거나 줄일 수 있다.
⑧ 시행자가 수의계약으로 토지·시설 등을 공급할 수 있는 경우
㉠ 학교용지·공공청사용지 등을 국가 또는 지자체 및 해당 공공시설을 설치할 수 있는 자에게 공급하는 경우
㉡ 고시한 물류단지개발실시계획에 따라 존치하는 시설물의 유지관리에 필요한 최소한의 토지를 공급하는 경우
㉢ 「공익사업을 위한 토지 등의 취득 및 보상에 관한 법률」에 따른 협의에 응하여 그가 소유하는 물류단지의 토지 등의 전부를 시행자에게 양도한 자에게 국토부령이 정하는 기준에 따라 토지를 공급하는 경우 : 1필지 당 165제곱미터 이상 330제곱미터 이하의 범위에서 국토부 장관이 정하여 고시하는 면적에 따른 토지를 공급하는 경우
㉣ 토지상환채권에 따라 토지를 상환하는 경우
㉤ 도지의 규모 및 형상, 입지조건 등에 비추어 도지이용가치가 현저히 낮은 도지로서 인접토지소유자 등에게 공급하는 것이 불가피하다고 인정되는 경우
㉥ 국가 또는 지자체, 대통령령으로 정하는 공공기관, 지방공사에 해당하는 시행자가 물류산업의 발전을 위하여 물류단지에서 복합적이고 입체적인 개발이 필요하여 국토부령이 정하는 절차와 방법에 따라 선정된 자에게 토지를 공급하는 경우
㉦ 물류터미널을 건설하기 위한 부지 안의 국가 또는 지자체의 소유재산을 물류터미널사업 자에게 매각하는 경우
⑨ 물류단지의 관리 ▶ 기출 7회, 8회, 9회, 11회, 14회, 27회
㉠ 물류단지의 관리기관
　ⓐ 물류단지지정권자는 효율적인 관리를 위하여 대통령령으로 정하는 관리기구 또는 입주기업체가 자율적으로 구성한 입주기업체협의회에 물류단지를 관리하도록 하여야 한다.
　ⓑ 대통령령으로 정하는 관리기구 : 한국토지주택공사, 한국도로공사, 한국수자원공사, 한국농어촌공사, 항만공사, 지방공사
　ⓒ 입주기업체협의회 및 관리기구의 구성과 운영에 필요한 사항은 대통령령으로 정한다.

ⓒ 물류단지 관리지침
  ⓐ 국토교통부 장관은 물류단지관리지침을 작성하여 관보에 고시하여야 한다.
  ⓑ 물류단지관리지침을 작성하려는 때에는 시·도지사의 의견을 듣고 관계 중앙행정기관의 장과 협의한 후 물류시설분과위원회의 심의를 거쳐야 하며, 물류단지관리지침 중 대통령령으로 정하는 사항을 변경하려는 때에도 또한 같다.
ⓒ 물류단지 관리계획
  ⓐ 관리기관은 물류단지관리계획을 수립하여 물류단지지정권자에게 제출하여야 한다.
  ⓑ 물류단지관리계획에 포함되어야 할 사항
    가. 관리할 물류단지의 면적 및 범위에 관한 사항
    나. 물류단지시설의 설치 및 운영에 관한 사항
    다. 지원시설의 설치 및 운영에 관한 사항
    라. 그 밖에 물류단지의 관리에 필요한 관한 사항
ⓔ 공동부담금 : 관리기관은 물류단지 안의 폐기물처리장, 가로등, 단지의 도로, 수질오염 방지시설의 설치·유지 및 보수를 위하여 필요하면 입주기업체 및 지원기관으로부터 공동부담금을 받을 수 있다.
ⓜ 조세 등의 감면 : 국가 또는 지자체는 물류단지의 원활한 개발 및 입주기업체의 유치를 위하여 지방세, 농지보전부담금, 대체산림자원 조성비, 개발부담금, 과밀부담금 등을 감면할 수 있다.

5. 물류 교통·환경 정비사업

(1) 물류 교통·환경 정비지구의 지정 신청 및 지정요건

① 시장·군수·구청장은 물류시설의 밀집으로 도로 등 기반시설의 정비와 소음·진동·미세 먼지 저감 등 생활환경의 개선이 필요한 경우로서 대통령령으로 정하는 요건에 해당하는 경우 시·도지사에게 물류 교통·환경정비지구(이하 '정비지구'라 한다)의 지정을 신청할 수 있으며, 정비지구를 변경하려는 경우에도 또한 같다.

② 위 ①에 따라 물류 교통·환경 정비지구의 지정을 신청할 수 있는 지역은 다음의 요건을 모두 충족하는 지역으로 한다.
  ㉠ 물류시설의 밀집으로 도로의 신설·확장·개량 및 보수 등 기반시설의 정비가 필요하거나 소음·진동 방지, 미세먼지 저감 등 생활환경의 개선이 필요한 지역일 것
  ㉡ 정비지구로 지정하려는 지역의 면적이 30만 제곱미터 이상일 것
  ㉢ 물류시설 총부지면적이 정비지구로 지정하려는 지역의 면적의 100분의 30 이상일 것

③ 정비지구의 지정 또는 변경을 신청하려는 시장·군수·구청장은 다음의 사항을 포함한 물류 교통·환경 정비계획(이하 '정비계획'이라 한다)을 수립하여 시·도지사에게 제출하여야 한다. 이 경우 정비지구가 둘 이상의 시·군·구의 관할 지역에 걸쳐있는 경우에는 관할 시장·군수·구청장이 공동으로 이를 수립·제출한다.
  ㉠ 위치·면적·정비기간 등 정비계획의 개요
  ㉡ 정비지구의 현황(인구수, 물류시설의 수와 면적·교통량·물동량 등)
  ㉢ 도로의 신설·확장·개량 및 보수 등 교통정비계획
  ㉣ 소음·진동 방지, 대기오염 저감 등 환경정비계획
  ㉤ 물류 교통·환경 정비사업의 비용분담계획
  ㉥ 그 밖에 대통령령으로 정하는 사항

④ 시장·군수·구청장은 정비지구의 지정 또는 변경을 신청하려는 경우에는 주민설명회를 열고, 그 내용을 14일 이상 주민에게 공람하여 의견을 들어야 하며, 지방의회의 의견을 들은 후(이 경우 지방의회는 시장·군수·구청장이 정비지구의 지정 또는 변경 신청서를 통지한 날부터 60일 이내에 의견을 제시하여야 하며, 의견제시 없이 60일이 지난 때에는 이의가 없는 것으로 본다) 그 의견을 첨부하여 신청하여야 한다. 다만, 대통령령으로 정하는 경미한 사항의 변경을 신청하려는 경우에는 주민설명회, 주민 공람, 주민의 의견청취 및 지방의회의 의견청취 절차를 거치지 아니할 수 있다.

⑤ 주민설명회, 주민 공람 및 주민의 의견청취 방법 등에 관하여 필요한 사항은 대통령령으로 정한다.

(2) 물류 교통·환경 정비지구의 지정 등

① 시·도지사는 정비지구의 지정을 신청 받은 경우에는 관계 행정기관의 장과 협의하고 대통령령으로 정하는 바에 따라 물류단지계획심의위원회와「국토의 계획 및 이용에 관한 법률」에 따른 지방도시계획위원회가 공동으로 하는 심의를 거쳐 정비지구를 지정한다. 정비지구의 지정을 변경하려는 경우에도 또한 같다.

② 협의를 요청받은 관계 행정기관의 장은 특별한 사유가 없으면 그 요청을 받은 날부터 30일 이내에 의견을 제시하여야 한다.

③ 시·도지사는 정비지구를 지정하거나 변경할 때에는 대통령령으로 정하는 바에 따라 그 내용을 지체 없이 해당 지방자치단체의 공보에 고시하여야 한다.

④ 시·도지사가 정비지구를 지정하거나 변경하였을 때에는 국토교통부령으로 정하는 바에 따라 국토교통부 장관에게 보고하여야 한다.

⑤ 시·도지사는 물류단지계획심의위원회와「국토의 계획 및 이용에 관한 법률」에 따른 지방 도시계획위원회가 공동으로 정비지구의 지정을 심의하게 하기 위하여 공동위원회를 구성한다.
  ㉠ 공동위원회는 다음의 기준에 따라 구성한다.
    ⓐ 위원장을 제외한 공동위원회의 위원은 물류단지 계획심의위원회와 지

방도시계획위원회의 위원 중에서 시·도지사가 임명하거나 위촉할 것
ⓑ 공동위원회의 위원 수는 25명 이내로 할 것
ⓒ 공동위원회의 위원 중 물류단지계획심의위원회 위원이 2분의 1 이상이 되도록 할 것
ⓒ 공동위원회의 위원장은 특별시·광역시·특별자치시의 경우에는 시장이 지명하는 부시장으로 하고, 도·특별자치도의 경우에는 도지사가 지명하는 부지사로 한다.

(3) 물류 교통·환경 정비지구 지정의 해제

① 시·도지사는 물류 교통·환경 정비사업의 추진 상황으로 보아 정비지구의 지정 목적을 달성하였거나 달성할 수 없다고 인정하는 경우에는 대통령령으로 정하는 바에 따라 물류단지 계획심의위원회와 「국토의 계획 및 이용에 관한 법률」에 따른 지방도시계획위원회가 공동으로 하는 심의를 거쳐 정비지구의 지정을 해제할 수 있다.
② 정비지구의 지정을 해제하려는 시·도지사는 물류단지계획심의위원회와 「국토의 계획 및 이용에 관한 법률」에 따른 지방도시계획위원회가 공동으로 하는 심의 전에 주민설명회를 열고, 그 내용을 14일 이상 주민에게 공람하여 의견을 들어야 하며, 지방의회의 의견을 들어야 한다. 이 경우 지방의회는 의견을 요청받은 날부터 60일 이내에 의견을 제시하여야 하며, 의견제시 없이 60일이 지난 때에는 이의가 없는 것으로 본다.
③ 시·도지사는 정비지구의 지정을 해제할 때에는 대통령령으로 정하는 바에 따라 그 내용을 지체 없이 해당 지방자치단체의 공보에 고시하여야 한다.
④ 시·도지사가 정비지구의 지정을 해제하였을 때에는 국토교통부령으로 정하는 바에 따라 국토교통부 장관에게 보고하여야 한다.
⑤ 주민설명회, 주민 공람 및 주민의 의견청취 방법 등에 관하여 필요한 사항은 대통령령으로 정한다.
⑥ 정비지구의 지정 해제
㉠ 시·도지사는 위 ①에 따라 정비지구의 지정을 해제하려는 때에는 물류단지계획심의위원회와 지방도시계획위원회가 공동으로 하는 심의 전에 관할 시장·군수·구청장의 의견을 들어야 한다.
㉡ 위 ①에 따른 정비지구 지정 해제의 심의에 관하여는 위 (2)⑤를, 위 (3)②에 따른 주민 설명회, 주민 공람 및 주민의 의견청취 방법 등에 관하여는 위 (1)④를 각각 준용한다.

(4) 물류 교통·환경 정비사업의 지원 ▶ 기출 25회

국가 또는 시·도지사는 위 (2)에 따라 지정된 정비지구에서 시장·군수·구청장에게 다음의 사업에 대한 행정적·재정적 지원을 할 수 있다.
① 도로 등 기반시설의 신설·확장·개량 및 보수
② 「화물자동차 운수사업법」에 따른 공영차고지 및 화물자동차 휴게소의 설치

③ 「소음·진동관리법」에 따른 방음·방진시설의 설치
④ 그 밖에 정비지구의 교통·환경 정비를 위하여 대통령령으로 정하는 사업
   • "대통령령으로 정하는 사업"이란 「환경친화적 자동차의 개발 및 보급 촉진에 관한 법률」에 따른 전기자동차의 충전시설 및 수소연료공급시설을 설치·정비 또는 개량하는 사업을 말한다.

III 기타

1. 보칙

(1) 청문실시 ▶ 기출 13회

① 복합물류터미널사업 등록의 취소를 하고자 하는 경우
①의2 : 거짓이나 그 밖의 부정한 방법으로 스마트물류센터의 인증을 받은 경우의 인증의 취소와 스마트물류센터인증기관의 지정을 취소하는 경우
② 물류창고업 등록의 취소
③ 시행자가 다음에 해당하는 경우에 지정·승인·인가를 국토부 장관 또는 시·도지사가 취소하고자 하는 경우(㉠~㉤은 반드시 취소)
   ㉠ 거짓이나 그 밖의 부정한 방법으로 물류단지의 지정을 받은 경우
   ㉡ 거짓이나 그 밖의 부정한 방법으로 시행자의 지정을 받은 경우
   ㉢ 거짓이나 그 밖의 부정한 방법으로 실시계획의 승인을 받은 경우
   ㉣ 거짓이나 그 밖의 부정한 방법으로 준공인가를 받은 경우
   ㉤ 거짓이나 그 밖의 부정한 방법으로 재정비시행계획의 승인을 받은 경우
   ㉥ 사정이 변경되어 물류단지개발사업을 계속 시행하는 것이 불가능하게 된 경우

2. 벌직 및 과태료

(1) 벌칙(1년 이하의 징역 또는 1천만 원 이하의 벌금) ▶ 기출 20회, 21회

① 복합물류터미널사업자와 물류창고업자가 등록하지 아니하고 경영한 자
② 복합물류터미널사업자가 공사시행인가 또는 변경인가를 받지 아니하고 공사를 시행한 자
③ 복합물류터미널사업자와 물류창고업자가 성명 또는 상호를 다른 사람에게 사용하게 하거나 등록증을 대여한 자
④ 물류창고업자가 변경등록을 하지 아니하고 등록한 사항을 경영한 자
⑤ 행위제한 등을 위반하여 건축물의 건축 등을 한 자
⑥ 거짓 그 밖의 부정한 방법으로 물류단지개발사업의 시행자 지정 또는 물류단지지정권자의 승인을 받은 자

⑦ 개발한 토지·시설 등의 처분제한을 위반하여 토지 또는 시설을 처분한 자(다만, 그 처분행위로 얻은 이익이 3천만 원 이상인 경우에는 1년 이하의 징역 또는 그 이익에 상당하는 금액 이하의 벌금에 처한다)
⑧ 물류창고업 등록요건에 해당하는 물류창고를 갖추고 「관세법」에 따른 보세창고의 설치·운영, 「유해화학물질관리법」에 따른 유독물 보관·저장업 또는 취급제한물질 보관·저장업, 「식품위생법」에 따른 식품보존업 중 식품 냉동·냉장업, 「축산물 위생관리법」에 따른 축산물보관업 및 「수산물품질관리법」에 따른 냉동·냉장업에 해당하는 물류창고업을 등록 또는 변경등록을 하지 아니하고 경영한 자는 제외한다.

(2) 3천만 원 이하의 벌금 ▶ 기출 25회

규정을 위반하여 거짓의 인증마크를 제작·사용하거나 스마트물류센터임을 사칭한 자

(3) 300만 원 이하의 과태료 ▶ 기출 21회

① 보고 또는 자료제출을 하지 않거나, 거짓으로 한 경우
② 검사를 방해·거부한 경우

(4) 200만 원 이하의 과태료 ▶ 기출 15회, 21회

① 복합물류터미널사업을 양수하여 사업승계의 신고를 하지 아니한 경우
② 스마트물류센터의 소유자 또는 대표자가 인증이 취소되어 인증마크를 계속 사용한 경우

2장 핵심문제

01 물류시설의 개발 및 운영에 관한 법령상 물류시설개발종합계획에 대한 설명으로 옳지 않은 것은?

① 국토교통부장관은 물류시설의 합리적 개발·배치 및 물류체계의 효율화 등을 위하여 물류시설의 개발에 관한 종합계획(이하 "물류시설개발종합계획"이라 한다)을 5년 단위로 수립하여야 한다.
② 물류시설개발종합계획은 물류시설을 지역별 분류에 따라 체계적으로 수립한다.
③ 물류시설개발종합계획에는 물류시설의 장래수요에 관한 사항, 물류시설의 공급정책 등에 관한 사항 등이 포함되어야 한다.
④ 단위물류시설이라 함은 창고 및 집배송센터 등 물류활동을 개별적으로 수행하는 최소 단위의 물류시설을 의미한다.
⑤ 연계물류시설이라 함은: 물류시설 상호 간의 화물운송이 원활히 이루어지도록 제공되는 도로 및 철도 등 교통시설을 의미한다.

정답 ②

해설 물류시설개발종합계획은 물류시설을 기능별(단위물류시설, 집적[클러스터(cluster)]물류시설, 연계물류시설)분류에 따라 체계적으로 수립한다.

02 물류시설의 개발 및 운영에 관한 법령상 복합물류터미널사업의 등록과 관련된 내용으로 옳지 않은 것은?

① 복합물류터미널사업을 경영하려는 자는 국토교통부령으로 정하는 바에 따라 국토교통부장관에게 등록하여야 한다.
② 복합물류터미널사업의 등록을 할 수 있는 자는 국가 또는 지방자치단체, 특별법에 따라 설립된 법인 등이 있다.
③ 복합물류터미널사업의 등록을 한 자가 그 등록한 사항 중 대통령령으로 정하는 사항을 변경하려는 경우에는 대통령령으로 정하는 바에 따라 변경등록을 하여야 한다.
④ 복합물류터미널의 등록을 하려는 자는 부지 면적이 20만2천제곱미터 이상일 것 등의 등록기준을 갖추어야 한다.
⑤ 국토교통부장관은 복합물류터미널사업의 등록을 할 수 있는 자가 등록기준을 갖추지 못한 경우 등을 제외하고는 등록을 해주어야 한다.

정답 ④

해설 복합물류터미널의 등록을 하려는 자는 부지 면적이 3만3천제곱미터 이상일 것 등의 등록기준을 갖추어야 한다.

03 물류시설의 개발 및 운영에 관한 법령상 국토교통부장관이 복합물류터미널사업자의 등록을 취소하여야만 하는 경우로 옳은 것은 무엇인가?

① 변경등록을 하지 아니하고 등록사항을 변경한 때
② 등록기준에 맞지 아니하게 된 때
③ 인가 또는 변경인가를 받지 아니하고 공사를 시행하거나 변경한 때
④ 사업의 전부 또는 일부를 휴업한 후 정당한 사유 없이 제15조제1항에 따라 신고한 휴업기간이 지난 후에도 사업을 재개(再開)하지 아니한 때
⑤ 거짓이나 그 밖의 부정한 방법으로 등록을 한 때

정답 ⑤

해설 ①~④의 경우에는 등록을 취소하거나 6개월 이내의 기간을 정하여 사업의 정지를 명할 수 있다.

04 물류시설의 개발 및 운영에 관한 법령상 스마트물류센터에 관한 내용으로 옳지 않은 무엇인가?

① 국토교통부 장관은 스마트물류센터의 보급을 촉진하기 위하여 스마트물류센터를 인증 할 수 있다.
② 인증의 유효기간은 인증을 받은 날부터 5년으로 한다.
③ 국토교통부 장관은 스마트물류센터의 인증 및 점검업무를 수행하기 위하여 인증기관을 지정할 수 있다.
④ 스마트물류센터의 인증을 받으려는 자는 인증기관에 신청하여야 한다.
⑤ 국토교통부 장관은 스마트물류센터의 인증을 신청한 자가 그 인증을 받은 경우 국토부 령으로 정하는 바에 따라 인증서를 교부하고, 인증을 나타내는 표시(인증마크)를 사용하게 할 수 있다.

정답 ②

해설 인증의 유효기간은 인증을 받은 날부터 3년으로 한다.

05 물류시설의 개발 및 운영에 관한 법령상 물류단지지정의 해제에 관한 내용으로 옳지 않은 무엇인가?

① 물류단지로 지정·고시된 날부터 5년 이내에 물류단지의 전부 또는 일부에 대하여 물류 단지개발실시계획의 승인을 신청하지 아니하면 그 기간이 지난 다음날 해당지역에 대한 물류단지의 지정이 해제된 것으로 본다.

② 물류단지지정권자는 물류단지의 전부 또는 일부에 대한 개발전망이 없게 된 경우와 개발이 완료되어 물류단지가 준공(부분준공 포함)된 지 10년 이상 된 것으로서 주변상황과 물류산업 여건이 변화되어 물류단지재정비사업을 하더라도 물류단지 기능수행이 어려울 것으로 판단되는 경우에는 대통령령이 정하는 바에 따라 해당 지역에 대한 물류 단지 지정의 전부 또는 일부를 해제할 수 있다.

③ 물류단지의 지정으로「국토의 계획 및 이용에 관한 법률」에 따른 용도지역이 변경·결정 된 후 해당 물류단지의 지정이 해제된 경우에는 해당 물류단지에 대한 용도지역은 변경·결정되기 전의 용도지역으로 환원된 것으로 본다.

④ 물류단지지정권자는 물류단지의 지정을 해제하려는 경우에는 해제사유 및 내역,「국토 의 계획 및 이용에 관한 법률」에 따른 용도지역의 환원에 관한 사항을 명시하여 관계 행정기관의 장과 협의하여야 한다.

⑤ 물류단지의 지정이 해제된 경우에 물류단지지정권자가는 물류단지의 명칭, 해제되는 물류단지의 위치 및 면적 등을 고시하여야 한다.

정답 ②

해설 물류단지지정권자는 물류단지의 전부 또는 일부에 대한 개발전망이 없게 된 경우와 개발이 완료되어 물류단지가 준공(부분준공 포함)된 지 20년 이상 된 것으로서 주변상황과 물류산업 여건이 변화되어 물류단지재정비사업을 하더라도 물류단지 기능수행이 어려울 것으로 판단되는 경우에는 대통령령이 정하는 바에 따라 해당 지역에 대한 물류 단지 지정의 전부 또는 일부를 해제할 수 있다.

제3장 화물자동차 운수사업법

I. 화물자동차 운수사업법의 총칙

1. 목적
화물자동차 운수사업의 효율적 관리와 건전한 육성, 화물의 원활한 운송도모, 공공복리 증진에 기여함을 목적으로 한다.

2. 용어의 정의 ▶기출 10회, 21회

(1) 화물자동차

「자동차관리법」에 따른 화물자동차 및 국토교통부령으로 정하는 특수자동차(일반형·덤프형·밴형 및 특수용도형화물자동차와 견인형·구난형 및 특수작업형특수자동차를 말하며, 이 경우 밴형 화물자동차는 물품적재장치의 바닥면적이 승차장치의 바닥면적보다 넓고, 승차정원이 3명 이하이어야 한다)

(2) 화물자동차 운수사업

화물자동차 운송사업(일반·개인)·화물자동차 운송주선사업·화물자동차 운송가맹사업

(3) 화물자동차 운송사업 ▶기출 20회, 22회

다른 사람의 요구에 응하여 화물자동차를 사용하여 화물을 유상으로 운송하는 사업을 말하며, 이 경우 화주가 화물자동차에 함께 탈 때의 화물은 중량, 용적, 형상 등이 여객자동차 운송사업용 자동차에 싣기 부적합한 것으로 그 기준 및 대상 차량은 다음과 같다.

① 화물의 기준
  ㉠ 화주 1명당 화물의 중량이 20kg 이상일 것
  ㉡ 화주 1명당 화물의 용적이 4만세제곱미터
  ㉢ 불결하거나 악취가 나는 농산물·수산물·축산물, 혐오감을 주는 동물·식물, 기계·기구류 등 공산품, 합판·각목 등 건축기자재 및 폭발성·인화성·부식성 물품 중 어느 하나에 해당하는 물품일 것
② 대상 차량: 밴형 화물자동차

(4) 화물자동차 운송주선사업 ▶기출 13회, 21회, 28회

다른 사람의 요구에 응하여 유상으로 화물운송계약을 중개·대리하거나, 화물자동차 운송사업자 또는 화물자동차 운송가맹사업자의 화물 운송수단을 이용하여

자기의 명의와 계산으로 화물을 운송하는 사업(화물이 이사화물인 경우에는 포장 및 보관 등 부대서비스를 함께 제공하는 사업을 포함한다)

(5) 화물자동차 운송가맹사업 ▶ 기출 21회

다른 사람의 요구에 응하여 자기의 화물자동차를 사용하여 유상으로 화물을 운송하거나, 화물 정보망(인터넷 홈페이지 및 이동통신단말장치에서 사용되는 응용프로그램을 포함한다)을 통하여 소속 화물자동차 운송가맹점(운송사업자 및 화물자동차 운송사업의 경영의 일부를 위탁 받은 사람인 운송가맹점만을 말한다)에 의뢰하여 화물을 운송하게 하는 사업

(6) 화물자동차 운송가맹사업자

국토교통부령이 정하는 바에 따라 국토부 장관의 허가를 받아 화물자동차 운송가맹사업의 허가를 받은 자

(7) 화물자동차 운송가맹점

화물자동차 운송가맹 사업자의 운송가맹점으로 가입한 자로서 "운송가맹사업자의 화물정보망을 이용하여 운송화물을 배정받아 화물을 운송하는 운송사업자, 운송가맹사업자의 화물운송 계약을 중개·대리하는 운송주선사업자, 운송가맹사업자의 화물정보망을 이용하여 운송화물을 배정받아 화물을 운송하는 자로서 화물자동차 운송사업의 경영의 일부를 위탁받은 사람(다만, 경영의 일부를 위탁한 운송사업자가 화물자동차 운송가맹점으로 가입한 경우는 제외한다)"의 어느 하나에 해당하는 자

(8) 공영차고지

화물자동차 운수사업에 제공되는 차고지로서 특별시장·광역시장·특별자치 시장·도지사·특별자치도지사 또는 시장·군수·자치구의 구청장 및 「공공기관의 운영에 관한 법률」에 따른 공공기관 중 대통령령으로 정하는 공공기관(인천국제공항공사, 한국공항공사, 한국도로공사, 한국철도공사, 한국토지주택공사, 항만공사), 「지방공기업법」에 따른 지방공사가 설치한 것

(9) 영업소

주사무소 외의 장소에서 운송사업자 또는 운송가맹사업자가 화물자동차를 배치하여 그 지역의 화물을 운송하는 사업과 운송주선사업자가 화물운송을 주선하는 사업을 영위하는 곳

(10) 화물자동차 휴게소 ▶ 기출 24회

화물자동차의 운전자가 화물의 운송 중 휴식을 취하거나 화물의 하역을 위하여 대기할 수 있도록 「도로법」에 따른 도로 등 화물의 운송경로나 「물류시설의 개발 및 운영에 관한 법률」에 따른 물류시설 등 물류거점에 휴게시설과 차량의 주차·정비·주유 등 화물운송에 필요한 기능을 제공하기 위하여 건설하는 시설물

> **기출문제** ▶ 기출 24회
>
> 화물자동차 운수사업법령상 화물자동차 휴게소의 건설사업 시행에 관한 설명으로 옳지 않은 것은?
> ① 「한국철도시설공단법」에 따른 한국철도시설공단은 화물자동차 휴게소 건설사업을 할 수 있는 공공기관에 해당하지 않는다.
> ② 화물자동차 휴게소 건설사업을 시행하려는 자는 사업의 명칭·목적, 사업을 시행하려는 위치와 면적 등 대통령령으로 정하는 사항이 포함된 건설계획을 수립하여야 한다.
> ③ 화물자동차 휴게소의 건설 대상지역 및 시설기준은 국토교통부령으로 정한다.
> ④ 「도로법」제10조에 따른 고속국도 또는 일반국도에 인접한 지역으로서 총중량 8톤 이상인 화물자동차의 일일 평균 교통량이 3천대 이상인 지역은 화물자동차 휴게소의 건설 대상지역이다.
> ⑤ 사업시행자는 건설계획을 수립한 때에는 이를 공고하고, 관계 서류의 사본을 20일 이상 일반인이 열람할 수 있도록 하여야 한다.
>
> 정답 ①

(11) 화물차주

화물을 직접 운송하는 자로서 개인화물자동차 운송사업의 허가를 받은 자(개인 운송사업자)와 경영의 일부를 위탁받은 사람(위·수탁차주)의 어느 하나에 해당하는 자

(12) 화물자동차 안전운송원가(2022년 12월 31일 일몰)

화물차주에 대한 적정한 운임의 보장을 통하여 과로, 과속, 과적 운행을 방지하는 등 교통안전을 확보하기 위하여 화주, 운송사업자, 운송주선사업자 등이 화물운송의 운임을 산정할 때에 참고할 수 있는 운송원가로서 화물자동차 안전운임위원회의 심의·의결을 거쳐 국토부 장관이 공표한 원가

(13) 화물자동차 안전운임(2022년 12월 31일 일몰)

화물차주에 대한 적정한 운임의 보장을 통하여 과로, 과속, 과적 운행을 방지하는 등 교통안전을 확보하기 위하여 필요한 최소한의 운임으로서 화물자동차 안전운송원가에 적정이윤을 더하여 화물자동차 안전운임위원회의 심의·의결을 거쳐 국토부 장관이 공표한 운임을 말하며, 화물자동차 안전운송운임[화주가 운송사업자, 운송주선사업자 및 운송가맹사업자(이하 '운수사업자'라 한다) 또는 화물차주에게 지급하여야 하는 최소한의 운임]과 화물자동차 안전위탁운임(운수 사업자가 화물차주에게 지급하여야 하는 최소한의 운임)으로 구분한다.

II 화물자동차 사업의 운영

1. 화물자동차 운송사업 ▶ 기출 27회

(1) 화물자동차 운송사업의 허가 등

① 화물자동차 운송사업을 경영하려는 자는 일반화물자동차 운송사업과 개인화물자동차 운송사업의 구분에 따라 국토교통부 장관의 허가를 받아야 한다.
  ㉠ 일반화물자동차 운송사업 : 20대 이상의 범위에서 대통령령으로 정하는 대수(20대) 이상의 화물자동차를 사용하여 화물을 운송하는 사업
  ㉡ 개인화물자동차 운송사업 : 화물자동차 1대를 사용하여 운송하는 사업으로서 대통령령으로 하는 사업
② 허가사항을 변경하려면 국토교통부 장관의 변경허가를 받아야 하며, 다만 대통령령으로 정하는 경미한 사항을 변경하려면 국토교통부 장관에게 신고하여야 한다.
③ 화물자동차운송사업의 허가사항 변경신고 대상
  아래 ㉠, ㉡, ㉲의 경우에는 그 변경사유가 발생한 날부터 30일 이내에 허가사항변경신고 서를 협회에 제출하여야 한다.
  ㉠ 상호의 변경

> **기출문제** ▶ 기출 21회
>
> 화물자동차 운수사업법령상 화물자동차 운송사업의 허가 등에 관한 설명으로 옳은 것은?
> ① 화물자동차 운송사업에 대한 허가를 받은 자가 상호를 변경하는 경우에는 추가적으로 국토교통부 장관에게 허가를 받아야 한다.
> ② 화물자동차 운송사업의 허가를 받은 자가 화물자동차 운송가맹사업을 경영하고자 하는 경우 별도로 국토교통부 장관의 운송가맹사업 허가를 받을 필요가 없다.
> ③ 운송사업자는 그의 주사무소가 광역시에 있는 경우 그 광역시와 맞닿은 도에 있는 공동차고지를 차고지로 이용하더라도 그 광역시에 차고지를 설치하여야 한다.

ⓒ 대표자의 변경(법인인 경우만 해당)
　　ⓒ 화물취급소의 설치 또는 폐지
　　ⓔ 화물자동차의 대폐차(화물자동차운수사업용으로 사용되던 차량을 다른 차량으로 교체하는 행위)
　　ⓜ 주사무소·영업소 및 화물취급소의 이전. 다만, 주사무소 이전의 경우에는 관할 관청의 행정구역 내에서의 이전만 해당한다.
④ 국토부 장관은 변경신고를 받은 날부터 3일 이내에 신고수리 여부를 신고인에게 통지하여야 하며, 3일 이내에 신고수리 여부 또는 민원 처리 관련 법령에 따른 처리기간의 연장 여부를 신고인에게 통지하지 아니하면 그 기간이 끝난 날의 다음 날에 신고를 수리한 것으로 본다.
⑤ 운송사업자가 증차를 수반하는 허가사항을 변경할 수 없는 경우
　　⊙ 국토교통부 장관의 개선명령을 받고 이를 이행하지 아니한 경우
　　ⓒ 감차조치 명령을 받은 후 1년이 경과되지 아니한 경우
⑥ 운송사업자는 허가받은 날부터 5년 마다 국토부령으로 정하는 바에 따라 허가기준에 관한 사항을 국토교통부 장관에게 신고하여야 한다(운송주선업자와 운송가맹사업자도 또한 같다).
⑦ 운송사업자는 주사무소 외의 장소에서 상주하여 영업하려면 국토부령으로 정하는 바에 따라 국토부 장관의 허가를 받아 영업소를 설치하여야 한다. 다만, 개인 운송사업자의 경우에는 그러하지 아니하다.
⑧ 국토부 장관은 해지된 위·수탁계약의 위·수탁차주였던 자가 허가취소 또는 감차조치가 있는 날부터 3개월 내에 허가를 신청하는 경우 6개월 이내로 기간을 한정하여 임시허가를 할 수 있으며, 다만 운송사업자의 허가취소 또는 감차조치의 사유와 직접 관련이 있는 화물자동차의 위·수탁차주였던 자는 제외한다.
⑨ 임시허가를 받은 자가 허가기간 내에 다른 운송사업자와 위·수탁계약을 체결하지 못하고 임시허가 기간이 만료된 경우 3개월 내에 임시허가를 신청할 수 있다.
⑩ 국토교통부 장관은 화물자동차 운수사업의 질서를 확립하기 위하여 화물자동차 운송사업의 허가 또는 증차를 수반하는 변경허가에 조건 또는 기한을 붙일 수 있다.
⑪ 국토부 장관은 운송사업자가 사업정지처분을 받은 경우에는 주사무소를 이전하는 변경허가를 하여서는 아니 된다.

(2) 사업허가 신청 및 허가절차
① 화물자동차 운송사업의 허가를 받으려는 자 중 화물을 집화·분류·배송하는 형태의 운송 사업을 하는 운송사업자와 전속 운송 계약을 통해 화물의 집화·배송만을 담당하고자 허가를 신청하는 자는 화물자동차운송사업 허가신청서에 첨부할 서류에 국토교통부 장관이 정하여 고시하는 서류를 추가로 제출하여야 한다.

---

④ 운송사업자가 주사무소를 관할 관청의 행정구역 외로 이전하는 경우에는 국토교통부 장관에게 신고하여야 한다.
⑤ 운송사업자가 화물운송 종사자격이 없는 자에게 화물을 운송하게 하였다는 이유로 국토교통부 장관으로부터 감차(減車) 조치 명령을 받은 후 1년이 지나지 아니한 경우에는 증차를 수반하는 허가사항을 변경할 수 없다.

정답 ⑤

기출문제 ▶ 기출 24회

화물자동차 운수사업법상 위·수탁계약에 관한 설명으로 옳은 것은? (단, 권한위임에 관한 규정은 고려하지 않음)
① 국토교통부장관은 해지된 위·수탁계약의 위·수탁차주였던 자가 감차 조치가 있는 날부터 6개월이 지난 후 임시허가를 신청하는 경우 3개월로 기간을 한정하여 허가할 수 있다.
② 임시허가를 받은 자가 허가 기간 내에 다른 운송사업자와 위·수탁계약을 체결하지 못하고 임시허가 기간이 만료된 경우 6개월 내에 임시허가를 신청할 수 있다.
③ 국토교통부장관이 건전한 거래질서의 확립과 공정한 계약의 정착을 위하여 표준 위·수탁계약서를 고시한 경우에는 계약당사자의 위·수탁계약은 이에 따라야 한다.
④ 운송사업자가 부정한 방법으로 변경허가를 받았다는 사유로 위·수탁주의 화물자동차가 감차 조치를 받은 경우에는 해당 운송사업자와 위·수탁차주의 위·수탁계약은 해지된 것으로 본다.
⑤ 위·수탁계약의 내용 중 일부에 대하여 당사자 간 이견이 있는 경우 계약내용을 일방의 의사에 따라 정함으로써 상대방의 정당한 이익을 침해한 경우에는 그 위·수탁계약은 전부 무효로 한다.

정답 ④

> **기출문제** ▶ 기출 24회
>
> 화물자동차 운수사업법상 화물자동차 운송사업의 허가를 받을 수 없는 결격사유가 있는 자에 해당하는 것을 모두 고른 것은?
>
> ㄱ. 이 법을 위반하여 징역 이상의 형(形)의 집행유예를 선고받고 그 유예기간이 지난 후 1년이 지난 자
> ㄴ. 이 법을 위반하여 징역 이상의 실형(實形)을 선고받고 그 집행이 면제된 날부터 1년이 지난 자
> ㄷ. 부정한 방법으로 화물자동차 운송사업의 허가를 받아 허가가 취소된 후 3년이 지난 자
> ㄹ. 화물운송 종사자격이 없는 자에게 화물을 운송하게 하여 허가가 취소된 후 3년이 지난 자
>
> ① ㄴ
> ② ㄱ, ㄷ
> ③ ㄴ, ㄷ
> ④ ㄱ, ㄴ, ㄹ
> ⑤ ㄴ, ㄷ, ㄹ
>
> 정답 ③

② 관할관청에 허가신청서 제출 → 서류 구비와 공급기준의 적합여부 심사 → 화물자동차 운송사업 예비허가증 발급 → 신청일부터 20일 이내에 확인(허가결격사유의 유무, 화물자동차의 등록여부, 차고지 설치여부 등 허가기준에 맞는지 여부, 적재물배상책임보험 또는 공제의 가입여부, 화물자동차 운전업무에 종사하는 자의 화물운송 종사자격 보유여부 → 화물 자동차 운송사업 허가증 발급 → 협회에 통지 → 허가대장에 기록·관리

③ 화물자동차운송사업 허가신청서에 첨부하여야 할 서류
  ㉠ 주사무소·영업소 및 화물취급소의 명칭·위치·규모를 기재한 서류
  ㉡ 주사무소 및 영업소에 배치하는 화물자동차의 대수·종별·차명·형식·연식 및 최대 적재량을 기재한 서류
  ㉢ 차고지 설치 확인서
  ㉣ 화물자동차의 매매계약서·양도증명서·본인이 소유자로 기재된 자동차등록증이나 자동차제작증
  ㉤ 화물자동차 운송사업 임시허가증[위 (1)⑨에 따라 허가를 신청하는 경우만 해당]

④ 임시허가 신청 등 ▶ 기출 28회
  ㉠ 화물자동차 운송사업의 임시허가를 받으려는 자는 화물자동차 운송사업 임시허가 신청서를 관할관청에 제출하여야 하며, 다음의 서류를 첨부하여야 한다.
    ⓐ 법 제40조의3 제3항에 따라 해지된 위·수탁계약의 위·수탁차주였음을 증명하는 서류
    ⓑ 주사무소의 위치를 적은 서류
    ⓒ 차고지 설치 확인서
  ㉡ 관할관청은 화물자동차 운송사업의 허가신청을 받았을 때에는 신청일부터 10일 이내에 화물자동차의 등록여부, 차고지 설치여부 등 허가기준에 맞는지 여부, 화물운송 종사자격 보유여부, 적재물배상보험등의 가입여부 등을 확인한 후 화물자동차 운송사업 임시 허가증을 발급하여야 한다.
  ㉢ 관할관청은 화물자동차 운송사업 임시허가증을 발급하였을 때에는 그 사실을 협회에 통지하고 화물자동차 운송사업 허가대장에 기록·관리하여야 한다.

(3) **허가 결격사유** ▶ 기출 8회, 9회, 24회, 24회

다음의 어느 하나에 해당하는 자는 화물자동차 운송사업의 허가를 받을 수 없으며, 법인의 경우 그 임원 중 다음의 어느 하나에 해당하는 자가 있는 경우에도 또한 같다.
① 피성년후견인 또는 피한정후견인
② 파산선고를 받고 복권되지 아니한 자
③ 이 법을 위반하여 징역 이상의 실형을 선고받고 그 집행이 끝나거나(집행이 끝난 것으로 보는 경우를 포함) 집행이 면제된 날부터 2년이 지나지 아니한 자
④ 이 법을 위반하여 징역 이상의 형의 집행유예를 선고받고 그 유예기간 중에 있는 자

⑤ 화물자동차 운송사업의 허가가 취소된 후 2년이 지나지 아니한 자
⑥ 부정한 방법으로 화물자동차 운송사업의 허가를 받은 경우 또는 부정한 방법으로 화물자동차 운송사업의 변경허가를 받거나, 변경허가를 받지 아니하고 허가사항을 변경한 경우에 해당하여 허가가 취소된 후 5년이 지나지 아니한 자

(4) 차고지의 설치 ▶기출 18회, 21회

허가를 받으려는 화물자동차 운송사업자는 주사무소 또는 영업소가 있는 특별시·광역시·특별자치시·특별자치도·시·군(광역시의 군은 제외) 또는 같은 도내에 있는 이에 맞닿은 시·군에 차고지를 설치하여야 한다. 다만, 다음의 어느 하나에 해당하는 경우에는 그러하지 아니하다(차고지를 설치하지 않아도 되는 경우).

① 주사무소 또는 영업소가 특별시·광역시에 있는 경우 그 특별시·광역시·특별자치시와 맞닿은 특별시·광역시·특별자치시 또는 도에 있는 공동차고지, 공영차고지, 화물자동차 휴게소, 화물터미널 또는 지자체의 조례로 정한 시설을 차고지로 이용하는 경우
② 주사무소 또는 영업소가 시·군에 있는 경우 그 시·군이 속하는 도에 있는 공동차고지, 공영차고지, 화물자동차 휴게소, 화물터미널 또는 지자체의 조례로 정한 시설을 차고지로 이용하는 경우
③ 주사무소 또는 영업소가 시·군에 있는 경우 그 시·군이 속하는 도와 맞닿은 특별시·광역시·특별자치시 또는 도에 있는 공동차고지, 공영차고지, 화물자동차 휴게소, 화물터미널 또는 지자체의 조례로서 정한 시설을 차고지로 이용하는 경우

(5) 화물자동차 운송사업의 허가기준 ▶기출 5회, 6회, 10회, 24회

① 허가기준
허가기준대수, 보유차고면적, 자동차의 종류, 사무실 및 영업소, 업무형태
② 화물자동차 운송사업 허가기준에 관한 사항을 신고하려는 자는 5년이 지난날부터 3개월 이내에 운송사업 허가사항 신고서에 서류를 첨부하여 관할관청에 제출하여야 한다(화물자동차를 1대만 보유하고 있는 운송사업자는 제외, 운송주선사업, 운송가맹사업도 또한 같다).

구분	일반화물자동차 운송사업	개인화물자동차 운송사업
허가기준대수	20대 이상	1대
사무실 및 영업소	영업에 필요한 면적	없음
화물자동차의 종류	「화물자동차관리법」에 따른 화물자동차 또는 특수자동차	「화물자동차관리법」에 따른 화물자동차 또는 특수자동차
최저보유 차고면적	화물자동차 1대당 해당 화물자동차의 길이와 너비를 곱한 면적	해당 화물자동차의 길이와 너비를 곱한 면적. 다만, 주사무소가 있는 특별시·광역시·특별자치시·특별자치도·시 또는 군의 주차 여건과 교통 상황 등을 고려하여 최대적

기출문제 ▶기출 24회

화물자동차 운수사업법령상 운송사업자의 준수사항에 관한 설명으로 옳지 않은 것은?

① 최대적재량 1.5톤 이하의 화물자동차의 경우에는 주차장, 차고지 또는 지방자치단체의 조례로 정하는 시설 및 장소에서만 밤샘주차할 것
② 화주로부터 부당한 운임 및 요금의 환급을 요구받았을 때에는 환급할 것
③ 「자동차관리법」에 따른 검사를 받지 아니하고 화물자동차를 운행하지 아니할 것
④ 개인화물자동차 운송사업자의 경우 주사무소가 있는 특별시·광역시·특별자치시 또는 도와 맞닿은 특별시·광역시·특별자치시 또는 도에 상주하여 화물자동차 운송사업을 경영하지 아니할 것
⑤ 화물자동차 운전자가 「도로교통법」을 위반해서 난폭운전을 하지 않도록 운행관리를 할 것

정답 ④

		재량 1.5톤 이하(특수자동차의 경우 총중량 3.5톤 이하) 화물자동차를 소유하고 있는 개인화물자동차 운송사업자에게 차고지를 설치하지 않도록 해당 지자체의 조례로 정한 경우에는 차고지를 정하지 않을 수 있다.
업무형태	제한 없음	좌동(다만, 집하등만을 위해 허가를 받으려는 경우에는 국토부 장관이 고시하는 시설 및 장비기준을 갖추고, 화물을 집화·분류·배송하는 형태의 운송사업을 하는 자와의 전속 운송계약을 운송사업자의 명의로 사업을 수행할 것)

(6) 운임·요금과 운송약관의 신고 ▶기출 22회, 25회 빈출

① 운송사업자는 운임과 요금을 정하여 미리 국토교통부 장관에게 신고하여야 하며, 이를 변경하려는 때에도 또한 같다.

② 국토부 장관은 운송사업자로부터 운임과 요금에 대한 신고 또는 변경신고를 받은 날부터 14일 이내에 신고수리 여부를 신고인에게 통지하여야 한다.

③ 국토부 장관이 정한 기간 내에 신고수리 여부 또는 민원처리 관련 법령에 따른 처리기간의 연장 여부를 신고인에게 통하지 아니하면 그 기간이 끝난 날의 다음 날에 신고를 수리한 것으로 본다.

④ 운임 및 요금을 신고하여야 하는 운송사업자 또는 운송가맹사업자는 다음의 어느 하나에 해당하는 운송사업자 또는 화물자동차를 직접 소유한 운송가맹사업자를 말한다.
   ㉠ 구난형 특수자동차를 사용하여 고장차량·사고차량 등을 운송하는 운송사업자 또는 운송가맹사업자
   ㉡ 밴형 화물자동차를 사용하여 화주와 화물을 함께 운송하는 운송사업자 및 운송가맹사업자

⑤ 운송사업자는 운송약관을 정하여 국토교통부 장관에게 신고하여야 하며, 이를 변경하려는 때에도 또한 같다.

⑥ 국토부 장관은 운송사업자로부터 운송약관에 대한 신고 또는 변경신고를 받은 날부터 3일 이내에 신고수리 여부를 신고인에게 통지하여야 한다.

⑦ 국토부 장관이 화물자동차 운수사업법령에서 정한 기간 내에 신고수리 여부를 신고인에게 통지하지 아니하면 그 기간이 끝난 날의 다음 날에 신고를 수리한 것으로 본다.

⑧ 운송약관의 신고 또는 변경신고는 협회로 하여금, 운임·요금의 신고 또는 변경신고를 연합회로 하여금 대리하게 할 수 있다.

⑨ 국토교통부 장관은 협회 또는 연합회가 작성한 것으로서 공정거래위원회의 심사를 거친 화물운송에 관한 표준약관이 있으면 운송사업자에게 그 사용을 권장할 수 있다.

기출문제 ▶기출 22회

화물자동차 운수사업법령상 운송약관에 관한 설명으로 옳지 않은 것은?

① 운송약관의 변경신고에 대한 수리 여부는 변경신고를 받은 날부터 3일 이내에 신고인에게 통지되어야 한다.
② 국토교통부 장관이 수리기간 내에 운송약관 신고수리 여부를 신고인에게 통지하지 아니하면 수리기간이 끝난 날에 신고를 수리한 것으로 본다.
③ 운송약관의 신고 또는 변경신고는 이 법 제48조에 따른 협회로 하여금 대리하게 할 수 있다.
④ 운송약관에는 손해배상 및 면책에 관한 사항을 적어야 한다.
⑤ 운송사업자가 화물자동차 운송사업의 허가를 받는 때에 표준약관의 사용에 동의하면 운송약관을 신고한 것으로 본다.

정답 ②

⑩ 운송사업자가 화물자동차 운송사업의 허가를 받는 때에 표준약관의 사용에 동의하면 국토 부장관에게 운송약관의 신고를 한 것으로 본다.
⑪ 운송약관신고서에는 운송약관 및 운송약관의 신·구 대비표를 첨부(변경신고인 경우)해야 한다.
⑫ 운송약관에 적어야 할 사항
  ㉠ 사업의 종류, 운임 및 요금의 수수 또는 환급에 관한 사항
  ㉡ 화물의 인도·인수·보관 및 취급에 관한 사항
  ㉢ 운송책임의 시기 및 종기
  ㉣ 손해배상 및 면책에 관한 사항
  ㉤ 기타 화물자동차 운송사업을 경영하는 데 필요한 사항

(7) 화물자동차 안전운임위원회의 설치

① 다음의 사항을 심의·의결하기 위하여 국토교통부 장관 소속으로 화물자동차 안전운임위원회를 둔다.
  ㉠ 화물자동차 안전운송원가 및 화물자동차 안전운임의 결정 및 조정에 관한 사항
  ㉡ 화물자동차 안전운송원가 및 화물자동차 안전운임이 적용되는 운송품목 및 차량의 종류 등에 관한 사항
  ㉢ 화물자동차 안전운임제도의 발전을 위한 연구 및 건의에 관한 사항
  ㉣ 그 밖에 화물자동차 안전운임에 관한 중요 사항으로서 국토교통부 장관이 회의에 부치는 사항
② 위원회는 위원장을 포함하여 15명 이내의 범위에서 화물차주·운수사업자·화주·공익을 대표하는 위원으로 구성하며, 위원장은 공익을 대표하는 위원 중에서 위원회가 선출한다.
③ 화물자동차안전운임위원회 구성 및 운영 등
  ㉠ 화물차주를 대표하는 위원 3명, 운수사업자(운송사업자, 운송주선사업자 및 운송가맹사업자)를 대표하는 위원 3명, 화주를 대표하는 위원 3명, 공익을 대표하는 위원 4명으로 구성한다.
  ㉡ 위원의 임기는 1년으로 하되, 연임할 수 있다. 다만, 위원의 사임 등으로 새로 위촉된 위원의 임기는 전임 위원의 잔여임기로 한다.
④ 위원회에는 위 ②의 위원 외에 관계 행정기관의 공무원으로 구성된 3명 이내의 특별위원을 둘 수 있다. 특별위원은 위원회의 회의에 출석하여 발언할 수 있다.
⑤ 화물자동차 안전운송원가 산정 등 위원회 업무에 관한 자문이나 위원회 심의·의결사항에 관한 사전검토 등을 위하여 위원회에 해당 분야 전문가로 구성된 전문위원회를 둔다. 이 경우 위원회는 전문위원회에 위원회 사무 중 일부를 위임할 수 있다.

(8) 화물자동차 안전운송원가 및 화물자동차 안전운임의 심의기준

① 위원회는 인건비, 감가상각비 등 고정비용·유류비, 부품비 등 변동비용·그 밖에 상하차 대기료, 운송사업자의 운송서비스 수준 등 평균적인 영업조건을 고려하여 대통령령으로 정하는 사항(화물의 상·하차 대기료, 운송사업자의 운송서비스 수준, 운송서비스 제공에 필요한 추가적인 시설 및 장비 사용료, 그 밖에 화물의 안전한 운송에 필수적인 사항으로서 위원회에서 필요하다고 인정하는 사항 : 영 제4조의6 제1항)을 고려하여 화물자동차 안전운송원가를 심의·의결한다.

② 위원회는 화물자동차 안전운송원가에 적정 이윤을 더하여 화물자동차 안전운임을 심의·의결 하며, 이 경우 적정이윤의 산정에 필요한 사항은 대통령령으로 정한다.

(9) 화물자동차 안전운송원가 및 화물자동차 안전운임의 공표

① 국토교통부 장관은 매년 10월 31일까지 위원회의 심의·의결을 거쳐 대통령령으로 정하는 운송품목(「자동차관리법」에 따른 피견인자동차의 경우 : 철강재, 「자동차관리법」에 따른 일반형 화물자동차의 경우 : 해당 화물자동차로 운송할 수 있는 모든 품목)에 대하여 다음 연도에 적용할 화물자동차 안전운송원가를 공표하여야 한다.

② 국토교통부 장관은 매년 10월 31일까지 위원회의 심의·의결을 거쳐 「자동차관리법」에 따른 특수자동차로 운송되는 수출입 컨테이너와 「자동차관리법에 따른 특수자동차」로 운송 되는 시멘트의 운송품목에 대하여 다음 연도에 적용할 화물자동차 안전운임을 공표하여야 한다.

③ 화물자동차 안전운송원가 및 화물자동차 안전운임의 공표 방법 및 절차 등에 필요한 사항은 대통령령으로 정한다.

④ 국토교통부 장관은 위원회의 심의·의결을 거친 화물자동차 안전운송원가 및 화물자동차 안전운임을 관보에 고시해야 한다.

(10) 화물자동차 안전운임의 효력 ▶기출 25회

① 화주는 운수사업자 또는 화물차주에게 화물자동차 안전운송운임 이상의 운임을 지급하여야 한다.

② 운수사업자는 화물차주에게 화물자동차 안전위탁운임 이상의 운임을 지급하여야 한다.

③ 화물운송계약 중 화물자동차 안전운임에 미치지 못하는 금액을 운임으로 정한 부분은 무효로 하며, 해당 부분은 화물자동차 안전운임과 동일한 운임을 지급하기로 한 것으로 본다.

④ 화주와 운수사업자·화물차주는 위 ①에 따른 운임 지급과 관련하여 서로 부정한 금품을 주고받아서는 아니 된다.

(11) 화물자동차 안전운임의 주지 의무
① 화물자동차 안전운임의 적용을 받는 화주와 운수사업자는 대통령령으로 정하는 바에 따라 해당 화물자동차 안전운임을 게시하거나 그 밖에 적당한 방법으로 운수사업자와 화물차주에게 알려야 한다.
② 화주와 운수사업자는 운송계약 또는 운송주선계약을 체결하려는 다른 운수사업자와 화물 차주에게 "화물자동차 안전운임의 액수, 화물자동차 안전운임의 효력발생 연월일"을 계약 체결 전까지 알려야 한다.

(12) 화물자동차 안전운임신고센터
① 국토교통부 장관은 화물자동차 안전운임에 미치지 못하는 운임의 지급에 대한 신고를 위하여 화물자동차 안전운임신고센터를 설치·운영하여야 한다.
② 화물자동차 안전운임신고센터의 설치 및 운영에 필요한 사항은 대통령령으로 정한다.
③ 화물자동차 안전운임신고센터는 "안전운임 위반 신고 접수, 위반사실 확인 및 관할 관청에 의 통보, 신고 처리 상황 안내, 화물자동차 안전운임제 홍보, 화물자동차 안전운임제정착을 위한 연구 등"의 업무를 수행한다.

(13) 운송비용 등 조사
① 국토교통부 장관은 화물자동차 안전운송원가 및 화물자동차 안전운임의 효율적인 심의를 위하여 화물운송에 소요되는 비용 등을 주기적으로 조사하여야 한다.
② 조사 방법 및 주기 등은 국토교통부령으로 정한다.
③ 화물운송 소요비용 조사 주기는 1년으로 한다.

(14) 운송사업자의 책임 ▶ 기출 10회, 13회, 16회, 20회
① 화물의 멸실·훼손 또는 인도지연('적재물 사고')으로 인한 운송사업자의 손해배상책임에 관하여는 상법을 준용한다.
② 화물이 인도기한이 지난 후 3개월 이내에 인도되지 아니하면 그 화물은 멸실된 것으로 본다.
③ 적재물사고로 발생한 운송사업자의 손해배상에 관하여 화주가 요청하면 국토부 장관은 이에 관한 분쟁을 조정할 수 있다.
④ 국토부 장관은 화주가 분쟁조정을 요청하면 지체 없이 그 사실을 확인하고 손해내용을 조사한 후 조정안을 작성하여야 한다.
⑤ 국토부 장관은 분쟁조정 업무를 '소비자기본법'에 따른 한국소비자원 또는 소비자단체에 위탁할 수 있다.

(15) 화물운송 종사자격의 결격사유
다음의 어느 하나에 해당하는 자는 화물운송 종사자격을 취득할 수 없다.
① 이 법을 위반하여 징역 이상의 실형을 선고받고 그 집행이 끝나거나 집행이

면제된 날부터 2년이 지나지 아니한 자, 이 법을 위반하여 징역 이상의 형의 집행유예를 선고받고 그 유예 기간 중에 있는 자
② 화물운송 종사자격이 취소된 날부터 2년이 지나지 아니한 자
③ 시험일 전 또는 교육일 전 5년 간 「도로교통법」에 해당하여 운전면허가 취소된 사람, 「도로 교통법」을 위반하여 운전면허를 받지 아니하거나 운전면허의 효력이 정지된 상태로 같은 법에 따른 자동차 등을 운전하여 벌금형 이상의 형을 선고받거나 운전 중 고의 또는 과실로 3명 이상이 사망하거나 20명 이상의 사상자가 발생한 교통사고를 일으켜 「도로교통법」에 따라 운전면허가 취소된 사람
④ 시험일 전 또는 교육일 전 3년 간 「도로교통법」에 해당하여 운전면허가 취소된 사람

(16) 화물자동차 운전자의 연령·운전경력의 요건 ▶ 기출 5회, 6회, 8회, 17회, 23회

① 화물자동차를 운전하기에 적합한 「도로교통법」에 따른 운전면허를 가지고 있을 것
② 20세 이상일 것
③ 운전경력이 2년 이상일 것(다만, 여객자동차운수사업용자동차 또는 화물자동차운수사업용 자동차를 운전한 경력이 있는 경우에는 그 운전경력이 1년 이상일 것)

(17) 운송사업자의 준수사항 ▶ 기출 24회, 25회 빈출

① 운송사업자는 허가받은 사항의 범위에서 사업을 성실하게 수행하여야 하며, 부당한 운송조건을 제시하거나 정당한 사유 없이 운송계약의 인수를 거부하거나, 그 밖에 화물운송 질서를 해치는 행위를 하여서는 아니된다.
② 운송사업자는 화물자동차 운전자의 과로를 방지하고 안전운행을 확보하기 위하여 운전자를 과도하게 승차근무하게 하여서는 아니된다.
③ 운송사업자는 운임 및 요금과 운송약관을 영업소 또는 화물자동차에 갖추어 두고 이용자가 요구하면 이를 내보여야 한다.
④ 위·수탁차주나 개인 운송사업자에게 화물운송을 위탁한 운송사업자는 해당 위·수탁차주나 개인 운송사업자가 요구하면 화물적재요청자와 화물의 종류·중량 및 운임 등 국토교통부령으로 정하는 사항을 적은 화물위탁증을 내주어야 한다. 다만, 운송사업자가 최대적재량 1.5톤 이상의 「자동차관리법」에 따른 화물자동차를 소유한 위·수탁차주나 개인 운송사업자에게 화물운송을 위탁하는 경우 국토교통부령으로 정하는 화물을 제외하고는 화물위탁증을 발급하여야 하며, 위·수탁차주나 개인 운송사업자는 화물위탁증을 수령하여야 한다.
⑤ 운송사업자는 위·수탁차주가 현물출자한 차량을 위·수탁차주의 동의 없이 타인에게 매도하거나 저당권을 설정하여서는 아니된다. 다만, 보험료 납부, 차량 할부금상환 등 위·수탁차주가 이행하여야 하는 차량관리 의무의 해태로 인하여 운송사업자의 채무가 발생하였을 경우에는 위·수탁차주에게 저당권을 설

정한다는 사실을 사전에 통지하고, 그 채무액을 넘지 아니하는 범위에서 저당권을 설정할 수 있다.
⑥ 운송사업자는 위·수탁계약으로 차량을 현물출자 받은 경우에는 위·수탁차주를 「자동차 관리법」에 따른 자동차등록원부에 현물출자로 기재하여야 한다.
⑦ 운송사업자는 위·수탁차주가 다른 운송사업자와 동시에 1년 이상의 운송계약을 체결하는 것을 제한하거나 이를 이유로 불이익을 주어서는 아니 된다.
⑧ 운송사업자는 화물운송을 위탁하는 경우 「도로법」 또는 「도로교통법」에 따른 기준을 위반 하는 화물의 운송을 위탁하여서는 아니 된다.
⑨ 「환경친화적 자동차의 개발 및 보급 촉진에 관한 법률」에 따른 전기자동차 또는 연료전지 자동차로서 국토부령으로 정하는 최대 적재량 이하인 화물자동차에 대하여 해당 차량과 그 경영을 다른 사람에게 위탁하지 아니하는 것을 조건으로 허가 또는 변경허가를 신청하는 경우에는 허가 또는 변경허가의 조건을 위반하여 다른 사람에게 차량이나 그 경영을 위탁하여서는 아니 된다.
⑩ 운송사업자는 화물자동차의 운전업무에 종사하는 운수종사자가 교육을 받는 데에 필요한 조치를 하여야 하며, 그 교육을 받지 아니한 화물자동차의 운전업무에 종사하는 운수종사자를 화물자동차 운수사업에 종사하게 하여서는 아니 된다.
⑪ 운송사업자는 「자동차관리법」을 위반하여 전기·전자장치(최고속도제한장치에 한정한다)를 무단으로 해체하거나 조작해서는 아니 된다.
⑫ 운송사업자는 운송가맹사업자의 화물정보망이나 「물류정책기본법」에 따라 인증받은 화물 정보망을 통하여 위탁받은 물량을 재위탁하는 등 화물운송질서를 문란하게 하는 행위를 하여서는 아니 된다.
⑬ 운송사업자는 택시 요금미터기의 장착을 하여서는 아니 된다.
⑭ 운송사업자는 화물자동차 운송사업을 양도·양수하는 경우에 양도·양수에 소요되는 비용 을 위·수탁차주에게 부담시켜서는 아니 된다.
⑮ 화물운송질서 확립, 화물자동차 운송사업의 차고지 이용 및 운송시설에 관한 사항과 그 밖에 수송의 안전 및 화주의 편의를 도모하기 위하여 운송사업자가 준수하여야 할 사항
  ㉠ 개인화물자동차 운송사업자의 경우 주사무소가 있는 특별시·광역시·특별자치시 또는 도와 맞닿은 특별시·광역시·특별자치시 또는 도외의 지역에 상주하여 화물 자동차 운송사업을 경영하지 아니할 것
  ㉡ 밤샘주차(0시부터 4시까지 사이에 하는 1시간 이상의 주차를 말한다)하는 경우에는 '해당 운송사업자의 차고지, 다른 운송사업자의 차고지, 공영차고지, 화물자동차 휴게소, 화물터미널, 그 밖에 지자체의 조례로 정하는 시설 또는 장소'에 해당하는 시설 및 장소에서만 할 것. 최대 적재량 1.5톤 이하의 화물자동차의 경우에는 주차장, 차고지 또는 지자체의 조례로 정하는 시설 및 장소에서만 밤샘주차할 것
  ㉢ 화주로부터 부당한 운임 및 요금의 환급을 요구받았을 때에는 환급할 것
  ㉣ 신고한 운송약관을 준수할 것

ⓜ 화물자동차 운전자의 취업 현황 및 퇴직 현황을 보고하지 아니하거나 거짓으로 보고하지 아니할 것
ⓑ 사업용 화물자동차의 바깥쪽에 다음 각 목의 구분에 따라 일반인이 알아보기 쉽도록 사업용 화물자동차임을 표시할 것. 다만, 국토교통부장관이 화물의 원활한 운송을 위하여 필요하다고 인정하여 공고하는 경우에는 일시적으로 이를 표시하지 않을 수 있다.
  ⓐ 일반화물자동차 운송사업자의 경우 : 해당 운송사업자의 명칭을 표시할 것
  ⓑ 개인화물자동차 운송사업자의 경우 : "개인화물"을 표시할 것
  ⓒ 「자동차관리법 시행규칙」 별표 1에 따른 밴형 화물자동차를 사용해서 화주와 화물을 함께 운송하는 운송사업자의 경우 : 가목 또는 나목에 따라 사업용 화물자동차임을 표시하고 추가로 "화물"을 한국어, 영어, 중국어 및 일본어로 표시할 것
ⓐ 「자동차관리법」에 따른 검사를 받지 아니하고 화물자동차를 운행하지 아니할 것
ⓞ 「자동차관리법 시행규칙」에 따른 구난형 특수자동차를 사용하여 고장·사고차량을 운송하는 운송사업자는 차량의 소유자 또는 운전자로부터 최종 목적지까지의 총 운임·요금에 '구난동의서'에 따른 구난동의를 받은 후 운송을 시작하고, 운수종사자로 하여금 운송하게 하는 경우에는 구난동의를 받은 후 운송을 시작하도록 지시할 것.
ⓩ 고장·사고차량이 주·정차 금지구역에 있는 경우 : 다음의 순서에 따른 통지 및 구난동의를 받을 것
  ⓐ 운송을 시작하기 전에 주·정차 가능 구역까지의 운임·요금에 대해 차량의 소유자 또는 운전자에게 구두 또는 서면으로 통지할 것
  ⓑ 주·정차 가능 구역에서 ㉠에 따른 운임·요금을 포함한 최종 목적지까지의 총 운임·요금에 대하여 '구난동의서'에 따른 구난동의를 받을 것
ⓩ 고장·사고차량의 소유자 또는 운전자의 사·중상 등 부득이한 사유가 있는 경우 : 구난동의 및 통지 생략 가능
㉠ 「자동차관리법 시행규칙」별표 1에 따른 밴형 화물자동차를 사용하여 화주와 화물을 함께 운송하는 운송사업자는 운송을 시작하기 전에 화주에게 구두 또는 서면으로 총 운임·요금을 통지하거나 소속 운수종사자로 하여금 통지하도록 지시할 것
ⓔ 휴게시간 없이 2시간 연속 운전한 운수종사자에게 15분 이상의 휴게시간을 보장할 것. 다만, '운송사업자 소유의 다른 화물자동차가 교통사고, 차량고장 등의 사유로 운행이 불가능하여 이를 일시적으로 대체하기 위하여 수송력 공급이 긴급히 필요한 경우와 천재지변이나 이에 준하는 비상사태로 인하여 수송력 공급을 긴급히 증가할 필요가 있는 경우, 교통사고·차량고장 또는 교통정체 등 불가피한 사유로 2시간 연속운전 후 휴게 시간 확보가 불가능한 경우'의 어느 하나에 해당하는 경우에는 1시간까지 연장운행을 하게 할 수 있으며 운행 후 30분 이상의 휴게시간을 보장해야 한다.

⑯ 화물자동차 운전자가 「도로교통법」을 위반해서 난폭운전을 하지 않도록 운행관리를 할 것

(18) 운송사업자의 직접운송 의무 등 ▶ 기출 21회, 23회, 27회 빈출

① 국토부령으로 정하는 운송사업자는 화주와 운송계약을 체결한 화물에 대하여 국토부령으로 정하는 비율 이상[일반화물자동차 운송사업자는 연간 운송계약 화물의 100분의 50 이상을 직접 운송하여야 한다. 다만, 사업기간이 1년 미만인 경우에는 신규허가를 받은 날 또는 휴업 후 사업개시일로부터 그해의 12월 31일까지의 운송계약화물을 기준으로 한다]을 해당 운송사업자에게 소속된 차량으로 직접 운송하여야 한다.

② 일반화물자동차 운송사업자가 운송주선사업을 동시에 영위하는 경우에는 연간 운송계약 및 운송주선계약 화물의 100분의 30 이상을 직접 운송하여야 하며, 다만 사업기간이 1년 미만인 경우에는 신규허가를 받은 날 또는 휴업 후 사업개시일로부터 그 해의 12월 31일까지의 운송계약화물을 기준으로 한다.

③ 운송사업자는 직접 운송하는 화물 이외의 화물에 대하여 다른 운송사업자와 다른 운송사업자에게 소속된 위·수탁차주 외의 자에게 운송을 위탁하여서는 아니 된다.

④ 다른 운송사업자나 운송주선사업자로부터 화물운송을 위탁받은 운송사업자와 운송가맹사업자로부터 화물운송을 위탁받은 운송사업자(운송가맹점인 운송사업자만 해당)는 해당 운송사업자에게 소속된 차량으로 직접 운송하여야 한다.

⑤ 운송사업자가 운송가맹사업자의 화물정보망이나 「물류정책기본법」에 따라 인증받은 화물 정보망을 이용하여 운송을 위탁하면 직접 운송한 것으로 보며, 직접운송의 인정기준은 위탁운송 화물의 100분의 80에서 100분의 100의 범위에서 국토부 장관이 정하여 고시하는 기준에 따른다.

(19) 운수종사자의 준수사항 ▶ 기출 16회, 23회

① 화물자동차 운송사업에 종사하는 운수종사자는 다음이 어느 하나에 해당하는 행위를 하여서는 아니 된다.
  ㉠ 정당한 사유 없이 화물을 중도에서 내리게 하는 행위
  ㉡ 정당한 사유 없이 화물의 운송을 거부하는 행위
  ㉢ 부당한 운임 또는 요금을 요구하거나 받는 행위
  ㉣ 고장 및 사고차량 등 화물의 운송과 관련하여 자동차관리사업자와 부정한 금품을 수수하는 행위
  ㉤ 일정한 장소에 오랜 시간 정차하여 화주를 호객하는 행위
  ㉥ 문을 완전히 닫지 아니한 상태에서 자동차를 출발시키거나 운행하는 행위
  ㉦ 택시 요금미터의 장착 등 국토부령으로 정하는 택시 유사표시 행위
  ㉧ 운송사업자가 적재된 화물이 떨어지지 아니하도록 국토부령으로 정하는 기준 및 방법에 따라 덮개·포장·고정장치 등 필요한 조치를 하지 아니하고 화물자동차를 운행하는 행위

기출문제 ▶ 기출 23회

화물자동차 운수사업법상 운수종사자의 준수사항이 아닌 것은?

① 운송사업자에게 화물의 종류·무게 및 부피 등을 거짓으로 통보하는 행위를 하여서는 아니 된다.
② 고장 및 사고차량 등 화물의 운송과 관련하여 자동차관리사업자와 부정한 금품을 주고받는 행위를 하여서는 아니 된다.
③ 일정한 장소에 오랜 시간 정차하여 화주를 호객(呼客)하는 행위를 하여서는 아니 된다.
④ 문을 완전히 닫지 아니한 상태에서 자동차를 출발시키거나 운행하는 행위를 하여서는 아니 된다.
⑤ 택시 요금미터기의 장착 등 국토교통부령으로 정하는 택시 유사표시 행위를 하여서는 아니 된다.

정답 ①

ⓔ 「자동차관리법」을 위반하여 전기·전자장치(최고속도제한장치에 한정한다)를 무단으로 해체하거나 조작하는 행위

② 안전운행을 확보하고 화주의 편의를 도모하기 위하여 운수종사자가 지켜야 할 사항은 다음과 같다.

㉠ 차량의 청결상태를 양호하게 유지할 것
㉡ 운행하기 전에 일상점검 및 확인을 할 것
㉢ 구난형 특수자동차를 사용하여 고장·사고차량을 운송하는 운수종사자의 경우 고장·사고차량 소유자 또는 운전자의 의사에 반하여 구난하지 아니할 것(다만, 고장·사고차량 소유자 또는 운전자가 사망·중상 등으로 의사를 표현할 수 없는 경우와 교통의 원활한 흐름 또는 안전 등을 위하여 경찰공무원이 차량의 이동을 명한 경우는 제외)
㉣ 「자동차관리법 시행규칙」 [별표 1]에 따른 구난형 특수자동차를 사용하여 고장·사고차량을 운송하는 운수종사자는 차량의 소유자 또는 운전자로부터 최종 목적지까지의 총 운임·요금에 대하여 '구난동의서'에 따른 구난동의를 받은 후 운송을 시작할 것. 다만, 다음에 따른 특별한 사정이 있는 경우에는 다음에서 정하는 기준에 따른다.

ⓐ 고장·사고차량이 주·정차 금지구역에 있는 경우 : 다음의 순서에 따른 통지 및 구난동의를 받을 것
  ㉮ 운송을 시작하기 전에 주·정차 가능 구역까지의 운임·요금에 대해 차량의 소유자 또는 운전자에게 구두 또는 서면으로 통지할 것
  ㉯ 주·정차 가능 구역에서 ㉮에 따른 운임·요금을 포함한 최종 목적지까지의 총 운임·요금에 대하여 '구난동의서'에 따른 구난동의를 받을 것
ⓑ 고장·사고차량의 소유자 또는 운전자의 사망·중상 등 부득이한 사유가 있는 경우 : 구난동의 및 통지 생략 가능

㉤ 휴게시간 없이 2시간 연속 운전한 후에는 15분 이상의 휴게시간을 가질 것. 다만, 위 ㉣의 어느 하나에 해당하는 경우에는 1시간까지 연장 운행을 할 수 있으며, 운행 후 30분 이상 휴게시간을 가져야 한다.
㉥ 「도로교통법」의 준수사항을 위반해서 운전 중 휴대용 전화를 사용하거나 영상표시장치를 시청·조작 등을 하지 말 것

(20) 개선명령 ▶ 기출 6회, 7회, 8회

국토교통부 장관은 안전운행의 확보, 운송질서의 확립 및 화주의 편의를 도모하기 위하여 필요하다고 인정되면 운송사업자에게 다음의 사항을 명할 수 있다.

① 운송약관의 변경
② 화물자동차의 구조변경 및 운송시설의 개선
③ 화물의 안전운송을 위한 조치
④ 적재물배상보험등의 가입과 「자동차손해배상보장법」에 따라 운송사업자가 의무적으로 가입하여야 하는 보험·공제에 가입

⑤ 위·수탁계약에 따라 운송사업자 명의로 등록된 차량의 자동차등록번호판이 훼손 또는 분실된 경우 위·수탁차주의 요청을 받은 즉시「자동차관리법」에 따른 등록번호판의 부착 및 봉인을 신청하는 등 운행이 가능하도록 조치 등

(21) 업무개시명령 ▶ 기출 10회, 23회 빈출

① 국토교통부 장관은 운송사업자나 운수종사자가 정당한 사유 없이 집단으로 화물운송을 거부하여 화물운송에 커다란 지장을 주어 국가경제에 매우 심각한 위기를 초래하거나 초래할 우려가 있다고 인정할 만한 상당한 이유가 있으면 그 운송사업자 또는 운수종사자에게 업무개시를 명할 수 있다.
② 국토교통부 장관은 운송사업자 또는 운수종사자에게 업무개시를 명하려면 국무회의의 심의를 거쳐야 한다.
③ 국토부 장관은 업무개시를 명한 때에는 구체적 이유 및 향후 대책을 국회 소관 상임위원회에 보고하여야 한다.
④ 운송사업자 또는 운수종사자는 정당한 사유 없이 업무개시 명령을 거부할 수 없다.
⑤ 행정형벌 : 3년 이하의 징역이나 3천만 원 이하의 벌금
⑥ 국토부 장관은 운송사업자가 정당한 사유 없이 업무개시명령을 이행하지 아니하는 경우 그 허가를 취소하거나 6개월 이내의 기간을 정하여 그 사업의 전부 또는 일부의 정지를 명령하거나 감차 조치를 명할 수 있다.

(22) 화물자동차 운송사업의 허가취소 등 ▶ 기출 20회, 22회 빈출

국토교통부 장관은 운송사업자가 다음의 어느 하나에 해당하면 그 허가를 취소하거나 6개월 이내의 기간을 정하여 그 사업의 전부 또는 일부의 정지를 명령하거나 감차 조치를 명할 수 있다.

① 부정한 방법으로 화물자동차 운송사업의 허가를 받은 경우(반드시 취소)
①의2 운송사업자가 허가를 받은 후 6개월간의 운송실적이 국토교통부 장관이 매년 고시하는 화물자동차의 종류별 연평균 운송매출액의 합계액의 100분의 5이상에 해당하는 운송매출액에 미달한 경우
② 부정한 방법으로 화물자동차 운송사업의 변경허가를 받거나, 변경허가를 받지 아니하고 허가사항을 변경한 경우
③ 화물자동차 운송사업의 허가 또는 증차를 수반하는 변경허가의 기준을 충족하지 못하게 된 경우
④ 운송사업자가 허가를 받은 날로부터 3년마다 허가기준에 관한 사항을 국토부 장관에게 신고를 하지 아니하거나 거짓으로 신고한 경우
④의2 소유대수가 2대 이상인 운송사업자가 영업소 설치 허가를 받지 아니하고 주사무소 외의 장소에서 상주하여 영업한 경우
⑤ 허가결격사유의 어느 하나에 해당하게 된 경우(반드시 취소). 다만, 법인의 임원 중 결격사유의 어느 하나에 해당하는 자가 있는 경우 3개월 이내에 그 임원을 개임하면 허가를 취소하지 아니한다.

⑥ 정당한 사유 없이 개선명령을 이행하지 아니한 경우·운송사업자 또는 운수종사자가 정당한 사유 없이 "업무개시명령"을 위반한 경우
⑦ 보조금의 지급이 정지된 자가 그날부터 5년 이내에 다시 해당하게 된 경우
⑧ 화물자동차 교통사고와 관련하여 거짓이나 그 밖의 부정한 방법으로 보험금을 청구하여 금고 이상의 형량을 선고받고 그 형이 확정된 경우(반드시 취소)

(23) 화물자동차 운송사업의 양도·양수·법인합병신고 등 ▶ 기출 18회, 21회 빈출

① 화물자동차 운송사업을 양도·양수하려는 경우에는 양수인은 국토교통부 장관에게 신고하여야 한다.
② 운송사업자인 법인이 합병하려는 경우(운송사업자인 법인이 운송사업자가 아닌 법인을 흡수합병하는 경우는 제외)에는 합병으로 존속하거나 신설되는 법인은 국토교통부 장관에게 신고하여야 한다.
③ 국토부 장관은 위 ①,②에 따른 신고를 받은 날부터 5일 이내에 신고수리 여부를 신고인에게 통지하여야 한다.
④ 국토부 장관은 화물자동차의 지역 간 수급균형과 화물운송시장의 안정과 질서 유지를 위하여 국토부령으로 정하는 바에 따라 화물자동차 운송사업의 양도·양수와 합병을 제한할 수 있다.
⑤ 임시허가를 받은 화물자동차 운송사업은 양도·양수의 대상에서 제외한다.
⑥ 위 ①, ②에 따른 신고가 있으면 화물자동차 운송사업을 양수한 자는 양도한 자의 운송사업자로서의 지위를 승계하며, 합병으로 설립되거나 존속되는 법인은 합병으로 소멸되는 법인의 운송사업자로서의 지위를 승계한다.

(24) 화물자동차운송사업의 상속 ▶ 기출 16회, 21회 빈출

① 운송사업자가 사망한 경우 상속인이 그 화물자동차 운송사업을 계속하려면 피상속인이 사망한 후 90일 이내에 국토교통부 장관에게 신고하여야 한다.
② 국토부 장관은 위 ①에 따른 신고를 받은 날부터 5일 이내에 신고수리 여부를 신고인에게 통지하여야 한다.
③ 화물자동차 운송사업의 상속인이 상속신고를 하면 피상속인이 사망한 날부터 신고한 날까지 피상속인에 대한 화물자동차 운송사업의 허가는 상속인에 대한 허가로 본다.
④ 신고한 상속인은 피상속인의 운송사업자로서의 지위를 승계한다.
⑤ 상속인의 결격사유에 관하여는 법 제4조(허가결격사유)를 준용한다. 다만, 상속인이 피상속인의 사망일부터 3개월 이내에 그 화물자동차 운송사업을 다른 사람에게 양도하면 피상속인의 사망일부터 양도일까지 피상속인에 대한 화물자동차 운송사업의 허가는 상속인에 대한 허가로 본다.

(25) 화물자동차 운송사업의 휴·폐업

① 운송사업자가 화물자동차 운송사업의 전부 또는 일부를 휴업하거나 전부를 폐업하려면 미리 국토교통부 장관에게 신고하여야 하며, 미리 그 취지를 영업소나 그 밖에 일반 공중이 보기 쉬운 곳에 게시하여야 한다.

② 화물자동차 운송사업의 휴업 또는 폐업신고를 하려는 자는 사업휴업 또는 폐업신고서를 관할관청에 제출하여야 하며, 관할관청은 화물자동차 운송사업의 휴업 또는 폐업신고를 받은 경우 그 사실을 관할 협회에 통지하여야 한다.

③ 위 ①에 따른 신고가 신고서의 기재사항 및 첨부서류에 흠이 없고, 법령 등에 규정된 형식상의 요건을 충족하는 경우에는 신고서가 접수기관에 도달한 때에 신고 의무가 이행된 것으로 본다.

(26) 과징금 ▶ 기출 14회, 24회

① 과징금의 부과 및 납부 등

㉠ 국토교통부 장관은 운송사업자가 사업정지처분을 하여야 하는 경우로서 그 사업정지처분이 해당 화물자동차 운송사업의 이용자에게 심한 불편을 주거나 그 밖에 공익을 해할 우려가 있으면 사업정지처분을 갈음하여 2천만 원 이하의 과징금을 부과·징수할 수 있으며, 과징금부과처분을 받은 자가 과징금을 정한 기한에 내지 아니하면 국세 체납처분의 예에 따라 징수한다.

㉡ 과징금 통지를 받은 자는 국토부령이 정하는 수납기관에 납부통지일부터 30일(타법 : 20일) 이내에 과징금을 내야하며, 천재·지변 기타 부득이한 사유로 인하여 그 기간 내에 과징금을 낼 수 없는 때에는 그 사유가 없어진 날부터 7일 이내에 내야 한다.

㉢ 국토교통부 장관 또는 관할관청은 매년 10월 31일까지 다음 연도의 과징금 운용계획을 수립·시행하여야 하며, 시·도지사는 전년도의 과징금의 부과실적·징수실적 및 사용실적을 매년 3월 31일까지 국토교통부 장관에게 제출하여야 한다.

② 과징금의 용도
징수한 과징금은 법에서 정한 외의 용도로는 사용할 수 없다.

㉠ 화물터미널·공동차고지의 건설 및 확충
㉡ 경영개선이나 그 밖에 화물에 대한 정보제공사업 등 화물자동차 운수사업의 발전을 위하여 필요한 사업
㉢ 공영차고지의 설치·운영사업
㉣ 운수종사자의 교육시설에 대한 비용의 보조사업
㉤ 신고포상금의 지급
㉥ 사업자단체가 실시하는 교육훈련사업

(27) 청문

국토교통부 장관은 다음의 어느 하나에 해당하는 처분을 하려면 청문을 실시하여야 한다.

① 화물운송 종사자격의 취소
② 화물자동차 운송사업의 허가취소
③ 화물자동차 운송주선사업의 허가취소
④ 화물자동차 운송가맹사업의 허가취소

기출문제 ▶ 기출 22회

화물자동차 운수사업법령상 안전운행의 확보, 운송질서의 확립 및 화주의 편의를 도모하기 위하여 필요하다고 인정될 경우 운송가맹사업자에 대하여 발령될 수 있는 개선명령에 해당하지 않는 것은?

① 감차 조치
② 화물자동차의 구조변경
③ 운송시설의 개선
④ 운송약관의 변경
⑤ 화물의 안전운송을 위한 조치

정답 ①

(28) 운행 중인 화물자동차에 대한 조사 등
① 국토교통부 장관은 공공의 안전 유지 및 교통사고의 예방을 위하여 필요하다고 인정되는 경우에는 다음 각 호의 사항을 확인하기 위하여 관계 공무원, 자동차안전단속원 또는 운행제한단속원(이하 "관계공무원등")에게 운행 중인 화물자동차를 조사하게 할 수 있다.
  ㉠ 덮개·포장·고정장치 등 필요한 조치를 하지 아니하였는지 여부
  ㉡ 전기·전자장치(최고속도제한장치에 한정)를 무단으로 해체하거나 조작하였는지 여부
② 운행 중인 화물자동차를 소유한 운송사업자 또는 해당 차량을 운전하는 운수종사자는 정당한 사유 없이 제1항에 따른 조사를 거부·방해 또는 기피하여서는 아니 된다.
③ 제1항에 따라 조사를 하는 관계공무원등은 그 권한을 표시하는 증표를 지니고 이를 운행 중인 화물자동차를 소유한 운송사업자 또는 해당 차량을 운전하는 운수종사자에게 보여주어야 한다.
④ 관계공무원등이 운행 중인 화물자동차를 조사하여 ①의 위반행위를 적발했을 때에는 위반사실 확인서를 작성해야 한다.
⑤ 관계공무원등은 위반행위를 적발한 경우에는 적발한 날부터 10일 이내에 위반사실 확인서를 관할관청에 보내야 한다.

2. 화물자동차 운송주선사업 ▶ 기출 23회, 24회, 27회 빈출
(1) 운송주선사업의 허가
① 운송주선사업을 경영하려는 자는 국토교통부 장관의 허가를 받아야 하며(다만, 화물자동차 운송가맹사업의 허가를 받은 자는 그러하지 아니하다), 허가를 받으려는 자는 화물자동차 운송주선사업 허가신청서를 관할관청에 제출하여야 한다.
② 운송주선사업자는 허가받은 날부터 5년마다 국토부령으로 정하는 바에 따라 허가기준에 관한 사항을 국토교통부 장관에게 신고하여야 한다.
③ 운송주선사업자는 주사무소 외의 장소에서 상주하여 영업하려면 국토교통부 장관의 허가를 받아 영업소를 설치하여야 한다.
④ 운송주선사업 허가신청서에 첨부하여야 할 서류는 다음과 같다.
  • 주사무소·영업소·화물취급소의 명칭, 위치 및 규모를 적은 서류 등
⑤ 허가사항의 변경신고
  ㉠ 화물자동차 운송주선사업자가 허가사항을 변경하려면 국토교통부 장관에게 신고하여야 한다.
  ㉡ 국토부 장관은 변경신고를 받은 날부터 5일 이내에 신고수리 여부를 신고인에게 통지하여야 한다.
⑥ 허가절차
  • 운송사업과 동일하며, 다만 신청일부터 20일 이내에 확인할 사항에 '화물

자동차의 등록여부, 차고지 설치 여부 등, 화물자동차 운전업무에 종사하는 자의 화물운송종사자격 보유여부는 없다.

⑦ 관할관청은 운송주선사업 허가증을 발급하였을 때에는 그 사실을 협회에 통지하고, 화물 자동차 운송주선사업 허가대장에 기록하여 관리하여야 한다.

(2) 운송주선사업의 허가기준

① 국토교통부 장관이 화물의 운송주선 수요를 고려하여 고시하는 공급기준에 맞을 것

② 사무실의 면적 등 국토부령으로 정하는 기준에 맞을 것
  - 사무실 : 영업에 필요한 면적(다만, 관리사무소 등 부대시설이 설치된 민영 노외주차장을 소유하거나 그 사용계약을 체결한 경우에는 사무실을 확보한 것으로 본다)

(3) 운송주선사업자의 명의이용금지 ▶ 기출 21회, 22회 빈출

운송주선사업자는 자기 명의로 다른 사람에게 화물자동차 운송주선사업을 경영하게 할 수 없다.

(4) 운송주선사업자의 준수사항 ▶ 기출 21회, 22회 빈출

① 하청계약 운송 금지

운송주선사업자는 자기의 명의로 운송계약을 체결한 화물에 대하여 그 계약금액 중 일부를 제외한 나머지 금액으로 다른 운송주선사업자와 재계약하여 이를 운송하도록 하여서는 아니 된다. 다만, 화물운송을 효율적으로 수행할 수 있도록 위·수탁차주나 개인 운송사업자에게 화물운송을 직접 위탁하기 위하여 다른 운송주선사업자에게 중개 또는 대리를 의뢰하는 때에는 그러하지 아니하다.

② 운송주선사업자는 화주로부터 중개 또는 대리를 의뢰받은 화물에 대하여 다른 운송주선사업자에게 수수료나 그 밖의 대가를 받고 중개 또는 대리를 의뢰하여서는 아니 된다.

③ 운송주선사업자는 제28조(준용 규정)에 따라 준용하여 신고하는 운송주선약관에 중개·대리서비스의 수수료 부과 기준 등 국토교통부령으로 정하는 사항을 포함하여야 한다.

④ 운송주선사업자는 운송사업자에게 화물의 종류·무게 및 부피 등을 거짓으로 통보하거나「도로법」제77조 또는「도로교통법」제39조에 따른 기준을 위반하는 화물의 운송을 주선하여서는 아니 된다.

⑤ 운송주선사업자가 운송가맹사업자에게 화물의 운송을 주선하는 행위는 제1항 및 제2항에 따른 재계약·중개 또는 대리로 보지 아니한다.

(5) 운송주선사업의 허가취소(반드시 취소) ▶ 기출 12회, 25회

국토교통부 장관은 운송주선사업자가 다음의 어느 하나에 해당하면 그 허가를 취소하거나 6개월 이내의 기간을 정하여 그 사업의 정지를 명할 수 있다.

① 화물자동차 운송사업의 허가결격사유에 해당하게 된 경우(단, 법인의 임원 중 3개월 이내에 그 임원을 개임한 경우에는 제외)
② 거짓이나 그 밖의 부정한 방법으로 허가를 받은 경우
③ 사업정지명령을 위반하여 그 사업정지기간 중에 사업을 한 경우

3. 화물자동차 운송가맹사업 및 화물정보망 ▶기출 21회, 23회, 27회

(1) 운송가맹사업의 허가 등

① 운송가맹사업을 경영하려는 자는 국토교통부 장관에게 허가를 받아야 하며, 운송가맹사업의 허가를 받은 자가 운송사업과 운송주선사업을 경영하기 위해서는 운송사업과 운송주선사업의 허가를 받지 아니한다. 또한 허가를 받으려는 자는 운송가맹사업 허가신청서를 국토교통부 장관에게 제출하여야 한다.
② 화물자동차운송가맹사업 허가신청서에 첨부하여야 할 서류
  ㉠ 주사무소·영업소 및 화물취급소의 명칭·위치 및 규모를 기재한 서류
  ㉡ 주사무소 및 영업소에 배치하는 화물자동차의 대수·종별·차명·형식·연식 및 최대 적재량을 적은 서류(화물자동차를 직접 소유하는 경우만 해당)
  ㉢ 차고지설치 확인서(화물자동차를 직접 소유하는 경우만 해당)
  ㉣ 화물자동차의 매매계약서·양도증명서 또는 자동차제작증(화물자동차를 직접 소유하는 경우만 해당)
  ㉤ 화물자동차 운송가맹계약서 사본
  ㉥ 화물운송전산망을 설치하였음을 증명할 수 있는 서류
③ 허가사항을 변경하려면 국토교통부 장관의 변경허가를 받아야 하며, 다만 대통령령으로 정하는 경미한 사항을 변경하려면 국토교통부 장관에게 신고하여야 한다.
④ 운송가맹사업자의 허가사항 변경신고의 대상
  ㉠ 법인인 경우 대표자의 변경
  ㉡ 화물취급소의 설치 및 폐지
  ㉢ 화물자동차의 대폐차(화물자동차를 직접 소유한 운송가맹사업자만 해당)
  ㉣ 주사무소·영업소 및 화물취급소의 이전
  ㉤ 화물자동차 운송가맹계약의 체결 및 해제·해지
⑤ 국토교통부 장관은 예비변경허가를 하였을 때에는 신청일부터 20일 이내에 운송사업의 허가결격사유의 유무, 화물자동차의 등록여부, 차고지 설치여부 등 허가기준에 맞는지 여부, 적재물배상보험등의 가입여부를 확인한 후 변경허가를 하여야 한다.
⑥ 운송가맹사업자는 주사무소 외의 장소에서 상주하여 영업하려면 국토부령으로 정하는 바에 따라 국토교통부 장관의 허가를 받아 영업소를 설치하여야 한다.
⑦ 국토부 장관은 위 ①, ③, ⑥에 따른 허가·변경허가의 신청을 받거나 변경신고를 받은 날부터 20일 이내에 허가 또는 신고수리 여부를 신청인에게 통지하여야 한다.

기출문제 ▶기출 24회

화물자동차 운수사업법상 과징금에 관한 설명으로 옳지 않은 것은? (단, 권한 위임에 관한 규정은 고려하지 않음)

① 국토교통부장관은 운송사업자에게 이 법에 의한 감차 조치를 명하여야 하는 경우에는 이를 갈음하여 과징금을 부과할 수 없다.
② 과징금을 부과하는 경우 그 액수는 총액이 1천만원 이하여야 한다.
③ 과징금을 부과하려면 사업정지처분이 해당 화물자동차 운송사업의 이용자에게 심한 불편을 주거나 그 밖에 공익을 해칠 우려가 있어야 한다.
④ 국토교통부장관은 과징금 부과처분을 받은 자가 과징금을 정한 기한에 내지 아니하면 국세 체납처분의 예에 따라 징수한다.
⑤ 징수한 과징금은 법에서 정한 외의 용도로는 사용할 수 없다.

정답 ②

(2) 운송가맹사업의 허가기준 및 증차를 수반하는 변경허가 기준 ▶기출 14회, 16회

허가기준대수(차량 확보기준)	50대 이상[운송가맹점이 소유하는 화물자동차의 대수를 포함하되, 8개 이상의 시·도에 각각 5대 이상 분포되어야 한다]
사무실 및 영업소	영업에 필요한 면적
최저보유차고면적	화물자동차 1대당 당해 화물자동차의 길이와 너비를 곱한 면적(화물자동차를 직접 소유하는 경우만 해당한다)
화물자동차의 종류	시행규칙 제3조에 따른 화물자동차(화물자동차를 직접 소유하는 경우만 해당한다)
그 밖의 운송시설	화물운송전산망을 갖출 것

① 화물운송전산망은 운송가맹사업자와 운송가맹점이 그 전산망을 통하여 물량배정여부·공차위치 등을 확인할 수 있어야 하며, 운임지급 등의 결제시스템이 구축되어야 한다.
② 운송사업자가 화물자동차 운송가맹사업 허가를 신청하는 경우 운송사업자의 지위에서 보유하고 있던 화물자동차 운송사업용 화물자동차는 화물자동차 운송가맹사업의 허가기준대수로 겸용할 수 없다.

(3) 운송가맹사업자 및 운송가맹점의 역할 ▶기출 9회, 10회, 19회
① 운송가맹사업자의 역할
운송가맹사업자는 운송가맹사업의 원활한 수행을 위하여 다음의 사항을 성실히 이행하여야 한다.
㉠ 운송가맹사업자의 직접운송물량과 운송가맹점의 운송물량의 공정한 배정
㉡ 효율적인 운송기법의 개발 및 보급
㉢ 화물의 원활한 운송을 위한 화물정보망의 설치·운영
② 운송가맹점의 역할
㉠ 운송가맹사업자가 정한 기준에 적합한 운송서비스의 제공(운송사업자 및 위·수탁차주인 운송가맹점만 해당한다)
㉡ 화물의 원활한 운송을 위한 차량위치의 통지(운송사업자 및 위·수탁차주인 운송가맹점만 해당한다.)
㉢ 운송가맹사업자에 대한 운송화물의 확보·공급(운송주선사업자인 운송가맹점에 한함)
③ 국토교통부 장관은 손해배상에 관하여 운송가맹사업자 또는 운송가맹점이 요청하면 국토부령으로 정하는 바에 따라 분쟁을 조정할 수 있다.

(4) 개선명령 ▶기출 16회, 22회, 25회
국토교통부 장관은 안전운행의 확보, 운송질서의 확립 및 화주의 편의를 도모하기 위하여 필요하다고 인정하면 운송가맹사업자에게 다음의 사항을 명할 수 있다.
① 운송약관의 변경
② 화물자동차의 구조변경 및 운송시설의 개선
③ 화물의 안전운송을 위한 조치

기출문제 ▶기출 23회

화물자동차 운수사업법령상 화물자동차 운송주선사업에 관한 설명으로 옳지 않은 것은?
① 운송주선사업자는 운송주선사업의 허가를 받은 날부터 5년마다 법령상의 허가기준에 관한 사항을 신고하여야 한다.
② 운송주선사업자는 요금을 정하여 미리 신고하여야 한다.
③ 운송주선사업의 허가취소 처분을 하려면 청문을 하여야 한다.
④ 관할관청은 운송주선사업 허가증을 발급하였을 때에는 그 사실을 협회에 통지하여야 한다.
⑤ 관할관청은 운송주선사업의 허가취소 등의 사유에 해당하는 위반행위를 적발하였을 때에는 특별한 사유가 없으면 적발한 날부터 30일 이내에 처분을 하여야 한다

정답 ②

기출문제 ▶기출 24회

화물자동차 운수사업법상 운송주선사업자에 관한 설명으로 옳은 것은?
① 운송주선사업자는 운송 또는 주선 실적을 관리하고 국토교통부령으로 정하는 바에 따라 국토교통부장관의 승인을 받아야 한다.
② 운송주선사업자가 위·수탁차주에게 화물운송을 위탁하는 경우에는 운송가맹사업자의 화물정보망을 이용할 수 있다.
③ 운송사업자로 구성된 협회, 운송주선사업자로 구성된 협회 및 운송가맹사업자로 구성된 협회는 그 공동 목적을 달성하기 위하여 국토교통부령으로 정하는 바에 따라 공동으로 연합회를 설립하여야 한다.
④ 부정한 방법으로 허가를 받고 화물자동차 운송주선사업을 경영한 자에 대하여는 500만원 이하의 과태료를 부과한다.
⑤ 운송주선사업자는 주사무소 외의 장소에서 상주하여 영업하려면 국토교통부령으로 정하는 바에 따라 국토교통부장관에게 신고하고 영업소를 설치하여야 한다.

정답 ②

④ 「가맹사업거래의 공정화에 관한 법률」에 따른 정보공개서의 제공의무 등, 가맹금의 반환, 가맹계약서의 기재사항, 가맹계약의 갱신 등의 통지
⑤ 적재물배상보험 등과 「자동차손해배상 보장법」에 따라 운송가맹사업자가 의무적으로 가입하여야 하는 보험·공제의 가입
⑥ 그 밖에 화물자동차 운송가맹사업의 개선을 위하여 필요한 사항으로서 대통령령으로 정하는 사항

(5) 운송가맹사업의 허가취소 등의 기준, 영업소의 설치
- "운송사업"과 유사함

(6) 화물정보망 ▶ 기출 17회, 24회
① 화물정보망의 이용
㉠ 운송사업자가 다른 운송사업자나 다른 운송사업자에게 소속된 위·수탁차주에게 화물 운송을 위탁하는 경우에는 운송가맹사업자의 화물정보망이나 「물류정책기본법」에 따라 인증 받은 화물정보망을 이용할 수 있다.
㉡ 운송주선사업자가 운송사업자나 위·수탁차주에게 화물운송을 위탁하는 경우에는 운송 가맹사업자의 화물정보망이나 「물류정책기본법」에 따라 인증 받은 화물정보망을 이용할 수 있다.

4. 적재물배상보험등의 가입 등

(1) 적재물배상보험등의 의무 가입 ▶ 기출 23회, 24회, 25회, 28회 빈출
① 다음의 어느 하나에 해당하는 자는 <u>운송사업자의 책임에 따른 손해배상 책임을 이행하기 위하여 대통령령으로 정하는 바에 따라 적재물배상 책임보험 또는 공제(이하 "적재물배상보험등")에 가입하여야 한다.</u>
㉠ 최대적재량이 5톤 이상이거나 총중량이 10톤 이상인 화물자동차 중 국토교통부령으로 정하는 화물자동차[일반형·밴형 및 특수용도형 화물자동차와 견인형 특수자동차를 말하며, 다만 건축폐기물·쓰레기 등 경제적 가치가 없는 화물을 운송하는 차량으로서 국토교통부 장관이 정하여 고시하는 화물자동차, 「대기환경보전법」에 따른 배출가스 저감장치를 차체에 부착함에 따라 총중량이 10톤 이상이 된 화물자동차 중 최대적재량이 5톤 미만인 화물자동차, 특수용도형 화물자동차 중 「자동차관리법」에 따른 피견인자동차는 제외한다]를 소유하고 있는 운송사업자
㉡ <u>국토교통부령</u>으로 정하는 화물(이사화물을 말한다)을 취급하는 운송주선사업자
㉢ 운송가맹사업자
② 적재물배상 책임보험등의 가입 범위
적재물배상책임등에 가입하려는 자는 다음의 구분에 따라 사고 건당 2천만 원(운송주선사업자가 이사화물운송만을 주선하는 경우에 500만 원 이상의 금액을 지급 할 책임을 지는 적재물배상보험등에 가입하여야 한다.)

기출문제 ▶ 기출 23회

화물자동차 운수사업법령상 운송가맹사업자의 허가사항 변경신고 대상에 해당하지 않는 것은?
① 상호의 변경
② 화물취급소의 설치 및 폐지
③ 주사무소·영업소의 이전
④ 화물취급소의 이전
⑤ 화물자동차 운송가맹계약의 체결 또는 해제·해지

정답 ①

기출문제 ▶ 기출 22회

화물자동차 운수사업법령상 적재물배상보험등에 관한 설명으로 옳은 것은?
① 최대 적재량이 3톤이고 총 중량이 5톤인 화물자동차를 소유하고 있는 운송사업자는 적재물배상 책임보험에 가입하여야 한다.
② 이사화물을 취급하는 운송주선사업자는 운송사업자의 책임에 따른 손해배상 책임을 이행하기 위하여 적재물배상 책임보험 또는 공제에 가입하여야 한다.
③ 화물자동차 운송사업의 허가가 취소된 경우에도 책임보험계약등의 전부 또는 일부를 해제하거나 해지하여서는 아니 된다.
④ 화물자동차 운송가맹사업자가 감차 조치 명령을 받은 경우에도 책임보험계약등 의 전부 또는 일부를 해제하거나 해지하여서는 아니 된다.
⑤ 보험회사등은 자기와 책임보험계약 등을 체결하고 있는 보험 의무가입자에게 그 계약종료일 50일 전까지 그 계약이 끝난다는 사실을 알려야 한다.

정답 ②

㉠ 운송사업자 : 각 화물자동차별로 가입
㉡ 운송주선사업자 : 각 사업자별 가입
㉢ 운송가맹사업자 : 화물자동차를 직접 소유한 자는 각 화물자동차별 및 각 사업자 별로 그 외의 자는 각 사업자 별로 가입

(2) **적재물배상보험등 계약의 체결 의무** ▶기출 20회, 24회 빈출
① 「보험업법」에 따른 보험회사는 적재물배상보험등에 가입하여야 하는 자가 적재물배상보험 등에 가입하려고 하면 대통령령으로 정하는 사유가 있는 경우 외에는 적재물배상보험등의 계약의 체결을 거부할 수 없다.
② 보험등 의무가입자가 적재물사고를 일으킬 개연성이 높은 경우 등 국토부령으로 정하는 사유에 해당하면 위 ①에도 불구하고 다수의 보험회사등이 공동으로 책임보험계약등을 체결 할 수 있다.
③ 책임보험계약등을 공동으로 체결할 수 있는 사유
위 ②에서 '국토부령으로 정하는 사유'란 보험 등 의무가입자가 다음의 어느 하나에 해당하는 경우를 말한다.
㉠ 운송사업자의 화물자동차 운전자가 그 운송사업자의 사업용 화물자동차를 운전하여 과거 2년 동안 다음의 어느 하나에 해당하는 사항을 2회 이상 위반한 경력이 있는 경우
ⓐ 「도로교통법」에 따른 무면허운전 등의 금지
ⓑ 「도로교통법」에 따른 술에 취한 상태에서의 운전금지
ⓒ 「도로교통법」에 따른 사고발생시 조치의무
㉡ 보험회사가 「보험업법」에 따라 허가를 받거나 신고한 적재물배상보험요율과 책임준비금 산출기준에 따라 손해배상책임을 담보하는 것이 현저히 곤란하다고 판단한 경우

(3) **책임보험계약등의 해제·해지 가능 사유** ▶기출 22회, 24회 빈출
① 화물자동차 운송사업의 허가사항이 변경[감차만을 말함]된 경우
② 화물자동차 운송사업을 휴·폐업한 경우
③ 화물자동차 운송사업의 허가가 취소되거나 감차 조치 명령을 받은 경우
④ 화물자동차 운송주선사업의 허가가 취소된 경우
⑤ 운송가맹사업의 허가사항이 변경된 경우(감차만을 말한다)
⑥ 운송가맹사업의 허가가 취소되거나 감차 조치 명령을 받은 경우
⑦ 적재물배상보험등에 이중으로 가입되어 하나의 책임보험계약등을 해제하거나 해지하려는 경우
⑧ 보험회사등이 파산 등의 사유로 영업을 계속할 수 없는 경우

(4) **책임보험계약등의 계약종료일 통지 등** ▶기출 14회, 22회
① 보험회사등은 자기와 책임보험계약등을 체결하고 있는 보험 등 의무가입자에게 그 계약종료일 30일 전까지 그 계약이 끝난다는 사실을 알려야 한다.

> **기출문제** ▶기출 24회
>
> 화물자동차 운수사업법령상 적재물배상보험등에 관한 설명으로 옳지 않은 것은?
> ① 이사화물을 취급하는 운송주선사업자는 적재물배상보험등에 가입하여야 한다.
> ② 건축폐기물·쓰레기 등 경제적 가치가 없는 화물을 운송하는 차량으로서 국토교통부장관이 정하여 고시하는 화물자동차는 적재물배상보험등의 가입 대상에서 제외된다.
> ③ 운송주선사업자의 경우 각 화물자동차별로 적재물배상보험등에 가입하여야 한다.
> ④ 보험회사등은 적재물배상보험등에 가입하여야 하는 자가 적재물배상보험등에 가입하려고 하면 대통령령으로 정하는 사유가 있는 경우 외에는 적재물배상보험등의 계약의 체결을 거부할 수 없다.
> ⑤ 이 법에 따라 화물자동차 운송사업을 휴업한 경우 보험회사등은 책임보험계약등의 전부 또는 일부를 해제하거나 해지할 수 있다.
>
> 정답 ③

② 보험회사등은 자기와 책임보험계약등을 체결한 보험 등 의무가입자가 그 계약이 끝난 후 새로운 계약을 체결하지 아니하면 그 사실을 지체 없이 국토부 장관에게 알려야 한다.
③ 통지에는 계약기간이 종료된 후 적재물배상보험등에 가입하지 아니하는 경우에는 500만 원 이하의 과태료가 부과된다는 사실에 관한 안내가 포함되어야 한다.

5. 경영의 합리화

(1) 경영의 위탁과 경영지도 ▶ 기출 21회, 24회, 25회, 27회 빈출

① 운송사업자는 화물자동차 운송사업의 효율적인 수행을 위하여 필요하면 다른 사람(운송사업자를 제외한 개인을 말한다)에게 차량과 그 경영의 일부를 위탁하거나 차량을 현물출자 한 사람에게 그 경영의 일부를 위탁할 수 있다.
② 국토부 장관은 화물운송시장의 질서유지 및 운송사업자의 운송서비스 향상을 유도하기 위하여 필요한 경우 경영의 위탁을 제한할 수 있다.
③ 운송사업자와 위·수탁차주는 대등한 입장에서 합의에 따라 공정하게 위·수탁계약을 체결하고, 신의에 따라 성실하게 계약을 이행하여야 하며, 위·수탁계약의 기간은 2년 이상으로 하여야 한다.
④ 계약의 당사자는 그 계약을 체결하는 경우 차량소유자·계약기간, 그 밖에 국토부령으로 정하는 사항(계약기간, 계약갱신, 차량소유자, 금전지급 및 채권·채무관계 등)을 계약서에 명시하여야 하며, 서명날인한 계약서를 서로 교부하여 보관하여야 한다. 이 경우 국토부 장관은 건전한 거래질서의 확립과 공정한 계약의 정착을 위하여 표준 위·수탁계약서를 고시하여야 하고, 이를 우선적으로 사용하도록 권고할 수 있다.
⑤ 시·도지사는 위·수탁계약의 내용이 당사자 일방에게 현저하게 불공정한 경우에는 그 부분에 한정하여 무효로 한다.
⑥ 시·도지사는 위·수탁계약의 체결·이행으로 발생하는 분쟁의 해결을 지원하기 위하여 대통령령으로 정하는 바에 따라 화물운송사업분쟁조정협의회를 설치·운영할 수 있다.
⑦ 시·도지사가 설치하는 화물운송사업분쟁조정협의회의 심의·조정 사항
  ㉠ 운송사업자와 위·수탁차주 간 금전지급에 관한 분쟁
  ㉡ 운송사업자와 위·수탁차주 간 차량의 소유권에 관한 분쟁
  ㉢ 운송사업자와 위·수탁차주 간 차량의 대폐차에 관한 분쟁
  ㉣ 운송사업자와 위·수탁차주 간 화물자동차운송사업의 양도·양수에 관한 분쟁
  ㉤ 그 밖에 분쟁의 성격·빈도 및 중요성 등을 고려하여 국토부 장관이 정하여 고시하는 사항에 관한 분쟁
⑧ 국토교통부 장관 또는 시·도지사는 재무관리 및 사업관리 등 경영실태가 부실하다고 인정 되는 운수사업자에게는 경영개선에 관한 권고를 할 수 있으며, 필요하면 경영개선에 관한 중·장기 또는 연차별계획 등을 제출하게 할 수 있다.

⑨ 국토부 장관 또는 시·도지사는 운수사업자가 제출한 경영개선에 관한 계획 등이 불합리하다고 인정되면 변경할 것을 권고할 수 있다.
⑩ 시·도지사는 운수사업자의 경영능력 향상을 위하여 필요하면 경영을 담당하는 임원(개인인 경우에는 운수사업자)에게 경영자 연수교육을 실시할 수 있다.

(2) 위·수탁계약의 갱신 등 ▶ 기출 28회

① 운송사업자는 위·수탁차주가 위·수탁계약기간 만료 전 150일부터 60일까지 사이에 위·수탁계약의 갱신을 요구하는 때에는 다음의 어느 하나에 해당하는 경우를 제외하고는 이를 거절할 수 없다.
  ㉠ 최초 위·수탁계약기간을 포함한 전체 위·수탁계약기간이 6년 이하인 경우로서 '위·수탁차주가 거짓이나 그 밖의 부정한 방법으로 위·수탁계약을 체결한 경우'와 '그 밖에 운송사업자가 위·수탁계약을 갱신하기 어려운 중대한 사유로서 대통령령으로 정하는 사유(위·수탁차주가 계약기간 동안 운수종사자의 준수사항 위반에 따른 처벌 또는 과태료 처분을 받은 경우, 위·수탁차주가 계약기간 동안 처분을 받은 경우, 법 제3조 제9항에 따른 신고에 필요한 자료의 제출 요청과 법 제11조 제5항에 따른 지도·감독의 어느 하나에 해당하는 운송사업자의 요청 또는 지도·감독의 어느 하나에 해당하는 경우)'
  ㉡ 최초 위·수탁계약기간을 포함한 전체 위·수탁계약기간이 6년을 초과하는 경우로서 다음의 어느 하나에 해당하는 경우
    ⓐ 위 ㉠의 어느 하나에 해당하는 경우
    ⓑ 위·수탁차주가 운송사업자에게 지급하기로 한 위·수탁계약상의 월지급액(월 2회 이상 지급하는 것으로 계약한 경우에는 해당 월에 지급하기로 한 금액의 합을 말한다)을 6회 이상 지급하지 아니한 경우
    ⓒ 위 (1)④ 후단(국토교통부 장관은 건전한 거래질서의 확립과 공정한 계약의 정착을 위하여 표준 위·수탁계약서를 고시하여야 하고, 이를 우선적으로 사용하도록 권고할 수 있다)에 따른 표준 위·수탁계약서에 기재된 계약 소선을 위·수탁자주가 준수하지 아니한 경우
    ⓓ 그 밖에 운송사업자가 운송사업의 경영을 정상적으로 유지하기 어려운 사유로서 대통령령으로 정하는 사유에 해당하는 경우(운송사업자가 운송사업의 전부를 폐업하는 경우를 말한다)
② 운송사업자가 갱신요구를 거절하는 경우에는 그 요구를 받은 날부터 15일 이내에 위·수탁 차주에게 거절사유를 적어 서면으로 통지하여야 한다.
③ 운송사업자가 거절통지를 하지 아니하거나 위·수탁계약기간 만료 전 150일부터 60일까지 사이에 위·수탁차주에게 계약조건의 변경에 대한 통지나 위·수탁계약을 갱신하지 아니 한다는 사실의 통지를 서면으로 하지 아니한 경우에는 계약만료 전의 위·수탁계약과 같은 조건으로 다시 위·수탁계약을 체결한 것으로 본다. 다만, 위·수탁차주가 계약이 만료되는 날부터 30일까지 이의를 제기하거나 운송사업자나 위·수탁차주에게 천재지변이나 그 밖에 대통령령으로 정하는 부득이한 사유가 있는 경우에는 그러하지 아니하다.

(3) 위·수탁계약의 해지 및 해지절차의 예외 ▶ 기출 23회, 24회, 25회 빈출

① 운송사업자는 위·수탁계약을 해지하는 경우에는 위·수탁차주에게 2개월 이상의 유예기간을 두고 계약의 위반사실을 구체적으로 밝히고 이를 시정하지 아니하면 그 계약을 해지한다는 사실을 서면으로 2회 이상 통지하여야 한다. 다만, 대통령령으로 정하는 바에 따라 위·수탁계약을 지속하기 어려운 중대한 사유가 있는 경우에는 그러하지 아니하다.

② 위 ①에 따른 절차를 거치지 아니한 위·수탁계약의 해지는 그 효력이 없다.

③ 운송사업자가 다음의 어느 하나에 해당하는 사유로 법 제19조 제1항(화물자동차 운송사업의 허가취소 등)에 따른 허가취소 또는 감차조치(위·수탁차주의 화물자동차가 감차조치의 대상이 된 경우에만 해당)를 받은 경우 해당 운송사업자와 위·수탁차주의 위·수탁계약은 해지된 것으로 본다.
  ㉠ 법 제19조 제1항 제1호·제2호·제3호·제5호[위 3. 화물자동차 운송사업의 (21) 업무개시명령 ⑤]
  ㉡ 그 밖에 운송사업자의 귀책사유(위·수탁차주의 고의에 의하여 허가취소 또는 감차조치 될 수 있는 경우에는 제외)로 허가취소 또는 감차 조치되는 경우로서 대통령령으로 정하는 경우

④ 위·수탁계약 해지절차의 예외
위 ①에 따른 "위·수탁계약을 지속하기 어려운 중대한 사유가 있는 경우"는 다음과 같다.
  ㉠ 위·수탁차주가 화물운송 종사자격을 갖추지 아니한 경우
  ㉡ 위·수탁차주가 계약기간 동안 운수종사자의 준수사항을 위반하여 처벌 또는 과태료 처분을 받은 경우
  ㉢ 위·수탁차주가 계약기간 동안 처분을 받은 경우
  ㉣ 위·수탁차주가 사고·질병 또는 국외이주 등 일신상의 사유로 더 이상 위탁받은 운송 사업을 경영할 수 없게 된 경우

(4) 위·수탁계약의 양도·양수

① 위·수탁차주는 운송사업자의 동의를 받아 위·수탁계약상의 지위를 타인에게 양도할 수 있다. 다만, 업무상 부상 또는 질병의 발생 등으로 자신이 위탁받은 경영의 일부를 수행할 수 없는 경우 등의 해당하는 사유가 발생하는 경우에는 운송사업자는 양수인이 화물운송 종사자격을 갖추지 못한 경우 등 대통령령으로 정하는 경우를 제외하고는 위·수탁계약의 양도에 대한 동의를 거절할 수 없다.

② 위·수탁계약상의 지위를 양수한 자는 양도인의 위·수탁계약상 권리와 의무를 승계한다.

③ 위 ① 단서에 따라 위·수탁계약상의 지위를 양도하는 경우 위·수탁차주는 운송사업자에게 양도사실을 서면으로 통지하여야 하며, 통지가 있은 날부터 1개월 이내에 운송사업자가 양도에 대한 동의를 거절하지 아니하는 경우에는 운송사업자가 양도에 동의한 것으로 본다.

(5) 위·수탁계약의 실태조사 등 ▶ 기출 20회

① 국토교통부 장관 또는 시·도지사는 정기적으로 위·수탁계약서의 작성 여부에 대한 실태 조사를 할 수 있다.
② 국토교통부 장관 또는 시·도지사는 위·수탁계약의 당사자에게 계약과 관련된 자료를 요청할 수 있으며, 이 경우 자료를 요청받은 계약의 당사자는 특별한 사정이 없으면 요청에 따라야 한다.
③ 실태조사의 시기·범위 및 방법
  ㉠ 위·수탁계약서의 작성 여부에 대한 실태조사는 매년 1회 이상 실시한다.
  ㉡ 실태조사의 범위 : 위·수탁계약서의 작성 여부에 관한 사항, 법 제40조 제4항 후단에 따른 표준 위·수탁계약서의 사용에 관한 사항, 위·수탁계약 내용의 불공정성에 관한 사항, 위·수탁계약의 체결 절차·과정에 관한 사항, 그 밖에 화물운송시장의 질서 확립 및 건전한 발전을 위하여 조사가 필요한 사항

(6) 재정지원 ▶ 기출 8회, 15회, 19회, 27회, 28회

① 국가가 지방자치단체, 「공공기관의 운영에 관한 법률」에 따른 공공기관 중 대통령령으로 정하는 공공 기관, 「지방공기업법」에 따른 지방공사, 사업자단체 또는 운수사업자에게 소요자금의 일부를 보조 또는 융자할 수 있는 사업
  ㉠ 공동차고지와 공영차고지의 건설
  ㉡ 화물자동차 운수사업의 정보화사업
  ㉢ 낡은 차량의 대체
  ㉣ 연료비가 절감되거나 환경친화적인 화물자동차 등으로의 전환 및 이를 위한 시설·장비의 투자
  ㉤ 화물자동차 휴게소의 건설
  ㉥ 화물자동차 운수사업의 서비스 향상을 위한 시설·장비의 확충과 개선
  ㉦ 그 밖에 화물자동차 운수사업의 경영합리화를 위한 사항으로서 국토부령으로 정하는 사항(화물자동차의 감차, 그 밖에 긴급한 공익적 목적을 위하여 일시적으로 화물운송에 대체 사용된 차량에 대한 피해의 보상)
② 특별시장·광역시장·특별자치시장·특별자치도지사·시장 또는 군수(광역시의 군수 포함)는 운송사업자, 운송가맹사업자 및 화물자동차 운수사업을 위탁받은 자에게 유류에 부과되는 세액 등의 인상액에 상당하는 금액의 전부 또는 일부를 보조할 수 있다.

(7) 보조금의 사용 등

① 위 (6)①에 따라 보조 또는 융자를 받은 자는 그 자금을 보조 또는 융자받은 목적 외의 용도로 사용하여서는 아니 되며, 국토부 장관·특별시장·광역시장·특별자치시장·특별자치도지사·시장 또는 군수는 보조 또는 융자를 받은 자가 그 자금을 적정하게 사용하도록 지도·감독하여야 한다.

② 국토부 장관·특별시장·광역시장·특별자치시장·특별자치도지사·시장 또는 군수는 거짓이나 부정한 방법으로 위 (6)①, ②에 따라 보조금이나 융자금을 교부받은 사업자단체 또는 운송사업자등에게 보조금이나 융자금의 반환을 명하여야 하며, 이에 따르지 아니하면 국세 또는 지방세 체납처분의 예에 따라 회수할 수 있다.

(8) 보조금의 지급 정지 등 ▶ 기출 19회

① 특별시장·광역시장·특별자치시장·특별자치도지사·시장 또는 군수는 운송사업자등이 다음의 어느 하나에 해당하면 대통령령으로 정하는 바에 따라 5년의 범위에서 경유에 부과되는 교육세, 교통·에너지·환경세, 자동차세세액 및 석유가스 중 부탄에 부과되는 개별소비세·교육세·부과금 등의 인상액에 상당하는 금액의 전부 또는 일부에 대한 보조금의 지급을 정지하여야 한다.
  ㉠ 「석유 및 석유대체연료 사업법」에 따른 석유판매업자 또는 「액화석유가스의 안전관리 및 사업법」에 따른 액화석유가스 충전사업자, 「수소경제 육성 및 수소안전관리에 관한 법률」에 따른 수소판매사업자(이하 '주유업자등')로 부터 「부가가치세법」에 따른 세금계산서를 거짓으로 발급받아 보조금을 지급받은 경우
  ㉡ 주유업자 등으로부터 유류 또는 수소의 구매를 가장하거나 실제 구매금액을 초과하여 「여신 전문금융업법」에 따른 신용카드, 직불카드, 선불카드 등으로서 보조금의 신청에 사용되는 카드(이하 '유류구매카드')로 거래를 하거나 이를 대행하게 하여 보조금을 지급받은 경우
  ㉢ 화물자동차 운수사업이 아닌 다른 목적에 사용한 유류분 또는 수소 구매분에 대하여 보조금을 지급받은 경우
  ㉣ 다른 운송사업자등이 구입한 유류 또는 수소 사용량을 자기가 사용한 것으로 위장하여 보조금을 지급받은 경우
  ㉤ 그 밖에 대통령령으로 정하는 사항을 위반하여 거짓이나 부정한 방법으로 보조금을 지급받은 경우
  ㉥ 소명서 및 증거자료의 제출요구에 따르지 아니하거나 ㉠~㉤에 따른 검사나 조사를 거부·기피 또는 방해한 경우
② 특별시장·광역시장·특별자치시장·특별자치도지사·시장 또는 군수는 주유업자 등이 위 ①의 어느 하나에 해당하는 행위에 가담하였거나 이를 공모한 경우 대통령령으로 정하는 바에 따라 5년의 범위에서 해당 사업소에 대한 유류구매카드의 거래기능을 정지하여야 한다. 다만, 주유업자 등이 유류구매카드의 거래기능이 정지된 날부터 5년 이내에 다시 상기 ①의 각 호 어느 하나에 해당하는 행위에 가담하였거나 이를 공모한 경우에는 유류구매카드의 거래기능을 영구적으로 정지하여야 한다.

(9) 공영차고지의 설치 ▶ 기출 23회, 27회

법 제2조 제9호(용어의 정의 : 공영차고지)의 어느 하나에 해당하는 자는 공영차고지를 설치하여 직접 운영하거나 '사업자단체·운송사업자·운송가맹사업자·

운송사업자로 구성된 「협동조합기본법」에 따른 협동조합'의 어느 하나에 해당하는 자에게 임대(운영의 위탁을 포함한다)할 수 있다. 차고지설치자가 설치·운영계획을 수립·변경하는 경우 공영차고지의 설치·변경이 학생의 통학안전에 미치는 영향에 대하여 시·도의 교육감과 협의하여야 한다.

(10) 화물자동차 휴게소의 확충 ▶ 기출 20회

① 국토교통부 장관은 화물자동차 운전자의 근로여건을 개선하고 화물의 원활한 운송을 도모하기 위하여 운송경로 및 주요 물류거점에 화물자동차 휴게소를 확충하기 위한 '휴게소 종합계획'을 5년 단위로 수립하여야 한다.
② 국토교통부 장관은 휴게소 종합계획을 수립하거나 국토부령으로 정하는 사항(화물자동차 휴게소의 계획적 공급에 관한 사항, 화물자동차 휴게소의 연도별·지역별 배치에 관한 사항)을 변경하려는 경우 미리 시·도지사의 의견을 듣고 관계 중앙행정기관의 장과 협의하여야 한다.
③ 사업시행자는 필요한 경우 국토부 장관에게 휴게소 종합계획을 변경하도록 요청할 수 있으며, 국토부 장관 또는 시·도지사는 건설계획의 승인 또는 변경승인을 할 때에는 휴게소 종합계획과 상충하거나 중복되지 아니하도록 하여야 한다.

(11) 화물자동차 휴게소의 건설계획 등 ▶ 기출 24회

① 화물자동차 휴게소 건설사업을 할 수 있는 자
  ㉠ 국가 또는 지자체
  ㉡ 「공공기관의 운영에 관한 법률」에 따른 공공기관 중 대통령령으로 정하는 공공기관 : 한국철도공사, 한국토지주택공사, 한국도로공사, 한국수자원공사, 한국농어촌공사, 항만공사, 인천국제공항공사, 한국공항공사, 한국교통안전공단, 국가철도공단
  ㉢ 「지방공기업법」에 따른 지방공사
  ㉣ 대통령령으로 정하는 바에 따라 ㉠~㉢의 자로부터 지정을 받은 법인
② 화물자동차 휴게소 건설사업을 시행하려는 자는 사업의 명칭·목적, 사업을 시행하려는 위치와 면적 등 대통령령으로 정하는 사항이 포함된 건설계획을 수립하여야 한다.
③ 화물자동차 휴게소의 건설 대상지역 및 시설기준은 국토교통부령으로 정한다.
④ 화물자동차 휴게소의 건설 대상지역
  ㉠ 「항만법」에 따른 항만 또는 「산업입지 및 개발에 관한 법률」에 따른 산업단지 등이 위치한 지역으로서 화물자동차의 일일 평균 교통량이 1만 5천대 이상인 지역
  ㉡ 「항만법」에 따른 국가관리항이 위치한 지역
  ㉢ 「물류시설의 개발 및 운영에 관한 법률」에 따른 물류단지 중 면적이 50만 제곱미터 이상인 물류단지가 위치한 지역
  ㉣ 「도로법」에 따른 고속국도, 일반국도, 지방도 또는 국가지원지방도에 인접한 지역으로서 화물자동차의 일일 평균 교통량이 3천5백대 이상인 지역

⑤ 화물자동차 휴게소의 시설기준
  ㉠ 물류터미널의 구조 및 설비기준 중 구조의 내구력, 구내차도 및 조차장소는 동일
  ㉡ 필수시설(주차장, 휴게실, 샤워실, 식당, 주유소, 세탁실 및 정비소)과 임의시설(수면실, 체력단련실, 세차기, 계근대 및 화물운송주선사무실)을 구비할 것
⑥ 사업시행자는 화물자동차 휴게소 건설에 관한 계획을 수립한 때에는 이를 공고하고, 관계 서류의 사본을 20일 이상 일반인이 열람할 수 있도록 하여야 한다.
⑦ 지자체·지방공사·법인이 사업시행자인 경우에는 공고 및 열람을 마친 후 그 건설계획에 대하여 시·도지사의 승인을 받아야 한다. 다만, 위 (11)① ㉡(대통령령으로 정하는 공공기관)의 사업시행자 및 국가 또는 위 (11)① ㉡의 사업시행자로부터 지정을 받은 자는 국토부 장관의 승인을 받아야 한다.

(12) 화물자동차 휴게소 운영의 위탁

① 사업시행자는 화물자동차 휴게소의 운영을 사업자단체 등 대통령령으로 정하는 자[연합회 또는 협회, 한국철도공사, 한국토지주택공사, 한국도로공사, 한국수자원공사, 한국농어촌 공사, 항만공사, 인천국제공항공사, 한국공항공사, 한국교통안전공단, 국가철도공단 또는 지방공기업(국가·지자체가 위탁하는 경우만 해당), 「민법」 또는 「상법」에 따라 설립된 법인으로서 그 설립목적이 화물운수와 관련이 있는 법인]에게 위탁할 수 있다.
② 화물자동차 휴게소 운영을 위탁하는 경우에는 제한경쟁의 방식에 따라 수탁자를 정하며, 다만 국토부 장관이 화물자동차 휴게소 운영의 효율성 및 안정성 등을 고려하여 필요하다고 인정하는 경우에는 수의계약의 방식에 따라 위탁할 수 있다.
③ 화물자동차 휴게소 운영의 위탁기간은 5년으로 하되, 국토부 장관이 정하는 기준 및 절차에 따라 갱신할 수 있다.

(13) 실적신고 및 관리 등 ▶ 기출 24회

운송사업자(개인 운송사업자는 제외한다), 운송주선사업자 및 운송가맹사업자는 국토교통부령으로 정하는 바에 따라 운송 또는 주선실적을 관리하고 이를 구축된 화물운송실적관리시스템을 통해 국토교통부 장관에게 신고하여야 한다.

(14) 화물운송실적관리시스템 등

국토교통부 장관은 운송 또는 주선실적 등 화물운송정보를 체계적으로 관리하기 위한 화물 운송실적관리시스템을 구축·운영할 수 있다.

(15) 화물운송서비스평가 등

① 국토교통부 장관은 화물운송서비스 증진과 이용자의 권익보호를 위하여 운수사업자가 제공하는 화물운송서비스에 대한 평가를 할 수 있다.

② 화물운송서비스에 대한 평가의 기준 : 화물운송서비스의 이용자 만족도·신속성 및 정확성·안전성, 그 밖에 국토부령으로 정하는 사항

6. 사업자단체

(1) 협회 ▶기출 6회, 27회

① 협회의 설립 운수사업자는 화물자동차 운수사업의 건전한 발전과 운수사업자의 공동이익을 도모하기 위하여 국토교통부 장관의 인가를 받아 화물자동차 운송사업, 운송주선사업, 운송가맹사업의 종류별 또는 시·도별로 협회를 설립할 수 있다.

  ㉠ 설립절차 : 발기(회원자격자 5분의 1 이상) → 창립총회에서 정관 작성(회원자격자 3분의 1 이상의 동의) → 인가신청(국토부 장관) → 공고(시·도지사) → 설립등기(주된 사무소의 소재지)
  ㉡ 정관 변경은 국토교통부 장관의 인가를 받아야 하며, 협회는 주된 사무소의 소재지에서 설립등기를 함으로써 성립한다.
  ㉢ 협회는 법인으로 하며, 협회의 정관의 기재사항과 감독에 관하여 필요한 사항은 국토교통부령으로 정한다.
  ㉣ 이 법에 규정이 있는 사항을 제외하고는 민법 중 사단법인에 관한 규정을 준용한다.

② 협회의 사업 화물자동차 운수사업의 건전한 발전과 운수사업자의 공동이익을 도모하는 사업, 운수사업의 진흥 및 발전에 필요한 통계의 작성 및 관리, 외국 자료의 수집·조사 및 연구사업, 경영자와 운수종사자의 교육훈련 등

(2) 연합회 ▶기출 22회, 24회

운송사업자로 구성된 협회와 운송주선사업자로 구성된 협회 및 운송가맹사업자로 구성된 협회는 그 공동목적을 달성하기 위하여 국토부령으로 정하는 바에 따라 각각 연합회를 설립 할 수 있으며, 각 협회는 각각 그 연합회의 회원이 된다.

(3) 공제사업 ▶기출 20회, 22회, 24회

① 운수사업자가 설립한 협회의 연합회는 국토교통부 장관의 허가를 받아 운수사업자의 자동차사고로 인한 손해배상책임의 보장사업 및 적재물배상 공제사업 등을 할 수 있다.
② 연합회는 공제사업의 허가를 신청할 때에는 허가신청서에 서류(공제규정, 사업계획서, 수지계산서)를 첨부하여 국토교통부 장관에게 제출하여야 하며, 공제규정에 관한 회계는 다른 사업에 관한 회계와 구분하여 경리하여야 한다.

(4) 공제조합의 설립 등 ▶기출 20회, 22회, 24회, 28회

① 운수사업자는 상호 간의 협동조직을 통하여 조합원이 자주적인 경제활동을 영위할 수 있도록 지원하고, 조합원의 자동차 사고로 인한 손해배상책임의 보장사업 및 적재물배상 공제 사업을 하기 위하여 대통령령으로 정하는 바에 따라 국토교통부 장관의 인가를 받아 공제조합을 설립할 수 있다.

② 공제조합은 법인으로 하며, 주된 사무소의 소재지에 설립등기를 함으로써 성립한다.
③ 공제조합의 조합원은 공제사업에 필요한 분담금을 부담하여야 한다.
④ 국토교통부 장관은 연합회(연합회가 설립되지 아니한 경우에는 그 업종을 말함)별로 하나의 공제조합만을 인가하여야 한다.
⑤ 공제조합의 설립인가 절차
공제조합의 자격이 있는 자의 10분의 1 이상이 발기하고, 조합원 자격이 있는 자 200인 이상의 동의 → 창립총회에서 정관 작성 → 국토부 장관에게 인가 신청 → 인가를 한 경우 국토부 장관이 공고
⑥ 국토부 장관은 인가를 한 경우 이를 공고하여야 한다.

(5) 공제조합의 운영위원회 ▶ 기출 22회

① 공제조합은 공제사업에 관한 사항을 심의·의결하고 그 업무집행을 감독하기 위하여 운영 위원회를 둔다.
② 운영위원회의 위원은 조합원, 운수사업·금융·보험·회계·법률분야 전문가, 관계 공무원 및 그 밖에 화물자동차 운수사업 관련 이해관계자로 구성하되, 그 수는 25명 이내로 한다. 다만, 연합회가 공제사업을 하는 경우의 운영위원회의 위원은 시·도별 협회의 대표 전원을 포함하여 37명 이내로 한다.
③ 위원의 임기는 2년으로 하되, 보궐위원의 임기는 전임자 임기의 남은 기간으로 한다.
④ 운영위원회는 위원장과 부위원장 각각 1명을 두되, 위원장 및 부위원장은 위원 중에서 각각 호선한다.
⑤ 운영위원회의 회의는 재적위원 과반수의 출석으로 개의하고, 출석위원 과반수의 찬성으로 의결한다.

(6) 운영위원회 위원의 결격사유자 ▶ 기출 22회

① 다음 각 호의 어느 하나에 해당하는 사람은 제51조의4제2항에 따른 위원이 될 수 없다.
  1. 미성년자, 피성년후견인 또는 피한정후견인
  2. 파산선고를 받고 복권되지 아니한 사람
  3. 이 법 또는 「보험업법」 등 대통령령으로 정하는 금융 관련 법률을 위반하여 금고 이상의 형의 집행유예를 선고받고 그 유예기간 중에 있는 사람
  4. 이 법 또는 「보험업법」 등 대통령령으로 정하는 금융 관련 법률을 위반하여 벌금 이상의 형을 선고받고 그 집행이 끝나거나 집행이 면제된 날부터 5년이 지나지 아니한 사람
  5. 이 법에 따른 공제조합의 업무와 관련하여 벌금 이상의 형을 선고받고 그 집행이 끝나거나 집행이 면제된 날부터 5년이 지나지 아니한 사람
  6. 공제조합 임직원에 대한 징계·해임의 요구 중에 있거나 징계·해임의 처분을 받은 후 3년이 지나지 아니한 사람

② 공제조합 운영위원회 위원이 상기 ① 각 호의 어느 하나에 해당하게 된 때에는 그 날로 위원자격을 잃는다.
③ 국토교통부 장관은 ① 3.~① 5.까지의 범죄경력자료의 조회를 경찰청장에게 요청하여 공제조합에 제공할 수 있다.

(7) 공제조합의 사업 ▶ 기출 9회, 14회, 22회

① 공제조합은 다음의 사업을 한다.
  ㉠ 조합원의 사업용 자동차의 사고로 생긴 배상 책임 및 적재물 배상에 대한 공제
  ㉡ 조합원이 사업용 자동차를 소유·사용·관리하는 동안 발생한 사고로 그 자동차에 생긴 손해에 대한 공제
  ㉢ 운수종사자가 조합원의 사업용 자동차를 소유·사용·관리하는 동안에 발생한 사고로 입은 자기 신체의 손해에 대한 공제
  ㉣ 공제조합에 고용된 자의 업무상 재해로 인한 손실을 보상하기 위한 공제
  ㉤ 공동이용시설의 설치·운영 및 관리, 그 밖에 조합원의 편의 및 복지 증진을 위한 사업
  ㉥ 화물자동차 운수사업의 경영 개선을 위한 조사·연구사업
  ㉦ 위 ㉠~㉥의 사업에 딸린 사업으로서 정관으로 정하는 사업
② 공제조합은 위 ㉠~㉣의 규정에 따른 공제사업을 하려면 공제규정을 정하여 국토부 장관의 인가를 받아야 하며, 인가받은 사항을 변경하려는 경우에도 또한 같다.
③ 위의 공제사업에는 「보험업법」을 적용하지 아니한다.

(8) 공제조합업무의 개선명령

국토교통부 장관은 공제조합의 업무 운영이 적정하지 아니하거나 자산상황이 불량하여 교통사고 피해자 및 공제 가입자 등의 권익을 해칠 우려가 있다고 인정하면 '업무집행방법의 변경' 등의 조치를 명할 수 있다.

(9) 공제조합 임직원에 대한 제재 등 ▶ 기출 14회

국토교통부 장관은 공제조합의 임직원이 "조합원이 사업용 자동차를 소유·사용·관리하는 동안 발생한 사고로 그 자동차에 생긴 손해에 대한 공제에 따른 공제규정을 위반하여 업무를 처리한 경우, 공제조합업무의 개선명령을 이행하지 아니한 경우, 재무건전성 기준을 지키지 아니한 경우"에 해당하여 공제조합을 건전하게 운영하지 못할 우려가 있다고 인정하면 임직원에 대한 징계·해임을 요구하거나 해당 위반행위를 시정하도록 명할 수 있다.

(10) 재무건전성의 유지 등 ▶ 기출 18회

① 공제조합은 공제금 지급능력과 경영의 건전성을 확보하기 위하여 "자본의 적정성·자산의 건전성·유동성의 확보에 관한 사항"에 관하여 대통령령으로 정하는 재무건전성 기준을 지켜야 하며, 국토부 장관은 공제조합이 기준을 지키

지 아니하여 경영의 건전성을 해칠 우려가 있다고 인정하면 자본금의 증액을 명하거나 주식 등 위험자산의 소유를 제한하는 조치를 취할 수 있다.
② 용어의 뜻
　㉠ 지급여력금액 : 자본금, 대손충당금, 이익잉여금 및 그 밖에 이에 준하는 것으로서 국토부 장관이 정하는 금액을 합산한 금액에서 영업권, 선급비용 등 국토부 장관이 정하는 금액을 뺀 금액
　㉡ 지급여력기준금액 : 공제사업을 운영함에 따라 발생하게 되는 위험을 국토부 장관이 정하는 방법에 따라 금액으로 환산한 것
　㉢ 지급여력비율 : 지급여력금액을 지급여력기준금액으로 나눈 비율
③ 공제조합이 준수하여야 하는 재무건전성 기준
　㉠ 지급여력비율은 100분의 100 이상을 유지할 것
　㉡ 구상채권 등 보유자산의 건전성을 정기적으로 분류하고 대손충당금을 적립할 것

(11) 다른 법률과의 관계와 분쟁조정의 신청 등 ▶기출 14회

① 국토부 장관은 규정에 따른 공제사업의 건전한 육성과 공제 가입자의 보호를 위하여 금융위원회 위원장과 협의하여 감독에 필요한 기준을 정하고 이를 고시하여야 한다.
② 공제조합에 관하여 이 법에 규정된 사항 외에는 「민법」중 사단법인에 관한 규정과 「상법」을 준용한다.
③ 공제사업을 할 때 공제계약 및 공제금의 지급 등에 관하여 분쟁이 있으면 분쟁 당사자는 「여객자동차 운수사업법」에 따른 공제분쟁조정위원회에 조정을 신청할 수 있다.
④ 국토교통부 장관은 협회 및 연합회를 지도·감독한다.

7. 자가용 화물자동차의 사용

(1) 자가용 화물자동차 사용신고 ▶기출 7회, 12회, 20회, 21회, 24회

① 화물자동차 운송사업과 화물자동차 운송가맹사업에 이용되지 아니하고 자가용으로 사용되는 화물자동차로서 대통령령으로 정하는 화물자동차[국토부령으로 정하는 특수자동차와 특수자동차를 제외한 최대적재량이 2.5톤 이상인 화물자동차]로 사용하려는 자는 국토부령으로 정하는 사항을 시·도지사에게 신고하여야 하며, 신고한 사항을 변경하려는 때에도 또한 같다.
② 시·도지사는 신고 또는 변경신고를 받은 날부터 10일 이내에 신고수리 여부를 신고인에게 통지하여야 한다.
③ 자가용 화물자동차 사용신고서에는 차고시설(임대 차고 포함)을 확보하였음을 증명하는 서류를 첨부하여야 한다.
④ 자가용 화물자동차 사용신고확인증을 발급받은 자는 차고시설을 변경하였을 때에는 변경 한 날부터 10일 이내에 변경신고서를 시·도지사에게 제출하여야 한다.

기출문제 ▶기출 22회

화물자동차 운수사업법령상 사업자단체에 관한 설명으로 옳지 않은 것은?

① 공제조합을 설립하려면 공제조합의 조합원 자격이 있는 자의 10분의 1 이상이 발기하여야 한다.
② 파산선고를 받고 복권된 사람은 공제조합의 운영위원회의 위원이 될 수 없다.
③ 운송사업자로 구성된 협회, 운송주선사업자로 구성된 협회 및 운송가맹사업자로 구성된 협회는 각각 연합회를 설립할 수 있다.
④ 연합회가 공제사업을 하는 경우의 공제조합 운영위원회 위원은 시·도별 협회의 대표 전원을 포함하여 37명 이내로 한다.
⑤ 공제조합이 조합에 고용된 자의 업무상 재해로 인한 손실을 보상하기 위한 공제 사업을 하려면 공제규정을 정하여 국토교통부 장관의 인가를 받아야 한다.

정답 ②

(2) 유상운송 ▶ 기출 21회, 22회 빈출

① 유상운송의 금지

자가용 화물자동차의 소유자 또는 사용자는 자가용 화물자동차를 유상으로 화물운송용으로 제공하거나 임대하여서는 아니 된다. 다만 국토부령이 정하는 사유에 해당하는 경우로서 시·도지사의 허가를 받으면 화물운송용으로 제공하거나 임대할 수 있다.

② 유상운송의 허가 사유

㉠ 천재지변이나 이에 준하는 비상사태로 인하여 수송력공급을 긴급히 증가시킬 필요가 있는 경우

㉡ 사업용 화물자동차·철도 등 화물운송수단의 운행이 불가능하여 이를 일시적으로 대체 하기 위한 수송력 공급이 긴급히 필요한 경우

㉢ 「농어업경영체 육성및지원에 관한 법률」에 따라 설립된 영농조합법인이 그 사업을 위하여 화물자동차를 직접 소유·운영하는 경우

③ 유상운송 허가조건 등

㉠ 시·도지사는 영농조합법인에 대하여 자가용 화물자동차의 유상운송을 허가하려는 경우에는 다음의 조건을 붙여야 한다.

ⓐ 자동차의 운행으로 사람이 사망하거나 부상한 경우의 손해배상책임을 보장하는 보험에 계속 가입할 것

ⓑ 차량안전점검과 정비를 철저히 하고 각종 교통관련법규를 성실히 준수할 것

㉡ 영농조합법인이 소유하는 자가용 화물자동차에 대한 유상운송 허가기간은 3년 이내로 하여야 한다.

㉢ 영농조합법인이 허가기간 만료일 30일 전까지 시·도지사에게 유상운송 허가기간의 연장을 신청하는 경우 시·도지사는 유상운송 허가기간의 연장을 허가할 수 있다.

(3) 자가용 화물자동차 사용의 제한 또는 금지 ▶ 기출 22회, 24회 빈출

시·도지사는 자가용 화물자동차의 소유자 또는 사용자가 "자가용 화물자동차를 사용하여 화물자동차 운송사업을 경영한 경우와 시·도지사의 허가를 받지 아니하고 자가용 화물자동차를 유상으로 운송에 제공하거나 임대한 경우"에 해당하면 6개월 이내의 기간을 정하여 그 자동차의 사용을 제한하거나 금지할 수 있다.

(4) 차량충당조건 ▶ 기출 8회, 24회

① 화물자동차 운송사업 및 화물자동차 운송가맹사업의 신규등록·증차 또는 대폐차에 충당되는 화물자동차는 차령이 3년의 범위에서 대통령령으로 정하는 연한 이내여야 한다. 다만 국토교통부령으로 정하는 차량은 차량충당조건을 달리 할 수 있다.

② 대폐차의 대상·기한·절차·범위 및 주기

㉠ 대상 : 동일한 용도의 화물자동차(공급이 허용되는 경우만 해당)로 할 것

기출문제 ▶ 기출 21회

화물자동차 운수사업법령상 자가용 화물자동차의 사용에 관한 설명으로 옳은 것은?

① 자가용 화물자동차를 국토교통부령으로 정하는 특수자동차로 사용하려는 자는 시·도지사의 허가를 받아야 한다.
② 시·도지사는 자가용 화물자동차의 사용에 관한 허가 신청을 받은 날부터 10일 이내에 허가 여부를 신청인에게 통지하여야 한다.
③ 자가용 화물자동차의 소유자는 천재지변으로 인하여 수송력 공급을 긴급히 증가시킬 필요가 있는 경우에는 시·도지사의 허가를 받지 아니하여도 자가용 화물자동차를 유상으로 화물운송용으로 제공할 수 있다.
④ 자가용 화물자동차의 소유자가 시·도지사의 허가를 받지 아니하고 자가용 화물자동차를 유상으로 임대한 경우, 시·도지사는 12개월 이내의 기간을 정하여 그 자동차의 사용을 제한하여야 한다.
⑤ 시·도지사는 영농조합법인의 신청에 의하여 자가용 화물자동차에 대한 유상운송 허가기간의 연장을 허가할 수 있다.

정답 ⑤

ⓒ 기한 : 대폐차 변경신고를 한 날부터 15일 이내에 대폐차할 것. 다만, 국토부 장관이 정하여 고시하는 부득이한 사유가 있는 경우에는 3개월 이내에 대폐차할 수 있다.
ⓒ 절차 : 대폐차를 완료한 경우에는 협회에 통지할 것
ⓔ 범위 : 대폐차의 범위는 「자동차관리법」에 따른 화물자동차로서 다음의 구분에 따를 것 (개인화물자동차 운송사업에 한정한다). 이 경우 대폐차 범위의 세부기준에 관하여는 국토교통부 장관이 정하여 고시한다.
 ⓐ 개인 소형 : 최대 적재량 1.5톤 이하인 경우
 ⓑ 개인 중형 : 최대 적재량 1.5톤 초과 16톤 이하인 차량
 ⓒ 개인 대형 : 최대 적재량 16톤 초과인 차량
 ⓓ 「환경친화적 자동차의 개발 및 보급추진에 관한 법률」에 대한 전기자동차 또는 수소 전기자동차로서 국토부령으로 정하는 최대적재량 이하인 화물자동차에 대하여 해당 차량과 그 경영을 다른 사람에게 위탁하지 아니하는 것을 조건으로 허가 또는 변경 허가를 신청하는 경우에 따른 허가를 받은 화물자동차 : 제한 없음
ⓜ 주기 : 최대적재량 또는 총중량을 늘리는 대폐차는 직전에 최대적재량 또는 총중량을 늘리는 대폐차를 한 날로부터 국토부 장관이 정하여 고시하는 기간이 지난 후에 할 것
③ 위 ②에도 불구하고 운송사업자가 대폐차하고자 하는 경우에는 국토부 장관이 별도로 정하여 고시하는 바에 따른다.
④ 대폐차의 절차 및 방법 등에 관하여 국토부령으로 규정한 사항 외에 필요한 세부사항은 국토부 장관이 정하여 고시한다.
⑤ 차량충당 연한
 ㉠ 화물자동차 운송사업 및 화물자동차 운송가맹사업에 충당되는 화물자동차는 차령 3년 이내의 차량으로 한다.
 ㉡ 차량충당 연한의 기산일
  ⓐ 제작연도에 등록된 화물자동차 : 최초의 신규등록일
  ⓑ 제작연도에 미등록된 화물자동차 : 제작연도의 말일
  ⓒ 국토부 장관은 차량충당조건에 대하여 2014년 1월 1일을 기준으로 3년마다 그 타당성을 검토하여 개선 등의 조치를 하여야 한다.

III 기타

1. 보칙

(1) 압류금지 ▶ 기출 15회

법 제40조(경영의 위탁) 제3항에 따른 계약으로 운송사업자에게 현물출자된 차량 및 법 제43조(재정지원) 제2항에 따라 지급된 금품과 이를 받을 권리는 압류하지 못한다. 다만, 현금출자된 차량에 대한 세금 또는 벌금·과태료 미납으로 인하여 해당 차량을 압류하는 경우에는 그러하지 아니하다.

(2) 신고포상금 지급 등 ▶ 기출 24회

① 시·도지사(아래 ㉢의 경우에는 특별시장·광역시장·특별자치시장·특별자치도지사·시장 또는 군수를 말한다)는 다음의 어느 하나에 해당하는 자를 시·도지사나 수사기관에 신고 또는 고발한 자에 대하여 포상금을 지급할 수 있다.
㉠ 유상운송의 금지를 위반하여 자가용 화물자동차를 유상으로 화물운송용으로 제공하거나 임대한 자
㉠의2 : 운송사업자의 준수사항 또는 운수종사자의 준수사항을 위반하여 고장 및 사고차량의 운송과 관련하여 자동차관리사업자와 부정한 금품을 주고 받은 운송사업자 또는 운수종사자
㉡ 운송사업자의 직접운송 의무, 운송주선사업자의 재계약 운송 금지 또는 타 주선업자에게 중개·대리의뢰 행위 금지를 위반한 자
㉢ 거짓이나 부정한 방법으로 재정지원에 따른 보조금을 지급받은 자
㉣ 법 제3조 제1항 또는 제3항에 따른 허가 또는 변경허가를 받지 아니하거나 거짓이나 그 밖의 부정한 방법으로 허가 또는 변경허가를 받고 화물자동차 운송사업을 경영한 자
② 포상금의 지급에 소요되는 비용은 시·도 또는 시·군·구의 재원으로 충당한다.
③ 신고포상금 지급
㉠ 고발을 받은 수사기관은 지체 없이 그 사실을 관할 시·도지사에게 알려야 한다.
㉡ 시·도지사는 신고를 받거나 통보를 받은 경우에는 그 내용을 확인한 후 포상금 지급여부를 결정해야 하며, 다만 "신고 또는 고발이 있은 후 같은 위반행위에 대하여 같은 내용의 신고 또는 고발을 한 경우, 신고 또는 고발이 있는 사항에 대하여 이미 재판절차가 진행 중인 경우, 관계법령을 위반하여 신고 또는 고발을 한 경우, 공무원이 그 직무와 관련하여 신고하거나 고발한 경우"에 해당하면 포상금을 지급하지 않는다.
㉢ 시·도지사는 포상금 지급 결정을 한 경우에는 신고인 또는 고발인에게 알려야 한다.
㉣ 포상금 지급결정을 통보받은 신고인 또는 고발인은 관할 시·도지사에게 포상금 지급을 신청하여야 하며, 이 경우 시·도지사는 포상금 지급 신청을 받은

날부터 1개월 이내에 신고인 또는 고발인에게 포상금을 지급하여야 한다.
ⓜ 위 ⓛ에 따른 포상금은 100만 원의 범위에서 시·도의 조례로 정하는 금액을 지급한다.

(3) 화물차주 등의 협조 의무 등
① 위원회는 화물자동차 안전운송원가 산정과 관련하여 필요한 경우에는 화물차주, 운수사업 자 및 화주에 대하여 자료의 제출이나 의견의 진술 등을 요청할 수 있으며, 이 경우 요청을 받은 화물차주 등은 특별한 사정이 없으면 이에 따라야 한다.
② 위 ①에 따라 제출된 자료 등을 열람·검토한 자는 업무상 알게 된 비밀을 누설하여서는 아니 된다.

(4) 권한의 위임 ▶기출 21회, 23회
① 국토부 장관의 권한은 이 법에 따른 권한의 일부를 대통령령으로 정하는 바에 따라 시·도지사에게 위임할 수 있다.
② 시·도지사는 국토부 장관으로부터 위임받은 권한의 일부를 국토부 장관의 승인을 받아 시장·군수·구청장에게 재위임할 수 있다.
③ 시·도지사는 이 법에 따른 권한의 일부를 시·도의 조례로 정하는 바에 따라 시장·군수·구청장에게 위임할 수 있다.

(5) 권한의 위탁 ▶기출 17회, 21회
① 국토부 장관 또는 시·도지사는 이 법에 따른 권한의 일부를 대통령령 또는 시·도의 조례로 정하는 바에 따라 협회·연합회, 한국교통안전공단 또는 대통령령으로 정하는 전문기관에 위탁할 수 있으며, 이 경우 시·도지사가 업무를 위탁하는 경우에는 미리 국토부 장관의 승인을 받아야 한다.
② 국토부 장관이 협회에 권한을 위탁한 사항 : 허가사항 변경신고
③ 국토부 장관이 연합회에 권한을 위탁한 사항
 ㉠ 경영지도 중 사업자 준수사항에 대한 지도활동
 ㉡ 과적 운행, 과로 운전, 과속 운전의 예방 등 안전한 수송을 위한 지도·계몽
 ㉢ 법령 위반사항에 대한 처분의 건의
④ 국토부 장관이 한국교통안전공단에 권한을 위탁한 사항
 ㉠ 화물자동차 안전운임신고센터의 설치·운영
 ㉡ 운전적성에 대한 정밀검사의 시행
 ㉢ 이론 및 실기교육
 ㉣ 시험의 실시·관리 및 교육
 ㉤ 화물운송 종사자격증의 발급
 ㉥ 화물자동차 운전자의 교통사고 및 교통법규 위반사항과 범죄경력의 제공요청 및 기록·관리
 ㉦ 화물자동차 운전자의 인명사상사고 및 교통법규 위반사항과 범죄경력의 제공

ⓒ 화물자동차 운전자 채용 기록·관리 자료의 요청
ⓔ 범죄경력 자료의 조회 요청
⑤ 국토부 장관은 화물운송에 소요되는 비용 등의 조사에 관한 업무를 「정부출연연구기관 등의 설립·운영 및 육성에 관한 법률」에 따라 설립된 한국교통연구원에 위탁한다.

2. 벌칙

(1) 5년 이하의 징역 또는 2천만 원 이하의 벌금

① 운송사업자가 적재된 화물이 떨어지지 아니하도록 국토교통부령으로 정하는 기준 및 방법에 따라 덮개·포장·고정장치 등 필요한 조치를 하지 아니하여 사람을 상해 또는 사망에 이르게 한 운송사업자
② 운수종사자가 적재된 화물이 떨어지지 아니하도록 국토교통부령으로 정하는 기준 및 방법에 따라 덮개·포장·고정장치 등 필요한 조치를 하지 아니하여 사람을 상해 또는 사망에 이르게 한 운수종사자

(2) 3년 이하의 징역 또는 3천만 원 이하의 벌금 ▶ 기출 10회, 14회

① 운송사업자 또는 운수종사자가 정당한 사유 없이 업무개시 명령을 거부할 수 없는 규정을 위반한 자
② 거짓이나 부정한 방법으로 유류에 부과되는 세액 등의 인상액에 상당하는 금액의 전부 또는 일부에 대한 보조금을 교부받은 자
③ 거짓이나 부정한 방법으로 유류에 부과되는 세액 등의 인상액에 상당하는 금액의 전부 또는 일부에 대한 보조금을 교부받은 행위에 가담하였거나 이를 공모한 주유업자 등

(3) 2년 이하의 징역 또는 2천만 원 이하의 벌금 ▶ 기출 7회, 12회, 20회, 24회

① 허가를 받지 아니하거나 거짓이나 그 밖의 부정한 방법으로 허가를 받고 화물자동차운송사업·화물자동차운송주선사업·화물자동차운송가맹사업을 경영한 자
①의2 : 안전운임 지급과 관련하여 규정을 위반하여 서로 부정한 금품을 주고받은 화주와 운수사업자·화물차주자(2022년 12월 31일까지 유효함)
② 자동차관리사업자와 부정한 금품을 주고받은 운송사업자 또는 운수종사자
③ 임시허가를 받은 운송사업자는 그 사업을 양도할 수 없는데, 규정을 위반하여 사업을 양도한 자
④ 개선명령을 이행하지 아니한 자
⑤ 명의이용 금지의무를 위반한 자
⑥ 자가용화물자동차를 유상으로 화물운송용으로 제공하거나 임대한 자
⑦ 화물운송실적관리시스템의 정보를 변경, 삭제하거나 그 밖의 방법으로 이용할 수 없게 한 자 또는 권한 없이 정보를 검색, 복제하거나 그 밖의 방법으로 이용한 자

기출문제 ▶ 기출 24회

화물자동차 운수사업법령상 자가용 화물자동차의 사용에 관한 설명으로 옳은 것은?

① 특수자동차를 제외한 화물자동차로서 최대 적재량이 2.5톤 이상인 자가용 화물자동차는 사용신고대상이다.
② 자가용 화물자동차를 사용하여 화물자동차 운송사업을 경영한 경우 국토교통부장관은 6개월 이내의 기간을 정하여 그 자동차의 사용을 제한하거나 금지할 수 있다.
③ 이 법을 위반하여 자가용 화물자동차를 유상으로 화물운송용으로 제공하거나 임대한 자에게는 1천만 원 이하의 과태료를 부과한다.
④ 시·도지사는 자가용 화물자동차를 무상으로 화물운송용으로 제공한 자를 수사기관에 신고한 자에 대하여 대통령으로 정하는 바에 따라 포상금을 지급할 수 있다.
⑤ 자가용 화물자동차로서 대통령령으로 정하는 화물자동차로 사용하려는 자는 국토교통부령으로 정하는 기준에 따라 시·도지사의 허가를 받아야 한다.

정답 ①

> **기출문제** ▶ 기출 24회
>
> 화물자동차 운수사업법령상 화물자동차 운송사업의 차량충당조건에 관한 설명으로 옳은 것은?
> ① 신규등록에 충당되는 화물자동차는 차령이 2년의 범위에서 대통령령으로 정하는 연한 이내여야 한다.
> ② 제작연도에 등록된 화물자동차의 차량충당 연한의 기산일은 제작연도의 말일이다.
> ③ 부득이한 사유가 없는 한 대폐차 변경신고를 한 날부터 30일 이내에 대폐차하여야 한다.
> ④ 대폐차의 절차 및 방법 등에 관하여 국토교통부령으로 규정한 사항 외에 필요한 세부사항은 국토교통부장관이 정하여 고시한다.
> ⑤ 국토교통부장관은 차량충당조건에 대하여 2014년 1월 1일을 기준으로 5년마다 그 타당성을 검토하여 개선 등의 조치를 하여야 한다.
>
> 정답 ④

⑧ 직무와 관련하여 알게 된 화물운송실적관리자료를 다른 사람에게 제공 또는 누설하거나 그 목적 외의 용도로 사용한 자

(4) 1년 이하의 징역 또는 1천만 원 이하의 벌금

거짓이나 부정한 방법으로 화물자동차 유가보조금을 교부받은 자

3. 과태료

(1) 1천만 원 이하의 과태료(2022년 12월 31일까지 유효)

① 규정을 위반하여 국토교통부 장관이 공표한 화물자동차 안전운임보다 적은 운임을 지급한 자
② 공제조합 업무의 개선명령을 따르지 아니한 자
③ 공제조합의 임직원에 대한 징계·해임의 요구에 따르지 아니하거나 시정명령을 따르지 아니한 자

(2) 500만 원 이하의 과태료 ▶ 기출 21회

운임 및 요금과 약관의 신고를 하지 아니한 자, 화물운송 종사자격증을 받지 아니하고 화물자동차 운수사업의 운전업무에 종사한 자, 거짓이나 그 밖의 부정한 방법으로 화물운송 종사자격을 취득한 자, 운송사업자가 개선명령을 이행하지 아니한 자, 화물운송서비스평가를 위한 자료제출 등의 요구 또는 실지조사를 거부하거나 거짓으로 자료제출 등을 한 자, 화물 자동차 안전운송원가의 산정을 위한 자료 제출 또는 의견 진술의 요구를 거부하거나 거짓으로 자료 제출 또는 의견을 진술한 자 등

(3) 과태료 및 과징금 동시부과 금지

과태료에 관한 규정을 적용함에 있어서 과징금(2천만 원 이하)을 부과한 행위에 대하여는 과태료를 부과할 수 없다.

3장 핵심문제

01 화물자동차 운수사업법령상 화물자동차 운송사업의 허가에 관한 설명으로 옳지 않은 것은?

① 일반화물자동차 운송사업을 경영하려는 자는 국토교통부 장관의 허가를 받아야 한다.
② 일반화물자동차 운송사업은 100대 이상의 범위에서 대통령령으로 정하는 대수 이상의 화물자동차를 사용하여 화물을 운송하는 사업을 말한다.
③ 허가사항을 변경하려면 국토교통부 장관의 변경허가를 받아야 한다.
④ 화물자동차운송사업을 경영하는 자는 상호의 변경, 화물취급소의 설치 또는 폐지 등의 변경사유가 발생한 날부터 30일 이내에 허가사항변경신고서를 협회에 제출하여야 한다.
⑤ 국토부 장관은 변경신고를 받은 날부터 3일 이내에 신고수리 여부를 신고인에게 통지하여야 하며, 3일 이내에 신고수리 여부 또는 민원 처리 관련 법령에 따른 처리기간의 연장 여부를 신고인에게 통지하지 아니하면 그 기간이 끝난 날의 다음 날에 신고를 수리한 것으로 본다.

정답 ②

해설 일반화물자동차 운송사업 : 20대 이상의 범위에서 대통령령으로 정하는 대수(20대) 이상의 화물자동차를 사용하여 화물을 운송하는 사업

02 화물자동차 운수사업법령상 운송사업자의 준수사항에 관한 설명으로 옳지 않은 것은?

① 운송사업자는 허가받은 사항의 범위에서 사업을 성실하게 수행하여야 하며, 부당한 운송조건을 제시하거나 정당한 사유 없이 운송계약의 인수를 거부하거나, 그 밖에 화물운송 질서를 해치는 행위를 하여서는 아니된다.
② 운송사업자는 화물자동차 운전자의 과로를 방지하고 안전운행을 확보하기 위하여 운전자를 과도하게 승차근무하게 하여서는 아니된다.
③ 운송사업자는 운임 및 요금과 운송약관을 자신의 거주지에 보관하면 된다.
④ 위·수탁차주나 개인 운송사업자에게 화물운송을 위탁한 운송사업자는 해당 위·수탁차주나 개인 운송사업자가 요구하면 화물적재요청자와 화물의 종류·중량 및 운임 등 국토교통부령으로 정하는 사항을 적은 화물위탁증을 내주어야 한다.
⑤ 운송사업자는 위·수탁차주가 현물출자한 차량을 위·수탁차주의 동의 없이 타인에게 매도하거나 저당권을 설정하여서는 아니된다.

정답 ③

해설 운송사업자는 위·수탁차주가 현물출자한 차량을 위·수탁차주의 동의 없이 타인에게 매도하거나 저당권을 설정하여서는 아니된다.

03 화물자동차 운수사업법령상 적재물배상보험등의 가입과 관련하여 책임보험계약등의 해제·해지 가능 사유로 옳지 않은 것은?

① 화물자동차 운송사업의 허가사항이 변경(감차된 경우 제외)된 경우
② 화물자동차 운송사업을 휴·폐업한 경우
③ 화물자동차 운송사업의 허가가 취소되거나 감차 조치 명령을 받은 경우
④ 화물자동차 운송주선사업의 허가가 취소된 경우
⑤ 운송가맹사업의 허가사항이 변경된 경우(감차만을 말한다)

정답 ①

해설 화물자동차 운송사업의 허가사항이 변경[감차만을 말함]된 경우

04 화물자동차 운수사업법령상 공제조합의 설립에 관한 내용으로 옳지 않은 것은?

① 운수사업자는 상호 간의 협동조직을 통하여 조합원이 자주적인 경제활동을 영위할 수 있도록 지원하고, 조합원의 자동차 사고로 인한 손해배상책임의 보장사업 및 적재물배상 공제 사업을 하기 위하여 대통령령으로 정하는 바에 따라 국토교통부 장관의 인가를 받아 공제조합을 설립할 수 있다.
② 공제조합은 법인으로 하며, 주된 사무소의 소재지에 설립등기를 함으로써 성립한다.
③ 공제조합의 조합원은 공제사업에 필요한 분담금을 부담하여야 한다.
④ 국토교통부 장관은 연합회(연합회가 설립되지 아니한 경우에는 그 업종을 말함)별로 하나의 공제조합만을 인가하여야 한다.
⑤ 국토부 장관은 승인을 한 경우 이를 공고하여야 한다.

정답 ⑤

해설 국토부 장관은 인가를 한 경우 이를 공고하여야 한다.

05 화물자동차 운수사업법령상 자가용 화물자동차의 사용에 관한 설명으로 옳지 않은 것은?

① 화물자동차 운송사업과 화물자동차 운송가맹사업에 이용되지 아니하고 자가용으로 사용되는 화물자동차로서 대통령령으로 정하는 화물자동차[국토부령으로 정하는 특수자동차와 특수자동차를 제외한 최대적재량이 2.5톤 이상인 화물자동차]로 사용하려는 자는 국토부령으로 정하는 사항을 시·도지사에게 신고하여야 한다.
② 자가용 화물자동차의 사용을 신고한 자는 신고한 사항을 변경하려는 때에도 시·도지사에게 신고하여야 한다.
③ 시·도지사는 신고 또는 변경신고를 받은 날부터 20일 이내에 신고수리 여부를 신고인에게 통지하여야 한다.
④ 자가용 화물자동차 사용신고서에는 차고시설(임대 차고 포함)을 확보하였음을 증명하는 서류를 첨부하여야 한다.
⑤ 자가용 화물자동차 사용신고확인증을 발급받은 자는 차고시설을 변경하였을 때에는 변경 한 날부터 10일 이내에 변경신고서를 시·도지사에게 제출하여야 한다.

정답 ③

해설 시·도지사는 신고 또는 변경신고를 받은 날부터 10일 이내에 신고수리 여부를 신고인에게 통지하여야 한다.

제4장 철도사업법

I. 철도사업법의 총칙

1. 목적
철도사업의 질서확립, 효율적인 운영 여건 조성, 철도사업의 건전한 발전, 철도이용자의 편의 도모, 국민경제발전에 이바지함을 목적으로 한다.

2. 용어의 정의

(1) 철도차량

철도산업발전기본법의 규정에 의한 철도차량을 말하며, 즉 선로를 운행할 목적으로 제작된 동력차·객차·화차·특수차

(2) 전용철도

다른 사람의 수요에 따른 영업을 목적으로 하지 아니하고 자신의 수요에 따라 특수목적을 수행하기 위하여 설치 또는 운영하는 철도

(3) 철도사업자

한국철도공사법에 의하여 설립된 한국철도공사 및 철도사업 면허를 받은 자

(4) 전용철도운영자

전용철도 등록을 한 자

II. 철도사업의 운영

1. 철도사업의 관리

(1) 사업용철도노선의 고시

① 국토교통부 장관은 사업용철도노선의 노선번호, 노선명, 기점, 종점, 중요 경과지(정차역 포함)와 그 밖에 필요한 사항을 국토부령으로 정하는 바에 따라 지정·고시하여야 한다.
② 국토부 장관은 위 ①에 따라 사업용철도노선을 지정·고시하는 경우 다음의 구분에 따라 분류할 수 있다.

㉠ 운행지역과 운행거리에 따른 분류
ⓐ 간선철도 : 특별시·광역시·특별자치시 또는 도 간의 교통수요를 처리하기 위하여 운영 중인 10km 이상의 사업용철도노선으로서 국토교통부장관이 지정한 노선을 말한다.
ⓑ 지선철도 : 간선철도를 제외한 사업용철도노선을 말한다.
㉡ 운행속도에 따른 분류 : 고속철도노선, 준고속철도노선, 일반철도노선
③ 위 ②에 따른 사업용철도노선의 기준이 되는 운행지역, 운행거리 및 운행속도는 국토교통부령으로 정하며, 국토교통부 장관은 사업용철도노선을 지정한 경우에는 이를 관보에 고시하여야 한다.

(2) 철도차량의 유형 분류

국토교통부 장관은 철도 운임 상한의 산정, 철도차량의 효율적인 관리 등을 위하여 철도차량을 국토부령으로 정하는 운행속도에 따라 다음의 구분에 따른 유형으로 분류할 수 있다.
① 고속철도차량 : 최고속도 300km / h 이상
② 준고속철도차량 : 최고속도 200km / h 이상 300km / h 미만
③ 일반철도차량 : 최고속도 200km / h 미만

(3) 면허 등 ▶ 기출 21회, 22회, 23회, 27회 빈출

① 면허
  ㉠ 철도사업을 경영하려는 자는 위 (1)①에 따라 지정·고시된 사업용철도노선을 정하여 국토교통부 장관의 면허를 받아야 하며, 이 경우 국토부 장관은 철도의 공공성과 안전을 강화하고 이용자 편의를 증진시키기 위하여 국토부령으로 정하는 바에 따라 필요한 부담을 붙일 수 있다.
  ㉡ 철도사업의 면허를 받으려는 자는 사업계획서를 첨부한 면허신청서를 국토부 장관에게 제출하여야 한다.
  ㉢ 철도사업의 면허를 받을 수 있는 자는 법인으로 한다.
② 철도사업의 면허기준
  신청자가 해당 사업을 수행할 수 있는 재정적 능력을 가질 것 등
③ 면허결격사유
  다음의 어느 하나에 해당하는 법인은 철도사업의 면허를 받을 수 없다.
  ㉠ 법인의 임원 중 다음의 어느 하나에 해당하는 사람이 있는 법인
    ⓐ 피성년후견인·피한정후견인·파산자
    ⓑ 이 법(철도사업법) 또는 대통령령으로 정하는 철도관계법령(철도산업발전기본법, 철도안전법, 도시철도법, 국가철도공단법, 한국철도공사법)을 위반하여 금고 이상의 실형을 선고받고 그 집행이 끝나거나 면제된 날부터 2년이 지나지 아니한 사람
    ⓒ 이 법 또는 대통령령으로 정하는 철도관계법령을 위반하여 금고 이상의 형의 집행유예를 선고받고 그 유예기간 중에 있는 사람

ⓒ 법 제16조(면허취소 등) 제1항에 따라 철도사업의 면허가 취소된 후 그 취소일부터 2년이 지나지 아니한 법인. 다만, 위 ㉠⑧에 해당하여 철도사업의 면허가 취소된 경우는 제외한다.

(4) 운송시작의 의무 ▶ 기출 16회, 22회

철도사업자는 국토부 장관이 지정하는 날 또는 기간에 운송을 시작하여야 한다. 다만, 천재지변이나 그 밖의 불가피한 사유로 철도사업자가 국토부 장관이 지정하는 날 또는 기간에 운송을 시작할 수 없는 경우에는 국토부 장관의 승인을 받아 날짜를 연기하거나 기간을 연장할 수 있다.

(5) 운임·요금의 신고 등 ▶ 기출 22회, 25회, 27회 빈출

① 여객운임·요금의 신고
  ㉠ 철도사업자는 여객에 대한 운임[여객운송에 대한 직접적인 대가를 말하며, 여객 운송과 관련된 설비·용역에 대한 대가는 제외 한다]·요금(이하 '여객운임·요금'이라 한다)을 국토교통부 장관에 신고하여야 하며, 이를 변경하려는 경우에도 같다.
  ㉡ 철도사업자는 여객 운임·요금을 정하거나 변경하는 경우에는 원가와 버스 등 다른 교통수단의 여객 운임·요금과의 형평성 등을 고려하여야 한다. 이 경우 여객에 대한 운임은 사업용철도노선의 분류, 철도차량의 유형 등을 고려하여 국토부 장관이 지정·고시한 상한을 초과하여서는 아니 된다.
  ㉢ 국토교통부 장관은 여객 운임의 상한을 지정하려면 미리 기획재정부 장관과 협의하여야 한다.
  ㉣ 국토부 장관은 신고 또는 변경신고를 받은 날부터 3일 이내에 신고수리 여부를 신고인에게 통지하여야 한다.
  ㉤ 철도사업자는 신고 또는 변경신고를 한 여객 운임·요금을 그 시행 1주일 이전에 인터넷 홈페이지, 관계 역·영업소 및 사업소 등 일반인이 잘 볼 수 있는 곳에 게시 하여야 한다.
  ㉥ 철도사업자는 사업용철도를 「도시철도법」에 의한 도시철도운영자가 운영하는 도시철도와 연결하여 운행하려는 때에는 여객운임·요금의 신고 또는 변경신고를 하기 전에 여객운임·요금 및 그 변경시기에 관하여 미리 해당 도시철도운영자와 협의하여야 한다.

② 여객운임·요금의 감면
  ㉠ 철도사업자는 재해복구를 위한 긴급지원, 여객유치를 위한 기념행사 그 밖에 철도사업의 경영상 필요하다고 인정되는 경우에는 일정한 기간과 대상을 정하여 위 (5)①, ㉠에 따라 신고한 여객운임·요금을 감면할 수 있다.
  ㉡ 철도사업자는 여객운임·요금을 감면하는 경우에는 그 시행 3일 이전에 감면사항을 인터넷 홈페이지, 관계역·영업소 및 사업소 등 일반인이 잘 볼 수 있는 곳에 게시하여야 하며, 다만 긴급한 경우에는 미리 게시하지 아니할 수 있다.

③ 여객운임의 상한지정 등
  ㉠ 국토교통부 장관은 여객운임의 상한을 지정하는 때에는 물가상승률, 원가수준, 다른 교통수단과의 형평성, 사업용철도노선의 분류와 철도차량의 유형 등을 고려하여야 하며, 여객운임의 상한을 지정한 경우에는 이를 관보에 고시하여야 한다.
  ㉡ 국토교통부 장관은 여객운임의 상한을 지정하기 위하여 「철도산업발전기본법」에 따른 철도산업위원회 또는 철도나 교통관련기관 및 전문가의 의견을 들을 수 있다.
④ 부가운임의 징수
  ㉠ 철도사업자는 여객이 정당한 운임·요금을 지급하지 아니하고 열차를 이용한 경우에는 승차구간에 상당하는 운임 외에 그의 30배의 범위에서 부가운임을 징수할 수 있다.
  ㉡ 철도사업자는 송하인이 운송장에 적은 화물의 품명·중량·용적 또는 개수에 따라 계산한 운임이 정당한 사유 없이 정상운임보다 적은 경우에는 송하인에게 그 부족운임 외에 그 부족운임의 5배의 범위에서 부가운임을 징수할 수 있다.
  ㉢ 철도사업자는 부가운임을 징수하려는 경우에는 사전에 부가운임의 징수대상행위, 열차의 종류 및 운행구간 등에 따른 부가운임 산정기준을 정하고 철도사업약관에 포함하여 국토교통부 장관에게 신고하여야 한다.
  ㉣ 국토부 장관은 신고를 받은 날부터 3일 이내에 신고수리 여부를 신고인에게 통지하여야 한다.
⑤ 부가운임의 징수 대상자는 이를 성실하게 납부하여야 한다.

(6) 철도사업약관과 신고 ▶ 기출 16회, 18회, 22회, 25회
① 철도사업자는 철도사업약관을 정하여 국토교통부 장관에게 신고하여야 하며, 이를 변경하려는 경우에도 같다.
② 국토부 장관은 신고 또는 변경신고를 받은 날부터 3일 이내에 신고수리 여부를 신고인에게 통지하여야한다.
③ 철도사업약관에 기재하여야 할 사항
  철도사업약관의 적용범위, 여객운임·요금의 수수 또는 환급에 관한 사항, 부가운임에 관한 사항, 운송책임 및 배상에 관한 사항, 면책에 관한 사항, 여객의 금지행위에 관한 사항, 화물의 인도·인수·보관 및 취급에 관한 사항, 그 밖에 이용자의 보호 등을 위하여 필요한 사항 등

(7) 사업계획의 변경·절차 ▶ 기출 24회, 25회 빈출
① 철도사업자는 사업계획을 변경하려는 경우에는 국토교통부 장관에게 신고하여야 하며, 다만 대통령령으로 정하는 중요한 사항[철도이용수요가 적어 수지균형의 확보가 극히 곤란한 벽지 노선의 철도운송서비스의 종류를 변경하거나 다른 종류의 철도운송서비스를 추가하는 경우, 여객열차의 운행구간을 변경하는

경우, 사업용철도노선별로 여객열차의 정차역을 신설 또는 폐지(인가)하거나 사업용철도노선별로 여객열차의 정차역을 10분의 2 이상 변경하는 경우, 사업용철도노선별로 여객열차의 10분의 1 이상의 운행횟수를 변경하는 경우(다만, 공휴일·방학기간 그 밖의 수송수요와 열차운행계획상의 수송력과 현저한 차이가 있는 경우로서 3개월 이내의 기간동안 운행횟수를 변경하는 경우는 제외한다)을 변경하려는 경우에는 국토교통부 장관의 인가를 받아야 한다.

② 국토부 장관은 철도사업자가 '국토부 장관이 지정한 날 또는 기간에 운송을 시작하지 아니한 경우, 노선운행중지, 운행제한, 감차 등을 수반하는 사업계획변경명령을 받은 후 1년이 지나지 아니한 경우, 개선명령을 받고 이행하지 아니한 경우 등에 해당하는 때에는 위 ①에 따른 사업계획의 변경을 제한할 수 있다.

③ 국토부 장관은 신고를 받은 날부터 3일 이내에 신고수리 여부를 신고인에게 통지하여야 한다.

④ 철도사업자가 사업계획을 변경하고자 하는 때에는 사업계획을 변경하려는 날 1개월 전까지 (변경하려는 사항이 인가사항인 경우에는 2개월 전까지) 사업계획변경신고서에 서류를 첨부하여 국토교통부 장관에게 제출하여야 한다.

(8) 공동운수협정과 인가 ▶기출 22회, 23회

① 철도사업자는 다른 철도사업자와 공동경영에 관한 계약이나 그 밖의 운수에 관한 협정을 체결하거나 변경하려는 경우에는 국토교통부 장관의 인가를 받아야 하며, 다만 국토부령이 정하는 경미한 사항을 변경하려는 경우에는 국토부 장관에게 이를 신고하여야 한다.

② 국토교통부 장관은 공동운수협정을 인가하려면 미리 공정거래위원회와 협의하여야 한다.

③ 철도사업자는 공동운수협정을 체결하거나 인가받은 사항을 변경하고자 하는 때에는 다른 철도사업자와 공동으로 공동운수협정인가(변경) 신청서에 서류를 첨부하여 국토 교통부장관에게 제출하여야 한다.

④ 국토교통부 장관은 공동운수협정에 대한 인가신청 또는 변경인가신청을 받은 경우에는 '철도사업자간 수입·비용의 배분이 적정한지의 여부 등'을 검토한 후 인가 또는 변경인가를 결정하여야 한다.

(9) 사업의 양도·양수 및 합병 등 ▶기출 23회, 25회

① 철도사업자는 그 철도사업을 양도·양수·합병하려는 경우에는 국토교통부 장관의 인가를 받아야 한다.

② 인가를 받아 철도사업을 양수한 자는 철도사업을 양도한 자의 철도사업자로서의 지위를 승계하며, 합병으로 설립되거나 존속하는 법인은 합병으로 소멸되는 법인의 철도사업자로서의 지위를 승계한다.

기출문제 ▶기출 22회

철도사업법령상 철도사업의 관리에 관한 설명으로 옳지 않은 것은?

① 철도사업의 면허가 취소된 후 그 취소일부터 2년이 지나지 아니한 법인은 철도사업의 면허를 받을 수 없다.
② 철도사업자는 여객유치를 위한 기념행사의 경우에는 여객운임·요금을 감면할 수 없다.
③ 국토교통부 장관은 여객 운임의 상한을 지정하려면 미리 기획재정부 장관과 협의하여야 한다.
④ 철도사업자는 국토교통부 장관이 지정하는 날 또는 기간에 운송을 시작하여야 하지만, 천재지변으로 운송을 시작할 수 없는 경우에는 국토교통부 장관의 승인을 받아 날짜를 연기하거나 기간을 연장할 수 있다.
⑤ 국토교통부 장관이 철도사업의 면허를 발급하는 경우에는 철도의 공공성과 안전을 강화하고 이용자 편의를 증진시키기 위하여 필요한 부담을 붙일 수 있다.

정답 ②

(10) 사업의 휴업·폐업 등 ▶기출 18회, 25회

① 사업의 휴업·폐업
  ㉠ 철도사업자가 그 사업의 전부 또는 일부를 휴업 또는 폐업하려는 경우에는 국토교통부 장관의 허가를 받아야 하며, 다만 선로 또는 교량의 파괴, 철도시설의 개량, 그 밖의 정당한 사유로 인한 휴업의 경우에는 국토교통부 장관에게 신고하여야 한다.
  ㉡ 휴업기간은 6개월을 넘을 수 없다. 다만, 위 ㉠ 단서에 따른 휴업의 경우에는 예외로 한다(= 6개월을 넘을 수 있다).
  ㉢ 국토부 장관은 위 ㉠의 단서에 따른 신고를 받은 날부터 60일 이내에 신고수리 여부를 신고인에게 통지하여야 한다.
② 사업의 휴업·폐업 내용의 게시 허가를 받은 날부터 7일 이내에 관계역·영업소 및 사업소 등 공중이 보기 쉬운 곳에 게시 하여야 하며, 다만 단서의 규정에 의하여 휴업을 신고하는 경우에는 당해 사유가 발생한 때에 즉시 게시하여야 한다.

(11) 면허취소 등 ▶기출 16회, 18회, 19회, 23회

철도사업자가 다음의 어느 하나에 해당하는 경우, 면허를 취소하거나, 6개월 이내에 기간을 정하여 사업의 전부 또는 일부의 정지를 명하거나 노선 운행중지·운행제한·감차 등을 수반하는 사업계획의 변경을 명할 수 있다.

① 반드시 면허취소
  ㉠ 거짓이나 그 밖의 부정한 방법으로 철도사업의 면허를 받은 경우
  ㉡ 철도사업자의 임원 중 결격사유[위 (3)③㉠]에 해당하게 된 사람이 있는 경우. 다만, 3개월 이내에 임원을 바꾸어 임명한 경우에는 예외로 한다.
② 철도사업의 면허기준에 미달하게 된 경우 (다만, 3개월 이내에 그 기준을 충족시킨 경우에는 예외로 한다.)
③ 면허받은 사항을 정당한 사유 없이 시행하지 아니한 경우(사업일부정지 20일)
④ 사업 경영의 불확실 또는 자산상태의 현저한 불량이나 그 밖의 사유로 사업을 계속하는 것이 적합하지 아니할 경우(사업일부정지 30일)
⑤ 고의 또는 중대한 과실에 의한 철도사고로 대통령령으로 정하는 다수의 사상자가 발생한 경우(1회 철도사고로 사망자 5명 이상이 발생하게 된 경우
  ㉠ 1회의 철도사고로 인한 사망자가 40명이상인 경우(사업일부정지 180일)
  ㉡ 1회의 철도사고로 인한 사망자가 20명이상인 경우(사업일부정지 90일)
  ㉢ 1회의 철도사고로 인한 사망자가 10명이상인 경우(사업일부정지 60일)
  ㉣ 1회의 철도사고로 인한 사망자가 5명 이상 10명 미만인 경우(사업일부정지 30일)
⑥ 철도사업자의 준수사항을 1년 이내에 3회 이상 위반한 경우(사업일부정지 20일)
⑦ 명의대여금지를 위반한 경우(사업일부정지 20일)

기출문제 ▶기출 21회

「철도사업법」상 철도사업자의 준수사항으로 옳지 않은 것은?

① 철도사업자는 「철도안전법」 제21조에 따른 요건을 갖추지 아니한 사람을 운전업무에 종사하게 하여서는 아니 된다.
② 철도사업자는 여객 또는 화물 운송에 부수(附隨)하여 우편물과 신문 등을 운송하여서는 아니 된다.
③ 철도사업자는 사업계획을 성실하게 이행하여야 한다.
④ 철도사업자는 여객 운임표, 여객 요금표, 감면 사항 및 철도사업약관을 인터넷 홈페이지에 게시하고 관계역·영업소 및 사업소 등에 갖추어 두어야 하며, 이용자가 요구하는 경우에는 제시하여야 한다.
⑤ 철도사업자는 부당한 운송 조건을 제시하거나 정당한 사유 없이 운송계약의 체결을 거부하는 등 철도운송 질서를 해치는 행위를 하여서는 아니 된다.

정답 ②

(12) 과징금 ▶ 기출 13회, 17회, 24회, 25회

① 과징금처분 국토부 장관은 철도사업자에게 사업정지처분을 하여야 하는 경우로서 그 사업정지 처분이 그 철도사업자가 제공하는 철도서비스의 이용자에게 심한 불편을 주거나 그 밖에 공익을 해칠 우려가 있을 때에는 그 사업정지처분을 갈음하여 1억 원 이하(=1억 원을 초과할 수 없다)의 과징금을 부과·징수할 수 있다.
② 국토부 장관은 과징금 부과처분을 받은 자가 납부기한까지 과징금을 내지 아니하면 국세 체납처분의 예에 따라 징수한다.
③ 국토부 장관은 과징금으로 징수한 금액의 운용계획을 수립하여 시행하여야 한다.
④ 과징금의 용도
철도사업의 경영개선이나 그 밖에 철도사업의 발전을 위하여 필요한 사업, 철도사업 종사자의 양성·교육훈련이나 그 밖의 자질 향상을 위한 시설 및 철도사업 종사자에 대한 지도 업무의 수행을 위한 시설의 건설·운영 등의 용도로 사용할 수 있다.
⑤ 하나의 위반행위에 대하여 사업정지처분과 과징금처분을 함께 부과할 수 없다.

(13) 철도차량 표시와 우편물 등의 운송 ▶ 기출 12회, 17회

① 철도사업자는 철도사업에 사용되는 철도차량에 철도사업자의 명칭과 철도차량 외부에서 철도사업자를 식별할 수 있는 도안 또는 문자를 표시하여야 하다.
② 철도사업자는 여객 또는 화물운송에 부수하여 우편물과 신문 등을 운송할 수 있다.

(14) 사업의 개선명령 ▶ 기출 12회, 16회

국토부 장관은 원활한 철도운송, 서비스의 개선 및 운송의 안전과 그 밖에 공공복리의 증진을 위하여 필요하다고 인정하는 경우에는 철도사업자에게 다음의 사항을 명할 수 있다.
- 철도사업약관의 변경, 사업계획의 변경, 운임·요금 징수방식의 개선, 공동운수협정의 체결, 철도차량 및 운송관련 장비·시설의 개선, 철도차량 및 철도사고에 관한 손해배상을 위한 보험에의 가입, 안전운송의 확보 및 서비스의 향상을 위하여 필요한 조치, 철도운수종사자의 양성 및 자질향상을 위한 교육 등

(15) 명의대여의 금지 ▶ 기출 17회, 25회

철도사업자는 타인에게 자신의 성명 또는 상호를 사용하여 철도사업을 경영하게 하여서는 아니 된다.

(16) 철도화물 운송에 관한 책임 ▶ 기출 21회, 25회

① 철도사업자의 화물의 멸실·훼손 또는 인도의 지연에 대한 손해배상책임에 관하여는 「상법」 제135조를 준용한다.
② 운송인은 자기 또는 운송주선인이나 사용인 기타 운송을 위하여 사용한 자가

기출문제 ▶ 기출 24회

철도사업법령상 철도사업자의 사업계획 변경에 관한 설명으로 옳지 않은 것은?
① 철도사업자는 여객열차의 운행구간을 변경하려는 경우에는 국토교통부장관에게 신고하여야 한다.
② 철도사업자는 사업용철도노선별로 여객열차의 정차역을 10분의 2 이상 변경하려는 경우에는 국토교통부장관의 인가를 받아야 한다.
③ 국토교통부장관은 노선 운행중지, 감차 등을 수반하는 사업계획 변경명령을 받은 후 1년이 지나지 아니한 철도사업자의 사업계획 변경을 제한할 수 있다.
④ 국토교통부장관은 사업의 개선명령을 받고 이를 이행하지 아니한 철도사업자의 사업계획 변경을 제한할 수 있다.
⑤ 국토교통부장관이 지정한 날 또는 기간에 운송을 시작하지 아니한 철도사업자의 사업계획 변경에 대하여 국토교통부장관은 이를 제한할 수 있다.

정답 ①

운송물의 수령, 인도, 보관과 운송에 관하여 주의를 게을리하지 아니하였음을 증명하지 아니하면 운송물의 멸실, 훼손 또는 연착으로 인한 손해를 배상할 책임이 있다.
③ 철도사업자의 손해배상책임에 관한 규정을 적용할 때에 화물이 인도 기한을 지난 후 3개월 이내에 인도되지 아니한 경우에는 그 화물은 멸실된 것으로 본다.

(17) 민자철도의 유지·관리 및 운영에 관한 기준 등 ▶ 기출 28회

① 국토교통부장관은「철도의 건설 및 철도시설 유지관리에 관한 법률」제2조 제2호부터 제4호까지에 따른 고속철도, 광역철도 및 일반철도로서「사회기반시설에 대한 민간투자법」제2조 제6호에 따른 민간투자사업으로 건설된 철도(민자철도)의 관리운영권을「사회기반시설에 대한 민간투자법」제26조 제1항에 따라 설정받은 자(민자철도사업자)가 해당 민자철도를 안전하고 효율적으로 유지·관리할 수 있도록 민자철도의 유지·관리 및 운영에 관한 기준을 정하여 고시하여야 한다.
② 민자철도사업자는 민자철도의 안전하고 효율적인 유지·관리와 이용자 편의를 도모하기 위하여 제1항에 따라 고시된 기준을 준수하여야 한다.
③ 국토교통부장관은 제1항에 따른 민자철도의 유지·관리 및 운영에 관한 기준에 따라 매년 소관 민자철도에 대하여 운영평가를 실시하여야 한다.
④ 국토교통부장관은 제3항에 따른 운영평가 결과에 따라 민자철도에 관한 유지·관리 및 체계 개선 등 필요한 조치를 민자철도사업자에게 명할 수 있다.
⑤ 민자철도사업자는 제4항에 따른 명령을 이행하고 그 결과를 국토교통부장관에게 보고하여야 한다.
⑥ 제3항에 따른 운영평가의 절차, 방법 및 그 밖에 필요한 사항은 국토교통부령으로 정한다.

2. 철도서비스 향상 등

(1) 철도서비스의 품질평가 ▶ 기출 21회 24회

① <u>국토교통부 장관은 공공복리의 증진과 철도서비스 이용자의 권익보호를 위하여 철도사업자가 제공하는 철도서비스에 대하여 적정한 철도서비스 기준을 정하고, 그에 따라 철도사업자가 제공하는 철도서비스의 품질을 평가하여야 한다.</u>
② 국토교통부 장관은 철도사업자에 대하여 2년 마다 철도서비스의 품질평가를 실시하여야 한다(필요시 수시로 품질평가 실시).
③ 국토교통부 장관은 품질평가를 하고자 하는 경우 품질평가를 개시하는 날 2주전까지 철도 사업자에게 품질평가실시계획, 품질평가기간 등을 통보하여야 한다.
④ 국토부 장관은 철도서비스의 품질을 평가한 경우에는 그 평가결과를 신문 등 대중매체를 통하여 공표하여야 한다.

(2) 우수 철도서비스 인증 ▶기출 21회, 24회

① 국토교통부 장관은 공정거래위원회와 협의하여 철도사업자 간 경쟁을 제한하지 아니하는 범위에서 철도서비스의 질적 향상을 촉진하기 위하여 우수 철도서비스에 대한 인증을 할 수 있다.
② 인증을 받은 철도사업자는 우수서비스마크를 철도차량, 역시설 또는 철도용품 등에 붙이거나 인증사실을 홍보할 수 있다.
③ 인증을 받은 자가 아니면 우수서비스마크 또는 이와 유사한 표지를 철도차량, 역시설 또는 철도용품 등에 붙이거나 인증 사실을 홍보하여서는 아니 된다.
④ 국토교통부 장관은 품질평가 결과가 우수한 철도서비스에 대하여 직권으로 또는 철도사업자의 신청에 의하여 우수철도서비스에 대한 인증을 할 수 있다.
⑤ 철도사업자의 신청에 의하여 우수철도서비스 인증을 하는 경우에 그에 소요되는 비용은 당해 철도사업자가 부담한다.

(3) 철도시설의 공동활용 ▶기출 11회

공공교통을 목적으로 하는 선로 및 공동사용시설을 관리하는 자가 철도사업자와 협정을 체결하여 공동이용할 수 있도록 하는 철도시설
- 철도역 및 역시설(물류시설·환승시설 및 편의시설 등 포함), 철도차량의 정비·검사·점검·보관 등 유지관리를 위한 시설, 사고복구 및 구조·피난을 위한 설비, 열차의 조성 또는 분리 등을 위한 시설, 철도운영에 필요한 정보통신설비

(4) 회계의 구분 ▶기출 21회, 24회

① 철도사업자가 철도사업 외의 사업을 경영하는 경우 철도사업에 관한 회계와 철도사업 외의 사업에 관한 회계를 구분하여 경리하여야 한다.
② 철도사업자는 철도운영의 효율화와 회계처리의 투명성을 제고하기 위하여 국토부령으로 정하는 바에 따라 철도사업의 종류별·노선별로 회계를 구분하여 경리하여야 한다.
③ 철도사업자는 산출된 영업수익 및 비용의 결과를 회계법인의 확인을 거쳐 회계연도 종료 후 4개월 이내에 국토부 장관에게 제출하여야 한다.

3. 전용철도

(1) 등록 ▶기출 24회, 25회, 27회 빈출

① 전용철도를 운영하려는 자는 운영계획서를 첨부하여 국토교통부 장관에게 등록을 하여야 하며, 등록사항을 변경하려는 경우에도 같다.
다만, 대통령령으로 정하는 경미한 변경(10분의 1의 범위 안에서 철도차량 대수를 변경한 경우, 6월의 범위 안에서 전용철도 건설기간을 조정한 경우, 운행시간을 연장 또는 단축한 경우, 배차간격 또는 운행횟수를 단축 또는 연장한 경우, 주사무소·철도차량기지를 제외한 운송관련 부대시설을 변경한 경우, 법인에 한하여 임원을 변경한 경우)의 경우에는 예외로 한다.
② 국토부 장관은 등록기준을 적용할 때에 환경오염, 주변 여건 등 지역적 특성을

기출문제 ▶기출 23회

철도사업법령상 국토교통부 장관이 철도사업자에 대하여 사업의 일부정지를 명할 수 있는 경우는?
① 거짓이나 그 밖의 부정한 방법으로 철도사업의 면허를 받은 경우
② 중대한 과실에 의한 1회의 철도사고로 3명의 사망자가 발생한 경우
③ 사업 경영의 불확실로 인하여 사업을 계속하는 것이 적합하지 아니할 경우
④ 철도사업의 면허기준에 미달하게 되었으나 3개월 이내에 그 기준을 충족시킨 경우
⑤ 「철도안전법」제21조에 따른 요건을 갖추지 아니한 사람을 1년 이내에 2회 운전업무에 종사하게 한 경우

정답 ③

기출문제 ▶기출 24회

철도사업법령상 과징금처분에 관한 설명으로 옳지 않은 것은?
① 국토교통부장관이 사업정지처분을 갈음하여 철도사업자에게 부과하는 과징금은 1억원 이하이다.
② 과징금의 수납기관은 과징금을 수납한 때에는 지체 없이 그 사실을 국토교통부장관에게 통보하여야 한다.
③ 과징금은 이를 분할하여 납부할 수 있다.
④ 국토교통부장관은 과징금을 부과하고자 하는 때에는 그 위반행위의 종별과 해당 과징금의 금액 등을 명시하여 이를 납부할 것을 서면으로 통지하여야 한다.
⑤ 국토교통부장관은 매년 10월 31일까지 다음 연도의 과징금 운용계획을 수립하여 시행하여야 한다.

정답 ③

고려할 필요가 있거나 그 밖에 공익상 필요하다고 인정하는 경우에는 등록을 제한하거나 부담을 붙일 수 있다.

③ 등록결격사유

다음의 어느 하나에 해당하는 자는 전용철도를 등록할 수 없다. 법인인 경우 그 임원 중에 다음의 어느 하나에 해당하는 자가 있는 경우에도 같다.

㉠ 위 1. 철도사업의 관리의 (3)면허 등 ③ 면허결격사유의 어느 하나에 해당하는 사람

ⓐ 피성년후견인·피한정후견인·파산자

ⓑ 이 법(철도사업법) 또는 대통령령으로 정하는 철도관계법령(철도산업발전기본법, 철도안전법, 도시철도법, 국가철도공단법, 한국철도공사법)을 위반하여 금고 이상의 실형을 선고받고 그 집행이 끝나거나 면제된 날부터 2년이 지나지 아니한 사람

ⓒ 이 법 또는 대통령령으로 정하는 철도관계법령을 위반하여 금고 이상의 형의 집행유예를 선고받고 그 유예기간 중에 있는 사람

㉡ 이 법에 따라 전용철도의 등록이 취소된 후 그 취소일부터 1년이 지나지 아니 한 자

(2) 전용철도 운영의 양도·양수 및 합병 ▶기출 22회, 23회

① 전용철도의 운영을 양도·양수·합병하려는 자는 국토부령으로 정하는 바에 따라 국토교통부 장관에게 신고하여야 한다.

② 전용철도의 운영을 양수한 자는 양도한 자의 전용철도운영자로서의 지위를 승계하며, 합병으로 설립되거나 존속하는 법인은 합병으로 소멸되는 법인의 전용철도운영자로서의 지위를 승계한다.

③ 국토부 장관은 위 ①에 따른 신고를 받은 날부터 30일 이내에 신고수리 여부를 신고인에게 통지하여야 한다.

(3) 전용철도 운영의 상속과 휴업·폐업 ▶기출 19회, 22회

① 전용철도운영자가 사망한 경우 상속인이 그 전용철도의 운영을 계속하려는 경우에는 피상속인이 사망한 날부터 3개월 (화물자동차 운송사업 : 90일) 이내에 국토교통부 장관에게 신고하여야 한다.

② 국토부 장관은 신고를 받은 날부터 10일 이내에 신고수리 여부를 신고인에게 통지하여야 한다.

③ 전용철도운영자가 그 운영의 전부 또는 일부를 휴업 또는 폐업한 경우에는 1개월 이내에(화물자동차 운송사업 : 미리) 국토교통부 장관에게 신고하여야 한다.

(4) 전용철도 운영의 개선명령 ▶기출 12회, 19회

국토교통부 장관은 전용철도 운영의 건전한 발전을 위하여 필요하다고 인정하는 경우에는 전용철도운영자에게 사업장의 이전과 시설 또는 운영의 개선을 명할 수 있다.

기출문제 ▶기출 21회

「철도사업법」상 철도사업자의 '철도 화물 운송에 관한 책임'에 대한 설명으로 옳지 않은 것은?

① 철도사업자의 화물의 멸실·훼손 또는 인도의 지연에 대한 손해배상책임에 관하여는 「상법」제135조를 준용한다.

② 철도사업자가 화물의 인도에 관한 주의를 게을리하여 화물이 멸실된 경우에 철도사업자는 그에 대한 손해를 배상할 책임이 있다.

③ 철도사업자가 화물의 수령에 관한 주의를 게을리하여 화물이 훼손된 경우에 철도사업자는 그에 대한 손해를 배상할 책임이 있다.

④ 철도사업자의 사용인이 화물의 보관에 관한 주의를 게을리하여 화물이 훼손된 경우에 철도사업자는 그에 대한 손해를 배상할 책임이 없다.

⑤ 철도사업자의 손해배상책임에 관한 규정을 적용할 때에 화물이 인도 기한을 지난 후 3개월 이내에 인도되지 아니한 경우에는 그 화물은 멸실된 것으로 본다.

정답 ④

(5) 등록취소·정지(전용철도의 등록취소 시 청문실시) ▶기출 12회, 20회

국토교통부 장관은 전용철도운영자가 거짓 그 밖의 부정한 방법으로 등록을 한 경우(반드시 등록취소), 등록기준에 미달하거나 부담을 이행하지 아니한 경우, 휴업 또는 폐업신고를 하지 아니하고 3개월 이상 전용철도를 운영하지 아니한 경우에는 그 등록을 취소하거나 1년 (타법 : 6개월) 이내의 기간을 정하여 그 운영의 전부 또는 일부의 정지를 명할 수 있다.

4. 국유철도시설의 활용·지원 등

(1) 점용허가 ▶기출 27회, 28회

① 국토교통부 장관은 국가가 소유·관리하는 철도시설에 건물이나 그 밖의 시설물을 설치하려는 자에게 「국유재산법」에도 불구하고 대통령령으로 정하는 바에 따라 시설물의 종류 및 기간 등을 정하여 점용허가를 할 수 있다.

② 점용허가는 철도사업자 및 철도사업자가 출자·보조 또는 출연한 사업을 경영하는 자에 한하며, 시설물의 종류와 경영하고자 하는 사업이 철도사업에 지장을 주지 아니하여야 한다.

(2) 점용허가의 취소

① 국토부 장관은 점용허가를 받은 자가 다음의 어느 하나에 해당하면 그 점용허가를 취소할 수 있다.
  ㉠ 점용허가 목적과 다른 목적으로 철도시설을 점용한 경우
  ㉡ 위 (1)②를 위반하여 시설물의 종류와 경영하는 사업이 철도사업에 지장을 주게 된 경우
  ㉢ 점용허가를 받은 날부터 1년 이내에 해당 점용허가의 목적이 된 공사에 착수하지 아니한 경우. 다만, 정당한 사유가 있는 경우에는 1년 범위에서 공사의 착수기간을 연장할 수 있다.
  ㉣ 점용료를 납부하지 아니하는 경우
  ㉤ 점용허가를 받은 자가 스스로 점용허가의 취소를 신청하는 경우
② 점용허가 취소의 절차 및 방법은 국토부령으로 정한다.

(3) 점용허가기간 ▶기출 11회, 13회

① 국토교통부 장관은 국가가 소유·관리하는 철도시설에 대한 점용허가를 하고자 하는 때에는 다음의 기간을 초과하여서는 아니 된다. 다만, 건물 그 밖의 시설물을 설치하는 경우 그 공사에 소요되는 기간은 이를 산입하지 아니한다.
  ㉠ 철골조·철근콘크리트조·석조 또는 이와 유사한 견고한 건물의 축조를 목적으로 하는 경우 : 30년
  ㉡ 위 ㉠ 외의 건물의 축조를 목적으로 하는 경우 : 15년
  ㉢ 건물 외의 공작물의 축조를 목적으로 하는 경우 : 5년
② 위 ①의 규정에 따라 허가를 받은 철도시설의 점용허가기간은 연장할 수 있으며, 연장기간은 해당되는 시설물별로 규정되어 있는 점용허가기간을 초과할 수 없다.

기출문제 ▶기출 24회

철도사업법령상 철도서비스 향상 등에 관한 설명으로 옳지 않은 것은?
① 국토교통부장관은 공정거래위원회와 협의하여 철도사업자 간 경쟁을 제한하지 아니하는 범위에서 우수 철도서비스에 대한 인증을 할 수 있다.
② 철도사업자의 신청에 의하여 우수 철도서비스인증을 하는 경우에 그에 소요되는 비용은 예산의 범위 안에서 국토교통부가 부담한다.
③ 철도서비스 평가업무 등을 위탁받은 자는 철도서비스의 평가 등을 할 때 철도사업자에게 관련 자료 또는 의견 제출 등을 요구할 수 있다.
④ 철도사업자는 철도사업 외의 사업을 경영하는 경우에는 철도사업에 관한 회계와 철도사업 외의 사업에 관한 회계를 구분하여 경리하여야 한다.
⑤ 철도사업자는 관련 법령에 따라 산출된 영업수익 및 비용의 결과를 회계법인의 확인을 거쳐 회계연도 종료 후 4개월 이내에 국토교통부장관에게 제출하여야 한다.

정답 ②

(4) 시설물 설치의 대행과 점용료 ▶기출 11회, 20회, 22회

① 국토교통부 장관은 점용허가를 받은 자의 부담으로 그의 위탁을 받아 시설물을 직접 설치하거나 국가철도공단으로 하여금 설치하게 할 수 있다.
② 국토교통부 장관은 대통령령으로 정하는 바에 따라 점용허가를 받은 자에게 점용료를 부과 한다.
③ 위 ②에도 불구하고 점용허가를 받은 자가 다음에 해당하는 경우에는 대통령령으로 정하는 바에 따라 점용료를 감면할 수 있다.
　㉠ 국가에 무상으로 양도하거나 제공하기 위한 시설물을 설치하기 위하여 점용허가를 받은 경우
　㉡ 위 ㉠의 시설물을 설치하기 위한 경우로서 공사기간 중에 점용허가를 받거나 임시 시설물을 설치하기 위하여 점용허가를 받은 경우
　㉢ 「공공주택 특별법」에 따른 공공주택을 건설하기 위하여 점용허가를 받은 경우
　㉣ 재해, 그 밖의 특별한 사정으로 본래의 철도 점용 목적을 달성할 수 없는 경우
　㉤ 국민경제에 중대한 영향을 미치는 공익사업으로서 대통령령으로 정하는 사업을 위하여 점용허가를 받은 경우
④ 국토부 장관이 「철도산업발전 기본법」에 따라 철도시설의 건설 및 관리 등에 관한 업무의 일부를 국가철도공단으로 하여금 대행하게 한 경우 점용료 징수에 관한 업무를 위탁할 수 있다.
⑤ 국토부 장관은 점용허가를 받지 아니하고 철도시설을 점용한 자에 대하여 점용료의 100분의 120에 해당하는 금액을 변상금으로 징수할 수 있다.
⑥ 국토교통부 장관은 점용허가를 받은 자가 점용료를 내지 아니하면 국세 체납처분의 예에 따라 징수한다.
⑦ 점용허가를 할 철도시설의 가액은 「국유재산법 시행령」을 준용하여 산출하되, 당해 철도시설의 가액은 산출 후 3년 이내에 한하여 적용한다.
⑧ 점용료는 매년 1월말까지 당해 연도 해당분을 선납하여야 한다. 다만, 국토부 장관은 부득이한 사유로 선납이 곤란하다고 인정하는 경우에는 그 납부기한을 따로 정할 수 있다.

(5) 권리와 의무의 이전 ▶기출 22회, 23회

국유철도시설의 점용허가로 인하여 발생한 권리와 의무를 이전하려는 경우에는 국토교통부 장관의 인가를 받아야 하며, 인가를 받고자 하는 때에는 신청서에 서류를 첨부하여 권리와 의무를 이전하고자 하는 날 3월 전까지 국토교통부 장관에게 제출하여야 한다.

(6) 원상회복의무 ▶기출 22회

① 국유철도시설의 점용허가를 받은 자는 점용허가기간이 만료되거나 점용허가가 취소된 경우에는 점용허가된 철도 재산을 원상으로 회복하여야 한다. 다만,

---

기출문제 ▶기출 24회

철도사업법령상 전용철도를 운영하는 자가 등록사항의 변경을 등록하지 않아도 되는 사유에 해당하는 것을 모두 고른 것은?

ㄱ. 운행시간을 연장한 경우
ㄴ. 운행횟수를 단축한 경우
ㄷ. 전용철도 건설기간을 4월 조정한 경우
ㄹ. 주사무소·철도차량기지를 제외한 운송관련 부대시설을 변경한 경우

① ㄱ, ㄴ
② ㄷ, ㄹ
③ ㄱ, ㄴ, ㄷ
④ ㄴ, ㄷ, ㄹ
⑤ ㄱ, ㄴ, ㄷ, ㄹ

정답 ⑤

기출문제 ▶기출 22회

철도사업법령상 국유철도시설의 점용허가에 관한 설명으로 옳은 것은?

① 국유철도시설의 점용허가로 인하여 발생한 권리와 의무를 이전하려는 경우에는 한국철도공사 사장의 허가를 받아야 한다.
② 국유철도시설의 점용허가를 받은 자의 점용이 폐지된 경우 예외 없이 원상회복 의무가 면제된다.
③ 점용료는 매년 1월말까지 당해연도 해당분을 선납하여야 하나 국토교통부 장관이 부득이한 사유로 선납이 곤란하다고 인정하는 경우에는 그 납부기한을 따로 정할 수 있다.
④ 점용허가를 받은 자가 점용허가의 기간만료에 따른 원상회복을 하지 아니하는 경우에는 「민사집행법」에 따라 시설물을 철거할 수 있다.
⑤ 점용허가를 받은 철도 재산에 대한 원상회복의무가 면제되는 경우에도 시설물 등을 무상으로 국가에 귀속시킬 수 없다.

정답 ③

국토부 장관은 원상으로 회복할 수 없거나 원상회복이 부적당하다고 인정하는 경우에는 원상회복의무를 면제할 수 있다.
② 국토부 장관은 국유철도시설의 점용허가를 받은 자가 원상회복을 하지 아니하는 경우에는 「행정대집행법」에 따라 시설물을 철거하거나 그 밖에 필요한 조치를 할 수 있다.
③ 국토부 장관은 원상회복의무를 면제하는 경우에는 해당 철도 재산에 설치된 시설물 등의 무상 국가귀속을 조건으로 할 수 있다.

III 기타

1. 벌칙

(1) 벌칙
① 2년 이하의 징역 또는 2천만 원 이하의 벌금
  ㉠ 면허를 받지 아니하고 철도사업을 경영한 자
  ㉡ 거짓 그 밖의 부정한 방법으로 철도사업의 면허를 받은 자(반드시 취소) 등
② 1년 이하의 징역 또는 1천만 원 이하의 벌금
  ㉠ 등록을 하지 아니하고 전용철도를 운영한 자
  ㉡ 거짓 그 밖의 부정한 방법으로 전용철도의 등록을 한 자(반드시 취소) 등
③ 1천만 원 이하의 벌금
  ㉠ 국토부 장관의 인가를 받지 아니하고 공동운수협정을 체결하거나 변경한 자
  ㉡ 우수서비스마크 또는 이와 유사한 표지를 철도차량 등에 붙이거나 인증사실을 홍보한 자

(2) 과태료
① 1천만 원 이하
  ㉠ 여객운임·요금의 신고를 하지 아니한 자
  ㉡ 철도사업약관을 신고하지 아니하거나 신고한 철도사업약관을 이행하지 아니한 자
  ㉢ 인가를 받지 아니하거나 신고를 하지 아니하고 사업계획을 변경한 자
  ㉣ 상습 또는 영업으로 승차권 또는 이에 준하는 증서를 자신이 구입한 가격을 초과한 금액으로 다른 사람에게 판매하거나 알선한 자
② 500만 원 이하, 100만 원 이하, 50만 원 이하

4장 핵심문제

01 철도사업법령상 용어의 정의에 관한 설명으로 옳지 않은 것은?

① "사업용철도"란 철도사업을 목적으로 설치하거나 운영하는 철도를 말한다.
② "전용철도"란 다른 사람의 수요에 따른 영업을 목적으로 하지 아니하고 자신의 수요에 따라 특수 목적을 수행하기 위하여 설치하거나 운영하는 철도를 말한다.
③ "철도사업"이란 다른 사람의 수요에 응하여 철도차량을 사용하여 무상으로 여객이나 화물을 운송하는 사업을 말한다.
④ "철도운수종사자"란 철도운송과 관련하여 승무(乘務, 동력차 운전과 열차 내 승무를 말한다. 이하 같다) 및 역무서비스를 제공하는 직원을 말한다.
⑤ "철도사업자"란 「한국철도공사법」에 따라 설립된 한국철도공사 등에 따라 철도사업 면허를 받은 자를 말한다.

정답 ③

> **해설** "철도사업"이란 다른 사람의 수요에 응하여 철도차량을 사용하여 유상(有償)으로 여객이나 화물을 운송하는 사업을 말한다.

02 철도사업법령상 철도사업 면허의 결격사유에 관한 설명으로 옳지 않은 것은?

① 법인의 임원 중 피성년후견인·피한정후견인·파산자에 해당하는 사람이 있는 법인
② 철도사업법을 위반하여 금고 이상의 실형을 선고받고 그 집행이 끝나거나 면제된 날부터 3년이 지나지 아니한 사람
③ 철도산업발전기본법, 철도안전법, 도시철도법, 국가철도공단법, 한국철도공사법을 위반하여 금고 이상의 실형을 선고받고 그 집행이 끝나거나 면제된 날부터 2년이 지나지 아니한 사람
④ 철도사업법을 위반하여 금고 이상의 형의 집행유예를 선고받고 그 유예기간 중에 있는 사람
⑤ 철도산업발전기본법, 철도안전법, 도시철도법, 국가철도공단법, 한국철도공사법을 위반하여 금고 이상의 형의 집행유예를 선고받고 그 유예기간 중에 있는 사람

정답 ②

> **해설** 철도사업법을 위반하여 금고 이상의 실형을 선고받고 그 집행이 끝나거나 면제된 날부터 2년이 지나지 아니한 사람

03 철도사업법령상 운임·요금의 신고에 관한 설명으로 옳지 않은 것은?
① 철도사업자는 여객에 대한 운임[여객운송에 대한 직접적인 대가를 말하며, 여객 운송과 관련된 설비·용역에 대한 대가는 제외 한다]·요금을 국토교통부 장관에 신고하여야 하며, 이를 변경하려는 경우에도 같다.
② 철도사업자는 여객 운임·요금을 정하거나 변경하는 경우에는 원가와 버스 등 다른 교통수단의 여객 운임·요금과의 형평성 등을 고려하여야 한다. 이 경우 여객에 대한 운임은 사업용철도노선의 분류, 철도차량의 유형 등을 고려하여 국토부 장관이 지정·고시한 상한을 초과하여서는 아니 된다.
③ 국토교통부 장관은 여객 운임의 상한을 지정하려면 미리 기획재정부 장관과 협의하여야 한다.
④ 국토부 장관은 신고 또는 변경신고를 받은 날부터 5일 이내에 신고수리 여부를 신고인에게 통지하여야 한다.
⑤ 철도사업자는 신고 또는 변경신고를 한 여객 운임·요금을 그 시행 1주일 이전에 인터넷 홈페이지, 관계 역·영업소 및 사업소 등 일반인이 잘 볼 수 있는 곳에 게시 하여야 한다.

정답 ④

해설 국토부 장관은 신고 또는 변경신고를 받은 날부터 3일 이내에 신고수리 여부를 신고인에게 통지하여야 한다.

04 철도사업법령상 공동운수협정과 인가에 관한 설명으로 옳지 않은 것은?
① 철도사업자는 다른 철도사업자와 공동경영에 관한 계약이나 그 밖의 운수에 관한 협정을 체결하거나 변경하려는 경우에는 국토교통부 장관의 허가를 받아야 한다.
② 철도사업자는 국토교통부령이 정하는 경미한 사항을 변경하려는 경우에는 국토교통부 장관에게 이를 신고하여야 한다.
③ 국토교통부 장관은 공동운수협정을 인가하려면 미리 공정거래위원회와 협의하여야 한다.
④ 철도사업자는 공동운수협정을 체결하거나 인가받은 사항을 변경하고자 하는 때에는 다른 철도사업자와 공동으로 공동운수협정인가(변경) 신청서에 서류를 첨부하여 국토 교통부장관에게 제출하여야 한다.
⑤ 국토교통부 장관은 공동운수협정에 대한 인가신청 또는 변경인가신청을 받은 경우에는 '철도사업자 간 수입·비용의 배분이 적정한지의 여부 등'을 검토한 후 인가 또는 변경인가를 결정하여야 한다.

정답 ①

해설 철도사업자는 다른 철도사업자와 공동경영에 관한 계약이나 그 밖의 운수에 관한 협정을 체결하거나 변경하려는 경우에는 국토교통부 장관의 인가를 받아야 한다.

05 철도사업법령상 민자철도의 유지·관리 및 운영에 관한 기준 등에 관한 설명으로 옳지 않은 것은?

① 국토교통부장관은 고속철도, 광역철도 및 일반철도로서 민간투자사업으로 건설된 철도(민자철도)의 관리운영권을 설정받은 자(민자철도사업자)가 해당 민자철도를 안전하고 효율적으로 유지·관리할 수 있도록 민자철도의 유지·관리 및 운영에 관한 기준을 정하여 고시하여야 한다.
② 민자철도사업자는 민자철도의 안전하고 효율적인 유지·관리와 이용자 편의를 도모하기 위하여 고시된 기준을 준수하여야 한다.
③ 국토교통부장관은 민자철도의 유지·관리 및 운영에 관한 기준에 따라 매일 소관 민자철도에 대하여 운영평가를 실시하여야 한다.
④ 국토교통부장관은 운영평가 결과에 따라 민자철도에 관한 유지·관리 및 체계 개선 등 필요한 조치를 민자철도사업자에게 명할 수 있다.
⑤ 민자철도사업자는 운영평가 결과에 따른 명령을 이행하고 그 결과를 국토교통부장관에게 보고하여야 한다.

정답 ③

해설 국토교통부장관은 민자철도의 유지·관리 및 운영에 관한 기준에 따라 매년 소관 민자철도에 대하여 운영평가를 실시하여야 한다.

제5장 항만운송사업법

I. 항만운송사업법의 총칙

1. 목적
항만운송의 질서확립, 항만운송사업의 건전한 발전도모, 공공의 복리를 증진함을 목적으로 한다.

2. 용어의 정의 ▶ 기출 18회, 25회

(1) 항만운송
항만운송이란 타인의 수요에 응하여 하는 행위로서 다음의 어느 하나에 해당하는 것을 말한다.

① 선박을 이용하여 운송된 화물을 화물주 또는 선박운항업자의 위탁을 받아 항만에서 선박으로부터 인수하거나 화물주에게 인도하는 행위
② 선박을 이용하여 운송될 화물을 화물주 또는 선박운항업자의 위탁을 받아 항만에서 화물주로부터 인수하거나 선박에 인도하는 행위
③ 항만에서 화물을 선박에 싣거나 선박으로부터 내리는 일
④ 항만에서 부선을 이용하여 화물을 운송하는 행위
⑤ 부선 또는 범선을 이용하여 화물을 운송하는 행위와 항만 또는 지정구간에서 부선 또는 뗏목을 예인선으로 끌고 항해하는 행위
⑥ 항만에서 선박 또는 부선을 이용하여 운송된 화물을 창고 또는 하역장(수면목재 저장소는 제외)에 들여놓는 행위
⑦ 항만에서 선박 또는 부선을 이용하여 운송될 화물을 하역장(수면 목재 저장소는 제외)에서 내가는 행위
⑧ 항만이나 지정구간에서 목재를 뗏목으로 편성하여 운송하는 행위
⑨ 항만에서 뗏목으로 편성하여 운송된 목재를 수면목재저장소에 들여놓는 행위나 선박 또는 부선을 이용하여 운송된 목재를 수면목재저장소에 들여놓는 행위 등
⑩ 선적화물을 싣거나 내릴 때 그 화물의 개수를 계산하거나 그 화물의 인도·인수를 증명하는 일(=검수)
⑪ 선적화물 및 선박(부선 포함)에 관련된 증명·조사·감정을 하는 일(=감정)
⑫ 선적화물을 싣거나 내릴 때 그 화물의 용적 또는 중량을 계산하거나 증명하는 일(=검량)

기출문제 ▶ 기출 21회

항만운송사업법령상의 "항만운송"에 해당하지 않는 것은?
① 선박에서 발생하는 폐기물의 운송
② 항만에서 목재를 뗏목으로 편성하여 운송하는 행위
③ 선적화물을 내릴 때 그 화물의 중량을 계산하는 일
④ 선적화물에 관련된 조사를 하는 일
⑤ 선적화물을 내릴 때 그 화물의 인수를 증명하는 일

정답 ①

(2) 부두운영회사

부두운영회사란 항만하역사업 및 그 부대시설을 수행하기 위하여 「항만법」에 따른 항만시설 운영자 또는 「항만공사법」에 따른 항만공사와 부두운영계약을 체결하고, 「항만법」에 따른 항만시설 및 그 항만시설의 운영에 필요한 장비·부대시설 등을 일괄적으로 임차하여 사용하는 자를 말한다. 다만, 다음의 어느 하나에 해당하는 자는 제외한다.

① 「항만공사법」에 따른 항만공사와 임대차계약을 체결하고, 해수부 장관이 컨테이너 부두로 정하여 고시한 항만시설을 임차하여 사용하는 자
② 그 밖에 특정 화물에 대하여 전용 사용되는 등 해수부 장관이 부두운영회사가 적합하지 아니하다고 인정하여 고시한 항만시설을 임차하여 사용하는 자

(3) 항만운송에서 제외되는 운송 ▶ 기출 21회, 24회

① 선박에서 사용하는 물품을 공급하기 위한 운송
② 선박에서 발생하는 분뇨 및 폐기물의 운송
③ 탱커선 또는 어획물운반선(어업장으로부터 양륙지까지 어획물 또는 그 제품을 운반하는 선박을 말한다)에 의한 운송
④ 「해운법」에 따른 해상화물운송사업자가 하는 운송 및 해상여객운송사업자가 여객선을 이용하여 하는 여객운송에 수반되는 화물운송

(4) 해양수산부령이 지정하는 항만 ▶ 기출 11회, 12회

① 1급지 : 부산항, 인천항, 울산항, 포항항, 광양항
② 2급지 : 여수항, 마산항, 동해·묵호항, 군산항, 평택·당진항
③ 3급지 : 1·2급지를 제외한 항

(5) 관리청

이 법에서 관리청이란 항만운송사업 및 항만운송관련사업의 등록, 신고 및 관리 등에 관한 행정업무를 수행하는 다음의 구분에 따른 행정관청을 말한다. 다만, 감정사업 및 검량사업에 관한 경우에는 해수부 장관을 말한다.

① 「항만법」에 따른 국가관리무역항 및 국가관리연안항 : 해수부 장관
② 「항만법」에 따른 지방관리무역항 및 지방관리연안항 : 특별시장·광역시장·도지사 또는 특별 자치도지사(이하 '시·도지사'라 한다)

II. 항만운송사업의 운영

1. 사업의 종류

(1) 항만운송사업 ▶기출 9회, 17회

영리를 목적으로 하는지 여부에 관계없이 항만운송을 하는 사업으로 항만하역사업, 검수사업, 감정사업, 검량사업을 말한다.

(2) 항만운송관련사업 ▶기출 19회, 22회, 27회

항만에서 선박에 물품 또는 역무를 제공하는 항만용역업, 선용품공급업, 선박연료공급업, 선박수리업, 컨테이너수리업을 말하며, 업종별 사업의 내용은 대통령령으로 정한다. 이 경우 선용품공급업은 건조 중인 선박 또는 해상구조물 등에 선용품을 공급하는 경우를 포함한다.

① 항만용역업
  ㉠ 통선으로 본선과 육지 간의 연락을 중계하는 행위
  ㉡ 본선을 경비하는 행위나 본선의 이안 및 접안을 보조하기 위하여 줄잡이 역무를 제공하는 행위
  ㉢ 선박의 청소, 오물제거, 호동, 폐기물의 수집·운반, 화물고정, 칠 등을 하는 행위
  ㉣ 선박에서 사용하는 맑은 물을 공급하는 행위

② 선용품공급업
  선박(건조 중인 선박 및 해양구조물 등 포함)에 음료, 식품, 소모품, 밧줄, 수리용 예비부분품 및 부속품, 집기, 그 밖에 이와 유사한 선용품을 공급하는 사업

③ 선박연료공급업 : 선박용 연료를 공급하는 사업

④ 선박수리업 : 선체, 기관 등 선박시설 및 설비를 수리, 교체 또는 도색하는 사업

⑤ 컨테이너수리업 : 컨테이너를 수리하는 사업

2. 항만운송사업

(1) 사업의 등록 ▶기출 19회, 25회, 27회

① 항만운송사업을 하려는 자는 사업의 종류별로 관리청에 등록하여야 한다.
② 항만하역사업과 검수사업은 항만별로 등록하고, 항만하역 사업의 등록은 한정하역사업(이용자별·취급화물별 또는 항만법의 항만시설별로 등록하는 사업)과 그 외의 일반하역사업으로 구분하여 행한다.
③ 항만운송사업의 등록을 신청하려는 자는 해수부령으로 정하는 바에 따라 사업계획서를 첨부한 등록신청서를 관리청에 제출하여야 하며, 관리청은 등록신청을 받으면 사업계획과 등록 기준을 검토한 후 등록요건을 모두 갖추었다고 인정하는 경우에는 해수부령으로 정하는 바에 따라 등록증을 발급하여야 한다.

기출문제 ▶기출 22회

항만운송사업법령상 항만용역업에 속하지 않는 것은?
① 본선을 경비하는 사업
② 선박을 소독하는 사업
③ 선박용 연료를 공급하는 사업
④ 선박에서 사용하는 맑은 물을 공급하는 사업
⑤ 통선으로 본선과 육지 간의 연락을 중계하는 사업

정답 ③

기출문제 ▶기출 22회

항만운송사업법령상 항만운송관련사업에 관한 설명으로 옳은 것은?
① 선용품공급업을 하려는 자는 해양수산부 장관에게 등록하여야 한다.
② 선체, 기관 등 선박시설 및 설비를 수리, 교체 또는 도색하는 사업은 항만운송관련사업에 속한다.
③ 항만용역업의 등록을 신청하려는 자는 부두시설 등 항만시설을 사용하는 경우에는 해당 항만시설의 사용허가서 사본을 제출하여야 한다.
④ 해양수산부 장관은 항만운송관련사업의 등록을 취소하는 경우 500만원 이하의 과징금을 병과할 수 있다.
⑤ 항만운송관련사업자가 사업정지명령을 위반하여 그 정지기간에 사업을 계속한 경우에는 청문을 실시하지 않고 항만운송관련사업의 등록을 취소할 수 있다.

정답 ②

(2) 사업계획

① 항만하역사업의 사업계획에 포함되어야 할 사항
   사업의 개요, 사업소의 수·명칭·위치, 사업개시예정일, 종사자의 수, 사업에 제공될 시설 및 장비, 수행하려는 사업의 구체적인 내용, 연간 취급화물량의 추정치 등

② 검수·감정·검량사업의 사업계획에 포함되어야 할 사항
   사업의 개요, 사업소의 수·명칭·위치, 각 사업소별 검수사, 감정사, 검량사의 수, 각 사업소별 검수사등 대기소의 위치 및 면적, 연간 취급화물량의 추정치(검수 및 검량사업에 한함), 연간 취급건수 추정치(감정사업에 한함)

(3) 항만하역사업의 등록기준 ▶기출 10회, 20회

① 일반하역사업
   - 1급지 : 시설평가액 - 10억 원 이상, 자본금 - 2억 원 이상
   - 2급지 : 시설평가액 - 5억 원 이상, 자본금 - 1억 원 이상
   - 3급지 : 시설평가액 - 1억 원 이상, 자본금 - 5천만 원 이상

② 한정하역사업
   일반하역사업의 등록기준을 적용한다. 다만, 관리청은 이용자, 취급화물, 항만시설의 특성을 고려하여 그 등록기준을 완화할 수 있다.

(4) 검수사등의 자격 및 등록 ▶기출 21회, 22회

① 검수사·감정사 또는 검량사가 되려는 자는 해수부 장관이 실시하는 자격시험에 합격한 후 해양수산부 장관에게 등록하여야 하며, 자격시험의 응시자격·시험과목 및 시험방법 등에 관하여 필요한 사항은 대통령령으로 정한다.

② 해수부 장관은 검수사등의 자격시험에서 부정행위를 한 응시자에 대하여 그 시험을 정지 또는 무효로 하고, 그 시험을 정지하거나 무효로 한 날부터 3년간 같은 종류의 자격시험 응시자격을 정지한다.

③ 결격사유
   다음의 어느 하나에 해당하는 사람은 검수사등의 자격을 취득할 수 없다.
   - 미성년자·피성년후견인·피한정후견인, 이 법 또는 관세법에 따른 죄를 범하여 금고 이상의 형의 선고를 받고 그 집행이 끝나거나 집행이 면제된 날부터 3년이 지나지 아니한 사람, 이 법 또는 관세법에 따른 죄를 범하여 금고 이상의 형의 집행유예를 선고받고 그 유예기간 중에 있는 사람, 검수사등의 자격이 취소된 날 부터 2년이 지나지 아니한 사람

④ 자격의 취소
   해수부 장관은 다음의 어느 하나에 해당하는 경우에는 검수사등의 자격을 취소하여야 한다(반드시 취소)
   ㉠ 거짓이나 그 밖의 부정한 방법으로 검수사등의 자격을 취득한 경우
   ㉡ 다른 사람에게 자기의 성명을 사용하여 검수사등의 업무를 하게 하거나 검수사등의 자격증을 다른 사람에게 양도 또는 대여한 경우

기출문제 ▶기출 23회

항만운송사업법상 항만운송사업의 등록에 관한 설명으로 옳지 않은 것은?

① 항만운송사업을 하려는 자는 항만하역사업, 감정사업, 검수사업, 검량사업의 종류별로 등록하여야 한다.
② 항만하역사업과 감정사업은 항만별로 등록한다.
③ 항만하역사업의 등록은 이용자별·취급화물별 또는 「항만법」제2조제5호의 항만 시설별로 등록하는 한정하역사업과 그 외의 일반하역사업으로 구분하여 행한다.
④ 항만운송사업의 등록을 신청하려는 자는 해양수산부령으로 정하는 바에 따라 사업계획을 첨부한 등록신청서를 제출하여야 한다.
⑤ 해양수산부 장관은 감정사업의 등록신청을 받으면 사업계획과 감정사업의 등록기준을 검토한 후 등록 요건을 모두 갖추었다고 인정하는 경우에는 해양수산부령으로 정하는 바에 따라 등록증을 발급하여야 한다.

정답 ②

기출문제 ▶기출 21회

「항만운송사업법」상 검수사등의 자격취득에 관한 결격사유가 있는 사람으로 옳지 않은 것은?

① 미성년자
② 「관세법」에 따른 죄를 범하여 금고 이상의 형의 선고를 받고 그 집행이 면제된 날부터 3년이 지나지 아니한 사람
③ 「항만운송사업법」에 따른 죄를 범하여 금고 이상의 형의 집행유예를 선고받고 그 유예기간 중에 있는 사람
④ 파산선고를 받은 사람
⑤ 검수사등의 자격이 취소된 날부터 2년이 지나지 아니한 사람

정답 ④

⑤ 자격증 대여 등의 금지
  누구든지 다른 사람의 검수사등의 양도·양수 또는 대여를 알선해서는 아니 된다.
⑥ 등록의 말소
  해양수산부 장관은 검수사등이 업무를 폐지한 경우와 사망한 경우에는 그 등록을 말소하여야 한다.

(5) 운임·요금의 인가 및 신고 ▶기출 23회, 25회

① 항만하역사업의 등록을 한 자는 해양수산부령으로 정하는 바에 따라 운임과 요금을 정하여 관리청의 인가를 받아야 한다. 이를 변경할 때에도 또한 같다. 다만, 해양수산부령으로 정하는 항만시설에서 하역하는 화물 또는 해양수산부령으로 정하는 품목(컨테이너 전용부두에서 취급하는 컨테이너 화물)에 해당하는 화물에 대하여는 해양수산부령으로 정하는 바에 따라 그 운임과 요금을 정하여 관리청에 신고하여야 한다. 이를 변경할 때에도 또한 같다.
② 관리청은 항만하역사업의 운임·요금의 신고를 받은 경우 신고를 받은 날부터 30일 이내에, 검수사업·검량사업·감정사업의 운임·요금의 신고를 받은 경우 신고를 받은 날부터 14일 이내에 신고수리 여부를 신고인에게 통지하여야 한다.
③ 관리청이 위 ②에서 정한 기간 내에 신고수리 여부 또는 민원 처리 관련 법령에 따른 처리 기간의 연장을 신고인에게 통지하지 아니하면 그 기간(민원 처리 관련 법령에 따라 처리기간이 연장 또는 재연장된 경우에는 해당 처리기간을 말한다)이 끝난 날의 다음 날에 신고를 수리한 것으로 본다.

(6) 항만운송사업의 권리·의무의 승계

① 항만운송사업자가 그 사업을 양도하거나 사망한 때 또는 법인의 합병이 있는 때에는 그 양수인·상속인 또는 합병 후 존속하는 법인이나 합병으로 설립되는 법인은 등록에 따른 권리·의무를 승계한다.
② 「민사집행법」에 따른 경매, 「채무자 회생 및 파산에 관한 법률」에 따른 환가, 「국세징수법·관세법 또는 지방세징수법」에 따른 압류재산의 매각 기타 이에 준하는 절차에 따라 항만운송사업의 시설·장비 전부를 인수한 자는 종전의 항만운송사업자의 권리·의무를 승계한다.

(7) 사업의 정지 및 등록의 취소 ▶기출 6회, 13회, 14회, 15회, 19회

관리청은 항만운송사업자가 다음의 어느 하나에 해당하는 때에는 해당 항만운송사업의 등록을 취소하거나 6개월 이내의 기간을 정하여 해당 항만운송사업의 정지를 명할 수 있다.

① 정당한 사유 없이 운임 및 요금을 인가·신고된 운임 및 요금과 다르게 받은 경우 [1차 위반 : 사업정지 1개월, 2차 위반 : 사업정지 6개월, 3차 위반 : 등록취소]
② 등록기준에 미달하게 된 경우[1차 위반 : 사업정지 1개월, 2차 : 등록취소 또는 사업정지 6개월 (신고사업인 경우)]

기출문제 ▶기출 23회

항만운송사업법령상 항만운송사업의 운임 및 요금에 관한 설명으로 옳지 않은 것은?

① 검량사업의 등록을 한 자는 해양수산부령으로 정하는 바에 따라 요금을 정하여 해양수산부 장관에게 미리 신고하여야 한다.
② 항만하역사업의 등록을 한 자는 해양수산부령으로 정하는 항만시설에서 하역하는 화물에 대하여 해양수산부령으로 정하는 바에 따라 그 운임과 요금을 정하여 신고하여야 한다.
③ 항만하역사업의 등록을 한 자는 해양수산부령으로 정하는 항만시설에서 해양수산부령으로 정하는 품목에 해당하는 화물에 대하여 신고한 운임과 요금을 변경할 때에는 변경신고를 하여야 한다.
④ 해양수산부 장관으로부터 적법하게 권한을 위임받은 시·도지사는 해양수산부령으로 정하는 품목에 해당하는 화물에 대하여 항만하역사업을 등록한 자로부터 운임 및 요금의 설정 신고를 받은 경우 신고를 받은 날부터 30일 이내에 신고수리 여부를 신고인에게 통지하여야 한다.
⑤ 해양수산부 장관이 운임 및 요금의 신고인에게 신고수리 여부 통지기간 내에 신고수리 여부를 통지하지 아니하면 그 기간이 끝난 날에 신고를 수리한 것으로 본다.

정답 ⑤

③ 항만운송사업자 또는 그 대표자가 「관세법」에 규정된 죄 중 어느 하나의 죄를 범하여 공소가 제기되거나 통고처분을 받은 경우(1차 위반 : 사업정지 6개월, 2차 위반 : 등록취소)
④ 사업수행실적이 1년 이상 없는 경우[1차 위반 : 사업정지 3개월, 2차 위반 : 등록취소 또는 사업정지 6개월(신고사업인 경우)]
⑤ 부정한 방법으로 사업을 등록한 경우와 사업정지명령을 위반하여 그 정지 기간에 사업을 계속한 경우(반드시 등록취소)

3. 항만운송관련사업

(1) **사업의 등록** ▶ 기출 15회, 20회, 25회 빈출
① 항만용역업·선박연료공급업·선박수리업·컨테이너수리업을 하려는 자는 항만별 및 업종별로 관리청에 등록하여야 하며, 선용품공급업을 하려는 자는 해양수산부 장관에게 신고하여야 한다.
② 항만운송관련사업 중 선박연료공급업을 등록한 자는 사용하려는 장비를 추가하거나 그 밖에 사업계획 중 해양수산부령으로 정하는 사항을 변경하려는 경우 관리청에 사업계획변경 신고를 하여야 한다.
③ 관리청은 선용품공급업의 신고를 받은 경우 신고를 받은 날부터 6일 이내에, ②에 따른 신고를 받은 경우 신고를 받은 날부터 5일 이내에 신고수리 여부를 신고인에게 통지하여야 한다.

(2) **등록신청 및 신고** ▶ 기출 22회
항만운송관련사업의 등록을 신청하거나 신고를 하려는 자는 항만운송관련사업(항만용역업·선박연료공급업·선박수리업·컨테이너수리업) 등록신청서 또는 선용품공급업 신고서에 사업계획서(선용품공급업은 제외)와 다음의 서류를 첨부하여 지방해양수산청장 또는 시·도지사에게 제출하여야 한다.

① 정관(법인인 경우에 한한다)
② 재산상태를 기재한 서류
③ 부두시설 등 항만시설을 사용하는 경우에는 해당 항만시설의 사용허가서 사본(선박 수리업 및 컨테이너수리업에 한한다)

(3) **권리·의무의 승계** ▶ 기출 14회
항만운송관련사업자가 그 사업을 양도하거나 사망한 때 또는 법인의 합병이 있는 때에는 그 양수인·상속인 또는 합병 후 존속하는 법인이나 합병으로 설립되는 법인은 등록 또는 신고에 따른 권리·의무를 승계한다.

(4) **사업의 정지 및 등록의 취소** ▶ 기출 18회, 22회
관리청은 항만운송관련사업자가 다음의 어느 하나에 해당하면 그 등록을 취소하거나 6개월 이내의 기간을 정하여 그 사업의 전부 또는 일부의 정지를 명할 수 있다.

① 부정한 방법으로 사업의 등록 또는 신고를 한 경우(반드시 등록취소)
② 사업정지명령을 위반하여 그 정지기간에 사업을 계속한 경우(반드시 등록취소)
③ 항만운송사업자 또는 그 대표자가 관세법에 규정된 죄 중 어느 하나의 죄를 범하여 공소가 제기되거나 통고처분을 받은 경우에 해당하게 된 경우
③의2 선박연료공급업을 등록한 자가 변경신고를 하지 아니하고 장비를 추가하거나 그 밖에 사업계획 중 해수부령으로 정하는 사항을 변경하는 경우
④ 항만운송관련사업자가 등록 또는 신고에 필요한 자본금, 시설, 장비 등에 관한 기준에 미달하게 된 경우
⑤ 사업 수행 실적이 1년 이상 없는 경우

4. 부두운영회사의 운영 등 ▶기출 27회

(1) 부두운영계약의 체결·갱신 등

① 항만시설운영자등은 항만 운영의 효율성 및 항만운송사업의 생산성 향상을 위하여 필요한 경우에는 해양수산부령으로 정하는 기준에 적합한 자를 선정하여 부두운영계약을 체결할 수 있다.
② 부두운영회사의 선정기준
  ㉠ 위 ①에서 '해양수산부령으로 정하는 기준'이란 다음을 말한다.
    ⓐ 임대료 및 그 밖에 부두운영회사가 「항만법」에 따른 항만시설운영자 또는 「항만공사법」에 따른 항만공사(이하 '항만시설운영자등')에 내야 하는 비용의 지급 능력
    ⓑ 화물의 유치 능력 및 부두운영계약으로 임차·사용하려는 항만시설 및 그 밖의 장비·부대시설 등(이하 '항만시설 등')에 대한 투자 능력
    ⓒ 재무구조의 건전성
  ㉡ 위 ㉠에 따른 기준의 세부내용에 대해서는 항만시설운영자등이 정할 수 있다.
③ 부두운영회사의 선정절차
  ㉠ 항만시설운영자등이 위 ①에 따라 부두운영계획을 체결하려는 경우에는 다음의 사항을 포함한 부두운영회사 선정계획을 수립하여 항만시설을 개장하기 6개월 전까지 이를 공고하여야 한다.
    • 계약 대상 항만시설 등, 계약기간 및 임대료, 계약 참여 방법, 위 ②에 따른 부두운영 회사의 선정기준
  ㉡ 항만시설운영자등은 위 ㉠에도 불구하고 항만시설 등의 효율적인 사용 및 운영 등을 위하여 필요하다고 인정하는 경우에는 그 공고기간을 줄이거나 공고 없이 부두운영계약을 체결할 수 있다. 이 경우 항만시설운영자등은 해양수산부 장관과 미리 협의할 수 있다.
  ㉢ 항만시설운영자등은 부두운영계약을 체결하기 전에 부두운영계획을 체결하려는 자가 위 ②에 따른 부두운영회사의 선정기준에 적합한지 여부 등에 대하여 해양수산부 장관과 미리 협의할 수 있다.

(2) 화물유치 계획 등의 미이행에 따른 위약금 부과
① 항만시설운영자등은 화물유치 또는 투자계획을 이행하지 못한 부두운영회사에 대하여 위약금을 부과할 수 있다. 다만, 부두운영회사가 화물유치 또는 투자계획을 이행하지 못하는데 귀책사유가 없는 경우에는 위약금을 부과하지 아니한다.
② 항만시설운영자등은 부두운영회사가 화물유치 또는 투자계획을 이행하지 못한 경우에는 연도별로 위약금을 산정하여 부과한다.

(3) 부두운영회사 운영성과의 평가
① 해수부 장관은 항만 운영의 효율성을 높이기 위하여 매년 부두운영회사의 운영성과에 대하여 평가를 실시할 수 있다.
② 항만시설운영자등은 평가결과에 따라 부두운영회사에 대하여 항만시설 등의 임대료를 감면 하거나 그 밖에 필요한 조치를 할 수 있다.

(4) 부두운영계약의 해지 ▶ 기출 23회
① 항만시설운영자등은 다음의 어느 하나에 해당하는 사유가 있으면 부두운영계약을 해지할 수 있다.
  ㉠ 「항만법」에 따른 항만재개발사업의 시행 등 공공의 목적을 위하여 항만시설 등을 부두운영회사에 계속 임대하기 어려운 경우
  ㉡ 부두운영회사가 항만시설 등의 임대료를 3개월 이상 연체한 경우
  ㉢ 항만시설 등이 멸실되거나 그 밖에 해수부령으로 정하는 사유로 부두운영계약을 계속 유지할 수 없는 경우
   • "해수부령으로 정하는 사유"란 '부두운영회사가 부두운영계약 기간 동안 자기의 귀책사유로 투자 계획을 이행하지 못한 경우, 부두운영회사가 항만시설 등의 분할 운영 금지 등 금지행위를 한 경우, 정당한 사유 없이 부두운영회사가 항만시설 등의 효율적인 사용 및 운영 등을 위하여 항만시설 운영자 등과 해수부 장관이 협의한 사항을 이행하지 아니한 경우'를 말한다.
② 항만시설운영자등은 부두운영계약을 해지하려면 서면으로 그 뜻을 부두운영회사에 통지하여야 한다.

III 기타

1. 보칙

(1) 미등록 ▶ 기출 14회, 16회

항만에서의 일시적 영업행위

① 항만운송사업자 또는 항만운송관련사업자는 대통령령으로 정하는 부득이한 사유로 인하여 등록을 하지 아니한 항만에서 일시적으로 영업행위를 하려는 경우에는 미리 관리청에 신고하여야 한다.

② 위 ①에서 '대통령령으로 정하는 부득이한 사유'라 함은 '같은 사업을 하는 사업자가 해당 항만에 없거나, 행정처분 등으로 일시적으로 사업을 할 수 없게 된 경우, 사업의 성질상 해당 항만의 사업자가 그 사업을 할 수 없는 경우'를 말한다.

③ 항만운송사업자 또는 항만운송관련사업자가 미등록 항만에서 일시적 영업행위의 신고를 할 때에는 영업기간 등을 서면으로 밝혀야 한다.

④ 미등록 항만에서 일시적으로 영업행위를 하기 위하여 신고한 항만운송사업자 또는 항만운송 관련사업자는 그 신고한 내용에 맞게 영업행위를 하여야 한다.

⑤ 항만운송사업자 또는 항만운송관련사업의 등록을 한 자는 영업개시 3일 전까지 일시적 영업행위신고서에 사업계획서를 첨부하여 지방해양수산청장 또는 시·도지사에게 제출하여야 한다.

⑥ 위 ①에 따른 신고를 받은 날부터 3일 이내에 신고수리 여부를 신고인에게 통지하여야 한다.

(2) 교육훈련기관의 설립 등 ▶ 기출 8회, 24회, 28회

① 항만운송 종사자 등에 대한 교육훈련

㉠ 항만운송사업 또는 항만운송관련사업에 종사하는 사람 중 해수부령으로 정하는 안전사고가 발생할 우려가 높은 작업(항만하역사업, 줄잡이 항만용역업, 화물 고정 항만용역업)에 종사하는 사람은 해수부 장관이 실시하는 교육훈련을 받아야 한다.

㉡ 해수부 장관은 교육을 받지 아니한 사람에 대하여 해수부 장관으로 정하는 바에 따라 항만운송사업 또는 항만운송관련사업 중 해수부령으로 정하는 작업에 종사하는 것을 제한하여야 한다. 다만, '해수부령으로 정하는 정당한 사유'로 교육훈련을 받지 못한 경우에는 그러하지 아니하다.

㉢ '해수부령으로 정하는 정당한 사유'란 작업에 종사하는 사람의 귀책사유 없이 교육훈련을 받지 못한 경우와 교육훈련 수요의 급격한 증가에 따라 교육훈련기관이 그 수요를 충족하지 못하는 경우이며, 이 경우에는 제한받지 않는다.

㉣ 신규자 교육훈련은 작업에 채용된 날부터 6개월 이내에 실시하는 교육훈련이며, 재직자 교육훈련은 신규자 교육훈련을 받은 연도의 다음 연도 및

그 후 매 2년 마다 실시하는 교육훈련을 받아야 한다. 다만, 「산업안전보건법」에 따른 안전보건교육을 받은 경우에는 신규자 교육훈련 또는 재직자 교육훈련을 받은 것으로 본다.

② 교육훈련기관의 설립
  ㉠ 항만운송사업자 또는 항만운송관련사업자에게 고용되거나 역무를 제공하는 자에 대한 항만운송·항만안전 등에 관한 교육훈련을 실시하기 위하여 대통령령으로 정하는 바에 따라 교육훈련기관을 설립할 수 있다.
  ㉡ 교육훈련기관은 법인으로 하며, 해양수산부 장관의 설립인가를 받아 그 주된 사무소의 소재지에서 설립등기를 함으로써 성립한다.
  ㉢ 교육훈련기관의 운영에 필요한 경비는 대통령령으로 정하는 바에 따라 항만운송사업자 또는 항만운송관련사업자 및 해당 교육훈련을 받는 자가 부담한다.
  ㉣ 교육훈련기관에 관하여 이 법에 규정된 것을 제외하고는 「민법」 중 사단법인에 관한 규정을 준용한다.

(3) 과징금(500만 원 이하) ▶기출 20회, 22회

① 관리청은 항만·운송사업자 또는 항만운송관련사업자가 사업정지처분을 하여야 하는 경우로서 그 사업의 정지가 그 사업의 이용자 등에게 심한 불편을 주거나 공익을 해칠 우려가 있는 경우에는 사업정지처분을 갈음하여 500만 원 이하의 과징금을 부과할 수 있다.
② 관리청은 과징금을 내야 할 자가 납부기한까지 과징금을 내지 아니하면 국세 체납처분의 예 또는 「지방행정제재·부과금의 징수 등에 관한 법률」에 따라 징수한다.
③ 과징금을 부과하려는 경우에는 위반행위의 종류와 과징금의 금액 등을 구체적으로 밝혀 이를 낼 것을 서면으로 통지하여야 한다.
④ 과징금 통지를 받은 자는 천재지변 등 부득이한 사유가 없는 경우에는 통지를 받은날부터 20일 이내에 과징금을 수납기관에 내야 한다.

(4) 항만인력 수급관리협의회

① 항만운송사업자 또는 항만운송관련사업자가 구성한 단체, 항만운송사업자 또는 항만운송 관련사업자에게 고용되거나 역무를 제공하는 자가 구성한 단체 및 그 밖에 대통령령으로 정하는 자는 항만운송사업 또는 항만운송관련사업에 필요한 적정한 근로자의 수 산정, 근로자의 채용 및 교육훈련에 관한 사항 등 항만운송사업 또는 항만운송관련사업에 종사하는 인력의 원활한 수급과 투명하고 효율적인 관리에 필요한 사항을 협의하기 위하여 항만별로 항만인력 수급관리협의회를 구성·운영할 수 있다.
② 항만인력 수급관리협의회의 구성·운영 및 협의사항 등에 관하여 필요한 사항은 대통령령으로 정한다.

기출문제 ▶기출 23회

항만운송사업법령상 항만시설운영자 등이 부두운영계약을 해지할 수 있는 사유로 옳지 않은 것은?

① 「항만법」에 따른 항만재개발사업의 시행 등 공공의 목적을 위하여 항만시설 등을 부두운영회사에 계속 임대하기 어려운 경우
② 항만시설 등이 멸실되어 부두운영계약을 계속 유지할 수 없는 경우
③ 부두운영회사가 항만시설 등의 임대료를 2개월 이상 연체한 경우
④ 부두운영회사가 항만시설 등의 분할 운영 금지 등 금지행위를 하여 부두운영계약을 계속 유지할 수 없는 경우
⑤ 부두운영회사가 항만시설 등의 효율적인 사용 및 운영 등을 위하여 항만시설운영자등과 해양수산부 장관이 협의한 사항을 정당한 사유 없이 이행하지 아니하여 부두운영계약을 계속 유지할 수 없는 경우

정답 ③

③ 항만인력 수급관리협의회의 구성
  ㉠ 위 ①에서 '대통령령으로 정하는 자'는 항만운송사업에 종사하는 인력의 수급 관련 업무를 담당하는 공무원 중에서 해당 항만을 관할하는 지방해양수산청장 또는 특별시장·광역시장·도지사 또는 특별자치도지사(이하 '시·도지사'라 한다)가 지명하는 사람을 말한다.
  ㉡ 항만인력 수급관리협의회는 위원장 1명을 포함하여 7명의 위원으로 구성하되, 수급관리협의회의 위원장은 위원 중에서 호선한다.
④ 수급관리협의회의 운영
  ㉠ 수급관리협의회의 위원장은 수급관리협의회를 대표하고, 그 업무를 총괄한다.
  ㉡ 수급관리협의회는 수급관리협의회의 위원장이 필요하다고 인정하거나 재적위원 과반수의 요청이 있는 경우에 소집한다.
  ㉢ 수급관리협의회의 회의는 재적위원 3분의 2 이상의 출석으로 개의하고, 출석위원 3분의 2 이상의 찬성으로 의결한다.
⑤ 수급관리협의회의 협의 사항
  ㉠ 항만운송사업에 필요한 적정한 근로자의 수 산정에 관한 사항
  ㉡ 항만운송사업에 종사하는 인력의 채용기준 및 교육훈련 등 인사관리에 관한 사항
  ㉢ 그 밖에 수급관리협의회의 위원장이 항만운송사업에 종사하는 인력의 원활한 수급 및 효율적인 관리 등에 필요하다고 인정하여 회의에 부치는 사항

(5) 항만운송 분쟁협의회 ▶ 기출 24회, 28회

① 항만운송사업자 단체, 항만운송근로자 단체 및 그 밖에 대통령령으로 정하는 자는 항만운송과 관련된 분쟁의 해소 등에 필요한 사항을 협의하기 위하여 항만별로 항만운송 분쟁협의회를 구성·운영할 수 있다.
② 항만운송사업자 단체와 항만운송근로자 단체는 항만운송과 관련된 분쟁이 발생한 경우 항만운송 분쟁협의회를 통하여 분쟁이 원만하게 해결되고, 분쟁기간 동안 항만운송이 원활하게 이루어질 수 있도록 노력하여야 한다.
③ 항만운송 분쟁협의회의 구성·운영 및 협의사항 등에 관하여 필요한 사항은 대통령령으로 정한다.
④ 항만운송 분쟁협의의 구성
  ㉠ 위 ①에서 '대통령령으로 정하는 자'란 항만운송사업의 분쟁 관련 업무를 공무원 중에서 해당 항만을 관할하는 지방해양수산청장 또는 시·도지사가 지명하는 사람을 말한다.
  ㉡ 항만운송 분쟁협의회는 위원장 1명을 포함하여 7명의 위원으로 구성하되, 분쟁협의회의 위원장은 위원 중에서 호선한다.
⑤ 분쟁협의회의 운영
  ㉠ 분쟁협의회의 위원장은 분쟁협의회를 대표하고, 그 업무를 총괄한다.
  ㉡ 분쟁협의회의 회의는 분쟁협의회의 위원장이 필요하다고 인정하거나 재적위원 과반수의 요청이 있는 경우에 소집한다.

기출문제 ▶ 기출 24회

항만운송사업법령상 항만운송 분쟁협의회(이하 "분쟁협의회"라 함)에 관한 설명으로 옳지 않은 것은?
① 분쟁협의회는 취급화물별로 구성·운영된다.
② 분쟁협의회는 위원장 1명을 포함하여 7명의 위원으로 구성한다.
③ 분쟁협의회의 위원장은 위원 중에서 호선한다.
④ 분쟁협의회의 위원에는 항만운송사업의 분쟁 관련 업무를 담당하는 공무원 중에서 해당 항만을 관할하는 지방해양수산청장 또는 시·도지사가 지명하는 사람이 포함된다.
⑤ 분쟁협의회는 항만운송과 관련된 노사 간 분쟁의 해소에 관한 사항을 심의·의결 한다.

정답 ①

ⓒ 분쟁협의회의 회의는 재적위원 3분의 2 이상의 출석으로 개의하고, 출석위원 3분의 2 이상의 찬성으로 의결한다.
ⓔ 분쟁 당사자는 분쟁협의회의 회의에 출석하여 의견을 진술하거나 관계 자료 등을 제출 할 수 있다.
ⓜ 위 ㉠~㉣까지에서 규정한 사항 외에 분쟁협의회의 운영에 필요한 사항은 분쟁협의회의 의결을 거쳐 분쟁협의회의 위원장이 정한다.
⑥ 분쟁협의회의 협의 사항
㉠ 항만운송과 관련된 노사 간 분쟁의 해소에 관한 사항
㉡ 그 밖에 분쟁협의회의 위원장이 항만운송과 관련된 분쟁의 예방 등에 필요하다고 인정 하여 회의에 부치는 사항

(6) 청문 ▶ 기출 21회
① 검수사등의 자격의 취소
② 항만운송사업자의 사업의 정지 및 등록의 취소에 따른 등록의 취소
③ 항만운송관련사업자의 등록의 취소 등에 따른 등록의 취소

2. 벌칙

(1) 1년 이하의 징역 또는 1천만 원 이하의 벌금
① 등록을 하지 아니하고 항만운송사업을 한 자
② 등록 또는 신고를 하지 아니하고 항만운송관련사업을 한 자
③ 자격증 대여 등의 금지를 위반하여 다른 사람에게 자기의 성명을 사용하여 검수사등이 업무를 하게 하거나 검수사등의 자격 등을 양도·대여한 사람 또는 다른 사람의 검수사등의 자격증을 양수·대여한 사람 등

(2) 500만 원 이하의 벌금
① 등록 또는 신고한 사항을 위반하여 항만운송사업 또는 항만운송관련사업을 한 자
② 변경신고를 하지 아니하고 장비를 추가하거나 그 밖에 사업계획 중 해수부령으로 정하는 사항을 변경하여 선박연료공급업을 한 자
③ 신고를 하지 아니하고 미등록 항만에서 임시적 영업행위를 한 자

(3) 300만 원 이하의 벌금
① 등록을 하지 아니하고 검수·감정·검량업무에 종사한 자 등
② 거짓이나 그 밖의 부정한 방법으로 검수사등의 자격시험에 합격한 사람

(4) 과태료(200만 원 이하)
① 보고 또는 자료 제출을 하지 아니하거나 거짓으로 한 자
② 관계 공무원의 출입 또는 검사를 거부·방해하거나 기피한 자

기출문제 ▶ 기출 21회

항만운송사업법령상 청문을 하여야 하는 경우로 옳은 것은?
① 항만운송사업자가 사업정지명령을 위반하여 그 정지기간에 사업을 계속한 것을 이유로 해양수산부 장관이 항만운송사업의 등록을 취소하는 경우
② 검수사등이 사망하여 그 등록을 말소하는 경우
③ 과태료를 부과하는 경우
④ 항만운송관련사업자가 대통령령으로 정하는 부득이한 사유로 등록을 하지 아니한 항만에서 일시적으로 영업행위를 하려고 신고한 것에 대하여 그 신고확인증을 발급하는 경우
⑤ 검수사등의 자격증을 발급하는 경우

정답 ①

5장 핵심문제

01 항만운송사업법령상 항만운송에 관한 설명으로 옳지 않은 것은?

① 선박을 이용하여 운송된 화물을 화물주 또는 선박운항업자의 위탁을 받아 항만에서 선박으로부터 인수하거나 화물주에게 인도하는 행위
② 선박을 이용하여 운송될 화물을 화물주 또는 선박운항업자의 위탁을 받아 항만에서 화물주로부터 인수하거나 선박에 인도하는 행위
③ 항만에서 화물을 선박에 싣거나 선박으로부터 내리는 일
④ 항만에서 부선을 이용하여 화물을 운송하는 행위
⑤ 항만에서 선박 또는 부선을 이용하여 운송된 화물을 창고 또는 하역장(수면목재 저장소 포함)에 들여놓는 행위

정답 ⑤

해설 항만에서 선박 또는 부선을 이용하여 운송된 화물을 창고 또는 하역장(수면목재 저장소는 제외)에 들여놓는 행위

02 항만운송사업법령상 항만운송관련사업에 해당하지 않는 것은?

① 항만용역업
② 선용품공급업
③ 선박연료공급업
④ 항만운송사업
⑤ 컨테이너수리업

정답 ④

해설 항만운송관련사업에는 항만운송사업은 포함되지 않고, 선박수리업이 포함된다.

03 항만운송사업법령상 검수사등의 자격 및 등록에 관한 내용으로 옳지 않은 것은?

① 검수사·감정사 또는 검량사가 되려는 자는 해수부 장관이 실시하는 자격시험에 합격한 후 해양수산부 장관에게 등록하여야 하며, 자격시험의 응시자격·시험과목 및 시험방법 등에 관하여 필요한 사항은 대통령령으로 정한다.
② 해수부 장관은 검수사등의 자격시험에서 부정행위를 한 응시자에 대하여 그 시험을 정지 또는 무효로 하고, 그 시험을 정지하거나 무효로 한 날부터 3년 간 같은 종류의 자격시험 응시자격을 정지한다.
③ 미성년자·피성년후견인·피한정후견인에 해당하는 사람은 검수사등의 자격을 취득할 수 없다.
④ 해양수산부 장관은 거짓이나 그 밖의 부정한 방법으로 검수사등의 자격을 취득한 경우에는 검수사등의 자격을 취소할 수 있다.
⑤ 누구든지 다른 사람의 검수사등의 양도·양수 또는 대여를 알선해서는 아니 된다.

정답 ④

해설 　해양수산부 장관은 거짓이나 그 밖의 부정한 방법으로 검수사등의 자격을 취득한 경우에는 검수사등의 자격을 취소하여야 한다.

04 항만운송사업법령상 항만운송관련사업 등록 등에 관한 내용으로 옳지 않은 것은?

① 항만용역업·선박연료공급업·선박수리업·컨테이너수리업을 하려는 자는 항만별 및 업종별로 관리청에 등록하여야 한다.
② 선용품공급업을 하려는 자는 해양수산부 장관에게 신고하여야 한다.
③ 항만운송관련사업 중 선박연료공급업을 등록한 자는 사용하려는 장비를 추가하거나 그 밖에 사업계획 중 해양수산부령으로 정하는 사항을 변경하려는 경우 관리청에 사업계획변경 신고를 하여야 한다.
④ 관리청은 선용품공급업의 신고를 받은 경우 신고를 받은 날부터 6일 이내에 신고수리 여부를 신고인에게 통지하여야 한다.
⑤ 항만운송관련사업의 등록을 신청하거나 신고를 하려는 자는 항만운송관련사업(항만용역업·선박연료공급업·선박수리업·컨테이너수리업) 등록신청서 또는 선용품공급업 신고서에 사업계획서(선용품공급업은 제외)를 지방해양수산청장 또는 시·도지사에게 제출하여야 하고 정관 등의 서류 첨부는 필요하지 않다.

정답 ⑤

해설 　항만운송관련사업의 등록을 신청하거나 신고를 하려는 자는 항만운송관련사업(항만용역업·선박연료공급업·선박수리업·컨테이너수리업) 등록신청서 또는 선용품공급업 신고서에 사업계획서(선용품공급업은 제외)와 일정 서류(법인인 경우 정관, 재산상태를 기재한 서류, 선박 수리업 및 컨테이너수리업의 경우에는 해당 항만시설의 사용허가서 사본)을 첨부하여 지방해양수산청장 또는 시·도지사에게 제출하여야 한다.

제6장 유통산업발전법

I. 유통산업발전법의 총칙

1. 목적

유통산업의 효율적 진흥과 균형발전, 건전한 상거래질서 확립, 소비자 보호, 국민경제발전에 이바지함을 목적으로 한다.

2. 용어의 정의 ▶기출 16회, 23회

(1) 유통산업

농·임·축·수산물(가공 및 조리물 포함) 및 공산품의 도매·소매 및 이를 경영하기 위한 보관·배송·포장과 이와 관련된 정보·용역의 제공 등을 목적으로 하는 산업

(2) 매장 ▶기출 16회

상품의 판매와 이를 지원하는 용역의 제공에 직접 사용되는 장소를 말하며, 이 경우 매장에 포함되는 용역의 제공장소의 범위(건축법 시행령의 규정에 의한 제1종 및 제2종 근린 생활시설, 문화 및 집회시설, 운동시설, 일반업무시설이며, 오피스텔은 제외)는 대통령령으로 정한다.

(3) 대규모점포 ▶기출 16회, 23회

다음의 요건을 모두 갖춘 매장을 보유한 점포의 집단으로서 별표에 규정된 것을 말한다.

① 하나 또는 대통령령으로 정하는 둘 이상의 연접되어 있는 건물 안에 하나 또는 여러 개로 나누어 설치되는 매장일 것
② 상시 운영되는 매장일 것
③ 용역의 제공 장소를 제외한 매장면적의 합계가 3천 제곱미터 이상일 것
④ 대규모점포의 종류
용역의 제공장소를 제외한 매장면적의 합계가 3천 제곱미터 이상인 점포의 집단 중 하기에 해당할 것
  ㉠ 대형마트: 식품·가전 및 생활용품을 중심으로 점원의 도움 없이 소비자에게 소매하는 점포의 집단
  ㉡ 전문점: 의류·가전 또는 가정용품 등 특정품목에 특화한 점포의 집단
  ㉢ 백화점: 다양한 상품을 구매할 수 있도록 현대적 판매시설과 소비자 편익시설이 설치된 점포로서 직영의 비율이 30% 이상인 점포의 집단

기출문제 ▶기출 23회

유통산업발전법령상 용어의 정의에 관한 설명으로 옳지 않은 것은?

① "프랜차이즈형 체인사업"이란 체인본부의 계속적인 경영지도 및 체인본부와 가맹점 간의 협업에 의하여 가맹점의 취급품목·영업방식 등의 표준화사업과 공동구매·공동판매·공동시설활용 등 공동사업을 수행하는 형태의 체인사업을 말한다.
② "유통산업"이란 농산물·임산물·축산물·수산물(가공물 및 조리물을 포함한다) 및 공산품의 도매·소매 및 이를 경영하기 위한 보관·배송·포장과 이와 관련된 정보·용역의 제공 등을 목적으로 하는 산업을 말한다.
③ "임시시장"이란 다수(多數)의 수요자와 공급자가 일정한 기간 동안 상품을 매매하거나 용역을 제공하는 일정한 장소를 말한다.
④ "전문상가단지"란 같은 업종을 경영하는 여러 도매업자 또는 소매업자가 일정 지역에 점포 및 부대시설 등을 집단으로 설치하여 만든 상가단지를 말한다.
⑤ "무점포판매"란 상시 운영되는 매장을 가진 점포를 두지 아니하고 상품을 판매하는 것으로서 다단계판매, 전화권유판매, 카탈로그판매, 텔레비전홈쇼핑 등에 해당하는 것을 말한다.

정답 ①

㉣ 쇼핑센터 : 다수의 대규모점포 또는 소매점포와 각종 편의시설이 일체적으로 설치된 점포로서 직영 또는 임대의 형태로 운영되는 점포의 집단
㉤ 복합쇼핑몰 : 쇼핑, 오락 및 업무기능 등이 한곳에 집적되고, 문화·관광시설로서의 역할을 하며, 1개의 업체가 개발·관리 및 운영하는 점포의 집단
㉥ 그 밖의 대규모점포 : 위에 해당하지 아니하는 점포의 집단

(4) 준대규모점포
다음의 어느 하나에 해당하는 점포로서 대통령령으로 정하는 것을 말한다.
① 대규모점포를 경영하는 회사 또는 그 계열회사(「독점규제 및 공정거래에 관한 법률」에 따른 계열회사를 말한다)가 직영하는 점포
② 「독점규제 및 공정거래에 관한 법률」에 따른 상호출자제한기업집단의 계열회사가 직영하는 점포
③ 위 ① 및 ②의 회사 또는 계열회사가 직영점형 체인사업 및 프랜차이즈형 체인사업의 형태로 운영하는 점포

(5) 임시시장 ▶ 기출 23회, 25회, 27회
① 다수의 수요자와 공급자가 일정한 기간 동안 상품을 매매하거나 용역을 제공하는 일정한 장소를 말한다.
② 임시시장의 개설방법·시설기준 그 밖에 임시시장의 운영·관리에 관한 사항은 특별자치시·시·군·구의 조례로 정한다.
③ 지자체의 장은 임시시장의 활성화를 위하여 이를 체계적으로 육성·지원하여야 한다.

(6) 체인사업 ▶ 기출 16회, 23회
같은 업종의 여러 소매점포를 직영하거나 같은 업종의 여러 소매점포에 대하여 계속적으로 경영을 지도하고 상품·원재료 또는 용역을 공급하는 사업
① 직영점형 체인사업
체인본부가 주로 소매점포를 직영하되, 가맹계약을 체결하여 상품의 공급 및 경영지도를 전송하는 형태의 체인사업
② 프랜차이즈형 체인사업
독자적인 상품 또는 판매·경영기법을 개발한 체인본부가 상호·판매방법·매장운영 및 광고방법 등을 결정하고 가맹점으로 하여금 결정과 지도에 따라 운영하도록 하는 형태의 체인사업
③ 임의가맹점형 체인사업 ▶ 기출 11회, 23회, 25회
체인본부의 계속적인 경영지도 및 체인본부와 가맹점 간 협업에 의하여 가맹점의 취급품목·영업방식 등의 표준화사업과 공동구매·공동판매·공동시설활용 등 공동사업을 수행하는 형태의 체인사업

④ 조합형 체인사업

같은 업종의 소매점들이 중소기업협동조합, 협동조합·협동조합 연합회·사회적협동조합 또는 사회적협동조합연합회를 설립하여 공공구매·공동판매·공동시설활용 등 사업을 수행하는 형태의 체인사업

(7) 상점가 ▶ 기출 16회

일정 범위의 가로 또는 지하도에 대통령령으로 정하는 수 이상의 도매점포·소매점포 또는 용역점포가 밀집되어 있는 지구를 말한다[상점가의 범위 : 2천제곱미터 이내의 가로 또는 지하도에 50개 이상(인구 30만 이하인 시·군·자치구의 상점가의 경우에는 30개 이상)의 도매점포·소매점포 또는 용역점포가 밀집되어 있는 지구].

(8) 전문상가단지 ▶ 기출 23회

같은 업종을 영위하는 여러 도매업자 또는 소매업자가 일정 지역에 점포 및 부대시설 등을 집단으로 설치하여 만든 상가단지를 말한다.

(9) 무점포판매 ▶ 기출 16회, 23회, 27회

상시 운영되는 매장을 가진 점포를 두지 아니하고 상품을 판매하는 것으로 산업통상자원부령으로 정하는 것을 말한다.

- 무점포판매의 유형 : 방문판매 및 가정 내 진열판매, 전화권유판매, 카탈로그판매, 다단계판매, TV홈쇼핑, 인터넷쇼핑몰, 이동통신기기를 이용한 판매. 자동판매기를 통한 판매, 인터넷 멀티미디어 방송(IPTV)을 통한 상거래, 인터넷쇼핑몰 또는 사이버몰 등 전자상거래, 온라인 오픈마켓 등 전자상거래중개

(10) 도매배송서비스 ▶ 기출 7회

집배송시설을 이용하여 자기의 계산으로 매입한 상품을 도매하거나 위탁받은 상품을 「화물자동차 운수사업법」에 의한 허가를 받은 자가 수수료를 받고 도매점포 또는 소매점포에 공급하는 것

(11) 집배송시설

상품의 주문처리·재고관리·수송·보관·하역·포장·가공 등 집하 및 배송에 관한 활동과 이를 유기적으로 조정하거나 지원하는 정보처리활동에 사용되는 기계·장치 등의 일련의 시설을 말한다.

(12) 공동집배송센터 ▶ 기출 27회

여러 유통사업자 또는 제조업자가 공동으로 사용할 수 있도록 집배송시설 및 부대업무시설이 설치되어 있는 지역 및 시설물을 말한다.

Ⅱ 유통산업의 운영

1. 유통산업시책

(1) 유통산업시책의 기본방향 ▶기출 11회

① 유통구조의 선진화 및 유통기능의 효율화 촉진
② 유통산업에 있어서 소비자 편익의 증진
③ 유통산업의 지역별·종류별 균형발전의 도모
④ 중소유통기업의 구조개선 및 경쟁력의 강화
⑤ 유통산업의 국제 경쟁력 제고
⑥ 유통산업에 있어서 건전한 상거래 질서의 확립 및 공정한 경쟁여건의 조성

(2) 유통업상생발전협의회 ▶기출 22회, 24회, 28회 빈출

① 대규모점포 및 준대규모점포와 지역중소유통기업의 균형발전을 협의하기 위하여 특별자치시장·시장·군수·구청장 소속으로 유통업상생발전협의회를 둔다.
② 협의회의 구성 및 운영 등에 필요한 사항은 산업통상자원부령으로 정한다.
③ 협의회는 성별 및 분야별 대표성 등을 고려하여 회장을 포함하여 11명 이내의 위원으로 구성한다.
④ 회장은 부시장(특별자치시의 경우 행정부시장)·부군수·부구청장이 되고, 위원은 특별자치시장·시장·군수·구청장이 임명하거나 위촉하는 자가 되며, 위원의 임기는 2년으로 한다.
⑤ 해당 지역의 대·중소유통 협력업체·납품업체·농어업인 등 이해관계자는 협의회의 위원이 될 수 있다.
⑥ 협의회의 회의는 재적위원 3분의 2 이상의 출석으로 개의하고, 출석위원 3분의 2 이상의 찬성으로 의결한다.

(3) 유통산업발전법의 적용배제 ▶기출 27회

다음의 시장·사업장 및 매장에 대하여는 「유통산업발전법」을 적용하지 아니한다.

- 「농수산물 유통 및 가격안정에 관한 법률」에 따른 농수산물도매시장, 농수산물공판장, 민영농수산물도매시장, 농수산물종합유통센터, 「축산법」에 따른 가축시장

2. 유통산업발전계획 등

(1) 유통산업발전기본계획 및 유통산업발전시행계획 ▶기출 21회, 25회 빈출

① 산업통상자원부 장관은 5년 마다 유통산업발전기본계획을 관계 중앙행정기관의 장과 협의를 거쳐 세우고 시행하여야 한다.
② 산업부 장관은 기본계획과 시행계획을 세우기 위하여 필요하다고 인정하는 경우에는 관계 중앙행정기관의 장에게 필요한 자료를 요청할 수 있다. 이 경우

기출문제 ▶기출 24회

유통산업발전법령상 유통업상생발전협의회(이하 "협의회"라 함)에 관한 설명으로 옳은 것은?

① 협의회는 회장 1명을 포함한 9명 이내의 위원으로 구성한다.
② 해당 지역의 대·중소유통 협력업체·납품업체 등 이해관계자는 협의회의 위원이 될 수 없다.
③ 협의회 위원의 임기는 3년으로 한다.
④ 협의회의 회의는 재적위원 3분의 1 이상의 출석으로 개의하고, 출석위원 과반수이상의 찬성으로 의결한다.
⑤ 협의회는 분기별로 1회 이상 개최하는 것을 원칙으로 한다.

정답 ⑤

기출문제 ▶기출 21회

유통산업발전법령상 유통산업발전기본계획 및 유통산업발전시행계획에 관한 설명으로 옳은 것은? (단, 권한위임·위탁에 관한 규정은 고려하지 않음)

① 산업통상자원부 장관은 유통산업발전기본계획을 시·도지사와 시장·군수·구청장에게 알려야 한다.
② 산업통상자원부 장관은 유통산업발전기본계획에 따라 5년마다 유통산업발전시행계획을 세워야 한다.
③ 산업통상자원부 장관은 유통산업발전시행계획을 세울 때 관계 중앙행정기관의 장과 협의를 거칠 필요가 없다.
④ 시장·군수·구청장은 유통산업발전기본계획 및 유통산업발전시행계획에 따라 지역별 유통산업발전시행계획을 세우고 시행하여야 한다.
⑤ 관계 중앙행정기관의 장은 유통산업발전시행계획의 집행실적을 다음 연도 2월 말일까지 산업통상자원부 장관에게 제출하여야 한다.

정답 ⑤

관계중앙행정기관의 장은 필요한 자료를 제공하여야 한다.
③ 산업부 장관은 기본계획과 시행계획을 시·도지사에게 알려야 한다.
④ 산업부 장관은 기본계획에 따라 매년 유통산업발전시행계획을 관계중앙행정기관의 장과의 협의를 거쳐 세워야 하며, 시·도지사에게 통보하여야 한다.

(2) 유통산업발전 기본계획에 포함되어야 할 사항 ▶기출 17회, 25회

① 유통산업발전의 기본방향
② 유통산업의 국내외 여건변화 전망
③ 유통산업의 현황 및 평가
④ 유통산업의 지역별 – 종류별 발전방안
⑤ 산업별·지역별 유통기능의 효율화·고도화 방안
⑥ 유통전문인력·부지 및 시설 등의 수급변화에 대한 전망
⑦ 중소유통기업의 구조개선 및 경쟁력 강화 방안
⑧ 대규모점포와 중소유통기업 및 중소유통기업체 사이의 건전한 상거래 질서의 유지방안
⑨ 그 밖에 유통산업의 규제완화 및 제도개선 등 유통산업의 발전을 촉진하기 위하여 필요한 사항

(3) 지방자치단체의 사업시행 ▶기출 18회, 20회, 21회

① 시·도지사는 기본계획 및 시행계획에 따라 미리 시장·군수·구청장의 의견을 들어 다음의 사항을 포함하는 지역별 시행계획을 세우고 이를 시행하여야 한다.
  • 지역유통산업발전의 기본방향, 지역유통산업의 여건 변화 전망, 지역유통산업의 현황 및 평가, 지역유통산업의 종류별 발전 방안, 지역유통기능의 효율화·고도화 방안, 지역중소유통기업의 구조개선 및 경쟁력 강화 방안, 유통전문인력·부지 및 시설 등의 수급 방안, 그 밖에 지역유통산업의 규제완화 및 제도개선 등 지역유통산업의 발전을 촉진하기 위하여 필요한 사항
② 관계 중앙행정기관의 장은 유통산업의 발전을 위하여 필요하다고 인정하는 경우에는 시·도지사 또는 시장·군수·구청장에게 시행계획의 시행에 필요한 조치를 취할 것을 요청할 수 있다.

(4) 유통산업발전기본계획과 시행계획의 수립을 위한 자료의 제출요청

▶기출 21회, 25회

① 산업통상자원부 장관은 관계 중앙행정기관의 장에게 유통산업발전기본계획의 수립을 위하여 필요한 자료를 해당 기본계획 개시연도의 전년도 10월 말일까지 제출하여 줄 것을 요청할 수 있다.
② 산업부 장관은 관계 중앙행정기관의 장에게 유통산업발전시행계획의 수립을 위하여 필요한 자료를 매년 3월 말일까지 제출하여 줄 것을 요청할 수 있다.
③ 관계 중앙행정기관의 장은 유통산업발전시행계획의 집행실적을 다음 연도 2월 말일까지 산업부 장관에게 제출하여야 한다.

(5) 유통산업의 실태조사 ▶ 기출 16회

① 산업통상자원부 장관은 기본계획 및 시행계획 등을 효율적으로 수립·추진하기 위하여 유통산업에 대한 실태조사를 할 수 있다.
② 유통산업의 실태조사를 위한 범위 등 필요한 사항은 대통령령으로 정한다.
③ 산업부 장관은 유통산업에 관한 계획 및 정책수립과 집행에 활용하기 위하여 3년 마다 정기조사를 실시하며, 필요하다고 인정되는 경우 특정 업태 및 부문 등을 대상으로 수시조사를 실시할 수 있다.

3. 대규모점포 등

(1) 대규모점포 등의 개설등록 및 변경등록 ▶ 기출 22회, 23회, 27회 빈출

① 대규모점포를 개설하거나 전통상업보존구역에 준대규모점포를 개설하려는 자는 영업을 개시하기 전에 산업부령으로 정하는 바에 따라 상권영향평가서 및 지역협력계획서를 첨부하여 특별자치시장·시장·군수·구청장에게 등록하여야 하며, 등록한 내용을 변경하려는 경우에도 또한 같다.
② 특별자치시장·시장·군수·구청장은 제출받은 상권영향평가서 및 지역협력계획서가 미진하다고 판단하는 경우에는 제출받은 날부터 30일 내에 그 사유를 명시하여 보완을 요청할 수 있다. 이 경우 토요일 및 공휴일은 산입하지 아니한다.
③ 특별자치시장·시장·군수·구청장은 개설등록 또는 변경등록[점포의 소재지를 변경하거나 매장면적이 개설등록(매장면적을 변경등록한 경우에는 변경등록) 당시의 매장면적보다 10분의 1 이상 증가하는 경우로 한정한다]을 하려는 대규모점포 및 준대규모점포의 위치가 전통 상업보존구역에 있을 때에는 등록을 제한하거나 조건을 붙일 수 있다.
④ 등록제한 및 조건에 관한 세부사항은 해당 지자체의 조례로 정한다.
⑤ 특별자치시장·시장·군수·구청장은 개설등록 또는 변경등록하려는 점포의 소재지로부터 "산업통상자원부령으로 정하는 거리" 이내의 범위 일부가 인접 특별자치시·시·군·구 (자치구를 말한다)에 속하여 있는 경우 인접지역의 특별자치시장·시장·군수·구청장에게 개설등록 또는 변경등록을 신청받은 사실을 통보하여야 한다.
⑥ 위 ⑤에 따라 신청 사실을 통보받은 인접지역의 특별자치시장·시장·군수·구청장은 신청 사실을 통보받은 날로부터 20일 이내에 개설등록 또는 변경등록에 대한 의견을 제시할 수 있다.

(2) 대규모점포등의 개설계획 예고 ▶ 기출 19회

① 대규모점포를 개설하려는 자는 영업을 시작하기 60일 전까지, 준대규모점포를 개설하려는 자는 영업을 시작하기 30일 전까지 산업통상자원부령으로 정하는 바에 따라 개설 지역 및 시기 등을 포함한 개설계획을 예고하여야 한다.
② 개설계획의 신청을 받은 특별자치시장·시장·군수·구청장은 신청일로부터 5일 이내에 해당 지방자치단체의 인터넷 홈페이지에 대규모점포등의 개설계획을 게재하여야 한다.

기출문제 ▶ 기출 23회

유통산업발전법령상 대규모점포등의 개설등록에 관한 설명으로 옳지 않은 것은?

① 대규모점포를 개설하려는 자는 영업을 시작하기 전에 산업통상자원부령으로 정하는 바에 따라 상권영향평가서 및 지역협력계획서를 첨부하여 특별자치시장·시장·군수·구청장에게 등록하여야 한다.
② 특별자치시장·시장·군수·구청장은 개설등록을 하려는 대규모점포등의 위치가 전통상업보존구역에 있을 때에는 등록을 제한하거나 조건을 붙일 수 있다.
③ 특별자치시장·시장·군수·구청장은 개설등록하려는 점포의 소재지로부터 산업통상자원부령으로 정하는 거리 이내의 범위 일부가 인접 특별자치시·시·군·구에 속하여 있는 경우 인접지역의 특별자치시장·시장·군수·구청장에게 개설 등록을 신청 받은 사실을 통보하여야 한다.
④ 대규모점포등개설등록신청서를 제출받은 특별자치시장·시장·군수 또는 구청장은 별도의 서류확인 절차 없이 그 신청에 따라 등록하여야 한다.
⑤ 특별자치시장·시장·군수 또는 구청장은 대규모점포등의 개설등록을 한 때에는 그 신청인에게 대규모점포등개설등록증을 교부하여야 한다.

정답 ④

> **기출문제** ▶기출 22회
>
> 유통산업발전법령상 대규모점포 개설등록 내용의 변경등록 사항이 아닌 것은?
> ① 종사자수 등 인력관리계획의 변경
> ② 법인 명칭의 변경
> ③ 법인 소재지의 변경
> ④ 업태 변경
> ⑤ 개설등록(매장면적을 변경등록한 경우에는 변경등록) 당시 매장면적의 10분의 1 이상의 변경
>
> 정답 ①

(3) **대규모점포등의 변경등록** ▶기출 14회, 22회

① 변경등록을 하여야 하는 사항
㉠ 법인의 명칭, 개인 또는 법인 대표자의 성명, 개인 또는 법인의 주소
㉡ 개설등록(매장면적을 변경등록한 경우에는 변경등록) 당시 매장면적의 10분의 1 이상의 변경
㉢ 업태 변경(대규모점포만 해당한다)
㉣ 점포의 소재지·상호

② 특별자치시장·시장·군수 또는 구청장은 대규모점포등의 개설등록 또는 개설변경등록을 한 때에는 그 신청인에게 대규모점포등개설등록증을 교부하여야 하며, 대규모점포등개설(변경)등록관리대장을 갖추어 두고 개설(변경)등록에 관한 사항을 기록·관리하되, 대규모점포 안에 위치하는 준대규모점포의 개설등록을 하거나 개설(변경)등록을 하는 경우에는 해당 대규모점포의 대규모점포등 개설(변경)등록관리 대장에도 그 사실을 덧붙여 적어야 한다.

(4) **등록의 결격사유** ▶기출 16회, 24회

다음의 어느 하나에 해당하는 자는 대규모점포등의 등록을 할 수 없다.
① 피성년후견인 또는 미성년자
② 파산선고를 받고 복권되지 아니한 자(= 파산자)
③ 이 법을 위반하여 징역의 실형을 선고받고 그 집행이 끝나거나 집행이 면제된 날부터 1년이 지나지 아니한 자
④ 이 법을 위반하여 징역형의 집행유예선고를 받고 그 유예기간 중에 있는 자
⑤ 법 제11조 제1항[아래 (5)①]에 따라 등록이 취소(위 ①, ②에 해당하여 등록이 취소된 경우는 제외한다)된 후 1년이 지나지 아니한 자
⑥ 대표자가 위 사항의 어느 하나에 해당하는 법인(대표자가 미성년자인 법인도 결격자이다)

(5) **등록의 취소 등** ▶기출 19회, 22회

① 반드시 등록취소
㉠ 대규모점포등 개설자가 정당한 사유 없이 1년 이내에 영업을 시작하지 아니한 경우(건축에 정상적으로 소요되는 기간은 불산입)
㉡ 대규모점포등의 영업을 정당한 사유 없이 1년 이상 계속하여 휴업한 경우
㉢ 등록의 결격사유에 해당하는 경우
㉣ 특별자치시장·시장·군수·구청장은 개설등록 또는 변경등록을 하고자 하는 대규모점포 및 준대규모점포의 위치가 전통상업보존구역 안에 있을 때에는 등록을 제한하거나 조건을 붙일 수 있는데, 이에 따른 조건을 이행하지 아니한 경우

② 등록취소 규정의 예외
법인 대표자가 등록결격사유자인 경우와 대규모점포등개설자의 지위를 승계한 상속인이 등록결격사유의 어느 하나에 해당하는 경우에는 법인의 대표자가

등록결격사유에 해당하게 된 날 또는 상속을 개시한 날부터 6개월 (등록취소 유예기간)이 지난 날까지는 개설등록을 취소하지 아니한다.

(6) 대규모점포등개설자의 업무등 ▶ 기출 13회, 19회
① 대규모점포등개설자는 다음의 업무를 수행한다.
  ㉠ 상거래 질서의 확립
  ㉡ 소비자의 안전유지와 소비자 및 인근 지역주민의 피해의 신속한 처리
  ㉢ 그 밖에 대규모점포등을 유지·관리하기 위하여 필요한 업무
② 매장이 분양된 대규모점포 및 등록 준대규모점포에서는 다음의 어느 하나에 해당하는 자 (이하 '대규모점포등관리자'라 한다)가 위 (1)의 업무를 수행한다.
  ㉠ 매장면적의 2분의 1 이상을 직영하는 자가 있는 경우에는 그 직영하는 자
  ㉡ 매장면적의 2분의 1 이상을 직영하는 자가 없는 경우에는 다음의 어느 하나에 해당하는 자
    ⓐ 해당 대규모점포 또는 등록 준대규모점포에 입점하여 영업을 하는 상인 (이하 '입점 상인'이라 한다) 3분의 2 이상이 동의(동의를 얻은 입점상인이 운영하는 매장면적의 합은 전체 매장면적의 2분의 1 이상이어야 한다. 이하 이 장에서 같다)하여 설립한 「민법」 또는 「상법」에 따른 법인
    ⓑ 입점상인 3분의 2 이상이 동의하여 설립한 「중소기업협동조합법」에 따른 협동조합 또는 사업조합
    ⓒ 입점상인 3분의 2 이상이 동의하여 조직한 자치관리단체. 이 경우 6개월 이내에 위 ㉠, ㉡에 따른 법인·협동조합 또는 사업조합의 자격을 갖추어야 한다.
    ⓓ 위 ⓐ~ⓒ의 어느 하나에 해당하는 자가 없는 경우에는 입점상인 2분의 1 이상이 동의하여 지정하는 자. 이 경우 6개월 이내에 위 에 따른 법인·협동조합 또는 사업조합을 설립하여야 한다.
③ 대규모점포등개설자의 업무를 수행하는 자(대규모점포등관리자)는 산업부령으로 정하는 바에 따라 특별자치시장·시장·군수·구청장에게 신고하여야 하며, 신고한 사항을 변경 하려는 경우에도 또한 같다.

(7) 대규모점포등관리자의 신고 ▶ 기출 11회, 13회, 14회
① 대규모점포등개설자의 업무를 수행하는 자(대규모점포등관리자)는 업무를 수행하게 된 날부터 20일 이내에 대규모점포등관리자신고서에 다음의 서류를 첨부하여 특별자치시장·시장·군수·구청장에게 신고하여야 한다.
  ㉠ 매장이 분양된 대규모점포 및 등록 준대규모점포에서 개설자의 업무를 수행하는 자에 해당함을 증명하는 서류
  ㉡ 입점상인의 현황
  ㉢ 정관 또는 자치규약
② 위 ①에 따라 신고를 한 대규모점포등관리자는 그 명칭, 성명(개인 또는 대표자의 성명) 또는 주소가 변경된 경우에는 특별자치시장·시장·군수·구청장에게 변경신고를 하여야 한다.

(8) 대규모점포등에 대한 영업시간의 제한 등 ▶ 기출 16회, 20회, 23회

① 특별자치시장·시장·군수·구청장은 건전한 유통질서 확립, 근로자의 건강권 및 대규모점포등과 중소유통업의 상생발전을 위하여 필요하다고 인정하는 경우 대형마트와 준대규모점포에 대하여 영업시간 제한을 명하거나 의무휴업일을 지정하여 의무휴업을 명할 수 있다. 다만 연간 총매출액 중 「농수산물 유통 및 가격안정에 관한 법률」에 따른 농수산물의 매출액 비중이 55% 이상인 대규모점포등으로서 해당 지자체의 조례로 정하는 대규모점포등에 대하여는 그러하지 아니하다.

② 특별자치시장·시장·군수·구청장은 오전 0시부터 오전 10시까지의 범위에서 영업시간을 제한할 수 있다.

③ 특별자치시장·시장·군수·구청장은 매월 이틀을 의무휴업일로 지정하여야 한다. 이 경우 의무휴업일은 공휴일 중에서 지정하되, 이해당사자와 합의를 거쳐 공휴일이 아닌 날을 의무휴업일로 지정할 수 있다.

④ 영업시간 제한 및 의무휴업일 지정에 필요한 사항은 해당 지방자치단체의 조례로 정한다.

(9) 대규모점포등의 관리비 등

① 대규모점포등관리자는 대규모점포등을 유지·관리하기 위한 관리비를 입점상인에게 청구·수령하고 그 금원을 관리할 수 있다.

② 관리비의 내용은 대통령령으로 정하며, 일반관리비(인건비, 사무비, 세금·공과금, 피복비, 교육훈련비, 차량유지비, 그 밖의 부대비용), 청소비, 경비비, 소독비, 승강기유지비, 냉난방비, 급탕비, 수선유지비(냉난방시설의 청소비 포함), 위탁관리수수료이다.

③ 대규모점포등관리자는 입점상인이 납부하는 대통령령으로 정하는 사용료 등[전기료(공동으로 사용하는 시설의 전기료 포함), 수도료(공동으로 사용하는 수도료 포함), 가스사용료, 지역난방 방식인 대규모점포등의 냉난방비와 급탕비, 분뇨 처리 수수료, 폐기물 처리 수수료, 건물 전체를 대상으로 하는 보험료]을 입점상인을 대행하여 그 사용료 등을 받을 자에게 납부할 수 있다.

④ 대규모점포등관리자는 관리비, 사용료 등, 잡수입[공용부분 및 복리시설의 사용료 등 대규모점포등을 관리하면서 부수적으로 발생하는 수입(항목별 산출내역을 말하며, 매장별 부과내역은 제외)]을 대규모점포등의 인터넷 홈페이지(대규모점포등의 관리사무소나 게시판)에 공개하여야 한다.

⑤ 대규모점포등관리자가 대규모점포등의 유지·관리를 위하여 위탁관리, 공사 또는 용역 등을 위한 계약을 체결하는 경우 계약의 성질 및 규모 등을 고려하여 '산업부 장관이 정하여 고시하는 금액 이하의 계약을 체결하는 경우, 긴급하게 계약을 체결할 필요성이 있는 경우, 그 밖에 공개경쟁입찰 방식에 따른 계약체결이 적절하지 아니하다고 판단하여 산업부 장관이 정하여 고시하는 경우'를 제외하고는 공개경쟁입찰 방식으로 계약을 체결하여야 한다.

⑥ 대규모점포등관리자가 계약을 체결하는 경우에는 계약체결일부터 1개월 이내에 그 계약서를 해당 대규모점포등의 인터넷 홈페이지에 공개하여야 하며, 이 경우 '「개인정보 보호법」에 따른 고유식별정보 등 개인의 사생활의 비밀 또는 자유를 침해할 우려가 있는 정보'는 제외하고 공개하여야 한다.

(10) 회계서류의 작성·보관

① 대규모점포등관리자는 '관리비, 사용료 등, 잡수입'의 금전을 입점상인에게 청구·수령하거나 그 금원을 관리하는 행위 등 모든 거래행위에 관하여 장부를 월별로 작성하여 그 증빙 서류와 함께 해당 회계연도 종료일부터 5년간 보관하여야 한다.

② 대규모점포등관리자는 입점상인이 장부나 증빙서류, 그 밖에 대통령령으로 정하는 정보(관리비 등의 집행에 관한 사업계획, 예산안, 사업실적서 및 결산서)의 열람을 요구하거나 자기의 비용으로 복사를 요구하는 때에는 다음의 정보는 제외하고 이에 응하여야 한다. 이 경우 관리규정에서 열람과 복사를 위한 방법 등 필요한 사항을 정할 수 있다.

㉠ 「개인정보 보호법」에 따른 고유식별정보 등 개인의 사생활의 비밀 또는 자유를 침해할 우려가 있는 정보

㉡ 의사결정과정 또는 내부검토과정에 있는 사항 등으로서 공개될 경우 업무의 공정한 수행에 현저한 지장을 초래할 우려가 있는 경우

(11) 대규모점포등관리자의 회계감사

① 대규모점포등관리자는 「주식회사의 외부감사에 관한 법률」에 따른 감사인의 회계감사를 매년 1회 이상 받아야 한다. 다만 입점상인의 3분의 2 이상이 서면으로 회계감사를 받지 아니하는데 동의한 연도에는 회계감사를 받지 아니할 수 있다.

② 대규모점포등관리자는 회계감사결과를 제출받은 날부터 1개월 이내에 대규모점포등의 인터넷 홈페이지에 그 결과를 공개하여야 한다.

③ 대규모점포등관리자는 특별자치시장·시장·군수·구청장 또는 「공인회계사법」에 따른 한국공인회계사에 감사인의 추천을 의뢰할 수 있다.

④ 위 ①에 따라 회계감사를 받아야 하는 대규모점포등관리자는 매 회계연도 종료 후 9개월 이내에 재무제표(재무상태표, 운영성과표, 이익잉여금처분계산서 또는 결손금처리계산서, 주석)에 대하여 회계감사를 받아야 한다.

⑤ 위 본문에 따른 감사인은 위 ④에 따라 대규모점포등관리자가 회계감사를 받은 날부터 1개월 이내에 대규모점포등관리자에게 감사보고서를 제출하여야 한다.

(12) 관리규정의 제정·개정 방법 ▶ 기출 22회, 25회

① 대규모점포등관리자는 대규모점포등의 관리 또는 사용에 관하여 입점상인의 3분의 2 이상의 동의를 얻어 관리규정을 제정하여야 하며, 관리규정에 따라 대규모점포등을 관리하여야 한다.

② 시·도지사는 이 법을 적용받는 대규모점포등의 효율적이고 공정한 관리를 위하여 대통령령으로 정하는 바에 따라 표준관리규정을 마련하여 보급하여야 한다.
③ 관리규정을 제정하려는 대규모점포등관리자는 신고를 한 날부터 3개월 이내에 표준관리규정을 참조하여 관리규정을 제정하여야 한다.
④ 대규모점포등관리자는 관리규정을 개정하려는 경우 제안내용에 '개정안, 개정 목적, 현행의 관리규정과 달라진 내용, 표준관리규정과 다른 내용'을 적어 입점상인의 3분의 2 이상의 동의를 얻어야 한다.
⑤ 대규모점포등관리자는 관리규정을 제정하거나 개정하려는 경우 해당 대규모점포등 인터넷 홈페이지에 제안내용을 공고하고 입점상인들에게 개별적으로 통지하여야 한다.

(13) 대규모점포등개설자의 지위 승계 ▶ 기출 16회, 19회, 20회

대규모점포등개설자가 사망한 경우 그 상속인, 대규모점포등개설자가 대규모점포등을 양도한 경우 그 양수인, 법인인 대규모점포등개설자가 다른 법인과 합병한 경우 합병 후 존속하는 법인이나 합병으로 설립되는 법인은 종전의 대규모점포등개설자의 지위를 승계한다.

(14) 대규모점포등의 휴·폐업의 신고 ▶ 기출 13회

① 대규모점포등개설자가 대규모점포등을 휴·폐업하려는 경우에는 산업통상자원부령으로 정하는 바에 따라 특별자치시장·시장·군수·구청장에게 신고를 하여야 한다.
② 대규모점포등의 개설등록을 한 자 또는 대규모점포등관리자가 대규모점포등의 영업을 휴·폐업하려는 때에는 대규모점포등 휴·폐업 신고서를 특별자치시장·시장·군수·구청장에게 제출하여야 하며, 특별자치시장·시장·군수·구청장은 신고사항을 대규모점포등개설(변경)등록관리대장에 기록·관리하되, 대규모점포 안에 위치하는 준대규모점포의 영업을 휴업하거나 폐업하려는 신고가 있는 경우에는 해당 대규모점포의 대규모점포등개설(변경)등록관리대장에도 그 사실을 덧붙여 적어야 한다.

(15) 전통상업보존구역의 지정 ▶ 기출 15회, 16회

① 특별자치시장·시장·군수·구청장은 지역 유통산업의 전통과 역사를 보존하기 위하여 「전통시장 및 상점가 육성을 위한 특별법」에 따른 전통시장이나 중소벤처기업부장관이 정하는 전통상점가의 경계로부터 1km 이내의 범위에서 해당 지방자치단체의 조례로 정하는 지역을 전통상업보존구역으로 지정할 수 있다.
② 전통상업보존구역의 범위, 지정절차 및 지정취소 등에 관하여 필요한 사항은 지자체의 조례로 정한다. 〈2025년 11월 23일까지 그 효력을 가진다〉

(16) 영업정지 ▶기출 20회

특별자치시장·시장·군수·구청장은 다음의 어느 하나에 해당하는 경우에는 1개월 이내의 기간을 정하여 영업의 정지를 명할 수 있다.

① 영업시간제한 등에 대한 명령을 1년 이내에 3회 이상 위반하여 영업제한시간에 영업을 한 자 또는 명령을 1년 이내에 3회 이상 위반하여 의무휴업일에 영업을 한 자. 이 경우 영업시간 제한에 따른 명령 위반과 의무휴업일 지정에 따른 명령 위반의 횟수는 합산한다.
② 영업정지명령을 위반하여 영업정지기간 중 영업을 한 자

4. 유통산업의 경쟁력 강화 ▶기출 24회

(1) 분야별 발전시책

① 산업통상자원부 장관은 유통산업의 경쟁력을 강화하기 위하여 체인사업·무점포판매업의 발전시책, 그 밖에 유통산업의 분야별 경쟁력 강화를 위하여 필요한 시책을 수립·시행할 수 있으며, 분야별 발전시책에는 국내외 사업현황 등이 포함되어야 한다.
② 정부는 재래시장의 활성화에 필요한 시책을 수립·시행하여야 하고, 정부 또는 지방자치단체의 장은 이에 필요한 행정적·재정적 지원을 할 수 있으며, 정부 또는 지자체의 장은 중소유통기업의 구조개선 및 경쟁력 강화에 필요한 시책을 수립·시행할 수 있으며, 이에 필요한 행정적·재정적 지원을 할 수 있다.

(2) 체인사업자의 경영개선사항 등 ▶기출 9회, 22회, 27회

① 체인사업자는 직영하거나 체인에 가입되어 있는 점포의 경영을 개선하기 위하여 다음의 사항을 추진하여야 한다.
  ㉠ 체인점포의 시설현대화
  ㉡ 체인점포에 대한 원재료·상품 또는 용역 등의 원활한 공급
  ㉢ 체인점포에 대한 점포관리·품질관리·판매촉진 등 경영활동 및 영업활동에 관한 지도
  ㉣ 체인점포 종사자에 대한 유통교육·훈련의 실시
  ㉤ 체인사업자와 체인점포 간의 유통정보시스템의 구축
  ㉥ 집배송시설의 설치 및 공동물류사업의 추진
  ㉦ 공동브랜드 또는 자기부착상표의 개발·보급
  ㉧ 유통관리사의 고용촉진
  ㉨ 그 밖에 중소벤처기업부장관이 체인사업의 경영개선을 위하여 필요하다고 인정하는 사항
② 산업부 장관·중소벤처기업부장관 또는 지자체의 장은 체인사업자 또는 체인사업자 단체가 위 ①의 사업을 추진하는 경우에는 예산의 범위 안에서 필요한 자금 등을 지원할 수 있다.

기출문제 ▶기출 24회

유통산업발전법상 지방자치단체의 장이 행정적·재정적 지원을 할 수 있는 대상으로 옳지 않은 것은?
① 재래시장의 활성화
② 전문상가단지의 건립
③ 비영리법인의 판매사업 활성화
④ 중소유통공동도매물류센터의 건립 및 운영
⑤ 중소유통기업의 창업 지원 등 중소유통기업의 구조개선 및 경쟁력 강화

정답 ③

| 기출문제 | ▶ 기출 24회 |

유통산업발전법상 중소유통공동도매물류센터에 대한 지원에 관한 설명이다. ( )에 들어갈 수 있는 내용을 바르게 나열한 것은?

▶ (ㄱ)은 「중소기업기본법」 제2조에 따른 중소기업자 중 대통령령으로 정하는 소매업자 50인 또는 도매업자 10인이 공동으로 중소유통기업의 경쟁력 향상을 위하여 상품의 보관·배송·포장 등 공동물류사업 등을 하는 물류센터를 건립하거나 운영하는 경우에는 필요한 행정적·재정적 지원을 할 수 있다.
▶ 중소유통공동도매물류센터의 건립, 운영 및 관리 등에 필요한 사항은 (ㄴ)이 정하여 고시한다.

① ㄱ: 기획재정부장관,
　 ㄴ: 산업통상자원부장관
② ㄱ: 산업통상자원부장관,
　 ㄴ: 지방자치단체의 장
③ ㄱ: 지방자치단체의 장,
　 ㄴ: 중소벤처기업부장관
④ ㄱ: 중소벤처기업부장관,
　 ㄴ: 기획재정부장관
⑤ ㄱ: 기획재정부장관,
　 ㄴ: 중소벤처기업부장관

정답 ③

(3) 중소유통공동도매물류센터에 대한 지원 ▶ 기출 21회, 24회, 25회 빈출

① 산업통상자원부 장관, 중소벤처기업부장관 또는 지방자치단체의 장은 중소기업자 중 대통령령으로 정하는 소매업자 50인 또는 도매업자 10인 이상의 자(= 중소유통기업자단체)가 공동으로 중소유통기업의 경쟁력 향상을 위하여 다음의 사업을 하는 중소유통공동물류센터를 건립하거나 운영하는 경우에는 필요한 행정적·재정적 지원을 할 수 있다.
　㉠ 상품의 보관·배송·포장 등 공동물류사업
　㉡ 상품의 전시
　㉢ 유통·물류정보시스템을 이용한 정보의 수집·가공·제공
　㉣ 중소유통공동도매물류센터를 이용하는 중소유통기업의 서비스능력 향상을 위한 교육 및 연수
　㉤ 그 밖에 중소유통공동도매물류센터 운영의 고도화를 위하여 산업부 장관이 필요하다고 인정하여 공정거래위원회와 협의를 거친 사업
② 지방자치단체의 장은 중소유통공동도매물류센터를 건립하여 중소유통기업자단체, 지자체, 중소유통기업자단체가 출자하여 설립한 법인에 그 운영을 위탁할 수 있다.
③ 지자체가 중소유통공동도매물류센터를 건립하여 운영을 위탁하는 경우에는 운영주체와 협의하여 해당 중소유통공동도매물류센터의 매출액의 5 / 1000 이내에서 시설 및 장비의 이용료를 징수하여 시설물 및 장비의 유지·관리 등에 소요되는 비용에 충당할 수 있다.
④ 중소유통공동도매물류센터의 건립, 운영 및 관리 등에 필요한 사항은 중소벤처기업부장관이 정하여 고시한다.
⑤ 중소유통공동도매물류센터의 건립에 대한 행정적·재정적 지원 대상 업종은 통계청장이 고시하는 한국표준산업분류상 도매 및 상품중개업에 해당하는 업과 종합소매업에 해당하는 업이다.

(4) 상점가진흥조합 ▶ 기출 20회, 22회, 25회

① 결성 및 설립
　㉠ 상점가에서 도매업·소매업·용역업이나 그 밖의 영업을 하는 자는 해당 상점가의 진흥을 위하여 상점가진흥조합을 결성할 수 있다.
　㉡ 상점가진흥조합의 조합원이 될 수 있는 자는 상점가에서 도매업·소매업·용역업 그 밖의 영업을 영위하는 자로서 「중소기업기본법」에 의한 중소기업자에 해당하는 자로 한다.
　㉢ 상점가진흥조합은 조합원의 자격이 있는 자의 3분의 2 이상의 동의를 얻어 결성 한다. 다만 조합원의 자격이 있는 자 중 같은 업종을 영위하는 자가 2분의 1이상인 경우에는 그 같은 업종을 영위하는 자의 5분의 3 이상의 동의를 얻어 결성할 수 있다.
　㉣ 상점가진흥조합은 협동조합 또는 사업조합으로 설립한다.

ⓗ 상점가진흥조합의 구역은 다른 상점가진흥조합의 구역과 중복되어서는 아니 된다.

② 상점가진흥조합에 대한 지원

지방자치단체의 장은 상점가진흥조합이 다음의 사업을 하는 경우에는 예산의 범위에서 필요한 자금을 지원할 수 있다.

㉠ 점포시설의 표준화 및 현대화
㉡ 상품의 매매·보관·수송·검사 등을 위한 공동시설의 설치
㉢ 주차장·휴게소 등 공동시설의 설치
㉣ 조합원의 판매촉진을 위한 공동사업
㉤ 가격표시 등 상거래 질서의 확립
㉥ 조합원과 그 종사자의 자질 향상을 위한 연수사업 및 정보제공
㉦ 그 밖에 지자체의 장이 상점가 진흥을 위하여 필요하다고 인정하는 사업

(5) 전문상가단지 건립의 지원요건 등 ▶ 기출 10회, 15회, 24회

산업부 장관, 관계 중앙행정기관의 장 또는 지자체의 장은 다음의 어느 하나에 해당하는 자가 전문상가단지를 세우려는 경우에는 필요한 행정적·재정적 지원을 할 수 있다.

① 도매업자 또는 소매업자로 구성되는 협동조합·사업협동조합·협동조합연합회 또는 중소 기업중앙회로서 5,000 제곱미터 이상의 부지를 확보하고, 단지 내에 입주하는 조합원이 50인 이상인 요건을 갖춘 자
② 위 ①에 해당하는 자와 신탁계약을 체결한 신탁업자로서 자본금 또는 연간매출액이 100억 원 이상인 자
③ 행정적·재정적 지원을 받으려는 자는 전문상가단지 조성사업계획을 작성하여 산업부 장관, 관계 중앙행정기관의 장 또는 지자체의 장에게 제출하여야 한다.

5. 유통산업발전기반의 조성 ▶ 기출 9회, 11회, 17회

(1) 유통정보화시책 등

① 산업통상자원부 장관은 유통정보화의 촉진 및 유통부문의 전자거래기반을 넓히기 위하여 다음의 사항이 포함된 유통정보화시책을 세우고 시행하여야 한다.

㉠ 유통표준코드의 도입
㉡ 유통표준전자문서의 보급(EDI)
㉢ 판매실적정보관리시스템의 보급(POS)
㉣ 유통정보 또는 유통정보시스템의 표준화 촉진
㉤ 점포관리의 효율화를 위한 재고관리시스템·매장관리시스템의 보급
㉥ 상품의 전자적 거래를 위한 전자장터 등의 시스템의 구축 및 보급
㉦ 다수의 유통·물류기업 간 기업정보시스템의 연동을 위한 시스템의 구축 및 보급
㉧ 유통·물류의 효율적 관리를 위한 무선주파수인식시스템의 적용 및 실용화 촉진

② 산업통상자원부 장관은 유통정보화에 관한 시책을 세우기 위하여 필요하다고 인정하는 경우에는 과학기술정보통신부장관에게 유통정보화서비스를 제공하는 전기통신사업자에 관한 자료를 요청할 수 있으며, 유통사업자·제조업자·유통관련단체가 유통정보화시책 사업을 추진하는 경우에는 예산의 범위에서 필요한 자금을 지원할 수 있다.

(2) 유통표준전자문서 및 유통정보의 보안 등 ▶기출 9회, 15회

① 유통정보화서비스를 제공하는 자는 유통표준전자문서 또는 컴퓨터 등 정보처리조직의 파일에 기록된 유통정보를 공개하여서는 아니된다. 다만, 국가의 안전보장에 위해가 없고 타인의 비밀을 침해할 우려가 없는 정보로서 대통령령이 정하는 것은 공개할 수 있다.

② 유통정보를 공개할 수 있는 경우
  ㉠ 관계 행정기관의 장, 특별시장·광역시장·도지사 또는 특별자치도지사가 행정목적상 필요에 의하여 신청하는 정보
  ㉡ 수사기관이 수사목적상 필요에 의하여 신청하는 정보
  ㉢ 법원이 제출을 명하는 정보

③ 유통정보화서비스를 제공하는 자는 유통표준전자문서를 3년 동안 보관하여야 한다.

(3) 유통산업의 국제화 촉진 ▶기출 12회

산업통상자원부 장관은 유통사업자 또는 유통사업자단체가 다음의 사업을 추진하는 경우에는 예산의 범위에서 필요한 경비의 전부 또는 일부를 지원할 수 있다.
① 유통관련 정보·기술·인력의 국제교류
② 유통관련 국제표준화·공동조사·연구·기술협력
③ 유통관련 국제학술대회·국제박람회 등의 개최
④ 해외유통시장의 조사·분석 및 수집정보의 체계적인 유통
⑤ 해외유통시장에 공동으로 진출하기 위한 공동구매·공동판매망의 구축 등 공동협력사업
⑥ 그 밖에 유통산업의 국제화를 위하여 필요하다고 인정하는 사업

6. 유통기능의 효율화

(1) 유통기능 효율화 시책 ▶기출 9회, 20회

① 산업통상자원부 장관이 유통기능을 효율화하기 위하여 강구하여야 할 시책
  ㉠ 물류표준화의 촉진
  ㉡ 물류정보화기반의 확충
  ㉢ 물류공동화의 촉진
  ㉣ 물류기능의 외부위탁 촉진
  ㉤ 물류기술·기법의 고도화 및 선진화

기출문제 ▶기출 22회

유통산업발전법령상 유통산업의 경쟁력 강화에 관한 설명으로 옳은 것은?
① 상점가진흥조합은 사업조합으로 설립할 수 없다.
② 상점가진흥조합은 조합원의 자격이 있는 자 중 같은 업종을 경영하는 자가 3분의 1 이상인 경우에는 그 같은 업종을 경영하는 자의 5분의 3 이상의 동의를 받아 결성할 수 있다.
③ 「중소기업기본법」에 따른 중소기업자가 아닌 자도 상점가진흥조합의 조합원이 될 수 있다.
④ 지방자치단체의 장은 체인사업자가 유통관리사의 고용 촉진 사업을 추진하는 경우 예산의 범위에서 필요한 자금을 지원할 수 있다.
⑤ 지방자치단체가 중소유통공동도매물류센터를 건립하여 운영을 위탁하는 경우에는 해당 중소유통공동도매물류센터의 매출액의 1천분의 10 이내에서 시설 및 장비의 이용료를 징수할 수 있다.

정답 ④

② 산업부 장관은 물류기술·기법의 고도화 및 선진화를 위하여 다음의 사업을 수행할 수 있다.
  ㉠ 국내외 물류기술수준의 조사
  ㉡ 물류기술·기법의 연구개발 및 개발된 물류기술·기법의 활용
  ㉢ 물류에 관한 기술협력·기술지도 및 기술이전
  ㉣ 그 밖에 물류기술·기법의 개발 및 그 수준의 향상을 위하여 필요하다고 인정하는 사업
③ 산업부 장관은 유통사업자·제조업자·물류사업자 또는 관련 단체가 위의 사업을 하는 경우에 는 산업부령으로 정하는 바에 따라 예산의 범위에서 필요한 자금을 지원할 수 있다.

(2) 공동집배송센터의 지정 등 ▶ 기출 16회, 20회, 21회, 27회, 28회
① 지정절차 등
  ㉠ 공동집배송센터의 지정요건
    산업통상자원부 장관은 물류공동화를 촉진하기 위하여 필요한 경우에는 시·도지사의 추천을 받아 지정요건에 해당하는 지역 및 시설물을 공동집배송센터로 지정할 수 있다.
    ⓐ 부지면적이 3만제곱미터 이상(「국토의 계획 및 이용에 관한 법률」에 따른 상업지역 또는 공업지역의 경우에는 2만제곱미터 이상)이고, 집배송시설면적이 1만제곱미터 이상일 것
    ⓑ 도시 내 유통시설로의 접근성이 우수하여 집배송기능이 효율적으로 이루어질 수 있는 지역 및 시설물
  ㉡ 공동집배송센터의 지정을 받으려는 자는 공동집배송센터의 조성·운영에 관한 사업계획을 첨부하여 시·도지사에게 지정 추천을 신청하여야 한다.
  ㉢ 산업부 장관은 공동집배송센터를 지정하였을 때에는 산업부령으로 정하는 바에 따라 이를 고시하여야 한다.
② 중요사항변경 및 변경지정
  공동집배송센터사업자가 지정받은 사항 중 산업부령으로 정하는 중요사항(공동집배송센터의 배치계획, 주요시설, 공동집배송센터사업자)을 변경하려면 산업부 장관의 변경 지정을 받아야 하며, 산업부 장관은 공동집배송센터를 지정하거나 변경지정하려면 미리 관계 중앙행정기관의 장과 협의하여야 한다.
③ 공동집배송센터변경지정신청서
  지정받은 공동집배송센터를 조성·운영하려는 자가 지정받은 사항 중 산업부령으로 정하는 중요 사항을 변경하려는 경우에는 공동집배송센터변경지정신청서를 산업통상자원부 장관에게 제출하여야 한다.
④ 공동집배송센터의 시설기준 등
  ㉠ 시설기준
    ⓐ 주요시설 : 집배송시설(보관·하역시설, 분류·포장 및 가공시설, 수송·배송시설, 정보 및 주문처리시설)을 갖추어야 하며, 주요시설의 연면적

기출문제 ▶ 기출 21회

유통산업발전법령상 공동집배송센터의 지정에 관한 설명으로 옳지 않은 것은? (단, 권한위임·위탁에 관한 규정은 고려하지 않음)
① 공동집배송센터의 지정을 받으려는 자는 산업통상자원부령으로 정하는 바에 따라 공동집배송센터의 조성·운영에 관한 사업계획을 첨부하여 시·도지사에게 공동집배송센터 지정 추천을 신청하여야 한다.
② 지정받은 공동집배송센터를 조성·운영하려는 자가 지정받은 사항 중 산업통상자원부령으로 정하는 중요 사항을 변경하려는 경우에는 공동집배송변경지정신청서를 시·도지사에게 제출하여야 한다.
③ 산업통상자원부 장관은 공동집배송센터의 조성을 위하여 필요하다고 인정하는 경우에는 부지의 확보, 도시·군계획의 변경 또는 도시·군계획시설의 설치 등에 관하여 시·도지사에게 협조를 요청할 수 있다.
④ 산업통상자원부 장관은 공동집배송센터를 지정하였을 때에는 산업통상자원부령으로 정하는 바에 따라 고시하여야 한다.
⑤ 산업통상자원부 장관은 거짓이나 그 밖의 부정한 방법으로 공동집배송센터의 지정을 받은 경우에는 공동집배송센터의 지정을 취소하여야 한다.

정답 ②

이 공동집배송센터 전체 연면적의 100분의 50 이상이 되도록 하여야 한다.
　　　ⓑ 부대시설 : 후생복리시설(음식점, 금융업소, 사무소, 부동산중개업소, 소개업소, 출판사, 세탁소, 전시장, 상점, 도·소매시장, 일반업무시설 등)
　ⓒ 공동집배송센터사업자의 업무
　　　ⓐ 공동집배송센터 내 공공시설·지원시설 및 공동시설의 설치·운영
　　　ⓑ 공동집배송센터 내 잔여용지의 개발
　　　ⓒ 용지의 매각·분양·임대 및 관리
　　　ⓓ 입주업체 및 지원업체를 위한 시설물의 설치와 매각·임대
　　　ⓔ 입주업체 및 지원업체를 위한 용수·전기·가스 및 유류의 공급
　　　ⓕ 공동집배송센터 내 시설의 경비 및 오염방지
　　　ⓖ 공동집배송센터 내 용지 및 시설의 설치·이용·유지·보수 또는 개량 등에 따른 입주업체 및 지원업체로부터의 비용징수
　　　ⓗ 그 밖에 입주 및 지원업체 간 협력 등 공동집배송센터의 효율적 관리를 위하여 필요한 사항
⑤ 공동집배송센터의 지원
　산업부 장관은 지정받은 공동집배송센터의 조성에 필요한 자금 등을 지원할 수 있으며, 산업부 장관은 공동집배송센터의 조성을 위하여 필요하다고 인정하는 경우에는 부지의 확보, 도시·군계획의 변경 또는 도시·군계획시설의 설치 등에 관하여 시·도지사에게 협조를 요청할 수 있다.
⑥ 공동집배송센터의 신탁개발
　㉠ 공동집배송센터사업자는 「자본시장과 금융투자업에 관한 법률」에 따른 신탁업자와 신탁계약을 체결하여 공동집배송센터를 신탁개발할 수 있다.
　㉡ 신탁계약을 체결한 신탁업자는 공동집배송센터사업자의 지위를 승계하며, 이 경우 공동집배송센터사업자는 계약체결일부터 14일 이내에 신탁계약서 사본을 산업통상자원부 장관에게 제출하여야 한다.
⑦ 지정취소
　㉠ 거짓 그 밖의 부정한 방법으로 공동집배송센터의 지정을 받은 경우(반드시 취소)
　㉡ 공동집배송센터의 시공 후 정당한 사유 없이 공사가 6월 이상(=1년 동안) 중단된 경우
　㉢ 공동집배송센터의 지정을 받은 날부터 정당한 사유 없이 3년 이내에 시공을 하지 아니하는 경우
　㉣ 공동집배송센터의 지정을 받은 날부터 5년 이내에 준공되지 아니한 경우
　㉤ 공동집배송센터사업자가 파산한 경우
　㉥ 공동집배송센터사업자인 법인, 조합 등이 해산한 경우
　㉦ 시정명령을 이행하지 아니한 경우

(3) 공동집배송센터 개발촉진지구의 지정 등 ▶ 기출 20회, 25회

① 지정
  ㉠ 시·도지사는 집배송시설의 집단적 설치를 촉진하고 집배송시설의 효율적 배치를 위하여 촉진지구의 지정을 산업통상자원부장관에게 요청할 수 있다.
  ㉡ 산업부 장관은 시·도지사가 요청한 지역이 산업부령으로 정하는 요건에 적합하다고 판단하는 경우에는 촉진지구로 지정하고, 그 내용을 산업부령으로 정하는 바에 따라 고시하여야 하며 산업부 장관은 촉진지구를 지정하려면 미리 관계 중앙행정기관의 장과 협의 하여야 한다.

② 지정요건
  ㉠ 부지의 면적이 10만 제곱미터 이상일 것
  ㉡ 외국인투자지역, 자유무역지역, 경제자유구역, 물류단지, 국가산업단지 및 지방산업단지, 공항 및 배후지, 항만 및 배후지 등에 해당하는 지역일 것
  ㉢ 집배송시설 또는 공동집배송센터가 둘이상 설치되어 있을 것

③ 촉진지구에 대한 지원
  ㉠ 산업통상자원부 장관 또는 시·도지사는 촉진지구의 개발을 활성화하기 위하여 촉진지구에 설치되거나 촉진지구로 이전하는 집배송시설에 대하여 자금이나 그 밖에 필요한 사항을 지원할 수 있다.
  ㉡ 산업부 장관은 촉진지구의 집배송시설에 대하여는 시·도지사의 추천이 없더라도 공동집배송센터로 지정할 수 있다.

7. 상거래질서의 확립 ▶ 기출 20회, 21회, 24회, 28회

(1) 유통분쟁조정위원회

① 유통에 관한 다음의 분쟁을 조정하기 위하여 특별시·광역시·특별자치시·도·특별자치도 및 시·군·구에 유통분쟁조정위원회를 둘 수 있다.
  ㉠ 대규모점포와 인근지역의 도·소매업자 사이의 영업활동에 관한 분쟁조정. 다만, 「독점규제 및 공정거래에 관한 법률」의 적용을 받는 사항을 제외한다.
  ㉡ 대규모점포와 중소제조업체 사이의 영업활동에 관한 분쟁조정. 다만, 「독점규제 및 공정거래에 관한 법률」의 적용을 받는 사항을 제외한다.
  ㉢ 대규모점포와 인근지역의 주민사이의 생활환경에 관한 분쟁
  ㉣ 대규모점포등 개설자의 업무 수행과 관련한 분쟁

② 대규모점포등 영업활동 및 생활환경의 범위에 대하여는 대통령령으로 정한다.

③ 위원회는 위원장 1인을 포함한 11인 이상 15인 이내의 위원으로 구성하며, 위원회의 위원장은 위원 중에서 호선한다.

④ 위원은 해당 지자체의 장이 위촉하는 사람과 해당 지자체의 도매업·소매업에 관한 업무를 담당하는 공무원으로서 그 지자체의 장이 지명하는 사람이 되며, 공무원이 아닌 위원의 임기는 2년으로 한다.

기출문제 ▶ 기출 24회

유통산업발전법령상 유통분쟁조정위원회(이하 "위원회"라 함)에 관한 설명으로 옳지 않은 것은?

① 위원회는 위원장 1명을 포함하여 11명 이상 15명 이하의 위원으로 구성한다.
② 유통분쟁조정신청을 받은 위원회는 신청일부터 7일 이내에 신청인 외의 관련 당사자에게 분쟁의 조정신청에 관한 사실과 그 내용을 통보하여야 한다.
③ 분쟁의 조정신청을 받은 위원회는 원칙적으로 조정신청을 받은 날부터 60일 이내에 이를 심사하여 조정안을 작성하여야 한다.
④ 당사자가 조정안을 수락하고 조정서에 기명날인하거나 서명하였을 때에는 당사자 간에 조정서와 동일한 내용의 합의가 성립된 것으로 본다.
⑤ 위원회는 동일한 시기에 동일한 사안에 대하여 다수의 분쟁조정이 신청된 경우에는 그 다수의 분쟁조정 신청을 통합하여 조정할 수 있다.

정답 ②

(2) 분쟁의 조정절차 및 조정의 효력 ▶ 기출 20회, 21회, 24회

① 대규모점포등과 관련된 분쟁의 조정을 원하는 자는 특별자치시·시·군·구의 위원회에 분쟁의 조정을 신청할 수 있고, 분쟁의 조정신청을 받은 날부터 60일 이내에 이를 심사하여 조정안을 작성하여야 한다. 다만 부득이한 사정이 있는 경우에는 위원회의 의결로 그 기간을 연장할 수 있다.
② 시·군·구의 위원회의 조정안에 불복이 있는 자는 조정안을 제시받은 날부터 15일 이내에 시·도의 위원회에 조정을 신청할 수 있다.
③ 조정신청을 받은 시·도의 위원회는 그 신청내용을 시·군·구의 위원회 및 신청인 외의 당사자에게 통지하고, 시·군·구의 위원회의 조정 안에 불복이 있는 자의 조정신청을 받은 날부터 30일 이내에 이를 심사하여 조정안을 작성하여야 한다. 다만 부득이한 사정이 있는 경우에는 위원회의 의결로 그 기간을 연장할 수 있다.
④ 위원회는 유통분쟁조정신청을 받은 경우 신청일부터 3일 이내에 신청인 외의 관련 당사자에게 분쟁의 조정신청에 관한 사실과 그 내용을 통보하여야 한다.
⑤ 조정안을 제시받은 당사자는 그 제시를 받은 날부터 15일 이내에 그 수락 여부를 위원회에 통보하여야 한다.
⑥ 당사자가 조정안을 수락하였을 때에는 유통분쟁조정위원회는 즉시 조정서를 작성하여야 하며, 위원장 및 각 당사자는 조정서에 기명날인 또는 서명하여야 한다.
⑦ 당사자가 조정안을 수락하고 조정서에 기명날인하거나 서명하였을 때에는 당사자 간에 조정서와 동일한 내용의 합의가 성립된 것으로 본다.

(3) 조정의 거부 및 중지 ▶ 기출 15회, 21회

① 유통분쟁조정위원회는 분쟁의 성질상 위원회에서 조정함이 적합하지 아니하다고 인정하거나 부정한 목적으로 신청되었다고 인정하는 경우에는 조정을 거부할 수 있으며, 이 경우 조정거부의 사유 등을 당사자에게 통보하여야 한다.
② 위원회는 신청된 조정사건에 대한 처리절차의 진행 중에 한쪽 당사자가 소를 제기한 때에는 그 조정의 처리를 중지하고 그 사실을 당사자에게 통보하여야 한다.

(4) 분쟁조정신청의 통합 ▶ 기출 15회, 21회, 24회

유통분쟁조정위원회는 동일한 시기에 동일한 사안에 대하여 다수의 분쟁조정이 신청된 경우에는 그 다수의 분쟁조정신청을 통합하여 조정할 수 있다.

(5) 유통분쟁조정비용의 분담 ▶ 기출 15회

유통분쟁의 조정을 위한 연구용역이 필요한 경우로서 당사자가 그 용역의뢰에 합의한 경우 그에 필요한 비용은 다른 약정이 없는 한 당사자 간 같은 비율로 부담한다.

III. 기타

1. 보칙

(1) 청문 ▶▶ 기출 13회

산업통상자원부 장관, 중소벤처기업부장관 또는 특별자치시장·시장·군수·구청장은 다음의 어느 하나에 해당하는 처분을 하고자 하는 때에는 청문을 실시하여야 한다.

① 대규모점포등 개설등록의 취소
② 지정유통연수기관의 취소
③ 유통관리사 자격의 취소
④ 공동집배송센터 지정의 취소

(2) 대규모점포등의 관리현황 점검·감독 등

① 산업부 장관 또는 특별자치시장·시장·군수·구청장은 대규모점포등관리자의 업무집행 및 비용의 징수·관리 등에 관하여 확인이 필요하다고 인정될 때에는 대규모점포등관리자에 대하여 그 업무에 관한 사항을 보고하게 하거나 자료를 제출하게 할 수 있으며, 관계 공무원에게 사업장 등을 출입하여 관계 서류 등을 검사하게 할 수 있다.
② 검사를 하려는 공무원은 검사 3일 전까지 그 일시·목적 및 내용을 검사대상자에게 통지하여야 한다. 다만, 긴급히 검사하여야 하거나 사전에 알리면 증거인멸 등으로 검사목적을 달성할 수 없다고 인정하는 경우에는 그러하지 아니하다.
③ 출입·검사를 하는 공무원은 그 권한을 표시하는 증표를 지니고 이를 관계인에게 보여 주어야 한다.
④ 산업부 장관은 특별자치시장·시장·군수·구청장으로 하여금 대규모점포등관리자의 현황, 업무의 집행 및 비용의 징수·관리 등에 관한 사항을 보고하게 할 수 있다.

(3) 보고 ▶ 기출 15회

시·도지사 또는 시장·군수·구청장이 산업통상자원부 장관에게 보고하여야 하는 사항

① 지역별 유통산업발전시행계획 및 추진실적
② 대규모점포등 개설등록·취소
③ 대규모점포등 개설자의 업무를 수행하는 자의 신고현황
④ 유통분쟁의 조정실적
⑤ 비영리법인에 대한 권고실적

2. 벌칙 ▶기출 10회, 12회, 22회

(1) 징역 또는 벌금

① 10년 이하의 징역 또는 1억 원 이하의 벌금
유통표준전자문서를 위작 또는 변작하거나 또는 변작된 전자문서를 사용하거나 유통시킨 자

② 1년 이하의 징역 또는 3천만 원 이하의 벌금
개설등록을 하지 아니하고 대규모점포 등을 개설하거나 거짓이나 그 밖의 부정한 방법으로 대규모점포등의 개설등록을 한 자, 신고를 하지 아니하고 대규모점포등 개설자의 업무를 수행하거나 거짓이나 그 밖의 부정한 방법으로 대규모점포등 개설자의 업무수행신고를 한 자

③ 1년 이하의 징역 또는 1천만 원 이하의 벌금
유통표준전자문서를 3년간 보관하지 아니한 자

④ 1천만 원 이하의 벌금
유통표준전자문서 또는 컴퓨터 등 정보처리조직의 파일에 기록된 유통정보를 공개한 자

(2) 과태료 ▶기출 16회

① 1억 원 이하의 과태료
명령을 위반하여 영업제한 시간에 영업을 한 자와 의무휴업명령을 위반한 자

② 1천만 원 이하의 과태료
규정을 위반하여 회계감사를 방해하거나, 회계감사를 받지 아니하거나 부정한 방법으로 받는 자

③ 500만 원 이하의 과태료 대규모점포등의 변경등록을 하지 아니하거나 거짓 그 밖의 부정한 방법으로 변경등록을 한 자 등

④ 과태료는 대통령령으로 정하는 자에 따라 산업부 장관, 중소벤처기업부장관 또는 지자체의 장이 부과·징수한다.

(3) 양벌규정 ▶기출 12회

법인의 대표자나 법인 또는 개인의 대리인·사용인 그 밖의 종업원이 그 법인 또는 개인의 업무에 관하여 행위자를 벌하는 외에 그 법인 또는 개인에 대하여도 각 해당 조의 벌금형을 과한다. 다만, 법인 또는 개인이 그 위반행위를 방지하기 위하여 해당 업무에 관하여 상당한 주의와 감독을 게을리하지 아니한 경우에는 그러하지 아니하다.

6장 핵심문제

01 유통산업발전법령상 대규모점포에 관한 설명으로 옳지 않은 것은?
① 하나 또는 대통령령으로 정하는 둘 이상의 연접되어 있는 건물 안에 하나 또는 여러 개로 나누어 설치되는 매장일 것
② 상시 운영되는 매장일 것
③ 용역의 제공 장소를 포함한 매장면적의 합계가 3천 제곱미터 이상일 것
④ 용역의 제공장소를 제외한 매장면적의 합계가 3천 제곱미터 이상인 점포의 집단 중 대형마트에 해당할 것
⑤ 용역의 제공장소를 제외한 매장면적의 합계가 3천 제곱미터 이상인 점포의 집단 중 백화점에 해당할 것

정답 ③

해설 용역의 제공 장소를 제외한 매장면적의 합계가 3천 제곱미터 이상일 것

02 유통산업발전법령상 "같은 업종의 여러 소매점포를 직영하거나 같은 업종의 여러 소매점포에 대하여 계속적으로 경영을 지도하고 상품·원재료 또는 용역을 공급하는 사업"을 무엇이라 하는가?
① 임시시장
② 체인사업
③ 대규모점포
④ 준대규모점포
⑤ 매장

정답 ②

해설 체인사업에 관한 설명으로, 체인사업의 종류에는 직영점형 체인사업, 프랜차이즈형 체인사업, 임의가맹점형 체인사업, 조합형 체인사업이 있다.

03 유통산업발전법령상 유통업상생발전협의회에 관한 설명으로 옳지 않은 것은?

① 대규모점포 및 준대규모점포와 지역중소유통기업의 균형발전을 협의하기 위하여 특별자치시장·시장·군수·구청장 소속으로 유통업상생발전협의회를 둔다.
② 협의회의 구성 및 운영 등에 필요한 사항은 국토교통부령으로 정한다.
③ 협의회는 성별 및 분야별 대표성 등을 고려하여 회장을 포함하여 7명 이내의 위원으로 구성한다.
④ 회장은 부시장(특별자치시의 경우 행정부시장)·부군수·부구청장이 되고, 위원은 특별자치시장·시장·군수·구청장이 임명하거나 위촉하는 자가 되며, 위원의 임기는 3년으로 한다.
⑤ 협의회의 회의는 재적위원 2분의 1 이상의 출석으로 개의하고, 출석위원 3분의 2 이상의 찬성으로 의결한다.

정답 ①

해설 ② 협의회의 구성 및 운영 등에 필요한 사항은 산업통상자원부령으로 정한다.
③ 협의회는 성별 및 분야별 대표성 등을 고려하여 회장을 포함하여 11명 이내의 위원으로 구성한다.
④ 회장은 부시장(특별자치시의 경우 행정부시장)·부군수·부구청장이 되고, 위원은 특별자치시장·시장·군수·구청장이 임명하거나 위촉하는 자가 되며, 위원의 임기는 2년으로 한다.
⑤ 협의회의 회의는 재적위원 3분의 2 이상의 출석으로 개의하고, 출석위원 3분의 2 이상의 찬성으로 의결한다.

04 유통산업발전법령상 유통산업발전기본계획 및 유통산업발전시행계획에 관한 설명으로 옳지 않은 것은?

① 산업통상자원부 장관은 10년 마다 유통산업발전기본계획을 관계 중앙행정기관의 장과 협의를 거쳐 세우고 시행하여야 한다.
② 산업부 장관은 기본계획과 시행계획을 세우기 위하여 필요하다고 인정하는 경우에는 관계 중앙행정기관의 장에게 필요한 자료를 요청할 수 있다.
③ 산업부 장관으로부터 기본계획과 시행계획을 세우기 위하여 필요한 자료의 요청을 받은 관계중앙행정기관의 장은 필요한 자료를 제공하여야 한다.
④ 산업부 장관은 기본계획과 시행계획을 시·도지사에게 알려야 한다.
⑤ 산업부 장관은 기본계획에 따라 매년 유통산업발전시행계획을 관계중앙행정기관의 장과의 협의를 거쳐 세워야 하며, 시·도지사에게 통보하여야 한다.

정답 ①

해설 산업통상자원부 장관은 5년 마다 유통산업발전기본계획을 관계 중앙행정기관의 장과 협의를 거쳐 세우고 시행하여야 한다.

05 유통산업발전법령상 체인사업자가 직영하거나 체인에 가입되어 있는 점포의 경영을 개선하기 위하여 추진하여야 하는 사항에 대한 설명으로 옳지 않은 것은?

① 체인점포의 시설현대화
② 체인점포에 대한 원재료·상품 또는 용역 등의 원활한 공급
③ 체인점포에 대한 점포관리·품질관리·판매촉진 등 경영활동 및 영업활동에 관한 지도
④ 체인점포 종사자에 대한 유통교육·훈련의 실시
⑤ 체인점포와 체인점포 간의 유통정보시스템의 구축

정답 ⑤

해설 체인사업자와 체인점포 간의 유통정보시스템의 구축

제7장 농수산물 유통 및 가격안정에 관한 법률

I. 농수산물 유통 및 가격안정에 관한 법률의 총칙

1. 목적
농수산물의 원활한 유통, 적정한 가격유지, 생산자와 소비자의 이익 보호, 국민생활의 안정에 이바지함을 목적으로 한다.

2. 용어의 정의

(1) 중앙도매시장

특별시·광역시·특별자치시 또는 특별자치도가 개설한 농수산물도매시장 중 해당 관할구역 및 인접지역에서 도매의 중심이 되는 농수산물도매시장으로서 농림축산식품부령 또는 해양수산부령으로 정하는 것(서울 가락동 농수산물도매시장 등)을 말한다.

(2) 지방도매시장

중앙도매시장 외의 농수산물도매시장을 말한다.

(3) 농수산물공판장 ▶ 기출 5회

농림수협등 그 밖에 대통령령으로 정하는 생산자 관련 단체와 공익상 필요하다고 인정되는 법인으로 한국농수산식품유통공사가 농수산물을 도매하기 위하여 시·도지사의 승인을 얻어 개설·운영하는 사업장을 말한다.

(4) 민영농수산물도매시장(= 민영도매시장) ▶ 기출 20회, 27회

① <u>민간인 등이 농수산물을 도매하기 위하여 민영도매시장의 개설에 따라 시·도지사의 허가를 받아 특별시·광역시·특별자치시·특별자치도 또는 시 지역에 개설하는 시장을 말한다.</u>

② 시·도지사는 민영도매시장을 개설하려는 장소가 교통체증을 유발할 수 있는 위치에 있는 경우, 민영도매시장의 시설이 기준에 적합하지 아니한 경우, 운영관리계획서의 내용이 실현 가능하지 아니한 경우, 그 밖에 이 법 또는 다른 법령에 따른 제한에 위반되는 경우 허가 하지 않을 수 있다.

③ 민영도매시장의 중도매인·시장도매인은 민영도매시장의 개설자가 지정한다.

기출문제 ▶ 기출 20회

농수산물 유통 및 가격안정에 관한 법령상 민영도매시장에 관한 설명으로 옳지 않은 것은?

① 민간인등이 특별시·광역시·특별자치시·특별자치도 또는 시 지역에 민영도매시장을 개설하려면 시·도지사의 허가를 받아야 한다.
② 민영도매시장에서 매매참가인의 업무를 하려는 자는 민영도매시장의 개설자에게 매매참가인으로 신고하여야 한다.
③ 민영도매시장을 개설하려는 장소가 교통체증을 유발할 수 있는 위치에 있는 경우 시·도지사는 허가하지 않을 수 있다.
④ 「농수산물 유통 및 가격안정에 관한 법률」에 따른 민영도매시장에 대하여는 「유통산업발전법」의 규정을 적용하지 아니한다.
⑤ 민영도매시장의 시장도매인은 농수산물을 매수 또는 위탁받아 도매하거나 매매를 중개하는 영업을 하는 법인으로 농림축산식품부장관 또는 해양수산부 장관이 지정한다.

정답 ⑤

(5) 도매시장법인 ▶ 기출 8회

농수산물도매시장의 개설자로부터 지정을 받고 농수산물을 위탁받아 상장하여 도매하거나 이를 매수하여 도매하는 법인(유통종사자)을 말한다.

(6) 산지유통인

농수산물도매시장·농수산물공판장 또는 민영농수산물도매시장의 개설자에게 등록하고, 농수산물을 수집하여 농수산물도매시장·농수산물공판장 또는 민영농수산물도매시장에 출하하는 영업을 하는 자를 말한다(법인을 포함한다).

(7) 농수산물종합유통센터 ▶ 기출 6회

국가 또는 지자체가 설치하거나 국가 또는 지자체의 지원을 받아 설치된 것으로서 농수산물의 출하경로를 다원화하고 물류비용을 절감하기 위하여 농수산물의 수집·포장·가공·보관·수송·판매 및 그 정보처리 등 농수산물의 물류활동에 필요한 시설과 이와 관련된 업무시설을 갖춘 사업장(유통시설)을 말한다.

II. 농수산물의 유통 및 가격안정 정책

1. 농수산물의 생산조정 및 출하조절

(1) 주산지의 지정 및 해제 ▶ 기출 9회, 18회, 19회

① 시·도지사는 농수산물의 경제적 제고 또는 수급을 조절하기 위하여 생산 및 출하를 촉진 또는 조절할 필요가 있다고 인정할 때에는 주산지를 지정하고, 그 주산지에서 주요 농수산물을 생산하는 자에 대하여 생산자금의 융자 및 기술지도 등 필요한 지원을 할 수 있다.
   ㉠ 주산지의 지정은 읍·면·동 또는 시·군·구 단위로 한다.
   ㉡ 시·도지사는 수산지를 시정하였을 때에는 이를 고시하고 농림축산식품부 장관 또는 해양수산부 장관에게 통지하여야 한다.
② 시·도지사는 지정된 주산지가 지정요건에 적합하지 아니하게 되었을 때에는 그 지정을 변경하거나 해제할 수 있다.

(2) 종합정보시스템의 구축·운영

① 농림부장관 및 해수부 장관은 농수산물의 원활한 수급과 적정한 가격유지를 위하여 농수산물유통 종합정보시스템을 구축하여 운영할 수 있다.
② 농식품부장관 및 해수부 장관은 농수산물유통 종합정보시스템의 구축·운영을 대통령령으로 정하는 전문기관에 위탁할 수 있다.
③ 농림부장관 및 해수부 장관은 농수신물유통 종합정보시스템의 구축·운영 업무를 '농산물의 경우 한국농수산식품유통공사, 수산물의 경우 한국해양수산개발원'에 위탁한다.

기출문제 ▶ 기출 18회

농수산물 유통 및 가격안정에 관한 법령상 농수산물의 생산조정 및 출하조절에 관한 설명으로 옳지 않은 것은?

① 주산지는 시·도지사가 지정한다.
② 농림축산식품부장관 또는 해양수산부 장관은 예시가격을 결정할 때에는 해당 농산물의 농업관측, 주요 곡물의 국제곡물관측 또는 수산물의 수산업관측 결과, 예상 경영비, 지역별 예상 생산량 및 예상 수급상황 등을 고려하여야 한다.
③ 해양수산부 장관은 한국해양수산개발원을 수산업관측 전담기관으로 지정한다.
④ 농림축산식품부장관 또는 해양수산부 장관은 비축용 농수산물을 도매시장 및 공판장에서 수매하여야 한다.
⑤ 농림축산식품부장관 또는 해양수산부 장관은 비축용 농수산물을 수입하는 경우 국제가격의 급격한 변동에 대비하여야 할 필요가 있다고 인정할 때에는 선물거래를 할 수 있다.

정답 ④

④ 농림부장관 및 해수부 장관은 위탁 업무 수행에 필요한 경비를 지원할 수 있다.

(3) 농림업관측 전담기관의 지정 ▶기출 18회
① 농업관측 전담기관은 한국농촌경제 연구원으로 한다.
② 농림업관측 전담기관의 업무범위와 필요한 지원 등에 관한 세부사항은 농림축산식품부장관이 정한다.

(4) 계약생산과 가격예시 ▶기출 18회, 19회, 22회
① 농림부장관은 주요 농수산물의 원활한 수급과 적정한 가격을 유지하기 위하여 농림수협 등이나 그 밖에 대통령령으로 정하는 생산자단체 또는 농수산물 수요자와 생산자 간에 계약생산 또는 계약출하를 장려할 수 있다.
② 농림부장관 또는 해수부 장관은 주요 농수산물의 수급조절과 가격안정을 위하여 필요하다고 인정하는 때에는 해당 농산물의 파종기 또는 수산물의 종묘입식 시기 이전에 생산자를 보호하기 위한 하한가격(이하 '예시가격'이라 한다)을 예시할 수 있으며, 예시가격을 결정하는 때에는 미리 기획재정부장관과 협의하여야 한다.
③ 농림부장관 또는 해수부 장관은 예시가격을 결정할 때에는 해당 농산물의 농림업관측, 주요 곡물의 국제곡물관측 또는 수산물의 수산업관측 결과, 예상경영비, 지역별 예상 생산량 및 예상 수급상황 등을 고려하여야 한다.

(5) 유통협약
주요 농수산물의 생산자, 산지유통인, 저장업자, 도·소매업자 및 소비자 등의 대표는 해당 농수산물의 자율적인 수급조절과 품질향상을 위하여 생산조정 또는 출하조절을 위한 유통협약을 체결할 수 있다.

(6) 유통조절명령 ▶기출 5회, 21회
① 농림부장관 또는 해수부 장관은 부패·변질되기 쉬운 농·수산물의 현저한 수급 불안정을 해소하기 위하여 특히 필요하다고 인정되고, 생산자등 또는 생산자단체가 요청할 때에는 공정거래위원회와 협의를 거쳐 일정기간 동안 일정지역의 해당 농수산물의 생산자등에게 생산조정 또는 출하조절을 하도록 하는 유통조절명령을 할 수 있다.
② 유통조절명령(=유통명령)에 포함되어야 할 사항
유통조절명령의 이유(수급·가격·소득의 분석 자료 포함), 대상품목, 기간, 지역, 대상자, 생산조정 또는 출하조절의 방안, 명령이행확인의 방법 및 명령위반자에 대한 제재조치, 사후관리

(7) 비축사업 등 ▶기출 17회, 21회, 22회
① 수매대상 : 쌀과 보리를 제외한 농수산물(목적 : 수급조절과 가격안정)
② 농산물가격안정기금으로 농산물을 비축하거나 농산물의 출하를 약정하는 생산자에게 그 대금의 일부를 미리 지급하여 출하를 조절할 수 있다.

기출문제 ▶기출 21회

농수산물 유통 및 가격안정에 관한 법령상 유통조절명령에 관한 설명으로 옳은 것은?

① 농림축산식품부장관 또는 해양수산부 장관은 시·도지사와 협의를 거쳐 일정 기간 동안 일정 지역의 해당 농수산물의 생산자등에게 생산조정 또는 출하조절을 하도록 하는 유통조절명령을 할 수 있다.
② 생산자등 또는 생산자단체가 이해관계인·유통전문가의 의견수렴 절차를 거치지 않고 유통명령을 요청하려는 경우에는 해당 농수산물의 생산자등의 대표나 해당 생산자단체의 재적회원 2분의 1 이상의 찬성을 받아야 한다.
③ 유통조절명령에는 유통조절명령의 이유, 대상 품목, 기간 등은 포함되나, 유통조절명령 위반자에 대한 제재조치는 포함되지 않는다.
④ 농림축산식품부장관 또는 해양수산부 장관은 유통조절명령 요청자가 유통조절명령을 요청하는 경우에는 유통조절명령 요청서를 관보, 공보, 전국을 보급지역으로 하는 일간신문 중 하나 이상에 공고하여야 한다.
⑤ 농림축산식품부장관 또는 해양수산부 장관은 필요하다고 인정하는 경우에는 지방자치단체의 장으로 하여금 유통조절명령 집행업무의 일부를 수행하게 할 수 있다.

정답 ⑤

③ 농림축산식품부장관 또는 해양수산부 장관은 비축용 농수산물을 생산자 및 생산자단체로 부터 수매하여야 한다. 다만, 가격안정을 위하여 특히 필요하다고 인정할 때에는 도매시장 또는 공판장에서 수매하거나 수입할 수 있다.
④ 농림축산식품부장관 또는 해양수산부 장관은 비축용 농수산물을 수입하는 경우 국제가격의 급격한 변동에 대비하여야 할 필요가 있다고 인정할 때에는 선물거래를 할 수 있다.

2. 농수산물도매시장

(1) 농수산물도매시장의 개설 등 ▶ 기출 19회, 23회, 25회 빈출

① 도매시장은 부류별로 개설하거나 또는 2 이상의 부류를 종합하여 개설하며, 도매시장의 명칭에는 그 도매시장을 개설한 지자체의 명칭이 포함되어야 한다.

구분	중앙도매시장	지방도매시장
개설자	특별시·광역시·특별자치시·특별자치도	특별시·광역시·특별자치시·특별자치도·시
허가권자	삭제	직접 → 특별시·광역시·특별자치시·특별자치도가 개설하는 경우 도지사 → 시가 개설하는 경우
업무규정 변경	농림부장관 또는 해수부 장관의 승인	승인(시가 개설하는 경우 도지사)
폐쇄	3월 전에 공고	3월 전에 도지사의 허가(시가 개설) 3월 전에 공고(시 이외 개설)

② 시가 지방도매시장의 개설허가를 받으려면 지방도매시장 개설허가신청서에 업무규정과 운영관리계획서를 첨부하여 도지사에게 제출하여야 한다.
③ 특별시·광역시·특별자치시·특별자치도가 도매시장을 개설하려면 미리 업무규정과 운영관리계획서를 작성하여야 하며, 중앙도매시장의 업무규정은 농림부장관 또는 해수부 장관의 승인을 받아야 한다.
④ 중앙도매시장의 개설자가 업무규정을 변경하는 때에는 농림부장관 또는 해수부 장관의 승인을 받아야 하며, 시가 개설자인 경우 지방도매시장의 개설자가 업무규정을 변경하는 때에는 도지사의 승인을 받아야 한다.

(2) 도매시장의 허가기준 ▶ 기출 14회

① 도지사는 허가신청의 내용이 다음의 요건을 갖춘 경우에는 이를 허가한다.
  ㉠ 도매시장을 개설하고자 하는 장소가 농수산물거래의 중심지로서 적절한 위치에 있을 것
  ㉡ '도매시장·공판장 및 민영도매시장이 보유하여야 하는 시설의 기준은 부류별로 그 지역의 인구 및 거래물량 등을 고려하여 농식품부령 또는 해수부령으로 정한다'에 따른 기준에 적합한 시설을 갖추고 있을 것
  ㉢ 운영관리계획서의 내용이 충실하고 그 실현이 확실하다고 인정되는 것일 것

기출문제 ▶ 기출 19회

농수산물 유통 및 가격안정에 관한 법률상 도매시장에 관한 설명으로 옳지 않은 것은?

① 시가 개설하는 지방도매시장의 개설구역에 인접한 구역으로서 그 지방도매시장이 속한 도의 일정 구역에 대하여는 해당 도지사가 그 지방도매시장의개설구역으로 편입하게 할 수 있다.
② 도매시장 개설자는 관리사무소 또는 시장관리자로 하여금 시설물관리 거래질서 유지, 유통 종사자에 대한 지도·감독 등에 관한 업무 범위를 정하여 해당 도매시장 또는 그 개설구역에 있는 도매시장의 관리업무를 수행하게 할 수 있다.
③ 도매시장 개설자는 소속 공무원으로 구성된 도매시장 관리사무소를 두거나 농림수협중앙회를 시장관리자로 지정하여야 한다.
④ 도매시장법인은 도매시장 개설자가 부류 별로 지정하되, 중앙도매시장에 두는 도매시장법인의 경우에는 농림축산식품부장관 또는 해양수산부 장관과 협의하여 지정한다.
⑤ 도매시장법인이 다른 도매시장법인을 인수하거나 합병하는 경우에는 해당 도매시장 개설자의 승인을 받아야 한다.

정답 ③

② 도지사는 위 ①, ⓒ에 따라 요구되는 시설이 갖추어지지 아니한 경우에는 일정한 기간 내에 해당 시설을 갖출 것을 조건으로 개설허가를 할 수 있다.

(3) 도매시장의 운영 ▶기출 15회, 23회

도매시장 개설자는 도매시장에 그 시설규모·거래액 등을 고려하여 적정 수의 도매시장법인·시장도매인 또는 중도매인을 두어 이를 운영하게 하여야 하며, 다만 중앙도매시장의 개설자는 청과부류와 수산부류에 대하여는 도매시장법인을 두어야 한다.

3. 도매시장법인의 지정

(1) 도매시장법인의 지정 ▶기출 19회, 23회

① 도매시장법인은 도매시장 개설자가 부류별로 지정하되, 중앙도매시장에 두는 도매시장법인의 경우에는 농림부장관 또는 해수부 장관과 협의하여 지정한다. 이 경우 5년 이상 10년의 범위에서 지정유효기간을 설정할 수 있다.
② 도매시장법인의 주주 및 임직원은 해당 도매시장법인의 업무와 경합되는 도매업 또는 중도매업을 하여서는 아니 된다.
- 도매시장법인이 될 수 있는 자: 해당 부류의 도매업무를 효과적으로 수행할 수 있는 지식과 도매시장 또는 공판장업무에 2년 이상 종사한 경험이 있는 업무집행 담당 임원이 2인 이상 있을 것

(2) 도매시장법인의 인수·합병 ▶기출 19회

① 도매시장법인이 다른 도매시장법인을 인수하거나 합병하는 경우에는 해당 도매시장 개설자의 승인을 받아야 한다.
② 합병을 승인하는 경우 합병을 하는 도매시장법인은 합병이 되는 도매시장법인의 지위를 승계한다.

4. 중도매업의 허가 ▶기출 24회, 28회

(1) 도매시장 개설자의 허가

중도매인의 업무를 하려는 자는 부류별로 해당 도매시장 개설자의 허가를 받아야 한다.

(2) 허가유효기간

도매시장의 개설자는 중도매업의 허가를 하는 경우 5년 이상 10년 이하의 범위에서 허가유효기간을 설정할 수 있다. 다만, 법인이 아닌 중도매인은 3년 이상 10년 이하의 범위에서 허가유효기간을 설정할 수 있다. 허가를 받은 중도매인은 도매시장공판장에서도 그 업무를 할 수 있다.

기출문제 ▶기출 22회

농수산물 유통 및 가격안정에 관한 법령상 농림축산식품부장관의 권한에 해당하는 것은?
① 양곡부류와 청과부류를 종합한 중앙도매시장의 개설
② 시(市)가 개설자인 지방도매시장의 업무규정 변경에 대한 승인
③ 경매사의 임면
④ 수입이익금의 부과·징수
⑤ 농수산물집하장의 설치·운영

정답 ④

5. 경매사의 임면(任免) ▶ 기출 6회, 22회, 24회, 27회

(1) 경매사 임면
도매시장법인은 도매시장에서의 공정하고 신속한 거래를 위하여 2인 이상의 경매사를 두어야 한다.

(2) 경매사의 조건
해당 도매시장의 시장도매인, 중도매인, 산지유통인, 또는 그 임직원은 경매사 자격증이 있어도 경매사로 임명하여서는 안되며, 임명시에는 그 경매사를 면직하여야 한다.

(3) 지정 게시
도매시장법인이 경매사를 임면하였을 때에는 농림축산식품부령 또는 해양수산부령으로 정하는 바에 따라 그 내용을 도매시장 개설자에게 신고하여야 하며, 도매시장 개설자는 농림축산식품부장관 또는 해양수산부 장관이 지정하여 고시한 인터넷 홈페이지에 그 내용을 게시하여야 한다.

(4) 기타
① 경매사는 도매시장 개설자의 소속 공무원으로 임명하지 않으며, 경매사 자격시험에 합격한 자 중에서 임명하고, 형법의 규정을 적용할 때에는 공무원으로 본다.
② 도매시장법인이 경매사를 임면한 때에는 임면한 날부터 30일 이내에 도매시장개설자에게 신고하여야 한다.
③ 도매시장 개설자는 경매사의 임면 내용을 농림부장관 또는 해수부 장관이 지정하여 고시한 인터넷 홈페이지에 게시하여야 한다.
- 경매사의 업무 : 도매시장법인이 상장한 농수산물에 대한 경매우선순위 결정, 농수산물에 대한 가격평가, 농수산물에 대한 경락자의 결정, 도매시장법인이 상장한 농수산물의 정가매매·수의매매(隨意賣買)에 대한 협상 및 중재

6. 산지유통인의 등록

(1) 산지유통인의 등록
농수산물을 수집하여 도매시장에 출하하려는 자는 부류별로 도매시장의 개설자에게 등록하여야 한다. 다만 '생산자단체가 구성원의 생산물을 출하하는 경우, 도매시장법인이 매수한 농수산물을 상장하는 경우' 등에는 그러하지 아니하다.

(2) 산지유통인 등록대상자의 제한
도매시장법인, 중도매인 및 이들의 주주 또는 임·직원은 해당 도매시장에서 산지유통인의 업무를 하여서는 아니 된다.

(3) **산지유통인의 업무의 제한**

산지유통인은 등록된 도매시장에서 농수산물의 출하업무 외의 판매·매수 또는 중개업무를 하여서는 아니 된다.

(4) **산지유통인에 대한 지원**

국가 또는 지자체는 산지유통인의 공정한 거래를 촉진하기 위하여 필요한 지원을 할 수 있다.

7. 매매 등

(1) **수탁판매** ▶기출 16회

① 도매시장에서 도매시장법인이 하는 도매는 출하자로부터 위탁을 받아 하여야 한다. 다만 농식품부령 또는 해수부령으로 정하는 특별한 사유가 있는 경우에는 매수하여 도매할 수 있다.

② 중도매인은 도매시장법인이 상장한 농수산물 외의 농수산물은 거래할 수 없다. 다만 농식품부령 또는 해수부령으로 정하는 도매시장법인이 상장하기에 적합하지 아니한 농수산물 기타 이에 준하는 농수산물로서 그 품목과 기간을 정하여 도매시장 개설자로부터 허가를 받은 농수산물의 경우에는 그러하지 아니하다.

③ 중도매인이 농수산물전자거래소에서 거래하는 경우에는 그 물품을 도매시장으로 반입하지 아니할 수 있다.

(2) **매매방법** ▶기출 5회, 8회

① 도매시장법인은 도매시장에서 농수산물을 경매·입찰·정가매매 또는 수의매매의 방법으로 매매하여야 한다. 다만 출하자가 매매방법을 지정하여 요청하는 경우 등 농식품부령 또는 해수부령으로 매매방법을 정한 경우에는 그에 따라 매매할 수 있다.

② "농식품부령 또는 해수부령으로 매매방법을 정한 경우"란 다음과 같다.
  ㉠ 경매 또는 입찰
  ㉡ 정가매매 또는 수의매매

(3) **시장도매인의 지정** ▶기출 23회

① 시장도매인은 도매시장 개설자가 부류별로 지정하며, 이 경우 5년 이상 10년 이하의 범위에서 지정 유효기간을 설정할 수 있다.

② 시장도매인이 될 수 있는 자는 소정의 요건을 갖춘 법인이어야 한다.

(4) **시장도매인의 영업** ▶기출 16회

① 시장도매인은 도매시장에서 농수산물을 매수 또는 위탁받아 도매하거나 매매를 중개할 수 있다.

② 시장도매인은 해당 도매시장의 도매시장법인·중도매인에게 농수산물을 판매하지 못한다.

기출문제 ▶기출 24회

농수산물 유통 및 가격안정에 관한 법령상 중도매인(仲都賣人)에 관한 설명으로 옳지 않은 것은?

① 중도매인의 업무를 하려는 자는 부류별로 해당 도매시장 개설자의 허가를 받아야 한다.
② 도매시장 개설자는 법인이 아닌 중도매인에게 중도매업의 허가를 하는 경우 3년이상 10년 이하의 범위에서 허가 유효기간을 설정할 수 있다.
③ 중도매업의 허가를 받은 중도매인은 도매시장에 설치된 공판장에서는 그 업무를 할 수 없다.
④ 해당 도매시장의 다른 중도매인과 농수산물을 거래한 중도매인은 농림축산식품부령 또는 해양수산부령으로 정하는 바에 따라 그 거래 내역을 도매시장 개설자에게 통보하여야 한다.
⑤ 부류를 기준으로 연간 반입물량 누적비율이 하위 3퍼센트 미만에 해당하는 소량품목의 경우 중도매인은 도매시장 개설자의 허가를 받아 도매시장법인이 상장하지 아니한 농수산물을 거래할 수 있다.

정답 ③

(5) 하역업무 ▶기출 6회

도매시장 개설자가 업무규정으로 정하는 규격출하품에 대한 표준하역비(표준출하비)는 도매 시장법인 또는 시장도매인이 부담한다.

8. 농수산물공판장 ▶기출 5회, 25회, 28회

(1) 공판장 개설 승인

농림수협등 생산자단체 또는 공익법인이 공판장을 개설하려면 시·도지사의 승인을 받아야 한다.

(2) 개설승인신청서의 제출

농림수협등, 생산자단체 또는 공익법인이 공판장의 개설승인을 받으려면 농식품부령 또는 해수부령으로 정하는 바에 따라 공판장 개설승인신청서에 업무규정과 운영관리계획서 등 승인에 필요한 서류를 첨부하여 시·도지사에게 제출하여야 한다.

(3) 개설승인신청 및 승인신청 면제

시·도지사는 공판장의 개설승인 신청이 다음의 어느 하나에 해당하는 경우를 제외하고는 승인을 하여야 한다.
① 공판장을 개설하려는 장소가 교통체증을 유발할 수 있는 위치에 있는 경우
② 공판장의 시설이 (도매시장·공판장 및 민영도매시장이 보유하여야 하는 시설의 기준은 부류별로 그 지역의 인구 및 거래물량 등을 고려하여 농식품부령 또는 해수부령으로 정한다) 에 따른 기준에 적합하지 아니한 경우
③ 운영관리계획서의 내용이 실현 가능하지 아니한 경우
④ 그 밖에 이 법 또는 다른 법령에 따른 제한에 위반하는 경우

(4) 기타사항

① 공판장에는 중도매인·매매참가인·산지유통인 및 경매사를 둘 수 있다.
② 공판장의 중도매인은 공판장의 개설자가 지정하고, 경매사는 공판장의 개설자가 임면한다.
③ 농수산물을 수집하여 공판장에 출하하려는 자는 공판장의 개설자에게 산지유통인으로 등록하여야 한다.

9. 산지판매제도

(1) 산지판매제도의 확립

① 농림수협 등 또는 공익법인은 생산지에서 출하되는 주요품목의 농수산물에 대하여 산지경매제를 실시하거나 계통출하를 확대하는 등 생산자 보호를 위한 판매대책 및 선별·포장·저장시설의 확충 등 산지유통대책을 수립·시행하여야 한다.
② 농림수협 등 또는 공익법인은 경매 또는 입찰방법에 따라 창고경매, 포전매매 또는 선상경매 등을 할 수 있다.

> **기출문제** ▶기출 20회
>
> 농수산물 유통 및 가격안정에 관한 법령상 농산물(축산물 및 임산물을 포함)의 원활한 수급과 가격안정을 도모하고 유통구조의 개선을 촉진하기 위하여 설치한 농산물가격안정기금에서 지출할 수 있는 대상사업에 해당하지 않는 것은?
> ① 식량작물과 축산물의 유통구조 개선을 위한 생산자의 공동이용시설에 대한 지원
> ② 종자산업의 진흥과 관련된 우수 종자의 품종육성·개발, 우수 유전자원의 수집 및 조사·연구
> ③ 농산물의 가공·포장 및 저장기술의 개발, 브랜드 육성, 저온유통, 유통정보화 및 물류 표준화의 촉진
> ④ 농산물의 유통구조 개선 및 가격안정사업과 관련된 조사·연구·홍보·지도·교육훈련 및 해외시장개척
> ⑤ 농산물 가격안정을 위한 안전성 강화와 관련된 조사·연구·홍보·지도·교육훈련 및 검사·분석시설 지원
>
> 정답 ①

> **기출문제** ▶ 기출 18회
>
> 농수산물 유통 및 가격안정에 관한 법령상 농수산물집하장의 설치·운영에 관한 설명으로 옳지 않은 것은?
> ① 생산자단체는 농수산물을 대량 소비지에 직접 출하할 수 있는 유통체제를 확립하기 위하여 필요한 경우에는 농수산물집하장을 설치·운영할 수 있다.
> ② 국가와 지방자치단체는 농수산물집하장의 효과적인 운영과 생산자의 출하편의를 도모할 수 있도록 그 입지 선정과 도로망의 개설에 협조하여야 한다.
> ③ 생산자단체가 운영하고 있는 농수산물집하장 중 공판장의 시설기준을 갖춘 집하장을 공판장으로 운영하고자 하는 경우 시·도지사에게 등록하여야 한다.
> ④ 생산자관련단체가 농수산물집하장을 설치·운영하려는 경우에는 농수산물의 출하 및 판매를 위하여 필요한 적정 시설을 갖추어야 한다.
> ⑤ 농업협동조합중앙회·산림조합중앙회·수산업협동·조합중앙회의 장은 농수산물집하장의 설치와 운영에 필요한 기준을 정하여야 한다.
>
> 정답 ③

> **기출문제** ▶ 기출 23회
>
> 농수산물 유통 및 가격안정에 관한 법령상 농수산물종합유통센터의 시설기준 중 필수시설에 해당하는 것은?
> ① 식당
> ② 휴게실
> ③ 주차시설
> ④ 직판장
> ⑤ 수출지원실
>
> 정답 ③

(2) 농수산물집하장의 설치·운영 ▶ 기출 18회, 22회

① 생산자단체 또는 공익법인은 농수산물을 대량 소비지에 직접 출하할 수 있는 유통 체제를 확립하기 위하여 필요한 경우에는 농수산물집하장을 설치·운영할 수 있다.
② 국가와 지방자치단체는 농수산물집하장의 효과적인 운영과 생산자의 출하편의를 도모할 수 있도록 그 입지 선정과 도로망의 개설에 협조하여야 한다.
③ 생산자단체 또는 공익법인은 농수산물집하장 중 공판장의 시설기준을 갖춘 집하장을 시·도지사의 승인을 받아 공판장으로 운영할 수 있다.

(3) 포전매매의 계약 ▶ 기출 14회

① 농림축산식품부장관이 정하는 채소류 등 저장성이 없는 농산물의 포전매매(생산자가 수확하기 이전의 경작상태에서 면적단위 또는 수량단위로 매매하는 것)의 계약은 서면에 의한 방식으로 하여야 한다.
② 농산물의 포전매매의 계약은 특약이 없는 한 매수인이 해당 농산물을 계약서에 기재된 반출약정일부터 10일 이내에 반출하지 아니한 때에는 그 기간이 경과한 날에 해제된 것으로 본다. 다만, 매수인이 반출약정일이 경과되기 전에 반출지연 사유와 반출예정일을 서면으로 통지한 경우에는 그러하지 아니하다.
③ 농업협동조합과 그 중앙회는 포전매매에 있어서 표준계약서의 양식을 정하여 이를 계약서의 작성기준으로 이용할 것을 권장할 수 있다.
④ 농림부장관과 지자체장은 생산자 및 소비자의 보호나 농산물의 가격과 수급의 안정을 위하여 특히 필요하다고 인정하는 때에는 대상품목·지역과 신고기간 등을 정하여 계약당사자에게 포전매매계약의 내용을 신고하도록 할 수 있다.

10. 농수산물종합유통센터 및 교육훈련

(1) 농수산물종합유통센터 ▶ 기출 12회, 13회, 23회

① <u>국가 또는 지자체는 농수산물종합유통센터를 설치하여 생산자단체 또는 전문유통업체에 그 운용을 위탁할 수 있으며, 위탁자는 5년 이상의 기간을 두어 위탁기간을 설정할 수 있다.</u>
② 필수시설
농수산물의 처리를 위한 집·배송시설, 포장·가공시설, 저온저장고, 사무실·전산실, 농산물품질관리실, 거래처주재원실 및 출하주 대기실, 오·폐수시설, 주차시설
③ 편의시설
직판장, 수출지원실, 휴게실, 식당, 금융기관의 점포, 기타 이용자의 편의를 위하여 필요한 시설
④ 지원을 하려는 지자체의 장은 제출받은 종합유통센터 건설사업계획서와 해당 계획의 타당성 등에 관한 검토의견서를 농림부장관 및 해수부 장관에게 제출하되, 시장·군수·구청장의 경우에는 시·도지사의 검토의견서를 첨부하여야 하며, 농림부장관 및 해수부 장관은 이에 대하여 의견을 제시할 수 있다.

⑤ 국가 또는 지방자치단체의 지원을 받아 종합유통센터를 설치하려는 자는 농림부장관, 해수부 장관 또는 지자체의 장에게 다음의 사항이 포함된 종합유통센터 건설사업계획서를 제출하여야 한다.
  ㉠ 신청지역의 농수산물유통시설 현황, 종합유통센터의 건설 필요성 및 기대효과
  ㉡ 운영자의 선정계획, 세부적인 운영방법과 물량처리계획이 포함된 운영계획서 및 운영수지분석
  ㉢ 부지·시설 및 물류장비의 확보와 운영에 필요한 자금조달계획
  ㉣ 그 밖에 농림부장관, 해수부 장관 또는 지자체의 장이 종합유통센터건설의 타당성 검토를 위하여 필요하다고 판단하여 정하는 사항

(2) 교육훈련의 대상자 ▶ 기출 6회

교육훈련의 대상자는 도매시장법인·공공출자법인·공판장(도매시장 공판장 포함) 및 시장도매인의 임직원, 경매사, 중도매인(법인 포함), 산지유통인, 종합유통센터를 운영하는 자의 임직원, 농수산물의 출하조직을 구성·운영하고 있는 농어업인, 농수산물의 저장·가공업에 종사하는 자이며, 도매 시장법인 또는 공판장의 개설자가 임명한 경매사는 2년마다 교육훈련을 받아야 한다.

11. 청문

농림부장관, 해수부 장관, 시·도지사 또는 도매시장의 개설자는 다음 사항을 처분하려면 청문을 하여야 한다.
① 도매시장법인등의 지정취소 또는 승인취소
② 중도매업의 허가취소 또는 산지유통인의 등록취소

7장 핵심문제

01 농수산물 유통 및 가격안정에 관한 법령상 용어의 정의로 옳지 않은 것은?

① 중앙도매시장 : 특별시·광역시·특별자치시 또는 특별자치도가 개설한 농수산물도매시장 중 해당 관할구역 및 인접지역에서 도매의 중심이 되는 농수산물도매시장으로서 농림축산식품부령 또는 해양수산부령으로 정하는 것을 말한다.
② 지방도매시장 : 중앙도매시장 외의 농수산물도매시장을 말한다.
③ 농수산물공판장 : 농림수협등 그 밖에 대통령령으로 정하는 생산자 관련 단체와 공익상 필요하다고 인정되는 법인으로 한국농수산식품유통공사가 농수산물을 도매하기 위하여 시·도지사의 승인을 얻어 개설·운영하는 사업장을 말한다.
④ 도매시장법인 : 농수산물도매시장·농수산물공판장 또는 민영농수산물도매시장의 개설자에게 등록하고, 농수산물을 수집하여 농수산물도매시장·농수산물공판장 또는 민영농수산물도매시장에 출하하는 영업을 하는 자를 말한다.
⑤ 민영농수산물도매시장: 민간인 등이 농수산물을 도매하기 위하여 민영도매시장의 개설에 따라 시·도지사의 허가를 받아 특별시·광역시·특별자치시·특별자치도 또는 시 지역에 개설하는 시장을 말한다.

정답 ④

해설 ④ 산지유통인에 대한 설명이다. 도매시장법인은 농수산물도매시장의 개설자로부터 지정을 받고 농수산물을 위탁받아 상장하여 도매하거나 이를 매수하여 도매하는 법인을 말한다.

02 농수산물 유통 및 가격안정에 관한 법령상 농수산물의 생산조정 및 출하조절에 관한 설명으로 옳지 않은 것은?

① 시·도지사는 농수산물의 경제적 제고 또는 수급을 조절하기 위하여 생산 및 출하를 촉진 또는 조절할 필요가 있다고 인정할 때에는 주산지를 지정하고, 그 주산지에서 주요 농수산물을 생산하는 자에 대하여 생산자금의 융자 및 기술지도 등 필요한 지원을 할 수 있다.
② 시·도지사는 지정된 주산지가 지정요건에 적합하지 아니하게 되었을 때에는 그 지정을 변경하거나 해제할 수 있다.
③ 농림부장관 및 해수부 장관은 농수산물의 원활한 수급과 적정한 가격유지를 위하여 농수산물유통 종합정보시스템을 구축하여 운영할 수 있다.
④ 농식품부장관 및 해수부 장관은 농수산물유통 종합정보시스템의 구축·운영을 대통령령으로 정하는 전문기관에 위탁할 수 있다.
⑤ 농림부장관 및 해수부 장관은 농수산물유통 종합정보시스템의 구축·운영 업무를 '농산물의 경우 한국해양수산개발원, 수산물의 경우 한국농수산식품유통공사'에 위탁한다.

정답 ⑤

해설 농림부장관 및 해수부 장관은 농수산물유통 종합정보시스템의 구축·운영 업무를 '농산물의 경우 한국농수산식품유통공사, 수산물의 경우 한국해양수산개발원'에 위탁한다.

03 농수산물 유통 및 가격안정에 관한 법령상 농수산물도매시장에 관한 설명으로 옳지 않은 것은?

① 도매시장은 부류별로 개설하거나 또는 2 이상의 부류를 종합하여 개설하며, 도매시장의 명칭에는 그 도매시장을 개설한 지자체의 명칭이 포함되어야 한다.
② 시가 지방도매시장의 개설허가를 받으려면 지방도매시장 개설허가신청서에 업무규정과 운영관리계획서를 첨부하여 도지사에게 제출하여야 한다.
③ 특별시·광역시·특별자치시·특별자치도가 도매시장을 개설하려면 미리 업무규정과 운영관리계획서를 작성하여야 하며, 중앙도매시장의 업무규정은 농림부장관 또는 해양수산부 장관의 승인을 받아야 한다.
④ 중앙도매시장의 개설자가 업무규정을 변경하는 때에는 농림부장관 또는 해수부 장관의 승인을 받아야 하며, 시가 개설자인 경우 지방도매시장의 개설자가 업무규정을 변경하는 때에는 도지사의 승인을 받아야 한다.
⑤ 도지사는 허가신청의 내용이 도매시장을 개설하고자 하는 장소가 농수산물거래의 외곽지로서 적절한 위치에 있을 경우에는 이를 허가한다.

정답 ⑤

해설 도지사는 허가신청의 내용이 도매시장을 개설하고자 하는 장소가 농수산물거래의 중심지로서 적절한 위치에 있을 경우에는 이를 허가한다.

04 농수산물 유통 및 가격안정에 관한 법령상 도매시장법인에 관한 설명으로 옳지 않은 것은?

① 도매시장법인은 도매시장 개설자가 부류별로 지정하되, 중앙도매시장에 두는 도매시장법인의 경우에는 농림부장관 또는 해수부 장관과 협의하여 지정한다. 이 경우 1년 이상 5년의 범위에서 지정유효기간을 설정할 수 있다.
② 도매시장법인의 주주 및 임직원은 해당 도매시장법인의 업무와 경합되는 도매업 또는 중도매업을 하여서는 아니 된다.
③ 도매시장법인이 될 수 있는 자는 해당 부류의 도매업무를 효과적으로 수행할 수 있는 지식과 도매시장 또는 공판장업무에 2년 이상 종사한 경험이 있는 업무집행 담당 임원이 2인 이상 있는 경우이다.
④ 도매시장법인이 다른 도매시장법인을 인수하거나 합병하는 경우에는 해당 도매시장 개설자의 승인을 받아야 한다.
⑤ 합병을 승인하는 경우 합병을 하는 도매시장법인은 합병이 되는 도매시장법인의 지위를 승계한다.

정답 ①

해설 도매시장법인은 도매시장 개설자가 부류별로 지정하되, 중앙도매시장에 두는 도매시장법인의 경우에는 농림부장관 또는 해수부 장관과 협의하여 지정한다. 이 경우 5년 이상 10년의 범위에서 지정유효기간을 설정할 수 있다.

05 농수산물 유통 및 가격안정에 관한 법령상 산지판매제도에 관한 설명으로 옳지 않은 것은?

① 농림수협 등 또는 공익법인은 생산지에서 출하되는 주요품목의 농수산물에 대하여 산지경매제를 실시하거나 계통출하를 확대하는 등 생산자 보호를 위한 판매대책 및 선별·포장·저장시설의 확충 등 산지유통대책을 수립·시행하여야 한다.
② 농림수협 등 또는 공익법인은 생산지에서 출하되는 주요품목의 농수산물에 대하여 수의계약으로만 판매할 수 있다.
③ 생산자단체 또는 공익법인은 농수산물을 대량 소비지에 직접 출하할 수 있는 유통 체제를 확립하기 위하여 필요한 경우에는 농수산물집하장을 설치·운영할 수 있다.
④ 국가와 지방자치단체는 농수산물집하장의 효과적인 운영과 생산자의 출하편의를 도모할 수 있도록 그 입지 선정과 도로망의 개설에 협조하여야 한다.
⑤ 생산자단체 또는 공익법인은 농수산물집하장 중 공판장의 시설기준을 갖춘 집하장을 시·도지사의 승인을 받아 공판장으로 운영할 수 있다.

정답 ②

해설 농림수협 등 또는 공익법인은 경매 또는 입찰방법에 따라 창고경매, 포전매매 또는 선상경매 등을 할 수 있다.

memo.

부록

3개년 기출문제

2024년 제28회 기출문제

2023년 제27회 기출문제

2022년 제26회 기출문제

2024년 제28회 정답 및 해설

2023년 제27회 정답 및 해설

2022년 제26회 정답 및 해설

2024년 제28회 기출문제

교시	과목	시간	점수
1교시	물류관리론 화물운송론 국제물류론	09:30 ~ 11:30 (120분)	

1과목 물류관리론

01 물류에 관한 설명으로 옳지 않은 것은?

① 물적유통(Physical Distribution)은 판매 영역 중심의 물자 흐름을 의미한다.
② 로지스틱스(Logistics)는 병참이라는 군 사용어에서 유래되었으며, 조달·생산·판매·회수물류 등을 포함하는 총체적인 개념이다.
③ 3S 1L 원칙은 신속성(Speedy), 안정성(Safely), 확실성(Surely), 경제성(Low)을 고려한 물류의 기본 원칙이다.
④ 7R 원칙은 적절한 상품(Commodity), 품질(Quality), 수량(Quantity), 시간(Time), 장소(Place), 보안(Security), 가격(Price)이다.
⑤ 공급사슬관리(SCM)는 고객, 공급업체, 제조업체 및 유통업체로 이루어진 네트워크에서의 재화, 정보 및 자금흐름을 다룬다.

02 물류환경의 변화에 관한 설명으로 옳지 않은 것은?

① 전자상거래와 홈쇼핑의 성장으로 택배시장이 확대되고 있다.
② 글로벌 물류시장 선도를 위해 국가 차원의 종합물류기업 육성정책이 시행되고 있다.
③ 소비자 중심 물류로의 전환으로 인하여 소품종 대량생산의 중요성이 증가하고 있다.
④ 고객 수요 충족을 위해 수요예측 등 종합적 물류계획의 수립과 관리의 중요성이 높아지고 있다.
⑤ 물류서비스의 수준향상과 원가절감을 위해 아웃소싱과 3PL이 활용되고 있다.

03 물류의 기능에 관한 설명으로 옳지 않은 것은?

① 포장활동은 제품의 취급을 용이하게 하고 상품가치를 제고시키는 역할을 한다.
② 하역활동은 운송과 보관을 위해 제품을 싣거나 내리는 행위를 말한다.

③ 물류정보는 전자적 수단을 활용하여 물류활동을 효율화 시킨다.
④ 유통가공활동은 유통과정에 있어서 고객의 요구에 부합하기위해 행해지는 단순가공, 재포장, 조립, 절단 등의 물류활동이다.
⑤ 보관활동은 물자를 수요가 낮은 국가에서 높은 국가로 이동시켜 물자의 효용가치를 증대시키기 위한 물류활동이다.

04 물류관리 원칙에 관한 설명으로 옳은 것은?

① 신뢰성의 원칙 : 필요한 물량을 원하는 시기와 장소에 공급하여 사용할 수 있도록 보장하는 원칙
② 균형성의 원칙 : 불필요한 유통과정을 제거하여 물자지원체계를 단순화하고 간소화하는 원칙
③ 단순성의 원칙 : 생산, 유통, 소비에 필요한 물자의 수요와 공급 및 조달과 분배의 균형성을 유지하는 원칙
④ 적시성의 원칙 : 최소한의 자원으로 최대한의 물자공급 효과를 추구하여 물류관리비용을 최소화하는 원칙
⑤ 경제성의 원칙 : 저장시설 보호 및 도난, 망실, 화재, 파손 등으로부터 화물을 보호하는 원칙

05 A기업의 매출액은 3000억원, 경상이익이 60억원, 물류비는 200억원일 때, 물류비를 5% 절감하여 얻을 수 있는 경상이익의 추가액과 동일한 효과를 얻기 위하여 달성해야 할 추가 매출액은?

① 100억원   ② 200억원
③ 300억원   ④ 400억원
⑤ 500억원

06 물류 측면의 고객서비스에 관한 설명으로 옳지 않은 것은?

① 물류서비스에 대한 고객의 만족도는 기대(Expectation)수준과 성과(Performance)수준의 차이로 설명된다.
② 제품 가용성(Availability) 정보제공은 물류서비스 신뢰성에 영향을 주지 않는다.
③ 물류서비스와 물류비용 사이에는 상충(Trade-off) 관계가 존재한다.
④ 서비스 품질은 고객과 서비스 제공자 간의 상호 작용에 의해서 결정된다.
⑤ 고객서비스의 수준이 결정되지 않았다면 수익과 비용을 동시에 고려하여 최적의 서비스수준을 결정해야 한다.

07 기업물류의 영역별 분류에 관한 설명으로 옳지 않은 것은?

① 조달물류는 기업이 제품생산을 위해 필요한 원자재를 확보하기 위한 물류이다.
② 사내물류는 완제품의 판매로 출하되어 고객에게 인도될 때까지의 물류활동이다.
③ 생산물류는 자재 또는 부품이 생산 공정에 투입된 이후 생산이 완료될 때까지의 물류이다.
④ 역물류는 반품물류, 폐기물류, 회수물류를 포함하는 물류이다.
⑤ 회수물류는 판매물류를 지원하는 파렛트, 컨테이너 등의 회수에 따른 물류이다.

08 물류와 마케팅에 관한 설명으로 옳지 않은 것은?

① 마케팅 믹스(4'P)는 제품, 가격, 유통, 촉진으로 구성된다.
② 마케팅 믹스(4'P) 중 유통은 물류와 관련성이 높은 요인이다.
③ 탁월한 고객서비스를 제공하는 마케팅은 고객만족을 증대시킨다.
④ 고객만족을 위해 물류서비스 수준을 높이면 물류비는 절감된다.
⑤ 효과적인 물류관리를 위해서는 기능별 개별 물류비 절감보다 총물류비를 줄이는 것이 중요하다.

09 J. F. Robeson과 W. C. Copacino는 물류계획을 전략적, 구조적, 기능적, 실행적 수준으로 구분하였다. 다음 중 구조적 수준에 해당하는 것을 모두 고른 것은?

ㄱ. 창고설계 및 운영	ㄴ. 설비 및 장치
ㄷ. 유통경로설계	ㄹ. 수송관리
ㅁ. 네트워크 전략	ㅂ. 고객 서비스

① ㄱ, ㅂ
② ㄴ, ㄹ
③ ㄷ, ㅁ
④ ㄱ, ㄴ, ㄷ
⑤ ㄷ, ㄹ, ㅁ, ㅂ

10 4PL(Fourth Party Logistics)에 관한 설명으로 옳지 않은 것은?

① 3PL(Third Party Logistics), 물류컨설팅업체, IT업체 등이 결합한 형태이다.
② 이익분배를 통하여 공급사슬 구성원 공통의 목표를 관리한다.
③ 공급사슬 전체의 관리와 운영을 대상으로 한다.
④ 수입증대, 운영비용 감소, 운전자본 확대, 고정자본 확대를 목적으로 한다.
⑤ 기존 물류업체의 한계를 극복하고 지속적인 개선효과 창출을 목적으로 한다.

11 다음 ( )에 들어갈 용어를 옳게 나열한 것은?

(ㄱ)은 물류관리 업무를 각 공장 및 영업부서, 운송부서, 총무부서 등에서 개별적으로 운영하는 조직이다. (ㄴ)은 물류관리 업무를 전문화하여 독립된 회사로 분사(分社) 시킨 조직이다.

① ㄱ : 집중형, ㄴ : 분산형
② ㄱ : 분산형, ㄴ : 자회사형
③ ㄱ : 분산형, ㄴ : 집중형
④ ㄱ : 집중형, ㄴ : 자회사형
⑤ ㄱ : 자회사형, ㄴ : 분산형

12 제조기업의 물류 아웃소싱의 장·단점에 관한 설명으로 옳지 않은 것은?

① 제조업체는 고객 불만에 대한 신속한 대처가 어렵다.
② 제조업체는 물류 정보의 유출이 발생할 수 있다.
③ 제조업체는 내부 전문가 상실 및 사내 전문지식을 축적하기 어렵다.
④ 물류업체는 규모의 경제를 통한 효율의 증대를 기대할 수 있다.
⑤ 제조업체는 물류거점에 대한 자본투입을 최대화하고 전문 물류업체의 인프라를 전략적으로 활용할 수 있다.

13. 서비스품질모형(SERVQUAL)의 5가지 차원에 해당하지 않는 것은?

   ① 신뢰성(Reliability)
   ② 대응성(Responsiveness)
   ③ 무형성(Intangibility)
   ④ 확신성(Assurance)
   ⑤ 공감성(Empathy)

14. 공급사슬관리(SCM)의 도입 배경과 필요성에 관한 설명으로 옳지 않은 것은?

   ① 기업 간 경쟁심화로 비용절감과 납기준수가 중요해지고 있다.
   ② 공급사슬 상류로 갈수록 수요정보가 증폭되어 왜곡되는 현상이 나타난다.
   ③ 공급사슬 계획과 운영을 지원하는 IT 솔루션이 개발되고 있다.
   ④ 글로벌화로 인해 부품공급의 리드타임이 짧아지고 있다.
   ⑤ 고객 요구가 다양해지고 제품의 수명주기가 단축되고 있다.

15. 제약이론(TOC)에서 다음 설명에 해당하는 개념은?

   - 가장 속도가 늦은 사람을 선두에 세우는 행군대열에서 유추
   - 대열의 선두와 가장 속도가 늦은 사람을 연결
   - 원자재와 부품에 대한 재고보충이 공급업체로 전달되도록 정보교환

   ① Analysis   ② Drum
   ③ Improve   ④ Rope
   ⑤ Throughput

16. 6시그마 기법에 관한 설명으로 옳지 않은 것은?

   ① 미국 기업 모토로라에서 처음으로 도입하였다.
   ② 대표적인 추진 방법론은 DMAIC이다.
   ③ 2시그마 수준은 3시그마 수준보다 불량률이 크다.
   ④ 시그마(σ)는 통계학의 표준편차를 의미한다.
   ⑤ 6시그마 수준은 불량률 4.3 PPM을 의미한다.

17. A기업은 공급업체로부터 부품을 운송해서 하역하는데 40만원, 창고입고를 위한 검수에 10만원, 생산공정에 투입하여 제조하는데 30만원, 완제품출고검사에 20만원, 완제품포장에 50만원, 트럭에 상차하여 고객에게 배송하는데 30만원을 지불하였다. A기업의 판매 물류비는?

   ① 50만원   ② 70만원
   ③ 80만원   ④ 100만원
   ⑤ 180만원

18. 투자수익률(ROI : Return On Investment)에 관한 설명으로 옳은 것은?

   ① 매출액순이익률과 총자본회전율의 곱으로 표현할 수 있다.
   ② 매출액순이익률과 손익분기점의 곱으로 표현할 수 있다.
   ③ 재고회전율과 총자본회전율의 곱으로 표현할 수 있다.

④ 재고회전율과 손익분기점의 곱으로 표현할 수 있다.
⑤ 손익분기점과 총자본회전율의 곱으로 표현할 수 있다.

19 A기업의 물류성과지표가 다음과 같을 때 현금전환주기(Cash-to-Cash Cycle)는?

- 재고기간(Days of inventory) : 3개월
- 매출채권 회수기간(Days of accounts receivable) : 2개월
- 매입채무 지급기간(Days of accounts payable) : 3개월

① 2개월
② 3개월
③ 4개월
④ 6개월
⑤ 8개월

20 예비창업자 A씨의 사업계획서를 분석한 결과 연간 2천만원의 고정비가 발생하였고, 제품 1개당 판매가격은 1만원, 제품 1개당 변동비용은 판매가격의 80% 일 때 손익분기점이 되는 제품 판매량은?

① 2,000개
② 5,000개
③ 10,000개
④ 15,000개
⑤ 20,000개

21 수직적 유통경로(VMS : Vertical Marketing System)에 관한 설명으로 옳지 않은 것은?

① 기업형 VMS의 수직적 통합의 정도는 관리형 VMS보다 높다.
② 계약형 VMS의 수직적 통합의 정도는 관리형 VMS보다 높다.
③ 기업형 VMS의 대표적 유형은 프랜차이즈 시스템이다.
④ 전통적 유통경로에 비하여 전후방적 통합의 정도가 높다.
⑤ 전통적 유통경로에서 발생하던 경로구성원들 각각의 이익극대화 추구 현상이 줄어들 수 있다.

22 자재관리에 관한 설명으로 옳지 않은 것은?

① MRP는 MRP-II로 확장되었다.
② JIT는 최소의 재고유지를 통한 낭비제거를 목표로 하는 적시생산시스템이다.
③ JIT는 칸반(Kanban) 시스템이라고도 불린다.
④ 자재소요계획 시스템은 MRP로부터 ERP로 발전되었다.
⑤ JIT-II는 일본 도요타 자동차가 개발한 시스템이다.

23 도매상과 소매상에 관한 설명으로 옳지 않은 것은?

① Broker는 구매자와 판매자간 거래의 중개가 주된 기능이므로 제품에 대한 소유권은 가지지 않는다.
② Rack Jobber는 완전서비스 도매상(Full-service wholesaler)에 속한다.
③ Factory Outlet은 상설할인매장으로서 제조업체의 잉여상품, 단절상품 또는 재고상품을 주로 취급한다.
④ Category Killer는 특정 상품군을 전문적으로 취급하고 저렴한 가격으로 판매하는 소매업이다.
⑤ Supermarket은 식료품, 일용품 등을 주로 취급하며 셀프서비스를 특징으로 하는 소매업이다.

24 2차원 바코드에 해당하는 것은?

① PDF-417   ② EAN-8
③ EAN-13   ④ ITF-14
⑤ GS1-128

25 RFID에 관한 설명으로 옳지 않은 것은?

① 무선주파수 식별기법으로서 Radio Frequency Identification 기술을 말한다.
② 바코드와 스캐닝 기술 기반으로 구축된다.
③ 태그에 접촉하지 않아도 인식이 가능하다.
④ 태그에 데이터 추가 또는 변경이 가능하다.
⑤ 주파수 대역에 따라 태그 인식 거리 및 인식 속도의 차이가 발생한다.

26 다음 설명에 해당하는 물류정보시스템은?

> 물류센터의 랙이나 보관장소에 전자 표시기를 설치하여 출고할 물품의 보관구역과 출고수량을 작업자에게 알려주고 출고가 완료되면 신호가 꺼져 작업이 완료되었음을 자동으로 알려주는 시스템

① CALS   ② TMS
③ SIS   ④ OMS
⑤ DPS

27 물류정보망에 관한 설명으로 옳은 것은?

① KT-NET은 물류거점 간의 원활한 정보 및 물류 EDI 서비스를 제공한다.
② KROIS는 철도운영정보시스템이다.
③ PORT-MIS는 항만 및 공항에 관한 정보를 제공하며 국토교통부에서 관리하는 정보망이다.
④ CVO는 Common Vehicle Operations의 약어이다.
⑤ KL-NET은 우리나라 최초의 무역정보망으로서 무역자동화 서비스를 제공한다.

28 물류정보시스템에 관한 설명으로 옳지 않은 것은?

① 영어식 약어 표현으로는 LIS라고 한다.
② 물류정보의 수집·저장·가공·유통을 가능하게 하는 컴퓨터 하드웨어와 소프트웨어, 업무프로세스, 사용자 등의 집합체이다.

③ 개별 물류활동들의 통합을 통한 전체 최적화보다는 특정한 물류활동의 최적화를 위하여 구축한다.
④ 처리해야할 정보가 많을수록 수작업에 비하여 물류관리의 효율성과 정확성이 증대되는 효과가 있다.
⑤ 물류서비스 향상 및 물류비 절감을 목적으로 구축한다.

① Cross Docking
② Delayed Differentiation
③ Outsourcing
④ Postponement
⑤ Risk Pooling

31 물류표준화의 목적에 해당하지 않는 것은?

① 단위 화물체계의 보급
② 물류기기와의 연계성 향상
③ 물류비의 절감
④ 납품주기 단축과 납품횟수 증대
⑤ 물류활동의 효율화

29 다음 설명에 해당하는 기업 간 협업 유형을 바르게 연결한 것은?

ㄱ. 의류업계 공급사슬의 정보 공유로부터 시작하였다.
ㄴ. 제품 판매정보를 실시간으로 제공하여 별도의 주문 없이 제품이 지속적으로 보충되는 시스템이다.
ㄷ. 부품공급자가 제조업자의 생산 계획을 공유하여 제조업자의 재고를 관리한다.

① ㄱ : QR, ㄴ : BPR, ㄷ : VMI
② ㄱ : QR, ㄴ : CRP, ㄷ : VMI
③ ㄱ : ECR, ㄴ : CRP, ㄷ : VMI
④ ㄱ : ECR, ㄴ : BPR, ㄷ : CPFR
⑤ ㄱ : QR, ㄴ : BPR, ㄷ : CPFR

32 다음 설명에 해당하는 물류 용어는?

하역, 보관, 운송 등의 합리화를 위해 제품에 최적화된 포장치수를 선택함으로써 포장의 단위화를 가능하게 하고, 하역작업의 기계화 및 자동화, 화물파손방지 등의 물류 합리화에 기여할 수 있다.

① 이송장비의 표준화
② 파렛트 표준화
③ 파렛트 풀 시스템
④ 컨테이너 표준화
⑤ 포장의 모듈화

30 다음에서 설명하는 공급사슬관리(SCM) 기법은?

식자재유통업체 A사는 물류센터에 공급업체와 소매업체 차량이 약속한 시간에 도착하고, 지체 없이 공급업체의 식자재를 소매업체 차량으로 이동하도록 하여 물류센터의 보관작업이 불필요한 시스템을 도입하였다.

33 물류표준화에 관한 설명으로 옳지 않은 것은?

① T-11형 파렛트는 11톤 트럭에 최대 12매가 적재되도록 물류모듈 배수관계가 정립되어 있다.
② T-11형 파렛트에 1,100 mm (길이) × 275 mm (폭) 포장박스를 1단에 4개 적재할 때 적재효율은 100%이다.
③ 물류모듈은 물류시설 및 장비들의 규격이나 치수가 일정한 배수나 분할 관계로 조합되어 있는 집합체로 물류표준화를 위한 기준치수를 의미한다.
④ 대표적인 Unit Load 치수에는 NULS(Net Unit Load Size)와 PVS(Plan View Size)가 있다.
⑤ 하역·운송·보관 등을 일관화하고 합리화할 수 있다.

34 수·배송 공동화의 효과에 관한 설명으로 옳지 않은 것은?

① 화물의 규격, 포장, 파렛트 규격 등의 물류표준화가 선행될 때 효과가 높다.
② 공동 수·배송에 참여하는 기업들은 개별적인 차원보다 공동의 목표를 가져야 효과가 높다.
③ 일정 지역 내에 공동 수·배송에 참여하는 복수의 화주가 존재해야 효과가 높다.
④ 공동 수·배송을 주도할 수 있는 중심업체가 있어야 효과가 높다.
⑤ 화물형태가 일정하지 않은 비규격품, 목재, 골재, 위험물 등은 공동배송에 효과가 높다.

35 물류공동화의 장·단점에 관한 설명으로 옳지 않은 것은?

① 새로운 공동배송센터, 정보시스템 등의 투자에 따른 위험부담이 존재한다.
② 공동배송센터의 경우 입고에서 출고까지 일관물류시스템의 최적화가 가능하다.
③ 참여기업의 기밀유지 문제가 발생할 가능성이 낮아진다.
④ 참여 기업 간 포장, 전표, 용기 등의 표준화가 용이하지 않을 경우 효율이 저하될 수 있다.
⑤ 참여 기업 간 이해 조정, 의사소통, 의사결정 지연 등의 문제점이 존재한다.

36 다음 설명에 해당하는 공동 수·배송 운영방식은?

- 화주가 협동조합 및 연합회를 조직하여 공동화하는 형태가 있다.
- 운송업자가 공동화하여 불특정 다수의 화물에 대하여 공동화하는 형태가 있다.
- 물류센터에서의 배송뿐만 아니라 화물의 보관 및 집하업무까지 공동화하는 것이다.

① 집배송공동형
② 배송공동형
③ 노선집하공동형
④ 공동수주·공동배송형
⑤ 납품대행형

37 다음 물류관련 보안제도에 관한 설명으로 옳은 것을 모두 고른 것은?

> ㄱ. ISPS는 해상화물 운송선박 및 항만시설에 대한 해상테러 가능성을 대비하기 위해 국제해사기구(IMO)가 제정한 제도이다.
> ㄴ. SPA(SAFE Port Act)는 CSI, SFI, C-TPAT 등의 법적인 근거를 부여하고 미국 관세국경보호청(CBP)이 미국 외부의 주요 항만에 세관원을 파견하여 위험도가 높은 컨테이너를 사전 검사하는 제도이다.
> ㄷ. ISO 28000은 보안관리 시스템을 구축하고 인증을 받으면 일정한 보안자격을 갖춘 것으로 인정하는 국제인증제도이다.

① ㄱ
② ㄷ
③ ㄱ, ㄴ
④ ㄴ, ㄷ
⑤ ㄱ, ㄴ, ㄷ

38 A기업은 최근 수송부문의 연비개선을 통해 이산화탄소 배출량을 30 kg 감소시켰다. 연비법에 의한 이산화탄소 배출량 산출식 및 관련 자료가 다음과 같을 때, 연비 개선 전의 평균연비(km/L)는? (단, 총 주행거리는 동일하다.)

- 이산화탄소 배출량(kg)
  = 주행거리(km) ÷ 연비(km/L) × 이산화탄소 배출계수(kg/L)
- 총 주행 거리 : 180,000 km
- 연비개선 후 평균연비 : 6.0 km/L
- 이산화탄소 배출계수 : 0.002 kg/L

① 1.0
② 2.0
③ 3.0
④ 4.0
⑤ 5.0

39 친환경 물류에 관한 설명으로 옳지 않은 것은?

① ISO 9000 시리즈는 환경경영을 기본방침으로 한다.
② 생산자책임재활용(EPR)은 효율적인 자원이용과 폐기물발생을 줄이고 재활용을 촉진하는 환경보전에 기여하는 방안이다.
③ 1997년 교토의정서에서 6대 온실가스를 이산화탄소(CO_2), 메테인(메탄 : CH_4), 아산화질소(N_2O), 수소불화탄소(HFCs), 과불화탄소(PFCs), 육불화황(SF_6)으로 정의하였다.
④ 우리나라는 2050년 탄소중립을 선언하였고 2030년까지 국가온실가스 감축목표를 2018년 대비 40%로 감축하도록 노력하고 있다.
⑤ 국내 육상운송부문에서 이산화탄소의 절감 대책으로 친환경 운송수단으로 전환되고 있다.

40 스마트물류에 관한 설명으로 옳지 않은 것은?

① 스마트물류의 특징은 초연결성, 초지능화, 공유경제로 설명할 수 있다.
② 블록체인은 공급사슬 전체와 반품 등의 물류과정을 효과적으로 처리할 수 있도록 추적 및 관리할 수 있는 기술이다.
③ 사물인터넷(IoT)은 논리적인 문제해결뿐만 아니라 자연어처리, 시각적 및 인지적 인식 등의 물류정보처리를 위한 의사결정 기술이다.
④ 빅데이터는 공급사슬시스템이 생성하는 데이터를 효과적으로 수집, 저장, 처리, 분석, 시각화하는 기술이다.

⑤ 클라우드 서비스는 물류 IT 인프라를 임대하는 IaaS, PaaS, SaaS 등으로 구분할 수 있다.

2과목 화물운송론

41 운송수단에 관한 내용으로 옳지 않은 것은?

① 화물자동차는 필요시 즉시배차가 가능하다.
② 화물자동차에 비해 철도는 단거리 운송에 유리하다.
③ 선박은 기후의 영향을 많이 받는다.
④ 항공기는 중량 및 용적에 제한이 있다.
⑤ 파이프라인은 연속대량 운송이 가능하다.

42 화물자동차의 운송 효율화 방안에 관한 내용으로 옳지 않은 것은?

① 화물자동차의 수리 및 정비 등을 통한 가동성 향상
② 신규 화주와의 계약으로 화물자동차의 적재율 향상
③ 새로운 운송방법 도입으로 화물자동차의 공차율 극대화
④ 대형차량을 이용한 운송단위의 대형화
⑤ 대기시간 단축, 상하차시간 단축 등을 통한 운송시간 단축

43 다음은 운송수단 결정 시 고려해야 할 사항이다. 이에 해당하는 요건은?

- 지정기일 내 인도가 가능한가?
- 정시운행이 가능한가?

① 편리성 ② 확실성
③ 신속성 ④ 안전성
⑤ 경제성

44 운송주선인(Freight Forwarder)의 역할 및 기능에 관한 내용으로 옳지 않은 것은?

① 특정화주를 대신하여 화물인도지시서(D/O)를 작성하여 선사에 제출
② 특정화주를 대신하여 통관수속 진행
③ 운송수단, 화물의 포장형태 및 목적지의 각종 운송규칙, 운송서류 작성에 관한 조언
④ 화물의 집화·분배·혼재 서비스 제공
⑤ 특정화주의 대리인으로서 자기명의로 운송계약 체결

45 다음 ( )에 들어갈 화물운송의 3대 구성요소로 옳은 것은?

(ㄱ) : 화물자동차, 화물열차, 선박, 항공기
(ㄴ) : 물류센터, 제조공장, 화물터미널, 항만, 공항
(ㄷ) : 공로, 철도, 해상항로, 항공로

① ㄱ : Node, ㄴ : Mode, ㄷ : Route
② ㄱ : Mode, ㄴ : Spoke, ㄷ : Network
③ ㄱ : Mode, ㄴ : Node, ㄷ : Link
④ ㄱ : Carrier, ㄴ : Node, ㄷ : Link
⑤ ㄱ : Carrier, ㄴ : Node, ㄷ : Line

46 복합운송의 유형으로 옳지 않은 것은?

① Piggy Back System : 철도운송 + 화물자동차운송
② Birdy Back System : 항공운송 + 화물자동차운송
③ Fishy Back System : 해상운송 + 파이프라인운송
④ Train & Ship System : 철도운송 + 해상운송
⑤ Sea & Air System : 해상운송 + 항공운송

47 다음에서 설명하는 혼재서비스(Consolidation Service)는?

> 다수의 송하인으로부터 운송 의뢰를 받은 LCL(Less than Container Load) 화물을 상대국의 자기 파트너 또는 대리점을 통하여 다수의 수하인에게 운송해 주는 형태이며, 주 수입원은 혼재에서 발생하는 운임차액이다.

① Buyer's Consolidation
② Forwarder's Consolidation
③ Shipper's Consolidation
④ Seller's Consolidation
⑤ Consigner's Consolidation

48 선하증권(Bill of Lading : B/L)의 종류에 관한 설명으로 옳지 않은 것은?

① 선적 선하증권(Shipped B/L) : 화물이 선하증권에 명시된 본선에 선적되어 있음을 표시한 것으로 On Board B/L 이라고 한다.
② 무사고 선하증권(Clean B/L) : 본선수취증의 비고란에 선적화물의 결함에 대한 기재사항이 없을 때 발행된다.
③ 기명식 선하증권(Straight B/L) : 선하증권의 수하인란에 수하인의 성명이 기입된 선하증권이다.
④ 스테일 선하증권(Stale B/L) : 선하증권이 발행된 후 은행 측에서 용인하는 허용기간 내에 제시되지 못한 선하증권이다.
⑤ 적색 선하증권(Red B/L) : 2가지 이상의 운송수단이 결합되어 국제복합운송이 발생하였음을 증명하는 선하증권이다.

49 다음에서 설명하는 철도하역방식은?

> • 컨테이너 자체만 철도화차에 상차하거나 하차하는 방식이다.
> • 하역작업이 용이하고 화차중량이 가벼워 보편화된 하역방식이다.
> • 화차에 컨테이너를 상·하차하기 위하여 별도의 장비가 필요하다.

① COFC
② Kangaroo
③ Piggy Back
④ RORO
⑤ TOFC

50 다음에서 설명하는 전용열차 서비스 형태는?

- 복수의 중간역 또는 터미널을 거치면서 운행하는 열차서비스로 운송경로상의 화차 및 화물을 운송
- 화주가 원하는 시간에 서비스를 제공하는 것이 아니라 열차편성이 가능한 물량이 확보된 경우에만 서비스를 제공

① Block Train
② Coupling & Sharing Train
③ Shuttle Train
④ Y-Shuttle Train
⑤ Single-Wagon Train

51 해상운송 중 부정기선 시장의 특징에 관한 설명으로 옳지 않은 것은?

① 항로별 운임요율표가 불특정 다수의 화주에게 제공된다.
② 화주가 요구하는 시기와 항로에 선복을 제공하여 화물을 운송한다.
③ 부정기선의 주요 대상 화물은 원자재, 연료, 곡물 등이다.
④ 운송계약의 형태에는 나용선, 항해용선, 정기용선이 있다.
⑤ 화물의 특성 또는 형태에 따라 특수 전용선이 도입되고 있다.

52 항공물류와 관련된 용어의 설명으로 옳지 않은 것은?

① Clearing House : 통관이 완료된 수출입 화물이 일시 대기하는 보관 장소
② Cabotage : 외국 항공기에 대해서 자국내의 일정 지점간의 운행을 금지하는 것
③ Belly Cargo : 대형 비행기의 동체하부 화물실에 적재하는 화물
④ Pivot Weight : 각각의 ULD에 대해 마련되어 있는 정액한계중량
⑤ Apron : 공항에서 여객의 탑승 및 하기, 화물의 탑재 및 하역, 정비, 보급 등을 위하여 항공기가 대기하는 장소

53 항공화물운송장(AWB)에 관한 설명으로 옳지 않은 것은?

① 송하인과 항공사의 운송계약 체결을 증명하는 운송서류로 유가증권이 아닌 단순한 화물운송장의 기능만을 수행한다.
② 화물의 접수를 증명하는 영수증에 불과하며 유통이 불가능하다.
③ 수하인은 무기명식이 원칙이며, 항공기에 화물 탑재가 완료된 이후에 발행된다.
④ 통관시 항공운임, 보험료의 증명자료로서 세관신고서의 기능을 가진다.
⑤ 항공사가 발행하는 Master AWB과 혼재업자가 개별화주에게 발행하는 House AWB로 구분하여 사용한다.

54 다음에서 설명하는 복합운송 서비스 형태는?

> 아시아 극동지역의 화물을 북미서부연안의 항만까지 해상운송을 실시하고, 철도 및 트럭을 이용하여 북미내륙지역까지 복합운송하는 서비스

① ALB(American Land Bridge)
② CLB(Canadian Land Bridge)
③ MLB(Mini Land Bridge)
④ IPI(Interior Point Intermodal)
⑤ RIPI(Reversed Interior Point Intermodal)

55 다음에서 설명하는 항공화물운임 산정 기준은?

> 실제화물의 중량 기준으로 운임을 산출하는 동시에 실제화물의 부피 기준으로도 운임을 산출하여, 각각 산출된 운임을 비교한 후 운송인에게 유리한 운임을 적용

① Chargeable Weight
② Gross Weight
③ Net Weight
④ Revenue Weight
⑤ Volume Weight

56 선박에 관한 내용으로 옳지 않은 것은?

① Barge Ship : 예인선(Tug Boat)에 의해 예인되는 무동력 선박
② Lighter Aboard Ship : Float-On Float-Off 방식에 특화된 선박
③ Full Container Ship : 선박 건조 시 갑판과 선창에 컨테이너를 적재하도록 설계된 선박
④ Lift-On Lift-Off Ship : 본선의 선수 또는 선미에서 트랙터 등에 의해 적·양하가 이루어지는 선박
⑤ Combination Ship : 공선항해를 감소시키기 위해 한척의 선박에 2~3종의 화물을 겸용할 수 있는 선박

57 철도운송에 관한 내용으로 옳지 않은 것은?

① 초기 구축비용 등 고정비용이 많이 든다.
② km당 운임은 단거리일수록 비싸며, 장거리일수록 저렴해진다.
③ 공로운송보다 먼저 대량화물을 운송하였다.
④ 공로운송에 비해 기상의 영향을 받지 않는다.
⑤ 화차의 소재관리가 편리하여 열차편성을 신속히 할 수 있다.

58 다음의 목적과 기능을 수행하는 국제항공기구는?

> - 국제민간항공운송에 종사하는 민간항공사들이 협력하여, 안전하고 경제적인 항공운송업의 발전과 항공교역의 육성 및 관련 운송상의 문제해결
> - 표준운송약관, 항공화물운송장, 판매대리점과의 표준계약에 관한 표준방식을 설정하고, 항공운송에 관한 여객운임과 화물요율을 협의하여 결정

① 국제민간항공기구(ICAO)
② 국제항공운송협회(IATA)
③ 국제운송주선인협회연합회(FIATA)
④ 국제항공화물협회(TIACA)
⑤ 국제항공운송기구(IATO)

59 수·배송시스템 설계 시 고려대상이 아닌 것은?

① 수·배송 비율
② 차량운행 대수
③ 차량의 적재율
④ 선하증권
⑤ 리드타임

60 허브 앤 스포크(Hub & Spoke) 시스템에 관한 내용으로 옳지 않은 것은?

① 복잡한 운송노선으로 인해 전체 운송비용 증가
② 집하한 화물을 하나의 대형터미널로 집결시킨 후 배송지를 구분·분류하는 간선운송 시스템
③ 규모의 경제를 이루어 운송망 전체의 효율성 제고
④ 허브터미널은 대규모 분류능력이 필요
⑤ 근거리 물량은 허브 경유로 인해 직송서비스 대비 운송거리와 운송시간 증가

61 공동 수·배송의 장점이 아닌 것은?

① 동일지역 및 동일수하처에 대한 중복교차 배송의 배제
② 물류관리 제반 경비에 대한 규모의 경제
③ 적재율 향상
④ 물동량의 계절적 수요변동에 따른 차량운영의 탄력성 확보
⑤ 기업의 영업기밀 유지가 용이

62 다음 조건에서 채트반공식을 이용한 화물자동차운송과 철도운송의 경제효용거리 분기점은?

- 화물자동차운송비 : 10,000원/ton·km
- 철도운송비 : 5,000원/ton·km
- 톤당 철도운송 부대비용 (철도역 상하차 비용 등) : 500,000원/ton

① 50 km
② 75 km
③ 100 km
④ 125 km
⑤ 250 km

63 다음 A기업의 1년간 화물자동차 운행실적을 이용한 실차율은?

- 표준 영업일수 : 300일
- 실제가동 영업일수 : 240일
- 비영업일수 : 60일
- 총 주행거리 : 70,000 km
- 실제 적재 주행 거리 : 63,000 km
- 트럭의 적재 가능 총 중량 : 10톤
- 트럭의 평균 적재 중량 : 8.5톤

① 20 %
② 25 %
③ 80 %
④ 85 %
⑤ 90 %

64 다음 네트워크에서 출발지 S로부터 도착지 F까지 최단경로의 거리는? (단, 경로별 숫자는 km임)

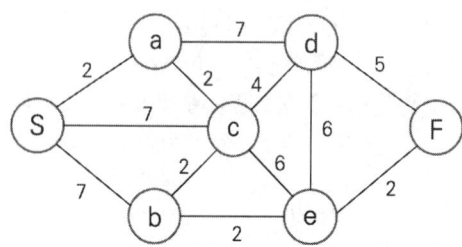

① 10 ② 11
③ 12 ④ 13
⑤ 14

65 다음 수송표에서 북서코너법과 보겔추정법을 적용한 총 운송비용에 관한 내용으로 옳은 것은? (단, 공급지에서 수요지까지의 톤당 운송비는 각 칸의 우측 상단에 제시되어 있음)

(단위 : 천원)

수요지 공급지	D1	D2	D3	공급량 (톤)
S1	15	13	10	400
S2	8	9	13	200
S3	4	7	12	300
수요량(톤)	400	300	200	900

① 북서코너법에 의해 산출된 총 운송비용은 6,300,000원이다.
② 보겔추정법에 의해 산출된 총 운송비용은 10,300,000원이다.
③ 보겔추정법에 의해 산출된 총 운송비용과 북서코너법에 의해 산출된 총 운송비용의 차이는 3,400,000원이다.
④ 북서코너법을 적용할 경우, S2-D2 셀(Cell)에 운송량이 할당되지 않는다.
⑤ 보겔추정법을 적용할 경우, S2-D2 셀(Cell)에 운송량이 할당되지 않는다.

66 다음 그림에서 노드 간(c → b)의 용량이 3으로 새로 생성된다고 가정할 때, S에서 F까지의 최대 유량의 증가분은? (단, 링크의 숫자는 인접한 노드 간의 용량을 나타내며, 화살표 방향으로만 이동 가능함)

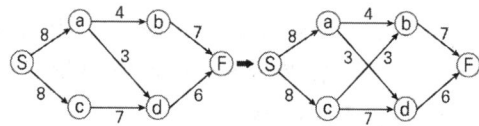

① 1 ② 2
③ 3 ④ 4
⑤ 5

67 A사는 B항공사를 통해 서울에서 파리까지 화물을 항공운송하고자 한다. B항공사는 다음과 같은 요율 체계를 가지고 있으며, 중량과 용적중량 중 높은 중량을 요율로 적용하고 있다. A사의 중량 30kg, 최대길이(L) = 40cm, 최대폭(W) = 50cm, 최대높이(H) = 60cm인 화물에 적용되는 운임은? (단, 용적중량은 1kg = 6,000cm³를 적용하여 계산함)

지역	최저요율	kg 당 일반요율	45kg 이상 kg 당 중량요율
파리	100,000원	9,000원	8,000원

① 180,000원
② 270,000원
③ 280,000원
④ 360,000원
⑤ 370,000원

68 다음 수송표에서 최소비용법을 적용한 총 운송비용에 관한 내용으로 옳은 것은? (단, 공급지에서 수요지까지의 톤당 운송비는 각 칸의 우측 상단에 제시되어 있음)

(단위 : 천원)

수요지\공급지	D1	D2	D3	공급량(톤)
S1	14	12	9	500
S2	14	10	7	200
S3	10	13	15	300
수요량(톤)	400	300	300	1,000

① S1-D1 셀(Cell)에 운송량이 100톤 할당된다.
② S2-D2 셀(Cell)에 운송량이 100톤 할당된다.
③ S3-D3 셀(Cell)에 운송량이 200톤 할당된다.
④ 총 운송비용은 10,500,000원보다 크다.
⑤ 총 운송비용은 10,000,000원보다 작다.

69 택배 표준약관(공정거래위원회 표준약관 제10026호)의 운송장에서 사업자가 고객(송화인)에게 교부해야 하는 사항이 아닌 것은?

① 사업자의 상호, 대표자명, 주소 및 전화번호, 담당자(집화자) 이름
② 운송물의 중량 및 용적 구분
③ 손해배상한도액
④ 운임 기타 운송에 관한 비용 및 지급방법
⑤ 운송물의 원산지(제조지)

70 화물자동차 운영관리지표에 관한 설명으로 옳지 않은 것은?

① 가동률은 특정 기간동안 화물운송을 위해 운행한 일수의 비율로 산출하는 지표이다.
② 복화율은 편도운송을 한 후 복귀 시 화물운송을 얼마나 수행했는지를 나타내는 지표이다.
③ 적재율은 차량의 적재정량 대비 실제 화물을 얼마나 적재하고 운행했는지를 나타내는 지표이다.
④ 공차율은 화물자동차의 총 운송매출 중에서 무료로 일마나 운송했는지를 나타내는 지표이다.
⑤ 회전율은 특정 기간 내에 화물을 운송한 횟수로 산출하는 지표이다.

71. 특장차에 관한 내용으로 옳지 않은 것은?
① 합리화특장차는 적재 및 하역작업의 합리화를 위해 특수기기를 장착한다.
② 액체운송차는 콘크리트를 섞으면서 건설현장 등으로 운송하는 차량이다.
③ 전용특장차는 자체의 동력을 이용하여, 장착된 기계장치를 직접 가동시켜 화물하역 및 운반할 수 있다.
④ 분립체운송차는 시멘트, 곡물 등 분립체를 자루에 담지 않고 운반하기 위해 설계되어 있다.
⑤ 덤프트럭은 적재함 높이를 경사지게 하여 적재물을 하역한다.

72. 다음에서 설명하는 운송시스템은?

- 하나의 터미널에서 다른 터미널로 운송할 화물을 각각의 터미널로 직접 발송하는 형태의 운송시스템
- 여러 영업점을 순회하면서 화물을 운송하는 셔틀운송이 필요한 방식
- 운송노선의 수가 많고 분류작업의 인건비가 증가할 수 있는 방식
- 터미널 수가 많기 때문에 성수기의 물량 증가에 대한 대처가 양호한 방식

① Hub & Spoke System
② Point to Point System
③ Tracking System
④ Cross-Docking System
⑤ Unit Load System

73. 화물운송의 비용 및 운임에 관한 내용으로 옳지 않은 것은?
① 종가운임은 화물중량이 아닌 화물가격(송장가액)에 따라 운임의 수준이 달라지는 운임을 말한다.
② 양모, 면화 등 중량에 비해 부피가 큰 용적화물은 수량기준으로 운임을 산정해야 한다.
③ 운송수단의 선정 시 운송비용은 중요한 기준이 된다.
④ 연료비, 수리비, 타이어비는 화물자동차 운송 비용 중 변동비에 해당한다.
⑤ 수요자(화주)가 인지하는 서비스 가치에 기초하여 운임을 책정할 수 있다.

74. 택배 표준약관(공정거래위원회 표준약관 제10026호)에 관한 내용으로 옳지 않은 것은?
① 고객(송화인)은 운송물을 성질, 중량, 용량에 따라 운송에 적합하도록 포장하여야 한다.
② 사업자는 운송물의 포장이 운송에 적합하지 아니한 때, 고객(송화인)의 승낙을 얻어 운송 중 발생될 수 있는 충격량을 고려하여 포장을 하여야 한다.
③ 사업자는 운송물을 수탁한 후 포장의 외부에 운송물의 종류와 수량, 인도예정일(시), 운송상의 특별한 주의사항을 표시한다.
④ 사업자가 운반하는 도중에 운송물의 포장이 훼손되어 재포장을 한 경우, 운송물을 인도한 후 고객(송화인)에게 그 사실을 알려야 한다.
⑤ 운송물이 포장 당 50만원을 초과하거나 운송상 특별한 주의를 요하는 것일 때는 사업자는 별도 할증요금을 청구할 수 있다.

75 화물자동차의 운송능력에 관한 내용으로 옳은 것은?

① 최대적재중량은 화물자동차 자체중량과 최대 승차중량을 합한 중량을 말한다.
② 자동차연결 총중량은 공차상태에서 트랙터와 트레일러까지 합산된 중량을 말한다.
③ 화물자동차의 운송능력은 공차중량에 자동차의 평균 용적을 곱하여 계산한다.
④ 최대접지압력은 공차상태에서 도로 지면 접지부에 미치는 압력의 정도를 말한다.
⑤ 공차중량은 화물을 적재하지 않고 연료, 냉각수, 윤활유 등을 가득 채운 상태의 중량을 말한다.

76 택배서비스에 관한 내용으로 옳지 않은 것은?

① 택배사업은 집하, 운송 및 중계 작업에 많은 인력이 소요된다.
② 신속하고 정확한 화물운송을 위해서는 정보시스템의 구축이 필요하다.
③ 소품종 대량생산 체제로 전환되면서 운송단위가 대량화되고 있다.
④ 차량, 터미널, 분류기기 등의 장비와 시설에 대한 대규모 투자가 필요하다.
⑤ 사업구역 내에 적절한 집배를 위한 적정수의 영업소(네트워크)를 설치하고 운영해야 한다.

77 다음에서 설명하는 화물운송관련 시스템은?

- 화물운송 시 수반되는 자료와 정보를 신속하게 수집하여 효율적으로 관리하는 시스템
- 수주과정에서 입력한 정보를 기초로 비용이 가장 적은 운송경로와 운송수단을 제공하는 시스템

① Cold Chain System
② Geographic Information System
③ Vanning Management System
④ Transportation Management System
⑤ Intelligent Transportation System

78 다음은 트레일러 트럭(Trailer truck)에 관한 내용이다. ( )에 들어갈 내용으로 옳은 것은?

(ㄱ)트레일러 트럭 : 트랙터에 턴테이블을 설치하고 트레일러를 연결한 후, 대형파이프 등 장척물의 수송에 사용한다.
(ㄴ)트레일러 트럭 : 트랙터와 트레일러가 적재하중을 분담하는 트레일러를 말한다.
(ㄷ)트레일러 트럭 : 트랙터와 트레일러가 완전히 분리되어 있고, 트랙터 자체도 바디(Body)를 가지고 있다.

① ㄱ : 폴(Pole), ㄴ : 더블(Double), ㄷ : 세미(Semi)
② ㄱ : 풀(Full), ㄴ : 폴(Pole), ㄷ : 스켈레탈(Skeletal)
③ ㄱ : 풀(Full), ㄴ : 세미(Semi), ㄷ : 더블(Double)
④ ㄱ : 폴(Pole), ㄴ : 세미(Semi), ㄷ : 풀(Full)
⑤ ㄱ : 세미(Semi), ㄴ : 스켈레탈(Skeletal), ㄷ : 풀(Full)

79 화물자동차운송의 특징에 관한 설명으로 옳은 것은?

① 운송단위가 작아서 장거리 대량화물 운송에 적합하다.
② 철도운송에 비해 사고율이 낮고 안전도가 높다.
③ 다른 운송수단과 연계하지 않고도 일관운송 서비스를 제공할 수 있다.
④ 운송화물의 중량에 제한이 없다.
⑤ 철도운송에 비해 정시성이 높다.

80 복합운송인의 한 형태인 무선박운송인(NVOCC)에 관한 설명으로 옳지 않은 것은?

① 1984년 미국의 신해운법에 의해 법적 지위를 인정받았다.
② 화물운송을 위해 선박을 직접 보유하지 않는다.
③ 선박운송인(VOCC)에 대해 화주의 입장에서 계약을 체결한다.
④ 화주에 대해 선박운송인(VOCC)의 입장에서 계약을 체결한다.
⑤ 화주에게 NVOCC 자기명의로 B/L을 발행할 수 없다.

3과목 국제물류론

81 국제물류관리에 관한 설명으로 옳지 않은 것은?

① 국제물류활동에 따른 리드타임의 증가는 재고량 감소에 영향을 미친다.
② 운송거리, 수출입절차, 통관절차 등의 영향으로 국내물류에 비해 리드타임이 길다.
③ 조달, 생산, 판매 등 물류활동이 국경을 초월하여 이루어지기 때문에 국내물류에 비해 제도적·환경적 제약을 많이 받는다.
④ 국가 간 상이한 상관습, 제도, 유통채널 등 국가별 차이를 고려해야 한다.
⑤ 9.11테러 이후 국경 간 물자의 이동에 있어서 물류보안제도의 중요성이 높아지고 있다.

82 국제운송시스템의 운영에 관한 설명으로 옳지 않은 것은?

① 운송수단을 선정할 때는 적합한 서비스 수준을 유지하면서 총비용을 최소화 할 수 있도록 운송비뿐만 아니라 재고비용, 보관비용, 리드타임, 운송화물의 특성 등을 고려해야 한다.
② 항공운송을 이용하는 경우 해상운송에 비해 재고비용이나 보관비용을 절감할 수 있다.
③ 소량화물의 경우 혼재운송이나 공동 수배송을 통해 적재효율을 높일 수 있다.
④ 해상운송을 이용하는 경우 대량운송을 통해 단위당 운송비를 절감할 수 있다.
⑤ 컨테이너를 이용한 단위화물은 개품화물(break bulk cargo)에 비해 하역기간이 늘어날 수 있다.

83 다음 설명에 해당하는 국제물류시스템은?

> 국제물류기업들은 선박 및 항공기의 대형화에 따라 소수의 대규모 거점 항만 및 공항으로 기항지를 줄이고 물동량이 많지 않은 소규모 거점은 피더서비스를 통해 연결하여 운송빈도를 줄이고 운송단위를 늘려 물류비를 절감하고 있다.

① ERP
② POS
③ VMI
④ QR
⑤ Hub & Spoke

84 국내물류와 구분되는 국제물류의 특성으로 옳지 않은 것은?

① 물류관리에 있어서 복잡성의 증가
② 물류관리와 관련된 거래비용의 감소
③ 리드타임 및 불확실성의 증가
④ 환율변동으로 인한 환위험 노출
⑤ 국가별 유통채널의 상이성

85 용선선박이 용선계약 상에 명시된 날짜까지 선적준비를 하지 못할 경우 용선자에게 용선계약의 취소여부에 관한 선택권을 부여하는 항해용선계약(Gencon C/P)상 조항은?

① Laytime
② Demurrage
③ Off hire Clause
④ Cancelling Clause
⑤ Deviation Clause

86 편의치적(Flag of Convenience)에 관한 설명으로 옳은 것은?

① 선박 및 항만설비에 영향을 미치는 보안위협을 탐지하고 제거하기 위한 제도이다.
② 항만국이 자국 항구에 기항하는 외국국적 선박을 대상으로 국제협약 상의 기준에 따른 점검 및 통제권한을 행사할 수 있도록 하는 제도이다.
③ 세금부담 경감, 인건비 절감 등을 위해 소유 선박을 자국이 아닌 국적부여조건이 엄격하지 않은 외국에 등록하는 제도이다.
④ 자국선 보호 및 외화유출방지를 위해 국적선취항지역은 국적선을 이용하도록 하고 국적선불취항증명서(waiver) 없이는 외국선 이용을 금지하는 제도이다.
⑤ 외국의 선박을 나용선한 뒤 용선기간이 종료되고 용선료를 모두 납부하면 자국의 국적선으로 등록하게 하는 제도이다.

87 선급제도(Ship's Classification)에 관한 설명으로 옳지 않은 것은?

① 선박의 감항성(seaworthiness)에 관한 객관적·전문적 판단을 위해 생긴 제도이다.
② 로이드 선급(Lloyd's register)은 보험자들이 보험인수여부 및 보험료 산정을 위해 만든 선박등록부이다.
③ 한국선급협회는 국제선급협회의 정회원으로 가입되어 있다.
④ 선박이 특정 선급을 얻기 위해서는 선급검사관(surveyor)의 엄격한 감독 하에 동 선급규칙에 맞춰 건조되어야 한다.
⑤ 한국선급협회는 영국 적하보험 선급약관에 등재되어 있다.

88 국제물류시스템 중 통과시스템의 특징으로 옳은 것은?

① 혼재·대량수송을 통해 운송비용을 절감할 수 있다.
② 해외 자회사 창고는 보관기능보다 집하, 분류, 배송기능에 중점을 둔다.
③ 상품이 생산국에서 해외 중앙창고로 출하된 후 각국 자회사 창고 혹은 고객에게 수송된다.
④ 해외 자회사는 상거래 유통에는 관여하지만 물류에는 직접적으로 관여하지 않는다.
⑤ 수출입 통관수속을 고객이 직접 해야 하기 때문에 그만큼 고객 부담이 높아진다.

89 다음 설명에 해당하는 비용은?

> 컨테이너 화물이 CY에 반입되는 순간부터 본선 선측까지 또는 반대로 본선 선측에서부터 CY까지 화물의 이동에 따르는 비용

① Freight All Kinds
② Terminal Handling Charge
③ Commodity Classification Rate
④ Commodity Box Rate
⑤ Detention Charge

90 정기선 운송과 관련된 것을 모두 고른 것은?

> ㄱ. tariff
> ㄴ. charter party
> ㄷ. shipping conference
> ㄹ. tramp

① ㄱ, ㄴ   ② ㄱ, ㄷ
③ ㄴ, ㄷ   ④ ㄴ, ㄹ
⑤ ㄷ, ㄹ

91 항공운송화물의 사고유형 중 지연에 관한 설명으로 옳지 않은 것은?

사고유형	내용
① Cross Labelled	라벨이 바뀌거나, 운송장 번호, 목적지 등을 잘못 기재한 경우
② OFLD (Off-Load)	출발지나 경유지에서 탑재공간 부족으로 인하여 의도적이거나, 실수로 화물을 내린 경우
③ OVCD (Over-Carried)	화물이 하기되어야 할 지점을 지나서 내려진 경우
④ SSPD (Short-shipped)	적재화물목록에는 기재되어 있으나, 화물이 탑재되지 않은 경우
⑤ MSCN (Miss-connected)	탑재 및 하기, 화물인수, 타 항공사 인계 시에 분실된 경우

92 운송인의 책임한도에 관한 설명으로 옳지 않은 것은?

국제협약·법령	손해배상 한도
① Hague Rules (1924)	포장당 또는 선적단위당 100 파운드 또는 동일한 금액의 타국통화
② Hague-Visby Rules(1968)	포장당 또는 선적단위당 666.67 SDR 또는 kg당 2 SDR 중 높은 금액
③ Hamburg Rules (1978)	포장당 또는 선적단위당 835 SDR 또는 kg당 2.5 SDR 중 높은 금액
④ Rotterdam Rules (2008)	포장당 또는 선적단위당 875 SDR 또는 kg당 4 SDR 중 높은 금액
⑤ 우리나라 상법 (2020)	포장당 또는 선적단위당 666.67 SDR 또는 kg당 2 SDR 중 높은 금액

93 정박기간에 관한 설명으로 옳지 않은 것은?

① WWD는 하역이 가능한 기상조건의 작업일만을 정박기간에 포함한다.
② WWDSHEX는 일요일과 공휴일에 작업을 하면 정박기간에서 제외한다.
③ WWDSHEXUU는 일요일과 공휴일에 작업을 하면 정박기간에 포함한다.
④ CQD는 항구의 관습적 하역방법이나 하역능력 등에 따라 가능한 한 빨리 하역하도록 약정하는 것으로, 일요일과 공휴일에 작업을 하면 모두 정박기간에서 제외한다.
⑤ Running Laydays는 하역이 시작된 날로부터 종료시까지를 정박기간으로 산정하며, 특약이 없는 한 일요일과 공휴일에 작업을 하면 모두 정박기간에 포함한다.

94 다음 설명에 해당하는 공항터미널에서 사용되는 조업장비는?

> ㄱ. 주기장과 항공기와 터미널을 직접 연결시켜 탑재와 하역을 용이하게 한다.
> ㄴ. 파렛트 트레일러를 연결하여 이동하는 차량이다.

① ㄱ : Nose Dock, ㄴ : Self-Propelled Conveyor
② ㄱ : High Loader, ㄴ : Self-Propelled Conveyor
③ ㄱ : Nose Dock, ㄴ : Tug Car
④ ㄱ : High Loader, ㄴ : Tug Car
⑤ ㄱ : Work Station, ㄴ : Self-Propelled Conveyor

95 다음 설명에 해당하는 항해용선계약서 이면약관은?

> 선박이 도착예정일보다 늦게 도착하거나 빨리 도착하는 경우에 부선료나 하역대기료 등 화주에게 손실이 발행하게 되며, 본선이 선적준비완료 예정일 이전에 도착하여도 하역을 하지 않는다는 조항

① General Average Clause
② Not Before Clause
③ Lien Clause
④ Cancelling Clause
⑤ Off Hire Clause

96 항공화물운송장의 작성방법에 관한 설명으로 옳지 않은 것은?

① Currency란은 AWB 발행국 화폐단위 Code를 기입하며 Currency란에 나타난 모든 금액은 AWB에 표시되는 화폐단위와 일치한다.
② Declared Value for Carriage란은 항공사의 운송신고가격을 기입한다.
③ Amount of Insurance란은 화주가 보험에 부보하는 보험금액을 기입하며, 보험에 부보치 않을 때에는 공백으로 둔다.
④ Consignment Details and Rating란은 화물요금과 관련된 세부사항을 기입한다.
⑤ Chargeable Weight란은 화물의 실제중량과 부피중량 중 높은 쪽의 중량을 기입한다.

97 다음 설명에 해당하는 항공화물 부대운임은?

> 송하인 또는 그 대리인이 선지급한 비용으로 수하인이 부담하는 육상운송료, 보관료, 통관수수료 등을 말하며, 운송인은 송하인의 요구에 따라 AWB를 통해 수하인에게 징수한다.

① Disbursement fee
② Dangerous goods handling fee
③ Charges collect fee
④ Handling charge
⑤ Pick up service charge

98 복합운송증권(FIATA FBL)의 이면약관 내용으로 옳은 것은?

① 운송주선인의 책임 : 인도일 경과 후 연속일수 60일 이내에 인도되지 않을 경우 손해배상 청구자는 물품이 멸실된 것으로 간주한다.
② 물품의 명세 : 증권표면에 기재된 모든 사항에 대한 정확성은 운송주선인이 책임을 진다.
③ 불법행위에 대한 적용 : 계약이행과 관련하여 운송주선인을 상대로 한 불법행위를 포함한 모든 손해배상청구에 적용한다.
④ 운송주선인의 책임 : 운송주선인의 이행보조자를 상대로 제기된 경우에는 이 약관이 적용되지 않는다.
⑤ 제소기한 : 수하인은 물품이 멸실된 것으로 간주할 수 있는 권리를 가지게 된 날로부터 3개월 이내에 소송을 제기하지 아니하고 다른 방법에 의해 명확히 합의되지 않는 한 운송주선인은 모든 책임으로부터 면제된다.

99 항공운송 관련 국제규범으로 옳은 것을 모두 고른 것은?

> ㄱ. Guatemala Protocol
> ㄴ. CIM
> ㄷ. CMR
> ㄹ. Montreal Agreement

① ㄱ, ㄴ
② ㄱ, ㄷ
③ ㄱ, ㄹ
④ ㄴ, ㄷ
⑤ ㄴ, ㄹ

100 UN국제물품복합운송조약(1980)에 관한 설명으로 옳지 않은 것은?

① 복합운송인의 책임체계는 절충식 책임체계를 따르고 있다.
② 복합운송인의 책임기간은 화물을 인수한 때부터 인도할 때까지로 한다.
③ 적용화물(Goods)이란 송하인에 의해 공급된 경우에는 컨테이너, 파렛트 또는 유사한 운송용구와 포장용구를 포함하지 않는다.
④ 송하인은 위험물에 관하여 적절한 방법으로 위험성이 있다는 표식(mark)을 하거나 꼬리표(label)를 붙여야 한다.
⑤ 법적 절차 또는 중재 절차가 2년 내에 제기되지 않으면 어떠한 소송도 무효가 된다.

101 다음 설명에 해당하는 컨테이너는?

> 정장의류 및 실크·밍크 등의 고급의류를 옷걸이에 걸어 구겨지지 않게 운송하여 다림질(ironing)을 하지 않고 진열·판매할 수 있다.

① Solid Bulk Container
② Liquid Bulk Container
③ Open Top Container
④ Insulated Container
⑤ Garment Container

102 해공(Sea & Air)복합운송 서비스의 장점에 관한 설명으로 옳지 않은 것은?

① 화주는 해상운송 기간을 단축하여 경쟁력을 높일 수 있다.
② 전(全)구간 해상운송보다 수송기간이 짧고, 전(全)구간 항공운송보다 운임이 서렴하다.
③ 해상운송에 비해 수송기간이 짧아 재고비용이 절감되며 자본비용도 낮출 수 있다.
④ 항공사가 운송장(Through B/L)을 발행하게 되면 항공사는 함부르크조약으로 책임을 지기 때문에 화주에게 유리하다.
⑤ 생산일정과 수입상의 창고 및 시장 상황에 맞춰 적시(JIT)납품을 결정할 수 있게되어 기업의 물류관리 측면에서 융통성이 많아지게 된다.

103 컨테이너 운송의 특성에 관한 설명으로 옳지 않은 것은?

① 컨테이너의 유휴 등 고가 설비의 효율적 활용이 쉽지 않다.
② 컨테이너의 용량이 커서 소량화물의 경우 혼재를 해야 하는 불편이 있다.
③ 모든 화물을 컨테이너화 할 수 없는 단점을 가지고 있다.
④ 신속하고 안전한 화물의 환적이 가능하며, 하역의 기계화로 시간과 비용을 절감할 수 있다.
⑤ 컨테이너화에는 선사직원 및 항만노무자의 교육·훈련 등에 있어 장기간의 노력과 투자가 필요하지 않다.

104 항공화물운송장 기능과 내용으로 옳은 것을 모두 고른 것은?

구분	기능	내용
ㄱ	화물수령증	항공사가 송하인으로부터 화물을 수령했음을 입증하는 성격을 가지고 있다.
ㄴ	요금계산서	화물과 함께 목적지에 보내어져 수하인이 운임과 요금을 계산하는 근거 자료로 사용된다.
ㄷ	세관신고서	통관 시 수출입신고서 및 통관자료로 사용된다.

① ㄱ
② ㄱ, ㄴ
③ ㄱ, ㄷ
④ ㄴ, ㄷ
⑤ ㄱ, ㄴ, ㄷ

105 항만시설에 관한 설명으로 옳지 않은 것은?

① 묘박지(Anchorage)는 선박이 닻을 내리고 접안을 위해 대기하는 수역을 말한다.
② 계선주(Bitt)는 선박의 계선밧줄을 고정하기 위하여 안벽에 설치된 석재 또는 강철재의 짧은 기둥을 말한다.
③ 선회장(Turning Basin)은 자선선회(自船船回)의 경우 본선 길이의 2배를 직경으로 하는 원이며, 예선(曳船)이 있을 경우에는 본선 길이의 3배를 직경으로 하는 원으로 한다.
④ 펜더(Fender)는 선박의 접안 시 또는 접안 중에 선박이 접촉하더라도 선박이 파손되지 않도록 안벽의 외측에 부착시켜 두는 고무재이다.
⑤ 항로(Access Channel)는 바람과 파랑의 방향에 대해 30°~60°의 각도를 갖는 것이 좋으며 조류방향과 작은 각도를 이루어야 한다.

106 다음 설명에 해당하는 부정기선 운임은?

> 화물의 개수·중량·용적을 기준으로 하는 경우와 화물의 양(量)과 관계없이 항해(trip)·선복(ship's space)을 단위로 운임을 계산하는 경우, 항해·선복 단위의 용선계약 시 지불하는 운임

① Lump Sum Freight
② Option Surcharge
③ Dead Freight
④ Congestion Surcharge
⑤ Long Term Contract Freight

107 우리나라 상법 상 선하증권 법정기재사항을 모두 고른 것은?

> ㄱ. 선박의 명칭, 국적 및 톤수
> ㄴ. 운임지불지 및 환율
> ㄷ. 선하증권번호
> ㄹ. 본선항해번호
> ㅁ. 용선자 또는 송하인의 성명·상호
> ㅂ. 수하인 또는 통지수령인의 성명·상호

① ㄱ, ㄴ, ㄷ
② ㄱ, ㄷ, ㄹ
③ ㄱ, ㅁ, ㅂ
④ ㄴ, ㄹ, ㅂ
⑤ ㄴ, ㅁ, ㅂ

108 다음 설명에 해당하는 국제물류 정보기술은?

> 사전·사후 배송 라우팅을 통한 자동배차 등의 효율적인 배송계획을 수립하여 배송차량의 실시간 위치관제 및 배송상태의 확인이 가능하게 함으로써 대리점과 고객에게 화물위치 추적 및 도착 예정시간, 화물정보 검색 등의 다양한 기능을 제공하여 고객의 니즈(needs)에 부응하고자 만들어진 시스템

① CVO
② ECR
③ WMS
④ RFID
⑤ SCM

109 복합운송증권(FIATA FBL)의 약관 중 다음 내용이 포함되는 약관은?

> 포워더는 화주에게 고지하지 않고 화물을 갑판적 또는 선창적할 수 있으며, 화물의 취급, 적부, 보관 및 운송에 따른 수단, 경로 및 절차를 자유로이 선택 또는 대체할 수 있는 재량권(liberty)을 갖는다.

① Delivery
② Paramount Clause
③ Negotiability and title to the goods
④ Method and Route of Transportation
⑤ Liability of Servants and Other Persons

① A valued policy
② A floating policy
③ A fixed policy
④ An open policy
⑤ An unvalued policy

110 다음 설명에 해당하는 국제물류 보안제도는?

> 해상뿐만 아니라 항공, 철도, 트럭 등의 운송수단을 통해 미국으로 수입되는 화물에 대한 정보를 미국 관세청(세관)에 제출하게 하는 규정으로, 이 규정을 통하여 항공, 철도, 트럭운송을 통한 화물에 대한 사전정보도 확보할 수 있게 되었다.

① CSI
② 24-Hour Rule
③ Trade Act of 2002 Final Rule
④ ISPS Code
⑤ C-TPAT

111 Marine Insurance Act(1906)에 규정된 용어의 설명이다. ( )에 들어갈 용어로 옳은 것은?

> ( ) is a policy which describes the insurance in general terms, and leaves the name of the ship or ships and other particulars to be defined by subsequent declaration. The subsequent declaration or declarations may be made by indorsement on the policy, or in other customary manner.

112 Incoterms® 2020 규칙에 관한 설명으로 옳지 않은 것은?

① "도착지인도"(DAP)란 매도인이 물품을 지정목적지까지 또는 지정목적지 내의 합의된 지점에서 도착운송수단에 실어둔 채 매수인 처분 하에 두어야 하는 것을 말한다.
② "선측인도"(FAS)란 매도인이 지정 선적항에서 매수인이 지정한 선박의 선측에 물품이 놓인 때 까지 물품의 멸실 또는 훼손의 위험 의무를 부담하는 것을 말한다.
③ "운임 보험료 포함인도"(CIF)란 물품이 선박에 적재된 때 물품의 멸실 또는 훼손의 위험이 매도인에서 매수인에게 이전되는 것을 말한다.
④ "공장인도"(EXW)란 매도인이 계약물품을 공장이나 창고 같은 지정장소에서 매수인의 처분상태로 둘 때 인도하는 것을 말한다.
⑤ Incoterms® 2020 규칙은 그 자체로 매매계약이다.

113 국제물품매매계약에 관한 UN 협약(CISG, 1980)에서 매도인의 계약위반에 대한 매수인의 구제방법이 아닌 것은?

① 의무의 이행 청구
② 대체물의 인도 청구
③ 하자보완 청구
④ 손해배상 청구
⑤ 권한쟁의 심판 청구

114 Incoterms® 2020 규칙 상 해상운송이나 내수로운송의 경우에만 사용되어야 하는 거래조건으로 옳은 것은?

① FAS, FOB, CFR, CIF
② FOB, CIF, CPT, DPU
③ FAS, FOB, CPT, CIP
④ CFR, CIF, CPT, CIP
⑤ FOB, DAP, DPU, DDP

115 무역구제제도(Trade Remedy)에 관한 설명으로 옳지 않은 것은?

① 긴급관세(세이프가드)제도는 수출국의 공정한 수출행위에 의한 수입이지만 특정물품의 수입이 급격히 증가하여 국내산업에 심각한 피해를 받거나 받을 우려가 있을 때 조사를 실시하여 긴급관세를 인하한다.
② 상계관세제도는 수출국 정부로부터 보조금을 받아 수출경쟁력이 높아진 물품이 수입되어 국내산업이 실질적인 피해를 받거나 받을 우려가 있을 때 조사를 실시하여 보조금 범위 내에서 상계관세를 부과한다.
③ 반덤핑관세제도는 외국물품이 정상가격 이하로 덤핑수입되어 국내산업이 실질적인 피해를 받거나 받을 우려가 있을 때 조사를 실시하여 정상가격과 덤핑가격의 차액범위 내에서 반덤핑 관세를 부과한다.
④ 긴급관세(세이프가드)를 부과하는 경우에는 이해당사국과 긴급관세부과의 부정적 효과에 대한 적절한 무역보상방법에 관하여 협의할 수 있다.
⑤ 무역구제제도는 공정한 경쟁을 확보하고 국내산업을 보호하는 제도이다.

116 Incoterms® 2020 규칙의 적용범위에 해당하는 것은?

① 매매계약 위반에 대한 구제수단
② 소유권 이전
③ 국제분쟁과 중재방법, 장소 또는 준거법
④ 매도인과 매수인의 의무, 비용 및 위험
⑤ 매매대금 지급의 시기, 장소 및 방법

117 Institute Cargo Clause(C)(2009)에서 담보하는 위험이 아닌 것은?

① 화재·폭발
② 본선·부선의 좌초·교사·침몰·전복
③ 육상운송용구의 전복·탈선
④ 포장이나 준비의 불충분 또는 부적합으로 인한 손해
⑤ 피난항에서 화물의 양하

118 Incoterms® 2020 규칙의 내용이다. ( )에 들어갈 용어로 옳은 것은?

> (ㄱ) means that the seller delivers the goods—and transfers the risk—to the buyer by handing them over to the carrier contracted by the seller or by procuring the goods so delivered.
> (ㄴ) may do so by giving the carrier physical possession of the goods in the manner and at the place appropriate to the means of transport used.

① ㄱ : CPT, ㄴ : The buyer
② ㄱ : DDP, ㄴ : The seller
③ ㄱ : CPT, ㄴ : The seller
④ ㄱ : DDP, ㄴ : The buyer
⑤ ㄱ : FOB, ㄴ : The buyer

119 다음 ( )에 들어갈 용어로 옳은 것은?

> ( )란 세계관세기구의 수출입 공급망 안전관리 기준 또는 이와 동등한 기준을 준수하여 자국 세관으로부터 인증을 받은 국제수출입공급망의 개별당사자를 의미한다.

① Authorized Supplier
② Authorized Economic Operator
③ Authorized Consignor
④ Authorized Manufacturer
⑤ Authorized Consignee

120 관세법에서 정의하고 있는 내국물품에 해당하지 않는 것은?

① 외국으로부터 우리나라에 도착한 물품으로 수입신고가 수리되기 전의 것
② 우리나라의 선박 등이 공해에서 채집하거나 포획한 수산물 등
③ 수입신고수리 전 반출승인을 받아 반출된 물품
④ 우리나라에 있는 물품으로서 외국물품이 아닌 것
⑤ 수입신고전 즉시반출신고를 하고 반출된 물품

2024년 제28회 기출문제

교시	과목	시간	점수
2교시	보관하역론 물류관련법규	12:00 ~ 13:20 (80분)	

4과목 보관하역론

01 보관의 원칙에 관한 설명으로 옳지 않은 것은?

① 네트워크 보관의 원칙: 입출고 빈도에 따라 보관할 물품의 위치를 달리하는 원칙으로 빈도가 높은 물품은 출입구 가까운 위치에 보관한다.
② 중량특성 보관의 원칙: 물품의 중량에 따라 보관 위치를 결정하는 원칙으로 중량이 무거울수록 하층부에 보관한다.
③ 위치표시 보관의 원칙: 보관된 물품의 장소와 선반 번호의 위치를 표시하여 작업효율성을 높이는 원칙으로 입출고 시 불필요한 작업이나 실수를 줄일 수 있다.
④ 유사성 보관의 원칙: 유사품은 가까운 장소에 모아서 보관하는 원칙으로 관리효율 향상을 기대할 수 있다.
⑤ 통로대면 보관의 원칙: 입출고 용이성 및 보관의 효율성을 위해 물품을 가능한 통로에 접하여 보관하는 것으로 화물의 원활한 흐름과 활성화를 위한 원칙이다.

02 보관품목수, 보관수량, 회전율에 따른 보관유형을 올바르게 표시한 것은?

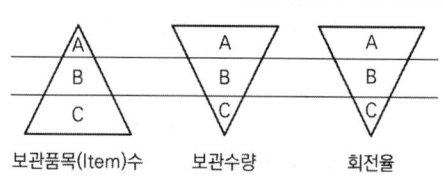

ㄱ. 보관품목수는 매우 적지만 보관수량이 매우 많고 회전율이 매우 높은 특징을 갖는다.
ㄴ. 보관품목수와 보관수량이 매우 많고, 회전율이 매우 높으며, 관리가 복잡하여 자동화 방식이 적합하다.

① ㄱ: A - A - A, ㄴ: C - C - A
② ㄱ: A - A - A, ㄴ: C - A - A
③ ㄱ: A - C - C, ㄴ: C - C - A
④ ㄱ: C - A - A, ㄴ: A - C - C
⑤ ㄱ: C - A - A, ㄴ: A - C - A

03 복합물류터미널에 관한 설명으로 옳지 않은 것은?

① 두 종류 이상의 운송수단을 연계할 수 있는 규모 및 시설을 갖춘 화물터미널이다.
② 보관기능 위주로 운영되는 물류시설로 환적물량은 취급하지 않는다.
③ 조립·가공 등의 기능을 수행하기 위한 유통가공 시설을 보유할 수 있다.
④ 배송센터 기능과 더불어 화물정보센터의 기능도 수행한다.
⑤ 화물의 집화·하역 및 이와 관련된 분류·포장 등에 필요한 기능을 갖춘 물류시설이다.

04 물류시설의 설명으로 옳은 것은?

① 스마트물류센터: 첨단물류설비, 운영시스템 등을 도입하여 저비용, 고효율, 친환경성 등에서 우수한 성능을 발휘할 수 있는 물류창고
② 농수산물종합유통센터: 농수산물의 출하경로를 다원화하고 물류비용을 절감하기 위한 물류시설로 농수산물의 수집, 포장, 가공, 보관, 수송, 판매기능과 함께 통관기능도 수행
③ ICD(Inland Container Depot) : 장치보관, 집화분류, 통관 기능과 함께 마샬링(marshalling), 본선 선적 및 양하 기능도 수행
④ CY(Container Yard) : 컨테이너에 LCL(Less than Container Load)화물을 넣고 꺼내는 작업을 하는 시설과 장소
⑤ 도시첨단물류단지: 수출입 통관업무, 집하, 분류 기능을 수행하며, 트럭회사, 포워더(forwarder) 등을 유치하여 운영하므로 내륙 항만이라고도 부름

05 물류센터 운영에 관한 설명으로 옳지 않은 것은?

① 상품의 리드타임 단축을 통해 고객 만족도를 높일 수 있다.
② 각각의 공장에서 소비지까지 제품을 개별 수송하므로 손상, 분실, 오배송이 감소한다.
③ 적절한 재고량을 유지하면서 고객니즈에 부합하는 서비스를 제공한다.
④ 물류센터 수가 증가하면 총 안전재고량과 납기준수율이 모두 증가한다.
⑤ 물류센터 운영 전에 비해 상대적으로 공차율이 감소한다.

06 컨테이너 터미널의 시설에 관한 설명으로 옳지 않은 것은?

① 마샬링 야드(marshalling yard)는 컨테이너선에 선적하거나 양하하기 위해 컨테이너를 임시 보관하는 공간으로 대부분 에이프런에 인접해 있다.
② 게이트(gate)는 컨테이너 터미널의 화물 출입통로이다.
③ 메인드넌스 숍(maintenance shop)은 컨테이너 자체의 검사, 보수, 사용 전후의 청소 등을 수행한다.
④ ILS(Instrument Landing System)은 선박이 안전하게 접안할 수 있도록 유도하는 시설로 평소에는 항만 하역장비를 보관하기도 한다.
⑤ 위생검사소는 부패성 화물, 음식물과 같이 위생에 위험이 초래될 가능성이 있는 화물에 대한 검사를 위해 설치한다.

07 물류거점 입지선정 방법에 관한 설명으로 옳지 않은 것은?

① 요인평정법(가중점수법)은 접근성, 지역환경, 노동력 등의 입지요인별로 가중치를 부여하고 가중치를 고려한 요인별 평가점수를 통해 입지후보지를 선택하는 방법이다.
② 브라운 & 깁슨법은 입지에 영향을 주는 요인을 필수적 요인, 객관적 요인, 주관적 요인으로 구분하여 평가하는 방법이다.
③ 총비용 비교법은 입지거점 대안별로 예상 비용을 산출하고, 총비용이 최소가 되는 대안을 선택하는 방법이다.
④ 손익분기 도표법은 예상 물동량에 대한 고정비와 변동비를 산출하고 그 합을 비교하여 물동량에 따른 총비용이 최소가 되는 대안을 선택하는 방법이다.
⑤ 톤-킬로법은 물동량의 무게와 거리를 고려한 방법으로 입지 제약, 환경 제약 등의 주관적 요인을 반영할 수 있는 방법이다.

08 물류센터 규모 및 내부 설계 시 고려해야 할 사항으로 옳지 않은 것은?

① 입출고, 피킹, 보관, 배송 등에 관한 운영 특성을 고려한다.
② 자동화 수준, 설비 종류 등 설비 특성을 고려한다.
③ 화물보험 가입 용이성, 신용장 개설 편의성 등 보험·금융 회사 접근 특성을 고려한다.
④ 주문건수, 주문빈도, 주문크기 등의 주문 특성을 고려한다.
⑤ 화물의 크기, 무게, 가격 등 화물 특성을 고려한다.

09 다음은 각 수요지의 수요량과 위치좌표를 나타낸 것이다. 무게중심법에 의한 신규 배송센터의 최적의 입지좌표는? (단, 배송센터로의 공급은 고려하지 않음)

구분	X좌표	Y좌표	수요량 (톤/월)
수요지 1	20	40	200
수요지 2	60	20	100
수요지 3	80	50	200
수요지 4	120	100	500

① X : 52, Y : 40
② X : 72, Y : 52
③ X : 80, Y : 72
④ X : 86, Y : 70
⑤ X : 92, Y : 86

10 자동창고시스템(AS/RS)에서 단위화물을 처리하는 S/R(Storage/Retrieval) 장비의 단일명령(single command) 수행시간(cycle time)은 3분, 이중명령(dual command) 수행시간은 5분이다. 이 AS/RS에서 1시간 동안 처리해야 할 저장(storage)과 반출(retrieval) 지시가 각각 10건씩 발생하며, 그 중에서 이중명령으로 60%가 우선 수행되고 나머지는 단일명령으로 수행된다고 할 때, S/R 장비의 평균가동률은?

① 84%   ② 86%
③ 88%   ④ 90%
⑤ 92%

11 창고의 저장위치 할당 방법에 관한 설명으로 옳지 않은 것은?

① 임의저장(randomized storage)방식은 저장위치를 임의로 결정한다.
② 지정위치저장(dedicated storage)방식은 품목별 입출고 빈도수를 고려하여 저장위치를 지정한다.
③ 지정위치저장(dedicated storage)방식의 저장공간이 임의저장 방식의 저장 공간보다 크거나 같다.
④ 등급별저장(class-based storage)방식은 보관품목의 단위당 경제적 가치를 기준으로 등급을 설정한다.
⑤ 등급별저장(class-based storage)방식에서 동일 등급 내에서의 저장위치는 임의저장방식으로 결정된다.

12 적층랙(mezzanine rack)에 관한 설명으로 옳은 것은?

① 천장이 높은 단층창고 등에서 창고의 화물 적재 높이와 천장 사이 공간을 활용하는데 효과적이다.
② 직선으로 수평 이동하는 랙이며, 도서관 등에서 통로면적을 절약하는데 효과적이다.
③ 선입선출의 목적으로 격납 부분에 롤러, 휠 등을 장착하여 반입과 반출이 반대방향에서 이루어진다.
④ 랙 자체가 수평 또는 수직방향으로 회전하여 저장 위치가 지정된 입출고장소로 이동 가능한 랙이며, 가벼운 다품종 소량품에 많이 적용된다.
⑤ 파이프, 목재 등의 장척물 보관에 적합하도록 랙 구조물에 암(arm)이 설치되어있다.

13 기존 물류센터에서 크로스도킹(cross docking)을 도입할 때, 이에 관한 설명으로 옳지 않은 것은?

① 기계설비 보강과 정보기술도입 등 추가 투자가 필요할 수 있다.
② 물류센터의 재고 회전율이 감소한다.
③ 물류센터의 재고수준이 감소한다.
④ 장기적으로 물류센터의 물리적 저장 공간을 줄일 수 있다.
⑤ 입고되는 품목의 출하지가 알려져 있는 경우에 더 효과적이다.

14 창고에 관한 설명으로 옳지 않은 것은?

① 야적창고 : 물품을 노지에 보관하는 창고
② 수면창고 : 하천이나 해수면을 이용하여 물품을 보관하는 창고
③ 리스창고 : 자기의 화물을 보관하기 위해 설치한 창고
④ 위험물창고 : 고압가스 및 유독성 물질 등을 보관하는 창고
⑤ 영업창고 : 타인의 화물을 보관하는 창고

15 창고의 기능으로 옳은 것은 모두 몇 개 인가?

- 품질 특성이나 영업 전략에 따른 보관 기능
- 품절을 예방 하는 기능
- 포장, 라벨 부착, 검품 등의 기능
- 운송기능과의 연계 기능

① 0개   ② 1개
③ 2개   ④ 3개
⑤ 4개

16 창고관리시스템(WMS: Warehouse Management System)에 관한 설명으로 옳지 않은 것은?

① 화물파손에 대한 위험성이 높아진다.
② 운송수단과의 연계가 쉬워진다.
③ 피킹, 출하의 효율성이 높아진다.
④ 입하, 검품 등이 용이해진다.
⑤ 창고 내의 화물 로케이션관리가 용이해진다.

17 오더 피킹에 관한 설명으로 옳지 않은 것은?

① 1인 1건 피킹: 피커(picker)가 1건의 주문 전표에서 요구되는 물품을 모두 피킹하는 방법
② 총량 오더 피킹: 1건의 주문마다 물품을 피킹해서 모으는 방법
③ 일괄 오더 피킹: 여러 건의 주문 전표를 한데 모아 한꺼번에 피킹하는 방법
④ 존(zone) 피킹: 자기가 분담하는 선반의 작업범위를 정해 두고, 주문 전표에서 자기가 맡은 종류의 물품만을 피킹하는 방법
⑤ 릴레이(relay) 피킹: 주문 전표에서 해당 피커가 담당하는 품목만을 피킹하고, 다음 피커에게 넘겨주는 방법

18 시계열 분석법에 관한 설명으로 옳지 않은 것은?

① 시계열 분석법에는 이동평균법, 가중이동평균법, 지수평활법 등이 있다.
② 수준(level)은 추세, 계절적, 순환적, 무작위적 요인을 제외한 평균적 수요량을 의미한다.
③ 추세(trend)는 수요가 계속적으로 증가하거나 감소하는 경향을 말한다.
④ 계절적(seasonal) 요인은 수요의 변화가 규칙적으로 반복하는 현상을 말한다.
⑤ 순환적(cyclical) 요인은 단기간에 발생하는 불규칙한 수요변화이다.

19 MRP(Material Requirements Planning)에 관한 설명으로 옳지 않은 것은?

① MRP는 주생산계획을 기초로 완제품 생산에 필요한 자재 및 구성부품의 종류, 수량, 시기 등을 계획한다.
② MRP 시스템은 주생산계획, 자재명세서와 재고기록파일을 이용한다.
③ MRP는 재고수준의 최대화를 목표로 한다.
④ MRP는 소요자재를 언제 발주할 것인지를 알려준다.
⑤ MRP를 확장하여 사업계획과 각 부문별 계획을 연결시키는 계획을 제조자원계획(manufacturing resource planning)이라고 부른다.

20 6월의 판매 예측량은 110,000개이고, 실제 판매량은 100,000개이다. 지수평활법을 이용한 7월의 판매 예측량(개)은? (단, 평활상수(α)는 0.2를 사용한다.)

① 105,000 ② 106,000
③ 107,000 ④ 108,000
⑤ 109,000

21 집중구매방식과 분산구매방식의 비교 설명으로 옳지 않은 것은?

① 집중구매방식은 대량구매가 가능하며, 가격과 거래조건이 유리하다.
② 집중구매방식은 구입 절차를 표준화하기 쉽다.
③ 집중구매방식은 공통자재의 표준화, 단순화가 가능하다.
④ 분산구매방식은 구매요청 사업장의 특수한 요구가 반영되기 쉽다.
⑤ 분산구매방식은 긴급수요에 대처하기 불리하다.

22 A제품의 재고관리 환경이 EPQ(Economic Production Quantity) 가정과 일치하며, A의 연간 수요량이 2700톤, 하루 생산량이 12톤, 일일 소비량이 9톤이다. A제품의 생산 가동 준비비용(setup cost)은 1회당 400,000원이고, 톤당 연간 재고유지비용이 13,500원이라고 할 때, 경제적생산량(EPQ)은?

① 400톤   ② 500톤
③ 600톤   ④ 700톤
⑤ 800톤

23 재고관리의 목표가 아닌 것은?

① 서비스율 증대
② 백오더(back order)율 증대
③ 재고회전율 증대
④ 재고품의 손상율 감소
⑤ 보관비용 감소

24 재고관리시스템에 관한 설명으로 옳지 않은 것은?

① 정량발주시스템 : 연속적으로 재고수준을 검토하므로 연속점검시스템(continuous review system)이라고도 한다.
② 정량발주시스템 : 주문량이 일정하므로 Q시스템이라고도 한다.
③ 정기발주시스템 : 재고수준 파악과 발주를 정기적으로 하고, 재고가 목표수준에 도달하도록 발주량을 정한다.
④ 정기발주시스템 : 통상 정량발주시스템에 비하여 적은 안전재고량을 갖는다.
⑤ 기준재고시스템 : 일명 s - S재고시스템이라고 하며 보유재고량이 s보다 적어지면 최대재고량인 S에 도달하도록 발주량을 정한다.

25 경제적주문량(EOQ) 모형의 전제조건(가정)이 아닌 것은?

① 주문비용과 단가는 주문량에 관계없이 일정하다.
② 재고유지비용은 주문량에 반비례한다.
③ 단일 품목이며, 주문량은 한번에 입고된다.
④ 리드타임(lead time)은 일정하다.
⑤ 재고부족은 허용되지 않는다.

26 하역에 관한 설명으로 옳은 것은?
① 물류센터 내에서 물품의 짧은 거리 이동은 하역의 범위에 포함되지 않는다.
② 하역은 운송 수단에 실려 있는 물품을 꺼내는 일만을 의미하며, 정돈이나 분류는 하역의 범위에 포함되지 않는다.
③ 배송 속도가 중요한 전자상거래 시대에 하역의 중요성이 더욱 부각되고 있다.
④ 하역작업의 생산성을 향상시키기 위해 인력 하역 비중이 늘어나는 추세이다.
⑤ 하역작업의 혁신을 위해 물류센터 장비의 기계화와 무인화를 늦게 도입해야 한다.

27 〈보기〉의 화물 상태 별 운반활성지수를 모두 합한 것은?

〈보기〉
• 물류센터에 입고된 화물을 컨베이어벨트 위에 놓아두었다.
• 물류센터에 입고된 화물을 바닥에 놓아두었다.
• 물류센터에 입고된 화물을 대차에 실어두었다.
• 물류센터에 입고된 여러 화물을 한 개의 상자로 재포장하였다.

① 4
② 5
③ 6
④ 7
⑤ 8

28 하역의 원칙이 아닌 것은?
① 경제성 원칙
② 이동거리 최소화 원칙
③ 동일성 원칙
④ 단위화 원칙
⑤ 운반 활성화 원칙

29 하역의 구성 요소를 모두 고른 것은?

ㄱ. 쌓기	ㄴ. 내리기
ㄷ. 반출	ㄹ. 꺼내기
ㅁ. 운반	ㅂ. 통관

① ㄱ, ㄴ, ㄷ
② ㄴ, ㄷ, ㅂ
③ ㄱ, ㄹ, ㅁ, ㅂ
④ ㄷ, ㄹ, ㅁ, ㅂ
⑤ ㄱ, ㄴ, ㄷ, ㄹ,

30 하역에 활용되는 장비에 관한 설명으로 옳지 않은 것은?
① AGV(Automated Guided Vehicle)는 화물의 이동을 위해 지정된 장소까지 자동 주행할 수 있는 장비이다.
② 사이드 포크형 지게차는 차체의 측면에 포크와 마스트가 장착된 지게차이다.
③ 카운터 밸런스형 지게차는 포크와 마스트를 전방에 장착하고 후방에 웨이트를 설치한 지게차이다.
④ 트롤리 컨베이어는 로울러 또는 휠을 배열하여 화물을 운반하는 컨베이어이다.
⑤ 벨트 컨베이어는 연속적으로 움직이는 벨트를 사용하여 화물을 운반하는 컨베이어이다.

31 다음 설명에 모두 해당하는 장비는?

- 화물을 보관하는 선반(rack)과 선반 사이의 통로(aisle)에서 수직과 수평으로 동시에 움직일 수 있는 장비
- 컴퓨터를 활용하여 화물을 저장(storage), 반출(retrieval)하는 장비

① 스태커 크레인(stacker crane)
② 데릭(derrick)
③ 도크 레벨러(dock leveller)
④ 리프트 게이트(lift gate)
⑤ 야드 갠트리 크레인(yard gantry crane)

32 파렛트에 관한 설명으로 옳지 않은 것은?

① 롤(roll) 파렛트는 바닥면에 바퀴가 장착되어 밀어서 움직일 수 있다.
② 항공 파렛트는 화물을 탑재 후 항공기의 화물적재공간을 고려하여 망(net)이나 띠(strap)로 묶을 수 있다.
③ 파렛트는 운송, 보관, 하역 등의 효율을 증대시키는데 적합하다.
④ 시트(sheet) 파렛트는 푸시풀(push-pull) 장치를 부착한 장비에 의해 하역되는 시트 모양의 파렛트이다.
⑤ 사일로(silo) 파렛트는 액체를 담는 용도로 사용되며 밀폐를 위한 뚜껑이 있다.

33 유닛로드시스템(ULS)에 관한 설명으로 옳지 않은 것은?

① 유닛로드시스템으로 운송의 편의성이 떨어졌고, 트럭 회전율 또한 감소하였다.
② 유닛로드시스템으로 하역의 기계화가 촉진되고 보관효율이 향상되었다.
③ 유닛로드시스템으로 재고파악이 용이해졌다.
④ 유닛로드시스템이란 컨테이너나 파렛트 1개분으로 화물을 단위화하여 이 단위를 유지하는 것을 말한다.
⑤ 빈 파렛트나 빈 컨테이너 회수가 원활하지 못하면 운송 및 하역 작업이 지연될 수 있다.

34 물류모듈화를 위해 파렛트화 된 화물과 정합성을 고려할 필요가 없는 것은?

① 랙(rack)
② 해상용 갠트리 크레인(gantry crane)
③ 파렛트 트럭
④ 컨테이너(container)
⑤ 운반승강기

35 다음 설명에 모두 해당하는 파렛트 풀(pool) 시스템은?

- 송하인이 화물을 파렛트에 적재한 후 이를 운송회사에 운송 위탁하고, 운송회사는 같은 수량의 빈 파렛트를 송하인에게 지급한다.
- 운송회사는 위탁받은 화물을 파렛트 상태로 수하인에게 운송한다. 수하인은 파렛트 상태로 화물을 수령하고, 같은 수량의 빈 파렛트를 운송회사에 지급한다.
- 이 방식을 이용한 송하인, 수하인, 운송회사는 동일한 규격의 파렛트를 미리 보유하고 있어야 한다.
- 이 방식은 같은 수의 파렛트를 동시에 교환해야 하기 때문에 파렛트의 규격 통일이 선행되어야 한다.

① 교환방식
② 리스·렌탈방식
③ 교환리스병용방식
④ 대차결제방식
⑤ 교환·대차결제병용방식

① 잔교(pier)
② CFS(Container Freight Station)
③ 에이프런(apron)
④ 컨테이너 야드(container yard)
⑤ 컨트롤센터(control center)

36 분류(sorting)방식 중 동작에 의한 분류 방식이 아닌 것은?

① 밀어내는 방식
② 다이버트 방식
③ 바코드 방식
④ 이송 방식
⑤ 틸트 방식

39 항공하역 장비에 해당하는 것을 모두 고른 것은?

ㄱ. 이글루(igloo)
ㄴ. 리치스태커(reach stacker)
ㄷ. 트랜스포터(transporter)
ㄹ. 탑 핸들러(top handler)
ㅁ. 돌리(dolly)
ㅂ. 스트래들 캐리어(straddle carrier)

① ㄱ, ㄴ, ㄷ
② ㄱ, ㄴ, ㄹ
③ ㄱ, ㄷ, ㄹ
④ ㄱ, ㄷ, ㅁ
⑤ ㄱ, ㄷ, ㅂ

37 일관 파렛트화의 장점으로 옳지 않은 것은?

① 운반활성지수 감소
② 화물 도난과 파손의 감소
③ 물품검수 용이
④ 하역작업 능률 향상
⑤ 하역시간의 단축

40 다음 중 포장의 기능이 아닌 것은?

① 판매촉진성
② 표시성
③ 상품 수요 예측의 정확성
④ 취급의 편리성
⑤ 보호

38 아래 설명에 해당하는 것은?

- 컨테이너터미널에 설치되어 있으며, 안벽을 따라 폭이 약 30 ~ 50m 정도로 포장된 공간
- 야드트럭과 컨테이너크레인의 하역작업에 필요한 공간

5과목 물류관련법규

41 물류정책기본법령상 물류정책위원회에 관한 설명으로 옳지 않은 것은?

① 물류보안에 관한 중요 정책 사항은 국가물류정책위원회의 심의·조정 사항에 포함된다.
② 국가물류정책위원회의 분과위원회가 국가물류정책위원회에서 위임한 사항을 심의·조정한 때에는 분과위원회의 심의·조정을 국가물류정책위원회의 심의·조정으로 본다.
③ 국가물류정책위원회에 둘 수 있는 전문위원회는 녹색물류전문위원회와 생활물류전문위원회이다.
④ 지역물류정책에 관한 주요 사항을 심의하기 위하여 국토교통부장관 소속으로 지역물류정책위원회를 둘 수 있다.
⑤ 지역물류정책위원회는 위원장을 포함한 20명 이내의 위원으로 구성한다.

42 물류정책기본법상 물류체계의 효율화에 관한 설명으로 옳지 않은 것은?

① 국토교통부장관·해양수산부장관 또는 산업통상자원부장관은 효율적인 물류활동을 위하여 필요한 물류시설 및 장비를 확충할 것을 물류기업에 권고할 수 있다.
② 국토교통부장관·해양수산부장관·산업통상자원부장관 또는 시·도지사는 물류공동화를 추진하는 물류기업이나 화주기업 또는 물류 관련 단체에 대하여 예산의 범위에서 필요한 자금을 지원할 수 있다.
③ 국토교통부장관·해양수산부장관 또는 산업통상자원부장관은 물류기업이 물류자동화를 위하여 물류시설 및 장비를 확충하거나 교체하려는 경우에는 필요한 자금을 지원할 수 있다.
④ 국토교통부장관 또는 해양수산부장관은 물류표준화에 관한 업무를 효과적으로 추진하기 위하여 필요하다고 인정하는 경우에는 통계청장에게 「산업표준화법」에 따른 한국산업표준의 제정·개정 또는 폐지를 요청하여야 한다.
⑤ 국토교통부장관·해양수산부장관·산업통상자원부장관 또는 관세청장은 물류정보화를 통한 물류체계의 효율화를 위하여 필요한 시책을 강구하여야 한다.

43 물류정책기본법령상 우수물류기업의 인증에 관한 설명으로 옳지 않은 것은?

① 국토교통부장관 및 해양수산부장관은 물류기업의 육성과 물류산업 발전을 위하여 소관 물류기업을 각각 우수물류기업으로 인증할 수 있다.
② 우수물류기업의 인증은 물류사업별로 운영할 수 있다.
③ 국토교통부장관 또는 해양수산부장관은 인증우수물류기업이 해당 요건을 유지하는지에 대하여 국토교통부와 해양수산부의 공동부령으로 정하는 바에 따라 2년 마다 점검하여야 한다.
④ 국토교통부장관 또는 해양수산부장관은 소관 인증우수물류기업이 물류사업으로 인하여 공정거래위원회로부터 시정조치를 받은 경우에는 그 인증을 취소할 수 있다.

⑤ 국토교통부장관 및 해양수산부장관은 우수물류기업의 인증과 관련하여 우수물류기업 인증심사 대행기관을 공동으로 지정하여 인증신청의 접수를 하게 할 수 있다.

④ 국토교통부장관·해양수산부장관·산업통상자원부장관 및 대통령령으로 정하는 물류관련협회 및 물류관련 전문기관·단체는 공동으로 물류지원센터를 설치·운영할 수 있다.

⑤ 민·관 합동 물류지원센터의 장은 3년마다 사업계획을 수립한다.

44 물류정책기본법상 국제물류주선업의 등록에 관한 설명이다. ( )에 들어갈 내용을 바르게 나열한 것은?

> - 국제물류주선업을 경영하려는 자는 국토교통부령으로 정하는 바에 따라 (ㄱ)에게 등록하여야 한다.
> - 국제물류주선업의 등록을 하려는 자는 (ㄴ) 이상의 자본금(법인이 아닌 경우에는 6억원 이상의 자산평가액을 말한다)을 보유하고 그 밖에 대통령령으로 정하는 기준을 충족하여야 한다.

① ㄱ : 시·도지사,   ㄴ : 3억원
② ㄱ : 시·도지사,   ㄴ : 4억원
③ ㄱ : 국토교통부장관, ㄴ : 3억원
④ ㄱ : 국토교통부장관, ㄴ : 4억원
⑤ ㄱ : 국토교통부장관, ㄴ : 5억원

46 물류정책기본법령상 국가물류통합정보센터에 관한 설명으로 옳지 않은 것은?

① 국토교통부장관은 국가물류통합정보센터를 설치·운영할 수 있다.

② 국토교통부장관은 자본금 2억원 이상, 업무능력 등 대통령령으로 정하는 기준과 자격을 갖춘 「상법」상의 주식회사를 국가물류통합정보센터의 운영자로 지정할 수 있다.

③ 국토교통부장관은 국가물류통합정보센터운영자를 지정하려는 경우에는 미리 물류정책분과위원회의 심의를 거쳐 신청방법 등을 정하여 30일 이상 관보 또는 인터넷 홈페이지에 이를 공고하여야 한다.

④ 국토교통부장관은 국가물류통합정보센터운영자가 국가물류통합데이터베이스의 물류정보를 영리를 목적으로 사용한 경우에는 그 지정을 취소할 수 있다.

⑤ 국토교통부장관은 해양수산부장관·산업통상자원부장관 및 관세청장과 협의하여 국가물류통합정보센터운영자에게 필요한 지원을 할 수 있다.

45 물류정책기본법령상 물류관련협회 및 민·관 합동 물류지원센터에 관한 설명으로 옳지 않은 것은?

① 국토교통부장관 또는 해양수산부장관은 물류관련협회 설립의 인가권자이다.

② 물류관련협회는 법인으로 한다.

③ 물류관련협회는 해당 사업의 진흥·발전에 필요한 통계의 작성·관리와 외국자료의 수집·조사·연구사업을 수행한다.

47 물류정책기본법상 환경친화적 물류의 촉진에 관한 설명으로 옳지 않은 것은?

① 국토교통부장관·해양수산부장관 또는 시·도지사는 물류활동이 환경친화적으로 추진될 수 있도록 관련 시책을 마련하여야 한다.
② 국토교통부장관·해양수산부장관 또는 시·도지사는 물류기업 및 화주기업에 대하여 환경친화적인 운송수단으로의 전환을 권고하고 지원할 수 있다.
③ 국토교통부장관은 환경친화적 물류활동을 모범적으로 하는 물류기업과 화주기업을 우수기업으로 지정할 수 있다.
④ 국토교통부장관은 우수녹색물류실천기업 지정심사대행기관이 고의 또는 중대한 과실로 지정 기준 및 절차를 위반한 경우에는 그 지정을 취소하여야 한다.
⑤ 우수녹색물류실천기업 지정심사대행기관은 공공기관 또는 정부출연연구기관 중에서 지정한다.

48 물류정책기본법령상 국가물류통합정보센터 운영자 또는 단위물류정보망 전담 기관이 보관하는 전자문서 및 정보처리장치의 파일에 기록되어 있는 물류정보의 보관기간은?

① 1년   ② 2년
③ 3년   ④ 4년
⑤ 5년

49 물류시설의 개발 및 운영에 관한 법률상 복합물류터미널사업의 등록을 할 수 없는 결격사유에 해당하는 것은?

① 「물류시설의 개발 및 운영에 관한 법률」을 위반하여 벌금형을 선고받은 후 3년이 된 자
② 「물류시설의 개발 및 운영에 관한 법률」을 위반하여 금고형을 선고받은 후 1년이 된 자
③ 「물류시설의 개발 및 운영에 관한 법률」을 위반하여 징역형을 선고받은 후 2년 6개월이 된 자
④ 법인으로서 그 임원이 아닌 직원 중에 파산선고를 받고 복권되지 아니한 자가 있는 경우
⑤ 법인으로서 그 임원 중에 「물류시설의 개발 및 운영에 관한 법률」을 위반하여 금고형의 집행유예를 선고받고 그 유예기간 종료 후 1년이 된 자가 있는 경우

50 물류시설의 개발 및 운영에 관한 법률상 물류시설개발종합계획의 수립에 관한 설명으로 옳지 않은 것은?

① 국토교통부장관은 물류시설개발종합계획을 5년 단위로 수립하여야 한다.
② 연계물류시설은 물류터미널 및 물류단지 등 둘 이상의 단위물류시설 등이 함께 설치된 물류시설이다.
③ 물류시설의 기능개선 및 효율화에 관한 사항은 물류시설개발종합계획에 포함되어야 한다.
④ 물류시설개발종합계획의 수립은 「물류정책기본법」에 따른 물류시설분과위원회의 심의를 거쳐야 한다.
⑤ 국토교통부장관은 물류시설개발종합계획을 수립한 때에는 이를 관보에 고시하여야 한다.

51 물류시설의 개발 및 운영에 관한 법률상 다음 신청을 하려고 할 때 국토교통부령으로 정하는 바에 따라 수수료를 내야 하는 사항이 아닌 것은?

① 도시첨단물류단지의 지정의 신청
② 물류터미널의 구조 및 설비 등에 관한 공사시행인가의 신청
③ 물류창고업의 등록
④ 스마트물류센터 인증의 신청
⑤ 복합물류터미널사업의 등록신청

52 물류시설의 개발 및 운영에 관한 법률상 형사벌의 대상이 되는 경우를 모두 고른 것은?

> ㄱ. 공사시행인가를 받지 아니하고 공사를 시행한 복합물류터미널사업자
> ㄴ. 인증을 받지 않고 스마트물류센터임을 사칭한 자
> ㄷ. 등록을 하지 아니하고 복합물류터미널 사업을 경영한 자
> ㄹ. 다른 사람에게 등록증을 대여한 복합물류터미널사업자

① ㄱ, ㄴ
② ㄴ, ㄷ
③ ㄷ, ㄹ
④ ㄱ, ㄴ, ㄹ
⑤ ㄱ, ㄴ, ㄷ, ㄹ

53 물류시설의 개발 및 운영에 관한 법령상 이행강제금에 관한 설명으로 옳지 않은 것은?

① 이행강제금은 해당 토지·시설 등 재산가액(「감정평가 및 감정평가사에 관한 법률」에 따른 감정평가법인등의 감정평가액을 말함)의 100분의 20에 해당하는 금액으로 한다.
② 물류단지지정권자는 이행강제금을 부과하기 전에 이행강제금을 부과하고 징수한다는 뜻을 미리 문서로 알려야 한다.
③ 물류단지지정권자는 의무가 있는 자가 그 의무를 이행한 경우에는 이미 부과된 이행강제금 처분을 취소하여야 한다.
④ 물류단지지정권자는 이행기간이 만료한 다음 날을 기준으로 하여 매년 1회 그 의무가 이행될 때까지 반복하여 이행강제금을 부과하고 징수할 수 있다.
⑤ 물류단지지정권자는 의무를 이행하지 아니한 자에 대하여 의무이행기간이 끝난 날부터 6개월이 경과한 날까지 그 의무를 이행할 것을 명하여야 한다.

54 물류시설의 개발 및 운영에 관한 법령상 스마트물류센터의 인증에 관한 설명으로 옳은 것은?

① 스마트물류센터 인증은 국토교통부장관과 해양수산부장관이 공동으로 한다.
② 스마트물류센터 인증의 유효기간은 인증을 받은 날부터 5년으로 한다.
③ 인증받은 자가 인증서를 반납하는 경우는 인증을 취소할 수 있는 사유에 해당한다.
④ 스마트물류센터 인증에 대한 정기 점검은 인증한 날을 기준으로 5년마다 한다.
⑤ 인증기관의 장은 점검 결과 스마트물류센터가 인증기준을 유지하고 있다고 판단하는 경우에는 인증의 유효기간을 5년의 범위 내에서 연장할 수 있다.

55 물류시설의 개발 및 운영에 관한 법률상 물류단지의 개발 및 운영에 관한 설명으로 옳은 것은?

① 일반물류단지는 물류단지 개발사업의 대상지역이 2개 이상의 시·도에 걸쳐 있는 경우 시·도지사가 협의하여 지정한다.
② 시·도지사는 일반물류단지를 지정하려는 때에는 「물류정책기본법」에 따른 물류시설분과위원회의 심의를 거쳐야 한다.
③ 국토교통부장관은 시장·군수·구청장의 신청을 받아 도시첨단물류단지를 지정 한다.
④ 「민법」에 따라 설립된 법인은 물류단지개발사업의 시행자로 지정받을 수 없다.
⑤ 물류단지 안에서 토지분할을 하려는 자는 시장·군수·구청장의 허가를 받아야 한다.

56 물류시설의 개발 및 운영에 관한 법령상 물류단지 관리기구에 해당하지 않는 것은?

① 지방자치단체
② 「한국토지주택공사법」에 따른 한국토지주택공사
③ 「한국도로공사법」에 따른 한국도로공사
④ 「한국농어촌공사 및 농지관리기금법」에 따른 한국농어촌공사
⑤ 「지방공기업법」에 따른 지방공사

57 화물자동차 운수사업법상 운수사업자 등이 국가로부터 재정지원을 받을 수 있는 사업에 해당하지 않는 것은?

① 공동차고지 및 공영차고지 건설
② 화물자동차 운수사업의 정보화
③ 낡은 차량의 대체
④ 화물자동차 휴게소의 건설
⑤ 화물자동차 운수사업에 대한 홍보

58 화물자동차 운수사업법령상 화물자동차 운송주선사업에 관한 설명으로 옳지 않은 것은?

① 국토교통부장관은 화물자동차 운송주선사업의 허가사항 변경신고를 받은 경우 그 신고를 받은 날부터 7일 이내에 신고수리 여부를 신고인에게 통지하여야 한다.
② 운송주선사업자는 자기 명의로 다른 사람에게 화물자동차 운송주선사업을 경영하게 할 수 없다.
③ 관할관청은 화물자동차 운송주선사업 허가증을 발급하였을 때에는 그 사실을 협회에 통지하고 화물자동차 운송주선사업 허가대장에 기록하여 관리하여야 한다.
④ 화물자동차 운송주선사업 허가대장은 전자적 처리가 불가능한 특별한 사유가 없으면 전자적 처리가 가능한 방법으로 작성하여 관리하여야 한다.
⑤ 관할관청은 운송주선사업자가 허가기준을 충족하지 못한 사실을 적발하였을 때에는 특별한 사유가 없으면 적발한 날부터 30일 이내에 처분을 하여야 한다.

59 화물자동차 운수사업법령상 공제조합에 관한 설명으로 옳지 않은 것은?

① 공제조합을 설립하려면 공제조합의 조합원 자격이 있는 자의 10분의 1 이상이 발기하고, 조합원 자격이 있는 자 200인 이상의 동의를 받아 창립총회에서 정관을 작성한 후 국토교통부장관에게 인가를 신청하여야 한다.
② 공제조합은 공제사업에 관한 사항을 심의·의결하고 그 업무집행을 감독하기 위하여 운영위원회를 둔다.
③ 국토교통부장관은 운송사업자로 구성된 협회 등이 각각 연합회를 설립하는 경우, 연합회(연합회가 설립되지 아니한 경우에는 그 업종을 말함)별로 하나의 공제조합만을 인가하여야 한다.
④ 연합회가 공제사업을 하는 경우의 운영위원회 위원은 시·도별 협회의 대표 전원을 포함하여 25명 이내로 한다.
⑤ 공제조합은 결산기마다 그 사업의 종류에 따라 공제금에 충당하기 위한 책임준비금 및 지급준비금을 계상하고 이를 적립하여야 한다.

60 화물자동차 운수사업법령상 화물자동차 운송가맹사업 등에 관한 설명으로 옳지 않은 것은?

① 운송사업자가 국토교통부령으로 정하는 바에 따라 운송가맹사업자의 화물정보망을 이용하여 운송을 위탁하면 직접 운송한 것으로 본다.
② 국토교통부장관은 운송가맹사업자가 거짓이나 그 밖의 부정한 방법으로 화물자동차 운송가맹사업 허가를 받은 경우 6개월 이내의 기간을 정하여 그 사업의 전부 또는 일부의 정지를 명할 수 있다.
③ 화물취급소의 설치 및 폐지는 운송가맹사업자의 허가사항 변경신고의 대상이다.
④ 운송사업자가 다른 운송사업자나 다른 운송사업자에게 소속된 위·수탁차주에게 화물운송을 위탁하는 경우에는 운송가맹사업자의 화물정보망을 이용할 수 있다.
⑤ 감차 조치, 사업 전부정지 또는 사업 일부정지의 대상이 되는 화물자동차가 2대 이상인 경우에는 화물운송에 미치는 영향을 고려하여 해당 처분을 분할하여 집행할 수 있다.

61 화물자동차 운수사업법상 적재물배상보험등의 의무 가입에 관한 설명이다. ( )에 들어갈 내용을 바르게 나열한 것은?

> 최대 적재량이 (ㄱ)톤 이상이거나 총 중량이 (ㄴ)톤 이상인 화물자동차 중 국토교통부령으로 정하는 화물자동차를 소유하고 있는 운송사업자는 적재물사고로 발생한 손해배상 책임을 이행하기 위하여 대통령령으로 정하는 바에 따라 적재물배상 책임보험 또는 공제에 가입하여야 한다.

① ㄱ : 2.5, ㄴ : 2.5
② ㄱ : 2.5, ㄴ : 5
③ ㄱ : 2.5, ㄴ : 7
④ ㄱ : 3, ㄴ : 5
⑤ ㄱ : 5, ㄴ : 10

62. 화물자동차 운수사업법상 위·수탁계약의 갱신에 관한 설명이다. (   )에 들어갈 내용을 바르게 나열한 것은?

> 운송사업자가 위·수탁계약기간 만료 전 (ㄱ)일부터 (ㄴ)일까지 사이에 위·수탁차주에게 계약 조건의 변경에 대한 통지나 위·수탁계약을 갱신하지 아니한다는 사실의 통지를 서면으로 하지 아니한 경우에는 계약 만료 전의 위·수탁계약과 같은 조건으로 다시 위·수탁계약을 체결한 것으로 본다. 다만, 위·수탁차주가 계약이 만료되는 날부터 30일 전까지 이의를 제기하거나 운송사업자나 위·수탁차주에게 천재지변이나 그 밖에 대통령령으로 정하는 부득이한 사유가 있는 경우에는 그러하지 아니하다.

① ㄱ : 150, ㄴ : 20
② ㄱ : 150, ㄴ : 30
③ ㄱ : 150, ㄴ : 60
④ ㄱ : 180, ㄴ : 60
⑤ ㄱ : 180, ㄴ : 90

63. 화물자동차 운수사업법령상 운수종사자 교육에 관한 설명으로 옳지 않은 것은?

① 관할관청은 운수종사자 교육을 실시하는 때에는 운수종사자 교육계획을 수립하여 운수사업자에게 교육을 시작하기 1개월 전까지 통지하여야 한다.
② 운전적성정밀검사 중 특별검사 대상자인 운수종사자 교육의 교육시간은 8시간으로 한다.
③ 「물류정책기본법」에 따라 이동통신단말장치를 장착해야 하는 위험물질 운송차량을 운전하는 사람에 대한 교육시간은 8시간으로 한다.
④ 운수종사자 교육을 실시할 때에 교육방법 및 절차 등 교육 실시에 필요한 사항은 한국교통안전공단 이사장이 정한다.
⑤ 지정된 운수종사자 연수기관은 운수종사자 교육 현황을 매달 20일까지 시·도지사에게 제출하여야 한다.

64. 화물자동차 운수사업법령상 공영차고지 설치 대상 공공기관에 해당하지 않는 것은?

① 「인천국제공항공사법」에 따른 인천국제공항공사
② 「한국도로공사법」에 따른 한국도로공사
③ 「한국철도공사법」에 따른 한국철도공사
④ 「한국토지주택공사법」에 따른 한국토지주택공사
⑤ 「한국가스공사법」에 따른 한국가스공사

65. 화물자동차 운수사업법령상 운송사업자의 준수사항으로 옳지 않은 것은?

① 개인화물자동차 운송사업자는 주사무소가 있는 특별시·광역시·특별자치시 또는 도와 이와 맞닿은 특별시·광역시·특별자치시 또는 도 외의 지역에 상주하여 화물자동차 운송사업을 경영하지 아니하여야 한다.
② 밤샘주차하는 경우에는 화물자동차 휴게소에 주차할 수 없다.
③ 최대적재량 1.5톤 이하의 화물자동차의 경우에는 주차장, 차고지 또는 지방자치단체의 조례로 정하는 시설 및 장소에서만 밤샘주차하여야 한다.

④ 화주로부터 부당한 운임 및 요금의 환급을 요구받았을 때에는 환급하여야 한다.
⑤ 개인화물자동차 운송사업자는 자기 명의로 운송계약을 체결한 화물에 대하여 다른 운송사업자에게 수수료나 그 밖의 대가를 받고 그 운송을 위탁하거나 대행하게 할 수 없다.

66 화물자동차 운수사업법령상 관할관청이 화물자동차 운송사업의 임시허가 신청을 받았을 때 확인해야 하는 사항이 아닌 것은?

① 화물자동차의 등록 여부
② 차고지 설치 여부 등 허가기준에 맞는지 여부
③ 화물운송 종사자격 보유 여부
④ 화물운송사업자의 채권·채무 여부
⑤ 적재물배상보험등의 가입 여부

67 항만운송사업법령상 항만운송 분쟁협의회에 관한 설명이다. ( )에 들어갈 내용을 바르게 나열한 것은?

- 항만운송사업자 단체, 항만운송근로자 단체 및 그 밖에 대통령령으로 정하는 자는 항만운송과 관련된 분쟁의 해소 등에 필요한 사항을 협의하기 위하여 (ㄱ)로 항만운송 분쟁협의회를 구성·운영할 수 있다.
- 항만운송 분쟁협의회의 회의는 재적위원 (ㄴ)의 출석으로 개의하고, 출석위원 (ㄷ)의 찬성으로 의결한다.

① ㄱ: 업종별, ㄴ: 과반수, ㄷ: 과반수
② ㄱ: 업종별, ㄴ: 과반수, ㄷ: 3분의2 이상
③ ㄱ: 업종별, ㄴ: 3분의2 이상, ㄷ: 3분의2 이상
④ ㄱ: 항만별, ㄴ: 과반수, ㄷ: 3분의2 이상
⑤ ㄱ: 항만별, ㄴ: 3분의2 이상, ㄷ: 3분의2 이상

68 항만운송사업법상 과태료 부과 대상은?

① 항만운송사업자로서 관리청의 자료 제출 요구에 거짓으로 자료를 제출한 자
② 선박연료공급업을 등록한 자로서 사업계획 변경신고를 하지 아니하고 장비를 추가한 자
③ 해양수산부장관에게 신고하지 아니하고 선용품공급업을 한 자
④ 항만운송사업자로서 대통령령으로 정하는 부득이한 사유로 등록을 하지 아니한 항만에서 미리 신고를 하지 아니하고 일시적 영업행위를 한 자
⑤ 관리청으로부터 사업정지처분을 받았음에도 해당 기간 동안 사업을 영위한 항만운송사업자

69 항만운송사업법령상 항만운송종사자 등에 대한 교육훈련기관에 관한 설명으로 옳지 않은 것은?

① 교육훈련기관은 매 사업연도의 세입·세출결산서를 다음 해 3월 31일까지 해양수산부장관에게 제출하여야 한다.
② 교육훈련기관은 법인으로 한다.
③ 교육훈련기관은 다음 해의 사업계획 및 예산안을 매년 11월 30일까지 해양수산부장관에게 제출하여야 한다.

④ 교육훈련기관의 운영에 필요한 경비는 대통령령으로 정하는 바에 따라 국가가 부담한다.
⑤ 교육훈련기관을 설립하려는 자는 해양수산부장관의 설립인가를 받아야 한다.

70 유통산업발전법령상 유통업상생발전협의회(이하 '협의회'라 함)에 관한 설명으로 옳지 않은 것은?

① 대규모점포 및 준대규모점포와 지역중소유통기업의 균형발전을 협의하기 위하여 특별자치시장·시장·군수·구청장 소속으로 협의회를 둔다.
② 협의회의 회의는 재적위원 과반수의 출석으로 개의하고, 출석위원 3분의 2 이상의 찬성으로 의결한다.
③ 회장은 회의를 소집하려는 경우에는 긴급한 경우나 부득이한 사유가 있는 경우를 제외하고 회의 개최일 5일 전까지 회의의 날짜·시간·장소 및 심의 안건을 각 위원에게 통지하여야 한다.
④ 협의회의 사무를 처리하기 위하여 간사 1명을 두되, 간사는 유통업무를 담당하는 공무원으로 한다.
⑤ 협의회는 대형유통기업과 지역중소유통기업의 균형발전을 촉진하기 위하여 대규모점포 및 준대규모점포에 대한 영업시간의 제한 등에 관한 사항에 대해 특별자치시장·시장·군수·구청장에게 의견을 제시할 수 있다.

71 유통산업발전법상 대규모점포등을 등록하는 경우 의제되는 허가등에 해당하지 않는 것은?

① 「담배사업법」에 따른 소매인의 지정
② 「식품위생법」에 따른 집단급식소 설치·운영의 신고
③ 「대기환경보전법」에 따른 배출시설 설치의 허가 또는 신고
④ 「평생교육법」에 따른 평생교육시설 설치의 신고
⑤ 「외국환거래법」에 따른 외국환업무의 등록

72 유통산업발전법령상 공동집배송센터의 지정 취소사유에 해당하는 것을 모두 고른 것은?

> ㄱ. 공동집배송센터의 지정을 받은 날부터 정당한 사유 없이 3년 이내에 시공을 하지 아니하는 경우
> ㄴ. 공동집배송센터사업자가 파산한 경우
> ㄷ. 공동집배송센터의 시공후 공사가 6월 이상 중단된 경우
> ㄹ. 공동집배송센터의 지정을 받은 날부터 5년 이내에 준공되지 아니한 경우

① ㄱ, ㄴ
② ㄷ, ㄹ
③ ㄱ, ㄴ, ㄷ
④ ㄴ, ㄷ, ㄹ
⑤ ㄱ, ㄴ, ㄷ, ㄹ

73 유통산업발전법령상 대규모점포등과 관련한 유통분쟁조정위원회(이하 '위원회'라 함)의 분쟁 조정에 관한 설명으로 옳지 않은 것은?

① 대규모점포등과 관련한 분쟁의 조정신청을 받은 특별자치시·시·군·구의 위원회는 부득이한 사정이 없으면 신청을 받은 날부터 60일 이내에 이를 심사하여 조정안을 작성하여야 한다.
② 시(특별자치시는 제외)·군·구의 위원회의 조정안에 불복하는 자는 조정안을 제시받은 날부터 15일 이내에 시·도의 위원회에 조정을 신청할 수 있다.
③ 위원회는 동일한 시기에 동일한 사안에 대하여 다수의 분쟁조정이 신청된 경우에는 그 다수의 분쟁조정신청을 통합하여 조정할 수 있다.
④ 위원회는 유통분쟁조정신청을 받은 경우 신청일부터 10일 이내에 신청인외의 관련 당사자에게 분쟁의 조정신청에 관한 사실과 그 내용을 통보하여야 한다.
⑤ 위원회는 분쟁의 성질상 위원회에서 조정함이 적합하지 아니하다고 인정하거나 부정한 목적으로 신청되었다고 인정하는 경우에는 조정을 거부할 수 있다.

74 유통산업발전법령상 지정유통연수기관의 지정기준으로 옳은 것을 모두 고른 것은?

ㄱ. 사무실면적 : 16㎡ 이상
ㄴ. 강의실 면적 : 50㎡ 이상
ㄷ. 휴게실 면적 : 7㎡ 이상
ㄹ. 연수실적 : 지정신청일 기준으로 1년 이내에 2회(1회당 20시간 이상) 이상의 유통연수강좌를 실시한 실적이 있을 것

① ㄱ, ㄴ
② ㄱ, ㄹ
③ ㄴ, ㄷ
④ ㄴ, ㄷ, ㄹ
⑤ ㄱ, ㄴ, ㄷ, ㄹ

75 철도사업법상 철도사업자가 공동사용시설관리자와 협정을 체결하여 공동 활용할 수 있는 공동사용시설로서 옳지 않은 것은?

① 철도역 및 환승시설을 제외한 역 시설
② 철도차량의 정비·검사·점검·보관 등 유지관리를 위한 시설
③ 사고의 복구 및 구조·피난을 위한 설비
④ 열차의 조성 또는 분리 등을 위한 시설
⑤ 철도 운영에 필요한 정보통신 설비

76 철도사업법령상 민자철도의 운영평가 방법 등에 관한 설명으로 옳지 않은 것은?

① 국토교통부장관이 민자철도사업자에게 필요한 조치를 명한 경우 해당 민자철도사업자는 15일 이내에 조치계획을 마련하여 국토교통부장관에게 제출해야 한다.
② 국토교통부장관은 운영평가를 실시하려면 매년 3월 31일까지 소관 민자철도에 대한 평가일정, 평가방법 등을 포함한 운영평가계획을 수립한 후 평가를 실시하기 2주 전까지 민자철도사업자에게 통보해야 한다.
③ 국토교통부장관은 운영평가 결과에 따라 민자철도에 관한 유지·관리 및 체계 개선 등 필요한 조치를 민자철도사업자에게 명할 수 있다.

④ 국토교통부장관은 운영평가를 위하여 필요한 경우에는 관계 공무원, 철도 관련 전문가 등으로 민자철도 운영 평가단을 구성·운영할 수 있다.
⑤ 국토교통부장관이 정하여 고시하는 민자철도 운영평가 기준에는 민자철도 운영의 효율성이 포함되어야 한다.

④ 점용허가를 받은 자가 점용료를 납부하지 아니하는 경우
⑤ 점용허가를 받은 자가 스스로 점용허가의 취소를 신청하는 경우

77 철도사업법령상 전용철도를 운영하는 자가 등록사항을 변경하려는 경우 국토교통부장관에게 등록을 하지 않아도 되는 경미한 변경에 해당하지 않는 것은?

① 운행시간을 연장한 경우
② 운행횟수를 단축한 경우
③ 10분의 1의 범위안에서 철도차량 대수를 변경한 경우
④ 주사무소·철도차량기지를 제외한 운송관련 부대시설을 변경한 경우
⑤ 9월의 범위안에서 전용철도 건설기간을 조정한 경우

78 철도사업법상 국토교통부장관이 철도시설물의 점용허가를 취소할 수 있는 경우가 아닌 것은?

① 점용허가를 받은 자가 점용허가 목적과 다른 목적으로 철도시설을 점용한 경우
② 시설물의 종류와 경영하는 사업이 철도사업에 지장을 주게 된 경우
③ 점용허가를 받은 자가 점용허가를 받은 날부터 6개월 이내에 해당 점용허가의 목적이 된 공사에 착수하지 아니한 경우

79 농수산물 유통 및 가격안정에 관한 법령상 중도매업의 허가에 관한 설명으로 옳지 않은 것은?

① 도매시장법인의 주주 및 임직원으로서 해당 도매시장법인의 업무와 경합되는 중 도매업을 하려는 자는 중도매업의 허가를 받을 수 없다.
② 최저거래금액 및 거래대금의 지급보증을 위한 보증금 등 도매시장 개설자가 업무규정으로 정한 허가조건을 갖추지 못한 자는 중도매업의 허가를 받을 수 없다.
③ 법인인 중도매인은 임원이 파산선고를 받고 복권되지 아니한 때에는 그 임원을 지체 없이 해임하여야 한다.
④ 도매시장 개설자는 법인인 중도매인에게 중도매업의 허가를 하는 경우 3년 이상 10년 이하의 범위에서 허가 유효기간을 설정할 수 있다.
⑤ 도매시장의 개설자는 갱신허가를 한 경우에는 유효기간이 만료되는 허가증을 회수한 후 새로운 허가증을 발급하여야 한다.

80 농수산물 유통 및 가격안정에 관한 법령상 농수산물공판장(이하 '공판장'이라함)에 관한 설명으로 옳지 않은 것은?

① 농림수협등, 생산자단체 또는 공익법인이 공판장의 개설승인을 받으려면 공판장 개설승인 신청서에 업무규정과 운영관리계획서 등 승인에 필요한 서류를 첨부하여 시·도지사에게 제출하여야 한다.
② 공판장 개설자가 업무규정을 변경한 경우에는 이를 시·도지사에게 보고하여야 한다.
③ 생산자단체가 구성원의 농수산물을 공판장에 출하하는 경우 공판장의 개설자에게 산지유통인으로 등록하여야 한다.
④ 공판장의 경매사는 공판장의 개설자가 임면한다.
⑤ 공판장의 중도매인은 공판장의 개설자가 지정한다.

memo.

2023년 제27회 기출문제

교시	과목	시간	점수
1교시	물류관리론 화물운송론 국제물류론	09:30 ~ 11:30 (120분)	

1과목 물류관리론

01 물류관리의 대상이 아닌 것은?
① 고객서비스관리
② 재고관리
③ 인사관리
④ 주문정보관리
⑤ 운송관리

02 스마이키(E. W. Smikey) 교수가 제시한 물류의 7R 원칙에 해당되지 않는 것은?
① Right Impression
② Right Place
③ Right Quality
④ Right Safety
⑤ Right Time

03 제품수명주기에 따른 단계별 물류관리전략에 해당되지 않는 것은?
① 성숙기 전략
② 쇠퇴기 전략
③ 수요기 전략
④ 성장기 전략
⑤ 도입기 전략

04 물류서비스 품질을 결정하는 요인을 고객 서비스 시행 전, 시행 중, 시행 후로 나눌 때, 시행 중의 요인에 해당하는 것을 모두 고른 것은?

| ㄱ. 재고수준 |
| ㄴ. 주문의 편리성 |
| ㄷ. 시스템의 유연성 |
| ㄹ. 시스템의 정확성 |
| ㅁ. 고객서비스 명문화 |
| ㅂ. 고객클레임·불만 |

① ㄱ, ㄴ
② ㄱ, ㄴ, ㄹ
③ ㄱ, ㄷ, ㅁ
④ ㄴ, ㄹ, ㅂ
⑤ ㄷ, ㅁ, ㅂ

05 물류의 영역별 분류에 해당하지 않는 것은?

① 조달물류 ② 정보물류
③ 사내물류 ④ 판매물류
⑤ 회수물류

06 물류관리에 관한 설명으로 옳지 않은 것은?

① 최근 전자상거래 활성화에 따라 물동량은 증가하는 반면 물류관리의 역할은 줄어들고 있다.
② 물류관리의 목표는 비용절감을 통한 제품의 판매촉진과 수익증대라고 할 수 있다.
③ 기업의 물류관리는 구매, 생산, 마케팅 등의 활동과 상호 밀접한 관련이 있다.
④ 물류비용 절감을 통한 이익창출은 제3의 이익원으로 인식되고 있다.
⑤ 원자재 및 부품의 조달, 구매상품의 보관, 완제품 유통도 물류관리의 대상이다.

07 물류 환경변화에 관한 설명으로 옳지 않은 것은?

① 경제규모 확대에 따른 화물량 증가로 사회간접자본 수요는 급증하는 반면 물류 기반시설은 부족하여 기업의 원가부담이 가중되고 있다.
② 정보기술 및 자동화기술의 확산으로 물류작업의 고속화 및 효율화, 적정 재고 관리 등이 추진되고 있다.
③ 소비자 니즈(Needs)의 다양화에 따라 상품의 수요패턴이 소품종, 대량화되고 있다.
④ 기후변화 및 친환경 물류정책에 따라 운송활동 등 물류부문에서 탄소배출을 줄이는 방향으로 변화되고 있다.
⑤ 소비자 니즈(Needs)의 다양화와 제품 수명주기의 단축에 따라 과잉재고를 지양 하려는 경향이 심화되고 있다.

08 인과형 예측기법의 하나로 종속변수인 수요에 영향을 미치는 독립변수를 파악하고, 독립변수와 종속변수간의 함수관계를 통계적으로 추정하여 미래의 수요를 예측하는 방법은?

① 회귀분석법 ② 델파이법
③ 지수평활법 ④ 수명주기예측법
⑤ 가중이동평균법

09 물류와 마케팅의 관계에 관한 설명으로 옳지 않은 것은?

① 물류역량이 강한 기업일수록 본래 마케팅의 기능이었던 수요의 창출 및 조절에 유리하다.
② 물류와 마케팅 기능이 상호작용하는 분야는 하역관리와 설비관리 등이 있다.
③ 물류는 마케팅뿐만 아니라 생산관리 측면 등까지 광범위하게 확대되고 있다.
④ 물류는 마케팅의 4P 중 Place, 즉 유통채널과 관련이 깊다.
⑤ 물류는 포괄적인 마케팅에 포함되며 물류 자체의 마케팅 활동을 할 수도 있다.

10 상물분리의 효과에 관한 내용으로 옳지 않은 것은?

① 물류와 영업업무를 각각 전담부서가 수행하므로 전문화에 의한 핵심역량 강화가 가능하다.
② 공동화, 통합화, 대량화에 의한 규모의 경제 효과로 물류비 절감이 가능하다.
③ 영업소와 고객 간 직배송이 확대되므로 고객서비스가 향상된다.
④ 운송 차량의 적재효율이 향상되어 수송비용 절감이 가능하다.
⑤ 대규모 물류시설의 기계화 및 자동화에 의해 효율 향상이 가능하다.

11 물류 개념에 관한 설명으로 옳지 않은 것은?

① 물류의 전통적 개념은 사물의 흐름과 관련된 시간적, 공간적 효용을 창출하는 경영활동을 말한다.
② 물류활동은 운송, 보관, 하역, 포장, 유통가공 및 이들의 활동들을 지원하는 정보를 포함한다.
③ 물류와 Logistics는 동일한 개념으로 혼용하여 사용되고 있으나 범위 면에서는 Logistics가 더 넓다.
④ 2000년대부터 물류의 개념이 시대적인 요구·변화에 따라 점차 그 영역을 확대 하여 SCM(공급사슬관리)으로 변천되어 왔다.
⑤ 생산단계에서 소비단계로의 전체적인 물적 흐름으로 조달부문을 제외한 모든 활동이다.

12 제약이론(TOC : Theory of Constraints)의 지속적 개선 프로세스를 순서대로 옳게 나열한 것은?

> ㄱ. 제약자원 개선
> ㄴ. 제약자원 식별
> ㄷ. 제약자원 최대 활용
> ㄹ. 개선 프로세스 반복
> ㅁ. 비제약자원을 제약자원에 종속화

① ㄱ-ㄴ-ㄷ-ㄹ-ㅁ
② ㄱ-ㄷ-ㄴ-ㅁ-ㄹ
③ ㄴ-ㄱ-ㄷ-ㄹ-ㅁ
④ ㄴ-ㄷ-ㅁ-ㄱ-ㄹ
⑤ ㄷ-ㄴ-ㄱ-ㅁ-ㄹ

13 물류혁신을 위한 6시그마 기법의 DMAIC 추진 단계들 중 다음 설명에 해당 하는 것은?

> 통계적 기법을 활용해서 현재 프로세스의 능력을 계량적으로 파악하고, 품질에 결정적인 영향을 미치는 핵심품질특성(CTQ : Critical to Quality)의 충족 정도를 평가한다.

① Define
② Measure
③ Analyze
④ Improve
⑤ Control

14 다음 설명에 해당하는 물류 시설은?

> 국내용 2차 창고 또는 수출 화물의 집화, 분류, 운송을 위한 내륙 CFS(Container Freight Station)와 같이 공급처에서 수요처로 대량으로 통합운송된 화물을 일시적으로 보관하는 창고

① 물류터미널 ② 집배송센터
③ 공동집배송단지 ④ 물류센터
⑤ 데포(Depot)

15 일반기준에 의한 물류비 분류에서 기능별 물류비에 해당하지 않는 것은?

① 위탁비 ② 운송비
③ 보관비 ④ 포장비
⑤ 하역비

16 현대의 구매 혹은 조달 전략에 관한 설명으로 옳지 않은 것은?

① 최근에는 총소유비용 절감보다 구매단가 인하를 위한 협상 전략이 더 중요해졌다.
② 구매자의 경영목표를 달성하기 위한 공급자와의 정보공유 필요성이 커졌다.
③ 적기에 필요한 품목을 필요한 양만큼 확보하는 JIT(Just-in-Time) 구매를 목표로 한다.
④ 구매의 품질을 높이기 위해서 구매자는 공급자의 활동이 안정적으로 수행되도록 협력한다.
⑤ 구매전략에는 공급자 수를 줄이는 물량통합과 공급자와의 운영통합 등이 있다.

17 유통경로의 구조에 관한 설명으로 옳지 않은 것은?

① 전통적 유통경로 시스템은 자체적으로 마케팅 기능을 수행하는 독립적인 단위들로 구성된다.
② 전통적 유통경로 시스템은 수직적 시스템에 비해 구성원 간 결속력은 약하지만 유연성이 높다.
③ 수직적 유통경로 시스템은 신규 구성원의 진입이 상대적으로 용이한 개방형 네트워크이다.
④ 도소매기관 지원형 연쇄점, 소매기관 협동조합, 프랜차이즈 등은 계약형 유통경로 구조에 해당한다.
⑤ 기업형 유통경로 구조는 특정 유통경로가 다른 유통경로를 소유하고 통제하는 형태이다.

18 물류기업 K는 제품의 포장 및 검사를 대행하는 유통가공 서비스의 경제적 타당성을 검토하고 있으며, 관련 자료는 다음과 같다. K사 유통가공 서비스의 연간 손익분기 매출액(단위 : 만원)은?

> • 서비스 가격 : 10만원/개
> • 고정비 : 10,000만원/년
> • 변동비 : 7.5만원/개

① 1,000 ② 4,000
③ 10,000 ④ 20,000
⑤ 40,000

19 공동수배송의 기대 효과를 모두 고른 것은?

ㄱ. 물류비용 감소
ㄴ. 교통혼잡 완화
ㄷ. 환경오염 방지
ㄹ. 물류인력 고용증대

① ㄱ, ㄴ, ㄷ   ② ㄱ, ㄴ, ㄹ
③ ㄱ, ㄷ, ㄹ   ④ ㄴ, ㄷ, ㄹ
⑤ ㄱ, ㄴ, ㄷ, ㄹ

20 K 물류센터의 6월 비목별 간접물류비와 품목별 배부를 위한 자료가 다음과 같다. 간접물류비 배부기준이 운송비는 (운송물량 × 운송거리), 보관비는 (보관공간 × 보관일수), 하역비는 (상차수량 + 하차수량)일 때, 품목별 간접물류비 배부액(단위 : 천원)은?

비목	운송비	보관비	하역비
금액(천원)	10,000	2,000	1,000

품목	운송물량(ton)	운송거리(km)	보관공간(m³)	보관일수(일)	상차수량(개)	하차수량(개)
P1	15	250	500	3	4,000	5,000
P2	10	125	300	15	600	400
합계	25	375	800	-	4,600	5,400

① P1 : 8,000, P2 : 5,000
② P1 : 8,300, P2 : 4,700
③ P1 : 8,600, P2 : 4,400
④ P1 : 8,900, P2 : 4,100
⑤ P1 : 9,200, P2 : 3,800

21 공동수배송의 전제조건으로 옳지 않은 것은?

① 대상기업 간 배송조건의 유사성
② 공동수배송을 주도할 중심업체 존재
③ 대상기업 간 공동수배송에 대한 이해 일치
④ 화물형태가 일정하지 않은 비규격품 공급업체 참여
⑤ 일정 지역 내 공동수배송에 참여하는 복수 기업 존재

22 포장표준화에 관한 설명으로 옳지 않은 것은?

① 포장이 표준화되어야 기계화, 자동화, 파렛트화, 컨테이너화 등이 용이해진다.
② 포장치수는 파렛트 및 컨테이너 치수에 정합하고, 수송, 보관, 하역의 기계화 및 자동화에 최적의 조건을 제공해야 한다.
③ 포장표준화는 치수, 강도, 재료, 기법의 표준화 등 4요소로 나누지만, 관리의 표준화를 추가하기도 한다.
④ 포장표준화를 통해 포장비, 포장재료비, 포장작업비 등을 절감할 수 있다.
⑤ 치수표준화는 비용절감효과가 빠르게 나타나지만 강도표준화는 그 효과가 나타나기까지 오랜 시간이 걸린다.

23 물류 네트워크의 창고 수와 물류비용 혹은 성과지표 간의 관계로 옳지 않은 것은?

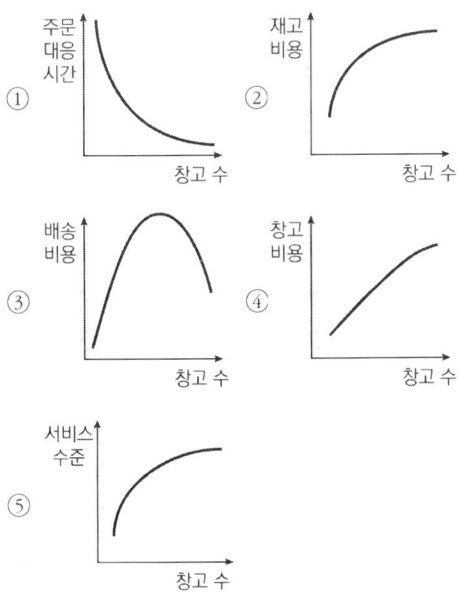

24 공급사슬 성과지표 중 원자재 구매비용을 지불한 날부터 제품 판매대금을 수금한 날까지 소요되는 시간을 측정하는 것은?

① 주문주기시간(Order Cycle Time)
② 현금화 사이클타임(Cash-to-Cash Cycle Time)
③ 공급사슬 배송성과(Delivery Performance to Request)
④ 주문충족 리드타임(Order Fulfillment Lead Time)
⑤ 공급사슬 생산유연성(Upside Production Flexibility)

25 다음 ( )에 들어갈 내용으로 옳게 짝지어진 것은?

> SCM은 산업별로 다양한 특성과 니즈에 적합한 형태로 발전되어 왔다. 의류 부문에서 시작된 (ㄱ), 식품부문에서 시작된 (ㄴ), 의약품부문에서 시작된 (ㄷ) 등은 특정 산업에 적용된 후 관련산업으로 확산되어 활용되고 있다.

① ㄱ : ECR, ㄴ : QR,   ㄷ : EHCR
② ㄱ : QR,   ㄴ : ECR, ㄷ : EHCR
③ ㄱ : ECR, ㄴ : EHCR, ㄷ : QR
④ ㄱ : EHCR, ㄴ : QR,   ㄷ : ECR
⑤ ㄱ : QR,   ㄴ : EHCR, ㄷ : ECR

26 공동수배송의 필요성에 관한 설명으로 옳지 않은 것은?

① 소비자 욕구의 다양화로 다빈도 소량주문 증가
② 화물량 증가에 따른 도로혼잡 및 환경오염 문제 발생
③ 능률적이고 효율적으로 물류활동 개선 필요
④ 새로운 시설과 설비 투자에 따른 위험부담 감소 필요
⑤ 소비자의 물류서비스 차별화 요구 증가

27 화물을 일정한 중량이나 체적으로 단위화시켜 하역과 수송의 합리화를 도모 하는 것은?

① 유닛로드시스템(Unit Load System)
② 파렛트풀시스템(Pallet Pool System)
③ 파렛트 표준화(Pallet Standardization)
④ 포장의 모듈화(Packaging Modularization)
⑤ 일관파렛트화(Palletization)

28. SCM 등장배경에 관한 설명으로 옳지 않은 것은?

① 부가가치의 60 ~ 70 %가 제조공정 외부 공급망에서 발생한다.
② 부품 및 기자재의 납기 및 품질, 주문의 납기 및 수요 등 외부의 불확실성이 점점 더 심화되고 있다.
③ 공급망 하류로 갈수록 정보가 왜곡되는 현상이 심화되고 있다.
④ 기업활동이 글로벌화되면서 공급망상의 리드타임이 길어지고 불확실해졌다.
⑤ 글로벌화 및 고객요구 다양성 증대에 따라 대량고객화가 보편화되고 있다.

29. 기업 간 협력의 유형에 관한 설명으로 옳지 않은 것은?

① VMI(Vendor-Managed Inventory) : 유통업체와 제조업체가 실시간 정보공유를 통해 공동으로 유통업체의 재고를 관리하는 방식
② CRP(Continuous Replenishment Programs) : 유통업체의 실제 판매 데이터를 토 대로 제조업체에서 상품을 지속적으로 공급하는 방식
③ QR(Quick Response) : 제조업체와 유통업체가 협력하여 소비자에게 적절한 시기에 적절한 양을 적절한 가격으로 제공하는 것을 목표로 함
④ ECR(Efficient Consumer Response) : 제품에 대한 고객들의 반응을 측정하여 재고 관리 및 생산효율을 달성하는 방식
⑤ CPFR(Collaborative Planning, Forecasting & Replenishment) : 제조업체와 유통 업체가 협업전략을 통해 공동으로 계획, 생산량 예측, 상품 보충을 구현하는 방식

30. 외주물류(아웃소싱)와 3자물류에 관한 설명 중 옳지 않은 것을 모두 고른 것은?

ㄱ. 외주물류는 주로 운영 측면에서 원가절감을 목표로 하는 반면, 3자물류는 원가절감과 경쟁우위 확보 등을 목표로 한다.
ㄴ. 외주물류는 중장기적 협력 관계를 기반으로 이루어지는 반면, 3자물류는 단기적 관계를 기반으로 운영된다.
ㄷ. 외주물류는 주로 최고경영층의 의사결정에 따라 경쟁계약의 형태로 진행 되는 반면, 3자물류는 중간관리층의 의사결정에 따라 수의계약 형태로 주로 진행된다.
ㄹ. 서비스 범위 측면에서 외주물류는 기능별 서비스(수송, 보관) 수행을 지향하는 반면, 3자물류는 종합물류를 지향한다.

① ㄱ, ㄴ
② ㄴ, ㄷ
③ ㄷ, ㄹ
④ ㄱ, ㄴ, ㄹ
⑤ ㄱ, ㄷ, ㄹ

31 다음에서 설명하는 물류 활동에 해당하는 것은?

- 녹색물류의 일환으로 출하된 상품 또는 원부자재를 반품, 폐기, 회수하는 물류를 의미한다.
- 강화되는 환경규제로 인해 이에 관한 관심이 높아지고 있다.
- 폐기비용 감소, 부품의 재활용, 고객들의 환경 친화적 제품 요구 등으로 인해 제조기업들의 기술 도입 및 관련 네트워크 구축이 활발해지고 있다.

① Forward Logistics
② Cross Docking
③ Reverse Logistics
④ Gatekeeping
⑤ Life Cycle Assessment

32 채찍효과(Bullwhip Effect)의 발생 원인이 아닌 것은?

① 공급사슬 구성원들의 독립적 수요예측
② 경제성을 고려한 일괄주문
③ 판촉활동, 수량할인 등에 따른 가격변동
④ 제품 생산 및 공급 리드타임 단축
⑤ 공급부족에 따른 과다 주문

33 다음 설명에 해당하는 물류보안제도는?

- 기존 24시간 규칙을 강화하기 위한 조치로 항만보안법에 의해 법제화 되었다.
- 보안 및 수입자의 책임을 강화하기 위해 적재 24시간 전, 미국 세관에 온라인으로 신고하도록 의무화한 제도이다.
- 수입자가 신고해야 할 사항이 10가지, 운송사가 신고할 사항이 2가지로 되어 있어 10+2 rule 이라고도 불린다.

① C-TPAT(Customs-Trade Partnership Against Terrorism)
② ISF(Importer Security Filing)
③ Safe Port Act 2006
④ CSI(Container Security Initiative)
⑤ ISPS(International Ship and Port Facility Security) code

34 A기업은 수송부문 연비 개선을 통해 이산화탄소 배출량을 10 kg 줄이고자 한다. 연비법에 의한 이산화탄소 배출량 산출식 및 관련 자료는 다음과 같을 때, 이산화탄소 배출량 10 kg 감축을 위한 A기업의 목표 평균 연비는?

- 이산화탄소 배출량(kg) = 주행거리(km) ÷ 연비(km/L) × 이산화탄소 배출계수(kg/L)
- 주행 거리 : 150,000 km
- 연비개선 전 평균연비 : 5 km/L
- 이산화탄소 배출계수 : 0.002 kg/L

① 6.0 km/L   ② 7.5 km/L
③ 9.0 km/L   ④ 10.5 km/L
⑤ 12.0 km/L

35 4자물류에 관한 설명으로 옳지 않은 것은?

① 기존의 3자물류 서비스에 IT, 기술, 전략적 컨설팅 등을 추가한 서비스이다.
② 포괄적인 공급사슬관리(SCM) 서비스를 제공하기 위한 통합서비스로, 공급사슬 전반의 최적화를 도모한다.
③ 합작투자 또는 장기간 제휴형태로 운영되며, 이익의 분배를 통하여 공통의 목표를 설정한다.
④ 기업과 고객 간의 거래(B2C) 보다는 기업과 기업 간의 거래(B2B)에 집중한다.
⑤ 다양한 기업이 파트너로서 참여하는 혼합조직이다.

36 물류정보의 개념과 특징에 관한 설명으로 옳지 않은 것은?

① 생산에서 소비에 이르기까지의 물류기능을 유기적으로 결합하여 물류관리 효율성을 향상시키는데 활용된다.
② 운송, 보관, 하역, 포장 등의 물류활동에 관한 정보를 포함한다.
③ 원료의 조달에서 완성품의 최종 인도까지 각 물류기능을 연결하여 신속하고 정확한 흐름을 창출한다.
④ 기술 및 시스템의 발전으로 인해 물류정보의 과학적 관리가 가능하다.
⑤ 정보의 종류가 다양하고 규모가 크지만, 성수기와 평상시의 정보량 차이는 작다.

37 다음 설명에 해당하는 물류정보관리 시스템은?

- 대표적인 소매점 관리시스템 중 하나로서, 상품의 판매 시점에 발생하는 정보를 저장 가능하다.
- 실시간으로 매출을 등록하고, 매출 자료의 자동정산 및 집계가 가능하다.
- 상품의 발주, 구매, 배송, 재고관리와 연계가 가능한 종합정보관리 시스템이다.

① POS(Point of Sale)
② KAN(Korean Article Number)
③ ERP(Enterprise Resource Planning)
④ GPS(Global Positioning System)
⑤ DPS(Digital Picking System)

38 능동형 RFID(Radio Frequency IDentification) 시스템에 관한 설명으로 옳지 않은 것은?

① 내장 배터리를 전원으로 사용한다.
② 지속적인 식별정보 송신이 가능하다.
③ 수동형에 비해 가격이 비교적 비싸다.
④ 수동형에 비해 비교적 원거리 통신이 가능하다.
⑤ 반영구적으로 사용 가능하다.

39 표준 바코드의 한 종류인 EAN(European Article Number)-13 코드에 관한 설명으로 옳지 않은 것은?

① EAN-13(A)와 EAN-13(B)의 국가식별코드는 2~3자리 숫자로 구성된다.
② 제조업체코드는 EAN-13(A)의 경우 4자리, EAN-13(B)의 경우 6자리로 구성된다.
③ 상품품목코드는 EAN-13(A)의 경우 5자리, EAN-13(B)의 경우 3자리로 구성된다.
④ EAN-13(A)와 EAN-13(B) 모두 물류용기에 부착하기 위한 물류식별코드를 가지고 있다.
⑤ EAN-13(A)와 EAN-13(B) 모두 체크 디지트를 통해 스캐너에 의한 판독 오류를 방지한다.

40 물류 EDI(Electronic Data Interchange) 시스템에 관한 설명으로 옳지 않은 것은?

① 거래업체 간에 상호 합의된 전자문서표준을 이용한 컴퓨터 간의 구조화된 데이터 전송을 의미한다.
② 상호간의 정확한, 실시간 업무 처리를 가능하게 하여 물류업무의 효율성을 향상 시킬 수 있다.
③ 종이문서 수작업 및 문서처리 오류를 감소시킬 수 있다.
④ 국제적으로는 다양한 EDI 시스템이 존재하지만, 국내 EDI 시스템 개발 사례는 존재하지 않는다.
⑤ 전자적 자료 교환을 통해 기업의 국제 경쟁력을 강화시킬 수 있다.

2과목 화물운송론

41 운송수단별 특징에 관한 설명으로 옳은 것은?

① 철도운송은 장거리, 대량운송에 유리하지만 운송시간이 오래 걸리고 초기인프라 설치관련 진입비용이 낮다.
② 해상운송은 대량화물의 장거리운송에 적합하지만 정기항로에 치우쳐 유연성과 전문성이 떨어진다.
③ 항공운송은 장거리를 신속하게 운송하며 항공기의 대형화로 운송비 절감을 가져 왔다.
④ 공로운송은 접근성이 가장 뛰어나지만 1회 수송량이 적어 운임부담력이 상대적으로 낮다.
⑤ 연안운송은 초기 항만하역시설투자비가 적은 편이고 해상경로가 비교적 짧은 단 거리 수송에 유리하다.

42 다음은 최근 운송산업의 변화에 관한 설명이다. (　)의 내용으로 옳은 것은?

- 철도운송은 철도르네상스를 통하여 시간적 제약을 극복하면서 도심으로의 접근성에 대한 우수한 경쟁력으로 (ㄱ)운송의 대체수단으로 떠 오르고 있다.
- 운송수단의 대형화, 신속화 추세에 따라 (ㄴ)간의 경쟁이 심화되면서 (ㄴ)의 수는 줄어들고 그 기능이 복합화 되어 가는 새로운 지역경제 협력시대를 열고 있다.
- 기후변화와 관련된 운송수단의 (ㄷ) 기술혁신은 조선업의 새로운 부흥 시대를 열고 있다.
- 미국과 중국 간의 정치적 갈등은 글로벌공급망의 재편과 관련하여 최저 생산비보다 (ㄹ) 공급망을 중시하는 방향으로 협업적 관계를 강조하고 있다.

① ㄱ : 해상,　ㄴ : 경로,
　ㄷ : 친환경,　ㄹ : 효율적인
② ㄱ : 해상,　ㄴ : 운송방식,
　ㄷ : 인공지능,　ㄹ : 안정적인
③ ㄱ : 항공,　ㄴ : 경로,
　ㄷ : 인공지능,　ㄹ : 효율적인
④ ㄱ : 항공,　ㄴ : 거점,
　ㄷ : 친환경,　ㄹ : 안정적인
⑤ ㄱ : 공로,　ㄴ : 거점,
　ㄷ : 인공지능,　ㄹ : 효율적인

43 운송서비스의 특징에 관한 설명으로 옳지 않은 것은?

① 운송이란 생산과 동시에 소비되는 즉시재이다.
② 운송공급은 비교적 계획적이고 체계적인 반면, 운송수요는 상대적으로 무계획적이고 비체계적이다.
③ 개별적 운송수요는 다양하므로 운송수요는 집합성을 가질 수 없다.
④ 운임의 비중이 클수록 운임상승은 상품수요를 감소시킴으로써 운송수요를 줄게 되어 운송수요의 탄력성이 더욱 커지게 된다.
⑤ 운송수단 간 대체성이 높아 운송수요에 대한 탄력적 대응이 가능하다.

44 국내화물운송의 합리화 방안에 관한 설명으로 옳지 않은 것은?

① 과학적 관리에 입각한 계획수송체계의 강화
② 운송수단의 대형화, 신속화, 표준화
③ 적재율 감소를 통한 물류합리화
④ 공동수배송 체계의 활성화
⑤ 운송업체의 대형화, 전문화

45 운송의 기능에 관한 설명으로 옳지 않은 것은?

① 보관과 배송을 연결하는 인적 조절기능이 있다.
② 한계생산비의 차이를 극복하는 장소적 조절기능이 있다.
③ 원재료 이동을 통한 생산비 절감기능이 있다.
④ 운송의 효율적 운용을 통한 물류비 절감기능이 있다.
⑤ 지역 간 경쟁력 있는 상품의 생산과 교환, 소비를 촉진시키는 기능이 있다.

46 물류와 운송의 개념에 관한 설명으로 옳지 않은 것은?

① 미국 마케팅협회는 물류를 생산지에서 소비지에 이르는 상품의 이동과 취급에 관한 관리라고 정의하였다.
② 1976년 미국물류관리협회는 물류를 생산에서 소비에 이르는 여러 활동을 포함하되 수요예측이나 주문처리는 물류가 아닌 마케팅의 영역으로 구분하였다.
③ 오늘날 운송은 생산지와 소비지 간의 공간적 거리 극복뿐만 아니라 토탈 마케팅 비용의 절감과 고객서비스 향상이라는 관점도 강조하고 있다.
④ 물류의 본원적 활동인 운송은 다양한 부가가치 활동이 추가되면서 오늘날의 물류로 발전되었다.
⑤ 운송은 재화를 효용가치가 낮은 장소로부터 높은 장소로 이전하는 활동을 포함한다.

47 국내 화물운송의 특징으로 옳지 않은 것은?

① 공로운송은 운송거리가 단거리이기 때문에 전체 운송에서 차지하는 비중이 낮다.
② 화물운송의 출발/도착 관련 경로의 편중도가 높다.
③ 한국의 수출입 물동량 중 항만을 이용한 물동량이 가장 큰 비중을 차지하며 특정 수출입항만의 편중도가 높다.
④ 화물자동차운송사업은 영세업체가 많고 전문화, 대형화가 미흡하여 운송서비스의 질이 위협받고 있다.
⑤ 화주기업과 운송인과의 협업적 관계가 미흡하여 제3자물류나 제4자물류로 발전 하기 위한 정부의 정책적 지원 확대가 필요하다.

48 물류활동 및 운송합리화를 위한 3S1L의 기본원칙으로 옳지 않은 것은?

① 저비용
② 대체성
③ 안전성
④ 정확성
⑤ 신속성

49 화물자동차의 운행상 안전기준에 해당하는 것을 모두 고른 것은?

ㄱ. 적재중량 : 구조 및 성능에 따르는 적재중량의 110 % 이내일 것
ㄴ. 길이 : 자동차 길이에 그 길이의 10분의 1을 더한 길이를 넘지 아니할 것
ㄷ. 승차인원 : 승차정원의 110 % 이내일 것
ㄹ. 너비 : 자동차의 후사경(後寫鏡)으로 뒤쪽을 확인할 수 있는 범위(후 사경의 높이보다 화물을 낮게 적재한 경우에는 그 화물을, 후사경의 높이보다 화물을 높게 적재한 경우에는 뒤쪽을 확인할 수 있는 범위를 말한다)의 너비를 넘지 아니할 것
ㅁ. 높이 : 지상으로부터 4.5미터를 넘지 아니할 것

① ㄱ, ㄴ, ㄷ
② ㄱ, ㄴ, ㄹ
③ ㄴ, ㄷ, ㄹ
④ ㄱ, ㄴ, ㄷ, ㄹ
⑤ ㄱ, ㄷ, ㄹ, ㅁ

50 화물자동차 운송가맹사업의 허가기준에 관한 설명으로 옳지 않은 것은?

① 허가기준대수: 400대 이상(운송가맹점이 소유하는 화물자동차 대수를 포함하되, 8개 이상의 시·도에 50대 이상 분포되어야 한다)
② 화물자동차의 종류: 일반형·덤프형·밴형 및 특수용도형 화물자동차 등 화물자동차운수사업법시행규칙 제3조에 따른 화물자동차(화물자동차를 직접 소유하는 경우만 해당한다)
③ 사무실 및 영업소: 영업에 필요한 면적
④ 최저보유차고 면적: 화물자동차 1대당 그 화물자동차의 길이와 너비를 곱한 면적(화물자동차를 직접 소유하는 경우만 해당한다)
⑤ 그 밖의 운송시설: 화물정보망을 갖출 것

51 화물자동차의 구조에 의한 분류 중 합리화 특장차는?

① 믹서트럭
② 분립체 운송차
③ 액체 운송차
④ 냉동차
⑤ 리프트게이트 부착차량

52 다음에서 설명하는 화물자동차 운송정보시스템은?

> 출하되는 화물의 양(중량 및 부피)에 따라 적정한 크기의 차량선택과 1대의 차량에 몇 개의 배송처의 화물을 적재 할 것인지를 계산해 내고, 화물의 형상 및 중량에 따라 적재함의 어떤 부분에 화물을 적재해야 가장 효율적인 적재가 될 것인지를 시뮬레이션을 통하여 알려주는 시스템

① WMS(Warehouse Management System)
② Routing System
③ Tracking System
④ VMS(Vanning Management System)
⑤ CVO(Commercial Vehicle Operating system)

53 자가용 화물자동차와 비교한 사업용 화물자동차의 장점으로 옳지 않은 것은?

① 자가용 화물차 이용 시보다 기동성이 높고, 보험료가 적다.
② 귀로 시 복화화물운송이 가능하여 운송비가 저렴하다.
③ 돌발적인 운송수요의 증가에 탄력적 대응이 가능하다.
④ 필요한 시점에 필요한 수량과 필요한 규격 및 종류의 차량 이용이 가능하다.
⑤ 운임이 저렴하고 서비스 수준이 높은 업체와 계약운송이 가능하다.

54 화물운임의 부과방법에 관한 설명으로 옳지 않은 것은?

① 종가운임 : 운송되는 화물의 가격에 따라 운임의 수준이 달라지는 형태의 운임
② 최저운임 : 일정한 수준 이하의 운송량을 적재하거나 일정 거리 이하의 단거리운송 등으로 실운임이 일정수준 이하로 계산될 때 적용하는 최저 수준의 운임
③ 특별운임 : 운송거리, 서비스 수준, 운송량, 운송시간 등에 따라 운임 차이가 발생할 수 있음에도 불구하고 동일한 요율을 적용하는 형태의 운임
④ 품목별운임 : 운송하는 품목에 따라 요율을 달리하는 운임
⑤ 반송운임 : 목적지에 도착한 후 인수거부, 인계불능 등에 의하여 반송조치하고 받는 운임

55 일반 화물자동차의 화물 적재공간에 박스형 덮개를 고정적으로 설치한 차량은?

① 밴형 화물자동차
② 덤프트럭
③ 포크리프트
④ 평바디트럭
⑤ 리치스테커(Reach Stacker)

56 다음에서 설명하고 있는 운송방식은?

- 배송에 관한 사항을 시간대별로 계획하고 표로 작성하여 운행
- 배송처 및 배송물량의 변화가 심할 때 방문하는 배송처, 방문순서, 방문 시간 등을 매일 새롭게 설정하여 배송하는 운송방식

① 루트(Route) 배송
② 밀크런(Milk Run) 배송
③ 적합 배송
④ 단일 배송
⑤ 변동다이어그램 배송

57 다음과 같은 화물자동차 운송과 철도운송 조건에서 두 운송수단 간 경제적 효용거리 분기점은?

- 철도 운송비 : 40 원/ton·km
- 화물자동차 운송비 : 80 원/ton·km
- 철도 부대비용(철도발착비, 하역비 등) : 10,000 원/ton

① 200 km ② 230 km
③ 250 km ④ 270 km
⑤ 320 km

58 컨테이너 전용 철도 무개화차의 종류에 해당하지 않는 것은?

① 오픈 톱 카(Open Top Car)
② 플랫카(Flat Car)
③ 컨테이너카(Container Car)
④ 더블스텍카(Double Stack Car)
⑤ 탱크화차(Tank Car)

59 철도화물 운임 및 요금에 관한 설명으로 옳지 않은 것은?

① 화물운임의 할인종류에는 왕복수송 할인, 탄력할인, 사유화차 할인 등이 있다.
② 컨테이너의 크기, 적컨테이너, 공컨테이너 등에 따라 1 km당 운임률은 달라진다.
③ 화차 1량에 대한 최저기본운임은 사용화차의 화차표기하중톤수의 200 km에 해당하는 운임이다.
④ 일반화물의 기본운임은 1건마다 중량, 거리, 임률을 곱하여 계산한다. 이 경우 1건 기본운임이 최저기본운임에 미달할 경우에는 최저기본운임을 기본운임으로 한다.
⑤ 화물운임의 할증대상에는 귀중품, 위험물, 특대화물 등이 있다.

60 철도운송 서비스 형태에 관한 설명으로 옳지 않은 것은?

① Shuttle Train : 철도역 또는 터미널에서 화차조성비용을 줄이기 위해 화차의 수와 타입이 고정되며 출발지→목적지→출발지를 연결하는 루프형 서비스를 제공하는 열차형태
② Block Train : 스위칭야드(Switching Yard)를 이용하지 않고 철도화물역 또는 터미널 간을 직행 운행하는 전용열차의 한 형태로 화차의 수와 타입이 고정되어 있음
③ Y-Shuttle Train : 한 개의 중간터미널을 거치는 것을 제외하고는 Shuttle Train과 같은 형태의 서비스를 제공하는 방식임
④ Single-Wagon Train : 복수의 중간역 또는 터미널을 거치면서 운행하는 방식으로 목적지까지 열차운행을 위한 충분한 물량이 확보된 경우에만 운행
⑤ Liner Train : 장거리구간에서 여러 개의 소규모터미널이 존재하는 경우 마치 여객열차와 같이 각 기차터미널에서 화차를 Pick up & Deliver하는 서비스 형태

61 해상운송의 기능 및 특성에 관한 설명으로 옳지 않은 것은?

① 해상운송은 떠다니는 영토로 불릴 만큼 높은 국제성을 지니므로 제2편의치적과 같은 전략적 지원이 강조된다.
② 장거리, 대량운송에 따른 낮은 운임부담력으로 인해 국제물류의 중심 역할을 담당한다.
③ 직간접적인 관련 산업 발전 및 지역경제 활성화와 국제수지 개선에도 기여한다.
④ 해상운송은 물품의 파손, 분실, 사고발생의 위험이 적고, 타 운송수단에 비해 안전성이 높다.
⑤ 선박대형화에 따라 기존 운하경로의 제약이 있지만 북극항로와 같은 새로운 대체 경로의 개발도 활발하다.

62 해상운임 중 Berth Term(Liner Term)에 관한 설명으로 옳은 것은?

① 선사(선주)가 선적항 선측에서 양하항 선측까지 발생하는 제반 비용과 위험을 모두 부담한다.
② 화물을 선측에서 선내까지 싣는 과정의 비용 및 위험부담은 화주의 책임이며, 양하항에 도착 후 본선에서 부두로 양하할 때의 비용과 위험은 선사가 부담한다.

③ 화물을 본선으로부터 양하하는 위험부담은 화주의 책임이며, 반대로 선사는 적하비용을 부담한다.
④ 화물의 본선 적하 및 양하와 관련된 모든 비용과 위험부담은 화주가 지며, 선사는 아무런 책임을 지지 않는다.
⑤ 품목에 관계없이 동일하게 적용되는 운임을 말한다.

63 해운동맹에 관한 설명으로 옳은 것은?
① 두 개 이상의 정기선 운항업자가 경쟁을 활성화하기 위해 운임, 적취량, 배선 등의 조건에 합의한 국제카르텔을 말한다.
② 미국을 포함한 대부분의 국가는 해상운송의 안전성을 위해 해운동맹을 적극적으로 받아들이고 있으며, 가입과 탈퇴에 따른 개방동맹과 폐쇄동맹에 대한 차이는 없다.
③ 해운동맹은 정기선의 운임을 높게 유지함으로써 동맹탈퇴의 잠재이익이 크게 작용하고 있어 동맹유지가 어렵고 이탈이 심한 편이다.
④ 맹외선과의 대응전략으로 동맹사들은 경쟁억압선의 투입이나 이중운임제, 연체료와 같은 할인할증제 등을 운영한다.
⑤ 동맹회원간에는 일반적으로 운임표가 의무적으로 부과되지만 특정화물에 대해서는 자유로운 open rate이 가능하다.

64 부정기선 용선계약의 특징에 관한 설명으로 옳지 않은 것은?
① 항해용선(Voyage Charter)계약은 선주가 선장을 임명하고 지휘·감독한다.
② 항해용선계약의 특성상 용선자는 본선운항에 따른 모든 책임과 비용을 부담하여야 한다.
③ 정기용선(Time Charter)계약은 선주가 선장을 임명하고 지휘·감독한다.
④ 정기용선계약에서 용선자는 영업상 사정으로 본선이 운항하지 못한 경우에도 용선료를 지급하여야 한다.
⑤ 정기용선계약에서 용선료는 원칙적으로 기간에 따라 결정된다.

65 수입화물의 항공운송 취급 절차를 순서대로 옳게 나열한 것은?

ㄱ. 전문접수 및 항공기 도착
ㄴ. 창고분류 및 배정
ㄷ. 서류 분류 및 검토
ㄹ. 도착 통지
ㅁ. 부세운송
ㅂ. 화물분류 작업
ㅅ. 운송장 인도

① ㄱ-ㄷ-ㄴ-ㅂ-ㄹ-ㅅ-ㅁ
② ㄱ-ㄷ-ㅅ-ㄹ-ㅁ-ㅂ-ㄴ
③ ㄱ-ㄹ-ㄴ-ㄷ-ㅁ-ㅂ-ㅅ
④ ㄹ-ㄱ-ㄷ-ㄴ-ㅂ-ㅁ-ㅅ
⑤ ㄹ-ㄴ-ㄷ-ㄱ-ㅂ-ㅅ-ㅁ

66 항공운송의 운임에 관한 설명으로 옳지 않은 것은?

① 일반화물요율(GCR : General Cargo Rate)은 모든 항공화물 요금산정 시 기본이 된다.
② 일반화물요율의 최저운임은 "M"으로 표시한다.
③ 특정품목할인요율(SCR : Specific Commodity Rate)은 특정 대형화물에 대하여 운송구간 및 최저중량을 지정하여 적용되는 할인운임이다.
④ 품목별분류요율(CCR : Commodity Classification Rate)은 특정 품목에 대하여 적용하는 할인 또는 할증운임률이다.
⑤ 일반화물요율은 특정품목할인요율이나 품목별분류요율보다 우선하여 적용된다.

67 운송주선인(Freight Forwarder)의 역할에 관한 설명으로 옳지 않은 것은?

① 운송계약의 주체가 되어 자신의 명의로 운송서류를 발행한다.
② 화물포장 및 보관 업무를 수행한다.
③ 수출화물을 본선에 인도하고 수입화물은 본선으로 부터 인수한다.
④ 화물인도지시서(D/O)를 작성하여 선사에게 제출한다.
⑤ 화물의 집화, 분배, 통관업무 등을 수행한다.

68 수요지와 공급지 사이의 수송표가 아래와 같을 때 보겔추정법(Vogel's Approximation Method)을 적용하여 산출된 총 운송비용과 공급지 B에서 수요지 X까지의 운송량은? (단, 공급지에서 수요지까지의 톤당 운송비는 각 셀의 우측하단에 표시되어 있음)

(단위 : 천원)

수요지 공급지	X	Y	Z	공급량 (톤)
A	10	12	16	200
B	5	8	20	400
C	14	11	7	200
수요량 (톤)	500	200	100	800

① 6,000,000 원, 300 톤
② 6,000,000 원, 400 톤
③ 6,100,000 원, 200 톤
④ 6,100,000 원, 300 톤
⑤ 6,200,000 원, 400 톤

69 다수의 수요지와 공급지를 지닌 수송문제에서 수송표를 작성하여 수송계획을 세우고자 한다. 수송계획법에 관한 설명으로 옳은 것을 모두 고른 것은?

> ㄱ. 북서코너법(North-West Corner Method)은 수송표 좌측상단부터 우측 하단방향으로 차례대로 수요량과 공급량을 고려하여 수송량을 할당해 나가는 방법이다.
> ㄴ. 보겔추정법(Vogel's Approximation Method)은 최선의 수송경로를 선택하지 못했을 때 추가 발생되는 기회비용을 고려한 방법이다.
> ㄷ. 최소비용법(Least-Cost Method)은 단위당 수송비용이 가장 낮은 칸에 우선적으로 할당하는 방법이다.
> ㄹ. 북서코너법은 신속하게 최초실행가능 기저해를 구할 수 있다는 장점이 있으나 수송비용을 고려하지 못한다는 단점을 가지고 있다.

① ㄱ, ㄹ
② ㄱ, ㄴ, ㄷ
③ ㄱ, ㄷ, ㄹ
④ ㄴ, ㄷ, ㄹ
⑤ ㄱ, ㄴ, ㄷ, ㄹ

70 운송주선인(Freight Forwarder)의 혼재운송에 관한 설명으로 옳지 않은 것은?

① 혼재운송은 소량 컨테이너화물을 컨테이너 단위 화물로 만들어 운송하는 것을 말한다.
② 혼재운송은 소량화물의 선적용이, 비용절감, 물량의 단위화로 취급상 용이하다.
③ Forwarder's consolidation은 단일 송화인의 화물을 다수의 수화인에게 운송하는 형태이다.
④ Buyer's consolidation은 다수의 송화인의 화물을 혼재하여 단일 수화인에게 운송하는 형태이다.
⑤ 혼재운송에서 운송주선인은 선박회사가 제공하지 않는 문전운송 서비스를 제공한다.

71 수송모형에 관한 설명으로 옳지 않은 것은?

① 회귀모형 : 화물의 수송량에 영향을 주는 다양한 변수 간의 상관관계에 대한 회귀식을 도출하여 장래 화물량을 예측하는 모형이다.
② 중력모형 : 지역 간의 운송량이 경제규모에 비례하고 거리에 반비례한다는 가정에 의한 화물분포모형으로 단일제약모형, 이중제약모형 등이 있다.
③ 통행교차모형 : 교통량을 교통수단과 교통망에 따라 시간, 비용 등을 고려하여 효율적으로 배분하는 화물분포모형으로 로짓모형, 카테고리 분석모형 등이 있다.
④ 성장인자모형 : 물동량 배분패턴이 장래에도 일정하게 유지된다는 가정 하에 지역 간의 물동량을 예측하는 화물분포모형이다.
⑤ 엔트로피 극대화모형 : 제약조건 하에서 지역 간 물동량의 공간적 분산 정도가 극대화된다는 가정에 기초한 화물분포모형이다.

72 허브 앤 스포크(Hub & Spoke) 시스템에 관한 설명으로 옳지 않은 것은?

① 셔틀노선의 증편이 용이하여 영업소 확대에 유리하다.
② 집배센터에 배달물량이 집중될 경우 충분한 상하차 여건을 갖추지 않으면 배송 지연이 발생할 수 있다.
③ 모든 노선이 허브를 중심으로 구축된다.
④ 대규모 분류능력을 갖춘 허브터미널이 필요하다.
⑤ 운송노선이 단순한 편이어서 효율성이 높아진다.

73 다음 수송문제의 모형에서 공급지 1, 2, 3의 공급량은 각각 250, 300, 150이고, 수요지 1, 2, 3, 4의 수요량은 각각 120, 200, 300, 80이다. 공급지에서 수요지 간의 1단위 수송비용이 그림과 같을 때 제약 조건식으로 옳지 않은 것은? (단, X_{ij}에서 X는 물량, i는 공급지, j는 수요지를 나타냄)

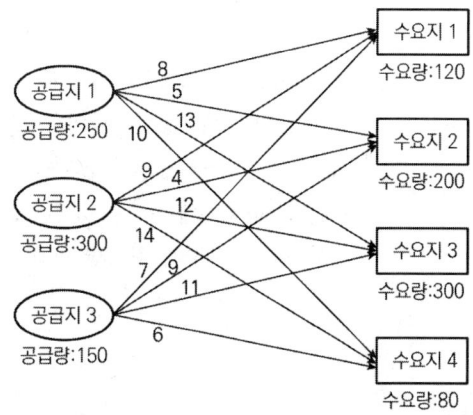

① $X_{11}+X_{21}+X_{31}=120$
② $X_{13}+X_{23}+X_{33}=300$
③ $X_{14}+X_{24}+X_{34}=200$
④ $X_{11}+X_{12}+X_{13}+X_{14}=250$
⑤ $X_{31}+X_{32}+X_{33}+X_{34}=150$

74 출발지에서 도착지까지 파이프라인을 통해 가스를 보낼 경우 보낼 수 있는 최대 가스량(톤)은? (단, 구간별 숫자는 파이프라인의 용량(톤)이며, 링크의 화살표 방향으로만 가스를 보낼 수 있음)

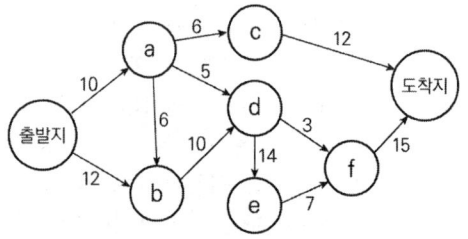

① 12
② 13
③ 15
④ 16
⑤ 18

75 수배송 계획에서 활용되는 세이빙(Saving) 기법에 관한 설명으로 옳지 않은 것은?

① 모든 방문처를 경유해야 하는 차량수를 최소로 하면서 동시에 차량의 총 수송거리를 최소화하는데 유용하다.
② 단축된 거리가 큰 순위부터 차량 운행경로를 편성한다.
③ 경로 편성 시 차량의 적재용량 등의 제약사항을 고려한다.
④ 배차되는 각 트럭의 용량의 합은 총수요 이상이고 특정 고객의 수요보다는 작아야 한다.
⑤ 배송센터에서 두 수요지까지의 거리를 각각 a, b라 하고 두 수요지 간의 거리를 c라고 할 때 단축 가능한 거리는 (a + b - c)가 된다.

76 택배 영업장에 관한 설명으로 옳은 것은?

① 터미널은 회사가 점포를 개설하여 직접 운영하는 영업장을 말한다.
② 특약점은 일정한 지역의 영업거점으로 집배차량 통제 및 집배구역을 관리하고 주로 집배·배송업무를 수행하는 영업장을 말한다.
③ 대리점은 수탁자가 점포, 차량을 준비하여 화물집화만을 수행하는 영업장을 말한다.
④ 취급점은 화물의 분류, 차량의 간선운행 기능을 갖는 영업장을 말한다.
⑤ 위탁 영업소는 회사가 점포와 집배·배송차량을 제공하고 수탁자가 이를 운영 하는 영업장을 말한다.

77 수배송 합리화를 위한 계획 수립 시 고려사항으로 옳지 않은 것은?

① 최단 운송루트를 개발하고 최적 운송수단을 선택한다.
② 운송수단의 적재율 향상을 위한 방안을 마련한다.
③ 운송의 효율성을 높이기 위해 관련 정보시스템을 활용한다.
④ 배송경로는 상호 교차되도록 하여 운송루트에 다양성을 확보한다.
⑤ 운송수단의 회전율을 높일 수 있도록 계획한다.

78 택배 표준약관(공정거래위원회 표준약관 제10026호)에 따른 용어의 정의로 옳지 않은 것은?

① '택배'라 함은 고객의 요청에 따라 운송물을 고객(송화인)의 주택, 사무실 또는 기타의 장소에서 수탁하여 고객(수화인)의 주택, 사무실 또는 기타의 장소까지 운송하여 인도하는 것을 말한다.
② '택배사업자'라 함은 택배를 영업으로 하며, 상호가 운송장에 기재된 운송사업자를 말한다.
③ '인도'라 함은 사업자가 고객(수화인)에게 운송장에 기재된 운송물을 넘겨주는 것을 말한다.
④ '운송장'이라 함은 사업자와 고객(송화인) 간의 택배계약의 성립과 내용을 증명하기 위하여 사업자의 청구에 의하여 고객(송화인)이 발행한 문서를 말한다.
⑤ '수탁'이라 함은 사업자가 택배를 수행하기 위하여 고객(수화인)으로부터 운송물을 수령하는 것을 말한다.

79 택배 표준약관(공정거래위원회 표준약관 제10026호)에서 사업자가 고객(송화인)과 계약을 체결하는 때에 운송장에 기재하는 내용으로 옳은 것을 모두 고른 것은?

> ㄱ. 손해배상한도액
> ㄴ. 운송물의 종류(품명), 수량 및 가액
> ㄷ. 운임 기타 운송에 관한 비용 및 지급방법
> ㄹ. 운송물의 중량 및 용적 구분
> ㅁ. 운송상의 특별한 주의사항(훼손, 변질, 부패 등 운송물의 특성구분과 기타 필요한 사항을 기재함)
> ㅂ. 운송장의 작성연월일

① ㄱ, ㄴ, ㄷ ② ㄱ, ㄷ, ㄹ
③ ㄱ, ㄹ, ㅂ ④ ㄴ, ㄷ, ㄹ
⑤ ㄴ, ㅁ, ㅂ

80 다음 설명에 해당하는 택배물류의 형태는?

> - 구매한 제품의 A/S를 위한 화물, 구매취소 등의 반품이 주를 이룸
> - 판매자의 폐기물 회수
> - 전자상거래 증가에 따라 지속적으로 증가할 것으로 예상함

① C2G 택배
② B2C 택배
③ B2G 택배
④ C2B 택배
⑤ C2C 택배

3과목 국제물류론

81 국제물류의 기능에 관한 설명으로 옳지 않은 것은?

① 정보의 비대칭성을 강화하여 생산자의 경쟁력을 제고하는 기능을 한다.
② 생산자와 소비자의 수급 불일치를 해소하는 기능을 한다.
③ 생산물품과 소비물품의 품질을 동일하게 유지하는 기능을 한다.
④ 재화의 생산시점과 소비시점의 불일치를 조정하는 기능을 한다.
⑤ 생산지와 소비지의 장소적, 거리적 격차를 단축시키는 기능을 한다.

82 국제물류의 동향에 관한 설명으로 옳지 않은 것은?

① 운송거점으로서의 허브항만이 지역경제 협력의 거점으로 다각화되고 있다.
② 전자상거래의 발전으로 온라인 정보망과 오프라인 물류망간 동조화가 강화되고 있다.
③ 재화의 소비 이후 재사용 및 폐기까지 환경유해요소를 최소화하는 환경물류의 중요성이 증대되고 있다.
④ 국제물류의 기능변화에 따라 공급사슬 전체를 관리하는 제3자 물류(3PL)업체들의 역할이 강화되고 있다.
⑤ 국제물류기업은 항만이나 공항의 공용터미널을 지속적으로 활용하여 체선·체화를 감소시키고 있다.

83 국제민간항공기구(ICAO)에 관한 설명으로 옳지 않은 것은?

① 1944년에 결의된 Chicago Conference를 기초로 하고 있다.
② 회원국의 항공사 대표들이 참석하는 국제연합(UN) 산하의 전문기관이다.
③ 국제항공법회의에서 초안한 국제항공법을 의결한다.
④ 국제민간항공의 안전 확보와 항공 시설 및 기술발전 등을 목적으로 하고 있다.
⑤ 항공기 사고 조사 및 방지, 국제항공운송의 간편화 등의 업무를 하고 있다.

84 항공화물운송의 특성에 관한 설명으로 옳지 않은 것은?

① 대부분 야간에 운송이 집중된다.
② 신속성을 바탕으로 정시 서비스가 가능하다.
③ 여객에 비해 계절에 따른 운송수요의 탄력성이 크다.
④ 화물추적, 특수화물의 안정성, 보험이나 클레임에 대한 서비스가 우수하다.
⑤ 적하를 위하여 숙련된 지상작업이 필요하다.

85 항공운송관련 국제협정을 통합하기 위해 1999년 ICAO 국제항공법회의에서 채택되어 2003년에 발효된 국제조약은?

① Hague Protocol
② Guadalajara Convention
③ Guatemala Protocol
④ Montreal Convention
⑤ Montreal Agreement

86 국제복합운송인에 관한 설명이다.( )에 들어갈 용어를 올바르게 나열한 것은?

- (ㄱ)는 자신이 직접 운송수단을 보유하고 복합운송인으로서 역할을 수행하는 운송인
- (ㄴ)는 해상운송에서 선박을 직접 소유하지 않으면서 해상운송인에 대하여 화주의 입장, 화주에게는 운송인의 입장에서 운송을 수행하는 자

① ㄱ : Actual carrier,
　ㄴ : NVOCC
② ㄱ : Contracting carrier,
　ㄴ : NVOCC
③ ㄱ : NVOCC,
　ㄴ : Ocean freight forwarder
④ ㄱ : Actual carrier,
　ㄴ : VOCC
⑤ ㄱ : Contracting carrier,
　ㄴ : VOCC

87 항공화물운송에서 단위탑재용기 요금(BUC)의 사용제한품목이 아닌 것은?

① 유해
② 귀중화물
③ 위험물품
④ 중량화물
⑤ 살아있는 동물

88 복합운송인의 책임 및 책임체계에 관한 설명으로 옳지 않은 것은?

① 단일책임체계(uniform liability system)는 복합운송인이 운송물의 손해에 대하여 사고발생 구간에 관계없이 동일한 기준으로 책임을 지는 체계이다.
② 무과실책임(liability without negligence)은 복합운송인의 과실여부와 면책사유를 불문하고 운송기간에 발생한 모든 손해의 결과를 책임지는 원칙이다.
③ 이종책임체계(network liability system)는 손해발생구간이 확인된 경우 해당 구 간의 국내법 및 국제조약이 적용되는 체계이다.
④ 과실책임(liability for negligence)은 복합운송인이 선량한 관리자로서 적절한 주의의무를 다하지 못한 손해에 대하여 책임을 지는 원칙이다.
⑤ 절충식책임체계(modified uniform liability system)는 단일책임체계와 이종책임체계를 절충하는 방식으로 UN국제복합운송조약이 채택한 책임체계이다.

89 다음에서 설명하는 복합운송경로는?

- 극동에서 선적된 화물을 파나마 운하를 경유하여 북미 동안 또는 US걸
- 프만 항구까지 해상운송을 한 후 내륙지역까지 철도나 트럭으로 운송하는 복합운송방식

① Micro Land Bridge
② Overland Common Point
③ Mini Land Bridge
④ Canada Land Bridge
⑤ Reverse Interior Point Intermodal

90 국제복합운송에 관한 설명으로 옳지 않은 것은?

① 컨테이너의 등장으로 인해 비약적으로 발전하였다.
② 단일 운송계약과 단일 책임주체라는 특징을 가지고 있다.
③ 두 가지 이상의 상이한 운송수단이 결합하여 운송되는 것을 말한다.
④ UN국제복합운송조약은 복합운송증권의 발행 여부를 송화인의 선택에 따르도록 하고 있다.
복합운송증권의 발행방식은 유통식과 비유통식 중에서 선택할 수 있다.

91 다음 중 해상운송과 관련된 국제조약을 모두 고른 것은?

ㄱ. Hague Rules (1924)
ㄴ. Warsaw Convention (1929)
ㄷ. CMR Convention (1956)
ㄹ. CIM Convention (1970)
ㅁ. Hamburg Rules (1978)
ㅂ. Rotterdam Rules (2008)

① ㄱ, ㄴ, ㄷ
② ㄱ, ㅁ, ㅂ
③ ㄴ, ㄷ, ㄹ
④ ㄷ, ㄹ, ㅁ
⑤ ㄷ, ㄹ, ㅂ

92 정기선 해상운송의 특징에 관한 내용으로 올바르게 연결되지 않은 것은?

① 운항형태 - Regular sailing
② 운송화물 - Heterogeneous cargo
③ 운송계약 - Charter party
④ 운송인 성격 - Common carrier
⑤ 운임결정 - Tariff

93 해상운송과 관련된 용어의 설명으로 옳지 않은 것은?

① 선박은 선박의 외형과 이를 지탱하기 위한 선체와 선박에 추진력을 부여하는 용 골로 구분된다.
② 총톤수는 관세, 등록세, 도선료의 부과기준이 된다.
③ 재화중량톤수는 선박이 적재할 수 있는 화물의 최대중량을 표시하는 단위이다.
④ 선교란 선박의 갑판 위에 설치된 구조물로 선장이 지휘하는 장소를 말한다.
⑤ 발라스트는 공선 항해 시 선박의 감항성을 유지하기 위해 싣는 짐으로 주로 바 닷물을 사용한다.

94 개품운송계약에 관한 설명으로 옳지 않은 것은?

① 불특정 다수의 화주로부터 개별적으로 운송요청을 받아 이들 화물을 혼재하여 운송하는 방식이다.
② 주로 단위화된 화물을 운송할 때 사용되는 방식이다.
③ 법적으로 요식계약(formal contract)의 성격을 가지고 있기 때문에 개별 화주와 운송계약서를 별도로 작성하여야 한다.
④ 해상운임은 운임율표에 의거하여 부과된다.
⑤ 일반적으로 정기선해운에서 사용되는 운송계약 형태이다.

95 컨테이너화물의 하역절차에 필요한 서류를 모두 고른 것은?

ㄱ. Shipping Request
ㄴ. Booking Note
ㄷ. Shipping Order
ㄹ. Arrival Notice
ㅁ. Delivery Order
ㅂ. Mate's Receipt

① ㄱ, ㄴ ② ㄱ, ㄷ
③ ㄷ, ㄹ ④ ㄹ, ㅁ
⑤ ㅁ, ㅂ

96 다음 설명에 해당하는 정기선 할증운임은?

- 해상운송 계약 시 화물의 최종 양륙항을 확정하지 않고 기항 순서에 따라
- 몇 개의 항구를 기재한 후, 화주가 화물 도착 전에 양륙항을 선택할 수 있도록 할 때 부과하는 할증료

① Port congestion surcharge
② Transhipment additional surcharge
③ Optional surcharge
④ Bunker adjustment surcharge
⑤ Currency adjustment surcharge

97 다음 설명에 해당하는 용선은?

- 용선자가 일정기간 선박 자체만을 임차하여 자신이 고용한 선장과 선원을 승선시켜 선박을 직접 점유하는 한편, 선박 운항에 필요한 선비 및 운항비 일체를 용선자가 부담하는 방식

① Bareboat charter
② Partial charter
③ Voyage charter
④ Time charter
⑤ Lumpsum charter

98 다음 설명에 해당하는 국제물류시스템 유형은?

- 세계 여러 나라에 자회사를 가지고 있는 글로벌기업이 지역물류거점을 설치하여 동일 경제권 내 각국 자회사 창고 혹은 고객에게 상품을 분배 하는 형태
- 유럽의 로테르담이나 동남아시아의 싱가포르 등 국제교통의 중심지에서 인접국가로 수배송서비스를 제공하는 형태

① Classical system
② Transit system
③ Direct system
④ Just In Time system
⑤ Multi-country warehouse system

99 최근 국제물류 환경변화에 관한 설명으로 옳지 않은 것은?

① 국제물류시장의 치열한 경쟁으로 물류기업간 수평적 통합과 수직적 통합이 가속화되고 있다.
② 온실가스 감축을 위해 메탄올 연료를 사용하는 선박 건조가 증가하고 있다.
③ 4차 산업혁명 시대를 맞아 디지털 기술들을 활용하여 운영효율성과 고객만족을 제고하려는 물류기업들이 늘어나고 있다.
④ 기업경영의 글로벌화가 보편화되면서 글로벌 공급사슬에 대한 중요성이 증대되고 있다.
⑤ 코로나 팬데믹의 영향으로 전자상거래 비중이 감소하는 추세이다.

100 다음 설명에 해당하는 부정기선 운임은?

ㄱ. 원유, 철광석 등 대량화물의 운송수요를 가진 대기업과 선사간에 장기간 반복되는 항해에 대하여 적용되는 운임
ㄴ. 화물의 개수, 중량, 용적과 관계없이 항해 또는 선복을 기준으로 일괄 부과되는 운임

① ㄱ : Long Term Contract Freight,
   ㄴ : Lumpsum Freight
② ㄱ : Long Term Contract Freight,
   ㄴ : Dead Freight
③ ㄱ : Pro Rate Freight,
   ㄴ : Lumpsum Freight
④ ㄱ : Pro Rate Freight,
   ㄴ : Dead Freight
⑤ ㄱ : Consecutive Voyage Freight,
   ㄴ : Freight All Kinds Rate

101 국제물류와 국내물류의 비교로 옳지 않은 것을 모두 고른 것은?

구분	국제물류	국내물류
ㄱ. 운송 방법	주로 복합운송이 이용된다.	주로 공로운송이 이용된다.
ㄴ. 재고 수준	짧은 리드타임으로 재고 수준이 상대적으로 낮다.	주문시간이 길고, 운송 등의 불확실성으로 재고 수준이 높다.
ㄷ. 화물 위험	단기운송으로 위험이 낮다.	장기운송과 환적 등으로 위험이 높다.
ㄹ. 서류 작업	구매주문서와 송장 정도로 서류 작업이 간단하다.	각종 무역운송서류가 필요하여 서류 작업이 복잡하다.
ㅁ. 재무적 위험	환리스크로 인하여 재무적 위험이 높다.	환리스크가 없어 재무적 위험이 낮다.

① ㄱ, ㄴ, ㄷ
② ㄱ, ㄷ, ㅁ
③ ㄱ, ㄹ, ㅁ
④ ㄴ, ㄷ, ㄹ
⑤ ㄴ, ㄹ, ㅁ

102 다음 설명에 해당하는 컨테이너는?

> 기계류, 철강제품, 판유리 등의 중량화물이나 장적화물을 그레인을 사용하여 컨테이너의 위쪽으로부터 적재 및 하역할 수 있는 컨테이너로, 천장은 캔버스 재질의 덮개를 사용하여 방수 기능이 있음

① Dry container
② Open top container
③ Flat rack container
④ Solid bulk container
⑤ Hanger container

103 다음 설명에 해당하는 컨테이너 화물운송과 관련된 국제협약은?

> 컨테이너의 구조상 안전요건을 국제적으로 통일하기 위하여 1972년에 UN(국제연합)과 IMO(국제해사기구)가 공동으로 채택한 국제협약

① ITI(Customs Convention on the International Transit of Goods, 1971)
② CCC(Customs Convention on Container, 1956)
③ CSC(International Convention for Safe Container, 1972)
④ TIR(Transport International Routiere, 1959)
⑤ MIA(Marine Insurance Act, 1906)

104 컨테이너 화물운송에 관한 설명으로 옳지 않은 것은?

① 편리한 화물취급, 신속한 운송 등의 이점이 있다.
② 하역의 기계화로 하역비를 절감할 수 있다.
③ CY(Container Yard)는 컨테이너를 인수, 인도 및 보관하는 장소로 Apron, CFS 등을 포함한다.
④ CY/CY는 컨테이너의 장점을 최대로 살릴 수 있는 운송 형태로 door to door 서비스가 가능하다.
⑤ CY/CFS는 선적지에서 수출업자가 LCL 화물로 선적하여 목적지 항만의 CFS에서 화물을 분류하여 수입업자에게 인도한다.

105 국제물류 정보기술에 관한 설명으로 옳지 않은 것은?

① ITS(Intelligent Transport System) : 기본 교통체계의 구성요소에 전자, 제어, 통신 등의 첨단기술을 접목시켜 상호 유기적으로 작동하도록 하는 차세대 교통 시스템
② CVO(Commercial Vehicle Operation) : 조직간 표준화된 전자문서로 데이터를 교 환하고, 업무를 처리하는 시스템
③ WMS(Warehouse Management System) : 제품의 입고, 집하, 적재, 출하의 작업 과정과 관련 데이터의 자동처리 시스템
④ DPS(Digital Picking System) : 랙이나 보관구역에 신호장치가 설치되어 있어, 출고 화물의 위치와 수량을 알려주는 시스템
⑤ GPS(Global Positioning System) : 화물 또는 차량의 자동식별과 위치추적의 신속정확한 파악이 가능한 시스템

106 신용장통일규칙(UCP 600) 제23조에 규정된 항공운송서류의 수리요건이 아닌 것은?

① 운송인의 명칭이 표시되고, 운송인 또는 그 대리인에 의하여 서명되어야 한다.
② 물품이 운송을 위하여 인수되었음이 표시되어야 한다.
③ 신용장에 명기된 출발 공항과 목적 공항이 표시되어야 한다.
④ 항공운송서류는 항공화물운송장(AWB)의 명칭과 발행일이 표시되어야 한다.
⑤ 신용장에서 원본 전통이 요구되더라도, 송화인용 원본이 제시되어야 한다.

107 다음은 신용장통일규칙(UCP 600) 제22조 용선계약 선하증권 내용의 일부이다. ( )에 들어갈 내용을 올바르게 나열한 것은?

- A bill of lading, however named, containing an indication that it is subject to a charter party(charter party bill of lading), must appear to:
be signed by:
- the (ㄱ) or a named (ㄴ) for or on behalf of the (ㄱ), or
- the (ㄷ) or a named (ㄴ) for or on behalf of the (ㄷ), or

① ㄱ : master, ㄴ : charterer, ㄷ : agent
② ㄱ : master, ㄴ : agent, ㄷ : consignee
③ ㄱ : master, ㄴ : agent, ㄷ : owner
④ ㄱ : owner, ㄴ : agent, ㄷ : consignee
⑤ ㄱ : owner, ㄴ : charterer, ㄷ : agent

108 항만의 시설과 장비에 관한 설명으로 옳지 않은 것은?

① Quay는 해안에 평행하게 축조된, 선박 접안을 위하여 수직으로 만들어진 옹벽을 말한다.
② Marshalling Yard는 선적할 컨테이너 양륙완료된 컨테이너를 적재 및 보관하는 장소이다.
③ Yard Tractor는 Apron과 CY간 컨테이너의 이동을 위한 장비로 야드 샤시 (chassis)와 결합하여 사용한다.
④ Straddle Carrier는 컨테이너 터미널에서 양다리 사이에 컨테이너를 끼우고 운반 하는 차량이다.

⑤ Gantry Crane은 CY에서 컨테이너를 트레일러에 싣고 내리는 작업을 수행하는 장비이다.

109 해상화물운송장을 위한 CMI통일규칙(1990) 내용의 일부이다. ( )에 들어갈 내용을 올바르게 나열한 것은? (단, 대/소문자는 고려하지 않는다.)

> ○ These Rules may be known as the CMI Uniform Rules for Sea Waybills.
> In these Rules :
> • (ㄱ) and (ㄴ) shall mean the parties so named or identified in the contract of carriage.
> • (ㄷ) shall mean the party so named or identified in the contract of carriage, or any persons substituted as (ㄷ) in accordance with Rule 6.

① ㄱ : carrier, ㄴ : shipper, ㄷ : consignee
② ㄱ : carrier, ㄴ : consignee, ㄷ : master
③ ㄱ : shipper, ㄴ : carrier, ㄷ : master
④ ㄱ : shipper, ㄴ : consignee, ㄷ : carrier
⑤ ㄱ : shipper, ㄴ : master, ㄷ : carrier

110 다음 설명에 해당하는 국제물류 보안 제도는?

> • 해상운송인과 NVOCC(Non-Vessel Operating Common Carrier)로 하여금 미국으로 향하는 컨테이너가 선박에 적재되기 전에 화물에 대한 세부정보를 미국 관세청에 제출하게 함으로써 화물 정보를 분석하여 잠재적 테러 위험을 확인할 수 있음
> • CSI(Container Security Initiative) 후속 조치의 일환으로 시행됨

① C-TPAT(Customs-Trade Partnership Against Terrorism)
② ISO 28000
③ 10+2 Rule
④ 24-Hour Rule
⑤ Trade Act of 2002 Final Rule

111 내륙컨테이너기지(ICD)에 관한 설명으로 옳지 않은 것은?

① 항만 또는 공항이 아닌 내륙에 설치된 컨테이너 운송관련 시설로서 고정설비를 갖추고 있다.
② 세관통제하에 통관된 수출입화물만을 대상으로 일시저장과 취급에 대한 서비스를 제공한다.
③ 수출입 화주의 유통센터 또는 창고 기능을 한다.
④ 소량화물의 혼재와 분류작업을 수행하는 공간이다.
⑤ 철도와 도로가 연결되는 복합운송거점의 기능을 한다.

112. Incoterms®2020의 개정 내용에 관한 설명으로 옳지 않은 것은?

① FCA에서 본선적재 선하증권에 관한 옵션 규정을 신설하였다.
② FCA, DAP, DPU 및 DDP에서 매도인 또는 매수인 자신의 운송수단에 의한 운송을 허용하고 있다.
③ CIF규칙은 최대담보조건, CIP규칙은 최소담보조건으로 보험에 부보하도록 개정하였다.
④ 인코텀즈 규칙에 대한 사용지침(Guidance Note)을 설명문(Explanatory Note)으로 변경하여 구체화하였다.
⑤ 운송의무 및 보험비용 조항에 보안관련 요건을 삽입하였다.

113. 다음에서 Incoterms®2020 규칙이 다루고 있는 것을 모두 고른 것은?

ㄱ. 관세의 부과
ㄴ. 매도인과 매수인의 비용
ㄷ. 매도인과 매수인의 위험
ㄹ. 대금지급의 시기, 장소 및 방법
ㅁ. 분쟁해결의 방법, 장소 또는 준거법

① ㄱ, ㄴ
② ㄴ, ㄷ
③ ㄱ, ㄴ, ㄷ
④ ㄱ, ㄹ, ㅁ
⑤ ㄴ, ㄷ, ㄹ, ㅁ

114. Incoterms®2020 소개문의 일부이다. ( )에 들어갈 용어로 올바르게 나열된 것은?

- ICC decided to make two changes to (ㄱ) and (ㄴ). First, the
- order in which the two Incoterms®2020 rules are presented has been inverted, and (ㄴ), where delivery happens before unloading, now appears before (ㄱ).
- Secondly, the name of the rule (ㄱ) has been changed to (ㄷ), emphasising the reality that the place of destination could be any
- place and not only a "terminal".

① ㄱ: DAP, ㄴ: DAT, ㄷ: DDP
② ㄱ: DAP, ㄴ: DAT, ㄷ: DPU
③ ㄱ: DAT, ㄴ: DDP, ㄷ: DPU
④ ㄱ: DAT, ㄴ: DAP, ㄷ: DPU
⑤ ㄱ: DAT, ㄴ: DAP, ㄷ: DDP

115. 해상보험계약의 용어 설명으로 옳지 않은 것은?

① Warranty란 보험계약자(피보험자)가 반드시 지켜야 할 약속을 말한다.
② Duty of disclosure란 피보험자 등이 보험자에게 보험계약 체결에 영향을 줄 수 있는 모든 중요한 사실을 알려 주어야 할 의무를 말한다.
③ Insurable interest란 피보험자가 보험의 목적물에 대하여 가지는 권리 또는 이익으로 피보험자와 보험의 목적과의 경제적 이해관계를 말한다.

④ Duration of insurance란 보험자의 위험부담책임이 시작되는 때로부터 종료될 때까지의 기간을 말한다.
⑤ Insured amount란 피보험위험으로 인하여 발생한 손해를 보험자로부터 보상받는 대가로 보험계약자가 보험자에게 지급하는 수수료를 말한다.

116 수출입통관과 관련하여 관세법상 내국물품이 아닌 것은?

① 보세공장에서 내국물품과 외국물품을 원재료로 하여 만든 물품
② 우리나라의 선박 등에 의하여 공해에서 채집 또는 포획된 수산물
③ 입항전수입신고가 수리된 물품
④ 수입신고수리 전 반출승인을 얻어 반출된 물품
⑤ 수입신고 전 즉시반출신고를 하고 반출된 물품

117 해상손해의 종류 중 물적손해에 해당하지 않는 것은?

① 보험목적물의 완전한 파손 또는 멸실
② 보험목적물의 일부에 발생하는 손해로서 피보험자 단독으로 입은 손해
③ 보험목적물에 해상위험이 발생한 경우 손해방지의무를 이행하기 위해 지출되는 비용
④ 보험목적물이 공동의 안전을 위하여 희생되었을 때 이해관계자들이 공동으로 분담하는 손해
⑤ 선박의 수리비가 수리후의 선박가액을 초과하는 경우

118 무역계약 조건 중 물품과 수량단위의 연결이 옳지 않은 것은?

① 양곡, 철강 - 중량 - ton, pound, kilogram
② 유리, 합판, 타일 - 용적 - CBM, barrel, bushel
③ 섬유류, 전선 - 길이 - meter, yard, inch
④ 잡화, 기계류 - 개수 - piece, set, dozen
⑤ 비료, 밀가루 - 포장 - bale, drum, case

119 관세법상 수출입통관에 관한 설명으로 옳지 않은 것은?

① 물품을 수출입 또는 반송하고자 할 때에는 당해 물품의 품명·규격·수량 및 가격 등 기타 대통령령이 정하는 사항을 세관장에게 신고하여야 한다.
② 당해 물품을 적재한 선박 또는 항공기가 입항하기 전에 수입신고를 할 수 있다.
③ 세관장은 수출입 또는 반송에 관한 신고서의 기재사항이 갖추어지지 아니한 경우에는 이를 보완하게 할 수 있다.
④ 관세청장은 수입하려는 물품에 대하여 검사대상, 검사범위, 검사방법 등에 관하여 필요한 기준을 정할 수 있다.
⑤ 수입신고와 반송신고는 물품의 화주 또는 완제품공급자나 이들을 대리한 관세사 등의 명의로 해야 한다.

120 무역분쟁해결 방법에 관한 설명으로 옳지 않은 것은?

① ADR(Alternative Dispute Resolution)에는 타협, 조정, 중재가 있다.
② 중재판정은 당사자간에 있어서 법원의 확정판결과 동일한 효력을 가진다.
③ 소송은 국가기관인 법원의 판결에 의하여 분쟁을 강제적으로 해결하는 방법이다.
④ 뉴욕협약(1958)에 가입한 국가간에는 중재판정의 승인 및 집행이 보장된다.
⑤ 상사중재의 심리절차는 비공개로 진행되므로, 기업의 영업상 비밀이 누설되지 않는다.

2023년 제27회 기출문제

교시	과목	시간	점수
2교시	보관하역론 물류관련법규	12:00 ~ 13:20 (80분)	

4과목 보관하역론

01 보관의 기능으로 옳지 않은 것은?

① 물품의 거리적·장소적 효용 창출 기능
② 물품의 분류와 혼재 기능
③ 물품의 보존과 관리 기능
④ 수송과 배송의 연계 기능
⑤ 고객서비스 신속 대응 기능

02 공동집배송단지의 도입 효과에 관한 설명으로 옳은 것을 모두 고른 것은?

ㄱ. 배송물량을 통합하여 계획 배송함으로써 차량의 적재 효율을 높일 수 있다.
ㄴ. 혼합배송이 가능하여 차량의 공차율이 증가한다.
ㄷ. 공동집배송단지를 사용하는 업체들의 공동 참여를 통해 대량 구매 및 계획 매입이 가능하다.
ㄹ. 보관 수요를 통합 관리함으로써 업체별 보관 공간 및 관리 비용이 증가한다.
ㅁ. 물류 작업의 공동화를 통해 물류비 절감 효과가 있다.

① ㄱ, ㄴ, ㄹ
② ㄱ, ㄴ, ㅁ
③ ㄱ, ㄷ, ㅁ
④ ㄴ, ㄷ, ㄹ
⑤ ㄷ, ㄹ, ㅁ

03 다음에서 설명하는 물류시설은?

ㄱ. LCL(Less than Container Load) 화물을 특정 장소에 집적하였다가 목적지별로 선별하여 하나의 컨테이너에 적입하는 장소
ㄴ. 복수의 운송수단 간 연계를 할 수 있는 규모 및 시설을 갖춘 장소
ㄷ. 재고품의 임시보관거점으로 상품의 배송거점인 동시에 예상 수요에 대한 보관장소

① ㄱ : CY(Container Yard), ㄴ : 복합물류터미널, ㄷ : 스톡 포인트(Stock Point)
② ㄱ : CY(Container Yard), ㄴ : 복합물류터미널, ㄷ : 데포(Depot)
③ ㄱ : CFS(Container Freight Station), ㄴ : 복합물류터미널, ㄷ : 스톡 포인트(Stock Point)
④ ㄱ : CFS(Container Freight Station), ㄴ : 공동집배송단지, ㄷ : 스톡 포인트(Stock Point)
⑤ ㄱ : CFS(Container Freight Station), ㄴ : 공동집배송단지, ㄷ : 데포(Depot)

04 다음에서 설명하는 보관의 원칙은?

- 물품의 입·출고 빈도에 따라 보관장소를 결정한다.
- 출입구가 동일한 창고의 경우 입·출고 빈도가 높은 물품을 출입구 근처에 보관하며, 낮은 물품은 출입구로부터 먼 장소에 보관한다.

① 회전대응의 원칙
② 선입선출의 원칙
③ 통로 대면의 원칙
④ 보관 위치 명확화의 원칙
⑤ 유사자재 관리의 원칙

05 물류센터 구조와 설비 결정 요소에 관한 설명으로 옳지 않은 것은?

① 운영특성은 입고, 보관, 피킹, 배송방법을 반영한다.
② 물품특성은 제품의 크기, 무게, 가격을 반영한다.
③ 주문특성은 재고정책, 고객서비스 목표, 투자 및 운영 비용을 반영한다.
④ 환경특성은 지리적 위치, 입지 제약, 환경 제약을 반영한다.
⑤ 설비특성은 설비종류, 자동화 수준을 반영한다.

06 다음에서 설명하는 공공 물류시설의 민간투자사업 방식은?

ㄱ. 민간 사업자가 건설 후, 소유권을 국가 또는 지방자치단체에 양도하고 일정기간 그 시설물을 운영한 수익으로 투자비를 회수하는 방식
ㄴ. 민간 사업자가 건설 후, 투자비용을 회수할 때까지 관리·운영한 후 계약기간 종료 시 국가에 양도하는 방식
ㄷ. 민간 사업자가 건설 후, 일정기간 동안 국가 또는 지방자치단체에 임대하여 투자비를 회수하고 임대기간 종료 후에 소유권을 국가 또는 지방자치단체에 양도하는 방식

① ㄱ : BTO(Build Transfer Operate),
  ㄴ : BOO(Build Own Operate),
  ㄷ : BLT(Build Lease Transfer)
② ㄱ : BTO(Build Transfer Operate),
  ㄴ : BOT(Build Operate Transfer),
  ㄷ : BLT(Build Lease Transfer)
③ ㄱ : BOT(Build Operate Transfer),
  ㄴ : BTO(Build Transfer Operate),
  ㄷ : BLT(Build Lease Transfer)
④ ㄱ : BOT(Build Operate Transfer),
  ㄴ : BOO(Build Own Operate),
  ㄷ : BTO(Build Transfer Operate)
⑤ ㄱ : BOO(Build Own Operate),
  ㄴ : BOT(Build Operate Transfer),
  ㄷ : BTO(Build Transfer Operate)

07 물류단지시설에 관한 설명으로 옳지 않은 것은?

① 물류터미널은 화물의 집하, 하역, 분류, 포장, 보관, 가공, 조립 등의 기능을 갖춘 시설이다.
② 공동집배송센터는 참여업체들이 공동으로 사용할 수 있도록 집배송 시설 및 부대업무 시설이 설치되어 있다.
③ 지정보세구역은 지정장치장 및 세관검사장이 있다.
④ 특허보세구역은 보세창고, 보세공장, 보세건설장, 보세판매장, 보세전시장이 있다.
⑤ 배송센터는 장치보관, 수출입 통관, 선박의 적하 및 양하기능을 수행하는 육상운송수단과의 연계 지원시설이다.

08 물류단지의 단일설비입지 결정 방법에 관한 설명으로 옳지 않은 것은?

① 입지요인으로 수송비를 고려한다.
② 시장경쟁력, 재고통합효과, 설비를 고려하는 동적 입지모형이다
③ 총 운송비용을 최소화하기 위한 입지 결정 방법이다.
④ 총 운송비용은 거리에 비례해서 증가하는 것으로 가정한다.
⑤ 공급지와 수요지의 위치와 반입, 반출 물량이 주어진다.

09 다음에서 설명한 물류단지의 입지결정 방법은?

- 일정한 물동량(입고량 또는 출고량)의 고정비와 변동비를 산출한다.
- 물동량에 따른 총비용을 비교하여 대안을 선택하는 방법이다.

① 체크리스트법
② 톤 - 킬로법
③ 무게 중심법
④ 손익분기 도표법
⑤ 브라운 & 깁슨법

10 모빌 랙(Mobile Rack)에 관한 설명으로 옳지 않은 것은?

① 파렛트 랙 내에서 경사면을 이용하여 이동하는 방식으로 선입선출이 요구되는 제품에 적합하다.
② 필요한 통로만을 열어 사용하고 불필요한 통로를 최대한 제거하기 때문에 면적효율이 높다.
③ 바닥면의 효과적인 사용과 용적 효율이 높다.
④ 공간 효율이 높기 때문에 작업공간이 넓어지고 물품보관이 용이하다.
⑤ 동시작업을 위한 복수통로의 설정이 가능하여 작업효율이 증대된다.

11 물류센터의 규모 결정에 영향을 미치는 요인을 모두 고른 것은?

> ㄱ. 자재취급시스템의 형태
> ㄴ. 통로요구조건
> ㄷ. 재고배치
> ㄹ. 현재 및 미래의 제품 출하량
> ㅁ. 사무실 공간

① ㄱ, ㄹ
② ㄷ, ㄹ, ㅁ
③ ㄱ, ㄴ, ㄷ, ㄹ
④ ㄱ, ㄴ, ㄷ, ㅁ
⑤ ㄱ, ㄴ, ㄷ, ㄹ, ㅁ

12 〔중요〕 창고의 기능에 관한 설명으로 옳지 않은 것은?

① 물품을 안전하게 보관하거나 현상을 유지하는 역할을 수행한다.
② 물품의 생산과 소비의 시간적 간격을 조절하여 시간가치를 창출한다.
③ 물품의 수요와 공급을 조정하여 가격안정을 도모하는 역할을 수행한다.
④ 물품을 한 장소에서 다른 장소로 이동시키는 물리적 행위를 통해 장소적 효용을 창출한다.
⑤ 창고에 물품을 보관하여 안전재고를 확보함으로써 품절을 방지하여 기업 신용을 증대시킨다.

13 창고 유형과 특징에 관한 설명으로 옳지 않은 것은?

① 자가창고는 창고의 입지, 시설, 장비를 자사의 물류시스템에 적합하도록 설계, 운영할 수 있다.
② 영업창고 이용자는 초기에 창고건설 및 설비투자와 관련하여 고정비용이 발생한다.
③ 임대창고는 시장환경의 변화에 따라 보관장소를 탄력적으로 운영하기 어렵다.
④ 유통창고는 생산된 제품의 집하 및 배송 기능을 갖춘 창고로 화물의 보관, 가공, 재포장 등의 활동을 수행한다.
⑤ 보세창고는 관세법에 근거하여 세관장의 허가를 얻어 수출입화물을 취급하는 창고를 의미한다.

14 창고관리시스템(WMS : Warehouse Management System)의 특성에 관한 설명으로 옳지 않은 것은?

① 창고 내의 랙(Rack)과 셀(Cell)별 재고를 실시간으로 관리할 수 있다.
② 정확한 위치정보를 기반으로 창고 내 피킹, 포장작업 등을 지원하여 효율적인 물류작업이 가능하다.
③ 입고 후 창고에 재고를 보관할 때, 보관의 원칙에 따라 최적의 장소를 선정하여 저장할 수 있다.
④ 창고 내 물동량의 증감에 따라 작업자의 인력계획을 수립하며 모니터링 기능도 지원한다.
⑤ 고객주문내역 상의 운송수단을 고려한 최적의 경로를 설정하여 비용과 시간을 절감하도록 지원한다.

15 DPS(Digital Picking System)와 DAS(Digital Assorting System)의 특성에 관한 설명으로 옳지 않은 것은?

① DPS는 피킹 대상품목 수를 디지털 기기로 표시하여 피킹하도록 지원하는 시스템이다.
② DAS는 분배된 물품의 순서에 따라 작업자에게 분류정보를 제공하여 신속한 분배를 지원하는 시스템이다.
③ DPS는 작동방식에 따라 대차식, 구동 컨베이어식, 무구동 컨베이어식으로 구분할 수 있다.
④ 멀티 릴레이 DAS는 주문 단위로 출하박스를 투입하여 피킹하는 방식으로 작업자의 이동이 최소화된다.
⑤ 멀티 다품종 DAS는 많은 고객에게 배송하기 위한 분배 과정을 지원하는 방식으로 합포장을 할 때 적합하다.

16 자동화 창고의 구성요소에 관한 설명으로 옳지 않은 것은?

① 랙은 자동화 창고에서 화물 보관을 위한 구조물로 빌딩 랙(Building Rack)과 유닛 랙(Unit Rack) 등이 있다.
② 스태커 크레인(Stacker Crane)은 랙과 랙 사이를 왕복하며 보관품을 입출고시키는 기기이다.
③ 트래버서(Traverser)는 보관품의 입출고 시 작업장부터 랙까지 연결시켜주는 반송장치이다.
④ 무인반송차(AGV : Automative Guided Vehicle)는 무인으로 물품을 운반 및 이동하는 장비이다.
⑤ 보관단위(Unit)는 파렛트형, 버킷형, 레인형, 셀형 등이 있다.

17 K기업이 수요지에 제품 공급을 원활하게 하기 위한 신규 물류창고를 운영하고자 한다. 수요량은 수요지 A가 50 ton/월, 수요지 B가 40 ton/월, 수요지 C가 100 ton/월 이라고 할 때, 무게중심법을 이용한 최적입지 좌표(X, Y)는? (단, 소수점 둘째 자리에서 반올림한다.)

구분	X좌표	Y좌표
수요지 A	10	20
수요지 B	20	30
수요지 C	30	40
공장	50	50

① X = 21.5, Y = 32.1
② X = 25.3, Y = 39.1
③ X = 36.3, Y = 41.3
④ X = 39.7, Y = 53.3
⑤ X = 43.2, Y = 61.5

18 재고관리 지표에 관한 설명으로 옳지 않은 것은?

① 서비스율은 전체 수주량에 대한 납기 내 납품량의 비율을 나타낸다.
② 백오더율은 전체 수주량에 대한 납기 내 결품량의 비율을 나타낸다.
③ 재고회전율은 연간 매출액을 평균재고액으로 나눈 비율을 나타낸다.
④ 재고회전기간은 수요대상 기간을 재고 회전율로 나눈값이다.
⑤ 평균재고액은 기말재고액에서 기초재고액을 뺀 값이다.

중요

19 K 기업의 A제품 생산을 위해 소모되는 B부품의 연간 수요량이 20,000개이고 주문비용이 80,000원, 단위당 단가가 4,000원, 재고유지비율이 20 %이라고 할 때, 경제적 주문량(EOQ)은?

① 2,000개 ② 4,000개
③ 6,000개 ④ 8,000개
⑤ 10,000개

중요

20 다음 자재소요량 계획(MRP : Material Requirement Planning)에서 부품 X, Y의 순 소요량은?

- 제품 K의 총 소요량 : 50개
- 제품 K는 2개의 X부품과 3개의 Y부품으로 구성
- X 부품 예정 입고량 : 10개, 가용재고 : 5개
- Y 부품 예정 입고량 : 20개, 가용재고 : 없음

① X = 50개, Y = 50개
② X = 60개, Y = 80개
③ X = 85개, Y = 130개
④ X = 100개, Y = 150개
⑤ X = 115개, Y = 170개

21 재고 보유의 역할이 아닌 것은?

① 원재료 부족으로 인한 생산중단을 피하기 위해 일정량의 재고를 보유한다.
② 작업준비 시간이나 비용이 많이 드는 경우 생산 일정 계획을 유연성 있게 수립하기 위하여 재고를 보유한다.
③ 미래에 발생할 수 있는 위험회피를 위해 재고를 보유한다.
④ 계절적으로 집중 출하되는 제품은 미리 확보하여 판매기회를 놓치지 않기 위해 재고를 보유한다.
⑤ 기술력 향상 및 생산공정의 자동화 도입 촉진을 위해 재고를 보유한다.

중요

22 A상품의 연간 평균 재고는 10,000개, 구매단가는 5,000원, 단위당 재고 유지비는 구매단가의 5 %를 차지한다고 할 때, A상품의 연간 재고유지비는? (단, 수요는 일정하고, 재고 보충은 없음)

① 12,500원
② 25,000원
③ 1,000,000원
④ 2,500,000원
⑤ 10,000,000원

중요

23 재주문점의 주문관리 기법이 아닌 것은?

① 정량발주법
② 델파이법
③ Two - Bin법
④ 기준재고법
⑤ 정기발주법

24 수요예측 방법에 관한 설명으로 옳지 않은 것은?

① 정성적 수요예측방법은 시장조사법, 역사적 유추법 등이 있다.
② 정량적 수요예측방법은 단순이동평균법, 가중이동평균법, 지수평활법 등이 있다.
③ 가중이동평균법은 예측기간이 먼 과거 일수록 낮은 가중치를 부여하고, 가까울수록 더 큰 가중치를 주어 예측하는 방법이다.
④ 시장조사법은 신제품 및 현재 시판중인 제품이 새로운 시장에 소개 될 때 많이 활용된다.
⑤ 지수평활법은 예측하고자 하는 기간의 직전 일정 기간의 시계열 평균값을 활용하여 산출하는 방법이다.

25 하역에 관한 설명으로 옳지 않은 것은?

① 운송 및 보관에 수반하여 발생한다.
② 적하, 운반, 적재, 반출, 분류 및 정돈으로 구성된다.
③ 시간, 장소 및 형태 효용을 창출한다.
④ 생산에서 소비에 이르는 전 유통과정에서 행해진다.
⑤ 무인화와 자동화가 빠르게 진행되고 있다.

26 하역합리화의 기본 원칙에 관한 설명으로 옳지 않은 것은?

① 하역작업의 이동거리를 최소화한다.
② 불필요한 하역작업을 줄인다.
③ 운반활성지수를 최소화한다.
④ 화물을 중량 또는 용적으로 단위화한다.
⑤ 파손과 오손, 분실을 최소화한다.

27 하역작업과 관련된 용어에 관한 설명으로 옳지 않은 것은?

① 디배닝(Devanning) : 컨테이너에서 화물을 내리는 작업
② 래싱(Lashing) : 운송수단에 실린 화물이 움직이지 않도록 화물을 고정시키는 작업
③ 피킹(Picking) : 보관 장소에서 화물을 꺼내는 작업
④ 소팅(Sorting) : 화물을 품종별, 발송지별, 고객별로 분류하는 작업
⑤ 스태킹(Stacking) : 화물이 손상, 파손되지 않도록 화물의 밑바닥이나 틈 사이에 물건을 깔거나 끼우는 작업

28 하역시스템에 관한 설명으로 옳지 않은 것은?

① 물품을 자동차에 상하차하고 창고에서 상하좌우로 운반하거나 입고 또는 반출하는 시스템이다.
② 필요한 원재료·반제품·제품 등의 최적 보유량을 계획하고 조직하고 통제하는 기능을 한다.
③ 하역작업 장소에 따라 사내하역, 항만하역, 항공하역시스템 등으로 구분할 수 있다.
④ 하역시스템의 기계화 및 자동화는 하역작업환경을 개선하는데 기여할 수 있다.
⑤ 효율적인 하역시스템 설계 및 구축을 통해 에너지 및 자원을 절약할 수 있다.

29 하역기기에 관한 설명으로 옳은 것은?

① 탑 핸들러(Top Handler) : 본선과 터미널 간 액체화물 이송 작업 시 연결되는 육상터미널 측 이송장비
② 로딩 암(Loading Arm) : 부두에서 본선으로 석탄, 광석의 벌크화물을 선적하는 데 사용하는 장비
③ 돌리(Dolly) : 해상 컨테이너를 적재하거나 다른 장소로 이송, 반출하는데 사용하는 장비
④ 호퍼(Hopper) : 원료나 연료, 화물을 컨베이어나 기계로 이송하는 깔때기 모양의 장비
⑤ 스트래들 캐리어(Straddle Carrier) : 부두의 안벽에 설치되어 선박에 컨테이너를 선적하거나 하역하는데 사용하는 장비

30 하역의 표준화에 관한 설명으로 옳지 않은 것은?

① 생산의 마지막 단계로 치수, 강도, 재질, 기법 등의 표준화로 구성된다.
② 운송, 보관, 포장, 정보 등 물류활동 간의 상호 호환성과 연계성을 고려하여 추진되어야 한다.
③ 환경과 안전을 고려하여야 한다.
④ 유닛로드 시스템에 적합한 하역·운반 장비의 표준화가 필요하다.
⑤ 표준규격을 만들고 일관성 있게 추진되어야 한다.

31 다음에서 설명하는 항만하역 작업방식은?

> 선측이나 선미의 경사판을 거쳐 견인차를 이용하여 수평으로 적재, 양륙하는 방식으로 페리(Ferry) 선박에서 전통적으로 사용해 온 방식이다.

① LO - LO(Lift on - Lift off) 방식
② RO - RO(Roll on - Roll off) 방식
③ FO - FO(Float on - Float off) 방식
④ FI - FO(Free in - Free out) 방식
⑤ LASH(Lighter Aboard Ship) 방식

32 철도하역 방식에 관한 설명으로 옳지 않은 것은?

① TOFC(Trailer on Flat Car) 방식 : 컨테이너가 적재된 트레일러를 철도화차 위에 적재하여 운송하는 방식
② COFC(Container on Flat Car) 방식 : 철도화차 위에 컨테이너만을 적재하여 운송하는 방식
③ Piggy Back 방식 : 화물열차의 대차 위에 트레일러나 트럭을 컨테이너 등의 화물과 함께 실어 운송하는 방식
④ Kangaroo 방식 : 철도화차에 트레일러 차량의 바퀴가 들어갈 수 있는 홈이 있어 적재높이를 낮게 하여 운송할 수 있는 방식
⑤ Freight Liner 방식 : 트럭이 화물열차에 대해 직각으로 후진하여 무개화차에 컨테이너를 바로 실어 운송하는 방식

33 포장에 관한 설명으로 옳지 않은 것은?

① 소비자들의 관심을 유발시키는 판매물류의 시작이다.
② 물품의 가치를 높이거나 보호한다.
③ 공업포장은 물품 개개의 단위포장으로 판매촉진이 주목적이다.
④ 겉포장은 화물 외부의 포장을 말한다.
⑤ 기능에 따라 공업포장과 상업포장으로 분류한다.

34 화인(Shipping Mark)의 표시방법에 관한 설명으로 옳은 것을 모두 고른 것은?

> ㄱ. 스티커(Sticker)는 주물을 주입할 때 미리 화인을 해두는 방법으로 금속제품, 기계류 등에 사용된다.
> ㄴ. 스텐실(Stencil)은 화인할 부분을 고무인이나 프레스기 등을 사용하여 찍는 방법이다.
> ㄷ. 태그(Tag)는 종이나 플라스틱판 등에 일정한 표시 내용을 기재한 다음 철사나 끈으로 매는 방법으로 의류, 잡화류 등에 사용된다.
> ㄹ. 라벨링(Labeling)은 종이나 직포에 미리 인쇄해 두었다가 일정한 위치에 붙이는 방법이다.

① ㄱ, ㄴ
② ㄱ, ㄷ
③ ㄴ, ㄷ
④ ㄴ, ㄹ
⑤ ㄷ, ㄹ

35 화인(Shipping Mark)에 관한 설명으로 옳지 않은 것은?

① 기본화인, 정보화인, 취급주의 화인으로 구성되며, 포장화물의 외장에 표시한다.
② 주화인 표시(Main Mark)는 타상품과 식별을 용이하게 하는 기호이다.
③ 부화인 표시(Counter Mark)는 유통업자나 수입 대행사의 약호를 표시하는 기호이다.
④ 품질 표시(Quality Mark)는 내용물품의 품질이나 등급을 표시하는 기호이다.
⑤ 취급주의 표시(Care Mark)는 내용물품의 취급, 운송, 적재요령을 나타내는 기호이다.

36 파렛트의 화물적재방법에 관한 설명으로 옳은 것은?

① 블록쌓기는 맨 아래에서 상단까지 일렬로 쌓는 방법으로 작업효율성이 높고 무너질 염려가 없어 안정성이 높다.
② 교호열쌓기는 짝수층과 홀수층을 180도 회전시켜 쌓는 방식으로 화물의 규격이 일정하지 않아도 적용이 가능한 방식이다.
③ 벽돌쌓기는 벽돌을 쌓듯이 가로와 세로를 조합하여 1단을 쌓고 홀수층과 짝수층을 180도 회전시켜 쌓는 방식이다.
④ 핀휠(Pinwheel)쌓기는 비규격화물이나 정방형 파렛트가 아닌 경우에 이용하는 방식으로 다양한 화물의 적재에 이용된다.
⑤ 스플릿(Split)쌓기는 중앙에 공간을 두고 풍차형으로 쌓는 방식으로 적재효율이 높고 안정적인 적재방식이다.

37 파렛트 풀 시스템(Pallet Pool System)의 운영형태에 관한 설명으로 옳은 것을 모두 고른 것은?

> ㄱ. 교환방식은 동일한 규격의 예비 파렛트 확보를 위하여 추가비용이 발생한다.
> ㄴ. 리스·렌탈방식은 개별 기업이 파렛트를 임대하여 사용하는 방식으로 파렛트의 품질유지나 보수가 용이하다.
> ㄷ. 대차결제방식은 운송업체가 파렛트로 화물을 인도하는 시점에 동일한 수의 파렛트를 즉시 인수하는 방식이다.
> ㄹ. 교환·리스병용방식은 대차결제방식의 단점을 보완하기 위하여 개발된 방식이다.

① ㄱ, ㄴ
② ㄱ, ㄷ
③ ㄴ, ㄷ
④ ㄴ, ㄹ
⑤ ㄷ, ㄹ

38 자동분류장치의 종류에 관한 설명으로 옳지 않은 것은?

① 팝업 방식(Pop-Up Type)은 컨베이어의 아래에서 분기장치가 튀어나와 물품을 분류한다.
② 푸시 오프 방식(Push-Off Type)은 화물의 분류지점에 직각방향으로 암(Arm)을 설치하여 밀어내는 방식이다.
③ 슬라이딩 슈 방식(Sliding-Shoe Type)은 반송면의 아래 부분에 슈(Shoe)가 장착되어 단위화물과 함께 이동하면서 압출하는 분류방식이다.
④ 크로스 벨트 방식(Cross Belt Type)은 레일을 주행하는 연속된 캐리어에 장착된 소형 컨베이어를 구동시켜 물품을 분류한다.
⑤ 틸팅 방식(Tilting Type)은 벨트, 트레이, 슬라이드 등의 바닥면을 개방하여 물품을 분류한다.

39 유닛로드 시스템(Unit Load System)의 장점에 관한 설명으로 옳지 않은 것은?

① 상·하역 또는 보관 시에 기계화된 물류작업으로 인건비를 절감할 수 있다.
② 운송차량의 적재함과 창고 랙을 표준화된 단위규격을 사용하여 적재공간의 효율성을 향상시킨다.
③ 운송과정 중 수작업을 최소화하여 파손 및 분실을 방지할 수 있다.
④ 하역기기 등에 관한 고정투자비용이 발생하지 않기 때문에 대규모 자본투자가 필요 없다.
⑤ 단위 포장용기의 사용으로 포장업무가 단순해지고 포장비가 절감된다.

40 파렛트(Pallet)의 종류에 관한 설명으로 옳은 것은?

① 롤 파렛트(Roll Pallet)는 파렛트 바닥면에 바퀴가 달려 있어 자체적으로 밀어서 움직일 수 있다.
② 시트 파렛트(Sheet Pallet)는 핸드리프트 등으로 움직일 수 있도록 만들어진 상자형 파렛트이다.
③ 스키드 파렛트(Skid Pallet)는 상부구조물이 적어도 3면의 수직측판을 가진 상자형 파렛트이다.

④ 사일로 파렛트(Silo Pallet)는 파렛트 상단에 기둥이 설치된 형태로 기둥을 접거나 연결하는 방식으로 사용한다.
⑤ 탱크 파렛트는(Tank Pallet)는 주로 분말체의 보관과 운송에 이용하는 1회용 파렛트이다.

⑤ 도지사는 관할 군의 군수에게 지역물류현황조사를 요청하는 경우에는 효율적인 지역물류현황조사를 위하여 조사의 시기, 종류 및 방법 등에 관하여 해당 도의 조례로 정하는 바에 따라 조사지침을 작성하여 통보할 수 있다.

5과목 물류관련법규

중요
41 물류정책기본법상 물류현황조사에 관한 설명으로 옳지 않은 것은?

① 국토교통부장관은 물류에 관한 정책의 수립을 위하여 필요하다고 판단될 때에는 관계 행정기관의 장과 미리 협의한 후 물동량의 발생현황과 이동경로 등에 관하여 조사할 수 있다.
② 국토교통부장관은 물류현황조사를 위한 조사지침을 작성하려는 경우에는 미리 시·도지사와 협의하여야 한다.
③ 도지사는 지역물류에 관한 정책의 수립을 위하여 필요한 경우에는 해당 행정구역의 물동량 현황과 이동경로, 물류시설·장비의 현황과 이용실태 등에 관하여 조사할 수 있다.
④ 해양수산부장관은 물류현황조사를 효율적으로 수행하기 위하여 필요한 경우에는 물류현황조사의 전부 또는 일부를 전문기관으로 하여금 수행하게 할 수 있다.

중요
42 물류정책기본법상 물류계획의 수립에 관한 설명으로 옳지 않은 것은?

① 국토교통부장관 및 해양수산부장관은 국가물류정책의 기본방향을 설정하는 10년 단위의 국가물류기본계획을 5년마다 공동으로 수립하여야 한다.
② 국가물류기본계획에는 국가물류정보화사업에 관한 사항이 포함되어야 한다.
③ 국토교통부장관은 국가물류기본계획을 수립하거나 변경한 때에는 이를 관보에 고시하고, 관계 중앙행정기관의 장 및 시·도지사에게 통보하여야 한다.
④ 특별시장 및 광역시장은 지역물류정책의 기본방향을 설정하는 5년 단위의 지역물류기본계획을 3년마다 수립하여야 한다.
⑤ 지역물류기본계획은 국가물류기본계획에 배치되지 아니하여야 한다.

43 물류정책기본법령상 물류회계의 표준화를 위한 기업물류비 산정지침에 포함 되어야 하는 사항으로 명시되지 않은 것은?

① 물류비 관련 용어 및 개념에 대한 정의
② 우수물류기업 선정을 위한 프로그램 개발비의 상한
③ 영역별·기능별 및 자가·위탁별 물류비의 분류
④ 물류비의 계산 기준 및 계산 방법
⑤ 물류비 계산서의 표준 서식

44 물류정책기본법령상 도로운송 시 위험물질운송안전관리센터의 감시가 필요한 위험물질을 운송하는 차량의 최대 적재량 기준에 관한 설명이다. ( )에 들어갈 내용은?

- 「위험물안전관리법」 제2조제1항제1호에 따른 위험물을 운송하는 차량 : (ㄱ)리터 이상
- 「화학물질관리법」 제2조제7호에 따른 유해화학물질을 운송하는 차량 : (ㄴ)킬로그램 이상

① ㄱ : 5,000, ㄴ : 5,000
② ㄱ : 5,000, ㄴ : 10,000
③ ㄱ : 10,000, ㄴ : 5,000
④ ㄱ : 10,000, ㄴ : 10,000
⑤ ㄱ : 10,000, ㄴ : 20,000

45 물류정책기본법상 물류공동화 및 자동화 촉진에 관한 설명으로 옳은 것을 모두 고른 것은?

> ㄱ. 해양수산부장관은 물류공동화를 추진하는 물류기업에 대하여 예산의 범위에서 필요한 자금을 지원할 수 있다.
> ㄴ. 국토교통부장관은 화주기업이 물류공동화를 추진하는 경우에는 물류 기업이나 물류 관련 단체와 공동으로 추진하도록 권고할 수 있다.
> ㄷ. 자치구 구청장은 물류공동화를 확산하기 위하여 필요한 경우에는 시범지역을 지정하거나 시범사업을 선정하여 운영할 수 있다.
> ㄹ. 산업통상자원부장관은 물류기업이 물류자동화를 위하여 물류시설 및 장비를 확충하거나 교체하려는 경우에는 필요한 자금을 지원할 수 있다.

① ㄱ, ㄷ
② ㄱ, ㄹ
③ ㄴ, ㄷ
④ ㄱ, ㄴ, ㄹ
⑤ ㄴ, ㄷ, ㄹ

46 물류정책기본법령상 단위물류정보망 전담기관으로 지정될 수 없는 것은? (단, 고시는 고려하지 않음)

① 「한국자산관리공사 설립 등에 관한 법률」에 따른 한국자산관리공사
② 「인천국제공항공사법」에 따른 인천국제공항공사
③ 「한국공항공사법」에 따른 한국공항공사
④ 「한국도로공사법」에 따른 한국도로공사
⑤ 「항만공사법」에 따른 항만공사

47 물류정책기본법령상 국가물류통합정보센터의 운영자로 지정될 수 없는 자는?

① 중앙행정기관
② 「한국토지주택공사법」에 따른 한국토지주택공사
③ 「과학기술분야 정부출연연구기관 등의 설립·운영 및 육성에 관한 법률」에 따른 정부출연연구기관
④ 자본금 1억원인 「상법」상 주식회사
⑤ 「물류정책기본법」에 따라 설립된 물류관련협회

중요
48 물류정책기본법상 국토교통부장관 또는 해양수산부장관이 소관 인증우수물류기업의 인증을 취소하여야 하는 경우는?

① 거짓이나 그 밖의 부정한 방법으로 인증을 받은 경우
② 물류사업으로 인하여 공정거래위원회로부터 과징금 부과 처분을 받은 경우
③ 인증요건의 유지여부 점검을 정당한 사유 없이 3회 이상 거부한 경우
④ 우수물류기업의 인증기준에 맞지 아니하게 된 경우
⑤ 다른 사람에게 자기의 성명 또는 상호를 사용하여 영업을 하게 하거나 인증서를 대여한 때

49 물류시설의 개발 및 운영에 관한 법령상 복합물류터미널사업에 관한 설명으로 옳지 않은 것은?

① 복합물류터미널사업자가 그 사업을 양도한 때에는 그 양수인은 복합물류터미널사업의 등록에 따른 권리·의무를 승계한다.
② 국토교통부장관은 복합물류터미널사업의 등록에 따른 권리·의무의 승계신고를 받은 날부터 10일 이내에 신고수리 여부를 신고인에게 통지하여야 한다.
③ 복합물류터미널사업자의 휴업기간은 3개월을 초과할 수 없다.
④ 복합물류터미널사업자인 법인의 합병 외의 사유에 따른 해산신고를 하려는 자는 해산신고서를 해산한 날부터 7일 이내에 국토교통부장관에게 제출하여야 한다.
⑤ 복합물류터미널사업자는 복합물류터미널사업의 전부 또는 일부를 휴업하거나 폐업하려는 때에는 미리 국토교통부장관에게 신고하여야 한다.

중요
50 물류시설의 개발 및 운영에 관한 법령상 물류단지 실수요 검증에 관한 설명으로 옳지 않은 것은?

① 물류단지 실수요 검증을 실시하기 위하여 국토교통부 또는 시·도에 각각 실수요검증위원회를 둔다.
② 도시첨단물류단지개발사업의 경우에는 실수요 검증을 실수요검증위원회의 자문으로 갈음할 수 있다.
③ 실수요검증위원회의 위원장 및 부위원장은 공무원이 아닌 위원 중에서 각각 호선(互選)한다.
④ 실수요검증위원회의 심의결과는 심의·의결을 마친 날부터 14일 이내에 물류단지 지정요청자등에게 서면으로 알려야 한다.
⑤ 실수요검증위원회의 회의는 분기별로 2회 이상 개최하여야 한다.

51 물류시설의 개발 및 운영에 관한 법령상 물류단지개발특별회계 조성의 재원을 모두 고른 것은? (단, 조례는 고려하지 않음)

> ㄱ. 차입금
> ㄴ. 정부의 보조금
> ㄷ. 해당 지방자치단체의 일반회계로부터의 전입금
> ㄹ. 「지방세법」에 따라 부과·징수되는 재산세의 징수액 중 15퍼센트의 금액

① ㄱ, ㄴ
② ㄴ, ㄹ
③ ㄷ, ㄹ
④ ㄱ, ㄴ, ㄷ
⑤ ㄱ, ㄴ, ㄷ, ㄹ

중요
52 물류시설의 개발 및 운영에 관한 법령상 일반물류단지시설에 해당할 수 없는 것은?

① 물류터미널 및 창고
② 「수산식품산업의 육성 및 지원에 관한 법률」에 따른 수산물가공업시설(냉동·냉장업 시설은 제외한다)
③ 「유통산업발전법」에 따른 전문상가단지
④ 「농수산물유통 및 가격안정에 관한 법률」에 따른 농수산물도매시장
⑤ 「자동차관리법」에 따른 자동차경매장

53 물류시설의 개발 및 운영에 관한 법령상 물류창고업의 등록에 관한 설명이다. ( )에 들어갈 내용은?

> 물류창고업의 등록을 한 자가 물류창고 면적의 (ㄱ) 이상을 증감하려는 경우에는 국토교통부와 해양수산부의 공동부령으로 정하는 바에 따라 변경등록의 사유가 발생한 날부터 (ㄴ)일 이내에 변경등록을 하여야 한다.

① ㄱ : 100분의 5, ㄴ : 10
② ㄱ : 100분의 5, ㄴ : 30
③ ㄱ : 100분의 10, ㄴ : 10
④ ㄱ : 100분의 10, ㄴ : 30
⑤ ㄱ : 100분의 10, ㄴ : 60

54 물류시설의 개발 및 운영에 관한 법령상 복합물류터미널사업의 등록에 관한 설명으로 옳지 않은 것은?

① 「지방공기업법」에 따른 지방공사는 복합물류터미널사업의 등록을 할 수 있다.
② 복합물류터미널사업의 등록을 위해 갖추어야 할 부지 면적의 기준은 3만3천제곱미터 이상이다.
③ 복합물류터미널사업 등록이 취소된 후 1년이 지나면 등록결격사유가 소멸한다.
④ 국토교통부장관은 복합물류터미널사업의 변경등록신청을 받고 결격사유의 심사 후 신청내용이 적합하다고 인정할 때에는 지체없이 변경등록을 하여야 한다.
⑤ 복합물류터미널의 부지 및 설비의 배치를 표시한 축척 500분의 1 이상의 평면도는 복합물류터미널사업의 등록신청서에 첨부하여 국토교통부장관에게 제출하여야 할 서류이다.

55 물류시설의 개발 및 운영에 관한 법령상 입주기업체협의회에 관한 설명으로 옳지 않은 것은?

① 입주기업체협의회는 그 구성 당시에 해당 물류단지 입주기업체의 75퍼센트 이상이 회원으로 가입되어 있어야 한다.
② 입주기업체협의회의 회의는 정관에 다른 규정이 있는 경우를 제외하고는 회원 과반수의 출석과 출석회원 과반수의 찬성으로 의결한다.
③ 입주기업체협의회의 일반회원은 입주기업체의 대표자로 한다.
④ 입주기업체협의회의 특별회원은 일반회원 외의 자 중에서 정하되 회원자격은 입주기업체협의회의 정관으로 정하는 바에 따른다.
⑤ 입주기업체협의회는 매 사업연도 개시일부터 3개월 이내에 정기총회를 개최하여야 한다.

56 물류시설의 개발 및 운영에 관한 법령상 국가 또는 지방자치단체가 우선적으로 지원하여야 하는 기반시설로 명시된 것을 모두 고른 것은?

> ㄱ. 하수도시설 및 폐기물처리시설
> ㄴ. 보건위생시설
> ㄷ. 집단에너지공급시설
> ㄹ. 물류단지 안의 공동구

① ㄱ
② ㄴ, ㄹ
③ ㄱ, ㄴ, ㄷ
④ ㄱ, ㄷ, ㄹ
⑤ ㄴ, ㄷ, ㄹ

57 화물자동차 운수사업법령상 운송사업자의 직접운송의무에 관한 설명이다. ( )에 들어갈 내용은? (단, 사업기간은 1년 이상임)

> • 일반화물자동차 운송사업자는 연간 운송계약 화물의 (ㄱ) 이상을 직접운송하여야 한다.
> • 운송사업자가 운송주선사업을 동시에 영위하는 경우에는 연간 운송계약 및 운송주선계약 화물의 (ㄴ) 이상을 직접 운송하여야 한다.

① ㄱ : 3분의 2, ㄴ : 3분의 1
② ㄱ : 100분의 30, ㄴ : 100분의 20
③ ㄱ : 100분의 30, ㄴ : 100분의 30
④ ㄱ : 100분의 50, ㄴ : 100분의 20
⑤ ㄱ : 100분의 50, ㄴ : 100분의 30

58 화물자동차 운수사업법령상 경영의 위탁 및 위·수탁계약에 관한 설명으로 옳지 않은 것은?

① 운송사업자는 화물자동차 운송사업의 효율적인 수행을 위하여 필요하면 다른 운송사업자에게 차량과 그 경영의 일부를 위탁할 수 있다.
② 국토교통부장관이 경영의 위탁을 제한하려는 경우 화물자동차 운송사업의 허가에 조건을 붙이는 방식으로 할 수 있다.
③ 위·수탁계약의 기간은 2년 이상으로 하여야 한다.
④ 위·수탁계약을 체결하는 경우 계약의 당사자는 양도·양수에 관한 사항을 계약서에 명시하여야 한다.
⑤ 위·수탁차주가 계약기간 동안 화물운송 종사자격의 효력 정지 처분을 받았다면 운송사업자는 위·수탁차주의 위·수탁계약 갱신 요구를 거절할 수 있다.

중요
59 화물자동차 운수사업법상 화물자동차 운송가맹사업에 관한 설명으로 옳지 않은 것은?

① 다른 사람의 요구에 응하여 자기 화물자동차를 사용하여 유상으로 화물을 운송하는 사업은 화물자동차 운송가맹사업에 해당하지 않는다.
② 화물자동차 운송가맹사업의 허가를 받은 자는 화물자동차 운송주선사업의 허가를 받지 아니한다.
③ 화물자동차 운송가맹사업의 허가를 받은 자는 화물자동차 운송사업의 허가를 받지 아니한다.
④ 운송가맹사업자는 적재물배상 책임보험 또는 공제에 가입하여야 한다.
⑤ 운송가맹사업자의 화물정보망은 운송사업자가 다른 운송사업자나 다른 운송사업자에게 소속된 위·수탁차주에게 화물운송을 위탁하는 경우에도 이용될 수 있다.

60 화물자동차 운수사업법령상 운수사업자(개인 운송사업자는 제외)가 관리하고 신고하여야 하는 사항을 모두 고른 것은?

> ㄱ. 운수사업자가 직접 운송한 실적
> ㄴ. 운수사업자가 화주와 계약한 실적
> ㄷ. 운수사업자가 다른 운수사업자와 계약한 실적
> ㄹ. 운송가맹사업자가 소속 운송가맹점과 계약한 실적

① ㄱ, ㄴ
② ㄷ, ㄹ
③ ㄱ, ㄴ, ㄷ
④ ㄱ, ㄴ, ㄹ
⑤ ㄱ, ㄴ, ㄷ, ㄹ

61 화물자동차 운수사업법령상 공영차고지를 설치하여 직접 운영할 수 있는 자가 아닌 것은?

① 도지사
② 자치구의 구청장
③ 「지방공기업법」에 따른 지방공사
④ 「한국토지주택공사법」에 따른 한국토지주택공사
⑤ 「한국농수산식품유통공사법」에 따른 한국농수산식품유통공사

중요
62 화물자동차 운수사업법령상 사업자단체에 관한 설명으로 옳지 않은 것은? (단, 협회는 화물자동차 운수사업법 제48조의 협회로 함)

① 운수사업자의 협회 설립은 화물자동차 운송사업, 화물자동차 운송주선사업 및 화물자동차 운송가맹사업의 종류별 또는 시·도별로 할 수 있다.
② 협회는 개인화물자동차 운송사업자의 화물자동차를 운전하는 사람에 대한 경력증명서 발급에 필요한 사항을 기록·관리하고, 운송사업자로부터 경력증명서 발급을 요청받은 경우 경력증명서를 발급해야 한다.
③ 협회의 사업에는 국가나 지방자치단체로부터 위탁받은 업무가 포함된다.
④ 협회는 국토교통부장관의 허가를 받아 적재물배상 공제사업 등을 할 수 있다.
⑤ 화물자동차 휴게소 사업시행자는 화물자동차 휴게소의 운영을 협회에게 위탁할 수 있다.

63 화물자동차 운수사업법상 국가가 그 소요자금의 일부를 보조하거나 융자할 수 있는 사업이 아닌 것은?

① 낡은 차량의 대체
② 화물자동차 휴게소의 건설
③ 공동차고지 및 공영차고지 건설
④ 운수사업자의 자동차 사고로 인한 손해배상 책임의 보장
⑤ 화물자동차 운수사업의 서비스 향상을 위한 시설·장비의 확충과 개선

64 화물자동차 운수사업법상 화물자동차 운송주선사업에 관한 설명으로 옳은 것은?

① 운송주선사업자는 자기 명의로 다른 사람에게 화물자동차 운송주선사업을 경영하게 할 수 있다.
② 운송주선사업자는 화주로부터 중개 또는 대리를 의뢰받은 화물에 대하여 다른 운송주선사업자에게 수수료나 그 밖의 대가를 받고 중개 또는 대리를 의뢰할 수 있다.
③ 운송가맹사업자의 화물운송계약을 중개·대리하는 운송주선사업자는 화물자동차 운송가맹점이 될 수 있다.
④ 국토교통부장관은 운수종사자의 집단적 화물운송 거부로 국가경제에 매우 심각한 위기를 초래할 우려가 있다고 인정할 만한 상당한 이유가 있으면 운송주선사업자에게 업무개시를 명할 수 있다.
⑤ 운송주선사업자는 공영차고지를 임대받아 운영할 수 있다.

65 화물자동차 운수사업법상 화물의 멸실·훼손 또는 인도의 지연으로 발생한 운송사업자의 손해배상 책임에 관한 설명으로 옳지 않은 것은?

① 손해배상 책임에 관하여 「상법」을 준용할 때 화물이 인도기한이 지난 후 1개월 이내에 인도되지 아니하면 그 화물은 멸실된 것으로 본다.
② 국토교통부장관은 화주가 요청하면 운송사업자의 손해배상 책임에 관한 분쟁을 조정할 수 있다.
③ 국토교통부장관은 화주가 분쟁조정을 요청하면 지체 없이 그 사실을 확인하고 손해내용을 조사한 후 조정안을 작성하여야 한다.
④ 화주와 운송사업자 쌍방이 조정안을 수락하면 당사자 간에 조정안과 동일한 합의가 성립된 것으로 본다.
⑤ 국토교통부장관은 분쟁조정 업무를 「소비자기본법」에 따라 등록한 소비자단체에 위탁할 수 있다.

66 화물자동차 운수사업법령상 사업 허가 또는 신고에 관한 설명으로 옳은 것은?

① 운송사업자는 관할 관청의 행정구역 내에서 주사무소를 이전하려면 국토교통부장관의 변경허가를 받아야 한다.
② 운송사업자는 허가받은 날부터 5년마다 허가기준에 관한 사항을 신고하여야 한다.
③ 국토교통부장관은 운송사업자가 사업정지처분을 받은 경우에도 주사무소를 이전하는 변경허가를 할 수 있다.
④ 운송주선사업자가 허가사항을 변경하려면 국토교통부장관의 변경허가를 받아야 한다.
⑤ 운송가맹사업자가 화물취급소를 설치하거나 폐지하려면 국토교통부장관의 변경허가를 받아야 한다.

67 항만운송사업법령상 항만용역업의 내용에 해당하지 않는 것은?

① 통선(通船)으로 본선(本船)과 육지 사이에서 사람이나 문서 등을 운송하는 행위를 하는 사업
② 본선을 경비(警備)하는 행위나 본선의 이안(離岸) 및 접안(接岸)을 보조하기 위하여 줄잡이 역무(役務)를 제공하는 행위를 하는 사업
③ 선박의 청소[유창(油艙) 청소는 제외한다], 오물 제거, 소독, 폐기물의 수집·운반, 화물 고정, 칠 등을 하는 행위를 하는 사업
④ 선박에 음료, 식품, 소모품, 밧줄, 수리용 예비부분품 및 부속품, 집기, 그 밖에 이와 유사한 선용품을 공급하는 행위를 하는 사업
⑤ 선박에서 사용하는 맑은 물을 공급하는 행위를 하는 사업

68 항만운송사업법령상 항만운송사업에 관한 설명으로 옳지 않은 것은?

① 항만하역사업의 등록신청서에 첨부하여야 하는 사업계획에는 사업에 제공될 수면 목재저장소의 수, 위치 및 면적이 포함되어야 한다.
② 항만운송사업의 등록을 신청하려는 자가 법인인 경우 등록신청서에 정관을 첨부하여야 한다.
③ 검수사의 자격이 취소된 날부터 2년이 지나지 아니한 사람은 검수사의 자격을 취득할 수 없다.
④ 「민사집행법」에 따른 경매에 따라 항만운송사업의 시설·장비 전부를 인수한 자는 종전의 항만운송사업자의 권리·의무를 승계한다.
⑤ 항만하역사업의 등록을 한 자는 컨테이너 전용 부두에서 취급하는 컨테이너 화물에 대하여 그 운임과 요금을 정하여 관리청의 인가를 받아야 한다.

69 항만운송사업법령상 부두운영회사의 운영 등에 관한 설명으로 옳은 것은?

① 항만시설운영자등은 항만시설등의 효율적인 사용 및 운영 등을 위하여 필요하다고 인정하는 경우에는 부두운영회사 선정계획의 공고 없이 부두운영계약을 체결할 수 있다.
② 부두운영회사의 금지행위 위반시 책임에 관한 사항은 부두운영계약에 포함되지 않아도 된다.

③ 부두운영회사가 부두운영 계약기간을 연장하려는 경우에는 그 계약기간이 만료되기 3개월 전까지 부두운영계약의 갱신을 신청하여야 한다.
④ 화물유치 또는 투자 계획을 이행하지 못한 부두운영회사에 대하여 부과하는 위약금은 분기별로 산정하여 합산한다.
⑤ 항만운송사업법에서 정한 것 외에 부두운영회사의 항만시설 사용에 대해서는 「국유재산법」 또는 「지방재정법」에 따른다.

중요

70 유통산업발전법상 용어의 정의에 관한 설명으로 옳지 않은 것은?

① "임시시장"이란 다수의 수요자와 공급자가 일정한 기간 동안 상품을 매매하거나 용역을 제공하는 일정한 장소를 말한다.
② "상점가"란 같은 업종을 경영하는 여러 도매업자 또는 소매업자가 일정 지역에 점포 및 부대시설 등을 집단으로 설치하여 만든 상가단지를 말한다.
③ "무점포판매"란 상시 운영되는 매장을 가진 점포를 두지 아니하고 상품을 판매하는 것으로서 산업통상자원부령으로 정하는 것을 말한다.
④ "물류설비"란 화물의 수송·포장·하역·운반과 이를 관리하는 물류정보처리활동에 사용되는 물품·기계·장치 등의 설비를 말한다.
⑤ "공동집배송센터"란 여러 유통사업자 또는 제조업자가 공동으로 사용할 수 있도록 집배송시설 및 부대업무시설이 설치되어 있는 지역 및 시설물을 말한다.

71 유통산업발전법의 적용이 배제되는 시장·사업장 및 매장을 모두 고른 것은?

> ㄱ. 「농수산물 유통 및 가격안정에 관한 법률」에 따른 농수산물공판장
> ㄴ. 「농수산물 유통 및 가격안정에 관한 법률」에 따른 민영농수산물도매시장
> ㄷ. 「농수산물 유통 및 가격안정에 관한 법률」에 따른 농수산물종합유통센터
> ㄹ. 「축산법」에 따른 가축시장

① ㄹ
② ㄱ, ㄷ
③ ㄴ, ㄹ
④ ㄱ, ㄴ, ㄷ
⑤ ㄱ, ㄴ, ㄷ, ㄹ

72 유통산업발전법상 대규모점포등에 관한 설명으로 옳은 것은?

① 대규모점포를 개설하려는 자는 영업을 개시하기 30일 전까지 개설 지역 및 시기 등을 포함한 개설계획을 예고하여야 한다.
② 유통산업발전법을 위반하여 징역의 실형을 선고받고 그 집행이 면제된 날부터 6월이 지난 사람은 대규모점포등의 등록을 할 수 있다.
③ 대형마트의 영업시간을 제한하는 경우 조례로 달리 정하지 않는 한 오전 0시부터 오전 11시까지의 범위에서 영업시간을 제한할 수 있다.
④ 대규모점포등관리자는 대규모점포등의 관리 또는 사용에 관하여 입점상인의 3분의 2 이상의 동의를 얻어 관리규정을 제정하여야 한다.
⑤ 대규모점포등개설자가 대규모점포등을 폐업하려는 경우에는 특별자치시장·시장·군수·구청장의 허가를 받아야 한다.

73 유통산업발전법상 유통산업의 경쟁력 강화에 관한 설명으로 옳은 것은?

① 체인사업자는 체인점포의 경영을 개선하기 위하여 유통관리사의 고용 촉진을 추진하여야 한다.
② 지방자치단체의 장은 자신이 건립한 중소유통공동도매물류센터의 운영을 중소유통기업자단체에 위탁할 수 없다.
③ 상점가진흥조합은 협동조합으로 설립하여야 하고 사업조합의 형식으로는 설립할 수 없다.
④ 지방자치단체의 장은 상점가진흥조합이 조합원의 판매촉진을 위한 공동사업을 하는 경우에는 필요한 자금을 지원할 수 없다.
⑤ 상점가진흥조합의 구역은 다른 상점가진흥조합 구역의 5분의 1 이하의 범위에서 그 다른 상점가진흥조합의 구역과 중복되어 지정할 수 있다.

74 유통산업발전법령상 공동집배송센터에 관한 설명으로 옳지 않은 것은?

① 산업통상자원부장관은 공동집배송센터를 지정하거나 변경지정하려면 미리 관계 중앙행정기관의 장과 협의하여야 한다.
② 공동집배송센터사업자가 신탁계약을 체결하여 공동집배송센터를 신탁개발하는 경우 신탁계약을 체결한 신탁업자는 공동집배송센터사업자의 지위를 승계한다.
③ 공업지역 내에서 부지면적이 2만제곱미터이고, 집배송시설면적이 1만제곱미터인 지역 및 시설물은 공동집배송센터로 지정할 수 없다.
④ 산업통상자원부장관은 공동집배송센터의 시공후 공사가 6월 이상 중단된 경우에는 공동집배송센터의 지정을 취소할 수 있다.
⑤ 공동집배송센터의 지정을 추천받고자 하는 자는 공동집배송센터지정신청서에 부지매입관련 서류를 첨부하여 시·도지사에게 제출하여야 한다.

75 철도사업법령상 철도사업의 면허에 관한 설명으로 옳지 않은 것은?

① 철도사업을 경영하려는 자는 지정·고시된 사업용철도노선을 정하여 국토교통부장관의 면허를 받아야 한다.
② 국토교통부장관은 면허를 하는 경우 철도의 공공성과 안전을 강화하고 이용자 편의를 증진시키기 위하여 필요한 부담을 붙일 수 있다.
③ 법인이 아닌 자도 철도사업의 면허를 받을 수 있다.
④ 철도사업의 면허를 받기 위한 사업계획서에는 사용할 철도차량의 대수·형식 및 확보계획이 포함되어야 한다.
⑤ 신청자가 해당 사업을 수행할 수 있는 재정적 능력이 있어야 한다는 것은 면허 기준에 포함된다.

76 철도사업법령상 전용철도 등록사항의 경미한 변경에 해당하지 않는 것은?

① 운행시간을 단축한 경우
② 배차간격을 연장한 경우
③ 철도차량 대수를 10분의 2의 범위안에서 변경한 경우
④ 전용철도를 운영하는 법인의 임원을 변경한 경우
⑤ 전용철도 건설기간을 6월의 범위안에서 조정한 경우

77 철도사업법상 여객 운임에 관한 설명으로 옳지 않은 것은?

① 철도사업자는 재해복구를 위한 긴급지원이 필요하다고 인정되는 경우에는 일정한 기간과 대상을 정하여 여객 운임·요금을 감면할 수 있다.
② 철도사업자는 여객 운임·요금을 감면하는 경우에는 그 시행 3일 이전에 감면 사항을 인터넷 홈페이지 등 일반인이 잘 볼 수 있는 곳에 게시하여야 하며, 긴급한 경우에는 미리 게시하지 아니할 수 있다.
③ 철도사업자는 열차를 이용하는 여객이 정당한 운임·요금을 지급하지 아니하고 열차를 이용한 경우에는 승차 구간에 해당하는 운임 외에 그의 50배의 범위에서 부가 운임을 징수할 수 있다.
④ 철도사업자는 송하인(送荷人)이 운송장에 적은 화물의 품명·중량·용적 또는 개수에 따라 계산한 운임이 정당한 사유 없이 정상 운임보다 적은 경우에는 송하인에게 그 부족 운임 외에 그 부족 운임의 5배의 범위에서 부가 운임을 징수 할 수 있다.
⑤ 철도사업자는 부가 운임을 징수하려는 경우에는 사전에 부가 운임의 징수 대상 행위, 열차의 종류 및 운행 구간 등에 따른 부가 운임 산정기준을 정하고 철도 사업약관에 포함하여 국토교통부장관에게 신고하여야 한다.

78 철도사업법령상 국유철도시설의 점용허가에 관한 설명으로 옳지 않은 것은?

① 국유철도시설의 점용허가는 철도사업자와 철도사업자가 출자·보조 또는 출연한 사업을 경영하는 자에게만 하여야 한다.
② 국유철도시설의 점용허가를 받은 자는 부득이한 사유가 없는 한 매년 1월 15일까지 당해연도의 점용료 해당분을 선납하여야 한다.
③ 국유철도시설의 점용허가로 인하여 발생한 권리와 의무를 이전하려는 경우에는 국토교통부장관의 인가를 받아야 한다.
④ 국토교통부장관은 점용허가를 받은 자가 「공공주택 특별법」에 따른 공공주택을 건설하기 위하여 점용허가를 받은 경우 점용료를 감면할 수 있다.
⑤ 국토교통부장관은 점용허가기간이 만료된 철도 재산의 원상회복의무를 면제하는 경우에 해당 철도 재산에 설치된 시설물 등의 무상 국가귀속을 조건으로 할 수 있다.

79 농수산물 유통 및 가격안정에 관한 법률상 민영도매시장에 관한 설명으로 옳은 것은?

① 민간인등이 광역시 지역에 민영도매시장을 개설하려면 농림축산식품부장관의 허가를 받아야 한다.
② 민영도매시장 개설허가 신청에 대하여 시·도지사가 허가처리 지연 사유를 통보하는 경우에는 허가 처리기간을 10일 범위에서 한 번만 연장할 수 있다.
③ 시·도지사가 민영도매시장 개설 허가 처리기간에 허가 여부를 통보하지 아니하면 허가 처리기간의 마지막 날에 허가를 한 것으로 본다.
④ 민영도매시장의 개설자는 시장도매인을 두어 민영도매시장을 운영하게 할 수 없다.
⑤ 민영도매시장의 중도매인은 해당 민영도매시장을 관할하는 시·도지사가 지정한다.

80 농수산물 유통 및 가격안정에 관한 법령상 도매시장법인에 관한 설명이다. ( )에 들어갈 내용은?

> · 도매시장 개설자는 도매시장에 그 시설규모·거래액 등을 고려하여 적정수의 도매시장법인·시장도매인 또는 중도매인을 두어 이를 운영하게 하여야 한다. 다만, 중앙도매시장의 개설자는 (ㄱ)와 수산부류에 대하여는 도매시장법인을 두어야 한다.
> · 도매시장법인은 도매시장 개설자가 부류별로 지정하되, 중앙도매시장에 두는 도매시장법인의 경우에는 농림축산식품부장관 또는 해양수산부장관과 협의하여 지정한다. 이 경우 (ㄴ) 이상 10년 이하의 범위에서 지정 유효기간을 설정할 수 있다.

① ㄱ : 청과부류, ㄴ : 3년
② ㄱ : 양곡부류, ㄴ : 3년
③ ㄱ : 청과부류, ㄴ : 5년
④ ㄱ : 양곡부류, ㄴ : 5년
⑤ ㄱ : 축산부류, ㄴ : 5

memo.

2022년 제26회 기출문제

교시	과목	시간	점수
1교시	물류관리론 화물운송론 국제물류론	09:30 ~ 11:30 (120분)	

1과목 물류관리론

01 물류시스템에 관한 설명으로 옳지 않은 것은?

① 생산과 소비를 연결하며 공간과 시간의 효용을 창출하는 시스템이다.
② 물류하부시스템은 수송, 보관, 포장, 하역, 물류정보, 유통가공 등으로 구성된다.
③ 물류서비스의 증대와 물류비용의 최소화가 목적이다.
④ 물류 합리화를 위해서 물류하부시스템의 개별적 비용절감이 전체시스템의 통합 적 비용절감보다 중요하다.
⑤ 물류시스템의 자원은 인적, 물적, 재무적, 정보적 자원 등이 있다.

02 공동수·배송의 효과에 관한 설명으로 옳지 않은 것은?

① 차량 적재율과 공차율이 증가한다.
② 물류업무 인원을 감소시킬 수 있다.
③ 교통체증 및 환경오염을 줄일 수 있다.
④ 물류작업의 생산성이 향상될 수 있다.
⑤ 참여기업의 물류비를 절감할 수 있다.

03 다음 설명에 해당하는 공동수·배송 운영방식은?

> 물류센터에서의 배송뿐만 아니라 화물의 보관 및 집하업무까지 공동화하 는 것으로 주문처리를 제외한 물류업무에 관해 협력하는 방식이다.

① 노선집하공동형
② 납품대행형
③ 공동수주·공동배송형
④ 배송공동형
⑤ 집배송공동형

04 공동수·배송시스템 관련 설명으로 옳지 않은 것은?

① 화물형태가 규격화된 품목은 공동화에 적합하다.
② 참여 기업 간 공동수·배송에 대한 이해도가 높고 서로 목표하는 바가 유사해야 한다.
③ 자사의 정보시스템, 각종 규격 및 서비스에 대한 공유를 지양해야 한다.
④ 화물의 규격, 포장, 파렛트 규격 등의 물류표준화가 선행되어야 한다.
⑤ 배송처의 분포밀도가 높으면 배송차량의 적재율 증가로 배송비용을 절감할 수 있다.

05 물류조직에 관한 설명으로 옳지 않은 것은?

① 예산관점에서 비공식적, 준공식적, 공식적 조직으로 분류할 수 있다.
② 형태관점에서 사내조직, 독립자회사로 분류할 수 있다.
③ 관리관점에서 분산형, 집중형, 집중분산형으로 분류할 수 있다.
④ 기능관점에서 라인업무형, 스탭업무형, 라인스탭겸무형, 매트릭스형으로 분류할 수 있다.
⑤ 영역관점에서 개별형, 조달형, 마케팅형, 종합형, 로지스틱스형으로 분류할 수 있다.

06 물류표준화 관련 하드웨어 부문의 표준화에 해당하는 것을 모두 고른 것은?

> ㄱ. 파렛트 표준화
> ㄴ. 포장치수 표준화
> ㄷ. 내수용 컨테이너 표준화
> ㄹ. 물류시설 및 장비 표준화
> ㅁ. 물류용어 표준화
> ㅂ. 거래단위 표준화

① ㄱ, ㄴ
② ㄱ, ㄷ, ㄹ
③ ㄴ, ㄷ, ㅁ
④ ㄴ, ㄷ, ㄹ, ㅁ
⑤ ㄷ, ㄹ, ㅁ, ㅂ

07 James & William이 제시한 물류시스템 설계단계는 전략수준, 구조수준, 기능수준, 이행수준으로 구분한다. 기능수준에 해당하는 것을 모두 고른 것은?

> ㄱ. 경로설계
> ㄴ. 고객 서비스
> ㄷ. 물류네트워크 전략
> ㄹ. 창고설계 및 운영
> ㅁ. 자재관리

① ㄱ, ㄴ
② ㄴ, ㄹ
③ ㄷ, ㄹ, ㅁ
④ ㄷ, ㅁ, ㅂ
⑤ ㄹ, ㅁ, ㅂ

08 물류표준화에 관한 설명으로 옳지 않은 것은?

① 단위화물체계의 보급, 물류기기체계 인터페이스, 자동화를 위한 규격 등을 고려한다.
② 운송, 보관, 하역, 포장 정보의 일관처리로 효율성을 제고하는 것이다.
③ 물류모듈은 물류시설 및 장비들의 규격이나 치수가 일정한 배수나 분할 관계로 조합되어 있는 집합체로 물류표준화를 위한 기준치수를 의미한다.
④ 대표적인 Unit Load 치수에는 NULS(Net Unit Load Size)와 PVS(Plan View Size)가 있다.
⑤ 배수치수 모듈은 1,140mm × 1,140mm Unit Load Size를 기준으로 하고, 최대 허용공차 -80mm를 인정하고 있는 Plan View Unit Load Size를 기본단위로 하 고 있다.

09 다음 설명에 해당하는 포장화물의 파렛트 적재 형태는?

홀수단에서는 물품을 모두 같은 방향으로 나란히 정돈하여 쌓고, 짝수단에서는 방향을 90도 바꾸어 교대로 겹쳐 쌓은 방식이다.

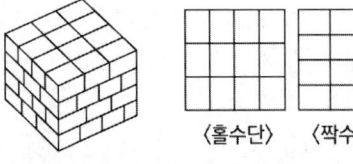

〈홀수단〉 〈짝수단〉

① 스플릿(Split) 적재
② 풍차형(Pinwheel) 적재
③ 벽돌(Brick) 적재
④ 교대배열(Row) 적재
⑤ 블록(Block) 적재

10 TOC(Theory of Constraints)에 관한 설명으로 옳은 것은?

① Drum, Buffer, Rope는 공정간 자재의 흐름 관리를 통해 재고를 최소화하고 제조기간을 단축하는 기법으로서 비제약공정을 중점적으로 관리한다.
② Thinking Process는 제약요인을 개선하여 목표를 달성하는 구체적 해결방안을 도출하는 기법으로서 부분 최적화를 추구한다.
③ Critical Chain Project Management는 프로젝트의 단계별 작업을 효과적으로 관리하여 기간을 단축하고 돌발 상황에서도 납기수준을 높일 수 있는 기법이다.
④ Throughput Account는 통계적 기법을 활용한 품질개선 도구이다.
⑤ Optimized Production Technology는 정의, 측정, 분석, 개선, 관리의 DMAIC 프로세스를 활용한다.

11 RFID의 특징을 설명한 것으로 옳지 않은 것은?

① 태그에 접촉하지 않아도 인식이 가능하다.
② 바코드에 비해 가격이 비싸다.
③ 태그에 상품과 관련된 다양한 기록이 저장될 수 있으므로 개인정보의 노출 또는 사생활 침해 등의 위험성이 발생할 수 있다.
④ 읽기(Read)만 가능한 바코드와 달리 읽고 쓰기(Read and Write)가 가능하다.
⑤ 태그 데이터의 변경 및 추가는 자유롭지만 일시에 복수의 태그 판독은 불가능하다.

12 EAN-13(표준형 A) 바코드에 관한 설명으로 옳지 않은 것은?

① 국가식별 코드는 3자리로 구성되는데, 1982년 이전 EAN International에 가입한 국가의 식별 코드는 2자리 숫자로 부여받았다.
② 제조업체 코드는 상품의 제조업체를 나타내는 코드로서 4자리로 구성된다.
③ 체크 디지트는 판독오류 방지를 위한 코드로서 1자리로 구성된다.
④ 상품품목 코드는 3자리로 구성된다.
⑤ 취급하는 품목 수가 많은 기업들에게 활용된다.

13 다음 (   )에 들어갈 물류정보시스템 용어를 바르게 나열한 것은?

- 주파수공용통신 : (ㄱ)
- 지능형교통정보시스템 : (ㄴ)
- 첨단화물운송시스템 : (ㄷ)
- 철도화물정보망 : (ㄹ)
- 판매시점관리 : (ㅁ)

① ㄱ : CVO, ㄴ : ITS, ㄷ : POS, ㄹ : KROIS, ㅁ : TRS
② ㄱ : CVO, ㄴ : KROIS, ㄷ : TRS, ㄹ : ITS, ㅁ : POS
③ ㄱ : ITS, ㄴ : POS, ㄷ : CVO, ㄹ : TRS, ㅁ : KROIS
④ ㄱ : ITS, ㄴ : TRS, ㄷ : KROIS, ㄹ : CVO, ㅁ : POS
⑤ ㄱ : TRS, ㄴ : ITS, ㄷ : CVO, ㄹ : KROIS, ㅁ : POS

14 다음 설명에 해당하는 물류관리기법은?

- Bose사가 개발한 물류관리 기법
- 공급회사의 영업과 발주회사의 구매를 묶어 하나의 가상기업으로 간주
- 공급회사의 전문요원이 공급회사와 발주회사 간의 구매 및 납품업무 대행

① JIT   ② JIT-II
③ MRP   ④ ERP
⑤ ECR

15 물류정보기술에 관한 설명으로 옳은 것은?

① ASP(Application Service Provider)는 정보시스템을 자체 개발하는 것에 비해 구축기간이 오래 걸린다.
② CALS 개념은 Commerce At Light Speed로부터 Computer Aided Acquisition & Logistics Support로 발전되었다.
③ IoT(Internet of Things)는 인간의 학습능력과 지각능력, 추론능력, 자연언어의 이해능력 등을 컴퓨터 프로그램으로 실현한 기술을 의미한다.
④ CIM(Computer Integrated Manufacturing)은 정보시스템을 활용하여 제조, 개발, 판매, 물류 등 일련의 과정을 통합하여 관리하는 생산관리시스템을 말한다.
⑤ QR코드는 컬러 격자무늬 패턴으로 정보를 나타내는 3차원 바코드로서 기존의 바코드보다 용량이 크기 때문에 숫자 외에 문자 등의 데이터를 저장할 수 있다.

16 A기업의 연간 고정비는 10억 원, 단위당 판매가격은 10만 원, 단위당 변동비 는 판매가격의 50 %이다. 연간 손익분기점 판매량 및 손익분기 매출액은?

① 10,000개, 10억 원
② 15,000개, 20억 원
③ 20,000개, 20억 원
④ 25,000개, 25억 원
⑤ 30,000개, 25억 원

17 국토교통부 기업물류비 산정지침에 관한 설명으로 옳지 않은 것은?

① 영역별 물류비는 조달물류비·사내물류비·판매물류비·역물류비로 구분된다.
② 일반기준에 의한 물류비 산정방법은 관리회계 방식에 의해 물류비를 계산한다.
③ 간이기준에 의한 물류비 산정방법은 기업의 재무제표를 중심으로 한 재무회계 방식에 의해 물류비를 계산한다.
④ 간이기준에 의한 물류비 산정방법은 정확한 물류비의 파악을 어렵게 한다.
⑤ 물류기업의 물류비 산정 정확성을 높이기 위해 개발되었으므로 화주기업은 적용 대상이 될 수 없다.

18 활동기준원가계산(ABC)에 관한 설명으로 옳지 않은 것은?

① 기업이 수행하고 있는 활동을 기준으로 자원, 활동, 원가대상의 원가와 성과를 측정하는 원가계산방법을 말한다.
② 전통적 원가계산방법보다 제품이나 서비스의 실제 비용을 현실적으로 계산할 수 있다.
③ 활동별로 원가를 분석하므로 낭비요인이 있는 업무 영역을 파악할 수 있다.
④ 임의적인 직접원가 배부기준에 의해 발생하는 전통적 원가계산방법의 문제점을 극복하기 위해 활용된다.
⑤ 소품종 대량생산보다 다품종 소량생산 방식에서 유용성이 더욱 높다.

19 BSC(Balanced Score Card)에 관한 설명으로 옳지 않은 것은?

① 기업의 재무성과뿐만 아니라 전략실행에 필요한 비재무적 정보를 제공해준다.
② 기업의 전략과 관련된 측정지표의 집합이라고 볼 수 있다.
③ 무형자산을 기업의 차별화 전략이나 주주가치로 변환시킬 수 있는 효과적인 기법이다.
④ 기업의 성과를 비재무적 관점, 고객 관점, 내부 비즈니스 프로세스 관점, 학습 및 성장 관점에서 측정한다.
⑤ 단기적이고 재무적 성과에 집착하는 경영자의 근시안적 사고를 균형있게 한다.

20 물류의 기능에 관한 설명으로 옳지 않은 것은?

① 운송활동은 생산시기와 소비시기의 불일치를 해결하는 기능을 수행한다.
② 고객의 요구에 부합하기 위한 물류의 기능에는 유통가공활동도 포함된다.
③ 포장활동은 제품을 보호하고 취급을 용이하게 하며, 상품가치를 제고시키는 역할을 수행한다.
④ 운송과 보관을 위해서 화물을 싣거나 내리는 행위는 하역활동에 속한다.
⑤ 물류정보는 전자적 수단을 활용하여 운송, 보관, 하역, 포장, 유통가공 등의 활동을 효율화한다.

21 물류에 대한 설명으로 옳지 않은 것은?

① Physical Distribution은 판매영역 중심의 물자 흐름을 의미한다.
② Logistics는 재화가 공급자로부터 조달되고 생산되어 소비자에게 전달되고 폐기 되는 과정을 포함한다.
③ 공급사슬관리가 등장하면서 기업 내·외부에 걸쳐 수요와 공급을 통합하여 물류를 최적화하는 개념으로 확장되었다.
④ 한국 물류정책기본법상 물류는 운송, 보관, 하역 등이 포함되며 가공, 조립, 포장 등은 포함되지 않는다.
⑤ 쇼(A.W. Shaw)는 경영활동 내 유통의 한 영역으로 Physical Distribution 개념을 정의하였다.

22 물류의 영역에 관한 설명으로 옳지 않은 것은?

① 사내물류 - 완제품의 판매로 출하되어 고객에게 인도될 때까지의 물류활동이다.
② 회수물류 - 판매물류를 지원하는 파렛트, 컨테이너 등의 회수에 따른 물류활동이다.
③ 조달물류 - 생산에 필요한 원료나 부품이 제조업자의 자재창고로 운송되어 생산 공정에 투입 전까지의 물류활동이다.
④ 역물류 - 반품물류, 폐기물류, 회수물류를 포함하는 물류활동이다.
⑤ 생산물류 - 자재가 생산공정에 투입될 때부터 제품이 완성되기까지의 물류활동이다.

23 다음 설명에 해당하는 수요예측기법은?

- 단기 수요예측에 유용한 기법으로 최근수요에 많은 가중치를 부여한다.
- 오랜 기간의 실적을 필요로 하지 않으며 데이터 처리에 소요되는 시간이 적게 드는 장점이 있다.

① 시장조사법
② 회귀분석법
③ 역사적 유추법
④ 델파이법
⑤ 지수평활법

24 물류환경 변화에 관한 설명으로 옳지 않은 것은?

① 노동력 부족, 공해 발생, 교통 문제, 지가 상승 등 사회적 환경변화로 인해 물류 비 절감의 중요성이 증가하고 있다.
② 소품종 대량생산에서 다품종 소량생산으로 물류환경이 변화하고 있다.
③ 전자상거래의 확산으로 인해 라스트마일(Last Mile) 물류비가 감소하고 있다.
④ 녹색물류에 대한 관심이 높아짐에 따라 물류활동으로 인한 폐기물의 최소화가 요구된다.
⑤ 기업의 글로벌 전략으로 인해 국제물류의 중요성이 증가하고 있다.

25 4자 물류에 관한 설명으로 옳은 것을 모두 고른 것은?

ㄱ. 3자 물류업체, 물류컨설팅 업체, IT업체 등이 결합한 형태
ㄴ. 공급사슬 전체의 효율적인 관리와 운영
ㄷ. 참여 업체 공통의 목표설정 및 이익분배
ㄹ. 사이클 타임과 운전자본의 증대

① ㄱ, ㄴ
② ㄴ, ㄷ
③ ㄷ, ㄹ
④ ㄱ, ㄴ, ㄷ
⑤ ㄴ, ㄷ, ㄹ

26 물류관리전략 수립에 관한 설명으로 옳지 않은 것은?

① 고객서비스 달성 목표를 높이기 위해서는 물류비용이 증가할 수 있다.
② 물류관리전략의 목표는 비용절감, 서비스 개선 등이 있다.
③ 물류관리의 중요성이 높아짐에 따라 물류 전략은 기업전략과 독립적으로 수립되어야 한다.
④ 물류관리계획은 전략계획, 전술계획, 운영계획으로 나누어 단계적으로 수립한다.
⑤ 제품수명주기에 따라 물류관리전략을 차별화 할 수 있다.

27 도매상의 유형 중에서 한정서비스 도매상(Limited Service Wholesaler)에 해당하지 않는 것은?

① 현금거래 도매상(Cash and Carry Wholesaler)
② 전문품 도매상(Specialty Wholesaler)
③ 트럭 도매상(Truck Jobber)
④ 직송 도매상(Drop Shipper)
⑤ 진열 도매상(Rack Jobber)

28 유통경로 상에서는 경로파워가 발생할 수 있다. 다음 설명에 해당하는 경로 파워는?

- 중간상이 제조업자를 존경하거나 동일시하려는 경우에 발생하는 힘이다.
- 상대방에 대하여 일체감을 갖기를 바라는 정도가 클수록 커진다.
- 유명상표의 제품일 경우 경로파워가 커진다.

① 보상적 파워
② 준거적 파워
③ 전문적 파워
④ 합법적 파워
⑤ 강압적 파워

29 다음 설명에 해당하는 소매업태는?

- 할인형 대규모 전문점을 의미한다.
- 토이저러스(Toys 'R' Us), 오피스디포(Office Depot) 등이 대표적이다.
- 기존 전문점과 상품구색은 유사하나 대량구매, 대량판매 및 낮은 운영비용을 통해 저렴한 가격의 상품을 제공한다.

① 팩토리 아웃렛(Factory Outlet)
② 백화점(Department Store)
③ 대중양판점(General Merchandising Store)
④ 하이퍼마켓(Hypermarket)
⑤ 카테고리 킬러(Category Killer)

30 다음 ( )에 들어갈 용어는?

공통모듈 A를 여러 제품모델에 적용하면 공통모듈 A의 수요는 이 모듈이 적용되는 개별 제품의 수요를 합한 것이 되므로, 개별 제품의 수요변동이 크더라도 공통모듈 A의 수요 변동이 적게 나타나는 ( ) 효과를 얻을 수 있다.

① Risk Pooling
② Quick Response
③ Continuous Replenishment
④ Rationing Game
⑤ Cross Docking

31 A기업은 최근 수송부문의 연비개선을 통해 이산화탄소 배출량(kg)을 감소시켰다. 총 주행 거리는 같다고 가정할 때, 연비개선 전 대비 연비개선 후 이산화탄소 배출감소량(kg)은? (단, 이산화탄소 배출량(kg) = 연료사용량(L) × 이산화탄소 배출계수(kg/L))

- 총 주행 거리 = 100,000 (km)
- 연비개선 선 평균연비 = 4 (km/L)
- 연비개선 후 평균연비 = 5 (km/L)
- 이산화탄소 배출계수 = 0.002 (kg/L)

① 1
② 5
③ 10
④ 40
⑤ 50

32 고객이 제품을 주문해서 받을 때 까지 걸리는 총 시간을 의미하는 것은?

① 주문주기시간(Order Cycle Time)
② 주문전달시간(Order Transmittal Time)
③ 주문처리시간(Order Processing Time)
④ 인도시간(Delivery Time)
⑤ 주문조립시간(Order Assembly Time)

33 역물류에 관한 설명으로 옳은 것을 모두 고른 것은?

> ㄱ. 수작업인 경우가 많아서 자동화가 어렵다.
> ㄴ. 대상제품의 재고파악 및 가시성 확보가 용이하다.
> ㄷ. 최종 소비단계에서 발생하는 불량품, 반품 및 폐기되는 제품을 회수하여 상태에 따라 분류한 후 재활용하는 과정에서 필요한 물류활동을 포함한다.

① ㄱ
② ㄱ, ㄴ
③ ㄱ, ㄷ
④ ㄴ, ㄷ
⑤ ㄱ, ㄴ, ㄷ

34 블록체인(Block Chain)에 관한 설명으로 옳은 것을 모두 고른 것은?

> ㄱ. 신용거래가 필요한 온라인 시장에서 해킹을 막기 위해 개발되었다.
> ㄴ. 퍼블릭(Public) 블록체인, 프라이빗(Private) 블록체인, 컨소시엄(Consortium) 블록체인으로 나눌 수 있다.
> ㄷ. 화물의 추적·관리 상황을 점검하여 운송 중 발생할 수 있는 문제에 실시간으로 대처할 수 있다.
> ㄹ. 네트워크상의 참여자가 거래기록을 분산 보관하여 거래의 투명성과 신뢰성을 확보하는 기술이다.

① ㄱ, ㄴ
② ㄷ, ㄹ
③ ㄱ, ㄴ, ㄷ
④ ㄱ, ㄷ, ㄹ
⑤ ㄱ, ㄴ, ㄷ, ㄹ

35 LaLonde & Zinszer가 제시한 물류서비스 요소 중 거래 시 요소(Transaction Element)에 해당하는 것을 모두 고른 것은?

> ㄱ. 보증수리
> ㄴ. 재고품절 수준
> ㄷ. 명시화된 회사 정책
> ㄹ. 주문 편리성

① ㄱ, ㄴ
② ㄱ, ㄷ
③ ㄴ, ㄷ
④ ㄴ, ㄹ
⑤ ㄷ, ㄹ

36. 효율적(Efficient) 공급사슬 및 대응적(Responsive) 공급사슬에 관한 설명으로 옳은 것을 모두 고른 것은?

> ㄱ. 효율적 공급사슬은 모듈화를 통한 제품 유연성 확보에 초점을 둔다.
> ㄴ. 대응적 공급사슬은 불확실한 수요에 대해 빠르고 유연하게 대응하는 것을 목표로 한다.
> ㄷ. 효율적 공급사슬의 생산운영 전략은 가동률 최대화에 초점을 둔다.
> ㄹ. 대응적 공급사슬은 리드타임 단축보다 비용최소화에 초점을 둔다.

① ㄱ, ㄴ ② ㄱ, ㄹ
③ ㄴ, ㄷ ④ ㄷ, ㄹ
⑤ ㄱ, ㄴ, ㄷ

37. A사는 프린터를 생산 판매하는 업체이다. A사 제품은 전 세계 고객의 다양한 전압과 전원플러그 형태에 맞게 생산된다. A사는 고객 수요에 유연하게 대응하면서 재고를 최소화하기 위한 전략으로 공통모듈을 우선 생산한 후, 고객의 주문이 접수되면 전력공급장치와 전원케이블을 맨 마지막에 조립하기로 하였다. A사가 적용한 공급사슬관리 전략은?

① Continuous Replenishment
② Postponement
③ Make-To-Stock
④ Outsourcing
⑤ Procurement

38. 채찍효과(Bullwhip Effect)에 관한 설명으로 옳지 않은 것은?

① 최종소비자의 수요 정보가 공급자 방향으로 전달되는 과정에서 수요변동이 증폭되는 현상을 말한다.
② 구매자의 사전구매(Forward Buying)를 통해 채찍효과를 감소시킬 수 있다.
③ 공급사슬 참여기업 간 수요정보 공유를 통해 채찍효과를 감소시킬 수 있다.
④ 공급사슬 참여기업 간 정보 왜곡은 채찍효과의 주요 발생원인이다.
⑤ 공급사슬 참여기업 간 파트너쉽을 통해 채찍효과를 감소시킬 수 있다.

39. 창고에 입고되는 상품을 보관하지 않고 곧바로 소매 점포에 배송하는 유통업체 물류시스템은?

① Cross Docking
② Vendor Managed Inventory
③ Enterprise Resource Planning
④ Customer Relationship Management
⑤ Material Requirement Planning

40 다음 설명에 해당하는 물류관련 보안제도를 바르게 연결한 것은?

> ㄱ. 국제표준화기구에 의해 국제적으로 보안상태가 유지되는 기업임을 인증하는 보안경영 인증제도
> ㄴ. 세계관세기구의 기준에 따라 물류기업이 일정 수준 이상의 기준을 충족하면 세관 통관절차 등을 간소화 시켜주는 제도
> ㄷ. 미국 세관이 제시하는 보안기준 충족 시 통관절차 간소화 등의 혜택이 주어지는 민관협력 프로그램

① ㄱ : ISO 6780, ㄴ : AEO, ㄷ : C-TPAT
② ㄱ : ISO 6780, ㄴ : C-TPAT, ㄷ : AEO
③ ㄱ : ISO 6780, ㄴ : AEO, ㄷ : ISO 28000
④ ㄱ : ISO 28000, ㄴ : AEO, ㄷ : C-TPAT
⑤ ㄱ : ISO 28000, ㄴ : C-TPAT, ㄷ : AEO

2과목 화물운송론

41 화물운송의 3요소에 해당하는 것은?

> ㄱ. Link   ㄴ. Load
> ㄷ. Mode   ㄹ. Node
> ㅁ. Rate

① ㄱ, ㄴ, ㄷ   ② ㄱ, ㄴ, ㄹ
③ ㄱ, ㄷ, ㄹ   ④ ㄴ, ㄷ, ㅁ
⑤ ㄴ, ㄹ, ㅁ

42 운송에 관한 설명으로 옳지 않은 것은?

① 운송은 화물을 한 장소에서 다른 장소로 이동시키는 기능이 있다.
② 운송 중에 있는 화물을 일시적으로 보관하는 기능이 있다.
③ 운송 효율화 측면에서 운송비용을 절감하기 위해 다빈도 소량운송을 실시한다.
④ 운송은 장소적 효용과 시간적 효용을 창출한다.
⑤ 운송 효율화는 생산지와 소비지를 확대시켜 시장을 활성화한다.

43 운송수단의 선택에 관한 설명으로 옳은 것을 모두 고른 것은?

> ㄱ. 화물유통에 대한 제반여건을 확인하고 운송수단별 평가항목의 내용을 검토한다.
> ㄴ. 운송수단의 특성에 따라 최적경로, 배송빈도를 고려하여 운송계획을 수립한다.
> ㄷ. 특화된 운송서비스를 제공하거나 틈새시장을 공략하기 위한 경우라도 일반적인 선택기준을 적용하고 다른 기준을 적용하는 경우는 없다.
> ㄹ. 물류흐름을 최적화하여 물류비를 절감하고 고객만족서비스를 향상시 키도록 하는 전략을 활용한다.
> ㅁ. 운송비 부담력은 고려하지 않는다.

① ㄱ, ㄴ   ② ㄱ, ㄴ, ㄹ
③ ㄴ, ㄷ, ㄹ   ④ ㄱ, ㄷ, ㄹ, ㅁ
⑤ ㄴ, ㄷ, ㄹ, ㅁ

44 운송수단별 비용 비교에 관한 설명으로 옳지 않은 것은?

① 철도운송은 운송기간 중의 재고유지로 인하여 재고유지비용이 증가할 수 있다.
② 운송수단별 운송물량에 따라 운송비용에 차이가 있어 비교우위가 다르게 나타난다.
③ 항공운송은 타 운송수단에 비해 운송 소요시간이 짧아 재고유지비용이 감소한다.
④ 해상운송은 장거리 운송의 장점을 가지고 있지만, 대량화물을 운송할 때 단위비용이 낮아져 자동차 운송보다 불리하다.
⑤ 수송비와 보관비는 상관관계가 있으므로 총비용 관점에서 운송수단을 선택한다.

45 파이프라인 운송에 관한 설명으로 옳지 않은 것은?

① 초기시설 설치비가 많이 드나 유지비는 저렴한 편이다.
② 환경오염이 적은 친환경적인 운송이다.
③ 운송대상과 운송경로에 관한 제약이 적다.
④ 유류, 가스를 연속적이고 대량으로 운송한다.
⑤ 컴퓨터시스템을 이용하여 운영의 자동화가 가능하다.

46 다음은 운송수단 선택 시 고려해야 할 사항이다. 이에 해당하는 요건은?

- 물류네트워크 연계점에서의 연결이 용이한가?
- 운송절차와 송장서류 작성이 간단한가?
- 필요시 운송서류를 이용할 수 있는가?

① 안전성 ② 신뢰성
③ 편리성 ④ 신속성
⑤ 경제성

47 화물운송의 합리화 방안으로 옳지 않은 것은?

① 수송체계의 다변화
② 일관파렛트화(Palletization)를 위한 지원
③ 차량운행 경로의 최적화 추진
④ 물류정보시스템의 정비
⑤ 운송업체의 일반화 및 소형화 유도

48 철도와 화물자동차 운송의 선택기준에 관한 설명으로 옳지 않은 것은?

① 장거리·대량화물은 철도가 유리하다.
② 근거리·소량화물은 화물자동차가 경제적이다.
③ 채트반(Chatban) 공식은 운송거리에 따른 화물자동차 운송과 철도운송의 선택기준으로 활용된다.
④ 채트반 공식은 비용요소를 이용하여 화물자동차 경쟁가능거리의 한계(분기점)를 산정한다.

⑤ 채트반 공식으로 산출된 경계점 거리이내에서는 화물자동차운송보다 철도운송이 유리하다.

49 다음과 같은 특징을 가진 운임산정 기준은?

- 양모, 면화, 코르크, 목재, 자동차 등과 같이 중량에 비해 부피가 큰 화물에 적용된다.
- Drum, Barrel, Roll 등과 같이 화물 사이에 공간이 생기는 화물에 적용된다.
- 일정비율의 손실공간을 감안하여 운임을 부과한다.
- 이러한 화물은 통상 이들 손실공간을 포함시킨 적화계수를 적용한다.

① 중량기준　② 용적기준
③ 종가기준　④ 개수기준
⑤ 표정기준

50 화물자동차의 구조에 의한 분류상 전용특장차로 옳은 것을 모두 고른 것은?

ㄱ. 덤프트럭
ㄴ. 분립체 운송차
ㄷ. 적화·하역 합리화차
ㄹ. 측면 전개차
ㅁ. 액체 운송차

① ㄱ, ㄴ　② ㄴ, ㄷ
③ ㄱ, ㄴ, ㅁ　④ ㄴ, ㄹ, ㅁ
⑤ ㄷ, ㄹ, ㅁ

51 화물자동차의 운행제한 기준으로 옳은 것은?

① 축간 중량 5 톤 초과
② 길이 13.7 m 초과
③ 너비 2.0 m 초과
④ 높이 3.5 m 초과
⑤ 총중량 40 톤 초과

52 폴트레일러 트럭(Pole-trailer truck)에 관한 설명으로 옳은 것은?

① 트렉터에 턴테이블을 설치하고 트레일러를 연결한 후, 대형파이프나 H형강, 교각, 대형목재 등 장척물의 수송에 사용한다.
② 트렉터와 트레일러가 완전히 분리되어 있고, 트레일러 자체도 바디를 가지고 있으며 중소형이다.
③ 트레일러의 일부 하중을 트렉터가 부담하는 것으로 측면에 미닫이문이 부착되어 있다.
④ 컨테이너 트렉터는 트레일러 2량을 연결하여 사용한다.
⑤ 대형 중량화물을 운송하기 위하여 여러 대의 자동차를 연결하여 사용한다.

53 화물자동차운송의 고정비 항목으로 옳은 것은?

① 유류비　② 수리비
③ 감가상각비　④ 윤활유비
⑤ 도로통행료

54 컨테이너에 의한 위험물의 운송 시 위험물 수납에 관한 내용으로 옳지 않은 것은?

① 컨테이너는 위험물을 수납하기 전에 충분히 청소 및 건조되어야 한다.
② 위험물을 컨테이너에 수납할 경우에는 해당 위험물의 이동, 전도, 충격, 마찰, 압력 손상 등으로 위험이 발생할 우려가 없도록 한다.
③ 위험물의 어느 부분도 외부로 돌출하지 않도록 수납한 후에 컨테이너의 문을 닫아야 한다.
④ 위험물을 컨테이너 일부에만 수납하는 경우에는 위험물을 컨테이너 문에서 먼 곳에 수납해야 한다.
⑤ 위험물이 수납된 컨테이너를 여닫는 문의 잠금장치 및 봉인은 비상시에 지체 없이 열 수 있는 구조이어야 한다.

55 목재, 강재, 승용차, 기계류 등과 같은 중량화물을 운송하기 위하여 지붕과 벽을 제거하고, 4개의 모서리에 기둥과 버팀대만 두어 전후, 좌우 및 위쪽에서 적재·하역할 수 있는 컨테이너는?

① 건화물 컨테이너(Dry container)
② 오픈탑 컨테이너(Open top container)
③ 동물용 컨테이너(Live stock container)
④ 솔리드벌크 컨테이너(Solid bulk container)
⑤ 플랫래크 컨테이너(Flat rack container)

56 다음에서 설명하고 있는 철도운송 서비스 형태는?

- 철도화물역 또는 터미널 간을 직송 운행하는 전용열차
- 화차의 수와 타입이 고정되어 있지 않음
- 중간역을 거치지 않고 최초 출발역부터 최종 도착역까지 직송서비스 제공
- 철도-도로 복합운송에서 많이 사용되는 서비스

① Block Train
② Coupling & Sharing Train
③ Liner Train
④ Shuttle Train
⑤ Single Wagon Train

57 우리나라 철도화물의 운임체계에 관한 설명으로 옳지 않은 것은?

① 화차(차량)취급운임, 컨테이너 취급운임, 혼재운임으로 구성된다.
② 화차취급운임 중 특대화물, 위험화물, 귀중품의 운송은 할증이 적용된다.
③ 화차취급운임 중 정량화된 대량화물이나 파렛트 화물의 운송은 할인이 적용된다.
④ 냉동컨테이너의 운송은 할증이 적용된다.
⑤ 공컨테이너와 적컨테이너의 운송은 할증이 적용된다.

58 다음에서 설명하고 있는 대륙횡단 철도서비스 형태는?

> 아시아 극동지역의 화물을 파나마 운하를 경유하여 북미 동부 연안의 항만까지 해상운송을 실시하고, 철도 및 트럭을 이용하여 내륙지역까지 운송한다.

① ALB(American Land Bridge)
② MLB(Mini Land Bridge)
③ IPI(Interior Point Intermodal)
④ RIPI(Reversed Interior Point Intermodal)
⑤ CLB(Canadian Land Bridge)

59 철도운송의 특징으로 옳지 않은 것은?

① 장거리 대량화물의 운송에 유리하다.
② 타 운송수단과의 연계 없이 Door to Door 서비스가 가능하다.
③ 안전도가 높고 친환경적인 운송수단이다.
④ 전국적인 네트워크를 가지고 있다.
⑤ 계획적인 운송이 가능하다.

60 다음에서 설명하는 해상운임 산정 기준으로 옳은 것은?

> 운임단위를 무게 기준인 중량톤과 부피 기준인 용적톤으로 산출하고 원칙적으로 운송인에게 유리한 운임단위를 적용하는 운임톤

① Gross Ton(G/T)
② Long Ton(L/T)
③ Metric Ton(M/T)
④ Revenue Ton(R/T)
⑤ Short Ton(S/T)

61 선박의 국적(선적)에 관한 설명으로 옳지 않은 것은?

① 전통적인 선박의 국적 취득 요건은 자국민 소유, 자국 건조, 자국민 승선이다.
② 편의치적제도를 활용하는 선사는 자국의 엄격한 선박운항기준과 안전기준에서 벗어날 수 있다.
③ 제2선적제도는 기존의 전통적 선적제도를 폐지하고, 역외등록제도와 국제선박등록제도를 신규로 도입한다.
④ 편의치적제도는 세제상의 혜택과 금융조달의 용이성으로 인해 세계적으로 확대 되었다.
⑤ 우리나라는 제2선적제도를 시행하고 있다.

62 항해용선 계약과 나용선 계약을 구분한 것으로 옳지 않은 것은?

구분	항해용선 계약	나용선 계약
ㄱ. 선장고용 책임	선주가 감독, 임명	용선주가 임명
ㄴ. 해원고용 책임	선주가 감독, 임명	용선주가 임명
ㄷ. 책임한계	선주-운송행위	용선주-운송행위
ㄹ. 운임결정	용선기간	화물의 수량
ㅁ. 용선주 비용부담	없음	전부

① ㄱ
② ㄴ
③ ㄷ
④ ㄹ
⑤ ㅁ

63 선하증권 운송약관상의 운송인 면책 약관에 관한 설명으로 옳지 않은 것은?

① 잠재하자약관 : 화물의 고유한 성질에 의하여 발생하는 손실에 대해 운송인은 면책이다.
② 이로약관 : 항해 중에 인명, 재산의 구조, 구조와 관련한 상당한 이유로 예정항로 이외의 지역으로 항해한 경우, 발생하는 손실에 대해 운송인은 면책이다.
③ 부지약관 : 컨테이너 내에 반입된 화물은 화주의 책임 하에 있으며 발생하는 손실에 대해 운송인은 면책이다.
④ 과실약관 : 과실은 항해과실과 상업과실로 구분하며 상업과실일 경우, 운송인은 면책을 주장하지 못한다.
⑤ 고가품약관 : 송화인이 화물의 운임을 종가율에 의하지 않고 선적하였을 경우, 운송인은 일정금액의 한도 내에서 배상책임이 있다.

64 다음 설명에 해당하는 해상운송 관련서류는?

- 해상운송에서 운송인은 화물을 인수 당시에 포장상태가 불완전하거나 수량이 부족한 사실이 발견되면 사고부 선하증권(Foul B/L)을 발행한다.
- 사고부 선하증권은 은행에서 매입을 하지 않으므로, 송화인은 운송인에게 일체의 클레임에 대해서 송화인이 책임진다는 서류를 제출하고 무사고 선하증권을 수령한다.

① Letter of Credit
② Letter of Indemnity
③ Commercial Invoice
④ Certificate of Origin
⑤ Packing List

65 항공화물 운임의 결정 원칙으로 옳지 않은 것은?

① 운임은 출발지의 중량에 kg 또는 lb당 적용요율을 곱하여 결정한다.
② 별도 규정의 경우를 제외하고는 요율과 요금은 가장 낮은 것을 적용한다.
③ 운임 및 종가 요금은 선불이거나 도착지 지불이어야 한다.
④ 화물의 실제 운송 경로는 운임 산출시 근거 경로와 일치하여야만 한다.
⑤ 항공화물의 요율은 출발지국의 현지통화로 설정한다.

66 단위탑재용기(ULD : Unit Load Device)에 관한 설명으로 옳은 것을 모두 고른 것은?

ㄱ. 지상 조업시간이 단축된다.
ㄴ. 전기종 간의 ULD 호환성이 높다.
ㄷ. 냉장, 냉동화물 등 특수화물의 운송이 용이하다.
ㄹ. 사용된 ULD는 전량 회수하여 사용한다.

① ㄱ
② ㄱ, ㄷ
③ ㄴ, ㄷ
④ ㄴ, ㄹ
⑤ ㄱ, ㄷ, ㄹ

67 운송주선인의 역할로 옳지 않은 것은?

① 수출화물을 본선에 인도하고 수입화물을 본선으로부터 인수한다.
② 화물포장 및 목적지의 각종 규칙에 관해 조언한다.
③ 운송주체로서 화물의 집하, 혼재, 분류 및 인도 등을 수행한다.
④ 운송의 통제인 및 배송인 역할을 수행한다.
⑤ 운송수단을 보유하고, 계약운송인으로서 운송책임이 없다.

68 항공화물운송주선업자에 관한 설명으로 옳지 않은 것은?

① 화주의 운송대리인이다.
② 전문혼재업자이다.
③ 송화인과 House Air Waybill을 이용하여 운송계약을 체결하는 업자이다.
④ 수출입 통관 및 보험에 관한 화주의 대리인이다.
⑤ CFS(Container Freight Station)업자이다.

69 화물차량이 물류센터를 출발하여 배송지 1, 2, 3을 무순위로 모두 경유한 후, 물류센터로 되돌아가는데 소요되는 최소시간은?

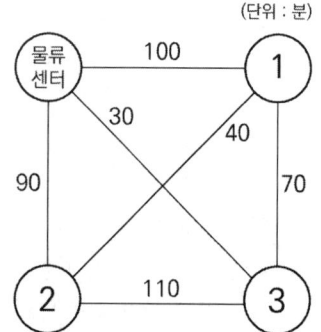

① 210 분
② 230 분
③ 240 분
④ 260 분
⑤ 280 분

70 수송문제에서 초기해에 대한 최적해 검사기법으로 옳은 것은?

① 디딤돌법(Stepping Stone Method)
② 도해법(Graphical Method)
③ 트리라벨링법(Tree Labelling Algorithm)
④ 의사결정수모형(Decision Tree Model)
⑤ 후방귀납법(Backward Induction)

71 8곳의 물류센터를 모두 연결하는 도로를 개설하려 한다. 필요한 도로의 최소 길이는?

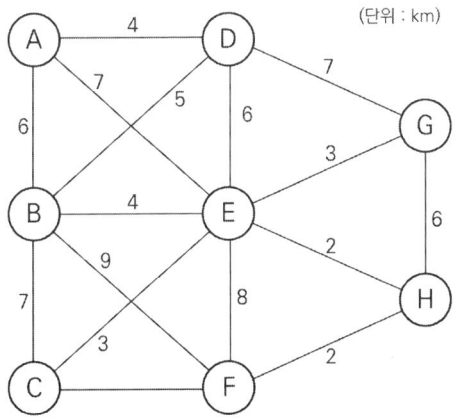

① 19 km ② 21 km
③ 23 km ④ 25 km
⑤ 27 km

72 물류센터에서 8곳 배송지까지 최단 경로 네트워크를 작성하였을 때, 그 네트워크의 총 길이는?

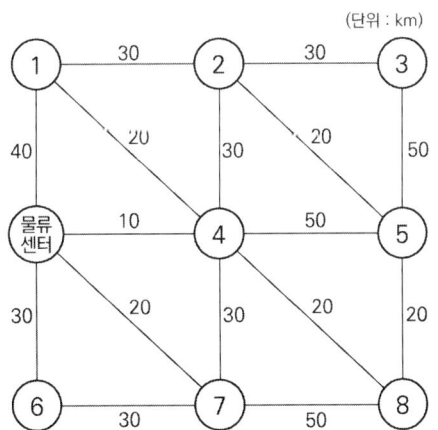

① 150 km ② 160 km
③ 170 km ④ 180 km
⑤ 190 km

73 공급지 1, 2에서 수요지 1, 2, 3까지의 수송문제를 최소비용법으로 해결하려 한다. 수요지 1, 수요지 2, 수요지 3의 미충족 수요량에 대한 톤당 패널티(penalty)는 각각 150,000원, 200,000원, 180,000원이다. 운송비용과 패널티의 합계는? (단, 공급지와 수요지간 톤당 단위운송비용은 셀의 우측 상단에 있음)

(단위 : 천원)

수요지 공급지	수요지 1	수요지 2	수요지 3	공급량 (톤)
공급지 1	25,000	30,000	27,000	200
공급지 2	35,000	23,000	32,000	400
수요량 (톤)	100	130	70	800

① 10,890,000원
② 11,550,000원
③ 11,720,000원
④ 12,210,000원
⑤ 12,630,000원

74. 공급지 A, B, C에서 수요지 W, X, Y, Z까지의 총운송비용 최소화 문제에 보겔추정법을 적용한다. 운송량이 전혀 할당되지 않는 셀(Cell)로만 구성된 것은? (단, 공급지와 수요지간 톤당 단위운송비용은 셀의 우측 상단에 있음)

(단위 : 천원)

수요지\공급지	수요지 1	수요지 2	수요지 3	수요지 3	공급량(톤)
A	30	25	47	36	100
B	17	52	28	42	120
C	22	19	35	55	130
수요량(톤)	80	100	90	80	350

① A - X, B - Z, C - W
② A - X, B - W, C - Z
③ A - Z, B - X, C - Y
④ A - Y, B - W, C - Z
⑤ A - Y, B - X, C - W

75. 수송 수요분석에 사용하는 화물분포모형에 해당하는 것은?

① 성장인자법(Growth Factor Method)
② 회귀분석법(Regression Model)
③ 성장률법(Growth Rate Method)
④ 로짓모형(Logit Model)
⑤ 다이얼모형(Dial Model)

76. 이용자 측면에서의 택배서비스 특징에 관한 설명으로 옳지 않은 것은?

① 소형·소량화물을 위한 운송체계
② 공식적인 계약에 따른 개인 보증제도
③ 규격화된 포장서비스 제공
④ 단일운임·요금체계로 경제성 있는 서비스 제공
⑤ 운송업자가 책임을 부담하는 일관책임체계

77. 택배 취급이 금지되는 품목으로 옳지 않은 것은?

① 유리제품
② 상품권
③ 복권
④ 신용카드
⑤ 현금

78 택배표준약관(공정거래위원회 표준약관 제10026호)의 포장에 관한 설명으로 옳은 것을 모두 고른 것은?

> ㄱ. 고객(송화인)은 운송물을 성질, 중량, 용량에 따라 운송에 적합하도록 포장하여야 한다.
> ㄴ. 사업자가 운반하는 도중에 운송물의 포장이 훼손되어 재포장하는 경우, 운송물을 인도한 후 고객(송화인)에게 그 사실을 알려야 한다.
> ㄷ. 사업자는 운송물의 포장이 운송에 적합하지 아니한 때, 고객(송화인)의 승낙을 얻어 운송 중 발생될 수 있는 충격량을 고려하여 포장을 하여야 한다.
> ㄹ. 사업자는 운송물을 수탁한 후 포장의 외부에 운송물의 종류와 수량, 인도예정일(시), 운송 상의 특별한 주의사항을 표시한다.
> ㅁ. 사업자는 운송물의 포장이 운송에 적합하지 아니한 때, 고객(송화인)의 승낙을 얻어 포장을 한 경우에 발생하는 추가 포장비용은 사업자가 부담한다.

① ㄱ, ㄴ
② ㄱ, ㄷ, ㄹ
③ ㄴ, ㄷ, ㄹ
④ ㄴ, ㄹ, ㅁ
⑤ ㄱ, ㄷ, ㄹ, ㅁ

79 택배표준약관(공정거래위원회 표준약관 제10026호)의 운송물 사고와 사업자 책임에 관한 내용으로 옳은 것은?

① 사업자는 운송 중에 발생한 운송물의 멸실, 훼손 또는 연착에 대하여 고객(송화인)의 청구가 있으면 그 발생일로부터 6개월에 한하여 사고증명서를 발행한다.
② 사업자는 운송장에 운송물의 인도예정일의 기재가 없는 경우, 도서·산간지역은 운송물의 수탁일로부터 5일에 해당하는 날까지 인도한다.
③ 운송물의 일부 멸실 또는 훼손에 대한 사업자의 손해배상책임은 고객(수화인)이 운송물을 수령한 날로부터 10일 이내에 그 사실을 사업자에게 통지를 발송하지 아니하면 소멸한다.
④ 운송물의 일부 멸실, 훼손 또는 연착에 대한 사업자의 손해배상책임은 고객(수화인)이 운송물을 수령한 날로부터 6개월이 경과하면 소멸한다.
⑤ 사업자가 운송물의 일부 멸실 또는 훼손의 사실을 알면서 이를 숨기고 운송물을 인도한 경우, 사업자의 손해배상책임은 고객(수화인)이 운송물을 수령한 날로부터 5년간 존속한다.

80 택배표준약관(공정거래위원회 표준약관 제10026호)의 손해배상에 관한 설명이다. ( )에 들어갈 내용으로 옳은 것은?

> 사업자가 고객(송화인)으로부터 배상요청을 받은 경우, 고객(송화인)이 손해입증서류를 제출한 날로부터 ( )이내에 사업자는 우선 배상한다. (단, 손해입증서류가 허위인 경우에는 적용되지 아니한다.)

① 7일
② 10일
③ 21일
④ 30일
⑤ 60일

3과목 국제물류론

81 국제물류관리체계에 관한 설명으로 옳지 않은 것은?

① 현지물류체계는 본국 중심의 생산활동과 국제적으로 표준화된 판매활동이 이루어진다.
② 글로벌 SCM 네트워크 체계는 조달, 생산, 판매, 유통 등 기업 활동이 전(全)세계를 대상으로 진행된다.
③ 거점물류체계는 기업 활동의 전부 또는 일부를 특정 경제권의 투자가치가 높은 지역에 배치하고 해당 지역거점을 중심으로 이루어지는 물류관리체계이다.
④ 현지물류체계는 국가별 현지 자회사를 중심으로 물류 및 생산활동을 수행하는 체계로 현지국에 생산거점을 둔다.
⑤ 글로벌 SCM 네트워크 체계는 정보자원, 물류인프라, 비즈니스 프로세스를 국경을 초월해 통합적으로 관리하고 조정한다.

82 국제물류시스템 중 고전적 시스템에 관한 내용으로 옳은 것은?

① 기업은 해외 자회사 창고까지 저속·대량운송수단을 이용하여 운임을 절감할 수 있다.
② 수출국 창고에 재고를 집중시켜 운영할 수 있기 때문에 다른 어떤 시스템보다 보관비가 절감된다.
③ 수출기업으로부터 해외 자회사 창고로의 출하 빈도가 높기 때문에 해외 자회사 창고의 보관비가 상대적으로 절감된다.
④ 해외 자회사 창고는 집하·분류·배송기능에 중점을 둔다.
⑤ 상품이 생산국 창고에서 출하되어 한 지역의 중심국에 있는 중앙창고로 수송된 후 각 자회사 창고 혹은 고객에게 수송된다.

83 선박에 관한 설명으로 옳지 않은 것은?

① 선급제도는 선박의 감항성에 관한 객관적이고 전문적인 판단을 위해 생긴 제도이다.
② 재화중량톤수(DWT)는 관세, 등록세, 소득세, 계선료, 도선료 등의 과세기준이 된다.
③ 건현은 수중에 잠기지 않는 수면 위의 선체 높이를 의미한다.
④ 만재흘수선은 선박의 항행구역 및 시기에 따라 해수와 담수, 동절기와 하절기, 열대 및 북태평양, 북대서양 등으로 구분하여 선박의 우현 측에 표시된다.
⑤ 선박은 해상에서 사람 또는 물품을 싣고 이를 운반하는데 사용되는 구조물로 부양성, 적재성, 이동성을 갖춘 것이다.

84 해상운송계약에 관한 설명으로 옳지 않은 것은?

① 개품운송계약은 불특정 다수의 화주를 대상으로 하며 선박회사에서 일방적으로 결정한 정형화된 약관을 화주가 포괄적으로 승인하는 부합계약 형태를 취한다.
② 정기용선계약은 일정 기간을 정해 용선자에게 선박을 사용하도록 하는 계약으로 표준서식으로 Gencon 서식이 사용된다.
③ 항해용선에는 화물의 양에 따라 운임을 계산하는 물량용선(Freight Charter)과 화물의 양에 관계없이 본선의 선복을 기준으로 운임을 결정하는 총괄운임용선(Lump Sum Charter)이 있다.
④ 나용선계약은 선박 자체만을 용선하여 선장, 선원, 승무원 및 연료나 장비 등 인적·물적 요소나 운항에 필요한 모든 비용을 용선자가 부담하는 계약이다.
⑤ Gross Term Charter는 항해용선계약에서 선주가 적·양하항에서 발생하는 일체의 하역비 및 항비를 부담하는 조건이다.

85 정기선 운송의 특징에 관한 설명으로 옳지 않은 것은?

① 항로가 일정하지 않고 매 항차마다 항로가 달라진다.
② 정기선 운송은 공시된 스케줄에 따라 운송서비스를 제공한다.
③ 정기선 운임은 태리프(Tariff)를 공시하고 공시된 운임률에 따라 운임이 부과되므로 부정기선 운임에 비해 안정적이다.
④ 정기선 운송은 화물의 집화 및 운송을 위해 막대한 시설과 투자가 필요하다.
⑤ 정기선 운송서비스를 제공하는 운송인은 불특정 다수의 화주를 상대로 운송서비스를 제공하는 공중운송인(Public Carrier)이다.

86 양하 시 하역비를 화주가 부담하지 않는 운임 조건을 모두 고른 것은?

ㄱ. Berth Term	ㄴ. FI Term
ㄷ. FO Term	ㄹ. FIO Term
ㅁ. FIOST Term	

① ㄱ, ㄴ
② ㄱ, ㄹ
③ ㄴ, ㄷ
④ ㄷ, ㅁ
⑤ ㄷ, ㄹ, ㅁ

87 1998년 미국 외항해운개혁법(OSRA)의 주요 내용으로 옳지 않은 것은?

① FMC에 선사의 태리프(Tariff) 신고의무를 폐지하였다.
② 우대운송계약(Service Contract)을 허용하되 서비스계약 운임률, 서비스 내용, 내륙운송구간, 손해배상 등 주요 내용을 대외비로 인정해주고 있다.
③ 비슷한 조건의 화주가 선사에게 동등한 조건을 요구할 수 있는 'me-too' 조항을 삭제하여 선사의 화주에 대한 차별대우를 인정해 주었다.
④ NVOCC의 자격요건을 강화하여 해상화물운송주선인과 동일하게 FMC로부터 면허취득을 의무화하였다.
⑤ 컨소시엄, 전략적 제휴 등 공동행위 및 경쟁제한 행위를 금지시켰다.

88 다음 설명에 해당하는 정기선 운임은?

> 화폐, 보석, 유가증권, 미술품 등 고가품의 운송에 있어서 화물의 가격을 기초로 일정률을 징수하는 운임

① Special Rate
② Open Rate
③ Dual Rate
④ Ad Valorem Freight
⑤ Pro Rate Freight

89 항해용선계약에 포함되지 않는 내용은?

① Laytime
② Off Hire
③ Demurrage
④ Cancelling Date
⑤ Despatch Money

90 최근 정기선 시장의 변화에 해당하지 않는 것은?

① 항로안정화협정 또는 협의협정체결 증가
② 선사 간 전략적 제휴 증가
③ 선박의 대형화
④ 글로벌 공급망 확대에 따른 서비스 범위의 축소
⑤ 해운관련 기업에서 블록체인 등 디지털 기술의 도입

91 Gencon Charter Party(1994)와 관련된 정박시간표(time sheet)의 기재사항 으로 옳지 않은 것은?

① 도착일시 및 접안일시
② 하역준비완료일시 및 하역준비완료통지서 제출일시
③ 하역개시일시 및 하역실시기간
④ 용선계약서에 약정된 하역률 및 허용정박기간
⑤ 7일 하역량 및 누계

92 다음 설명에 해당하는 부정기선 운임은?

> 선적하기로 약정했던 화물량보다 실제 선적량이 적으면 용선인이 그 부족분에 대해 지불해야 하는 운임

① Dead Freight
② Lump Sum Freight
③ Long Term Contract Freight
④ Freight All Kinds Rate
⑤ Congestion Surcharge

93 Hamburg Rules(1978)상 청구 및 소송에 관한 내용이 옳게 나열된 것은?

> - No compensation shall be payable for loss resulting from delay in delivery unless a notice has been given in writing to the carrier within (ㄱ) consecutive days after the day when the goods were handed over to the (ㄴ).
> - Any action relating to carriage of goods under this Convention is time-barred if judicial or arbitral proceedings have not been instituted within a period of (ㄷ) years.

① ㄱ : 30, ㄴ : consignee, ㄷ : two
② ㄱ : 30, ㄴ : consignor, ㄷ : three
③ ㄱ : 60, ㄴ : consignee, ㄷ : two
④ ㄱ : 60, ㄴ : consignor, ㄷ : three
⑤ ㄱ : 90, ㄴ : consignee, ㄷ : three

94 항공화물의 품목분류요율(CCR) 중 할증요금 적용품목으로 옳지 않은 것은?

① 금괴　　② 화폐
③ 잡지　　④ 생동물
⑤ 유가증권

95 항공화물 손상(damage) 사고로 생동물이 수송 중 폐사되는 경우를 뜻하는 용어는?

① Breakage　　② Wet
③ Spoiling　　④ Mortality
⑤ Shortlanded

96 항공화물운송장에 관한 설명으로 옳지 않은 것은?

① 송화인은 항공화물운송장 원본 3통을 1조로 작성하여 화물과 함께 운송인에게 교부하여야 한다.
② 제1원본(녹색)에는 운송인용이라고 기재하고 송화인이 서명하여야 한다.
③ 제2원본(적색)에는 수화인용이라고 기재하고 송화인 및 운송인이 서명한 후 화물과 함께 도착지에 송부하여야 한다.
④ 제3원본(청색)에는 송화인용이라고 기재하고 운송인이 서명하여 화물을 인수한 후 송화인에게 교부하여야 한다.
⑤ 송화인은 항공화물운송장에 기재된 화물의 명세·신고가 정확하다는 것에 대해 그 항공화물운송장을 누가 작성했든 책임을 질 필요가 없다.

97 복합운송증권(FIATA FBL) 이면 약관 상 정의와 관련된 용어가 옳게 나열 된 것은?

> - (ㄱ) means the Multimodal Transport Operator who issues this FBL and is named on the face of it and assumes liability for the performance of the multimodal transport contract as a carrier.
> - (ㄴ) means and includes the Shipper, the Consignor, the Holder of this FBL, the Receiver and the Owner of the Goods.

① ㄱ : Freight Forwarder, ㄴ : Merchant
② ㄱ : Freight Forwarder, ㄴ : Shipowner
③ ㄱ : NVOCC, ㄴ : Merchant
④ ㄱ : NVOCC, ㄴ : Shipowner
⑤ ㄱ : VOCC, ㄴ : Merchant

98 국제복합운송에 관한 설명으로 옳지 않은 것은?

① 하나의 계약으로 운송의 시작부터 종료까지 전(全)과정에 걸쳐, 운송물을 적어도 2가지 이상의 서로 다른 운송수단으로 운송하는 것을 말한다.
② 각 구간별로 분할된 운임이 아닌 전(全)구간에 대한 일관운임(through rate)을 특징으로 한다.
③ 1인의 계약운송인이 누가 운송을 실행하느냐에 관계없이 운송 전체에 대해 단일 운송인책임(single carrier's liability)을 진다.
④ 하나의 운송수단에서 다른 운송수단으로 신속하게 환적할 수 있는 컨테이너 운송의 개시와 함께 비약적으로 발달하였다.
⑤ NVOCC는 자신이 직접 선박을 소유하고 화주와 운송계약을 체결하며 일관선하증권(through B/L)을 발행한다.

99 다음 설명에 해당하는 복합운송인 책임 체계는?

- 손해발생구간을 판명·불명으로 나누어 각각 다른 책임체계를 적용하는 방식
- 손해발 생구간을 아는 경우 운송인의 책임은 운송물의 멸실 또는 훼손이 생긴 운송구간에 적용될 국제조약 또는 강행적인 국내법에 따라 결정됨
- 기존의 운송조약과 조화가 잘되어서 복합운송 규칙과 기존의 다른 운송방식에 적용되는 규칙 간의 충돌 방지가 가능함

① strict liability
② uniform liability system
③ network liability system
④ liability for negligence
⑤ modified liability system

100 국제운송조약 중 항공운송과 관련되는 조약을 모두 고른 것은?

> ㄱ. Hague Protocol(1955)
> ㄴ. CMR Convention(1956)
> ㄷ. CIM Convention(1970)
> ㄹ. CMI Uniform Rules for Electronic Bills of Lading(1990)
> ㅁ. Montreal Convention(1999)
> ㅂ. Rotterdam Rules(2008)

① ㄱ, ㄹ
② ㄱ, ㅁ
③ ㄱ, ㄴ, ㅁ
④ ㄴ, ㄷ, ㅂ
⑤ ㄴ, ㄷ, ㄹ, ㅂ

101 공항터미널에서 사용되는 조업장비가 아닌 것은?

① High Loader
② Transporter
③ Tug Car
④ Dolly
⑤ Transfer Crane

102 다음 설명에 해당하는 컨테이너는?

> 위험물, 석유화학제품, 화공약품, 유류, 술 등의 액체화물을 운송하기 위하여 내부에 원통형의 탱크(Tank)를 위치시키고 외부에 철재 프레임으로 고정시킨 컨테이너

① Dry Container
② Flat Rack Container
③ Solid Bulk Container
④ Liquid Bulk Container
⑤ Open Top Container

103 컨테이너 분류에 관한 설명으로 옳지 않은 것은?

① 크기에 따라 ISO 규격 20 feet, 40 feet, 40 feet High Cubic 등이 사용되고 있다.
② 재질에 따라 철재컨테이너, 알루미늄컨테이너, 강화플라스틱컨테이너 등으로 분류된다.
③ 용도에 따라 표준컨테이너, 온도조절컨테이너, 특수컨테이너 등으로 분류된다.
④ 알루미늄컨테이너는 무겁고 녹이 스는 단점이 있으나 제조원가가 저렴하여 많이 이용된다.
⑤ 냉동컨테이너는 과일, 야채, 생선, 육류 등의 보냉이 필요한 화물을 운송하기 위한 컨테이너이다.

104 다음에 해당하는 선화증권의 법적성질이 옳게 나열된 것은?

> ㄱ. 상법이나 선화증권의 준거법에서 규정하고 있는 법정기재사항을 충족 하여야 함
> ㄴ. 선화증권상에 권리자로 지정된 자가 배서의 방법으로 증권상의 권리를 양도할 수 있음
> ㄷ. 선화증권의 정당한 소지인이 이를 발급한 운송인에 대하여 물품의 인도를 청구할 수 있는 효력을 지님

① ㄱ : 요식증권, ㄴ : 지시증권, ㄷ : 채권증권
② ㄱ : 요식증권, ㄴ : 유가증권, ㄷ : 채권증권
③ ㄱ : 요인증권, ㄴ : 지시증권, ㄷ : 처분증권
④ ㄱ : 요인증권, ㄴ : 제시증권, ㄷ : 인도증권
⑤ ㄱ : 문언증권, ㄴ : 제시증권, ㄷ : 인도증권

105 해륙복합운송 경로에 관한 설명으로 옳지 않은 것은?

① SLB(Siberia Land Bridge)는 한국, 일본 등 극동지역의 화물을 해상운송한 후 시베리아 대륙횡단철도를 이용하여 유럽이나 중동까지 운송하는 방식이다.
② CLB(China Land Bridge)는 한국, 일본 등 극동지역의 화물을 해상운송한 후 중국대륙철도와 실크로드를 이용하여 유럽까지 운송하는 방식이다.
③ IPI(Interior Point Intermodal)는 한국, 일본 등 극동지역의 화물을 해상운송한 후 캐나다 대륙횡단철도를 이용하여 캐나다의 동해안 항만까지 운송하는 방식이다.
④ ALB(America Land Bridge)는 한국, 일본 등 극동지역의 화물을 해상운송한 후 미국대륙을 철도로 횡단하고 유럽지역까지 다시 해상운송하는 방식이다.
⑤ MLB(Mini Land Bridge)는 한국, 일본 등 극동지역의 화물을 해상운송한 후 철도와 트럭을 이용하여 미국 동해안이나 미국 멕시코만 지역의 항만까지 운송하는 방식이다.

106 다음에서 설명하는 물류보안 제도는?

> 미국 세관직원이 수출국 항구에 파견되어 수출국 세관직원과 합동으로 미 국으로 향하는 컨테이너 화물 중 위험요소가 큰 컨테이너 화물을 선별하여 선적 전에 미리 화물검사를 시행하게 하는 컨테이너 보안 협정

① 10 + 2 rule ② CSI
③ ISPS Code ④ AEO
⑤ ISO 28000

107 다음은 항공화물운송장과 선화증권을 비교한 표이다. ()에 들어갈 내용을 순서대로 나열한 것은?

구 분	항공화물운송장	선화증권
주요 기능	화물수취증	유가증권
유통 여부	(ㄱ)	유통성
발행 형식	(ㄴ)	지시식(무기명식)
작성 주체	송화인	(ㄷ)

① ㄱ : 유통성, ㄴ : 기명식, ㄷ : 송화인
② ㄱ : 유통성, ㄴ : 기명식, ㄷ : 운송인
③ ㄱ : 비유통성, ㄴ : 지시식, ㄷ : 송화인
④ ㄱ : 비유통성, ㄴ : 지시식, ㄷ : 운송인
⑤ ㄱ : 비유통성, ㄴ : 기명식, ㄷ : 운송인

108 컨테이너 운송에 관한 설명으로 옳지 않은 것은?

① 화물취급의 편리성과 운송의 신속성으로 인해 운송비를 절감할 수 있다.
② 하역작업의 기계화와 업무절차 간소화로 인하여 하역비와 인건비를 절감할 수 있다.
③ 해상운송과 육상운송을 원만하게 연결하고 환적시간을 단축시킴으로써 신속한 해륙일관운송을 가능하게 한다.
④ 송화인 문전에서 수화인 문전까지 효과적인 Door - to - Door 서비스를 구현할 수 있다.
⑤ CY/CFS(FCL/LCL)운송은 수출지 CY로부터 수입지 CFS까지 운송하는 방식으로 다수의 송화인과 다수의 수화인으로 구성되어져 있다.

109 복합운송증권 기능에 관한 설명으로 옳지 않은 것은?
① 복합운송증권은 물품수령증으로서의 기능을 가진다.
② 복합운송증권은 운송계약 증거로서의 기능을 가진다.
③ 지시식으로 발행된 복합운송증권은 배서·교부로 양도가 가능하다.
④ 복합운송증권은 수령지로부터 최종인도지까지 전(全)운송구간을 운송인이 인수하였음을 증명한다.
⑤ UNCTAD/ICC규칙(1991)상 복합운송증권은 유통성으로만 발행하여야 한다.

110 컨테이너운송에 관한 국제협약이 아닌 것은?
① CCC(Customs Convention on Container, 1956)
② TIR(Transport International Routiere, 1959)
③ ITI(Customs Convention on the International Transit of Goods, 1971)
④ CSC(International Convention for Safe Container, 1972)
⑤ YAR(York - Antwerp Rules, 2004)

111 ICC(A)(2009)의 면책위험에 해당하지 않는 것은?
① 보험목적물의 고유의 하자 또는 성질로 인하여 발생한 손상
② 포획, 나포, 강류, 억지 또는 억류(해적행위 제외) 및 이러한 행위의 결과로 발생한 손상
③ 피보험자가 피보험목적물을 적재할 때 알고 있는 선박 또는 부선의 불감항으로 생긴 손상
④ 동맹파업자, 직장폐쇄노동자 또는 노동쟁의, 소요 또는 폭동에 가담한 자에 의하여 발생한 손상
⑤ 피보험목적물 또는 그 일부에 대한 어떠한 자의 불법행위에 의한 고의적인 손상 또는 고의적인 파괴

112 Incoterms® 2020에서 물품의 인도에 관한 설명으로 옳은 것은?
① CPT 규칙에서 매도인은 지정선적항에서 매수인이 지정한 선박에 적재하여 인도 한다.
② EXW 규칙에서 지정인도장소 내에 이용 가능한 복수의 지점이 있는 경우에 매도인은 그의 목적에 가장 적합한 지점을 선택할 수 있다.
③ DPU 규칙에서 매도인은 물품을 지정목적지에서 도착운송수단에 실어둔 채 양하 준비된 상태로 매수인의 처분 하에 둔다.
④ FOB 규칙에서 매수인이 운송계약을 체결할 의무를 가지고, 매도인은 매수인이 지정한 선박의 선측에 물품을 인도한다.
⑤ FCA 규칙에서 지정된 물품 인도 장소가 매도인의 영업구내인 경우에는 물품을 수취용 차량에 적재하지 않은 채로 매수인의 처분 하에 둠으로써 인도한다.

113 Marine Insurance Act(1906)에서 비용손해에 관한 설명으로 옳은 것은?

① 특별비용은 공동해손과 손해방지비용을 모두 포함한 비용을 말한다.
② 제3자나 보험자가 손해방지행위를 했다면 그 비용은 손해방지비용으로 보상될 수 있다.
③ 특별비용은 보험조건에 상관없이 정당하게 지출된 경우 보험자로부터 보상받을 수 있다.
④ 보험자의 담보위험 여부에 상관없이 발생한 손해를 방지하기 위해 지출한 구조 비는 보상받을 수 있다.
⑤ 보험목적물의 안전과 보존을 위하여 구조계약을 체결했을 경우 발생하는 비용은 특별비용으로 보상될 수 있다.

114 상사중재에 관한 설명으로 옳지 않은 것은?

① 중재인은 해당분야 전문가인 민간인으로서 법원이 임명한다.
② 비공개로 진행되어 사업상의 비밀을 그대로 유지할 수 있다.
③ 중재합의는 분쟁발생 전후를 기준으로 사전합의방식과 사후합의방식이 있다.
④ 뉴욕협약(1958)에 가입된 국가 간에는 중재판정의 승인 및 집행이 보장된다.
⑤ 중재판정은 법원의 확정판결과 동일한 효력을 가지며 중재인은 자기가 내린 판결을 철회하거나 변경할 수 없다.

115 다음 매도인의 의무를 모두 충족하는 Incoterms® 2020 규칙으로 옳은 것은?

- 목적지의 양하비용 중에서 오직 운송계약상 매도인이 부담하기로 된 비용을 부담
- 해당되는 경우에 수출국과 통과국(수입국 제외)에 의하여 부과되는 모든 통관절차를 수행하고 그에 관한 비용을 부담

① CFR   ② CIF
③ FAS   ④ DAP
⑤ DDP

116 관세법상 특허보세구역에 관한 설명으로 옳은 것은?

① 보세전시장에서는 박람회 등의 운영을 위하여 외국물품을 장치·전시하거나 사용할 수 있다.
② 보세창고의 경우 장치기간이 지난 내국물품은 그 기간이 지난 후 30일 내에 반출하면 된다.
③ 보세공장에서는 내국물품은 사용할 수 없고, 외국물품만을 원료 또는 재료로 하여 제품을 제조·가공할 수 있다.
④ 보세건설장 운영인은 보세건설장에서 건설된 시설을 수입신고가 수리되기 전에 가동해도 된다.
⑤ 보세판매장에서 판매하는 물품의 반입, 반출, 인도, 관리에 관한 사항은 산업통상자원부령으로 정한다.

117 Incoterms® 2020 규칙이 다루고 있지 않은 것을 모두 고른 것은?

ㄱ. 매도인과 매수인 각각의 의무
ㄴ. 매매물품의 소유권과 물권의 이전
ㄷ. 매매 당사자 간 물품 인도 장소와 시점
ㄹ. 매매계약 위반에 대하여 구할 수 있는 구제수단

① ㄱ, ㄴ
② ㄱ, ㄷ
③ ㄴ, ㄷ
④ ㄴ, ㄹ
⑤ ㄷ, ㄹ

118 관세법상 수입통관에 관한 설명으로 옳지 않은 것은?

① 여행자가 외국물품인 휴대품을 관세통로에서 소비하거나 사용하는 경우는 수입으로 본다.
② 우편물은 수입신고를 생략하거나 관세청장이 정하는 간소한 방법으로 신고할 수 있다
③ 세관장은 수입에 관한 신고서의 기재사항에 보완이 필요한 경우 해당물품의 통관을 보류할 수 있다.
④ 관세청장은 수입하려는 물품에 대하여 검사대상, 검사범위, 검사방법 등에 관하여 필요한 기준을 정할 수 있다.
⑤ 수입하려는 물품의 신속한 통관이 필요한 때에는 해당물품을 적재한 선박이나 항공기가 입항하기 전에 수입신고할 수 있다.

119 ICD의 기능에 관한 설명으로 옳지 않은 것은?

① CY, CFS 시설 등을 통해 컨테이너의 장치·보관 기능을 수행한다.
② 항만에서 이루어지는 본선적재작업과 마셜링 기능을 수행한다.
③ 통관절차를 내륙으로 이동함으로써 내륙통관기지로서의 기능을 수행한다.
④ 화물의 일시적 저장과 취급에 대한 서비스를 제공한다.
⑤ 소량화물을 컨테이너 단위로 혼재작업을 행하는 기능을 수행한다.

120 비엔나협약(CISG, 1980)에서 승낙의 효력에 관한 설명으로 옳은 것은?

① 분쟁해결에 관한 부가적 조건을 포함하고 있는 청약에 대한 회답은 승낙을 의도 하고 있는 경우 승낙이 될 수 있다.
② 청약에 대한 동의를 표시하는 상대방의 진술뿐만 아니라 침묵 또는 부작위는 그 자체만으로 승낙이 된다.
③ 승낙을 위한 기간이 경과한 승낙은 당사자 간의 별도의 합의가 없더라도 원칙적으로 계약을 성립시킬 수 있다.
④ 서신에서 지정한 승낙기간은 서신에 표시되어 있는 일자 또는 서신에 일자가 표시되지 아니한 경우에는 봉투에 표시된 일자로부터 계산한다.
⑤ 승낙기간 중 기간의 말일이 승낙자 영업소 소재지의 공휴일 또는 비영업일에 해당하여 승낙의 통지가 기간의 말일에 청약자에게 도달할 수 없는 경우에도 공휴일 또는 비영업일은 승낙기간의 계산에 산입한다.

2022년 제26회 기출문제

교시	과목	시간	점수
2교시	보관하역론 물류관련법규	12:00 ~ 13:20 (80분)	

4과목 보관하역론

01 보관의 원칙에 관한 설명으로 옳지 않은 것은?

① 선입선출의 원칙 : 먼저 입고하여 보관한 물품을 먼저 출고하는 원칙이다.
② 회전대응의 원칙 : 입출고 빈도에 따라 보관 위치를 달리하는 원칙으로 입출고빈도가 높은 화물은 출입구 가까운 장소에 보관한다.
③ 유사성의 원칙 : 연대출고가 예상되는 관련 품목을 출하가 용이하도록 모아서 보관하는 원칙이다.
④ 위치표시의 원칙 : 보관된 물품의 장소와 선반번호의 위치를 표시하여 입출고 작업의 효율성을 높이는 원칙이다.
⑤ 중량특성의 원칙 : 중량에 따라 보관 장소의 높이를 결정하는 원칙으로 중량이 무거운 물품은 하층부에 보관한다.

02 보관의 기능에 해당하는 것을 모두 고른 것은?

ㄱ. 제품의 시간적 효용 창출
ㄴ. 제품의 공간적 효용 창출
ㄷ. 생산과 판매와의 물량 조정 및 완충
ㄹ. 재고를 보유하여 고객 수요 니즈에 대응
ㅁ. 수송과 배송의 연계

① ㄱ, ㄴ, ㄹ
② ㄴ, ㄷ, ㅁ
③ ㄱ, ㄴ, ㄷ, ㄹ
④ ㄱ, ㄷ, ㄹ, ㅁ
⑤ ㄴ, ㄷ, ㄹ, ㅁ

03 물류센터의 종류에 관한 설명으로 옳지 않은 것은?

① 항만 입지형은 부두 창고, 임항 창고, 보세 창고 등이 있다.
② 단지 입지형은 유통업무 단지 등의 유통 거점에 집중적으로 입지를 정하고 있는 물류센터 및 창고로 공동창고, 집배송 단지 및 복합 물류터미널 등이 있다.
③ 임대 시설은 화차로 출하하기 위하여 일시 대기하는 화물의 보관을 위한 물류센터이다.
④ 자가 시설은 제조 및 유통 업체가 자기 책임 하에 운영하는 물류센터이다.
⑤ 도시 근교 입지형은 백화점, 슈퍼마켓, 대형 할인 매장 및 인터넷 쇼핑몰 등을 지원하는 창고이다.

04 ICD(Inland Container Depot)에 관한 설명으로 옳은 것을 모두 고른 것은?

> ㄱ. 항만지역과 비교하여 창고 보관 시설용 토지 매입이 어렵다.
> ㄴ. 화물의 소단위화로 운송의 비효율이 발생한다.
> ㄷ. 다양한 교통수단의 높은 연계성이 입지 조건의 하나이다.
> ㄹ. 통관의 신속화로 통관비가 절감된다.
> ㅁ. 통관검사 후 재포장이 필요한 경우 ICD 자체 보유 포장시설을 이용 할 수 있다.

① ㄱ, ㄴ, ㄷ ② ㄱ, ㄷ, ㄹ
③ ㄴ, ㄷ, ㄹ ④ ㄴ, ㄹ, ㅁ
⑤ ㄷ, ㄹ, ㅁ

05 복합 물류터미널에 관한 설명으로 옳지 않은 것은?

① 화물의 혼재기능을 수행한다.
② 환적기능을 구비하여 터미널 기능을 실현한다.
③ 장기보관 위주의 보관 기능을 강화한 시설이다.
④ 수요단위에 적합하게 재포장하는 기능을 수행한다.
⑤ 화물 정보센터의 기능을 강화하여 화물 운송 및 재고 정보 등을 제공한다.

06 시장 및 생산공장의 위치와 수요량이 아래 표와 같다. 무게중심법에 따라 산출된 유통센터의 입지 좌표(X, Y)는?

구분	위치 좌표 (X, Y) (km)	수요량 (톤/월)
시장 1	(50, 10)	100
시장 2	(20, 50)	200
시장 3	(10, 10)	200
생산공장	(100, 150)	

① X : 35, Y : 55
② X : 35, Y : 61
③ X : 61, Y : 88
④ X : 75, Y : 85
⑤ X : 75, Y : 88

07 물류센터의 설계 시 고려사항에 관한 설명으로 옳지 않은 것은?

① 물류센터의 규모 산정 시 목표 재고량은 고려하나 서비스 수준은 고려 대상이 아니다.
② 제품의 크기, 무게, 가격 등을 고려한다.
③ 입고방법, 보관방법, 피킹방법, 배송방법 등 운영특성을 고려한다.
④ 설비종류, 운영방안, 자동화 수준 등을 고려한다.
⑤ 물류센터 입지의 결정 시 관련 비용의 최소화를 고려한다.

08 물류센터의 일반적인 입지선정에 관한 설명으로 옳지 않은 것은?

① 수요와 공급을 효율적으로 연계할 수 있는 지역을 선정한다.
② 노동력 확보가 가능한 지역을 선정한다.
③ 경제적, 자연적, 지리적 요인 등을 고려해야 한다.
④ 운송수단의 연계가 용이한 지역에 입지한다.
⑤ 토지 가격이 저렴한 지역을 최우선 선정조건으로 고려한다.

09 물류센터 투자 타당성을 분석할 때 편익의 현재가치 합계와 비용의 현재가치 합계가 동일하게 되는 수준의 할인율을 활용하는 기법은?

① 순현재가치법 ② 내부수익율법
③ 브라운깁슨법 ④ 손익분기점법
⑤ 자본회수기간법

10 보관 설비에 관한 설명으로 옳지 않은 것은?

① 캔틸레버 랙(Cantilever Rack) : 긴 철재나 목재의 보관에 효율적인 랙이다.
② 드라이브 인 랙(Drive in Rack) : 지게차가 한쪽 방향에서 2개 이상의 깊이로 된 랙으로 들어가 화물을 보관 및 반출할 수 있다.
③ 파렛트 랙(Pallet Rack) : 파렛트 화물을 한쪽 방향에서 넣으면 중력에 의해 미끄러져 인출할 때는 반대방향에서 화물을 반출할 수 있다.
④ 적층 랙(Mezzanine Rack) : 천장이 높은 창고에서 저장 공간을 복층구조로 설치하여 공간 활용도가 높다.
⑤ 캐러셀(Carousel) : 랙 자체를 회전시켜 저장 및 반출하는 장치이다.

11 물류센터의 작업 계획 수립 시 세부 고려사항으로 옳지 않은 것은?

① 출하 차량 동선 – 평치, 선반 및 특수 시설의 사용 여부
② 화물 형태 – 화물의 포장 여부, 포장 방법 및 소요 설비
③ 하역 방식 – 하역 자동화 수준, 하역 설비의 종류 및 규격
④ 검수 방식 – 검수 기준, 검수 작업 방법 및 소요 설비
⑤ 피킹 및 분류 – 피킹 기준, 피킹 방법 및 소팅 설비

12 물류센터 건설의 업무 절차를 물류거점 분석, 물류센터 설계 그리고 시공 및 운영 등 단계별로 시행하려고 한다. 물류거점 분석 단계에서 수행하는 활동이 아닌 것은?

① 지역 분석
② 하역장비 설치
③ 수익성 분석
④ 투자 효과 분석
⑤ 거시환경 분석

14 오더피킹의 출고형태 중 파렛트 단위로 보관하다가 파렛트 단위로 출고되는 제1형태(P→P)의 적재방식에 활용되는 장비가 아닌 것은?

① 트랜스 로보 시스템(Trans Robo System)
② 암 랙(Arm Rack)
③ 파렛트 랙(Pallet Rack)
④ 드라이브 인 랙(Drive in Rack)
⑤ 고층 랙(High Rack)

13 3개의 제품(A~C)을 취급하는 1개의 창고에서 기간별 사용공간이 다음 표와 같다. (ㄱ)임의위치저장(Randomized Storage)방식과 (ㄴ)지정위치저장(Dedicated Storage) 방식으로 각각 산정된 창고의 저장소요공간(㎡)은?

기간	제품별 사용공간(제곱미터)		
	A	B	C
1주	14	17	20
2주	15	23	35
3주	34	25	17
4주	18	19	20
5주	15	17	21
6주	34	21	34

① ㄱ:51, ㄴ:51
② ㄱ:51, ㄴ:67
③ ㄱ:67, ㄴ:89
④ ㄱ:89, ㄴ:94
⑤ ㄱ:94, ㄴ:89

중요
15 창고에 관한 설명으로 옳은 것은?

① 보세창고는 지방자치단체장의 허가를 받은 경우에는 통관되지 않은 내국물품도 장치할 수 있다.
② 영업창고는 임대료를 획득하기 위해 건립되므로 자가창고에 비해 화주 입장의 창고 실계 최적화가 가능하다.
③ 자가창고는 영업창고에 비해 창고 확보와 운영에 소요되는 비용 및 인력문제와 화물량 변동에 탄력적으로 대응할 수 있다.
④ 임대창고는 특정 보관시설을 임대하거나 리스(Lease)하여 물품을 보관하는 창고형태이다.
⑤ 공공창고는 특정 보관시설을 임대하여 물품을 보관하는 창고형태로 민간이 설치 및 운영한다.

16 다음이 설명하는 창고의 기능은?

> ㄱ. 물품 생산과 소비의 시간적 간격을 조정하여 일정량의 화물이 체류하도록 한다.
> ㄴ. 물품의 수급을 조정하여 가격안정을 도모한다.
> ㄷ. 물류활동을 연결시키는 터미널로서의 기능을 수행한다.
> ㄹ. 창고에 물품을 보관하여 재고를 확보함으로써 품절을 방지하여 신용을 증대시키는 역할을 수행한다.

① ㄱ : 가격조정기능, ㄴ : 수급조정기능,
    ㄷ : 연결기능, ㄹ : 매매기관적 기능
② ㄱ : 수급조정기능, ㄴ : 가격조정기능,
    ㄷ : 매매기관적 기능, ㄹ : 신용기관적 기능
③ ㄱ : 연결기능, ㄴ : 가격조정기능,
    ㄷ : 수급조정기능, ㄹ : 판매전진기지적 기능
④ ㄱ : 수급조정기능, ㄴ : 가격조정기능,
    ㄷ : 연결기능, ㄹ : 신용기관적 기능
⑤ ㄱ : 연결기능, ㄴ : 판매전진기지적 기능,
    ㄷ : 가격조정기능, ㄹ : 수급조정기능

17 경제적 주문량(EOQ) 모형에 관한 설명으로 옳은 것은?

① 주문량이 커질수록 할인율이 높아지기 때문에 가능한 많은 주문량을 설정하는 것이 유리하다.
② 조달기간이 일정하며, 주문량은 전량 일시에 입고된다.
③ 재고유지비용은 평균재고량에 반비례한다.
④ 재고부족에 대응하기 위한 안전재고가 필요하다.
⑤ 수요가 불확실하기 때문에 주문량과 주문간격이 달라진다.

18 분산구매방식과 비교한 집중구매방식(Centralized Purchasing Method)에 관한 설명으로 옳은 것은?

① 일반적으로 대량 구매가 이루어지기 때문에 수요량이 많은 품목에 적합하다.
② 사업장별 다양한 요구를 반영하여 구매하기에 용이하다.
③ 사업장별 독립적 구매에 유리하나 수량할인이 있는 품목에는 불리하다.
④ 전사적으로 집중구매하기 때문에 가격 및 거래조건이 불리하다.
⑤ 구매절차의 표준화가 가능하여 긴급조달이 필요한 자재의 구매에 유리하다.

19 A상품의 2022년도 6월의 실제 판매량과 예측 판매량, 7월의 실제 판매량 자료가 아래 표와 같을 때 지수평활법을 활용한 8월의 예측 판매량(개)은? (단, 평활상수(α)는 0.4를 적용한다.)

구분	2022년 6월	2022년 7월
실제 판매량	48,000(개)	52,000(개)
예측 판매량	50,000(개)	–

① 48,320
② 49,200
③ 50,320
④ 50,720
⑤ 50,880

중요

20 제품 B를 취급하는 K물류센터는 경제적 주문량(EOQ)에 따라 재고를 관리하고 있다. 재고관리에 관한 자료가 아래와 같을 때 (ㄱ)연간 총 재고비용과 (ㄴ)연간 발주횟수는 각각 얼마인가? (단, 총 재고비용은 재고유지비용과 주문비용만을 고려한다.)

- 연간 수요량 : 90,000개
- 제품 단가 : 80,000원
- 제품당 연간 재고유지비용 : 제품 단가의 25%
- 1회 주문비용 : 160,000원

① ㄱ : 12,000,000원, ㄴ : 75회
② ㄱ : 12,000,000원, ㄴ : 90회
③ ㄱ : 18,000,000원, ㄴ : 75회
④ ㄱ : 18,000,000원, ㄴ : 90회
⑤ ㄱ : 24,000,000원, ㄴ : 75회

중요

21 수요예측방법에 관한 설명으로 옳지 않은 것은?

① 정성적 수요예측법에는 경영자판단법, 판매원이용법 등이 있다.
② 정량적 수요예측방법에는 이동평균법, 지수평활법 등이 있다.
③ 델파이법(Delphi Method)은 원인과 결과관계를 가지는 두 요소의 과거 변화량에 대한 인과관계를 분석한 방법으로 정량적 수요예측방법에 해당한다.
④ 가중이동평균법은 예측 기간별 가중치를 부여한 예측방법으로 일반적으로 예측대상 기간에 가까울수록 더 큰 가중치를 주어 예측하는 방법이다.
⑤ 라이프사이클(Life-cycle) 유추법은 상품의 수명주기 기간별 과거 매출 증감 폭을 기준으로 수요량을 유추하여 예측하는 방법이다.

22 C도매상의 제품판매정보가 아래와 같을 때 최적의 재주문점은? (단, 소수점 첫째자리에서 반올림한다.)

- 연간수요 : 14,000 Box
- 서비스 수준 : 90%, Z(0.90) = 1.282
- 제품 판매량의 표준편차 : 20
- 제품 조달기간 : 9일
- 연간 판매일 : 350일

① 77   ② 360
③ 386   ④ 437
⑤ 590

23 재고에 관한 설명으로 옳지 않은 것은?

① 고객으로부터 발생하는 제품이나 서비스의 요구에 적절히 대응할 수 있게 한다.
② 안전재고는 재고를 품목별로 일정한 로트(Lot) 단위로 조달하기 때문에 발생한다.
③ 공급사슬에서 발생하는 수요나 공급의 다양한 변동과 불확실성에 대한 완충역할을 수행한다.
④ 재고를 필요이상으로 보유하게 되면 과도한 재고비용이 발생하게 된다.
⑤ 재고관리는 제품, 반제품, 원재료, 상품 등의 재화를 합리적·경제적으로 유지하기 위한 활동이다.

24 JIT(Just In Time) 시스템에 관한 설명으로 옳지 않은 것은?

① 반복적인 생산에 적합하다.
② 효과적인 Pull 시스템을 구현할 수 있다.
③ 공급업체의 안정적인 자재공급과 엄격한 품질관리가 이루어져야 효과성을 높일 수 있다.
④ 제조준비시간 및 리드타임을 단축할 수 있다.
⑤ 충분한 안전재고를 확보하여 품절에 대비하기 때문에 공급업체와 생산업체의 상호 협력 없이도 시스템 운영이 가능하다.

25 다음이 설명하는 하역합리화의 원칙은?

> ㄱ. 화물의 이동 용이성을 지수로 하여 이 지수의 최대화를 지향하는 원칙으로 관련 작업을 조합하여 화물 하역작업의 효율성을 높이는 것을 목적으로 한다.
> ㄴ. 불필요한 하역작업의 생략을 통해 작업 능률을 높이고, 화물의 파손 및 분실 등을 최소화하는 것을 목적으로 한다.
> ㄷ. 하역작업 시 화물의 이동거리를 최소화하는 것을 목적으로 한다.

① ㄱ: 시스템화의 원칙, ㄴ: 하역 경제성의 원칙, ㄷ: 거리 최소화의 원칙
② ㄱ: 운반 활성화의 원칙, ㄴ: 화물 단위화의 원칙, ㄷ: 인터페이스의 원칙
③ ㄱ: 화물 단위화의 원칙, ㄴ: 거리 최소화의 원칙, ㄷ: 하역 경제성의 원칙
④ ㄱ: 운반 활성화의 원칙, ㄴ: 하역 경제성의 원칙, ㄷ: 거리 최소화의 원칙
⑤ ㄱ: 하역 경제성의 원칙, ㄴ: 운반 활성화의 원칙, ㄷ: 거리 최소화의 원칙

26 하역의 요소에 관한 내용이다. ( )에 들어갈 용어로 옳은 것은?

> • (ㄱ): 보관장소에서 물건을 꺼내는 작업이다.
> • (ㄴ): 생산, 유통, 소비 등에 필요하므로 하역의 일부로 볼 수 있으며, 창고 내부와 같이 한정된 장소에서 화물을 이동하는 작업이다.
> • (ㄷ): 컨테이너에 물건을 싣는 작업이다.
> • (ㄹ): 물건을 창고 등의 보관시설 장소로 이동하여 정해진 형태로 정해진 위치에 쌓는 작업이다.

① ㄱ: 피킹, ㄴ: 운송, ㄷ: 디배닝, ㄹ: 적재
② ㄱ: 피킹, ㄴ: 운반, ㄷ: 배닝, ㄹ: 적재
③ ㄱ: 적재, ㄴ: 운반, ㄷ: 디배닝, ㄹ: 분류
④ ㄱ: 배닝, ㄴ: 운반, ㄷ: 피킹, ㄹ: 정돈
⑤ ㄱ: 디배닝, ㄴ: 운송, ㄷ: 배닝, ㄹ: 분류

27 하역합리화를 위한 활성화의 원칙에서 활성지수가 '3'인 화물의 상태는? (단, 활성지수는 0~4이다.)

① 대차에 실어 놓은 상태
② 파렛트 위에 놓인 상태
③ 화물이 바닥에 놓인 상태
④ 컨베이어 위에 놓인 상태
⑤ 상자 안에 넣은 상

28 하역시스템에 관한 설명으로 옳지 않은 것은?

① 하역작업 장소에 따라 사내하역, 항만하역, 항공하역 등으로 구분할 수 있다.
② 제조업체의 사내하역은 조달, 생산 등의 과정에서 필요한 운반과 하역기능을 포함한 것이다.
③ 하역시스템의 효율화를 통해 에너지 및 자원을 절약할 수 있다.
④ 하역시스템의 도입 목적은 범용성과 융통성을 지양하는데 있다.
⑤ 하역시스템의 기계화를 통해 열악한 노동환경을 개선할 수 있다.

29 자동분류시스템의 소팅방식에 관한 설명으로 옳은 것은?

① 크로스벨트(Cross belt) 방식 : 컨베이어 반송면의 아래 방향에서 벨트 등의 분기장치가 나오는 방식으로 하부면의 손상 및 충격에 취약한 화물에는 적합하지 않다.
② 팝업(Pop-up) 방식 : 레일을 주행하는 연속된 캐리어 상의 소형벨트 컨베이어를 레일과 교차하는 방향으로 구동시켜 단위화물을 내보내는 방식이다.
③ 틸팅(Tilting) 방식 : 반송면에 튀어나온 기구를 넣어 단위화물을 함께 이동시키면서 압출하는 방식이다.
④ 슬라이딩슈(Sliding-shoe) 방식 : 여러 형상의 화물을 수직으로 나누어 강제적으로 분류하므로 충격에 취약한 정밀기기나 깨지기 쉬운 물건은 피해야 한다.
⑤ 다이버터(Diverter) 방식 : 외부에 설치된 안내판을 회전시켜 반송경로 상에 가이드벽을 만들어 단위화물을 가이드벽에 따라 이동시키므로 다양한 형상의 화물분류가 가능하다.

30 포크 리프트(지게차)에 관한 설명으로 옳은 것은?

① 스트래들(Straddle)형은 전방이 아닌 차체의 측면에 포크와 마스트가 장착된 지게차이다.
② 디젤엔진식은 유해 배기가스와 소음이 적어 실내작업에 적합한 환경친화형 장비이다.
③ 워키(Walkie)형은 스프레더를 장착하고 항만 컨테이너 야드 등 주로 넓은 공간에서 사용된다.
④ 3방향 작동형은 포크와 캐리지의 회전이 가능하므로 진행방향의 변경 없이 작업할 수 있다.
⑤ 사이드 포크형은 차체전방에 아웃리거를 설치하고 그 사이에 포크를 위치시켜 안정성을 향상시킨 지게차이다.

31 하역의 기계화가 필요한 화물에 해당하는 것은 몇 개인가?

- 액체 및 분립체로 인하여 인력으로 취급하기 곤란한 화물
- 많은 인적 노력이 요구되는 화물
- 작업장의 위치가 높고 낮음으로 인해 상하차작업이 곤란한 화물
- 인력으로는 시간(Timing)을 맞추기 어려운 화물

① 0개 ② 1개
③ 2개 ④ 3개
⑤ 4개

32 국가별 파렛트 표준규격의 연결이 옳은 것은?

국 가	파렛트 규격
ㄱ. 한국	A. 800 × 1,200 mm
ㄴ. 일본	B. 1,100 × 1,100 mm
ㄷ. 영국	C. 1,100 × 1,200 mm
ㄹ. 미국	D. 1,219 × 1,016 mm

① ㄱ-B, ㄴ-A, ㄷ-C, ㄹ-D
② ㄱ-B, ㄴ-B, ㄷ-A, ㄹ-D
③ ㄱ-B, ㄴ-C, ㄷ-C, ㄹ-A
④ ㄱ-C, ㄴ-A, ㄷ-B, ㄹ-B
⑤ ㄱ-C, ㄴ-B, ㄷ-D, ㄹ-A

33 일관파렛트화(Palletization)의 경제적 효과가 아닌 것은?

① 포장의 간소화로 포장비 절감
② 작업 능률의 향상
③ 화물 파손의 감소
④ 운임 및 부대비용 절감
⑤ 제품의 과잉생산 방지

34 유닛로드 시스템(Unit Load System)의 선결과제에 해당하는 것을 모두 고른 것은?

ㄱ. 운송 표준화	ㄴ. 장비 표준화
ㄷ. 생산 자동화	ㄹ. 하역 기계화
ㅁ. 무인 자동화	

① ㄱ, ㄴ, ㄹ ② ㄱ, ㄴ, ㅁ
③ ㄱ, ㄷ, ㅁ ④ ㄴ, ㄷ, ㄹ
⑤ ㄴ, ㄹ, ㅁ

35 다음은 파렛트 풀 시스템 운영방식에 관한 내용이다. 다음 ( )에 들어갈 용어로 옳은 것은?

- (ㄱ) : 유럽 각국의 국영철도역에서 파렛트 적재 형태로 운송하며, 파렛트를 동시에 교환하여 사용하는 것으로 언제나 교환에 응할 수 있도록 파렛트를 준비해 놓는 방식이다.
- (ㄴ) : 개별 기업에서 파렛트를 보유하지 않고, 파렛트 풀 회사에서 일정 기간 동안 임차하는 방식이다.

① ㄱ : 즉시교환방식, ㄴ : 리스·렌탈방식
② ㄱ : 대차결제교환방식, ㄴ : 즉시교환방식
③ ㄱ : 리스·렌탈방식, ㄴ : 교환리스병용방식
④ ㄱ : 교환리스병용방식, ㄴ : 대차결제교환방식
⑤ ㄱ : 리스·렌탈방식, ㄴ : 즉시교환방식

36 유닛로드 시스템(Unit Load System)에 관한 설명으로 옳지 않은 것은?

① 운송, 보관, 하역 등의 물류활동을 합리적으로 처리하기 위하여 포장화물의 기계 취급에 적합하도록 단위화한 방식을 말한다.
② 화물을 파렛트나 컨테이너를 이용하여 벌크선박으로 운송한다.
③ 화물취급단위에 대한 단순화와 표준화를 통하여 하역능력을 향상시키고, 물류비용을 절감할 수 있다.
④ 하역을 기계화하고 운송·보관 등을 일관하여 합리화할 수 있다.
⑤ 화물처리 과정에서 발생할 수 있는 파손이나 실수를 줄일 수 있다.

37 항만하역기기 중 컨테이너 터미널에서 사용하는 하역기기가 아닌 것은?

① 리치 스태커(Reach Stacker)
② 야드 트랙터(Yard Tractor)
③ 트랜스퍼 크레인(Transfer Crane)
④ 탑 핸들러(Top Handler)
⑤ 호퍼(Hopper)

38 항만운송 사업 중 타인의 수요에 응하여 하는 행위로서 항만하역사업에 해당하는 것은?

① 선적화물(船積貨物)을 싣거나 내릴 때 그 화물의 개수를 계산하는 행위
② 선적화물 및 선박(부선을 포함한다)에 관련된 증명·조사·감정을 하는 행위
③ 선적화물을 싣거나 내릴 때 그 화물의 인도·인수를 증명하는 행위
④ 선박을 이용하여 운송된 화물을 화물주(貨物主) 또는 선박운항사업자의 위탁을 받아 항만에서 선박으로부터 인수하거나 화물주에게 인도하는 행위
⑤ 선적화물을 싣거나 내릴 때 그 화물의 용적 또는 중량을 계산하거나 증명하는 행위

39 주요 포장기법 중 금속의 부식을 방지하기 위한 포장 기술은?

① 방청 포장
② 방수 포장
③ 방습 포장
④ 진공 포장
⑤ 완충 포장

40 포장 결속 방법으로 옳지 않은 것은?

① 밴드결속 - 플라스틱, 나일론, 금속 등의 재실로 된 밴드를 사용한다.
② 꺾쇠 물림쇠 - 주로 칸막이 상자 등에서 상자가 고정되도록 사용하는 방법이다.
③ 테이핑 - 용기의 견고성을 유지하기 위해 접착테이프를 사용한다.
④ 대형 골판지 상자 - 작은 부품 등을 꾸러미로 묶지 않고 담을 때 사용한다.
⑤ 슬리브 - 열수축성 플라스틱 필름을 화물에 씌우고 터널을 통과시킬 때 가열하여 필름을 수축시키는 방법이다.

4과목 보관하역론

41 물류정책기본법상 물류계획에 관한 설명으로 옳지 않은 것은?

① 특별시장 및 광역시장은 지역물류정책의 기본방향을 설정하는 10년 단위의 지역물류기본계획을 5년마다 수립하여야 한다.
② 국가물류기본계획에는 국가물류정보화사업에 관한 사항이 포함되어야 한다.
③ 국가물류기본계획은 「국토기본법」에 따라 수립된 국토종합계획 및 「국가통합교통체계효율화법」에 따라 수립된 국가기간교통망계획과 조화를 이루어야 한다.
④ 지역물류기본계획은 국가물류기본계획에 배치되지 아니하여야 한다.
⑤ 해양수산부장관은 국가물류기본계획을 수립한 때에는 이를 관보에 고시하여야 한다.

42 물류정책기본법령상 국토교통부장관이 행정적·재정적 지원을 할 수 있는 환경친화적 물류활동을 위하여 하는 활동에 해당하는 것을 모두 고른 것은?

> ㄱ. 환경친화적인 운송수단 또는 포장재료의 사용
> ㄴ. 기존 물류장비를 환경친화적인 물류장비로 변경
> ㄷ. 환경친화적인 물류시스템의 도입 및 개발
> ㄹ. 물류활동에 따른 폐기물 감량

① ㄱ, ㄷ
② ㄱ, ㄹ
③ ㄴ, ㄷ
④ ㄴ, ㄷ, ㄹ
⑤ ㄱ, ㄴ, ㄷ, ㄹ

43 물류정책기본법령상 물류인력의 양성 및 물류관리사에 관한 설명으로 옳지 않은 것은?

① 「대한무역투자진흥공사법」에 따른 대한무역투자진흥공사는 물류연수기관이 될 수 없다.
② 물류관리사는 물류활동과 관련하여 전문지식이 필요한 사항에 대하여 계획·조사·연구·진단 및 평가 또는 이에 관한 상담·자문, 그 밖에 물류관리에 필요한 직무를 수행한다.
③ 국토교통부장관은 물류관리사를 고용한 물류관련 사업자에 대하여 다른 사업자보다 우선하여 행정적·재정적 지원을 할 수 있다.
④ 물류관리사는 다른 사람에게 자격증을 대여하여서는 아니된다.
⑤ 물류관리사 자격의 취소를 하려면 청문을 하여야 한다.

44 물류정책기본법령상 녹색물류협의기구에 관한 설명으로 옳지 않은 것은?

① 녹색물류협의기구는 환경친화적 물류활동 지원을 위한 사업의 심사 및 선정 업무를 수행한다.
② 국토교통부장관은 녹색물류협의기구가 환경친화적 물류활동 촉진을 위한 연구·개발 업무를 수행하는 데 필요한 행정적·재정적 지원을 할 수 있다.
③ 녹색물류협의기구의 위원장은 위원 중에서 국토교통부장관이 지명하는 사람으로 한다.
④ 녹색물류협의기구는 위원장을 포함한 15명 이상 30명 이하의 위원으로 구성한다.
⑤ 국토교통부장관은 위원이 직무와 관련된 비위사실이 있는 경우에는 해당 위원을 해임 또는 해촉할 수 있다.

45 물류정책기본법령상 국가물류정책위원회에 관한 설명으로 옳지 않은 것은?

① 국가물류정책위원회는 국가물류체계의 효율화에 관한 중요 정책 사항을 심의·조정한다.
② 국가물류정책위원회의 위원 중 공무원이 아닌 위원의 임기는 2년으로 하되, 연임할 수 있다.
③ 국가물류정책위원회에는 5명 이내의 비상근 전문위원을 둘 수 있다.
④ 국가물류정책위원회의 업무를 효율적으로 추진하기 위하여 물류정책분과위원회, 물류시설분과위원회, 국제물류분과위원회를 둘 수 있다.
⑤ 물류시설분과위원회의 위원장은 해당 분과위원회의 위원 중에서 해양수산부장관이 지명하는 사람으로 한다.

46 물류정책기본법령상 국제물류주선업에 관한 설명으로 옳은 것은?

① 컨테이너장치장을 소유하고 있는 자가 국제물류주선업을 등록하려는 경우 1억원 이상의 보증보험에 가입하여야 한다.
② 국제물류주선업을 경영하려는 자는 해양수산부장관에게 등록하여야 한다.
③ 국제물류주선업자는 등록기준에 관한 사항을 5년이 경과할 때마다 신고하여야 한다.
④ 국제물류주선업자가 그 사업을 양도한 때에는 그 양수인은 국제물류주선업의 등록에 따른 권리·의무를 승계한다.
⑤ 해양수산부장관은 국제물류주선업자의 폐업 사실을 확인하기 위하여 필요한 경우에는 국세청장에게 폐업에 관한 과세정보의 제공을 요청할 수 있다.

47 물류정책기본법령상 우수물류기업의 인증에 관한 설명으로 옳지 않은 것은?

① 국토교통부장관 및 해양수산부장관은 물류기업의 육성과 물류산업 발전을 위하여 소관 물류기업을 각각 우수물류기업으로 인증할 수 있다.
② 국제물류주선기업에 대한 우수물류기업 인증의 주체는 해양수산부장관이다.
③ 인증우수물류기업은 우수물류기업의 인증이 취소된 경우에는 인증서를 반납하고, 인증마크의 사용을 중지하여야 한다.
④ 국가 또는 지방자치단체는 인증우수물류기업이 해외시장을 개척하는 경우에는 해외시장 개척에 소요되는 비용을 우선적으로 지원할 수 있다.
⑤ 국토교통부장관 및 해양수산부장관은 우수물류기업의 인증과 관련하여 우수물류기업 인증심사 대행기관을 공동으로 지정하여 인증신청의 접수 업무를 하게 할 수 있다.

48 물류정책기본법령상 물류 공동화·자동화 촉진에 관한 설명으로 옳은 것을 모두 고른 것은?

> ㄱ. 시·도지사는 화주기업이 물류공동화를 추진하는 경우에는 물류기업과 공동으로 추진하도록 권고할 수 있다.
> ㄴ. 시·도지사는 물류기업이 정보통신기술을 활용하여 물류공동화를 추진하는 경우 우선적으로 예산의 범위에서 필요한 자금을 지원할 수 있다.
> ㄷ. 국토교통부장관·해양수산부장관 또는 산업통상자원부장관은 물류기업이 물류자동화를 위하여 물류시설 및 장비를 확충하거나 교체하려는 경우에는 필요한 자금을 지원할 수 있다.

① ㄱ ② ㄷ
③ ㄱ, ㄴ ④ ㄴ, ㄷ
⑤ ㄱ, ㄴ, ㄷ

49 물류시설의 개발 및 운영에 관한 법률상 국가 또는 지방자치단체는 물류터미널사업자가 설치한 물류터미널의 원활한 운영에 필요한 기반시설의 설치 또는 개량에 필요한 예산을 지원할 수 있다. 이러한 기반시설에 해당하지 않는 것은?

① 「도로법」 제2조제1호에 따른 도로
② 「철도산업발전기본법」 제3조제1호에 따른 철도
③ 「수도법」 제3조제17호에 따른 수도시설
④ 「국토의 계획 및 이용에 관한 법률 시행령」 제2조제1항제6호에 따른 보건위생시설 중 종합의료시설
⑤ 「물환경보전법」 제2조제12호에 따른 수질오염방지시설

50 물류시설의 개발 및 운영에 관한 법률상 물류터미널사업협회에 관한 설명이다. ( )에 들어갈 내용을 바르게 나열한 것은?

> 물류터미널사업협회를 설립하려는 경우에는 해당 협회의 회원의 자격이 있는 자 중 (ㄱ) 이상의 발기인이 정관을 작성하여 해당 협회의 회원자격이 있는 자의 (ㄴ) 이상이 출석한 창립총회의 의결을 거친 후 국토교통부장관의 설립인가를 받아야 한다.

① ㄱ : 2분의 1, ㄴ : 3분의 1
② ㄱ : 3분의 1, ㄴ : 3분의 1
③ ㄱ : 3분의 1, ㄴ : 2분의 1
④ ㄱ : 5분의 1, ㄴ : 3분의 1
⑤ ㄱ : 5분의 1, ㄴ : 4분의 1

51 물류시설의 개발 및 운영에 관한 법령상 복합물류터미널사업에 관한 설명으로 옳은 것은?

① 복합물류터미널사업이란 두 종류 이상의 운송수단 간의 연계운송을 할 수 있는 규모 및 시설을 갖춘 물류터미널사업을 말한다.
② 「항만공사법」에 따른 항만공사는 복합물류터미널사업의 등록을 할 수 있는 자에 해당하지 않는다.
③ 「물류시설의 개발 및 운영에 관한 법률」을 위반하여 벌금형을 선고받은 후 1년이 지난 자는 복합물류터미널사업의 등록을 할 수 있다.
④ 부지 면적이 3만제곱미터인 경우는 복합물류터미널사업의 등록기준 중 부지 면적 기준을 충족한다.
⑤ 복합물류터미널사업자가 그 등록한 사항 중 영업소의 명칭을 변경하려는 경우에는 변경등록을 하여야 한다.

52 물류시설의 개발 및 운영에 관한 법률상 물류시설개발종합계획에 포함되어야 하는 사항으로 옳은 것을 모두 고른 것은?

> ㄱ. 물류시설의 지역별·규모별·연도별 배치 및 우선순위에 관한 사항
> ㄴ. 물류시설의 환경보전·관리에 관한 사항
> ㄷ. 도심지에 위치한 물류시설의 정비와 교외이전에 관한 사항
> ㄹ. 물류보안에 관한 사항

① ㄱ, ㄴ
② ㄷ, ㄹ
③ ㄱ, ㄴ, ㄷ
④ ㄴ, ㄷ, ㄹ
⑤ ㄱ, ㄴ, ㄷ,

53 물류시설의 개발 및 운영에 관한 법률상 물류터미널사업에 관한 설명으로 옳지 않은 것은? (단, 물류터미널은 「국토의 계획 및 이용에 관한 법률」에 따른 도시·군계획시설에 해당하는 물류터미널에 한정한다)

① 물류터미널사업자는 물류터미널의 건설을 위하여 필요한 때에는 다른 사람의 토지에 출입하거나 이를 일시 사용할 수 있다.
② 물류터미널을 건설하기 위한 부지 안에 있는 국가 소유의 토지로서 물류터미널건설사업에 필요한 토지는 해당 물류터미널 건설사업 목적이 아닌 다른 목적으로 매각하거나 양도할 수 없다.
③ 복합물류터미널사업자는 복합물류터미널사업의 전부 또는 일부를 휴업하거나 폐업하려는 때에는 미리 국토교통부장관에게 신고하여야 한다.
④ 일반물류터미널사업자는 건설하려는 물류터미널의 구조 및 설비 등에 관한 공사계획을 수립하여 국토교통부장관의 공사시행인가를 받아야 한다.
⑤ 물류터미널을 건설하기 위한 부지 안에 있는 국가 또는 지방자치단체 소유의 재산은 「국유재산법」, 「공유재산 및 물품 관리법」, 그 밖의 다른 법령에도 불구하고 물류터미널사업자에게 수의계약으로 매각할 수 있다.

54 물류시설의 개발 및 운영에 관한 법률상 물류시설개발종합계획에 관한 설명으로 옳지 않은 것은?

① 국토교통부장관은 물류시설개발종합계획을 5년 단위로 수립하여야 한다.
② 국토교통부장관은 물류시설개발종합계획을 효율적으로 수립하기 위하여 필요하다고 인정하는 때에는 물류시설에 대하여 조사할 수 있다.
③ 집적[클러스터(cluster)]물류시설은 창고 및 집배송센터 등 물류활동을 개별적으로 수행하는 최소 단위의 물류시설을 말한다.
④ 물류시설개발종합계획은 「물류정책기본법」에 따른 국가물류기본계획과 조화를 이루어야 한다.
⑤ 관계 중앙행정기관의 장은 필요한 경우 국토교통부장관에게 물류시설개발종합계획을 변경하도록 요청할 수 있다.

55 물류시설의 개발 및 운영에 관한 법령상 물류단지의 개발 및 운영에 관한 설명으로 옳은 것은?

① 도시첨단물류단지개발사업의 경우에는 물류단지 실수요 검증을 실수요검증위원회의 자문으로 갈음할 수 없다.
② 물류단지개발지침의 내용 중 토지가격의 안정을 위하여 필요한 사항을 변경할 때에는 시·도지사의 의견을 듣고 관계 중앙행정기관의 장과 협의한 후 물류시설분과위원회의 심의를 거쳐야 한다.
③ 국가정책사업으로 물류단지를 개발하는 경우 일반물류단지의 지정권자는 시·도지사가 된다.
④ 도시첨단물류단지개발사업의 시행자는 「공공주택 특별법」 제2조제2호에 따른 공공주택지구 내 사업에 따른 시설과 도시첨단물류단지개발사업에 따른 시설을 일단의 건물로 조성할 수 있다.
⑤ 공고된 물류단지개발계획안의 내용에 대하여 의견이 있는 자는 그 열람기간 내에 물류단지지정권자에게 의견서를 제출할 수 있다.

56 물류시설의 개발 및 운영에 관한 법령상 물류단지개발사업에 관한 설명으로 옳지 않은 것은?

① 물류단지지정권자는 준공검사를 한 결과 실시계획대로 완료되지 아니한 경우에는 지체 없이 보완시공 등 필요한 조치를 명하여야 한다.
② 물류단지개발사업의 시행자는 특별한 사유가 없으면 이주자 또는 인근지역의 주민을 우선적으로 고용하여야 한다.
③ 물류단지지정권자는 물류단지개발사업의 시행자에게 물류단지의 진입도로 및 간선도로를 설치하게 할 수 있다.
④ 시·도지사 또는 시장·군수는 물류단지개발사업을 촉진하기 위하여 지방자치단체에 물류단지개발특별회계를 설치할 수 있다.
⑤ 물류단지개발사업의 시행자는 물류단지 안에 있는 기존의 시설을 철거하지 아니하여도 물류단지개발사업에 지장이 없다고 인정하는 때에는 이를 남겨두게 할 수 있다.

중요
57 화물자동차 운수사업법령상 위·수탁계약에 관한 설명으로 옳은 것을 모두 고른 것은?

> ㄱ. 위·수탁차주가 화물운송 종사자격을 갖추지 아니한 경우는 위·수탁계약을 지속하기 어려운 중대한 사유가 있는 경우에 해당한다.
> ㄴ. 국토교통부장관이 공정거래위원회와 협의하여 표준 위·수탁계약서를 고시한 경우, 위·수탁계약의 당사자는 이를 사용하여야 한다.
> ㄷ. 위·수탁계약의 내용이 당사자 일방에게 현저하게 불공정한 경우로서 계약불이행에 따른 당사자의 손해배상책임을 과도하게 경감하여 정함으로써 상대방의 정당한 이익을 침해한 경우 그 부분에 한정하여 무효로 한다.

① ㄱ   ② ㄴ
③ ㄱ, ㄷ   ④ ㄴ, ㄷ
⑤ ㄱ, ㄴ, ㄷ

58 화물자동차 운수사업법상 화물자동차 운송사업의 상속 및 그 신고에 관한 설명으로 옳은 것은?

① 운송사업자가 사망한 경우 상속인이 그 운송사업을 계속하려면 피상속인이 사망한 후 6개월 이내에 국토교통부장관에게 신고하여야 한다.
② 국토교통부장관은 신고를 받은 날부터 14일 이내에 신고수리 여부를 신고인에게 통지하여야 한다.
③ 국토교통부장관이 「화물자동차 운수사업법」에서 정한 기간 내에 신고수리 여부를 신고인에게 통지하지 아니하면 그 기간이 끝난 날에 신고를 수리한 것으로 본다.
④ 상속인이 상속신고를 하면 피상속인이 사망한 날부터 신고한 날까지 피상속인에 대한 화물자동차 운송사업의 허가는 상속인에 대한 허가로 본다.
⑤ 상속인이 피상속인의 화물자동차 운송사업을 다른 사람에게 양도하려면 국토교통부장관의 승인을 받아야 한다.

59 화물자동차 운수사업법상 화물자동차 운송주선사업자에 관한 설명으로 옳은 것은?

① 운송주선사업자가 허가사항을 변경하려면 국토교통부장관에게 신고하여야 한다.
② 운송주선사업자는 주사무소 외의 장소에서 상주하여 영업하려면 국토교통부장관에게 신고하여야 한다.
③ 운송주선사업자는 화주로부터 중개를 의뢰받은 화물에 대하여 다른 운송주선사업자에게 수수료를 받고 중개를 의뢰할 수 있다.
④ 운송주선사업자가 운송사업자에게 화물운송을 위탁하는 경우에는 운송가맹사업자의 화물정보망을 이용할 수 없다.
⑤ 부정한 방법으로 화물자동차 운송주선사업의 허가를 받고 화물자동차 운송주선사업을 경영한 자는 과태료 부과 대상이다.

60 화물자동차 운수사업법령상 화물자동차 운송사업의 허가에 관한 설명으로 옳은 것은?

① 화물자동차 운송사업자가 감차 조치 명령을 받은 후 6개월이 지났다면 증차를 수반하는 허가사항을 변경할 수 있다.
② 화물자동차 운송사업자는 허가받은 날부터 3년마다 허가기준에 관한 사항을 신고하여야 한다.
③ 국토교통부장관은 운송사업자가 사업정지처분을 받은 경우 주사무소를 이전하는 변경허가를 할 수 있다.
④ 화물자동차 운송사업의 허가에는 기한을 붙일 수 없다.
⑤ 화물자동차 운송사업자가 상호를 변경하려면 국토교통부장관에게 신고하여야 한다.

61 화물자동차 운수사업법령상 적재물배상보험 등에 관한 설명으로 옳은 것은?

① 보험등 의무가입자인 화물자동차 운송주선사업자는 각 화물자동차별로 적재물배상보험등에 가입하여야 한다.
② 이사화물운송만을 주선하는 화물자동차 운송주선사업자는 사고 건당 2천만원 이상의 금액을 지급할 책임을 지는 적재물배상보험등에 가입하여야 한다.

③ 특수용도형 화물자동차 중 「자동차관리법」에 따른 피견인자동차를 소유하고 있는 운송사업자는 적재물배상보험등에 가입하여야 하는 자에 해당하지 않는다.
④ 보험등 의무가입자 및 보험회사등은 화물자동차 운송사업의 허가가 취소된 경우 책임보험계약등을 해제하거나 해지할 수 없다.
⑤ 적재물배상보험등에 가입하지 아니한 보험등 의무가입자는 형벌 부과 대상이다.

중요

62 화물자동차 운수사업법령상 운임 및 요금 등에 관한 설명으로 옳은 것은?

① 운송사업자는 운임과 요금을 정하여 미리 신고하여야 하며, 신고를 받은 국토교통부장관은 30일 이내에 신고수리 여부를 신고인에게 통지하여야 한다.
② 화물자동차 안전운임위원회 위원의 임기는 2년으로 하되, 연임할 수 있다.
③ 화물자동차 안전운임위원회에는 기획재정부, 고용노동부의 3급 또는 4급 공무원으로 구성된 특별위원을 둘 수 있다.
④ 화물운송계약 중 화물자동차 안전운임에 미치지 못하는 금액을 운임으로 정한 부분은 무효로 하며, 당사자는 운임을 다시 정하여야 한다.
⑤ 화물자동차 안전운임위원회는 안전운송원가를 심의·의결함에 있어 운송사업자의 운송서비스 수준을 고려하여야 한다.

63 화물자동차 운수사업법령상 화물자동차 휴게소에 관한 설명으로 옳은 것은?

① 국토교통부장관은 휴게소 종합계획을 10년 단위로 수립하여야 한다.
② 국토교통부장관은 휴게소 종합계획을 수립하는 경우 미리 시·도지사의 의견을 듣고 관계 중앙행정기관의 장과 협의하여야 한다.
③ 「한국공항공사법」에 따른 한국공항공사는 화물자동차 휴게소 건설사업을 할 수 있는 공공기관에 해당하지 않는다.
④ 휴게소 건설사업 시행자는 그 건설계획을 수립하면 이를 공고하고, 관계 서류의 사본을 10일 이상 일반인이 열람할 수 있도록 하여야 한다.
⑤ 「항만법」에 따른 항만이 위치한 지역으로서 화물자동차의 일일 평균 왕복 교통량이 1만5천대인 지역은 화물자동차 휴게소의 건설 대상지역에 해당하지 않는다.

64 화물자동차 운수사업법령상 자가용 화물자동차에 관한 설명으로 옳지 않은 것은?

① 자가용 화물자동차로서 대통령령으로 정하는 화물자동차로 사용하려는 자는 국토교통부령으로 정하는 기준에 따라 시·도지사의 허가를 받아야 한다.
② 천재지변으로 인하여 수송력 공급을 긴급히 증가시킬 필요가 있는 경우, 자가용화물자동차의 소유자는 시·도지사의 허가를 받으면 자가용 화물자동차를 유상으로 화물운송용으로 임대할 수 있다.
③ 자가용 화물자동차를 사용하여 화물자동차 운송사업을 경영한 경우 시·도지사는 6개월 이내의 기간을 정하여 그 자동차의 사용을 제한하거나 금지할 수 있다.
④ 자가용 화물자동차의 소유자가 자가용 화물자동차를 사용하여 화물자동차 운송사업을 경영하였음을 이유로 시·도지사가 사용을 금지한 자가용 화물자동차의 소유자는 해당 화물자동차의 자동차등록증과 자동차등록번호판을 반납하여야 한다.
⑤ 「화물자동차 운수사업법」을 위반하여 자가용 화물자동차를 유상으로 화물운송용으로 제공한 자는 형벌 부과 대상이다.

65 화물자동차 운수사업법령상 화물자동차 운송사업의 폐업에 관한 설명으로 옳지 않은 것은?

① 운송사업자가 화물자동차 운송사업의 전부를 폐업하려면 미리 신고하여야 한다.
② 폐업 신고의 의무는 신고에 대한 수리 여부가 신고인에게 통지된 때에 이행된 것으로 본다.
③ 운송사업자가 화물자동차 운송사업의 전부를 폐업하려면 미리 그 취지를 영업소나 그 밖에 일반 공중이 보기 쉬운 곳에 게시하여야 한다.
④ 화물자동차 운송사업의 폐업 신고를 한 운송사업자는 해당 화물자동차의 자동차등록증과 자동차등록번호판을 반납하여야 한다.
⑤ 화물자동차 운송사업의 폐업 신고를 받은 관할관청은 그 사실을 관할 협회에 통지하여야 한다.

66 화물자동차 운수사업법상 화물자동차 운송사업의 허가를 받을 수 없는 자는?

① 「화물자동차 운수사업법」을 위반하여 징역 이상의 실형을 선고받고 그 집행이 면제된 날부터 3년이 지난 자
② 「화물자동차 운수사업법」을 위반하여 징역 이상의 형의 집행유예를 선고받고 그 유예기간이 종료된 후 1년이 지난 자
③ 부정한 방법으로 화물자동차 운송사업의 허가를 받아 그 허가가 취소된 후 3년이 지난 자
④ 「화물자동차 운수사업법」 제11조에 따른 운송사업자의 준수사항을 위반하여 화물자동차 운송사업의 허가가 취소된 후 3년이 지난 자
⑤ 파산선고를 받고 복권된 자

67 유통산업발전법상 공동집배송센터에 관한 설명으로 옳은 것은?

① 시·도지사는 물류공동화를 촉진하기 위하여 필요한 경우에는 시장·군수·구청장의 추천을 받아 산업통상자원부령으로 정하는 요건에 해당하는 지역 및 시설물을 공동집배송센터로 지정할 수 있다.
② 공동집배송센터사업자는 지정받은 사항 중 산업통상자원부령으로 정하는 중요사항을 변경하려면 시·도지사의 변경지정을 받아야 한다.
③ 공동집배송센터의 지정을 받은 날부터 정당한 사유 없이 2년 이내에 시공을 하지 아니하는 경우에는 공동집배송센터의 지정이 취소될 수 있다.
④ 거짓으로 공동집배송센터의 지정을 받은 경우는 공동집배송센터의 지정을 취소할 수 있는 사유에 해당한다.
⑤ 시·도지사는 집배송시설의 집단적 설치를 촉진하고 집배송시설의 효율적 배치를 위하여 공동집배송센터 개발촉진지구의 지정을 산업통상자원부장관에게 요청할 수 있다.

68 유통산업발전법상 형벌 부과 대상에 해당하지 않는 것은?

① 유통표준전자문서를 위작하는 죄의 미수범
② 대규모점포를 개설하려는 자로서 부정한 방법으로 대규모점포의 개설등록을 한 자
③ 대규모점포등관리자로서 부정한 방법으로 회계감사를 받은 자
④ 유통정보화서비스를 제공하는 자로서 「유통산업발전법 시행령」으로 정하는 유통표준전자문서 보관기간을 준수하지 아니한 자
⑤ 대규모점포등관리자로서 신고를 하지 아니하고 대규모점포등개설자의 업무를 수행한 자

69 유통산업발전법령상 대규모점포의 등록에 관한 설명으로 옳은 것을 모두 고른 것은?

> ㄱ. 전통상업보존구역에 대규모점포를 개설하려는 자는 상권영향평가서 및 지역협력계획서를 첨부하여 시·도지사에게 등록하여야 한다.
> ㄴ. 대규모점포의 매장면적이 개설등록 당시의 매장면적보다 20분의 1이 증가한 경우 변경등록을 하여야 한다.
> ㄷ. 매장이 분양된 대규모점포에서는 매장면적의 2분의 1 이상을 직영하는 자가 있는 경우에는 그 직영하는 자가 대규모점포등개설자의 업무를 수행한다.

① ㄱ
② ㄷ
③ ㄱ, ㄴ
④ ㄴ, ㄷ
⑤ ㄱ, ㄴ, ㄷ

70 유통산업발전법상 유통산업의 경쟁력 강화에 관한 설명으로 옳은 것은?

① 산업통상자원부장관은 「중소기업기본법」 제2조에 따른 중소기업자 중 대통령령으로 정하는 소매업자 30인이 공동으로 중소유통공동도매물류센터를 건립하는 경우 필요한 행정적·재정적 지원을 할 수 있다.
② 산업통상자원부장관은 중소유통공동도매물류센터를 건립하여 중소유통기업자단체에 그 운영을 위탁할 수 있다.
③ 지방자치단체의 장은 상점가진흥조합이 주차장·휴게소 등 공공시설의 설치 사업을 하는 경우에는 예산의 범위에서 필요한 자금을 지원할 수 있다.
④ 상점가진흥조합은 조합원의 자격이 있는 자의 과반수의 동의를 받아 결성한다.
⑤ 상점가진흥조합의 조합원은 상점가에서 도매업·소매업·용역업이나 그 밖의 영업을 하는 모든 자로 한다.

71 유통산업발전법상 대규모점포등관리자의 회계감사에 관한 설명이다. ( )에 들어갈 내용을 바르게 나열한 것은?

> 대규모점포등관리자는 대통령령으로 정하는 바에 따라 「주식회사의 외부감사에 관한 법률」 제3조제1항에 따른 감사인의 회계감사를 매년 (ㄱ)회 이상 받아야 한다. 다만 입점상인의 (ㄴ)이(가) 서면으로 회계감사를 받지 아니하는 데 동의한 연도에는 회계감사를 받지 아니할 수 있다.

① ㄱ : 1, ㄴ : 과반수
② ㄱ : 1, ㄴ : 3분의 2 이상
③ ㄱ : 2, ㄴ : 과반수
④ ㄱ : 2, ㄴ : 3분의 2 이상
⑤ ㄱ : 2, ㄴ : 5분의 3 이상

72 항만운송사업법령상 항만운송 분쟁협의회에 관한 설명으로 옳은 것은?

① 항만운송 분쟁협의회는 사업의 종류별로 구성한다.
② 항만운송근로자 단체는 항만운송 분쟁협의회 구성에 참여할 수 있다.
③ 항만운송 분쟁협의회의 회의는 분쟁협의회의 위원장이 필요하다고 인정하거나 재적위원 3분의 1 이상의 요청이 있는 경우에 소집한다.
④ 항만운송 분쟁협의회의 회의는 재적위원 과반수의 출석으로 개의하고, 출석위원 과반수의 찬성으로 의결한다.
⑤ 항만운송과 관련된 노사 간 분쟁의 해소에 관한 사항은 항만운송 분쟁협의회의 심의·의결사항에 포함되지 않는다.

73 항만운송사업법상 항만운송에 해당하지 않는 것은?

① 타인의 수요에 응하여 하는 행위로서 「해운법」에 따른 해상화물운송사업자가 하는 운송
② 타인의 수요에 응하여 하는 행위로서 항만에서 뗏목으로 편성하여 운송된 목재를 수면 목재저장소에 들여놓는 행위
③ 타인의 수요에 응하여 하는 행위로서 항만에서 화물을 선박에 싣거나 선박으로부터 내리는 일

④ 타인의 수요에 응하여 하는 행위로서 항만에서 선박 또는 부선을 이용하여 운송 될 화물을 하역장에서 내가는 행위
⑤ 타인의 수요에 응하여 하는 행위로서 항만이나 지정구간에서 목재를 뗏목으로 편성하여 운송하는 행위

③ 철도사업의 면허를 받을 수 있는 자는 법인으로 한다.
④ 철도사업자는 여객에 대한 운임을 변경하려는 경우 국토교통부장관의 허가를 받아야 한다.
⑤ 철도사업자는 사업계획 중 여객열차의 운행구간을 변경하려는 경우 국토교통부장관의 인가를 받아야 한다.

74 항만운송사업법령상 항만운송사업에 관한 설명으로 옳은 것은?

① 항만운송사업의 종류는 항만하역사업, 검수사업, 감정사업, 검량사업으로 구분된다.
② 항만운송사업의 등록신청인이 법인인 경우 그 법인의 정관은 등록신청시 제출하여야 하는 서류에 포함되지 않는다.
③ 검수사등의 자격이 취소된 날부터 3년이 지난 사람은 검수사등의 자격을 취득할 수 없다.
④ 항만운송사업을 하려는 자는 항만별로 관리청에 등록하여야 한다.
⑤ 항만운송사업자가 사업정지명령을 위반하여 그 정지기간에 사업을 계속한 경우는 항만운송사업의 정지사유에 해당한다.

76 철도사업법상 철도사업의 관리에 관한 설명으로 옳지 않은 것은?

① 철도사업자는 그 철도사업을 양도·양수하려는 경우에는 국토교통부장관의 인가를 받아야 한다.
② 철도시설의 개량을 사유로 하는 경우 휴업기간은 6개월을 넘을 수 없다.
③ 철도사업자가 선로 또는 교량의 파괴로 휴업하는 경우에는 국토교통부장관에게 신고하여야 한다.
④ 국토교통부장관은 철도사업자가 거짓이나 그 밖의 부정한 방법으로 철도사업의 면허를 받은 경우에는 면허를 취소하여야 한다.
⑤ 국토교통부장관은 과징금으로 징수한 금액의 운용계획을 수립하여 시행하여야 한다.

75 철도사업법령상 철도사업자에 관한 설명으로 옳지 않은 것은?

① 철도사업을 경영하려는 자는 지정·고시된 사업용철도노선을 정하여 국토교통부장관의 면허를 받아야 한다.
② 천재지변으로 철도사업자가 국토교통부장관이 지정하는 날에 운송을 시작할 수 없는 경우에는 국토교통부장관의 승인을 받아 날짜를 연기할 수 있다.

77 철도사업법령상 전용철도에 관한 설명이다. ( )에 들어갈 내용을 바르게 나열한 것은?

- 전용철도운영자가 사망한 경우 상속인이 그 전용철도의 운영을 계속하려는 경우에는 피상속인이 사망한 날부터 (ㄱ) 이내에 국토교통부장관에게 신고하여야 한다.
- 전용철도운영자가 그 운영의 전부 또는 일부를 휴업한 경우에는 (ㄴ) 이내에 국토교통부장관에게 신고하여야 한다.

① ㄱ : 1개월, ㄴ : 1개월
② ㄱ : 1개월, ㄴ : 2개월
③ ㄱ : 2개월, ㄴ : 3개월
④ ㄱ : 3개월, ㄴ : 1개월
⑤ ㄱ : 3개월, ㄴ : 3개월

78 철도사업법령상 국유철도시설의 점용허가에 관한 설명으로 옳은 것은?

① 점용허가는 철도사업자와 철도사업자가 출자·보조 또는 출연한 사업을 경영하는 자에게만 한다.
② 철골조 건물의 축조를 목적으로 하는 경우에는 점용허가기간은 20년을 초과하여서는 아니된다.
③ 점용허가를 받은 자가 「공공주택 특별법」에 따른 공공주택을 건설하기 위하여 점용허가를 받은 경우에 해당할 때에는 점용료 감면대상이 될 수 없다.
④ 국토교통부장관은 점용허가를 받지 아니하고 철도시설을 점용한 자에 대하여 점용료의 100분의 150에 해당하는 금액을 변상금으로 징수할 수 있다.
⑤ 점용허가로 인하여 발생한 권리와 의무를 이전하려는 경우에는 국토교통부장관에게 신고하여야 한다.

79 농수산물 유통 및 가격 안정에 관한 법령상 농산물가격안정기금에 관한 설명으로 옳은 것은?

① 다른 기금으로부터의 출연금은 농산물가격안정기금의 재원으로 할 수 없다.
② 농산물의 수출 촉진사업을 위하여 농산물가격안정기금을 대출할 수 없다.
③ 농산물가격안정기금의 여유자금은 「자본시장과 금융투자업에 관한 법률」 제4조에 따른 증권의 매입의 방법으로 운용할 수 있다.
④ 농림축산식품부장관은 농산물가격안정기금의 여유자금의 운용에 관한 업무를 농업정책보험금융원의 장에게 위탁한다.
⑤ 농림축산식품부장관은 농산물가격안정기금의 수입과 지출을 명확히 하기 위하여 농협은행에 기금계정을 설치하여야 한다.

80 농수산물 유통 및 가격 안정에 관한 법률상 농수산물도매시장에 관한 설명으로 옳은 것은?

① 도매시장은 중앙도매시장의 경우에는 시·도가 개설하고, 지방도매시장의 경우에는 시·군·구가 개설한다.
② 중앙도매시장의 개설자가 업무규정을 변경하는 때에는 농림축산식품부장관 또는 산업통상자원부장관의 승인을 받아야 한다.
③ 도매시장법인은 도매시장 개설자가 부류별로 지정하되, 3년 이상 10년 이하의 범위에서 지정 유효기간을 설정할 수 있다.
④ 상품성 향상을 위한 규격화는 도매시장 개설자의 의무사항에 포함된다.
⑤ 도매시장법인이 다른 도매시장법인을 인수하거나 합병하는 경우에는 해당 도매시장 개설자에게 신고하여야 한다.

2024년 제28회 정답 및 해설

1과목 물류관리론

01	④	02	③	03	⑤	04	①	05	⑤
06	②	07	②	08	④	09	③	10	④
11	②	12	⑤	13	③	14	④	15	④
16	⑤	17	④	18	①	19	①	20	③
21	③	22	⑤	23	②	24	⑤	25	②
26	⑤	27	②	28	③	29	②	30	①
31	④	32	⑤	33	①	34	⑤	35	③
36	①	37	⑤	38	④	39	①	40	③

01 ④ 7R 원칙이란 고객이 요구하는 적절한 상품(Right Commodity)을 적절한 품질(Right Quality)로 유지하며, 적절한 수량(Right Quantity)을 고객이 요구하는 적절한 시기(Right Time)에 적절한 장소(Right Place)에 고객에게 좋은 인상(Right Impression)의 상품 상태로 가격결정기구에 의해 적절한 가격(Right Price)으로 고객에게 전달하는 것을 말한다.

02 ③ 물류환경의 변화에 따라 소비자 중심 물류로의 전환으로 인하여 <u>다품종 소량생산</u>의 중요성이 증가하고 있다.

03 ⑤ 보관활동은 생산시점과 소비시점의 상이함을 해결해주는 시간적 효용을 창출해주는 기능이다. 물자를 효용가치가 낮은 장소에서 높은 장소로 이동시켜 물자의 효용가치를 증대시키기 위한 물류활동은 운송활동에 대한 설명이다.

04 ① 신뢰성원칙이란 생산, 유통, 소비에 필요한 물량을 원하는 시기와 장소에 공급하여 사용할 수 있도록 보장하는 원칙이다.

05 ⑤ 물류비 5%를 절감하여 얻을 수 있는 경상이익의 추가액은 200억 x 5% = 10억이며, 동일한 효과를 얻기 위하여 달성하여야 할 추가 매출액은 70억 / 0.02 = 3,500억 이므로 500억의 추가 매출액이 필요하다.

06 ② 제품 가용성(Availability) 정보 제공 물류서비스의 신뢰성을 높이기 위한 방안 중 하나이다.

07 ② 사내물류란 매입 물자의 보관창고에서 완제품 등의 판매를 위한 장소까지의 물류활동을 말한다. 사내물류는 포장, 운송, 하역, 분류, 보관, 재고 등 사내에서 발생한물류활동으로 사내의 조직 단위별(공장별, 지점별 등), 물류경로별(수·배송의 경로, 직송 경로 등), 보관 장소나 위치, 보관 방식별(창고보관, 배송센터 보관 등) 등과 같이 물류흐름을 보다 구체적으로 도표를 이용하여 나타내면 범위가 명확해진다.

08 ④ 고객만족을 위해 물류서비스 수준을 높이면 물류비는 증가하게 된다.

09 ③ 구조적 단계는 원·부자재의 공급에서 생산과정을 거쳐 완제품의 유통과정까지의 흐름을 최적화하기 위해 유통경로 및 물류네트워크를 설계하는 단계이다. 해당단계에서는 유통경로설계, 네트워크전략 등이 해당한다.

10 ④ 제4자 물류는 전자상거래 확산에 따른 발전적대안으로 물류전문업체, IT 업체 및 컨설팅 업체가 결합하여 제3자 물류보다 광범위하고 종합적이며 고도화된 물류서비스를 제공하여 높은 경쟁력을 확보할 수 있다. 특히, 종합적이며 전문적인 물류서비스를 제공하고, 비용절감을 목적으로 한다.

11 ② 분산형은 물류관리 업무를 각 공장 및 영업부서, 운송부서, 총무부서 등에서 개별적으로 운영하는 조직이며, 자회사형은 물류관리 업무를 전문화하여 독립된 회사로 분사(分社)시킨 조직이다.

12 ⑤ 제조업체 측면에서는 물류관리에 대한 자본재 투입의 감소, 보관장소의 최적 배치, 고부가가치사업에 대한 자원의 집중, 전문 물류업체의 인프라를 전략적 활용 및 물류비용이 명확하여 경영전략의 수립에 도움이 된다.

13 ③ SERVQUAL 모형은 서비스품질을 평가하기 위한 대표적인 도구로서 이 모형은 서비스 품질이 고객의 기대와 실제 경험 간의 차이(Gap)에 의해 결정된다고 설명한다. SERVQUAL 모형에서는 5가지 차원에서 서비스품질을 평가하며, 신뢰성(Reliability), 대응성(Responsiveness), 확신성 (Assurance), 공감성(Empathy), 유형성(Tangibles)이 이에 해당한다.

14 ④ 기업 활동이 글로벌화 되면서 물류의 복잡성이 증가하고, 공급사슬의 지리적거리와 리드타임이 길어지고 있어 이에 대응해야 하기 위해 공급사슬관리 도입의 필요성이 대두되었다.

15 ④ 제약이론(TOC)이란 시스템의 효율성을 저해하는 제약조건을 찾아내서 극복하는 시스템 개선방법이며, 제약이론에서 가장 속도가 늦은 사람을 선두에 세우는 행군대열에서 유추하며 대열의 선두와 가장 속도가 늦은 사람을 연결하는 것은 ROPE에 대한 설명이다.

16 ⑤ 6시그마 수준은 불량률 3.4 PPM 수준 이하를 의미한다.

17 ④ 완제품출고검사에 20만원, 완제품포장에 50만원, 트럭에 상차하여 고객에게 배송하는데 30만원은 판매물류에 해당하며 총 100만원이 된다.

18 ① 투자자본수익률(return on investment)은 투자자의 어떤 자원 투자로 인해 얻어진 이익을 말하며 매출액순이익률과 총자본회전율의 곱으로 표현할 수 있다.

19 ① 현금전환주기는 관리회계에서 기업이 고객 판매 확대를 위해 재고 투자를 늘릴 경우 현금이 얼마나 오랫동안 부족해지는지를 측정한다. (매출채권회수기간 + 재고기간) - 매입채무지급기간 으로 계산한다.

20 ③ 손익분기점(BEP)은 고정비 / (단가 - 단위당 변동비)로 계산하며, 20,000,000원 / (10,000원 - 8,000원) = 10,000개가 된다.

21 ③ 기업형(회사형, Corporal) VMS는 한 경로구성원이 다른 경로구성원들을 법적으로 소유 및 관리하는 유형이다. 기업형은 전방통합과 후방통합의 유형으로 분리된다. 프랜차이즈 시스템은 계약형 VMS에 해당한다.

22 ⑤ JIT-Ⅱ는 보스(Bose)사의 구매책임자 랜스 딕슨(Lance Dixon)에 의해 고안된 시스템이다.

23 ② Rack Jobber는 한정서비스 도매상에 해당한다.

24 ① 2차원 바코드의 종류에는 QR Code, PDF-417, Data Matrix, Maxi Code 등이 있다.

25 ② 바코드와 스캐닝 기술 기반으로 구축되는 것은 POS에 대한 설명이다.

26 ⑤ DPS는 피킹할 물품을 컴퓨터와 디지털 표시기에 의해 작업전표 없이 피킹할 수 있는 시스템으로서, 다품종 소량, 다빈도 피킹 및 분배업무에 필수적인 시스템이며, 또한 Speed Picking System(SPS)으로 고속 피킹기능도 있다.

27 ② 철도운영정보시스템(KROIS)이란 1996년부터 운영되어 온 철도운영정보시스템으로 2011년 말 차세대 철도운영정보시스템으로 발전되었다. KL-Net(한국물류정보통신)과 연계되어 EDI로 운용되고 철도공사, 화주, 운송업체, 터미널 등이 서비스 대상이된다. 철도운영정보시스템에는 차량열차운용시스템, 화물운송시스템, 고객지원시스템, 운송정보시스템 등의 하부 시스템으로 구성된다.

28 ③ 물류정보시스템은 특정한 물류활동의 최적화보다는 개별 물류활동들의 통합을 통한 전체 최적화를 위하여 구축한다.

29 ② • QR이란 소매업자와 제조업자의 정보 공유를 통해 효과적으로 원재료를 충원하고, 제품을 제조하고, 유통함으로써 효율적인 생산과 공급체인 재고량을 최소화시키는 전략이다.
• 지속적 제품 보충(CRP)은 제조자로부터 유통업자에 이르는 상품의 이동을 관리하고, 통제하는 방법이다.
• 공급업체 주도 재고관리(VMI)란 공급업체가 주도적으로 재고를 관리하는 것으로 유통업체에서 발생하는 재고를 제조업체가 전담해서 관리하는 방식이다.

30 ① Cross Docking System이란 창고나 물류센터로 입고되는 제품을 재고로 보관하지 않고 재분류 또는 재포장하여 다음 목적지로 배송하는 시스템이다. 보관이나 피킹작업을 제거하여 재고에 따른 물류 비용을 절감하고 물류센터의 공간을 줄일 수 있는 장점이 있다.

31 ④ 물류표준화는 주요목적은 다음과 같으며, 납품회수 증대 등은 해당하지 않는다.
① 단순화, 규격화 등을 통하여 물류활동의 기준을 부여함으로써 물류효율성을 높이고 일관성 및 경제성의 확보로 물류비를 절감하는데 목적이 있다.
② 물류표준화를 통하여 기업차원의 미시적 물류뿐만 아니라 국가차원의 거시적 물류의 효율성도 높일 수 있다.
③ 효율적인 물류표준화를 위해서는 개별기업 단위의 표준화 이전에 국가단위의 표준화가 선행될 필요가 있다.

32 ⑤ 포장모듈화는 하역, 보관, 운송 등의 합리화를 위해 제품에 최적화된 포장치수를 선택함으로써 포장의 단위화를 가능하게 한다.

33 ① T-11형 파렛트는 11톤 트럭에 16매의 파렛트 적재가 가능하다.

34 ⑤ 화물형태가 일정하지 않은 비규격품, 목재, 골재, 위험물 등은 공동배송이 어려운 품목이다.

35 ③ 물류공동화의 문제점으로 화주업체 관점에서는 매출 및 고객명단 등 기업비밀 누출에 대한 우려, 영업부문의 반대, 물류서비스 차별화의 한계, 비용 및 이윤배분에 대한 분쟁 발생 소지, 공동물류시설비 및 관리비용 증대에 대한 우려, 공동배송 실시 주체자의 관리운영의 어려움 등이 있다.

36 ① 집배송공동형은 물류센터에서의 배송뿐만 아니라 화물의 보관 및 집하업무까지 공동화하는 방식으로서 주문처리를 제외한 거의 모든 물류업무에 관해 협력하는 방식이다.

37 ⑤
- 선박 및 항만시설 보안규칙(ISPS)은 선박과 항만시설에 대한 국제보안코드(International Code for the Security of Ships and of Port Facilities)로서 주요 내용은 선박 보안, 회사의 의무, 당사국 정부의 책임, 항만 시설 보안, 선박의 심사 및 증서 발급에 관한사항 등이 있다.
- SPA(SAFE Port Act)는 CSI, SFI, C-TPAT 등의 법적인 근거를 부여하고 미국 관세국경보호청(CBP)이 미국 외부의 주요 항만에 세관원을 파견하여 위험도가 높은 컨테이너를 사전 검사하는 제도이다.
- ISO 28000은 공급망 보안 관리 시스템의 요구 사항을 정의하고 시스템을 구현하려는 조직에 관리 모델을 제공하는 국제 표준이다.

38 ④ 주행거리(180,000km) / 연비(6) × 이산화탄소 배출계수(0.002) = 60kg이다.
개선전에는 90kg 으로 볼수 있으므로 180,000/90 × 0.002 = 4 이다.

39 ① ISO 9000은 품질경영과 관련된 것으로서, 품질경영시스템(ISO 9000) 표준은 조직이 고객 및 기타 이해 관계자의 요구를 충족시키면서 제품 또는 서비스와 관련된 법적 및 규제 요구 사항을 충족 할 수 있도록 지원하도록 설계되었다.

40 ③ 자연어처리, 시각적 및 인지적인식 등의 물류정보처리를 위한 의사결정 기술은 AI에 대한 설명이다.

2과목 화물운송론

41	②	42	③	43	②	44	①	45	③
46	③	47	②	48	⑤	49	①	50	⑤
51	①	52	①	53	③	54	④	55	①
56	④	57	⑤	58	②	59	④	60	①
61	⑤	62	③	63	②	64	①	65	③
66	③	67	②	68	①	69	⑤	70	④
71	②	72	②	73	②	74	④	75	⑤
76	③	77	④	78	④	79	③	80	⑤

41 ② 화물자동차에 비해 철도는 장거리 운송에 유리하다.

42 ③ 화물자동차의 운송 효율화 방안으로 공차율은 낮추고, 영차율은 극대화 해야한다.

43 ② 지정기일 및 정시운행과 관련된 고려사항은 확실성에 대한 설명이다.

44 ① 화물인도지시서(D/O)는 화주가 작성하여 제출하는 것이 아니라 선사에서 발행하는 서류이다.

45 ③ 운송의 3개 구성요소는 다음과 같다.
① 운송방식(Mode)
운송을 직접적으로 담당하는 수단을 의미하는 것으로 화물자동차, 선박, 항공기, 철도차량, 케이블카(cablecar), 파이프라인(pipe line) 등이 여기에 속한다.
② 운송경로(Link)
운송수단의 운행에 이용되는 운송경로(통로)를 의미하는 것으로 공로(지방도로, 국도, 고속도로), 철도, 파이프라인, 케이블, 해상 항로, 내수면로, 항공로 등이 있다.
③ 운송연결점(Node)
운송의 대상인 화물을 효율적으로 처리하기 위한 장소나 시설을 의미하는 것으로 출발지에서 목적지까지 전 구간의 화물운송을 위한 운송수단들 상호 간의 중계 및 운송화물의 환적작업 등이 이루어지는 장소, 즉 물류단지, 물류센터(거점), 유통센터, 제조 공장, 화물터미널, 역, 항만, 공항 등을 말한다.

46 ③ 피시백시스템은 선박과 화물자동차의 결합 이용방법으로 선박운송과 화물자동차 운송을 연계한 운송시스템을 말한다.

47 ② 다수의 송하인으로부터 운송 의뢰를 받은 LCL(Less than Container Load)화물을 상대국의 자기 파트너 또는 대리점을 통하여 다수의 수하인에게 운송해 주는 형태는 Forwarder's Consolidation에 대한 설명이다.

48 ⑤ 적색선하증권(Red B/L)이란 선하증권과 보험증권을 결합시킨 것으로 이 증권에 기재된 화물이 항해 중에 사고가 발생하면 선박회사가 보상해주는 선하증권을 말한다. 선하증권상에 부보내용을 표시하는 부분이 붉은색으로 되어 있기 때문에 적색선하증권(Red B/L)이라고 한다.

49 ① COFC(Container On Flat Car) 방식은 컨테이너만 화차에 싣는 방식으로 대량의 컨테이너를 신속히 취급한다.

50 ⑤ 싱글웨곤 트레인(Single-Wagon Train)이란 여러 개의 중간역 내지 터미널을 거치면서 운행하는 열차서비스로 철도화물의 운송서비스부문에서 가장 높은 비중을 차지하고 있다. 목적지까지 열차운행을 하기 위한 충분한 물량이 확보되어있을 경우에만 운행이 가능하므로 통상적으로 화물의 대기시간이 매우 긴 서비스 형태라 할 수 있다.

51 ① 항로별 운임요율표가 불특정 다수의 화주에게 제공되는 것은 정기선 운송에 대한 설명이다.

52 ① Clearing House란 IATA 가맹 항공사간의 운임정산을 목적으로 운영하고 있는 기구를 말한다.

53 ③ 항공화물운송장은 주로 기명식으로 되어 있어서 기재된 수하인이 아니면 당해 화물을 인수받을 수 없는 것이 원칙이다.

54 ④ IPI는 미국내륙지점으로부터 최소한 2개의 운송수단을 이용한 일관된 복합운송 서비스를 말하며, 아시아 극동지역의 화물을 북미서부연안의 항만까지 해상운송을 실시하고, 철도 및 트럭을 이용하여 북미내륙지역까지 복합운송하는 서비스이다.

55 ① Chargeable Weight란 실제 중량(actual weight)과 용적을 중량으로 변환한 용적기준 중량(volume weight)을 비교하여 더 큰 중량을 운임으로 결정한다.

56 ④ LO-LO선(Lift-on / Lift-off Vessel)이란 본선 또는 육상에 설치되어 있는 겐트리크레인(Gantry Crane) 등에 의하여 컨테이너를 본선에 수직으로 적·양하하는 방식의 선박을 말한다.

57 ⑤ 철도운송은 적합차량을 적절한 시기에 배차하기 어렵다. (배차의 탄력성이 낮음)

58 ② 국제항공운송협회(IATA : International Air Transport Association)는 1945년 4월 쿠바의 아바나에서 국제선 정기항공회사가 설립한 순수한 민간단체로서 캐나다 몬트리올에 본부를 두고 있다. 국제항공운송협회(IATA)는 국제간의 운임, 운항, 정비, 정산업무 등 상업적·기술적 활동을 수행하는 것을 목적으로 설립하였다.

59 ④ 수배송시스템 설계시 선하증권은 고려대상이 아니다.

60 ① Hub & Spokes System이란 각 지역의 집배센터(Spokes)와 거리 또는 무게중심에 의한 중심지역에 설치한대단위 터미널(Hub)을 직접적으로 연계한 운송시스템이다. 운송비가 적게 소요되는 장점이 있는 시스템이다.

61 ⑤ 공동 수배송의 경우 화주업체 관점에서는 매출 및 고객명단 등 기업비밀 누출에 대한 우려의 단점이 있다.

62 ③ 다음의 채트반공식에 따르면, 부대비용(500,000원) / 화물자동차운송비(10,000원) − 철도운송비(5,000원) = 100km 이다.

Chatban 공식

$$L = \frac{D}{T-R}$$

- L = 화물자동차의 경제효용거리의 분기점(한계)
- D = 톤당 추가되는 비용(화차 하역비 + 철도발착비 + 배송비 + 포장비 등)
- T = 화물자동차 운송의 톤·km당 운송비
- R = 철도운송의 톤·km당 운송비

63 ⑤ 실차율은 적재주행거리 / 총 주행거리로 계산되며, (63,000 / 70,000) × 100 = 90%이다.

64 ① S로부터 F까지 최단경로는 S → A → C → B → E → F 순으로 10km가 된다.

65 ③ 북서코너법에 의해 산출된 운송비용은 10,900,000원이며, 보겔추정법에 의해 산출된 운송비용은 7,500,000원이다. 따라서 운송비용의 차이는 3,400,000원 된다.

66 ③
- 기존 = 10
  s - a - b - f : 4
  s - a - d - f : 3
  s - c - d - f : 3
- 유량추가후 = 13
  s - a - b - f : 4
  s - a - d - f : 3
  s - c - b - f : 3
  s - c - d - f : 3

최대유량증가운은 3이 된다.

67 ② 부피중량은 (40×50×60)/6,000=20 이며, 중량 30kg가 더 크므로 kg 당 일반요율을 적용하면 270,000원이 된다.

68 ① 최소비용법에 따르면 S1-D1 셀에는 100톤이 할당되며, S1-D2에는 300톤, S1-D3에는 100톤, S2-D3에는 200톤, S3-D1에는 300톤이 할당된다.

69 ⑤ 택배표준약관에 따르면 사업자는 계약을 체결하는 때에 다음 각 호의 사항을 기재한 운송장을 마련하여 고객(송화인)에게 교부합니다.
1. 사업자의 상호, 대표자명, 주소 및 전화번호, 담당자(집 화자) 이름, 운송장번호
2. 운송을 수탁한 당해 사업소(사업자의 본·지점, 출장 소 등)의 상호, 대표자명, 주소 및 전화번호
3. 운송물의 중량 및 용적 구분
4. 운임 기타 운송에 관한 비용 및 지급방법
5. 손해배상한도액
6. 문의처 전화번호
7. 운송물의 인도 예정 장소 및 인도 예정일
8. 기타 운송에 관하여 필요한 사항(특급배송, 신선식품 배송 등)

70 ④ 공차율이란 전체 운행하는 화물 차량 중 빈 차의 비율을 말한다.

71 ② 콘크리트를 섞으면서 건설현장 등으로 운송하는 차량은 믹서트럭에 대한 설명이다.

72 ② Point-to-Point System이란 일정한 집하지역 내의 화물을 배달될 지역별로 분류한 후 간선차량을 이용하여 배달할 지역 집배시설에서 배달처리하거나 하위배달조직으로 연계 처리하는 방식의 화물연계시스템이다.

73 ② 양모, 면화, 코르크, 목재, 자동차 등과 같이 중량에 비해 부피가 큰 화물에 적용되는 운임산정방법은 용적기준이다.

74 ④ 택배 표준약관에 따르면 사업자가 운송물을 운반하는 도중 운송물의 포장이 훼손되어 재포장을 한 경우에는 지체없이 고객(송화인)에게 그 사실을 알려야 한다.

75 ⑤ 공차중량(Empty Vehicle Weight)이란 차량의 순수한 기본무게로 연료, 냉각수, 윤활유 등을 포함하여 운행에 필요한 장비를 갖춘 상태의 중량을 말한다.

76 ③ 택배서비스는 다품종 소량생산 체제로 전환되면서 운송단위가 대량화되고 있다.

77 ④ 수배송관리시스템(TMS, Transportation Management System)이란 출하되는 화물의 양과 목적지(수·배송처)의 수 및 배차가능한 차량을 이용하여 가장 효율적인 배차방법, 운송차량의 선정, 운송비의 계산, 차량별 운송실적관리 등 화물자동차의 운영 및 관리를 위해 활용되는 물류정보시스템이다.

78 ④
- 폴트레일러(Pole Trailer)란 차량 한 대로 안전하게 운송하기 어려운 장대화물을 안전하게 운송하기 위하여 이용되는 차량이다. 일반적으로 돌리(Dolly)라고 칭하며 견인차량과는 긴 Pole에 의해서 연결된다.
- 세미트레일러(Semi Trailer)란 피견인차량에 적재된 화물의 중량이 견인차량에 분산되도록 설계된 트레일러이다. 차량의 뒷부분에만 바퀴가 부착되어 있고, 앞부분은 주행 중에는 트랙터의 오륜(Coupler)에 결합되어 독립적으로 운휴중일 때는 랜딩기어(일종의 아웃트리거)에 의하여 균형이 유지되는 형태이다.
- 풀트레일러(Full Trailer)란 트레일러에 적재된 화물의 무게를 해당 트레일러가 100% 부담하여 운송하는 형태의 피견인차량이다. 피견인차량의 앞부분과 뒷부분에 차량이 자체적으로 균형을 유지할 수 있도록 바퀴가 달려있는 형태의 트레일러이다. 연결된 차량의 총중량 40톤 내에서 최대한의 적재가 가능하다.

79 ③ 화물자동차운송은 다른 운송수단과 연계하지 않고도 일관운송 서비스를 제공할 수 있다.

80 ⑤ 화주에게 NVOCC 자기명의로 B/L을 발행할 수 있다.

3과목 국제물류론

81	①	82	⑤	83	⑤	84	②	85	④
86	③	87	②	88	②	89	②	90	②
91	⑤	92	④	93	④	94	③	95	②
96	②	97	①	98	③	99	③	100	③
101	⑤	102	④	103	④	104	⑤	105	②
106	①	107	③	108	②	109	④	110	③
111	②	112	②	113	⑤	114	②	115	①
116	④	117	④	118	③	119	②	120	①

81 ① 국제물류활동에 따른 리드타임의 증가는 재고량 증가에 영향을 미친다.

82 ⑤ 컨테이너를 이용한 단위화물은 개품화물(break bulk cargo)에 비해 하역기간이 단축된다.

83 ⑤ Hub & Spokes System이란 각 지역의 집배센터(Spokes)와 거리 또는 무게중심에 의한 중심지역에 설치한대단위터미널(Hub)을 직접적으로 연계한 운송시스템이다. 운송비가 적게 소요되는 장점이 있는 시스템이다.

84 ② 국제물류는 국내물류에 비해 물류관리와 관련된 거래비용이 증가한다.

85 ④ 용선선박이 용선계약 상에 명시된 날짜까지 선적준비를 하지 못할 경우 용선자에게 용선계약의 취소여부에 관한 선택권을 부여하는 항해용선계약(Gencon C/P)상 조항은 Cancelling Clause에 대한 설명이다.

86 ③ 편의치적인 선주가 속한 국가의 엄격한 요구조건과 의무부과를 피하기 위하여 자국이 아닌 파나마, 온두라스 등과 같은 제3국가에 선박국적을 취하는 제도를 말한다.

87 ② 선급제도란 국가마다 다른 법규에 의하여 선박이 제조됨에 따라 정상적인 항해가 가능한지 여부, 즉 감항성(Seaworthiness)에 대하여 전문기관에 의해 객관적으로 판단할 수 있도록 하기 위해 만들어진 제도이다. 즉 선급제도는 보험 산정을 목적으로 한 제도는 아니다.

88 ② 통과시스템은 수입국의 자회사 창고는 단지 통과센터로서의 기능만 한다. 예상치 않은 수요와 품절에 대비해 일정수준의 안전재고를 설정한다. 해외 자회사 창고에서의 보관비용이 줄어드는 장점이 있으나 수출기업으로부터 출하빈도가 높아 시설사용 예약, 선적이나 하역, 통관비용이 증가하는 단점이 있다.

89 ② 터미널화물처리비(THC ; Terminal Handling Charge)는 화물이 컨테이너터미널에 입고된 순간부터 본선의 선측까지, 반대로 본선 선측에서 CY의 게이트를 통과하기까지 화물의 이동 비용을 말한다.

90 ② tariff(운임율표), shipping conference(해운동맹)은 정기선 운송과 관련된 내용이다.

91 ⑤ MSCN(Miss-connected)은 다른 목적지로 보내진 사고를 말한다.

92 ④ Rotterdam Rules(2008)은 포장당 또는 선적단위당 875 SDR 또는 kg당 3 SDR 중 높은 금액을 기준으로 한다.

93 ④ CQD(Customary Quick Delivery, 관습적 조속하역)는 관습적인 하역 능력에 따라 가능한 빨리 적재하고 양륙하는 조건을 의미한다. 불가항력으로 인한 하역불능은 정박기간에서 공제하며, 일요일, 공휴일 및 야간하역을 약정된 하역일에 포함시키는지의 여부는 특약이 없는 한 그 항구의 관습에 따른다.

94 ③ 주기장과 항공기와 터미널을 직접 연결시켜 탑재와 하역을 용이하게 하는 것은 Nose Dock의 설명이며, Tug Car(예인차)는 Dolly를 연결하여 이동하는 차량으로 Tractor라고도 한다.

95 ② Not before Clause는 용선계약에 있어서 본선이 제공기일 보다도 빨리 회항되어도 용선자는 규정된 기일까지 본선에 적재할 의무가 없다는 것을 규정한 약관이다.

96 ② Declared Value for Carriage란은 송화인의 운송신고가격을 기입한다.

97 ① 입체지불수수료(Disbursement Fee)는 송화인의 요구에 따라 항공사, 송화인 또는 그 대리인이 선불한 비용을 수화인으로부터 징수하는 금액이다.

98 ③ 복합운송증권(FIATA FBL)의 이면약관에 따르면 불법행위에 대한 적용은 계약이행과 관련하여 운송주선인을 상대로 한 불법행위를 포함한 모든 손해배상청구에 적용한다.

99 ③ Guatemala Protocol, Montreal Agreement은 항공운송과 관련된 국제규범이며, CIM은 철도운송, CMR은 도로운송에 대한 국제규범이다.

100 ③ UN국제물품복합운송조약(1980)에 따르면 적용화물(Goods)이란 송하인에 의해 공급된 경우에는 컨테이너, 파렛트 또는 유사한 운송용구와 포장용구를 포함한다.

101 ⑤ 정장의류 및 실크·밍크 등의 고급의류를 옷걸이에 걸어 구겨지지 않게 운송하여 다림질(ironing)을 하지 않고 진열·판매할 수 있도록 한 컨테이너는 Garment Container에 대한 설명이다.

102 ④ 함부르크조약은 해상운송과 관련된 조약이다.

103 ⑤ 컨테이너화에는 선사직원 및 항만노무자의 교육·훈련 등에 있어 장기간의 노력과 투자가 필요하다.

104 ⑤ 항공화물운송장의 주요 기능은 다음과 같다.
① 운송계약체결의 증거 서류 : 항공화물운송장은 송화인과 항공운송인 간의 항공화물운송계약의 성립을 입증하는 운송계약서이다.
② 화물수취증 : 항공화물운송장은 항공운송인이 송화인으로부터 화물을 수취한 것을 증명하는 화물수령증의 성격을 가진다.
③ 운임 및 요금의 청구서 : 선불 운임의 송화인에 대한 청구서 자료 및 후불 운임의 수화인에 대한 청구서 자료로서 사용된다.
④ 수출입신고서 및 수입통관자료 : 항공화물운송장에 따라 수출신고가 가능한 화물에 대하여는 수출신고서로서 사용되며, 수입신고서로서도 사용이 가능하다.

105 ③ 선회장(Turning Basin)은 항만내 선박이 안전하게 선회할 수 있는 수역으로서, 일반적으로 자력에 의한 회두(回頭)의 경우 선박길이의 3배, 예인선에 의한 회두인 경우에는 선박길이의 2배를 직경으로 하는 원형면적이 필요하다.

106 ① 선복운임(Lump Sum Freight, 총괄운임)이란 화물의 개수, 중량 혹은 용적과 관계없이 일항해 또는 본선의 선복(Ship's space)을 단위로 하여 포괄적으로 정해지는 운임이다.

107 ③ 우리나라 상법 제853조의 규정(선하증권의 기재사항)에 따른 선하증권의 법정기재사항은 다음과 같다. 선하증권에는 다음의 사항을 기재하고 운송인이 기명날인 또는 서명하여야 한다.
① 선박의 명칭, 국적 및 톤수
② 송하인이 서면으로 통지한 운송물의 종류, 중량 또는 용적, 포장의 종별, 개수와 기호
③ 운송물의 외관상태
④ 용선자 또는 송하인의 성명·상호
⑤ 수하인 또는 통지수령인의 성명·상호
⑥ 선적항
⑦ 양륙항
⑧ 운임
⑨ 발행지와 그 발행연월일
⑩ 수통의 선하증권을 발행한 때에는 그 수
⑪ 운송인의 성명 또는 상호
⑫ 운송인의 주된 영업소 소재지

108 ① 첨단화물운송시스템(CVO)이란 화물 및 화물차량에 대한 위치를 실시간으로 추적 및 관리하여 각종 부가정보를 제공하는 시스템이다. 첨단화물운송시스템은 컴퓨터를 통해 각 차량의 위치, 운행상태, 차내 상황 등을 관제실에서 파악하고 실시간으로 최적운행을 지시함으로써 물류 비용을 절감하고, 통행료 자동 징수, 위험물 적재차량 관리 등에 대한 통행 물류의 합리화와 안전성 제고 도모가 가능하다.

109 ④ 운송방법 및 경로(Method and Route of Transportation) 약관에 따르면 포워더는 화주에게 고지하지 않고 화물을 갑판적·선창적할 수 있고, 화물의 취급, 적부, 보관, 운송에 따른 수단, 경로, 절차를 자유로이 선택·대체할 수 있는 자유가 있다.

110 ③ 해상뿐아닌 항공/철도/트럭등 운송수단통해 미국수입되는 화물대한정보 미국관세청(세관)에 제출토록 규정은 Trade Act of 2002 Final Rule에 대한 설명이다.

111 ② 미확정보험(floating policy)에 대한 설명이다.

112 ⑤ Incoterms 2020 규칙은 그 자체가 매매계약이 아니며, 정형거래를 위한 조건에 해당한다.

113 ⑤ CISG에서 매도인의 계약위반에 대한 매수인의 구제방법으로는 이행청구권, 대체품인도 청구권, 하자보완 청구권, 추가이행기간 지정권, 계약해제권, 대금감액청구권, 손해배상 청구권이 있다.

114 ① 해상 및 내수로운송방식용 규칙으로는 FAS, FOB, CFR, CIF 으로 4개 규칙이 있다.

115 ① 긴급관세(세이프가드)제도는 수출국의 공정한 수출행위에 의한 수입이지만 특정물품의 수입이 급격히 증가하여 국내 산업에 심각한 피해를 받거나 받을 우려가 있을 때 조사를 실시하여 긴급관세를 부과하는 제도이다.

116 ④ 인코텀즈2020은 계약위반의 효과, 소유권의 이전 등에 관한 사항은 다루지 않으며, 매도인과 매수인의 의무, 비용 및 위험을 적용범위로 한다.

117 ④ Institute Cargo Clause(C)(2009)에서 포장이나 준비의 불충분 또는 부적합으로 인한 손해는 면책약관에 해당한다.

118 ③ CPT(Carriage Paid To, 운송비지급인도조건)에 대한 설명이다.

119 ② 종합인증우수업체(AEO ; Authorized Economic Operator)은 9·11테러 이후 통관이 지연되자 세계관세기구(WCO)에서 도입한 것으로 세관에서 일정기준을 갖춘 수출기업의 통관을 간소화해주는 제도이다. 세계적인 물류보안 강화 조치로 인한 무역원활화를 저해하는 문제점을 해소하고자 각국 세관이 수출업자, 수입업자, 제조업자, 관세사, 운송사, 창고업자, 하역업자 등을 대상으로 적정성 여부를 심사하여 우수업체로 공인해 줌으로써 통관상의 혜택을 부여하는 제도이다.

120 ① 외국으로부터 우리나라에 도착한 물품으로 수입신고가 수리되기 전의 것은 외국물품에 해당한다.

4과목 보관하역론

01	①	02	②	03	②	04	①	05	②
06	④	07	⑤	08	③	09	④	10	④
11	④	12	①	13	②	14	③	15	⑤
16	①	17	②	18	⑤	19	③	20	④
21	⑤	22	⑤	23	②	24	①	25	②
26	③	27	⑤	28	③	29	⑤	30	④
31	①	32	⑤	33	①	34	②	35	①
36	③	37	①	38	③	39	④	40	③

01 ① 네트워크 보관의 원칙: 입출고 빈도에 따라 보관할 물품의 위치를 달리하는 원칙으로 빈도가 높은 물품은 관련있는 물품을 한 장소에 보관한다.

02 ② 보관품목수는 적지만 보관수량이 많고 회전율이 높은 경우에는 A-A-A 형태, 보관품목수와 보관수량이 많고, 회전율이 높으며, 관리가 복잡하여 자동화 방식이 적합한 것은 C-A-A 형태로 보관하는 것이 좋다.

03 ② 보관기능 위주로 운영되는 물류시설로 환적물량을 취급한다.

04 ① ② 농수산물종합유통센터는 통관 기능이 없다.
③ ICD(Inland Container Depot)에는 마샬링(marshalling), 본선 선적 및 양하 기능은 수행하지 않는다.
④ CFS에 대한 설명이다.
⑤ ICD에 대한 설명이다.

05 ② 각각의 공장에서 소비지까지 제품을 일괄 수송하므로 손상, 분실, 오배송이 감소한다.

06 ④ ILS(Instrument Landing System)은 항공기와 관련된 내용이다.

07 ⑤ 톤-킬로법은 물동량의 무게와 거리를 고려한 방법으로 입지 제약, 환경 제약 등의 주관적 요인을 반영할 수 없다. 브라운 깁슨법은 주관적 요인의 반영이 가능하다.

08 ③ 물류센터 규모 및 내부 설계 시에는 화물보험 가입 용이성, 신용장 개설 편의성 등 보험·금융 회사 접근 특성 등은 의사결정에 영향을 미치는 고려 사항이 아니다.

09 ④ 아래 빨간색으로 표시된 부분은 분수로 표시 필요!

$$X = \frac{(20 \times 200) + (60 \times 100) + (80 \times 200) + (120 \times 500)}{(200 + 100 + 200 + 500)}$$

$= 86$

$$Y = \frac{(40 \times 200) + (20 \times 100) + (50 \times 200) + (100 \times 500)}{(200 + 100 + 200 + 500)}$$

$= 70$

10 ④ 총 20건 중 12건은 이중명령(6회), 8건은 단일명령 (8회)
6회 × 5분 = 30분, 8회 × 3분 = 24분
30분 + 24분 = 54분
54분/60분 = 90%

11 ④ 등급별저장(class-based storage)방식은 **주문이 많은 상품은 입구와 가까운쪽에, 주문이 적은 상품은 입구와 먼쪽에 보관한다.**

12 ① ② Mobile Rack에 대한 설명이다.
③ Sliding Rack에 대한 설명이다.
④ Carousel Rack에 대한 설명이다.
⑤ Arm Rack에 대한 설명이다.

13 ② 물류센터의 재고 회전율이 증가한다.

14 ③ 리스창고는 임대를 하기 위해 설치한 창고이다.

15 ⑤ 모두 옳은 내용이다.

16 ① 화물파손에 대한 위험성과 관계가 없다.

17 ② 총량 오더 피킹은 모든 주문 건을 모아서 피킹해서 모으는 방법이다.

18 ⑤ 순환적(cyclical) 요인은 1년 이상의 기간(중기변동)에 따라 발생하는 불규칙한 수요변화이다.

19 ③ MRP는 재고수준의 적정화를 목표로 한다.

20 ④ 110,000개 + 0.2(100,000개 − 110,000개) = 108,000개

21 ⑤ 분산구매방식은 긴급수요에 대처하기 유리하다.

22 ⑤
$$= \sqrt{\frac{2 \times 1회 주문비용 \times 연간수요량}{재고유지비용} \times \frac{하루생산량}{하루생산량 - 하루소비량}}$$
$$= \sqrt{\frac{2 \times 400,000원 \times 2,700톤}{13,500원} \times \frac{12톤}{12톤 - 9톤}}$$
$$= \sqrt{160,000 \times 4} = \sqrt{640,000}$$
$$= 800$$

23 ② 백오더(back order)율 감소

24 ④ 정기발주시스템 : 통상 정량발주시스템에 비하여 높은 안전 재고량을 갖는다.

25 ② 재고유지비용은 주문량에 비례한다.

26 ③ ① 물류센터 내에서 물품의 짧은 거리 이동은 하역의 범위에 포함된다.
② 하역은 운송 수단에 실려 있는 물품을 꺼내는 일만을 의미하며, 정돈이나 분류는 하역의 범위에 포함된다.
④ 하역작업의 생산성을 향상시키기 위해 인력 하역 비중이 줄어드는 추세이다.
⑤ 하역작업의 혁신을 위해 물류센터 장비의 기계화와 무인화를 빠르게 도입해야 한다.

27 ⑤ • 물류센터에 입고된 화물을 컨베이어벨트 위에 놓아두었다. → 4
• 물류센터에 입고된 화물을 바닥에 놓아두었다. → 0
• 물류센터에 입고된 화물을 대차에 실어두었다. → 3
• 물류센터에 입고된 여러 화물을 한 개의 상자로 재포장하였다. → 1

28 ③ 동일성 원칙은 보관의 원칙에 대한 설명이다.

29 ⑤ 통관은 해당하지 않는다.

30 ④ 트롤리 컨베이어는 로울러 또는 체인과 트롤리로 화물을 운반하는 컨베이어이다.

31 ① 스태커 크레인에 대한 설명이다.

32 ⑤ 사일로(silo) 파렛트는 분말을 담는 용도로 사용되며 밀폐를 위한 뚜껑이 있다.

33 ① 유닛로드시스템으로 운송의 편의성이 상승하였고, 트럭 회전율 또한 상승하였다.

34 ② 해상용 갠트리 크레인(gantry crane)은 컨테이너 작업용 장비이다.

35 ① 파렛트풀 중 교환방식에 대한 설명이다.

36 ③ 바코드 방식은 동작에 의한 분류 방식은 아니다.

37 ① 운반활성지수 증가

38 ③ 에이프런(apron)에 대한 설명이다.

39 ④ 리치스태커, 탑 핸들러, 스트래들 캐리어는 해상하역 장비에 해당한다.

40 ③ 포장은 상품 수요 예측의 정확성과는 관련이 없다.

5과목 물류관련법규

41	④	42	④	43	③	44	①	45	⑤
46	③	47	⑤	48	②	49	②	50	②
51	①	52	⑤	53	③	54	③	55	⑤
56	①	57	⑤	58	①	59	④	60	②
61	⑤	62	①	63	④	64	⑤	65	①
66	④	67	⑤	68	①	69	④	70	②
71	③	72	⑤	73	④	74	②	75	모두 정답
76	①	77	⑤	78	③	79	④	80	③

41 ④ 지역물류정책에 관한 주요 사항을 심의하기 위하여 시 · 도지사 소속으로 지역물류정책위원회를 둘 수 있다.

42 ④ 국토교통부장관 또는 해양수산부장관은 물류표준화에 관한 업무를 효과적으로 추진하기 위하여 필요하다고 인정하는 경우에는 산업통상자원부장관에게 「산업표준화법」에 따른 한국산업표준의 제정·개정 또는 폐지를 요청하여야 한다.

43 ③ 국토교통부장관 또는 해양수산부장관은 인증우수물류기업이 해당 요건을 유지하는지에 대하여 국토교통부와 해양수산부의 공동부령으로 정하는 바에 따라 3년 마다 점검하여야 한다.

44 ①
- 국제물류주선업을 경영하려는 자는 국토교통부령으로 정하는 바에 따라 시·도지사에게 등록하여야 한다.
- 국제물류주선업의 등록을 하려는 자는 3억원 이상의 자본금(법인이 아닌 경우에는 6억원 이상의 자산평가액을 말한다)을 보유하고 그 밖에 대통령령으로 정하는 기준을 충족하여야 한다.

45 ⑤ 민·관 합동 물류지원센터의 장은 연도별로 사업계획을 수립한다.

46 ③ 국토교통부장관은 국가물류통합정보센터운영자를 지정하려는 경우에는 미리 물류시설분과위원회 심의를 거쳐 신청방법 등을 정하여 30일 이상 관보 또는 인터넷 홈페이지에 이를 공고하여야 한다.

47 ④ 국토교통부장관은 우수녹색물류실천기업 지정심사대행기관이 고의 또는 중대한 과실로 지정 기준 및 설차를 위반한 경우에는 그 지정을 취소할 수 있다.

48 ② 물류정책기본법령상 국가물류통합정보센터운영자 또는 단위물류정보망 전담 기관이 보관하는 전자문서 및 정보처리장치의 파일에 기록되어 있는 물류정보의 보관기간은 2년이다.

49 ②
① 「물류시설의 개발 및 운영에 관한 법률」을 위반하여 벌금형을 선고받은 후 3년이 된 자 → 2년 기준
② 「물류시설의 개발 및 운영에 관한 법률」을 위반하여 금고형을 선고받은 후 1년이 된 자 → 2년 기준
③ 「물류시설의 개발 및 운영에 관한 법률」을 위반하여 징역형을 선고받은 후 2년 6개월이 된 자 → 2년 기준
④ 법인으로서 그 임원이 아닌 직원 중에 파산선고를 받고 복권되지 아니한 자가 있는 경우 → 임원이 아닌 경우 문제 없음
⑤ 법인으로서 그 임원 중에 「물류시설의 개발 및 운영에 관한 법률」을 위반하여 금고형의 집행유예를 선고받고 그 유예기간 종료 후 1년이 된 자가 있는 경우 → 유예기간 종료 후라면 문제 없음

50 ② ②은 집적물류시설에 관한 설명이다.

51 ① 도시첨단물류단지의 지정의 신청에는 수수료가 요구되지 않는다.

52 ⑤ 모든 경우가 형사벌(1년 징역 또는 1천만원 이하의 벌금)의 대상에 해당한다.

53 ③ 물류단지지정권자는 의무가 있는 자가 그 의무를 이행한 경우라도 이미 부과된 이행강제금은 징수해야한다.

54 ③
① 스마트물류센터 인증은 국토교통부장관이 한다.
② 스마트물류센터 인증의 유효기간은 인증을 받은 날부터 3년으로 한다.
④ 스마트물류센터 인증에 대한 정기 점검은 인증한 날을 기준으로 3년마다 한다.
⑤ 인증기관의 장은 점검 결과 스마트물류센터가 인증기준을 유지하고 있다고 판단하는 경우에는 인증의 유효기간을 3년의 범위 내에서 연장할 수 있다.

55 ⑤
① 일반물류단지는 물류단지 개발사업의 대상지역이 2개 이상의 시·도에 걸쳐 있는 경우 국토부장관이 지정한다.
② 국토부장관은 일반물류단지를 지정하려는 때에는 「물류정책기본법」에 따른 물류시설분과위원회의 심의를 거쳐야 한다.
③ 국토교통부장관은 시장·군수·구청장의 신청을 받아 도시첨단물류단지를 지정할 수 있다(시·도지사가 정하는 경우에).
④ 「민법」에 따라 설립된 법인은 물류단지개발사업의 시행자로 지정받을 수 있다.

56 ① 추가로 한국수자원공사, 항만공사가 있다.

57 ⑤ 화물자동차 운수사업의 정보화

58 ① 국토교통부장관은 화물자동차 운송주선사업의 허가사항 변경신고를 받은 경우 그 신고를 받은 날부터 5일 이내에 신고수리 여부를 신고인에게 통지하여야 한다.

59 ④ 연합회가 공제사업을 하는 경우의 운영위원회 위원은 시·도별 협회의 대표 전원을 포함하여 37명 이내로 한다.

60 ② 국토교통부장관은 운송가맹사업자가 거짓이나 그 밖의 부정한 방법으로 화물자동차 운송가맹사업 허가를 받은 경우 6개월 이내의 기간을 정하여 그 사업을 취소하여야 한다.

61 ⑤ 최대 적재량이 5톤 이상이거나 총 중량이 10톤 이상인 화물자동차 중 국토교통부령으로 정하는 화물자동차를 소유하고 있는 운송사업자는 적재물사고로 발생한 손해배상 책임을

62 ③ 운송사업자가 위·수탁계약기간 만료 전 150일부터 60일까지 사이에 위·수탁차주에게 계약 조건의 변경에 대한 통지나 위·수탁계약을 갱신하지 아니한다는 사실의 통지를 서면으로 하지 아니한 경우에는 계약만료 전의 위·수탁계약과 같은 조건으로 다시 위·수탁계약을 체결한 것으로 본다. 다만, 위·수탁차주가 계약이 만료되는 날부터 30일 전까지 이의를 제기하거나 운송사업자나 위·수탁차주에게 천재지변이나 그 밖에 대통령령으로 정하는 부득이한 사유가 있는 경우에는 그러하지 아니하다.

63 ④ 운수종사자 교육을 실시할 때에 교육방법 및 절차 등 교육 실시에 필요한 사항은 관할관청이 정한다.

64 ⑤ 추가로 수자원공사, 농어촌공사, 항만공사, 교통안전공단, 국가철도공단이 있다.

65 ② 밤샘주차하는 경우에는 화물자동차 휴게소에 주차할 수 있다 (0시부터 4시 사이에 1시간 이상).

66 ④ 화물운송사업자의 채권·채무 여부는 확인사항이 아니다.

67 ⑤ • 항만운송사업자 단체, 항만운송근로자 단체 및 그 밖에 대통령령으로 정하는 자는 항만운송과 관련된 분쟁의 해소 등에 필요한 사항을 협의하기 위하여 항만별로 항만운송 분쟁협의회를 구성·운영할 수 있다.
• 항만운송 분쟁협의회의 회의는 재적위원 3분의2 이상의 출석으로 개의하고, 출석위원 3분의 2이상의 찬성으로 의결한다.

68 ① 항만운송사업자로서 관리청의 자료 제출 요구에 거짓으로 자료를 제출한 자는 과태료 부과 대상이다.

69 ④ 교육훈련기관의 운영에 필요한 경비는 대통령령으로 정하는 바에 따라 항만운송사업자, 항만운송관련사업자 및 해당교육을 받은자가 부담한다.

70 ② 협의회의 회의는 재적위원 3분의2 이상의 출석으로 개의하고, 출석위원 3분의2 이상의 찬성으로 의결한다.

71 ③ 「물환경보전법」에 따른 배출시설 설치의 허가 또는 신고

72 ⑤ 모두 다 옳다.

73 ④ 위원회는 유통분쟁조정신청을 받은 경우 신청일부터 3일 이내에 신청인외의 관련 당사자에게 분쟁의 조정신청에 관한 사실과 그 내용을 통보하여야 한다.

74 ② ㄴ. 강의실 면적은 100㎡ 이상, ㄷ. 휴게실 면적은 10㎡ 이상이 지정기준이다.

75 모두정답
① 철도역 및 환승시설을 포함한 역 시설

76 ① 국토교통부장관이 민자철도사업자에게 필요한 조치를 명한 경우 해당 민자철도 사업자는 30일 이내에 조치계획을 마련하여 국토교통부장관에게 제출해야 한다.

77 ⑤ 6월의 범위안에서 전용철도 건설기간을 조정한 경우

78 ③ 점용허가를 받은 자가 점용허가를 받은 날부터 1년 이내에 해당 점용허가의 목적이 된 공사에 착수하지 아니한 경우

79 ④ 도매시장 개설자는 법인인 중도매인에게 중도매업의 허가를 하는 경우 5년 이상 10년 이하의 범위에서 허가 유효기간을 설정할 수 있다.

80 ③ 생산자단체가 구성원의 농수산물을 공판장에 출하하는 경우 공판장의 개설자에게 산지유통인으로 등록할 필요가 없다.

memo.

2023년 제27회 정답 및 해설

1과목 물류관리론

01	③	02	④	03	③	04	②	05	②
06	①	07	③	08	①	09	②	10	③
11	⑤	12	④	13	②	14	⑤	15	①
16	①	17	③	18	⑤	19	①	20	④
21	④	22	⑤	23	②	24	①	25	②
26	⑤	27	①	28	③	29	①	30	②
31	③	32	④	33	②	34	①	35	④
36	⑤	37	①	38	④	39	④	40	④

01 ③ 물류관리란 소비자에게 고도의 물류서비스를 제공하기 위해 운송, 보관, 하역, 포장, 정보, 유통가공 등의 활동을 유기적으로 조정하여 하나의 시스템으로 관리하는 것이다. 물류관리의 주요대상에 인사관리는 포함되지 않는다.

02 ④
- 미국 미시간대 스마이키(E.W. Smykey) 교수가 제시하는 7R 원칙은 고객에 대한 서비스의 기본으로 간주되며, 적정하다는 것은 바로 고객이 요구하는 서비스의 수준을 뜻한다.
- 7R 원칙이란 고객이 요구하는 <u>적절한 상품(Right Commodity)</u>을 <u>적절한 품질(Right Quality)</u>로 유지하며, <u>적절한 수량(Right Quantity)</u>을 고객이 요구하는 <u>적절한 시기(Right Time)</u>에 <u>적절한 장소(Right Place)</u>에 고객에게 <u>좋은 인상(Right Impression)</u>의 상품 상태로 가격결정기구에 의해 <u>적정한 가격(Right Price)</u>으로 고객에게 전달하는 것을 말한다.

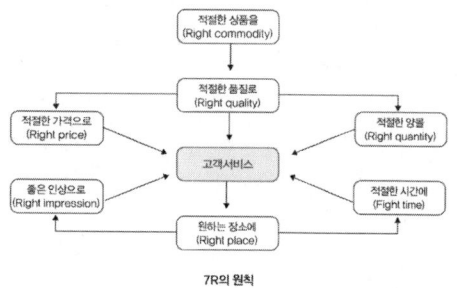

7R의 원칙

03 ③ 제품수명주기에는 도입기, 성장기, 성숙기, 쇠퇴기로 이루어진다.

04 ② 시행 중 요인에는 재고수준, 주문의 편리성, 시스템의 정확성을 들 수 있으며, 시스템의 유연성과 고객서비스의 명문화는 시행 전 요소, 고객클레임 및 불만은 시행 후 요소로 볼 수 있다.

05 ② 물류의 영역별 분류에는 조달물류비, 생산물류비, 사내물류비, 판매물류비, 리버스물류비를 들 수 있다. 정보물류는 기능별 분류에 해당한다.

06 ① 최근 전자상거래 활성화에 따라 물동량이 증가하면서 물류관리의 역할과 <u>중요성이 증대</u>되고 있다.

07 ③ 소비자 니즈(Needs)의 다양화에 따라 상품의 수요패턴이 <u>다품종, 소량화</u>되고 있다.

08 ① 인과형 예측법은 수요를 종속변수(결과변수)로, 수요에 영향을 미치는 요인들을 독립변수(원인변수)로 하여 양자의 관계를 파악하는 수요예측기법이다.
회귀분석모형은 인과형 예측기법의 대표적인 기법으로 종속변수의 예측에 관련된 독립변수를 파악하여 종속변수와 독립변수의 관계 방정식이다. 과거의 수요자료가 어떤 변수와 선형의 관계가 있다고 가정하고 그 관계를 찾음으로써 미래의 수요를 예측하려는 방법이다.

09 ② 물류와 마케팅 기능이 상호작용하는 분야는 공장입지, 구매계획, 제품생산계획 등이 있다.

10 ③ 상물분리는 물류합리화 관점에서 상류경로와 물류경로를 분리하여 운영하는 것을 말한다.
상물분리를 통해 영업소 등에서 처리하고 있던 물류활동을 배송센터나 공장의 직배송 등을 통해 수행하여 대량수송 및 수배송시간의 단축과 최소재고화에 따른 고객서비스 향상 및 물류비를 절감할 수 있다.

11 ⑤ 생산단계에서 소비단계로의 전체적인 물적 흐름으로 판매물류뿐만 아니라 조달물류를 <u>포함한</u> 모든 활동이다.

12 ④ 제약이론의 지속적 개선 프로세스는 제약자원 식별 → 제약자원 최대 활용 → 비제약자원을 제약자원에 종속화 → 제

약자원 개선 → 개선 프로세스 반복으로 이루어진다.

13 ② 6시그마기법의 추진단계 중 통계적 기법을 활용해서 현재 프로세스의 능력을 계량적으로 파악하고, 품질에 결정적인 영향을 미치는 핵심품질특성(CTQ: Critical to Quality)의 충족 정도를 평가하는 단계는 측정(Measure)이다.

14 ⑤
- 물류 시설 중 데포란 국내용 2차 창고 또는 수출 화물의 집화, 분류, 운송을 위한 내륙
- CFS(Container Freight Station)와 같이 공급처에서 수요처로 대량으로 통합운송된 화물을 일시적으로 보관하는 창고를 말한다.

15 ① 물류비의 기능별 분류에는 운송비, 보관비, 포장비, 하역비, 물류정보·관리비가 있다.

16 ① 최근에는 구매단가의 일방적인 인하전략보다는 물류비 절감, 글로벌 조달망 확충 등의 전략이 중요해지고 있다.

17 ③ 수직적 유통경로 시스템은 수직적 통합의 정도가 강할수록 신규 구성원에게는 높은 진입장벽으로 작용하므로 진입이 상대적으로 어렵다

18 ⑤ 손익분기판매량 = $\dfrac{\text{고정비}}{\text{단위당 판매가격} - \text{단위당 변동비}}$

= $\dfrac{10,000}{10 - 7.5}$ = 4,000

따라서 손익분기 매출액 = 4,000 × 10 = 40,000

19 ①
- 공동수배송이란 자사 및 타사의 원자재나 완제품을 공동으로 수·배송하는 것으로 소량·다빈도 배송의 증가는 수·배송 공동화의 필요성을 증대시키고 있다.
- 공동수배송을 통해 물류비용감소, 교통혼잡 완화, 환경오염 방지 등을 기대 할 수 있으나, 필수인력 감소에 따라 물류인력의 고용은 증대되지 않는다.

20 ④
- P1의 배부액

= $\dfrac{15 \times 250}{(15 \times 250) + (10 \times 250)} \times 10,000$

+ $\dfrac{500 \times 3}{(500 \times 3) + (300 \times 15)} \times 2,000$

+ $\dfrac{4,000 + 5,000}{4,600 + 5,400} \times 1,000$ = 7,500 + 500 + 900

= 8,900

- P2의 배부액

= $\dfrac{10 \times 250}{(15 \times 250) + (10 \times 250)} \times 10,000$

+ $\dfrac{300 \times 15}{(500 \times 3) + (300 \times 15)} \times 2,000$

+ $\dfrac{600 + 400}{4,600 + 5,400} \times 1,000$ = 2,500 + 1,500 + 100

= 4,100

21 ④ 화물형태가 일정하지 않은 비규격품의 공급업체가 많을수록 공동수배송은 어려워진다.

22 ⑤ 포장표준화는 치수표준화와 강도표준화가 핵심인데, 강도표준화는 주로 포장재료의 적정화로 비용절감 효과가 빠르게 나타난다.

23 ③ 창고수가 많아지면 수송비용은 증가하지만 배송권역의 크기가 줄어들기 때문에 배송비용은 감소한다

24 ② 현금화 사이클타임이란 회사가 원자재를 현금으로 구입한 시점부터 제품 판매로 현금을 회수한 시점까지의 시간을 평가하는 것을 말한다.

25 ②
- QR이란 소매업자와 제조업자의 정보 공유를 통해 효과적으로 원재료를 충원하고, 제품을 제조하고, 유통함으로써 효율적인 생산과 공급체인 재고량을 최소화시키는 전략이다.
- ECR이란 소비자에게 보다 나은 가치를 제공하기 위해 유통업체와 공급업체들이 밀접하게 협력하는 식료품업계의 전략으로 효율적 매장구색, 효율적 재고보충, 효율적 판매촉진 및 효율적 신제품 개발 등이 핵심적 실행전략이다.
- EHCR이란 의약품 산업에서 시작된 SCM 전략으로 의료공급체인을 효율적이고 효과적인 방법으로 관리함으로써 공급체인 내에서 발생하는 모든 비효율적인 요소들을 제거하여 관련비용을 최소화하려는 전략이다.

26 ⑤ 공동수배송이 진행되면 일관된 물류서비스를 제공하기 때문에 물류차별화 요구를 충족시킬수는 없다.

27 ① 유닛로드시스템이란 하역작업의 혁신을 통한 수송합리화 도모를 위해 화물을 일정한 표준의 중량 또는 체적으로 단위화시켜 기계이용을 통한 하역·수송·보관 등을 하는 시스템을 말한다.

28 ③ 공급망 상류로 갈수록 정보가 왜곡되는 현상이 심화되고 있다.

29 ① 공급자재고관리(VMI)란 생산자가 소매업자와 상호 협의하여 소매업자의 재고를 관리하는 개념이다. VMI는 제조업체가 상품보충시스템을 관리하는 경우로서 상품보충시스템이 실행될 때마다 판매와 재고정보가 유통업체에서 제조업체로 전송된다.

30 ② 외주물류는 단기적 협력 관계를 기반으로 이루어지는 반면, 3자물류는 중장기적 관계를 기반으로 운영된다. 또한, 3자물류는 주로 최고경영층의 의사결정에 따라 경쟁계약의 형태로 진행되는 반면, 외주물류는 중간관리층의 의사결정에 따라 수의계약 형태로 주로 진행된다.

31 ③ 역물류(Reverse Logistics)란 판매 물류 이후에 발생하는 반품, 폐기, 회수 과정에서 발생하는 모든 물류 관련 활동을 말한다.

32 ④ 채찍효과란 최종 고객으로부터 공급망의 상류로 갈수록 판매예측정보가 왜곡되는 현상이다. 리드타임 단축은 채찍효과의 해결방안에 해당한다.

33 ② 수입자 화물 내역서(ISF)란 화물의 밀수 방지 및 보안 유지를 위해서 자국으로 반입되는 컨테이너 화물에 대해 선적지에서 출항 24시간 전, 미국 세관에 온라인으로 신고를 하도록 한 제도이다. '수출자로부터 10가지 정보+운송사(선사)가 신고할 2가지 정보' 총 12가지 정보를 작성해야 하기 때문에 10+2 Rule이라고도 한다.

34 ① • 감축 전 이산화탄소 배출량 = 150,000 ÷ 5 × 0.002 = 60
 • 10kg 감축한 이산화탄소 배출량 = 150,000 ÷ 목표 평균 연비 × 0.002 = 50
 따라서 목표 평균 연비 = 150,000 × 0.002 ÷ 50 = 6

35 ④ 4자물류에서는 기업과 기업 간의 거래(B2B)보다는 기업과 고객 간의 거래(B2C)에 집중한다.

36 ⑤ 물류정보는 성수기와 평상시의 정보량 차이가 크다.

37 ① 판매시점정보관리시스템(POS)이란 상품을 판매하는 시점에서 상품에 관련된 모든 정보를 신속·정확하게 수집하여 발주, 매입, 발송, 재고관리 등의 필요한 시점에 정보를 제공하는 시스템이다.

38 ⑤ 능동형 RFID란 전지 및 전력의 공급을 받아 전파를 송신할 수 있기 때문에 가격이 고가이며, 도달거리가 30~100m의 데이터 교환범위를 가진다. 읽기, 쓰기가 가능하며 수명이 최장 10년간 사용이 가능하나 반영구적 사용은 불가능하다.

39 ④ EAN-13(A)와 EAN-13(B) 모두 소매상품에 부착하기 위한 물류식별코드를 가지고 있다.

40 ④ 국내 EDI 개발사례는 존재하며, 지속적으로 발전을 꾀하고 있다.

2과목 화물운송론

41	③	42	④	43	③	44	③	45	①
46	②	47	①	48	②	49	②	50	①
51	⑤	52	④	53	①	54	⑤	55	①
56	⑤	57	④	58	⑤	59	③	60	②
61	④	62	①	63	④	64	②	65	①
66	⑤	67	④	68	②	69	⑤	70	③
71	④	72	③	73	③	74	④	75	④
76	⑤	77	④	78	⑤	79	②	80	④

41 ③ 항공운송은 항공기를 이용하여 화물을 운송하는 수단을 말한다. 항공운송 대상 화물은 귀금속, 전자정밀제품 등과 같은 고가품과 납기가 급한 긴급화물, 신선도 유지가 생명인 화물 등이다. 특히 항공운송은 장거리를 신속하게 운송하며 항공기의 대형화로 운송비 절감을 가져왔다.

42 ④ ㄱ. 최근 운송시장의 환경변화로 철도운송은 철도르네상스를 통하여 시간적 제약을 극복하면서 도심으로의 접근성에 대한 우수한 경쟁력으로 항공운송의 대체수단으로 떠오르고 있다.
ㄴ. 운송수단의 대형화, 신속화 추세에 따라 거점간의 경쟁이 심화되면서 거점의 수는 줄어들고 그 기능이 복합화되어 가는 새로운 지역경제 협력시대를 열고 있다.
ㄷ. 기후변화와 관련된 운송수단의 친환경기술혁신은 조선업의 새로운 부흥시대를 열고 있다.
ㄹ. 미국과 중국 간의 정치적 갈등은 글로벌공급망의 재편과 관련하여 최저생산비보다 안정적인 공급망을 중시하는 방향으로 협업적 관계를 강조하고 있다.

43 ③ 운송서비스의 경우 개별적 운송수요는 다양하나, 운송수요는 개별적 수요가 모두 합쳐저 집합을 이룰 수 있고 이에 따라 지역, 시기 등의 규칙성을 가질 수 있다.

44 ③ 국내화물운송의 합리화하기 위해서는 적재율 향상을 통한 물류합리화가 이루어져야 한다.

45 ① 운송의 기능 중 보관과 배송을 연결하는 기능은 시간적기능이다. 즉, 운송은 보관의 시간적 효용 창출과 비슷하게 생산과 소비의 시간적 격차를 조정하는 것이다.

46 ② 미국에서는 주로 개별기업의 마케팅 관점에서 물류를 마케팅 분야의 하부활동으로 간주하는 경향이 있었으며, 판매물류에 중점을 둔 물적 유통에서 추후 원자재 조달까지 포함하는 물류 개념으로 확대되었다.

47 ① 공로운송은 운송거리가 단거리이기 때문에 전체 운송에서 차지하는 비중이 높다.

48 ② 3S 1L 원칙이란 기업에서 소비자에게 필요한 물품을 신속하게(Speedy), 안전하게(Safety), 확실(정확)하게(Surely), 저렴하게(Low) 소비자에게 공급하는 원칙이다.

49 ② 화물자동차의 운행상 안전기준은 다음과 같다.
① 적재중량 : 구조 및 성능에 따르는 적재중량의 110% 이내일 것
② 길이 : 자동차 길이에 그 길이의 10분의 1을 더한 길이를 넘지 아니할 것
③ 승차인원 : 승차정원 이내일 것
④ 너비 : 자동차의 후사경으로 뒤쪽을 확인할 수 있는 범위(후사경의 높이보다 화물을 낮게 적재한 경우에는 그 화물을, 후사경의 높이보다 화둘을 높게 적재한 경우에는 뒤쪽을' 확인 할 수 있는 범위를 일한다)의 너비를 넘지 아니할 것
⑤ 높이 : 지상으로부터 4미터 이내

50 ① 허가기준대수 : 50대 이상(운송가맹점이 소유하는 화물자동차 대수를 포함하되, 8개 이상의 시·도에 50대 이상 분포되어야 한다)

51 ⑤ ① 믹서트럭 ② 분립체 운송차 ③ 액체 운송차 ④ 냉동차은 전용특장차이고, ⑤ 리프트게이트 부착차량은 합리화 특장차에 해당한다.

52 ④ VMS(Vanning Management System, 적재관리시스템)란 화물의 특징에 따라 적정한 운송차량에 화물이 효율적으로 포장 및 적재될 수 있도록 차량의 소요, 배차, 적재위치 등을 지정해주는 적재관리시스템이다.

53 ① 자가용 화물차 이용 시보다 기동성이 낮고, 보험료가 높다.

54 ③ 특별운임은 수송조건과는 별개로 해운동맹 측이 비동맹선과 적취 경쟁을 하게 되면 일정조건 하에서 정상요율보다 인하한 특별요율을 적용하는 운임이다.

55 ① 화물 적재공간에 박스형 덮개를 고정적으로 설치한 차량은 밴형 화물자동차이다.

56 ⑤ 변동다이어그램 시스템이란 계획시점에서의 물동량, 가용차량 수, 도로사정 등의 정보를 감안하여 컴퓨터로 가장 경제적인 배송경로를 도출해서 적재 및 운송지시를 내리는 방식을 채용하는 시스템으로서 VSP, SWEEP, TSP기법 등이 있다.

57 ③ 채트반 공식
경제적 효용거리 분기점
$= \dfrac{\text{철도 부대비용}}{\text{화물자동차 운송비 - 철도 운송비}} = \dfrac{10{,}000}{80 - 40} = 250$

58 ⑤ 철도 무개화차란 상부에 지붕이 없고 네 측면이 판자로 둘러싸여 있어 위가 트여있는 화차를 말한다. 철도 무개화차의 종류에는 ① 오픈 톱 카(Open Top Car) ② 플랫카(Flat Car) ③ 컨테이너카(Container Car) ④ 더블스텍카(Double Stack Car) 등이 있다.

59 ③ 화차 1량에 대한 최저기본운임은 사용화차의 화차표기하중톤수의 100km에 해당 하는 운임이다.

60 ② Block Train: 스위칭야드(Switching Yard)를 이용하지 않고 철도화물역 또는 터미널 간을 직행 운행하는 전용열차의 한 형태로 화차의 수와 타입이 고정되어 있지 않다.

61 ④ 해상운송은 물품의 파손, 분실, 사고발생의 위험이 높고, 타 운송수단에 비해 안전성이 낮다.

62 ① 선주부담조건(Berth/Liner Terms)은 선적, 양하 시 선내 하역비용을 모두 선주가 부담하는 조건으로 대체로 정기선 운송인 개품운송계약에서 사용하는 방법이다.

63 ⑤ 해운동맹이란 특정정기항로에 배선을 하고 있는 선박회사들이 상호 간의 과당경쟁을 방지하기 위한 목적으로 결성된 국제 카르텔을 말한다. 해운동맹은 가입과 탈퇴에 따른 개방동맹과 폐쇄동맹으로 구분되며 동맹이 비교적 끈끈하여 이탈이 거의 없는 편이다. 아울러, 맹외선과의 대응전략으로 동맹사들은 경쟁선을 파견하거나, 화주를 유인하기 위해 운임환급제 등을 실시하고 있다.

64 ② 항해용선계약의 특성상 선주는 본선운항에 따른 모든 책임과 비용을 부담하여야한다.

65 ① 수입화물의 항공운송 취급절차는 다음과 같다.
전문접수 및 항공기 도착 → 서류 분류 및 검토 → 창고분류 및 배정 → 화물분류 작업 → 도착 통지 → 운송장 인도 → 보세운송

66 ⑤ 특정품할인요율(SCR)은 품목분류요율(CCR)이나 일반화물요율(GCR)보다 우선하여 적용된다.

67 ④ 운송주선인(Freight Forwarder)은 Master B/L 원본을 수입지의 선사대리점에 제시하여 화물인도지시서(D/O)를 받고, 수입업자로부터 포워더 B/L 원본을 회수하여 화물인도지시서(D/O)를 인도한다.

68 ② 보겔추정법은 기회비용의 개념을 활용하여 총 운송비용이 최소가 되도록 공급량을 할당하는 탐색적 방법이다.
총 운송비용 = (100 × 7) + (400 × 5) + (100 × 10) + (100 × 12) + (100 × 11) = 6,000,000원이고 공급지 B에서 수요지 X까지의 운송량 = 400톤 이다.

69 ⑤ ① 북서코너법은 수송표의 좌측 상단에서 출발하여 우측 하단까지 열과 행에 각각 나타나 있는 공급량과 수요량에 맞추어 수송량을 각 경로상에 계속적이고 또 단계적으로 배정하는 방법이다.
② 최소비용법은 수송표상에서 운송단가가 가장 낮은 칸에 우선적으로 수송량을 할당하되 그 행의 공급량과 그 열의 수요량을 비교하여 가능한 한 최대량을 배정하는 방법이다.
③ 보겔추정법은 기회비용의 개념을 활용하여 총 운송비용이 최소가 되도록 공급량을 할당하는 탐색적 방법이다.

70 ③ Forwarder's consolidation은 여러 송화인의 화물을 다수의 수화인에게 운송하는 형태이다.

71 ③ 통행교차모형은 수단분담모형에 해당한다.

72 ① 허브 앤 스포크(Hub & Spoke) 시스템은 적은 노선 수로도 많은 지점에 연결망을 구축할 수 있기 때문에 셔틀노선의 증편은 필요하지 않는 시스템이다.

73 ③ $X_{14}+X_{24}+X_{34} = 80$ 에 해당한다.

74 ④ 출발지 → a → c → 도착지 : 6
출발지 → a → d → f → 도착지 : 3
출발지 → b → d → e → f → 도착지 : 7
따라서 최대 가스량 = 6 + 3 + 7 = 16

75 ④ 배차되는 각 트럭의 용량의 합은 특정 고객의 수요보다는 커야 한다.

76 ⑤ • 회사가 점포를 개설하여 직접 운영하는 영업장은 영업소라고 하며, 일정한 지역의 영업거점으로 집배차량 통제 및 집배구역을 관리하고
• 주로 집배·배송업무를 수행하는 영업장은 집배센터를 말한다.
• 수탁자가 점포, 차량을 준비하여 화물집화만을 수행하는 영업장은 취급점을 의미하며, 화물의 분류, 차량의 간선운행 기능을 갖는 영업장은 터미널을 의미한다.

77 ④ 배송경로는 상호 교차되지 않도록 하여야 한다.

78 ⑤ '수탁'이라 함은 사업자가 택배를 수행하기 위하여 고객(송화인)으로부터 운송물을 수령하는 것을 말한다.

79 ② 손해배상한도액, 운임 기타 운송에 관한 비용 및 지급방법, 운송물의 중량 및 용적 구분은 사업자 기재사항이며, 운송물의 종류(품명), 수량 및 가액, 운송상의 특별한 주의사항, 운송장의 작성연월일은 고객 기재사항이다.

80 ④ 판매자의 폐기물 회수하고 전자상거래 증가에 따라 지속적으로 증가할 것으로 예상되는 택배물류는 C2B 택배이다.

3과목 국제물류론

81	①	82	⑤	83	②	84	③	85	④
86	①	87	④	88	②	89	⑤	90	④
91	②	92	③	93	①	94	③	95	모두정답
96	③	97	①	98	②	99	③	100	①
101	④	102	②	103	③	104	⑤	105	②
106	④	107	③	108	③	109	①	110	④
111	②	112	①	113	②	114	④	115	⑤
116	①	117	③	118	②	119	⑤	120	모두정답

81 ① 국제물류는 정보의 비대칭성을 해소시켜서 생산자의 경쟁력을 제고하는 기능을 한다.

82 ⑤ 국제물류기업은 항만이나 공항의 공용터미널을 지속적으로 활용하여 체선·체화를 증가시키고 있다.

83 ② 국제민간항공기구(ICAO;International Civil Aviation Organization)은 국제연합(UN) 산하의 전문기구로 국제항공 운송에 필요한 원칙과 기술 및 안전에 대해 연구하며 캐나다의 몬트리올에 본부를 둔다. 제2차 세계대전 때에 민간항공기의 발전에 따라서 1944년 국제민간항공조약(통칭 시카고조약)에 근거해 1947년 4월 4일에 발족되었다. 주요 활동으로는 국제민간항공의 안전과 발전을 위한 정보교환 및 협력, 평화적 목적을 위한 항공기의 설계 및 운송기술 장려 등의 업무를 수행한다.
즉, 회원국의 항공사 대표들이 참석하는 형태가 아니라 정부 대표들이 참석한다.

84 ③ 항공화물운송은 여객에 비해 계절에 따른 운송수요의 탄력성이 작다.

85 ④ 항공운송관련 국제협정을 통합하기 위해 1999년 ICAO 국제항공법회의에서 채택되어 2003년에 발효된 국제조약은 Montreal Convention에 대한 설명이다.

86 ① 자신이 직접 운송수단을 보유하고 복합운송인으로서 역할을 수행하는 운송인을 실제운송인형 복합운송인(Actual carrier)이라 하며, 해상운송에서 선박을 직접 소유하지 않으면서 해상운송인에 대하여 화주의 입장, 화주에게는 운송인의 입장에서 운송을 수행하는 자를 계약운송인형 복합운송인(NVOCC)라 한다.

87 ④ 단위탑재용기 요금(BUC)은 귀중품, 동물, 사체 및 IATA 위험품 규칙에 있는 제한품목을 제외하고 모든 화물의 운송에 적용된다.

88 ② 무과실책임(liability without negligence)은 운송인이나 사용인의 과실을 요건으로 하지 않는 입장을 의미한다. 여기서도 엄격책임과는 달리 불가항력 등 약간의 사유가 면책사유로 인정된다. 이러한 입장에 해당하는 국제규칙은 CIM, CMR 등이다.

89 ⑤ 리버스 마이크로 랜드브리지(RIPI;Reversed Interior Point Intermodal)은 IPI 서비스에 대응하여 만들어진 서비스로, 미국의 동해안 및 걸프지역까지 해상운송되어 양륙된 화물을 철도 또는 트럭에 의해 내륙운송하고 최종 목적지의 철도터미널 또는 트럭터미널에서 수화인에게 인도되는 방식이다.

90 ④ UN국제복합운송조약은 복합운송증권의 발행시 송화인의 선택에 따라 유통성 또는 비유통성 형태를 따르도록 하고 있다.

91 ② ㄱ. Hague Rules (1924) ㅁ. Hamburg Rules (1978) ㅂ. Rotterdam Rules (2008)은 해상운송과 관련된 규칙이며, ㄴ. Warsaw Convention (1929)은 항공운송, ㄷ. CMR Convention (1956)은 도로운송 ㄹ. CIM Convention (1970)은 철도운송과 관련된 규칙이다.

92 ③ Charter party은 부정기선운송(용선계약)에서 이용된다

93 ① 용골은 선박 하단의 중앙부를 앞뒤로 가로지르는 배의 중심축으로 선체를 받치는 기능을 한다.

94 ③ 개품운송계약의 선적 후 운송인이 발행하는 선하증권에 의하여 운송계약이 성립된다.

95 모두정답
ㄱ. Shipping Request : 선적요청서
ㄴ. Booking Note : 선복예약서
ㄷ. Shipping Order : 선적지시서
ㄹ. Arrival Notice : 화물도착통지서
ㅁ. Delivery Order : 화물인도지시서
ㅂ. Mate's Receipt : 본선수취증

96 ③ 양륙항 선택화물할증료(Optional Cargo)란 화물 선적 시에 양륙항이 지정되지 않고 출항 후에 화주가 가장 편리한 양륙지를 선택하여 그 항구에서 양륙하여 화물을 인도하는 경우에 적용된다.

97 ① 나용선계약 또는 임대차용선계약(Bareboat Charter ; Demise Charter)이란 선박소유자 즉 선주가 선박임차인 또는 나용선자에게 선원을 배승하지 않은 운송수단인 선박의 제공 즉 용선선박을 직접 사용·수익하게 할 것을 약정하고, 선박임차인 또는 나용선자가 이에 대하여 임차료로서 용선료를 지급할 것을 약정함으로써 성립하는 계약이다.

98 ⑤ 다국적행 창고시스템이란 물품이 수출국 공장에서 대량저가·저빈도운송으로 거점 지역의 중앙창고(허브창고)를 거쳐 여러 나라의 자회사 창고나 고객에게 배송되는 형태이다. 이 시스템은 다국적기업이 해외 각국에 여러 현지 자회사를 가지고 있는 경우 어느 한 국가의 현지 자회사가 지역 물류거점의 역할을 담당하여 인접국 물품공급에 유용한 허브 창고를 갖고 물품을 분배하는 시스템이다.

99 ⑤ 최근 국제물류 환경은 코로나 팬데믹의 영향으로 전자상거래 비중이 증가하는 추세이다.

100 ① ㄱ. 원유, 철광석 등 대량화물의 운송수요를 가진 대기업과 선사간에 장기간 반복되는 항해에 대하여 적용되는 운임을 정기계약운임(Long Term Contract Freight)이라 한다.
ㄴ. 화물의 개수, 중량, 용적과 관계없이 항해 또는 선복을 기준으로 일괄부과되는 운임을 선복운임(Lumpsum Freight)이라 한다.

101 ④ ㄴ. 재고 수준은 국제물류는 긴 리트타임을 가진다.
ㄷ. 화물 위험은 국제물류는 장기운송으로 위험이 높다
ㄹ. 서류 작업은 국제물류는 각종 무역운송서류가 필요하여 서류 작업이 복잡하다.

102 ② 기계류, 철강제품, 판유리 등의 중량화물이나 장척화물을 크레인을 사용하여 컨테이너의 위쪽으로부터 적재 및 하역할 수 있는 컨테이너로, 천장은 캔버스 재질의 덮개를 사용하여 방수 기능이 있는 컨테이너는 Open top container(천장개방형)이다.

103 ③ • CSC협약(컨테이너 안전협약)의 정식 명칭은 International Convention for Safe Containers(안전한 컨테이너를 위한 국 제협약)이다. 1972년 UN과 IMO(국제해사기구)가 컨테이너운송과 하역(취급, 적취) 시 컨테이너 구조상 안전요건의 국제적 통일을 위해 채택한 협약이다.
• 체약국은 CSC조약의 규정을 기준으로 컨테이너의 구조요건, 시험, 정비, 점검 등에 관한 사항들을 다룬 국내법(한국의 경우 '컨테이너 형식 등에 관한 규칙')을 제정하고 그 기준에 합격한 컨테이너선에 한해 안전승인판(Safety Approval Plate)을 부착시켜야 한다.

104 ⑤ CY/CFS는 선적지에서 수출업자가 FCL화물로 선적하여 목적지 항만의 CFS에서 화물을 분류하여 수입업자에게 인도한다.

105 ② 조직간 표준화된 전자문서로 데이터를 교환하고, 업무를 처리하는 시스템은 EDI 이다.

106 ④ 항공운송서류의 수리요건은 다음과 같다.
• 운송인의 명칭을 표시하고 운송인 또는 기명대리인의 서명
• 물품이 운송을 위해 수리된 것을 표시
• 발행일을 표시
• 신용장에 기재된 출발공항과 도착공항을 표시
• 신용장이 원본 전통(Full Set)을 규정하더라도 송화인 또는 선적인용 원본이어야 함
• 운송조건은 언급하여야 하며, 운송조건의 내용은 심사되지 않음

107 ③ 서명권자는 다음과 같다.
• 선장(master) 또는 선장을 위한 또는 그를 대리하는 기명대리인(agent)
• 선주(owner) 또는 선주를 위한 또는 그를 대리하는 기명대리인(agent)

108 ⑤ Gantry Crane은 에이프런(Apron)에서 컨테이너를 트레일러에 싣고 내리는 작업을 수행하는 장비이다.

109 ① CMI통일규칙(1990)
1. Scope of Application
These Rules shall be called the CMI Uniforms Rules for Sea Waybills.
They shall apply when adopted by a contract of carriage which is not covered by a bill of lading or similar document of title, whether the contract be in writing or not.
2. Definitions
In these Rules :
"Contract of carriage" shall mean any contract of carriage subject to these Rules which is to be performed wholly or partly by sea.
"Goods" shall mean any goods carried or received for carriage under a contract of carriage.
("Carrier" and "Shipper") shall mean the parties named in or identifiable a s such from the contract of carriage.
("Consignee") shall mean the party named in or identifiable a s such from the contract of carriage, or any person substituted as (consignee) in accordance with Rule 6(i).

"Right of Control" shall mean the rights and obligations referred to in Rule 6.

110 ④ CSI(Container Security Initiative) 후속조치의 일환으로 시행된 미국으로 향하는 컨테이너가 선박에 적재되기 전에 화물에 대한 세부정보를 미국 관세청에 제출하게 함으로써 화물 정보를 분석하여 잠재적 테러 위험을 확인하기 위한 국제물류보안제도는 24-Hour Rule이다.

111 ② 세관통제하에 통관된 수출입화물 뿐만아니라 내륙화물도 대상으로 한다.

112 ③ CIF규칙은 최소담보조건, CIP규칙은 최대담보조건으로 보험에 부보하도록 개정 하였다.

113 ② 다음에서 Incoterms®2020 규칙에서는 ㄴ. 매도인과 매수인의 비용
ㄷ. 매도인과 매수인의 위험은 다루고 있으나, ㄱ. 관세의 부과 ㄹ. 대금지급의 시기, 장소 및 방법 ㅁ. 분쟁해결의 방법, 장소 또는 준거법은 다루지 않는다.

114 ④ Incoterms®2020의 주요 개정사항
Incoterms®2010에서 터미널인도(Delivered at Terminal:DAT)조건은 도착운송수단으로부터 양하한 후 터미널에서 인도해야 했으나, Incoterms®2020에서 도착지양하인도(Delivered at Place Unloaded:DPU)조건으로 변경 하였다.

115 ⑤ 보험금액(insured amount)이란 보험계약당사자 간의 합의에 의하여 보험자가 지급해야 할 손해보상의 최고한도액을 의미한다. 보험자의 보상책임은 법률적인 최고한도와 계약상의 최고한도로 구분할 수 있는데, 통상 전자를 보험가액, 후자를 보험금액이라 할 수 있다.

116 ① 보세공장에서 내국물품과 외국물품을 원재료로 하여 만든 물품은 외국물품에 해당한다.

117 ③ 보험목적물에 해상위험이 발생한 경우 손해방지의무를 이행하기 위해 지출되는 비용은 비용손해에 해당한다.

118 ② 유리, 합판, 타일 - 면적 - square meter

119 ⑤ 수입신고와 반송신고는 물품의 화주 또는 이들을 대리한 관세사 등의 명의로 해야 한다. 완제품공급자는 신고인이 아니다.

120 모두정답 ADR(Alternative Dispute Resolution)이란 소송 외의 분쟁해결 방식을 말한다.

4과목 보관하역론

01	①	02	③	03	③	04	①	05	③
06	②	07	⑤	08	②	09	④	10	①
11	⑤	12	④	13	②	14	⑤	15	④
16	③	17	③	18	⑤	19	③	20	⑤
21	⑤	22	③	23	②	24	⑤	25	③
26	③	27	⑤	28	③	29	③	30	⑤
31	②	32	⑤	33	③	34	⑤	35	③
36	③	37	①	38	⑤	39	④	40	①

01 ① 물품의 거리적·장소적 효용을 창출하는 것은 운송의 기능에 해당한다.

02 ③ ㄴ. 혼합배송이 가능하여 차량의 공차율이 감소한다.
ㄹ. 보관 수요를 통합 관리함으로써 업체별 보관 공간 및 관리 비용이 감소한다.

03 ③ CFS: LCL(Less than Container Load) 화물을 특정 장소에 집적하였다가 목적지별로 선별하여 하나의 컨테이너에 적입하는 장소
복합물류터미널: 복수의 운송수단 간 연계를 할 수 있는 규모 및 시설을 갖춘 장소
스톡 포인트(Stock Point): 재고품의 임시보관거점으로 상품의 배송거점인 동시에 예상 수요에 대한 보관 장소

04 ① 회전율이 높은 물품은 출입구 근처에, 회전율이 낮은 물품은 출입구로부터 먼 곳에 보관하는 방식인 회전대응의 원칙에 대한 설명이다.

05 ③ 투자 및 운영 비용은 주문특성과는 관계가 없다.

06 ② • BTO(Build Transfer Operate) - 민간이 시설을 준공하고 정부에 소유권을 양도한 후, 일정 기간 직접 운영하면서 사용자로부터 이용료를 받아 투자비를 회수하는 방식
• BOT(Build Operate Transfer) - 시공자가 자금 조달, 설계, 건설을 하고 완성 후 시설의 운영을 하여 투자자금을 규정된 연한 내에 회수한 후 발주자에게 시설을 넘기는 방식
• BLT(Build Lease Transfer) - 시행자가 시설을 준공한 후 일정 기간 타인에게 임대 후 임대 기간이 종료된 후에 시설물을 국가나 지방자치단체로 이전하는 민간 자본 활용 방식

07 ⑤ 장치보관, 수출입 통관, 선박의 적하 및 양하기능을 수행하는 육상운송 수단과의 연계 지원시설은 복합물류터미널이다.

08 ② 시장경쟁력, 재고통합효과, 설비를 고려하는 정적 입지모형이다.

09 ④ 톤-킬로법: 거점에서 수요지까지의 거리와 운송량을 곱하여 나온 수치를 비교하여 입지를 결정하는 방식
무게 중심법: 신규 입지와 기존 입지들과의 운송비가 최소가 되도록 계산하여 입지를 결정하는 방식

10 ① 랙 내에서 경사면을 이용하여 이동하는 방식으로 선입선출이 요구되는 제품에 적합한 것은 슬라이딩 랙(Sliding Rack)이다.

11 ⑤ 5가지 모두 물류센터의 규모 결정에 영향을 미치는 요인이다.

12 ④ 물품을 한 장소에서 다른 장소로 이동시키는 물리적 행위를 통해 장소적 효용을 창출하는 것은 운송의 기능이다.

13 ② 자가창고 이용자는 초기에 창고건설 및 설비투자와 관련하여 고정비용이 발생한다.

14 ⑤ 고객주문내역 상의 운송수단을 고려한 최적의 경로를 설정하여 비용과 시간을 절감하도록 지원하는 것은 Transportation Management System이다.

15 ④ 멀티 릴레이 DAS는 여러 종류의 아이템을 분배하여 출하 및 피킹하는 방식으로 작업자의 이동이 최소화된다.

16 ③ 트래버서(Traverser)는 스태커 크레인(Stacker Crane)을 횡(가로)으로 이동시키는 장치이다.

17 ③ $X = \dfrac{(10 \times 50) + (20 \times 40) + (30 \times 100) + (50 \times 190)}{50 + 40 + 100 + 190}$
$= \dfrac{13,800}{380} = 36.3$

$Y = \dfrac{(20 \times 50) + (30 \times 40) + (40 \times 100) + (50 \times 190)}{50 + 40 + 100 + 190}$
$= \dfrac{15,700}{380} = 41.3$

18 ⑤ 평균재고액은 기초재고액과 기말재고액을 더하여 2로 나눈 값이다.

19 ① 경제적 발주량(EOQ)
$= \sqrt{\dfrac{2 \times 1회\ 주문비용 \times 연간수요량}{연간단위당\ 재고유지비}}$
$= \sqrt{\dfrac{2 \times 80000 \times 20000}{4000 \times 20\%}}$

20 ③ 순 소요량 = 총 소요량 − 재고
1K = 2X + 3Y
50K = 100X + 150Y
X : 100 − 10 − 5 = 85
Y : 150 − 20 = 130

21 ⑤ 재고 보유는 기술력 향상 및 생산공정의 자동화 도입 촉진과 관계없다.

22 ④ • 구매단가 × 단위당 재고 유지비(구매단가의 5%) × 연간 평균 재고
• 5,000 × 5% × 10,000 = 2,500,000원

23 ② 델파이법은 수요예측 방법이므로, 주문관리 기법과는 관계가 없다.

24 ⑤ 지수평활법은 예측하고자 하는 기간의 직전 일정 기간의 실적치를 활용하여 산출하는 방법이다.

25 ③ 시간 효용(보관), 장소 효용(운송), 형태 효용(유통 및 가공)과 하역은 관계 없다.

26 ③ 운반활성지수를 최대화한다.

27 ⑤ 화물이 손상, 파손되지 않도록 화물의 밑바닥이나 틈 사이에 물건을 깔거나 끼우는 작업은 더니지(Dunnage)이다. 스태킹(Stacking)은 물건을 쌓는 작업이다.

28 ② 필요한 원재료·반제품·제품 등의 최적 보유량을 계획하고 조직하고 통제하는 것은 재고 관리이다.

29 ④ ① 탱크, 파이프 등: 본선과 터미널 간 액체화물 이송 작업 시 연결되는 육상터미널 측 이송장비
② Unloader: 부두에서 본선으로 석탄, 광석의 벌크화물을 선적하는데 사용하는 장비
③ 컨테이너크레인: 해상 컨테이너를 적재하거나 다른 장소로 이송, 반출하는데 사용하는 장비
⑤ 갠트리 크레인: 부두의 안벽에 설치되어 선박에 컨테이너를 선적하거나 하역하는데 사용하는 장비

30 ① 생산의 마지막 단계로 치수, 강도, 재질, 기법 등의 표준화로 구성되는 것은 포장 표준화에 관한 설명이다.

31 ② 선측, 선주 또는 선미의 경사로를 통하여 컨테이너 또는 트레일러를 수평으로 적양하는 방식으로 자동차 전용선 등이 있다.

32 ⑤ 트럭이 화물열차에 대해 직각으로 후진하여 무개화차에 컨테이너를 바로 실어 운송하는 방식은 Flex Van에 대한 설명이다.

33 ③ 상업포장은 물품 개개의 단위포장으로 판매촉진이 주목적이다.

34 ⑤ ㄱ. 주물을 주입할 때 미리 화인을 해두는 방법으로 금속제품, 기계류 등에 사용되는 것은 카빙(Carving)이다.
ㄴ. 화인할 부분을 고무인이나 프레스기 등을 사용하여 찍는 방법은 스탬핑(Stamping)이다.

35 ③ 부화인 표시(Counter Mark)는 생산자나 공급자의 약호를 표시하는 기호이다.

36 ③ ① 벽돌쌓기는 맨 아래에서 상단까지 일렬로 쌓는 방법으로 작업효율성이 높고 무너질 염려가 없어 안정성이 높다.
② 교호열쌓기는 짝수층과 홀수층을 90도 회전시켜 쌓는 방식으로 화물의 규격이 일정하지 않아도 적용이 가능한 방식이다.
④ 핀휠(Pinwheel)쌓기는 규격화물이나 정방형 파렛트가 아닌 경우에 이용하는 방식으로 다양한 화물의 적재에 이용된다.
⑤ 스플릿(Split)쌓기는 가장 자리에 공간을 두고 풍차형으로 쌓는 방식으로 적재효율이 높고 안정적인 적재방식이다.

37 ① ㄷ. 교환방식 운송업체가 파렛트로 화물을 인도하는 시점에 동일한 수의 파렛트를 즉시 인수하는 방식이다.
ㄹ. 교환·리스병용방식은 교환빙식 및 리스방식의 단점을 보완하기 위하여 개발된 방식이다.

38 ⑤ 틸팅 방식(Tilting Type)은 벨트, 트레이, 슬라이드 등을 경사지게 해서 물품을 분류한다.

39 ④ 하역기기 등에 관한 고정투자비용이 발생하지 않기 때문에 대규모 자본투자가 필요하다.

40 ① ② 스키드 파렛트(Skid Pallet)는 핸드리프트 등으로 움직일 수 있도록 만들어진 상자형 파렛트이다.
③ 롤 파렛트(Roll Pallet)는 상부구조물이 적어도 3면의 수직측판을 가진 상자형 파렛트이다.
④ 기둥 파렛트(Post Pallet)는 파렛트 상단에 기둥이 설치된 형태로 기둥을 접거나 연결하는 방식으로 사용한다.

⑤ 사일로 파렛트(Silo Pallet)는 주로 분말체의 보관과 운송에 이용하는 1회용 파렛트이다.

5과목 물류관련법규

41	②	42	④	43	②	44	③	45	④
46	①	47	④	48	①	49	③	50	⑤
51	④	52	②	53	②	54	③,④	55	⑤
56	④	57	⑤	58	①	59	①	60	⑤
61	⑤	62	④	63	④	64	③	65	①
66	②	67	④	68	⑤	69	①	70	②
71	⑤	72	④	73	①	74	③	75	③
76	③	77	③	78	②	79	②	80	③

41 ② 국토교통부장관은 물류현황조사를 위한 조사지침을 작성하려는 경우에는 미리 관계 중앙행정기관의 장과 협의하여야 한다.

42 ④ 특별시장 및 광역시장은 지역물류정책의 기본방향을 설정하는 10년 단위의 지역 물류기본계획을 5년마다 수립하여야 한다.

43 ② 우수물류기업 선정을 위한 프로그램 개발비에 관한 사항은 물류정책기본법령상 물류회계의 표준화를 위한 기업물류비 산정지침에 명시되지 않았다.

44 ③ • 「위험물안전관리법」 제2조제1항제1호에 따른 위험물을 운송하는 차량: 10,000리터 이상
• 「화학물질관리법」 제2조제7호에 따른 유해화학물질을 운송하는 차량: 5,000킬로그램 이상

45 ④ 국토교통부장관·해양수산부장관·산업통상자원부장관·시·도지사는물류공동화를 확산하기 위하여 필요한 경우에는 시범지역을 지정하거나 시범사업을 선정하여 운영할 수 있다.

46 ① 한국자산관리공사는 단위물류정보망 전담기관으로 지정될 수 없다. 추가로 지정될 수 있는 기관은 철도공사와 토지주택공사가 있다.

47 ④ 자본금 2억원인 「상법」상 주식회사는 운영자로 지정될 수 있다.

48 ① 거짓이나 그 밖의 부정한 방법으로 인증을 받은 경우에는 반드시 취소하여야 하고, 나머지 경우는 취소 할 수 있는 사유이다.

49 ③ 복합물류터미널사업자의 휴업기간은 6개월을 초과할 수 없다.

50 ⑤ 실수요검증위원회의 회의는 분기별로 1회 이상 개최 하여야 한다.

51 ④ 물류단지개발특별회계 조성의 재원 기준은「지방세법」에 따라 부과·징수되는 재산세의 징수액 중 10퍼센트의 금액이다.

52 ② 「수산식품산업의 육성 및 지원에 관한 법률」에 따른 수산물가공업시설(냉동·냉장업 시설만 해당)

53 ④ 물류창고업의 등록을 한 자가 물류창고 면적의 100 분의 10 이상을 증감하려는 경우에는 국토교통부 해양수산부의 공동부령으로 정하는 바에 따라 변경등록의 사유가 발생한 날부터 30일 이내에 변경등록을 하여야 한다.

54 ③,④ 복수정답
③ 복합물류터미널사업 등록이 취소된 후 2년이 지나면 등록결격사유가 소멸한다.
④ 국토교통부장관은 복합물류터미널사업의 변경등록신청을 받고 결격사유의 심사 후 등록기준에 적합하다고 인정할 때에는 지체없이 변경등록을 하여야 한다.

55 ⑤ 입주기업체협의회는 매 사업연도 개시일부터 2개월 이내에 정기총회를 개최하여야 한다.

56 ④ 보건위생시설은 도시첨단물류단지의 공익시설 관련 내용이다. 국가 또는 지방자치단체가 우선적으로 지원하여야 하는 기반시설에는 용수공급시설 및 통신시설, 도로·철도 및 항만시설이 있다.

57 ⑤ • 일반화물자동차 운송사업자는 연간 운송계약 화물의 100 분의 50 이상을 직접 운송하여야 한다.
• 운송사업자가 운송주선사업을 동시에 영위하는 경우에는 연간 운송계약 및 운송주선계약 화물의 100 분의 30 이상을 직접 운송하여야 한다.

58 ① 운송사업자는 화물자동차 운송사업의 효율적인 수행을 위하여 필요하면 다른 자(운송사업자는 제외됨)에게 차량과 그 경영의 일부를 위탁할 수 있다.

59 ① 다른 사람의 요구에 응하여 자기 화물자동차를 사용하여 유상으로 화물을 운송하는 사업은 화물자동차 운송가맹사업에 해당한다.

60 ⑤ 4가지 모두 운수사업자가 관리하고 신고하여야 하는 사항이다.

61 ⑤ 한국농수산식품유통공사는 공영차고지를 설치하여 직접 운영할 수 있는 자에 해당하지 않는다. 추가로 운영할 수 있는 자에는 인천국제공항공사, 한국공항공사, 한국ㄱ도로공사, 한국철도공사, 항만공사가 있다.

62 ④ 연합회는 국토교통부장관의 허가를 받아 적재물배상 공제사업 등을 할 수 있다.

63 ④ 운수사업자의 자동차 사고로 인한 손해배상 책임의 보장과 관련된 내용은 공제사업에 해당한다.

64 ③ ① 운송주선사업자는 자기 명의로 다른 사람에게 화물자동차 운송주선사업을 경영하게 할 수 없다.
② 운송주선사업자는 화주로부터 중개 또는 대리를 의뢰받은 화물에 대하여 다른 운송주선사업자에게 수수료나 그 밖의 대가를 받을 수 없다.
④ 국토교통부장관은 운수종사자의 집단적 화물운송 거부로 국가경제에 매우 심각한 위기를 초래할 우려가 있다고 인정할 만한 상당한 이유가 있으면 운수종사자에게 업무개시를 명할 수 있다.
⑤ 시·도지사, 시장·군수·구청장, 공공기관, 지방공사는 공영차고지를 설치하고, 사업자단체, 운송사업자, 운송가맹사업자, 협동조합은 공영차고지를 임대 받아 운영할 수 있다.

65 ① 손해배상 책임에 관하여 「상법」을 준용할 때 화물이 인도기한이 지난 후 3개월 이내에 인도되지 아니하면 그 화물은 멸실된 것으로 본다.

66 ② ① 운송사업자는 관할 관청의 행정구역 내에서 주사무소를 이전하려면 국토교통부장관에게 변경신고하여야 한다.
③ 국토교통부장관은 운송사업자가 사업정지처분을 받은 경우에도 주사무소를 이전하는 변경허가를 할 수 없다. (하여서는 안된다.)
④ 운송주선사업자가 허가사항을 변경하려면 국토교통부장관의 변경신고를 하여야 한다.
⑤ 운송가맹사업자가 화물취급소를 설치하거나 폐지하려면 국토교통부장관의 변경신고를 하여야 한다.

67 ④ 선박에 음료, 식품, 소모품, 밧줄, 수리용 예비부분품 및 부속품, 집기, 그 밖에 이와 유사한 선용품을 공급하는 행

위를 하는 사업은 선용품 공급업에 해당한다.

68 ⑤ 항만하역사업의 등록을 한 자는 컨테이너 전용 부두에서 취급하는 컨테이너 화물에 대하여 그 운임과 요금을 정하여 관리청의 신고를 하여야 한다.

69 ① ② 부두운영회사의 금지행위 위반시 책임에 관한 사항은 부두운영계약에 포함되어야 한다.
③ 부두운영회사가 부두운영 계약기간을 연장하려는 경우에는 그 계약기간이 만료되기 6개월 전까지 부두운영계약의 갱신을 신청하여야 한다.
④ 화물유치 또는 투자 계획을 이행하지 못한 부두운영회사에 대하여 부과하는 위약금은 연도별로 산정하여 합산한다.
⑤ 항만운송사업법에서 정한 것 외에 부두운영회사의 항만시설 사용에 대해서는 「항만법」 또는 「항만공사법」에 따른다.

70 ② 같은 업종을 경영하는 여러 도매업자 또는 소매업자가 일정 지역에 점포 및 부대시설 등을 집단으로 설치하여 만든 상가단지는 전문상가단지이다.

71 ⑤ 추가로 유통산업발전법의 적용이 배제되는 시장·사업장 및 매장에는 농수산물 도매시장이 있다.

72 ④ ① 대규모점포를 개설하려는 자는 영업을 개시하기 60일 전까지 개설 지역 및 시기 등을 포함한 개설계획을 예고하여야 한다.
② 유통산업발전법을 위반하여 징역의 실형을 선고받고 그 집행이 면제된 날부터 1년이 지난 사람은 대규모점포등의 등록을 할 수 있다. (기준이 1년임)
③ 대형마트의 영업시간을 제한하는 경우 조례로 달리 정하지 않는 한 오전 0시부터 오전 10시까지의 범위에서 영업시간을 제한할 수 있다.
⑤ 대규모점포등개설자가 대규모점포등을 폐업하려는 경우에는 특별자치시장·시장·군수·구청장의 신고를 받아야 한다.

73 ① ② 지방자치단체의 장은 자신이 건립한 중소유통공동도매물류센터의 운영을 중소유통기업자단체에 위탁할 수 있다.
③ 상점가진흥조합은 협동조합 또는 사업조합으로 설립하여야 하고 사업조합의 형식으로는 설립할 수 없다.
④ 지방자치단체의 장은 상점가진흥조합이 조합원의 판매촉진을 위한 공동사업을 하는 경우에는 필요한 자금을 지원할 수 있다.
⑤ 상점가진흥조합의 구역은 다른 상점가진흥조합 구역에서는 다른 상점가진흥조합의 구역과 중복되어 지정할 수 없다.

74 ③ 공업지역 내에서 부지면적이 2만제곱미터이고, 집배송시설 면적이 1만제곱미터인 지역 및 시설물은 공동집배송센터로 지정할 수 있다.

75 ③ 법인이 아닌 자도 철도사업의 면허를 받을 수 없다.

76 ③ 철도차량 대수를 10분의 1의 범위안에서 변경한 경우

77 ③ 철도사업자는 열차를 이용하는 여객이 정당한 운임·요금을 지급하지 아니하고 열차를 이용한 경우에는 승차 구간에 해당하는 운임 외에 그의 30배의 범위에서 부가 운임을 징수할 수 있다.

78 ② 국유철도시설의 점용허가를 받은 자는 부득이한 사유가 없는 한 매년 1월 말일까지 당해연도의 점용료 해당분을 선납하여야 한다.

79 ② ① 민간인등이 광역시 지역에 민영도매시장을 개설하려면 시·도지사의 허가를 받아야 한다.
③ 시·도지사가 민영도매시장 개설 허가 처리기간에 허가 여부를 통보하지 아니하면 허가 처리기간의 마지막 날의 다음날에 허가를 한 것으로 본다.
④ 민영도매시장의 개설자는 시장도매인을 두어 민영도매시장을 운영하게 할 수 있다.
⑤ 민영도매시장의 중도매인은 해당 민영도매시장을 관할하는 개설자가 지정한다

80 ③ • 도매시장 개설자는 도매시장에 그 시설규모·거래액 등을 고려하여 적정 수의 도매시장법인·시장도매인 또는 중도매인을 두어 이를 운영하게 하여야 한다. 다만, 중앙도매시장의 개설자는 청과부류와 수산부류에 대하여는 도매시장법인을 두어야 한다.
• 도매시장법인은 도매시장 개설자가 부류별로 지정하되, 중앙도매시장에 두는 도매시장법인의 경우에는 농림축산식품부장관 또는 해양수산부장관과 협의하여 지정한다. 이 경우 5년 이상 10년 이하의 범위에서 지정 유효기간을 설정할 수 있다.

2022년 제26회 정답 및 해설

1과목 물류관리론

01	④	02	①	03	⑤	04	③	05	①
06	②	07	⑤	08	⑤	09	④	10	③
11	⑤	12	④	13	⑤	14	②	15	④
16	③	17	⑤	18	④	19	④	20	①
21	④	22	①	23	②	24	③	25	④
26	③	27	②	28	②	29	⑤	30	①
31	④	32	⑤	33	①	34	⑤	35	④
36	③	37	②	38	②	39	①	40	④

01 ④ 물류합리화를 위해서는 전체시스템의 통합적 비용절감이 물류하부시스템의 개별적 비용절감보다 중요하다

02 ① 차량 적재율이 증가하고 공차율은 감소한다

03 ⑤ 집·배송공동형이란 보관의 공동화 또는 집하의 집약화를 전제로 하여 집하와 집배를 공동화하는 유형으로 동일화주가 조합이나 연합회를 만들어 공동화하는 특정화주 공동형과 운송업자가 불특정 다수의 화물에 대처하는 운송업자 공동형의 2가지 형태가 있다.

04 ③ 자사의 정보시스템. 각종 규격 및 서비스에 대한 공유를 지향해야 한다.

05 ① 구조관점에서 비공식적, 준공식적, 공식적 조직으로 분류할 수 있다.

06 ② 포장치수 표준화, 물류용어 표준화, 거래단위 표준화는 소프트웨어 부문에 해당한다.

07 ⑤ 경로설계, 물류네트워크 전략은 구조수준에 해당하고, 고객서비스는 전략수준에 해당한다.

08 ⑤ 배수치수 모듈은 1,140mm × 1,140mm Unit Load Size를 기준으로 하고, 최대허용공차 -40mm를 인정하고 있는 Plan View Unit Load Size를 기본단위로 하고 있다.

09 ④ 홀수단에서는 물품을 모두 같은 방향으로 정렬하고, 짝수단에서 방향을 90도 바꾸어 교대로 겹치는 방식을 교대배열적재라고 한다.

10 ③ Drum, Buffer, Rope는 제약조건이론 중 전체 공정의 종속성과 변동성을 관리하는 기법으로_ 전체 공정 중 가장 약한 것을 찾아 능력제약자원으로 두고. 이 부분이 최대한 100% 가동될 수 있도록 공정 속도를 조절하여 흐름을 관리하는 기법이다

11 ⑤ 태그 정보의 변경 및 추가가 용이하고, 일시에 복수의 태그 판독도 가능하다.

12 ④ 상품품목 코드는 5자리로 구성된다.

13 ⑤ ㄱ. 주파수 공용통신시스템(TRS) : 중계국에 할당된 여러 개의 채널을 공동으로 사용하는무선통신 시스템이다.
ㄴ. 지능형교통시스템(ITS) : 도로와 차량, 사람과 화물을 정보네트워크로 연결하여 교통체증의 완화와 교통사고의 감소 환경문제의 개선 등을 실현할 수 있는 시스템이다.
ㄷ. 첨단화물운송시스템(CVO) : 화물 및 화물차량에 대한 위치를 실시간으로 추적 및 관리하여 각종 부가정보를 제공하는 시스템이다.
ㄹ. 철도화물정보망(KROIS) : KL-Net(한국물류정보통신)과 연계되어 EDI로 운용되고 철도공사, 화주, 운송업체, 터미널 등이 서비스 대상이 된다.
ㅁ. 판매시점관리(POS) : 판매장의 판매시점에서 발생하는 판매정보를 컴퓨터로 자동 처리하는 시스템으로 상품별 판매정보가 컴퓨터에 보관된 발주, 매입, 재고 등의 정보와 결합하여 필요한 부문에 활용된다.

14 ② 공급회사의 영업과 발주회사의 구매를 묶어 하나의 가상기업으로 간주하는 물류관리기법은 JIT-II 이다.

15 ④ CIM(Computer Integrated Manufacturing)은 기술,판매,생산 등 이질적인 업무의 통합화를 강조하며, 기업의 전략이 포함된,기업을 재구성하자는 것이다. 즉 정보시스템을 활용하여 제조, 개발, 판매, 물류 등 일련의 과정을 통합하여 관리하는 생산관리시스템을 말한다.

16 ③ 손익분기점 판매량

$$= \frac{\text{고정비}}{\text{단위당 판매가격} - \text{단위당 변동비}} = \frac{10억원}{10만원 - 5만원}$$

= 20,000개

따라서 손익분기 매출액 = 20,000개 × 10만원 = 20억원

17 ⑤ 기업물류비 산정지침은 <u>물류기업 및 화주기업</u>의 물류비 계산을 위한 절차와 방법에 대한 기준을 제공함으로써 개별기업의 물류회계표준화를 도모하고 물류비 산정의 정확성고 관리의 합리성을 제고하는 데 있다.

18 ④ 전통적인 원가계산방법은 간접지원 비용을 인위적인 기준에 의해 배분함으로써 제품이나 서비스 원가를 왜곡했는데 이러한 문제점을 해결하고자 하는 것이 활동기준원가계산(ABC)이다.

19 ④ 기업의 성과를 <u>재무적 관점</u>, 고객 관점, 내부 비즈니스 프로세스 관점, 학습 및 성장 관점에서 측정한다.

20 ① 생산시기와 소비시기의 불일치를 해결하는 기능을 수행하는 것은 <u>보관활동</u>이다.

21 ④ 한국 물류정책기본법상 물류는 운송, 보관, 하역 등이 포함되며 가공, 조립, 포장 등을 <u>포함된다</u>.

22 ① 사내물류는 완제품 출하시부터 판매를 위해 <u>출고되기 전</u>까지의 물류활동을 말한다.

23 ⑤ 지수평활법이란 과거 수요에 입각하여 미래 수요를 예측하는 방법으로 시간에 따라 변화하는 현상을 일정한 간격으로 관찰할 때 얻어지는 관측치를 사용한다.

24 ③ <u>전자상거래이 확산</u>으로 인해 라스트마일(Last Mile) 물류비가 증가하고 있다.

25 ④ 4자 물류에서 사이클 타임과 운전자본의 <u>감소</u>한다.

26 ③ 물류관리의 중요성이 높아짐에 따라 물류전략은 기업전략과 <u>통합적으로</u> 수립되어야 한다.

27 ② 전문품 도매상은 완전기능 도매상에 해당한다.

28 ② 준거적 파워란 중간상이 제조업자를 존경하거나 동일시하려는 경우에 발생하는 힘을 말한다. 준거적 파워는 상대방에 대하여 일체감을 갖기를 바라는 정도가 클수록 커진다.

29 ⑤ 기존 전문점과 상품구색은 유사하나 대량구매, 대량판매 및 낮은 운영비용을 통해 저렴한 가격의 상품을 제공하는 것은 카테고리 킬러이다.

30 ① Risk Pooling이란 기업 내에 분포되어 있는 불확실성을 하나로 모음으로써 기업 전체의 불확실성에 효율적으로 대처하는 기법이다.

31 ③ • 연비개선 전 이산화탄소 배출량

$$= \frac{100.000}{4} \times 0.002 = 50$$

• 연비개선 이후 이산화탄소 배출량

$$= \frac{100.000}{5} \times 0.002 = 40$$

따라서 연비개선 전 대비 연비개선 후 이산화탄소 배출감소량 = 50 - 40 = 10

32 ① 주문주기시간이란 고객이 제품을 주문해서 받을 때 까지 걸리는 총 시간을 말한다.

33 ③ 역물류는 대상제품의 재고파악이 어렵고, 순물류에 비해 예측가능성이 떨어진다.

34 ⑤ 블록체인이란 블록에 데이터를 담아 체인 형태로 연결, 수많은 컴퓨터에 동시에 이를 복제해 저장하는 분산형 데이터 저장 기술이다. 이는 신용거래가 필요한 온라인 시장에서 해킹을 막기 위해 개발되었으며, 퍼블릭(Public) 블록체인, 프라이빗(Private) 블록체인, 컨소시엄(Consortium) 블록체인으로 나눌 수 있다.

35 ④ 보증수리는 거래 후 요소이며, 명시화된 회사정책은 거래 전 요소에 해당한다.

36 ③ 대응적 공급사슬은 모듈화를 통한 제품 유연성 확보에 초점을 둔다.
또한, 효율적 공급사슬은 리드타임 단축보다 비용최소화에 초점을 둔다.

37 ② 지연전략(Postponement)이란 제품품의 차별화 시점을 생산의 후반부 과정으로 미루어 전체 생산, 물류비용 및 리드타임을 단축시키기 위한 기법이다. 제품 생산공정을 전공정과 후공정으로 나누고, 마지막까지 최대한 전공정을 지연시키는 전략으로 최종 제품의 조립 시점을 최대한 고객 가까이 가져감으로써 주문에 맞는 제품을 만드는 생산 리드타임을 단축하여, 시장변화에 반응하는 능력을 키운다.

38 ② 구매자의 사전구매는 주문량의 변동성을 증대시키는 원인이 되므로 채찍효과를 <u>증가</u>시킬 수 있다.

39 ① 크로스 도킹(CD)이란 제조업자로부터 유통업자에 이르는 상품의 물류체계를 신속하게 유지되도록 하기 위한 전략이다.

40 ④
ㄱ. ISO 28000(물류보안경영시스템) : 공급망을 위한 보안관리시스템의 요구사항에 관한 국제표준으로 기업이 공급망 내 보안 위협 요인을 분석하고 위협 발생 시 이를 관리할 수 있도록한다.
ㄴ. AEO(수출입안전관리우수공인업체) : 세관에서 물류기업이 일정 수준 이상의 기준을 충족하면 통관절차 등을 간소화시켜주는 제도이다.
ㄷ. C-TPAT(대테러 세관 무역업자간 파트너십) : 세관·국경보호국(CBP)이 도입한 반테러 민·관 파트너십제도로서, 수입업자, 선사, 항공사, 터미널 운영사 포워더, 통관중개인 등을 적용대상으로 하는 제도이다.

2과목 화물운송론

41	③	42	③	43	②	44	④	45	③
46	③	47	⑤	48	⑤	49	②	50	③
51	⑤	52	①	53	③	54	④	55	⑤
56	①	57	⑤	58	④	59	②	60	④
61	③	62	④,⑤	63	①	64	②	65	④
66	②	67	⑤	68	⑤	69	②	70	①
71	③	72	④	73	④	74	①	75	①
76	②	77	①	78	②	79	⑤	80	④

41 ③ 화물운송의 3요소에는 운송방식(Mode), 운송경로(Link), 운송연결점(Node)이 있다.

42 ③ 운송 효율화 측면에서 운송비용을 절감하기 위해서는 소량운송보다는 대량운송이 적합하다.

43 ② 운송수단의 선택에서 특화된 운송서비스를 제공하거나 틈새시장을 공략하기 위한 경우라도 일반적인 선택기준을 대신 다른 기준을 적용하는 경우도 있다. 또한, 운송비 부담력은 고려하여야 한다.

44 ④ 해상운송은 장거리 운송의 장점을 가지고 있지만, 대량화물을 운송할 때 자동차 운송보다 유리하다.

45 ③ 파이프라인 운송에는 운송대상과 운송경로에 관한 제약이 많다.

46 ③ 물류네트워크 연계점에서의 연결이 용이성, 운송절차와 송장서류 작성이 간단성 등은 편리성에 대한 설명이다.

47 ⑤ 화물운송의 합리화 방안으로는 운송업체의 대형화를 유도해야 한다.

48 ⑤ 채트반 공식으로 산출된 경계점 거리이내에서는 철도운송보다 화물자동차운송이 유리하다.

49 ② 중량에 비해 부피가 큰 화물에 적용되며, Drum, Barrel, Roll 등과 같이 화물 사이에 공간이 생기는 화물에 적용되는 운임산정기준은 용적기준이다.

50 ③ 덤프트럭, 분립체 운송차, 액체 운송차은 전용특장차에 해당하며, 적화·하역 합리화차, 측면 전개차는 합리화 차량에 해당한다.

51 ⑤ 화물자동차의 운행제한 기준으로는 다음과 같다.
① 축하중 : 10톤 이내
② 길이 : 자동차길이의 1/10을 더한 길이 이내, 고속도로에서는 19m 이내
③ 너비 : 후사경으로 후방을 확인할 수 있는 너비. 고속도로에서는 3m
④ 높이 : 지상으로부터 4m 이내, 고속도로에서는 4.2m

52 ① 폴트레일러 트럭(Pole-trailer truck)은 차량 한 대로 안전하게 운송하기 어려운 장대화물을 안전하게 운송하기 위하여 이용되는 차량이다. 일반적으로 돌리(Dolly)라고 칭하며 견인차량과는 긴 Pole에 의해서 연결된다.

53 ③ ① 유류비 ② 수리비 ④ 윤활유비 ⑤ 도로통행료 은 변동비에 해당하며, ③ 감가상각비는 고정비에 해당한다.

54 ④ 위험물을 컨테이너 일부에만 수납하는 경우에는 위험물을 컨테이너 문에서 가까운곳에 수납해야 한다.

55 ⑤ 4개의 모서리에 기둥과 버팀대만 두어 전후, 좌우 및 위쪽에서 적재·하역할 수 있는 컨테이너는 플랫래크 컨테이너(Flat rack container)이다.

56 ① 블록 트레인(Block Train)은 자체 화차와 터미널을 가지고 항구 또는 출발지 터미널에서 목적지인 내륙터미널 또는 도착지점까지의 선로를 빌려 철도·트럭 복합운송을 제공하는 고속직행열차서비스 방식이다. 이는 물량 등이 충분하며, 조차장이 적은 철도망인 경우에 매우 효율적인 서비스 형태이다.

57 ⑤ 공컨테이너의 운송은 할인이 적용된다.(74% 할인)

58 ④ 리버스 마이크로 랜드브리지(RIPI;Reversed Interior Point Intermodal)은 IPI 서비스에 대응하여 만들어진 서비스로, 미국의 동해안 및 걸프지역까지 해상운송되어 양륙된 화물을 철도 또는 트럭에 의해 내륙운송하고 최종 목적지의 철도터미널 또는 트럭터미널에서 수화인에게 인도되는 방식이다.

59 ② 철도운송은 타 운송수단과의 연계 없이 Door to Door 서비스가 불가능하다.

60 ④ 운임단위를 무게 기준인 중량톤과 부피 기준인 용적톤으로 산출하고 원칙적으로 운송인에게 유리한 운임단위를 적용하는 운임톤은 Revenue Ton(R/T)에 대한 설명이다.

61 ③ 제2선적제도는 한 나라의 특정 지역을 정하여 그 지역에 등록한 외항 선박에 대하여는 그 나라 국적선과는 달리 편의치적선에 준하는 선박관련세제 및 선원고용상의 특례를 부여하는 제도를 말한다.

62 ④,⑤ 항해용선 계약의 운임결정은 선복으로, 나용선 계약의 운임결정은 기간을 기초로 하고, 항해용선 계약의 용선주 비용부담은 운항에 필요한 모든 비용, 나용선 계약의 용선주 비용부담은 보험료와 상각비이다.

63 ① 잠재하자약관은 잠재된 하자로 기인된 손해에 대해서 운송인의 면책사항을 규정한 것이다.

64 ② Letter of Indemnity(파손화물보상장)은 본선수취증(M/R)의 적요란(Remarks)에 고장문언이 기재된 고장본선수취증(Dirty : Foul M/R)을 그대로 선박회사에 제시하면 선박회사는 고장문언이 기재된 고장선하증권(Dirty : Foul B/L)을 발행한다. 고장선하증권을 은행에 제시하면 은행은 매입을 거절하므로 송하인이 무고장선하증권(Clean B/L)을 발행받기 위하여 선박회사에 대해서 M/R 면에 기재된 고장문언의 삭제에 관하여 그 책임은 송하인이 부담한다는 것을 기술한 서장인 Letter of Indemnity(L/I)를 선사에 제출한다.

65 ④ 화물의 실제 운송 경로는 운임 산출 시 근거로 한 경로와 반드시 일치할 필요는 없다.

66 ② 전기종 간의 ULD 호환성이 낮으며, 사용된 ULD는 관리가 어려워 회수상의 문제가 발생한다.

67 ⑤ 운송주선인은 운송수단을 보유하지 않고 계약운송인으로서 운송책임을 진다.

68 ⑤ 항공화물운송주선업자는 화물혼재업자이며, CFS(Container Freight Station)업자는 해상운송과 관련이 있다.

69 ② 물류센터 → 2 : 90
2 → 1 : 40
1 → 3 : 70
3 → 물류센터 : 30
따라서 소요되는 최소시간은 90 + 40 + 70 + 30 = 230분

70 ① 디딤돌법이란 최적해 여부를 검증하기 위해 할당되지 않은 공란에 필요단위를 할당했을 때 비용의 증감효과를 평가하여 최적해에 접근하게 되는 방법이다.

71 ③ 8곳의 물류센터를 모두 연결하려면 7개의 도로가 필요하므로 가장 최소길이의 도로를 순차적으로 7개를 선택한다. 따라서 필요한 도로의 최소 길이는 2 + 2 + 3 + 3 + 4 + 4 + 5 = 23이 된다.

72 ④
- 물류센터 → 4 : 10
  4 → 1 : 20
  4 → 8 : 20
  8 → 5 : 20
  물류센터 → 7 : 20
  1 → 2 : 30
  2 → 3 : 30
  물류센터 → 6 : 30
- 단. 4에서 7로 가는 경로 길이 30은 물류센터에서 7로 가는 경로 길이 20으로 이미 최단 경로가 충족되었기 때문에 제외시킨다.
- 네트워크의 총길이는 10 + 20 + 20 + 20 + 20 + 30 + 30 + 30 = 180이 된다.

73 ④
- 운송비용 : (23,000 × 120) + (25,000 × 100) + (27,000 × 50) = 6,610,000
- 패널티 : (150,000 × 0) + (200,000 × 10) + (180,000 × 20) = 5,600,000
- 운송비용 + 패널티 = 6,610,000 + 5,600,000 = 12,210,000

74 ① ①B-W에 80, ②C-X에 100, ③C-Y에 30, ④B-Y에 40, ⑤A-Y에 20, ⑥A-Z에 80이 할당된다.
따라서 운송량이 전혀 할당되지 않은 셀은 A-W, A-X, B-X, B-Z, C-W, C-Z이다.

75 ① ① 성장인자법(Growth Factor Method)은 화물분포모형에 해당하고, ② 회귀분석법(Regression Model)과 ③ 성장률법(Growth Rate Method)은 화물발생모형에 해당한다. ④ 로짓모형(Logit Model)은 수송분담모형에 해당하고, ⑤ 다이얼모형(Dial Model)은 통행배정모형에 해당한다.

76 ② 공식적인 계약에 따른 개인 보증제도라기 보다는 불특정 다수의 이용자들이 요청하는 화물집 화서비스를 제공한다

77 ① 운송물이 현금, 카드, 어음. 수표 유가증권 등 현금화가 가능한 물건에 해당하는 경우 사업자는 운송물의 수탁을 거절할 수 있다.

78 ② ㄴ. 사업자가 운반하는 도중에 운송물의 포장이 훼손되어 재포장하는 경우 지체없이 고객(송화인)에게 그 사실을 알려야 한다.
ㅁ. 사업자는 운송물의 포장이 운송에 적합하지 아니한 때에는 고객(송화인)에게 필요한 포장을 하도록 청구하거나, 고객(송화인)의 승낙을 얻어 운송 중 발생될 수 있는 충격량을 고려하여 포장을 하여야 한다. 다만, 이 과정에서 추가적인 포장비용이 발생할 경우에는 사업자는 고객(송화인)에게 추가 요금을 청구할 수 있다.

79 ⑤ ① 사업자는 운송 중에 발생한 운송물의 멸실, 훼손 또는 연착에 대하여 고객(송화인)의 청구가 있으면 그 발생일로부터 1년에 한하여 사고증명서를 발행한다.
② 사업자는 운송장에 운송물의 인도예정일의 기재가 없는 경우, 도서·산간지역은운송물의 수탁일로부터 3일에 해당하는 날까지 인도한다.
③ 운송물의 일부 멸실 또는 훼손에 대한 사업자의 손해배상책임은 고객(수화인)이운송물을 수령한 날로부터 14일 이내에 그 사실을 사업자에게 통지를 발송하지 아니하면 소멸한다.
④ 운송물의 일부 멸실, 훼손 또는 연착에 대한 사업자의 손해배상책임은 고객(수화인)이 운송물을 수령한 날로부터 1년이 경과하면 소멸한다.

80 ④ 사업자가 고객(송화인)으로부터 배상요청을 받은 경우 고객(송화인)이 영수증 등 손해입증서류를 제출한 날로부터 30일 이내에 사업자가 우선 배상한다. 단, 손해입증서류가 허위인 경우에는 적용되지 아니한다.

3과목 국제물류론

81	①	82	①	83	②	84	②	85	①
86	①	87	⑤	88	④	89	②	90	④
91	⑤	92	①	93	③	94	③	95	④
96	⑤	97	①	98	⑤	99	③	100	②
101	⑤	102	④	103	④	104	①	105	③
106	②	107	⑤	108	⑤	109	⑤	110	⑤
111	⑤	112	②	113	③	114	①	115	④
116	①	117	④	118	①	119	②	120	④

81 ① 현지물류체계는 본국 중심의 생산활동과 자체적인 현지국 물류시스템을 이용한 판매활동이 이루어진다.

82 ① 고전적 시스템은 가장 보편화되어 있는 방식으로 물품이 수출국 기업에서 수입국 자회사 창고로 출하된 후 발주요청이 있을 때 그 창고에서 최종고객에게 배송되는 형태이다. 이 경우 자회사는 일종의 창고로서 기능을 하게 된다. 저렴한 운송비, 혼재운송, 서류작성 감소, 안전재고 품절방지 등의 장점이 있으나 해외 자회사 창고가 대형화되어야 하므로 보관비용이 많이 든다는 단점이 있다.

83 ② 재화중량톤수는 가장 중요한 톤수로서 만재배수톤수와 경화배수톤수의 차이로 계산한다. 선박의 매매 및 용선료의 산출기준이 된다. 재화중량톤수에서 연료, 청수, 식량 및 선용품과 소지품 등을 제외한 중량을 순재화중량(Net Dead Weight)이라 하고 이것이 실제의 적재화물의 중량이 된다.

84 ② 표준서식으로 Gencon 서식을 주로 이용하는 것은 항해용선계약이다.

85 ① 정기선 운송은 항로가 일정한 특징이 있다.

86 ① ㄱ. Berth Term
화주가 화물을 선측까지 운송하여 선주에게 인도하면 선주가 화물을 태클에 걸어서 선적하면서부터 적재하역비, 선내하역비 및 목적항에서의 양륙하역비와 화물손상에 대한 책임을 부담한다.
ㄴ. FI Term
본선내로의 적재하역비 및 선내하비와 그 작업 중의 손해비용을 선주가 부담하지 않고 화주가 부담하는 조건을 말한다. 즉, 선주는 양륙작업에 대한 책임 및 비용을 부담한다.

87 ⑤ 미국 외항해운개혁법(OSRA)에서는 연방해사위원회에 신고한 공동행위는 허용되었다.

88 ④ 화폐, 보석, 유가증권, 미술품 등 고가품의 운송에 있어서 화물의 가격을 기초로 일정률을 징수하는 운임은 종가운임(Ad Valorem Freight)이다.

89 ② Off Hire은 용선기간 중 용선자의 귀책사유가 아닌 선체의 고장이나 해난과 같은 불가항력 사유 때문에 발생하는 휴항약관조항이다.

90 ④ 최근 정기선 시장은 글로벌 공급망 확대에 따른 서비스 범위가 확대되고 있다.

91 ⑤ Gencon Charter Party에서는 7일 하역량이 아닌 일일 하역량 등 약정된 화물량을 기재한다

92 ① 공적운임이란 화물의 실제 적재량이 계약량에 미달할 경우 그 부족분에 대해 지불하는 운임이다.

93 ③ • No compensation shall be payable for loss resulting from delay in delivery unless a notice has been given in writing to the carrier within (60) consecutive days after the day when the goods were handed over to the (consignee).
• Any action relating to carriage of goods under this Convention is time-barred if judicial or arbitral proceedings have not been instituted within a period of (two) years.

94 ③ 잡지는 할인요금 대상이다.

95 ④ 항공화물 손상(damage) 사고로 생동물이 수송 중 폐사되는 경우를 뜻하는 용어 Mortality이다.

96 ⑤ 항공화물운송장은 그 작성자가 책임 및 불이익을 받는다.

97 ① ㄱ : Freight Forwarder(운송주선인) : 복합운송증권의 표면에 운송인으로 표기된 자로서 화주와 복합운송계약을 체결하고 그 계약이행의 책임을 지는 사람을 말한다.
ㄴ : Merchant(화주) : 본 운송증권의 실제 또는 전 소지인을 의미하며, 그리고 송화인, 수화인, 물품의 소유자와 수령인 및 그들의 대리인을 포함한다

98 ⑤ NVOCC는 국제화물운송수단(선박, 항공기, 기차 또는 트럭)을 직접 보유하지 않으나 운송인의 지위에서 송하인과 복합운송계약을 체결하고 전 구간의 운송을 그의 책임으로 이행하고 그에 대한 보수를 받는 자를 말한다.

99 ③ • 이종책임체계(network liability system)란 각기 다른 운송수단에 의하여 복합운송이 이루어지는 경우에 그 운송구간에 해당하는 국제규칙이나 국내법이 적용되는 책임체계를 이종책임체계라고 한다.
• 해상, 육상, 항공 등의 운송구간 또는 운송방식에 따라서 각각 고유한 법 원칙을 존중하여 운송물의 멸실 또는 손상이 생긴 운송구간에 적용함으로써 기존 운송법상의 책임제도와 조화를 이루는 책임체계를 말한다

100 ② ㄱ. Hague Protocol(1955)
ㅁ. Montreal Convention(1999)은 항공운송
ㄴ. CMR Convention(1956) 복합운송
ㄷ. CIM Convention(1970) 철도운송
ㄹ. CMI Uniform Rules for Electronic Bills of Lading (1990) 전자선화증권
ㅂ. Rotterdam Rules(2008)은 해상운송과 관련된 규칙이다.

101 ⑤ Transfer Crane은 해상운송 부두에서 사용되는 하역장비이다.

102 ④ 액체화물을 운송하기 위하여 내부에 원통형의 탱크(Tank) 형태의 컨테이너는 Liquid Bulk Container이다.

103 ④ 알루미늄컨테이너는 가볍고 견고한 장점이 있으나, 가격이 다소 비싸다.

104 ① ㄱ. 상법이나 선화증권의 준거법에서 규정하고 있는 법정기재사항을 충족하여야 함 → 요식증권
ㄴ. 선화증권상에 권리자로 지정된 자가 배서의 방법으로 증권상의 권리를 양도할 수 있음 → 지시증권
ㄷ. 선화증권의 정당한 소지인이 이를 발급한 운송인에 대하여 물품의 인도를 청구할 수 있는 효력을 지님 → 채권증권

105 ③ IPI(Interior Point Intermodal)는 미국 내륙지점으로부터 최소한 2개의 운송수단을 이용한 일관된 복합운송서비스로 극동지역의 항만에서 북미의 서해안 항만까지 해상운송한 후 북미 대륙의 횡단철도를 이용하여 화물을 인도한다.

106 ② 미국 세관직원이 수출국 항구에 파견되어 수출국 세관직원과 합동으로 미국으로 향하는 컨테이너 화물 중 위험요소가 큰 컨테이너 화물을 선별하여 선적 전에 미리 화물 검사를 시행하게 하는 컨테이너 보안 협정은 CSI에 대한 설명이다.

107 ⑤ 항공화물운송장은 비유통성, 기명식의 특징이 있고, 선화증권은 운송인이 작성하는 특징이 있다.

108 ⑤ CY/CFS(FCL/LCL)운송은 수출지 CY로부터 수입지 CFS까지 운송하는 방식으로 한명의 송화인과 다수의 수화인으로 구성되어져 있다.

109 ⑤ UNCTAD/ICC규칙(1991)상 복합운송증권은 유통성 또는 비유통성으로 발행 할 수 있다.

110 ⑤ YAR(York-Antwerp Rules, 2004)은 공동해손이 발생한 경우 손해 및 비용의 처리를 위해 사용되는 국제규칙으로 공동해손에 관한 국제적 통일규정이 필요하게 되어 1890년에 제정되었다.

111 ⑤ ICC(A)(2009)에서는 제3자의 불법행위에 의한 고의적인 손상 또는 파괴는 보상하지만 피보험자의 고의적 불법행위는 보상하지 않는다.

112 ② EXW 규칙은 매도인이 매도인의 공장이나 창고 등 영업구내 또는 기타지정인도장소(그 지정인도장소에 합의된 지점이 있는 경우에는 그 지점)에서 물품을 매수인의 처분하에 둠으로써 인도되는 것을 의미한다. 또한 EXW 규칙에서 지정인도장소 내에 이용 가능한 복수의 지점이 있는 경우에 매도인은 그의 목적에 가장 적합한 지점을 선택할 수 있다.

113 ⑤ 보험의 목적물을 손해로부터 방지·경감하기 위하여 피보험자가 지출하는 비용을 비용손해라고 한다. 비용손해는 분손의 일종으로 보험자가 전보하는 바 비용손해와 물적손해의 합계가 보험금액을 초과하는 경우에는 초과분의 비용손해는 전보하지 않는다. 단 손해방지비용은 초과분도 보상한다.
즉, 비용손해는 보험목적물의 안전과 보존을 위하여 구조계약을 체결했을 경우 발생하는 비용은 특별비용으로 보상될 수 있다.

114 ① 중재인은 해당분야 전문가인 민간인으로서 법원이 임명하는 것이 아니라 당사자가 중재인을 선임할 권리가 있다.

115 ④ 목적지의 양하비용 중에서 오직 운송계약상 매도인이 부담하기로 된비용을 부담하는 규칙은 DAP 이다.

116 ① 특허보세구역이란 개인 또는 법인이 신청을 하면 세관장이 특허해 주는 보세구역으로 보세창고, 보세공장, 보세건설장, 보세전시장, 보세판매장 등이 있다. 그 중 보세전시장에서는 박람회 등의 운영을 위하여 외국물품을 장치·전시하거나 사용할 수 있다

117 ④ Incoterms 2020에서는 매매물품의 소유권과 물권의 이전, 매매계약 위반에 대하여 구할 수 있는 구제수단에 대해서는 다루지 않는다.

118 ① 여행자가 외국물품인 휴대품을 관세통로에서 소비하거나 사용하는 경우는 수입으로 보지 아니한다.

119 ② ICD란 항만이 아닌 내륙에 위치하여 컨테이너 화물처리 시설을 갖추고 수출입 통관업무 및 기타 관련 모든 업무를 종합적으로 처리할 수 있는 종합물류 터미널을 말한다. ICD는 항만 내에서 이루어져야 할 본선적재작업과 마셜링 기능을 제외한 보관기능, 집하분류기능 등을 수행한다.

120 ④ 승낙이란 청약을 받은 피청약자가 청약을 수락하고 계약을 성립시킨다는 의사표시를 말하며, 청약과 승낙을 통해 당사자가 합의한 내용을 계약서의 작성을 통해 명확히 한다. 특히 CISG에서는 서신에서 지정한 승낙기간은 서신에 표시되어 있는 일자 또는 서신에 일자가 표시되지 아니한 경우에는 봉투에 표시된 일자로부터 계산한다.

4과목 보관하역론

01	③	02	④	03	③	04	⑤	05	③
06	③	07	①	08	⑤	09	②	10	③
11	①	12	②	13	④	14	②	15	④
16	④	17	②	18	①	19	③	20	⑤
21	③	22	④	23	②	24	⑤	25	④
26	②	27	①	28	④	29	⑤	30	④
31	⑤	32	②	33	⑤	34	①	35	①
36	②	37	⑤	38	④	39	①	40	⑤

01 ③ 연대출고가 예상되는 관련 품목을 출하가 용이하도록 모아서 보관하는 것은 네트워크 보관의 원칙이다. 유사성의 원칙이란 유사품을 모아 근처에 보관하는 원칙이다.

02 ④ 제품의 공간적 효용 창출하는 것은 운송의 기능이다.

03 ③ 화차(철도화차)로 출하하기 위하여 일시 대기하는 화물의 보관을 위한 물류센터는 배송센터이다.

04 ⑤ ㄱ. 항만지역과 비교하여 창고 보관 시설용 토지 매입이 용이하다.
ㄴ. 화물의 대단위화로 운송의 효율이 발생한다.

05 ③ 복합 물류터미널은 일시적 보관 위주의 보관 기능을 강화한 시설이다.

06 ③ $X = \dfrac{(50 \times 100) + (20 \times 200) + (10 \times 200) + (100 \times 500)}{100 + 200 + 200 + 500}$

$= \dfrac{61{,}000}{1{,}000} = 61$

$Y = \dfrac{(10 \times 100) + (50 \times 200) + (10 \times 200) + (150 \times 500)}{100 + 200 + 200 + 500}$

$= \dfrac{88{,}000}{1{,}000} = 88$

07 ① 물류센터의 규모 산정 시 목표 재고량은 고려하나 서비스 수준도 고려 대상이다.

08 ⑤ 토지 가격뿐만 아니라 물류비, 고객서비스 등을 종합적으로 고려한다.

09 ② ① 순현재가치법 : 투자로 인해 발생하는 현금 유입액을 현재의 가치로 할인계산하여 모두 더한 값에서 투자금을 차감한 것이 0보다 큰 경우 투자한다.
③ 브라운깁슨법 : 필수적 요인(인력확보 용이성, 지역사회 호응도, 교통의 편리성 등), 객관적 요인(원자재, 판촉비, 인건비, 건축비, 세금 등), 주관적 요인(공단지역, 기후, 교육환경, 노조문제 등)으로 구분하여 반영비율에 의한 입지평가지표를 계산하여 입지를 결정하는 방법이다.
④ 손익분기점법 : 고정비와 변동비를 고려하여 투자 여부를 결정한다.
⑤ 자본회수기간법 : 투자금이 회수되는데 걸리는 시간을 고려하여 투자한다.

10 ③ 파렛트 화물을 한쪽 방향에서 넣으면 중력에 의해 미끄러져 인출할 때는 반대방향에서 화물을 반출할 수 있게 만든 보관 설비는 Flow Rack이다. 파렛트 랙(Pallet Rack)은 랙 안에 파렛트화된 화물을 넣어 보관하는 설비를 말한다.

11 ① 평치(바닥보관), 선반 및 특수 시설의 사용 여부는 출하 차량의 동선과는 관계가 없다.

12 ② 하역장비 설치는 시공 및 운영단계에서 수행하는 활동이다.

13 ④ (ㄱ) 임의위치저장방식: 물품의 저장위치를 임의로 결정하는 방식이므로, 각 기간별 저장공간의 합산이 최대인 값으로 산출된다. 따라서 각 기간의 저장공간을 합산해보면, 1주 - 51, 2주 - 73, 3주 - 76, 4주 - 57, 5주 - 53, 6주 - 89이므로 최대 값인 89가 된다.
(ㄴ) 지정위치저장방식: 물품에 대하여 사전에 지정된 위치에 저장하는 방식으로 각 제품별 최대 저장공간의 합산으로 산출된다. 제품의 최대 저장공간을 합산하면, 34(A) + 25(B) + 35(C) = 94가 된다.

14 ② 제1형태(P-)P)는 파렛트로 보관 후 출고하는 형태이다. 암랙(Arm Rack)은 장척 화물에 활용되는 장비이므로, 파렛트 보관과는 관련이 없다.

15 ④ ① 보세창고는 세관장의 허가를 받은 경우에는 통관되지 않은 내국물품도 장치할 수 있다.
② 영업창고는 임대료를 획득하기 위해 건립되므로 자가창고에 비해 화주 입장의 창고설계 최적화가 불가능하다.
③ 영업창고는 자가창고에 비해 창고 확보와 운영에 소요되는 비용 및 인력문제와 화물량 변동에 탄력적으로 대응할 수 있다.
⑤ 임대창고는 특정 보관시설을 임대하여 물품을 보관하는 창고형태로 민간이 설치 및 운영한다.

16 ④ • 수급조정기능 : 물품 생산과 소비의 시간적 간격을 조정하여 일정량의 화물이 체류하도록 한다.
• 가격조정기능 : 물품의 수급을 조정하여 가격안정을 도모한다.
• 연결기능 : 물류활동을 연결시키는 터미널로서의 기능을 수행한다.
• 신용기관적 기능 : 창고에 물품을 보관하여 재고를 확보함으로써 품절을 방지하여 신용을 증대시키는 역할을 수행한다.

17 ② ① 할인율이 없다. 경제적 주문량(EOQ) 모형에서는 가격할인이 없다고 전제한다.(할인율 없음)
③ 재고유지비용은 평균재고량에 비례한다.
④ 재고부족에 대응하기 위한 안전재고가 필요없다. 경제적 주문량(EOQ) 모형에서는 안전재고를 보유하지 않는 것을 전제로 한다.
⑤ 수요가 확실하기 때문에 주문량과 주문간격이 일정하다.

18 ① ② 사업장별 다양한 요구를 반영하여 구매하기에 용이하다. → 분산구매방식의 특징이다.
③ 사업장별 독립적 구매는 불가능하고, 수량할인이 있는 품목에는 유리하다.
④ 전사적으로 집중구매하기 때문에 가격 및 거래조건이 유리하다.
⑤ 구매절차의 표준화가 가능하여 긴급조달이 필요한 자재의 구매에 불리하다.

19 ③ • 차기예측치 = 당기 판매예측치 + a(당기 판매실적치 – 당기 판매예측치)
• 7월 예측 판매량 = 50,000 + 0.4(48,000 – 50,000) = 49,200
• 8월 예측 판매량 = 49,200 + 0.4(52,000 – 49,200) = 50,320

20 ⑤ • 경제적주문량(EOQ) = $\sqrt{\frac{2 \times 160000 \times 90000}{20000}}$
= $\sqrt{1440000}$ = 1,200
• 연간 발주횟수 = 90,000/1,200 = 75회
• 재고비용 = 24,000,000원
 (1) 주문비용 : 75회 × 160,000 = 12,000,000원
 (2) 재고유지비용 : 1,200(EOQ) / 2 × 20,000원(단위당 재고비용) = 12,000,000원

21 ③ 원인과 결과관계를 가지는 두 요소의 과거 변화량에 대한 인과관계를 분석한 방법으로 정량적 수요예측방법은 회귀분석법이다. 델파이법(Delphi Method)은 전문가들로부터 메일 등의 방법으로 의견을 받아 수요를 예측하는 방법이다.

22 ④ (리드타임 × 1일 수요량) + (서비스수준 × 표준편차 × $\sqrt{리드타임}$)
(9일 × 40개) + (1.282 × 20 × 루트9) = 437

23 ② 안전재고에 대응하기 위하여, 그리고 수요의 변동을 이유로 발생한다.

24 ⑤ 공급업체와 생산업체의 상호협력을 통해 낭비를 제거하여 운영한다. 즉 안전재고를 확보할 필요는 없다.

25 ④ • 운반 활성화의 원칙: 화물의 이동 용이성을 지수로 하여 이 지수의 최대화를 지향하는 원칙으로 관련 작업을 조합하여 화물 하역작업의 효율성을 높이는 것을 목적으로 한다.
• 하역 경제성의 원칙: 불필요한 하역작업의 생략을 통해 작업능률을 높이고, 화물의 파손 및 분실 등을 최소화하는 것을 목적으로 한다.
• 거리 최소화의 원칙: 하역작업 시 화물의 이동거리를 최소화하는 것을 목적으로 한다.

26 ② • 피킹 : 보관장소에서 물건을 꺼내는 작업이다.
• 운반 : 생산, 유통, 소비 등에 필요하므로 하역의 일부로 볼 수 있으며, 창고 내부와 같이 한정된 장소에서 화물을 이동하는 작업이다.
• 배닝 : 컨테이너에 물건을 싣는 작업이다.
• 적재 : 물건을 창고 등의 보관시설 장소로 이동하여 정해진 형태로 정해진 위치에 쌓는 작업이다.

27 ① ① 대차에 실어 놓은 상태 - 활성화지수 3
② 파렛트 위에 놓인 상태 - 활성화지수 2
③ 화물이 바닥에 놓인 상태 - 활성화지수 0
④ 컨베이어 위에 놓인 상태 - 활성화지수 4
⑤ 상자 안에 넣은 상태 - 활성화지수 1

28 ④ 하역시스템의 도입 목적은 범용성과 융통성을 지향하는데 있다.

29 ⑤ ① 팝업(Pop-up) 방식: 컨베이어 반송면의 아래 방향에서 벨트 등의 분기장치가 나오는 방식으로 하부면의 손상 및 충격에 취약한 화물에는 적합하지 않다.
② 크로스벨트(Cross belt) 방식: 레일을 주행하는 연속된 캐리어 상의 소형벨트 컨베이어를 레일과 교차하는 방향으로 구동시켜 단위화물을 내보내는 방식이다.
③ 슬라이딩슈(Sliding-shoe) 방식: 반송면에 튀어나온 기구를 넣어 단위화물을 함께 이동시키면서 압출하는 방식이다.
④ 캐러셀(Carousel) 방식: 여러 형상의 화물을 수직으로 나누어 강제적으로 분류하므로 충격에 취약한 정밀기기나 깨지기 쉬운 물건은 피해야 한다.

30	④	① 사이드 포크형은 전방이 아닌 차체의 측면에 포크와 마스트가 장착된 지게차이다. ② 디젤엔진식은 유해 배기가스와 소음이 많아 실내작업에 적합한 환경친화형 장비는 아니다. ③ 탑핸들러는 스프레더를 장착하고 항만 컨테이너 야드 등 주로 넓은 공간에서 사용된다. ⑤ 스트래들(Straddle)형은 차체전방에 아웃리거를 설치하고 그 사이에 포크를 위치시켜 안정성을 향상시킨 지게차이다.
31	⑤	중량화물이나, 유해하거나 위험한 화물 등이 날이 갈수록 증가되기 때문에 이러한 화물을 인명 피해 없이 안전하게 처리하기 위하여 하역 기계화가 요구된다.
32	②	한국 1,100mm × 1,100mm 일본 1,100mm × 1,100mm 영국 800mm × 1,200mm 미국 1,219mm × 1,016mm
33	⑤	일관파렛트화는 운송 상의 편의를 제공하는 것이므로, 제품의 과잉생산 방지와는 관련이 없다.
34	①	이외에도 거래단위의 표준화, 보관 표준화 등이 유닛로드 시스템(Unit Load System)의 선결과제에 해당한다.
35	①	• 즉시교환방식 : 유럽 각국의 국영철도역에서 파렛트 적재 형태로 운송하며, 파렛트를 동시에 교환하여 사용하는 것으로 언제나 교환에 응할 수 있도록 파렛트를 준비해 놓는 방식이다. • 리스·렌탈방식 : 개별 기업에서 파렛트를 보유하지 않고, 파렛트 풀 회사에서 일정 기간 동안 임차하는 방식이다. • 렌탈방식 : 파렛트 풀 회사에서 필요에 따라 임대해 주는 방식 • 교환리스병용 방식 : 교환방식과 렌탈방식의 결점을 보완한 방식 • 대차결제 방식 : 교환방식의 단점을 개선하여 현장에서 즉시 교환하지 않고 일정시간 내에 반환하는 방식
36	②	화물을 파렛트나 컨테이너를 이용하여 컨테이너용 선박으로 운송한다.
37	⑤	호퍼(Hopper)는 벌크화물(시멘트, 곡물, 사료 등)을 저장 용기 또는 이를 운반하는 차량을 의미한다.
38	④	① 선적화물(船積貨物)을 싣거나 내릴 때 그 화물의 개수를 계산하는 행위 – 검수사업 ② 선적화물 및 선박(부선을 포함한다)에 관련된 증명·조사·감정을 하는 행위 – 감정사업 ③ 선적화물을 싣거나 내릴 때 그 화물의 인도·인수를 증명하는 행위 – 검수사업 ⑤ 선적화물을 싣거나 내릴 때 그 화물의 용적 또는 중량을 계산하거나 증명하는 행위 – 검량사업
39	①	② 방수 포장 – 물로부터 보호 ③ 방습 포장 – 습기로부터 보호 ④ 진공 포장 – 공기 등 물질로부터 보호 ⑤ 완충 포장 – 충격으로부터 보호
40	⑤	열수축성 플라스틱 필름을 화물에 씌우고 터널을 통과시킬 때 가열하여 필름을 수축시키는 방법은 쉬링크(Shrink) 포장이다. 슬리브 방식은 필름 등으로 마는 방식이다.

5과목 물류관련법규

41	⑤	42	⑤	43	①	44	③	45	⑤
46	④	47	②	48	⑤	49	④	50	④
51	①	52	③	53	④	54	③	55	④
56	②	57	③	58	④	59	③	60	⑤
61	③	62	⑤	63	②	64	①	65	②
66	③	67	③	68	③	69	③	70	③
71	②	72	②	73	①	74	①	75	④
76	②	77	④	78	①	79	③	80	④

41	⑤	국토교통부장관은 국가물류기본계획을 수립한 때에는 이를 관보에 고시하여야 한다.
42	⑤	4가지 모두 물류정책기본법령상 국토교통부장관이 행정적·재정적 지원을 할 수 있는 환경친화적 물류활동을 위하여 하는 활동에 해당한다.
43	①	「대한무역투자진흥공사법」에 따른 대한무역투자진흥공사는 물류연수기관이 될 수 있다.
44	③	녹색물류협의기구의 위원장은 위원 중에서 호선한다.
45	⑤	물류시설분과위원회의 위원장은 해당 분과위원회의 위원 중에서 국토교통부장관이 지명하는 사람으로 한다.

46 ④ ① 컨테이너장치장을 소유하고 있는 자가 국제물류주선업을 등록하려는 경우 1억원 이상의 보증보험에 가입하지 않아도 된다. (대상 아님)
② 국제물류주선업을 경영하려는 자는 시·도지사에게 등록하여야 한다.
③ 국제물류주선업자는 등록기준에 관한 사항을 3년이 경과할 때마다 신고하여야 한다.
⑤ 시·도지사는 국제물류주선업자의 폐업 사실을 확인하기 위하여 필요한 경우에는 해당 세무관서의 장에게 폐업에 관한 과세정보의 제공을 요청할 수 있다.

47 ② 국제물류주선기업에 대한 우수물류기업 인증의 주체는 국토교통부장관이다.

48 ⑤ 3가지 사항 모두 물류정책기본법령상 물류 공동화·자동화 촉진에 관한 설명이다.

49 ④ 물류시설의 개발 및 운영에 관한 법의 시행령에는 국가 또는 지방자치단체는 물류터미널사업자가 설치한 물류터미널의 원활한 운영에 필요한 기반시설의 설치 또는 개량에 필요한 예산을 지원할 수 있으며, 이러한 기반시설에는 ①, ②, ③, ⑤만 기재되어 있다.

50 ④ 물류터미널사업협회를 설립하려는 경우에는 해당 협회의 회원의 자격이 있는 자 중 5분의 1 이상의 발기인이 정관을 작성하여 해당 협회의 회원 자격이 있는 자의 3분의 1 이상이 출석한 창립총회의 의결을 거친 후 국토교통부장관의 설립인가를 받아야 한다.

51 ① ② 「항만공사법」에 따른 항만공사는 복합물류터미널사업의 등록을 할 수 있는 자에 해당한다.
③ 「물류시설의 개발 및 운영에 관한 법률」을 위반하여 벌금형을 선고받은 후 2년이 지난 자는 복합물류터미널사업의 등록을 할 수 있다.
④ 부지 면적이 33,000제곱미터인 경우는 복합물류터미널사업의 등록기준 중 부지 면적 기준을 충족한다.
⑤ 복합물류터미널사업자가 그 등록한 사항 중 영업소의 명칭을 변경하려는 경우에는 신고하여야 한다.

52 ③ 물류보안에 관한 사항은 물류시설개발종합계획이 아닌 국가물류기본계획에만 포함되어 있다.

53 ④ 일반물류터미널사업자는 건설하려는 물류터미널의 구조 및 설비 등에 관한 공사 계획을 수립하여 시·도지사의 공사시행인가를 받을 수 있다.

54 ③ 단위[클러스터(cluster)]물류시설은 창고 및 집배송센터 등 물류활동을 개별적으로 수행하는 최소 단위의 물류시설을 말한다.

55 ④ ① 도시첨단물류단지개발사업의 경우에는 물류단지 실수요 검증을 실수요검증위원회의 자문으로 갈음할 수 있다.
② 물류단지개발지침의 내용 중 토지가격의 안정을 위하여 필요한 사항을 변경할 때에는 시·도지사의 의견을 듣고 관계 중앙행정기관의 장과 협의한 후 물류시설분과위원회의 심의를 거칠 필요는 없다. (대상 아님)
③ 국가정책사업으로 물류단지를 개발하는 경우 일반물류단지의 지정권자는 국토교통부장관이 된다.
⑤ 공고된 물류단지개발계획안의 내용에 대하여 의견이 있는 자는 그 열람기간 내에 해당 시장·군수·구청장에게 의견서를 제출할 수 있다.

56 ② 입주기업체 및 지원기관은 특별한 사유가 없으면 이주자 또는 인근지역의 주민을 우선적으로 고용하여야 한다.

57 ③ 국토교통부장관이 공정거래위원회와 협의하여 표준 위·수탁계약서를 고시한 경우, 위·수탁계약의 당사자는 이를 우선적으로 사용하도록 권고할 수 있다.

58 ④ ① 운송사업자가 사망한 경우 상속인이 그 운송사업을 계속하려면 피상속인이 사망한 후 90일 이내에 국토교통부장관에게 신고하여야 한다.
② 국토교통부장관은 신고를 받은 날부터 5일 이내에 신고수리 여부를 신고인에게 통지하여야 한다.
③ 국토교통부장관이 「화물자동차 운수사업법」에서 정한 기간 내에 신고수리 여부를 신고인에게 통지하지 아니하면 그 기간이 끝난 날의 다음날에 신고를 수리한 것으로 본다.
⑤ 상속인이 피상속인의 화물자동차 운송사업을 다른 사람에게 양도하려면 국토교통부장관에게 신고 하여야 한다.

59 ① ② 운송주선사업자는 주사무소 외의 장소에서 상주하여 영업하려면 국토교통부장관에게 허가를 받아 영업소를 설치하여야 한다.
③ 운송주선사업자는 화주로부터 중개를 의뢰받은 화물에 대하여 다른 운송주선사업자에게 수수료를 받고 중개를 의뢰할 수 없다.
④ 운송주선사업자가 운송사업자에게 화물운송을 위탁하는 경우에는 운송가맹사업자의 화물정보망을 이용할 수 있다.
⑤ 부정한 방법으로 화물자동차 운송주선사업의 허가를 받고 화물자동차 운송주선사업을 경영한 자는 허가를 취소하여야 한다.

60 ⑤ ① 화물자동차 운송사업자가 감차 조치 명령을 받은 후 1년이 지나지 않으면 증차를 수반하는 허가사항을 변경할 수 있다.
② 화물자동차 운송사업자는 허가받은 날부터 5년마다 허가기준에 관한 사항을 신고하여야 한다.
③ 국토교통부장관은 운송사업자가 사업정지처분을 받은 경우 주사무소를 이전하는 변경허가를 할 수 없다.
④ 화물자동차 운송사업의 허가에는 기한을 붙일 수 있다.

61 ③ ① 보험등 의무가입자인 화물자동차 운송주선사업자는 각 사업자별로 적재물배상보험등에 가입하여야 한다.
② 이사화물운송만을 주선하는 화물자동차 운송주선사업자는 사고 건당 500만원 이상의 금액을 지급할 책임을 지는 적재물배상보험등에 가입하여야 한다.
④ 보험등 의무가입자 및 보험회사등은 화물자동차 운송사업의 허가가 취소된 경우 책임보험계약등을 해제하거나 해지할 수 있다.
⑤ 적재물배상보험등에 가입하지 아니한 보험등 의무가입자는 과태료 대상이다.

62 ⑤ ① 운송사업자는 운임과 요금을 정하여 미리 신고하여야 하며, 신고를 받은 국토교통부장관은 14일 이내에 신고수리 여부를 신고인에게 통지하여야 한다.
② 화물자동차 안전운임위원회 위원의 임기는 1년으로 하되, 연임할 수 있다.
③ 화물자동차 안전운임위원회에는 산업통상자원부, 국토교통부, 해양수산부의 3급 또는 4급 공무원으로 구성된 특별위원을 둘 수 있다.
④ 화물운송계약 중 화물자동차 안전운임에 미치지 못하는 금액을 운임으로 정한 부분은 무효로 하며, 안전운임과 동일한 운임을 지급하기로 한 것으로 본다.

63 ② ① 국토교통부장관은 휴게소 종합계획을 5년 단위로 수립하여야 한다.
③ 「한국공항공사법」에 따른 한국공항공사는 화물자동차 휴게소 건설사업을 할 수 있는 공공기관에 해당한다.
④ 휴게소 건설사업 시행자는 그 건설계획을 수립하면 이를 공고하고, 관계 서류의 사본을 20일 이상 일반인이 열람할 수 있도록 하여야 한다.
⑤ 「항만법」에 따른 항만이 위치한 지역으로서 화물자동차의 일일 평균 왕복 교통량이 1만5천대인 지역은 화물자동차 휴게소의 건설 대상지역에 해당한다.

64 ① 자가용 화물자동차로서 대통령령으로 정하는 화물자동차로 사용하려는 자는 국토교통부령으로 정하는 기준에 따라 시·도지사에게 신고하여야 한다.

65 ② 폐업 신고의 의무는 폐업신고서가 접수기관에 도달된 때에 이행된 것으로 본다.

66 ③ 부정한 방법으로 화물자동차 운송사업의 허가를 받아 그 허가가 취소된 후 5년이 지난 자

67 ⑤ ① 산업통상자원부장관은 물류공동화를 촉진하기 위하여 필요한 경우에는 시·도지사의 추천을 받아 산업통상자원부령으로 정하는 요건에 해당하는 지역 및 시설물을 공동집배송센터로 지정할 수 있다.
② 공동집배송센터사업자는 지정받은 사항 중 산업통상자원부령으로 정하는 중요사항을 변경하려면 산업통상자원부장관의 변경지정을 받아야 한다.
③ 공동집배송센터의 지정을 받은 날부터 정당한 사유 없이 3년 이내에 시공을 하지 아니하는 경우에는 공동집배송센터의 지정이 취소될 수 있다.
④ 거짓으로 공동집배송센터의 지정을 받은 경우는 공동집배송센터의 지정을 취소하여야 한다.

68 ③ 대규모점포등관리자로서 부정한 방법으로 회계감사를 받은 자는 1억원 이하의 과태료 대상이다.

69 ② ㄱ. 전통상업보존구역에 대규모점포를 개설하려는 자는 상권영향평가서 및 지역협력계획서를 첨부하여 특별자치시장·시장·군수·구청장에게 등록하여야 한다.
ㄷ. 대규모점포의 매장면적이 개설등록 당시의 매장면적보다 10분의 1 이상 증가한 경우 변경등록을 하여야 한다.

70 ③ ① 산업통상자원부장관은 「중소기업기본법」 제2조에 따른 중소기업자 중 대통령령으로 정하는 소매업자 50인이 공동으로 중소유통공동도매물류센터를 건립하는 경우 필요한 행정적·재정적 지원을 할 수 있다.
② 지방자치단체의 장은 중소유통공동도매물류센터를 건립하여 중소유통기업자단체에 그 운영을 위탁할 수 있다.
④ 상점가진흥조합은 조합원의 자격이 있는 자의 3분의 2의 동의를 받아 결성한다.
⑤ 상점가진흥조합의 조합원은 상점가에서 도매업·소매업·용역업이나 그 밖의 영업을 하는 중소기업자로 한다.

71 ② 대규모점포등관리자는 대통령령으로 정하는 바에 따라 「주식회사의 외부감사에 관한 법률」 제3조제1항에 따른 감사인의 회계감사를 매년 1회 이상 받아야 한다. 다만 입점상인의 3분의 2가 서면으로 회계감사를 받지 아니하는 데 동의한 연도에는 회계감사를 받지 아니할 수 있다.

72 ② ① 항만운송 분쟁협의회는 사업의 항만별로 구성한다.
③ 항만운송 분쟁협의회의 회의는 분쟁협의회의 위원장이 필요하다고 인정하거나 재적위원 과분수 이상의 요청이 있는 경우에 소집한다.
④ 항만운송 분쟁협의회의 회의는 재적위원 3분의 2 이상의 출석으로 개의하고, 출석위원 3분의 2 이상의 찬성으로 의결한다.
⑤ 항만운송과 관련된 노사 간 분쟁의 해소에 관한 사항은 항만운송 분쟁협의회의 심의·의결사항에 포함된다.

73 ① 타인의 수요에 응하여 하는 행위로서「해운법」에 따른 해상화물운송사업자가 하는 운송은 항만운송에서 제외된다.

74 ① ② 항만운송사업의 등록신청인이 법인인 경우 그 법인의 정관은 등록신청시 제출하여야 하는 서류에 포함된다.
③ 검수사등의 자격이 취소된 날부터 3년이 지난 사람은 검수사등의 자격을 취득할 수 있다. (2년이 지난 사람은 가능)
④ 항만운송사업을 하려는 자는 사업의 종류별로 관리청에 등록하여야 한다.
⑤ 항만운송사업자가 사업정지명령을 위반하여 그 정지기간에 사업을 계속한 경우는 항만운송사업을 취소하여야 한다.

75 ④ 철도사업자는 여객에 대한 운임을 변경하려는 경우 국토교통부장관에게 신고하여야 한다.

76 ② 철도시설의 개량을 사유로 하는 경우 휴업기간은 6개월을 넘을 수 있다. (기간제한 없음)

77 ④ • 전용철도운영자가 사망한 경우 상속인이 그 전용철도의 운영을 계속하려는 경우에는 피상속인이 사망한 날부터 3개월 이내에 국토교통부장관에게 신고하여야 한다.
• 전용철도운영자가 그 운영의 전부 또는 일부를 휴업한 경우에는 1개월 이내에 국토교통부장관에게 신고하여야 한다.

78 ① ② 철골조 건물의 축조를 목적으로 하는 경우에는 점용허가기간은 30년을 초과하여서는 아니된다.
③ 점용허가를 받은 자가「공공주택 특별법」에 따른 공공주택을 건설하기 위하여 점용허가를 받은 경우에 해당할 때에는 점용료 감면대상이 될 수 있다.
④ 국토교통부장관은 점용허가를 받지 아니하고 철도시설을 점용한 자에 대하여 점용료의 100분의 120에 해당하는 금액을 변상금으로 징수할 수 있다.
⑤ 점용허가로 인하여 발생한 권리와 의무를 이전하려는 경우에는 국토교통부장관에게 인가를 받아야 한다.

79 ③ ① 다른 기금으로부터의 출연금은 농산물가격안정기금의 재원으로 할 수 있다.
② 농산물의 수출 촉진사업을 위하여 농산물가격안정기금을 대출할 수 있다.
④ 농림축산식품부장관은 농산물가격안정기금의 여유자금의 운용에 관한 업무를 한국농수산식품유통공사의 장에게 위탁한다.
⑤ 농림축산식품부장관은 농산물가격안정기금의 수입과 지출을 명확히 하기 위하여 한국은행에 기금계정을 설치하여야 한다.

80 ④ ① 도매시장은 중앙도매시장의 경우에는 특별시·광역시·특별자치시 또는 특별자치도가 개설하고 지방도매시장의 경우에는 특별시·광역시·특별자치시·특별자치도 또는 시가 개설한다.
② 중앙도매시장의 개설자가 업무규정을 변경하는 때에는 농림축산식품부장관 또는 해양수산부장관의 승인을 받아야 한다.
③ 도매시장법인은 도매시장 개설자가 부류별로 지정하되, 5년 이상 10년 이하의 범위에서 지정 유효기간을 설정할 수 있다.
⑤ 도매시장법인이 다른 도매시장법인을 인수하거나 합병하는 경우에는 해당 도매시장 개설자에게 승인을 받아야 한다.

www.epasskorea.com

저자소개

약력

31회 관세사 자격시험 합격
물류관리사 자격시험 합격
보세사 자격시험 합격
現) • 이패스관세사 무역영어 전임강사
　　• 이패스코리아 국제무역사 1급, 무역영어, 물류관리사 전임강사
前) • 세인관세법인 등 근무
　　• 3대 시중은행 외환전문역 2종 특강
　　• 동국대학교 취업(무역 관련) 특강
　　• 북서부 FTA센터 무역영어 특강 등

약력

34회 관세사 자격시험 합격
現) • 바로관세사무소 대표관세사
　　• 이패스관세사 관세평가 강사
　　• 이패스코리아 물류관리사 강사

2025 이패스 물류관리사 합격예감

개정판 1쇄 인쇄 | 2025년 1월 21일
개정판 1쇄 발행 | 2025년 2월 7일

지 은 이 | 김 동 엽 · 박 창 환
발 행 인 | 이 재 남
발 행 처 | (주)이패스코리아
　　　　　　서울시 영등포구 경인로 775 에이스하이테크시티 2동 10층
　　　　　　전화 1600-0522　팩스 02-6345-6701
　　　　　　홈페이지 www.epasskorea.com
　　　　　　이메일 edu@epasskorea.com
등록번호 | 제318-2003-000119호(2003년 10월 15일)

※ 잘못된 책은 교환해 드립니다.
※ 이책은 저작권법에 의해 보호를 받는 저작물이므로 무단전재와 복제를 금합니다.
본 교재의 저작권은 이패스코리아에 있습니다.